사회심리학

David G. Myers

이종택 · 홍기원 · 고재홍 · 김범준 · 노혜경 · 최해연 역저

한 올

Social Psychology, 11th Edition.

1 2 3 4 5 6 7 8 9 10 Hanol 20 15

Original: Social Psychology, 11th Edition. © 2013
  By David G. Myers
  ISBN 978-0-07-803529-6

This authorized Korean translation edition is jointly published by McGraw-Hill Education Korea, Ltd. and Hanol Publishing Co. This edition is authorized for sale in the Republic of Korea.

This book is exclusively distributed by Hanol Publishing Co.

When ordering this title, please use ISBN 979-11-5685-040-3

Printed in Korea

역자 서문

인간은 잠잘 때를 제외하면 대부분의 시간을 다른 사람과 함께 한다. 심지어 수면 중 꾸게 되는 꿈의 내용도 사람들과의 관계가 주종을 이룬다. 일상에서 내가 누구인가의 물음에 대한 주요 답 중의 하나도 누구와 함께 하는가, 어떤 집단에 속하는 가이다. 이와 같이 관계와 소속은 인간 삶의 핵심 중의 핵심이라 하겠다. 인간의 행복을 논할 때 사람들이 가장 행복을 느끼는 순간은 바로 좋은 인간관계이며, 가장 불행을 경험하는 것도 역시 관계에서 나온다. 사회심리학은 바로 그러한 관계, 영향력 및 사고를 과학적으로 다루는 분야이다.

좋은 관계를 형성하기 위해서는 어떻게 해야 하나? 사람들을 어떻게 설득하여야 효과적일까? 왜 재난 상황에서 사람들은 쉽게 피할 수 있었음에도 피하지 않는가? 왜 사람들은 긴박한 상황에서 어떤 때는 돕고 어떤 때는 돕지 않는가? 왜 동일한 상황에 대하여 서로 인식이 달라 오해할까? 의사결정을 할 때 고려하여야 할 요소들에는 어떤 것이 있을까? 외국인들에 대한 반감과 호감의 근원은 무엇이며 어떻게 대처하는 것이 현명할까? 이처럼 다양한 물음에 대하여 사회심리학은 답해 주려고 노력하고 있으며, 일반인들이 상상하는 이상으로 훌륭한 모범 답안을 제시하고 해결책을 보여주고 있다. 사회심리학의 역사가 짧다고 하나 실로 인류사의 엄청난 비밀을 제공하고 있다고 자부해도 좋을 것이다. 장구한 역사를 지닌 철학이 인간의 삶에 근본적인 질문을 던졌다면, 사회심리학은 현실에 바탕을 둔 가장 실제적인 응답을 제공하고 있다 하겠다. 더구나 최근에는 뇌과학의 발전으로 인간의 사고와 감정을 신경 수준까지 정밀하게 탐구할 수 있는 길이 열리게 되었다.

혹자는 사회심리학이 응용학문이 아닌가 하고 오해하는 분들이 있을지 모르나 사회심리학은 이론심리학이자 기초심리학이다. 그러면 딱딱한 이론을 아는 것이 세상을 살아가는 데 무슨 유익함이 있을까 반문하는 분도 있을 것이다. 일찍이 Kurt Lewin이 가장 이론적인 것은 가장 실용적인 것이라고 했듯이, 수학의 공식처럼 핵심 원리를 아는 것은 거기에 그치지 아니하고 다양한 현상을 설명하고 응용할 수 있게 해준다. 이는 사회심리학이 다른 학문의 기초이기도 하고 실생활에서 응용가능하다는 의미이기도 하다. 예컨대, 사랑하니까 결혼하는 것이 맞을까, 아니면 결혼하니까 사랑하는 것이 맞을까? 현대 사회심리학의 다양한 발견사실에 의하면, 행동은 예상보다 강력하여 사소한 행동으로부터 태도나 감정이 만들어진다고 한다. 따라서 양자 중 보다 진실에 가까운 것은 바로 결혼이라는 행동을 했기 때문에 이어서 사랑이라는 감정이 만들어 지고 강도가 증가한다는 것이다. 전 세계적으로 연애결혼의 이혼율이 높은 것은 사랑 했기 때문에 결혼했다는 착각(?) 때문일 수도 있다.

본서의 목적은 기본적으로 대학 교재로 활용하는 데 있다. 다만, 위에서 적은 대로 자신의 삶과 세상에 대한 관심이 큰 일반 독자들도 충분히 소화할 수 있는 내용도 다 수 포함되어 있음을 알리고 싶다. 이를테면, 불확실한 상황에서 의사결정을 해야 할 때 모험을 걸어야 할까, 신중해야 할까라는 질문에 사회심리학자들은 구체적인 실험 과 연구를 통하여 나름대로 이해의 틀과 해결책을 제시하고 있다. 즉, 인간은 이익에 는 안전을 추구하고 손실에는 모험을 건다는 노벨 경제학상 수상자 Daniel Kahneman 의 이론을 활용하면 자신의 입장을 이해하고 훨씬 현명하게 대처할 수 있을 것이다.

역자들은 사회심리학의 실제성과 실용성을 누구나 쉽게 체득하도록 하기 위하여 본서의 번역에 착수하였다. 아무래도 원서로 강의하는 것은 모든 학생들에게 일정 수 준의 지식을 전달하는 데 다소 한계가 있었다. 여러 사회심리학 교과서가 존재하지만 Myers의 교과서가 최근의 연구결과를 포함하여 내용도 풍부할 뿐만 아니라 한국의 다 양한 현상을 이해하고 대처하는 데 가장 도움이 될 것이라고 역자들은 판단하였다. 본 서는 2013년 간행된 Myers의 사회심리학 11판을 번역한 것이다. 11판이 나왔다는 것 은 그만큼 훌륭한 교과서라는 것을 반증하는 것이기도 하다. 사실 고백하건대 원래 9 판을 번역하려고 시도하였으나 지지부진하다가 이번에야 마침내 책을 내게 되었다. 번역서를 기다리던 독자, 중간에 참여하다가 그만두신 교수님들과 한올출판사 임순재 사장님 이하 관계자 분들께 출간이 지체되어 진심으로 죄송하다는 말씀을 드린다.

이 책의 번역은 1장과 2장은 김범준, 3장과 11장은 최해연, 4장, 7장과 12장은 이종택, 5장과 13장은 노혜경, 6장과 8장은 고재홍, 9장과 10장은 홍기원이 담당하였다. 원서 는 16개 장으로 구성되어 있는데, 14~16장의 3개 장은 응용사회심리학의 내용을 담고 있다. 본서의 주목적은 대학교재이고, 한 학기에 소화할 내용으로 너무 많아 응용사회 심리학 부분은 번역에서 제외하기로 하였다. 그리고 본문의 이해와 크게 관계없는 여 백의 일부 표현과 The inside story도 제외하였다. 책의 분량이 너무 많아 참고 문헌은 한올출판사 홈페이지에 올리는 것으로 대체하였다. 개념을 정확히 이해할 수 있도록 함을 번역의 지침으로 삼아 가급적 원문에 충실하려고 하였다. 용어의 통일을 기하려고 노력하였으나 여러 교수님들이 다른 장을 번역한 관계로 일부는 다소 상이한 용어를 썼어도 그대로 두었다. 예컨대, variable은 변인 또는 변수로, gender는 성이나 성별로, trait는 특성이나 특질로 번역되어 있다. 독자들이 의미를 파악하는 데 거의 혼란이 없을 뿐더러 그 용어가 그 맥락에서 더욱 정확한 의미전달이라 여겨져 그렇게 한 것이다. 두 번씩이나 번역된 장들을 전체적으로 보면서 교정하고 용어도 통일했지만 번역서인 만큼 부족한 부분이 있을 것이다. 이 부분 독자 제현의 양해를 구하며, 잘못된 곳이나 미흡한 내용이 발견되면 언제라도 알려주시기 바란다. 끝으로 본 번역서를 위하여 물심양면으로 힘써 주신 한올출판사 임순재 사장님과 최혜숙 실장님, 그리고 직원 여러분의 노고에 깊은 감사를 드린다.

2015년 1월
역자 대표 이종택

저자의 메시지

우리 인간의 역사는 대단히 오래되었지만, 사회심리학은 겨우 한 세기가 지나고 있는 대단히 짧은 역사를 지니고 있다. 우리가 이제 막 시작했다는 점을 감안하면, 그 결과는 만족할 만하다. 사회심리학이 제공하는 아이디어의 향연은 어느 정도인가! 다양한 연구방법을 통하여 신념과 착각, 사랑과 증오, 동조와 독립에 대한 의미있는 통찰을 누적하고 있다.

인간 행동에 대한 많은 부분들이 여전히 신비로운 것으로 남아 있지만, 사회심리학은 현재 많은 복잡한 질문에 부분적 해답을 제공할 수 있다:

- 우리의 사고는 의시적·무의식적으로 우리의 행동을 어떻게 추동하는가?
- 사람들이 때때로 서로에게 상처를 주거나 돕게 만드는 것은 무엇인가?
- 사회적 갈등을 촉발하는 것은 무엇이며, 어떻게 꽉 쥔 주먹을 도움의 손길로 바꿀 수 있는가?

이와 같은 많은 질문에 대한 대답으로 우리의 이해를 넓힐 수 있고, 우리에게 작용하는 사회적 힘에 예민해 질 수 있을 것이다.

처음 이 책의 집필을 부탁받았을 때, 나는 즉시 확고하게 과학적이고, 따뜻하게 인간적이고, 사실로서 엄격하고 그리고 지적으로 도전적인 교과서를 상상했다. 그것은 과학자들이 중요한 사회현상을 밝혀내고 설명하는 방법뿐만 아니라 그런 현상 자체를 보여주게 될 것이다. 그것은 또한 학생들의 사고를 자극하여 탐구하고 분석하고 원리를 일상의 사건에 관련시키려는 동기를 유발할 것이다.

나는 사회심리학을 교양과정의 지적 전통 속에 넣고 싶었다. 위대한 문학, 철학 및 과학의 교육을 통하여 교양 교육은 우리의 인식을 넓히고 현재의 구속에서 우리를 해방시키고자 하는 것이다. 사회심리학은 이러한 목표에 기여한다. 인간의 의미있는 쟁점에 초점을 둠으로써 나는 모든 학생들에게 자극적인 방식으로 예비전문 심리학도들에게 핵심 내용을 제공하려는 목표를 세웠다. 그리고 우리의 사회적 본성의 비밀을 드러내는 다양한 연구 도구에서 게임이 진행되는 방식에 대한 세밀한 탐구를 통하여 학생들이 더욱 현명하게 생각할 수 있기를 희망한다.

사회심리학을 가르치고 배우는 것을 도와주는 것은 대단한 특권이자 의무이다. 그러니 망설이지 말고 우리가 더욱 잘 할 수 있는 방식과 내용을 알려주기 바란다.

David G. Myers
Hope College
www.davidmyers.org

저자 소개

저자 David G. Myers는 Iowa와 대학교에서 박사 학위를 받은 후, 미시간의 Hope 대학에 재직하며 수십 개의 사회심리학 관련 과목을 가르치고 있다. Hope 대학 학생들은 졸업식 연사로 Myers를 초대하여 "저명한 교수"라고 인정했다.

미국 국립과학재단의 지원에 힘입어 Myers의 과학 논문은 Science, American Scientist, Psychological Science 및 American Psychologist를 포함하여 30여개의 과학 저서와 정기간행물에 수록되어 있다.

저자는 또한 심리과학을 일반 대중에게 소개하는 일에 힘쓰고 있다. 저술은 Today's Education에서 Scientific American에 이르기까지 50여 잡지에 인용되고 있다. 17권의 저서에는 "행복의 추구"와 "직관: 위력과 위험"도 포함되어 있다.

Myers는 연구와 저술로 고든 올포트 상, 뇌행동과학협회의 "명예로운 과학자" 상, 그리고 성격 – 사회심리학의 탁월한 업적 상을 받았다.

저자는 자신이 거주하는 도시의 인간 관계위원회의 의장을 맡으며 가난한 가정을 위한 번영 센터의 설립을 추진했고, 수백 개의 대학과 공동체 집단에서 강연해오고 있다. 난청자들에게 미국에서 보조장치를 공급하는 방식을 바꾸려는 저자의 노력을 기려서 2011년 청각학회에서 의장 상을 수여했다.

저자는 일 년 내내 자전거를 타고 직장에 가며 픽업 농구를 즐긴다. 가족으로는 아내 Carol Myers와 2남 1녀가 있고, 그리고 어머니가 계신다.

저자 서문

사회심리학은 우리 주변의 인간세상을 탐구한다. 인문학의 전통을 지켜 쓰여진 사회심리학의 방식에서 이 젊고 흥미로운 과학의 지식을 어느 학생이라도 접할 수 있다. 학생들이 경영, 교육, 법, 심리 또는 사회적 세상의 어느 분야에 관심이 있든, 이 교과서는 접하기 쉽고 이해하기도 쉬울 것이다. 사회심리학에서 학생들은 사랑과 증오, 동조와 독립, 편견과 도움, 그리고 설득과 자기결정에 대한 과학적 탐구를 발견하게 될 것이다.

사회심리학은 인간에 관한 학문이다. 이 교과서는 절대로 그 시각을 잃지 않았으며, 중요한 인간사에 초점을 맞추고, 각 장의 주제와 인간의 경험을 관련시킨 경구를 장의 머리에 소개하였다. 그렇지만 사회심리학 연구의 절개선은 또한 최전선에 있어서 최근 판 이래로 726개의 새롭거나 개정된 인용이 수록되었다. "Research Close-up"은 이 판의 대들보 역할을 하며 세상에 대한 사회심리학 분야에서 현행 연구의 포괄적 견해를 제공하고 있다.

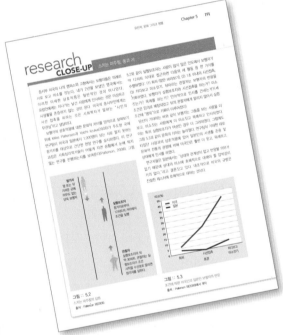

인간 행동에 대한 많은 부분들이 여전히 신비로운 채 남아 있지만 사회심리학은 우리 자신과 우리가 사는 세상에 대한 많은 질문에 통찰을 제공할 수 있다. 다음의 몇 가지 예를 보자.

- 의식적이든 무의식적이든 우리의 사고가 어떻게 행동을 추동하는가?
- 자긍심이란 무엇인가? 높은 자긍심이 바람직한가?
- 주변의 사람들이 어떻게 우리의 행동에 영향을 미치나?
- 사람들은 때때로 어떻게 서로에게 상처를 주거나 돕는가?
- 무엇이 사회적 갈등을 촉발하며, 우리는 어떻게 꽉 쥔 주먹을 도움의 손길로 바꿀 수 있을까?

이 질문에 답하는 것이 이 책의 임무이다. 즉, 그것을 탐구하고, 자기 이해를 확장하며, 작용하는 사회적 힘을 밝히려고 한다. 이 책을 읽고 일상 행동에 대하여 비판적으로 사고한 후에 학생들은 그들 자신뿐만 아니라 일하고 놀이하고 사랑하는 세상에 대하여 더욱 잘 이해하게 될 것이다.

Contents

Part One 사회적 사고

Chapter 4   행동과 태도   146

Part Three 사회적 관계

Chapter 9   편견 : 타인을 싫어하기   366

Chapter 10   공격성 : 타인에게 해를 입히기   418

Chapter 13　　갈등과 화해   568

사회심리학

사회심리학에 대한 소개

옛날에 허영심 많고 이기적인 두 번째 부인을 맞이한 한 남자가 있었다. 그 부인에게는 그녀와 비슷하게 허영심 많고 이기적인 두 딸이 있었다. 그러나 그 남자의 딸은 유순하고 이타적이었다. 이 귀엽고도 친절한 딸이 바로 우리가 알고 있는 신데렐라이다. 그녀는 어려서부터 자신에게 주어진 일을 하고, 부당한 대우와 모욕을 받아들이고, 이복자매와 새엄마가 싫어할 만한 일은 어떤 것도 하지 않도록 교육을 받았다.

그러나 마침내, 신데렐라는 요정 덕분에 어느 날 저녁 자신의 처지에서 벗어나 대연회에 참석하여, 멋진 왕자님의 주목을 받게 되었다. 사랑에 빠진 왕자가 후에 신데렐라의 볼품없는 집에서 그녀를 다시 보았을 때, 왕자는 그녀를 알아보지 못했다.

믿기 어려운가? 민화는 우리가 상황의 힘을 받아들이도록 요구한다. 그녀의 포악한 새엄마가 존재할 때에는 신데렐라는 비천하고 매력적이지 않았다. 신데렐라는 연회장에서 더 아름답게 느껴졌다. – 마치 그녀는 원래 그랬던 것처럼 걷고, 말하고, 웃음 지었다. 한 상황에서 그녀는 위축되었지만, 다른 상황에서 그녀는 매력을 발산했다.

프랑스의 철학자이자 작가인 장 폴 사르트르(1946)는 신데렐라의 전제를 받아들이는 데 문제가 없다고 했다. 우리 인간은 "무엇보다도 상황 내에서 존재한다."고 적고 있다. 우리는 처한 상황과 우리를 구별할 수 없다. 왜냐하면, 상황이 우리를 만들어내고 우리의 가능성을 결정하기 때문이다.

사회심리학이란 무엇인가?

사회심리학을 정의하고 무엇을 하는 것인지 설명한다.

사회심리학
우리가 서로에 관해 어떻게 생각하고, 어떻게 영향을 주고받고, 어떻게 관계를 맺는가에 관한 과학적 연구

사회심리학은 우리가 서로 어떻게 보고 영향을 받는가에 특별히 주의를 두면서, 우리가 처한 상황의 영향을 연구하는 과학이다. 좀 더 자세히 말하자면, 사회심리학은 우리가 서로에 관해 어떻게 생각하고, 어떻게 영향을 주고받고, 어떻게 관계를 맺는가에 대해 과학적으로 연구하는 것이다.

사회심리학은 심리학의 경계선에서 사회학과 맞닿아 있다. 사회학(집단이나 사회 속의 사람들을 연구하는 학문)과 비교할 때, 사회심리학은 방법론적으로 좀 더 실험 연구방법을 사용하면서 개인에 더 초점을 두고 있다. 성격심리학과 비교할 때, 사회심리학은 개인 간의 차이에 덜 관심을 두며, 일반적으로 개인이 서로를 어떻게 보며, 서로 어떻게 영향을 받는가에 좀 더 관심을 두고 있다(그림 1.1).

사회심리학은 여전히 젊은 학문영역이다. 이제 첫 사회심리학적 실험이 이루어진 지 1세기 조금 지난 시점에 이르렀다(1898). 그리고 첫 사회심리학 교과서는 프랑스, 이탈리아, 그리고 독일에서 1900년 전후에는 나타나지도 않았다(Smith, 2005). 1930년대까지도 사회심리학은 지금의 형태를 이루지 못했다. 그리고 2차 세계대전까지도 오늘날과 같은 정도로 왕성한 활동을 보이지 못했다. 1970년대가 지나면서 사회심리학은 아시아에서 비약적 발전을 이루었다. - 인도를 시작으로 홍콩과 일본, 최근에는 중국과 대만에서(Haslam & Kashima, 2010)

사회심리학은 우리 모두가 호기심을 가질 만한 질문을 던짐으로써 우리의 사고, 영향력, 그리고 관계를 연구한다. 그 예들은 다음과 같다.

그림 :: 1.1
사회심리학은 …

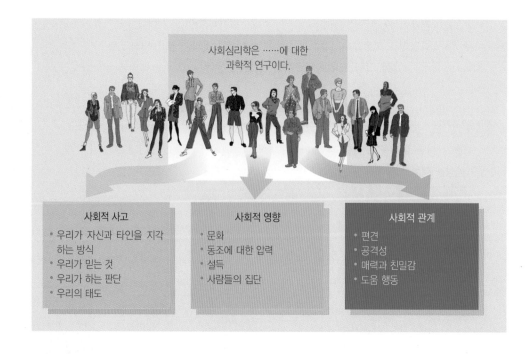

사회심리학은 ……에 대한 과학적 연구이다.

사회적 사고
• 우리가 자신과 타인을 지각하는 방식
• 우리가 믿는 것
• 우리가 하는 판단
• 우리의 태도

사회적 영향
• 문화
• 동조에 대한 압력
• 설득
• 사람들의 집단

사회적 관계
• 편견
• 공격성
• 매력과 친밀감
• 도움 행동

● *어느 정도 우리의 사회적 세상이 바로 우리의 머릿속에 있는가?* 다음 장에서 살펴보겠지만, 우리의 사회행동은 객관적인 상황뿐만 아니라 우리가 그것을 어떻게 해석하는가에 따라 달라진다. 사회적 신념은 자기 충족적(self-fulfilling)일 수 있다. 예를 들어, 행복한 결혼 생활을 하는 사람들은 배우자의 신랄한 비판을(당신은 물건을 원래 있던 곳에 놓은 적이 있던가?) 어떤 외적 요인에 귀인할 것이다(그는 아마 좋지 않은 일이 있었나봐). 불행한 결혼 생활을 하는 사람은 똑같은 내용의 비판을 무례한 기질적 요인으로 귀인할 것이다(그는 항상 호전적이야!). 그리고 그것을 되받아치는 공격적 반응을 보일 것이다. 더 나아가 배우자의 호전적 행동을 예상하고서 화를 내는 행동을 할 것이다. 결과적으로 그들이 예상하는 공격적 행동이 일어날 것이다.

별을 관찰하는 것이 지겨워진 Mueller 교수는 사회심리학을 시작했다.

● *만약 명령을 받는다면, 사람들은 잔인해질까?* 나치 독일이 6백만 유태인에 대한 비양심적인 학살을 어떻게 착안하고 실행했을까? 이런 악마 같은 행동은 부분적으로 대다수의 사람들이 명령을 따랐기 때문에 발생한 것이다. 그들은 죄수들을 열차에 태우고, 빽빽한 샤워실에 그들을 몰아넣어서 독가스로 살해했다. 사람들이 어떻게 그 같은 끔찍한 행동에 개입되게 되었을까? 그들은 보통 사람들인가? Stanley Milgram(1974)은 이 같은 의구심을 가졌다. 그는 계열 단어 학습에 문제를 보이는 이들에게 처벌로 전기충격의 강도를 증가시키는 상황을 연출하였다. 6장에서 보게 되겠지만, 실험결과는 사실 우려할 만한 것이었다. 거의 2/3에 해당하는 피험자들이 전적으로 명령에 따랐다.

● *타인을 돕기 위해 혹은 자신을 돕기 위해?* 어느 가을날 무장 현금 수송차에서 현금 가방이 굴러 떨어져서 오하이오 주의 콜럼버스 시내의 거리에 2백만 달러가 흩어졌다. 일부의 운전자들은 이들을 돕기 위해 차를 멈추었다. 이때 돌아온 돈은 10만 달러였다. 후에 없어진 것으로 판정된 돈은 백구십만 달러였다. 결과적으로 더 많은 사람들이 자신을 돕기 위해 멈추어 섰던 것이다(당신이라면 어떻게 했겠는가?). 비슷한 사건이 수주 후 샌프란시스코와 토론토에서 발생하였다. 결과는 비슷하였다. 지나가던 사람들이 대부분의 돈을 가져갔다(Brown, 1988). 어떤 상황이 사람들로 하여금 남을 돕게 하거나 탐욕스럽게 하는 것일까? 어떤 문화적 맥락에서 – 아마도 마을이나 촌락 같은 곳이겠지만 – 더 많은 도움행동이 양산될까? 비슷한 맥락에서 이 같은 질문들이 이어져간다.

그 모든 것들은 사람들이 서로를 어떻게 보고 영향을 주고받는가를 다루는 것이다. 그리고 그것이 사회심리학이 다루고 있는 것이다. 사회심리학자들은 태도와 신념, 동조와 독립, 사랑과 미움을 연구한다.

사회심리학의 중심 아이디어들

사회심리학의 주요 개념을 규명하고 기술한다.

많은 학문영역에서, 수많은 연구결과와 많은 조사들의 결론, 그리고 많은 이론들의 통찰을 통합하면 몇 가지 중심적 아이디어로 묶을 수 있다. 생물학은 자연 도태와 적응과 같은 원리를 우리에게 제공한다. 사회학은 사회구조와 조직 같은 개념을 정립하였다. 음악은 리듬, 멜로디, 조화와 같은 우리 사상의 원동력이 된다.

사회심리학의 간략하고 위대한 아이디어 목록에 해당하는 개념들로는 무엇이 있는가? 세밀한 부분은 잊어버린다고 하더라도 오랜 시간 동안 우리가 기억해야 할 주제 혹은 기본적 원리들은 무엇인가? "우리가 잊지 않아야 할 위대한 아이디어"에 대한 나의 간단한 목록으로는 앞으로 더 자세히 보게 되겠지만(그림 1.2) 다음과 같은 것들이 있다.

우리는 우리의 사회적 실체를 구성한다

인간인 우리는 행동을 설명하고, 그 행동의 원인을 어딘가에 귀인하고, 결과적으로 규칙성을 발견하고 예견하고 통제하고 싶어하는 주체할 수 없는 충동을 가지고 있다. 나와 여러분은 같은 상황이라고 하더라도 서로 다르게 생각하기 때문에 다르게 반응을 한다. 우리가 친구의 모욕적인 언사에 어떻게 반응하는가 하는 것은 우리가 그 같은 모욕적 행동이 적개심의 표현이라고 귀인하는가 혹은 단지 그 친구가 나쁜 사람이

그림 :: 1.2

사회심리학의 위대한 아이디어들

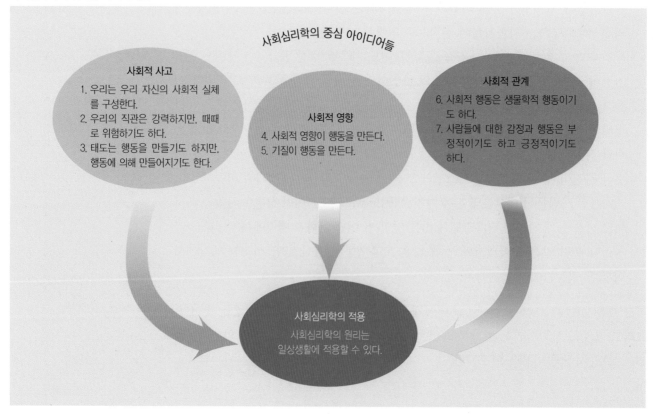

라고 귀인하는가에 따라 달라진다.

1951년 프린스턴 대학과 다트머스 대학 간의 경기에 대한 연구가 바로 우리가 현실을 어떻게 구성하는가를 보여주는 고전적인 예라고 할 수 있다 (Hastorf & Cantril, 1954; Loy & Andrews, 1981 참조). 이 경기는 악의에 찬 경기로 정평이 나 있다; 이 경기는 각 학교의 역사에서 가장 거칠고, 지저분한 경기 중의 하나로 알려져 있다. 프린스턴 대학의 한 선수가 공격적인 태클을 했고, 선수들이 그 위를 덮쳤다. 그리고 결과적으로 코 뼈가 부러져 시합에서 나와야 했다. 선수들 간에 싸움이 발생했고 양 진영에서 부상선수가 발생하였다. 전반적으로 보여준 그들의 행동은 상류 사회의 신사적 이미지를 갖고 있는 아이비리그의 그것과는 맞지 않는 것이었다.

"그가 나를 실제로 위협하진 않았지만, 위협적으로 느꼈어."

사회인지적 문제들. 우리 행동은 객관적 상황뿐만 아니라 우리가 그것을 어떻게 해석하는가에 따라서도 영향을 받는다.

그 일이 있고 얼마 지나지 않아, 각각의 학교에 있는 2명의 심리학자가 양교에서 각 학교의 학생들에게 그 경기 내용을 보여주었다. 학생들은 자신들이 보았던 각 장면에서 그것에 대한 책임이 누구에게 있는가를 주시하는 과학자처럼 관찰자의 역할을 수행하였다. 그러나 그들은 자신들의 충성도에서 벗어나지 못했다. 예를 들어, 프린스턴 대학생들은 다트머스 대학생들에 비해 다트머스 대학교의 반칙이 두 배가 많다고 보고하였다. 결론적으로 실제로 객관적인 실체가 있지만, 우리는 항상 우리 자신의 신념과 가치관의 렌즈를 통해서 그것을 보는 것이다.

우리는 모두 직관적 과학자들이다. 우리는 충분한 속도와 일상 욕구에 적절한 정확성을 가지고 사람의 행동을 설명한다. 어떤 사람의 행동이 일관적이고 독특할 때, 우리는 그 행동의 원인을 그 혹은 그녀의 성격에 귀인한다. 예를 들어, 여러분이 비열한 비판을 반복하는 사람을 관찰한다면, 여러분은 아마도 그 사람이 비열한 성격을 가진 사람일거라고 추론할 것이다. 그리고 여러분은 그 사람을 피하려고 할 것이다.

우리 자신에 대한 우리의 신념 역시 문제가 된다. 우리가 낙관적인 전망을 가질까? 우리가 자신이 사물을 통제하고 있다고 볼까? 이에 대한 우리의 대답은 우리의 정서와 행동에 영향을 미친다는 것이다. 이는 우리가 세상과 자기 자신을 어떻게 이해하는가의 문제이다.

우리의 직관은 강력하지만 때로는 위험하다

우리의 즉각적인 직관은 우리의 공포(나는 것은 위험한가?), 인상(내가 그를 믿을까?), 그리고 관계(그녀가 나를 좋아할까?)를 형성한다. 직관은 위기의 시기에 회장들에게 영향을 미치고, 도박장의 도박사, 유무죄를 판단하는 배심원, 그리고 지원자를 면접하는 인사담당자에게 영향을 미친다. 이 같은 직관은 평범한 것이다.

참으로, 심리과학은 프로이드가 결코 우리에게 말해 주지 않았던 - 직관의 뒤편에 있는 마음 - 매혹적인 무의식적 마음을 보여준다. 최근까지 심리학자들이 알고 있던 것 이상으로 사고는 보이는 것보다 보이지 않는 것에서 작용하고 있다. 우리의 직관 능력은 이후의 장들에서 설명될 연구들에서 보여질 것이다. "자동적 처리", "암묵적 기억", "휴리스틱", "자발적 특질 추론", "즉각적 정서", 그리고 비언어적 의사소통, 사고, 기억, 그리고 태도의 모든 것들이 두 단계로 작용한다. - 하나는 의식적이고 자발적으로, 다른 하나는 무의식적이고 자동적으로. 오늘날의 연구자들은 이것을 "이중처리"라고 부른다. 우리는 우리가 알고 있는 것 이상으로 알고 있다. 우리는 두 단계로 사고한다. - "직관적(intuitive)"인 것과 "자발적(deliberate)"인 것(Kruglanski & Gigerenzer, 2011). 노벨상 수상자인 Daniel Kahneman(2011)은 그의 저서인 「생각에 관한 생각(Thinking, Fast and Slow)」에서 이 같은 생각을 제시하였다.

직관은 무한한 것이다. 그러나 직관은 또한 위험한 것이기도 하다. 예를 들어, 우리는 대부분 자동적 과정이라는 조타수에 의해 일상을 항해하고 있기 때문에, 우리는 얼마나 쉽게 여러 가지 사례들이 마음에 떠오르는가에 따라 일이 발생할 가능성을 직관적으로 판단하게 된다. 특히, 2001년 9월 11일 이후로 우리는 더 쉽게 비행기의 충돌 가능성을 떠올릴 수 있다. 결과적으로, 대부분의 사람들이 운전보다 비행하는 것을 더 두려워한다. 그리고 사람들은 하늘에서의 위험을 피하기 위해 먼 거리를 운전하게 될 것이다. 실제로 미국안전협회(The National Safety Council)의 2010년 보고에 따르면 자동차보다 상업용 비행기가 우리에게 170배 더 안전하다.

심지어 우리 자신에 관한 우리의 직관은 종종 실수를 저지른다. 우리는 직관적으로 우리가 해야 하는 것보다 더 우리의 기억을 신뢰한다. 우리는 우리 자신의 마음을 잘못 읽는다. 실험에 의하면, 우리에게 영향을 미치는 어떤 것에 의해서 영향을 받는다는 것을 우리는 부정한다. 우리는 우리 자신의 감정을 잘못 읽는다. - 우리가 자신의 일자리를 잃거나 연인과 헤어진다면 지금부터 일 년 동안 얼마나 우리의 기분이 나쁠까? 그리고 우리가 복권에 당첨된다면 지금부터 일 년 동안 얼마나 기분이 좋을까? 그리고 우리는 종종 우리의 미래를 잘못 예견한다. - 옷을 선정할 때, 중년이 되어가는 사람은 꼭 맞는 옷을 살 것이다("나는 몇 파운드 줄어들 것으로 예상한다"); "나는 좀 더 헐렁한 옷을 사는 것이 나아. 내 나이의 사람들은 체중이 늘어나는 경향이 있거든"과 같이 더 현실성 있게 말하는 사람은 거의 없다.

결국, 우리의 사회적 직관의 힘과 위험성에 주목해야 한다. 우리가 직관의 장점을 마음에 새기고, 그 함정을 변화시킴으로써, 사회심리학자들은 우리의 사고를 강화시키고자 한다. 대부분의 상황에서 "빠르고 단순한" 순간의 판단이 우리에게 충분히 유용한 것이다. 그러나 다른 측면, 즉 올바른 판단이 요구되고 따라서 우리의 자원을 그것에 사용하는 것과 같은 정확성이 중요할 때, 우리는 충동적인 직관을 최대한 억제하고 비판적 사고를 하게 된다. 우리의 직관과 무의식적 정보처리는 일상적으로 강력하게 작용하지만 때때로 위험한 것이다.

사회적 영향이 우리의 행동을 만든다

아리스토텔레스가 오래전에 말했던 것처럼, 우리는 사회적 동물이다. 우리는 다른 사람으로부터 배운 언어를 통해서 말하고 생각한다. 우리는 다른 사람과 관계를 맺기를 갈망하고, 어딘가에 속하기를 갈망하며, 좋은 평판을 듣기를 갈망한다. Matthias Mehl과 James Pennebaker(2003)는 텍사스 대학생들에게 소형 녹음기와 소형 마이크를 착용하도록 하여 사회적 행동을 계량화하였다. 그들이 걸어가는 시간 동안에 매 12분마다 한 번씩 컴퓨터로 통제되는 녹음기를 통해 그들이 알아차릴 수 없게 30초 동안 녹음을 하였다. 비록 관찰기간이 단지 주중(수업시간을 포함하여)에 이루어졌지만, 학생들 시간의 거의 30%는 타인과의 대화에 사용되었다. 관계유지가 인간에게 있어서 가장 큰 부분이라는 것을 나타낸다.

사회적 동물로서, 우리는 직접 관련이 있는 맥락에 대해 반응한다. 때때로, 사회적 상황의 힘에 이끌려 우리가 표명했던 태도와 다른 방식으로 행동한다. 강력한 악마 같은 상황은 사람들을 거짓말에 동의하도록 하거나 잔혹함에 따르도록 하여 인간의 선의를 압도한다. 나치 시대에 많은 좋은 사람들이 홀로코스트의 도구로 전락하였다. 다른 상황은 대단한 관대함이나 연민을 일으키기도 한다. 2011년 대지진과 쓰나미 이후, 많은 원조가 일본에 제공되었다.

상황의 힘을 보여주는 것은 2003년의 이라크 침공에 대한 태도의 변화가 극적인 예라고 할 수 있다. 의견조사에 따르면, 미국민과 이스라엘 국민들은 이 전쟁을 압도적으로 지지하고 있었다. 그들의 멀리 떨어져 있는 우방들은 그들이 세상 어디에 있든 간에 압도적으로 반대 입장에 있었다. 여러분이 어디에 살고 있는지 말해준다면, 나는 전쟁 초기에 여러분의 태도를 합리적으로 유추할 수 있다(여러분의 교육 수준과 여러분이 어떤 매체를 보고 읽는지를 말해준다면, 나는 더 자신있게 말할 수 있을 것이다). 역사가 그 전쟁을 어떻게 판단하는가와 관계없이 이것이 상황의 문제라는 것은 확실하다.

우리의 문화가 우리의 상황을 규정하는 것을 도와줄 수 있다. 즉각성, 솔직함, 그리고 의복에 관한 우리의 규준은 우리의 문화에 따라 달라진다.

- 풍만한 여성이 더 아름다운가 아니면 마른 여성이 더 아름다운가 하는 것은 여러분이 언제 그리고 어디에 살고 있는가에 따라 달라진다.
- 평등(equality: 모두 동일하게 받는다)으로 사회적 정의를 규정하는가 아니면 형평(equity: 받을 만한 사람이 더 받는다)으로 규정하는가 하는 것은 여러분의 사상이 사회주의에 가까운가 아니면 자본주의에 가까운가에 따라 달라진다.
- 여러분이 표현을 하는 경향을 가지고 있는지 혹은 과묵한 경향을 가지고 있는지, 캐주얼한지 혹은 형식적인지 하는 것은 부분적으로 여러분의 문화나 인종에 달려 있다.
- 여러분이 여러분 자신에 우선적으로 초점을 두는지 − 여러분의 개인적 욕구, 욕망, 그리고 도덕성, 혹은 여러분의 가족이나 씨족, 공동체 집단에 초점을 두는가 하는 것은 여러분이 얼마나 현대 서구의 개인주의에 영향을 받았는가에 달려 있다.

사회심리학자인 Hazel Markus(2005)는 다음과 같이 요약하고 있다. 무엇보다도 사람은 적응적이다. 달리 말해서, 우리는 사회적 맥락에 적응한다. 우리의 태도와 행동은 외부의 사회적 힘에 의해 형성되는 것이다.

개인의 태도와 기질 역시 행동을 만든다

내적 힘 역시 중요하다. 우리는 사회적 상황이라는 바람에 단지 이리저리 날아다니는 수동적인 잡초가 아니다. 우리의 내적 태도가 우리의 행동에 영향을 미친다. 우리의 정치적 태도는 우리의 투표행위에 영향을 미친다. 우리의 흡연에 대한 태도는 담배를 권하는 동료의 압력의 민감성에 영향을 미친다. 빈곤에 대한 우리의 태도는 타인을 돕고자 하는 우리의 의도에 영향을 미친다(보게 되겠지만, 우리의 태도 역시 우리의 행동에 영향을 받는다. 이것은 우리가 개입되었거나 고민하고 있는 그 어떤 것을 강하게 믿도록 만든다).

성격적 기질 역시 행동에 영향을 미친다. 비슷한 상황에 접했을 때, 사람마다 다르게 반응할 수 있다. 정치적 구금의 시대에서 벗어난 사람은 분노에 찬 반감을 발산한다. 하지만 남아프리카 공화국의 넬슨 만델라 같은 사람은 화해를 추구하고 한때 적이었던 사람들과 통합하려 한다. 태도와 성격은 행동에 영향을 미친다.

사회행동은 생물학적 근간을 가지고 있다

21세기 사회심리학은 우리 행동의 생물학적 기초에 관한 지금까지 밝혀진 통찰력을 우리에게 제공한다. 많은 사회행동은 깊은 생물학적 지식을 반영한 것이다.

심리학 입문을 수강한 사람들은 우리가 선천적인 부분과 후천적인 부분이 합해진 것이라는 것을 배워왔다. 직사각형의 넓이가 길이와 폭에 의해 결정되는 것처럼, 생물학적인 것과 경험하는 것이 함께 우리를 만들게 된다. 진화심리학자들이 우리에게 일깨워준 것처럼(5장 참조), 물려받은 인간의 본성은 우리 조상들이 생존하고 종족을 번식하는 데 도움이 되었던 방식으로 우리가 행동하기 쉽게 한다(후손도 같은 방식으로 한다). 우리는 후손들을 특징지어주는 유전자를 물려주며 이것은 후손들이 생존하고 번식하도록 한다. 우리 행동의 목적은 바로 우리의 DNA를 미래에 보내는 것이다. 결국, 진화심리학자들은 우리가 이성교제하고, 미워하고, 감정을 상하게 하며, 돌봐주고, 그리고 서로 나눌 때, 어떻게 자연도태가 우리가 행동하고 반응하기 쉽게 하는가를 질문한다. 본성은 우리가 변화하는 환경에서 배우고 적응하는 방대한 역량을 부여하기도 한다. 우리는 우리의 사회적 맥락에 민감하게 반응한다.

모든 심리학적 사상(event: 사고, 정서, 행동)이 동시에 생물학적 사상이라면, 사회행동의 기초가 되는 신경생물학을 역시 살펴보아야 한다. 어떤 연구에서 제안하는 것처럼 외향적인 사람은 뇌의 각성을 유지하기 위해 더 많은 시연(Simulation)을 필요로 하는가? 부끄러움을 타는 사람에 비해 사회적으로 안정된 사람들은 우호적인 얼굴을 접했을 때 보상과 관련된 뇌영역이 반응하는가? 우리가 사랑, 경멸, 도움과 공격성, 지각과 믿음에 대한 경험을 가능하게 하는 것은 뇌의 어떤 영역일까? 하나의 통합된 체계로서 뇌, 마음, 행동이 어떻게 함께 기능할까? 어떤 뇌 사상(events)들의 적절한 시기가 어떻게 우리가 정보를 처리하는가에 관해 무엇을 말해주는가? 이 같은 질문들이 **사회신경과학**에서 관심을 가지고 있는 질문이다(Cacioppo & others, 2010; Klein & Others, 2010).

사회신경과학자들은 복잡한 도움행동과 경멸 같은 사회행동을 단순한 신경 혹은 분자 메커니즘으로 축소하려 하지 않는다. 그들의 주장은 다음과 같다. 사회행동을 이해하기 위해서, 우리는 피부 아래(생물학적)와 피부 간의(사회적) 영향 모두를 고려해야 한다. 마음과 육체는 하나의 거대한 시스템이다. 스트레스 호르몬은 우리가 어떻게 느끼고 행동하는가에 영향을 미친다. 테스토스테론은 신뢰감을 떨어뜨리고, 옥시토신은 신뢰감을 증가시킨다(Bos & Others, 2010). 사회적 배척은 혈압을 상승시킨다. 사회적 지지는 병과 싸우는 면역체계를 강화시킨다. 우리는 생물-심리-사회적 유기체(bio-psycho-social organism)인 것이다. 우리는 바로 생물학적, 심리적, 사회적 영향의 상호작용을 반영한 것이다. 그리고 이것이 바로 오늘날의 심리학자들이 이 같은 다른 수준의 분석으로부터 행동을 연구하려고 하는 이유이다.

사회심리학의 원리는 일상생활에 적용할 수 있다

사회심리학은 여러분의 인생을 조명할 수 있고 여러분의 사고와 행동을 인도하는 세밀한 영향들을 볼 수 있도록 해주는 잠재력을 가지고 있다. 그리고 여러분이 보게 되겠지만, 사회심리학은 어떻게 우리가 자신을 더 잘 알 수 있는가, 어떻게 친구를 이길 수 있으며, 다른 사람에게 영향을 끼칠 수 있는가, 어떻게 불끈 쥐었던 주먹을 활짝 펼 수 있을까 하는 것에 대하여 많은 아이디어들을 제공한다.

학자들은 항상 사회심리학적 통찰을 적용한다. 사회적 사고, 사회적 영향, 그리고 사회적 관계에 관한 원리에는 인간의 건강과 잘 사는 것, 사법절차와 법정에서의 배심원의 결정, 그리고 환경적으로 유지할 수 있는 인간의 미래를 가능하게 하는 행동을 장려하기 위한 심리적 의미를 내포하고 있다.

인간의 존재에 하나의 관점만이 존재하지 않는 것처럼, 심리과학은 매혹적인 인생의 궁극적 질문을 추구하는 것은 아니다. 인생의 의미는 무엇인가? 우리의 목적은 무엇이 되어야 하는가? 우리의 궁극적인 운명은 무엇인가? 그러나 사회심리학은 매우 흥미롭고 중요한 질문들을 묻고 답할 수 있는 방법을 우리에게 알려준다. 사회심리학은 인생 - 여러분의 인생 - 과 관련된 모든 것이다. 신념, 태도, 관계.

본 장의 나머지 부분은 사회심리학의 내면과 관련된 것이다. 먼저, 어떻게 사회심리학자 자신의 가치관이 명백하고 섬세한 방식으로 그들의 업적에 영향을 미치고 있는가를 살펴보겠다. 다음으로 본 장에서 중요하게 생각하는 과제에 초점을 두겠다. 어떻게 우리가 사회심리학을 하는지에 관해 살펴보겠다. 사회적 사고, 사회적 영향, 그리고 사회적 관계를 설명하기 위해 우리는 어떻게 탐구하는가? 그리고 여러분과 내가 더 현명하게 생각하기 위해 이 같은 분석 도구를 어떻게 사용하는가?

사회신경과학
(social neuroscience)
사회적·정서적 과정과 행동 그리고 이같은 과정과 행동이 뇌와 생물학적 과정에 어떻게 영향을 미치는가를 신경에 근거해서 밝히고자 하는 학제 간 학문 영역

> **요약 : 사회심리학의 중심 아이디어들**
>
> 사회심리학은 사람들이 어떻게 생각하고, 영향을 미치고, 타인과 관계를 맺는가를 과학적으로 연구하는 것이다. 핵심 주제는 다음과 같다.
> - 우리가 어떻게 우리의 사회적 세상을 해석하는가?
> - 우리의 사회적 직관이 어떻게 우리를 이끌어 가고, 때때로 기만하는가?
>
> - 어떻게 우리의 사회적 행동이 타인에 의해서, 우리의 태도와 성격에 의해서, 그리고 우리의 생물학적 기저에 의해서 만들어지는가?
> - 어떻게 사회심리학의 원리들이 우리의 일상과 여러 가지 다른 영역에 응용되는가?

본 책의 전반에 주요 부분마다 간단한 요약들이 제공될 것이다. 이는 각 부분마다 교재를 얼마나 잘 학습하고 있는가를 평가하는 데 도움이 될 것이다.

인간의 가치관은 사회심리학에 어떻게 영향을 미치는가?

가치관이 사회심리학자들의 업적에 기여한 방식을 규명한다.

사회심리학은 질문에 답하기 위한 전략의 틀이라기보다는 발견들의 묶음이다. 법정에서처럼, 과학에서 개인적 의견은 증거로 인정될 수 없다. 아이디어가 시험대에 오르면, 증거가 판정을 결정하는 것이다. 그러나 사회심리학자는 정말로 그렇게 객관적인가? 사회심리학자도 인간이기 때문에 그들의 가치관이 – 무엇이 바람직하고 사람이 어떻게 행동해야 하는가에 대한 자신들의 확신이 – 그들의 업적에 스며들지 않았을까? 그렇다면 사회심리학이 정말로 과학적일 수 있는가?

가치관이 심리학에 스며든 명백한 방식들

가치관은 사회심리학자들이 연구 주제를 선정할 때 그 청사진에 들어가 있다. 주제의 선정은 전형적으로 사회상을 반영한다(Kagan, 2009). 파시즘이 유럽에서 맹위를 떨치던 1940년대 동안 편견 연구가 풍성했던 것은 우연이 아니다. 1950년대에는 다른 관점의 열풍이 몰아쳐, 동조 연구가 나타났다. 1960년대에는 폭동과 범죄율의 증가로 공격성에 관한 연구가 관심의 대상이 되었고, 1970년대는 여성운동의 결과로 성과 성차별주의에 관한 연구의 물결이 일었다. 1980년대에는 군비경쟁에 대한 심리학적 관점이 다시 주목받게 되었다. 1990년대와 21세기 초에는 문화, 인종, 성적 지향의 다양성에 어떻게 사람들이 반응하는가에 관심이 쏠렸다. Susan Fiske(2011a)는 이민, 소득불균형 그리고 노화를 포함하는 현재와 미래의 이슈들을 반영하는 미래 연구들이 나타날 것이라고 제안하였다.

가치관은 시간에 따라 다를 뿐 아니라 문화에 따라서도 다르다. 유럽에 사는 사람들은 자신들의 국적에 대한 자부심이 강하다. 스코틀랜드 사람들은 영국 사람들과 구별되려는 자의식이 더 강하다. 그리고 비슷하게 거리가 떨어져 있는 미시간 사람들이 오하이오 사람들과 구별되려는 것보다는 독일 사람들과 구별되고자 하는 오스트리아 사람들의 자의식이 더 강하다. 결과적으로 유럽 사람들은 사회 정체성 이론이라는 주요한 이론을 우리에게 주고 있다. 이에 반해, 미국 사회심리학자들은 개인에 더 초점을 두고 있다. ─ 한 사람이 다른 사람을 어떻게 생각하고 그들에 의해 어떻게 영향을 받으며, 그들과 어떻게 관계를 맺는가?(Fiske, 2004; Tajfel, 1981; Turner, 1984). 호주의 사회심리학자들은 유럽과 북미 모두로부터 이론과 방법론을 끌어들였다(Feather, 2005).

　가치관은 여러 가지 원리들에 매력을 느끼는 사람의 유형에 영향을 미친다(Campbell, 1975; Moynihan, 1979). 여러분의 학교에서 인문학, 예술, 자연과학, 그리고 사회과학을 전공으로 하는 학생들은 서로 주목할 만큼 차이가 있는가? 예를 들어, 과거를 보존하기보다는 미래를 만들어가고자 하는 경향을 가진 사람들, 즉 전통에 도전하는 사람들이 사회심리학과 사회학을 더 좋아하는가? 사회과학을 공부하는 것은 이 같은 경향을 증가시키는가(Dambrun & Others, 2009)? Jonathan Hadit(2011)가 학술대회에서 1,000여 명의 심리학자들에게 '진보주의자인가'라고 물었을 때 80~90% 사람들이 손을 들었지만, '보수주의자인가'라고 물었을 때는 3명 정도만이 손을 들었다. 이 같은 요인이 그 이유를 설명해 줄 수 있을 것이다.

각기 다른 과학은 각기 다른 관점을 제안한다.

　마지막으로, 가치관은 확실하게 사회심리학적 분석의 목적에 깃들어 있다. 사회심리학자들은 어떻게 가치관이 형성되는가, 왜 가치관이 변하는가, 그리고 그것이 어떻게 태도나 행동에 영향을 미치는가를 알고자 한다. 그리고 어떤 것도, 우리에게 어떤 가치관이 옳다고 말해주지는 않는다.

가치관이 심리학에 스며든 덜 명백한 방식들

　우리는 객관적 진리인 체하는 가치관이 연루되어 있는 더 세밀한 방법을 깨닫지 못한다. 심리학에 들어 있는 3가지 명확하지 않은 방법을 생각해보자.

과학의 주관적 관점

　과학자와 철학자들은 오늘날 과학이 완전히 객관적이지 않다는 것에 동의한다. 과학자들이 단순히 과학책을 읽는 것은 아니다. 그보다 그들은 자신들의 정신적 범주를 사용해서 과학을 해석한다. 우리의 일상에서 역시, 우리는 자신의 선입견이라는 렌즈를 통해서 세상을 본다. 하늘에 움직이는 불빛을 비행물체로 보는가 혹은 파이조각에서 얼굴을 보는가 하는 것은 우리의 지각들에 달려 있다. 여러분이 이 단어를 읽는 동안, 여러분은 자신의 코를 역시 보고 있다는 것을 의식하지 않았을 것이다. 여러분의 마음은 사전에 지각하도록 조치해 놓았을 때는, 거기에 있는 무엇인가를 의식하지 않도록 한다. 우리의 기대에 근거해서 실제를 사전에 판단하는 이 같은 경향이 우리의 마음에 관한 기초적 사실의 하나다.

주어진 영역에서 활동하는 학자들은 종종 공통적인 시각을 가지고 있거나 같은 **문화적** 배경을 가지고 있기 때문에, 그들의 가정은 도전을 받지 않는다. 우리에게 당연한 것은 - 몇몇 유럽 사회심리학자들이 **사회적 표상**이라고 부르는 공유된 신념들 (Augoustinos & Innes, 1990; Moscovici, 1988) - 종종 우리에게 여전히 매우 중요한 검증되지 않은 확신이다. 그러나 때로로, 공유된 신념을 가지고 있지 않은 외부로부터 온 누군가가 그 같은 가정들에 이의를 제기할 것이다. 1980년대, 여성학자들과 마르크스주의자들이 검증되지 않은 사회심리학의 가정들을 비난하였다. 여성학자들의 비판은 세부적인 편향들에 대한 것에 집중되었다. 예를 들어, 사회행동에 있어서 성차에 대해 생물학적 해석을 주장하는 과학자들의 정치적 보수주의(Unger, 1985). 마르크스주의자들의 비판은 경쟁이 되는 개인주의자들의 편향에 초점을 맞추었다. 예를 들어, 동조는 나쁜 것이고 개인적 보상은 좋은 것이라는 가정 같은 것이었다. 물론, 마르크스주의자들이나 여성학자들도 그들의 가정을 가지고 있었다. 이것은 학문적 비판으로서 주석을 다는 것을 좋아하는 것 같은 정치적 수정이라고 할 수 있다. 예를 들어, 사회심리학자인 Lee Jussim(2005)은 진보적인 사회심리학자들이 때때로 집단 간 차이를 부정하려고 하는 것 같고, 집단 차이에 대한 고정관념이 실제에 근거를 둔 것이 아니라 항상 인종주의를 가정하는 것 같다고 비판하였다.

3장에서 우리는 우리의 선입견이 우리의 해석을 어떻게 이끄는가 하는 것에 대한 더 많은 방법들을 보게 될 것이다. 프린스턴 대학과 다트머스 대학의 축구 팬들이 보여준 것처럼, 우리의 행동을 이끄는 것은 상황 그 자체보다는 우리가 해석하는 상황이라는 것이다.

심리학적 개념은 숨어있는 가치관을 내포하고 있다

심리학자들 자신의 가치관이 그들이 제공하는 이론과 판단에 중요한 역할을 한다는 것을 현실화시켜주는 것은, 심리학은 객관적이지 않다는 우리의 이해에 잠재해 있다. 심리학자들은 인간이 잘 적용한다거나 잘 적용하지 못한다거나, 정신적으로 건강하다거나 혹은 건강하지 않다거나 하는 것뿐만 아니라, 인간은 성숙하다거나 혹은 성숙하지 않다고 보고 있다. 사람들은 실제로 가치판단을 할 때, 그들이 사실을 말하고 있는 것처럼 이야기한다. 예를 들면, 다음과 같다.

좋은 삶을 정의하는 것. 가치관은 인생을 가장 잘 사는 방법에 대한 우리의 생각에 영향을 미친다. 예를 들어, 성격심리학자인 Abraham Maslow는 그의 섬세한 기술인 "자아실현"하는 사람 - 생존, 안전, 소속감, 자존감의 욕구가 충족되고 인간적 잠재력으로 충만한 사람 - 으로 잘 알려져 있다. 몇몇 독자들은 아마도 자신의 가치관에 영향을 받은 Maslow 자신이 그가 묘사했던 자아실현된 사람의 표본을 선정했다고 주장

문화(Culture)
대단히 큰 집단의 사람들이 공유하고 있는 지속적 행동, 사상, 태도와 전통을 말한다. 이것은 세대를 이어 전승된다.

사회적 표상
(social representations)
사회적으로 공유된 신념들. 우리의 가정과 문화적 이데올로기를 포함하는 폭넓게 주장되는 사상과 가치들을 말한다. 우리의 사회적 표상은 우리가 우리 세상을 이해하는 데 도움을 준다.

할 것이다. 자발적이고, 자율적이며, 신비로움 등으로 묘사된 자아실현을 이룬 사람은 Maslow의 개인적 가치관을 반영하고 있다. 나폴레옹, 알렉산더 대왕, 그리고 록펠러 같은 영웅 중 누군가로 시작한다 하더라도, 그의 자아실현에 대한 기술에 있어서 결론은 다를 것이다(Smith, 1978).

전문적인 조언. 심리학적 조언에는 항상 조언을 주는 사람의 개인적 가치관이 반영되어 있다. 정신 건강 전문가가 우리에게 배우자 혹은 동료와 어떻게 잘 지낼 수 있을까에 대한 조언을 한다고 할 때나, 보육 전문가가 우리에게 어떻게 우리 아이들을 다룰 것인가에 대해 조언할 때, 그리고 어떤 심리학자가 남들의 기대에서 벗어나 자유롭게 살자고 주장할 때, 그들은 자신의 가치관을 피력하는 것이다(서구사회에서 이 같은 가치관은 주로 개인주의적인 – 나에게 가장 좋은 것을 추구하는 – 것이다. 비서구사회에서는 우리에게 가장 좋은 것을 추구한다). 이 같은 숨은 가치관을 의식하지 못하는 많은 사람들은 그 전문가를 따른다. 그러나 전문적인 심리학자들은 궁극적인 도덕적 의무, 목적이나 지향점, 그리고 인생의 의미와 같은 질문에 대한 답을 할 수 없다.

개념의 형성. 숨어있는 가치관은 심지어 심리학 연구의 기초가 되는 개념에 스며들기도 한다. 여러분이 성격검사를 한다고 가정해 보자. 여러분의 응답지를 채점한 후에 심리학자가 자존감 척도에서 여러분의 점수가 높고, 불안 수준은 낮으며, 예외적인 자아 강도를 가졌다고 말해 주었다. 여러분은 "아", "무엇인가 미심쩍지만, 그것을 알게 되어 좋다."고 생각할 것이다. 이제 다른 심리학자가 여러분에게 유사한 검사를 실시하였다. 특별한 어떤 이유 때문에 이 검사는 몇몇 같은 질문을 포함하고 있다. 검사가 끝나고 나서, 심리학자가 당신이 방어적이라고 알려주었다. 왜냐하면, 억압성 차원의 점수가 높기 때문이라고 하였다. "어떻게 이럴 수 있는가?" 여러분은 의구심이 들 것이다. "다른 심리학자는 나에 대해 그렇게 좋은 말을 했는데." 이것은 아마도 이 모든 명명들이 같은 반응들로 이루어져 있기 때문이다(그 자체에 대해 좋은 것으로 말하고 문제점을 의미한 것은 아닌 경향). 이것을 우리는 자긍심이 높다고 하여야 하는가? 혹은 방어적이라고 하여야 하는가? 명명하는 것은 판단을 반영하는 것이다.

명명하는 것. 사회심리학적 언어 내에서 보면, 가치판단은 숨겨져 있다. – 그러나 그것은 항상 일상 언어에서 진실인 것이다.

- 조용한 아이를 조심스럽게 수줍다고 할 것인가, 망설이는 아이라고 할까, 관찰자라고 부를까 하는 것은 판단의 문제이다.
- 게릴라전에 참여한 어떤 사람을 우리가 "테러리스트"라고 할 것인가 아니면 "자유의 전사"라고 부를 것인가 하는 것은 그 전투의 원인에 대한 우리의 견해에 달려 있다.
- 전쟁 중 민간인의 죽음을 "무고한 생명의 희생"이라고 볼 것

숨어있는(그리고 그렇게 숨어있지 않은) 가치관들이 심리학적 조언 속에 스며들어 있다. 이것들은 생활과 사랑에 관한 가이드라인을 제시하는 대중적인 심리학 책들 속에 있다.

인가 아니면, "불가피한 피해"로 볼 것인가는 우리가 그것을 어떻게 받아들이는 가에 영향을 미친다.

- 공공보조를 우리는 "복지"로 부를 것인지 아니면 "빈민 구제"라고 부를 것인가는 우리의 정치관을 반영한다.
- "그들"이 그들의 나라와 국민을 찬양하면 그것은 민족주의이지만, 우리가 그렇게 하면 애국심이 된다.
- 누군가 혼외정사를 했을 때, 그것이 개방형 결혼의 실행인지 아니면 간통이 되는지 하는 것은 그 사람의 개인적 가치관에 달려 있다.
- 세뇌시키는 것은 우리가 용인하지 않는 사회적 영향이다.
- 변태란 우리가 하지 않는 성행위이다.

이 같은 예들에서 지적한 것처럼, 가치관은 정신건강, 인생을 위한 심리학적 조언, 개념, 그리고 심리학적 명명에 대한 우리의 문화적 정의 내에 숨어있다. 이 책 전반에서 나는 숨어있는 가치관에 대한 추가적인 예들에 여러분이 집중해 주기를 바란다. 요점은 암묵적인 가치관이 필연적으로 나쁘다는 것은 결코 아니라는 것이다. 과학적 해석은, 심지어 현상을 명명하는 수준에서 인간의 활동이라는 것이다. 결국, 우선되는 신념과 가치관이 사회심리학자가 생각하고 글을 쓰는 데 영향을 미친다는 것은 당연한 것이고 필연적인 것이라는 것이다.

이 같은 과학의 주관적인 면 때문에 과학을 버려야 할까? 전혀 반대이다. 인간사고가 해석과 연관된다는 것을 이해하는 것은 우리가 과학적 분석을 하기 위해 과학들에게 편향을 수정하기를 요구하는 이유이다. 사실에 반대되는 우리의 신념을 끊임없이 점검함으로써, 최상으로 우리는 그것을 알고, 우리는 우리의 편향을 점검하고 억누른다. 체계적인 관찰과 실험을 통해서 우리는 현실을 보는 렌즈를 깨끗하게 하는 것이다.

요약 : 사회심리학과 인간의 가치관

- 사회심리학자의 가치관은 명백하게 연구 주제의 선택과 다양한 연구 영역에 매력을 느끼는 사람들의 유형과 같은 그들의 업적에 스며들어 있다.
- 개념을 형성하거나 명명하거나, 그리고 조언을 할 때, 숨어있는 가정이 하는 것처럼, 미세한 방식으로 가치관은 영향을 미친다.

- 과학에 가치관이 배어있는 것은 사회심리학이나 다른 과학이 잘못되었기 때문은 아니다. 만약 우리가 현실에 반해서 우리가 마음에 품은 것을 점검해 본다면, 인간의 사고가 거의 냉정하지 않은 것이 바로 우리가 체계적인 관찰과 실험을 요구하는 이유이다.

나는 처음부터 그것을 알고 있었다.
사회심리학은 단순히 상식에 지나지 않는가?

> 사회심리학의 이론은 인간의 조건에 대한 새로운 시각을 제공하는가?

이 책에서 제시한 많은 결론은 이미 일어났던 것일 수 있다. 왜냐하면, 사회심리학적 현상은 항상 여러분 주위에 있기 때문이다. 우리는 항상 사람들이 생각하고, 영향을 주고, 다른 사람들과 관계를 맺는 것을 관찰한다. 그것은 얼굴표정이 예측하는 것, 어떻게 누군가 어떤 것을 하게 되는 것, 혹은 다른 사람을 친구로 보는가 혹은 적으로 보는가를 인식하는 것에 집중하는 것이다. 오랫동안 철학자, 소설가, 그리고 시인들은 사회행동을 관찰하고 비평해 왔다.

이것은 간단하게 말해서 사회심리학이 단지 상식이라는 의미인가? 그렇게 생각했다면, 나는 이 책을 쓰지 않았을 것이다. 그럼에도 불구하고, 사회심리학이 두 가지 대별되는 비판에 직면해 있다는 것을 알아야 한다. 먼저, 그것은 명백한 증거가 있기 때문에 사소한 것이다. 둘째, 그 발견들이 사람들을 조작하는 데 익숙해져 있기 때문에 위험한 것이다.

우리는 7장에서 두 번째 비판에 대해서 살펴볼 것이다. 여기서는 첫 번째 결점을 살펴보겠다.

사회심리학과 다른 사회과학은 비전문가가 이미 직관적으로 알고 있는 것을 단순히 형식화한 것인가? 저술가 Cullen Murphy(1990)는 다음과 같은 관점을 제시했다. "날마다 사회심리학자는 세상으로 나가고 있다. 날마다 그들은 사람들의 행동이 여러분이 예견했던 것과 같다는 것을 발견한다." 거의 반세기 전, 역사학자인 Arthur Schlesinger, Jr.(1949)는 2차 세계대전에 참전한 미국 병사에 관한 사회과학자의 연구들에 대해 비슷하게 냉소적 반응을 보였다. 사회학자인 Paul Lazarsfeld(1949)는 이 연구들을 개관하고 해석적 비평의 예를 제시했는데 몇몇 예를 제시하면 다음과 같다.

1. 교육 정도가 높은 병사가 낮은 병사보다 적응하는 데 더 어려움을 겪었다(지적인 사람들이 거리의 약삭빠른 사람보다 전쟁 스트레스에 덜 준비되었다).
2. 북부 출신의 병사에 비해 남부 출신의 병사들이 남양군도의 더위에 더 잘 대응하였다(남부출신이 더운 날씨에 더 익숙하다).
3. 백인 병사가 흑인 병사보다 승진하는 데 더 열중하였다(억압의 세월이 성취동기에 영향을 미쳤다).
4. 남부 출신 흑인들은 북부 출신의 백인 장교보다 남부 출신의 백인 장교를 선호했다(남부 출신 장교가 흑인과 상호작용하는 데 있어 더 경험이 많고 더 숙달되었다).

위의 결과를 읽고, 여러분은 이 결과가 기본적으로 상식적인 것이라는 것에 동의하는가? 그렇다면, Lazarsfeld가 다음과 같이 말했다는 것을 알면 놀랄 것이다. "위 같은 진술은 실제로 발견된 결과와 정반대이다." 실제로, 연구결과에 의하면, 교육 정도가

뒷궁리 편향에 있어서 사건은 명백하고 예측 가능하다.

뒷궁리 편향(hindsight bias)
결과를 알고 난 후 어떻게 될까 하고 예견하는 개인의 능력을 과장하는 경향성. 이미 나는 그것을 알고 있었다는 현상으로 알려진 것임.

낮을수록 더 잘 적응하지 못했다. 남부 출신이 북부 출신보다 열대기후에 더 적응을 잘하는 것은 아니었다. 승진에 있어서 백인보다 흑인이 더 열중하였다. 등등. "만약 우리가 먼저 실제 조사결과를 언급했다면(Schleslinger가 경험한 것처럼), 독자들은 이것 역시 명확한 것이라고 명명했을 것이다.

상식이 가지고 있는 하나의 문제점은 우리가 사실을 알고 난 후에도 같은 반응을 한다는 것이다. 사전보다는 사후에 이 같은 사실이 확실한 것이고 예견했던 것이라고 한다. 실험은 사람들이 실험의 결과를 배우고자 할 때, 그 결과가 갑작스럽게 놀랍지 않다는 것을 보여준다. – 실험의 절차와 가능한 결과에 대해 단순히 말하는 사람들보다는 확실히 덜 놀라운 것이다(Slovic & Fischhoff, 1977).

또한, 일상생활에서 종종 실제로 일이 일어나기 전까지 발생할 일을 예견할 수 없다. 이후에 우리는 갑자기 사건이 일어날 것이고 그것이 놀랍지 않게 느껴지는 힘을 확실하게 느끼게 된다. 또한 우리는 이전 사실을 잘못 기억하기도 한다(Blank & Others, 2008; Nestler & Others, 2010). 미래에 대한 예견과 과거에 대한 기억 오류가 함께 **뒷궁리 편향**(hindsight bias)을 만들어낸다('나는 이미 그것을 알고 있었다' 현상이라고 불리기도 함).

선거 후 혹은 주식시장에 일이 일어난 후에, 대부분의 논평가들은 그 일이 놀라운 일이라고 하지 않는다. "시장이 조정 국면에 들어설 것입니다." 2010년 'Gulf 기름 재앙' 이후 BP 직원들은 손쉬운 방법을 택했고, 경고를 무시했으며, 정부의 감독이 느슨했다고 보는 뒷궁리 편향을 보였다. 덴마크의 철학자이자 신학자인 Søren Kierkegaard 말한 것처럼, 인생은 앞으로 살아가고 뒤로 이해한다.

이 뒷궁리 편향(hindsight bias)이 깊숙이 존재하는 것이라면, 여러분은 이제 그 현상에 대해 이미 알고 있었다는 느낌을 가져야 한다. 정말로, 상상할 수 있는 심리학적 결과는 상식처럼 보일 것이다. – 여러분이 그 결과를 알고 나서.

여러분 자신이 그 현상을 보여줄 수 있다. 일군의 사람들 중 반에게는 심리학적 결과를, 그리고 다른 반에게는 그 결과와 반대되는 결과를 말해 준다. 예를 들어, 피험자의 절반에게는 다음과 같이 말해준다.

> 사회심리학자의 연구결과에 따르면, 친구를 선택하거나 연인을 선택할 때, 우리는 자신과 다른 특성을 가진 사람을 가장 매력적으로 느낀다. 이것은 옛말에 "반대자가 매력적이다."라는 말과 같다.

나머지 반에게는 이렇게 말한다.

> 사회심리학자의 연구결과에 따르면, 친구를 선택하거나 연인을 선택할 때, 우리는 자신과 비슷한 특성을 가진 사람을 가장 매력적으로 느낀다. 이것은 옛말에 "유유상종"이라는 말과 같다.

먼저 사람들에게 그 결과를 설명하라고 한다. 그러고 나서 그것을 놀라운 사실인지 혹은 놀라운 사실이 아닌지를 물어보라. 실제로 모든 사람들이 어떤 결과가 주어졌든지 간에 훌륭한 설명을 발견할 것이다. 그리고 그것이 놀라운 것이 아니라고 할 것이다.

참으로, 항상 어떤 결과를 이해할 수 있는 것을 격언들 속에서 찾을 수 있다. 어떤 사회심리학자가 별거가 로맨틱한 매력을 증가시킨다고 보고했다면, John Q Public은

focus ON

나는 이미 그것을 알고 있었다.

Atlantic 편집국장인 Cullen Murphy(1990)는 사회학, 심리학, 그리고 다른 사회과학은 너무도 자주 명백한 것을 식별하거나 보통의 것을 확인하려 한다고 비판했다. 그 자신의 사회과학 발견사실들에 대한 일상적 조사에 따르면, Bartlett이나 다른 백과사전의 인용구에서 발견할 수 없는 아이디어나 결론은 없었다. 그럼에도 불구하고 바꾸어 말하자면, 우리에게 연구는 필요하다. 대립적인 격언을 생각해 보자.

이것이 더 진실인가?
- 사공이 많으면 배가 산으로 간다.
- 문은 무보다 강하다.
- 노인은 새로운 것을 아무것도 배울 수 없다.
- 피는 물보다 진하다.
- 망설이는 자는 기회를 놓친다.
- 유비무환이다.

혹은 이것이 진실인가?
- 백짓장도 맞들면 낫다.
- 백문이 불여일견이다.
- 배우는 데는 나이가 없다.
- 멀리 있는 친척보다 가까이 있는 이웃이 낫다.
- 돌다리도 두들겨보고 건너라.
- 미리 공연한 걱정을 하지 마라.

이 같은 연구가 필요한가? 라고 반응할 것이다. 누구나 떨어져 있으면 그리움이 커진다는 것을 안다. 만약 별거가 사랑을 약화시킨다고 하면, John은 다음과 같이 말할 것이다. 나의 할머니께서 여러분에게 이렇게 말할 겁니다. "눈에서 멀어지면 마음도 멀어진다."

Karl Teigen(1986)은 Leicester(영국 대학) 대학교의 학생들에게 실제 격언과 그와 반대되는 것들을 평가하도록 하였을 때, 실소를 금치 못했다. "공포는 사랑보다 더 강하다."라는 격언을 주었을 때, 대부분의 평가자들은 이것이 사실이라고 하였다. 이와 반대되는 격언 "사랑은 공포보다 더 강하다."를 주었을 때, 역시 사실이라고 하였다. 또한 진짜 격언인 "떨어지는 사람은 내려가는 사람을 도울 수 없다."도 높은 비율로 옳다고 했지만, "떨어지는 사람은 내려가는 사람을 도울 수 있다." 역시 같은 결과로 나타났다. 그러나 내가 가장 좋아하는 것은 다음의 것들이다. "현명한 사람은 격언을 만들고, 우둔한 사람은 그것을 반복한다"와 그 반대인 "우둔한 사람이 격언을 만들고, 현명한 사람은 그것을 반복한다." 더 많은 이중적인 격언들의 초점 문제: 나는 이미 그것을 알고 있었다에 제시되어 있다.

뒷궁리 편향(hindsight bias)으로 많은 심리학도들이 문제를 만들어 내었다. 때때로 어떤 결과는 정말로 놀라운 것이었다(예 올림픽 동메달 수상자는 은메달 수상자보다 자신의 성과에 더 기뻐한다). 더 종종 여러분이 교과서에서 실험 결과를 읽을 때, 교재는 쉽고 심지어 명백하다. 여러 가지 가능한 결론 중 하나를 선택해야 하는 다지선다형 시험을 여러분이 볼 때는 그 문제가 놀랍도록 어렵다. "무슨 일이 있었는지 나는 모르겠어."라고 현혹된 학생이 이후에 중얼거린다. "나는 교재를 알고 있었다고 생각했어."

이미 나는 알고 있었다는 현상은 불행한 결과를 야기한다. 이것은 오만하게 만들고

자신의 지적 능력을 과신하게 된다. 더 나아가 결과를 예견할 수 있는 것처럼 만들어서 명백하게 좋은 선택을 한 것을 칭찬하기보다는 우리가 회상을 통해 명백하게 나쁜 선택을 했다고 의사결정자를 비난하게 한다.

9·11사태가 일어났던 아침 이후에 그 이전의 사실을 모아보면, 곧 일어날 것 같은 재앙의 신호들이 명백해지는 것 같다. 한 미국 상원위원의 조사보고서에서 놓치거나 잘못 해석한 단서들은 다음과 같다(Gladwell, 2003). CIA는 알카에다 작전요원들이 미국에 들어왔다는 것을 알고 있었다. FBI 요원은 다음과 같은 경고성 제목의 메모를 본부에 전달하였다. "빈 라덴이 미국에 있는 민간항공 대학에 학생들을 보낸 것으로 보아 FBI와 뉴욕이 가능성이 있음." FBI는 정확한 경고를 무시했다. 테러리스트들이 항공기를 무기로 사용할 계획이라는 보고서와 연결시키지 못했다. 국장은 "빈 라덴이 미국 내를 공격하기로 결정했다."는 일일보고를 받고 휴가를 다녀왔다. "바보들!!" 왜 그 보고들을 연결하지 못했지? 라는 뒷궁리 편향의 비판을 보였다.

2008년 재정위기 이후, 불운한 은행 대출 관행에 대한 정부 규제로 세이프가드(Safeguards)가 발동될 것이 명확해졌다. 그러나 경제적 붕괴 상태에서 충격적인 불신의 상황에 빠진 미국 규제의 중추인 Alan Greenspan이 예견하지 못한 것은 명확하게 뒷궁리 편향이라고 할 수 있다.

그러나 뒷궁리 편향에서 명백한 것은 역사의 전면에서는 거의 명확하지 않다는 것이다. 정보사회에는 압도하는 많은 잡음들이 있다. ― 거의 조각난 유용한 정보를 둘러싸고 있는 무용한 정보 덩어리들. 결과적으로 분석자는 어떤 것을 추적할 것인가를 선택적으로 결정해야 한다. 그리고 그것은 추적하는 단서가 다른 단서와 연결될 수 있을 때만 선택된다. 9·11사태 6년 전에, FBI의 대테러부서는 조사되지 않은 68,000개의 단서를 추적하지 않았다. 뒷궁리 편향에서 보면, 소수의 유용한 정보가 이제 명백한 것이 된다.

마찬가지로 우리는 우리 자신이 바보 같은 실수를 했다고 책망한다. ― 아마도 더 좋은 사람이나 상황으로 다루지 못했다고. 회고해 보면, 우리는 그것을 어떻게 다루어야 하는지 알고 있었는가? "나는 내가 학기말에 얼마나 바쁜가를 알았어야 했다. 그리고 좀 더 일찍 논문을 시작했어야 했다." 그러나 때때로 우리는 자신에게 너무 야박하다. 우리는 지금은 명백한 것이 그 당시에는 거의 명백하지 않았다는 것을 잊어버린다.

환자의 증상과 죽음의 원인(해부에 의해 결정되는) 둘에 대해 이야기하는 내과의사가 때때로 어떻게 오진을 하게 되는가를 의심한다. 증상만이 주어진 다른 내과의사는 거의 명확한 진단을 내리지 못한다(Dawson & Others, 1988). 오랫동안 의사들은 상식과 의학적 경험에 따라 출혈이 장티푸스를 치료하는 효과적인 방법이라고 확신했다. 19세기 중반 환자를 두 집단으로 나누어 한 집단은 출혈을, 다른 한 집단은 침대에서 쉬게만 하는 실험을 누군가 했을 때까지 이 같은 확신은 지속되었다. 물론 출혈집단이 그렇지 않은 집단보다 더 오래 살지 못했다. 이 같은 관찰은 다음과 같은 의문을 제기한다. 만약 배심원들에게 뒷궁리 편향적 조망을 갖게 했을 때보다 미래 지향적 조망을 갖게 했다면 배심원들이 잘못된 처치를 추정하는 데 더 오래 걸렸을까?

상식은 대개 틀렸다고 우리는 결론지을 수 있는가? 어떤 때는 상식은 틀린다. 다른 때는 관습적인 지혜가 옳거나 - 혹은 논쟁의 두 측면 모두에 적용될 수도 있다. 행복은 진리를 알게 되는데서 오는가? 아니면 착각을 유지함으로써 오는가? 다른 사람들과 함께 아니면 평안하게 혼자 있을 때 오는가? 의견은 흔히 빠진 것이다. 우리가 무엇을 발견하건, 그것을 예견한 사람이 있을 것이다(Mark Twain은 좋을 것을 말할 때, 누구도 이전에 그것을 말한 적이 없다는 것을 알고 있는 유일한 사람은 바로 아담이라고 조롱하였다) 그러나 많은 대안적 아이디어 중 어떤 것이 현실에 정말 잘 맞을까? 연구는 상식적 진실주의가 타당하게 되는 상황을 규명해 줄 수 있다.

　말하고 싶은 점은 상식이 예견하는 데 있어서 틀렸다는 것이 아니다. 그보다, 사실이 일어나고 난 다음에는 상식이 항상 옳다. 결국 우리는 우리가 하거나 했던 것 이상으로 알거나 알고 있었다고 생각하여 자신을 쉽게 속인다는 것이다. 그리고 그것이 쉬운 뒷궁리 편향에서 진정한 예측으로 그리고 착각으로부터 사실로 전환하기 위해 과학이 우리에게 필요한 이유이다.

요약 : 나는 이전에 그것을 알고 있었다 : 사회심리학은 단순히 상식에 지나지 않는가?

- 사회심리학은 명백한 것을 서류로 입증하는 것에 지나지 않는 사소한 것이라고 비판받는다.
- 그러나 실험은 사실을 안 후에 결과가 더 명백하다는 것을 보여준다.

- 이 같은 뒷궁리 편향(나는 이미 전에 알고 있었다)은 사람들로 하여금 자신이 한 판단이나 예측에 대한 타당성을 과신하게 만든다.

연구방법: 우리는 어떻게 사회심리학을 하는가?

사회심리학을 과학으로 만드는 방법에 대한 탐색

　사회심리학이 해답을 찾는 매력적인 질문을 생각해 보자. 우리는 역시 사회심리학자가 수행하는 일에 주관적 혹은 무의식적 과정이 영향을 미치는 방법에 대해 알고 있다. 이제 사회심리학을 과학으로 만드는 과학적 방법에 대해 생각해 보자.

　통찰력에 대한 탐구에서 사회심리학자는 자신들의 관찰을 조직화하고 검증 가능한 가설과 실제적인 예언을 암시할 수 있는 이론을 제안한다. 가설을 검증하기 위해, 사회심리학자는 상관연구를 통해 - 종종 자연 상황에서 이루어지기도 한다. - 행동을 예측하기 위한 연구를 한다. 혹은 그들은 통제된 조건하에서 하나 또는 그 이상의 요인들을 조작하는 실험을 수행하여 행동을 설명할 방법을 찾는다. 그들이 연구를 수행하면, 그들은 사람들의 일상생활을 향상시키는 데 자신들이 발견한 것을 적용할 방법을 찾는다.

앞에서 지적했던 것처럼, 우리 모두는 아마추어 사회심리학자이다. 사람을 살펴보는 것은 보편적인 취미가 되어야 한다. – 공원에서 길거리에서 학교에서 어디건. 우리는 사람들을 관찰함으로써, 사람들이 어떻게 생각하고 영향을 받고, 서로 관계를 맺는가 하는 아이디어를 형성한다. 전문적인 사회심리학자들도 이처럼 행동한다. 단지 좀더 체계적으로(이론을 형성함으로써) 그리고 각고의 노력을 통해서 이루어진다(종종원인과 결과를 보여주는 사회적 상황을 만들어내는 실험을 통해서).

가설의 형성과 검증

사회심리학자들은 인간의 실제보다 좀 더 환상적인 어떤 것에 대해 심사숙고하는 시간을 갖는다. 우리가 그 비밀을 고정시키기 위해 인간의 본성의 문제에 씨름함으로써 우리는 아이디어와 결과를 통해 이론을 만들어간다. **이론**은 관찰된 사상들을 설명하고 예언하는 원리들의 통합된 집합이다. 이론은 과학적 속기법이다.

일상의 대화에서 이론이 단순한 사실이라는 것은 아니다. – 이론의 추론으로부터 사실로 이어지는 확신의 사다리상의 중간 단계. 결국, 예를 들어, 사람들은 "단순한 이론"으로서 다윈의 진화론을 거부하였다. 미국 과학발전협회의 최고 책임자인 Alan Leshner(2005)가 지적한 것처럼, 진화는 단지 이론이라기보다는 중력과 같은 것이다. 종종 사람들은 중력이 하나의 사실이라고 반응한다. 그러나 여러분의 열쇠가 땅에 떨어질 때, 그것은 하나의 사실이 된다. 중력은 이 같이 관찰된 사실들을 해석해 주는 이론적 설명이라고 할 수 있다.

과학자에게 사실과 이론은 사과와 오렌지 같다. 사실은 우리가 관찰한 것과 일치하는 진술이다. 이론은 사실을 요약하고 설명한 아이디어들이다. "돌을 쌓아올려 지은 집처럼, 과학은 사실을 쌓아올린 것이다."라고 프랑스 과학자인 Jules Henri Poincare는 말했다. "그러나 돌무더기가 집이 아닌 것처럼, 단순한 사실의 축적이 과학은 아니다."

이론(theory)
관찰된 사상들을 설명하고 예언하는 원리들의 통합된 집합

가설(hypothesis)
두 사상 간에 존재할 수 있는 관계를 기술한 검증 가능한 제안

이론은 요약일 뿐만 아니라 가설이라고 부르는 검증 가능한 예언을 함축한다. **가설**은 여러 가지 목적으로 사용된다. 첫째, 이것은 우리가 가설이 어떻게 거짓인가를 입증하는 노력을 함으로써 이론을 검증하도록 한다. 둘째, 예언은 연구의 방향을 정해주며, 때때로 연구자가 결코 생각해보지 않았던 것을 찾도록 한다. 셋째, 좋은 가설의 예언적 특징은 그것들이 역시 실용적이라는 것이다. 예를 들어, 공격성에 관한 완벽한 이론은 언제 공격성을 기대할 수 있고, 그것을 어떻게 통제할 수 있는가를 예언한다. 현대 사회심리학의 설립자 중의

인간에게, 가장 흥미있는 주제는 사람들이다.

한 사람인 Kurt Lewin이 말한 것처럼, "좋은 이론만큼 실용적인 것은 없다."

이것이 어떻게 작용하는지 살펴보자. 우리는 집단 혹은 군중 속에서 약탈하고, 조롱하고 공격하는 사람을 관찰했다고 말한다. 그렇기 때문에 우리는 군중 혹은 집단 속에서 개인은 익명성을 느끼고 억제력이 낮아진다고 이론화할 것이다. 잠깐 동안 이 아이디어를 활용해 보자. 전기의자에 의한 사형집행 장면을 자극하는 실험실 실험을 구성하여 이 아이디어를 검증해 볼 수 있을 것이다. 집단 속에 있는 개인에게 자신이 실제로 전기충격을 가하는지 성원들이 알 수 없게 한다면, 우리는 그 사람이 이 불운한 희생자에게 전기충격을 줄 수 있게 할 수 있을까? 우리의 이론이 예측하는 것처럼, 혼자 있는 경우에 그 사람은 더 강한 전기충격을 줄까?

우리는 또한 익명성을 조작할 수 있을 것이다. 사람들이 마스크를 쓰면, 더 강한 전기충격을 줄까? 결과가 우리의 가설을 지지한다면, 이 같은 결과는 우리에게 실용적인 함의를 제시할 것이다. 아마도 경찰들에게 큰 이름표를 달고 경찰차에 큰 번호를 달거나 혹은 구속하는 것을 녹화함으로써 경찰의 무자비한 폭력은 줄어들 것이다. – 실제로 많은 도시에서 이 같은 일을 한다.

그러나 우리는 어떻게 한 이론이 다른 이론보다 더 좋다고 결론을 내릴 것인가? 좋은 이론은 (1) 효과적으로 방대한 관찰들을 요약해준다. 그리고 (2) 우리가 이론을 (a) 지지하거나 수정할 수 있게 하는 명확한 예언을 만들어낸다. 또한 (b) 새로운 조사를 만들어내고 (c) 실제적인 적용을 제안한다. 우리가 이론을 배제하는 경우는 통상적으로 오류가 입증되었기 때문이 아니다. 오히려 더 새롭고 더 나은 모델로 대체된다.

상관연구: 자연적 연관의 탐지

여러분이 배우게 될 사회심리학적 연구방법의 대부분은 이후의 책의 내용을 읽으면서 알게 될 것이다. 그러나 지금은 잠시 뒤로 물러나 어떻게 사회심리학이 이루어졌는지 알아보자. 잠시 뒤로 물러서서 바라보는 것만으로도 여러분은 뒤에서 논의되는 결과들을 이해하기에 충분하다. 연구의 논리를 이해하는 것은 여러분이 일상의 사회적 사건들에 관해 비판적 사고를 하는 데 도움이 된다.

사회심리학 연구는 장소에 따라 달라진다. 연구는 실험실(laboratory: 통제된 상황) 혹은 **현장**(field: 일상의 상황)에서 이루진다. 그리고 그것은 방법에 따라 달라진다. – 상관(둘 혹은 그 이상의 요인들이 당연히 관계있는가를 묻는 것) 혹은 실험(한 요인이 다른 요인에 영향을 미치는가를 보기 위해 요인들을 조작하는 것). 여러분이 신문이나 잡지에 보고된 심리학 연구를 비판적으로 볼 수 있는 독자가 되고자 한다면, 여러분은 **상관연구**와 **실험연구**의 차이를 이해해야 한다.

실제 예를 통해, 먼저 상관연구(자연적 상황에서 중요한 변수들이 관여된다)의 장점과 중요한 단점(인과관계의 모호성)을 살펴보자. 오늘날의 심리학자들은 개인과 사회적 요인과 건강과의 관계를 설명한다. 연구자들 중에는 Caledonian University의 Douglas Carroll과 그의 동료들인 George Davey Smith와 Paul Bennett(1994)이 있다. 사회 경제

현장 연구(field research)
실험실 밖의 실생활의 장면에서 자연스럽게 수행되는 연구

상관 연구(correlational research)
변인들 간의 당연히 발생하는 관계를 연구

실험연구(experimental research)
다른 것들은 통제하고(그것들을 일정하게 한다) 하나 혹은 그 이상의 요인들을 조작함으로써(독립변수) 인과관계의 단서를 찾고자 하는 연구

그림 :: 1.3
지위와 장수와의 상관관계
묘지의 지표석의 높이가 높을수록
더 오래 사는 경향이 있다.

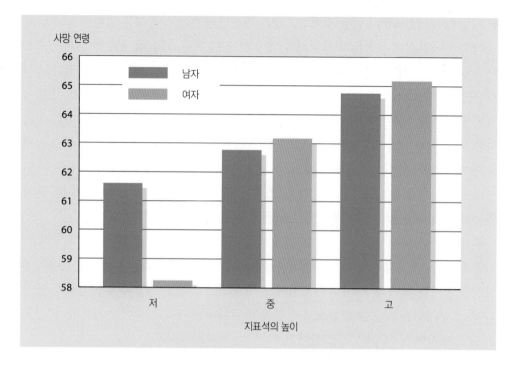

적 지위와 건강과의 연관 가능성을 찾는 데 있어서 연구자들은 Glasgow의 오래된 묘지를 파헤쳤다. 건강의 측정치로서 그들은 843명의 묘비에 새겨진 연대를 사용하였다. 지위의 지표로서 묘지 지표석의 높이를 사용하였다. 왜냐하면, 표지석이 높아지면 비용이 많이 들었고 결국 이는 유복함을 의미하기 때문이다. 그림 1.3에 나타난 것처럼, 남여 모두 묘비석이 높을수록 수명이 더 길었다.

　　Carroll과 그의 동료들은 현대의 자료를 이용하여 사회적 지위와 장수와의 관계를 다른 연구자들이 어떻게 지지하는가를 설명하였다. 최소한의 인구과밀과 비고용의 정보를 담고 있는 스코틀랜드의 우편번호 지역이 가장 장수하는 곳이었다. 미국의 경우, 수입은 장소와 상관이 있다(빈곤과 낮은 지위의 사람들일수록 일찍 죽을 위험성이 더 크다). 오늘날의 영국에서 직업 수준은 장수와 상관이 있다. 10년 동안 17,350명의 영국 민간서비스 종사자들을 대상으로 한 연구에 따르면, 최고 관리자에 비해서 전문 경영간부의 사망률이 1.6배나 높았다. 사무직 종사자는 2.2배, 노동자는 2.7배나 사망률이 더 높았다(Adler & others, 1993, 1994). 시공간적으로 볼 때, 지위와 건강의 상관은 신뢰할 만한 것이다.

상관과 인과관계

　　지위와 장수의 문제는 아마추어와 전문적 사회심리학자 간에 만들어지는 정말 어쩔 수 없는 사고의 오류를 잘 보여준다. 지위와 건강 두 요소가 함께 간다고 할 때, 하나가 다른 하나의 원인이 된다는 결론을 내리는 것은 말도 안 되는 것이다. 사회적 지위가 어떻게 건강의 위험으로부터 개인을 보호해 줄 수 있다고 가정할 수 있는가, 아니면 다른 관계를 설정할 수 있는가? 건강이 활력과 성공을 증진시킨다고 할 수 있을까? 아마도 단순히 더 오래사는 사람이 부를 축적할 시간이 더 많을 것이다(이들은 비싼 지표석을 가질 수 있었다). 혹은 다이어트 같은 제 3변인이 관련될 수 있을까? (부자와 노동계급 사람들이 먹는 것이 다르지 않을까?) 상관은 관계의 지표이다. 그러나 그 관계가 꼭 원인과 결과를 의미하는 것은 아니다. 상관연구는 우리가 예언할 수 있도록 한다. 그러나 하나의 변수가(사회적 지위 같은) 변하면 다른 변수도(건강 같은) 변한다는 것을 의미하지는 않는다.

상관과 인과관계에 대한 혼돈은 대중심리학에서 혼란스러운 사고를 일으킨다. 자긍심과 학업성취 간의 상관이라는 또

Glasgow Cathedral 묘지의 추모비

다른 실제적 사례를 살펴보자. 높은 자긍심을 가진 아동은 높은 학업성취를 보인다(어떤 상관에서처럼, 다른 방식의 기술이 가능하다. 높은 성취는 높은 자긍심을 갖게 하는 경향이 있다). 왜 여러분은 이 같은 가정을 하는가(그림 1.4)?

몇몇 사람들은 건강한 자기개념이 성취에 공헌한다고 믿는다. 결국, 아동의 자기상을 상향시키는 것은 역시 학업성취를 상향시키는 것이 된다. 그렇게 믿기 때문에 미국의 30개 주에서 170여개 이상의 자긍심을 향상시키는 법안을 입안하였다.

그러나 심리학자 William Damon(1995), Robyn Dawes(1994), Mark Leary(1999), Martin Seligman(1994, 2002), 그리고 Roy Baumeister와 John Tierney(2011) 같은 사람들은 자긍심이 낮은 성취(혹은 약물 오남용과 비행)로부터 아동을 보호할 수 있는 진정한 무기가 된다는 것에 의구심을 가지고 있다. 아마도, 다른 방향이 있을 수 있다. 아마도 문제와 실패가 낮은 자긍심의 원인일 것이다. 아마도 자긍심은 어떻게 일이 우리에게 진행되는가 하는 현실을 반영한다. 일을 잘 하면, 여러분은 자신에 대해 좋은 느낌을 가

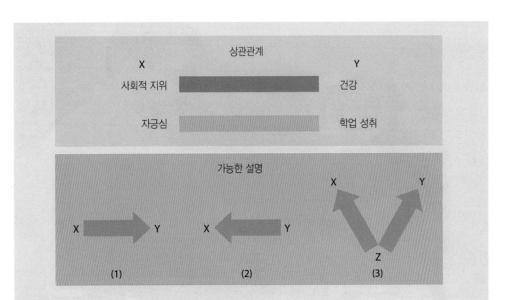

그림 :: 1.4

상관과 인과관계
두 변수가 상관이 있을 때, 설명에 대한 3가지 조합이 가능하다. 즉, 어떤 하나가 다른 것의 원인이 되거나 제3요인이 내재적으로 두 변수에 영향을 미칠 수 있다.

질 것이다. 시간을 낭비하거나 실패하면 자신이 바보 같은 느낌이 들 것이다. 635명의 노르웨이 학생을 대상으로 한 연구에 따르면, (공식적으로 받은) 철자표 위의 자신의 이름에 붙은 금메달과 그에 수반하는 선생님의 칭찬은 아동의 자긍심을 향상시킨다(Skaalvik & Hagtvet, 1990). 혹은 아마도 최근 연구된 약 6,000명의 독일 7학년 학생들에 대한 연구에서처럼, 자긍심과 학업성취의 관계는 쌍방적일 수 있다(Trautwein & others, 2006).

자긍심과 성취가 둘 모두 그 기저에 지능과 가족의 사회적 · 경제적 지위의 연관성 때문에 관계가 있을 수 있다. 이 같은 가능성은 다음의 두 연구에서 볼 수 있다. 하나는 전국 규모의 1,600명의 젊은 미국 남자를 대상으로 한 연구이며, 다른 하나는 715명의 미네소타 청년들을 대상으로 한 연구이다(Bachman & O'Malley, 1977; Maruyama & others, 1981). 연구자들이 수리적으로 지능과 가족의 사회적 · 경제적 지위의 예측력을 제거시켰을 때, 자긍심과 성취와 관계는 사라졌다.

상관은 상관계수로 잘 알려진 r을 사용하여 두 관계의 정도를 −1.0(한 요인이 상승하면 다른 한 요인은 하향하는 관계)에서부터 0, 그리고 1.0(두 요인이 함께 상승하거나 하향하는 관계) 사이의 수치로 수량화한다. 자긍심과 우울의 관계는 부적 상관을 보이며(약 −.6), 일란성 쌍생아 간의 지능은 정적 상관을 보인다(+.8 이상). 상관연구의 가장 큰 장점은 인종, 성, 그리고 사회적 지위(실험실에서 조작할 수 없는 요인들) 같은 요인을 검증하고자 하는 실제 상황에서 연구가 이루질 수 있다는 것이다. 그에 반해 가장 큰 단점은 실제의 모호성에 있다. 이것은 너무도 중요해서 만약 25번 말해서 이해하지 못한다면, 26번을 말해주어야 할 정도로 중요하다. 두 변수가 함께 변한다는 것은 하나를 알면 다른 하나를 예언할 수 있다는 것이다. 그러나 상관관계가 원인과 결과를 말하는 것은 아니다.

그러나 상관관계를 이용한 고급 기법들은 원인과 결과의 관계를 제언할 수 있다. 시간 경과를 포함하는 상관관계는 사건들의 시간적 전개를 보여준다(예 변화되는 성취

투표도 유권자의 무작위 표집(대표성)을 요구한다.

가 빈번하게 변화하는 자긍심에 선행한다거나 혹은 따라온다거나 하는 것을 지적함으로써). 지능과 가족의 사회경제적 지위를 제거함으로써 자긍심과 성취 간의 상관관계가 사라질 때처럼, 오염변인의 영향을 제외시키는 통계적 기법을 역시 사용할 수 있다. 다이어트와 같은 앞에서 언급했던 제3의 변인을 생각해 보자. 이 맥락에서 스코틀랜드 연구팀은 지위와 장수의 관계가 흡연의 효과를 제거했을 때도 존재하는가에 의문을 가졌다(상류층의 흡연이 높지 않다). 이 같이 스트레스 증가, 통제감 저하와 같은 다른 요인들이 저소득층의 사망연령이 낮은 것을 역시 설명할 수 있다는 것이 제안되었다.

서베이 연구

어떻게 사회적 지위나 건강을 측정할 것인가? 하나의 방법은 대표성을 갖고 있는 표본을 조사하는 것이다. 만약, 서베이 연구가 전체 모집단을 기술하기를 원한다면(많은 심리학 서베이에서는 이것을 목적으로 하지 않는다), 연구자들은 **무작위 표집**(연구되는 전집의 모든 사람이 표집에 추출될 동등한 기회를 갖는 것)을 통해 집단의 대표성을 확보한다. 이 같은 절차를 통해, 어떤 하위집단의 사람들이 – 금발머리, 조깅하는 사람, 자유주의자 – 전집을 대표할 수 있는 정도로 조사에 반영될 수 있을 것이다.

우리가 도시에서 조사를 하든지 혹은 전국적으로 하든지, 1,200명을 무작위로 표집한다면, 3%의 오차한계에 95%의 신뢰도를 갖고 전집을 기술할 수 있다는 것은 놀라운 일이다. 콩으로 가득찬 큰 항아리가 있다고 상상해 보자. 이중 50%는 붉은 콩이고 나머지 50%는 흰 콩이다. 이중 1,200개를 무작위 표집하여 여러분은 붉은 콩이 47%에서 53%일 수 있는 추출을 95% 확신을 가지고 할 수 있다. – 항아리 속에 10,000개의 콩 혹은 100만개의 콩이 있든지 상관이 없다. 우리가 붉은 콩을 한 대통령 후보의 지지자라고 하고 흰 콩을 다른 대통령 후보의 지지자라고 가정한다면, 우리는 왜 1950년 이후, 미국 선거에서 갤럽의 조사가 선거 결과를 2% 내에서 예측했는가를 이해할 수 있다. 혈액 몇 방울로 몸 전체를 이야기할 수 있는 것처럼, 무작위 표본은 전집을 이야기할 수 있다.

여론조사는 엄밀하게 말해서 투표를 예측하는 것은 아니라는 것을 명심하라; 여론조사는 오직 그들이 조사한 시점의 여론을 기술하는 것뿐이다. 여론은 변할 수 있다. 서베이를 평가하기 위해서, 우리는 역시 다음과 같은 4가지 잠재적인 편향의 영향력을 생각해야 한다. 대표성이 없는 표본, 질문 순서, 반응 선택 항목 그리고 질문에 사용되는 용어.

대표성이 없는 표본. 얼마나 명확하게 표본이 전집을 대표하는가는 연구에서 매우 중요한 문제이다. 1984년 칼럼니스트 Ann Landers는 여성은 섹스보다 애정을 발견하는 것을 더 중요하게 생각하는가 하는 질문을 독자들에게 물어보는 작가의 도전이라는 편지를 수락하였다. 그녀의 질문은 "당신은 꼭 껴안고, 부드럽게 만져주면 만족하고 행동하는 것을 잊어버립니까?"라는 것이었다. 100,000명이 조금 넘는 여성 응답자 중

무작위 표집(random sample)
연구의 대상이 되는 전집의 개개인이 표본에 포함될 기회가 동등한 서베이 절차

미국 미시간 대학교의 사회조사연구소에 있는 SRC의 사회조사연구실은 개별 면담실을 모니터링하는 시스템을 통해 스태프와 방문자가 모든 면담에서 신뢰롭게 임하겠다는 서약을 한다.

'그렇다'라고 답한 사람은 72%이었다. 세계적인 평판의 물결이 쇄도했다. 비판에 대한 반응으로 Landers(1985, 45p.)는 다음과 같이 시인하였다. "표집이 모든 미국 여성을 대표하지 못한다. 그러나 이것은 공공의 대표적 단면으로부터 정직하고 값진 통찰을 제공한다. 그 이유는 내 칼럼은 약 7천만 명쯤 되는 모든 계층의 사람들이 읽는다." 여전히 여기에도 의문은 남는다. 7천만 독자가 전집을 대표하는가? 700명의 독자 중 조사를 받고 수고를 아끼지 않은 1명이 조사에 응하지 않은 남은 699명을 대표하는가?

1936년 주간지 Literary Digest가 1천만 미국인들에게 대통령 선거에 대한 엽서를 발송했을 때, 대표성의 중요성을 효과적으로 보여주었다. 2백만 명 이상의 회수 응답에 따르면, Alf Landon이 Franklin D. Roosevelt에게 압승하는 것으로 나타났다. 실제 투표가 수일 후에 이루어졌을 때, Landon은 오직 2개 주에서만 이겼다. 잡지사는 전화번호부와 자동차 등록표에 나와 있는 사람에게만 조사를 하였다. 결국, 전화도 자동차도 가지지 않은 수백만의 투표자들은 무시한 것이다(Cleghorn, 1980).

질문의 순서. 대표성을 가진 표본을 가졌다면, 우리는 또한 질문의 순서와 같은 다른 편향의 원천에 대해 주장하여야 한다. 만약 남성과 여성 동성애자들에게 민간단체가 확실하게 좀 더 중립적 대안이 될 수 있는 것에 비해, 게이의 결혼에 대해 먼저 질문한다면, 미국 동성애자 민간단체에 대한 지지는 상승할 것이다(Moore, 2004a, 2004b).

반응 선택 항목. 반응 선택 항목의 극적인 효과를 역시 생각해 보자. Joop van der Plight와 그의 동료들이(1987) 영국 투표자들에게 그들이 희망하는 핵발전에 의한 원자력 에너지의 영국의 사용 퍼센트를 질문하였을 때, 평균 선호도는 41%이었다. 이들은 다른 투표자들에게 (1) 핵, (2) 석탄, 그리고 (3) 다른 재원으로부터 에너지를 얻기를 원하는 퍼센트를 질문하였다. 그 결과 이들의 원자력에 대한 선호도는 21%이었다.

질문에 사용되는 용어. 질문에 사용되는 세세한 용어 역시 응답에 영향을 미칠 수 있다. 한 여론조사에 의하면, 단지 미국인의 23%만이 미국 정부가 "가난한 사람을 도와주는데" 너무 예산을 많이 사용한다고 생각하였다. 하지만 53%의 사람들이 정부가

DOONESBURY   **by Garry Trudeau**

"복지"에 너무 많은 예산을 사용한다고 생각하였다(Time, 1994). 마찬가지로, 대부분의 사람들은 "외국에 대한 원조"를 삭감하는 것에 찬성하고, "다른 나라의 굶는 사람들을 돕는 것"에 예산을 증가하는 것에 찬성한다(Simon, 1996).

서베이 질문의 문제는 매우 민감한 사항이다. 심지어 질문의 어투를 조금만 변화시켜도 효과가 발생한다(Krosnick & Schuman, 1988; Schuman & Kalton, 1985). 무엇인가를 금지하는 것은 그것을 허락하지 않는 것과 같을 수 있다. 그러나 1940년, 54%의 미국인은 미국이 민주주의를 반대하는 연설을 금지해야 한다고 했고, 75%의 미국인이 미국은 이 같은 행위를 허락하지 않아야 한다고 했다. 그리고 2003년 말, 전국 규모의 조사에서 "남녀 간만의 결혼을 허락해야 한다는 헌법개정안에 찬성하는 미국인은 55%인 것으로 나타났다. 그러나 같은 조사에서 게이 결혼을 금지하는 개정안에 40%만이 찬성하였다(Moore, 2004)." 심지어 사람들이 쟁점에 대해 강력하게 느낄 때에도 질문의 형태와 용어는 그들의 응답에 영향을 미칠 것이다.

순서, 반응, 그리고 용어 효과는 정치 조정자들이 서베이를 이용하여 공공대중이 자신들의 정책을 지지하는 것처럼 보일 수 있도록 한다. 컨설턴트, 광고자, 그리고 의사들도 그들이 우리의 선택을 어떻게 **틀잡기**를 하였는가에 의해 우리의 결정에 비슷하게 혼란을 주는 영향을 미친다. 1994년 갈은 쇠고기에 요구되는 식품 표기, 예를 들어 70%의 살코기에 30%의 지방이라는 표기 대신에 30%의 지방이라는 표기와 같은 문제에 대해 로비를 한다는 것은 놀라운 것이 아니다. 콘돔이 AIDS 예방에 95%의 성공률을 가진다면 콘돔이 효과적이라고 10명 중 9명의 학생이 응답했다; 그러나 5%의 실패율이라고 했을 때에는 10명 중 4명의 학생만이 그것이 효과적이라고 응답하였다(Linville & others, 1992).

틀잡기 연구는 또한 일생에서 지정된 선택 항목을 규정하는 데 적용할 수 있다.

- 장기기증에 동의하거나 동의하지 않는 선택 : 많은 나라들에서 운전면허증을 갱신할 때, 사람들에게 자신의 장기를 기증할 것인가 여부를 결정하도록 한다. 자동선택의 항목이 기증하겠다는 것이고 동의하지 않으면 '아니오'라고 선택할 수 있는 나라에서는 거의 100%의 사람들이 장기를 기증하는 것을 선택한다. 미국, 영국,

틀잡기(framing)
질문 혹은 쟁점이 제기되는 방법; 틀잡기는 사람들의 결정과 의견의 표명에 영향을 미칠 수 있다.

그리고 독일은 자동 선택 항목이 '아니오'이고 원하는 사람만 '예'를 선택하도록 되어 있다. 이 나라들은 4명 중 1명만이 장기 기증을 하겠다고 선택한다(Johnson & Goldstein, 2003).

- 연금 저축에 가입하는가 가입하지 않는가에 대한 선택 : 수년 동안 40(K) 퇴직연금제도의 보상을 미루고자 하는 미국 노동자들은 자신들의 실질 임금소득을 낮추도록 선택할 수 있었다. 그러나 대부분의 노동자들은 그렇게 하지 않았다. 틀잡기 연구의 영향을 받은 2006 연금법에서는 선택의 틀을 재설정하였다. 즉, 지금은 법률에 의해 기업들은 종업원들에게 자동적으로 인센티브를 지급한다. 하지만 종업원이 이를 원하지 않는다고 선택하는 경우에는 그렇게 하지 않는다(실질 임금이 상승하게 된다). 이 같은 선택은 잘 지켜졌다. 그러나 한 연구에 따르면 반대로 틀잡기를 한 경우(opt out framing) 선택은 49%에서 86%로 급등하였다(Madrian & Shea, 2001).

기도하는 동안 담배를 피워도 되느냐고 물었을 때 젊은 수도승은 안 된다는 말을 들었다. 이에 대해 친구가 질문을 바꾸라고 조언해 주었다: 담배 피우는 동안 기도할 수 있습니까? (Crossen, 1993).

이야기는 자신의 이를 모두 잃어버린 꿈을 꾼 술탄에 관한 것이다. 그가 꿈을 해석해보라고 명령했을 때, 첫 번째 해몽가가 말하기를 "오오, 이를 모두 잃은 것은 당신이 가족들의 죽음을 보게 될 것이라는 의미입니다."라고 말했다. 격노한 왕은 나쁜 소식을 전달한 이 자에게 50대의 채찍을 치라고 명령했다. 그의 꿈 이야기를 들은 두 번째 해몽가는 왕의 행운으로 설명하였다. "당신은 일족보다 더 오랫동안 살 것입니다." 안심한 왕은 이 좋은 소식을 전달한 사람에게 금 50냥을 주도록 신하에게 명령하였다. 도중에 당황한 신하는 두 번째 해몽가에게 "당신의 해몽은 첫 번째 해몽과 다를 것이 없습니다."라고 말했다. 그러자 그 현명한 해몽가는 "아 예, 그러나 기억하십시오. 문제는 당신이 무엇을 이야기하는가 뿐만 아니라 당신이 그것을 어떻게 이야기하는가입니다."라고 답했다.

실험연구: 인과관계 연구

대부분의 사회심리학자들이 상관관계를 갖는 사건들의 인과관계를 찾는 과정에서 어려움을 겪기 때문에, 실현 가능하거나 윤리적으로 문제가 없는 경우 일상생활에 대한 실험실적 시뮬레이션을 만들어낸다. 이런 시뮬레이션은 항공공학의 풍향 터널과 유사하다. 항공 엔지니어들은 처음에 비행 물체가 다양한 환경에서 어떻게 동작하는지 관찰하지 않는다. 대기 상태와 비행 물체는 너무 복잡하게 변하기 때문이다. 대신 엔지니어들은 바람 상태와 날개 구조를 조작할 수 있는 시뮬레이션 실체를 만든다.

통제: 변인 조작

항공 엔지니어와 같이, 사회심리학자들은 우리 일상생활의 중요한 특징을 시뮬레이션하여 사회적 상황을 만들어낸다. 한 가지 혹은 두 가지 요인을 동시에 변화시켜(이를 **독립변인**이라고 부른다) 실험자들은 어떤 영향력이 있는지에 관한 특징을 보여준

독립변인
(independent variable)
연구자가 조작하는 실험 요소

다. 풍향 터널이 항공 엔지니어가 공기 역학 원리를 발견하는 데 도움이 되는 것처럼, 실험은 사회심리학자들이 사회적 사고, 영향, 관계의 원리를 알아낼 수 있도록 한다.

　　실험실 연구를 설명하기 위해 후속 장에서 소개될 편견과 공격성에 관한 유형화된 2가지 실험을 살펴보자. 각 실험은 상관연구의 결과에 대한 가능한 인과관련 효과적 설명을 제시하고 있다.

　　비만인에 대한 편견의 상관관계연구와 실험연구. 첫 번째 실험은 비만인에 대한 편견에 관한 것이다. 일반적으로 사람들은 뚱뚱한 사람은 느리고, 게으르고, 나약하다고 생각한다(Ryckman & others, 1989). 이러한 태도 때문에 차별을 하게 되는 것일까? 이 점에 대한 해답을 찾기 위해, Steve Gortmaker와 그의 동료들은(1993) 16~24세 비만 여성들을 연구하였다. 이 연구자들이 7년 후에 피실험자들을 다시 관찰하였을 때, 그 여성들 중 2/3가 여전히 비만 상태였고, 미혼이며, 다른 5,000명의 여성에 비해 낮은 급여를 받고 있었다. 심지어 적성검사 점수, 인종, 부모 수입 등의 차이점을 수정한 후에도, 비만 여성의 수입은 평균이하인 연 $7,000이었다.

　　다른 요인들의 영향을 수정한다고 해도 차별이 비만과 낮은 사회적 지위의 상관을 설명하는 것처럼 보인다. 그러나 우리는 확신할 수 없다(여러분은 다른 가능성을 생각할 수 있는가?). 사회심리학자인 Mark Snyder와 Julie Haugen(1994, 1995)의 연구를 생각해 보자. 그들은 76명의 미네소타 대학 남학생들에게 76명의 여학생 중 1명의 학생과 전화 대화를 통해 서로 알아가도록 했다. 여학생들에게는 알리지 않고, 각각 남학생들에게 그들의 대화 상대라며 사진을 보여주었다. 반정도의 사진은 비만 여성이었고(실제 파트너는 아니었음), 나머지 반은 정상 체중의 여성이었다. 나중에 여성 쪽의 대화를 분석해 본 결과 여성들이 비만이라고 생각되는 경우에 여성들이 덜 다정하고 덜 행복하게 이야기하였다. 명확하게 남학생들의 목소리의 톤과 대화 내용상의 무엇인가가 비만이라고 가정된 여학생으로 하여금 비만 여성은 바람직하지 않다고 하는 생각을 지지하는 방식으로 말하도록 유도하였다. 편견과 차별은 영향력이 있다. 새엄마 행동의 효과를 회상하는 것만으로 아마도 우리는 이것을 신데렐라 효과라고 말할 것이다.

　　TV 폭력물 시청의 상관관계연구와 실험연구. 실험이 어떻게 인과관계를 명확하게 하는가를 보여주는 두 번째 사례로써 TV 폭력물 시청과 어린이의 행동 간의 상관관계에 대하여 생각해보자. 폭력물을 더 시청할수록 어린이는 더 공격적인 성향을 지닌다. 어린이들은 TV에서 본 장면을

TV나 다른 매체를 통해 폭력물을 보는 것은 모방을 이끌어 내는가? 특히 아동에게? 실험은 이에 대한 시사점을 제공한다.

	실험참가자들이 조건에 무작위로 배정되는가?	독립변인	종속변인
조숙한 아이가 더 자신감이 있는가?	아니다 → 상관연구		
학생들은 온라인 또는 교실 수업에서 더 잘 배우는가?	그렇다 → 실험연구	온라인 또는 교실 수업하기	학습
학점은 직업적 성공을 예언하는가?	아니다 → 상관연구	폭력 또는 비폭력 비디오 게임하기	
폭력 비디오 게임을 하는 것은 공격성을 증가시키는가?	그렇다 → 실험연구		공격성
혼자 또는 다른 사람과 있을 때 코메디를 더 재미있어 하는가?	(당신이 답한다)		
소득이 높은 사람이 자긍심도 높은가?	(당신이 답한다)		

표 :: 1.1 상관과 실험연구 확인

학습하고 재연하는 것일까? 이제 여러분이 깨달았기를 바라는 것처럼, 이것은 상관관계연구의 결과이다. 그림 1.5에 있는 두 가지 인과관계 해석을 생각해 보자(그것이 무엇이었는가?).

사회심리학자들은 실험실에 텔레비전을 설치하고, 어린이들이 볼 수 있는 폭력물의 수위를 통제한다. 어린이들을 폭력 또는 비폭력적 프로그램에 노출시키고, 실험자들은 폭력물의 양이 어린이들의 행동에 얼마나 영향을 미치는지 관찰할 수 있다. Chris Boyatzis와 동료들은(1995) 초등학교 학생 몇 명에게 1990년의 가장 인기있던 폭력적인 어린이 TV프로그램인 "파워 레인저" 한 편을 보여주고 다른 아이들에게 보여주지 않았다. 시청이 끝난 직후, 그 프로그램 한 편을 본 아이들은 보지 않은 아이들보다 7배 넘는 공격 행동을 2분 간격으로 하였다. 이 관찰된 공격적 행동을 우리는 **종속변인**(dependent variable)이라고 한다. 이 같은 실험은 텔레비전이 아동의 공격적 행동의 한 원인이라는 것을 나타낸다.

종속변인
(dependent variable)
측정되는 변인. 독립변인의 조작에 의존하기 때문에 이렇게 불린다.

지금까지 우리는 실험의 논리는 간단하다는 점을 보았다. 모형 현실 세계를 만들고 통제하여 한 가지 요인과 다른 요인을 다양하게 바꾸고, 이러한 요인들이 독립적으로 혹은 복합적으로 사람들에게 영향을 주는지 알아낼 수 있다. 이제 약간 더 깊이 들어가서 어떻게 실험이 이루어지는지 알아보자.

모든 사회심리학 실험에는 2가지의 중요한 요소가 있다. 우리는 그냥 통제라는 한 가지만 생각한다. 우리는 다른 모든 것은 고정시키고, 한 가지 이상의 독립변수를 조작한다. 다른 요소는 무작위 배정이다.

무작위 배정: 위대한 평등자

상관관계연구에 근거할 때, 비만은 더 낮은 사회적 위치의 원인이 된다거나(차별을 통해) 폭력적 장면을 보는 것은 공격행동의 원인이 된다고(예 표 1.1 참조) 우리가 가정하는 것을 주저하게 된다. 서베이 연구자들은 측정하고 통계적으로 가능한 적절한 요인들을 추출한다. 그리고 상관관계가 여전히 존재하는가를 본다. 그러나 정상인과 비만인을, 폭력물 시청 경험자와 비경험자를 구별하는 모든 요인을 통제하는 것은 사

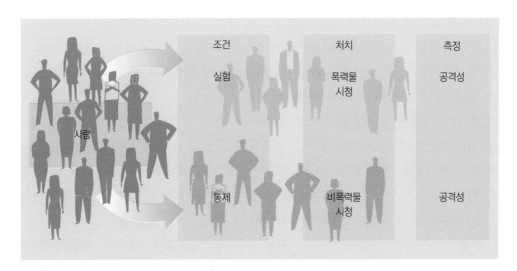

실상 불가능하다. 폭력물 시청 경험자는 교육, 문화, 지능 또는 연구자가 미처 고려하지 못한 여러 가지 방식에서 차이가 있을 수 있다.

무작위 배정은 그러한 모든 이질적 요소를 단번에 배제한다. 무작위 배정으로 각각 개인은 폭력물과 비폭력물을 볼 수 있는 동등한 기회를 가지게 된다. 이와 같이, 이러한 두 집단에 속하는 사람들은 가족 상황, 지능, 교육, 초기 공격성 등의 일반적으로 생각할 수 있는 모든 면에서 거의 평균에 가깝다. 예컨대, 고학력자들도 두 집단에서 비슷하게 나타난다. 왜냐하면, 무작위 배정으로 인하여 동등집단이 생기기 때문에, 두 집단 사이에 추후에 생길 수 있는 공격성의 차이는 그들이 폭력물을 시청했는지 여부에서 차이가 발생한다고 할 수 있다(그림 1.5).

무작위 배정
(random assignment)
모든 사람이 주어진 조건에 할당될
기회가 동등한 것처럼 실험의 조건에
참가자들이 배정되는 절차

실험 윤리

텔레비전 예는 왜 실험들에서 윤리적 쟁점이 부각될 수 있는가를 보여준다. 사회심리학자들은 한 어린이 집단을 오랜 시간 동안 잔인한 폭력에 노출시키지는 않았다. 그보다는 사회심리학자들은 사람들의 사회적 경험을 간단하게 바꾸고, 그 결과를 기록하였다. 때때로 실험 처리는 해가 없고, 심지어 즐거운 경험이기도 하여 사람들이 한다고 하더라도 동의할 수 있을 정도이다. 그러나 때때로 실험자들은 위험요소 유무가 확실하지 않은 애매모호한 상황에서 실험을 하기도 한다.

사회심리학자들은 종종 강도 높은 사고와 감정이 요구되는 실험을 계획할 때 윤리적으로 애매모호한 상황을 위험을 무릅쓰고 감행한다. 실험에 Elliot Aronson, Marilynn Brewer, 그리고 Merrill Carlsmith(1985)가 말하는 **일상의 현실성**(mundane realism)이 필요한 것은 아니다. 즉, 실험행위(예 공격성에 관한 실험으로 전기충격을 가하는 행위)는 일상적인 행동과 전적으로 똑같을 필요는 없다. 많은 연구자들에게 있어 현실성이라는 것이 정말 실제 일상생활인지는 중요하지 않다. 그러나 실험은 **실험상의 현실성**(experimental realism)이 기본적으로 바탕이 된다. 실험상의 현실성이 실험참가자들에게 존재하여야 한다. 실험자들은 실험참가자들이 의식적으로 연기를 하거나

일상의 현실성
(mundane realism)
실험이 외견상 일상적 상황과 유사
한 정도

실험상의 현실성
(experimental realism)
실험에 참가자가 빠져들고 관여되도
록 하는 정도

콧노래를 부르듯 건성으로 하는 것을 원하지 않는다. 실험참가자들이 진정한 심리적 과정에 개입해 있기를 바란다. 예를 들면, 사람들에게 누군가에게 강도 높은 혹은 약한 전기충격을 가할 것인지에 관해 결정하도록 강요함으로써 실제 공격성을 측정할 수 있다. 실제 공격성의 기능을 시뮬레이션하는 것이다.

가끔은 그럴싸한 이야기를 꾸며내어 사람들을 속여 실험상의 현실성을 만들어 내기도 한다. 옆방에 있는 사람이 실제로 충격을 받고 있지 않으나, 실험자는 실험참가자에게 그 사실을 알리지 않는다. 실험상의 현실성을 훼손할 수 있기 때문이다. 이와 같이 사회심리학 연구에서 약 2/3는(비율이 줄고 있기는 하다) 사실 연구를 위해 **기만**을 사용해왔다. (Korn & Nicks, 1993; Vitelli, 1988).

실험자들은 또한 실험참가자들이 좋은 피험자가 되고 싶은 나머지 기대행동을 하거나, 야비하게 그 반대행동을 하지 않도록 실험자들의 예측을 드러내지 않는다. 우크라이나인 Anatoly Koladny 교수의 실험에서 우크라이나인 설문 응답자 중 소비에트 공산주의 지배 아래 정부가 종교를 탄압하던 1990년대 시절에는 15%만이 종교인이라고 선언하였고, 공산주의 시대 이후 1997년에는 70%가 종교인이라고 선언하였다 (Nielsen,1998). 실험자들은 단어, 목소리 톤, 행동 등의 미묘한 방식으로 원하는 대답을 끌어냈을 수도 있다. 그러한 특정 행동에서 "요구"처럼 보이는 행동 등의 **요구특성**을 최소화하기 위해, 실험자들은 일반적으로 그들의 지시사항을 표준화하거나 컴퓨터를 이용하여 지시사항이 나타나게 하기도 한다.

연구자들은 윤리적인 문제가 수반될 수 있는 실험을 계획하는 데 있어 외줄타기 하듯 위험성을 감수한다. 여러분이 누군가에게 상처를 준다고 믿거나, 강한 사회적 압박을 받고 있다면 잠시나마 불편함을 느낄 수 있다. 그러한 실험이 정당하게 마무리될 수 있는지에 대해 오래전부터 의문점이 제기되어 왔다. 사회심리학자들의 기만은 보통 실제 생활에서 생길 수 있는 많은 잘못 전해진 말들이나 텔레비전의 몰래 카메라, 리얼리티 쇼에 비해 간단하고 무난한 편이다(한 네트워크 리얼리티 텔레비전 시리즈에서는 한 평범한 노동자를 잘생긴 백만장자로 속여 여자들이 그의 선택을 받도록 경쟁하게 하였다). 그럼에도 불구하고, 통찰력 획득을 위해 사람들을 속이고 때로는 괴롭게 하는 것이 정당화될 수 있는가?

실험에서 피험자들을 인간답게 대접하는가를 확신하기 위해 사회심리학 연구를 대학 윤리위원회에서 심의한다. 미국 심리학회(2002), 캐나다 심리학회(2000), 그리고 영국 심리학회(2000)에서 개발한 윤리 원칙은 연구자들이 다음 사항을 준수하도록 되어 있다.

기만(deception)
연구에서 참가자에게 연구의 방법과 목적에 관해 틀린 정보를 주거나 틀리게 참가자를 이끔으로써 발생하는 효과

요구특성
(demand characteristics)
실험에서 참가자에게 행동하도록 기대하는 것을 말해주는 단서

통보 후 동의
(informed consent)
연구참가자가 자신이 연구에 참가할 것인가를 선택할 수 있도록 충분히 설명해 줄 것을 요구하는 윤리적 원칙

- 잠재적 실험참가자들이 **통보 후 동의**할 수 있을 정도로 실험에 관하여 충분히 설명하라.
- 진실되라. 반드시 필요하고 중요한 목적이 있는 정당한 경우에만 속임수를 사용하고, "기꺼이 실험에 참가하고자 하는 태도에 영향을 주는 요소"가 있는 경우에는 금지하라.

- 피해와 심각한 불쾌감으로부터 실험참가자들을(필요한 경우, 방관자도) 보호하라.
- 실험참가자 개인정보의 비밀을 유지하라.
- 실험참가자에게 **사후해명**하라. 향후 실험이 전개될 상황을 기만도 포함하여 충분히 설명해준다. 실험참가자가 자신의 우둔함이나 잔인함을 깨닫게 하는 것과 같이 피드백을 통해 괴롭게 만드는 경우는 예외로 한다.

사후해명(debriefing)
사회심리학에서 실험참가자에게 실험 후에 하는 연구에 대한 설명. 사후해명은 어떤 기만이 종료된 후에 통상적으로 이루어진다. 종종 참가자의 이해와 느낌에 대해 질문하기도 한다.

실험자는 실험참가자들이 최소한 실험실에 도착했을 당시만큼의 좋은 감정을 갖고 떠날 수 있도록 충분한 정보를 제공하고 사려깊게 행동하여야 한다. 피험자들이 실험을 통하여 무언가를 배워 보람을 느낀다면 더욱 좋은 일이다. 피험자들이 존중받으면, 기만을 당하는 것에 대해 불쾌감을 느끼는 사람은 거의 없다(Epley & Huff, 1998; Kimmel, 1998). 실제로 사회심리학 옹호자들은 교수들이 학생들로 하여금 학과 시험을 치게 하고 점수를 주는 것으로 야기되는 불안이나 고통이 실험자들이 실험에서 야기하는 것보다 훨씬 더 크다고 한다.

연구 실험을 실제 생활에 일반화하기

어린이, 텔레비전, 폭력에 관한 연구에서 알 수 있듯이, 사회심리학은 일상 경험과 실험 분석이 혼합되어 있다. 이 책을 통해 우리는 연구실에서 이루어진 자료와 일상생활의 실례를 이끌어내는 작업을 할 것이다. 사회심리학은 실험연구와 일상생활 사이의 건전한 상호작용을 보여준다. 일상 경험에서 얻어진 것들은 종종 실험연구에 영감을 제공하며, 이것이 우리의 경험에 대한 이해를 깊게 한다.

이러한 상호작용을 어린이 텔레비전 실험에서 볼 수 있다. 사람들이 일상생활에서 보았던 것들이 상관관계연구를 제안하고 이것이 역시 실험연구를 이끌었다. 네트워크와 정부 정책 수립가, 그리고 변화를 가져올 수 있는 사람들이 이제 이러한 연구 결과에 관심을 가진다. 실험실 연구나 현장 연구에서 텔레비전의 영향력이 일관성 있게 나타나는 것은 도움행동, 리더십 유형, 우울, 그리고 자기 효능감을 포함하는 다른 영역에서도 같이 나타나는 것이다. 실험실에서 발견된 효과는 현장에서 나타난 결과에 의해서 투영된다. Craig Anderson과 그의 동료들(1999)은 "일반적으로 심리학 실험실은 사소한 것보다는 심리적 진실을 양산한다."고 지적했다.

그러나 우리는 연구 결과를 일상생활에 일반화하는 데 있어서 주의해야 한다. 비록 실험에서 인간 존재의 기본적 역동성을 발견한다고 하더라도, 그것은 아직 단순화되고 통제된 현실일 뿐이다. 그것은 모든 다른 조건이 동일한 상태에서, 변인 X에 의해 기대되는 결과만을 우리에게 이야기해 주는 것이다. – 현실 세계는 절대 그렇지 않다. 더욱이, 여러분이 알게 되겠지만, 많은 실험에 있어 실험참가자는 대부분 대학생이다 (Henry, 2008a, 2008b). 비록 여러분이 그것을 규명하는 데 도움이 되겠지만, 대학생이 모든 인간을 대상으로 하는 무작위 표본이라 할 수 없다. WEIRD(서양, 교육받은, 산업화된, 부유한 그리고 민주주의 체제에 있는) 배경을 가지고 있는 대부분의 피험자는 인류의 12%만을 대표하는 문화적 배경에 지나지 않는다(Henrich & Others, 2008b). 연령, 교육 수준, 문화 등을 달리하여 실험을 하여도 동일한 결과가 나올 수 있을까? 이것은 항상 해결되지 않는 문제점이다.

그럼에도 불구하고, 우리는 사람의 생각과 행동의 내용(例 그들의 태도), 그들이 생각하고 행동하는 과정(例 태도가 행동에 어떤 영향을 미치고, 반대로 행동은 태도에 어떤 영향을 주는가)을 구분할 수 있다. 그러한 내용은 과정에서보다 문화에 따라 다양하게 변한다. 다양한 문화권 출신의 사람들은 자신을 똑같은 방식으로 적응시키는데 다른 의견을 가지고 있을 수 있다.

- 푸에르토리코 출신의 대학생은 미국 본토 출신의 학생보다 외로움을 더 많이 느낀다고 보고한다. 두 문화 사이에서 외로움이라는 요소는 매우 똑같다. 수줍음, 인생의 불확실한 목표, 낮은 자존감 등도 마찬가지이다(Jones & others, 1985).
- 민족 집단은 학교 내 성취도와 비행에 있어 차이가 있지만, 그 차이는 그다지 크지는 않다고 David Rowe와 그의 동료들은 발표했다(1994). 가족 구조, 친구 영향, 부모 교육 정도가 한 민족 집단의 성취도와 비행을 예견할 수 있다면, 다른 집단에게도 마찬가지이다.

비록 우리의 행동은 다를 수 있지만, 똑같은 사회적 영향을 받는다. 우리의 표면적 다양성 바로 밑에는 차이점보다는 비슷한 점이 더 많이 있다.

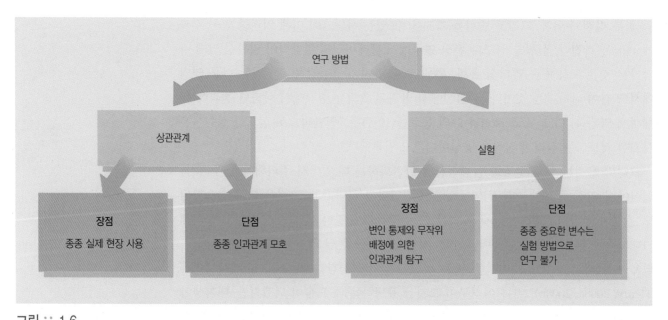

그림 :: 1.6

연구의 두 가지 방법 : 상관관계연구와 실험연구

요약 : 연구방법 : 우리는 어떻게 사회심리학을 하는가?

- 사회심리학자들은 자신들의 아이디어와 발견사실을 이론으로 조직화한다. 훌륭한 이론은 일련의 사실을 정제하여 훨씬 단순한 예언 원리의 목록을 만들 수 있게 해준다. 우리는 이런 예언을 사용하여 그 이론을 확증하거나 수정할 수 있고, 새로운 연구를 창안할 수 있으며, 그리고 실제적인 응용을 제안할 수 있다.

- 대부분의 사회심리학 연구는 상관관계연구이거나 실험연구이다. 상관관계연구는 때때로 체계적 서베이 방식으로 수행되기도 하는데 변인들 관계, 이를테면 교육과 수입의 관계를 알아본다. 두 사물이 자연적으로 관련이 있다는 것을 아는 것은 가치 있는 정보이지만, 인과관계의 신뢰할 만한 지표가 아니거나 제 3 변인이 연관되어 있을 수도 있다.

- 가능하다면, 사회심리학자들은 인과관계를 탐구하는 실험의 수행을 더 선호한다. 통제하에 놓인 축소된 현실을 구축함으로써 실험자들은 한 가지씩을 변화시켜서 그것들이 별개로 또는 조합해서 행동에 영향을 미치는지를 발견해 낼 수 있다. 우리는 실험참가자들을 실험처치를 받는 실험조건 또는 실험처치를 받지 않는 통제조건에 무작위로 배정한다. 그리고 나서 우리는 두 조건 사이의 어떠한 결과적 차이도 독립변인에 귀인할 수 있다(그림 1.6).

- 실험을 창출하기 위하여 사회심리학자들은 때때로 사람들의 정서를 사로잡는 상황을 설정한다. 그렇게 할 때, 그들은 전문적인 윤리 지침, 즉 통보 후 동의 구하기, 피해로부터 보호하기, 그리고 나중에 일시적 기만을 완전히 공개하기(사후해명)와 같은 것을 따를 의무를 지닌다. 실험실 실험으로 사회심리학자들은 생활 경험에서 얻은 아이디어를 검증하고, 원리와 발견사실을 실제 세계에 적용할 수 있다.

PART ONE

사회적 사고

이 책은 사회심리학의 정의에 관해서 말하고 있다. 1부에서는 우리가 어떻게 생각하는가? 2부에서는 영향력, 그리고 3부에서는 서로 간의 관계에 대해 언급한다. 4부에서는 사회심리학의 연구와 이론들이 실제 생활에 어떻게 적용되는지에 관해 초점을 맞춘 부가적 예들을 제시하고 있다.

1부는 우리가 서로에 관해 어떻게 인식하는지(사회적 인지라고 부른다)에 관한 과학적 연구들을 보여준다. 각 장에서 가장 중요한 몇몇 질문들을 보게 된다. 우리의 사회적 태도, 설명, 그리고 신념이 얼마나 합리적인가? 자신과 타인에 대한 우리의 인상이 일반적으로 정확한가? 우리의 사회적 사고가 어떻게 형성되는가? 어떻게 사회적 사고가 편파와 오류의 경향성을 갖게 되는가와 우리는 어떻게 그것이 실체에 더 가까워지게 하는가?

2장에서는 자신에 대한 생각과 사회적 세상 간의 상호작용을 살펴본다. 사회적 환경이 어떻게 우리의 자기정체성을 형성해 가도록 하는가? 자신의 이기심이 사회적 판단에 어떤 영향을 주며 우리의 사회적 행동에 어떤 동인이 되는가?

3장에서는 우리가 사회적 세계에 관한 신념을 만들어 가는 놀랍고도 때론 우스운 방법들을 보여준다. 그것은 또한 우리가 사회적 사고의 함정에 빠지는 것을 경계하고 그리고 어떻게 그것들을 피하고 좀 더 현명하게 생각할 수 있을지를 암시한다.

4장에서는 우리의 사고와 행동의 고리, 태도와 행동의 고리를 살펴볼 것이다. 우리의 태도가 행동을 결정하는가 아니면 그 반대인가? 혹은 양방향인가?

사회적

세상에서 자기

"" 세상에 정말 어려운(hard) 3가지가 있다. 그것은 강철,
다이아몬드 그리고 자신을 아는 것이다. ""

– Benjamin Franklin

세 상의 중심에서 우리들에게 그 무엇보다 중요한 것은 우리들 자신이다. 우리가 일상생활을 향해 중일 때 우리 자신에 대한 감각은 점점 더 세상에 몰입하게 된다.

다음 사례를 생각해 보자. 어느날 아침 잠에서 깨어 머리카락이 흉칙하게 솟아오른 머리를 누르고 재빠르게 집을 나서 학교로 향한다. 아침 내내 흉칙한 머리 모양에 신경을 곤두세우고 있다. 그런데 놀랍게도 교실에서 친구들이 이에 대해 아무말도 하지 않는다. 친구들은 당신의 우스꽝스러운 모습을 속으로 비웃고 있는 것일까? 혹은 친구들은 자신들의 생각에 사로잡혀 당신의 우스꽝스러운 머리를 알아차리지 못한 것인가?

스포트라이트 효과: 우리 행동과 외모에 대한 타인의 주의를 과대평가 하는 것

스포트라이트와 착각:
우리 자신에 대해 무엇을 가르쳐 주는가?

스포트라이트 효과 (spotlights effect)
다른 사람들이 자신의 외모와 행동에 실제로 그들이 하는 것보다 더 주의를 기울일 것이라고 믿는 것

왜 우리는 종종 실제보다 더 다른 사람들이 자신을 주목하고 있다고 느끼는가? 우리는 자기중심적 조망을 갖고, 자신의 두드러진 점을 과대평가한다. 이 같은 **스포트라이트 효과**(spotlights effect)는 우리가 우리 자신을 무대 중앙에 있다고 보는 경향 때문에 직관적으로 다른 사람의 주의가 자신에게 집중되어 있다고 생각하는 정도가 과대평가되는 것을 말한다.

Timothy Lawson(2010)은 동료들을 만나기 전에 앞면에 "American Eagle"이 새겨진 셔츠로 옷을 학생들에게 갈아입도록 하여 스포트라이트 효과를 알아보았다. 거의 40% 학생들이 다른 학생들이 셔츠에 새겨진 것을 기억할 것이라고 확신하였다. 하지만 기억을 한 사람은 10%뿐이었다. 대부분의 학생들은 방을 떠난 후 얼마 동안 학생들이 셔츠를 갈아입은 지조차 알아채지 못했다. 다른 연구에 따르면, 가수인 Barry Manilow가 있는 입기 창피한 셔츠를 입도록 하였다. 하지만 이 경우에도 관찰자의 23%만이 그것을 주목하였다. 50%가 조금 안 되는 사람들은 가슴에 1970년대의 소프트 락 휘파람새

research
CLOSE-UP   초초하게 보일까 초조해 하는 것

여러분이 매력적이라고 생각한 사람이 여러분에게 접근해 왔을 때 자의식을 느껴본 적이 있습니까? 혹은 당신이 긴장한 것이 탄로날까봐 걱정해 본 적이 있습니까? 또한 관객 앞에서 이야기할 때 떨고 있는 자신을 발견하거나 모든 사람들이

이것을 알아차렸다고 상상해 본 적이 있습니까?

Kenneth Savitsky와 Thomas Gilovich(2003)는 자기 자신과 타인에 대한 연구를 통해 자신의 내적 상태가 "노출"되는 정도를 사람들이 과대평가한다는 것을 알았다. 거짓말을 하도록

부탁받은 사람들은 다른 사람들이 자신의 속임수를 찾아낼 것이라고 상상한다. 확실히 맛이 없는 음료수를 시음하도록 부탁 받은 사람들은 다른 사람들이 자신의 메스꺼움을 알아차릴 것이라고 생각하며, 이 같은 생각은 거의 억제할 수 없다.

수업이나 대중 앞에서 발표를 하는 사람들 중 다수는 걱정스럽고 불안하다. 그들이 대중 앞에 설 때, 무릎이 흔들리고 손이 떨리는 것을 느끼면 다른 사람들이 이것을 알아 차리고 있다는 추정을 하게 되고 그들의 불안은 계속된다. 이것은 불면증을 가진 사람이 잠들지 못할까봐 초조해 하느라 잠들지 못하는 것과 같다. 또한 이것은 말을 더듬는 것에 대한 불안이 더욱 말을 더듬게 하는 것과 같다. 이전에 말을 더듬어서 언어치료를 받았던 환자로서 이것이 진실이라는 것을 나는 알고 있다.

Savitsky와 Gliovich는 투시의 착각이 대중 연설 경험이 없는 사람에게 나타나는지 그리고 그것이 그의 연설을 방해하는지에 대해 궁금했다. 이것을 알아보기 위해 그들은 40명의 코넬 대학교 학생을 2명씩 짝지어 실험실에 오도록 하였다. 한 사람은 연단에 서고 다른 한 사람은 앉아 있었다. 연단에 선 사람에게 Savitsky는 "요즘 인생에서 가장 좋고 나쁜 일들"과 같은 주제에 대해 3분 동안 이야기하도록 하였다. 연설이 끝나면, 그들에게 자신이 이야기하는 동안 긴장한 것이 어느 정도 표출되었는지, 다른 사람은 어느 정도 긴장한 것처럼 보였는지 각각 평정하도록 하였다(전혀 아니다(0)부터 매우 그렇다(10)까지).

결과는? 사람들은 자기 자신이(평균 6.65) 파트너보다(5.25) 더 긴장했다고 평가했다. 이런 차이는 통계적으로 의미가 있다(표본에서 나타난 이 대단한 차이는 우연 때문이 아닌 것 같다는 의미이다). 40명의 참가자 중 27명(68%)은 자신이 파트너보다 더 긴장했다고 믿었다.

Savitsky와 Gilovich는 자신들의 연구 신뢰도를 알아보기 위해 한 치의 흐트러짐 없이 집중하여 듣는 청중 앞에서 연설하는 실험을 반복하였다. 그 결과, 역시 연설자들은 자신의 긴장이 드러난 정도에 대해 과대평가했다.

다음으로 Savisky와 Gilovich는 자신의 긴장을 다른 사람들이 잘 알아차리지 못한다는 것을 알고 있는 연설자들은 긴장을 덜하고 연설을 더 잘할 수 있을지 궁금했다. 그들은 77명의 코넬 대학교 학생을 역시 실험실로 불러 5분 동안 준비할 시간을 주고 자신들의 학교에서 인종 간의 관계에 대해 연설하는 비디오를 3분 동안 틀어 주었다. 이 집단(통제조건) 사람들은 더 이상 어떤 지시도 받지 않았다. 그리고 다른 두 실험 집단에게는 실험자가 "나는 당신이 불안하다는 것을 알고 있습니다. 그것은 자연스러운 일입니다...."라고 말하고 사람들이 자신의 수행과 긴장이 표출되는 것에 대해 불안해하는 것에 대해 설명해 주었다. 그런데 실험 집단의 반(안심조건)에게는 "다른 사람들이 무슨 생각하는지 걱정할 필요가 없습니다. 단지 긴장을 풀고 최선을 다하는 것만 명심하십시오. 초조해진다고 느껴도, 그것을 걱정할 필요가 없습니다."라고 지시하였다. 나머지 반(정보조건)에게는 투시의 착각에 관해 설명해 주었다. "연구에 의하면, 청중들은 여러분이 생각하는 것처럼 여러분을 알아차리지 못합니다... 연설자는 자신의 긴장이 환히 비쳐 보이는 것 같이 느끼지만, 사실상 여러분의 감정은 명확하게 보이지 않습니다... 이런 사실을 염두에 두고 긴장을 풀고 최선을 다하십시오. 여러분이 긴장한 것을 알았을 때 그 사실을 알 수 있는 사람은 오직 당신뿐입니다."

연설 후 연설자들은 자신의 연설의 질과 지각한 긴장에 대해 평정하였다(7점 척도). 관찰자 역시 이에 대해 평정하였다. 표 2.1에서 보는 것처럼, 투시의 착각에 대해 설명을 들은 사람들은 통제조건과 안심조건의 사람들보다 자신의 연설과 모습에 대해 더 좋게 생각했다. 더 나아가 관찰자 역시 연설자의 자기평가 결과와 같았다.

그러므로 누군가 나를 바라보고 있다고 긴장될 때, 이 실험의 교훈을 떠올려라: 다른 사람들은 여러분이 생각하는 것보다 잘 알아차리지 못한다.

표 :: 2.1 연설자와 관찰자의 평정 평균(7점 척도)

평가 영역	통제조건	안심조건	정보조건
연설자의 자기평가			
연설의 질	3.04	2.83	3.50*
편안함	3.35	2.69	4.20*
관찰자의 평가			
연설의 질	3.50	3.62	4.23*
다양한 외현	3.90	3.94	4.65*

* 통제조건과 안심조건이 통계적으로 유의미한 차이가 있음.

가 있었다고 잘못 기억하였다(Gilovich & others, 2000).

이상한 옷, 흉측한 머리 모양, 그리고 보청기에서 나타난 사실들은 또한 우리의 정서에도 적용된다. 불안, 초조, 역겨움, 사기, 혹은 매력(Gilovich & others, 1998). 우리가 추정하는 것보다는 훨씬 적은 사람이 주목한다. 예민하게 자신의 정서에 주의를 기울이는 것과 같이 종종 우리는 **투시의 착각**(illusion of transparency)에 괴로워한다. 우리가 행복하고 우리가 그것을 알고 있다면, 우리의 얼굴 표정에 그것이 나타날 것이다. 그리고 다른 사람들이 그것을 주목할 것이라고 우리는 추측한다. 사실 우리는 알고 있는 것보다 더 불분명하다(연구보기: "초조해 보일까 초조해 하는 것" 참조).

또한 우리는 사회적 실수들과 대중의 생각에 어긋나는 것들을 과대평가한다. 우리가 도서관의 경보기를 울리게 했다거나 혼자만이 저녁 초대에서 주인에게 선물을 주지 않는 단 한사람의 손님이 되었을 때, 우리는 괴로울 것이다(모든 사람이 바보라고 여길거야 라고). 그러나 연구에 따르면, 우리는 그것에 대해 괴로워하지만, 다른 사람들은 잘 알지 못하거나 금방 잊어버린다(Savitsky & others, 2001).

스포트라이트 효과와 그것과 관련된 투시의 착각은 자신에 대한 감각과 사회적 세계들 사이의 상호작용에 관한 많은 예들 중 단 2개에 불과하다. 더 많은 예들은 다음과 같다.

투시의 착각
(illusion of transparency)
우리의 비밀스러운 정서가 흘러 나와 다른 사람들에게 쉽게 읽힐 수 있다고 생각하는 착각

- *사회적 환경은 자기 인식에 영향을 미친다.* 서로 다른 문화, 인종, 성별이 공존하는 집단에 속한 개인들은 자신이 어떻게 다르며 자신의 이런 차이에 대해 다른 사람이 어떻게 반응하는지 알고 있다. 이 글을 쓴 날 유럽계 미국인 친구가 방금 전에 네팔에서 돌아와 그가 시골 마을에서 사는 동안 자의식적으로 자신이 백인임을 느꼈다고 했다. 한 시간 후에는 아프리카계 미국인 친구가 와서 그녀가 아프리카에 머무는 동안 자의식적으로 미국인임을 느꼈다고 했다.

- *이기심은 사회적 판단에 영향을 준다.* 부부와 같이 아주 가까운 관계에서 문제가 생긴 경우 우리는 일반적으로 자기 자신보다 상대방에게 더 많은 책임을 지운다. 가정, 직장, 또는 활동에서 모든 일이 잘 되면, 우리는 자신이 더 많은 공헌을 했다고 생각한다.

- *자기에게 관심을 갖는 것은(self-concern)* 우리의 사회행동을 동기화한다. 빈틈없는 정치가처럼 우리는 타인의 행동과 기대를 잘 살피고 그에 따라 우리의 행동을 조절한다.

- *사회관계는 자기에 관해 정의를 내리는 데 도움을 준다.* Susan Anderson과 Serena Chen(2002)에 따르면, 우리는 다양한 관계들 속에서 자기를 변화시킨다. 우리는 어머니, 친구, 선생님과 같이 있을 수 있다. 우리가 자기를 어떻게 생각하고 있는지는 그 순간 관계를 맺고 있는 사람과 관계가 있다. 그리고 관계가 변하면 우리의 자기개념 역시 변한다. 연인과 헤어진 대학생은 자신에 대한 지각이 바뀌게 된다. 즉, 자신이 누군가 하는 확신이 떨어지게 된다. 이는 실연이 정서적으로 매우 고통스러운 이유 중 하나이다(Slotter & others, 2010).

예들이 보여주듯이 자기와 타인들 간의 소통은 양방향적이다. 자기에 관한 자신의

생각과 감정은 타인에게 어떻게 반응할지에 영향을 미친다. 그리고 타인은 우리 자신에 대한 감각을 형성하는 데 도움을 준다.

이런 이유로 오늘날 심리학의 어떤 주제도 자기에 관한 연구보다 더 연구되는 것은 없다. 2011년 "자기"라는 단어는 21,693권의 책에 제시되고 있다. 그리고 PsyINFO(심리학 연구에 대한 온라인 데이터베이스)에는 1970년에 비해 "자기"에 관한 연구요약이 20배 더 많다. 우리의 자기에 대한 감각은 우리의 생각, 감정, 행동을 조직화한다. 우리의 자기에 대한 감각은 과거를 기억하고, 현재에 어떤 결정을 내리며, 미래에 대해 계획을 세울 수 있게 해 준다. 그로 인해 적합한 행동을 한다.

후속 장에서 우리의 많은 행동은(내가 생각한 것보다 더 많이) 의식적이라기보다 자동적이고 무의식적으로 통제된다는 것을 알 수 있다. 그러나 자기는 장기적인 계획을 세우고, 목표를 정하며, 제지할 수 있는 능력이 있다. 그것은 대안을 생각하고 자신을 타인과 비교하며 평판이나 관계들을 조절한다. 더 나아가 Mark Leary(2004a)가 지적한 것처럼, 자기는 때때로 만족스러운 삶에 방해물이 되기도 한다. 종교적 명상에서는 자신을 평온하게 하고, 물질적 쾌락에 대한 애착을 줄이고, 자기를 재설정함으로써 자기 자신에게만 몰두하는 것을 못하게 한다. 심리학자인 Jonathan Haidt(2006)는 "신비주의란 언제 어디서나 자기에 대한 생각을 버리고 자기를 초월하여 자기보다 더 큰 존재와 동화되는 것"이라고 덧붙였다.

이 장의 나머지 부분에서 우리는 자기개념(우리들 자신에 대해 어떻게 알게 되는가)과 행동에서의 자기(우리의 자기에 대한 감각이 우리의 태도와 행동들을 어떻게 이끌어 가는지)에 대해 살펴볼 것이다.

> "사람보다 더 관심의 대상이 되는 주제는 없다. 더욱이 대부분의 사람에게 가장 관심의 대상이 되는 것은 자기 자신이다."
> – ROY F. BAUMELSTER, *THE SELF IN SOCIAL PSYCHOLOGY, 1999*

요약 : 스포트라이트와 착각

- 우리가 타인에게 주는 인상에 관해 우리는 타인들이 실제보다 우리에게 더 많은 주의를 기울이고 있다고 믿는 경향이 있다(스포트라이트 효과).

- 또한 우리의 감정이 실제로 드러나는 것보다 더 명백하게 표출된다고 믿는 경향이 있다(투시의 착각).

자기개념: 나는 누구인가?

우리 자신을 어떻게, 얼마나 정확하게 알고 있는가, 그리고 무엇이 자기개념을 결정하는가

인간은 독특하고 복잡한 창조물이기 때문에 여러 가지 방법들로 다음 문장을 완성할 수 있다. "나는 _____이다"(여러분이 답할 수 있는 5가지는 무엇인가?). 같이 해 보라. 여러분의 대답이 여러분의 **자기개념**에 대한 정의를 내려줄 것이다.

자기개념(self-concept)
나는 누구인가라는 질문에 대한 개인의 대답들

세상의 중심에서: 우리의 자기에 대한 감각

　　자신에게서 가장 중요한 부분은 자기이다. 이러한 자기에 대한 감각이 어디서 생기는지 알아내기 위해, 신경과학자들은 자신에 관한 변하지 않는 이해의 기본이 되는 뇌의 활동에 관해 연구하고 있다. 몇몇 연구들은 우반구가 중요한 역할을 한다고 제안하고 있다. 왼쪽 경동맥을 마취시킨 후 잠을 자면, 아마도 여러분은 자신의 얼굴을 인식해 내는 데 어려움을 느낄 것이다. 우뇌가 손상된 한 환자는 자신이 왼팔을 갖고 있고 그것을 조정하고 있다는 것을 인식하지 못했다(Decety & Sommerville, 2003). 여러분의 눈 뒤에 있는 반구들 사이의 절편에 위치한 신경 경로인 전전두엽 중앙부의 대뇌피질이 여러분의 자기 감각을 함께 연결하도록 도와주는 곳 같다. 여러분이 자신에 대해 생각할 때 그곳은 더 활성화된다(Farb & others, 2007; Zimmer, 2005).

자기도식(self-schema)
자기 관련 정보처리를 조직화하거나 이끄는 자기에 대한 신념들

　　자기개념의 요소들과 자신에 관해 정의내리는 정확한 믿음이 **자기도식**이다(Markus, Wurf, 1987). 도식은 우리가 우리의 세상을 조직화하는 정신 판형이다. 우리의 자기도식은 - 자신을 운동선수 같은 몸매로, 똑똑한 사람으로 또는 그 외에 무엇인가로 지각하는 - 우리가 지각하고 기억하며 자기와 타인에 대해 평가하는 데 큰 영향을 미친다. 만약 운동경기가 여러분의 자기개념의 중추적인 것이라면(만약 운동선수가 되는 것이 여러분의 자기도식 중의 하나라면), 여러분은 타인의 신체나 기술에 주목하는 경향을 갖게 될 것이다. 여러분은 운동과 관련된 경험들을 재빠르게 기억할 것이다. 그리고 여러분은 자신의 자기도식과 일치하는 정보를 더 잘 받아들인다(Kihlstrom & Cantor, 1984). 만약 친구의 생일이 자신의 생일과 가깝다면, 여러분은 친구의 생일을 더 잘 기억할 것이다(Kesebir & Oishi, 2010). 우리 자신이 개념을 구성하는 자기도식은 우리가 우리 경험을 조직화하고 상기하는 데 도움을 준다.

가능한 자기(possible selves)
미래에 우리가 꿈꾸거나 두려워하는 자기에 대한 상

가능한 자기

　　우리의 자기개념은 현재 우리가 누구인가를 나타내는 자기도식을 포함할 뿐만 아니

두려울 정도의 과체중인 자기, 부자인 자기 그리고 도움이 되는 자기를 포함하고 있는 Oprah Winfrey의 상상할 수 있는 가능한 자기는 그녀가 원하는 인생을 성취하도록 그녀를 동기화시킨다.

라 우리가 어떤 사람이 될 것인가를 나타내는 **가능한 자기**도 포함한다. Hazel Markus와 그녀의 동료들(Ingle hart & others, 1989; Markus & Nurius, 1986)은 가능한 자기란 자기에 대한 우리의 비전, 우리가 꿈꾸는 것, 예를 들어 부자, 마른 몸매, 열정적으로 사랑 받고 사랑하는 자기 등을 모두 포함하는 것이라고 지적한다. 또한 실업자 자기, 사랑 받지 못한 자기, 교육적으로 실패한 자기와 같이 우리가 두려워하는 자기도 포함한다. 이런 가능한 자기는 우리가

바라는 생의 비전을 향해 가도록 동기를 부여한다.

사회적 자기의 발달

우리의 생각을 정리시켜주고 사회적인 행동을 이끌기 때문에 자기개념은 사회심리학의 주된 관심사가 되어 왔다(그림 2.1). 하지만 무엇이 우리의 자기개념을 결정짓는가? 성격과 자기개념에 대한 유전적 영향은 주로 쌍둥이 연구에서 이루어졌다. 그러나 사회적 경험 역시 부분적으로 영향을 미친다. 이런 영향을 미치는 요소들은 다음과 같다.

- 우리가 맡은 역할
- 우리가 형성한 사회정체성
- 서로를 비교하는 것
- 우리의 성공과 실패
- 다른 사람들이 자신들을 어떻게 판단하는가
- 주변 문화

우리가 맡은 역할

우리는 대학생, 부모, 판매원과 같은 새로운 역할을 맡을 때, 우리는 처음에 자의식을 느낀다. 하지만 점점 우리의 그 역할을 삶이라는 극에서 연기하면서 생기는 것들은 우리의 자아에 흡수된다. 예를 들면, 우리가 자신의 역할을 수행하면서 자신이 생각하지 못한 무엇인가를 지지할 수도 있다. 우리의 조직을 대신하여 연설을 한다면, 우리가 말하고자 하는 것을 더 강하게 믿음으로써 자신의 말을 정당화한다. 역할 수행이 현실이 되어가는 것이다(4장 참조).

사회 비교

우리는 어떻게 자신이 부유하고 똑똑하며, 그리고 키가 작다는 것을 결정하는가? 하나의 방법은 **사회 비교**(social comparison)를 통한 것이다(Festinger, 1954). 주변 사람들과 자기 자신을 비교하는 것을 통해 그들은 우리가 부유하다거나, 가난하다거나, 똑똑하다거나, 멍청하다거나, 키가 크고 작다는 것에 대한 기준을 정하는 것을 도와준다. 사회 비교는 소수만이 매우 능력 있는 학교에 다니는 경우, 왜 그 학교의 학생들이 학력과 관련된 높은 자기개념을 갖는 경향이 있는지(Marsh & others, 2000)를 설명해 준다. 그리고 보통 수준의 고등학교에서 우수했던 학생들이 졸업 후 매우 좋은 대학에 진학한 후 어떻게 자기개념에 위협을 받는지를 설명해 준다. 말하자면 "큰 고기"가 작은 연못을 벗어난 것이다.

대부분의 삶은 사회 비교와 연관되어 있다. 우리는 남들이 수수해 보일 때 자신이 잘 생겼다고 느낀다. 남들이 아둔할 때 자신이 똑똑하다고, 남들이 냉담할 때는 자신

사회 비교(social comparison) 자신의 능력과 의견을 타인의 그것과 비교함으로써 평가하는 것

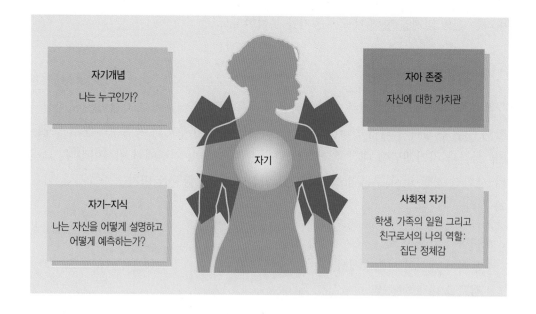

이 친절하다고 느낀다. 우리는 친구의 행동을 볼 때 자기 자신과 비교하지 않을 수 없다(Gilbert & others, 1995; Stapel & Suls, 2004). 그래서 우리는 다른 친구의 실패에 기뻐할 수 있다. 특히 내가 질투하거나 자기 자신에게 큰 피해가 없다고 생각할 때 친구의 실패에 기뻐한다(Lockwood, 2002; Smith & others, 1996).

사회 비교는 또한 우리의 만족을 줄이기도 한다. 풍족함이나 직위와 성취의 증가를 경험했을 때, 우리는 자신의 성취를 평가할 수 있는 기준을 높이는 "상향 비교(compare upward)"를 한다. 우리가 성공의 사다리를 오를 때 위로 보는 경향이 있지, 아래를 보지는 않으며, 자신보다 잘하는 다른 사람과 비교한다(Gruder,1977; Suls & Tesch, 1978; Wheeler & others, 1982). 경쟁에 맞설 때, 우리는 흔히 경쟁자가 유리하다고 지각하여 우리의 위태위태한 자기개념을 보호한다. 예를 들어, 대학생 수영 선수들은 자신의 경쟁자들이 더 나은 코치를 받았거나 연습을 더 많이 한다고 믿는다(Shepperd & Taylor, 1999).

"비교하지 마라!"
– KING CHARLES I,
1600–1649

다른 사람들의 판단

다른 사람들이 우리를 좋게 생각할 때, 그것으로 우리가 우리 자신을 좋게 생각하게 된다. 다른 사람들로부터, 재능을 타고 났다거나, 열심히 한다거나, 도움이 된다고 여겨지는 아이들은 이 같은 평판에 부합하도록 자기개념을 갖고 행동을 하는 경향이 있다(3장 참조). 소수 집단의 학생들이 자신들의 학업 능력에 대한 부정적인 고정관념에 의해서 위협을 받는다고 느끼거나, 여성이 수학이나 과학 수행이 낮을 거라는 기대에 의해서 위협을 받는다고 느낀다면, 이들은 이 같은 사실에 의해서 잘못된 정체감을 형성할 수도 있을 것이다. 이 사전 판단을 이겨내기보다는 그들이 관심이 있는 다른 것으로부터 정체감을 형성할 수도 있다(Steele, 2010; 9장 참조).

사회학자인 Charles H. Cooley(1902)가 주장한 '거울에 비친 자기'란 우리가 거울을

동년배의 실수 속에서 사적인 기쁨
2011년 강력한 언론 재벌인 Rupert Murdoch과 그의 아들인 James Murdoch이 자신들의 신문사 중 한 회사의 불법행동에 의해 창피를 당했을 때, 사람들은 Schadenfreude(독일어로 남의 불행에 대해 갖는 쾌감)을 느꼈다.

통해서 우리를 보는 것처럼, 타인이 우리를 어떻게 지각하는가, 그리고 우리가 어떻게 사용하는가를 보여주는 것이다. 사회학자인 George Herbert Mead(1934)는 이 개념을 자기개념은 타인이 우리를 어떻게 사실적으로 보았는가가 아니라 우리가 그들이 우리를 보는 것을 상상하는 방식이라고 재정의하였다. 사람들은 비판하기보다는 칭찬하는 것을 더 자유롭게 느낀다; 그들은 찬사를 말하고 우롱을 억제한다. 그러므로 우리는 타인의 칭찬이나 부풀려지는 우리 자신의 상을 과대평가할 수 있다(Shrauger & Schoene man, 1979).

우리가 보게 되겠지만, 자기 팽창은 놀랍게도 대부분의 서구 국가에서 발견된다. Shinobu Kitayama(1996)는 북미를 방문한 일본인들이 친구들 사이에서 사용하는 많은 칭찬의 단어들에 놀라는 것에 주목하였다. 그러나 그의 동료들이 사람들에게 얼마나 오래전에 누군가를 칭찬했는가라고 물었을 때, 가장 많은 수의 미국인들의 반응은 하루였다. 사람들이 개인적인 성취에 덜 자부심을 갖고 실패하는 타인에 대하여 미안함을 더 느끼도록 사회화되는 일본에서 가장 많이 나온 반응은 4일이었다.

우리 조상의 운명은 타인이 그들 자신에 대하여 생각하는 것에 달렸었다. 그들의 생존은 그들의 집단이 보호해줄 때 향상되었다.-식료품 가게가 없던 시절, 혼자서 사냥을 하고, 충분한 음식물을 모으는 것은 어려운 일이었다. 혹은 자신을 보호하거나 혹은 약자로부터 여성 자신을 보호한다는 것도 어려운 일이었다. 자신의 집단이 수용해주지 않는다고 지각될 때, 부끄러움을 느끼고 자긍심이 낮아지는 것은 생물학적 지혜라고 할 수 있었다. 소속되고자 하는 뿌리 깊은 유사한 욕구를 갖는 그들의 후손으로서, 우리가 사회적 배제를 느꼈을 때, 자긍심이 낮아지는 고통을 느낀다고 Mark Leary(1998, 2004b)는 지적하였다. 자긍심은 타인이 우리를 어떻게 칭찬하는가를 모니터하고 반응하는 심리적 계측기라고 할 수 있다.

자기와 문화

여러분은 45쪽에서 "나는 _____이다."에 대한 내용을 어떻게 완성시켰는가? 여러분은 "나는 정직하다", "나는 키가 크다", "나는 외향적이다"와 같은 당신의 개인적 특성에 대해 설명을 하였는가? 또는, "나는 물고기자리이다", "나는 맥도널드가 사람이다", "나는 이슬람교도이다"와 같은 당신의 사회적 정체성으로 기술했는가?

개인주의(individualism)
집단의 목표보다는 개인의 목표를 우선시 하는 개념. 그리고 집단 동일시보다는 개인의 속성으로 개인의 정체성을 규정함.

누군가에게는, 특히 산업화된 서구문화 속의 사람들에게, **개인주의**(individualism)는 보편화되어 있다. 정체성은 거의 자기 개인과 관련되는 것이다. 청소년기는 부모로부터 분리되는 시기이며, 자립하게 되고, **독립적 자기**라는 개인을 정의하는 시기이다. 외국으로 거주지를 옮겨 정착해도, 자신의 정체성은-특유의 능력, 특성, 가치관, 꿈을 가진 독특한 개인으로서-그대로 남아있을 것이다.

독립적 자기(independent self)
자율적 자기로서 자신의 정체성을 해석함.

서구 문화권의 심리학자들은 당신의 가능한 자기를 명확히 하고 자기 통제에 대한 여러분의 힘을 믿는 것에 의해 여러분의 삶이 풍부해질 것이라고 생각한다. 일리어드부터 허클베리 핀의 모험까지, 서구 문학은 자립적인 개인을 찬양한다. 영화에서도 주인공은 특권에 저항하는 거친 영웅으로 특징지어진다. 노래에서도 "나는 오직 나일 뿐(I gotta be me)"이라고 선언하고 "모든 것 중 가장 위대한 사랑"은 자기 자신에 대한 사랑이라고 찬양하였다(Schoeneman, 1994). "세상이 나를 중심으로 돌아간다고 나는 믿는다."고 주저없이 말한다. 개인주의는 사람들이 부, 이동성, 도시화 및 대중매체를 경험할 때 번성한다(Freeman, 1997; Marshall, 1997; Triandis, 1994).

집합주의(collectivism)
집단(종종 확대가족이나 일을 같이 하는 집단)의 목표를 우선시 하며 그에 따라서 자신의 정체성을 규정한다.

아시아, 아프리카, 중남미지역의 대부분의 문화들은 **집합주의**(collectivism: 집단주의)에 더 많은 가치를 둔다. 집합주의 문화에서는 자신의 잡단을 존중하고 집단에 맞추어 자신을 규명한다. 그들은 Shinobu Kitayama와 Hazel Markus(1995)가 **상호의존적 자기**라고 명명한 것을 키워 나간다. 이런 문화권의 사람들은 더욱 자기 비판적이고 긍정적 자기애에 대한 필요를 덜 느낀다(Hein & others, 1999). 예를 들어, 말레이시아인, 인도인, 한국인, 일본인 그리고 마사이족같은 전통적 케냐인들은 오스트레일리아인, 미국인, 영국인들보다 그들의 집단정체성을 통해 "나는 _____이다."의 문장을 더욱 쉽게 완성할 수 있다(Kanagawa & others, 2001; Ma & Schoeneman, 1997). 이야기를 할 때, 집합주의 국가의 언어를 사용하는 사람들은 "나"를 잘 말하지 않는다(Kashima & kashima, 1998, 2003). "나는 영화를 보러갔다."보다는 "영화를 보러갔다."라고 말할 것이다. 미국 교회 웹사이트와 비교해서 한국 교회의 웹사이트에서는 사회적 관계와 참여를 더 강조하고 있다. 그리고 개인의 영적 성장과 자기향상은 덜 강조된다(Sasaki & Kim, 2011).

상호의존적 자기
(interdependent self)
다른 사람과의 관계 속에서 자신의 정체감을 해석함.

어떤 문화 내에서 개인주의는 사람마다 다르기 때문에, 오직 개인주의자 혹은 집합주의자라고만 비둘기 집 같이 문화를 구분하는 것은 과도하게 단순화시키는 것이다(Oyserman & others, 2002a, 2002b). 중국인 개인주의자나 미국인 집합주의자도 있고, 우리 대부분도 때로는 집단적으로 때로는 개인주의적으로 행동한다(Bandura, 2004). 개인주의-집합주의는 나라의 지역과 정책적인 면에 따라서도 차이가 난다. 미국에서 토착 하와이인과 최남부 지역에 사는 하와이인들은 Oregon이나 Montana 같은 산악지역의 서부에 사는 이들보다 훨씬 더 집합주의적 성향을 나타낸다(Plaut & others, 2002; Vandello & Cohen, 1999). 보수주의자들은 경제적 개인주의적(나에게 부담을 주거나 통제하려고 하지마)이고 도덕적 집합주의적(부도덕함에 대항하여 법률을 제정하자)인 성향이 있다. 자유주의자들은 경제적 집합주의적이고(국민건강보험을 지지한다) 도덕적 개인주의적인 성향(너의 법칙을 나에게 적용하지 마라)이 있다. 개인과 하위문화의 다양성에도 불구하고, 연구자들은 개인주의와 집합주의를 진정한 문화의 다양성이라고 여겨오고 있다(Schimmack & others, 2005).

문화 내에서 개인주의의 증가

　문화 역시 시간이 지나면서 변할 수 있다. 그리고 많은 문화들이 더 개인주의적인 성향으로 변하고 있다. 인도의 경우, 새로운 경제적 기회들은 전통적인 집합주의적 방식에 도전이 되고 있다. 25세 이하인 어린 중국 사람들은 25세 이상인 사람들보다 "너 자신을 위한 이름을 만들어라."와 "자신의 취향에 맞는 삶을 살아라." 같은 개인주의적 문장들에 더 동의한다고 응답하였다(Arora, 2005). 또한, 현대적 속성을 가지고 있는 더 젊고, 더 도시화된 지역에 살며, 더 부유한 중국 사람들과 어린아이들은 자기 중심적인 기술문에 더 동의한다고 응답한다(Cai & others, 2011). 미국의 경우, 더 젊은 세대들은 1960년대와 1970년대에 젊은이들이 보였던 것보다 긍정적인 자기 느낌을 더 유의미하게 보고한다(Gentile & others, 2010; Twenge & Campbell, 2008; Twenge & others, 2011; 그러나 반대적 견해를 보고자 한다면, Trzesniewski & Donnellan, 2010). 한 연구에 따르면, 1980년대의 감상적인 사랑 노래("Endless Love", 1981)로부터 2000년대의 자기 축하적 노래로(Justin Timberlake가 단독으로 참여한 "Sexy Back", 2006) 규범이 변화하는 것과 함께, 유행가사의 경우 1980년에서 2007년 사이에 "우리(we)"와 "우리의(us)"보다는 "나(I)"와 "나를(me)"이라는 단어가 더 많이 사용되는 것으로 나타났다(DeWall & others, 2011).

　심지어 당신의 이름조차 개인주의적인 방향으로 변화하였다. 미국의 부모들은 자신의 자녀에게 통상적인 이름을 지어주는 경향이 낮아졌고, 특별한 이름을 지어주는 경향이 증가하고 있다. 1990년에 태어난 남자 아이의 거의 20%가 10개의 평범한 이름 중 하나가 지어진 데 반해, 2010년에는 단지 8%만이 이 같은 평범한 이름을 갖게 되었다. 이 같은 경향은 여자 아이의 경우에도 비슷하였다(Twenge & others, 2010). 오늘

날 Shiloh, Suri, Knox, 혹은 Apple처럼 독특한 이름을 갖고 있는 유명한 아이가 될 필요는 없다.

문화와 인지

사회심리학자인 Richard Nisbett은 그의 저서 「생각의 지도(The Geography of Thought)」(2003)에서 집합주의는 개인주의인 서구와는 사회관계가 다를 뿐만 아니라 사고의 방식도 다르다고 주장하였다. 예를 들어, 판다, 원숭이, 그리고 바나나 중에서 2개를 선택해 묶어 본다면? 서구인들은 아마도 원숭이와 판다를 고를 것이다. "동물"이라는 범주에 이 두 개가 속하기 때문이다. 대개 아시아인들은 미국인들보다 관계를 본다. 원숭이는 바나나를 먹는다. 생생한 바다 속 장면을 보여줬을 때(그림 2.2), 일본인들은 무의식적으로 미국인들에 비해 60% 이상 더 많이 배경 특성을 회상해 냈고, 더 많이 관계에 대해 이야기했다(식물 옆의 개구리). 눈동자 추적과 관련되 후속 연구에서 지지된 것처럼, 미국인들은 큰 물고기 한 마리 같은 초점이 되는 대상(focal object)에 주의를 주며 주변 환경에는 주의를 잘 주지 않는다(Chua & others, 2005; Nisbett, 2003). 이같은 결과는 뇌의 다른 영역을 활성화하는 실험에서도 다시 입증되었다(Goh & others, 2007; Lewis & others, 2008). 또 다른 실험에서 일군의 아이들의 얼굴을 보여주고 한 아이의 정서를 판단하도록 했을 때, 일본 학생들은 한 아이의 행복이나 노여움을 평정할 때 모든 주변 아이들의 얼굴 표정을 고려했다. 그러나 미국 학생들은 그 아이의 얼굴에만 초점을 두고 판단하였다(Masuda & others, 2008). Nisbett과 Takahido Masuda(2003)는 이러한 연구들로부터 동아시아인들은 서로 간의 관계와 그들 환경 간의 관계 속에서 대상과 사람들을 지각하고 더 종합적인 사고를 한다고 결론지었다.

만약 당신이 서양 문화 속에서 성장했다면, 당신은 아마도 "당신 자신을 표현"하고 있다고 듣게 될 것이다. – 글을 통해서, 당신이 하는 선택을 통해서, 당신이 사는 물건을 통해서, 그리고 아마도 문신이나 피어싱을 통해서. 언어의 목적에 대해 묻는다면, 미국 학생은 그것은 자신을 표현하기 위한 것이라는 설명을 더 많이 할 것이다. 이에 반해, 한국 학생들은 언어가 어떻게 다른 사람과의 의사소통을 가능하게 하는가 하는 것에 더 초점을 둘 것이다. 미국 학생들은 또한 자신을 표현하는 것으로 자신의 선택을 더 보는 경향이 있으며, 자신의 선택을 더 호의적으로 보이는 경향을 보일 것이다(Kim & Sherman, 2007). 개인 기호에 맞춘 라테 커피 – "무카페인, 작은 컵, 지방을 제거한 커피, 기본보다 뜨거운 커피"–는 북미 커피 전문

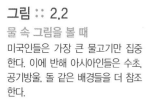

그림 :: 2.2

물 속 그림을 볼 때
미국인들은 가장 큰 물고기만 집중한다. 이에 반해 아시아인들은 수초, 공기방울, 돌 같은 배경들을 더 참조한다.

점에서는 당연한 권리로 보일테지만, 서울에서는 이상하게 보일 것이라고 김희정과 Hazel Markus(1999)는 언급한 바 있다. 한국에서 사람들은 자신들의 독특함을 표현하는 것보다는 전통과 관습에 더욱 중요성을 둔다(Choi & Choi, 2002; 그림 2.3참조). 한국의 광고들은 사람들이 함께 하는 것을 주요 특색으로

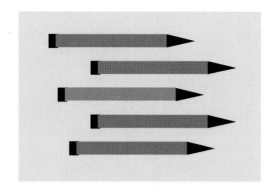

그림 :: 2.3
어떤 펜을 선택할 것인가?
김희정과 Hazel Markus(1999)의 연구에서 사람들에게 이같은 펜들 중 하나를 선택하라고 했을 때, 미국인들의 77%가 특이한 색의 펜(오렌지색 혹은 녹색이거나 관계없이)을 선택했으나 아시아인은 단지 3%만 특이한 색을 선택했다. 이같은 결과는 독특함과 동조에 대한 선호도에 있어서 문화적 차이를 보여주는 예라고 김희정과 Markus는 주장했다.

삼는 경향이 있다. 반면에 미국의 광고들은 개인의 선택 혹은 자유에 초점을 맞춘다.

상호의존적 자기를 가지고 있는 사람은 무엇인가에 속한다는 느낌이 더 크다. 가족, 동료, 참된 친구로부터 멀어지고 떨어지게 되면, 상호의존적인 사람들은 그들이 누구인지 정의내릴 사회적 관계를 잃어버릴 것이다. 중국인 피험자들에게 자신의 어머니를 생각해 보라고 요구했을 때 자아와 연관되는 뇌의 영역이 활성화되는데, 이 영역은 서양의 피험자들이 그들 자신에 대해서 생각할 때만 활성화되는 영역이다. 그들은 하나가 아닌 많은 자기를 가지고 있다. 가족과 있는 자기, 일하는 자기, 친구와 있는 자기(Cross & others, 1992). 그림 2.4와 표 2.2가 보여주듯이, 상호의존적 자기는 사회구성원 안에 깊숙이 박혀 있다. 대화는 덜 직접적이고 좀 더 예의바르다(Holtgraves, 1997). 그리고 사람들은 사회적 승인을 받는 것에 더 초점을 맞춘다(Lalwani & others, 2006). 한 연구에 따르면, 미국 학생들의 60%가 자신의 친구들이 싫어하는 이성과 깊은 관계의 교제를 갖고 있다고 응답한 반면에, 중국 학생의 27%만이 그렇다고 응답하였다. 중국 학생의 절반은 자신들의 부모가 승낙하지 않으면, 교제를 끊겠다고 응답한 반면에, 미국 학생들의 경우에는 1/3보다 적은 수가 그렇게 하겠다고 응답하였다(Zhang & Kline, 2009). 상호의존적 문화에서 사회생활의 목표는 개인주의적 사회에서 그러는 것처럼, 개인적 자기를 향상시키는 것보다는 사회를 지지해 주고 사회와 조화를 이루는 것이다.

심지어 한 문화 내에서 조차 개인의 역사는 자기의 관점에 영향을 미칠 수 있다. 여기저기 이사를 자주 한 사람은 타인들이 자신의 일관적인 개인적 자아를 이해할 때 더 행복해 한다; 한 도시에 계속 살았던 사람들은 누군가가 자신의 집합적인 정체성을 인

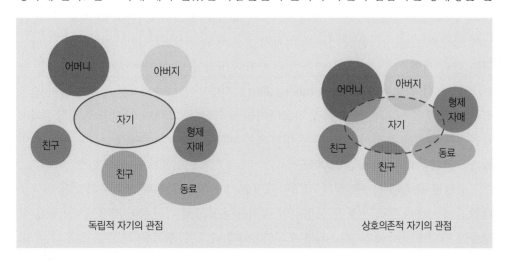

독립적 자기의 관점   상호의존적 자기의 관점

그림 :: 2.4
독립적 자기/상호의존적 자기 해석:
독립적 자기는 타인과의 관계를 인정한다. 그러나 상호의존적 자기는 타인들이 더 깊숙하게 겹쳐있다.

표 :: 2.2   자기개념: 독립적 혹은 상호의존적

	독립적인	상호의존적인
정체감	개인적, 개개인의 특성과 목표에 의해 규정	사회적, 타인과의 연결에 의해 규정
주요 문제	개인 성취와 충족감; 나의 권리와 자유	우리 집단 목표와 결속함; 우리의 사회적 책임과 관계성
거부	동조	이기주의
격언	"네 자신에 충실하라"	"사람이 혼자만 살 수는 없다."
문화	개인주의적 서양	집합주의적 아시아와 제3세계

식할 때 더 기뻐한다(Oishi & others, 2007a, 2007b). 우리의 자기개념은 우리의 상황에 따라 적응하는 것 같다. 만약 당신이 일생동안 같은 사람들과 상호작용한다면, 몇 년 마다 주기적으로 옮겨다녀 새로운 친구를 사귀어야 하는 사람보다는 그 사람들이 당신의 정체성에 더 중요한 영향을 미칠 것이다. 여러분의 자아는 여러분이 일정하게 만나는 친구들과 관계있다고 하겠다("당신이 어디를 가건, 거기에 당신이 있다"). 사회 생활의 목표는 개인적 자기를 향상시키는 것보다는 사회를 지지해 주고 사회와 조화를 이루는 것이다.

문화와 자긍심

집합주의 문화 내에서의 자긍심은 "남들이 나와 내가 속한 집단에 대하여 어떻게 생각하는지"와 깊은 관련이 있다. 자기개념은 안정적(상황에 따라 지속되는)이기보다는 융통성이 있다(상황 특수적). 한 연구에서 5명의 캐나다 학생 중 4명, 3명의 중국 학생과 1명의 일본 학생 중에서 1명만이 "네가 누구인지에 대해(너의 내면 속의 자신) 가지고 있는 신념은 다른 활동을 넘어서도 그대로 유지된다는 것에 동의했다(Tafarodi & others, 2004)".

"사람은 대아(big me)를 달성하기 위해 소아(little me)를 희생하도록 교육되는 것이 필요하다."
– 중국인 日

개인주의 문화 속의 사람들에게 자긍심은 더 개인적이고 덜 관계 중심적이다. 우리는 우리의 개인적 주체성을 위협하면 누군가가 우리의 집단적 주체성을 위협할 때보다 더 큰 분노와 우울함을 느끼게 될 것이다(Gaertner & others, 1999). 실패할 때 더 과업에 열중하는(다른 이들의 기대에 미치지 못하게 되지 않기를 갈망하며) 일본 사람들과는 달리 개인주의 국가의 사람들은 성공이 자긍심을 더 높여주기 때문에 성공을 할 때 과업에 더 열중한다(Heine & others, 2001). 서양의 개인주의자들은 자신들의 자긍심을 지지해 주는 다른 사람들과 비교하기를 좋아한다. 그러나 아시아의 집합주의자들은 자기발전을 촉진시킬 수 있는 방법으로 비교를(흔히 위쪽에 있는, 더 뛰어난 이들과) 한다(White & Lehman, 2005).

그렇다면 추측해 볼 때, 언제 집합주의자인 일본의 대학생과 개인주의자인 미국의 대학생이 기쁨과 행복과 같은 긍정적인 감정들이 보고될 가능성이 가장 클까? 일본 학생들에 대한 Kitayama와 Markus의 보고(2000)에 따르면, 행복은 친밀감, 친절함, 존경

의 감정과 같은 긍정적 사회적 관계에 따라 나타난다. 미국 학생들에게는 유능함, 우월감 그리고 자부심과 같은 해방되어 있는 감정에 따라 나타난다(Kitayama & Markus, 2000). 집합주의 문화 내의 대립은 종종 집단 간에 일어난다; 개인주의 문화는 더 많은 대립(그리고 범죄와 이혼)이 개인 간에 야기된다(Triandis, 2000).

Kitayama(1999)가 미국에서 10년간의 강의와 연구를 마친 후 모교인 교토 대학을 방문했을 때 대학원생들은 그에게 서양의 독립적 자아에 대한 사상 설명을 듣고 "몹시 놀랐다.", 나는 서양의 자기개념에 대한 관념을 설명하는 것을 지속했다. - 미국 학생들은 직관적으로 이해했던 - 그리고 마침내 많은 미국인들이 그러한 독립된 자신에 대한 관념을 가지고 있음을 설득해 나가기 시작했다. 여전히 그들 중 한 명은, 한숨을 깊이 내쉬며 말했다. "이것이 정말 사실일 수 있습니까?"라고.

예를 들어, 동양이 서양과 만나면-일어나고 있는 것처럼, 서양의 영향을 받은 일본의 도시들과 서양 국가의 일본 교환학생들 덕택으로- 자기개념이 더 개인화될까? 일본인들은 서양의 개인적 성취에 바탕을 둔 승진에 노출되었을 때, "자기 자신의 가능성에 대한 믿음"에 대한 충고와 한 경찰관이 다른 이들의 방해에도 불구하고 영웅적으로 갱을 잡는 영화로부터 영향을 받을까? 그런 것 같다고 Steven Heine과 그의 동료 연구원들은 보고하고 있다(1999). University of British Columbia에서 7개월을 지낸 일본 교환학생들 사이에서 개인적 자긍심은 증가했다. 또한 캐나다에서도 장기 아시아 이민자들 사이에서의 자긍심은 최근 이민자들보다 높다(그리고 아시아에 살고 있는 이들보다).

자기지식

"너 자신을 알라." 고대 그리스 신관이 말하였다. 우리는 분명히 노력한다. 우리는 서슴없이 우리 자신에 대한 믿음을 형성하고, 우리가 왜 그렇게 느끼고 행동하는지에

집합주의적 행동: 2010년 Haiti 지진 이후 사람들은 다른 사람을 돕기 위해 함께 행동했다.

THE inside STORY

우리는 요란스럽게 의구심을 내보이면서 함께 연구하기 시작했다. Shinobu는 미국인의 생활이 왜 이렇게 이상한가 의심스러웠다. Hazel은 일본의 기묘함에 관하여 비화로 맞섰다. 문화심리학이란 낯선 것을 친숙하게 하고 친숙한 것을 낯선 것으로 만드는 것이다. 우리가 공유하는 문화적 접촉들은 우리를 놀라게 하며 그것이 심리적 기능을 할 때는 장소의 문제라는 것을 우리에게 인식시킨다.

일본에서 뛰어난 영어구사력을 가진 학생들에게 강의하고 몇 주 흐른 후 Hazel은 왜 학생들이 아무 말도 하지 않는지 궁금했다. – 질문도 없고 논평도 없었다. 그녀는 학생들이 그녀와 다른 아이디어에 관심이 있다고 확신했다. 그런데 왜 아무런 응답도 없었을까? 논쟁, 토론과 비판적인 생각의 신호가 어디에 있을까? 심지어 그녀가 직설적인 질문을 한다고 하더라도, "최고의 국수를 파는 식당이 어딘가요?"라고 물어도, 이에 대한 대답은 변함없이 "경우에 따라서"였다. 일본 학생들은 선호, 생각, 의견 그리고 태도가 없었던 것일까? 이런 것들이 없으면 그들의 머릿속에는 무엇이 있을까? 만약 그녀가 당신에게 그녀의 생각을 말하지 않았다면 당신은 어떻게 알 수 있었을까?

Shinobu는 학생들이 단지 강의를 듣기만 하는 것이 왜 안 되는지, 미국 학생들은 왜 서로에게 끼어들어서, 서로 혹은 교수와 이야기해야 하는지 의문이 생겼다. 의견과 질문은 왜 강한 감정과 경쟁 우위를 드러낼까? 이 주장의 요점은 무엇인가? 서로 잘 알고 있는 학급 안에서조차 다른 사람이 최고가 되는 것을 왜 지능과 연상하여 여길까?

Shinobu는 선택의 문제로 손님들에게 공세를 퍼붓는 미국 주인에게 놀라움을 표시했다. 포도주, 맥주, 청량 음료, 주스, 커피, 차 중에서 어떤 걸 드릴까요? 왜 사소한 결정으로 손님을 부담되게 할까? 상황에 맞는 좋은 다과와 간단하게 무언가를 적당히 제공할 수 있는 것이 무엇인지 주인은 확실히 알고 있다.

부담가는 선택? Hazel은 만약 이것이 일본에서의 굴욕적인 경험에 대한 실마리가 될 수 있는지 궁금했다. 8명인 한 집단이 프랑스 레스토랑에 있었다. 각각은 보편적인 레스토랑 스크립트에 따르면서 메뉴를 세세히 살펴보고 있었다. 웨이터가 다가와 근처에 서 있었다. Hazel은 전체 요리와 메인음식을 선택하여 주문하였다. 그 다음에 일본 주인 및 일본 손님 사이에 긴장된 대화가 오고 갔다. 식사가 제공되었을 때 그녀가 주문한 것이 아니었다. 식탁의 모든 사람에게 같은 식사가 제공되었다. 매우 불편한 분위기였다. 만약 당신의 저녁식사를 스스로 선택하지 못한다면 그게 즐거울 수 있을까? 모두가 동일한 식사를 제공받는다면 메뉴가 필요가 있을까?

같다는 느낌이 일본에서 좋거나 바람직한 감정일 수 있을까? Hazel은 교토의 사원 주위를 걷고 있을 때 길이 갈라지며 "평범한 길"이라는 표지판을 읽었다. 누가 평범한 길로 가고 싶어 할까? 특별하고, 사람들이 지나가지 않은 새로운 길은 어디일까? 평범하지 않은 길을 선택하는 것은 미국인에게는 확실한 선택일지도 모르지만. 이 경우에는 우리를 사원 밖의 쓰레기장으로 이끄는 것과 같다. 평범한 길은 지루하고 재미없는 길이 아닌 적절하고 좋은 길을 의미한다.

이 같은 서로의 경험은 우리의 실험 연구에 영감을 주고, 우리 각자가 알고 있는 최고 이상의 삶의 길이 있음을 주지시켰다. 지금까지, 심리학의 대부분은 중산층 유럽계 미국인 응답자를 연구한 중산층 유럽계 미국인 심리학자에 의해 구축되어 왔다. 다른 사회문화적 맥락에서, 좋은 인격체로 의미 있는 삶을 사는 방법에 대한 생각과 관습에서 차이가 있을 수 있고, 이러한 차이점들은 심리적 기능에 영향을 미친다. 이런 인식은 공동 연구와 문화심리학에서 우리가 지속적인 관심사를 갖도록 활기를 불어 넣는다.

Hazel Rose Markus,
Stanford University

Shinobu Kitayama,
University of Michigan

대해 설명하는 것을 주저하지 않는다. 그러나 실제로 우리는 우리 자신에 대해 얼마나 잘 알고 있을까?

"한 가지 분명한 것이 있다. 그리고 자신이 바로 자신에 대해 우리가 외부의 관찰을 통해 알 수 있는 것보다 더 많이 알고 있는 온 세계에서 유일한 사람이다."라고 C. S. Lewis(1952, pp. 18-19)가 말했다. "그 한 가지는 [우리 자신]이다. 우리는 알고 있다. 말하자면 내막(정보)을; 우리는 내막에 밝다." 실제로 그러하다. 그러나 가끔 우리는 우리가 알고 있다고 생각하지만 우리의 내막 정보가 틀릴 때도 있다. 이것이 일부 매혹적인 연구의 피할 수 없는 결론이다.

행동 설명

당신은 왜 지금 다니고 있는 대학을 선택했는가? 당신은 왜 당신의 룸메이트와 말싸움을 했는가? 당신은 왜 그 특별한 사람과 사랑에 빠졌는가? 때로는 우리는 그 이유를 알지만, 때로는 우리는 그 이유를 알지 못한다. 누군가 우리에게 왜 우리가 했던 것처럼 느끼고 행동했는가라고 질문한다면, 우리는 그럴 듯한 대답을 할 것이다. 감정이 미묘할 때의 자신의 감정에 대한 표현은 실제와 다를 수 있다. 하지만 원인이 미묘할 때 자기에 대한 설명은 종종 틀린다. 우리는 문제되는 요인을 잊어버리기도 하고, 다른 사람은 그렇지 않지만 우리는 요인을 부풀리기도 한다. 연구에 따르면 사람들은 비 오는 날의 우울함을 자신의 삶의 공허함에 잘못 귀인하고, 흔들리는 다리 위를 건널 때의 흥분을 잘 생긴 옆 사람에 대한 매력으로 잘못 귀인한다(Schwarz & Clore, 1983). 그리고 일상적으로 다른 사람은 미디어의 영향을 받을 것이라고 생각하면서 자신은 매체로부터 영향을 받는다는 사실을 부정하기도 한다.

또한 2달 혹은 3달 동안 매일 자신의 기분을 기록하게 하는 사고 유발(thought provok ing) 연구가 역시 있다(Stone & others, 1985; Weiss & Brown, 1976; Wilson & others, 1982). 그들 역시 자신의 기분에 영향을 미치는 요소에 대해 기록하였다. 요일, 날씨, 수면시간 등. 각 연구의 마지막 날, 사람들은 각각의 요소가 어느 정도로 그들의 기분에 영향을 미치는지 판단하였다. 분명히(그들이 매일의 기분에 주의를 기울였을지라도), 어떤 요인이 그들의 기분을 얼마나 잘 예측할 것인가를 지각한 것과 그것이 실제로 얼마나 영향을 미쳤는가 하는 것과는 거의 관계가 없었다. 예를 들어, 사람들은 월요일에 더 부정적 기분을 경험했었다고 생각했다. 그러나 사실 다른 주말보다 월요일에 더 부정적인 기분이 아니었다. 이 같은 결과는 혼란스러운 질문들을 불러 일으켰다. 무엇이 우리를 행복하게 혹은 불행하게 하는가에 대해 우리는 얼마나 통찰력을 가질 수 있는가? Daniel Gilbert(2007, 2011)가 지적한 것처럼, 그렇지는 않다; 우리를 행복하게 만드는 예언치들을 우리는 매우 잘 예측하지 못한다. "우리는 우리의 미래가 내포하고 있는 세상(바깥 세상)보다 우리의 머리 안에 있는 세상에 대해 더 적게 알고 있는 것 같다."

"진실로, 나는 왜 내가 이렇게 슬픈지 모른다."
– WILLIAM SHAKESPEARE,
베니스의 상인, 1596

행동 예측

사람들은 그들의 행동을 예측할 때 오류를 범한다. 데이트하는 커플은 장밋빛 미래를 전망하며 그들 관계가 오래 지속될 것이라고 예상하는 경향이 있다. Waterloo 대학의 학생을 대상으로 한 Tara MacDonald와 Michael Ross(1997)의 연구에 따르면, 주변의 친구(예 한 방의 동료)와 가족들이 자신보다 종종 더 사랑이 지속될 수 있을 지 잘 알고 있는 것으로 나타났다. 병원의 레지던트는 자신이 외과 수기시험을 잘 볼 것인가를 잘 예측하지 못한다. 그러나 프로그램에 참여한 그의 동료들은 아주 놀랄 정도로 타인의 수행을 정확하게 예측한다(Lutsky & others, 1993). 결국, 당신이 사랑에 빠졌고 그것이 지속될 것인가를 알고 싶다면 자신의 생각에 귀 기울이면 안 된다 − 당신의 방 친구에게 물어보라. 그리고 당신의 반복적인 일상의 행동을 예측하고 싶다면 − 예를 들어 얼마동안 웃고, 전화하며, TV를 보는지−, 친한 친구의 예측치가 적어도 당신 자신만큼 정확한 것으로 입증되어야 할 것이다(Vazire & Mehl, 2008).

행동 예측에서 우리가 범하는 매우 공통적인 오류는 과제를 완수하는 데 얼마나 시간이 걸리는가를 과소평가한다는 것이다(**계획 오류**: planning fallacy라고 부름). 보스톤에서 Big Dig 고속도로 건설계획을 할 때, 10년이 걸릴 것이라고 예측하였지만, 실제로 20년이 걸렸다. 시드니 오페라 하우스의 경우 완성하는 데 6년이 걸릴 것이라고 예상하였으나 16년이 걸렸다. 한 연구에서 4학년 학생에게 논문을 완성하는 데 얼마나 걸릴 것 같은가를 예측하도록 하였다. 평균적으로 대학생들은 자신들이 가장 이상적이라고 생각했던 것보다 3주 늦게 마쳤다 − 가장 최악의 경우는 이보다 일주일 더 늦게 완성하였다(Buehler & others, 2002). 그러나 친구들과 선생님들은 보고서가 얼마나 늦을 것인가를 정확하게 예측할 수 있었다. 당신의 연인관계가 얼마나 지속될 수 있을 것 같은가를 당신의 친구에게 물어봐야 하는 것처럼, 만약 당신이 기말보고서를 언제 끝마칠 수 있을지를 알고 싶다면, 당신은 기숙사 동료나 당신의 어머니에게 물어보아야 한다. 당신도 역시 마이크로소프트사가 하는 것처럼 할 수 있다. 프로그램 개발자가 프로그램을 완성할 수 있다고 예측한 기간에 관리자는 30%를 자동적으로 더한다 − 만약 프로젝트에 새로운 OS가 포함된다면, 기간의 50%를 더한다(Dunning, 2006).

어떻게 하면 우리의 자기 예측력을 향상시킬 수 있을까? 가장 좋은 방법은 과거에 얼마나 걸렸는가를 생각해보는 것 같이 좀 더 현실적으로 생각하는 것이다. 사람들은 자신들이 과거에 그 과제를 수행하는 데 얼마나 시간이 필요했는가를 생각할 때, 실제로 걸린 것보다 덜 걸렸다고 잘못 기억하기 때문에 과제 수행의 시간을 과소평가하게 된다(Roy & others, 2005).

사람들은 자신들이 돈을 얼마나 쓰게 될지를 예측하는 것도 못하는가? Johanna Peetz와 Roger Buehler(2009)의 연구에 따르면, 답은 그렇다는 것이다. 캐나다 학부생들의 경우, 자신들이 다음 주에 소비하게 될 돈이 94$가 좀 넘을 것이라고 예측했으나 실제로 소비한 돈은 122$였다. 연구 전에 자

계획 오류(planning fallacy)
과제를 완수하는 데 걸리는 시간을 과소추정하는 경향성

행동을 예측하는 것은. 심지어 자신의 행동조차. 쉬운 문제가 아니다. 이렇기 때문에 사람들은 도움을 받고자 할 때 타로카드 점을 보러 간다.

신들이 주에 126$을 소비했다는 것을 고려했더라면, 그들의 추측은 좀 더 정확했을 것이다. 1주 후에 이들이 다시 돌아왔을 때, 그들은 돌아오는 1주일 동안 자신들이 단지 85$만을 쓸 것이라고 여전히 예측하였다. 돈을 저축하고 싶다고 했던 학생들은 자신들이 돈을 더 적게 소비할 것이라고 예측했지만, 결과적으로 다른 사람과 비슷한 정도로 돈을 소비하였다. 우리가 과제를 빨리 끝낼 것이라고 생각하는 것처럼, 우리는 돈을 저축할 것이라고 생각한다. 여기에 어려운 점이 있다. 만약 "다른 사람을 아는 사람은 박식한 사람이다. 자기 자신을 아는 사람은 현명한 사람이다."라고 한 노자의 말이 옳다면, 대부분의 사람들은 현명하다기보다는 박식한 사람인 것 같다.

감정 예측

인생의 많은 경우 큰 결정을 할 때 미래의 감정이 포함된다. 이 사람과 결혼을 한다면 일생 만족을 할 것인가? 이 직장에 들어간다면 만족스러운 일을 할 수 있을까? 이번 방학 때 행복한 경험이 계속될 수 있을까? 혹은 이혼을 하거나 직장에서 해고되거나 휴일의 실망과 같은 결과를 얻을까?

때때로 우리는 어떻게 감정을 느낄 것인지 안다. 즉, 우리가 시험에 실패하면, 큰 게임에서 이기거나 혹은 반 시간의 조깅으로 불안을 가라 앉히면 어떤 느낌일지 안다. 우리는 무엇이 우리의 기분을 좋게 하는지, 무엇이 불안하거나 지루하게 만드는지 알고 있다. 다른 경우에는 우리의 반응이 잘못된 해석일 수도 있다. 사람들에게 만약 직장 인터뷰에서 성희롱적인 질문을 받는다면 어떤 느낌이 들 것인가를 물어보라. Julie Woodzicka와 Marianne LaFrance(2001)의 연구에 참가했던 대부분의 여성들은 사람들이 분노를 느낄 것이라고 말했다. 그러나 실제로 이 같은 질문을 받게 되면, 여성은 흔히 공포를 경험한다.

"감정 예측(affective forecasting)"에 관한 연구에 따르면, 사람들은 그들의 미래에 나타날 정서의 강도와 지속 정도를 예측하는 것을 가장 어려워 한다(Wilson & Gillbert, 2003). 사람들은 그들의 낭만적인 이별 후의 시간, 선물을 받을 때, 선택권을 잃었을 때, 게임에서 이겼을 때 그리고 공격을 받았을 때의 느끼는 감정을 잘못 예측한다 (Gilbert & Ebert, 2002; Loewenstein & Schkade, 1999). 몇 가지의 예를 들면,

- 젊은 남성이 야한 사진에 의해 성적으로 각성된 다음 정열적인 데이트 시나리오에 노출되었고, 그들에게 "그만"이라고 요구했을 때 그들은 멈추지 않을 것이라고 시인하였다. 만약 처음에 성적인 자극 사진을 보여주지 않았다면, 그들은 성적으로 적극적인 것일 가능성에 대해 더 인정하지 않았을 것이다. 각성되지 않았을 때, 사람들은 각성되었을 때 자신들이 어떻게 느끼고 행동할 것인가를 쉽게 잘못 해석한다. 열정적 사랑 중 예기치 않은 고백을 하는 것, 원하지 않은 임신, 그리고 다시 그렇게 하지 않겠다고 하고선 성추행을 다시 하는 반복하는 것과 같은 현상.
- 방금전 1/4 파운드의 블루베리 머핀을 먹은 손님보다 배가 고픈 손님이 더 충동적으로 구매한다("그 도넛들이 정말 맛있다고 할 것이다!")(Gilbert & Wilson, 2000).

"어떤 느낌이 거기 있을 때, 사람들은 그것이 결코 없어지지 않을 것처럼 느낀다; 그것이 사라지면 사람들은 그것이 없었던 것처럼 느낀다; 그것이 되돌아오면 사람들은 그것이 사라지지 않았던 것처럼 느낀다."

— GEORGE MACDONALD, *WHAT'S MINE'S MINE, 1886*

우리가 배고플 때, 우리가 배가 부르고 나면, 기름에 흠뻑 튀긴 도너츠가 얼마나 클거라고 할 것인지를 잘못 해석한다. 배 부를 때, 우리는 한밤에 우유 한 컵과 함께 먹는 도너츠가 얼마나 맛있을까 하는 것을 과소평가한다. 우리가 한두 개를 더 먹고 났을 때, 더 먹고 싶은 욕구가 빨리 소멸되는 구매와도 같다.

- 스피드 데이트에서 만난 사람이 얼마나 좋아할 것 같은가? 당신을 만났던 여성에게 물어보면 된다. 그 남성에 대한 신상정보나 사진과 같은 사실들에 의존할 때보다, 자신이 만났던 남성을 이전에 만났던 다른 여성들이 전해주는 그 남성에 대한 단서들을 가지고 있을 때, 더 즐거운 데이트가 될 것이라고 여대생들은 예측하였다. 하지만 실험의 마지막에 가서 대부분의 여성들은 다른 스피드 데이트 상대의 주관적 의견보다는 신상정보에 의존하는 것이 자신들의 감정을 예측하는 더 나은 예언 요인이 될 것이라고 말했다(Gilbert & others, 2009).

- 허리케인과 같은 자연재해가 발생했을 때, 더 많은 사람들이 죽을수록, 자신의 슬픔이 클 것이라고 사람들은 예측한다. 하지만 2005년 카타리나(허리케인)가 지나간 후, 50명이 사망하였다고 믿거나 1,000명이 사망했다고 믿거나 학생들의 슬픔의 정도는 유사하였다(Dunn & Ashton-James, 2008). 사람들이 얼마나 슬프다고 느끼는가에 영향을 미치는 것은 무엇일까? 그것은 희생자의 사진을 보는 것이었다. 의심할 것 없이 TV에 나오는 가슴 아픈 영상이 재해 후에 우리에게 큰 영향을 미친다.

- 사람들은 나쁜 사건(연애관계가 깨지거나 운동목표달성에 실패하는 것[Eastwick & others, 2007a; van Dijk & others, 2008])과 좋은 사건(겨울을 더 따뜻하게 보내고, 체중을 감소시키며, 더 많은 TV채널을 갖고, 더 많은 자유시간을 갖게 됨) 모두에게 자신의 심리적 안녕감이 얼마나 영향을 받는지 하는 것을 과대평가한다. 심지어 복권 당첨이나 전신 마비와 같은 사건으로 고통받는 것과 같은 극단적인 사건들은 대부분의 사람들이 가정하는 것보다 장기적 행복에 덜 영향을 미친다.

우리의 직관적 이론은 다음과 같은 것 같다. 우리는 원하고 그것을 얻고, 그렇게 되면 우리는 행복하다. 이것이 만약 진실이라면, 본 장에서 이야기할 것은 많지 않을 것이다. 실제로 Daniel Gilbert와 Timothy Wilson(2000)이 지적한 것처럼 우리는 종종 "잘못 원한다(miswant)". 아름다운 무인도에서 작열하는 태양, 파도타기, 그리고 백사장이 있는 휴가를 꿈꾸는 사람들은 그들이 일상의 사회구조, 지적 자극 혹은 Pop Tarts을 규칙적으로 공급받는 것을 얼마나 요구하고 있는가를 발견하고는 실망하게 된다. "우리는 우리 후보 혹은 우리 팀이 승리하면 얼마나 오랫동안 즐거울까라고 생각한다. 그러나 연구결과는 우리가 **충격편향** — 정서가 원인이 되는 사건의 영향지속을 과대평가 — 에 취약하다는 것을 보여준다. 그 같은 좋은 일의 정서적 흔적은 기대보다 더 빠르게 사라진다.

더욱이, 우리는 특히 부정적인 사건 후에 충격편향의 경향이 있다. 사람들에게 HIV 검사를 받고 5주 후 결과를 받았을 때 어떤 기분일지를 예측하게 하면, 그들은 나쁜 소

충격편향(impact bias)
정서가 원인이 되는 사건의 영향지속을 과대평가하는 것

식에는 불행함을 느끼고 좋은 소식에는 기뻐할거라고 기대한다. 그러나 5주 후에, 나쁜 소식을 들은 사람들은 덜 속상하게 받아들이고 좋은 소식을 들은 사람들은 덜 기쁘게 받아들인다(Sieff & others, 1999). 그리고 Gilbert와 그의 동료(1998)는 조교수들에게 몇 년 후에 정년보장을 받거나 받지 못했을 때, 자신들의 행복을 예측해 보라고 하였다. 그 결과 대부분은 좋은 결과는 미래의 행복에 중요할 것이라고 믿었다. "직업을 잃게 되면 내 인생의 포부를 무너뜨릴 것이다. 그것은 나쁜 일이지". 그러나 그 후 몇 년을 조사해 보니 그들 중 정년을 보장받지 않은 이들도 거의 보장받은 이들만큼 행복하였다. Wilson과 Gilbert(2005)는 충격편향이 중요하다고 지적하였다. 왜냐하면, 사람들의 감정 예측(affective forecasts) − 자신의 미래 정서에 대한 예견 − 은 자신들의 의사결정에 영향을 미치기 때문이다. 만약 사람들이 성형수술을 받거나 새 차를 산 것으로부터 얻게 되는 기쁨의 강도와 지속시간을 과대평가한다면, 그들은 새 벤츠를 사거나 지나친 단장을 하는 데 투자하는 것에 잘못된 충고를 할 것이기 때문이다.

개인적 상황을 만들어보자. Gillbert와 Wilson이 여러분에게 잘 쓰지 못하는 한 손을 잃고 난 후의 1년의 기분이 어떨까 하고 상상해 보라고 했다. 오늘과 비교해 여러분은 얼마나 행복할까?

생각해 보건대, 당신은 아마도 이 고난이 무엇을 의미하는지에 초점을 맞출 것이다; 손뼉을 치지 못하고 신발도 묶지 못하며, 농구 시합을 못하고 빠르게 키보드도 치지 못한다. 여러분이 비록 손이 없어진 것을 영원히 후회할 것 같지만, 여러분의 일반적인 행복은 그 일 후에 다음과 같은 2가지 일에 영향받을 것이다. (a) 사건과 (b) 그 밖의 모든 것(Gillbert와 Wilson, 2000). 부정적인 사건에 초점을 맞추면 우리는 행복에 기여하는 그 밖의 모든 것의 중요성을 깎아내리고 불운을 견디는 것을 과도하게 예측하게 된다. 여러분이 초점을 두는 것에 대해 여러분이 생각하는 것만큼 차이가 있는 것은 전혀 없다고 David Schkade와 Daniel Kahneman(1998)도 생각을 같이 했다.

또한 Wilson과 Gilbert(2003)는 사람들은 그들이 합리화하고 깎아내리며, 용서하고 정서적 충격을 제한시키는 전략을 할 수 있는 심리적 면역체계의 힘과 속도를 경시한다고 하였다. 우리의 심리적 면역체계에 대한 무지로(이 현상을 Gilbert와 Wilson은 **면역 무시**라고 부름), 우리는 우리가 예상했던 것보다 무능력, 연인과의 이별, 시험의 실패, 정년보장 실패, 그리고 개인과 팀의 패배에 더 쉽게 적응한다. 역설적으로 Gilbert와 그의 동료들은(2004; 우리의 심리적 방어체계를 활성화시키는) 주요한 부정적 사건들(우리의 심리적 방어체계를 활성화시키지 않는)이 소소한 자극들보다 그렇게까지 오랫동안 불안하게 만들지 않는다고 보고하였다. 대부분의 상황에서 우리는 놀라운 복원력을 가지고 있다.

자기분석의 지혜와 착각

놀라울 정도로 우리의 직관은 종종 우리에게 영향을 미치는 것, 우리가 느끼게 될 것과 할 것에 관해 잘못 작용한다. 그러나 사례를 너무 과장하지는 말라. 우리 행동의 원인이 눈에 잘 띄거나, 올바른 설명이 우리의 직관에 잘 맞을 때, 자기지각(self-

"저녁에는 울음이 기숙할지라도 아침에는 기쁨이 오리로다."
   − 시편 30:5

면역 무시(immune neglect)
나쁜 일이 일어난 후에 정서적 회복과 복원력을 갖고 있는 심리적 면역체계의 속도와 강도를 무시하는 사람들의 경향성

perception)은 정확해진다(Gavanski & Hoffman, 1987). 행동의 원인이 관찰자에게 명확할 때, 우리에게도 역시 대개 명확해진다.

3장에서 더 밝혀지겠지만, 우리는 우리 마음에서 작동하고 있는 것에 덜 주의를 기울인다. 지각과 기억에 관한 연구에 따르면, 우리는 우리 사고의 과정보다는 그 결과에 주의를 기울인다. 예를 들어, 시간경과를 기록하기 위해 혹은 예약된 시간을 인식시키기 위해 정신적 시간을 맞출 때 혹은 문제를 무의식적으로 숙고한 후에 자발적으로 창의적인 통찰을 어떻게든 우리가 달성하였을 때, 우리는 마음의 무의식적 작용의 결과를 경험한다. 마찬가지로, 창조적인 과학자와 예술가들이 그 결과에 대한 훌륭한 지식을 가지고 있을지라도, 흔히 그들의 통찰 결과를 초래한 사고 과정을 말하지 못한다.

Timothy Wilson(1985, 2000)은 기발한 견해를 제시하였다. 우리 사회행동을 통제하는 심리과정과 우리 행동을 설명하는 심리과정을 구분하였다. 그렇기 때문에 우리의 이성적 설명은 실제로 우리 행동을 이끄는 무의식적 태도를 빠뜨린다. 9개 실험을 통해 Wilson과 동료들은(1989; 2008) 사물 혹은 사람에 대해 의식적으로 사람들이 표명하는 태도는 보통 후속되는 행동을 합리적으로 잘 예측한다는 것을 발견하였다. 그러나 만약 참가자들에게 먼저 자신의 느낌을 분석하도록 요구한다면, 그들의 태도 보고는 무용지물이 된다. 예를 들면, 데이트를 하는 커플의 관계에 관한 행복의 수준은 그들이 몇 달 후에도 여전히 데이트를 하는지 안하는지 정확히 예측하였다. 그러나 다른 참가자들에게는 행복을 평정하기 전에 왜 그들의 관계가 좋은지 나쁜지 생각에 대한 모든 이유를 기입하도록 하였다. 이 경우, 참가자들의 행복 평정이 미래의 관계를 예측하는 데 쓸모가 없었다! 명백히, 세밀하게 관계를 조사하는 과정은 관계에 관해 말로 하기 어려웠던 측면만큼 실제로 중요하지 않았던 쉽게 언어로 표현되는 요인들에 주의를 끌게 한다. 우리는 종종 우리 자신에게 낯선 사람이라고 Wilson(2002)은 결론지었다.

또 다른 연구에서, Wilson과 그의 동료들은 사람들에게 집에 놓아 둘 포스터 한두 점을 선택하도록 하였다. 그들은 사람들에게 먼저 선호하는 유머러스한 포스터에 대한 자신들의 선택 이유를 규명하도록 하였다(그들이 더 쉽게 언어화할 수 있는 긍정적인 특성). 그러나 몇 주 후에 그들은 단순히 자신의 직감에 의해 선택한 경우와 대강 다른 포스터를 선택하는 경우보다 자신들의 선택에 덜 만족하였다. 여러 가지 얼굴 특성을 가진 사람의 이성적 판단과 비교할 때, 본능적 수준의 반응은 역시 더 일관성이 있다고 Gary Levine와 동료는 보고하였다(1996). 첫 인상은 유력한 것일 수 있다.

이중 태도 체계
(dual attitude system)
같은 대상에 대한 구분되는 암묵적(자동적) 태도와 외현적(의식적, 자동적) 태도, 언어적으로 표현된 외현적 태도는 교육과 설득으로 변화될 수 있다; 암묵적 태도는 새로운 습관을 형성하는 연습과 함께 서서히 변한다.

이와 같은 발견에 대해 우리가 **이중 태도 체계**를 지닌다고 Wilson과 그의 동료들은(2000) 설명하였다. 누군가 혹은 무엇인가에 대한 우리의 자동적인 암묵적 태도는 의식적으로 통제되는 외현적 태도와는 종종 다른 것이다(Gawronski & Bodenhansen, 2006; Nosek, 2007). 예를 들면, 어린 시절부터 우리는 습관적으로나 자동적으로 우리가 현재 의식적으로 존경하고 감사하다고 말할 수 있는 사람을 두려워하거나 싫어할 수 있다. Wilson이 지적한 것처럼, 비록 외현적 태도가 상대적으로 쉽게 변할 수 있다. 오래된 습관처럼, 암묵적 태도는 더 서서히 변한다. 그러나 반복적인 연습을 통해서 새로운 습관적 태도는 오래된 것으로 대치될 수 있다.

　　자기 지식의 제한점에 대한 연구는 두 가지 함의를 가지고 있다. 첫째, 심리학적 의문에 관한 것이다. 자기보고는 종종 믿을 수 없다. 자기 이해에 있어서 오류들로 인해 주관적인 개인 보고의 과학적 유용성이 제한된다.

　　두 번째 함의는 우리의 일상에 대한 것이다. 사람들이 자신의 경험을 보고하고 해석하는 데 있어서 성실성의 측면에서 보면 우리는 이 같은 보고의 타당성을 보장할 수 없다. 개인적 증명은 대단한 설득력을 가지고 있다. 그러나 그것들은 역시 틀리기도 한다. 오류의 가능성을 잘 생각하는 것은 우리가 타인에 의해서 위협을 덜 받고 덜 속을 수 있도록 도와준다.

요약 : 자기개념: 나는 누구인가?

- 자기에 대한 감각은 우리의 생각과 행동을 조직화하는 데 도움이 된다. 우리가 자신을 참조하여 정보를 처리할 때, 우리는 그것을 더 잘 기억한다(자기참조 효과). 자기개념은 두 가지 요소로 구성되어 있다: 우리의 자기 관련 정보 처리 과정을 이끄는 자기도식과 우리가 꿈꾸거나 두려워하는 가능한 자기.
- 자긍심은 우리의 특성과 능력의 진가를 인정하는 데 사용하는 전반적으로 자신이 가치있다고 느끼는 것을 말한다. 자기개념은 우리가 활동하는 역할, 우리가 만들어내는 비교, 사회적 정체성, 타인의 칭찬을 우리가 어떻게 지각하는가, 그리고 성공과 실패의 경험을 포함하는 다양한 것으로부터 영향을 받아 결정된다.
- 문화 역시 자기에 영향을 미친다. 개인주의적 서구 문화의 사람들은 독립적 자기를 가정하고 있다. 다른 사람들은, 집합주의적 문화로 불리우는 사람들, 더 상호의존적 자기를 가정한다. 5장에서 더 자세히 설명하겠지만, 이같이 대별되는 아이디어가 사회행동의 문화적 차이를 설명하는 데 공헌하였다.
- 자기지식은 이상한 결점이 있다. 우리는 종종 우리가 하는 방식대로 왜 행동하는지 알지 못한다. 우리 행동에 영향을 미치는 것들이 관찰자에게 보이기에 충분하지 않을 때, 우리 역시 그것을 놓친다. 무의식적인, 우리의 행동을 통제하는 암묵적 과정은 우리의 의식, 즉 그것에 대한 외현적 설명과 다르다. 우리는 또한 우리의 정서를 잘못 해석하는 경향이 있다. 우리는 우리의 심리적 면역체계의 힘을 과소평가한다. 그래서 한 사람에 대한 정서적 반응의 영속성을 과대평가하는 경향이 있다.

자긍심의 본질과 동기적 힘은 무엇인가?

> 자긍심에 대한 이해와 행동과 인지에 대한 자긍심의 함의

　　사람들은 고양시키고자 하는 동기인 자긍심을 갈구한다. 그러나 부풀어진 자긍심은 역시 어두운 면을 가지고 있다.

　　자기에 대한 전반적인 평가인 **자긍심**은 모든 자기도식과 모든 가능한 자기의 총합인가? 만약 우리가 매력적이고, 운동을 잘하며, 명석하고, 부자일 수밖에 없는 운명을 타고 났으며, 사랑받을 만하다고 자신을 생각한다면, 우리의 자긍심은 높은 것일까? Jennifer Crocker와 Connie Wolfe(2001)는 그렇다고 말한다. 우리가 우리의 자긍심에서 중요한 영역(용모, 재능, 혹은 무엇이든지)에 대해 좋다고 느낀다면 말이다. 어떤 사람은 학업 성적과 외모에 대단히 의존적인 자긍심을 지니고 있고, 다른 사람은 신으로부

자긍심(self-esteem)
자신이 가치 있다고 느끼는 개인의 전반적인 자기평가

터 사랑을 받는 것과 도덕적 기준을 지키는 것에 의존적인 자긍심을 지니고 있을 수 있다. 결국, 전자는 머리가 좋다고 생각하고 외모가 잘 생겼다고 생각하면 높은 자긍심을 느끼게 되고, 후자는 도덕적이라고 생각할 때 높은 자긍심을 느낀다.

그러나 Jonathon Brown과 Keith Dutton(1994)은 이 같은 자긍심에 대한 상향식 관점이 전부는 아니라고 주장한다. 그들은 인과관계의 방향은 다른 방향으로 간다고 믿는다. 일반적인 측면에서 자신에게 가치를 두는 사람 – 자긍심이 높은 사람 – 은 자신의 외모, 능력 등에 더 가치를 두는 경향이 있다. 그들은 사랑하는 자녀의 손가락, 발가락, 그리고 머리카락에 기뻐하는 신생아의 부모 같다. 부모는 신생아의 손톱 혹은 발톱을 먼저 평가하고 전체적으로 자녀가 얼마나 가치 있는가를 결정하지 않는다.

그러나 세부적인 자기지각은 어느 정도 영향력을 가지고 있다. 만약 당신이 수학을 잘한다고 생각한다면, 당신은 앞으로 수학을 더 잘하게 될 것이다. 비록 전반적인 자긍심이 학업수행을 잘 예언하지 못하지만, 학업과 관련된 자기개념은 – 당신이 학교에서 잘한다고 생각하는가에 관계없이 – 학업수행을 예측한다(Marsh & O'Mara, 2008). 물론, 각각은 다른 것의 원인이 된다. 수학을 잘함으로써 당신은 자신이 수학을 잘한다고 생각할 것이다. 그리고 그것이 당신을 더 잘하도록 동기화한다. 역시 만약 당신이 누군가(혹은 자신)의 용기를 북돋아준다면, 당신의 칭찬이 막연하게 전반적인 것보다는("너는 훌륭해"), 세부적인 부분에 관한 것("너는 수학을 잘해")이면 더 좋다. 그리고 당신이 지적한 내용이 비현실적으로 낙관적인 내용("너는 무엇인가를 잘할 수 있어")인 것보다는 그 사람의 진정한 능력이나 수행을 반영하고 있다면("마지막 시험에서 너의 성적은 정말로 향상되었어") 더 좋을 것이다. 피드백은 사실적이고 구체적일 때 가장 좋다(Swann & others, 2007).

여러분이 심리학 수업의 첫 시험을 보고 성적을 받아봤을 때를 생각해 보자. 여러분은 자신의 학점을 보고 탄식을 한다 – 학점은 D와 F 사이를 맴돌고 있다. 그러나 여러분은 수업에 대해 리뷰 질문과 다음과 같은 메시지를 e-메일로 받는다. "높은 자긍심을 가진 학생들은 더 나은 학점을 받게 될 뿐만 아니라 자신감 있고 확신에 차 있다…. 결론적으로: 머리를 치켜 들어라 – 그리고 자신의 자긍심을 높여라". 반면에 다른 집단의 학생들은 자신의 수행에 대한 통제감을 가지라는 메시지를 받거나 단지 리뷰 질문만을 받았다. 이후 각 집단의 기말 성적은 어떻게 나왔을까? 놀랍게도 자긍심을 북돋웠던 학생들은 기말시험에서 성적이 더 좋지 않았다 – 사실 낙제를 하였다(Forshyth & others, 2007). 고군분투하던 학생들은 자신들에 대해 좋다는 느낌을 이야기했다고 연구자들은 기억했다. "나는 이미 훌륭한데 왜 공부해?"라고 학생들은 생각했던 것 같다.

자긍심 동기

대부분의 사람들은 자신의 자긍심을 유지하도록 극히 동기화되어 있다. 사실 한 연구에 따르면, 대학생들은 자신이 좋아하는 음식을 먹는 것으로, 자신들이 선호하는 성적 행위를 하는 것으로, 좋아하는 친구를 만나는 것으로, 술을 마시는 것으로, 혹은 급

형제자매 간의 관계에 있어서 어린 형제자매가 뛰어난 능력을 보이는 것은 더 나이가 많은 형제자매의 자긍심에 가장 위협이 된다.

여를 받는 것에서 자신의 자긍심 향상을 느끼는 것으로 나타났다(Bushman, & others, 2011). 믿을 수 없겠지만, 자긍심은 성관계, 피자, 그리고 맥주보다 더 중요했다!

자긍심을 위협받을 때 - 예를 들어, 실패를 하거나 혹은 누구가와 비교될 때 호의적이지 않은 반응을 받을 때 - 어떤 일이 발생할까? 형제들이 괄목할 만하게 다른 능력 수준을 가지고 있을 때 - 예를 들어, 한 사람들은 매우 운동을 잘하고 다른 사람은 그렇지 않을 때 - 그들은 서로 잘 어울리지 못한다고 말한다(Tesser, 1988).

자긍심 위협은 낯선 사람의 성공보다 친구의 성공이 더 위협이 되는 친구들 간에 발생한다(Zuckeman & Jost, 2001). 당신의 자긍심 수준 역시 차이를 만든다. 자긍심이 높은 사람들은 보통 자긍심 위협을 받을 때, 그것을 보상하는 방식으로(누군가를 비난하거나 다음에 더 어려운 것에 도전하거나) 반응한다. 이 같은 행동들은 그들 자신에 대한 긍정적인 감정을 보존하는 데 도움이 된다. 그러나 자긍심이 낮은 사람들은 자신을 비난하거나 포기함으로써 "그만두는(break)" 경향이 있다(VanDellen & others, 2011).

자긍심을 유지하거나 고양시키려는 동기의 기저에는 무엇이 있는가? Mary Leary (1998, 2004b, 2007)는 우리의 자긍심 정서는 연료 계측기 같다고 믿는다. 관계는 생존과 성장을 할 수 있도록 한다. 결국 자긍심 계측기는 우리를 사회적 배제에 위협을 느끼도록 변화시켜 다른 사람의 기대에 더 민감하게 행동하도록 우리를 동기화한다. 연구에 따르면, 사회적 배제는 자긍심을 낮추고 우리가 더 열심히 인정받으려고 하도록 만든다. 버림받거나 차버리는 것을 우리는 매력적이라거나 적절하다고 느끼지 않는다. 깜박거리는 계기판 불빛처럼, 이 같은 고통은 행동하도록 동기화한다. - 자기향상, 수용과 어딘가에 포함되기를 추구한다.

Jeff Greenberg(2008)는 "**공포관리이론**(terror management theory)"이라고 부르는 다른 관점을 제시하였다. 이 이론에 따르면, 인간은 압박해오는 죽음에 대한 공포를 관리하는 방법을 발견하려고 한다는 것이다. 그는 만약 자긍심이 단지 수용의 문제라면, "왜 사람들은 단지 수용되어지기보다는 그 이상 되려고 추구하는가?"라고 반박

공포관리이론
(terror management theory)
자신의 죽음을 상기시키면 사람들은 자기보호적인 정서적·인지적 (더 문화적 세계관과 편견을 강하게 담고 있는 반응) 반응을 보인다고 제안한다.

하였다. 그는 자기 자신의 죽음에 대한 실체적 사실을 마주하면, 우리의 업적과 가치를 통해 자신을 인식하고자 하는 동기를 갖게 된다고 주장하였다. 사과 안에는 벌레가 있는 법이다(어느 것도 완벽한 것은 없다는 뜻). 왜 그것이 가치 있는가를 정확하게 인식하는 사람도 없으며, 왜 자긍심이 완전하게 무의식적이지("당신은 그 자체로 특별한 것이라는 것이 무조건적인 자긍심의 예라는 것") 않은지를 인식하는 사람도 없다. 우리의 인생이 허망하지 않다고 느끼기 위해서 우리는 우리 사회의 규범에 따르는 자긍심을 의식적으로 추구해야 한다고 그는 주장한다.

자긍심의 어두운 면

자긍심이 낮은 사람들은 종종 인생에 문제를 가지고 있다 – 그들은 돈을 적게 벌고, 약물 남용을 하며, 더 우울해 하는 경향이 있다(Salmela-Aro & Nurmi, 2007; Trzesniewski & others, 2006). 제1장에서 배웠던 것처럼, 두 변수 간의 상관관계에서 제3의 요인이 때때로 원인이 되기도 한다. 아마도 자긍심이 낮은 사람은 어린 시절에 역시 가난했거나, 성적 학대를 경험했을 것이고, 혹은 부모가 약물을 사용했을 것이다 – 이 모든 것들이 이후의 생을 힘들게 하는 원인이 된다. 연구에 의하면, 이 같은 요인들을 통제했을 때, 자긍심과 부정적 결과들과의 관계는 사라지는 것이 확실한 것 같다(Boden & others, 2008). 바꾸어 말하면, 낮은 자긍심은 이들 젊은이의 문제의 원인이 아니다 – 대신에 원인이 되는 것은 그들이 어린 시절에 어려운 환경을 벗어나지 못한 것이라고 할 수 있다. 높은 자긍심을 갖는 것은 몇 가지 이점이 있다 – 즉, 주도성, 융통성, 그리고 유쾌한 감정들을 키운다(Baumeister & others, 2003). 하지만 부적절하게 어린 나이에 성행동을 한 10대 남성들은 평균보다 더 높은 자긍심을 가지는 경향이 있다. 10대 갱 리더들, 극단적 민족주의자들, 테러리스트, 그리고 강력범죄를 저지르고 교도소에 수감된 남자 죄수들도 이 같은 경향이 있다(Bushman & Baumeister, 2002; Dawes, 1994, 1998). "히틀러 역시 높은 자긍심을 가지고 있었다."고 Baumeister와 동료들은(2003) 지적하였다.

나르시시즘: 자긍심의 자만하는 동지

높은 자긍심을 가지고 있는 사람들이 나르시시즘에 빠지거나 자기를 부풀리게 되면 특히 문제가 된다. 높은 자긍심을 가지고 있는 대부분의 사람들은 개인적 성취와 다른 사람과의 관계를 가치 있게 생각한다. 나르시시스트는 보통 높은 자긍심을 갖고 있지만, 다른 사람을 배려하고 돌보는 것을 등한시한다(Campbell & others, 2002). 비록 나르시시스트는 종종 뛰어나고 처음에는 충분히 매력적이지만, 그들의 자기 중심적인 특성 때문에 장기적 관점에서 보면, 다른 사람들과의 관계에 문제를 발생시킨다(Campbell, 2005). Delroy Paulhus와 Kevin Williams(2002)는 나르시시스트와 문제가 되는 사회적 관계가 연관되는 것은 나르시시스트가 마키아벨리즘(조작성)과 반사회적 정신병질적 성격과 같은 부정적 성격특질의 부정적 측면을 포함하고 있기 때문이라고 지적하였다.

Brad Bushman과 Roy Baumeister(1998)가 수행한 일련의 연구에서는 학부생 자원자

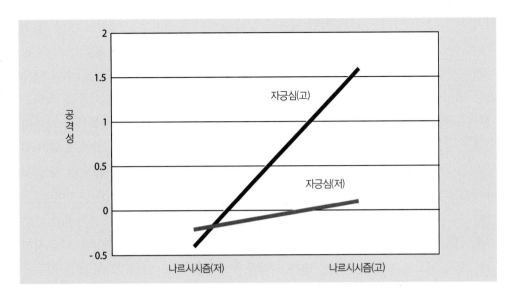

그림 :: 2.5
나르시시즘, 자긍심 그리고 공격성
나르시시즘과 자긍심은 공격성에 상호작용한다. Brad Bushman과 동료들(2009)의 연구에 따르면 나르시시즘과 자긍심이 높은 경우에 자신에게 비판적인 학급 친구에게 가장 공격적이었다.

들에게 간단한 수필을 쓰게 하고 "이것은 내가 읽었던 글들 중 최악의 글 중 하나야." 와 같이 조작된 피드백을 제시하였다. 그 결과, 나르시시즘 점수가 높은 피험자들은 자신들을 비판했다고 믿는 학생의 헤드폰에 고통스러운 소음 폭발음을 들려주는 보복적 행동을 하는 경향을 보였다. 하지만 자신들의 글을 칭찬한("훌륭한 글이에요") 학생들에게는 공격적이지 않았다. 모욕을 그들에게 방출한 것이다. 그러나 자긍심의 경우에는 어떤가? 아마도 "불안정한" 나르시시스트 — 낮은 자긍심을 가진 사람 — 만이 남을 비난할 것이다. 그러나 어떻게 그렇게 되는지는 알 수가 없다. 대신에 자긍심과 나르시시즘 모두 높은 학생들이 가장 공격적이었다. 교실 장면에서도 같은 결과를 보였다. 자긍심과 나르시시즘 모두가 높은 학생들은 자신을 비판하는 학급 친구에게 나쁜 점수를 부여하는 방식으로 보복을 하였다(Bushman & others, 2009; 그림 2.5). 나르시시스트가 매력적이고 재미있을 수 있다. 그러나 "당신이 그들을 이겨낼 수만 있다면, 신이 당신을 도울 것이다."라는 재치 있는 말을 해주고 싶다.

자기 자신뿐만 아니라 자신이 속한 집단에 대해 지나친 나르시시스적 자부심을 가질 수도 있다. "집합적 나르시시즘"을 보인 폴란드 대학생들은 — 그들의 조국이 다른 나라들에 비해서 우월하다고 믿는 경향이 높았다. — 유대인에게 더 편견을 나타냈다. 집합주의적 나르시시즘이 높았던 멕시코 대학생들 역시 미국과 멕시코 국경에 장벽을 세우는 것을 모욕적으로 보는 경향이 높았고, 그에 대응하기 위해 미국물품 구매 거부 운동을 더 지지하는 것으로 나타났다(Golec deZavala & others, 2009). 따라서 누군가가 자신 혹은 자신이 속한 집단에 대해 지나친 자부심을 갖게 되었을 때, 다른 누군가는 결과적으로 고통을 받을 수 있다.

일부 연구에 따르면, IQ와 가족소득을 고려했을 때, 낮은 자긍심과 반사회적 행동 사이에 약간의 상관관계가 있는 것으로 나타났다(Donnellan & others, 2005; Trzesniewski & others, 2006). 그러나 또 다른 연구에 따르면, 성적 학대와 조기 문제 행동을 고려하면, 낮은 자긍심과 반사회적 행동 사이의 관계성이 사라지는 것을 발견하였다(Boden & others, 2007). 아이들은 낮은 자긍심 때문에 공격적으로 행동하는

"이제와서 이같은 충고를 한다는 것이 대단히 미안합니다. 자긍심은 잊어버리십시오. 자기통제와 자기수양에 더 집중하십시오. 최근 연구에 따르면 이 두 가지가 여러분 개인이나 우리 사회에 좋은 것입니다."
— ROY BAUMEISTER, 2005

것 같지는 않다. 아마도 과거 어린 시절의 상처 때문에 공격적으로 행동하는 것 같다. Baumeister(1996)는 "자긍심 운동(self-esteem movement)의 열정적인 요구는 대개 환상에서부터 전혀 쓸모없는 것에까지 이르고 있다. 아마 그 누구보다도 자긍심에 대해 많은 연구를 출판하였지만 자긍심의 효과는 작고 제한적이었으며 전부 좋은 것만은 아니다."라고 말한다. 그가 말하기로, 높은 자긍심을 가진 사람들은 더 불쾌한 기분이 되고 사람들을 방해하거나 그들과 함께 이야기하기보다는 일방적으로 말하게 되기 쉽다(낮은 자긍심의 사람들이 더 수줍어하고 겸손하며 스스로 눈에 띄지 않으려 하는 것과는 대조적으로). "나의 결론은 자기통제가 자긍심보다 10배는 더 쓸모 있다는 것이다."

때때로 나쁜 짓을 하는, 과장된 자아를 가지고 있는 사람들은 내면의 불안감과 낮은 자긍심을 감추고 있는 것일까? 최근 연구들을 보면 그 대답은 "아니다"이다. 나르시스트 성격 척도에서 높은 점수를 받는 사람들은 자긍심 척도에서도 역시 높은 점수를 보인다. 나르시시스트들이 보여주기 위해 일부러 높은 자긍심을 표방할 경우를 대비하여 연구자들은 대학생들에게 컴퓨터 게임을 하게 하고 가능한 한 빠르게 단어를 조합하도록 하였다. 즉, "나"라는 단어와 "좋은", "훌륭한", "대단한", 그리고 "옳은"과 같은 단어와 "나쁜", "끔찍한", "지독한", 그리고 "틀린"과 같은 단어들을 조합하도록 하였다. 나르시시즘 척도상에서 높은 점수를 받은 사람들은 낮은 점수를 받은 사람들에 비해 좋은 단어들과 나를 조합하는 시간이 더 빨랐다. 하지만 그들은 좋지 않은 단어와의 조합에서는 반응시간이 다른 집단에 비해 좀 더 늦었다(Campbell & others, 2007). 그리고 나르시시스트들은 자신을 "솔직한", "우세한" 그리고 "자기주장이 강한"과 같은 단어들과 동일시하는 데 더 빨리 반응하였다. 비록 오만한 친구가 자신의 불안정성을 대신하도록 하는 것이 위안이 되기는 하지만, 위협은 바로 내면 깊숙이 있는 그가 대단하다고 생각하는 것이다.

나르시시즘의 증가

지난 수십 년간 자기의 중요성을 연구했던 심리학자 Jean Twenge(2006; Twenge & others, 2008)는 오늘날의 젊은 세대가 – 그녀는 이들을 Me 세대라고 명명했다. – 더 높은 나르시시즘을 보인다고 보고했다("내가 세상을 지배한다면 더 나은 세상이 될 것이다.", "나는 내가 특별한 사람이라고 생각한다." 같은 문항에 동의하는 정도를 조사한 결과이다). Alabama에서 Maryland를 지나 California에 이르는 대학 캠퍼스 내의 조사에서 나르시시즘 점수는 시간이 지나면서 점점 더 높아졌다(Stewart & Bernhardt, 2010; Twenge & Foster, 2008, 2010). 나르시시즘은 유물론과 상관관계가 있다. 유명해지고 싶은 욕구, 부풀려진 기대, 진지한 관계를 덜 갖고 짧게 즐기는 관계가 증가한 것, 늘어난 도박과 속임수 같은 것들은 모두 나르시시즘의 정도가 높아지면서 함께 나타나는 현상이다. 나르시시즘은 공감능력 – 타인의 관점을 알아채거나 그들의 문제를 걱정해주는 능력 – 의 결여와도 관련이 있는데, 대학생들에게서 공감능력이 급격하게 떨어졌다(Konrath & others, 2011). 연구자들은 이 같은 결과에 대해 요즘 세대들이 온라인으로 관계맺기에 몰두하다 보니 대인관계 기술이 쇠퇴한 것이 원인이라고 추측한다. 아니면 경쟁 위주의 세상을 사는 오늘날의 젊은이들이 성공하기 위해 사느라 바쁘기 때문에 외골수처럼 자신의 성취에 몰두하게 된 현상을 공감능력 저하의 원인으로 보기도 한다. 그러나 아이러니하게도 높은 나르시시즘과 낮은 공감능력은 장기적으로 성공에 별 도움이 되지 않으며, 더 낮은 대학 성적과 업무 성과를 가져올 뿐이라고 한다(Judge & others, 2006; Robins & Beer, 2001).

낮은 자긍심 대 안정된 자긍심

매우 긍정적인 자기개념이 부정적 행동과 관계가 있다는 사실은 낮은 자긍심을 보이는 사람들이 불안, 고독, 섭식 장애를 포함하는 임상적 문제를 갖기 쉽다는 발견들과 배치된다. 나쁜 기분과 위협을 느낄 때 자긍심이 낮은 사람들은 종종 모든 사물에 대해서 부정적인 시각을 취한다. 그들은 다른 사람들이 했던 최악의 행동들과 부모가 그들을 사랑하지 않는다는 생각을 하고 그것들을 기억한다(Murray & others 1998, 2002; Ybarra, 1999). 비록 낮은 자긍심을 가진 사람들이 덜 바람직한 상대를 선택한다는 증거는 없지만, 그들은 자신의 파트너가 자신들을 비판하고 배척할 것이라고 빠르게 믿는다. 아마도 이 같은 결과로, 자긍심이 낮은 사람들은 그들과의 관계에 대해 덜 만족하게 된다(Fincham & Bradbury, 1993). 그리고 그들은 또한, 자신들의 관계를 빨리 청산하는 경향을 보이게 된다. 낮은 자긍심을 보이는 학부생들은 자신들을 긍정적으로 보는 룸메이트와 함께 있지 않겠다고 결정하기도 한다(Swann & Pelham, 2002).

안정된 자긍심 – 성적, 외모, 돈이나 다른 사람의 인정보다 자신에 대한 좋은 느낌에 근거한 것 – 이 장기적인 행복에 도움이 된다(Kernis, 2003; Schimel & others, 2001). Jennifer Crocker와 그녀의 동료들(Crocker, 2002; Crocker and Luhtanen, 2003; Crocker and Park, 2004; Crocker and Knight, 2005)은 미시건 대학교 학생들을 대상으로 한 연구에서 이것을 입증하였다. 자기가치가 손상되기 쉬운 사람들 – 외적인 근원에 의존적인 사람들 – 은 인간적 미덕과 같이 내적인 근원에 의해 지지되는 사람들에 비해 스트레스, 분노, 관계에서의 문제, 약물과 술 사용, 그리고 섭식 장애를 더 경험하였다.

아이러니컬하게도 Crocker와 Lora Park(2004)은 아름답고, 부유하거나 인기있게 되려고 노력하는 것으로 자긍심을 추구하는 사람은 무엇이 진짜 더 좋은 삶을 만드는 것인가에 대한 시각을 잃을 수 있다고 지적하였다. 게다가 우리 자신에 대해 좋은 감정을 느끼는 것이 우리의 목표라면 우리는 비판에 대해 덜 개방적이고 타인에게 감정이 입하기보다는 비난하기 쉬우며, 활동을 할 때 즐기기보다는 성공에 대한 압박을 받게 될 수 있다. 시간이 지날수록 그러한 자긍심의 추구는 우리의 능력, 관계, 자율성에 대한 깊은 요구를 만족시키는 데 실패할 수 있다고 Crocker와 Park은 말하고 있다. 자기상에 덜 집중하고 재능과 관계들을 개발하는 데 집중하는 것이 궁극적으로 더 나은 행복을 가져온다. Kristin Neff(2011)는 이 같은 것을 자기연민이라고 제안하였다 – 타인에 대한 연민을 뒤에 두고 대신 친절하게 우리 자신을 다루는 것. 인디언 격언에 있는 것처럼 하는 것이다. "다른 사람보다 우월한 존재가 되는 것은 고귀한 것이 아니다. 진정으로 고귀한 것은 예전의 당신보다 우월해지는 것이다."

요약 : 자긍심의 본질과 동기적 힘은 무엇인가?

- 자긍심은 우리의 특성과 능력을 평가하는 데 사용하는 것으로 전반적으로 자신에 대해 가치가 있다고 보는 것이다. 자기개념은 우리의 역할, 우리가 하는 비교, 사회적 정체성, 우리를 평가하는 다른 사람을 어떻게 지각하는지, 그리고 성공과 실패의 경험을 포함하는 다양한 영향요인들에 의해 결정된다.
- 자긍심 동기는 우리의 인지 처리에 영향을 미친다: 실패에 대응하는 데 있어서 높은 자긍심을 가진 사람은 다른 사람 역시 실패한다는 것을 지각하고 타인보다 자신이 우수하다는 것을 과장함으로써 자기가치를 유지한다.
- 일반적으로 자긍심이 높은 것이 자긍심이 낮은 것보다 더 유익하다 할지라도 연구자들은 다양한 사회 범법자들이 평균보다 높은 자긍심 경향을 보인다는 것을 발견해왔다. 과장된 자아를 가진 사람이 나중에 사회적 배제로 인하여 그것이 위협받거나 자신감을 잃게 되면 잠재적으로 공격적이 된다.

지각된 자기통제

행동하는 자기에 대한 시험을 통한 자기개념의 이해

지금까지 우리는 자기개념이 무엇이고 어떻게 발달하는지, 얼마나 잘 우리 자신에 대해 아는가(혹은 그렇지 않은가)에 대하여 생각해 보았다. 이제 우리는 행동하는 자기를 살펴봄으로써 왜 자기개념이 중요한 문제인가를 알아볼 것이다.

자기의 에너지

자기의 행위능력은 제한이 있다고 Roy Baumeister와 그의 동료들은 지적한다(1998, 2000; Muraven & others, 1998).

- 자기통제를 발휘하는 사람들은 − 그들 스스로 초콜릿보다는 무를 먹게 하게나 금지된 생각들을 억압하게 한 사람들 − 풀리지 않는 퍼즐을 받았을 때 결과적으로 더 빨리 그만둔다.
- 엉망진창인 영화에 대한 감정을 통제하려는 사람들은 체력 감소를 보인다.
- 슬픈 영화를 보는 동안 감정을 통제하는 것과 같은 일에 의지력을 소모한 사람은 이후에 더 공격적이고 배우자와 더 싸우는 것으로 나타났다(DeWall & others, 2007; Finkel & Campbell, 2001). 그들은 또한 그들의 성적인 생각과 행동을 덜 억제한다. 자신의 파트너에게 친밀감을 표현해달라고 요구를 받았을 때, 의지력이 감소된 사람들은 파트너와 더 열정적으로 키스하는 경향을 보였고, 심지어 연구실에서 옷을 벗기도 했다(Gailliot & Baumeister, 2007).

노력이 필요한 자기통제는 우리의 제한된, 남아 있는 의지력을 고갈시킨다. 중추 집행자인 우리 뇌는 자기통제를 할 때, 가용한 혈당을 소비한다. 자기통제는 근육의 힘과 비슷하게 작용한다고 Baumeister와 Julia Exline(2000)은 결론지었다. 둘 다 사용 후에 약해지고, 휴식으로 보충하며 운동으로 강해진다.

자기의 에너지가 일시적으로 고갈될지라도, 우리의 자기개념은 행동에 영향을 미친다(Grazino & others, 1997). 어려운 과제가 주어졌을 때 스스로 열심히 일하고 성공적이라고 상상하는 사람들은 자신들이 실패자라고 상상하는 사람들보다 수행을 더 잘하였다(Ruvolo & Markus, 1992). 여러분의 긍정적인 가능성을 마음에 그려라, 그러면 여러분은 계획적이 되고 성공적인 전략을 세울 수 있게 된다.

자기 효능감

스탠포드 대학교의 심리학자 Albert Bandura(1997, 2000)는 그의 연구에서 긍정적 사고의 힘을 포착하고 **자기 효능감**(self-efficacy: 우리가 과제에 대해 얼마나 유능한지 느끼는 것)에 대해 이론화하였다. 우리 자신의 능력과 효과를 믿는 것은 이득이 된다(Bandura & others, 1999; Maddux & Gosselin, 2003). 강한 자기 효능감을 지닌 청소년과 성인들은 더 끈기가 있고, 덜 불안하거나 덜 우울하였다. 그들은 또한 더 건강한 삶을 살고 학업적으로도 더 성공적이었다.

매일의 삶에서 자기 효능감은 어려운 목표를 설정하고 견딜 수 있도록 한다. 백 개 이상의 많은 연구에 따르면, 자기 효능감이 노동자들의 생산성을 예측하는 것으로 나타났다. 문제가 발생하였을 때 강한 자기 효능감을 가지고 있는 노동자들은 그들의 부적절함을 곱씹기보다는 침착성을 유지하고 해결방법을 찾는다. 성취란 유능함과 끈기를 합한 것이다. 그리고 성취와 함께 자기 확신이 자란다. 자긍심과 같이 자기 효능감도 어렵게 얻어진 성취와 함께 자라는 것이다.

심지어 자기 효능감의 미세한 조작조차 행동에 영향을 미칠 수 있다. Becca Levy (1996)는 90명의 고령자들에게 나이 드는 것과 관련된 부정적 혹은 긍정적 고정관념을 불러일으키는(점화된) 단어에 의식 수준 이하에서 노출되도록 하였을 때 이러한 점을 발견하였다. 몇몇 피험자들에게 '쇠퇴', '망각', '노쇠'와 같은 부정적 단어 혹은 '현명함', '지혜', '박식함'과 같은 긍정적 단어를 0.066초 동안 제시하였다. 의식적인 수준에서 참가자들은 오직 불빛만을 보았다. 그런데 긍정적인 단어의 제시는 증가된 기억에 대한 자기 효능감(기억에 대한 자신감)과 더 나은 기억 수행을 가져왔다. 부정적 단어를 본 것은 반대의 효과를 가져왔다. 우리는 연구실 밖에서도 비슷한 현상을 관찰할 수 있다. 노화에 대한 긍정적 이미지가 보편적이어서 기억에 대한 자기 효능감이 더 클지도 모르는 중국의 고령자들은 서구 국가들에서 보편적으로 관찰되는 것보다 기억 쇠퇴를 덜 겪는 것으로 보인다(Schacter & others, 1991).

만약 여러분이 어떤 일을 할 수 있다고 믿으면 그 믿음이 필연적으로 차이를 가져올까? 그것은 두 번째 요인에 달려 있다. 여러분은 자신이 수행한 결과들에 대해서 통제력을 가지고 있는가? 예를 들어, 여러분이 운전을 잘한다고 느낄 수도 있지만(높은 자기 효능감), 반대로 술에 취한 운전자들에 의해 위험에 처했다고 느낄 수도 있다(낮은

자기 효능감(self-efficacy)
자신이 능력 있고 효과적이라는 느낌. 자신이 가치 있다고 느끼는 자긍심과 구별된다. 군대의 저격수는 높은 자기 효능감을 보이지만 자긍심은 낮다.

통제). 여러분은 유능한 학생 혹은 직장인이라고 느낄 수도 있지만 연령, 성별 혹은 외모에 근거한 차별을 두려워하면서 당신의 성공 가능성이 낮다고 생각할지도 모른다.

많은 사람들이 자기 효능감과 자긍심을 혼동한다. 자기 효능감은 스스로가 무언가를 할 수 있다고 믿는 것이고, 자긍심은 전반적인 자기 모습을 좋아하는 것이다. 부모님이 "너는 특별하다."고 어린 아이들을 격려하는 것은 자긍심을 형성해 주기 위한 것이고, "너는 할 수 있어."라고 말하는 것은 자기 효능감을 높여 주기 위한 것이다. 한 연구에 따르면, 자기 효능감에 대한 피드백("너 정말 열심히 했구나")이 자긍심 피드백("너 정말 똑똑하구나")보다 더 높은 성과를 이끌어내는 것으로 밝혀졌다. 똑똑하다는 평가를 받은 아이들은 다시 시도하는 것을 두려워했다. 다시 시도했을 때 똑똑해 보이지 않을 수도 있기 때문이다. 그러나 노력한 것에 대해 칭찬받은 아이들은 다시 하더라도 더 열심히 할 수 있다는 것을 알았다(Muller & Dweck, 1998). 즉, 누군가를 격려할 때는 그들의 자긍심보다는 자기 효능감에 초점을 맞춰 말해주는 것이 좋다.

통제 부위

"나에게는 사회생활이 없어요."라고 40대인 독신 남자가 학생 치료자인 Jerry Phares에게 불평하였다. Phares의 주장에 따르면, 그 환자가 춤추러 갔을 때 여러 명의 여자가 그와 함께 춤을 추었다고 하였다. "저는 그저 운이 좋았을 뿐이었어요."라고 나중에 그 남자가 이야기하였다. "그런 일은 절대 다시 일어나지 않을 겁니다." Phares가 이 일을 그의 스승인 Julian Rotter에게 보고하였을 때 그가 형성해왔던 아이디어가 구체화되었다. Rotter의 실험과 임상 실습에서 보면, 어떤 사람들은 그들에게 일어나는 일이 어떤 것이든지 간에 외부의 힘에 의해 좌우된다고 지속적으로 느끼는 반면, 다른 사람들은 그 결과가 대부분 그들의 노력과 기술에 의해 좌우된다고 느낀다(Hunt에 의해 인용, 1993 p.334).

여러분 자신의 삶에 대해 어떻게 생각하는가? 여러분은 더 자주 여러분의 운명에 대해 책임을 지는가 아니면 상황의 희생자인가? Rotter는 이런 차원을 **통제 부위**라고 불렀다. Phares와 함께 그는 개인의 통제 부위를 측정하기 위하여 29쌍의 진술문들을 개발했다. 여러분이 이 검사를 받는다고 상상해보라. 어떤 것을 더 강하게 믿는가?

통제 부위(locus of control)
사람들이 결과를 자신의 노력과 행동에 의해서 내적으로 통제되는 것으로 지각하는가 혹은 운 혹은 외부 힘에 의해서 외적으로 통제되는 것으로 지각하는가 하는 정도

a. 장기적으로 이 세상에서 사람들은 합당한 만큼의 존중을 받는다.   혹은   **b.** 불행하게도 사람들의 가치는 그들이 얼마나 노력하든 인식되지 못한다.

a. 나에게 일어나는 것들은 내가 한 것이다.   혹은   **b.** 때때로 나는 나의 삶이 취하는 방향에 대해서 충분한 통제력을 가지고 있지 못한다고 느낀다.

a. 평범한 사람들도 정부의 결정에 영향력을 가질 수 있다.   혹은   **b.** 이 세상은 소수의 권력이 있는 사람들에 의해 돌아가고 있어서 많은 소시민들은 그것에 대해 할 수 있는 것이 많지 않다.

만약 이 질문들(Rotter, 1973)에 대한 여러분의 대답이 대부분 'a'라면 여러분은 아마도 자신의 운명에 대해서 통제할 수 있다고 믿는 사람이다(내적 통제 부위). 만약 대답이 대부분 'b'라면, 당신은 아마도 우연이나 외부의 힘이 당신의 운명을 결정한다고 느낄 것이다(외적 통제 부위, 그림 2.6 참조). 스스로를 내적으로 통제한다고 보는 사람들은 직장에서 생산성이 더 높고, 수입이 더 많으며, 금연에 성공하고, 체중조절을 잘한다. 또한, 결혼생활의 문제를 잘 다루고 생활에 더 만족하며, 장기적 목표를 달성한다(Findly & Cooper, 1983; Gale & others, 2008; Miller & others, 1986; Wang & others, 2010).

우리가 얼마나 통제감을 느끼는가는 좌절에 대해 어떻게 설명하는가와 관련있다. 아마 여러분은 자신을 피해자라고 보며, 나쁜 성적에 대해 아둔한 혹은 그들의 형편없는 선생님에 대한 감정, 교재, 시험 같이 그들의 통제 밖에 있는 것을 탓하는 학생들을 알고 있을 것이다. 이러한 학생들이 좀 더 희망적인 태도 - 노력과 좋은 학습습관, 자기훈련 등이 차이를 가져올 수 있다는 것을 믿는 것 - 를 받아들이는 것을 지도받으면, 그들의 학업 수행은 향상되는 경향이 있다(Noel & others, 1987; Peterson & Barrett, 1987). 그들은 속이려는 경향이 낮다. 자유의지는 환상이라고 말하는 학생들은 - 자신들에게 발생하는 일이 자신의 통제 밖에 있다고 생각하는 학생들 - 정답을 훔쳐보고 썩 좋지 않은 일에 집중하고 돈을 더 소비한다(Vohs & Schooler, 2008).

부하의 직무 성과를 평가할 때, 상사는 자유의지에 대한 더 강한 신념을 가지고 있는 부하들에게 유의미하게 더 높은 평가점수를 준다. 이것은 아마도 이 같은 부하들이 자신의 행동을 통제할 수 있다고 믿기 때문인 것 같다(Stillman & others, 2010). 신입 생명보험 판매자들 중 실패를 통제 가능한 것("그것은 어렵지만 끈기를 가지면 나는 더 좋아질 것이다")으로 보는 판매자들이 더 많은 보험증권을 팔았다. 그들이 첫 해 만에 일을 그만둘 가능성은 더 비관적인 동료의 절반 정도밖에 되지 않았다(Seligman & Schulman, 1986). 대학 수영팀 선수들 중에서 낙관적인 '설명 방식'을 가지고 있는 사람은 비관주의자들보다 기대 이상의 수행을 하는 경향이 있다(Seligman & others, 1990). 로마의 시인 Virgil이 Aeneid에서 말했듯이, "그들은 할 수 있다고 생각하기 때 문에 할 수 있는 것이다."

그러나 어떤 사람들은 이 개념을 과도하게 받아들였다. 일례로 오랫동안 대중적으 로 인기 있었던 〈시크릿〉이라는 책에서는 긍정적인 생각이 긍정적인 일을 발생시킨 다고 주장한다 ("어떤 사람도 충분한 돈을 갖지 못하는 유일한 이유는 사람들이 스스 로의 '생각'으로 돈이 들어오는 것을 막고 있기 때문이다"). 만약 이것이 사실이라면, 아프리카 소말리아의 빈민들에게 도움을 줄 필요가 없다고 결론내려야 할 것이다 - 그들에게 필요한 것은 그저 행복한 생각을 하게 하기만 하면 되는 것인가? 만약 당신 이 아프다면, 당신의 생각이 긍정적인 것만으로 충분하지 않다고 그들은 말할 것이다 - 수많은 암 환자들이 쾌유를 간절히 바라고 있음에도 불구하고 말이다. 확실히 긍정 적인 생각의 힘에는 한계가 있다. 낙관적으로 생각하고 통제할 수 있는 느낌을 갖는 것이 분명 큰 이점을 갖고는 있지만, 빈곤과 질병은 누구에게나 발생할 수 있다.

> "당신의 한계점을 지지하십시오. 그것 역시 확실히 당신 것이니까요."
> – RICHARD BACH, *ILLUSIOHNS: ADVENTURES OF A RELUCTANT MESSIAH*, 1977

학습된 무력감과 자기결정

통제감의 이익은 동물연구에서도 나타난다. 오늘날처럼 동물의 복지가 중요하게 다 루어지기 이전에 수행된 한 실험에서, 우리에 갇혀서 전기 충격을 피할 수 없다고 길 들여진 개들은 무력감을 배웠다. 후에 이 개들은 처벌을 피할 수 있는 다른 상황에서 도 수동적으로 움츠러들었다. 첫 번째 충격에서 성공적으로 탈출함으로써 개인적 통 제를 배운 개들은 새로운 상황에 쉽게 적응했다. 연구자 Martin Seligman(1975, 1991) 은 인간의 상황에서 이 **학습된 무력감**과 유사성들을 주목하였다. 예를 들면, 우울하거 나 억압된 사람들은 그들의 노력이 효과가 없다고 믿기 때문에 수동적이 된다. 무기력 한 개들과 우울한 사람들은 둘 다 의지의 마비와 수동적 체념, 심지어 움직임 없는 냉 담을 겪는다(그림 2.7).

반면에, 사람들은 자기통제라는 "근육"을 단련함으로써 유익함을 얻는다. 운동프 로그램에 참여하거나 충동구매를 줄임으로써 자기통제를 훈련한 대학생들을 몸에 좋 지 않은 음식을 덜 먹고, 술을 줄였으며, 더 열심히 공부했다(Oaten & Cheng, 2006a, 2006b). 그러므로 인생의 어느 한 부분에서 의지력을 최대한 발휘하는 법을 배운다면, 다른 부분에서 오는 유혹을 뿌리치는 것 역시 쉬워질 것이다.

학습된 무력감 (learned helplessness)
인간 혹은 동물이 반복되는 나쁜 사건들을 통제할 수 없다고 지각하게 될 때, 절망감과 단념을 학습하게 되는 것

그림 :: 2.7
학습된 무력감
동물과 사람이 통제할 수 없는 나쁜 사건들을 경험하게 되면, 그들은 무력감과 단념을 학습하게 된다.

통제할 수 없는 나쁜 사건들 → 통제력 부족의 지각 → 학습된 무력감

Ellen Langer와 Judith Rodin(1976)은 두 가지 방법 중 하나로, 코네티컷의 요양소 안에서 높은 비율을 차지하는 노년의 환자들을 처치함으로써 개인 통제의 중요성을 실험했다. 한 집단에서는 친절한 도우미들이 "요양소를 자랑할 수 있고 행복감을 느끼는 집과 같은 곳으로 만들기 위한 우리의 책임"을 강조했다. 그들은 환자들에게 보통의 선의와 동정적인 보살핌을 주었고 그들이 수동적으로 보살핌을 받는 역할에 안주하도록 했다. 3주 후, 환자들의 대부분이 자신, 면접관, 그리고 간호사들에 의해 더욱 쇠약해진 것으로 평가되었다. Langer와 Rodin의 다른 처치는 개인의 통제를 활성화시켰다. 그것은 선택에 대한 기회, 요양원 정책에 영향을 끼칠 수 있는 가능성, 당신이 원하는 대로 삶을 영위할 수 있는 개인의 책임감을 강조했다. 이 환자들에게는 선택할 수 있는 작은 결정과 실행해야 할 책임감이 주어졌다. 그후 3주가 지나서 이 집단의 93퍼센트가 민첩성과 활동성, 그리고 행복감에서 향상된 결과를 보였다.

자기통제를 증진시키는 통제나 관리시스템들이 실제로 건강과 행복을 증가시킨다는 것이 연구에서 확인되었다(Deci & Ryan, 1987). 여기에 몇몇 추가적인 예가 있다.

- 의자를 옮기거나 TV를 조절하고, 불빛을 작동시킬 수 있는 것 등 그들 주변환경에 대한 몇 가지 통제권이 주어진 죄수들은 스트레스를 적게 경험하고, 건강상 문제가 매우 적게 나타났으며 훨씬 덜 공공기물을 파괴하였다(Ruback & others, 1986; Wener & others, 1987).
- 임무를 수행하거나 의사를 결정할 수 있는 여지가 주어진 노동자들은 높은 사기를 나타낸다(Miller & Monge, 1986). 일례로 일상생활과 일의 균형을 유지하는 데 더 융통성을 갖고 있는 재택근무자들의 경우에 그렇다(Valcour, 2007).
- 모든 나라의 연구에서 자신이 선택의 자유를 가진 것으로 인식한 사람들은 그들의 인생에 있어서 더 많은 만족감을 경험한다. 그리고 더 많은 자유를 경험한 사람들로 구성된 국가에는 더 많은 만족감을 나타내는 시민들이 있다(Inglehart & others, 2008).

과도한 선택의 비용

그러면 자유나 자기결정처럼 좋은 기회들이 너무 많이 있다면? Swarthmore 대학의 심리학자 Barry schwartz(2000, 2004)는 개인주의적인 현대 문화에서는 삶의 만족을 감소시키고 병리적인 절망감을 유발하는 "과도한 자유"가 있다고 주장한다. 너무 많은 선택(권)은 마비상태로 이어지고, Schwartz가 칭하는 "자유의 횡포"를 유발할 수 있다. 30종류의 잼과 초콜릿 중에서 선택한 사람들이, 6가지 사항 중에서 선택한 사람들보다 그들의 선택에 대해 훨씬 더 적은 만족감을 표현한다(Lyengar & Lepper, 2000). 또한 선택을 하는 것은 피곤하다. 학생들을 두 집단으로 나누어 한 집단은 수업계획서 목록을 읽고 다음 학기 수업을 선택하게 하였고, 다른 집단은 선택권 없이 수업계획서 목록을 읽게만 하였다. 그리고 학기말에 두 집단을 비교하였다. 그 결과, 선택권이 있던 집단은 그렇지 않은 집단에 비해 중요한 시험에 대한 공부를 덜 하였고, 비디오 게

개인적 통제: 스페인의 Valencia 교도소의 재소자들은 노동과 적절한 행동을 함으로써 수업을 듣거나, 운동시설을 이용하거나 문화활동의 기회를 갖거나 간식을 살 수 있는 돈을 받을 수 있는 권리를 획득할 수 있다.

임을 하거나 잡지를 보며 미루는 모습을 더 많이 보였다. 다른 연구에서는 소비재들에 대한 선택을 한 학생들이 그렇지 않은 학생들에 비해 맛없지만 건강에 좋은 음료를 덜 소비하는 경향을 보였다(Vohs & others, 2008). 따라서 스타벅스에서 19,000가지의 음료 조합에서 하나를 선택하거나 일반적인 슈퍼마켓에서 40,000가지 상품 중 하나를 선택한 뒤에는 자신의 선택에 덜 만족하게 되고, 집으로 가서 냉장고에 있던 아이스크림을 꺼내 먹을 가능성이 더 높아진다는 것이다.

Christopher Hsee와 Reid Hastie(2006)는 어떻게 선택이 후회를 강화시키는지를 설명했다. 종업원들에게 파리와 하와이 둘 중 하나로 공짜 여행을 가도록 해 준다면 그들은 행복해 할 것이다. 하지만 그들에게 그 두 곳을 제시하고 하나를 선택하도록 한다면 그들은 훨씬 덜 행복할 것이다. 파리를 선택한 사람들은 파리에 온난함과 넓은 바다가 없음을 유감스럽게 생각할지도 모른다. 하와이를 선택한 사람들은 훌륭한 박물관이 없음을 유감스럽게 생각할지도 모른다. 이러한 것이 최근 연구에서 대부분의 시간을 다양한 직업을 찾고 가능성을 평가하는 데 소비하는 11개 대학의 4학년들이 왜 결국 높은 연봉으로 시작하지만 만족감은 적은지를 설명해 줄지 모른다(Iyengar & others, 2006).

다른 실험들에서는 되돌릴 수 있는 선택(환불이나 교환이 가능한 것처럼)을 한 사람들보다 되돌릴 수 없는 선택을(예 마지막 세일에서 하는 모든 구매처럼) 할 때 사람들이 더 큰 만족감을 나타냈다. 아이러니하게도 사람들은 그들의 선택을 되돌릴 수 있는 자유에 더 많은 돈을 지불할 것이다. 그러나 그러한 자유가 만족감을 생성시키는 심리적인 과정을 억제할 수 있다(Gilbert & Ebert, 2002).

그러한 원리가 호기심을 끄는 사회현상을 설명하는 데 도움을 줄지도 모른다(Myers, 2000a). 국가 조사에서 수십년 전에 결혼하여 더욱 취소하기 어렵게 되었을 때("마지막 구매") 사람들이 더 많이 만족했던 것으로 나타났다. 오늘날 좋지 않은 결혼생활로부터 벗어나고 새롭게 결혼할 수 있는 자유가 더 많이 있음에도 불구하고 사람들은 그들의 결혼생활에 대해 훨씬 적은 만족감을 나타내는 경향이 있다.

자기통제에 관한 연구가 우리에게 인내력과 희망과 같은 전통적인 가치에서 더 많은 확신을 준다. Bandura(2004b)는 자기 효능감은 사회적 설득("당신은 성공할 수밖에 없어")과 자기 설득("나는 할 수 있다고 생각해, 나는 할 수 있

자신감과 자기 효능감은 성공 경험에 의해 커진다.

"이것이 내 자신감의 진정한 기반이다."

다고 생각해")에 의해서 주어진다고 인정했다. 모델링 - 비슷한 다른 것들이 노력과 함께 성공하는 것을 보는 것 - 또한 도움이 된다. 그러나 자기 효능감의 가장 큰 원천은, 그가 말하길, 승리 경험들이다. "성공은 개인의 효능감에 있어서 확고한 믿음을 형성한다." 만약 체중을 감량하거나 금연하는 것, 학점을 올리는 것과 같은 최초의 노력이 성공한다면 여러분의 자기 효능감도 증가한다.

Roy Baumeister(2003)의 연구팀도 의견을 같이 한다. 그들의 주장에 따르면 "그들 자신이 되는 것 때문에 모든 아이들을 칭찬하는 것은 칭찬의 가치를 감소시킨다. 좋은 성과를 인식했을 때 더 많이 칭찬하고 자긍심을 고양시켜라"… 그 사람이 더 훌륭하게 행동할 때 자긍심도 고양되고 궁극적인 효과가 훌륭한 행동과 성장 모두를 강화시킬 것이다. 그러한 결과들은 개인의 행복과 사회 개선 모두에 공헌한다.

THE inside STORY

Daniel Gilbert, 되돌릴 수 없는 개입의 이점

2002년에 나는 마음을 바꿀 수 있다는 사실이 가져다 주는 이점에 대한 생각을 바꾸었다.

Jane Ebert와 나는 사람들이 일반적으로 선택을 되돌릴 수 없을 때 더 행복해 한다는 사실을 밝혀냈다. 우리의 실험 참가자들은 결정을 번복할 수 있는 상황에서 선택지들의 장단점을 고려하는 경향이 있었다. 반면, 결정을 번복할 수 없는 상황에서는 선택지들의 장점에 집중하고 단점은 무시하는 경향이 있었다. 그들은 되돌릴 수 있는 결정보다 되돌릴 수 없는 결정에 대해 더 만족스러워했다. 아이러니하게도 의사결정의 주체인 실험 참가자들은 이런 정신작용을 알아채지 못했고 마음을 바꿀 수 있는 기회가 있는 쪽을 더 강하게 선호했다.

이 사실을 알기 전까지, 나는 사랑이 결혼의 원인이라고 믿고 있었다. 그런데 위와 같은 실험들을 거치면서 결혼이 사랑의 원인일수도 있다는 생각을 하게 되었다. 우리가 데이터를 진지하게 받아들인다면 현실에 적용해 보아야 한다. 나는 이 결과가 나왔을 때 집으로 가서 같이 사는 여자에게 프로포즈했다. 그녀가 좋다고 말했고, 이로써 나는 데이터가 맞았음을 알았다. 분명히 나는 그녀가 여자 친구였을 때보다 내 아내일 때 더 많이 사랑한다(edge.org의 허가를 받아 발췌하였음).

Daniel Gilbert
Harvard 대학교

요약 : 지각된 자기통제

- 많은 연구들에서 자기 효능감과 통제감에 대한 이점을 보여준다. 그들 자신의 능력과 효과를 믿고 내부통제를 갖춘 사람들은 더 잘 대처하고 다른 사람보다 더 많은 것을 이루어낸다.
- 학습된 무력감은 상황을 개선시키기 위한 노력들이 헛된 것으로 판명되었을 때 종종 발생한다. 반면에 자기결정은

성공적으로 통제를 연습하는 것과 개인의 상황을 개선시키는 경험에 의해 강화된다.
- 사람들에게 좁은 범위의 선택이 주어졌을 때보다 너무 많은 선택이 주어졌을 때 그들이 가진 것에 대해 훨씬 덜 만족할지도 모른다.

자기고양 편향

| 자기고양 편향에 대한 설명과 이것의 적응과 부적응적 측면

우리 대부분은 우리 자신에 대해 좋은 평판을 가지고 있다. 자긍심에 관한 연구에서 낮은 점수를 획득하는 사람조차도 가능한 점수의 중간 값에서 응답했다(자부심이 낮은 사람은 "나는 좋은 생각이 있어"와 같은 진술에 "다소" 또는 "때때로"와 같은 한정적인 용어를 가지고 응답한다). 53개국을 대상으로 실시한 자긍심 연구에 의하면, 자긍심 점수의 평균이 모든 나라에서 중간 값 이상이었다(Schmitt & others, 2005). 최근 미국대학생 표본을 대상으로 한 조사에서도 자긍심의 점수가 최댓값을 보였다. – 사실상 "완벽한" 자긍심을 가지고 있는 것이다(Gentile & others, 2010). 게다가 사회심리학에서 가장 도발적이면서도 확실히 정립되지 않은 결론들이 **자기고양 편향**(자신을 호의적으로 지각하는 경향)의 잠재력과 관계가 있다.

자기고양 편향
(self-serving bias)
자신을 호의적으로 지각하는 경향

긍정적 사건과 부정적인 사건에 대한 설명

많은 실험에 따르면 사람들은 그들이 성공했다고 들었을 때 비로소 신뢰를 받아들이는 것으로 나타났다. 그들은 그 성공을 자신의 능력이나 노력 덕택으로 여긴다. 그러나 실패는 외부 요인, 예를 들면 악운이나 그 문제 고유의 불가능성 탓으로 여긴다(Campbell & Sedikides, 1999). 비슷하게 그들의 승리를 설명하는 데 있어서 운동선수들은 보통 그들 자신을 신뢰하고 그들의 패배는 실수, 부적절한 심판의 선언, 또는 다른 팀의 대단한 노력이나 반칙 탓으로 생각한다(Grove & others, 1991; Lalonde, 1992; Mullen & Riordan, 1988). 그리고 여러분은 자동차 운전자들이 그들 자신이 일으킨 사고에 대해서 얼마나 많은 책임감을 느낀다고 생각하는가? 보험서류상, 운전자들은 자동차 사고를 다음과 같은 말로 표현했다. 보이지 않던 차가 갑자기 나타나서 내차를 들이받고 사라졌다; 내가 교차로에 도달했을 때 내 시야를 방해하는 장애물이 튀어 올라서 난 다른 차를 보지 못했다; 한 보행자가 내게 부딪쳐서 차 밑에 깔렸다(Toronto News, 1977).

기술과 기회를 결합시키는 상황(게임, 시험, 구직 신청)이 특히 이 현상과 관련이 깊다. 내가 Scrabble(철자 맞추기 게임)에서 이겼을 때 그것은 내 언변의 능숙함 때문이다; 내가 졌을 때는 누가 어디에선가 "Q"를 가질 수 있었는가? 그러나 "U"가 아닌가? 정치인들도 비슷하게 그들의 승리를 근면, 선거에서의 서비스, 명성, 전략 등 자신에게 귀인하는 경향이 있다. 그리고 실패는 그들 지역의 정당 구성, 경쟁자의 이름, 정치적 동향 같은 그들의 통제 밖의 요인들 탓으로 여긴다(Kingdon, 1967). 회사 이윤이 증가할 때, 최고 경영자들은 그들의 경영 기술에 대한 큰 보너스를 받고자 한다. 이윤이 손해로 돌아섰을 때 "여러분은 이런 불경기에 무엇을 기대하십니까"라고 한다. 이러한 **자기고양 귀인**(self-serving attribution)은 (긍정적인 결과를 자기 자신 덕택으로, 부정적인 결과는 무언가 다른 것 탓으로 여기는 것) 인간의 편향 중 가장 강력한 것의

자기고양 귀인
(self-serving attribution)
자기고양 편향의 한 형태; 긍정적인 결과는 자기 자신 덕택으로, 부정적인 결과는 다른 요인으로 귀인하는 경향

하나이다(Mezulis & others, 2004). 여기에는 적절한 이유가 있다. 자기고양 귀인을 하게 되면 보상과 쾌락에 관련된 뇌영역이 활성화된다(Seidel & others, 2010).

자기고양 귀인은 결혼생활의 불화, 노동자들의 불만족, 교섭상의 난국의 원인이 된다(Kruger & Gilovich, 1999). 이혼한 사람들은 이별의 원인에 대해 보통 배우자를 비난하고(Gray & Silver, 1990), 관리자들이 종종 노동자들의 능력이나 노력의 부족으로 인한 낮은 성과를 비난하는 것(Imai, 1994; Rice, 1985)은 전혀 이상하지 않다(노동자들은 부족한 공급, 과도한 작업량, 어려운 동료들, 애매모호한 임무와 같은 외부적인 것을 비난하기 더 쉽다). 사람들이 대부분의 동료들보다 훨씬 더 많은 봉급인상을 받았을 때 봉급인상이 공정한 것으로 평가하는 것 역시 전혀 이상하지 않다(Diekmann & others, 1997).

우리는 우리 자신을 성공과 연관시키고 실패와는 거리를 두게 하는 것으로 우리의 긍정적인 자아상을 유지한다. 예를 들어, "난 경제학 시험에서 A를 받았어." vs "교수가 역사시험에서 나에게 C학점을 주었어." 이다. 실패 혹은 배제를 외적 요인에 책임을 돌리는 것, 심지어 다른 사람의 편견으로 책임을 돌리는 것은 자신을 가치 없는 것으로 보는 것보다 덜 우울하다(Major & others, 2003). 그러나 먼 과거의 실패는 이전의 자기에 의해서 이루어진 것으로 치부할 수도 있다고 Anne Wilson과 Michael Rose(2001)는 지적하고 있다. 대학생 이전의 자기 자신을 평가할 때, Waterloo 대학의 학생들은 긍정적인 진술만큼이나 많은 부정적인 진술을 나타냈다. 현재 자기 자신을 평가할 때 그들은 3배나 많은 긍정적인 진술을 제시하였다. "나는 학습해 왔으며 성장하였고, 그리고 난 지금 더 훌륭한 사람이다."라고 대부분의 사람들이 생각했다. 과거엔 바보였지만 현재는 승리자라고.

아이러니하게도, 우리는 이미 가지고 있는 편향을 편향된 시각으로 바라보기도 한다. 사람들은 자신은 자기고양 편향을 가지고 있지 않다고 항변하지만, 타인이 드러내는 자기고양 편향은 너무나 쉽게 인정한다(Pronin & others, 2002). 이른바 "편향 맹점"은 갈등 상황에서 심각한 결과를 불러올 수도 있다. 만약 당신이 룸메이트와 가사노동에 대해 협상 중이라면 당신은 룸메이트가 상황을 편향적으로 보고 있다고 믿을 것이다. 따라서 더 화가 날 가능성이 높다(Pronin & Ross, 2006). 분명히 우리는 자기 자신은 객관적이고 그 밖에 모든 사람들은 편파적이라고 본다. 모두 각자가 "옳고", 편향으로부터 자유롭다고 믿고 있기 때문에, 싸우게 되는 것은 이상한 일이 아니다. 티셔츠에 써 있는 슬로건처럼, "누구나 '자기' 의견을 개진할 수 있다."

　자기고양 편향은 만국 공통의 현상일까? 아니면 집합주의 문화권 사람들은 이 현상에 면역되었을까? 집합주의 문화권의 사람들은 긍정적인 단어와 가치 있는 성향들에 스스로를 연합시킨다(Gaertner & others, 2008; Yamaguchi & others, 2007). 하지만 어떤 연구들에 의하면 집합주의자들은 자신이 남들보다 낫다고 믿는 자기고양을 덜 하는 경향이 있다(Falk & others, 2009; Heine & Hamamura, 2007). 특히 개인주의 문화권의 사람들에 비해서는 더 그렇다(Sedikides & others, 2003, 2005).

모든 것을 평균 이상으로 할 수 있는가?

　자기고양 편향 또한 사람들이 자신과 다른 사람들을 비교할 때 나타난다. 기원전 16세기 중국의 철학자 노자는 "분별 있는 사람은 결코 스스로 도를 지나치지도 않고, 분수에 넘치게 돈을 쓰지도 않으며, 과대평가하지 않는다."라고 언급하면서 우리들 대부분은 약간 비정상적이라고 말했다. 자기중심적이고 사교적인 욕망의 차원에 관해서, 대부분의 사람들은 자신들이 평균적인 사람들보다 더 낫다고 여긴다. 일반적으로 사람들을 비교해 보면, 대부분의 사람들은 그들 스스로가 더 도덕적이고, 일에 유능하며, 친절하고, 지적이며, 잘생겼다고 본다. 또한, 덜 편견적이고, 더 유익하며, 심지어 더 통찰력 있고, 덜 편향적이라고 그들 스스로가 보고한다("focus on: 자기고양 편향 － 얼마나 나를 사랑할까? 그 방법을 나에게 설명해보라" 참조).

　모든 공동체는 Garrison Keillor의 허구 소설인 Lake Wobegon과 같다. 그곳은 "모든 여성들이 건강하고, 모든 남성들이 미남이며, 그리고 모든 아이들이 평균 이상이다." 많은 사람들은 자신들이 미래에 평균 이상이 될 거라고 믿는다. － 만약 지금 좋

다면 나는 곧 더 좋아질 거라고 사람들은 생각하는 것 같다(Kanten & Teigen, 2008). 대부분은 남편에 대해 그의 부인이 이야기하길 "만약에 우리 중 한 명이 죽는다면, 내 생각에 나는 파리에 가서 살았을텐데"라는 프로이트식 조크를 상기하게 된다.

　자기고양 편향은 결혼생활에서도 역시 일반적인 현상이다. 2008년의 조사에 따르면 기혼 남성의 49%가 자신은 육아의 절반 이상을 분담하고 있다고 답했다. 하지만 그들의 배우자 중 31%만이 남편들의 의견과 일치하였다. 동일한 설문조사에서 응답 여성의 70%가 요리를 거의 다 한다고 답했지만 그

녀들의 배우자 중 56%가 본인이 요리를 거의 다 한다고 답하였다(Galinsky & others, 2009). 일반적인 규칙에 의하면 집단 구성원들이 협동과제에서 각자가 공헌하는 정도를 합하면 100이 넘는다(Savitsky & oheres, 2005).

아내와 나는 우리의 세탁물을 침실 옷 바구니의 아래로 던지곤 한다. 아침에, 우리들 중 누군가가 세탁물을 안에 넣었다. 그녀가 이것에 대해 나에게 좀 더 책임을 물으면 나는 "음? 나는 이미 75% 만큼 했다."고 말한다. 그래서 나는 그녀에게 얼마나 자주 옷을 집어넣는지 물어 보았다. 그녀는 "약 75%"라고 대답했다.

주관적인 행동 차원("잘 훈련된"과 같은)은 관찰 가능한 행동 차원("시간을 잘 지

focus ON

자기고양 편향 – 얼마나 나를 사랑할까? 그 방법을 설명해보라.

칼럼니스트인 Dave Barry(1998)에 따르면, 나이, 성별, 종교, 사회경제적 지위, 또는 인종적인 배경과 상관없이 모든 인간을 하나로 통합하는 방법은 내면 깊숙이 들어가 우리 모두가 평균 이상의 운전자라고 믿는 것이다. 또한 우리는 대부분의 어떤 다른 주관적이고 바람직한 특성이 평균 이상이라고 믿는다. 자기고양 편향의 다양한 측면들은 다음과 같다:

- 윤리. 대부분의 사업가들은 보통의 사업가에 비해 그들 스스로가 더 윤리적이라고 생각한다(Baumhart, 1968; Bren ner & Molander, 1997). 한 전국 조사에서 1에서 100까지(100은 완벽하다)의 척도에서 자신의 도덕성과 가치에 대해 어떻게 평가하는가 라고 질문하였다. 그 결과 50%의 사람들이 그들 스스로가 90 또는 그 이상이라고 평가하며; 단지 11%만이 74 또는 그 이하라고 대답했다(Lovett, 1997).
- 전문가적인 유능함. 한 조사에 의하면, 90%의 경영 관리자들은 그들 스스로를 평균인보다 더 우수한 수행능력을 가진 것으로 평가했다(French, 1968). 오스트레일리아에서, 86%의 사람들이 그들의 직업 수행능력을 평균 이상으로 평가했고, 1%가 평균 이하라고 평가했다(Heady & Wearing, 1987). 대부분의 외과의사들은 그들 환자의 사망률이 평균보다 낮을 것이라고 믿는다(Gawande, 2002).
- 미덕. 네덜란드에서, 대부분의 고등학생들은 그들 스스로가 보통의 고등학생들보다 정직하고, 끈기 있고, 창의적이고, 친절하며, 믿을 만하다고 평가한다(Hoorens, 1993, 1995).
- 지능. 대부분의 사람들은 그들 스스로가 보통사람들에 비해 지적이고, 더 잘생기고 덜 편견적이라고 본다(Public Opinion,

1984; Watt & Larkim, 2010). 누군가가 그들보다 더 뛰어날 때, 사람들은 그들을 천재라고 생각하는 경향이 있다(Lassiter & Munhall, 2001).

- 참을성. 1997년 Gallup 여론조사에서, 14%의 백인들이 그들은 0에서 10까지의 척도에서 흑인에 대한 편견이 5 또는 그 이상이라고 평가했다. 그러나 백인들은 다른 백인의 44% 정도가 높은 편견(5 또는 그 이상)을 가졌다고 지각하였다.
- 부모의 부양. 대부분의 성인은 그들 자신이 다른 형제, 자매들보다 연로한 부모님을 더 부양한다고 믿는다(Lerner & others 1991).
- 건강. 로스앤젤레스 거주자들은 그들의 이웃보다 더 건강하다고 여기고, 그리고 대부분의 대학생들은 그들이 생각하고 있는 평균 수명보다 10년 정도 더 오래 살 수 있다고 믿는다(Larwood, 1978; Snyder, 1978).
- 매력. 당신도 나처럼 사진이 실물에 비해 잘 안 나오는 편인가? 한 실험에서는 피험자들에게 일련의 얼굴 사진을 보여주었다. 하나는 피험자의 얼굴이었고 다른 사진들은 피험자의 얼굴을 더, 혹은 덜 매력적이게 보이도록 조금씩 변형한 것이었다(Epley & Whitchurch, 2008). 어떤 것이 본인 얼굴인 것 같은지 물었을 때, 사람들은 좀 더 매력적으로 변형된 버전을 고르는 경향을 보였다.
- 운전. 대부분의 운전자들 – 심지어 사고로 입원을 했던 운전자들조차 – 은 그들 스스로가 보통의 운전자들보다 더 안전하고 더 능숙하다고 믿는다(Guerin, 1994; McKenna U& Myers, 1997; Svenson, 1981). Dave Barry가 올바르게 이해했다.

키는"과 같은)에 비해 자기고양 편향을 훨씬 더 유인한다. 주관적인 특성은 우리에게 자기 자신만의 성공에 대한 정의를 세울 여지를 준다(Dunning & other, 1989, 1991). 나의 "운동능력"을 평가하면서 나의 야구 플레이를 심사숙고한다. 오른쪽 운동장에 숨어 있었던 어린이 야구리그의 선수로서 보냈던 괴로운 나날이 아니라, 지도자 능력을 평가하면서 나와 비슷한 유형의 위대한 지도자 상을 상기한다. 자신의 용어에 대한 애매한 기준을 정의하면서 우리들 각각은 스스로가 상대적으로 성공적이라고 생각할 수 있다. 대학입학시험 위원회에서 829,000명의 고등학교 3학년생을 대상으로 한 조사에 따르면, 0%는 그들 스스로가 '다른 사람과 잘 어울리는 능력'(주관적이고, 바람직한 특성)을 평균인보다 낮게 평가했고, 60%가 상위 10% 안에 들어간다고 평가했으며, 25%가 상위 1%라고 응답했다. 2011년 대학에 들어오는 학생의 77%가 "성취욕구"와 또 다른 주관적이고 바람직한 특성들에서 자기 자신을 평균 이상이라고 기술하였다.

연구자들이 줄곧 궁금했던 것은, 사람들이 정말로 평균 이상이라는 자기평가를 믿는가 하는 것이었다. 사람들의 자기고양 편향은 질문이 어떻게 표현되는가와 부분적으로 관련이 있는가(Krizan & Suls, 2008)? Elanor Williams와 Thomas Gilovich(2008)는 피험자들로 하여금 과제에 대한 자신의 상대적 성과를 평가하여 실제 돈을 걸도록 하는 실험을 통해 이것을 살펴보았다. 그 결과에 따르면, 답은 예라는 것이다. 사람들은 자기를 고양하는 자기평가를 정말로 믿는다.

비현실적인 낙관주의

낙관주의는 삶에 대해 긍정적인 접근을 하는 경향이 있다. H. Jackson Brown(1990, P79)은 "낙관주의자는 매일 아침 창문으로 가서, '좋은 아침입니다, 하느님(Good morning, God)'이라고 말한다."고 지적하였다. 비관주의자는 창문으로 가서 '좋으신 하느님, 아침입니다(Good God, morning)'라고 말한다.

22개국에서 9만명 이상을 대상으로 진행한 연구의 결과에 따르면, 대부분의 사람들은 비관주의보다는 낙관주의 쪽에 분포되어 있다(Fischer & Chalmers, 2008). 우리 대부분은 연구가인 Neil Weinstein(1980, 1982)의 말을 빌린다면 "미래의 인생 사건들에 관해 비현실적인 낙관주의"를 가지고 있다. 2006년에서 2008년까지 세계적으로 행해진 설문조사에 따르면 대부분의 사람들은 자신들의 삶이 지난 5년에 비해 앞으로 5년간 더 나아질 것이라고 기대하고 있었다(Deaton, 2009) – 뒤이은 세계적 경기 침체를 고려했을 때 이것은 특히 놀라운 기대라고 할 수 있다. 부분적으로 다른 사람의 운명에 대해 상대적으로 비관주의적이기 때문에(Hoorens & others, 2008; Shepperd, 2003), 학생들은 그들의 동급생들이 좋은 직업을 얻고, 많은 연봉과 그리고 자신의 집을 가지는 것보다 더 그럴 것이라고 지각한다. 그들은 또한 알코올 문제, 40대 이전에 심장마비를 겪거나, 또는 해고되는 것과 같은 부정적인 경험을 덜 겪게 될 것이라고 본다. 성인 여성들은 자신들의 유방암 발병 위험에 대하여, 비관적인 관점을 취하기보다는 과

"미래에 대한 견해가 너무 장밋빛이라 그들이 폴리아나 홍조(지나친 낙관에서 오는 얼굴 붉힘)를 만든다."

– SHELLEY E. TAYLOR, *POSITIVE ILLUSIONS, 1989*

도하게 낙관적인 경향이 있다(Waters & others, 2011). 축구 팬들은 자신이 응원하는 팀이 첫 경기에서 이길 확률이 77%라고 믿는다. 평균적으로 4개월 정도가 지난 뒤 그 팀이 기대했던 것의 절반 정도밖에 이기지 못했다 해도, 팬들은 희망을 잃지 않고 팀의 승률을 70% 정도로 예측한다(Massy & others, 2011).

부모들은 자녀에 대해 비현실적 낙관주의를 견지한다. 자신들의 자녀가 대학에 불합격하거나 우울해지거나 폐암에 걸릴 가능성이 다른 아이들보다 낮다고 추정한다. Lench와 성료들의 2000년 연구에 따르면, 부모들은 자신들의 자녀가 대학을 무사히 마치고, 건강을 유지하며, 행복하게 살 가능성이 높다고 추정했다.

착각적인 낙관주의가 우리의 취약성을 증가시킨다. 불행한 사건에 대해 우리 자신이 면역력을 가지고 있다고 믿고서 우리는 현명한 사전 예방책을 취하지 않는다. 피임기구를 항상 사용하지 않고 성 관계를 자주하는 여대생들은 다른 여대생에 비해 자신들이 원하지 않는 임신을 할 위험성이 더 적다고 지각한다(Burger & Burn, 1988). 금연을 시도하는 사람들 중 자신의 의지력이 평균 이상이라고 믿는 사람들은 담배를 눈에 보이는 곳에 두거나 흡연자 근처에 서 있으려는 경향이 더 강하다. 그리고 이런 행동들이 그를 다시 흡연으로 이끌기 쉽다(Nordgren & others, 2009). 자신이 평균 이상의 운전실력을 가지고 있다고 생각하는 나이 든 운전자들은, 스스로 보통이라고 생각하는 운전자들에 비해, 운전면허 재시험에서 '안전하지 않음' 판정을 받고 불합격할 확률이 4배나 높았다(Freund & others, 2005). 스스로의 학업능력을 과장되게 평가하던 대학 신입생들은 종종 자긍심과 안녕감의 위축을 겪었고, 더 많이 중퇴하는 경향을 보였다(Robins & Beer, 2001). 아마도 가장 광범위하게 영향을 미친 예는 다음의 사례일 것이다. 2000년대 중반 수많은 주택 구입자들과 담보대출을 해 준 금융기관과 부동산 투자자들은 "집값은 절대 떨어지지 않을 것"이라는 비현실적 낙관주의를 신봉하며 천문학적인 부채를 쌓아갔다. 하지만 결과적으로 1930년대 경제 대공황 이래 최악의 경제 위기라고 일컬어지는 2007-2009 경기 침체로 인해 주택들은 대거 압류에 들어갔다. 환상에 불과한 낙관주의 때문에 우리는 종종 대가를 치른다. 스코틀랜드와 미국에서 10대 후반인 아이들은 자신들이 다른 동료들에 비해 HIV에 감염될 가능성이 낮다고 추정한다(Abrams, 1991; Pryor & Reeder, 1993).

들떠서 안전벨트를 멀리한 사람, 담배의 영향력을 부인하는 사람, 그리고 불행한 관계로 우연히 들어간 사람들은 우리에게 낙관주의의 문제점, 즉 교만한 자는 오래가지 못한다는 것을 상기시킨다. 도박을 할 때, 비관주의자들에 비해 낙관주의자들이 자기 고집을 계속 고수한다. 심지어 그것이 밑빠진 독에 물붓기처럼 당연한 것인데도 말이다(Gibson & Sanbonmatsu, 2004). 만약 주식 또는 부동산을 취급하는 사람들이 경쟁자들보다 자신의 경영 감각이 더 우수하다고 지각한다면, 그들 역시 실망하게 될 것이다. 심지어 인간의 경제적인 합리성의 옹호자인 17세기 경제학자 Adam Smith조차도 사람들이 자신들의 이득 기회를 과도평가한다고 예견했다. 이 같은 자신의 좋은 미래에 대한 어리석은 추정은 자신들이 대단한 능력을 가지고 있다고 생각하는 오만한 과대평가로부터 발생한다고 그는 말했다(Spiegel, 1971, p.243).

"신이시여, 변하지 않는 것을 평온하게 받아들일 수 있는 우아함과 변해야 할 것을 변화시킬 수 있는 용기, 그리고 서로를 구분할 수 있는 지혜를 우리에게 주십시오."

― REINHOLD NIEBUHR, *THE SERENITY PRAYER*, 1943

비현실적 낙관주의는 상승세를 보이고 있다. 1970년대에는 미국 고등학교 졸업반 학생의 과반수가 어른이 되면 '아주 훌륭한' 사회인이 되어 있을 것이라고 예측했다 - 이것은 가능한 최고의 평가였다. 즉, 그들 대부분이 스스로의 미래에 별 5개 중 5개를 준 것이나 마찬가지이었다. 2006년에는 십대의 2/3만이 그와 같은 뛰어난 소득을 달성할 수 있을 것이라고 믿었다(Twenge & Campbell, 2008). 더욱 놀라운 것은, 2000년도 고등학교 졸업반 학생의 절반이 학위를 받을 수 있을 것이라고 믿었는데 단 9%만이 실제로 그렇게 했다는 것이다(Reynolds & others, 2006). 비록 목표를 높이 잡는 것이 성공에 유리하기는 하지만, 너무 높은 목표를 잡은 사람들은 차츰 현실적인 수준으로 목표를 낮추어야 한다는 사실을 알게 되면서 우울감에 빠질 수 있다(Wrosch & Miller, 2009).

낙관주의는 자기 효능감, 건강 그리고 안녕감의 증진에 있어서는 비관주의를 이긴다(Armor & Taylar, 1996; Segerstrom, 2001). 타고난 낙관주의자들인 대부분의 사람들은 미래의 자신의 인생이 더 행복할 것이라고 믿는다. 이 믿음은 확실히 현재의 행복을 창출하는 데 도움이 된다(Robinson & Ryff, 1999). 만약 우리의 낙관주의 선조들이 그들의 비관주의적인 이웃들에 비해 도전을 극복하고 살아남을 가능성이 더 있었다면, 우리가 낙관주의적 기질을 갖는 것은 놀라운 것이 아니다(Haselton & Nettle, 2006).

방어적 비관주의
(defensive pessimism)
예견되는 문제와 효과적인 행동을 동기화하는 데 동력이 되는 사람들의 불안의 적응적 수준

하지만 현실주의의 돌진 - Julie Norem(2000)이 **방어적 비관주의**라고 부른 것 - 은 비현실적인 낙관주의의 위험으로부터 우리를 구해줄 수 있을 것이다. 방어적 비관주의는 문제를 예견하고 효과적인 대응을 동기화한다. 중국의 격언에 평화로울 때 위험을 준비하라는 말이 있다. 과도한 낙관주의를 나타내는 학생들은(낮은 성적을 받기로 예정된 많은 학생들이 그러는 것처럼) 약간의 자기회의로부터 이익을 얻을 수 있다. 이것이 공부하도록 동기화하기 때문이다(Prohaska, 1994; Sparrell & Sharauger, 1984). 과도한 자신감을 가진 학생은 준비가 부족한 경향이 있다. 반면에 동등한 능력을 지녔지만, 자신감이 조금 낮은 학생은 더 열심히 공부해서 더 높은 학점을 받게 된다(Goodhart, 1986; Norem & Cantor, 1986; Showers & Ruben, 1987). 보다 즉각적이고 현실적으로 사물을 바라보는 관점이 때로는 도움이 된다. 한 실험에 참가한 학생들에게 가상의 시험이 주어졌을 때, 그들은 자신들의 수행을 몹시 낙관적으로 예측하였다. 하지만 시험이 임박했을 때는 대단히 정확하게 예측을 하였다(Armor & Sackett, 2006). 즉, 한편으로 우리가 틀렸음을 증명할 길이 없을 때에는 스스로를 대단하다고 믿지만,

다른 한편으로 맞고 틀림을 평가하는 시점이 임박하면 최소한 잘난 척 하는 바보로 보이지 않도록 하는 것이 최선이라는 것이다.

또한 비판을 듣는 것도 중요하다. David Dunning(2006)은 자신의 저서에서, "내가 학생들에게 권하는 한 가지 원칙은, 두 사람이 각각 부정적인 피드백을 줄 때는 적어도 그 의견의 현실성을 제고해 보아야 한다는 것"이라고 말한다. 결과적으로, 긍정적 사고뿐만 아니라 부정적 사고도 힘이 있다. 도덕성: 학교와 그 이후의 성공에는 희망을 지탱해줄 충분한

착각적 낙관주의: 결혼하는 대부분의 부부는 자신들의 사랑이 영원히 지속될 것이라고 확신한다. 실제로 개인주의 문화에서 결혼한 부부의 절반이 이혼한다.

낙관주의와 걱정을 동기화하는 충분한 비관주의가 요구된다.

잘못된 합의와 독특성

우리는 다른 사람들이 우리가 하는 것처럼 생각하고 행동하는 정도를 과대평가하거나 과소평가함으로써 자아상을 향상시키는 신비로운 경향이 있다. 견해에 있어서 우리는 다른 사람이 동의하는 정도를 과대평가함으로써 자신의 견해를 지지하는 것을 알 수 있다 – 이것을 **잘못된 합의 효과**라고 부른다(Krueger & Clement, 1994; Marks & Miller, 1987; Mullen & Goethals, 1990). Sharad Goel, Winter Mason 그리고 Duncan Watts(2010)는 페이스북 사용자들이 정치와 다른 이슈들에 있어서 그들의 친구들에게 동의할 때에는 90% 정확하게 추측했지만, 의견 차이를 추측할 때는 고작 41% 정확하게 추측한다는 사실을 발견했다. 다시 말해서 대부분의 경우, 친구들이 자신과 동의하지 않음에도 불구하고 자신과 동의한다고 생각한다. 윤리적 딜레마에 대한 의사결정을 하도록 한 경영학과 학생들의 경우, 다른 학생들이 자신과 같은 결정을 할 것인가에 대해 과대추정을 하는 것으로 나타났다(Flynn & Wiltermuth, 2010). 원주민들에게 편견을 갖고 있는 백인 호주인들은 다른 백인들 역시 자신과 같은 편견을 가지고 있다고 믿는 경향이 있었다(Watt & Larkin, 2010). 우리가 세상에 대해 가지고 있는 감각은 상식과 같다고 할 수 있다.

우리가 과제를 잘못하거나 실패한 경우, 우리는 그 같은 실패가 누구나 그런 것이라고 생각함으로써 자신을 안심시킨다. 한 사람이 다른 사람에게 거짓말을 한 후, 그 거짓말을 다른 사람들이 정직하지 못한 것으로 지각하기 시작한다(Sagarin & other, 1998). 만약 우리가 다른 사람에 대해 성적 욕구를 느낀다면, 우리는 다른 사람의 상호적 욕구를 과대평가할 수도 있다. 그들은 다른 사람들이 그들이 행한 것처럼 생각하고 행동한다고 추측한다. "나는 거짓말을 했지만, 모두들 그렇지 않은가?" 만약 우리

잘못된 합의 효과
(false consensus effect)
자신의 의견과 자신의 바람직하지 않은 혹은 성공하지 못한 행동의 공유성(commonality)을 과대평가하는 경향

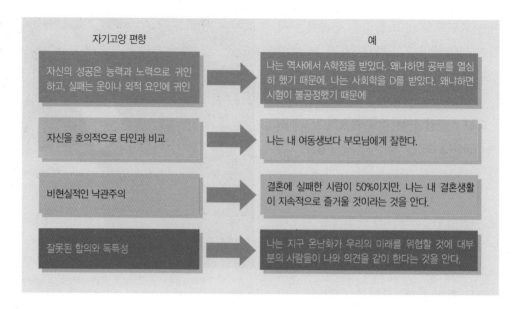

자기고양 편향	예
자신의 성공은 능력과 노력으로 귀인하고, 실패는 운이나 외적 요인에 귀인	나는 역사에서 A학점을 받았다. 왜냐하면 공부를 열심히 했기 때문에. 나는 사회학을 D를 받았다. 왜냐하면 시험이 불공정했기 때문에
자신을 호의적으로 타인과 비교	나는 내 여동생보다 부모님에게 잘한다.
비현실적인 낙관주의	결혼에 실패한 사람이 50%이지만, 나는 내 결혼생활이 지속적으로 즐거울 것이라는 것을 안다.
잘못된 합의와 독특성	나는 지구 온난화가 우리의 미래를 위협할 것에 대부분의 사람들이 나와 의견을 같이 한다는 것을 안다.

"누구나 나는 머리부터 발끝까지 플라스틱이라고 말한다. 옆에 방열기를 세우지 마세요. 그렇지 않으면 나는 녹아내릴 겁니다. 유방확대술도 했습니다. 그러나 LA에 있는 독신자들은 모두 마찬가지입니다."
– ACTRESS PAMELA LEE ANDERSON(QUOTED BY TALBERT, 1997

잘못된 독특성 효과
(false uniqueness effect)
누군가의 능력, 욕구, 혹은 성공적인 행동의 공통성을 과소평가하는 경향

가 우리의 소득세, 흡연 그리고 성형사실을 속였다면, 우리는 그 같은 행동을 한 다른 사람의 수를 과대평가하는 경향이 있다. Baywatch에 출연했던 배우 David Hasselhoff는 다음과 같이 말했다. "내가 보톡스를 맞았지만 다른 사람들도 다 맞는다.", 탈무드에 따르면 "우리는 사물을 있는 그대로 보지 않는다.", "우리는 우리가 가지고 있는 것을 보는 것이다."

Dawes(1990)은 이러한 잘못된 믿음이 자신을 포함하는 현저하게 제한된 표본으로부터 일반화하기 때문에 발생할 수 있다고 제안하였다. 다른 정보가 부족할 때 왜 우리 자신을 투사하지 않는가. 왜 우리 자신의 지식을 다른 사람에게 귀속시키지 않는가, 그리고 왜 그들이 반응 경향의 단서로 우리의 반응을 사용하지 않는가? 대부분의 사람들은 다수에 속한다; 그래서 사람들은 그들이 다수에 포함된다고 여길 때, 그들은 대개 옳다고 추측한다. 또한, 우리는 태도와 행동을 공유한다고 여기는 사람들과 더 많은 시간을 보내는 것 같으며, 그리고 그 결과로서 우리가 아는 사람들로부터 세상을 판단하는 경향이 있다. 독일이 전형적인 유럽은 독일과 같다고 생각하는 경향이 있는 반면에, 포르투갈인들은 유럽인을 좀 더 포르투갈인처럼 보는 것은 별로 놀랄 일이 아니다(Imhoft & others, 2011).

그러나 능력과 관련해서 혹은 우리 행동을 잘 했을 때, 혹은 성공적으로 수행했을 때에는 **잘못된 독특성 효과**가 종종 더 발생한다(Goethals & other, 1991). 사람들은 자신의 재능과 도덕적 행동을 상대적으로 보편적인 것으로 봄으로써 자아상에 도움을 준다. 네덜란드 대학생들은 정치와 같은 견해에 관해서는 더 큰 집단의 일원이 되기를 선호한다(잘못된 합의). 하지만 음악적 선호와 같은 취향에 관해서는 더 작은 집단의 일원이 되기를 원한다(잘못된 독특성; Spears & others, 2009). 어쨌든 많은 사람들이 좋아한다면, 그 밴드는 더 이상 멋지지 않다. 예를 들어, 대리운전사를 지정하거나 식

사와 함께 음주를 함으로써 자신을 지키는 여대생들은 다른 여성들도 그와 같은 일을 한다는 것을 과소평가한다(Benton & others, 2008). 결국, 우리의 실패는 상대적으로 정상적인 것이 되고, 우리의 미덕은 상대적으로 예외적인 것이 된다.

　요약하자면, 자기고양 편향은 자기고양 귀인, 자기축하적 비교, 착각적 낙관주의, 그리고 자신의 실패에 대한 잘못된 합의로 나타난다(그림 2.8 참조).

"나는 이것이 매우 인상적이라는 것을(매우 좋은 성적이라는 것을) 인정합니다. 그러나 오늘날 누구나 자기 학급의 상위 10% 내의 성적으로 졸업한다는 것을 당신은 알 것입니다."

자기고양 편향에 대한 설명

　왜 사람들은 자기고양적 방법으로 그들 자신을 지각하는가? 한 설명은 우리에 대한 정보를 어떻게 처리하고 기억하는지에 대한 부산물로서 자기고양을 이해한다. 자기 자신을 타인과 비교하려면 자신과 타인의 행동을 주목하고, 평가하고, 회상하는 것이 필요하다. 따라서 우리의 정보처리과정에는 다양한 결점이 있다(Chambers & Windschitl, 2004). 자신의 배우자보다 집안 일을 더 많이 했음을 자기 스스로 인정했던 결혼한 사람들에 대한 연구를 회상해 보자. Michael Ross와 Fiore Sicoly(1979)가 믿는 것처럼, 우리가 실제로 했던 행동을 더 많이 회상하고, 우리가 하지 않았던 행동 혹은 배우자가 하는 것을 단순히 관찰했던 행동들을 더 적게 회상하지 않았을까? 나는 내가 세탁물 바구니 밑에 떨어진 세탁물을 주어 담는 내 자신을 쉽게 상상해 볼 수 있다. 그러나 얼빠져 그것을 못보고 지나쳤던 횟수에 주의를 두지는 않았다.

　그렇다면 편파된 지각은 단순히 지각적 오류, 즉 우리가 정보를 어떻게 처리하는가에 있어서 정서와 무관한 조그만 결함인가? 혹은 자기고양 동기가 역시 관여된 것인가? 다양한 동기를 가지고 있는 연구로부터 그것을 이제 명확히 밝혀보자. 자기 지식을 탐구할 때, 우리는 우리의 능력을 평가하려고 동기화된다(Dunning, 1995). 자기확증을 탐구할 때, 우리는 우리의 자기개념을 검증하려고 동기화된다(Sanitioso & others, 1990; Swann, 1996, 1997). 자기확언을 탐구할 때, 우리는 특별히 자아상 편파를 고양시키려고 동기화된다(Sekikides, 1993). 게다가 자긍심 동기는 우리의 자기고양 편향의 힘이 된다. 사회심리학자인 Daniel Batson(2006)이 요약한 것처럼, "머리는 심장의 확장이다."

자긍심과 자기고양 편향에 대한 반성

　만약 여러분이 일부 독자와 같다면, 지금쯤은 자기고양 편향이 우울하거나 또는 때때로 무능감에 반대된다는 것을 발견할 수 있다. 자기고양 편향을 나타내는 사람조차도 특정한 개인, 특히 성공, 매력 또는 기술의 지위에서 한 단계 또는 두 단계 높은 사람들에 대해서 열등감을 느낄지도 모른다. 더욱이, 모든 사람들이 자기고양 편향을 나타내지는 않는다. 어떤 사람들은 낮은 자긍심으로 고통받는다. 긍정적인 자긍심을 가지는 것은 몇 가지 이득이 있다.

적응적 기제로서 자기고양 편향

자긍심은 밝은 면뿐만 아니라 어두운 면도 가지고 있다. 좋은 일이 생겼을 때, 자긍심이 낮은 사람보다는 높은 사람들이 좋은 느낌을 만끽하고 유지하려는 경향이 있다(Wood & others, 2003). "동료에 비해 자신이 재능이 더 많고 긍정적 자질을 더 가지고 있다고 믿는 것은 자신에 대해 좋은 느낌을 가질 수 있도록 해주며, 긍정적 자기감각에 따라 지니게 되는 자원으로 일상의 스트레스 환경에 들어갈 수 있도록 한다."고 Shelley Taylor와 그의 동료들은 지적한다(2003b).

자기고양 편향과 그것이 수반하는 변명 역시 우울증으로부터 사람들을 보호한다(Snyder & Higgins, 1988; Taylor & others, 2003a). 우울하지 않은 사람들은 대체적으로 자기고양 편향을 나타낸다. 그들은 실험실 과제에서 그들의 실패에 대해 변명하거나 자신들이 하고 있는 것보다 더 통제해야 하는 것으로 자신을 지각한다. 우울한 사람들은 자기평가와 타인이 자신을 볼 때 어떻게 보는지에 대한 그들의 평가를 과장하지 않는다.

추가적으로 자기고양 편향은 스트레스를 완화시켜 준다. Bonnano와 동료들(2005)은 2001년 9월 11일에 세계무역센터와 그 부근에서 탈출한 직원들의 정서적인 회복력을 평가하였다. 그들은 자기고양 편향을 나타낸 사람들이 가장 회복력이 좋았다는 것을 발견하였다.

Jeff Greenberg, Sheldon Solomon, 그리고 Tom Pyszczynski(1997)는 그들의 "공포 관리 이론(terror management theory)"에서 왜 긍정적인 자긍심이 적응적인지에 대한 또 다른 이유를 제안하였다. 그것은 우리의 확실한 죽음과 관련된 불안을 포함한, 불안을 완충시키는 역할을 한다. 어린 시절, 우리는 부모들이 우리에게 가르쳐준 본보기를 보이면 우리는 사랑받고 보호받는다. 우리가 그렇게 하지 않으면, 사랑과 보호는 철회된다. 그렇기 때문에 안전한 느낌이 드는 것과 좋은 것으로 우리 자신을 보는 것은 연관되어 있다. Greenberg와 그의 동료들은 긍정적인 자긍심 – 자신을 좋고 안전한 것으로 보는 것 – 은 심지어 최후의 죽음이 가져오는 공포의 감정으로부터 우리를 보호해 준다고 주장한다. 그들의 연구에 따르면, 사람들에게 죽음을 상기시키면(죽음에 관한 간단한 글을 작성하게 함) 그들은 자신의 자기 가치를 확언하려고 동기화된다. 이 같은 위협에 직면했을 때, 자긍심은 불안을 완충시키는 작용을 한다. 미국이 침략한지 1년이 되는 2004년, 자신의 나라가 위협받고 있다고 느끼는 이라크 10대들이 가장 자긍심이 높았다(Carlton-Ford & others, 2008).

우울과 불안에 이 연구가 제안하는 것처럼, 자기고양 지각은 실제적 가치가 있다. 실제보다 우리가 더 명석하고 더 강하며 더 사회적으로 성공했다고 믿는 것은 전략이 될 수 있다. 사기꾼들이 자기 자신을 명예롭다고 믿는다면, 이들은 자신들이 정직하다고 보이려 할 것이다. 우리의 우월성에 대한 믿음은 우리를 또한 성취하도록 동기화할 것이며 – 자기충족적 예언(self-fulfilling prophecy)을 창출할 것이다. – 그리고 어려운 시기 동안 우리의 희망을 지탱해 줄 수 있을 것이다(Willard & Gramzow, 2009).

부적응적 기제로서 자기고양 편향

비록 자기고양 자부심(self-serving pride)이 우울로부터 우리를 보호해 줄 수 있을지라도, 때로는 부적응을 가져올 수도 있다. 자신의 사회적 어려움을 타인의 책임으로 돌리는 사람들은 자신의 실수를 인정하는 사람들보다 종종 더 불행하다(C. A. Anderson & others, 1983; Newman & Langer, 1981; Peterson & others, 1981).

Barry Schlenker의 연구(1976; Schlenker & Miller, 1977a, 1977b)는 자기고양 지각이 집단에 어떻게 해를 끼칠 수 있는지를 보여주었다. 대학생활 동안에 록밴드의 기타리스트였던 Schlenker는 "록밴드의 구성원들은 전형적으로 밴드의 성공에 대해서는 그들의 기여를 과대평가하고, 실패에 대한 책임에 대해서는 과소평가하였다."고 지적하였다. "나는 이러한 자기-찬미적인 경향에 기인한 문제들 때문에 많은 훌륭한 밴드들이 붕괴되는 것을 보았다."라고 기록하였다. 플로리다 대학의 사회심리학자로 있던 만년에, Schlenker는 집단 구성원의 자기고양 지각에 대해 조사하였다. 9개 실험에서, 그는 참가자들에게 몇몇 과제들을 함께 작업하도록 하였다. 작업이 끝난 후 그는 참가자들에게 그들의 집단이 잘 했는지 못 했는지 거짓으로 알려주었다. 이런 연구에서 누구나, 성공적인 집단의 구성원들은, 과제를 실패했다고 생각한 집단의 구성원들보다 집단의 수행에 대한 책임을 더 주장하였다.

만약 대부분의 집단 구성원들이 자신들의 평균 이상의 공헌에 적절한 임금을 받지 못했거나 인정을 받지 못했다고 믿으면, 부조화와 질투가 일어날 가능성이 높다. 대학 총장과 학장은 이의 없이 이 현상을 인정할 것이다. 90% 또는 그 이상의 대학 교직원들이 스스로를 보통 동료들보다 우수한 것으로 평가하였다(Blackburn & others, 1980; Cross, 1977). 그렇기 때문에 봉급인상이 알려지고 반 정도가 평균 인상 혹은 그보다 조금 낮은 수준으로 받는다면, 많은 사람들은 자신들이 불공정의 희생자라고 느끼는 것은 필연적인 것이다.

자기고양 편향은 또한 자신의 집단에 대한 사람들의 판단을 과장하는데, 이 현상을 **집단고양 편향**이라고 부른다. 집단들이 비교할 만할 때, 대부분의 사람들은 자신이 속한 집단이 우수하다고 생각한다(Codol, 1976; Jourden & Heath, 1996; Taylor & Doria, 1981).

- 대부분의 대학 클럽 구성원들은 자신의 구성원들이 다른 클럽의 구성원보다 덜 자만하고 속물근성이 덜 하다고 지각한다(Biernat & others, 1996).
- 시합에 이긴 Stanford 대학교 교내 배구선수들은 자신들의 승리를 팀에 원인 귀인했지만, 진 선수들은 다른 요인에 원인을 귀인했다(Sherman & Kim, 2005).

"승리하면 백 명이 내 덕이라고 주장하고, 패배하면 아무도 내 탓이라고 하지 않는다."
– COUNT GALEAZZO CIANO, *THE CIANO DIARIES*, 1938

"타인의 죄는 내 눈 앞에 있다; 나의 죄는 내 등 뒤에 있다(남의 잘못은 보고, 내 잘못은 보지 못한다)"
–SENECA, *DE IRA*, A.D. 43

집단고양 편향
(group-serving bias)
외집단 성원의 긍정적 행동에 대한 설명은 멀리 던져버린다; 또한 외집단 성원의 부정적 행동은 그들의 기질적 요인으로 귀인한다(반면에 자기 집단 성원들의 이 같은 행동에 대해서는 변명을 한다)

집단 상황에서 자기고양하려는 자부심은 특별히 위험할 수 있다.

"그럼 우리 합의한 겁니다. 덴마크에 부패는 없다는 것입니다. 다른 곳은 어디나 약간의 부패가 있고요."

- 네덜란드 성인의 53%가 그들의 결혼과 파트너십에 대해 대부분의 다른 사람들보다 더 좋다고 평가한다; 오직 1%만이 타인보다 더 나쁘다고 평가한다(Buunk & van der Eijinden, 1997).
- 미국인의 66%가 자신들의 큰 아이가 다니는 공립학교 등급을 A 혹은 B라고 평가하였다. 그러나 거의 그만큼의 숫자가 – 64% – 국가의 공립학교 평가에서 C 혹은 D를 받았다(Whitman, 1996).

사람들이 자신과 자신의 집단을 호의적으로 보는 편파는 새로운 사실이 아니다. 고대 그리스 연극에서 비극적 결함으로 표현했던 것은 오만, 즉 자부심이었다. 우리 실험의 주제와 같이, 그리스 비극의 모습은 자의식적으로 사악하지는 않았다; 단지 그들은 자기 자신을 너무 존중하였다. 문학에서, 자부심의 함정은 몇 번이고 묘사된다. 신학에서, 자부심은 오래전부터 "7대 죄악" 중에서 첫 번째였다.

만약 자부심이 자기고양 편향에 가깝다면, 겸손은 무엇인가? 자기 비하인가? 겸손은 잘생긴 사람이 자신이 못생겼다고 믿거나 똑똑한 사람이 자신이 우둔하다고 믿으려고 하는 것이 아니다. 꾸민 겸손은 실제로 평균 이상의 겸손 안에 자부심을 포함하는 것일 수 있다(James Friedrich[1996]는 자신을 평균보다 낮다고 생각하지는 않았지만, 대부분의 학생들은 평균보다 더 나은 자신에게 축하한다고 보고하였다!). 진실된 겸손은 꾸민 겸손보다 자기망각에 더 가깝다. 그것은 우리의 특별한 재능에 기뻐하고, 변함없이 정직하며, 다른 사람의 재능을 인정하게 한다.

"잘못된 겸손은 자기 자신을 낮추는 가식이나, 진정한 겸손은 자기 자신의 위대함을 자각하는 것이다."

– JONATHAN SACKS, BRITAIN'S CHIEF RABBI, 2000

요약 : 자기고양 편향

- 대부분의 사람들이 낮은 자긍심 또는 열등감으로 괴로워한다는 추정과는 반대로, 연구자들은 대부분의 사람들이 자기고양 편향을 나타낸다는 것을 일관되게 발견하였다.
- 실험상황과 일상생활에서, 우리는 종종 성공을 자신의 공로로 돌리고 동시에 실패를 상황의 탓으로 돌린다.
- 대부분의 사람들은 스스로를 주관이며, 바람직한 특성과 능력에 대해 평균 이상이라고 평가한다.
- 우리는 우리의 미래에 대해 비현실적인 낙관주의를 표명한다.
- 우리는 우리의 의견과 약점의 공통점을 과대평가하는(잘못된 합의)

반면, 우리의 능력과 장점의 공통점을 과소평가한다(잘못된 독특성).
- 이 같은 지각은 부분적으로 자긍심을 유지하고 강화하기 위한 동기에서 기인하는데, 그 동기는 우울로부터 사람들을 보호하지만 오판과 집단 갈등의 원인이 된다.
- 자기고양 편향은 우리 생활에서 일어나는 좋은 일을 만끽할 수 있도록 하는 것에서는 적응적일 수 있다. 그러나 나쁜 일이 생겼을 때에 자기고양 편향은 우리로 하여금 타인을 비난하게 하거나 "응당한" 무언가를 속이고 있다고 생각하게 만드는 부적응적인 영향을 줄 수 있다.

자기제시

자기제시를 규명하고 어떻게 인상관리를 통해 행동을 설명할 수 있는가를 이해 한다.

지금까지 우리는 자기가 사회적 세상의 중심에 있다는 것, 자긍심과 자기 효능감에는 약간의 배당금이 지급된다는 것, 그리고 자기고양 편향은 자기평가에 영향을 미친다는 것을 살펴보았다. 아마 여러분은 다음과 같은 의구심이 들 것이다. 자기고양 표현은 항상 진실한가? 사람들은 공적으로 표현할 때처럼 사적으로 표현할 때도 똑같은 느낌을 가질까? 혹은 심지어 자기를 의심하면서 살아가면서 긍정적인 얼굴을 보일 수 있을까?

"만약 당신이 실패하고자 노력했는데 성공했다면, 당신은 무엇을 한 것인가?"
— ANONYMOUS

구실 만들기

때때로 사람들은 성공의 가능성을 줄이는 장애물을 만들어 놓음으로써 성공의 기회를 방해한다. 일부러 자기를 파괴하는 것과 달리 이 같은 행동은 전형적으로 자기를 보호하는 데 목적이 있다(Arkin & others, 1986; Baumeister & Scher, 1988; Rhodewalt, 1987). "나는 진정으로 실패한 것이 아니다. – 나는 이 문제를 제외하면 잘할 것이다."

왜 사람들은 자멸적인 행동을 통해 스스로 구실을 만들까? 우리가 열심히 실패를 외부 요인에 귀인함으로써 자아상을 보호하는 것을 회상해 보자. 어째서 사람들은 실패를 두려워하면서도, 사람들은 직업면접 전날 밤에 파티하거나 중요한 시험 전날 공부가 아닌 비디오 게임을 함으로써 자신들의 구실을 만드는지 아는가? 자아상이 수행과 연결지어질 때, 연기하거나 핑계를 갖는 것보다 열심히 하여 실패한 경우에 더 자기를 깎아내리는 것이 될 수 있다. 어떤 방법으로든 구실이 있으면서 우리가 실패한다면, 우리는 능력이 있다는 느낌을 가질 수 있다; 이 같은 조건에서 우리가 성공한다면, 우리는 자아상을 유지할 수 있다. 구실은 실패를 재능이나 능력의 부족보다는 어떤 일시적인 것 혹은 외적 요인에 귀인할 수 있게 함으로써 자긍심과 공적인 상을 보호해준다 ("나는 아팠어"; "전날 밤 늦게까지 밖에 있었어").

Steven Berglas와 Edward Jones(1978)는 **구실 만들기**를 입증하였다. 한 실험이 "약물과 지능"에 관한 연구라고 소개되었다. 여러분이 Duke 대학교의 실험 참가자라고 가정해 보자. 여러분은 어떤 어려운 적성검사에 답을 알아 맞추었다. 그러자 "당신 점수가 지금까지 결과 중 가장 좋습니다!"라는 말을 들었다. 믿을 수 없는 행운을 느끼면서 여러분은 더 많은 항목에 답하기 전에 2 약물 중 하나를 선택할 것을 제안받는다. 한 약물은 지적 수행을 도와주는 것이고 다른 하나는 그것을 억제하는 것이다. 여러분은 어떤 약물을 선택하겠는가? 대부분의 학생들은 자신의 사고를 방해할 거라는 약물을 선택했다. 결국 앞으로 예견될 수 있는 저조한 수행을 위한 간단한 핑계를 제공한 것이다. 연구자들은 사람들이 구실을 만드는 다른 방법을 밝혔다. 실패를 두려워하면서 사람들은 다음과 같은 것을 한다.

구실 만들기
(self-handicapping)
이후의 실패를 위해 간단한 핑계로 창출된 행동으로 자아상을 보호하는 것

- 중요한 개인 체육 활동을 위한 준비를 줄인다(Rhodewalt & others, 1984).
- 상대편에게 이점을 준다(Shepperd & Arkin, 1991).
- 도달할 수 없는 기대치를 만들지 않기 위해 초기 과제 수행을 좋지 않게 한다(Baumgardner & Brownlee, 1987).
- 힘든 자아 관련 과제에서 열심히 하지 않으려고 한다(Hormuth, 1986; Pyszczynski & Greenberg, 1987; Riggs, 1992; Turnet & Pratkanis, 1993).

인상관리

자기고양 편향, 꾸민 겸손, 그리고 구실 만들기는 자아상에 대한 우리의 깊은 관심을 보여준다. 정도를 달리 하면서, 우리는 계속적으로 우리가 창조하는 인상을 관리한다. 감동을 줄것인가, 두렵게 할 것인가, 혹은 무력하게 보일 것인가 어떤 것이든 우리가 원하는 것을 위해, 사회적 동물인 우리는 청중을 위해 연극을 한다. 사회적 수용에 대한 인간의 열망이 너무 크면 흡연, 폭식, 이른 성관계, 약물 중독, 알코올 중독을 통해 사람들은 자기 자신을 해칠 위험에 빠질 수도 있다(Rawn & Vohs, 2011).

자기제시는 외적 청중(다른 사람)과 내적 청중(자신) 모두를 위해 바라는 상을 제시하기를 원하는 것을 말한다. 우리는 자신이 만든 인상을 관리하려고 노력한다. 우리는 우리의 자긍심을 지탱하고 자아상을 검증하기 위해 필요하다면 핑계를 대고, 정당화하고, 혹은 사과한다(Shlenker & Weigold, 1992). 우리가 우리의 자긍심을 보호하려는 것처럼 또한 우리는 너무 자랑해서 다른 사람의 반감을 사지 않아야 한다(Anderson & others, 2006).

자기 제시(self-presentation)
호의적인 인상을 창출하기 위해 혹은 이상적인 것과 일치하는 인상을 창출하기 위해 행동하거나 자신을 표현하는 행위

친숙한 상황에서 이것은 의식적 노력 없이 발생한다. 친숙하지 않은 상황에서는 아마도 사람들과의 파티에서 우리는 감동을 주려 할 것이다. 사랑하고자 하는 누군가와의 대화에서는 우리는 실제로 우리가 만들어내는 감동을 의식적으로 주려고 할 것이다. 그래서 우리는 우리가 잘 아는 친구들보다는 덜 겸손할 것이다(Leary & others, 1994; Tice & others, 1995). 사진을 찍기 위해 준비할 때, 우리는 거울에서와는 다른 얼굴을 보이려고 노력한다. 우리가 보여주는 이 같은 노력은 비록 에너지를 소모하는 적극적인 자기제시이지만, 종종 효과를 떨어뜨린다. - 예를 들어, 지

루한 실험 과제를 지속하지 못하거나 답답한 감정을 표출하는 데 더 어려워한다(Vohs & others, 2005). 자기제시가 분위기를 예상치 못하게 향상시키는 긍정적인 면도 있다. 사람들은 가장 좋은 인상을 심어주기 위해 노력하고, 자신의 남자 친구나 여자 친구에게 긍정적인 인상을 남기기 위해 집중한 후에 자신들이 생각했던 것보다 기분이 훨씬 좋아진 것으로 느낀다. Elizabeth Dunn과 동료들(2008)은 오래된 연인들이 데이트하는 날 적극적으로 자기제시를 하기 때문에 기분이 좋아진다고 하였다.

페이스북과 같은 소셜 네트워크 사이트는 자기제시를 위한 새롭고 때때로 강렬한 장이 된다. 커뮤니케이션학 교수인 Joseph Walther는 "과한 인상관리(impression management on steroids)와 같다."고 말했다(Rosenbloom, 2008). 사용자들은 어떤 사진, 활동 그리고 관심사들을 그들의 프로필에 강조할지에 대해 신중한 결정을 한다. 일부는 심지어 다른 사람들에게 그들의 친구가 인상에 어떤 영향을 줄지에 대해서 생각한다; 한 연구는 더 매력적인 친구들과 함께 있는 사람이 그들 자신을 더 매력적인 사람으로 인지한다는 사실을 발견했다(Walther & others, 2008). 소셜 네트워크 사이트에서 지위와 매력의 영향을 고려하면 높은 나르시시스트적 특성을 가진 사람이 더 많은 친구들을 기록하고 더 많은 그들의 매력적인 사진들을 선택하면서 페이스북을 즐기는 것은 그렇게 놀라운 일이 아니다(Buffardi & Campbell, 2008).

자기제시에 관심을 가지고 있다면, 우리의 실패가 자신을 나쁘게 보일 것 같을 때, 사람들이 구실 만들기를 하는 것이 이상하지 않을 것이다. 건강상의 위험을 감소하는 것도 이상하지 않을 것이다. - 주름질 수 있고 피부암의 원인이 될 수 있는 선텐을 하는 것; 적절한 위생절차 없이 코를 뚫거나 문신을 새기는 것; 식욕부진이 되어 가는 것; 흡연, 음주, 약물 사용에 대한 동료의 압력을 받아들이는 것(Leary & others, 1994). 아마도 그들의 자기평가가, 속속들이 다 밝힐 전문가에 의해서 아첨이 밝혀질 위험성이

집단 정체성. 아시아 국가에서 자기제시는 제한된다. 아이들은 집단을 통해 자신의 정체성을 형성하는 것을 배운다.

"음··· 오늘은 무엇을 써야 하지?."

"여론은 그것에 무관한 사람들
보다 그것을 두려워하는 사람들
에게 항상 더 폭군처럼 군다."
– BERTRAND RUSSELL,
*THE CONQUEST OF
HAPPINESS*, 1930

자기검색(self-monitoring)
사회적 상황에서 자신을 제시하는 방식
을 조율하고 바람직한 인상을 창출하기
위해 자신의 수행을 조절하는 것

클 때, 사람들이 더 겸손해지는 것이 이상하지 않을 것이다(Arkin & other, 1980; Riess & others, 1981; Weary & others, 1982). Smith 교수는 자신의 연구 결과를 학생에게 발표할 때보다 전문적인 동료들에게 발표할 때 자신의 연구 결과의 중요성에 대해 더 겸손해질 것이다.

어떤 사람들에게 있어서, 의식적인 자기 제시는 하나의 삶의 방식이다. 그들은 자신의 행동을 감시한다. 어떻게 다른 사람이 반응하는지 주시하고, 원하는 결과를 얻기 위해 사회적 수행을 조절할 것이다. **자기검색(self-monitoring)** 경향성 검사에서 높은 점수를 받은 사람(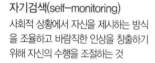 "나는 사람들이 나에게 되기를 기대하는 것대로 하는 경향이 있다에 동의한다")은 사회적 카멜레온처럼 행동한다. – 그들은 외적 상황에 맞추어 자신의 행동을 적응시킨다(Gangestad & Snyder, 2000; Snyder, 1987). 상황에 그들의 행동을 맞춤으로써 자신들이 실제로 갖고 있는 태도를 신봉하는 것처럼 보인다(Zanna & Olson, 1982). 타인을 의식함으로써 그들은 자신이 가지고 있는 태도대로 행동하는 경향이 낮다. Mark Leary(2004b)가 관찰한 것처럼, 그들이 아는 자기는 그들이 보는 자기와 종종 다르다. 사회적 카멜레온으로서 자기검색 점수가 높은 사람은 자신들의 인간관계에 덜 전념하고 자신들의 결혼생활에 더 불만족한다(Leone & Hawkins, 2006).

자기검색 점수가 낮은 사람들은 다른 사람들이 생각하는 것을 덜 염려한다. 그들은 더 내적으로 이끌리고 결국 그들이 느끼고 믿는 대로 말하고 행동하는 경향이 있다(McCann & Hancock, 1983). 예를 들어, 게이 커플에 대한 생각을 그들에게 묻는다면, 그들은 예견되는 청중의 태도에 관계없이 자신들의 생각을 간단히 표현한다(Klein & others, 2004). 여러분이 상상하는 것처럼, 자기검색 점수가 극단적으로 낮은 어떤 사람은 무감각하게 야비한 사람으로 다가올 수 있다. 그러나 자기검색 점수가 높은 사람은 거짓말쟁이 같은 부정직한 행동을 결과적으로 보여줄 수도 있다. 대부분의 사람들은 이상의 두 가지 극단 사이 어딘가에 존재한다.

원하는 인상을 창조하는 방식으로 자신을 보여주는 것은 세밀하고 균형 잡힌 행동이다. 사람들은 능력있게 보여지기를 원한다. 그러나 역시 겸손하고 정직하게 보여지기를 원하기도 한다(Carlston & Shovar, 1983). 대부분의 사회 상황에서 겸손은 좋은 인상을 만들어 낸다. 원하지 않은 자랑은 나쁜 것이다. 결국 꾸민 겸손 현상이다. 우리는 종종 우리가 사적으로 느끼는 것보다 낮은 자긍심을 보인다(Miller & Schlenker, 1985). 그러나 우리가 확실하게 극단적으로 잘하면, 부인하는 사람의 위선은("나는 잘했어, 그러나 그것은 별거 아니야") 명백해진다. 좋은 인상을 만들기 위해 – 겸손하지만 유능한 – 사회적 기술이 요구된다.

요약 : 자기제시

- 사회적 동물로서 우리는 청중에 적합한 용어와 행동으로 조정한다. 정도가 다르기는 하지만, 우리는 우리의 수행을 보이고 우리가 원하는 인상을 창조하기 위해 그것을 조정한다.

- 이 같은 전술은 꾸민 겸손의 예를 설명한다. 자신을 낮추고, 미래의 경쟁자를 극찬하며, 혹은 사적으로는 자신에게 점수를 주지만 공적으로는 다른 사람에게 점수를 준다.

- 때때로 사람들은 실패를 위한 변명을 제공함으로써 자긍심을 보호하기 위해 심지어 자멸적인 행동으로 구실을 만들려고 한다.

- 자기제시는 외적 청중(다른 사람)과 내적 청중(자기 자신) 모두에게 호의적으로 보이기를 원하는 것에서 발생한다. 외적 청중을 생각해서 자기검색 검사에서 높은 점수를 받은 사람은 각 상황에 맞추어 자신의 행동을 조정한다. 그러나 자기검색 검사에서 낮은 점수를 받은 사람은 무감각한 것처럼 사회적 조정을 거의 하지 않는다.

사회적 신념과 판단

우리는 사회적 세계를 어떻게
지각하는가?

우리는 사회적 세계를 어떻게
판단하는가?

우리는 사회적 세계를 어떻게
설명하는가?

사회적 세계에 대한 우리의 기대는
얼마나 중요한가?

사회적 신념과 판단에 대해 우리는
어떤 결론을 내릴 수 있는가?

• 1980년대 후반에, 대부분의 민주당원들은 민주당 대통령인 로널드 레이건 집권
  시기에 물가상승이 생겼다고 믿었다(실제는 떨어졌었다).

• 2010년, 대부분의 공화당원들은 버락 오바마 집권시기 동안 세금이 올랐다고
  믿었다(대부분의 미국인에게 세금은 내렸다).

• 오바마가 이슬람교인이냐는 설문조사에, 민주당원은 31%가, 공화당원은 10%가
  그렇다고 답한다. 그는 이슬람교인이 아니다.

• 오바마가 미국이 아닌 곳에서 태어났다고, 그가 오래된 하와이 출생증명서가
  공개되기 바로 직전에 갤럽에서 실시한 설문조사에, 민주당원은 43%가 그리고
  공화당원은 9%가 응답하였다.

이런 "동기화된 추론"은 특정 정당에 국한되지 않는다. 특정 정당 출신에 대한 직감
수준의 호감이나 혐오는 우리가 어떻게 사실을 해석하고 현실을 보느냐에 강력한
영향을 미친다. 어디를 지지하느냐가 인식에 영향을 미친다. 중국의 옛 속담처럼
"우리가 보는 것의 2/3는 우리 눈 안에 있다."

우리는 사회적 세계를 어떻게 지각하는가?

> 우리의 가정과 선입관이 얼마나 우리의 지각, 해석, 그리고 기억을 이끄는지
> 이해한다.

1장에서 우리가 가진 선입견이 정보를 어떻게 지각하고 해석할지를 이끈다는, 인간의 마음에 관한 중요한 사실을 살펴보았다. 우리는 자신의 믿음으로 착색된 안경을 통해 세상을 해석한다. 사람들은 "선입견이 분명히 문제가 된다."는 데는 동의하겠지만 그 영향이 얼마나 큰지는 깨닫지 못하고 있다.

우선 몇 개의 도발적인 실험들을 살펴보자. 첫 그룹의 실험들은 성향과 선입견이 정보를 지각하고 해석하는 데 어떻게 영향을 미치는지 알아보고 있다. 두 번째 그룹에서는 사람들에게 정보를 주어 마음속에 어떤 판단이 들어서게 하고, 정보를 받은 후 사고가 어떻게 기억을 편향시키는지 연구하였다. 이들을 아우르는 초점은, 우리가 있는 그대로의 현실에 반응하는 것이 아니라 우리가 해석한 현실에 반응한다는 것이다.

점화

주의하지 않았던 자극들이 사건을 해석하고 기억하는 데 미묘하게 영향을 미칠 수 있다. 당신이 실험에 참가하여 이어폰을 통해 들려오는 "우리는 bank 옆에 서 있었다."와 같은 모호한 문장에 집중하고 있다고 상상해 보자. 이때 관련된 단어(강 또는 돈)가 다른 귀에 동시에 제시되고, 당신은 이를 들었다는 것을 의식하지 못한다. 그렇지만 그 단어는 당신의 문장 해석을 "점화한다"(Baars & McGovern, 1994).

점화(priming)
기억에서 특정 연합들을 활성화

우리의 기억체계는 연상의 망인데, **점화**는 특정한 연상을 일깨우거나 활성화시킨다. 점화 실험은 한 가지 생각을 점화시키면 의식되지 않고도, 다른 사고와 행동까지 영향을 미칠 수 있을지 보여준다. 한 실험에서 John Bargh와 동료들(1996)은 사람들에게 "늙은", "현명한", "은퇴한"과 같은 단어들을 포함한 문장을 완성하도록 요청하였

© Mike Baldwin / Cornered

다. 잠시 후, 연구자들은 실험참가자들이, 연령과 관련된 단어가 점화되지 않은 사람들보다, 엘리베이터까지 보다 천천히 걸어간다는 것을 관찰하였다. 더구나 느리게 걷고 있는 사람들은 그들의 걷는 속도가 늦어졌다거나 노화를 점화시킨 단어들을 방금 봤다는 것을 의식하지 못했다.

종종 우리의 사고와 행동은 의식하지 못한 사건들에 의해 점화된다. Rob Holland와 그의 동료들(2005)은 세제 냄새에 노출된 학생들이 청소와 관련된 단

두 번째 간판은 소비자가 첫 창구에서 자신의 불만족에 대한 응대에 만족하지 않게 점화할 수 있다.

어들을 더 빨리 인지한다는 것을 관찰하였다. 이어지는 실험에서, 세제 냄새에 노출된 다른 학생들은, 자신의 일과 활동들을 기술할 때 청소와 관련된 행동을 더 많이 기억했으며, 쿠키를 먹는 동안에 책상 청소도구를 들고 있기도 하였다. 더구나, 이런 모든 효과들은 참가자가 냄새나 그의 영향을 의식하지 못한 상태에서 일어났다.

이러한 점화 실험(Bargh, 2006)과 부합하는 현상들을 우리의 일상생활에서 접할 수 있다.

- 집에서 혼자 무서운 영화를 보는 것은 사고를 점화시키고 정서를 활성화시켜, 의식하지 못한 채, 보일러에서 나는 소음을 누군가 집안에 침입한 것으로 해석하게 한다.
- 우울한 기분은, 이 장의 후반부에서 설명하듯, 부정적인 연상을 점화한다. 그렇지만 사람들이 좋은 기분이 되면, 그들의 과거는 갑자기 더 멋져지고 미래는 더 밝아진다.
- 폭력을 목격하는 것은 사람들이 모호한 행동(옆사람이 미는)과 단어(주먹)를 보다 공격적으로 해석하도록 점화한다.
- 많은 심리학 전공생들이, 정신병리를 공부하면서 자신의 불안과 우울한 기분을 어떻게 해석할지 영향받는다. 의과 대학생들 역시 질병의 증상에 대해 읽으면서 자신에게 나타나는 충혈, 열, 두통에 대해 걱정하도록 점화된다.

많은 연구에서 자극이 역치 이하(의식되기에는 너무 짧게)로 제시되어도 점화효과는 나타났다. 보이지 않는다고 완전히 마음에서 사라지는 것은 아닌 것 같다. 아주 미약해서 느껴지지 않을 정도의 전기쇼크를 받으면 다음 쇼크를 더 강하게 지각하게 한다. 알아볼 수 없게 스쳐 지나간 단어 "빵"은 "버터"와 같은 관련된 단어를, "병"이나 "거품"처럼 관련되지 않은 단어보다 빠르게 지각하도록 점화할 수 있다. 역치 이하로 제시된 색상명은 컴퓨터 화면에 나타난 색상을 더 빠르게 지각하도록 촉진한 반면, 본 적이 없는 다른 이름들이 제시된 경우는 색상을 알아보는 데 시간이 더 걸렸다(Epley & others, 1999; Merikle & others, 2001). 각각의 경우에서 보이지 않는 이미지나 단어가 이후 과제에 대한 반응을 점화한다.

주입된 생각과 이미지가 어떻게 우리의 해석과 기억에 영향을 미칠 수 있는지에 대한 연구들은, 이 책의 21세기 사회심리학에서 꼭 기억해야 할 내용 하나를 설명한다. 우리의 사회적 정보처리의 상당 부분은 자동적이다. 그것은 의도적이지 않으며, 보이지 않고, 의식되지 않는다.

체화된 인지(embodied cognition) 덕에 물리적 감각도 사회적 판단을 점화한다. 따뜻한 음료를 들고 있던 다음에는 타인을 보다 따뜻하고 관대하다고 평정하게 된다(Ijzerman & Semin, 2009). 차가운 어깨관리를 받고 난 후에는 따뜻한 관리를 받았을 때보다 실험실이 더 춥다고 판단한다(Zhong & Leonardelli, 2008). 신체적 온기는 사회적 따뜻함을 부각시키고, 사회적 소외는 문자 그대로 춥게 느껴진다.

체화된 인지(embodied cognition) 신체적인 감각과 인지적 선호 및 사회적 판단의 상호 영향

사건을 지각하고 해석하기

서로를 지각하고 이해하는 데 있어 다소 놀랍고도 빈번한 편향과 논리적 결함에도 불구하고, 우리는 대체로 정확하다(Jussim, 2005). 서로에게 가졌던 첫인상은 맞는 경우가 더 많고, 우리가 상대를 더 잘 알수록 그들의 생각과 느낌을 보다 정확하게 읽을 수 있다.

그러나 때로 우리의 선입견은 실수를 한다. 선입견과 기대의 효과는 심리학개론 과목의 단골 메뉴이다. 1장에서 다루었던 달마시안 사진을 떠올려보거나 다음 문자들에 대해 생각해보자.

A

BIRD

IN THE

THE HAND

여기서 잘못된 부분을 알아차렸는가? 눈에 보이는 것이 다는 아니다.

정치적 지각. 사회적 지각도 마찬가지이다. 사회적 지각은 보는 사람의 시각에 훨씬 더 의존하기 때문에, 단순한 자극조차도 사람마다 상당히 다르게 인식된다. 영국의 David Cameron은 "괜찮은 총리이다."라는 말이, 그의 열렬한 지지자에게는 폄하처럼 들릴 수도 있지만, 그를 싫어하는 사람에게는 칭찬처럼 들릴 수 있다. 사회적 정보가 다양하게 해석될 수 있을 때, 선입견이 문제가 된다(Hilton & von Hippel, 1990).

Robert Vallone, Lee Ross, Mark Lepper의 실험(1985)은 선입견이 얼마나 강력할 수 있는지를 보여준다. 그들은 아랍계와 이스라엘계 학생들에게 1982년 레바논의 두 수용소에서 일어난 난민 학살을 보도하는 6개 네트워크 뉴스를 보여주었다. 그림 3.1에

그림 :: 3.1

'베이루트 학살'을 보도하는 네트워크 방송 뉴스를 본 이스라엘계 그리고 아랍계 학생은 방송내용이 자신들의 관점과 다르게 편향되어 있다고 믿었다.
출처: Vallone, Ross, & Lepper, 1985

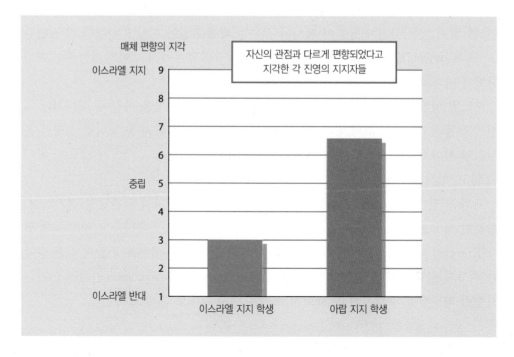

서 나타나듯, 각각의 그룹은 그 뉴스가 자기편에 적대적이라고 지각하였다.

이런 현상은 보편적이다. 스포츠팬은 심판이 다른 편에 우호적으로 편파 판정을 한다고 지각한다. 대통령 후보와 그 지지자들은 거의 항상 언론 매체가 자신들의 주장에 공감적이지 않다고 본다. 그렇지만 이는 단지 팬이나 정치가뿐만이 아니다. 모든 사람들이 중재자나 미디어가 자신들의 입장에 반하여 편파적이라 느낀다. "객관성만큼 사람들이 객관적이지 못한 주제는 없다."라고 한 미디어 평론가는 지적하고 있다(Poniewozik, 2003). 사실, 사람들의 편파성에 대한 지각은 그들의 태도를 측정하는 데 사용할 수 있다(Saucier & Miller, 2003). 당신이 편파적이라 느끼는 부분을 이야기한다면, 당신의 태도를 보여주는 것이다.

"당신의 정직하고 편향되지 않은, 그리고 어쩌면 경력을 끝장낼 수 있는 의견을 듣고 싶군요."

어떤 상황에서는 편향되지 않기가 어렵다.

© Alex Gregory/The New Yorker Collection/www.cartoonbank.com

우리가 세상에 대해 갖는 가정들은 반대 증거조차도 지지 증거로 보게 만든다. 예를 들어, Ross와 Lepper는 Charles Lord(1979)를 도와 두 그룹의 학생들에게 두 개의 새로운 연구 결과를 평가할 것을 요청하였다. 절반의 학생은 사형제도에 찬성하고, 절반은 반대하였다. 그들이 평가한 연구는 사형선고가 갖는 억제 효과에 대한 학생들의 믿음을 한쪽은 지지하고 한쪽은 지지하지 않는 것이었다. 결과는, 사형제도에 찬성측이나 반대측 모두 자신의 믿음을 확인하는 증거를 쉽게 받아들이고, 반박하는 증거에는 신랄하게 비판적이었다. 뒤섞인 증거라는 동일한 줄기의 서로 다른 두 면을 보여주는 것이 불일치를 감소시키지 못하였고 오히려 이를 증가시켰다. 유사하게 Anthony Bastardi(2011)와 동료들의 연구에 따르면 아이를 어린이집에 보내는 것의 영향에 대한 찬반의 증거가 섞인 자료를 보여주었으나, 탁아소에 아이를 맡길 계획을 가진 사람들은 자료가 자신의 계획을 지지한다고 생각했다.

이것이 정치, 종교, 그리고 과학에서 모호한 정보가 때로 갈등을 부채질하는 이유일까? 미국의 대통령 선거토론은 대개 토론 전의 의견을 강화할 뿐이다. 거의 10대 1의 차이로, 이미 한 후보에게 호의를 가지고 있는 사람들은 그들의 후보가 이겼다고 지각하였다(Kinder & Sears, 1985). Geoffrey Munro와 그의 동료(1977)는 양 측이 모두 대통령 선거토론을 본 후 각자의 후보를 더

그림 :: 3.2

여러분도 판단해 보자: 이 사람의 표정이 잔인한가 아니면 친절한가? 그가 나치였다고 듣는다면 이 얼굴을 다르게 보게 될까?

특정 후보의 지지자들은 미디어가 상대편에 유리하게 한다고 보는 경향이 있다.

욱 지지하게 되었다고 보고하였다.

타인에 대한 우리의 지각. 사람들이 갖는 사회적·정치적 태도에 관한 이러한 연구에서 나아가 연구자들은 사람들의 지각도 조작하였다. Myron Rothbart와 Pamela Birrell(1977)은 오레곤 대학의 학생들에게 한 남자의 얼굴 표정을 평가하게 하였다(그림 3.2). 사진의 남자가 2차 대전 당시 포로수용소에서 잔인한 의학 실험을 책임지던 게슈타포 지휘관이라고 들은 사람들은 직관적으로 그의 표정을 잔인한 것으로 판단하였다(당신에게는 숨기고 있는 냉소가 보이는가?). 한편, 그가 수천 명의 유대인 생명을 구한 반-나치 지하 조직의 대장이라고 들은 사람들은 그의 표정을 따뜻하고 친절한 것으로 판단하였다(배려어린 눈과 미소를 머금은 입을 보라).

영화제작자들은 배우의 얼굴이 나오는 배경을 조작함으로써 사람들이 느끼는 정서를 통제할 수 있다. 이는 "Kulechov 효과"라 불리는데, 이는 관람자의 가정을 조작함으로써 그들의 추론을 솜씨좋게 이끌어간 러시아 감독의 이름을 딴 것이다. Kulechov는 관람자들에게 먼저 세 가지 장면(죽은 여자, 수프 그릇, 놀고 있는 여자아이) 중의 하나를 보게 한 후, 무표정의 얼굴 장면을 담은 세 개의 단편 영화를 만들어 이 현상을 증명하였다. 결과적으로 첫 번째 영화에서 배우는 슬픈 것으로, 두 번째에서는 사려깊은 것으로, 세 번째는 행복한 것으로 지각되었다.

우리에 대한 타인의 지각. 해석 과정은 우리에 대한 타인의 지각도 채색한다. 우리가 다른 사람들에 대해 좋은 것이나 나쁜 것을 이야기할 때, 사람들은 자기도 모르게 그 특질을 우리와 연결짓는다(Lynda, Mae, Donal Carlston, 그리고 John Skowronski, 1999; Carlston & Skowronski, 2005). – 즉각적인 성격 추론이라 불리는 현상. 만약 우리가 다른 사람의 뒷공론을 하고 돌아다니면, 사람들은 무의식적으로 그 뒷공론을 우리와 결합시킨다. 어떤 사람을 멍청이라고 부르면, 나중에 사람들은 당신을 멍청하다고 생각할 수 있다. 어떤 사람을 민감하고, 사랑스럽고, 온정적이라 묘사한다면 당신이 더욱 그렇게 보일 수 있다. 아이들의 조롱거리에는 직관적인 지혜가 담겨있는 것 같다. "나는 고무, 너는 풀, 네가 말한 것은 튕겨져 가서 너에게 붙지."

즉, 우리는 우리의 신념, 태도 그리고 가치관의 안경을 통해 사회적 세계를 본다는 것이다. 이것은 왜 우리의 신념이 중요한지 그 이유이다; 신념은 모든 것에 대한 우리의 해석을 형성해 낸다.

신념 고수

저녁에 우는 아기를 돌보며, 분유를 먹여서 아이가 배앓이 한다고 확신한 할아버지를 떠올려보자. "소젖은 사람보다는 송아지에게나 먹여야지." 그런데 만약 아기가 고열 때문에 아픈 것이라 밝혀지면, 그래도 양육자가 분유를 먹인 것이 배앓이의 원인이라고 계속 믿을까?(Ross & Anderson, 1982)? 이를 확인해 보기 위해 Lee Ross, Craig Anderson, 그리고 동료들은 사람들 마음에 거짓말을 주입하고는 이를 믿지 않게 만들어 보려 하였다.

연구 결과, 일단 사람들이 사안에 대해 어떤 논리를 만들게 되면, 그 거짓말을 뒤엎기가 놀라울 만큼 어렵다는 것을 밝혔다. 각 실험에서 첫 단계에서는 사실이라고 말하거나 약간의 일화 증거들을 보여줌으로써 참가자들에게 신념을 주입하였다. 그리고 참가자들에게 왜 그것이 사실인지 설명하도록 요청했다. 마지막으로 연구자들은 참가자들에게, 그 정보는 실험을 위해 조작된 것이며 실험참가자의 절반은 반대 정보를 받았다는 사실을 설명하여 처음 정보를 완전히 부정했다. 그럼에도 그 새로운 신념은 약 75% 정도가 고스란히 유지되었다. 아마도 참가자들이 자신이 신념과 관련하여 만들어낸 설명을 유지하기 때문일 것이다. **신념 고수**라고 불리는 이 현상은 신념이 스스로 강화되며 반대되는 증거에도 유지될 수 있음을 보여준다.

또다른 신념 고수의 예로, Anderson, Lepper와 Ross(1980)는 위험을 무릅쓰는 사람이 좋은 소방관이 될지 나쁜 소방관이 될지 정하도록 하였다. 한 그룹에서는 훌륭한 소방관이었던 위험을 감수하는 경향의 사람과 성공적이지 못했던 조심스러운 사람에 대해 생각하였다. 다른 그룹에서는 반대의 결론을 시사하는 사례에 대해 생각하게 하였다. 위험을 감수하는 경향의 사람이 더 좋은 혹은 더 나쁜 소방관이 된다는 자신들의 이론을 형성한 후, 참가자들은 그에 대한 설명을 적었다. 예를 들어, 위험을 무릅쓰는 사람은 용감하다든지, 조심스러운 사람은 사고가 더 적다든지. 일단 각각의 설명이 만들어지고 나면, 이는 처음에 그 신념을 형성시킨 정보와 독립적으로 존재할 수 있다. 그 정보가 의심될 때도, 참가자들은 여전히 자신이 만든 설명을 지키며 위험을 무릅쓰는 사람이 정말로 더 좋은 혹은 더 나쁜 소방관이 된다고 믿기를 계속하였다.

이런 실험들은 또한 자신의 이론을 검토하고 어떻게 그것이 사실일 수 있는지 더 많이 설명할수록, 자신의 신념에 도전하는 정보들에 더욱 폐쇄적이게 됨을 보여준다. 일단 우리가 왜 피고가 유죄인지, 왜 화난 이방인이 그렇게 행동했는지, 왜 내가 선택한 주식이 오를 것인지에 대해 생각하기 시작하면, 우리의 설명은 반증에도 불구하고 유지될 것이다(Davies, 1997; Jelalian & Miller, 1984).

증거는 매우 강력하다. 우리의 신념과 기대는 우리가 마음속에 어떻게 사건을 구성하는지에 강력한 영향을 미친다. 보통 과학자가 이론을 만듦으로써 사건들에 주의하고 해석하는 데 도움을 얻듯, 보통은 선입견도 우리에게 이롭다. 그렇지만 이득은 때로 대가를 수반한다. 자신의 사고방식 안에 갇히는 것이다. 그래서 20세기 천문학자들이 발견하고 기뻐했던 화성의 "운하"(실제로 먼지 또는 분화구)가 단지 지적활동의 산물로 밝혀진 것이다.

신념 고수
(belief perseverance)
특정 신념을 형성하게 한 정보가 신빙성을 잃을 때도 그 신념이 왜 사실일지에 대한 설명이 가장 강력하게 살아남아, 자신의 초기 신념이 지속됨 신념 고수에 대한 처방은 있는 것일까? 있다. 반대를 설명하라. Charles Lord, Mark Lepper, 그리고 Elizabeth Preston(1984)는 이전에 기술한 사형제도 연구를 반복하면서 두 가지 변화를 주었다. 첫째 그들은 참가자들 중 일부에게는, 증거를 평가할 때 가능한 객관적이고 편향되지 않을 것을 요청하였다. 그 지시는 아무런 차이도 가져오지 않았다; 사형제도에 찬성하든 반대하든, 그 지시를 받은 참가자들도 받지 않은 경우와 마찬가지로 편향된 평가를 했다. 연구자들은 세 번째 그룹의 참가자들에게는 반대 경우를 생각하도록 요청하였다. "동일한 연구가 이슈의 다른 측면을 나타내는 결과가 나타났다면, 똑같은 평가를 할 것인지"를 스스로에게 물어 반대의 결과를 상상한 후 참가자들은 자신의 견해에 부합하거나 반대되는 증거를 평가하는 데 있어 훨씬 적게 편향되었다. Craig Anderson(1982; Anderson & Sechler, 1986)은 그들의 실험에서, 왜 반대 가설이 사실일 수 있는지(왜 위험을 무릅쓰기보다 조심스러운 사람이 더 나은 소방관이 되는지) 설명하는 것이 신념 고수를 줄이거나 제거한다는 사실을 일관적으로 발견하였다. 사실, 대안적인 결과를 설명하는 것은, 반드시 반대가 아니더라도, 사람들에게 다양한 가능성에 대해 생각하게 한다(Hirt & Markaman, 1995).

자신과 세계에 대한 기억의 구성

여러분은 다음의 내용에 대해 동의하는가, 하지 않는가?

> 기억은 뇌 속의 저장상자(재료들을 보관해 두었다 나중에 필요하면 꺼낼 수 있는)에 비교될 수 있다. 때로 상자에서 일부를 잃어버리면 우리는 잊어버렸다고 말한다.

"살아오며 쌓아온 경험이 우리의 마음속에 완벽하게 보전된다는 것을 과학이 증명했다."는 한 잡지의 광고에 실린 글처럼, 약 85%의 대학생들은 위 내용에 동의한다고 응답했다(Lamal, 1979).

실제, 심리학 연구들이 검증한 바는 그 반대이다. 우리의 기억은 기억 은행에 예치되어 보관되는 경험의 정확한 복사물이 아니다. 오히려, 우리는 인출 시점에서 기억을 구성한다. 고생물학자가 뼈조각들로 공룡의 생김새를 유추하듯이, 우리는 현재의 감정과 기대를 사용하고 정보의 편린들을 결합하여 오래된 과거를 재구성한다. 그래서 우리는 손쉽게(비록 무의식적으로지만) 현재 우리가 알고 있는 것에 맞게 우리의 기억을 바꾼다. 내 아들은 "배드민턴 채가 안 왔네."라고 불평하다가도, 그것이 어디 있는지 보여주면, "좋아, 내가 그걸 받은 걸 알고 있었지."라며 즐거워한다.

실험자나 치료자가 참가자들의 과거에 대한 추정을 조작하면, 상당 비율의 사람들이 잘못된 기억을 구성한다. 참가자들에게 뛰고, 걸려 넘어지고, 뒹굴고, 창문에 손이 끼이고, 결혼식에서 그릇을 넘어뜨리는 등의 가상의 어린시절 기억들을 생생하게 상상하도록 요청하였을 때, 1/4의 참가자들이 이후 이 가상의 사건을 실제 일어난 것으로 기억하였다(Loftus & Bernstein, 2005). 진실을 찾는 과정에서 마음은 가끔 거짓을 구성한다.

20,000명 이상이 참가한 실험에서 Elizabeth Loftus(2003)와 그녀의 동료는 기억을 구성하려는 우리 마음의 경향을 연구하였다. 전형적인 실험으로, 사람들이 한 사건을 목격하는데, 그 상황에 대해 오해하도록 정보를 받고, 기억검사를 받는다. 반복적인 결과는 **오정보 효과**이다. 사람들은 오정보를 자신의 기억과 융합시킨다. 그들은 양보신호를 정지신호로 기억하고, 망치를 드라이버로, 보그를 마드모아젤로, 헨더슨 박사를 대비슨 박사로, 아침식사인 시리얼을 계란으로, 면도를 깨끗이 한 남자를 콧수염을 기른 남자로 기억한다. Loftus는 암시된 정보가 유년기 성적 학대의 거짓기억까지 만들어낼 수 있다고 주장한다.

이런 과정은 물리적 사건뿐 아니라 사회적 사건에 대한 기억에도 영향을 미친다. Jack Croxton과 그의 동료들(1984)은 학생들이 15분간 누군가와 이야기하도록 하였다. 나중에 이 사람이 자신을 좋아했다고 정보를 받은 사람은 그 사람의 행동을 이완되고, 편안하고, 행복했다고 기억했다. 자신을 싫어했다고 들은 사람들은 그 사람을 과민하고 편안하지 못하며 그다지 행복하지 않았던 것으로 기억했다.

오정보 효과
(misinformation effect)
어떤 사건을 목격하고, 그것에 대해 호도하는 정보를 받게 되면, 잘못된 정보를 그 사건에 대한 기억에 융합시킨다.

과거 태도의 재구성

당신은 5년 전에 원자력에 대해 어떻게 느꼈습니까? 대통령에 대해서는? 부모님에 대해서는? 만약 당신의 태도가 바뀌었다면, 그 변화가 어느 정도라 생각합니까?

연구자들은 이런 질문들을 탐구했고, 결과는 편치 않다. 태도가 바뀌었던 사람들은 대개 그들이 지금 느끼는 것처럼 항상 느껴왔다고 주장한다. Daryl Bem과 Keith McConnell(1970)은 카네기-멜론 학생들을 대상으로 설문을 실시하였다. 대학 교과 과정에 대한 학생의 통제권에 대한 질문이 숨겨져 있었다. 한 주 지나 학생들은 학생들의 통제권에 대해 반대하는 글을 쓰는 데 동의하였다. 그렇게 한 후, 그들의 태도는 학생들의 통제권에 더 많이 반대하는 쪽으로 바뀌었다. 글을 쓰기 전에 그들이 그 질문에 어떤 응답을 했는지 기억해 달라고 했을 때, 학생들은 현재 가진 그 의견을 유지했다고 "기억하고", 실험이 그들에게 영향을 미쳤다는 점은 부인했다.

유사하게 Clark 대학교 학생들이 자신의 이전 태도를 부인하는 모습을 관찰한 후, D. R. Wixon과 James Laird(1976)는 "학생들이 자신의 행적을 바꾸는 속도, 크기, 그리고 확신은 놀랍다."고 언급하였다. George Vaillant(1977)는 성인대상의 종단연구를 실시하고 나서, "유충이 나비가 되고 나서, 어렸을 때 자기는 작은 나비였다고 단언하는 일은 너무나 흔하다. 성장은 우리 모두를 거짓말쟁이로 만든다."고 언급하였다.

긍정적인 기억의 구성은 우리의 추억을 빛나게 한다. Terence Mitchell, Leigh Thompson과 동료들은(1994, 1997) 사람들이 자주 장밋빛 회상을 한다는 것을 보고하였다. 연구 참가자들은 양호하게 유쾌한 사건들을 실제 경험보다 좋게 기억했다. 3주간 자전거여행을 한 대학생, 오스트리아 관광을 한 노인, 휴가를 떠난 대학생 모두, 여행 중에 자신의 경험을 즐겼다고 응답하였다. 그렇지만 이후에는, 여행에서 불쾌하거나 지루했던 측면은 최소화하고 정말 좋았던 순간들을 기억하며, 그런 경험을 훨씬 더 애정을 가지고 회상하였다. 그래서 내가 스코틀랜드에 머물렀던 그 유쾌한 시간들

"여행은 오직 기억 속에서만 찬란하다."
– PAUL THEROUX

을(사무실에 돌아와 마감과 방해물을 마주하면서) 순수한 행복으로 지금 나는 낭만적으로 기억한다. 멋진 풍경과 신선한 바다 공기와 좋아하는 찻집은 여전히 나와 함께한다. 어떤 좋은 경험도, 그 즐거움의 일부는 기대 속에, 일부는 실제 경험 속에, 그리고 일부는 장밋빛 회상 속에 있다.

Cathy McFarland와 Michael Ross(1985)는 관계가 변함에 따라, 다른 사람에 대한 기억도 변한다는 것을 발견했다. 연구자들은 대학생들에게 자신이 안정적으로 만나고 있는 데이트 상대를 평정하도록 하였다. 두 달이 지나, 그들을 또 다시 평정을 하였다. 이전보다 사랑에 많이 빠진 학생들은 첫눈에 사랑을 느낀 것으로 기억하는 경향이 있었다. 관계가 깨진 사람들은 초기의 호감을 과소평가하며 상대가 다소 이기적이고 성격이 나쁜 것을 알았다고 기억하는 경향이 있다.

Diane Holmberg와 John Holmes(1994)는 이런 현상을 373쌍의 신혼부부에게서도 발견했다. 신혼에는 대부분이 매우 행복하다고 보고했지만, 2년이 지나 다시 설문을 실시했을 때, 결혼생활이 싫어진 사람들은 상황이 항상 나빴다고 기억했다. 그 결과는 "무서운" 것이라고 Holmberg와 Holmes는 이야기한다. "그런 선입관은 위험한 악순환으로 이어질 수 있다. 현재 당신의 상대를 보는 관점이 부정적일수록, 가지고 있는 기억이 나쁠수록, 이는 부정적인 태도를 더욱 강화할 뿐이다."

이는 우리가 예전에 어떻게 느꼈었는지를 완전히 의식하지 못한다는 말은 아니며, 기억이 모호할 때, 지금의 느낌이 우리 기억의 길잡이가 된다는 것이다. 모든 세대의 부모들은 젊은 세대의 가치관을 한탄한다. 이는 부분적으로는 자신이 젊었을 때 가치관이 지금의 가치관과 비슷하다고 잘못 기억하기 때문이다. 그리고 모든 세대의 십대는 자신의 부모들을, 자신의 현재 기분에 준해서 훌륭하거나 답답하다고 기억한다(Bornstein & others, 1991).

과거 행동의 재구성

기억의 재구성은 우리 자신의 역사를 바꿀 수 있게 한다. Michael Ross, Cathy McFarland, 그리고 Farth Fletcher(1981)는 워털루 대학의 일부 학생들에게 양치질의 바람직성을 확신하는 메시지를 노출하였다. 이후 다른 실험으로 여겨지는 장면에서, 그 메시지를 듣지 않았던 학생들의 응답에 비해, 이 학생들은 앞선 두주 동안 보다 자주 양치질한 것으로 기억했다. 유사하게, 사람들은 실제 매출에 비해 아주 적은 담배를 피운 것으로 보고했다(Hall, 1985). 그리고 실제 기록된 것보다 투표에 더 자주 참여한 것으로 기억했다(Census Bureau, 1993).

사회심리학자인 Anthony Greenwald(1980)는 그런 발견들과 George Orwell의 소설 「1984년」의 유사점을 지적한다. - "이미 발생한 사건들을 바라는 방식대로 기억하는 것이 필요하다." 실제로, 우리 모두는 과거를 현재의 관점에 맞게 수정하는 "전체주의 자아"를 가지고 있다고 Greenwald는 논하였다. 그래서 우리는 나쁜 행동은 축소 보고하고 좋은 행동을 과장해서 보고한다.

때로 우리의 현재의 관점은 우리가 더 나아졌다는 것이다. - 이 경우 우리는 실제보다 과거가 현재와 많이 달랐다고 잘못 기억할 수 있다. 이 경향성은 헷갈리지만 일관적인 결과들을 설명할 수 있게 한다; 몸무게 조절, 금연, 운동을 위해 심리치료와 자기-개선 프로그램에 참가한 사람들은 평균적으로 양호한 수준의 향상을 보였다. 그렇지만 참가자들은 상당한 효과를 경험했다고 주장한다(Myers, 2004). Michael Conway와 Michael Ross(1985, 1986)는 그 이유를 이렇게 설명한다. 그렇게 많은 시간, 노력, 그리고 돈을 자기-개선에 소비했기 때문에, 사람들은 "내가 지금 완벽하지 않을지 모르지만, 전에는 훨씬 심했어. 여기서 덕을 많이 봤어."라고 생각할지 모른다.

요약 : 우리는 사회적 세계를 어떻게 지각하는가?

- 우리의 선입견은 우리가 사건을 어떻게 해석하고 기억할지에 강력한 영향을 미친다. 점화라 불리는 현상에서, 사람들의 예단은 그들이 어떻게 정보를 지각하고 해석하는지에 놀라운 영향을 미친다.
- 다른 실험들에서는 사람들에게 정보를 주고 난 후, 판단이나 틀린 사고를 주입한다. 이런 실험들은 사실-전-판단이 우리의 지각과 해석을 편향시키며, 사실-후-판단이 우리의 기억을 편향시킨다는 것을 밝힌다.
- 신념 고수는 사람들이 신념의 근거가 부정되어도 자신의 초기 신념과 그 신념이 왜 사실인지 이유에 집착하는 현상이다.
- 우리의 기억은, 과거 사실들의 창고가 아니며, 실제로는 이를 인출할 때 형성되고, 인출 시점에 우리가 가지고 있는 태도와 느낌에 의해 강하게 영향받는다.

우리는 사회적 세계를 어떻게 판단하는가?

이미 언급한 바와 같이, 우리의 인지적 기제들은 효과적이고 적응적이지만, 또한 때로 오류를 일으키기도 쉽다. 인지 기제들은 일반적으로 우리를 위해 기능하지만, 때로 임상의들은 환자에 대해, 고용주들은 피고용자에 대해, 어떤 인종의 사람들은 다른 인종의 사람들에 대해, 부부는 자신의 배우자에 대해 잘못된 판단을 내리게 한다. 그 결과는 오진, 노동쟁의, 편견, 이혼 등으로 나타날 수 있다. 우리는 어떻게, 그리고 얼마나 잘 직관적인 사회적 판단을 내리는가?

역사가들이 사회심리학의 첫 한 세기를 기술한다면, 그중 마지막 30년을 사회 인지(social cognition)의 시대로 기록할 것이다. 사람들이 어떻게 지각하고, 표상하며, 사건을 기억하는지에 대한 연구 분야인 인지심리학의 발달과 더불어, 사회심리학자들은 우리가 어떻게 판단을 만들어 가는지 밝혀왔다. 우리의 사회적 직관의 경이로움과 실수에 대해 연구자들이 밝혀낸 내용들을 살펴보자.

직관적 판단

어떤 일을 추론이나 분석 없이 즉각적으로 알 수 있도록 하는 직관의 힘이란 무엇인가? '직관 경영'을 옹호하는 사람들은 우리 자신의 육감에 집중해야 한다고 주장한다. 그들은 다른 사람들을 판단할 때 '우뇌'가 가지는 비논리적인 명민함과 연결되어야 한다고 생각한다. 고용을 하거나, 해고를 하거나, 투자를 할 때, 우리가 느끼는 예감에 귀를 기울여야 한다는 것이다. 결정을 내릴 때, 컴퓨터 유도 시스템을 끄고 포스를 믿었던 스타워즈의 루크 스카이워커와 같은 선례를 따라야 한다는 이야기이다.

중요한 정보는 의식적 분석 없이도 즉시 사용 가능하다고 보는 직관주의자들이 옳은 것일까? 아니면 직관이란 '그렇거나 아니거나, 우리가 옳다고 생각하는 우리의 지식'이라고 말하는 회의주의자들이 맞을까?

점화(priming) 연구 결과들은 무의식이 실제로 우리 행동의 많은 부분을 통제할 수 있다는 점을 시사한다. John Bargh와 Tanya Chartrand(1999)는 "한 사람의 일상생활의 대부분은 그의 의식적 의도와 신중한 선택에 의해서가 아니라, 주변 환경의 특징에 의해 시작되고 의식적 자각과 통제 밖에서 작용하는 심적 과정에 의해 결정된다."고 설명한다. 신호등의 신호가 붉은 색으로 바뀔 때, 의식적으로 그리 하겠다 결정하기도 전에, 이에 반응하고 브레이크를 밟는다. 실제로, Neil Macrae와 Lucy Johnston(1998)에 의하면, "적어도 (예 운전, 데이트, 춤추기와 같은) 무언가를 할 수 있게 되기 위해서는, 행동 개시가 의식의 비능률적인(느리고, 연속적이고, 자원을 소비하는) 활동과 분리될 필요가 있다. 그러지 않으면 아무것도 실행하지 않는 상태가 불가피하게 우세해질 것이다."

직관의 힘

17세기의 철학자이자 수학자였던 파스칼(Blaise Pascal)은 "마음은 이성이 알지 못하는 고유의 이성을 지니고 있다."는 점을 깨달았다. 3세기 후, 과학자들은 파스칼이 옳았음을 증명해냈다. 우리는 우리가 안다고 알고 있는 것보다도 훨씬 많은 것을 알고 있다. 무의식적 정보 처리에 대한 연구들은 우리가 마음속에서 일어나고 있는 일에 제한적으로만 접근하고 있음을 확인하였다(Bargh & Ferguson, 2000; Greenwald & Banaji, 1995; Strack & Deutsch, 2004). 우리의 사고는 부분적으로 **통제**되며(반성적이고, 신중하며, 의식적이고), 심리학자들이 가정해왔던 것 이상으로, 부분적으로는 **자동적**(충동적이고, 노력을 필요로 하지 않으며, 자각이 없음)이다. 자동적이고 직관적인 사고는 '스크린 위'가 아니라 스크린에 비치지 않는, 우리의 시야 밖, 이성이 미치지 못하는 곳에서 이루어진다. 자동적 사고에 대한 다음의 예들을 살펴보자.

통제적 처리
(controlled processing)
의도적이고 사색적이며 의식되는 "외현적" 사고

자동적 처리
(automatic processing)
노력이 들지 않고 습관적이며 의식되지 않고, 대략 "직관"에 상응하는 "암묵적" 사고

- *스키마(Schemas)*는 정신적 개념 또는 형판으로서, 직관적으로 우리가 경험한 것에 대한 지각과 해석을 안내한다. 누군가가 종교 교구(religious sects)를 말하는 것인지, 아니면 종교적 성(religious sex)을 말하는 것인지는 들리는 단어뿐만 아니라 우리가 어떻게 그 소리를 자동적으로 해석하느냐에 달려 있다.

- *정서적 반응*은 대개 거의 즉각적으로, 차분히 생각할 시간을 갖기 전에 일어난다. 신경계의 최단로를 통해 정보가 눈이나 귀로부터 뇌의 감각 교환소인 시상으로 전

달되고, 사고를 관할하는 피질이 개입할 기회를 갖기도 전에 그 정보는 뇌의 정서 조절 센터인 편도체로 보내진다(LeDoux, 2002). 덤불 속에서 나는 소리에 직관적으로 두려움을 느꼈을 우리의 조상들은, 그 소리가 위험한 적이 낸 것이었을 경우, 오래 생각하고 있던 동료들보다 더 잘 생존할 수 있었고 우리에게 그러한 유전자를 물려줬을 것이다.

- 충분한 *전문성*을 갖는다면, 사람들은 직관적으로 문제에 대한 해답을 알 수 있을 것이다. 체스 숙련자는 그들의 기억 속에 저장되어 있는 상황 단서 정보에 따라, 초심자들이 놓치는 유의미한 패턴들을 직관적으로 인식하고, 종종 판을 흘낏 본 것만으로도 다음 수를 결정한다. 이와 유사하게, 그 과정이 정확히 어떻게 이루어지는지는 알지 못하더라도, 우리는 전화 통화에서 처음 한 마디만을 듣고 나서 친구의 목소리를 바로 알아차릴 수 있다.

- 결정을 내려야 하지만, 잘알고 내리는 재빠른 결정을 할 만한 전문성은 부족할 때, 우리의 *무의식적 사고*는 우리를 만족할 만한 선택으로 이끌어갈 수 있다. 네덜란드 심리학자 Ap Dijksterhuis와 동료들의 발견에 따르면(Dijksterhuis & Nordgren, 2006; Dijksterhuis & others, 2006), 예를 들어 4개의 아파트들에 각각에 대하여 십여 가지의 정보를 준다고 하자. 즉각적인 결정을 내린 사람들과 정보를 분석할 시간이 주어졌던 사람들을 비교해보면, 가장 만족스러운 결정은 한 사람들은 주의가 분산되고 문제에 의식적으로 집중할 수 없었던 사람들이었다. 이런 발견들이 논란의 여지는 많지만(Gonzalez-Vallejo & others, 2008; Lassiter & others, 2009; Newell & others, 2008) 상당히 사실로 보인다. 어려운 결정을 내려야 할 때, 때때로 시간을 가지고 − 심지어는 하룻밤 자면서 충분히 생각하면서 − 우리 자신의 보이지 않는 정보처리의 직관적인 결과를 기다리는 것이 득이 된다(Sio & Ormerod, 2009).

우리는 사실, 이름, 과거의 경험 같은 것들을 외현적으로(의식적으로) 기억한다. 그러나 기술이나 조건화된 성향 같은 다른 것들을, 의식적으로 알거나 우리가 안다는 것을 표명하는 일 없이, 암묵적으로 기억된다. 이는 우리 모두에게 일어나는 사실이지만, 외현적 기억을 새롭게 형성할 수 없는 뇌손상 환자들에게서는 놀랍도록 확연히 드러난다. 뇌손상 환자는 자신의 주치의를 알아보도록 학습할 수 없어 주의치와 매일 악수를 하면서 자기소개를 반복해야 했다. 어느 날 의사가 손에 압정을 붙여서, 환자를 움찔하도록 아프게 하였다. 다음에 의사가 다시 왔을 때, 환자는 여전히 (외현적으로) 의사를 알아보지 못했지만, 암묵적 기억을 간직하기 때문에 악수를 하려 하지 않았다.

맹시(blindsight)의 사례 역시 비슷하게 인상적이다. 수술이나 발작으로 인해 시각 피질 일부를 상실하면, 사람들은 시야의 일부분은 기능적으로 앞을 보지 못하는 상태가 된다. 보이지 않는 시야에 막대기들을 한 줄로 늘어세워 제시하면, 그들은 아무 것도 보지 못했다고 보고한다. 그러나 그 막대가 수직으로 서있었는지 아니면 수평으로 누워있었는지 올바르게 추측한 뒤에, 잘 맞추었다는 피드백을 들으면 환자들은 깜짝 놀란다. 고통스러운 악수를 '기억했던' 환자와 같이, 이 사람들은 자신이 안다고 알고 있는 것보다 더 많은 것을 알고 있는 것이다.

우리가 너무나도 당연하게 여겼던 얼굴 인식 능력에 대해 생각해보자. 어떤 장면을 보고 나면, 우리의 뇌는 시각 정보를 색상, 깊이, 운동, 형태 등의 하위 차원으로 나누고, 요소들을 하나로 합치기 전에 각각에 대해 동시적으로 작업을 행한다. 마지막으로, 자동적 처리를 사용하여 당신의 뇌는 지각한 이미지와 사전에 저장된 이미지를 비교한다. 결과는? 당신은 즉각적으로, 또한 어떠한 노력도 들이지 않고, 할머니를 알아본다. 직관이 무언가를 논리적인 분석 없이 즉각적으로 아는 것이라면, 지각은 탁월한 직관이다.

우리가 이미 앞에서 언급했듯이, 역하 자극(subliminal stimuli)은 우리의 생각과 반응을 점화한다. 특정한 기하학적 도형들을 각각 0.01초 미만으로 제시받은 뒤, 사람들은 불빛 외에 아무 것도 보지 못했다고 보고하지만, 그럼에도 그들이 보았던 도형들에 대해 선호를 나타낸다. 즉, 많은 일상적인 인지 기능은 자동적으로, 의도하지 않은 채로, 자각 없이 일어난다. 우리의 마음이 큰 회사가 기능하는 것으로 그려봄으로써, 어떻게 자동적 처리가 우리가 삶을 살아가는 데 도움을 주는지 상기해 볼 수 있다. CEO인 통제된 의식은 가장 중요하고, 복잡하고, 새로운 문제들의 대부분에 대해 주의를 기울이는 한편, 하급자들은 일상적인 사건들과 즉각적 행동을 요구하는 문제들을 다룬다. 이러한 자원의 이양은 우리로 하여금 많은 상황에 신속하고 효과적으로 반응할 수 있도록 한다. 요점은, 우리의 뇌는 그것이 우리에게 말해주는 것보다 더 많은 것을 알고 있다는 것이다.

직관의 한계

우리는 지금까지 어떻게 자동적이고 직관적인 사고가 '우리를 똑똑하게 만들 수 있는지' 살펴보았다(Gigerenzer & Todd, 1999). 그럼에도, Elizabeth Loftus와 Mark Klinger(1992)는 직관의 탁월함에 의문을 가진 일군의 인지심리학자들을 대변한다. 그들은 '무의식은 우리가 믿어왔던 것만큼 지혜롭지 않다는 일반적 중론'을 보고한다. 예를 들어, 역하자극은 의식적 자각이 안 되는 정도의 미약하고 순간적인 반응을 촉발할 수는 있어도, 식역하의 광고가 '당신의 무의식적인 마음을 성공적으로 프로그래밍할 수 있다.'는 증거는 없다. 사실 상당한 양의 증거들은 오히려 그것이 불가능함을 지적하고 있다(Greenwald, 1992).

사회심리학자들은 오류를 일으키는 사후해석 판단뿐만 아니라, 지각적 오해석(perceptual misinterpretation), 환상(fantasy), 구성된 믿음(constructed belief)과 같이 착각하는 능력에 대해서도 연구해왔다. Michael Gazzaniga(1992, 1998)는 뇌의 양 반구가 수술로 분리된 환자들은 자신의 이해할 수 없는 행동에 대해 즉각적으로 설명을 만들어내고, 그것을 믿는다. 만약 실험자가 환자의 비언어적인 우반구에 "걸어라."라는 지시를 보여준 뒤, 환자가 일어서서 몇 걸음을 걷는다면, 언어적인 좌반구는 즉각적으로 ("뭐라도 좀 마시고 싶은걸."과 같이) 환자에게 납득할 만한 설명을 제공한다.

또한 착각적인 사고는 어떻게 우리가 사회적 정보를 받아들이고, 저장하며, 인출해내는지에 대한 수많은 새로운 문헌에서도 등장한다. 지각 연구자들이 착시를 통하여 일반적인 지각 메커니즘을 알아내기 위해 연구하는 것과 같이, 사회심리학자들은 착각적 사고를 통해 일반적인 정보처리를 이해하고자 한다. 이러한 연구자들은 우리에게 일상생활의 사회적 사고의 청사진을 제시하기를 원하지만, 그 위험도 명백하게 보여준다.

이러한 효율적 사고 패턴의 일부를 살펴봄에 있어서, 사람들이 어떻게 거짓된 믿음을 만들어내는지에 대한 검증이 곧 모든 믿음이 거짓이라고 증명하는 것은 아님을 기억해야 한다(그럼에도 불구하고, 위조되는 것을 인식하기 위해서는, 그것이 어떻게 이루어지는지를 아는 것이 도움이 된다).

과잉확신

지금까지 우리는 인지 체계가 광대한 양의 정보를 효율적이고 자동적으로 처리한다는 사실을 살펴보았다. 그러나 그러한 효율성에는 대가가 존재하는데, 우리가 해석하고 기억을 구성함에 있어 우리의 자동적인 직관은 때때로 오류를 일으킨다. 일반적으로 우리는 그 결함을 알아채지 못한다. 과거 지식에 대한 판단에 있어 명백한("난 처음부터 다 알고 있었어."와 같은) '지적인 자만심'은 현재 지식에 대한 평가와 미래의 행동에 대한 예측에까지 확장된다.

이 **과잉확신 현상**을 탐구하기 위해, Daniel Kahneman과 Amos Tversky(1979)는 사람들에게 다음의 문장과 사실에 입각한 문장을 주고 빈칸을 채우도록 했다. "나는 뉴델리와 베이징 사이의 비행거리가 _____마일보다는 멀지만 _____마일보다는 짧다고 98% 확신한다." 대부분의 사람들은 지나치게 확신하였다. 약 30% 경우에서, 사람들이 98% 확실하다고 생각했던 범위 밖에 정답이 있었다.

과잉확신이 사회적 판단에까지 나타나는지 알아내기 위해, David Dunning과 동료들(1990)은 작은 게임 쇼를 만들었다. 그들은 스탠포드 대학교 학생들에게, "당신은 어려운 실험을 혼자서 준비하겠습니까, 아니면 같이 준비하시겠습니까?", "당신은 자신의 강의 노트를 깔끔하다고, 아니면 지저분하다고 판단하시겠습니까?"와 같은 일련의 질문에 대해 그들이 전혀 모르는 사람이 어떤 식으로 대답할 것인지 추측해 보도록 했다. 질문의 유형은 알지만 실제 질문은 알지 못하는 상태로, 실험 참가자들은 우선 그들이 추측해야 할 대상의 배경, 취미, 학문적 흥미, 목표, 별자리 등 도움이 될 만한 모든 정보들에 대해 인터뷰를 실시했다. 그리고 대상이 된 사람이 개인적으로 20문항의 2지선다 질문에 대답을 하고 있는 동안, 인터뷰를 한 사람은 대상이 된 사람의 답을 예측했고 그 예측에 대해 자기 나름대로의 신뢰도를 매기도록 했다.

인터뷰를 한 사람은 우연일 확률을 13% 차로 눌러, 전체의 63%에서 올바르게 추측을 해냈다. 그러나 평균적으로 그들은 자신의 예측에 대해 75% 확실하다고 느꼈다. 그들의 룸메이트의 반응을 추측했을 때, 그들은 68% 정답을 맞혔고 자신의 예측이 78% 확실하다고 느꼈다. 더욱이, 가장 신뢰도가 높았던 사람들은 또한 가장 과잉확신을 저지르는 경향이 있었다. 또한 사람들은 누가 진실을 말하는지 여부를 평가하거나, 그

과잉확신 현상
(overconfidence phenomenon)
실제 정확성보다 더욱 확신하는 경향, 자신이 믿는 바의 정확성을 과잉 추정하는 경향

뉴델리와 베이징 사이의 비행거리는 2,500마일이다.

DOONESBURY   by Garry Trudeau

들이 교제하는 파트너의 성적 편력이나 룸메이트의 선호 활동 등과 같은 것들을 어림 잡아야 하는 상황에서 뚜렷하게 과잉확신을 하는 것으로 나타났다(DePaulo & others, 1997; Swann & Gill, 1997).

역설적이게도, 무능함이 과잉확신을 키운다. Justin Kruger와 David Dunning(1999)에 의하면, 무엇이 능력인지를 인식하기 위해서도 능력이 필요하다. 문법, 유머, 논리학 시험에서 바닥 점수에 있었던 학생들은 그 분야에 대한 그들의 재능을 과잉확신하기 가장 쉬웠다. 무엇이 올바른 논리인가, 무엇이 올바른 문법인가를 알지 못하는 이들은 종종 자신들에게 그러한 것들이 결여되어 있다는 사실을 자각하지 못한다. "psychology"라는 단어 속의 철자로부터 만들 수 있는 모든 단어의 리스트를 만들 수 있다면 당신은 자신이 명석하다고 느끼겠지만, 자신이 놓친 단어를 친구가 만들어낸다면 자신을 어리석다고 생각할 것이다. Deanna Caputo와 Dunning(2005)은 이 현상을 실험으로 다시 구성하여, 무지에 대한 무지가 우리의 자존심을 유지시킨다는 것을 확인했다. 후속 연구들은 이 '무능력에 대한 무지'가 대부분, "psychology"로부터 단어를 만들어내는 것과 같이 상대적으로 쉬워 보이는 과제에서 나타난다는 것을 밝혀냈다. 정말로 어려운 과제에서는, 수행이 좋지 못했던 사람들이 더 자주 자신의 기술이 부족함을 이해했다(Burson & others, 2006).

이러한 자신의 무능함에 대한 무지는 David Dunning(2005)의 피고용자 평가 연구로부터 나온 놀라운 결과를 설명하게 한다. 그 결과는 "다른 사람들이 우리에게서 보는 것이 ⋯ 우리가 자신에게서 보는 것보다 객관적인 결과와 더 높은 상관관계가 있다."는 것이다. 한 연구에서, 참가자들은 어떤 사람이 방으로 걸어 들어와 앉고, 일기 예보를 읽고, 걸어 나가는 것을 보았다(Borkenau & Liebler, 1993). 그 이상의 어떤 정보도 없는 상황에서, 그 사람의 지능에 대한 참가자들의 평정은 그 사람의 자기 평가(.32)만큼이나 그 사람의 지능 지수(.30)와 상관이 있었다! 만약 무지가 잘못된 확신을 가져온다면, 당신과 내가 알지도 못한 채 부족한 부분은 어디인가?

2장에서 우리는 사람들이 좋거나 나빴던 사건들에 대한 자신의 장기적 정서반응을 얼마나 형편없이 과잉추정하는지 살펴보았다. 사람들은 자신의 행동을 예측할 때라면 더 나을까? 이를 알아보기 위해, Robert Vallone과 동료들(1990)은 9월에 대학생들에게 그들이 수강 신청을 취소할 것인지, 주전공을 선택할 것인지, 내년에 캠퍼스 밖에 나가 살기로 결정할 것인지 등에 대해 예측하도록 했다. 학생들이 그들의 예측에 대해 평균 84% 확실하다고 느꼈음에도 불구하고, 그들이 예측했던 것보다 두 배 가까이 틀렸다. 예측이 100% 확실하다고 느끼더라도, 전체에서 15%는 오류가 있었다.

전공 시험과 같은 어떤 과제를 성공할 확률을 평정함에 있어, 진실이 드러날 순간에서 멀리 떨어져 있을 때 사람들의 자존심은 가장 높다. 시험 당일이 되면, 실패할 가능성은 더 커져 보이고 자신감은 전형적으로 떨어진다(Gilovich & others, 1993; Shepperd & others, 2005). Roger Buehler와 동료들(1994, 2002, 2003)은 또한 대부분의 학생들이 보고서 및 다른 전공 과제들을 끝마치는 데 시간이 얼마나 걸릴지에 대해 과소 평정한다고 보고했다. 그들만 그런 것이 아니다.

- *계획오류(Planning fallacy)*: 오늘 자유로운 시간이 얼마나 되는가? 오늘부터 한 달간 여가 시간을 얼마나 가질 것이라 기대하는가? 우리들 대부분은 우리가 얼마나 많이 해낼 수 있을지, 그래서 얼마나 많은 자유 시간을 갖게 될지에 대해 과잉추정한다(Zauberman & Lynch, 2005). 전문계획자도 마찬가지로 프로젝트에 소요되는 시간과 금액을 일반적으로 과소평정한다. 1969년 몬트리올 시장 Jean Drapeau는 지붕 개폐식의 120백만 달러짜리 운동장이 1976년 올림픽에 맞춰 완공될 것이라고 자랑스럽게 공표했다. 지붕은 1989년에 완성되었고, 그것만으로도 120백만 달러가 들었다. 1985년, 담당자는 보스턴의 'Big Dig' 고속도로 프로젝트에 26억 달러가 들 것이며 1998년까지 완성될 것이라고 예상했다. 2005년, 공사에 소요된 비용은 146억 달러로 급등했고 프로젝트는 2006년까지 진행되었다.

- *주식중매인의 과잉확신*: 투자전문가들은 그들이 주식시장 평균 이상의 수익을 낼 것이라는 자신만만한 전제를 깔고 서비스를 판매하지만, 그들은 모든 주식중매인이나 구매자들이 주어진 가격에 '팔아라!'라고 말하는 한편에 '사라!'라고 말하는 목소리가 있다는 사실을 잊고 있다. 주식 가격은 이러한 자신만만한 판단들 사이의 균형 지점이다. 경제학자 Burton Malkiel(2004)는 투자분석가들에 의해 선택된 뮤추얼 펀드의 포트폴리오들은 무작위로 선택된 주식에 비해 뛰어나지 않았음을 보고한다.

- *정치적 과잉확신*: 과잉확신하는 의사결정자는 파괴적일 수 있다. 1939년부터 1945년까지 전유럽을 상대로 전쟁을 일으킨 것은 자신감 넘치는 Adolf Hitler였다. 1960년대에 남베트남의 민주주의를 구해내기 위해 미국 무기와 병사에 투자했던 것은 자신감 넘치는 Lyndon Johnson이었다.

과잉확신의 위험. 파열된 시추선에서 기름이 걸프만으로 쏟아지기 전. BP에서는 안전에 대한 우려는 경시하고, 유출량이 소량일 것이라는 데는 과잉확신하였다(Mohr & others, 2010; Urbina, 2010).

무엇이 과잉확신을 만들어내는가? 왜 경험은 우리를 좀 더 현실적인 자기평가로 이끌지 못하는가? 한 가지 이유는, 사람들이 자신이 잘못 판단한 사실에 대해, 그것이 거의 맞을 뻔 했던 것으로 회상하는 경향이 있다. Philip Tetlock(1988, 1999)은 소비에트연방, 남아프리카, 캐나다의 미래 지배권을 예상하기 위해 다양한 학계와 정계의 전문가들(1980년대 말의 관점에서)을 초청한 뒤에 이 현상을 관찰하였다. 5년 뒤에 사회주의는 붕괴하였고, 남아프리카는 다인종 민주주의 국가가 되었고, 캐나다의 불어권 소수민들은 분리하지 않았다. 80% 이상 확신을 보였던 전문가들은 이러한 형세를 40% 이하 수준밖에 정확하게 예측하지 못했다. 그럼에도 불구하고, 자신의 판단을 돌아볼 때, 잘못 판단했던 사람들은 여전히 기본적으로는 자신들이 맞았다고 믿고 있었다. 많은 수가 내가 "거의 옳았다."고 말했다; "강경파들은 고르바초프에게 대항한 쿠데타를 거의 성공시킬 뻔 했었다.", "퀘벡 독립당원들은 분리 국민투표에서 거의 이길 뻔 했었다.", "드클레르크와 만델라의 우연의 일치가 아니었더라면, 남아프리카에서 흑인 다수 지배권으로 변환되는 과정에서 훨씬 더 많은 피가 흘렀을 것이다." 정치전문가들 중에서, 그리고 주식시장 예측가들, 정신보건복지사들, 스포츠 예측가들에게서 과잉확인을 몰아내기는 어렵다.

확증 편향(Confirmation Bias)

사람들은 또한 자신이 믿는 바에 반하는 정보들을 찾으려고 하지 않는다. P. C. Wason(1960)은 참가자들에게 그들이 생각하는 어떤 규칙에 합치하는 일련의 세 숫자 - 2, 4, 6 - 를 제시함으로써 이를 증명하였다(실제로 규칙은 단순히 세 개의 숫자가 증가하는 것이었다). 참가자들이 규칙을 찾을 수 있도록, Wason은 사람들에게 추가로 세 숫자의 세트를 만들어 보게 하고, 각각의 경우에 그 숫자들이 규칙에 합치하는지 여부를 말해주었다. 참가자들이 규칙을 찾았다고 확신하는 순간 멈추고 말하도록 하였다.

결과는? 답은 거의 맞지 않았지만 참가자들은 의심을 하지 않았다. 29명의 참가자들 중에서 23명이 틀린 답에 대해 확신을 가지고 있었다. 그들은 전형적으로 규칙에 대해서 잘못된 믿음을 형성하였고(예 2배수) 자신의 예감에 부합하지 않는 정보에 주의하기보다는 이를 확인할 수 있는 증거들을 찾았다(예 8, 10, 12를 시험해봄). 우리는 자신의 믿음을 확증하기를 열망하고, 이를 부정할 만한 증거들을 찾는 것은 별로 내켜하지 않는데, 이러한 현상을 **확증 편향**(Confirmation Bias)이라고 부른다.

　확증 편향은 왜 우리의 자아상이 놀랍도록 안정적인지를 설명해준다. Austin에 있는 텍사스 주립대학에서 행해진 실험에서, William Swann과 Stephen Read(1981; Swann & others, 1992a, 1992b, 1994)는 학생들이 스스로에 대한 자신의 믿음에 부합하는 피드백들을 찾고, 이끌어내고, 기억해낸다는 것을 발견하였다. 사람들은 자신의 자아상을 보강해 주는 사람들을 친구나 배우자로 삼고 싶어한다. ― 비록 그들이 자신을 형편없게 생각할지라도(Swann & others, 1991, 2003).

　Swann과 Read는 이 자아 ― 확증을 거만한 자아상을 가지고 있는 사람이 파티에서 어떻게 행동할 것인가에 비유한다. 도착하자마자, 그녀는 자신의 우월함을 인정해주는 지인들을 찾는다. 대화 중에는 그녀는 스스로가 기대하는 존경을 이끌어내도록 그녀의 관점들을 드러내 보인다. 파티가 끝난 후에는, 그녀는 자신의 영향력이 약했던 대화는 거의 기억하지 못하는 반면, 그녀가 지배했던 대화들 중에서 자신의 설득력에 대해서는 훨씬 더 잘 기억한다. 이렇게 파티에서의 경험은 그녀의 자아상을 확증한다.

"어떤 것에 대해서 알 때, 안다는 것을 아는 것; 그리고 어떤 것에 대한 알지 못할 때, 내가 그것에 대해 모른다는 것을 인정하는 것; 그것이 지식이다."

― 논어

과잉확신에 대한 개선방법

　과잉확신에 대한 연구결과에서 우리는 어떤 교훈을 얻을 수 있을까? 첫 번째 교훈은 타인의 단정적인 발언에 대해 경계심을 가져야 한다는 것이다. 아무리 사람들이 맞다고 확신해도 틀릴 수 있다. 확신과 능력은 일치할 필요가 없다.

　과잉확신을 성공적으로 줄일 수 있는 세 가지 방안이 있다. 첫째는 신속한 피드백이다(Luchstenstein & Fischhoff, 1980). 일기예보관들과 경마에 내기하는 사람들은 매일 명확한 피드백을 받는다. 그리고 이 두 그룹의 전문가들은 그들의 가능한 정확도에 대해 꽤나 정확하게 판단한다(Fischhoff, 1982).

　"계획오류"에서 발생하는 과잉확신을 줄이기 위해 사람들은 과제를 세부항목들로 나누고 각각의 과제에 시간이 얼마나 드는지를 추정해 볼 수 있다. Justin Kruger와 Matt Evans(2004)는 그렇게 하게 되면 좀 더 현실적으로 완료 시간을 추정할 수 있다고 말한다. 사람들이 어떤 아이디어가 왜 사실일 수 있을까를 생각할 때부터, 그것은 사실로 보인다(Koehler,1991). 과잉확신을 줄일 수 있는 세 번째 방법은 그들의 판단이 왜 틀릴 수 있는지에 대한 이유를 한 가지 생각해 보는 것이다; 즉, 반대 정보를 고려해 보도록 강제하는 것이다(Koriat & others, 1980). 관리자들은 모든 제안서나 추천서에 실패가 가능한 이유를 포함하도록 요구하여 좀 더 현실적인 판단을 촉진할 수 있을 것이다.

휴리스틱(Heuristics): 마음의 최단로

　너무 많은 정보를 처리할 시간은 적기 때문에, 우리의 인지 시스템은 빠르고 인색하다. 특히 최단로를 만들어내는 데 전문화되어 있다. 우리는 놀랍도록 간편하게 감정을 형성하고, 판단을 하며, 설명을 만들어낸다. 이는 **휴리스틱** – 간단하고 효율적으로 생각하는 전략 – 을 통해 이루어진다. 대부분의 상황에서, "그것은 위험해!"와 같은 즉각적인 일반화는 적응적인 전략이다. 이러한 직관적인 가이드의 속도가 우리의 생존 가능성을 높인다. 사고의 생물학적인 목적은 옳음보다는 생존이다. 그러나 어떤 상황에서는 서두름은 실수를 낳기 마련이다.

대표성 휴리스틱(Representative heuristic)

심리학자로 구성된 심사위원단이 30명의 엔지니어와 70명의 변호사 집단을 인터뷰하였고, 그들의 인상을 각각 간략하게 정리했다고 오레곤 주립대학 학생들에게 이야기해 주었다. 다음의 기술은 30명의 엔지니어들과 70명의 변호사 집단 중에서 무작위로 뽑은 것이다.

> 두 번 이혼한 Frank는 여가시간 대부분을 컨트리클럽에서 보낸다. 클럽하우스에서의 나누는 대화는 자주 존경받는 아버지처럼 되려 노력했던 것에 대한 후회에 집중된다. 그가 힘든 공부를 하느라 쏟아 부었던 시간들을, 타인과의 관계에서 어떻게 덜 싸울 수 있을지를 배우는 데에 사용하였더라면 더 유용했을 것이다.

Frank의 직업이 무엇이냐는 질문에, 80% 이상의 학생들이 그가 변호사라고 추측하였다(Fichhoff & Bar-Hillel, 1984). 충분히 합당하다. 만약에 이 기술문을 다른 학생들에게 보여주며, 70%가 엔지니어라고 조건을 바꾸면, 추정이 어떻게 변할 것이라 생각하는가? 조금도 바뀌지 않았다. 학생들은 엔지니어와 변호사들의 기본 비율을 무시하였다; 그들의 마음속에서 Frank가 좀 더 변호사를 대표하는 듯해 보였고, 그것이 제일 중요해 보였다.

마음속에 있는 어떤 범주를 대표하는 이미지와 직관적인 비교를 통해 무언가를 판단할 때, 우리는 **대표성 휴리스틱**을 사용하는 것이다. 대표성(전형성)은 보통 현실에서는 유용한 가이드가 된다. 그러나 우리가 'Frank'의 사례에서 보듯 항상 맞는 것은 아니다. 31살의 싱글이고 솔직하며, 매우 밝은 Linda를 떠올려 보자. 그녀는 대학에서 철학을 전공하였다. 그녀는 학창시절 차별 등의 사회문제들에 관심이 많았고, 반핵 운동에 참여하였다. 이러한 설명을 바탕으로 볼 때,

a. Linda는 은행원이다.

b. Linda는 은행원이고 여성주의 운동에 적극적으로 참여하고 있다.

둘 중에 어느 것이 더 맞다고 생각하는가?

대부분의 사람들은 b일 가능성이 더 높다고 생각한다. 왜냐하면 Linda는 그들이 가지고 있는 여성주의자의 이미지를 더 잘 대표하기 때문이다(Mellers & others, 2001). 그러나 스스로에게 물어보라. Linda가 은행원인 동시에 페미니스트인 경우와 그냥 은행원일 경우(페미니스트인지 아닌지에 상관없이) 둘 중에 어느 것이 일어날

가능성이 더 많은가? Amos Tversky와 Daniel Kahneman(1983)이 우리에게 상기시키는바, 두 사건의 교집합이 일어날 가능성은 둘 중 하나의 사건이 일어날 가능성보다 더 클 수 없다.

가용성 휴리스틱(Availability heuristic)

이라크와 탄자니아 중 어디에 사람이 더 많이 살까?

당신은 아마 이라크와 탄자니아 중 어느 것이 더 빠르게 떠오르는가에 따라 답했을 것이다. 사례가 우리의 기억 속에서 보다 손쉽게 떠오를 때 − 이라크처럼 − 우리는 그러한 예들이 더 흔할 것이라고 생각한다. 대부분의 경우에 이것은 사실이며, 우리는 **가용성 휴리스틱**이라는 인지 규칙을 잘 이용하고 있다.

그러나 때때로 이 규칙으로 인해 우리는 착각을 한다. 유명한 여성들의 이름(Jennifer Lopez, Venues Williams, Hillary Clinton)과 같은 수의 유명하지 않은 남성들의 이름을 섞어 불러주면(Donald Scarr, William Wood, Mel Jasper) 유명한 사람들의 이름은 후에 좀 더 인지적으로 가용할 것이다. 결과는, 대다수 사람들이 여성의 이름을 더 많이 들었다고 기억하게 된다(McKelvie, 1995, 1997; Tversky & Kahneman, 1973). 상어의 공격이나 상상하기 쉬운 증상들을 가진 질병처럼 선명하고 상상하기 쉬운 이미지를 가진 사건들이 떠올리기 힘든 사건들보다 더 많이 일어나는 것처럼 보인다(MacLeod & Campbell, 1992; Sherman & others, 1985).

가용성 휴리스틱
(availability heuristic)
기억의 가용성의 관점에서 사건의 발생가능성을 판단하려는 인지적 규칙. 만약 어떤 것의 예가 쉽게 떠오른다면, 그것이 보편적인 일이라고 가정한다.

표 :: 3.1 빠르고 간단한 휴리스틱

휴리스틱	정의	예	그렇지만 결과는
대표성	사람이나 사물이 범주에 부합하는지에 대한 즉각적인 판단	Carlos가 사서의 이미지를 더 많이 가지기 깨문에 Carlos를 운전사보다는 사서로 판단	다른 중요한 정보들은 무시함.
가용성	사건의 가능성에 대한 빠른 판단(기억 속에 얼마나 가용한가?)	학교 총기사건 이후 십대 폭력을 추정	생생한 예들에 지나치게 무게를 두어, 예를 들면 엉뚱한 것들을 두려워 함.

소설, TV, 영화에 나오는 가상의 사건들 역시 우리의 판단에 스며들어 이미지들을 남긴다(Gerrig & Prentice, 1991; Green & others, 2002). 독자가 감정이입이 될수록("나는 쉽게 사건들을 떠올릴 수 있었다"), 이야기는 훗날 독자의 믿음에 더 영향을 주게 된다(Diekman & others, 2000). 예를 들면 로맨스 소설에 매혹된 독자들은 좀 더 가용한, 자신의 성적 태도나 행동에 영향을 주는, 성적 스크립트들을 얻게 될 것이다.

가용성 휴리스틱의 사용은 사회적 사고의 기본적인 원칙을 반영한다. 사람들은 일반적인 사실에서 특정한 예를 추론하는 것에는 느리지만, 선명한 사례에서 일반적인 사실을 추론하는 데에는 매우 빠르다. 강간, 강도, 폭행에 관한 이야기들을 보고 들은 후에 10명 중 9명의 캐나다인들이 폭력을 포함하는 범죄율에 대해서 과도한 과대평가를 한다는 것은 놀랄 일이 아니다(Doob & Roberts, 1988). 그리고 남아프리카 사람들이 강도, 살해와 같은 조직범죄에 관한 뉴스를 연일 접하면서 1998년에서 2004년 사이에 실제로는 폭력범죄가 급격히 감소했음에도 두 배나 증가하였다고 믿는 것 역시 이상한 일이 아니다(Wines, 2005).

가용성 휴리스틱은 왜 강력한 일화가 통계정보보다 더 설득력이 있는지, 왜 지각된 위험이 실제 위험과 맞아떨어지지 않는지 설명한다(Allison & others, 1992). 우리 대부분에게 비행기 추락의 뉴스 장면은 쉽게 떠오르는 기억이기 때문에 – 특히 2001년 9월 11일 이후 – 우리는 때로 자동차보다 비행기 여행이 더 위험하다고 생각한다. 사실 2000년에서 2002년 사이에, 미국 여행자들은 자동차로 여행할 때 같은 거리를 비행기로 여행할 때보다 39.5배 더 많이 교통사고로 죽었다(National Safety Council, 2005). 대부분의 비행기 여행객들에게 가장 위험한 부분은 공항까지 운전하는 것이다.

9월 11일 이후, 많은 사람들이 비행기 여행 대신에 도로 여행을 택했고, 나는 만약 미국인들이 비행기 여행을 20% 줄이고 대신 그 거리를 운전했다면, 그 다음 해에 800건의 교통사고 사망이 추가로 발생했을 거라고 생각했다(Myers, 2001). 호기심이 생겼던 한 독일 연구자는(왜 나는 이걸 생각해내지 못했지?) 실제 사고 자료를 조사하였고, 2001년의 마지막 세 달 동안과 그 전 5년 동안의 세달 평균치를 비교하였을 때 350건의 사망이 초과 발생하였음을 보였다(Gigerenzer, 2004). 이제 보니, 9/11 테러리스트들은, 네 대의 비행기로 266명을 죽인 것보다 사람들이 알아차리지 못하는 가운데 미국 도로에서 더 많은 사람을 죽인 것 같다.

우리의 순진한 통계적인 직관과 그로 인한 공포는 이성이나 계산을 통한 것이 아니

질문에 대한 답변:
탄자니아의 인구는 3천7백만으로 이라크의 2천6백만보다 많다. 그렇지만 대부분의 사람들은 이라크를 보다 생생하게 떠올릴 수 있기 때문에 잘못 추측한다.

생생한. 기억이 쉬운 – 그래서 인지적으로 가용한– 사건들은 사회적 세계에 대한 우리의 지각에 영향을 준다. 결과적으로 "확률 무시"는 종종 흡연, 운전 또는 기후변화보다 비행기나 테러에 대한 공포와 같이 잘못된 일에 대한 공포를 더 느끼게 한다. 매일 4대의 점보제트기가 충돌사고난 아이들로 채워진다면 – 거의 비슷한 수의 아이들이 로타바이러스로 인한 설사병으로 죽는다 – 무언가 대책이 있었을 것이다.

라 가용성 휴리스틱에 조율된 감정에 의한 것이다. 이 책이 출판된 이후에도, 또 다른 극적인 자연재해 혹은 테러들이 있을 것이고, 이것들은 다시 우리의 공포, 경계, 자원들을 새로운 방향으로 몰아갈 것이다. 테러리스트들은 미디어의 도움을 받아 다시 우리의 주의를 끌고 자원들을 소모하고, 평범하지만 우리가 방심하는 사이에 삶을 황폐화시키는 일상의 위험들(예 매일 보잉 747기 4대를 채울 만큼의 아이들을 앗아가는 로타바이러스 등)로부터 주의를 흐트러뜨린다(Parashar & others, 2006). 그러나 극적인 사건들은 우리에게 실제 위험들에 대해 경각심을 불러일으키기도 한다. 어떤 과학자들에 의하면, 2011년에 지구의 기후 변화와 관련하여 발생한 홍수, 가뭄, 폭설과 토네이도가 해면 상승과 극단적인 날씨로 이어짐으로써 대량살상 무기가 될 수 있음에 대한 관심을 불러일으켰다고 한다. 호주나 미국 사람들에게, 일시적인 더운 날이 지구온난화를 더 믿도록 기폭제가 될 수 있었고(Li & others, 2011), 실내에서 덥게 느끼는 것도 지구온난화에 대한 인식을 증가시킨다(Risen & Critcher, 2011).

사후가정 사고

쉽게 상상되는(인지적으로 가용한) 사건들은 또한 우리의 죄책감, 후회, 좌절, 안도와 같은 경험들에도 영향을 끼친다. 만약 우리 팀이 큰 경기에서 한 점 차이로 지면(혹은 이기면), 우리는 쉽게 그 반대의 결과를 생각해 볼 수 있기 때문에 더 큰 후회(혹은 안도감)를 느끼게 된다. 더 안 좋은 반대의 상황을 생각하면 우리는 기분이 좋아진다. 더 좋은 반대의 상황을 생각해보고, 다음에 어떻게 해야 될지를 생각하는 것은 미래를 더 잘 준비하도록 돕는다(Boninger & others, 1994; Roses, 1994, 1997).

올림픽 경기에서 경기 후의 선수들의 감정은 대개 기대에 비해 자신들이 얼마나 해냈는지를 반영하지만, 발생할 뻔 한 일을 마음속으로 그려보는, **사후가정 사고** 역시 잘 나타낸다(McGraw & others, 2004; Medvec & others, 1995). 동메달을 딴 선수들은(메달을 하나도 따지 못한 상황을 쉽게 상상할 수 있음) 은메달리스트보다(금메달을 따는 자신을 쉽게 상상할 수 있음) 더 많이 기뻐하는 것으로 보였다. 이와 비슷하게, 같은 성적 범주 안에서 최고 점수를 받은 학생은(예 B+ 같이), 기분이 가장 안 좋다(Medvec & Savitsky, 1997). A-를 한 점 차이로 놓치고 B+를 받은 학생은 이보다 못해서 간신히 B+를 받은 학생보다 기분이 안 좋다.

이러한 사후가정 사고는 반대의 결과를 쉽게 상상할 수 있을 때 일어난다(Kahneman & Miller, 1986; Markman & McMullen, 2003; petroceli & others, 2011).

사후가정 사고
(counterfactual thinking)
일어났을 수도 있었지만 일어나지 않은 대안적인 시나리오와 결과들을 상상

- 우리가 아쉽게 비행기나 버스를 놓치면, 평상시 나오던 시간에 떠나고, 원래 다니던 길로 가고, 중간에 멈춰 이야기하지만 않았더라면 하고 생각한다.
- 우리가 만약 삼십 분이나 늦거나 원래 다니던 길로 갔지만 차를 놓쳤다면, 다른 결과를 상상하기가 어렵기 때문에 좌절을 덜 느낄 것이다.
- 시험문제의 답을 바꿔서 틀리게 되었다면, 우리는 "만약 바꾸지 않았더라면…" 하고 생각할 수밖에 없을 것이고, 다음에는 처음의 직감을 믿을 것이라고 다짐할

사후가정 사고. 대박 혹은 쪽박 게임에서 참가자들이 너무 낮게 걸었거나 높게 걸었을 때. 참가자들은 사후가정 사고를 경험할 것이다. - 그랬더라면 어떻했을까 하는 상상

것이다. - 실제로는 학생들의 생각과는 반대로 오답에서 정답으로 바뀌는 경우가 더 많다(Kruger & others, 2005).

● 아쉽게 진 팀이나 정치후보자는 어떻게 하면 이길 수 있었는지를 계속 되뇌인다(Sanna & others, 2003).

사후가정 사고는 운에 관한 사람들의 느낌에 기초가 된다. 우리가 간신히 나쁜 일을 피하게 되었을 때 - 마지막 순간 골을 넣어 패배를 면했다거나 떨어지는 고드름을 간신히 피했다거나 - 우리는 쉽게 그 반대의 안 좋은 결과(패배하거나 맞는)를 상상할 수 있고, 그러므로 "운이 좋아"라고 느끼게 된다(Teigen & others, 1999). 반대로 쉽게 피할 수 있었던 나쁜 일들에 대해서는 "운이 안 좋았다."라고 느끼게 된다(Sittser, 1994).

보다 중요하고 가능하지 않을 것 같은 일일수록 사후가정적 사고는 강렬하다(Roese & Hur, 1997). 교통사고로 배우자나 자식을 잃거나 급성 유아사망증후군으로 아이를 잃은 사람들은, 일반적으로 그 사건을 마음속에서 재현하면서 되돌리려는 모습이 보고된다(Davis & others, 1995, 1996). 내 친구 한 명이 음주운전차량과 정면충돌로 자신은 목숨을 구했지만, 아내와 딸, 그리고 어머니를 잃었다. 그가 회상하기를 "여러 달 동안 나는 그날의 사건을 내 마음 속에서 반복해서 떠올린다. 그 사건이 일어나지 않도록 그날 일어났던 일들을 순서를 바꾸면서 나는 그날을 다시 살기를 지속했다"(Sitter, 1994).

아시아와 서양 문화권을 통틀어 사람들은 하려고 했지만 실패한 일보다 한 일에 대해서 후회를 덜 느낀다. 예를 들면, "대학 다닐 때 좀 더 신중했더라면..." 혹은 "아버지가 돌아가시기 전에 사랑한다고 말했어야 했어."와 같이(Gilovich & Medvec, 1994; Gilovich & others, 2003; Savitsky & others, 1997). 어른들을 대상으로 한 설문조사에서, 가장 후회되는 것은 교육을 진지하게 받지 않은 것이었다(Kinnier & Metha, 1989). 우리가 만약 안전지대 너머로 실패를 각오하고 모험을 한다면, 적어도 시도라도 했다면, 후회를 덜 하고 살 수 있을까?

착각적 사고(Illusory thinking)

일상의 사고에 영향을 끼치는 또 하나의 요인은 무작위의 사건들 속에서 규칙을 찾으려는 경향으로, 이는 우리를 다양한 오류로 이끈다.

착각적 상관(Illusory correlation)

착각적 상관
(illusory correlation)
아무 관련이 없는 곳에서 관련성을 지각하거나 관련이 있다면 이를 실제보다 강하게 지각하는 것

실제는 없는 상관관계를 찾는 것은 쉬운 일이다. 우리가 의미 있는 관계가 있을 것이라 기대할 때, 쉽사리 무작위의 사건들을 관련시켜 **착각적 상관**을 지각한다. William Ward와 Herbert Jenkins(1965)는 사람들에게 가상적인 50일간의 구름씨 뿌리기 실험 결과를 보여주었다. 그들은 참가자들에게 50일 동안 언제 구름씨가 뿌려졌고, 언

제 비가 내렸는지를 말해주었다. 그
정보는 임의로 결과들을 섞은 것일
뿐이었다. 어떤 때는 구름씨가 뿌려
진 뒤에 비가 내렸고; 어떤 때는 내
리지 않았다. 그럼에도 불구하고 참
가자들은 구름씨 뿌리기의 효과에
대한 자신의 생각에 확신을 가졌고,
구름씨와 비의 관련성을 실제로 관
찰하였다고 확신했다.

THE FAMILY CIRCUS.   **By Bil Keane**

8-5
©1998 Bil Keane, Inc.
Dist. by Cowles Synd., Inc.

"안전벨트 매라는 표시등을 안켰으면 좋겠어.
신호가 켜질때마다 덜컹거려."

다른 실험에서도 사람들이 쉽사
리 임의의 사건들을 자신의 믿음
을 확증하는 것으로 잘못 지각한다
는 것이 확인되었다(Crocker, 1981;
Jennings & others, 1982; Trolier &
Hamilton, 1986). 만약에 우리가 상
관이 있다고 믿으면, 우리는 이를 증명할 사례들을 더 잘 찾고 기억해낸다. 어떤 전조가
특정 사건과 상관이 있다고 믿으면, 다음에도 그 전조와 사건이 함께 일어나는 것을 쉽
게 알아차리고 기억해낸다. 뚱뚱한 여성이 더 불행하다 생각하면, 실제는 아닐 때도
그런 상관을 관찰했다고 지각한다(Viken & others, 2005). 우리는 특이한 일들이 동시
에 일어나지 않았던 경우들을 무시하거나 잊는다. 만약 우리가 한 친구를 생각했는데,
그 친구에게서 전화가 온다면 이 우연의 일치를 알아차리고 기억한다. 그렇지만 친구
를 생각했지만 전화가 없거나 다른 친구에게서 전화가 올 때는 이에 주목하지 않는다.

통제력의 착각(Illusion of control)

무작위 사건들이 관련되었다고 지각하는 경향성은 **통제력의 착각**- 우연한 사건들
이 자신의 영향 아래에 있다고 생각을 유발한다. 이것이 도박사들이 도박을 계속하게
만들고 사람들이 가망 없는 일을 계속하게 만든다.

도박. Ellen Langer(1997)는 도박에 관한 실험을 통해 통제력의 착각을 보여주었다.
누가 로또 복권을 팔겠냐고 하면, 자기가 고른 번호를 가진 사람들은, 주어진 번호를
가진 사람들에 비해 네 배나 많은 돈을 요구하였다. 운에 좌우되는 게임을 할 때도, 사
람들은 말쑥하고 자신감 있는 상대와 하는 경우보다 이상하고 긴장한 사람들과 할 때
더 많이 돈을 걸었다(Wohl & Enzle, 2002). 50개 이상의 실험들은 이런저런 방법으로,
사람들이 자신이 우연한 사건들을 예언하거나 통제할 수 있는 것처럼 행동한다는 것
을 일관되게 밝혀냈다(Presson & Benassi, 1996; Thompson & others, 1998).

실제 도박사들을 관찰한 결과 역시 위 실험결과를 지지하였다. 주사위 게임을 하
는 사람들은 낮은 숫자를 위해서는 살살, 높은 숫자를 위해서는 세게 던졌다(Henslin,

**통제력의 착각
(illusion of control)**
통제불가능한 사건들을 자신의 통제
하에 있다고 지각하거나 실제보다
더 통제 가능하다고 지각하는 것

1967). 도박 산업은 도박사의 착각을 바탕으로 번영하고 있다. 도박사들은 자신의 기술과 선견지명 덕분에 승리했다고 생각한다. 실패는 "성공 일보 직전"의 일이거나 "요행"이고, 스포츠 도박사들의 경우 심판의 잘못이나 이상하게 공이 튄 탓이라고 생각한다(Gilovish & Douglas, 1986).

주식 거래인들도 자신이 주식거래를 선택하고 통제하는 과정에서 오는 "권능의 느낌"이 마치 그러한 통제력이 시장 평균을 능가하게 만드는 것처럼 좋아한다. 한 광고는 온라인 투자는 "통제력"에 관한 것이라고 단언하였다. 슬프게도, 통제력의 착각은 과잉확신과 주식시장 거래비용을 공제하고 남는 손실을 가져온다(Barber & Odean, 2001). 사람들은 통제하고 있다는 느낌을 좋아한다. 그래서 통제부족을 경험할 때, 예측가능성의 인식을 만들어내려 행동한다. 통제상실은 주식시장의 정보에서 착각적 상관을 만들고, 존재하지 않는 음모들을 지각하고, 미신을 만들어낸다(Whitson & Galinsky, 2008).

평균으로의 회귀
(regression toward the average)
극단의 점수나 극단의 행동은 자신의 평균을 향해 되돌아가는 통계적 경향

평균으로의 회귀. Tversky와 Kahneman(1974)은 통제력의 착각이 발생할 수 있는 또 다른 경로를 주목하였다. 우리는 **평균으로의 회귀**라는 통계적인 현상을 알아차리지 못한다. 시험 점수는 약간의 운에 의해 변동하기 때문에, 시험에서 매우 높은 점수를 받은 학생 대부분은 다음 시험에서 더 낮은 점수를 받게 된다. 왜냐하면 그들의 첫 번째 점수는 거의 상한이기 때문에 두 번째 점수는 상한을 더 높이기보다는 자신의 평균으로 낮아질("회귀") 가능성이 더 크다. 이것이 바로 지속적으로 좋은 점수를 낸 학생이, 최고 점수를 받지 않더라도, 학기 말 학급 최우수 학생으로 마감하는 경우이다. 반대로 첫 시험에서 가장 낮은 점수를 받은 학생은 더 향상될 가능성이 크다. 가장 낮은 점수를 받은 학생은 첫 시험 이후에 과외를 받을 것이고, 과외 선생님들은 사실은 과외가 전혀 효과가 없었더라도, 학생이 향상되어 과외가 효과 있다고 느낀다.

정말로 일이 바닥을 치면 우리는 어떤 일이라도 하려고 할 것이고, 우리가 무슨 일을 하려고 노력하든지 간에 – 심리 상담을 받든, 새로운 다이어트 운동 계획을 시작하든, 자기조력 도서를 읽든 – 더 악화되기보다는 향상이 뒤따를 가능성이 많다. 우리는 극히 좋거나 나쁜 일들이 계속되지는 않을 것이라 생각한다. 경험을 통해서, 모든 일들이 좋게 흘러가면 무엇인가 안 좋을 일이 일어날 것이라는 것을 배웠고, 반대로 삶이 너무 힘들 때 상황이 나아질 것을 기대한다. 그러나 우리는 이러한 회귀 효과를 자주 잊고 지낸다. 왜 신인상을 받은 야구선수가 그 다음 해에는 평범한 성적을 내는가에 의문을 가진다. 그 선수가 과잉확신한 것일까? 자의식이 강한 걸까? 우리는 예외적으로 특출한 성과는 정상적인 상태로 회귀한다는 것을 잊은 것이다.

평균으로의 회귀. 우리가 극단의 지점에 있을 때는, 우리가 시도하는 어떤 것도 효과가 있어 보인다. "어쩌면 요가가 내 인생을 나아지게 할 거예요." 어떤 일도 비정상적으로 나쁜 상태로 지속되지는 않는다.

칭찬과 처벌을 이용한 모의실험을 통하여, Paul Schaffner(1985)는 어떻게 통제력의 착각이 인간관계에 침투하는지를 보여주었다. 그는 Bowdoin College 학생들을 초청하여 가상의 4학년짜리 소년 "Harold"를 오전 8:30까지 학교에 오도록 훈련시키게 하였다. 3주 동안 학교 가는 날이 되면, 컴퓨터에는 헤롤드의 도착시간이 뜨고 그 시간은 항상 8:20에서 8:40사이었다. 그러면 학생들은 헤롤드에게 강한 칭찬에서 강한 질책 사이의 반응을 선택하였다. 예상대로, 대부분 학생들은 헤롤드가 8:30 전에 도착할 때에는 칭찬을 해주었고, 그 후에 늦게 도착하면 질책하였다. Schaffner는 도착시간을 무작위 순서로 보여주도록 프로그래밍해 놓았기 때문에, 헤롤드의 도착시간은 그가 야단을 맞고 나아지는(8:30분을 향해 회귀) 경향이 있다. 예를 들어, 만약 헤롤드가 8:39에 도착하면 그는 분명히 질책을 받을 것인데, 그의 무작위로 선택된 다음 날의 도착시간은 8:39보다는 빠를 가능성이 높다. 따라서 질책이 어떤 효과도 미치지 않음에도, 학생들 대부분은 자신의 질책이 효과적이었다 믿으며 실험을 마쳤다.

이 실험은 Tversky와 Kahneman의 도발적인 결론을 증명하였다. 자연의 섭리가 그러하듯, 우리는 때로 타인에게 보상을 주고 벌을 받는 느낌을 갖기도 하고, 그들을 벌하여 보상을 얻기도 한다. 실제로는, 모든 심리학 학생들이 알고 있듯, 옳은 일에 대한 긍정적인 강화는 대개는 보다 효과적이며 더 적은 부정적인 부작용을 갖는다.

기분과 판단

사회적 판단은 효율적인 정보처리를 수반한다. 이는 또한 우리의 느낌을 포함한다. 우리의 기분은 우리의 판단과 융합된다. 행복한 사람들과 슬픈 사람들을 비교하는 새로운 연구에서(Myers, 1993, 2000b) 감정이 인지에 미치는 영향의 정도를 확인할 수 있었다. 불행한 사람들(특히 사별하거나 우울증을 겪는 사람들)은 보다 자기-초점적이며 생각에 빠지는 경향이 있다. 우울한 기분은, 자신의 환경을 보다 이해가능하고 통제가능하게 만들어줄 정보를 찾는, 강렬한 사고를 동기화한다(Weary & Edwards, 1994).

반면, 행복한 사람들은 보다 신뢰하며, 보다 사랑하고, 보다 반응적이다. 사람들이 쇼핑몰을 둘러보다 작은 선물을 받고 일시적으로 행복해지면, 선물을 받지 않은 후 응답한 사람들에 비해, 몇 분 후 응답한 관련되지 않은 설문조사에서 자신들의 차와 TV가 아주 잘 작동하고 있다고 응답한다.

기분은 우리의 사고에 광범위하게 영향을 미친다. 월드컵 우승을 즐기고 있는 독일인에게(Schwarz & others, 1987), 가슴을 따뜻하게 하는 영화를 보고 나온 호주인에게(Fogas & Moylan, 1987), 인간은 착한 심성을 가졌고 인생은 멋진 것으로 보인다. 1990년 경쟁자인 Alabama와 Auburn 사이의 풋볼 경기 후(전이 아니라)에, 승리한 Alabama의 팬들은, 우울한 Auburn 팬들에 비해, 전쟁이 일어날 가능성을 적게 보고 잠정적으로 파괴적이라고 생각했다(Schweitzer & others, 1992). 우리가 행복한 기분에 있을 때는 세상이 더 우호적으로 보이고, 결정을 내리기가 더 쉬우며, 좋은 소식이 더 쉽게 받아들여진다(Johnson & Tversky, 1983; Isen & Means, 1983; Stone & Glass, 1986).

그렇지만 기분을 우울하게 바꿔보라. 그러면 사고도 다른 길로 들어서게 된다. 장밋빛 안경을 벗고 어두운 안경을 써보라. 이제 나쁜 기분은 부정적인 사건들에 대한 우리의 기억을 점화한다(Bower, 1987; Johnson & Magaro, 1987). 우리의 관계는 졸렬한 것처럼 보이고, 자기상은 곤두박질친다. 미래에 대한 희망은 어둡다. 다른 사람들의 행동은 더 못돼 보인다(Brown & Taylor, 1986; Mayer & Salovey, 1987). 그리고 우리의 투자 전망도 급강하한다(Research Close-Up: 부정적인 정서는 수동적인 투자자를 만든다, 참조).

New South Wales 대학의 사회심리학자 Joseph Fogas(1999; 2008; 2010; 2011)는 우울한 사람들의 "기억과 판단이 그들의 기분에 따라 변화하는지"에 대해 종종 깊은 인상을 받았다. 이런 "기분 주입"을 이해하기 위해 그는 실험을 시작하였다. 당신이 그런 연구에 참가하고 있다고 상상해보라. Fogas와 동료들(1984)은 최면을 사용하여 참가자를 좋거나 나쁜 기분 상태에 있게 하고 나서, 누군가와 이야기하고 있는 자신에 대한 비디오테이프(전날 만들어진)를 보게 하였다. 행복이 유도되었다면, 당신이 보는 것으로 인해 즐거워지고, 당신의 자세, 흥미, 그리고 사회적 기술에 대한 많은 측면들을 발견하게 된다. 만약 나쁜 기분 상태에 놓였다면, 동일한 비디오테이프에서 상당히 다른 당신을 드러낼 것이다. − 뻣뻣하고 과민하고 말을 똑똑히 못하는(그림 3.4). 기분이 판단에 영향준다는 사실을 알려주어, 당신이 실험실을 떠나기 전 행복한 기분으로 전환해줄 때, 사물들이 밝아지는 것에 대해 안도감을 느낄 것이다. 흥미롭게도, 우리는 변화한 인식을 기분의 전환에 귀인하지는 않는다고 Michael Ross와 Garth Fletcher(1985)는 언급하고 있다. 그보다는, 세상이 정말로 달라보이는 것이다.

기분은 부분적으로는 그 기분과 연합된 과거 경험을 마음에 떠올리게 함으로써 우리가 어떻게 세상을 판단할지에 영향을 준다. 나쁜 기분 상태에서 우리는 우울하게 만드는 생각을 한다. 기분과 관련된 사고는 다른 일에 대한 복잡한 사고에 집중하기 어렵게 한다. 그래서 우리가 정서적으로 각성되었을 때 − 화가 났거나 매우 좋은 기분상

그림 :: 3.3

일시적인 좋은 또는 나쁜 기분은 녹화된 자신의 행동을 평가하는 데 강하게 영향을 미친다. 나쁜 기분을 경험하는 사람은 훨씬 적은 수의 긍정적인 행동들을 감지한다.

참조: Fogas & others(1984).

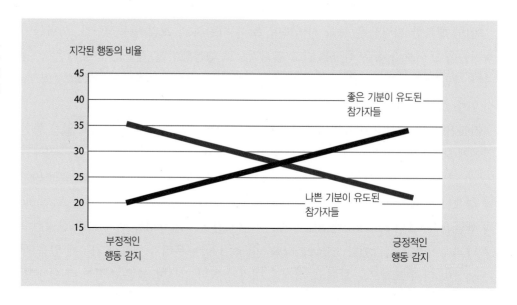

태일 때도 – 보다 즉각적인 판단을 더 하게 되고 고정관념에 기반하여 다른 사람들을 평가한다(Bodenhausen & others, 1994; Paulhus & Lim, 1994).

요약 : 우리는 사회적 세계를 어떻게 판단하는가?

- 우리에게는 자동적이고, 효율적이며, 직관적인 사고를 위한 매우 큰 능력이 있다. 이러한 인지적 효율성은, 보통은 적응적이지만 가끔 오류를 범하는 대가를 치른다. 일반적으로 우리는 사고에 이러한 오류가 작용하는 것을 의식하지 못하므로, 우리가 거짓 신념을 형성하고 유지하는 방식을 인식하는 것이 유용할 것이다.

- 첫째, 우리는 자주 자신의 판단을 과대평가한다. 과대평가의 현상은, 부분적으로 왜 틀릴 수 있는지보다 왜 맞을 수 있는지를 상상하기가 훨씬 쉽기 때문에 발생한다: 더구나 사람들은 자신의 신념을 확증하는 정보들을, 반박 증거보다, 훨씬 더 찾는 경향이 있다.

- 둘째, 강렬한 일화 또는 쓸모없는 정보라도 주어지면, 자주

유용한 기초–비율 정보를 무시한다. 이는 부분적으로는 생생한 정보가 이후에 더 쉽게 기억되기 때문이다(가용성 휴리스틱)

- 셋째, 우리는 종종 상관이나 개인적 통제력의 착각에 의해 움직인다. 아무 관계도 없는 곳에서 상관을 지각하고(착각적 상관) 우연한 사건을 예언하거나 통제할 수 있다고 생각하는 것은(착각적 통제) 사람의 마음을 끈다.

- 마지막으로, 기분은 판단에 영향을 준다. 좋고 나쁜 기분은 그러한 기분과 연합된 경험의 기억을 자극한다. 기분은 현재 경험의 해석에 영향을 준다. 그리고 우리의 주의에 영향을 미쳐 판단을 할 때 얼마나 깊게 또는 피상적으로 생각할지에도 기분이 영향을 미친다.

우리는 사회적 세계를 어떻게 설명하는가?

> 우리가 타인의 행동을 어떻게 – 그리고 얼마나 정확히 – 설명하는지 인식하기

사람들은 다른 사람들을 설명하는 것을 일삼으며, 사회심리학자는 사람들의 설명을 설명하는 것을 일삼는다.

사람들에 대한 판단은 우리가 어떻게 그들의 행동을 설명하는지에 달려 있다. 어떤 설명을 하는지에 따라, 우리는 살인을 살해, 고살, 정당방위, 또는 영웅적 행동으로 판단할 수 있다. 우리의 설명에 따라, 우리는 부랑자를 주도성이 부족한 사람으로도 볼 수 있고 직업과 복지 예산 삭감의 피해자로도 볼 수 있다. 우리의 설명에 따라, 누군가의 우호적인 행동을 진정한 따뜻함으로도 혹은 아부로도 볼 수 있다. 귀인 이론은 어떻게 이러한 설명이 작용하는지 이해하게 해준다.

인과성에 대한 귀인: 사람에게 또는 상황으로

우리는 끊임없이, 특히 부정적이거나 기대하지 않은 일을 경험할 때는, 왜 그런 일이 일어났을까를 분석하고 토의한다. 노동 생산성이 떨어지면, 근로자들이 이전보다 게을러졌기 때문일까, 아니면 그들의 업무환경이 효율성이 떨어졌기 때문일까? 소년이

오귀인? 데이트 강간은 때로 여성의 다정함을 성적 유혹으로 남자가 잘못 읽는 데서 시작한다.

반친구를 때린 것은, 적대적인 성격 때문일까, 아니면 계속되는 놀림에 반응한 것일까? Amy Holtzworth-Munroe와 Neil Jaconson(1985, 1988)은 부부들이 종종 배우자의 행동들을, 특히 그들의 부정적인 행동들을, 분석한다는 점을 발견했다. 따뜻한 포옹보다는 차가운 적대감을 느낄 때, 상대가 왜 그런지 궁금해 하기 마련이다.

배우자의 대답은 그들의 결혼만족도와 상관이 있었다. 불행한 관계에 있는 사람들은 전형적으로 부정적인 행동들에 대해 전형적으로 고통을 유지하는 설명을 하였다("그녀는 도대체 나를 배려하지 않으니까 늦는 거야"). 행복한 부부는 더 자주 외부에서 원인을 찾았다("그녀는 교통체증 때문에 늦는 거야"). 긍정적인 배우자 행동에 대해서도, 그들의 설명은 유사하게 고통을 유지하거나("그가 꽃을 가져왔는데 나와 섹스를 하고 싶어서겠지") 관계를 증진시키는("그가 꽃을 가져왔는데 나에 대한 사랑을 보여주려는 거야") 작용을 하였다(Hewston & Fincham, 1996; McNulty & others, 2008; Weiner, 1995).

Antonia Abbey(1987, 1991, 2011; Abbey & others, 1998)와 동료들은 남자들은 여자들보다 여성의 다정함을 부드러운 성적 관심으로 귀인하는 경향이 크다는 것을 반복적으로 발견하였다(남자들의 낭만적 관심은 읽기가 더 쉽다[Place & others, 2009]). 따뜻함을 성적 유혹으로 잘못 읽는 것은 **오귀인**의 예로, 여성들이 성희롱이나 심지어는 강간으로 간주하는 행동들은 유발시킬 수 있다(Farris & others, 2008; Kolivas & Gross, 2007; Johnson & others, 1991; Pryor & others, 1997; Saal & others, 1989). 많은 남자들이 여성들이 데이트 신청을 계속하면 좋아할 것이라 믿지만, 여성들은 이를 희롱으로 보는 경우가 잦다(Rotundo & others, 2001).

오귀인(misattribution)
행동을 틀린 원인에 잘못 귀인하는 것

오귀인은 특히 남성이 더 힘이 있는 자리에 있을 때 더 쉽게 나타난다. 관리자는 부하 여직원의 복종적인 또는 친절한 행동을 잘못 해석하고, 자기만의 생각으로 그녀를 성적인 관계로 간주한다(Bargh & Raymond, 1995). 남자들은 여자들보다 자주 섹스에 대해 생각한다(5장 참조). 남자는 여자보다 자주 다른 사람들이 같은 느낌을 공유할 것이라 가정하는 경향이 있다(2장의 "거짓 일치 효과"를 기억하라). 그래서 남자는 여자의 공손한 미소를 성적 암시로 과도하게 받아들일 수 있다(Levesque & others, 2006; Nelson & LeBoeuf, 2002).

그러한 오귀인 이론을 적용하면, 전 세계의 남성들이 보이는 더 큰 성적 주도성과 보스톤에서 봄베이까지 다양한 문화에서 피해자가 동의하거나 동의를 암시했다는 주장으로 강간을 정당화하는 강한 경향을 설명하는 데 도움이 된다(Kanekar & Nazareth, 1988; Muehlenhard, 1988; Shotland, 1989). 여성은 강요된 성관계를 중형으로 다스려야 할 죄로 판단한다(Schutte & Hosch, 1997). 미국여성 23%가 그들이 원하지 않는 성적 행동을 강요받은 적이 있다고 응답한 반면, 남성은 3%만이 여성에게 성적 행동을 강요한 적이 있다고 응답한(Laumann & others, 1994) 이유 역시 오귀인으로 설명가능하다.

귀인 이론은 우리가 어떻게 사람들의 행동을 설명하는지 분석한다. 다양한 귀인 이론들은 몇 가지 공통된 가정들을 갖는다. Daniel Gilbert와 Patrick Maline(1995)의 설명에 따르면, "각각은 한 가지 세트의 원인을 다른 것과 구분하는 경계로서 인간의 피부에 비유될 수 있다. 피부의 바깥 면에는 외적 또는 상황적 힘이 있어 사람에게 안쪽으로 압력을 가한다. 피부의 안쪽 면에는 내적 또는 개인적 힘이 있어 바깥쪽으로 압력을 가한다. 때로 이 두 힘은 결합하여 작용하기도 하고, 때로는 반대로 작용하기도 하는데, 이들의 역동적인 상호작용은 관찰되는 행동에 분명히 나타난다."

귀인 이론의 선구자인 Fritz Heider(1958)와 그 이후의 연구자들은 사람들이 일상의 사건을 설명하는 데 사용하는 "상식 심리학"을 분석하였다. 누군가가 의도적으로 행동하는 것을 관찰하면, 우리는 때로 그 사람의 행동을 내적 원인(예 그 사람의 성격)에, 때로 외적인 원인(예 그 사람의 상황의 무엇)에 귀인한다. 선생님은 학생의 학습부진이 동기나 능력의 부족 때문인지(**성향적 귀인**), 물리적이거나 사회적 환경 때문인지(**상황적 귀인**) 궁금할 것이다. 어떤 사람들은 행동의 원인을 안정적인 성격에서 찾는 경향이 있으며, 다른 사람은 행동을 상황에 귀인하는 경향을 더 보인다(Bastian & Haslam, 2006; Robins & others, 2004).

특질의 추론

Edward Jones과 Keith Davis(1965)는 우리가 자주 타인의 행동을 그들의 의도나 성향을 반영하는 것으로 추론하는 데 주목했다. 만약 내가 Rick이 Linda에게 비꼬는 말을 하는 것을 보면 나는 Rick이 적대적인 사람이라고 추론할 것이다. Jones과 Davis의 "부합추리이론(theory of correspondent inferences theory)"은 사람들이 특질을 추론하는

귀인 이론(attribution theory)
사람이 타인의 행동을 어떻게 설명하는지에 대한 이론: 예를 들어, 행동을 내적인 성향(지속되는 특질, 동기, 그리고 태도) 또는 외부 상황에 귀인한다.

성향적 귀인 (dispositional attribution)
행동을 그 사람의 성향이나 특질에 귀인

상황적 귀인 (situational attribution)
행동을 환경에 귀인

학생들이 조는 것은 어디에 귀인할까? 잠이 모자라서? 지루해서? 내적 귀인을 할지 외적 귀인을 할지는 그녀가 다른 수업에서도 일관적으로 자는지, 그리고 이 수업에서 다른 학생들도 그녀처럼 반응하는지에 달려 있다.

조건들을 구체화하였다. 예를 들어, 정상적이거나 기대된 행동은 특이한 행동보다 그 사람에 대해 알려주는 바가 적다. 만약 사만다가, 보통은 유쾌하게 보여야 하는 상황인 입사면접에서 빈정거렸다면 이는 그녀가 형제들과 있을 때 빈정거리는 것보다 사만다에 대해 더 많은 것을 알려준다.

우리는 놀라울 정도로 쉽게 특질을 추론한다. New York 대학 실험에서 James Uleman(1989)은 학생들에게 "사서가 할머니의 식료품을 길 건너로 옮기고 있다"와 같은 문장을 기억하도록 들려주었다. 학생들은 즉각적, 비의도적, 무의식적으로 특질을 추론하였다. 나중에 참가자들이 문장을 기억할 때, 가장 도움이 되는 중요한 단어는 "책"(사서에 대한 단서)이나 "봉지"(식료품에 대한 단서로)가 아니고 "도움을 주는"(당신도 예외가 아니듯, 즉각적으로 사서에게 귀인한 추론된 특질)이었다.

상식적 귀인

부합추리이론이 시사하듯, 귀인은 보통은 논리적이다. 귀인 이론의 선구자인 Harold Kelley(1973)는 우리가 어떻게 "일관성", "특이성" 그리고 "합의성"에 관한 정보를 사용하여 행동을 설명하는지 보여준다(그림 3.4).

일관성: 그 사람의 행동이 이 상황에서 얼마나 일관적인가?
특이성: 그 사람의 행동이 이 특별한 상황에서만 특수한 것인가?
합의성: 이 상황에서 다른 사람들은 어느 정도까지 비슷하게 행동할 것인가?

에드가가 컴퓨터를 가지고 고생하고 있는지 설명할 때, 대부분의 사람들은 일관성(에드가가 평소에도 컴퓨터를 잘 작동시키지 못했나?), 특이성(에드가가 다른 컴퓨터를 쓰는데도 문제가 있었는가, 이 컴퓨터만 그러는가?), 합의성(다른 사람들은 이 제품의 컴퓨터를 사용하면서 비슷한 문제를 겪는가?)에 대한 정보를 사용한다. 에드가 혼자서만, 일관적으로, 이 컴퓨터뿐 아니라 다른 컴퓨터 사용에도 문제가 있었다면, 우리는 그 문제를 컴퓨터의 결함보다는 에드가에게 귀인할 것이다

그림 :: 3.4

Harold Kelley's 귀인 이론
일관성, 특이성, 합의성의 세 가지 요인들은 다른 사람의 행동을 내적 또는 외적 원인에 귀인할지에 영향을 미친다. 당신 자신의 예를 만들어 보자. 매리와 여러 사람들이 스티브를 비난한다면(합의성), 그리고 매리가 다른 사람을 좀처럼 비난하지 않는다면(높은 특이성) 우리는 외적 귀인(스티브 때문이군)을 할 것이다. 만약 매리 혼자만(낮은 합의성) 스티브를 비난하며 그녀가 다른 여러 사람을 비난한다면(낮은 특이성) 우리는 내적인 귀인(매리의 문제야)을 하게 될 것이다.

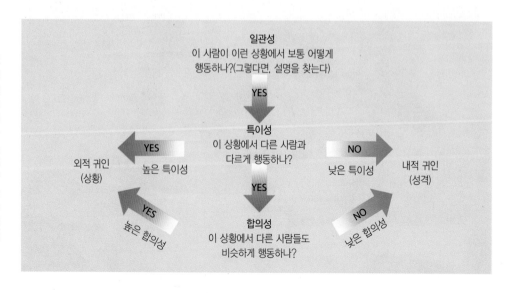

이렇게 우리의 상식 심리학은 보통 행동을 논리적으로 설명한다. 그러나 Kelley는 만약 가능한 다른 이유들을 알 때는, 행동에 원인이 될 수 있는 다른 원인을 무시한다는 점 역시 발견하였다. 만약 한 학생이 시험을 매우 못 친 데에 대해 한두 가지 충분한 이유를 자세히 알 수 있으면, 우리는 종종 다른 가능성들은 무시하거나 가볍게 본다(McClure, 1998). 학부 평균학점을 알려주고, 이 학생이 대학원 과정에 적합한지 판단하라고 하면, 사람들은 그 학교가 학점을 얼마나 관대하게 주는지는 주의를 기울이지 않는다(Moore & others, 2010).

기본적 귀인오류

사회심리학의 가장 중요한 내용은 사회적 환경의 영향에 관한 것이다. 어느 순간에도, 우리의 내적 상태와 그로 인한 말과 행동은, 우리가 그 상황으로 가져온 것뿐 아니라 상황에 달려 있다. 상황 간의 근소한 차이가 때로는 사람들의 반응에 커다란 영향을 미친다는 것을 보여주는 실험을 하나 소개하겠다. 교수로서 나는, 같은 과목을 오전 8:30분과 오후 7:00시에 가르칠 때 이 현상을 본다. 8:30분에서는 교실에 들어갈 때 학생들이 조용한 응시로 인사를 하지만, 7:00시에는 떠들썩한 파티를 중단시켜야 한다. 두 상황 모두 어떤 학생들은 상대적으로 보다 수다스럽지만, 두 상황의 차이는 개인차의 문제를 넘어선다.

귀인 연구자들은 우리가 귀인할 때 생기는 보편적으로 나타내는 문제를 찾아냈다. 다른 사람의 행동을 설명할 때, 우리는 종종 상황의 영향을 과소평가하고 그것이 개인의 성격과 태도를 반영하는 정도는 과잉평가한다. 그래서 비록 하루 중 언제 강의시간이 있는가가 교실에서 잡담 정도에 영향을 미친다는 것을 알고 있음에도, 오후 7:00시 강좌의 학생들이 오전 8:30분에 만나는 '조용한 유형의' 학생들보다 훨씬 외향적이라

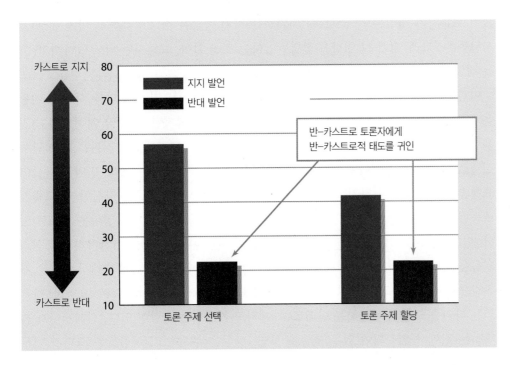

그림 :: 3.5

기본적 귀인 편향
카스트로를 지지하거나 비난하는 토론 연설을 들을 때, 토론 조정자가 작성자의 입장을 정해주었을 때조차도, 사람들은 연설 작성자에게 부응하는 태도를 귀인한다.
출처: Jones & Harris의 자료, 1967

영화배우가 영웅이나 악당 역할을 할 때, 대본의 행동이 실제 성격을 반영한다는 착각을 피하기 힘들다. 아마도 그 때문에 '스타트랙' 1편에서 스파크 역을 맡았던 Leonard Nimoy가 그의 저서에 '나는 스파크가 아닙니다'라는 제목을 붙였을 것이다.

기본적 귀인오류
(fundamental attribution error)
관찰자들이 타인의 행동에 대해 상황적 영향을 과소추정하고 성향적 영향을 과잉추정하는 경향(우리가 행동이 성향과 일치한다고 보기 때문에 대응 편향이라고도 불린다)

고 생각하기가 너무도 쉽다는 것이다.

Lee Ross(1977)가 **기본적 귀인오류**라 이름붙인, 상황의 영향을 차감하는 현상은 여러 실험에서 확인되었다. 첫 연구로 Edward Jones와 Victor Harris(1967)는 듀크대 학생들에게 쿠바의 지도자인 피델 카스트로를 지지하거나 공격하는 연설문을 읽게 하였다. 상대 토론자가 어느 입장을 택했다고 들었을 때, 학생들은 논리적으로 그것이 그 사람 자신의 태도를 반영하는 것이라 가정했다. 그렇지만 토론 지도자가 각자 지지할 입장을 정했다고 듣는다면 무슨 일이 생길까? 단지 특정 입장인 체하는 사람들은 당신이 기대하는 것보다 강렬한 문안을 작성하였다(Allison & others, 1993; Miller & others, 1990). 토론자가 카스트로를 지지하는 입장을 취하도록 지시받은 것을 알 때조차 학생들이 토론자가 사실은 카스트로를 지지하는 어떤 학습을 했다는 추론을 막지 못했다. 사람들은 "그래, 그가 그 입장을 할당받았다는 것을 알아. 그렇지만 너도 알다시피, 그는 정말 그걸 믿는다고 생각해."라고 생각하는 것 같다.

이런 오류는 매우 저항하기 어려워 사람들이, 심지어는 자신이 다른 사람의 행동을 초래했다는 것을 알 때도, 여전히 외적 영향을 과소평가한다. 만약 여러분이 의견을 받아쓰게 하고 다른 누군가가 이를 표현해야 한다면, 그럼에도 여러분은 그 사람이 실제로 그 의견을 가졌다고 보려는 경향이 있다(Gilbert & Jones, 1986). 만약 사람들이 요청받아서 면담에서 자기를 고양하거나 또는 폄하한다면, 그들은 자신이 왜 그렇게 행동했는지 매우 잘 안다. 그렇지만 그들이 다른 사람들에게 미치는 영향은 모르고 있다. 만약 Juan이 조심스럽게 행동하면, 그의 순진한 상대인 Bob은 마찬가지로 조심스러움을 보이기 쉽다. Juan은 자신의 행동은 쉽게 이해하지만, Bob에 대해서는 낮은 자존감으로 힘들어하고 있다고 생각할 것이다(Baumeister & others, 1988). 요약하면, 우리는 타인을 그들의 행동하는 방식 그 자체라고 가정하는 경향이 있다. 신데렐라가 숨막히는 집에서 위축되어 있는 모습을 보면 (상황은 무시하고) 사람들은 그녀가 너무

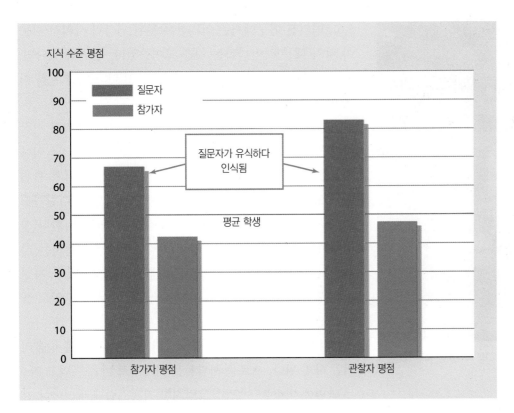

그림 :: 3.6
모의 퀴즈 게임의 참가자와 관찰자 모두 임의로 질문자 역할을 맡은 사람을 참가자보다 훨씬 똑똑하다고 생각했다. 실제로는 질문자와 참가자의 주어진 역할들이 질문자를 보다 똑똑한 것으로 보이게 한 것이었다. 이를 헤아리지 못하는 것은 근본적 귀인오류의 실례를 보여주는 것이다.
출처: Ross, Amabile, & Stein metz의 자료, 1977

유순하다고 판단한다; 그러나 무도회에서 그녀와 함께 춤을 추면서, 왕자는 상냥하고 매혹적인 사람을 본다.

사회적 제약을 무시하는 경향은 Lee Ross와 동료들이(Ross & others, 1977) 실시한 재미있는 실험에서도 분명히 나타났다. 실험은 Ross가 직접 경험한 바로, 대학원생에서 교수로 지위가 바뀔 때 경험을 재창조한 것이다. 그에게 박사논문 구술시험은, 너무나도 명석한 교수들이 자신들의 전공 주제들에 대해 그에게 질문해 오던, 초라한 경험이었다. 6개월 후, Ross 박사는 이제 심사위원이고, 자신이 좋아하는 주제들에 대해 날카로운 질문을 할 수 있게 되었다. Ross의 운나쁜 학생들은 이후에 Ross가 반년 전에 가졌던 바로 그 느낌(자신의 무식함에 실망하고 심사위원들의 명석함에 감탄하는)을 고백하였다.

Teresa Amabile과 Julia Steinmetz와 함께 Ross는 모의 퀴즈 게임을 준비하였다. 그는 스탠포드 대학교 학생들을 무작위로 할당하여 일부는 질문자, 일부는 참가자의 역할을 맡게 하고 다른 사람들은 관찰하도록 하였다. 연구자들은 질문자에게 자신의 풍부한 지식을 보여줄 어려운 질문들을 만들라고 권했다. 우리 중 누구라도 자신있는 분야에서 그런 까다로운 질문들을 만들어낼 수 있다. "Bainbridge섬은 어디에 있습니까?", "스코틀랜드의 여왕 Mary는 어떻게 죽었습니까?", "아프리카와 유럽 중 어느 쪽의 해안선이 더 길까요?" 이 몇 개의 질문에 잘 모르겠다는 느낌이 든다면, 이제 이 실험의 결과를 감지할 수 있을 것이다.

질문자가 유리할 것이라는 것을 모두가 안다. 그렇지만 참가자와 관찰자(질문자 외에) 모두 질문자가 참가자보다 실제로 아는 것이 많다는 잘못된 결론을 내렸다(그림 사람들도 교사나 퀴즈쇼 진행자처럼 다른 사람의 지식을 검사하는 사람들을 높은 지식을 가졌다 귀인한다.

3.6). 이어진 연구에서는 이러한 잘못된 인상이 사회적 지능이 낮기 때문도 아니라는 것을 보여주었다. 관련이 있다면, 지능이 높고 사회적으로 유능한 사람들이 더 귀인 오류를 쉽게 한다는 것이다(Block & Funder, 1986).

실제 삶에서 보통 사회적 힘이 있는 사람들이 대화를 시작하고 통제하는데, 이 때문에 다른 사람들은 그들의 지식이나 지능을 과대평가하게 된다. 예를 들어, 의사는 의학과 관련 없는 모든 질문에도 해박할 것이라 종종 생각된다. 마찬가지로 학생들은 보통 자기 선생님의 명석함을 과대평가한다(실험에서처럼, 선생님은 자신들의 전공과목에서 질문하는 사람들이다). 이들 학생 중 일부는 후에 선생님이 되어서, 자신의 선생님들이 그렇게 명석한 것은 아니었다는 것을 알고 놀라게 된다.

기본적 귀인오류의 예를 찾으려면, 자신의 경험을 떠올리기만 하면 된다. 새로운 사람들을 사귀기로 마음을 먹고 Bev는 만면에 미소를 지으며, 그렇지만 걱정스럽게 파티마다 참가한다. 이때 다른 사람들은 웃고 대화를 나누며 상당히 편안하고 행복해 보인다. Bev는 "왜 모든 사람은 이런 모임에서 항상 편안하게 있는데, 나만 낯설고 긴장을 느끼지?"하고 혼자 고민한다. 그러나 사실은, 다른 사람들도 역시 긴장하고 있으며, Bev를 포함한 다른 사람들이 보이는 것과 같이 자신있게 파티를 즐긴다고 가정하는 동일한 귀인오류를 범하고 있는 것이다.

왜 귀인오류가 생기는가?

지금까지 우리는 타인의 행동을 설명하는 과정에 나타는 편향들을 살펴보았다. 우리는 자주 강력한 상황적 요인을 무시한다. 왜 자신에게는 그러지 않으면서, 다른 사람의 행동을 설명할 때는 상황적 요인을 과소평가하는 경향을 가질까?

조망 및 상황적 인식. 귀인 이론가들은 우리가 우리 자신을 관찰할 때와 타인을 관찰할 때 다른 조망을 취한다는 점을 지적한다(Jones & Nesbett, 1971l; Jones, 1976). 우리가 행동할 때 우리의 주의는 환경으로 향한다. 그렇지만 우리가 타인의 행동을 볼 때는, 그 사람이 주의 초점이 되며 환경은 상대적으로 눈에 덜 들어온다. 내가 격노한다면 나를 화나게 한 것은 상황이다. 그렇지만 화를 내고 있는 다른 사람은 성격이 안좋은 사람으로 보일 것이다.

그렇지만 Bertram Mall(2007)은 173개의 연구를 분석하여, 행위자 - 관찰자 차이가 대개 그렇게 크지 않다고 결론지었다. 우리의 행동이 의도적이고 존중될 만하다고 느낄 때는 우리는 이를 상황에 귀인하지 않는다. 우리의 행동을 상황에 더 귀인하려고 하는 때는 나쁘게 행동했고, 누군가 우리를 관찰하며 성향 귀인을 할 수 있을 때이다.

기본적인 귀인오류. 관찰자는 상황을 과소평가한다. 정유소에 들어서면서, 두번째 정유기 앞에 정차한(길을 막은) 운전자가 배려가 부족하다고 생각할 수 있다. 그러나 그 운전자는, 첫번째 정유기가 사용 중일 때 도착했던 자신의 행동을 상황에 귀인할 것이다.

한 실험에서, 사람들은 경찰 심문 동안 용의자가 자백하는 비디오녹화물을 보았다. 만약 자백 장면을 용의자에게 초점 맞추어진 카메라를 통해 보았다면, 사람들은 그 자백이 진짜라고 지각한다. 만약 수사관에게 초점 맞추어진 카메라를 통해 본다면, 사람들은 그 자백을 보다 강요된 것으로 지각한다(Lassiter & others, 1986, 2005). 카메라의 조망은, 판사가 영향받지 말라고 주의줄 때조차도, 사람들의 유죄 판단에 영향을 미친다(Lassiter & others, 2002).

법정에서, 대부분의 자백에 대한 녹화물은 자백하는 사람에게 초점이 맞추어져 있다. 기대되는바, 검사가 그런 녹화물을 보여주면, 거의 100%의 확신을 준다고 Daniel Lassiter와 Kimberly Dudley(1991)는 지적한다. 이 연구를 접한 후, 뉴질랜드에서는 경찰 조사 녹화물은 양쪽의 조망에서 녹화하는 등 용의자와 경찰관에게 동등하게 초점을 맞추는 정책을 시행했다.

한때는 선명했던 사람이 기억에서 희미해져감에 따라, 관찰자는 보통 상황에 더욱더 비중을 두게 된다. 우리가 앞서 Edward Jones와 Victor Harris(1991)의 귀인오류 실험에서 보았듯, 누군가가 맡은 입장을 주장하는 것을 듣는 즉시, 사람들은 그 사람이 실제 그렇게 느낀다고 생각한다. Jerry Burger(1997)는 한 주가 지나면 사람들이 상황적 제약을 더욱 믿는 경향을 발견했다. 대통령 선거 다음날, Berger와 Julie Pavelich(1994)는 유권자들에게 투표결과가 왜 그렇게 나타났는지를 물었다. 대부분이 후보자의 개인적인 특질들과 입장(현 정권에서 당선이 보다 유리한)에 결과를 귀인하였다. 1년이 지나서 다른 유권자들에게 같은 질문을 하면, 1/3만이 결과를 후보자에게 귀인하였다. 보다 많은 사람들이 시간이 지나면서 나라의 긍정적인 분위기와 건전한 경제와 같은 상황에서 그 이유를 찾았다.

개인적인 측면에서 살펴보자. 당신은 보통 조용한가, 말이 많은가? 아니면 그건 상황에 따라 다른가? "상황에 달려 있다."가 보편적인 응답이다. 마찬가지로, 성적을 받

사람에게 집중하기.
당신은 수강하는 강좌의 교수가 선천적으로 외향적이라 추론하고 있는가?

거나 대선결과를 알게 된 지 2주 후의 자신의 기분을 예상하도록 했을 때, 사람들을 상황이 자신의 감정을 지배할 것으로 기대하였다; 사람들은 자신의 활달한 혹은 시무룩한 성격의 중요성은 과소평가한다(Quidbach & Dunn, 2010). 그렇지만 한 친구를 기술해 보라. ─ 또는 5년 전에 그들이 어떠했는지를 기술해보라 했을 때는, 사람들은 특성을 보다 많이 기술한다. 우리의 과거를 회상할 때, 우리는 마치 다른 누군가를 관찰하는 사람처럼 된다고 Emily Pronin과 Lee Ross(2006)는 설명한다. 우리 대부분에게 "오래된 당신"은 오늘의 "진짜 당신"과는 다른 누구이다. 우리는 오래된 과거의 자기들(그리고 우리의 멋 훗날의 자기들)을 우리의 몸을 점유하고 있는 다른 사람처럼 여긴다.

이런 실험들은 모두 귀인편향의 한가지 이유를 손꼽는다; *우리는, 이유를 찾는 곳에서 이유를 찾는다.* 당신 자신의 경험에서 이 현상을 보려면, 생각해보라; 사회심리학 강사가 조용한 사람인가, 수다스러운 사람이라 생각하는가?

내 추측으로 당신은 그, 그녀가 상당히 외향적이라고 생각할 것이다. 그렇지만 이걸 생각해보자; 당신이 강사에게 주의를 기울일 때는, 그가 이야기를 해야 하는 공적인 맥락에서 행동하고 있는 것이다. 당신 강사는 마찬가지로 여러 상황에서(교실, 회의, 집에서) 자신의 행동을 본다. 그러고는 "내가 수다스럽다고?"라고 이야기할지도 모르겠다. "글쎄, 그건 모두 상황에 달려 있지. 내가 강의를 하거나 좋은 친구들과 있을 때는 다소 외향적이야. 그렇지만 컨벤션에 가거나 친숙하지 않은 상황에서는 오히려 낯가림을 느끼며 행동하지." 우리는 우리의 행동이 상황에 따라 달라진다는 것을 정확히 알고 있기 때문에, 자신이 다른 사람보다 가변적이라 본다(Baxter & Goldberg, 1987; Kammer, 1982; Sande & others, 1988). "니겔은 잘 긴장하고, 피오나는 태평해. 나는 그때그때 다르지."

문화차. 문화 역시 귀인편향에 영향을 미친다(Ickes, 1980; Watson, 1982). 서구의 세계관에서는, 상황이 아닌 사람이 사건을 일으켰다고 가정한다. 내적 설명이 사회적으로 더 인정된다(Jellison & Green, 1981). 우리는 "너는 할 수 있어,"라며 긍정적 사고의 서구 문화의 팝 심리학에 의해 확신을 갖는다. 당신은 얻을 만한 것을 얻을 것이고, 얻은 것만큼 당신은 가치가 있다.

서구 사회에서는 성장하는 동안 다른 사람의 개인적 특징으로 행동을 설명하는 것을 배운다(Rholes & others, 1990; Ross, 1981). 일학년인 우리 아들에게 있었던 예 하나를 들겠다. 아이는 "문에, 소매가, 걸렸다, 탐, 그의"라는 단어들로 문장 맞추기를 할 때, "문 때문에 탐의 소매가 걸렸다"로 문장을 만들었다. 그렇지만 선생님은, 그 과제에 서구 문화의 가정을 적용하면서, 틀린 곳을 표시했다. 정답은 원인을 탐에게 두는 것이다. "탐은 그의 소매를 문에 걸리게 했다."

기본적 귀인오류는 다양한 문화에서 나타난다(Krull & others, 1999). 그런데 동아시아 문화권의 사람들은 상황의 중요성에 보다 민감한 경향이 있다. 그래서 사회적 맥락을 의식하게 될 때는, 타인의 행동이 그의 성격 때문이라 가정하는 경향이 보다 적다(Choi & others, 1999; Farwell & Weiner, 2000; Masuda & Kitayama, 2004).

어떤 언어들은 외부 귀인을 조장한다. 스페인어는 "내가 늦었다." 대신에 "시계 때문에 늦어졌다."라는 표현이 가능하다. 집단주의 문화에서는, 다른 사람을 지각할 때 개인적 성향의 관점에서 지각하는 경향이 덜하다(Lee & others, 1999; Zebrowitz-McArthur, 1988). 그들은 행동이 내면의 성격을 반영한다고 즉각적으로 해석하는 경향이 적다(Newman, 1993). 누군가의 행동에 대해 들으면, 인도의 힌두교도들은 미국인에 비해 성향적인 설명("그녀는 친절하다.")을 적게 하고 상황적 설명("그녀는 친구들과 함께 있다")을 더 많이 하는 경향이 있다(Miller, 1984).

기본적 귀인편향은, 우리의 설명을 기초적이고 중요한 방식으로 채색하기 때문에 기본적이다. 영국, 인도, 호주, 그리고 미국의 연구자들은 사람들의 귀인방식이 가난한 실업자에 대한 태도를 예언한다는 것을 밝혔다(Furnham, 1982; Pandey & others, 1982; Skitka, 1999; Wagstaff, 1983; Zucker & Weiner, 1993). 가난과 실업을 개인적 성향의 탓으로 돌리는 사람들은("그들은 단지 게으르고 도울 가치가 없다") 그런 사람들에게 호의적이지 않은 정치적 입장을 취하는 경향이 있다(그림 3.7). 이런 성향적 귀인은 그 사람의 성향과 특질에 연결시켜 행동을 설명한다. 상황적 귀인("만약 당신이나 내가 마찬가지로 과잉 밀집되고, 교육은 형편없고, 차별을 받으며 살았다면, 우리는 더 나았을까?")을 하는 사람들은 빈민에게 보다 직접적인 지원을 제공하는 정치적 입장을 취하는 경향이 있다.

우리가 귀인편향을 의식하는 게 무슨 도움이 될 수 있을까? 나는 교수초빙 면접을 한번 도운 적이 있다. 한 지원자가 우리 6명과 동시에 면담을 하였다; 우리들 각자는 두세 개의 질문을 했다. 나는 "저렇게 뻣뻣하고 어색한 사람이 있나." 생각하며 그 자리를 나왔다. 두 번째 지원자와는 커피를 마시며 개인적으로 만났는데, 곧 우리가 모두 아는 가까운 친구가 있다는 사실을 알게 되었다. 이야기를 하면서 점차로 "이렇게 따뜻하고, 매력적이고, 지적인 여성이 있나."하고 인상을 받았다. 나중에야 나는 기본적 귀인편향을 기억하고 나의 분석을 다시 평가했다. 나는 그의 뻣뻣함과 그녀의 따뜻함을 그들의 성격에 귀인했다. 사실, 나중에 깨달은 것이지만, 그런 행동은 부분적으로는 그들의 면접 상황이 달랐던 데에서 기인했다.

우리는 왜 귀인편향을 연구하는가

이 장은 앞장과 마찬가지로, 우리의 사회적 사고에서의 결점과 오류를 설명하고 있다. 이런 내용을 읽고 있으면, 학생 한 명이 언급한 것처럼 "사회심리학자는 사람들을 가지고 장난을 치는 데 쾌감을 얻는 것"처럼 보인다. 그렇지만 실험들은 "인간들의 어

귀인과 반응
어떤 사람의 부정적인 행동을 어떻
게 설명하는지에 따라 그에 대해 어
떻게 느낄지가 결정된다.

성향 귀인
저 남자는
적대적이야.

비호의적 반응
저 남자가 싫어.

부정적 행동
한 남자가 동료에게
무례하게 행동한다.

상황 귀인
저 남자가 부당한
평가를 받았다.

공감적 반응
이해할 수 있어.

리석음"을 검증하려고 설계된 것은 아니다; 실험들의 목적은 우리가 자신과 타인에 대해 어떻게 생각하는지 밝히는 데 있다.

만약 우리의 착각이나 자기기만 능력이 충격적이었다면, 우리의 사고양식들이 전반적으로 적응적이라는 점을 기억할 필요가 있다. 착각적 사고는 우리의 정신이 복잡한 정보를 단순화시키기 위한 방략의 부산물이다. 이는 우리의 지각 기제가 일반적으로 세상에 대한 유용한 이미지를 제공하지만 때로는 우리를 미혹하기도 하는 것과 마찬가지이다.

기본적 귀인오류와 같은 사고 편향에 초점을 두는 두 번째 이유는 인도주의 때문이다. Thomas Gilovich와 Richard Eibach(2001)가 이야기하듯, 사회심리학의 "위대한 인본주의적 메시지" 중 하나는 사람들이 자신의 문제에 대해 항상 비난받아야 하는 것은 아니라는 것이다. "실패, 장애, 불운은 사람들이 기꺼이 인정하는 것보다도 더 실제 환경의 영향을 받은 결과이다."

편향에 초점을 두는 세 번째 이유는, 우리가 대부분 이를 의식하지 않고 있으며 더 많이 의식하는 것이 이롭기 때문이다. 이기적 편향(2장)을 비롯한 다른 편향들과 마찬가지로, 사람들은 자신은 다른 사람들보다 귀인편향에 덜 취약하다고 생각한다(Pronin & others, 2004). 실수와 편향을 분석하면, 인간의 논리적이고 지적인 성취능력에 대한 일련의 증거들에서보다 더 많은 놀라움, 도전, 그리고 이익을 얻을 것이라는 예감이 든다. 전 세계 문학이 그토록 자주 자부심과 그 외 다른 인간의 결점들을 묘사하는 이유도 이와 같다. 사회심리학은, 우리가 보다 합리적이게 하고 보다 현실과 접하고자 하는 희망에서, 우리 사고의 결점에 눈을 뜨게 하려고 한다. 그런 희망은 공허하지 않았다; 심리학을 공부하는 학생들은 비슷한 지적 능력을 가진 자연과학 학생들보다 행동을 덜 단순하게 설명한다(Fletcher & others, 1986)

> ## 요약 : 우리는 사회적 세계를 어떻게 설명하는가?
>
> - 귀인 이론은 우리가 사람들의 행동을 어떻게 설명하는가와 관련된다. 오귀인 – 잘못된 원인에 행동을 귀인하는 것 – 은 성희롱의 주요한 요인이다. 힘을 가진 사람(주로 남성)이 친근함을 성적인 유혹으로 해석하는 것처럼
> - 우리는 보통 합리적인 귀인을 하지만, 타인의 행동을 설명할 때는 자주 기본적 귀인편향을 저지른다. 우리는 타인의 행동을 너무나 자주 그들의 내적 특질과 태도로 귀인하고,
>
> 상황의 제약은 분명할 때에도 경시한다. 우리가 이런 귀인 오류를 만드는 이유는 부분적으로, 우리가 누군가 행동하는 것을 볼 때, 그 사람이 우리의 주의 초점이 되고 상대적으로 상황은 보이지 않기 때문이다. 우리가 행동할 때 주의는 우리가 반응하는 것에 향하므로 상황이 보다 눈에 들어오는 것이다.

사회적 세계에 대한 우리의 기대는 얼마나 중요한가?

우리의 사회적 신념이 얼마나 중요한지에 대한 통찰력 얻기.

지금까지는 우리가 어떻게 다른 사람을 설명하고 판단하는지 – 효율적이고, 적응적이지만, 가끔 오류가 있는 – 살펴보았고, 이제 사회적 판단의 효과를 생각해보며 이 장을 마무리할 것이다. 사회적 신념이 중요한가? 그것이 현실을 변화시키는가?

우리의 사회적 신념과 판단은 정말 중요하다. 이는 우리가 어떻게 느끼고 행동할지에 영향을 미치고 이를 통해 자신의 현실을 만들어내게 한다. 우리의 생각이 그것을 확증하게 하는 방식으로 우리를 행동하도록 할 때, 이는 사회학자 Robert Merton(1948)이 제안한 **자기-충족적 예언**이 실현되도록 이끄는 신념들이 된다. 만약, 자신의 은행이 곧 파산할 것이라 믿게 된다면, 그 은행의 고객들은 자신의 돈을 회수하려 서두르고, 이러한 잘못된 지각이 현실을 만들어낼 수 있다고 Merton은 말했다. 만약 주식 가격이 곧 치솟을 것이라 사람들이 믿게 된다면, 실제로 그렇게 될 것이다(Focus on: 주식시장에서의 자기-충족 심리 참조).

자기-충족적 예언
(self-fulfilling prophecy)
그 자체가 실현되게 하는 믿음

Robert Rosenthal(1985)은 실험자 편향 연구를 통해, 연구참가자들이 자주 실험자가 자신에게 기대한다고 믿는 바에 따라 행동한다는 것을 발견하였다. 한 연구에서, 실험자들은 참가자들에게 다양한 사진 속의 사람들의 성공 여부를 판단하도록 요청한다. 실험자들은 모든 참가자들에게 동일한 지시문을 읽어주었고 동일한 사진들을 보여주었다. 그럼에도, 자신의 실험참가자들이 사진 속의 인물을 성공한 사람으로 보기를 기대했던 참가자들의 실험자들은, 자신의 참가자들이 사진 인물을 실패자로 보기를 기대한 실험자들에 비해 더 높은 평정치를 얻었다. 더욱 놀랍고 논란이 되는 연구 결과는 자신의 학생들에 대한 교사들의 신념이 자기-충족적 예언과 유사한 기능을 한다는

focus ON

주식시장에서 자기-충족 심리

1981년 1월 6일 저녁, 플로리다의 유명한 투자 고문인 조셉 그랜빌은 자신의 고객들에게 "주식 가격이 폭락할 것이니 내일 팔라."고 몰래 알려줬다. 그랜빌의 충고는 곧 퍼져나갔고, 1월 7일은 뉴욕 주식시장에서 유래없이 거래가 무거운 날이 되었다. 주식 가치는 400억 달러의 손실을 보았다.

반세기 전쯤, John Maynard Keynes는 그러한 주식시장의 심리를 당시 런던 신문사가 주최하는 대중적인 미인대회에 비유했다. 이기기 위해서는, 심사자는 백여명 중에서, 다른 신문사의 대회에서 가장 빈번히 선택된 얼굴과 같은, 6명의 미인을 뽑아야 한다. 즉, "경쟁자들은 자신이 가장 예쁘다고 생각한 얼굴들이 아니라, 다른 경쟁자들이 좋아할 것이라 생각되는 사람들을 뽑아야 한다."

투자자들도 마찬가지로 자신이 선호하는 주식이 아니라 다른 투자자들이 선택할 것 같은 주식들을 찾아내려 한다. 이런 게임의 이름은 다른 사람의 행동 예언하기이다. "당신은 그랜빌의 의견에 동의하거나 동의하지 않을 수 있다. 그렇지만"이라고 월스트리트의 한 펀드매니저가 언급하였듯, "그건 아마도 요점을 벗어난 것이다." 만약 그의 충고가 다른 사람들이 주식을 팔게 할 것이라고 생각하며, 당신은 가격이 더 떨어지기 전에 재빨리 팔고 싶을 것이다. 다른 사람이 살 것이라고 예상되면 사람들이 몰려오기 전에 지금 살 것이다.

주식시장의 자기-충족의 심리는 1987년 10월 19일 극단적으로 작용하였고 다우존스는 20%나 폭락했다. 그런 주식시장의 폭락 중에 발생한 일들 중 일부는 방송매체와 소문의 진원지에서 그 현상을 설명하는 나쁜 뉴스라면 가능한 모든 것에 초점을 두었다는 것이다. 일단 방송되고 나면, 뉴스는 사람들의 기대를 한층 더 낮추고 이미 떨어지고 있는 가격은 더 추락하게 하였다. 주식 가격이 오를 때는 좋은 뉴스를 증폭시킴으로써 그런 경과가 마찬가지로 작용한다.

2000년 4월, 변덕스럽던 기술주들은 또다시, 지금은 "탄력 투자"라 불리는, 자기-충족 심리를 증명해 보였다. 2년에 걸쳐 열정적으로 주식을 사들이고 나서(가격이 계속 올랐기 때문에), 사람들은 미친듯이 이를 팔기 시작했다(가격이 떨어지기 때문에). 그런 큰 폭의 시장 변동, 즉 "과열현상"은 주식시장의 폭락으로 이어졌다. 이는 대부분 스스로 만들어낸 것이라고 경제학자인 Robert Shiller(2000)는 지적한다.

Rosenthal(2008)은 실험자 편향에 대한 그의 초기 연구들을 소개한 논문을 한 좋은 학술지에 투고하고, 미국 심리학회에 우수과학장상 심사를 받기 위해 송부하였다. 몇주가 지나 같은 날, 그는 학술지에서 게재불가 통보를 받았고 기관으로부터는 그 논문이 그 해의 최우수 사회과학연구로 정해졌다는 통보를 받았다. 일상생활과 마찬가지로, 과학에서도 어떤 사람들은 인정하지 않는 것을 다른 사람들은 알아본다. 그래서 시도하고, 거절되면 또다시 시도하는 것이 종종 좋은 결실을 가져온다.

것이다. 만약 어떤 선생님이 자신의 학생이 수학에 재능이 있다고 믿으면, 그 학생은 정말 공부를 잘하게 될까? 이 문제에 대해 알아보자.

교사의 기대와 학생의 수행

교사들은 일부 학생들에 대해 다른 학생들보다 높은 기대치를 갖는다. 같은 학교를 다닌 형 또는 언니가 있었거나, "영재" 또는 "학습장애"와 같은 진단을 받은 후, "특수반" 또는 "일반반"에 속한 후에 이런 기대를 감지하였을 수도 있다. 교무실에서 교사들 사이에 나누는 대화에서 당신에 대한 평판이 전달될 수도 있고, 새로 오신 담임선생님은 학적부를 꼼꼼히 살펴보고 당신 가족의 사회적 지위를 알게 될 수도 있다. 교사의 평가가 학생의 수행과 상관이 있다는 점은 분명하다; 교사는 잘하는 학생을 좋게 생각한다. 교사의 기대와 학생의 이후 성취 사이의 상관의 75% 정도는 정확하다고 Jussim과 동료들(2009)은 보고하였다.

교사의 평가가 학생들의 수행에 대한 결과일 뿐 아니라 원인이 되기도 할까? 4,300 명의 영국 초등학생을 대상으로 William Crano와 Phyllis Mellon(1978)이 실시한 상관

연구에 따르면, 대답은 '그렇다'이다. 교사의 높은 기대에 좋은 수행이 수반할 뿐 아니라 그 반대의 경우 역시 사실이다.

그럼 이 "교사-기대 효과"를 실험적으로 검증할 수 있을까? 한 교사에게 무작위로 선택된 영수, 철수, 순희, 지연 네 학생이 특별한 능력을 가졌다는 인상을 주었다고 가정해보자. 그렇다면 그 교사는 이 네 학생에게 특별한 대우를 하고 그들로부터 월등한 수행을 끌어낼 수 있을까? Rosenthal과 Lenore Jacobson(1968)의 연구에서는 정말 그렇다는 결과를 보여주었다. 샌프란시스코의 초등학교에서, 무작위로 선택되었지만, (가상의 검사 결과에 근거하여) 극적인 지적 성장을 할 것이라고 알려준 아동들은 이후 지능검사에서 더 높은 결과를 보였다.

그런 극적인 결과는 "불우" 아동들의 학교 문제들이 교사들의 낮은 기대를 반영할 가능성을 시사한다. 이 결과는 곧 방송에서 다루어지고 많은 대학의 심리학과 교육학 교재에 실렸다. 그러나 그다지 많이 소개되지 않았던 보다 심층적인 분석 결과는, 교사-기대 효과는 초기 연구 결과로 많은 사람들이 믿게 된 것만큼 강력하거나 신뢰롭지는 않다는 것이다(Jussim & others 2009; Spitz, 1999). 낮은 기대가 유능한 아동을 운명짓지도 않았으며, 높은 기대가 공부 못하는 아이를 최우수 학생으로 마법같이 바꾸지도 않았다. 인간의 본성이 그렇게까지 유연한 것은 아니다.

높은 기대가 낮은 성취를 끌어올리는 촉진제 역할을 하는 것으로 보인다. 교사의 긍정적인 태도가 희망을 불어넣는 것 같다(Madon & others, 1997). 그런 기대들은 어떻게 전달되는 것일까? Rosenthal과 연구자들은 교사들이 "높은 잠재성을 지닌 학생들"을 좀 더 많이 보고, 웃으며, 고개를 끄덕인다고 보고한다. 또한 교사들은 자신의 "재능있는" 학생들을 더 많이 가르치며, 더 높은 목표를 제시하고, 더 자주 만나며, 그들에게 대답할 시간을 더 많이 준다(Cooper, 1983; Harris & Rosenthal, 1985, 1986; Jussim, 1986).

한 연구에서 Elisha Babad, Frank Bernieri, 그리고 Rosethal(1991)은 교사가 본 적은 없으나 높은 또는 낮은 기대를 갖게 된 학생에 대해 말하거나 말을 거는 장면을 녹화하였다. 무작위로 고른 10초간 교사의 목소리 또는 표정에서, 아이와 어른 관찰자 모두 그 대상이 우수한 혹은 열등한 학생인지, 그리고 교사가 그들을 얼마나 좋아하는지 충분히 알 수 있었다. 비록 선생님은 자신의 느낌을 숨겼고 학급을 향해 편애 없이 행동했

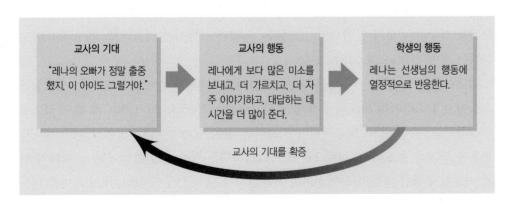

그림 :: 3.8

자기-충족적 예언

교사의 기대는 자기-충족적 예언이 될 수 있다. 그러나 대부분의 경우, 교사의 기대는 현실을 정확히 반영한다(Jussim & Harber, 2005).

교사의 기대	교사의 행동	학생의 행동
"레나의 오빠가 정말 출중했지. 이 아이도 그럴거야."	레나에게 보다 많은 미소를 보내고, 더 가르치고, 더 자주 이야기하고, 대답하는 데 시간을 더 많이 준다.	레나는 선생님의 행동에 열정적으로 반응한다.

교사의 기대를 확증

다고 생각할지 모르지만, 학생들은 교사의 표정과 몸짓에 대단히 민감하다(그림 3.8).

　　교사의 기대에 대한 실험들을 읽으면서, 학생들이 선생님에게 갖는 기대의 효과는 어떨지 궁금해졌다. 신학기에는 수강하려는 강좌에 대해 "홍길동 교수님은 재미있다." 또는 "김철수 교수님 수업은 지루하다." 등의 정보를 들으며 시작한다. Robert Feldman과 Thomas Prohaska(1979; Feidman & Theiss, 1982)는 그런 기대가 학생과 교수 모두에게 영향을 미칠 수 있음을 발견했다. 학습 실험에 참가한 학생들 중, 뛰어난 교사에게 배울 것이라 기대한 학생들은, 낮은 기대를 가졌던 학생들에 비해, 자신의 교사(학생들의 기대에 대해서는 모르는)를 더욱 유능하고 재미있다고 지각했다. 나아가, 그 학생들은 더 많은 것을 배웠다. 후속연구에서, Feldman과 Prohaska는 교사를 녹화하고 관찰자들이 그들의 수행을 평정하도록 하였다. 비언어적으로 긍정적 기대를 전하는 학생들이 배정된 학급의 교사들이 가장 유능한 것으로 평가되었다.

　　이런 효과들이 실제 교실에서도 발생하는지 알아보기 위해 David Jamieson(1987)이 이끄는 연구팀은 Ontario주에 새로 부임해온 교사들이 가르치는 4개의 고등학교 학급에서 실험을 진행했다. 두 반의 학생들에게 개별 인터뷰를 하는 동안, 다른 학생들과 연구팀은 그 교사를 높게 평가했다고 말해 주었다. 통제 집단과 비교하여, 긍정적인 기대를 한 학생들이 수업시간에 주의를 더 잘 집중하였다. 또한 그들은 학기 말에 더 높은 성적을 받았고 그 선생님이 더 잘 가르친다고 평정하였다. 학급이 선생님에게 갖는 태도는 선생님이 학생에게 갖는 태도만큼 중요한 것으로 보인다.

우리가 기대한 것을 타인에게서 얻기

　　실험자와 선생님들의 기대는, 대개는 상당히 정확한 평가이지만, 때로 자기-충족적 예언으로 작용하기도 한다. 자기-충족적 예언은 얼마나 만연되어 있을까? 우리는 다른 사람에게서 우리가 그들에게 원하는 것을 얻는가? 연구들에 따르면, 자기-충족적 예언은 업무장면(높거나 낮은 기대를 가진 관리자에게), 법정(판사가 배심원에게 설명할 때), 그리고 모의수사 맥락(수사관이 유죄 또는 무죄의 기대를 가지고 용의자를 심문하고 압박할 때)에서도 역시 작용한다(Kassin & others, 2003; Rosenthal, 2003).

　　자기-충족적 예언은 우리의 사적인 관계들을 윤색하는가? 누군가에 대한 부정적인 기대를 가질 때 그 사람에게 지나치게 친절하게 되고, 보답으로 상대도 친절하도록 유도하여, 결국 우리의 기대가 부당했음을 증명하는 경우들도 있다. 그렇지만 사회적 상호작용 연구들의 보다 일반적인 결과들은, 우리가 기대하는 것을 어느 정도까지는 얻는다는 것이다(Olson & others, 1996).

　　적대감은 거의 항상 적대감을 낳는다. 반대편이 비협조적이라 지각하는 사람들은 그들이 비협조적이게 되도록 유도할 것이다(Kelley & Stahelski, 1970). 각 측이 상대를 공격적이고, 화를 내고, 보복적이라 지각하는 것은 상대가 자기-방어를 위해 그러한 행동을 하도록 유도하고, 그럼으로써 자기영속적인 악순환을 만들어낸다. 아내가 나쁜 기분일지 혹은 따뜻하고 애정어린 기분일지에 대한 기대에 따라, 내가 그녀를 대하

는 것이 달라지고, 그녀가 나의 믿음을 확증시키도록
유도할 수 있다.

그렇다면 파트너들이 서로를 이상화할 때 친밀한 관
계가 깊어질까? 다른 사람의 장점에 대한 긍정적인 착
각 역시 자기-충족적일까? 아니면 그것은 충족 불가
능한 높은 기대를 만들기 때문에 오히려 자기-패배적
으로 작용할까? Sandra Murray와 동료들(1996, 2000)이
Waterloo 대학에서 교제 중인 커플들을 연구했을 때,
자신의 파트너에 대한 긍정적인 이상화는 좋은 징조였
다. 이상화는 갈등을 완화하고 만족을 강화하며, 개구
리를 왕자나 공주로 보게 하는 것을 돕는다. 누군가가
우리를 사랑하고 존경할 때, 이는 그가 상상하는 그 사
람에 우리가 더욱 가까워지게 한다.

행동확증. 이 두 사람은 서로에게 매력을 느끼지만, 자신만 그런 감정을 느낀다고 가정하
면, 거절하는 느낌을 피하기 위해 각자 차갑게 행동할 수 있다. 그리고 상대편의 차가움
은 자신의 가정을 확증하는 것이라 판단할 수 있다. Danu Stinson과 동료들은(2009) 이런
자기방어적인 따뜻함의 억압은 가능한 관계를 파괴한다고 지적한다.

부부 사이에도 배우자가 자신을 사랑하고 수용하지
않는다고 걱정하는 사람들은 사소한 상처를 거절로 해
석하고, 이는 상대를 평가절하하고 자신과 거리를 두게 하였다. 배우자가 자신을 사랑
하고 수용한다고 생각하는 사람들은 덜 방어적으로 반응하고, 스트레스 사건을 덜 만
들며, 파트너에게 더 잘해 주었다(Murry & others, 2003). 사랑은 마음속에 그린 현실을
만들어내는 것을 돕는다.

Minnesota 대학의 Mark Snyder(1984)는, **행동 확증**이라 불리는 현상에 대한 여러 실
험을 실시하여, 사회적 세계에 대해 잘못된 신념이 일단 형성되면, 어떻게 다른 사람이
이런 신념을 확증시키도록 만드는지를 보여주었다. 이제는 고전이 된 Snyder, Elizabeth
Tanke, 그리고 Ellen Berscheid(1977)의 연구에서, 남학생들은 매력적이거나 매력적이
지 않다고 생각하는(사진을 미리 보아서) 여성과 전화 통화를 한다. 대화 중 여성이 말
한 내용을 분석한 결과, 매력적이라고 추측된 여성들은, 매력적이지 않다고 추측된 여
성에 비해, 보다 따뜻하게 말을 했다. 한 남성의 잘못된 믿음은 자기-충족적 예언이
되어, 상대 여성이 예쁜 여자가 성격도 좋다는 남성의 고정관념을 충족시키도록 영향
을 주는 방식의 행동을 하게 하였다.

행동 확증은 사람들이 잘못된 신념을 가지고 상대와 상호작용할 때 역시 발생한
다. 외로울 것이라 생각되는 사람들은 덜 사교적으로 행동한다(Rotenberg & others,
20002). 성차별적이라 생각되는 남자들은 여성들에게 덜 우호적으로 행동한다(Pinel,
2002). 따뜻할 것이라 믿어지는 지원자는 보다 따뜻하게 행동한다.

당신이 Robert Ridge와 Jeffrey Reber(2002)가 실시한 실험에 참가한 60명의 젊은 남
자와 60명의 젊은 여자 중 한 명이라고 가정해보자. 각 남성은 여성들 중 한 명을 면담
하여 그녀가 수업조교로 적당한지 평가하는 것이다. 이를 실시하기 전에, 그는 그녀가
자신에게 매력을 느꼈다(자전적 질문에 대한 응답을 보고) 또는 매력을 느끼지 않았다
는 이야기를 듣는다. (당신이 막 만나려는 사람이 당신을 알게 되고 사귀는 데 상당한

행동 확증
(behavioral confirmation)
자기-충족적 예언의 한 유형으로, 사
람들이 갖는 사회적 기대가 타인이
그들의 기대를 증명하게 하는 방식
으로 그들을 행동하게 이끈다.

흥미를 가진다고 말했다는 것을 듣는 것을 상상해 보라) 결과는 행동 확증이다. 매력을 느끼고 있다고 생각된 지원자들은 보다 유혹적인 행동들을 보였다(자신이 그러는지 의식하지 못한 채로). Ridge와 Reber는 이 과정이, 앞서 다룬 오귀인 현상과 마찬가지로, 성희롱의 한 이유가 될 수 있다고 생각했다. 만약 여성의 행동이 남성의 믿음을 확인해주었다면, 그는 차츰 더 접근하여 여성이 이를 부적절하거나 귀찮게 한다고 해석하기 충분해질 때까지 갈 수 있다.

기대는 아이들의 행동에도 역시 영향을 미친다. 세 개 학급의 쓰레기양을 관찰한 후에, Richard Miller와 그의 동료들은(1975) 교사와 다른 사람들이 한 학급에서는 깔끔하고 단정해야 함을 반복적으로 이야기하게 하였다. 이런 설득은 휴지통 속 쓰레기양을 15~45% 증가시켰으나, 일시적일 뿐이었다. 한편, 마찬가지로 쓰레기의 15%만 휴지통에 넣었던 다른 학급에서는 그렇게 깔끔하고 단정한 것에 대해 반복적으로 칭찬해주었다. 8일간 칭찬을 듣고 그 후 2주가 지나, 이 아이들은 쓰레기의 80% 이상을 휴지통에 버려 그 기대를 충족시켰다. 아이들이 열심히 공부하면 착하다고 말해 주라(게으르고 못됐다고 하기보다), 그러면 그들은 들은 대로 살지도 모른다.

이런 실험들은 사회적 믿음, 즉 장애인 또는 특정 인종이나 성에 대한 고정관념이, 어떻게 자기-확증적일 수 있는지 이해를 돕는다. 다른 사람이 우리를 어떻게 다루는지는 우리가 어떻게 그들을 다루었는지를 반영한다.

요약 : 사회적 세계에 대한 우리의 기대는 얼마나 중요한가?

- 우리의 신념은 때로 그 자체의 생명을 갖는다. 대개, 타인에 대한 우리의 신념은 현실적 근거를 가진다. 그렇지만, 실험자 편향과 교사 기대와 관련된 연구들은 특정 인물들이 비범하다는(혹은 무능하다는) 잘못된 신념은 교사와 연구자들이 그 사람들에게 특별한 대우를 하게 이끌 수 있다. 이는 우월한(혹은 열등한) 수행결과를 이끌어낼 수 있고, 그래서

사실은 거짓이었던 가정을 확증하는 것으로 보인다.
- 유사하게, 일상생활에서 우리는 자주 우리가 기대하는 것에 대해 행동 확증을 얻는다. 곧 만날 누군가가 지적이고 매력적이라고 듣는다면, 그/그녀가 정말 지적이고 매력적이라는 인상을 가지고 돌아올 수 있다.

사회적 신념과 판단에 대해 우리는 어떤 결론을 내릴 수 있는가?

사회 인지 심리학을 통해 인간의 본성을 살펴보자.

사회 인지 연구들은 우리의 정보처리능력이 효율성과 적응성 면에서 인상적이지만, 예상할 수 있는 오류와 오판단에 취약함을 밝히고 있다. 이런 연구들에서 우리는 어떤 현실적인 교훈과 인간 본성에 대한 통찰을 얻을 수 있는가?

지금까지 사람들이 왜 가끔씩 거짓 신념을 형성하는지 몇 가지 이유를 개관하였다. 이런 실험 결과들은 쉽사리 무시할 수가 없다. 실험참가자 대다수는 지적 수준이 높은 명문대 학생들이었다. 더구나, 지능점수는 다양한 사고 편향에 대한 취약성과 상관이 없었다(Stanovich & West, 2008). 매우 머리가 좋으면서도 심각하고 잘못된 판단을 할 수 있는 것이다. 성실히 응답하는 것도 사고의 편향을 없애지 못했다. 정답에 주어지는 상금 때문에 사람들이 이상적으로 생각하려는 동기가 있을 때에도 예상되는 왜곡과 편향은 발생한다. 이런 착각은 "지각적 착각과는 달리 지속되는 성질을 가지고 있다"(Slovic, 1972).

사회 인지 심리학의 연구는 문학, 철학, 그리고 종교에서 내놓은 인간성에 관한 복잡한 고찰을 반영한다. 수많은 심리학 연구자들이 인간 정신의 경이로운 능력들을 연구하는 데 일생을 바쳤다. 우리 인간은 자신의 유전자 지도를 풀어내고, 말하는 컴퓨터를 발명하고, 사람을 달에 보낼 만큼 명석하다. 인간의 이성에 갈채를 보낸다.

그렇지만 좀 더 정확히 보자면, 효율적인 판단을 중시함으로써, 직관은 우리가 생각하는 것 이상으로 잘못된 판단에 취약하게 된다. 우리는 틀린 신념을 너무나 쉽게 만들고 유지한다. 선입견에 이끌려, 생생한 일화에 설득되어, 우리는 실제로는 존재하지 않는 상관관계와 통제력을 지각하며, 우리의 사회적 신념을 구성하고 다른 사람들이 이를 확증시키도록 영향을 미친다. 소설가 Madeleine L'Engle는 "벌거벗은 지성은 놀랍도록 부정확한 도구"임을 관찰하였다.

그렇지만 이런 실험들이 운 없는 참가자들에게 영리한 속임수를 부려, 그들이 실제보다 형편없이 보이게 한 것은 아닐까? Richard Nisbett과 Lee Ross(1980)는, 만약에 있다면, 실험 절차가 우리의 직관적 힘을 과대평가한 것이라 주장한다. 실험에서는 보통 사람들에게 분명한 증거를 제시하며 참가자들에게 지금 추론능력이 조사되고 있다고 알려준다. 그렇지만 실제 삶은 우리에게 그렇게 하지 않는다.

우리의 일상적인 실수가 대개는 중요하지 않지만, 항상 그런 것은 아니다. 잘못된 인상, 해석, 그리고 신념은 심각한 결과를 초래하기도 한다. 중요한 사회적 판단을 해야 할 때는 작은 편향조차도 막대한 사회적 파장을 가져올 수 있다. 왜 그렇게 많은 사람들이 거지일까, 불행할까, 살인을 저지를까? 내 친구는 나를 사랑하는 것일까, 내 돈을 사랑하는 것일까? 인지적 편향은 복잡한 과학적 사고마저 파고들 수 있다. 구약성서에 "누구도 자신의 잘못을 보지 못한다."고 기록된 이후 3,000년 동안 인간의 본성은 거의 바뀌지 않아왔다.

이 이야기가 너무 냉소적으로 들리는가? Leonard Martin과 Ralph Erber(2005)는 외계인이 인간이라는 종을 이해하는 데 도움되는 정보를 요청하는 장면을 상상해보라고 권한다. 외계인에게 이 사회심리학 교과서를 건네주면 그들은 고맙다는 말을 남기고 우주로 돌아갈 것이다. 이 책을 준 것을 후회하지 않더라도(그렇게 가정하고 싶다), 이러한 사회심리학의 분석을 제공한 데 대해 어떤 느낌이 드는가? Joachim Krueger와 David Funder(2003a,b)는 그다지 좋은 기분이 아닐 것이라 하며, 사회심리학은 인간의 결함에 대한 관심을 "인간 본성에 대한 보다 긍정적인 관점"과 조화를 이룰 필요가 있다고 역설하였다.

동료 사회심리학자인 Lee Jussim(2005)은 "기본적 귀인오류, 거짓 합의, 불완전한 휴리스틱에의 과도한 의존 등 판단과 사회적 지각에서 논리적인 결함과 체계적인 편향의 늪이 존재한다는 것이 빈번히 증명되어도, 사람들이 서로에게 갖는 인식은 놀라울 정도로 정확하다(비록 거의 완벽한 경우는 드물지만)."고 한다. 사고의 불완전성에 대한 세련된 분석은 그 자체로 인간의 지혜에 기여한다. 당신이 모든 인간의 사고가 착각이라고 주장해야 한다면, 그 주장 역시 자기-반박적이며 그 역시 하나의 착각에 지나지 않을 것이다. 이는 "우리 세대를 포함하여 모든 세대가 부정확하다"는 주장과 논리적으로 비등한 것이다.

의학에서 어떤 신체기관도 특정한 기능이 있다고 가정하는 것처럼, 행동과학자들은 우리의 사고와 행동양식이 대체로 적응적이라 가정하는 것이 유용하다(Funder, 1987; Kruglanski & Ajzen, 1983; Swann, 1984). 잘못된 신념과 통계적 직관에서의 놀라운 결함들을 유발하는 사고 법칙들이 대개는 우리에게 도움이 된다. 이러한 오류들은 우리가 받아들이는 복잡한 정보를 단순화하는 정신적 효율화의 부산물들인 것이다.

노벨상 수상자인 심리학자 Herbert Simon(1957)은 인간 이성의 한계를 처음으로 논한 현대 연구자들 중 한 명이다. Simon은 현실에 대처하기 위해, 우리가 현실을 단순화시킨다고 주장하였다. 체스게임의 복잡성을 생각해보자. 가능한 게임의 수는 우주의 미립자 수보다도 많다. 여기에 어떻게 대처할 수 있는가? 우리는 어떤 단순화 규칙을 받아들여야 한다. — 휴리스틱. 이 휴리스틱들이 때로는 우리를 좌절시킨다. 그러나 이들은 효율적인 즉각적인 판단을 가능하게 한다.

착각적 상관 역시 생존에 도움이 되는 유용한 휴리스틱에서 생겨났을 것이다. 여러 가지 방식으로 휴리스틱은 "우리를 현명하게 만든다"(Gigerenzer & Todd, 1999). 사건을 통제할 힘을 가졌다는 믿음은 우리에게 희망과 노력을 지속하게 한다. 만약 일들이 때로는 통제가능하고 때로는 그렇지 않다면, 우리는 긍정적으로 생각함으로써 성과를 극대화시키려고 한다. 낙관주의는 이득이 있다. 우리의 신념은 과학적 이론과 같다고도 할 수 있다. — 가끔 오류가 생기지만, 전반적으로는 유용하다. 사회심리학자인 Susan Fiske(1992)가 말하듯, "사고는 행동을 위해 존재한다."

이론을 지속적으로 개선하려 하듯, 사회적 사고에서도 오류를 감소시키려 노력하지 않겠는가? 학교에서 수학선생님은 수 정보를 정확하고 자동적으로 처리할 수 있게 훈련될 때까지 가르치고, 가르치고, 가르친다. 그런 능력이 자연적으로 생기지 않는다는 것을 아는 것이다; 그렇지 않다면, 왜 수년간의 훈련을 고생스럽게 하겠는가? 심리학 연구자인 Robyn Dawes(1980)는 "연구를 통해 알게 된 것은, 우리가 의식적인 수준에서, 특히 사회적 정보에 대해서는, 아주 제한된 정보처리능력을 가졌다는 것이다."라는 데 실망하며, 사회심리학자 역시 사회적 정보를 어떻게 처리해야 하는지 가르치고, 가르치고, 가르쳐야 한다고 제안한다. Richard Nisbett과 Lee Ross(1988)는 교육을 통해 특정한 오류에 대한 취약성은 줄일 수 있다고 믿었다. 그들은 다음과 같은 훈련들을 제안한다.

- 자신의 사회적 직관에 있어 가능한 오류의 원천을 인지하도록 훈련시킨다.
- 논리와 사회적 판단과 관련된 일상의 문제에 맞춘 통계 과목을 개설해야 한다. 그런 훈련을 받는다면, 사람들은 일상의 사건에 대해 더 나은 실제적인 추론을 할 것이다(Lehman & others, 1988; Nisbett & others, 1987).
- 구체적이고 생생한 일화와 일상생활의 실례를 풍부하게 사용하여, 이러한 강의를 보다 효과적이게 한다.
- "이것은 경험적인 질문이다.", "그 샘플은 어떤 모집단에서 추출한 것인가?" 또는 "당신은 통계를 이용해 거짓말을 할 수 있지만, 잘 고른 예가 더 좋은 효과를 낸다."와 같이 기억하기 쉽고 유용한 슬로건을 가르친다.

요약 : 사회적 신념과 판단에 대해 우리는 어떤 결론을 내릴 수 있는가?

사회적 신념과 판단에 대한 연구들은, 우리를 위해 잘 기능하지만 때로 우리를 잘못 이끌기도 하는 신념을 어떻게 형성하고 유지하는지를 밝히고 있다. 균형 잡힌 사회심리학은 사회적 사고의 힘과 위험 모두를 중시한다.

행동과 태도

●● 모든 행위의 조상은 하나의 생각이다. ●●

– 랄프 왈도 에머슨, 수상록, 1841

태도가 행동을 예측하는 법

행동이 태도에 영향을 주는 시기

행동이 태도에 영향을 주는 이유

우리가(내적으로) 누구인가 하는 것과 (외적으로) 무엇을 하는가 하는 것의 관계란 어떠한가? 철학자, 신학자 그리고 교육자들은 태도와 행위, 성격과 행동, 그리고 사적인 말과 공적인 실행 사이의 관계에 대하여 숙고한다. 대부분의 교수법, 상담 및 아동 훈육의 근저에는 하나의 가정이 놓여 있다. 우리의 사적인 신념과 감정은 우리의 공적인 행동을 결정한다; 그래서 만약 우리의 행동을 바꾸려 한다면, 우리는 먼저 심장과 마음을 변화시켜야 한다.

처음에 사회심리학자들은 동의했다. 사람들의 태도를 아는 것은 행위를 예측하는 것이다. 인종학살자들과 자살 테러리스트들의 예가 보여주듯이 극단적인 태도는 극단적인 행동을 만들어 낼 수 있다. 다른 나라 지도자들을 혐오하는 나라들은 그들에 대한 테러 행위를 할 가능성이 더 높다(Krueger & Malečková, 2009).

그러나 1964년 레온 페스팅거(Leon Festinger)는 사람들의 태도를 바꾸는 것이 좀처럼 행동에 영향을 주지 못한다는 것을 여러 증거가 실증했다고 결론지었다. Festinger는 태도-행동 관계가 다른 방식으로 작동한다고 믿었다. Robert Abelson(1972)의 주장처럼, 우리는 "자신의 행위에 대한 이유를 찾아내는 데는 대단히 잘 훈련되어 있고 익숙하지만, 이유를 찾아낸 것을 행하는 데에는 그렇게 익숙하지 못하다." 이 장은 태도와 행동의 상호작용을 탐구한다.

사회심리학자들이 누군가의 태도에 대하여 이야기할 때, 어떤 사람이나 사건에 관련된 신념과 감정, 그리고 결과적인 행동 경향성에 대하여 언급한다. 전체적으로 어떤 것에 대한 호의적 또는 비호의적 평가 반응 – 흔히 신념에 근거하며 감정과 행동 경향으로 드러나는 것 – 이 어떤 사람의 태도를 정의한다(Eagly & Chaiken, 2005). 그래서 어떤 사람은 커피에 대하여는 부정적 태도를, 프랑스어에 대하여는 중립적 태도를, 그리고 이웃집 사람에 대하여는 긍정적 태도를 가질 수 있는 것이다.

태도는 효율적으로 세상을 평가한다. 우리가 어떤 것에 대하여 재빨리 반응해야 할 때, 그것에 대하여 우리가 느끼는 방식이 어떻게 반응할지를 유도할 수 있다. 예를

태도(Attitude)
사물이나 사람에 대한 호의적 또는 비호의적 평가 반응(흔히 자신의 신념에 뿌리를 두고 있으며, 자신의 감정에 노출되고, 행동을 의도한다)

들면, 특별한 인종 집단을 게으르고 공격적이라고 믿는 사람은 그런 사람에 대하여 혐오감을 느낄 수도 있고, 그래서 차별적 방식으로 행동하려는 의도를 지닐 수 있다. 이 세 가지 차원을 태도의 ABC라고 기억할 수 있을 것이다: 감정(Affect, 느낌), 행동 경향성(Behavior tendency) 및 인지(Cognition, 사고) (그림 4.1).

태도의 연구는 사회심리학의 핵심이며 첫 번째 관심사 중의 하나였다. 지난 세기의 많은 시간 동안 연구자들은 우리의 태도가 행위에 얼마나 많이 영향을 주는지 궁금해 했다.

태도가 행동을 예측하는 법

어느 정도로 그리고 어떤 조건에서 우리의 내적 태도가 외적 행위를 추동하는지를 말해 보자.

사회심리학자 Alan Wicker(1969)가 다양한 사람, 태도 및 행동을 포함한 수십 개의 연구를 개관한 후에 태도의 가상적 힘에 일격을 가했다. Wicker는 충격적 결론을 내놓았다: 사람들의 표현된 태도는 그들의 다양한 행동을 거의 예측하지 못한다.

- 부정행위에 대한 학생들의 태도는 실제로 부정행위를 하는 것과는 거의 관계가 없었다.
- 교회에 대한 태도는 일요일 예배 참여에 단지 미미하게 관계가 있었다.
- 자기기술된 인종 태도는 실제 상황에서의 행동에 미약한 단서를 제공해 주었다. 많은 사람들은 누군가가 인종차별적인 말을 할 때 당황스러움을 표현할 것이라고 하지만, 그들이 인종차별적인 말을 들었을 때(예 니그로 같은 말을 들을 때) 무심하게 반응하였다(Kawakami & others, 2009).

태도와 행위 사이의 분리는 Daniel Batson과 동료들(1997, 2001, 2002; Valdesolo & DeSteno, 2007, 2008)이 "도덕적 위선"(그렇게 되는 것의 부담을 피하는 동안에 도덕적으로 보이기)이라고 부른다. 그들의 연구는 30달러의 상을 포함한 매력적인 과제와 아무런 부상도 없는 지루한 과제를 사람들에게 제시하는 것이었다. 참가자들은 그중 하나를 할당받고 나머지는 두 번째 참가자가 할 것이라고 했다. 단지 1/20만이 긍정적 과제를 그들 자신에게 할당하게 하는 것이 더 도덕적인 것이라고 믿었지만, 80%가 그렇게 했다. 후속 연구에서 참가자들은 원한다면 사적으로 던져 올릴 수 있는 동전을 받았다. 비록 그들이 동전을 던져 선택할 수 있을지라도 90%가 자신들에게 긍정적 과제를 할당하였다!(동전 던지기 이후 그들이 앞면과 뒷면의 결과를 지정할 수 있었기 때문에 그랬을까?) 또 다른 실험에서 Batson은 동전의 각 면에 스티커를 붙였고, 이것은 던지기 결과가 중요할 것이라는 것을 보여주는 것이었다. 여전히 동전 던지기한 28명 중

그림 :: 4.1
태도의 ABC 이론

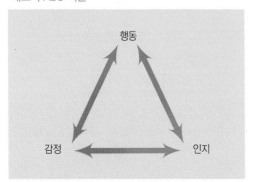

24명이 긍정적 과제를 자신에게 할당하였다. 도덕성과 탐욕이 충돌하게 되었을 때, 탐욕이 대개 승리했다.

만약 사람들이 자신이 말한 길을 가지 않는다면 태도를 변화시킴으로써 행동을 변화시키려는 시도는 흔히 실패하리라는 것은 놀랍지 않은 일이다. 흡연의 위험에 대한 경고는 이미 담배를 피우는 사람들에게는 단지 조금만 영향을 줄 뿐이다. 텔레비전 폭력의 둔감화와 잔혹성 효과에 대하여 공개적 인식의 증가로 많은 사람들이 덜 폭력적인 프로그램의 필요성을 외치게 되었지만, 그들은 여전히 예전만큼 많이 미디어 살인을 시청하고 있다. 성교육 프로그램이 장기간의 금욕과 콘돔 사용의 행동에는 영향을 주지 않고도 금욕과 콘돔 사용에 대한 태도에는 영향을 주어왔다. 우리는 위선의 존재인 것처럼 보인다.

행동과 태도는 일치하지 않는다. 미국회의원 Mark Souder와 보좌관 Tracey Jackson은 금욕 비디오를 함께 찍은 후, 그들은 혼외 정사를 가졌다는 뉴스가 나왔다. "당신이 모순의 의미를 모른다면 미친 사람일 것이다."라고 가족가치 옹호주의자는 지방신문에서 말했다(Elliott, 2010).

대체로 행동을 통제하는 것에 대한 발달적 모습은 타인의 행동과 기대와 같은 외적 사회적 영향을 강조하고, 태도와 성격과 같은 내적 요인들을 경시했다. 그래서 태도가 행위를 결정한다는 원래의 정(thesis)은 태도는 사실상 아무 것도 결정하지 못한다는 반(antithesis)에 의하여 1960년대 동안에 논박당했다.

정과 반. 합은 있는가? 사람들이 흔히 말하는 것이 사람들이 행동하는 것과 다르다는 놀라운 발견사실 때문에 심리학자들은 그 이유를 찾느라 바빴다. 확실히 우리가 추론한바, 신념과 감정은 때때로 다르다. 실제로 그렇다. 사실, 내가 여기서 설명하려는 것도 이제는 명백해져서 왜 (저자를 포함하여) 대부분의 사회심리학자들이 1970년대 초 이전에는 그렇게 생각해내지 못했는지 의문이 들 정도이다. 그렇지만 진실은 알려지고 나서야 분명해 보인다는 것을 스스로 상기해야 한다.

태도가 행동을 예측할 때

우리의 행동과 표현된 태도가 왜 다른가 하는 이유 – 현재는 명백하지만 – 는 둘 모두가 다른 영향을 주고받는다는 것이다. 많은 다른 영향이 있었다. 한 사회심리학자는 그 관계에 얽혀 있는 40개의 요인들을 헤아려냈다(Trindis, 1982; 또한 Kraus, 1995를 볼 것). 우리가 말하고 행동하는 것에 대한 영향이 사소할 때, 태도가 행동에 특수할 때, 그리고 태도가 강력할 때 우리의 태도는 분명히 행동을 예측한다.

우리가 말하는 것에 대한 사회적 영향이 사소할 때

심장 박동을 측정하는 물리학자와 달리, 사회심리학자들은 결코 태도에 대한 직접적 해독을 구할 수 없다. 그렇게 하기보다는 우리는 표현된 태도를 측정한다. 다른 행동처럼 표현은 외부의 영향을 받는다. 예컨대, 때때로 다른 사람이 듣기를 원한다고 생각하는 것을 말한다. 2002년 말에 많은 미국 국회의원들은 미국의 9/11 사건 이후의 공포와 애국적인 열정을 감지하고 사적으로는 유보적 의견을 지니고 있던 와중에서도 부시 대통령의 이라크 침공 계획을 공개적으로 지지하는 투표를 했다(Nagourney, 2002). 출석 투표에 당면해서는 강한 사회적 영향 - 비난의 공포 - 이 진정한 감정을 왜곡시켰다.

오늘날의 사회심리학자들은 사람들의 태도 보고에 대한 사회적 영향을 최소화하기 위하여 임의대로 할 수 있는 상당히 재치있는 수단을 지니고 있다. 이들 중 일부는 암묵적(무의식적) 태도의 측정으로 명시적(의식적) 태도에 대한 전통적 자기보고식 측정을 보완한다. 한 가지 그런 검사는 언어 진술에 대한 안면 근육 반응을 측정한다(Cacioppo & Petty, 1981). 이 측정이 해당 진술에 대한 참가자의 태도를 나타낼 수 있을 정도로 충분한 양의 미세한 미소나 미세한 찡그림을 노출시킬 수 있기를 연구자들은 바란다.

암묵적 연합 검사
(implicit association test, IAT)
암묵적 태도에 대한 컴퓨터 활용 평가. 태도 대상과 평가 단어 사이의 사람들의 자동적 연상을 측정하기 위하여 반응 시간을 사용한다. 더 쉬운 짝(그리고 더 빠른 반응)은 더 강력한 무의식적 연합을 나타내는 것으로 간주된다.

하나의 더 새롭고 광범위하게 사용된 태도 측정은 **암묵적 연합 검사**(implicit association test, IAT)인데, 얼마나 빨리 사람들이 개념을 연합하는지를 측정하기 위해 반응 시간을 사용한다(Greenwald 등, 2002, 2003). 예컨대, 백인들이 백인 얼굴보다 흑인 얼굴에 대한 긍정적 단어에 더 오래 시간을 보내는지를 평가함으로써 암묵적 인종 태도를 측정할 수 있다. 암묵적 태도 연구자들은 다양한 IAT 온라인(projectimplicit.net) 평가문항을 제공하고 있다. 1998년 이래 약 5백만의 완성된 검사결과는 다음과 같은 사실을 보여주었다고 그들은 보고한다.

- 암묵적 편향이 만연해 있다. 예컨대, 80퍼센트의 사람들은 젊은이에 비해서 노인들에 대해서 더욱 암묵적 부정성을 보인다.
- 사람들의 암묵적 편향은 다르다. 집단 멤버십, 의식적 태도 및 즉각적 상황에 대한 편향에 따라 일부 사람들은 다른 사람들보다 더욱 암묵적 편향을 보인다.
- 사람들은 흔히 자신들의 암묵적 편향을 의식하지 못한다. 그들 스스로 편견이 없다고 생각할지라도 심지어 연구자들조차 약간의 암묵적 편향(다양한 사회집단에 대한 부정적 연상)을 보인다.

암묵적 편향이 행동에 정말로 영향을 미치나? 가용한 연구(현재 200개 이상의 연구) 개관 결과, 명시적(자기보고식) 태도와 암묵적 태도 둘 다 사람들의 행동과 판단을 예측한다는 것이 밝혀졌다(Greenwald 등, 2008; Nosek 등, 2011). 따라서 명시적 및 암묵적 태도는 각자 하나보다는 함께 더욱 잘 행동을 예측할 가능성이 있다(Spence & Townsend, 2007). 채용 관리자가 자격 있는 능력에 걸맞는 직업 지원서를 받았지만, 그와 더불어 지원자의 사진들을 더 뚱뚱해 보이도록 디지털로 변화시켰다. 몇 달 이후에, 153명의 관리자가 IAAT를 완성했을 때, 그들의 자동적인 반-비만적 편향 점수는 어느 지원자를 면접에 초대할지를 예측했다(Agerström & Rooth, 2011).

생애 이른 시기에 형성된 태도 - 인종이나 성별에 대한 태도 등 - 에서 암묵적 및 명시적 태도는 자주 수렴되는데, 암묵적 태도가 흔히 행동에 대한 더 나은 예측 요인이 된다. 예컨대, 암묵적 인종 태도는 인종 간 룸메이트 관계를 성공적으로 예측해 주었다(Towles-Schwen & Fazio, 2006). 소비자 행동과 정치 후보자 지지와 같은 다른 태도에서는 명시적 태도가 더 나은 예측 요인이다.

최근의 신경과학 연구는 우리의 자동적, 암묵적 반응을 생성하는 뇌 센터를 확인해 냈다(Stanley 등, 2008). 우리가 자동적으로 사회적 자극을 평가할 때, 뇌 내부의 한 영역(공포 지각의 센터인 편도체)이 활성화된다. 예컨대, IAT에서 강한 무의식적 인종 편향을 보이는 백인들은 백인 얼굴보다 친숙하지 않은 흑인 얼굴을 볼 때 또한 높은 편도체 활성화를 보인다. 다른 전두엽은 암묵적 태도를 탐지하고 조절하는 데 관여한다.

주의할 점: 마음의 기저에 숨어 있는 암묵적 태도에 대한 이러한 최근의 연구에 걸친 많은 흥분에도 불구하고, 암묵적 연합 검사는 비판을 받는다(Arkes & Tetlock, 2004; Blanton 등, 2006, 2007, 2009). 그들은 IAT가 적성검사와 달리 개인들을 평가하고 비교하는 용도에서 충분한 신뢰도를 보여주지 못하고 있다고 언급한다. 게다가 일부 상대적 편향을 시사하는 점수가 한 집단에 대한 긍정적 편향(또는 한 집단에 대한 더 큰 친숙성)을 다른 집단에 대한 부정적 편향과 변별하지 못한다. 비판자들은 또한 잠재적 적대감보다 열정과 죄책감이 긍정적 단어에 흑인을 연합시키는 속도를 느리게 하는 것이 아닌가 하고 생각한다. 그럼에도 명백한 암묵적 및 명시적 태도의 존재는 21세기 심리학의 가장 큰 교훈 중 하나이다: 통제된 사고(의도적, 의식적, 명시적 사고)와 자동적 사고(무노력적, 습관적, 암묵적 사고)에 대한 "이중 처리" 용량.

행동에 대한 기타 영향이 사소할 때

어떤 경우에서도 우리를 안내하는 것은 우리의 내적 태도뿐만 아니라 우리가 직면하는 상황이다. 5장에서 8장이 반복해서 보여주겠지만 사회적 영향은 대단히 크며, 자신들의 깊은 신념을 위반하도록 유도할 정도로 충분히 엄청날 수 있다. 그래서 많은 경우를 평균하는 것이 우리의 태도의 영향을 더욱 분명히 탐지하게 해 줄 수 있을까? 사람들의 행동을 예측하는 것은 야구나 크리켓 선수의 안타를 예측하는 것과 같다. 타석에서 어떤 특정한 차례의 결과는 예측하기 거의 불가능하다. 그러나 우리가 타석의 많은 횟수를 누적한다면, 그들의 안타 평균치의 근삿값을 비교할 수 있다.

연구 사례를 보면 사람들의 종교에 대한 일반적 태도가 그들이 다음 주에 예배보러 갈지를 제대로 예측하지 못한다(왜냐하면 참석은 기후, 예배 지도자, 사람들의 호감 등의 요인에 의해서도 또한 영향을 받기 때문이다). 그러나 종교적 태도는 시간에 걸친 종교 행동의 전체 양은 꽤 잘 예측한다(Fishbein & Ajzen, 1974; Kahle & Berman, 1979). 이 발견 사실은 누적의 원리(principle of aggregation)라고 정의한다: 태도의 효과는 우리가 어떤 사람의 누적된 또는 평균적 행동을 보는 것이 고립된 행위를 볼 때보다 더 명백하다.

행동에 구체적인 태도가 검토될 때

　　다른 조건들이 태도의 예측 정확성을 더욱 향상시킨다. Icek Ajzen과 Martin Fishbein(1977, 2005)이 지적하듯이 측정된 태도가 일반적인 것이고 ─ 예컨대, 아시아인에 대한 태도 ─ 행동이 매우 구체적일(specific) 때 ─ 예컨대, 특정 상황에서 특정 아시아인들을 도울지를 결정하는 것일 때, 우리는 말과 행위 사이의 밀접한 일치를 기대할 수 없을 것이다. 실제로 27개 중 26개의 그러한 연구에서 태도가 행동을 예측하지 못했다고 Fishbein과 Ajzen은 보고했다. 그러나 측정된 태도가 상황과 직접적으로 관련된 26개의 연구 모두에서 태도가 행동을 정말로 예측해 냈다. 따라서 "건강 단련"의 일반적 개념에 대한 태도는 구체적인 운동과 다이어트 실시를 별로 예측하지 못하지만, 조깅의 이해득실에 대한 개인의 태도는 그가 규칙적으로 조깅할 것인지의 상당히 강력한 예측 요인이다.

　　그렇지만 Ajzen과 Fishbein의 "계획된 행동 이론"에서 Ajzen은 사람들의 의도된 행동과 지각된 자기 효능성과 통제력을 아는 것이 행동을 예측하기 위해서 더 낫다고 말한다(그림 4.2). 게다가 50여개의 실험 검사가 새로운 의도를 유도하는 것이 새로운 행동을 유도한다는 것을 확증해 준다(Webb & Sheeran, 2006). 심지어 행동에 참여할 의도에 대하여 물어보는 것조차 그 가능성을 증대시킨다(Levav & Fitzsimons, 2006). 다음 주에 치아에 치실을 사용하거나 다음 선거에 투표할 의도가 있는지를 물어보라. 그러면, 그들이 그렇게 할 가능성이 더욱 커지게 될 것이다.

　　더 많은 연구 ─ 276,000 참가자의 700개 이상의 연구 ─ 가 특수한, 관련된 태도는 의도적인 실제의 행동을 정말로 예측한다는 것을 확증했다(Armitage & Conner, 2001; Six & Eckes, 1996; Wallace 등, 2005). 예컨대, 콘돔에 대한 태도는 콘돔 사용을 강력히 예측한다(Albarracin 등, 2001). 그리고 재활용에 대한 태도(환경 문제에 대한 일반 태도가 아니라)는 재활용 의도를 예측하고, 이것은 실제의 재활용을 예측한다(Nigbur 등, 2010; Oskamp, 1991). 설득을 통한 습관을 변화시키기 위하여 우리는 구체적인 실행에

그림 :: 4.2　계획된 행동 이론

대한 사람들의 태도를 변화시켜야 한다.

지금까지 우리는 태도가 행동을 예측할 수 있는 두 가지 조건을 살펴보았다: (1) 우리가 태도 진술과 행동 사이의 다른 영향을 최소화할 때, 그리고 (2) 태도가 관찰된 행동에 구체적으로 관련되었을 때. 제3의 조건이 존재한다. 태도가 강력할 때 태도는 행동을 더욱 잘 예측한다.

태도가 강력할 때

대다수의 우리 행동은 자동적이다. 우리는 우리가 무엇을 하고 있는지를 숙고하지 않고 친숙한 각본을 실행해 낸다. 홀에서 만나는 사람들에게 자동적으로 "하이"라고 반응한다. 레스토랑 점원이 "음식이 어때요?"라고 물을 때 심지어 맛이 없을 때조차도 "좋았어"라고 답한다.

그런 무심함은 적응적이다. 그것은 다른 일에 작용하도록 우리의 마음을 풀어주는 역할을 한다. 습관적 행동 – 안전벨트 사용, 커피 마시기, 수업 참가 – 에서 의식적 의도는 거의 활성화되지 않는다(Ouellette & Wood, 1998). 철학자 Whitehead(1911, p. 61)가 주장했듯이, "문명은 생각하지 않고 실행할 수 있는 조작의 수를 확대함으로써 전진한다."

태도를 생각해 내기   만약 우리가 행동하기 전에 자신의 태도에 대하여 숙고하도록 자극된다면, 우리 자신에 더욱 진실할까? Mark Snyder와 William Swann(1976)은 이것을 알아내고 싶었다. 120명의 미네소타 대학교 학생들이 차별철폐 고용 정책에 대하여 자신의 태도를 나타낸 후 2주가 지나서, Snyder와 Swann은 그들을 초대하여 성차별 모의 법정의 배심원으로 행동하게 했다. 참가자들의 태도는 "차별철폐 문제에 대하여 자신의 생각과 의견을 몇 분 동안 조직하게" 하여 먼저 태도를 기억해 내도록 유도한 학생들에 대해서만 평결을 예측하였다. 우리의 태도는 그것에 대하여 생각하는 경우에 강력해진다.

자의식적 사람들은 대개 자신의 태도와 접촉 상태에 있다(Miller & Grush, 1986). 이것은 사람들에게 내적 신념에 초점을 두도록 유도하는 또 다른 방법을 시사한다: 거울 앞에서 행동하도록 함으로써 자의식적으로 만들기(Carver & Scheier, 1981). 아마 당신도 또한 큰 거울이 있는 방에 가자마자 자신에 대하여 갑자기 민감하게 회상할 수 있을 것이다. 이런 방식으로 사람들을 자의식적으로 만드는 것은 말과 행위 사이의 일관성을 촉진한다(Froming 등, 1982; Gibbons, 1978).

Edward Diener와 Mark Wallbom(1976)은 거의 모든 대학생들이 부정행위는 도덕적으로 잘못된 것이라고 말한다는 것에 주목했다. 그러나 그들은 셰익스피어의 폴로니우스의 충고인 "당신 자신에게 진실하라."를 따를 것인가? Diener와 Wallbom은 워싱턴 대학교 학생들에게 철자 바꾸어 쓰기 과제(이것은 IQ를 예측해 주는 것이라고 말했다)를 하게 했고 방의 벨이 울리면 그만두라고 말했다. 혼자 남겨졌을 때 71%의 학생들이 벨 소리 이후에도 작업함으로써 부정행위를 했다. 그들 자신의 녹음된 목소리를 들는 동안에 거울 앞에서 작업함으로써 자의식이 높아진 학생들은 단지 7%만이 부정행위를 했다. 한 가지 의문점이 생긴다: 가게에 눈 높이의 거울은 도둑질에 대한 태도를 더욱 스스로 의식하게 만들까?

앞서 기술한 도덕적 위선에 대한 Batson의 연구를 기억하는가? 나중의 실험에서 Batson과 동료들(2002)은 거울이 관련된 도덕적 태도와 일치하는 행동을 정말로 유도한다는 것을 발견해 냈다. 사람들이 거울 앞에서 동전 던지기를 하면 동전 던지기는 양심적으로 공정하게 되었다. 정확히 반수의 자의식적 참가자들이 다른 사람을 긍정적 과제에 할당했다.

경험을 통해서 강한 태도를 주조하기   행동을 최선으로 예측하는 태도는 안정적일 뿐만 아니라 접근 용이한 (쉽게 생각되어지는) 것이다(Glasman & Albarracin, 2006). 게다가 태도가 단지 소문에 의해서가 아니라 경험을 통해서 주조될 때, 이 태도는 행동의 유도에 더욱 접근 용이하고, 더 지속적이고 그리고 더욱 확률이 높다. 한 연구에서 대학생들 모두 주거 부족에 대한 학교의 반응에 부정적인 태도를 표명했다. 그러나 청원하기, 서명 요청하기, 위원회에 가입하기 또는 편지 쓰기와 같이 행동할 기회를 갖게 되면 태도가 직접 경험에서 나온 사람들만이 행동을 했다(Regan & Fazio, 1977).

요약 : 태도가 행동을 예측하는 법

- 얼마나 우리의 내적 태도(흔히 신념에 기반을 두고 있으며 사물이나 사람에 대한 평가적 반응)가 외적 행동과 관련되는가? 비록 인기 있는 속담이 행동에 대한 태도의 영향을 강조할지라도, 사실 태도는 흔히 행동에 대한 빈약한 예측 요인이다. 게다가 사람들의 태도를 변화시키는 것은 행동에서 많은 변화를 대체로 산출하지 못한다. 이 발견사실은 왜 사람들이 그렇게 자주 말하는 대로 행동하지 않는지의 이유를 사회심리학자들이 찾도록 했다.

- 해답 : 우리의 태도 표현과 행동은 각각 많은 영향에 종속적이다. 우리의 태도가 우리의 행동을 예측할 요인은 (1) 이러한 "기타 영향들"이 최소일 때, (2) 태도가 예측된 행동과 매우 밀접하게 관련될(corresponds) 때, 그리고 (3) 태도가 강력할 때(어떤 것이 우리에게 그 태도를 상기시키기 때문에 또는 우리가 직접적 경험으로 그것을 획득했기 때문에)이다. 이러한 조건에서 우리가 생각하고 느끼는 것은 우리가 행동할 것을 예측해 준다.

행동이 태도에 영향을 주는 시기

우리 스스로 행동하여 사고의 방식이 되게 할 수 있는 증거 요약하기

만약 사회심리학이 지난 25년간 우리에게 무언가 알려준 것이 있다면, 우리 스스로 생각하여 행위의 방식이 되게 하는 것이다. 현재 우리는 더욱 놀라운 아이디어에 관심을 기울이고 있다: 행동이 태도를 결정한다는 것. 우리는 때때로 우리가 믿는 것을 지지하는 것은 사실이다. 그러나 우리가 지지하는 것을 믿게 되는 것도 또한 사실이다.

사회심리학 이론은 많은 연구를 자극하여 이런 결론에 도달하게 했다. 그렇지만 이 이론을 소개하는 대신에 설명할 것이 있다. 우리가 행동이 태도에 영향을 준다는 증거에 관심을 가질 때, 왜 이런 일이 발생하는지를 생각하고 나서 당신의 아이디어와 사회심리학자의 설명을 비교해 보자.

다음 사건들을 고려해 보자.

- 사라는 최면에 걸려 책이 마루에 떨어질 때 신발을 벗으라는 말을 듣는다. 15분 후 책이 떨어지고 사라는 그녀의 슬리퍼를 조용히 벗는다. "사라, 왜 당신은 신을 벗었나요?"라고 최면술사가 묻는다. "글쎄요……내 발이 뜨겁고 지쳤어요."라고 사라는 대답한다. "오래된 일이에요." 행위가 생각을 만들어 낸다.

- 조지는 그의 머리의 움직임을 통제하는 영역에 일시적으로 전극이 부착되어 있다. 신경과 의사인 José Delgado(1973)는 리모콘으로 그 전극을 자극할 때, 항상 그의 머리를 돌린다. 리모콘 자극을 모른 채, 조지는 그가 머리 돌린 것에 대하여 그럴 듯한 설명을 한다. "나는 슬리퍼를 찾는 중이다.", "나는 소음을 들었다.", "나는 불안하다.", "나는 침대 아래를 보고 있었다."

- 캐롤의 심각한 발작은 그의 두 뇌반구를 외과적으로 분리수술함으로써 경감되었다. 오늘날 한 실험에서 Michael Gazzaniga(1985)는 캐롤의 시야의 왼쪽에 여자의 누드 사진을 재빨리 보여주었는데, 이것은 그녀의 비언어적 우반구에 투사하게 된다. 부끄러운 듯한 미소를 지으며, 그녀는 키득거리기 시작한다. 이유를 물으면, 그럴 듯한 설명을 만들어내며 그 설명을 분명히 믿는다: "오우, 정말 재미있는 기계군요." 프랭크라는 또 다른 분리뇌 환자에게 "smile"이라는 단어를 비언어적 우반구에 투사시켰다. 그는 의무적이고 마지못해 미소를 짓는다. 그 이유를 물으면, "이 실험은 매우 재미있군요."라고 그는 설명한다.

우리 행동의 심리적 사후효과는 또한 설득에 대한 많은 사회심리학적 예에서 나타난다. 우리가 자주 보게 되듯이 태도는 행동을 추종한다.

역할 실연

역할(role)이라는 단어는 연극에서 차용한 것으로 연극에서처럼 특별한 사회적 지위를 점하는 사람들의 기대된 행위를 지칭한다. 새로운 사회적 역할을 만들어낼 때, 우리는 처음에는 가짜로 느낄 수도 있다. 그러나 우리의 불편은 좀처럼 지속되지 않는다.

아마도 직장이나 대학에서 첫 며칠처럼 여러분이 새로운 역할 속으로 발을 들여놓았을 때를 생각해 보자. 예컨대, 캠퍼스에서 그 첫 주에는 새로운 사회적 상황에 초민감하게 되어 성숙하게 행동하면서 고등학교의 행동을 억압하려고 애쓸지도 모른다. 그런 때에 여러분은 자의식적으로 느끼게 될 것이다. 여러분의 새로운 말과 행위가 여러분에게 자연스럽지 않기 때문에 그 새로운 말과 행위를 관찰하게 된다. 그리고 나서 어느 날 놀라운 일이 발생한다: 당신의 가짜 지적인 대화가 더 이상 강요된 것으로 느껴지지 않게 된다. 그 역할은 여러분의 낡은 청바지나 티셔츠만큼이나 편안하게 되기

스탠포드 감옥 모의실험에서 간수와 죄수는 그들이 할 역할을 재빨리 흡수했다.

시작한다.

한 유명한 연구에서 남자 대학생들이 Philip Zimbardo(1971; Haney & Zimbardo, 1998, 2009)가 스탠포드 대학교 심리학과에 설치한 모의감옥 실험에 참여하여 시간을 보냈다. Zimbardo는 다음과 같은 사실을 알고 싶어했다: 감옥의 잔인성이 사악한 죄수와 악의적 간수의 산물이냐? 또는 간수와 죄수의 제도적 역할이 심지어 온정적인 사람들도 괴롭히고 강경하게 만드는가? 사람들이 그 장소를 폭력적으로 만드는가? 또는 그 장소가 사람들을 폭력적으로 만드는가?

동전을 던져서 Zimbardo는 일부 학생을 간수로 지정했다. 그는 그들에게 유니폼, 곤봉 및 호루라기를 주고 규칙을 지키도록 지시했다. 나머지 절반은 죄수 역할을 맡았는데, 그들은 감방에 갇혀 있었고 창피한 병원 가운 같은 옷을 입게 했다. 그 역할을 "실연한" 유쾌한 첫 날 이후에 간수와 죄수, 심지어 실험자들조차도 그 상황에 휩쓸리게 되었다. 간수는 죄수를 모욕하기 시작했고, 일부는 잔인하고 모멸적인 일과를 고안해 냈다. 죄수들은 굴복하거나 반항하거나 냉담해졌다. "현실과 착각, 역할 연기와 자기 정체성 사이의 혼란이 증대되었다…. 우리가 창조한 이 감옥은 실제의 피조물처럼 우리를 동화시키기 시작했다."고 Zimbardo(1972)는 보고했다. 사회적 병리 현상이 출현하는 것을 관찰하고서 Zimbardo는 2주간의 실험계획을 취소하고 단 6일만에 끝냈다.

핵심은 부과된 역할에 저항하기에는 우리가 무력하다는 것이 아니다. Zimbardo의 모의감옥에서, 아브 그라이브 감옥(간수가 이라크 전쟁 포로를 학대한 장소)에서, 그리고 또 다른 잔학 행위를 하는 상황에서, 일부 사람들은 가학적이 되고 또 다른 일부는 그렇지 않다(Haslam & Reicher, 2007; Mastroianni & Reed, 2006; Zimbardo, 2007). 물에 소금은 녹지만 모래는 그렇지 않다. 그와 같이 썩은 통 안에 놓이게 되면 일부 사람들은 썩은 사과가 되고 일부는 그렇지 않다고 John Johnson(2007)은 말한다. 행동은 개인과 상황 양자의 산물이고, 감옥 연구는 공격적 경향이 있는 자원자들을 매혹시킨 것처럼 보인다(McFarland & Carnahan, 2009).

역할 실행 연구의 더 깊은 교훈이 우리가 무력한 기계라는 것은 아니다. 그보다는 실제적이 아닌 것(인공 역할)이 어떻게 실제적인 것으로 미묘하게 만들어질 수 있는가 하는 것이다. 새 직업 – 예를 들면 교사, 군인 또는 사업가 등 – 에서 우리는 우리의 태도를 형성하는 역할을 제정한다. 노예의 역할을 단지 6일이 아니라 수십년 동안 했다고 상상해 보자. 단 며칠이 Zimbardo "감옥"에서 그들의 행동을 변화시켰다면, 수십년의 비굴한 행동의 소모적 효과를 상상해 보자. 주인은 훨씬 더 심각하게 영향을 받을 수도 있는데, 왜냐하면 주인의 역할이 선택되었기 때문이다. 노예였던 Frederick Douglass는 그녀가 자신의 역할을 받아들였을 때 그의 새 주인의 변화를 회상한다:

아브 그라이브 이라크 포로 학대 사건 이후, Philip Zimbardo(2004a, 2004b)는 "스탠포드 감옥실험의 '간수'의 유사행동 사이에 직접적이고 슬픈 평행 모습이 있다."고 언급했다. 그런 행동은 선한 사람도 악을 행하는 범죄자로 만들 수 있는 상황에 귀인될 수 있다고 그는 주장한다. 핵심은 나쁜 사과를 좋은 통에 담는 것이 아니다. 우리가 좋은 사과를 나쁜 통에 담는다. 그 통은 접촉하는 모든 것을 썩힌다.

나의 새 여주인은 현관에서 처음에 만났을 때, 가장 친절한 마음과 감정을 지닌 여자로 보였다…… 나는 그녀의 선량함에 대단히 놀랐다. 나는 그녀에게 어떻게 대해야 할지 모를 지경이었다. 그녀는 내가 지금까지 보아 왔던 어느 다른 백인여자와도 철저히 달랐다…… 미천한 노예는 그녀의 면전에서 완전히 편안했고, 대단히 좋은 감정으로 그녀를 바라보았다. 그녀의 얼굴은 천사의 미소로 가득 찼고, 그녀의 목소리는 평온한 음악이었다. 그러나 우와! 그런 마음은 한 순간에 지나지 않았다. 무책임한 권력의 치명적 독은 이미 그녀의 손에 놓여 있었고, 곧 지옥같은 일이 시작되었다. 그 쾌활한 눈은 노예제의 영향 아래에서 곧 분노로 붉어졌다; 감미로운 화음으로 이루어졌던 그 목소리는 일종의 거칠고 무시무시한 불협화음이 되었다; 그리고 천사같은 얼굴은 악마의 얼굴로 바뀌어갔다 (Douglass, 1845, pp. 57-58).

말하는 것은 믿음이 된다

사람들은 종종 듣는 사람을 기쁘게 하기 위해서 자신들이 말하는 것에 적용한다. 그들은 나쁜 소식보다 좋은 소식을 더 빨리 말하며, 듣는 사람의 지위에 따라 메시지를 맞춘다(Manis 등, 1974; Tesser 등, 1972; Tetlock, 1983). 그들이 의심하는 어떤 것에 대한 언어적 또는 서면 지지를 하도록 유도될 때, 사람들은 종종 자신들의 기만에 대하여 불편한 느낌이 들 것이다. 그럼에도 불구하고 뇌물을 받거나 그렇게 하도록 강요당하지 않았다면, 자신들이 말하는 것을 믿기 시작한다. 자신의 말에 대한 강제적 외부 설명이 없을 때 말하는 것은 믿음이 된다(Klaas, 1978).

Tory Higgins와 동료들(Higgins & McCann, 1984; Higgins & Rholes, 1978)은 어떻게

말하는 것이 믿음이 되는지를 보여주었다. 그들은 대학생들에게 어떤 사람의 성격 기술문을 읽게 하고 나서 그 사람을 좋아하거나 싫어한다고 믿게 한 다른 누군가를 위해서 그것을 요약하게 했다. 그 학생들은 수취인이 그 사람을 좋아할 때 더 긍정적 기술을 적었다. 긍정적인 것을 말했을 때 그들도 또한 스스로 그 사람을 더욱 좋아했다. 그들이 읽은 것을 회상하라고 했을 때, 그들은 그 기술을 실제보다 더 긍정적으로 기억했다. 요약하면, 사람들은 자신들의 메시지를 듣는 사람에 맞추어 적응하는 경향이 있고, 그렇게 해서 변화된 메시지를 믿게 된다.

문간에 발들여 놓기 현상

"이런! 그는 화이트칼라 투표자의 연설을 블루칼라에게 하고 있다."

말하는 것은 믿음이 된다; 우리의 생각을 다른 사람에게 표현할 때, 우리는 때로 우리의 말을 그들이 듣고 싶어한다고 우리가 생각하는 것으로 맞추고 나서 우리 자신의 말을 믿게 된다.

문간에 발들여 놓기 현상(foot-in-the-door phenomenon) 처음에 작은 요구에 동의한 사람은 나중에 더 큰 요구에도 따르는 경향

우리들 대부분은 프로젝트나 조직을 도와주기로 동의한 후에 우리가 처음에 의도한 것보다 더욱 깊이 관련되어 끝났을 때를 회상할 수 있으며, 다음에는 그런 요청에 '아니오'라고 말할 것이라고 단언하게 된다. 이런 일이 어떻게 발생하는가?

"태도가 행동을 따른다."는 원리와 보조를 맞추어 사람들이 여러분에게 큰 도움을 주기를 바란다면 효과적인 전략은 그들에게 먼저 작은 호의를 베푸는 것이라고 실험의 결과는 시사한다. 이러한 **문간에 발들여 놓기 현상**이라는 유명한 시범에서 안전 운전 자원자로 위장한 연구자들이 캘리포니아인들에게 "안전 운전 하시오."라고 크고 조잡하게 쓴 팻말을 앞뜰에 설치해 주기를 부탁했다. 단지 17%만이 동의했다. 다른 사람에게는 먼저 작은 부탁으로 접근했다: 3인치의 "안전 운전" 창문 스티커를 붙여주겠는가? 거의 모두가 동의했다. 2주 후 크고 볼품없는 표지판을 앞 뜰에 세워두기를 부탁했을 때, 76%가 동의했다(Freedman & Fraser, 1966). 이 집 저 집을 다녔던 한 프로젝트 조력자는 누가 이전에 방문받았는지를 알지 못해서 어떤 사람은 납득시키기가 왜 그렇게 쉽고 또 어떤 다른 사람은 납득시키기가 얼마나 불가능한지를 알고 기절할 지경이었다고 회상했다(Ornstein, 1991).

또 다른 연구자들은 문간에 발들여 놓기 현상을 이타적 행동으로 확증했다.

- Patricia Pliner와 동료들(1974)은 토론토 교외거주자들의 46%가 직접 접근했을 때 캐나나 암 협회에 기꺼이 기부하려 한다는 것을 발견했다. 그 운동을 선전하는 옷깃 핀을 미리 착용해 달라고 요청받은 사람들(모두 동의했다)은 거의 2배만큼 기부에 동의했다.

- Angela Lipsitz 등(1989)은 헌혈 캠페인 독촉을 "우리는 당신을 다음에 보기를 기대합니다. 오케이? [응답을 위해 잠시 멈춤]"이라는 요청으로 끝마치는 것이 출석 비율을 62 퍼센트에서 81 퍼센트로 올렸다.

- 인터넷 채팅 방에서 Paul Markey와 동료들(2002)은 도움을 요청했다("나는 내

e-mail을 사용할 수 없다. 당신이 나에게 e-mail을 보내게 할 수 있는 방법이 없을까요?"). 더 작은 요청("나는 이런 컴퓨터 작업이 처음입니다. 어떤 사람의 프로필을 볼 수 있는 방법을 당신이 나에게 알려줄 방법이 있을까요?")을 미리 하면 도움은 2에서 16 퍼센트까지 증대되었다.

● Nicolas Guéguen과 Céline Jacob(2001)은 지뢰에 반대하는 청원에 서명하도록 먼저 초청함으로써 아동 지뢰 희생자 조직에 기부하는 프랑스 인터넷 사용자의 비율을 세 배로 증가시켰다.

이 실험들에서 100개 이상의 많은 다른 문간에 발들여 놓기 실험에서처럼 최초의 순종 – 옷핀 꼽기, 의도를 말하기, 청원에 서명하기 – 이 자발적이었음을 주목하자(Burger & Guadagno, 2003). 우리는 사람들이 공개적 행동에 개입하고 그리고 이 행위를 그들 자신의 행동으로 지각할 때 그들은 자신들이 했던 것을 더욱 강력히 믿게 된다는 것을 반복해서 보게 될 것이다.

사회심리학자 Robert Cialdini는 스스로 "어수룩한 사람"이라 말한다. "내가 회상할 수 있는 한, 나는 판매원, 기금 모금자 및 이런저런 운영자의 요청에 쉬운 표적이었다." 한 사람이 다른 사람에게 찬동의 말을 하는 이유를 더 잘 이해하기 위하여 그는 다양한 판매, 기금 모음 및 광고조직의 실습생으로 3년을 보냈고, "영향력의 무기"를 이용하는 법을 알아냈다. 그는 또한 이 무기를 단순한 실험에서 증명했다. 한 경우에 Cialdini와 동료들(1978)은 **저가 기법**을 실험함으로써 문간에 발들여 놓기 현상의 변종을 탐구했다. 고객이 할인 가격 때문에 새 차를 사기로 동의하고 판매 양식을 작성하기 시작한 후에, 세일즈맨은 옵션 부과나 "우리가 손해 보게 되기" 때문에 그 거래를 승인할 수 없다는 사장의 결재로 가격 이득분을 제거한다. 더 저가를 제의받은 고객은 처음부터 고가에 동의한 고객보다 그 고가 구매에 더 여전히 집착하게 된다고 속설은 말한다. 비행기와 호텔은 단지 소수의 좌석이나 방을 상당한 혜택으로 유혹하는 전략을 사용한다; 그리고 나서 그것이 이용가능하지 않게 될 때, 고객들이 더 비싼 옵션에 동의하기를 그들은 바란다.

Cialdini와 동료들은 이 기법이 실제로 효과가 있다는 것을 발견해 냈다. 그들이 심리학 개론을 듣는 학생들에게 오전 7시에 실시하는 실험에 참가하기를 부탁했을 때는 21%만이 나타났다. 그러나 만약 학생들이 시간을 알지 못하고 동의한 직후에 7시에

저가 기법(lowball technique)
사람들이 어떤 것에 동의하게 만들기 위한 기법. 최초의 요청에 동의한 사람은 요청자가 먼저 것을 증대시킬 때도 흔히 여전히 순종한다. 단지 부담스러운 요청만 받은 사람은 그것에 덜 순종한다.

문간에 발들여 놓기 현상

저가 기법
The Born Loser © Newspaper Enterprise Association.

참가를 부탁하면, 53%가 왔다.

마케팅 연구자들과 세일즈맨들은 우리가 이득 동기를 인식하고 있을 때조차도 이 원리가 효과적이라는 것을 알고 있다(Cialdini, 1988). 더 많은 정보, "공짜 선물"을 위한 우편카드 보내기, 투자 가능성 청취에 대한 동의 등의 무해한 초기의 개입은 흔히 더 큰 개입쪽으로 우리를 움직이게 한다. 세일즈맨은 때때로 사람들을 구매 동의에 묶어두는 노력으로 그러한 작은 개입의 힘을 이용하기 때문에, 많은 주가 현재 그런 구매에 대하여 숙고하고 취소할 수 있는 기간을 며칠 제공하는 법을 만들었다. 이런 법의 효과에 맞서기 위하여 많은 회사는 "고객들의 계약 철회를 막는 매우 심리적인 도움"이라는 식의 판매 훈련 프로그램을 운용한다(Cialdini, 1988, p.78). 그들은 세일즈맨이 아니라 고객들이 동의서를 작성하게 한다. 그것을 스스로 기입함으로써 사람들은 대개 그들의 개입을 실현하게 된다.

문간에 발들여 놓기 현상은 기억할 가치가 있는 교훈이다. 우리를 유혹하려는 어떤 사람 – 재정적, 정치적 또는 성적으로 – 은 흔히 이 기법을 사용하여 순종의 순간을 창조할 것이다. 실용적 교훈: 작은 부탁에 동의하기 전에 후속되는 것을 생각해 보자.

악행과 도덕적 행위

1994년 르완다 인종학살과 같이 잔인한 행동은 더욱 잔인하고 증오심 가득찬 태도를 낳는 경향이 있다.

태도–추종–행동 원리(attitudes-follow-behavior principle)는 또한 비도덕적 행위에도 작동한다. 악은 때로 점차적으로 확대되는 개입의 결과이다. 사소한 악행이 도덕적 민감성을 조금씩 깎을 것이고, 그것은 더 악행을 저지르기 쉽게 할 것이다. 라 로쉬푸코의 잠언집이라는 1665년의 책을 바꾸어 말해 보면, 유혹에 결코 굴복한 적이 없는 사람을 발견하는 것이 단지 한 번만 굴복한 사람을 찾아내는 것만큼 어렵지 않다. "하얀 거짓말"을 한 후에, "그래, 그것은 그렇게 나쁘지 않군."이라고 생각하고 그 사람은 더 큰 거짓말을 하는 쪽으로 진행하게 될지도 모른다.

악행이 태도에 미치는 또 다른 방식은 우리가 싫어하는 사람들에게 상처를 줄 뿐만 아니라 우리가 상처를 주는 사람을 싫어하는 경향이 있다는 역설적 사실이다. 몇 개의 연구(Berscheid 등, 1968; Davis & Jones, 1960; Glass, 1964)는 무고한 희생자에게 상처 받는 말을 하거나 전기 충격을 주는 식으로 위해를 가하는 것이 전형적으로 공격자가 그 희생자를 경멸하게 만들고, 따라서 자신들의 잔인한 행동을 정당화하게 해준다는 것을 밝혀냈다. 이것은 특히 우리가 그렇게 되도록 유도될 때 그랬고, 강요당했을 때 는 그렇지 않았다. 우리가 어떤 행위에 자발적으로 동의할 때, 우리는 그것에 대해 더 많은 책임을 느끼게 된다.

태도는 또한 평화시에 행동을 추종한다. 노예시대에 다른 사람을 소유한 집단은 노 예 자신들의 압제를 정당화시켜주는 특징을 그들이 지니고 있는 것으로 지각하게 될 가능성이 클 것이다. 사형집행에 참여하는 교도관들은 그 희생자들이 자신들의 운명 을 받을 짓을 했다고(다른 교도관들보다 더 강하게) 믿게 됨으로써 "도덕적 분리"를 경험한다(Osofsky 등, 2005). 행위와 태도는 서로 순환적이어서, 때때로 도덕적 마비에 이르게 된다. 다른 사람에게 해를 가하고 자신의 태도를 더욱 정당화할수록, 그것이 더욱 해를 가하기 쉽게 한다. 양심은 침식당한다.

"살해가 살해를 낳는" 과정을 모사하기 위하여 Andy Martens와 동료들(2007)은 애 리조나 대학교 학생들에게 벌레를 죽이게 했다. 그들은 궁금했다: "연습" 시행에서 처 음으로 벌레를 죽이는 것이 나중에 더 많은 벌레를 죽이려는 의지를 증가시킬까? 이 것을 알아내기 위하여 일부 학생들에게 용기 안의 작은 벌레를 지켜보게 한 후 그것을 그림 4.3과 같은 커피 가는 기계에 넣고 3초 동안 "작동 버튼"을 누르게 했다(실제로 벌레는 죽지 않았다. 보이지 않는 장치를 사용하여 흐릿한 살해 기계에 들어간 벌레를 죽이지 않게 했고, 살해 소리만 나게 했다). 처음으로 다섯 마리 벌레를 죽였거나 (또는 그렇게 생각하는) 다른 학생들은 계속된 20초 기간 동안에 유의미하게 더 많은 벌레를 "살해"하게 되었다.

해로운 행동은 스스로를 형성하기도 하지만, 그래서 다행히도 도덕적 행위 를 하게도 한다. 우리의 성격은 누구도 보고 있지 않다고 생각할 때 우리가 하 는 일에 반영된다. 연구자들은 누구도 보고 있지 않는 것처럼 만든 상태에서 아이들에게 유혹을 제공함으로써 성격 을 검사했다. 극적인 실험에서 Jonathan Freedman(1965)은 매혹적인 배터리 조작 로봇을 초등학교 학생들에게 소개한 후 그가 방 밖을 나간 동안에 그것을 가지고

그림 :: 4.3

살해는 살해를 낳는다.
처음에 그들 스스로 벌레 몇 마리를 죽이는 것을 지각한 학생들은 외관 상 살해 기계에 빠뜨림으로써 나중 에는 스스로 보조를 맞춘 살해기간 동안에 더 많은 수의 벌레를 죽였다 (실제로 벌레는 죽이지 않았다).

놀지 말라고 말했다. Freedman은 절반의 아이들에게는 강한 위협을 사용했고, 다른 아이들에게는 약한 위협을 사용했다. 둘 다 아이들을 단념시키기에 충분했다.

몇 주 후에 이전 사건과 외관적으로 관계가 없어 보이는 다른 연구자가 동일한 방에서 같은 장난감을 각각의 아이가 가지고 놀게 했다. 심한 위협을 받은 아이들 중에서 3/4은 현재 자유롭게 그 로봇을 가지고 놀고 있었다; 약한 제지를 받은 아이들 중에서 2/3는 여전히 그 로봇을 가지고 노는 것을 참고 있었다. 분명히 그 억지력은 원하는 행동을 유도하기에 충분히 강했지만 선택의 의미를 지니고 그들을 떠나기에는 그 정도로 약해도 충분했다. 이전에 그 장난감을 가지고 놀지 않기로 의식적으로 선택했을 때는 약하게 제지된 아이들이 그 결정을 내면화했다. 도덕적 행위는 강요되기보다는 선택되었을 때 도덕적 사고에 영향을 준다.

게다가 긍정적 행동은 그 사람에 대한 호감을 강화한다. 실험자가 또 다른 참가자에 대한 호의를 베풀거나 학생을 가르치는 것은 대개 도움받은 사람에 대한 호감을 증가시킨다(Blanchard & Cook, 1976). 낭만적 파트너를 위해 기도하는 사람들은(심지어 통제된 실험에서조차) 그 후에 그 파트너에 대하여 더 많은 헌신과 충성을 보인다(Fincham 등, 2010). 이것은 기억할 만한 교육이다: 어떤 사람을 더욱 사랑하고 싶다면, 마치 당신이 사랑하는 것처럼 행동하라.

1793년 벤자민 프랭클린은 호의를 베푸는 것이 호감을 낳는다는 생각을 검증했다. 펜실베니아 의회의 서기로서 그는 다른 중요한 의원의 반대로 괴로웠다. 그래서 프랭클린은 그를 설득시키기 시작했다.

> 나는 ..... 그에 대한 비굴한 존경을 표함으로써 그의 호의를 얻을 목적을 버렸지만, 얼마 후에 다른 방법을 사용했다. 나는 그가 자신의 도서관에 어떤 매우 귀하고 진기한 책을 소장하고 있다는 말을 듣고, 그 책을 읽고 싶다는 열망을 표현하며 며칠 동안 빌려주는 호의를 베풀어 주기를 요청하는 편지를 그에게 썼다. 그는 즉시 그 책을 보냈고 나는 그것을 약 일주일 후에 되돌려주며 호의를 강하게 표현했다. 의회에서 우리가 다시 만났을 때, 그는 나에게 말을 걸어왔는데(그전에는 결코 그런 적이 없었다) 그것도 대단히 공손하게; 그리고 그는 그 후에도 모든 경우에 나를 기꺼이 도와준다는 의견을 표명했고, 그래서 우리는 좋은 친구가 되었으며 우리의 우정은 그가 죽을 때까지 계속되었다.
>
> (Rosenzweig, 1972, p.769 인용)

인종 간 행동과 차별적 태도

만약 도덕적 행위가 도덕적 태도를 낳는다면, 안전벨트 강제 착용이 안전벨트에 대해 호의적인 태도를 낳은 것과 꼭 같이 인종 간 긍정적 행동은 인종 편견을 낮출 것인가? 이것은 학교의 인종차별 철폐를 위한 미 대법원 1954년 결정 이전에 사회과학자들의 증명의 일부였다. 그들의 주장은 다음과 같다. 만약 우리가 설교나 교육을 통하여 변화하려는 마음을 기다린다면, 인종 정의를 위하여 장구한 세월을 기다려야 할 것이다. 그러나 우리가 도덕적 행위를 입법한다면, 올바른 조건에서 진정성 있는 태도에 간접적으로 영향을 줄 수 있다.

이 착상은 "당신은 도덕성을 입법할 수 없다."는 추정에 반하는 것이다. 그렇지만 일부 사회심리학자들이 예측한 것처럼 태도 변화는 인종차별 철폐에 수반되었다. 다음 사항을 고려해 보자.

- 대법원 결정에 따라 인종 통합에 호의적인 백인의 비율이 급증했고 현재는 거의 모든 사람들을 포함한다(옛날과 지금의 인종차별 태도에 대한 또 다른 예는 9장을 참조).
- 1964년 민권법 시행 후 10년이 지나자, 이웃, 친구, 공동작업자 또는 다른 학생들을 모두 백인이라고 기술한 백인 미국인의 비율이 각각의 측정치에서 대략 20%로 줄어들었다. 인종 간 행동은 증가하고 있었다. 동일 기간 동안에 흑인도 이웃으로 사는 것이 허용되어야 한다고 말한 백인 미국인의 비율은 65%에서 87%로 증가하였다(ISR Newsletter, 1975). 태도도 또한 변화하고 있었다.
- 다른 종교, 계층 및 지리적 지역의 사람들 사이에서 인종 간 태도의 차이가 줄어듦으로써 차별에 대한 더욱 단일한 국가 표준이 수반되었다. 미국인들이 더욱 유사하게 행동하게 되었을 때, 그들은 더욱 유사하게 생각하게 되었다(Greeley & Sheatsley, 1971; Taylor & others, 1978).

우리의 정치적 의례–학생들의 매일의 국기에 대한 경례, 국가 부르기–는 공적 동조를 활용하여 개인적 충성심을 만들어낸다.

사회운동

우리는 현재 사회의 법, 그리고 그에 기인한 행동은 인종차별 태도에 강력한 영향을 지닐 수 있다는 것을 보아왔다. 대규모의 정치적 사회화를 위하여 동일한 아이디어를 채용할 가능성이 존재한다는 위험이 도사리고 있다. 1930년대 많은 독일인들에게 나치 집회에 참여하고 나치 기를 흔들며 특히 "하일 히틀러"라고 공개적으로 인사하는 것은 행동과 신념 사이의 심대한 불일치를 구축했다. 히틀러에 대하여 의심을 품은 사람들에게도 "그 '독일식 인사'는 강력한 조건형성적 장치였다. 동조의 외부표시로서 그렇게 말하기로 일단 결정하고 나서, 많은 사람들이 그들의 말과 감정 사이의 모순에서 불편함을 경험했다. 그들이 믿는 것을 말하기를 자제하고, 그들은 자신들이 말한 것을 그들 스스로가 믿게 하도록 의식적으로 만듦으로써 심리적 평형을 구축하려고 했다."(p.27)고 역사학자 Richard Grunberger(1971)는 보고했다.

이 실천은 전체주의 정권에만 제한되는 것이 아니다. 정치적 의례 – 매일 아이들의 국기에 대한 경례, 애국가 제창 등 – 는 애국심을 사적 신념으로 만들기 위하여 공개적인 동조를 활용한다. 시애틀의 보잉사에서 멀지 않은 곳의 초등학교에 저자가 다닐 때 비행공습 훈련에 참가한 기억이 난다. 우리가 러시아 공격의 표적인 것처럼 반복적으로 행동한 후에 우리는 러시아를 두려워하게 되었다.

많은 사람들은 가장 강력한 사회적 주입이 세뇌(brainwashing)를 통하여 온다고 가정하는데, 이 용어는 1950년대 한국전쟁 동안에 미군 포로들에게 발생한 일을 기술하기 위하여 주조한 것이다. "세뇌"가 시사하는 것만큼 "사고-통제" 프로그램이 불가항력적은 아닐지라도, 여전히 그 결과는 혼란스럽다. 수백명의 포로들이 자신들의 억류자들과 함께 협동작업했다. 미국으로 되돌아가도록 허용된 이후에도 21명은 남아 있기를 선택했다. 그리고 되돌아온 많은 미군포로들은 "공산주의가 비록 미국에서 효과적이지 않을지라도 아시아에서는 좋은 것이라고 나는 생각한다."라고 믿으며 고향으로 돌아왔다(Segal, 1954).

Edgar Schein(1956)은 많은 포로를 면접하고 억류자들이 점차적인 요구 증폭의 방법을 사용했다고 보고했다. 억류자들은 항상 사소한 요청부터 시작하여 점차적으로 더욱 중요한 것으로 작업해 나갔다. "그래서 포로는 일단 사소한 것에 말하거나 쓰도록 '훈련된' 후, 더욱 중요한 쟁점에 대한 진술을 강요당했다." 게다가 그들은 항상 적극적인 참여를 기대했는데, 그것은 어떤 것을 베끼거나 집단토론에 참여하거나 자아비판을 적거나 또는 공개적인 고백을 하는 것이었다. 일단 포로가 말을 하거나 글을 적기만 하면 자신들의 신념이 자신들의 행위와 일치하게 만들고 싶은 내적 욕구를 느꼈다. 이 "작게 시작하여 만들어 나가기" 전술은 문간에 발들여 놓기 기법의 효과적인 응용이며, 이것은 오늘날도 테러리스트와 고문자의 사회화에서 마찬가지로 계속된다(제6장).

더 읽기 전에 이제 이론가로서의 당신의 견해는 어떠한가? 자문해 보자. 이 연구와 실제 사례에서 왜 태도는 행동을 추종했는가? 왜 역할을 연기하고 연설을 하는 것이 태도에 영향을 주는가?

요약 : 행동이 태도에 영향을 주는 시기

- 태도–행위 관계는 또한 역방향으로도 작용한다: 우리가 스스로 생각하는 것을 행동으로 옮길 뿐만 아니라 스스로 행동한 것을 사고방식으로 만들기도 하는 것 같다. 우리가 행동할 때, 우리가 행한 것에 기초하는 생각을 증폭시키는데, 특히 우리가 그것에 책임이 있다고 느낄 때 그러하다. 많은 수의 증거가 이 원리로 수렴한다. 사회적 역할에 의해 정하여진 행위는 역할 실행자의 태도를 주조한다.

- 마찬가지로 우리가 말하거나 쓰는 것이 후속적으로 우리가 유지할 태도에 강하게 영향을 줄 수 있다.

- 문간에 발들여 놓기 현상에 대한 연구는 작은 행위에 개입하게 되는 것이 나중에 더 큰 것을 하도록 한다는 것을 밝혀준다.

- 행위는 또한 사람들의 도덕적 태도에도 영향을 준다: 사람들은 나쁜 일일지라도 자신이 한 것을 정당화시키는 경향이 있다.

- 마찬가지로 우리의 인종적·정치적 행동은 우리의 사회적 의식을 형성하는 데 영향을 준다: 우리가 믿는 것을 지지할 뿐만 아니라 우리가 지지하는 것을 믿는다.

- 정치적 및 사회적 운동은 대규모로 태도변화를 이끌기 위하여 설계된 행동을 입법화시킬 수도 있다.

행동이 태도에 영향을 주는 이유

태도-추종-행동 현상(attitudes-follow-behavior phenomenon)을 설명하기 위한 이론들을 말해 보자. 이 경합적 이론들 사이의 경연이 어떻게 과학적 설명의 과정을 실증하는지 토론해 보자.

우리는 합쳐서 강이 되는 다수의 지류 증거를 보아왔다: 태도에 대한 행위의 효과. 이러한 관찰이 왜 행위가 태도에 영향을 주는지에 대한 어떤 실마리를 포함하고 있는가? 자기제시 이론(Self-presentation theory)은 우리가 전략적 이유로 일관되게 보이도록 하는 태도를 표현한다고 가정한다. 인지부조화 이론은 불편감을 줄이기 위해서 우리의 행동을 우리 자신에게 정당화시킨다고 가정한다. 자기지각 이론은 우리의 행위가 자기의 진심을 보여준다고 가정한다(우리의 감정이나 신념에 대해서 불확실할 때, 타인의 행동을 보고 그의 감정을 짐작하는 것과 꼭 마찬가지로 자신의 행동을 돌아보게 된다).

자기제시 : 인상관리

행위가 태도에 영향을 주는 이유에 대한 첫째 설명은 단순한 생각으로 시작한다. 우리들 중 누가 다른 사람들이 생각하는 것에 신경쓰지 않을 수 있겠는가? 사람들은 옷, 다이어트, 화장 그리고 오늘날의 성형수술에 수십억 달러를 쓰는데, 이것 모두는 다른 사람이 생각하는 것에 안달하기 때문이다. 우리는 사회적·물질적 보상을 얻기 위한, 스스로 기분이 좋아지기 위한, 심지어 사회정체성에 더 안전하게 되기 위한 방안으로 좋은 인상을 만들려 한다(Leary, 1994, 2001, 2004b, 2007, 2010).

누구도 어리석을 만큼 오락가락하는 사람으로 보이기를 원치 않는다. 그렇게 보이는 것을 피하기 위하여, 우리는 우리의 행위와 어울리는 태도를 표현한다. 일관적인 것처럼 보이기 위하여 우리는 이런 태도를 가장할 수도 있다. 비록 그것이 약간의 불성실이나 위선을 나타낸다는 것을 의미할지라도 그것이 우리가 만들어내는 인상을 관리하는 것과 상쇄된다. 이것이 자기제시 이론이 시사하는 바다.

우리의 기만적인 일관성이 행동에 일관적인 방향으로의 태도 이동을 표현하는 이유를 설명해 주는가? 어느 정도는 그렇다. 즉, 가짜 거짓말탐지기가 좋은 인상을 만드는 것을 방해할 때 사람들은 훨씬 더 적은 태도 변화를 보인다(Paulhu, 1982; Tedeschi & others, 1987).

그러나 자기제시와 관계없는 태도도 있는데, 왜냐하면 사람들은 자신의 이전

"마침내 그가 바보같은 머리장식을 안 한 모습을 보게 되는군."

행동을 모르는 사람들에게조차도 변화된 태도를 표현하기 때문이다. 사람들이 때때로 자신의 자기제시를 진정한 태도변화로 내면화하는 이유를 설명해 주는 두 가지 다른 이론이 있다.

자기정당화 : 인지부조화

인지부조화
(cognitive dissonance)
사람들이 두 개의 불일치하는 인지를 동시에 의식하게 될 때 발생하는 긴장. 예컨대, 우리가 우리의 태도와 상반되게 정당화시키기 어려운 행동을 했거나 다른 것에 호의적인 이유가 있음에도 불구하고 하나의 대안을 선호하는 결정을 내렸다는 것을 알았을 때 부조화가 발생할 것이다.

선택적 노출
(selective exposure)
자신의 견해와 일치하는 정보와 미디어를 추구하고 부조화 정보를 회피하려는 경향성

한 가지 이론은 우리의 인지 사이의 일관성을 유지하려는 동기 때문에 우리의 태도가 변화한다는 것이다. 이것이 Leon Festinger(1957)의 유명한 **인지부조화** 이론의 함축이다. 이 이론은 단순하지만, 그 응용 범위는 엄청나서, 오늘날의 교육받은 사람들의 어휘에 "인지부조화"라는 항목을 만들 정도이다. 이 이론은 두 개의 동시에 접근가능한 생각이나 신념("인지")이 심리적으로 불일치하면 우리는 긴장 또는 조화의 부족("부조화")을 느낀다고 가정한다. Festinger는 이 불쾌한 각성(arousal)을 줄이기 위하여 우리는 흔히 우리의 사고를 수정한다고 주장하였다. 이 단순한 착상과 여기에서 파생된 일부 놀라운 예언이 2,000개 이상의 연구를 산출하게 했다(Cooper, 1999).

사람들이 부조화를 최소화하는 한 가지 방법은 유쾌한 정보에 대한 **선택적 노출**을 통해서라고 Festinger는 믿었다. 연구에서 사람들에게 다양한 주제에 대한 견해를 묻고 나서 자신의 관점을 지지하거나 반박하는 정보 중 어느 것을 원하는지 선택하게 했다. 대략 2대1의 비율로 사람들(특히 덜 확고하고 덜 개방적인 사람들)은 도전적인 정보보다 지지적인 정보를 선호했다(Fischer & Greitemeyer, 2010; Hart & others, 2009; Sweeny & others, 2010). 그래서 초당파적인 미국 상원위원(2004) 정보위원회는 이라크가 대량 살상 무기를 보유하고 있다는 신념이 정부 지도자들로 하여금 자신들의 추측을 지지하는 정보를 환영하게 하고 모순되는 정보를 경시하도록 유도했고, 그 결과 전쟁을 일으키게 되었다고 보고했다. 사람들은 특히 자신들의 정치적, 종교적 및 윤리적 관점을 지지하는 정보를 읽는데 예민하다. 즉, 우리들 대부분은 자신들이 애호하는 뉴스와 블로그를 눈여겨 보게 된다. 더 실용적이지만 덜 가치있는 주제의 측면에서 보면, "정확성 동기"가 우리들을 더욱 촉구하는 것 같다. 그래서 구매전에 가정 조사를 하고, 수술전에 두 번째 의견을 환대한다.

부조화 이론은 대부분 행동과 태도 사이의 격차에 해당한다. 우리는 이 둘 다를 알고 있다. 그래서 만약 우리가 어떤 불일치, 아마도 위선을 느끼면 변화의 압력을 느끼게 된다. 이것은 영국과 미국의 흡연자들이 왜 비흡연자보다 담배가 위험하다고 믿을 가능성이 훨씬 적은지를 설명해 준다(Eiser & others, 1979; Saad, 2002).

2003년 이라크 전쟁 이후 국제 정책 태도 프로그램의 회장은 일부 미국인들이 "인지부조화의 경험"을 줄이려고 애쓴다고 언급하였다(Kull, 2003). 그 전쟁의 주요 전제는 사담 후세인이 세계가 인내하고 있는 다른 대부분의 야만적 독재자와 달리 대량 살상 무기를 지니고 있다는 것이었다. 전쟁이 시작되었을 때, 단지 38%의 미국인들은 이라크가 대량 살상 무기를 가지고 있지 않을지라도 그 전쟁은 정당한 것이라고 말했다. 거의 다섯 중 네 명의 미국인들이 자신들의 침략군은 그것을 찾아낼 것이라고 믿었고, 비슷한 수는 이제 막 시작한 전쟁을 지지했다(Duffy, 2003; Newport & others, 2003).

그런 무기가 발견되지 않았을 때, 전쟁을 지지한 다수는 부조화를 경험했는데, 이것은 전쟁의 재정과 인력 비용, 혼돈 속의 이라크 장면, 유럽과 회교 국가의 급증하는 반미 태도 및 흥분한 친테러적 태도에 의해서 고양되었다. 그들의 부조화를 감소시키기 위하여 국제 정책 태도 프로그램은 일부 미국인들이 전쟁에 대한 정부의 원래의 명분에 대한 기억을 수정했다고 언급했다. 그 이유는 이제 전제적이고 인종학살적 통치에서 억압받는 사람들을 해방시키는 것이 되었고, 더 평화스럽고 민주적인 중동을 위한 초석을 세우는 것이 되었다. 전쟁 시작 3달 후 한때 소수의 의견이 한동안 다수의 견해가 되었다. 58%의 미국인들은 어떠한 형태의 선언된 대량 살상 무기가 없을지라도 이제는 그 전쟁을 지지하였다(Gallup, 2003). "전쟁을 위한 명분이 바뀌었기 때문에 대량 살상 무기를 찾았느냐 마느냐 하는 문제는 중요하지 않다."고 공화당 여론 조사원 Frank Luntz는 주장하였다.

실수가 있었다(그러나 나에 의한 것은 아니다). 왜 우리가 어리석은 행동, 잘못된 의사결정 및 악의적 행위를 정당화해야 하는가에 대하여 사회심리학자 Carol Tavris와 Elliot Aronson(2007, p.7)은 그들이 내린 결정이나 그들이 선택한 행위 과정이 잘못되거나 심지어 재앙적이라고 판명된 명백한 증거에 직면하게 되었을 때 다양한 정치 정당의 리더가 행하는 부조화 감소를 예시했다. 이 인간적 현상은 초당파적이라고 Tavris와 Aronson은 언급한다: "자신의 행동을 스스로에게 정당화하는 대통령은 자신이 진실을 지니고 있다고 믿으며 자기 교정에 둔감하게 된다." 예를 들면, 민주당 대통령 린든 존슨의 전기작가는 베트남의 수렁 속으로 빠지고 있을 때조차도 "문제시되는 사실"에도 불구하고 그를 자신의 신념을 지키는 사람으로 묘사했다. 그리고 이라크 전쟁을 시작하고 나서 몇 년 지나 공화당 대통령 조지 W. 부시는 "오늘날 내가 아는 것을 알았더라도 나는 다시 그 결정을 내렸을 것이고"(2005), "내가 한 결정이 올바른 결정이라는 것을 더 이상 확신할 수 없을 정도이며"(2006), 그리고 "이 전쟁은… 생명과 재산에 큰 비용이 되지만 그 비용은 필수적이다"(2008)라고 말했다.

인지부조화 이론은 자기 설득을 위한 해명을 제공하고, 몇 가지 놀라운 예언을 제공한다. 그것들을 기대한다면 더 살펴보자.

불충분한 정당화

창의적인 Festinger와 그의 학생 J. Merrill Carlsmith(1959)가 고안한 유명한 실험에서 당신이 실험참가자라고 상상해 보자. 당신은 한 시간 동안 나무 손잡이를 계속해서 돌리는 것과 같은 지루한 과제를 수행하라는 요구를 받는다. 그 일이 끝난 다음 실험자(Carlsmith)는 이 연구는 기대가 수행에 어떤 영향을 주는지에 관한 것이라고 설명한다. 밖에서 기다리는 다음 실험참가자는 흥미로운 실험을 기대하도록 유도되어야 한다. 외관상으로 당황한 실험자 – 그가 완전히 납득할 때까지 가르치는데 Festinger가 몇 시간을 쓴 실험자 – 는 이 기대를 만들 조교가 이번에는 할 수 없게 되었다고 설명한다. 손을 붙잡고 그가 간청한다. "당신이 그 대신에 이것을 해 줄 수 있겠습니까?"

이것은 과학을 위한 일이고 당신은 대가를 받을 것이며, 그래서 다음 실험참가자(실제로는 실험자의 공모자)에게 당신이 방금 한 경험이 얼마나 기분좋은 경험이었는지를 말하는 것에 동의하면 된다. 가상적 참가자가 "정말입니까?"라고 응답한다. "내 친구들 중 한 사람이 한 주일 전에 이 실험에 참가했는데 그녀가 말하기를 지루하다고 말했습니다." 당신이 응답하기를, "아, 아니오. 그것은 매우 흥미로운 것입니다. 손잡이를 돌리는 동안 좋은 경험을 했습니다. 내가 확신하건대 당신도 그것을 즐길 것입니다."라고 한다. 끝으로, 실험에 사람들이 어떻게 반응하는지를 연구하는 그 밖의 누군가가 당신이 실제로 그 손잡이 돌리는 경험을 얼마나 많이 즐겼는지를 묻는 질문지를 완성해 달라고 부탁한다.

이제 예언에 대하여: 어느 조건에서 당신이 자신의 작은 거짓말을 가장 많이 신뢰하게 되어 그 지겨운 실험을 진정으로 흥미롭다고 말할까? 거짓말에 대한 대가로 1달러를 받기로 했을 때, 일부 실험참가자들이 그렇게 할까? 아니면 아주 후하게 20달러를 받기로 했을 때에 그렇게 할까? 큰 보상이 큰 효과를 낸다는 일반적 생각과 반대로 Festinger와 Carlsmith는 대담한 예언을 했다: 단지 1달러(거짓말에 대한 대가로 거의 충분치 못한 정당화)를 받기로 한 사람들이 가장 많이 자신들의 행위에 맞추어 태도를 조정할 것이다. 자신들의 행위에 **불충분한 정당화**를 하게 되면, 더욱 불편함(부조화)을 겪게 될 것이고 그래서 자신들이 했던 것을 믿으려는 동기가 더욱 커지게 될 것이다.

불충분한 정당화
(insufficient justification)
외적인 정당화가 "불충분"할 때 자신의 행동을 내적으로 정당화함으로써 부조화 감소

이 1950년대 실험에는 드물게 보고된 최종 측면이 있다. 당신 스스로 전체 실험을 진실되게 설명하는 연구자에게 최종적으로 되돌아가야 한다는 것을 상상해 보자. 당신은 자신이 속임을 당했다는 것을 알 뿐만 아니라 연구자들이 20달러를 되돌려 달라고 요청한다. 당신은 응할까? Festinger와 Carlsmith는 모든 스탠포드 대학생 실험참가자들은 기꺼이 그들의 주머니를 열어 그 돈을 돌려주었다는 것을 주목한다. 이것은 6장에서 논의할 순종과 동조에 관한 상당히 놀라운 관찰의 사전 맛보기이다. 우리가 보게 되듯이 상황이 명확한 요구를 만들어 내면, 사람들은 대개 그에 맞추어 응답한다.

그림 :: 4.4

불충분한 정당화
우리의 행위가 외적 보상이나 강요에 의해 완전히 설명될 수 없을 때, 우리는 부조화를 경험할 것이고 우리가 행동한 것을 믿음으로써 이 부조화를 감소시킬 수 있을 것이라고 인지부조화 이론은 예측한다.
출처 : Festinger & Carlsmith, 1959.

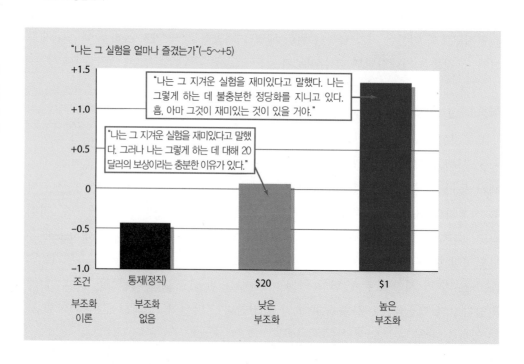

"나는 그 실험을 얼마나 즐겼는가"(−5∼+5)

"나는 그 지겨운 실험을 재미있다고 말했다. 나는 그렇게 하는 데 불충분한 정당화를 지니고 있다. 흠, 아마 그것이 재미있는 것이 있을 거야."

"나는 그 지겨운 실험을 재미있다고 말했다. 그러나 나는 그렇게 하는 데 대해 20달러의 보상이라는 충분한 이유가 있다."

조건	통제(정직)	$20	$1
부조화 이론	부조화 없음	낮은 부조화	높은 부조화

20달러를 받기로 한 사람들은 자신들의 일에 대한 충분한 정당화를 하게 될 것이고 그래서 더 작은 부조화를 경험해야 할 것이다. 그림 4.4가 보여주듯이 결과는 이 흥미로운 예언에 잘 들어맞는다.

나중의 수십개의 실험에서, 태도 추종 행위 효과(attitudes-follow-behavior effect)는 사람들이 약간의 선택권이 있다고 느낄 때, 그리고 자신들의 행위가 예측가능한 결과를 지니고 있을 때 가장 강력했다. 한 실험에서 사람들에게 변호사를 경멸하는 농담을 읽어서 녹음하게 했다(예 "당신은 변호사가 거짓말하고 있다는 것을 어떻게 말할 수 있나? 그의 입술이 움직이니까.") 그 낭독(reading)은 강제 활동

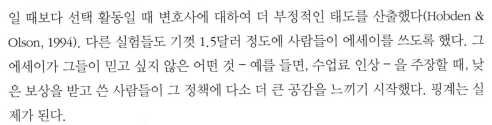

부조화 이론이 시사하는 바는 부모들이 바람직한 행동을 비강제적으로 유도하고, 아이들이 그 적절한 태도를 내면화하도록 동기부여해야 한다는 것이다.

일 때보다 선택 활동일 때 변호사에 대하여 더 부정적인 태도를 산출했다(Hobden & Olson, 1994). 다른 실험들도 기껏 1.5달러 정도에 사람들이 에세이를 쓰도록 했다. 그 에세이가 그들이 믿고 싶지 않은 어떤 것 – 예를 들면, 수업료 인상 – 을 주장할 때, 낮은 보상을 받고 쓴 사람들이 그 정책에 다소 더 큰 공감을 느끼기 시작했다. 평계는 실제가 된다.

불충분한 정당화가 처벌에 어떻게 작용하는지는 우리가 앞에서 언급했다. 아이들은 순종을 불충분하게 정당화하는 미약한 위협을 받았을 때 매력적인 장난감을 가지고 놀지 말라는 부탁을 더욱 내면화하는 것 같다. 한 부모가 "조슈아, 네 방을 치워라, 그렇지 않으면 두들겨 맞을 줄 알아라."고 말한다면, 조슈아는 자신의 방 청소를 내면적으로 정당화할 필요가 없을 것이다. 심한 위협은 충분한 정당화이다.

인지부조화 이론은 행위 이후에 집행되는 보상과 처벌의 상대적 효과성에 초점을 두는 것이 아니라 희망했던 행위를 유도하는 것에 초점을 둔다. 그것이 의도하는 바는 "내가 방 청소를 하지 않으면 부모가 혼을 낼 것이기 때문에 내 방을 청소한다."는 것이 아니라 "내가 깨끗한 방을 원하기 때문에 내 방을 청소한다."고 조슈아가 말하도록 하는 것이다. 자신들의 필요한 지역사회 서비스를 그들이 하려고 선택했던 것으로 지각하는 학생들은 강제적이라고 느끼는 학생들보다 장차의 자원봉사를 더 예상하는 것 같다(Stukas & others, 1999). 원리란 이것이다. 태도는 약간의 책임을 느끼는 행동을 추종한다.

권위주의 경영은 권위가 현존할 때만 효과적일 것이라고 이 이론은 예측한다. 왜냐하면 사람들은 강요된 행동을 내면화하지 않을 것 같기 때문이다. C. S. Lewis의 **말과 소년**(1974)에서 이전에 노예였던 말하는 말 Bree는 "노예인 것과 어떤 일을 하도록 강요되는 것의 가장 나쁜 결과 중 하나는 더 이상 당신을 강요할 누군가가 없을 때 스스로를 강요할 힘을 거의 잃고 있다는 것을 알게 되는 것"이라고 말한다(p.193). 부조화 이론은 격려와 유도는 바람직한 행위를 유도하기에(그래서 태도가 행동에 뒤따르게 될 것이다) 충분해야 한다고 주장한다. 그러나 경영자, 교사 및 부모는 바람직한 행동을 유도하기 위해서 겨우 충분한 유인물을 사용해야 한다고 이 이론은 시사한다.

의사결정 후 부조화

지각된 선택과 책임에 대한 강조는 의사결정이 부조화를 낳는다는 것을 함축한다. 중요한 결정에 직면하게 될 때 - 대학 지원, 데이트 상대, 직업 선택 등 - 우리는 때로 두 개의 등가 매력 대안 사이에서 몹시 괴로워한다. 아마도 스스로 개입되어 부조화 인지, 즉 거부한 것의 바람직한 측면과 선택한 것의 바람직하지 못한 측면을 고통스럽게 의식하고 있었던 때를 당신은 회상할 수 있을 것이다. 당신이 캠퍼스에서 지내기로 결정했다면, 갑갑하고 시끄러운 기숙사 숙소를 선호하고 아파트의 널찍함과 자유를 포기한다는 것을 깨닫고 있을 것이다. 만약 당신이 캠퍼스 밖에서 살기를 선택한다면, 당신의 결정은 캠퍼스와 친구로부터 물리적 분리와 스스로 청소하고 요리해야 한다는 것을 의미한다는 것을 깨닫고 있을 것이다.

중요한 결정을 내린 후에 우리는 대개 선택한 대안을 높이고 선택하지 않은 안을 낮춤으로써 부조화를 감소시킨다. 최초로 출간한 부조화 실험(1956)에서 Jack Brehm은 그의 결혼 선물 몇 가지를 사서 미네소타 대학 실험실로 가지고 갔고 토스터, 라디오, 헤어 드라이어와 같은 8개의 물건을 여성들이 평가하게 했다. 그리고 나서 여성들이 가장 가깝게 평가한 두 가지 물건을 보여주고 그들이 선택한 것을 가질 수 있다고 말했다. 그후 8개 물건을 다시 평가했을 때 여성들은 그들이 선택한 항목의 평가를 증가시켰고 거절한 항목의 평가를 낮추었다. 우리가 선택한 후에는 울타리 바깥의 잔디는 더 푸르게 자라지는 않는 것 같다(후에 Brehm은 그들이 선택한 것을 줄 여유는 없었다고 고백했다).

단순한 결정과 더불어 이러한 '결정이 신념이 되는 효과'는 과잉 확신을 낳을 수 있다(Blanton & others, 2001): "내가 결정한 것은 옳은 것임에 틀림없다." 그 효과는 매우 빨리 발생할 수 있다. Robert Knox와 James Inkster(1968)는 돈을 건 경마 베팅자는

사람들이 나중에 선택된 것의 부정적 측면과 선택되지 않은 것의 긍정적 측면에 대하여 생각하게 될 때, 큰 결정은 큰 부조화를 만들어 낼 수 있다.

베팅을 이제 막 하려고 하는 사람보다 자신의 베팅에 대하여 더 긍정적으로 느낀다는 것을 발견했다. 대기줄에 서 있는 것과 베팅 창에서 걸어나오는 것 사이에는 몇 분 동안 어느 것도 달라지지 않는다. − 결정적 행위와 그것에 대한 그 사람의 감정을 제외하고는. 교수의 테뉴어 결정을 하게 될 때 내가 회상할 수 있듯이 두 가지 선택지 사이에 단지 사소한 차이가 있을 수 있다. 겨우 통과한 한 교수 후보의 유능성과 아슬아슬하게 실패한 다른 후보의 유능성은 그렇게 다르지 않은 것 같다 − 적어도 당신이 결정을 내리고 그 결정을 공표할 때까지는.

나는 나의 결정 후까지 내 결정에 대하여 고민하고 싶지 않아.

의사결정 후 부조화
© David Sipress.

　우리의 선호는 우리의 결정에 영향을 주고, 그리고 나서 이것은 우리의 선호를 높인다. 이 선택−영향−선호 효과는 식역하로 제시된 휴가 선택지였다고 생각하는 것을 버튼을 눌러 선택한 이후에서조차 나타난다(어느 것도 그들은 실제로 보지 못했다). 그들은 나중에 그들이 선택했다고 믿는 휴일을 선호하는 경향이 있었다(Sharot & others, 2010).

　결정이란 일단 되기만 하면 지지의 자기정당화 다리가 된다. 흔히 이 새 다리는 하나의 다리가 치워졌을 때 − 아마도 이라크 전쟁의 경우와 같이 원래의 것 − 그 결정이 붕괴하지 않을 만큼 충분히 강하다. Rosalia는 500달러 이하의 비행기 요금으로 가능하다면 고향집에 가기로 결정한다. 그것이 가능하고, 그래서 그녀는 예약을 하고 그녀의 가족을 보면 얼마나 기쁠 것인가 하는 부가적 이유를 생각하기 시작한다. 그렇지만 그녀가 티켓을 사러가서 575달러로 요금인상이 있었다는 것을 알게 된다. 문제가 되지 않는다; 그녀는 이제 가기로 결정한다. 차 판매상이 아주 싼 값을 부를 때처럼 "선택이 먼저 이루어지지 않았다면 그 추가적 이유는 결코 존재하지 않을 것이다."라고 Robert Cialdini(1984, p.103)가 보고하듯이 그것은 사람들에게 결코 발생하지 않는다.

　이런 일을 하는 사람은 단지 성인에 그치지 않는다. Louisa Egan(2007)이 이끈 예일대 팀은 4살배기 아이들을 초대하여 여러 스티커를 웃는 얼굴 척도로 평가하게 했다. 그리고 나서 각 아이들과 함께 연구자들은 아이들이 동등하게 평가한 세 개의 스티커를 집어들고 무작위로 아이들이 선택하여 집으로 가져갈 수 있는 두 개(스티커 A와 B로 부르자)를 확인시켰다. 다음으로 하나 더 선택하게 했는데, 선택되지 않은 스티커이거나 세 번째 것, 즉 스티커 C였다. 그 결과는 다음과 같다(내 얼굴을 미소짓게 하는 것이다). 아이들은 분명히 선택하지 않은 첫째 스티커의 매력을 낮춤으로써 부조화를 감소시켰고, 그래서 63%의 시간을 스티커 C에 호의적으로 움직이게 했다(우리가 기대한 절반의 시간이 아니었다). 그들은 스티커 대신에 사탕을 사용하여 카푸친 원숭이들에게도 이 실험을 반복했다. 아이들의 경우처럼, 원숭이들도 마찬가지였다. 그들도 또한 처음의 결정 이후에 그들의 태도를 수정했다.

자기지각

비록 인지부조화 이론이 많은 연구를 자극했을지라도 하나의 훨씬 단순한 이론이 또한 그 현상을 설명해 낸다. 우리가 다른 사람의 태도에 대한 추리를 어떻게 하는지 생각해 보자. 우리는 어떤 사람이 특정 상황에서 어떻게 행동하는지 보고나서 그 행동을 그 사람의 특성과 태도 또는 환경적 요소에 귀인한다. 만약 우리가 10세의 Brett이 "미안해요."라고 말하도록 부모가 강요하는 것을 보았다면, 우리는 Brett의 사과를 상황에 귀인하지 개인적 후회에 귀인하지는 않을 것이다. 만약 우리가 부모의 명백한 유도 없이 Brett의 사과를 보았다면 우리는 그 사과를 Brett 자신에게 귀인할 것이다(그림 4.5).

자기지각 이론(Daryl Bem의 제안, 1972)은 우리가 우리 자신의 행동을 관찰할 때 우리가 유사한 추리를 한다고 가정한다. 우리의 태도가 약하거나 애매할 때, 우리는 외부에서 우리를 관찰하는 사람의 입장이 된다. 스스로 말하는 것을 듣는 것은 나에게 나의 태도를 알려주는 것이다; 나의 행위를 보는 것은 나의 신념이 얼마나 강한지에 대한 단서를 제공하는 것이다. 이것은 특히 내가 나의 행동을 외부적인 제약에 귀인하는 것이 쉽지 않을 때 특히 그러하다. 우리가 자유롭게 하는 행위는 자신을 드러내는 것이다.

심리학 선구자 William James는 1세기 전에 정서에 대한 유사한 설명을 제안했다. 우리는 자신의 정서를 자신의 몸과 행동을 관찰함으로써 추론한다고 그는 주장했다. 숲속에서 한 여성이 으르렁거리는 곰과 같은 자극을 마주친다. 그녀는 긴장하고, 심장

자기지각 이론
(self-perception theory)
우리가 우리 자신의 태도를 확신하지 못할 때, 우리의 행동과 그것이 발생한 환경을 관찰함으로써 우리는 다른 사람이 우리를 관찰하는 것과 꼭 같이 태도를 추론한다는 이론

그림 :: 4.5
태도가 왜 행동을 추종하는지를 3가지 이론이 설명한다.

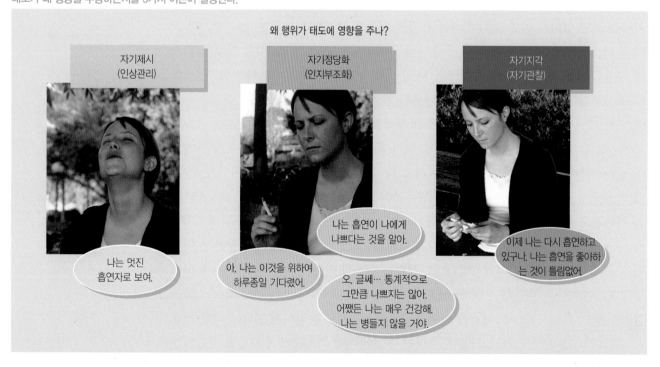

박동은 증가하고, 아드레날린은 흘러나오고, 그리고 그녀는 도망간다. 모든 이러한 일을 관찰하고 나서 그녀는 공포를 경험한다. 내가 강의하기로 한 대학에서 나는 새벽부터 깨어서 잠을 잘 수 없었다. 나의 불면을 주목하고 나는 내가 불안함에 틀림없다고 결론짓는다. 내 친구는 강의를 하려고 기다리며 무대 뒤에 서서 떨고 있었고 그는 진정으로 불안초조하다고 추론했다. 그가 공기조절장치의 바닥이 떨고 있다는 것을 알고는 그의 자기지각적 불안증상은 사라졌다.

자신이 사소한 부탁에 동의하는 것을 관찰하는 사람들은 도움을 요청하는 사람들에게 긍정적으로 반응하는 도와주는 사람이라고 스스로를 정말로 지각하게 될까? 그것이 문간에 발 들여놓기 실험처럼 다른 더 큰 요구에도 응하게 된 이유일까? 정말로 그렇다(Burger & Caldwell, 2003). 행동은 자기지각을 수정할 수 있다.

표현과 태도

내가 예전에 그랬던 것처럼, 여러분도 자기지각의 효과에 회의적일지도 모른다. 안면 표정의 효과에 대한 실험은 당신이 그것을 경험하고 있다는 것을 시사해 준다. James Laird(1974, 1984)가 대학생들의 얼굴에 전극을 부착하는 동안에 얼굴을 찡그리도록 유도했을 때 - "근육을 수축하라", "미간을 찡그려라" - 그들은 화난 느낌이라고 보고했다. Laird의 다른 발견사실을 시도해 보는 것은 더 재미있다. 웃는 얼굴을 하도록 유도된 사람들은 더 행복하다고 느꼈고 만화가 더 유머러스하다고 생각했다. 반복적으로 행복한(반대로 슬프거나 화난) 표정을 실행하도록 유도된 사람들은 더 행복한 기억을 회상하고 행복한 기분이 지속된다고 생각한다(Schnall & Laird, 2003). 일본인 연구팀도 고무 밴드를 얼굴의 옆면에 붙이고 이마 끝이나 턱 아래에 움직이게 해서 비슷한 표정 - 그리고 정서 - 을 만들어 냈다(Mori & Mori, 2009).

영리한 후속 연구들이 이 **안면**(그리고 신체) **피드백 효과**의 예를 더 많이 찾아냈다.

안면 피드백 효과 (facial feedback effect) 안면 표정이 공포, 분노 또는 행복과 같은 상응하는 감정을 촉발하는 경향

- 보톡스는 정서적 찡그림을 완화시킨다. 보톡스 맞은 찡그린 얼굴이 어떤 느낌일지 알기 어렵다면, 또한 그들 스스로를 알기도 어렵다. 보톡스로 찡그린 근육을 마비시키는 것은 사람들의 정서 관련 대뇌 회로의 활동을 둔하게 하고 슬픔 또는 분노 관련 문장의 독해를 느리게 한다(Havas & others, 2010; Hennenlotter & others, 2008). 게다가 타인의 표정을 흉내내지 못하게 되기 때문에, 그들이 다른 사람의 정서를 이해하는 것도 더 힘들게 된다(Neal & Chartrand, 2011). 보톡스는 체화된 인지에 개입한다.
- 사람들이 똑바로 앉아서 가슴을 앞으로 나오게 하도록 했을 때, 그들은 구부리고 앉아 눈이 아래로 향하게 했을 때보다 자신이 쓴 아이디어에 더 자신감을 가진다(Brinol & others, 2009).
- (움츠린 자세보다 손을 엉덩이에 대고 생각하는 것처럼) 저자세보다 고자세를 취한 사람들이 테스토스테론 증대, 권력감 및 위험 감수를 경험한다(Carney & others, 20110).

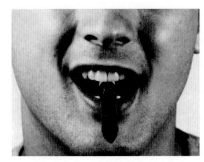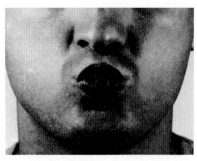

독일 심리학자 Fritz Strack과 동료들 (1988)에 따르면, 펜을 이로 물고 있을 때(미소 근육 사용)가 입술로 물고 있을 때(미소와 불일치하는 근육 사용)보다 사람들은 만화를 더 재미있게 느낀다.

우리 모두가 이 현상을 경험한다. 우리는 불쾌한 기분이지만, 전화벨이 울리거나 누군가 우리 집에 오면 우리에게서 따뜻하고 예의바른 행동을 끌어내게 한다. "어떻게 지내?" "잘 지내. 고마워. 너는 어때?" "오우, 나쁘지 않아…" 만약 우리의 불쾌함이 강렬한 것이 아니라면, 이런 따뜻한 행동이 우리의 전체 태도를 바꾸어 줄 수도 있다. 웃으면서 시무룩하기는 어렵다. 움직임을 경험하는 것은 정서를 촉발할 수 있다. 반대로 가운데 손가락을 펴는 것은 다른 사람의 애매한 표현을 더욱 적대적으로 보이게 만든다(Chandler & Schwarz, 2009).

심지어 당신의 걸음걸이도 당신의 감정에 영향을 줄 수 있다. 이 장을 읽고 일어나서 잠깐 발을 질질 끌며 눈을 아래고 깔고 걸어보라. 그것은 우울한 느낌을 만드는 탁월한 방식이 될 것이다. "하루종일 찡그린 얼굴로 앉아, 한숨 쉬며, 우울한 목소리로 모든 일에 대응하라. 그러면 당신의 우울함은 지속될 것이다."라고 윌리엄 제임스는 말했다(1890, p.463). 기분이 더 좋아지기를 바라는가? 잠깐 동안 팔을 크게 흔들고 눈을 정면으로 하여 활보하라.

만약 당신의 표정이 감정에 영향을 준다면, 다른 사람의 표정을 흉내내는 것도 그들의 감정을 아는 데 도움이 될까? Katherine Burns Vaughan 및 John Lanzetta(1981)는 그렇다고 주장한다. 그들은 다트머스 대학생들에게 다른 사람들이 전기충격을 받는 것을 지켜보게 했다. 그들은 그 충격이 올 때는 언제라도 관찰자의 일부에게 아픈 표정을 짓도록 했다. 프로이트와 다른 사람들이 주장하는 것처럼 만약 정서를 표현하는 것이 그것을 방출하게 하는 것이라면, 아픈 표정은 내적으로 진정적이어야 한다(Cacioppo & others, 1991). 그렇지만 그 표정을 연기하지 않은 다른 학생들에 비하여 이

일본 항공 승무원들이 나무젓가락을 물고 미소훈련 중에 웃고 있다.

찡그린 학생들은 충격이 전달되는 것을 볼 때는 언제라도 호흡을 더 많이 하고 심장박동은 더 빨랐다. 그 사람의 정서를 연기하는 것이 관찰자에게 더 많은 공감을 느끼도록 만들었다. 함축: 타인의 감정을 알기 위해서 당신의 얼굴로 그들의 표정을 비추어 보라.

실제로 당신은 거의 노력할 필요가 없다. 타인의 얼굴, 자세, 글쓰는 방식 및 목소리를 관찰하게 되면 우리는 자연스럽고 무의식적으로 흉내낸다(Hatfield & others, 1992; Ireland & Pennebaker, 2010). 우리는 우리의 움직임, 자세 및 목소리 톤을 타인의 것들과 일치시킨다. 그렇게 하는 것이 그들의 감정과 조율하게 해 준다. 그것은 또한 "정서적 감염"을 위한 것이 되는데, 이것은 왜 행복한 사람 주위에서는 기쁘게 되고, 우울한 사람 주위에서는 우울해 지는지를 설명해 준다.

우리의 안면 표정은 또한 우리의 태도에 영향을 준다. 재치있는 실험에서 Gary Wells와 Richard Petty(1980)는 앨버타 대학생들에게 라디오 기사를 들으며 머리를 가로로 또는 세로로 흔들면서 "헤드폰 세트를 검사하도록" 했다. 누가 그 기사에 가장 동의했을까? 머리를 앞뒤로 끄덕인 학생들이었다. 왜? Wells와 Petty가 요약하기를 긍정적 사고는 수직적 끄덕임과 양립할 수 있지만 수평적 움직임과는 양립할 수 없다고 하였다. 다른 사람의 말을 들을 때 직접 해 보라: 머리를 가로 저을 때보다 끄덕일 때 더 기분이 좋아질까? 심지어 오른쪽이 아니라 왼쪽으로 기대어 의자에 앉는 것조차도 정치적 태도에서 더 왼편으로 기울게 만든다(Oppenheimer & Trail, 2010)!

콜로뉴 대학교에서 Thomas Mussweiler(2006)는 마찬가지로 고정관념적 행위가 고정관념적 사고를 낳는다는 것을 발견했다. 한 재치있는 실험에서, 그는 일부 사람들에게 – 구명조끼를 입고 손목과 발목에 무게를 늘림으로써 – 비만인의 뚱뚱한 방식으로 행동하게 하고 나서, 종이에 기술된 사람의 인상을 적도록 했다. 통제집단의 사람들과 비교해서, 비만을 모사하는 움직임을 실행했던 사람들은 표적 인물을 사람들이 흔히 비만인에게 지각하는 특성(친절함, 게으름, 건강치 못함)을 보이는 것으로 지각했다. 후속 실험에서 노인들이 하는 것처럼 천천히 걷게 한 사람들은 표적 인물에 더 노인의 고정관념적 특성을 귀인했다. 행위는 사고에 영향을 준다.

자세도 또한 수행에 영향을 준다. 사람들이 팔짱 낀 자세를 의지와 고집과 연상시킨다는 것을 주목하고, Ron Friedman과 Andrew Elliot(2008)은 학생들에게 불가능한 수수께끼를 풀도록 했다. 팔짱 낀 자세로 풀어 본 학생은 평균 55초 동안 지속했는데, 손을 무릎에 놓은 사람이 보인 30초의 거의 두 배였다.

과잉정당화와 내적 동기

불충분한 정당화 효과를 회상해 보자: 사람들에게 어떤 것을 하도록 유도한 최소한도의 유인이 가장 효과적으로 그것을 좋아하게 하고 그 일을 계속하도록 해준다. 인지부조화 이론은 이 현상을 설명한다: 외적 유도가 우리의 행동을 정당화하기 위해 불충분할 때, 그 행동을 정당화함으로써 내적으로 부조화를 감소시킨다.

자기지각 이론은 다른 설명을 제안한다. 사람들은 그것이 발생하는 조건을 주목함으로써 자신들의 행동을 설명한다. 교육의 지혜는 두둑한 20달러에 증가할 것이라고

"나는 행복하기 때문에 노래하지 않아.
나는 노래하기 때문에 행복해."

주장하는 사람의 이야기를 듣는다고 상상해 보자. 그 사람이 그 의견을 아무 대가 없이 표현하고 있다고 당신이 생각한다면, 분명히 그 진술은 더욱 진실해 보일 것이다. 아마 우리가 다른 사람을 관찰할 때도 비슷한 추론을 한다. 우리는 우리의 강요되지 않은 행위를 관찰하고 태도를 추론한다.

자기지각 이론은 한 걸음 더 나간다. 보상이 항상 동기를 증가시킨다는 개념과 반대로, 불필요한 동기는 숨겨진 손해(cost)가 있다는 것이다. 이미 즐기고 있는 일에 보상을 주는 것은 그들의 행위를 보상에 귀인하게 만들 수 있다. 만약 그렇다면, 이것은 그들이 그것을 좋아하기 때문에 그 일을 한다는 자기지각에 손상을 가할 것이다. Edward Deci와 Richard Ryan(1991, 1997, 2008), Mark Lepper와 David Greene(1979), 그리고 Ann Boggiano와 동료들(1985, 1987, 1992)이 한 실험은 이 **과잉정당화 효과**를 확증해 주었다. 퍼즐을 가지고 노는 사람들에게 보상을 주어라, 그러면 그들은 보상 없이 퍼즐을 가지고 논 사람들보다 나중에 퍼즐을 덜 가지고 놀게 될 것이다. 아들이 내적으로 즐기는 것(예 마술 카드 가지고 놀기)에 보상을 약속하라, 그러면 그들은 그 놀이를 노동으로 전환하게 될 것이다(그림 4.6 참조).

과잉정당화 효과
(overjustification effect)
이미 좋아하는 일에 뇌물을 주고 시키는 효과; 그렇게 되면 사람들은 자신의 행위를 내적인 이유가 아니라 외적인 통제 때문이라고 간주하게 된다.

민담도 과잉정당화 효과를 예시한다. 한 노인이 거리에서 혼자 살고 있었는데, 거기에서 아이들이 오후마다 시끄럽게 놀고 있었다. 그 소음이 그를 괴롭혔고, 그래서 어느 날 그는 그 아이들을 그의 문으로 불렀다. 그는 아이들에게 자신이 아이들의 활기찬 큰 목소리를 좋아한다고 말하고 만약 다음 날에 온다면 각자 50센트를 약속했다.

그림 :: 4.6

내적 동기와 외적 동기
사람들이 보상이나 강요 없이 즐기는 일을 할 때, 그들은 자신들의 행동을 그 활동에 대한 사랑으로 귀인한다. 외적 보상은 그 행위를 유인가에 귀인하도록 함으로써 내적 동기에 손상을 가한다.

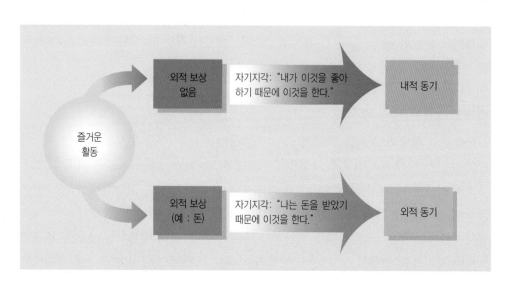

다음 날 오후 아이들은 달려와서 예전보다 더욱 활발하게 놀았다. 노인은 돈을 주었고 다음 또 다른 보상을 약속했다. 다시 되돌아와서 환호성을 질렀고 그 남자는 다시 약속을 했다; 이번에는 25센트. 다음 날 그들은 15센트만 얻었고, 그 남자는 그의 자금이 바닥이 났다고 설명했다. "제발, 그래도 내일 10센트 받고 놀러올 거지?" 실망한 소년들은 돌아오지 않을 것이라고 말했다. 오후 내내 그의 집에서 단지 10센트를 받고 놀아주는 것은 노력한 만큼 가치가 없다고 아이들이 말했다.

자기지각 이론이 시사하듯이, 예기치 않은 보상은 내적인 흥미를 감소시키지 않는데, 왜냐하면 사람들은 여전히 자신의 행위를 자신의 동기에 귀인시킬 수 있기 때문이다(Bradley & Mannell, 1984; Tang & Hall, 1995). (그것은 나무꾼과 사랑에 빠져 나중에 그가 정말 왕자인 것을 알게 된 여주인공과 같다) 그리고 만약 좋은 직업에 대한 칭찬이 우리에게 더욱 유능하고 성공적이 되도록 해준다면 이것은 실제로 우리의 내적 동기를 상승시킬 것이다. 제대로만 다루어진다면, 보상은 또한 창의성을 드높일 수 있다(Eisenberger & others, 1999, 2001, 2003).

과잉정당화 효과는 행동을 통제하기 위해 명백한 노력이 필요한 상황에서 미리 불필요한 보상을 사람들이 제공할 때 발생한다. 중요한 것은 보상이 함축하는 것이다: 사람들에게 성취를 알려주는 보상과 칭찬 – 그들에게 "나는 이 일에 대단히 솜씨가 좋다."라고 느끼게 하는 것 – 은 내적인 동기를 드높인다. 사람들을 통제하려 하고 자신의 노력을 유발한 것은 바로 보상이라고 – "나는 돈 때문에 그 일을 했다." – 믿게 한 보상은 즐거운 과제의 내적인 매력을 감소시킨다(Rosenfeld & others, 1980; Sansone, 1986).

그렇다면 애초 매력적이지 않은 과제를 사람들이 즐기도록 길러줄 방법은 없을까? Maria는 그의 첫 피아노 수업이 실망스럽다고 생각한다. Toshi는 9등급 과학에 대한 내적인 기호가 없을 수 있다. DeShawn은 첫째 판매 전화를 기대하지 않고 일을 시작할지도 모른다. 그런 경우에 부모, 교사 또는 경영주는 바람직한 행동을 유발하기 위하여 약간의 보상을 아마도 사용해야 할 것이다(Boggiano & Ruble, 1985; Cooke & others, 2011; Workman & Williams, 1980). 그 사람이 따른 후에, 그렇게 한 것에 대한 내적인 이유를 제안하라. "판매 전화가 잘 되고 있는 것에 나는 놀라지 않는다. 왜냐하면 당신은 첫인상을 만드는 데 대단히 솜씨가 좋기 때문이다."

만약 우리가 학습과제를 수행하는 데 꼭 맞는 정당화를 학생들에게 제공하고 스스로 유능하다고 느끼도록 보상과 표시를 사용한다면, 우리는 그들의 흥미와 열정을 고양시켜 그들 스스로 그 과목을 수행하게 할 수 있을 것이다. 너무 지나친 보상 – 교실에서 발생하는 일처럼, 교사가 행동을 명령하고 아이들을 통제하기 위한 보상 – 이 있을 때, 학생 주도적 학습은 줄어들 것이다(Deci & Ryan, 1985, 1991, 2008). 나의 더 어린 아들은 열정적으로 한 주에 6 내지 8권의 도서관 책을 보았다 – 우리 도서관이 3개월에 10권의 책을 읽은 사람에게 파티를 약속한 독서 클럽을 시작할 때까지. 3주 후에 그는 주간 방문 동안에 단지 1~2권의 책만 대출하기 시작했다. 왜? "알다시피 10권만 읽을 필요가 있기 때문에."

이론의 비교

우리는 우리의 행위가 우리의 태도에 영향을 주는 것처럼 보인다는 이유에 대하여 한 가지 설명을 살펴봤다(자기지각 이론). 그리고 우리는 우리의 행위가 우리의 태도에 정말로 영향을 주는지에 대한 이유에 두 가지 설명을 살펴봤다. (1) 우리는 내적인 불편을 감소시키기 위하여 자신의 행동을 정당화한다는 **인지부조화 –** 이론 가정, (2) 우리가 타인을 관찰하고 그 태도를 추론하는 것과 꼭 마찬가지로 자신의 행동을 관찰하고 태도에 대한 합당한 추론을 한다는 **자기지각**–이론 가정.

이 두 설명은 서로 모순인 것처럼 보인다. 어느 것이 옳을까? 결정적 검증을 하기 어렵다. 대부분의 예에서 유사한 예언을 하고, 각 이론을 활용하여 우리가 살펴본 대부분의 예를 수용할 수 있다(Greenwald, 1975). 자기지각 이론가 Daryl Bem(1972)은 심지어 그것은 사적인 충실성과 선호의 문제로 요약할 수 있다고까지 주장하였다. 이것은 과학적 이론화에서 인간 요소를 예시한다. 인지부조화 이론도 자기지각 이론도 자연적으로 우리에게 건네진 것은 아니다. 둘 다 인간 상상력의 산물이다 – 우리가 관찰하는 것을 단순화하고 설명하려는 창의적인 시도이다.

"태도가 행동을 추종한다."와 같은 하나의 원리가 한 가지 이론 이상으로부터 예측할 수 있다는 것을 찾아내는 것이 과학에서 이상한 것은 아니다. 물리학자 Richard Feynman(1967)은 "자연의 경이로운 특징 하나는 우리가 그것을 기술할 수 있는 아름다운 방식이 광범위하다."는 것이라고 찬탄했다. "나는 물리학의 올바른 법칙이 그렇게 엄청나게 다양한 방식으로 표현될 수 있는 것으로 보이는 이유를 이해하지 못한다."(pp.53-55). 같은 장소로 가는 다른 길처럼, 다른 가정이 동일한 원리를 도출할 수 있다. 조금이라도 그런 일이 있다면, 이것은 그 원리에 대한 우리의 확신을 강화시킨다. 그것은 지지하는 자료 때문만이 아니라 그것이 한 가지 이상의 이론적 기둥에 의지하고 있기 때문에 더욱 신뢰할 수 있다.

각성으로의 부조화

이론들 중 하나가 더 나은지를 우리가 말할 수 있을까? 한 가지 핵심에서 부조화 이론을 위한 강한 지지가 존재한다. 정의상으로 부조화는 불편한 긴장의 각성 상태라는 것을 회상하자. 이 긴장을 감소시키기 위하여, 우리는 자신의 태도를 변화시킨다고 가정한다. 자기지각 이론은 우리의 행위와 태도가 조화롭지 않을 때 야기될 수 있는 긴장에 대하여 아무 언급이 없다. 그것은 단지 우리의 태도가 처음에 미약할 때 그 태도의 단서로 우리의 행동과 상황을 사용할 것이라고 가정한다("내가 말하는 것을 내가 볼 때까지 내가 생각하는 것을 어떻게 알 수 있을까?" [Forster, 1976]).

부조화를 생성한다고 가정하는 조건(예 의사결정 또는 자신의 태도에 반하는 행위를 하는 것)이 실제로 불편감을 야기하는가? 행동이 그 사람에게 책임 있다고 느끼는 원치않는 결과를 낸다면, 분명히 그렇다(Cooper, 1999; Elliot & Devine, 1994). 당신 방에서 몰래 당신이 믿지 않는 무언가를 당신이 말한다면, 부조화는 사소할 것이다. 불쾌한 결과가 있다면 – 어떤 사람이 당신의 말을 듣고 있고 당신을 믿는다면, 그 진술이 해를 가져오고 부정적 결과를 취소할 수 없다면, 그리고 해를 입은 사람이 당신이 좋아하는 사람이라면, 그것은 훨씬 커질 것이다. 게다가 당신이 그 결과에 책임이 있다고 느끼면 – 당신이 그것에 자유롭게 동의했기 때문에 당신의 행위를 쉽사리 변명할 수 없다면 그리고 그 결과를 예측할 수 있었다면 – 불편한 부조화가 야기될 것이다. 그런 부조화 관련 각성은 호흡과 심장박동의 증가로 탐지할 수 있다(Cacioppo & Petty, 1986; Croyle & Cooper, 1983; Losch & Cacioppo, 1990).

왜 바람직하지 않은 것을 말하거나 행하기를 "자발적으로 하는 것"("volunteering")이 그렇게 각성을 야기할까? Claude Steele(1988)의 **자기확증 이론**(self-affirmation theory)에 따르면 그런 행동은 당황스럽기 때문이라 한다. 그 행위가 우리를 바보처럼 느끼게 만든다. 그것은 우리의 개인적 유능성과 선의를 위협한다. 그러므로 우리의 행위와 결정을 정당화하는 것은 자기확증하는 것이다; 그것은 우리의 성실과 자존감을 보호하고 지지해 준다.

그런데 우리가 자기모순적 행동을 한 사람들에게 선행을 베푸는 것과 같은 자존감을 재확인하는 방식을 제공한다면 무슨 일이 일어난다고 생각하는가? 몇 개의 실험에서 Steele은 자기개념이 회복되면 자신의 행동을 정당화할 필요성을 적게 느낀다는 것을 알아냈다(Steele & others, 1993). 또한 높고 안정적인 자긍심을 지닌 사람들은 자기 정당화시키려는 의지가 약했다(Holland & others, 2002).

그래서 부조화 조건은 특히 긍정적 자존감을 위협당하는 경우 정말로 긴장을 유발한다. 그러나 이 각성이 태도-추종-행동 효과(attitudes-follow-behavior effect)에 필수적일까? Steele과 동료들(1981)은 그렇다고 믿는다. 음주가 부조화 유발 각성을 감소시킬 때, 태도-추종-행위 효과는 사라진다. Steele 등의 실험에서 워싱턴 대학교 학생들에게 높은 수업료 인상을 찬성하는 글을 쓰게 했다. 그 학생들은 등록금 인상 반대 태도를 누그러뜨림으로써 발생한 부조화를 감소시켰다 – 불편한 글을 쓴 후에 술을 마시지만 않았다면.

C. Barsotti

"아니, 호스킨, 내가 당신에게 말하기 때문에 그것을 할 필요는 없어. 당신이 그렇게 믿기 때문에 그 일을 하는 것이지."

자기확증 이론
(self–affirmation theory)
(a) 사람들이 바람직하지 않은 행동에 개입된 후 자아상의 위협을 흔히 경험하고; (b) 자신의 다른 측면을 확인함으로써 상쇄할 수 있다는 이론. 한 영역에서 사람들의 자기개념을 위협하라, 그러면 그들은 재초점화 또는 다른 영역에서 선행을 함으로써 상쇄할 것이다.

자기모순적이 아닐 때의 자기지각 하기

부조화 절차는 불편하게 각성을 일으키는 것이다. 그것은 자신의 태도에 반하는 행동을 한 후에 자기설득이 작용하게 한다. 그러나 부조화 이론은 부조화가 없는 상황에서 발생한 태도 변화를 설명할 수 없다. 사람들이 자신의 의견과 일치하는 입장을 주장할 때, 그것을 넘어서는 한두 단계가 있을지라도 각성을 제거하는 절차가 태도변화를 제거하지는 않는다(Fazio & others, 1977, 1979). 부조화 이론은 또한 과잉정당화 효과를 설명할 수 없다. 왜냐하면 보상받고 좋아하는 일을 하는 것이 대단한 긴장을 유발해서는 안 되기 때문이다. 그리고 행위가 어떠한 태도와도 모순적이지 않은 상황,

예컨대 사람들이 미소짓거나 찡그리도록 유도된 상황은 어떠한가? 여기도 또한 부조화는 존재하지 않아야 한다. 이런 이유로 자기지각 이론은 여전히 설명력을 지닌다.

요약하면, 인지부조화 이론은 우리가 명백히 분명한 태도와 모순되게 행동할 때 발생하는 것을 성공적으로 설명해 주는 것으로 보인다. 우리는 긴장을 느끼고, 그래서 우리는 자신의 태도를 적용시켜 그것을 감소시킨다. 그 경우 부조화 이론이 태도 변화를 설명한다. 우리의 태도가 제대로 형성되어 있지 않은 상황에서 자기지각 이론은 태도 형성을 설명한다. 우리가 행동하고 반추할 때, 우리는 우리의 미래의 행동을 안내하기에 더욱 손쉽게 접근가능한 태도를 개발하게 된다(Fazio, 1987; Roese & Olson, 1994).

요약 : 행동이 태도에 영향을 주는 이유

3가지 경쟁적 이론이 우리의 행위가 우리의 태도 보고에 영향을 주는 이유를 설명한다.

- 자기제시 이론은 사람들, 특히 좋은 인상을 만들어내기를 바라면서 자기를 감찰하는 사람들은 자신의 행위와 일치하게 보이도록 자신의 태도 보고를 적용시킬 것이라고 가정한다. 가용한 증거는 다른 사람들이 생각할 것에 대한 염려로 자신의 태도 진술을 정말로 활용한다는 것을 보여준다. 그러나 그것은 또한 일부 진정한 태도 변화가 발생한다는 것을 보여준다.

이 이론들 중 두 가지는 우리의 행위가 전정한 태도 변화를 촉발한다고 제안한다.

- 부조화 이론은 우리의 태도와 모순되는 행동을 하거나 어려운 결정을 한 후에 우리가 긴장을 느낀다고 가정함으로써 이 태도 변화를 설명한다. 이 각성을 감소시키기 위하여 우리는 우리의 행동을 내적으로 정당화한다. 한 발 더 나아가 부조화 이론은 바람직한 행위에 대해 지니는 외적 정당화가 적을수록, 그것에 더욱 많이 책임을 느끼고, 그래서 부조화가 더 많이 발생할수록 태도 변화가 더 커진다고 주장한다.

- 자기지각 이론은 우리의 태도가 미약할 때 우리는 자신의 행동과 상황을 단순히 관찰하고 나서 자신의 태도를 추론한다고 가정한다. 자기지각 이론의 흥미로운 함축 하나는 "과잉정당화 효과"이다: 사람들에게 보상을 주어 그들이 좋아하는 일을 하도록 하는 것은 기쁨을 고역으로 변화시킬 수 있다(만약 그 보상이 자신의 행동을 보상 때문이라고 귀인하게 만든다면).

- 증거는 두 이론의 예언을 지지해 주며, 각각 특정 상황에서 발생하는 일을 기술한다는 것을 시사한다.

2

사회적 영향

지금까지 이 책은 우리가 서로를 어떻게 생각하는지에 대해 주로 내부의 현상을 고찰하였다.

이제는 어떻게 타인에게 영향을 주고 관계하는지에 대해 외부적으로 일어나는 일을 고찰한다. 따라서 5장부터 8장까지 사회심리학의 중심적 관심사인 사회적 영향의 힘을 알아본다.

우리를 밀고 당기는 보이지 않는 사회적 힘은 무엇인가? 그것은 얼마나 영향력 있는가? 사회적 영향의 연구는 사회적 세계가 우리를 움직이는 보이지 않는 끈을 밝혀줄 것이다. 다음 4개의 장은 이 미묘한 힘, 특히 문화의 영향(5장), 사회 동조의 힘(6장), 설득원리(7장), 집단 참여의 결과(8장)를 다루고, 이들의 영향이 함께 일상생활에 작동하는 법을 알아본다.

이 영향을 알면 사람들이 왜 그렇게 느끼고 행동하는지 좀 더 이해할 수 있을 것이다. 또한 자신이 원치 않는 조작에 덜 취약해지고, 자신의 줄을 끄는데 더 숙련될 것이다.

유전자, 문화 그리고 성별

"" 낳았을 땐 같으나, 습관에 의해 달라진다. ""

– 공자, 논어

인간의 본성과 문화적 다양성에 얼마나 영향을 받는가?

남자와 여자는 얼마나 유사하고 다른가?

진화와 성 : 자연적으로 주어진 것을 하는가?

문화와 성 : 문화가 정하는 대로 하는가?

우리는 유전자, 문화 및 성에 대해 어떻게 결론내릴 수 있는가?

몇 광년이 떨어진 곳에서 외계의 과학자들은 Homo sapiens를 연구하기 위해 지구에 접근하면서 흥분에 휩싸였다. 그들의 계획은 임의로 수집한 두 인간을 관찰하는 일이었다. 그들의 첫 번째 대상 Jan은 말투가 공격적인 법정 변호사이고 Nashville에서 태어났지만 "캘리포니아 라이프스타일"을 찾아 서부로 이주한 사람이다. 스캔들과 이혼 이후 Jan은 두 번째 결혼 생활을 즐기고 있다. 친구들은 Jan을 자유분방한 사고를 지녔으며, 자신감 있고, 경쟁적이고, 지배하기를 좋아하는 사람으로 기술한다. 두 번째 대상인 Tomoko는 배우자와 두 아이와 함께 그들의 부모의 집에서 걸을 만한 거리에 있는 한 일본의 마을에 산다. Tomoko는 좋은 아들이자 충실한 배우자이고 보호적인 부모인 것을 자랑스럽게 여긴다. 친구들은 Tomoko를 상냥하고 신사답고, 존경스럽고, 세심하며 대가족을 지지하는 사람으로 묘사한다. 서로 다른 성별과 문화의 두 사람의 예에서 우리의 외계인들은 인간의 본성에 대해 무슨 결론을 내릴 수 있을까. 이 둘은 서로 다른 종에 속한다고 놀라워할까? 아니면 표면적 상이함 속의 심오한 유사성에 감탄할까?

우리의 외계 과학자가 마주치는 질문은 오늘날 지구상의 과학자가 마주치는 질문이다. 우리 인간은 얼마나 다른가? 우리는 얼마나 비슷한가? 문화 차이로 다투고 있는 세계에서 우리는 다양성을 인정하고, 문화 정체성에 가치를 두고, 인간의 유사성을 인정할 수 있을까?

나는 그럴 수 있으리라 믿는다. 왜 그런지 알기 위해 인간의 진화적, 문화 및 사회적 근원을 생각해 보자. 그리고 각각이 성별 유사성과 상이성을 이해하는 데 도움을 주는지 살펴보자.

우리는 인간의 본성과 문화적 다양성에 얼마나 영향을 받는가?

인간의 유사성과 상이성에 대한 두 관점의 요약 : 인간의 친족관계를 강조하는 진화적 관점

여러 면에서 Jan과 Tomoko는 상이성보다는 유사성이 더 많다. 공동의 조상을 지니는 대가족의 구성원으로서 그들은 공동의 생물학뿐 아니라 또한 공동의 행동양식을 지닌다. 둘 다 취침하고 깨어나며, 배고픔과 갈증을 느끼고, 유사한 기제로 언어를 발달시킨다. Jan과 Tomoko는 둘 다 신 맛보다는 단 맛을 좋아하고, 참새보다 뱀을 더 무서워한다. 둘 다 비슷한 색상의 시각 체계를 가지고 있고, 시간을 과거, 현재, 미래로 구분한다. 그들과 지구상에 흩어져 있는 그들의 친척들은 모두 서로의 찡그림과 미소를 알아차릴 수 있다. Jan과 Tomoko, 그리고 우리 모두는 매우 사회적이다. 우리는 집단에 합류하고, 동조하며, 사회적 지위의 구분을 인정한다. 은혜는 갚고, 악은 벌하며, 아이들의 죽음을 슬퍼한다. 아동은 약 8개월부터 시작하여 낯선 사람에게 겁을 내고, 어른이 되면 내집단 구성원을 선호한다. 상이한 태도나 특성과 마주치게 되면 조심하거나 부정적으로 반응한다. 인류학자인 Conald Brown(1991, 2000)은 수백 개의 보편적 행동과 언어 유형을 찾아내었다. V로 시작하는 단어의 예를 들어보더라도, 모든 인간 사회는 동사(verbs), 범죄(violence), 방문(visiting), 그리고 모음(vowels)을 가지고 있다.

우리의 도덕성도 문화와 시대에 걸쳐 공통적이다. 아기들도 걷기 이전에 잘못이나 버릇 없는 것을 못마땅해 하는 도덕심을 보인다(Bloom, 2010). 늙거나 젊거나, 여자이거나 남자이거나, 도쿄, 테헤란 또는 톨레도에 살든 우리는 모두 "만일 유독가스가 환풍구로 새어나가 7명이 있는 방으로 향한다면, 누군가를 환풍구에 밀어넣어 한 명은 죽지만 7명을 구하는 것이 괜찮을까요?"하는 질문에 부정적으로 답한다. 그리고 누군가가 자신의 생명을 희생하여 7명을 구하기 위해 환풍구에 빠지는 것을 허락해도 괜찮냐는 질문에는 좀 더 찬성을 한다(Hauser, 2006, 2009).

우리의 외계 과학자들은 어느 곳을 가더라도 사람들이 이야기를 나누고 토론하고 웃고 울고 축제를 하며 춤추고 노래하고 전쟁하는 것을 볼 것이다. 어느 곳에서든 사람들은 가족이나 공동의 집단 등 다른 사람들과 지내는 것을 혼자 지내는 것보다 선호한다. 어느 곳에서든 우리가 즐겨보는 가족 드라마는 그리스의 비극으로부터 중국의 소설, 멕시코의 연속극에 이르기까지 거의 비슷한 구성을 가지고 있다(Dutton, 2006). 비슷하게 모험 이야기에서는 강하고 용감한 남자가 현명한 노인의 도움을 받고, 아름다운 여성, 위협당하는 아동을 위해 악과 싸운다. 그러한 공통점은 우리 공통의 인간 본성을 말해준다. 비록 차이점이 우리의 주의를 끌지만, 우리는 다르기보다는 더 비슷하다. 우리는 피부 아래에서는 모두 같은 친족인 것이다.

유전자, 진화 및 행동

인간의 본성을 규정하는 보편적인 행동은 생물학적 유사성으로부터 나온다. 우리는

"나의 조상은 아일랜드에서 왔다." 또는 "나의 뿌리는 중국이다.", "나는 이탈리아 사
람이다."라고 말한다. 하지만 인류학자들은 우리의 조상을 10만년 이상 거슬러서 추
적하면 우리 모두는 아프리카인이라는 것을 알려준다(Shipman, 2003). 기후 변화와 식
량의 이용가능성에 의해 인류는 아프리카를 건너 아시아, 유럽, 오스트레일리아, 그리
고 또한 아메리카로 이주하였다. 초기 인류가 새로운 환경에 적응하면서 발달시킨(인
류학적 척도로 측정되는) 차이성은 비교적 최근의 것이고 또한 표면적이다. 예를 들
어, 아프리카에 남은 사람들은 하바드 심리학자인 Steve Pinker(2002)가 "열대 지방을
위한 차양막"이라고 부르는 어두운 피부 색소를 가지고 있다. 그리고 적도의 북쪽으
로 멀리 간 사람들은 덜 직접적인 태양광으로도 비타민 D의 합성이 가능하도록 밝은
피부로 진화되었다.

Pinker는 "유전자의 새 버전이 축적되는 시간이 많지 않았기 때문에" 우리는 아직도
충분히 아프리카인이라고 한다(2002, p.143). 또한 실제로 유전자를 연구하는 생물학
자들은 인간은 Jan과 Tomoko처럼 달라 보여도 한 종족의 구성원으로 놀라울 만큼 유
사하다는 것을 발견했다. 인간은 수적으로 침팬지보다 많지만, 유전적으로는 침팬지
가 더 다양하다.

인간 종, 그리고 다른 종의 특성을 설명하기 위해 영국의 자연학자 Charles
Darwin(1859)은 진화의 과정을 제안하였다. 즉, 유전자를 따르라고 충고한다. **자연선택**
이 진화를 가능하게 했다는 Darwin의 생각에 대해 철학자 Daniel Dennett(2005)은 "누
구도 하지 못했던 가장 우수한 아이디어에 금메달을 주겠다"고 하였다. 다윈의 아이
디어를 간단히 정리하면 다음과 같다.

자연선택(natural selection)
특정 환경에서 최적으로 생존과 재
생산을 할 수 있게 하는 개체의 특성
은 유지되고 세대 간에 전수된다는
진화적 과정

- 생물체는 많은, 다양한 후손을 갖는다.
- 그 후손들은 그들의 환경에서 생존하기 위해 경쟁한다.
- 특정 생물학적, 행동적 변동성은 환경 속에서 재생산과 생존의 기회를 증가시킨다.
- 생존한 후손은 다음 세대로 유전자를 물려줄 가능성이 더 높다.
- 이와 같이 시간이 가면서 인구의 특성은 변화한다.

자연선택은 재생산과 후손 양육을 도와, 생존의 기회를 증가시키는 특정 유전자가
더 많아졌다는 것을 말한다. 예를 들어, 북극곰은 눈 덮인 북극 환경에서 유전자가 흰
털로 위장한 두꺼운 코트로 프로그래밍되어서 북극곰들의 유전자 경쟁에서 승리하였다.

생물학의 오래된 조직 원리인 자연선택은 최근 심리학에도 중요한 원리가 되고 있
다. **진화심리학**은 어떻게 자연선택이 특정 맥락에 적합한 신체적 특성(북극곰의 코트,
박쥐의 초음파, 인간의 색채 지각 등)뿐 아니라 유전자 전달과 보전을 향상시키는 심
리적 특성과 사회 행동을 결정하는지 연구한다(Buss, 2005, 2007, 2009). 진화심리학자
들은 자연이 우리의 특성을 - 예를 들어, 영양가 있고 에너지를 공급하는 음식의 단맛
을 선호하고 독 있는 음식의 쓰거나 신맛을 싫어하는 - 가진 사람을 선택하였기 때문
에 인류는 지금의 우리라고 한다. 이러한 선호가 없는 사람은 유전자를 후손에 물려주
어 생존을 유지할 확률이 적어진다.

진화심리학
(evolutionary psychology)
자연선택의 원칙을 사용하여 사고와
행동의 진화를 연구하는 분야

이동식 유전자 기계로서 우리는 조상의 신체적 유산뿐 아니라 적응적 심리적 유산도 운반한다. 우리는 생존하고 재생산하기 위해 생존, 재생산, 자녀양육에 도움이 되는 것들을 갈망한다. 두려움, 고독감, 우울함, 분노와 같은 부정적 정서도 우리를 생존의 도전에 대처하도록 동기부여하는 자연의 방식인 것이다. 진화심리학자인 David Barash(2003)는 "심장의 목표는 혈액을 내뿜는 것" 그리고 "뇌의 목표는 우리의 신체와 행동을 지시하여" 진화적 성공을 최대화하는 방식이라고 한다.

진화적 관점은 우리의 보편적 인간 본성을 강조한다. 우리는 특정 식품의 선호만 공유하는 것이 아니고 또한 "누구를 신뢰하고 누구를 두려워해야 하는가", "누구를 도와야 하는가", "언제 누구와 관계를 맺어야 하는가", "누가 나를 지배하려 들며, 내가 통제할 수 있는 사람은 누구인가" 등의 사회적 질문에 대한 대답도 공유한다. 진화심리학자들은 그러한 질문에 대한 우리의 정서적, 행동적 대답이 곧 우리 조상이 해왔던 대답과 같은 것이라고 주장한다. 우리는 무엇을 두려워해야 하는가? 대개 우리는 먼 조상이 직면했던 위험을 두려워한다. 적, 낯선 얼굴, 높은 곳을 두려워하고, 따라서 잠재적 테러범, 다른 인종, 비행기를 두려워한다. 직접적이고 갑작스런 피해를 흡연이나 기후변화와 같은 역사적으로 더 크고 서서히 진행되는 새로운 위협의 피해보다 더 두려워한다.

우리의 사회적 과업은 도처의 사람들에게 공통된 것이기 때문에 인간은 어디서든 그 대답에 동의하는 경향이 있다. 예를 들어, 모든 인간은 다른 사람을 권위와 지위에 따라 순서를 매긴다. 또한 우리 모두는 경제적 정의에 대해 아이디어를 가지고 있다 (Fiske, 1992). 진화심리학자들은 이러한 자연선택을 통해 진화된 보편적 특성을 강조한다. 반면 문화는 사회적 삶의 요소가 잘 기능하도록 특수한 법칙을 제공한다.

문화와 행동

인간의 가장 중요한 유사점, 인간의 대표적 특징은 아마도 학습하고 적응하는 능력일 것이다. 우리의 유전자는 적응적인 뇌-문화와 소프트웨어를 받아들이는 뇌의 하드웨어를 가능하게 하였다. 진화는 우리에게 변화하는 세계에서 창의적으로 살도록, 적도의 정글에서부터 북극의 빙하 벌판과 같은 환경에서도 적응하도록 준비시켰다. 벌, 새, 불독과 비교해볼 때 자연은 인간에게 유전자적인 구속을 느슨히 하고 있다. 우리의 문화적 다양성을 가능하게 하는 것은 아이러니하게도 우리의 공유된 인간생물학 (유전요소)이다. 그것은 한 **문화**에서는 신속성을 가치 있게 여기고, 정직성을 환영하고, 혼전 성교를 인정하지만, 다른 문화권에서는 그렇지 않도록 하였다. 사회심리학자 Roy Baumeister(2005, p.29)는 "진화는 우리를 문화적으로 만들었다."고 보았다(초점 문제: 문화적 동물 참조).

진화심리학은 환경의 영향도 결합시켰다. 유전(선천적, nature)과 환경(후천적, nurture)이 상호작용하여 우리를 만든다고 보는 것이다. 유전자는 고정된 설계도가 아니며 그의 표현은 환경적 영향을 받는다. 마치 내가 지금 마시는 차가 뜨거운 물이라는 환경

문화(culture)
큰 집단의 사람들이 공유하고 세대 간에 걸쳐 전수되는 지속적인 행동, 사고, 태도와 전통

을 만날 때까지는 "표현"하지 않는 것과 같다. New Zealand의 한 연구에서는 우울증의 위험에 노출된 성인들의 유전자 변동은 오로지 그들이 이혼 등과 같은 주요 삶의 스트레스를 경험한 경우에만 나타난다는 것을 보여주었다(Caspi 외, 2003). 스트레스나 유전자가 단독으로 우울증을 만드는 것이 아니라 두 가지가 상호작용하여 나타나는 것이다.

인간은 큰 뇌와 팔 근육만 가지도록 선택된 것이 아니라 또한 문화를 가지도록 선택되었다. 우리는 언어를 배우고, 다른 사람과 협력하여 식량을 확보하고, 아이들을 돌보고, 스스로를 방어하도록 준비되어 태어난다. 자연은 이와 같이 우리가 태어나는 곳의 문화를 배우도록 특성을 주었다. 문화적 관점에서는 인간의 적응력을 강조한다. 공자는 사람의 본성은 비슷하지만 습성은 그것을 멀리 떨어진 곳으로 운반한다고 말한다. 또한 문화연구가인 Ronald Inglehart와 Christian Welzel(2005)은 교육의 증가에도 불구하고, "우리는 균일한 세계 문화를 향해 바뀌지 않으며, 문화의 수렴은 일어나지 않는다. 한 사회의 문화적 전통은 놀랄 만큼 지속적이다."(p.46)라고 한다.

문화적 다양성

언어, 풍습, 표현되는 행동의 다양성은 우리 행동의 대부분이 사회적으로 프로그램화되는 것이지 고정적인 것은 아니라는 것을 말해준다. 유전적 구속은 장기적이다. 사회학자인 Ian Robertson(1987)은 서술하기를.

> 미국인은 굴은 먹지만 달팽이는 먹지 않는다. 프랑스인은 달팽이는 먹지만 메뚜기는 먹지 않는다. Zulu족은 메뚜기는 먹지만 생선은 먹지 않는다. 유대인은 생선은 먹지만 돼지고기는 먹지 않는다. 힌두족은 돼지고기는 먹지만 쇠고기는 먹지 않는다. 러시아인은 쇠고기는 먹지만 뱀은 먹지 않는다. 중국인은 뱀은 먹지만 사람은 먹지 않는다. 뉴기니의 Jale족은 사람이 맛있다고 한다.

만일 우리가 단일 민족 집단으로 세계 여러 곳에 산다면, 문화적 다양성은 우리의 일상생활에 중요하지 않을 것이다. 거주자의 98.5%가 일본인인 일본에서는(CIA 2011) 내적인 문화 차이는 아주 적다. 대조적으로 8백만 거주자의 3분의 1 이상이 외국출생인 뉴욕시의 거주자들은 이 차이를 매일 여러 차례 접한다.

문화적 다양성은 점점 더 우리를 둘러싸고 있다. 우리는 지구촌에 살고, 친근한 사람들과 전자사회망, 점보제트기, 국제무역으로 접촉한다. 문화의 혼합은 새로운 것이 아니다. "미국"의 청바지는 1872년 독일 이민자인 Levi Strauss가 제노바 선원의 바지 스타일과 프랑스 도시에서 나오는 데님 천을 조합하여 고안해낸 것이다(Legrain, 2003). 알려지지 않은 한 전문가는 다이애나 황태자비의 죽음처럼 세계화의 전형적인 예가 없다고 하였다. "영국의 황태자비는 이집트 남자친구와 함께 스코틀랜드 위스키를 잔뜩 마신 벨기에 운전수가 모는 네덜란드 모터가 장착된 독일 차를 타고 가다가, 일본제 오토바이를 탄 이탈리아 파파라치에게 쫓겨 프랑스의 터널 안에서 사고가 났고, 브라질산 의약을 사용한 미국인 의사에게 처치를 받았다."

focus ON
문화적 동물

아리스토텔레스는 인간은 사회적 동물이라고 하였다. 우리와 늑대와 꿀벌과는 적어도 한 가지는 공통점이 있는데 그것은 스스로 집단을 구성하여 함께 일한다는 것이다. 더 나아가 우리는 Roy Baumeister가 그의 2005년의 저서 제목에서 지칭하듯 문화적 동물인 것이다. 인간은 다른 동물에 비해 문화의 힘으로 생활을 더 향상시킨다. 그는 "문화는 사회적으로 지내는 더 나은 수단이다."라고 한다. 우리가 언어를 통해 소통을 하고, 길 한쪽으로 안전하게 운전하며, 겨울에도 과일을 먹고, 자동차와 과일을 살 때 화폐를 사용하는 것 모두 문화의 덕이다. 문화는 우리의 생존과 재생산을 도모하고 자연은 우리에게 문화를 가능하게 하는 뇌를 선사하였다. 다른 동물도 문화적 기초원리와 언어를 표현한다. 원숭이들이 식품을 씻는 새로운 기술을 습득하고 미래의 세대에 전수하는 것이 관찰되었다. 침팬지는 적절한 언어 능력을 보인다. 하지만 인간처럼 세대에 걸쳐 축적하고 진전시키는 종은 없다. 19세기에 당신의 조상들은 아직 자동차가 없었고, 실내 화장실, 전기, 에어컨, 인터넷, 스마트폰, 페이스북 그리고 포스트잇 메모지도 없었다. 모든 것은 문화의 덕인 것이다. 지능은 기술혁신을 가능하게 하고, 문화는 이것을 유포하게 하였다. 정보의 전달과 혁신은 시간과 장소를 거슬러 이루어지고 있다.

경제 분업은 "또 다른 거대하고 힘 있는 문화의 장점"이라고 Baumeister는 말한다. 이 책을 읽는 거의 대부분의 사람은 음식물과 집을 누릴 수 있지만, 그중 일부만이 식량을 재배하거나 집을 건축할 수 있다. 그리고 서적은 문화로 인해 가능해진 경제 분업의 덕분이다. 비록 단 한명의 행운아만이 이 책 표지에 이름을 낼 수 있지만 이 책은 연구자, 서평가, 조수, 편집자 등의 성과가 조합된 작품이다. 지식을 전파하는 책이나 다른 매체는 진보의 원동력이다. "문화는 인간만의 특별한 면이다."라고 Baumeister는 결론짓고 있다. 문화는 우리의 재능, 노력, 여타 축복의 합보다 더 많아지도록 우리를 돕고 있다. 이러한 의미에서 문화는 무엇보다도 큰 축복이다… 우리는 주변의 영향을 받는 교활한 동물이다. 종합하면 우리는 스스로를 위해, 우리 자손과 그 후에 오는 사람들을 위해, 삶을 더 향상시키는 체계를 유지할 수 있다."

몇몇 규범은 보편적이기도 하지만 모든 문화는 수용되고 기대되는 사회적 행동의 규칙인 고유의 규범을 지닌다.

"여성은 여성에게 작별키스를 하고, 남성은 여성에게 작별키스를 한다. 그러나 남성은 남성에게 작별키스를 하지 않는다. - 특히 뉴욕에서는"

타문화를 접하는 것은 이따금 자극적인 경험이 된다. 미국 남성들은 중동 국가의 원수들이 미국 대통령을 만나 볼에 입을 맞추는 것을 불쾌하게 받아들인다. 독일의 대학생들은 아주 드문 경우에 "교수님(Herr Professor)"하고 말을 걸 수 있는데 교수실 문이 늘 열려 있고 학생들이 자유로이 출입하는 것을 보면 낯설게 여긴다. 이란의 한 여학생은 처음 미국의 맥도날드 식당에 갔을 때 다른 사람들이 감자튀김을 그리고 다른 것들도 모두 손으로 먹는 것을 알아차릴 때까지 한참이나 종이 봉투를 뒤져 먹을 도구를 찾았다.

당신이 생각하는 최상의 예절과 의무는 지구의 여러 다른 지역에서는 예의를 파괴하는 것이 된다. 일본을 방문하는 많은 외국인은 신을 벗어야 한다거나, 차를 어떻게 따르는지, 언제 선물을 주고 열어보는지, 사회적 위계에서 높거나 낮은 사람에게 어떻게 행동해야 하는지 등 사회의 규칙을 익히는 데 어려움을 겪는다.

이민자나 난민 철수 등으로 문화의 혼합은 점점 증폭된다. "동은 동이고 서는 서, 분리된 것은 절대 만나지 않는다." 라고 19세기의 영국의 작가인 Rudyard Kipling은 서술한 바 있다. 하지만 오늘날 동쪽과 서쪽, 북쪽과 남쪽은 늘 만난다. 이탈리아는 많은 알바니아인의 고향

문화는 혼합된다. 이 런던의 학교친구와 같이(한 명은 이슬람, 다른 한 명은 앵글로색슨) 이민과 세계화는 이전엔 멀었던 문화를 합쳐준다.

이고, 독일은 터키사람, 영국은 파키스탄 사람의 고향이다(다양한 철자의 Mohammed는 이제 새로 태어나는 남아에게 주어지는 가장 흔한 이름이다). 그 결과는 우정과 갈등 둘 다이다. 캐나다인 5명 중 하나, 미국인의 8명 중 하나는 이민자이다. 우리가 다른 문화적 배경의 사람들과 일하고, 놀고, 사는 것을 통해 얼마나 문화가 우리에게 영향을 주는지, 얼마나 문화가 서로 다른지를 알게 해준다.

갈등이 내재된 세계에서 평화에 도달하는 것은 차이점과 유사점에 대한 진지하고 올바른 인식을 요구한다.

규범: 기대되는 행동

예의와 법도가 보여주듯 모든 문화는 적절한 행동에 대한 인정된 사고가 있다. 우리는 이러한 사회적 기대 또는 **규범**을 부정적인 힘으로 간주하기도 한다. 전통을 영구화하려는 맹목적 노력으로 사람을 옥죄는 규범은 우리를 성공리에 그것도 은연중에 제지하고 통제하기 때문에 우리는 그의 존재를 잘 느낄 수 없다. 대양의 물고기처럼 우리는 문화 속에 잠겨 있어서 그의 영향을 알기 위해서는 밖으로 나와야만 한다. "우리는 다른 네덜란드 사람들이 외국인이 보기에 네덜란드 방식이라 부를 행동을 하는 것을 볼 때 그것이 전형적인 네덜란드 방식인지 알아차리지 못한다."고 네덜란드 심리학자인 Willem Koomen과 Anton Dijker(1997)가 지적하였다. 자신이 속하는 문화의 규범을 잘 알기 위해서는 다른 문화권을 방문하고, 우리가 우리 식으로 행동하는 동안 그들은 그들식으로 하는 것을 보는 것만큼 좋은 방법은 없다. 내가 스코틀랜드에 산다면 나의 아이들에게 유럽 사람들처럼 고기를 먹을 때 포크를 왼손으로 아래쪽을 향하여 사용하는 것을 인정할 것이다. "하지만 우리 미국인은 고기를 자른 후 포크를 오른손으로 옮기는 것이 좋은 매너라고 생각한다. 이것이 비효율적이라는 것은 인정하지

규범(norms)
인정받고 기대되는 행동의 기준. 규범은 "적절한" 행동을 규정한다. (단어의 다른 의미로는 규범은 또한 대부분의 타인이 하는 것, 즉 무엇이 normal인가를 규정한다.)

그림 :: 5.1

척박한 주변은 척박한 행동을 야기한다.

그로닝엔(Groningen) 대학의 연구에서 사람들은 인접한 벽면이 깨끗하면 대부분 광고지를 함부로 바닥에 버리지 않았고, 벽면에 그래피티가 있으면 바닥에 버렸다.

만 그것은 우리가 사용하는 방식인 것이다.”

이것을 인정하지 않으려는 사람들에게 이러한 규범은 독단적이고 제약적으로 보일 것이다. 서구의 대부분의 사람들에게 이슬람 여성의 베일은 독단적이고 제약적으로 보이지만 대부분의 이슬람 문화에서는 그렇지 않다. 배우가 자신의 동선을 잘 알면 무대극이 부드럽게 진행되듯이 사회적 행동도 우리에게 무엇이 기대되는지를 알면 부드럽게 넘어간다. 규범은 사회적 기계의 윤활유인 것이다. 낯선 상황에서 규범이 확실치 않으면 우리는 다른 사람의 행동을 살피고 행동을 적절하게 조절한다.

문화는 규범의 표현성, 시간엄수, 규칙위반, 개인적 공간에 있어 상이하다. 다음을 생각해 보자.

표현성. 비교적 격식을 갖추는 북유럽 문화권의 사람에게 지중해 문화권의 표현이 강한 사람은 “따뜻하고, 우아하고, 비효율적이고 시간 낭비적”이라고 보일 것이다. 지중해의 사람에게 북유럽인은 “효율적이고, 차갑고, 시간을 너무 신중하게 여기는 것”으로 보일 것이다(Beaulieu, 2004; Triandis, 1981).

시간엄수. 저녁 만찬에 늦게 도착한 라틴 아메리카의 기업 경영가가 북미의 파트너들이 시간의 정확성에 사로잡혀 있는 것을 알게 되면 매우 당혹할 것이다. 일본을 방문하는 북미 관광객들은 지나치는 보행자들이 눈을 마주치지 않는 것을 보면 놀랄 것이다(“research close-up: 스치는 마주침, 동과 서”를 보라).

규칙위반. 사람들은 담벼락에 금지된 그래피티와 같이 사회규범이 위반된 것을 보면 쓰레기 버리기와 같은 다른 규칙을 위반함으로써 규칙위반의 규범을 따르게 될 확률이 높아진다. Kees Keizer(2008)가 이끈 네덜란드 연구팀의 6개 실험에서 사람들은 다른 사람들도 그런다고 생각하면 사회규칙을 어길 확률이 2배 이상이 된다는 것을 발견하였다. 예를 들어, 쓸모 없는 광고지를 자전거 손잡이에 걸어놓으면 가까운 담벼락에 그래피티가 없을 때 자전거 주인의 3분의 1이 광고지를 바닥에 쓰레기로 던졌다. 벽에 그래피티가 있는 경우에는 3분의 2 이상이 바닥에 던졌다(그림 5.1).

research CLOSE-UP

스치는 마주침, 동과 서

중서부 미국의 나의 캠퍼스와 고향에서는 보행자들은 의례히 서로 보고 미소를 짓는다. 내가 2년을 보냈던 영국에서는 이러한 미세한 상호작용은 일반적인 것이 아니었다. 유럽인에게는 지나가는 낯선 사람에게 인사하는 것은 이상하고 사생활을 존중하지 않는 것이 된다. 미국의 중서부인에게는 시선 접촉을 피하는 것은 사회학자가 말하는 "시민의 무관심"이고 냉담이다.

보행자의 상호작용에 대한 문화적 차이를 양적으로 살펴보기 위해 Miles Patterson과 Yoichi Iizuka(2006)가 주도한 국제 연구팀이 미국과 일본에서 1,000명이 넘는 서로 알지 못하는 참가자를 대상으로 간단한 현장 연구를 실시하였다. 이 연구 과정은 사회심리학자들이 어떻게 자연 상황에서 눈에 띄지 않는 연구를 진행하는지를 보여준다(Patterson, 2008). 그림 5.2와 같이 실험보조자는 사람이 많지 않은 인도에서 보행자가 약 12피트 이내로 접근하면 다음의 세 행동 중 한 가지를 수행하였다: (1) 회피 (앞만 바라보기), (2) 1초 이내의 시선접촉, (3) 쳐다보고 미소짓기. 뒤따르는 관찰자는 보행자의 반응을 기록하였다. 보행자가 실험보조자와 시선접촉을 하는가? 미소 짓는가? 목례를 하는가? 언어적으로 인사를 건네는가?(세 조건은 임의로 배정되었고 뒤의 관찰자에게 알리지 않아서 실험 조건에 "맹목"으로 기록이 이루어졌다)

당신이 기대하는 바와 같이 보행자는 그들을 보는 사람을 더 보고, 미소짓는 사람에게 더 미소짓고 목례하고 인사하였다. 이는 특히 실험보조자가 여성인 경우 더 그러하였다. 그럼에도 그림 5.3과 같이 문화의 차이는 놀라웠다. 연구팀이 기대한 대로 타집단 사람과의 상호작용에 있어 일본인의 사생활 존중 및 문화적 전통의 관점에 비해 미국인은 훨씬 더 웃고, 목례하고, 상대에게 인사를 하였다.

연구자들은 일본에서는 "상대와 관계성이 없고 반응할 의무가 없기 때문에 상대의 미소에 호혜적으로 대해야 할 압박감이 거의 없다."라고 결론짓고 있다. 대조적으로 미국의 규범은 친절한 제스처에 호혜적으로 대하는 것이다.

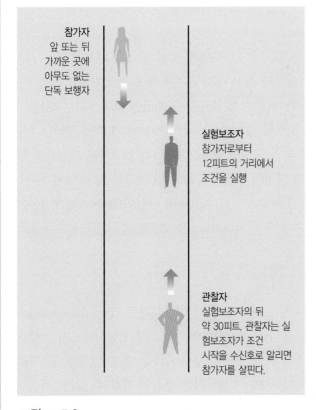

참가자
앞 또는 뒤 가까운 곳에 아무도 없는 단독 보행자

실험보조자
참가자로부터 12피트의 거리에서 조건을 실행

관찰자
실험보조자의 뒤 약 30피트. 관찰자는 실험보조자가 조건 시작을 수신호로 알리면 참가자를 살핀다.

그림 :: 5.2
스치는 마주침의 삽화
출처 : Patterson 외(2006)

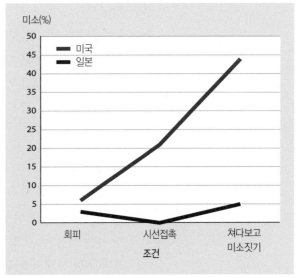

그림 :: 5.3
조건에 따른 미국인과 일본인 보행자의 반응
출처 : Patterson 외(2006)에서 개작

부시 전대통령이 2005년 압둘라 황태자와 함께 거닐며 우정관계를 뽐내고 있다. 북미의 많은 이성애자 남성들은 그러나 다른 남성으로부터 거리를 두는 고유 규범을 위반하는 것을 놀라워했다.

개인 공간(personal space)
우리 신체 주변에 확보하고 싶은 완충지대. 그 크기는 주변 사람과의 친근감에 따라 달라진다.

개인 공간. 개인 공간은 일종의 휴대용 풍선이나 완충지대 같은 것으로 우리가 자신과 타인 사이에 두고 싶은 거리이다. 상황에 따라 풍선은 크기가 달라진다. 대개의 미국인은 낯선 사람과는 상당히 넓은 개인 공간을 유지하려고 해서 약 4피트(120cm)의 거리를 둔다. 사람이 많지 않은 버스나 화장실, 또는 도서실에서 우리의 공간을 방어하고 타인의 공간을 존중한다. 그리고 친구들에게는 가까이 오는 것을 허락한다(Novelli 등, 2010).

개인적으로도 상이해서 어떤 사람들은 다른 사람보다 더 넓은 개인 공간을 선호한다(Smith, 1981; Sommer, 1969; Stockdale, 1978). 집단별로도 상이해서 성인은 아동보다 넓은 공간을 유지한다. 남성은 서로 간에 여성보다 더 거리를 둔다. 이유는 모르지만 적도에 가까운 문화는 적은 공간, 더 많은 접촉과 포옹을 선호한다. 영국인과 스칸디나비아 사람들은 프랑스인, 아랍인보다 더 거리를 두고, 북미 사람들은 라틴아메리카 사람들보다 더 공간을 둔다.

타인의 개인 공간을 침해하는 효과를 알기 위해 공간 침입을 해보자. 친구로부터 1피트(30cm) 이내의 거리에서 앉거나 서서 대화를 시작해 보라. 그 사람이 안절부절못하고, 시선을 피하거나, 중단하거나, 다른 불쾌감의 표시를 보이는가? 그것은 공간 침입 연구자가 말하는 각성의 신호인 것이다(Altman & Vinsel, 1978). 문화는 이러한 행동규범에서만 상이한 것이 아니라 규범의 강도도 다르다. 33개국을 대상으로 한 어떤 연구에서 사람들에게 다양한 환경에서(은행, 파티 등) 다양한 행동(먹기, 울기 등)의 적절성을 물어보았다. 영토 갈등이나 자원 희귀성의 위협이 있는 사회에서는 강하고 강제적인 "엄격한" 문화의 경향이 있다(Gelfand 등, 2011).

문화적 유사성

인간의 적응력 덕분에 문화는 서로 다르다. 문화의 차이라는 간판 아래 비교문화 심리학자들은 "본질적 보편성"을 본다(Lonner, 1980). 한 종의 구성원으로서 우리는 우리의 상이한 행동의 기초 과정이 어느 곳이나 동일하다는 것을 발견한다. 예를 들어, 4~5세에 전 세계의 아동은 다른 사람이 생각하는 것을 추측할 수 있는 "마음의 이론"이 나타난다(Norenzayan & Heine, 2005). 만일 한 아동이 다른 아동이 보고 있지 않는 동안 장난감이 옮겨지는 것을 목격했다면 그 아동은 문화에 관계없이 다른 아동은 장난감이 그 이전 자리에 있다고 믿을 것이라고 짐작한다.

보편적 우정의 규범. 세계 도처에 친구 관계에 대한 공통의 규범이 있다. Michael

"여기 계신 모든 분들은 바닐라를 좋아하십니다. 그렇지요? 그럼 거기서부터 시작합시다."

엄청난 문화적 차이에도 불구하고
사람들은 공통점을 지니고 있다.

Argyle과 Monika Henderson(1985)이 영국, 이탈리아, 홍콩, 일본에서 수행한 연구에 의하면 친구의 역할을 규정하는 규범이 몇 가지 차이가 있다는 것을 알려 준다. 예를 들어, 일본에서는 친구를 공식적으로 비판하여 난처하게 만들지 않는 것이 특히 중요하다. 그러나 또한 외형상의 보편적 규범도 있다. 친구의 사생활을 존중하는 것, 이야기하는 동안 시선을 응시하는 것, 비밀로 한 이야기는 누설하지 않는 것 등이다.

보편적 특성의 차원. 전 세계의 사람들은 타인을 안정성, 외향성, 개방성, 우호성 및 성실성의 차원으로 평가한다(John & Srivastava, 1999; McCrae & Costa, 2008). 만일 성격검사가 "Big Five" 성격 차원에서의 당신의 위치를 명시하면, 당신이 어느 곳에 사는지 관계없이 당신의 성격을 잘 서술해 준다. 최근 49개국의 연구에서는 Big Five의 성실성과 외향성 등과 같은 특성은 우리가 상상하는 것보다 국가 간 차이가 더 적은 것으로 나타났다(Terracciano 외, 2005). 호주인은 스스로를 유별나게 외향적이라고 생각한다. 독일어권 스위스에서는 스스로를 신중하다고 생각한다. 캐나다는 스스로를 친밀감이 매우 높다고 생각한다. 실제로 이러한 국가 간의 고정관념은 실제상의 미미한 차이를 더 과대평가한 것이다.

그림 :: 5.4

Leung과 Bond의 보편적 사회
신념 차원

Big Five 사회 신념	검사문항 예
냉소주의	"힘 있는 사람들은 타인을 착취하는 경향이 있다."
사회복합성	"특수 상황에 맞춰 문제를 처리해야 한다."
수고의 보상	"사람이 정말로 시도한다면 성공할 것이다."
영성	"종교적 신앙은 신체적 건강에 기여한다."
운명통제	"운명은 한 사람의 성공과 실패를 결정한다."

보편적 사회 신념의 차원. 홍콩의 사회심리학자인 Kwok Leung과 Michael Bond(2004)는 다섯 개의 사회적 신념의 보편적 차원이 있다고 주장한다. 그들이 연구한 38개국의 사람들은 일상생활에서 이 신념을 지지하고 적용하는 데서 차이를 보인다. 냉소주의, 사회복합성, 수고의 보상, 영성 및 운명통제(그림 5.4). 이러한 사회신념에 대한 고집은 그들의 삶을 인도하는 것으로 보인다. 냉소주의를 선택하는 사람은 삶의 만족이 낮고 독단적인 영향 전략과 우익의 정치를 선호한다. 수고의 보상을 믿는 사람은 공부, 계획, 경쟁에 투자하는 경향이 있다.

보편적 지위 규범. Roger Brown(1965, 1987; Kroger & Wood, 1992)은 다른 보편적 규범을 연구하였다. 어느 곳이든지 사람들은 지위 위계를 형성하고, 높은 지위의 사람들에게는 낯선 사람을 대하는 정중한 방식으로 대화한다. 낮은 지위의 사람들에게는 친구를 대하듯이 좀 더 친근하게 대화한다. 환자는 의사를 "모모 박사님"이라 부르고, 의사는 환자의 첫이름을 사용하여 응답한다. 학생과 교수는 전형적으로 서로 비상호적인 방법으로 대화한다.

대부분의 언어에서는 영어의 대명사 "you"의 두 가지 형태를 가지고 있다. 존중하는 형태와 친근한 형태가 그것이다(예 독일어의 Sie와 du, 프랑스어의 vous와 tu, 스페인어의 usted와 tu). 사람들은 친한 사람과 아랫사람, 가까운 친구, 가족뿐 아니라 아동과 애완동물에게도 친근한 형태를 사용한다. 독일의 청소년들은 낯선 사람이 자신을 "du" 대신에 "Sie"라는 호칭으로 말을 걸어오면 매우 고무될 것이다.

Brown의 보편적 규범의 첫 번째 관점(사회적 거리뿐 아니라 사회적 지위도 의사소통의 형태를 결정한다)은 두 번째 관점(친근감 발전은 주로 높은 지위의 사람에 의해 제안된다)과 연관성이 있다. 유럽에서는 대부분 두 사람의 관계는 주로 공손하고 의례적인 "you"의 형태로 시작하고, 좀 더 친근한 "you"로 진행될 수 있고, 그러다가 누군가가 친밀성을 증가시키려는 시도를 한다. 누가 그 시도를 할 것이라 생각하는가? 둘 중 나이가 있거나 부자이거나 뛰어난 사람이 적당한 경우에 "우리 서로 du로 이야기하자."라는 제안을 한다.

규범-수용되고 기대되는 행동의 규칙은 문화마다 다르다.

이 규범은 언어를 넘어서 모든 형태의 친근감 발달에도 확장된다. 가까운 사람이나 아랫사람에게 펜을 빌리거나 어깨에 손을 얹는 것은 낯선 사람이나 상관에게 하는 것보다 더 잘 수용된다. 마찬가지로 대학 총장은 교수들을, 그들이 자신을 초대하기 이전에 먼저 자기 집으로 초대한다. 일반적으로 더 높은 지위의 사람이 친밀감 진전에 주도자가 된다.

근친상간 금기. 가장 잘 알려진 보편적 규범은 근친에 대한 금기이다. 부모는 자식과 성관계를 가져서는 안 되고 형제도 서로 관계를 가질 수 없다. 이 금기는 심리학자들이 이전에 믿던 것보다 더 자주 위반되는 것으로 보이지만 규범은 어쨌든 보편적이다. 모든 사회에서는 근친상간을 비난한다. 근친 교배로 인한 생물학적인 불이익(열성 유전자와 연관된 장애의 발생으로 인하여)이 주어지기 때문에 진화심리학자들은 왜 전 세계의 사람들이 근친상간에 반대하는 경향을 가졌는지 잘 이해할 수 있다.

전쟁의 규범. 인간은 전쟁을 수행하는 범문화적 규범을 가지고 있다. 자신의 적을 살해하는 중에도 합의된 규칙이 있고, 그것은 여러 세기에 걸쳐 명예롭게 지켜진다. 당신은 인식가능한 군복을 입고 순종의 제스처를 보이며 항복하고 포로는 인도적으로 다뤄야 한다(그들이 항복하기 이전에 사살하지 못하면, 그 이후에 당신은 그들을 먹여 살려야 한다). 이 규범은 여러 문화권에 걸쳐 나타나지만 보편적인 것은 아니다. George W. Bush 행정부하에 시작된 이라크 전쟁 동안 이라크의 군대는 항복의 깃발을 보이고는 공격을 한다거나, 군인들이 시민의 복장을 하고 기습을 하는 등 규범을 위반하였다. 미군의 대변인은 "이러한 행위는 가장 심각한 전쟁의 법칙의 위반"이라고 항의하였다(Clarke, 2003).

이와 같이 어떤 규범은 문화 특수적이고, 다른 규범은 보편적이다. 문화의 힘은 규범의 상이성으로 나타나지만, 반면 대부분 유전적으로 결정되기도 한다. 이는 몇몇 규범의 보편성을 설명해준다. 따라서 천성은 보편적이고, 환경은 문화특수적이라 생각할 수 있다.

이 장에서는 하나뿐인 인간 종의 구성원으로서의 생물학적 관계성을 확인하였다. 우리는 문화적 다양성을 인정하고, 규범은 한 문화 내에서 그리고 문화 간에 서로 상이하다는 것을 언급하였다. 우리의 사회심리학적 탐색은 차이의 목록을 만드는 것이 아니라 행동의 보편적 원칙을 찾는 것이라는 점을 기억하자. 우리의 목표는 비교문화심리학자인 Walter Lonner(1989)가 말하는 것처럼 "보편적 심리학 - 로마와 보츠와나에서처럼 오마하와 오사카에서도 타당하고 의미있는 심리학"인 것이다.

태도와 행동은 문화에 따라 다르지만 태도가 어떻게 행동에 영향을 주는가는 그리 차이나지 않는다. 나이지리아와 일본의 사람들은 10대 청소년의 역할이 무엇인가에 대해 유럽이나 북미와는 다른 규정을 한다. 하지만 모든 문화에서 역할 기대는 사회관계를 유도한다. G. K. Chesterton은 거의 한 세기 전에 "누군가가 왜 Bond Street에서는 남성들이 검은 모자를 쓰는지를 깨닫는다면 동시에 그는 왜 Timbuctoo에서는 붉은 깃털을 입는지도 깨달을 것이다."고 하였다.

요약 : 우리는 인간의 본성과 문화적 다양성에 얼마나 영향을 받는가?

● 우리는 얼마나 비슷하고 얼마나 다른가, 그리고 왜 그러한가? 진화심리학자들은 자연선택이 유전자 보전을 촉진하는 행동 특성을 선호하는 것을 연구한다. 진화적 유산의 일부는 사람의 학습과 적응능력(따라서 서로 다르게 되는)이지만 진화적 관점은 인간의 공통된 본성에서 유래되는 공통점을 강조한다.
● 문화적 관점은 인간의 상이성을 강조한다. 행동과 생각은 집

단을 결정하고 세대에 걸쳐 전수된다. 한 문화가 다른 문화와 태도와 행동에 차이를 보이는 것은 곧 우리가 문화적 규범과 역할의 산물이란 것을 드러낸다. 비교문화 심리학자들은 모든 사람의 "기본적 보편성"을 검토한다. 예를 들어, 문화 차이에도 불구하고 친구 사이에 프라이버시를 존중하고 근친 상간을 반대하는 등 다수의 규범은 공통적이다.

남자와 여자는 얼마나 유사하고 다른가?

남자와 여자는 얼마나 유사하고 다른지 기술한다.

인간의 다양성에는 몇 가지 분명한 차원이 있다. – 몇 가지만 들자면 키, 몸무게, 머리색 등. 하지만 사람들의 자아개념과 사회관계에 있어 가장 중요하고 가장 먼저 조율하게 되는 두 가지 차원은 인종과 성별이다(Stangor 외, 1992). 당신이 태어났을 때 사람들이 당신에 대해 처음으로 알고 싶어하는 것은 "남자예요, 여자예요?"이다. 성별은 이것이냐 저것이냐이지 선택에 맡겨진 것이 아니다. 2011년 캐나다의 한 부부가 아기 "Storm"의 성별을 함구하기로 하고 성적 기대 없이 아이가 나중의 자신의 고유한 성정체성을 발달시키고자 하자 비판이 폭풍처럼 일어났다(AP, 2011).

북미 문화를 비롯한 많은 문화권에서는 누구에게나 하나의 성별이 부여되어야만 한다. 만일 남성과 여성의 성기를 모두 갖춘 양성성의 아이가 태어나면 의사와 가족은 전통적으로 외과 수술을 통해 모호성을 제거하여 아이에게 하나의 성을 부여해야 한다고 느낀다. 낮과 밤 사이에는 황혼이 있다. 뜨겁고 차가운 것 사이에는 따듯한 것이 있다. 하지만 남성과 여성 사이에는, 사회적으로 표현하자면, 본질적으로 아무 것도 없다는 것이다. 그러한 예외 사항의 가장 가까운 예는 트랜스젠더로 자신의 남성 또는 여성으로서의 의미가 태어난 성별과 다른 것이다(APA, 2010). 사람은 남자의 몸에서 여자로 느끼거나 여성의 몸에서 남자로 느낄 수 있으며, 자신이 느끼는 정체성에 따라 옷을 입을 수 있다.

성별과 유전자

성별(gender)
심리학에서는 생물학적 또는 사회적으로 영향받는 남성과 여성을 정의하는 특성들

9장에서는 인종과 성별이 다른 사람이 우리를 대하는 데 어떤 영향을 주는가를 살필 것이다. 이제 **성별**, 즉 사람들이 남성과 여성에 대해 연상하는 특성을 살펴보자. 어떤

행동이 또한 남성이나 여성의 특성이며 기대되는가?

　Judith Rich Harris(1998)는 "인간 유전자의 46 염색체 중 45개는 남녀 공통"이라는 것을 지적한다. 여성과 남성은 따라서 여러 신체적 특성과 발달의 중대한 사건 - 일어나 앉는 시기, 이가 나고 걷는 시기 등 - 에 있어 유사하다. 또한 전체 어휘, 창의성, 지능, 자기 효능감과 행복감 등 여러 심리적 특성에 있어서도 비슷하다. 여성과 남성은 동일한 정서와 갈망을 느끼며, 자식을 사랑하고, 비슷해 보이는 뇌를 가지고 있다(평균적으로 남성은 신경 세포가 더 많고 여성은 신경 연결이 더 많기는 하지만). Janet Shibley Hyde(2005)는 46개의 메타 분석을 검토한 결과(각각 수십개의 연구를 통계적으로 요약) 조사된 대부분 변수의 공통적 결과는 성별 유사성이었다. 당신의 "반대의 성"은 실제적으로는 당신과 거의 동일한 성이다.

　그렇다면 남성과 여성이 특수한 경우를 제외하고는 몇 가지 문제도 되지 않는 해부학적 특이성을 빼놓고는 근본적으로 같다고 결론지어야 하는가? 실제로 어느 정도의 차이가 있고 바로 이 차이가 많은 유사성보다도 더 주목을 끌고 뉴스거리를 만드는 것이다. 학문적으로나 일상생활에서도 차이점은 더 관심을 일으키므로 남녀를 비교하는 18,000개의 연구를 유도하기에 충분하였다. 남성과 비교하여 평균적 여성은

- 지방분이 70% 더 많고, 근육양이 40% 적으며, 5인치가 작고, 무게는 40파운드 덜 나간다.
- 냄새와 소리에 더 민감하다.
- 불안장애와 우울증에서 두 배 정도 취약하다.

여성과 비교하여 평균적 남성은

- 사춘기에 늦게 진입하지만(약 2년 정도), 더 빨리 사망한다(전 세계적으로 약 4년 정도).
- ADHD(주의력 결핍/과잉행동장애) 진단을 3배 더 많이 받고, 4배 더 많이 자살하며, 번개에 의해 5배 더 많이 사망한다.
- 귀를 더 잘 움직일 수 있다.

　1970년대에는 많은 학자들은 이러한 성차의 연구가 고정관념을 증대시키는 것을 고민하였다. 성차가 여성의 결함으로 해석되어야 할까? 연구 결과들은 여성에 대한 고정관념을 어느 정도 확인해 주지만 - 신체적으로 덜 공격적이고, 더 양육적이며, 더 사회적으로 민감한 것 등 - 그러한 특성은 주로 다수의 페미니스트에 의해 소문난 것뿐 아니라 또한 대부분의 남성과 여성에 의해 선호되기도 한다(Prentice & Carranza, 2002; Swim, 1994). 그렇다면 대부분의 사람들이 가지는 "여성"에 대한 생각과 느낌이 "남성"에 대한 생각과 느낌보다 더 우호적이라는 것은 놀랄 일이 못된다(Eagly, 1994; Haddock & Zanna, 1994).

　남성과 여성의 사회적 관계, 지배성, 공격성, 성생활을 비교해 보자. 앞에서 이 근소한 차이를 서술하였으니 이제 진화적, 문화적 관점에서 이것을 어떻게 설명하는지 살

신체적 특성에 있어 남성 간 그리고 여성 간의 개인적 차이는 평균적 성별 차이를 훨씬 능가한다.
돈 스컬랜더의 1964년 올림픽 400m 자유형에서 세운 4분 12초의 세계기록을 2008년 올림픽 결선에 오른 8명의 여자선수들이 따라잡았다.

펴보자. 성차는 자연선택을 반영하는가? 아니면 문화적으로 구성되는, 즉 남녀가 자주 행하는 역할과 그러한 상황이 반영되는 것인가? 또는 유전자와 문화가 둘 다 성별에 영향을 주는가?

독립성과 관계성

남성들은 개인적으로 거친 경쟁성부터 배려적인 돌봄성까지 상이한 행동과 외형을 나타낸다. 여성도 마찬가지다. 이를 부인하지 않으면서 몇몇 20세기 말의 여성심리학자들은 여성은 남성보다 가깝고 친밀한 관계를 우선시한다고 주장하였다(Chodorow, 1978, 1989; Gilligan, 1982; Gilligan 외, 1990; Miller, 1986). 증거를 검토해보자.

놀이. Eleanor Maccoby(2002)는 남아에 비해 여아가 더 친근하게 이야기하고, 덜 공격적인 놀이를 한다고 10여 년간의 성의 발달에 대한 연구를 통해 말해주고 있다. 또한 더 작은 집단에서 놀고 흔히 한 친구하고 이야기한다. 남아들은 흔히 더 큰 집단의 활동을 한다(Rose & Rudolph, 2006). 그리고 자신이 속한 성별과 상호작용하면서 그 차이는 더 커진다.

친구관계. 성인이 되면 개인주의적 문화의 여성들은 자신을 더 관계적인 관점에서 묘사하며, 도움을 더 받아들이고, 관계 지향적 정서를 더 경험하며, 타인과의 관계를 조율한다(Addis & Mahalik, 2003; Gabriel & Gardner, 1999; Tamres 외, 2002; Watkins 외, 1998, 2003). 대화 중에 남성은 자주 과제에 초점을 두고, 큰 집단과의 관계에 집중하는 반면, 여성은 개인적 관계에 초점을 둔다(Tannen, 1990). Joyce Benenson과 동료 (2009)는 "아마도 친밀감에 대한 큰 욕구때문"에 여성들은 대학교 첫 해에 남성보다 두 배나 더 룸메이트를 바꾼다고 보고하였다.

전화할 때 친구와의 대화 시간이 여성이 좀 더 길고 여아는 남아보다 두 배 더 문자 메시지를 보낸다(Friebel & Seabright, 2011; Lenhart, 2010; Smoreda & Licoppe, 2000). 컴퓨터 사용에서는 여성은 email을 보내는 데 좀 더 많은 시간을 할애하고, 더 정서적

여아의 놀이는 주로 작은 집단에서 이루어지고 인간관계를 흉내낸다. 남아의 놀이는 주로 경쟁적이고 적대적이다.

으로 표현한다(Crabtree, 2002; Thomson & Murachver, 2001). 또한 사회관계를 맺는 사이트에 더 많은 시간을 보낸다(Bryor 외, 2010).

집단에서 여성은 좀 더 자신의 삶을 타인과 공유하고, 지지한다(Dindia & Allen, 1992; Eagly, 1987). 스트레스하에서 남성은 "공격 또는 회피"로 응답하는 경향이 있고, 종종 위협에 대한 반응은 자주 싸움이다. Shelly Taylor(2002)는 거의 모든 연구에서 여성은 스트레스하에서 "지켜보고, 돌보는" 경향이 있고, 친구와 가족에게 지지를 요청한다고 한다. 대학교 1학년 학생들 중에 10명 중 5명의 남성과 10명 중 7명의 여성은 "어려움에 처한 사람을 돕는 것"은 매우 중요하다고 하였다(Sax 외, 2002).

직업. Pratto와 동료들(1997)은 일반적으로 남성은 불균형적으로 불평등을 야기하는 직업(검사, 기업광고)에 더 끌리고, 여성은 불평등을 감소시키는 직업(국선 변호사, 자선을 광고하는 직업)에 끌린다고 한다. 64만 명을 대상으로 한 직업 선호 연구는 남성은 소득, 승진, 도전과 권력을 더 평가하는 경향이 있고, 여성들은 좋은 시간, 개인적 관계성, 타인을 도울 수 있는 기회를 평가하는 것을 보여준다(Konrad 외, 2000; Pinker 2008). 실제로 북미의 사회복지가, 교사, 간호사 등 대부분의 복지관련 직업은 여성이 남성보다 많다. 전 세계적으로 여성의 직업 흥미는 남성과 비교하면 좀 더 사람에 그리고 좀 덜 사물과 관련된다(Diekman 외, 2010; Eagly, 2009; Lippa 2008a). 남성의 비교적 더 큰 사물관련 직업과 여성의 사람관련 직업의 선호는 50만명의 다양한 흥미검사에 대한 반응에서도 나타난다(Su 외, 2009).

가족관계. 어머니, 딸, 자매 및 할머니로서의 여성의 관계성은 가족을 묶어준다(Rossi & Rossi, 1990). 아이의 출생과 함께 부모는(특히 여성은) 더욱 전통적인 성별관련 태도와 행동을 갖게 된다(Ferriman 외, 2009; Katz-Wise, 2010). 여성은 취학 전 아동과 연로한 부모의 돌봄에 시간을 더 많이 할애한다(Eagly & Crowley, 1986). 남성에 비해 여성은 3배 더 많은 선물과 카드를 구입하고, 편지를 2~4배 더 쓰고, 10~20% 더 많이 친구나 가족에게 장거리 전화를 한다(Putnam, 2000). 자신을 잘 나타낼 수 있는 사진을 보여줄 것을 부탁하면 여성들은 주로 부모나 타인과 함께 있는 사진을 보여준다(Clancy & Dollinger, 1993).

미소. 미소짓는 것은 물론 상황에 따라 달라진다. 400여 개의 연구들에 의하면 여성의 광범위한 관계성은 일반적으로 더 높은 미소의 비율로 표현된다(LaFrance 외, 2003). 예를 들어, Marianne LaFrance(1985)는 9,000장의 대학 앨범 사진을 분석하였고, 여성이 더 자주 웃는 것을 발견하였다. Amy Halberstadt와 Martha Saitta(1987)는 1,100장의 잡지와 신문의 사진, 그리고 쇼핑몰이나 공원, 거리에서의 1,300명을 연구하였다.

공감. 조사를 하면 여성은 스스로 **공감**을 한다고 묘사하거나 또는 다른 사람이 느끼는 정서를 느낄 수 있다고 한다. 기뻐하는 사람과 함께 기뻐하고 눈물을 흘리는 사람과 함께 눈물을 흘린다. 정도는 덜 하지만 공감의 차이는 실험실 연구로도 이어진다.

공감(empathy)
타인의 정서의 대리적 경험; 자신이 다른 사람의 입장이 되어 보는 것

- 슬라이드를 보여주거나 이야기를 해주면 여아는 더 공감을 표현한다(Hunt, 1990).
- 실험실이나 실생활에서 당황스러운 경험을 하게 되면 여성은 남성에 비해 비슷한 경험을 하는 다른 사람들에게 공감을 표시한다(Batson 외, 1996).
- 나쁜 일 이후 고통을 받는 사람을 관찰하게 되면 여성은 공감과 관련된 뇌 부분에 증가된 활동성을 보이지만 남성은 그렇지 않다(Singer 외, 2006).
- 여성은 다른 사람의 고통에 더 울고 고통을 보고한다(Eisenberg & Lennon, 1983). 2003년의 갤럽 조사에서 미국 남성의 12%와 여성의 43%는 이라크 전쟁의 결과로 운 적이 있다고 보고하였다.

어떻게 생각하는가: 서구 여성은 좀 더 자립적이고 그들의 개인주의적 문화에 적절히 대응하는가? 아니면 여성의 삶에 대한 관계적 접근이 권력 지향적 서구사회(높은 수준의 아동 홀대, 고독, 우울이 뚜렷한)를 좀 더 배려적 공동체로의 변화를 도와주는가?

이 모든 것은 왜 여성과 남성 모두 남성과의 친구관계에 비해 여성과의 친구관계를 더 친밀하고 즐겁고 배려적이라고 보는지를 설명해준다(Rubin, 1985; Sapadin, 1988). 만일 당신이 공감과 이해를 원한다면 당신의 기쁨과 고통을 말할 수 있는 그 누구에게 갈 것인가? 대부분의 남성과 여성은 여성에게 간다.

이러한 남성-여성의 공감 차이에 대한 한 가지 설명은 여성은 타인의 정서를 알아차리는 것에 남성을 능가한다는 것이다. Judith Hall(1984)은 여성과 남성의 비언어적 암시에 대한 민감성을 조사한 125개의 연구를 분석한 결과, 여성은 일반적으로 타인의 정서적 메시지를 해독하는 데 더 우월하다고 한다. 예를 들어, 2초짜리 무성 필름에 고통스러운 여성의 얼굴을 보여주면 여성은 필름 속의 여성이 누군가를 비판하는 것인지 또는 자신의 이혼에 대해 이야기하는지 정확하게 알아차린다. 여성은 또한 남성보다 현저하게 다른 사람의 외모를 회상한다고 Marianne Schmid Mast와 Judith Hall(2006)은 보고한다. 실험연구에서 높은 지위의 사람들은 타인의 정서를 읽는 데 덜 정확하다(Kraus 외, 2010). 여성은 비언어적으로 정서를 표현하는 능력이 더 있다고 Hall은 말한다. Erick Coats와 Robert Feldman(1996)은 특히 긍정적인 정서에서 더 그렇다고 이야기한다. 연구자들은 사람들에게 행복하고 슬프고 화났던 시간들에 대해 말해 주었다. 약 5초간 이에 대한 무성 비디오를 보여주면, 관찰자들은 행복감을 회상할 때, 여성의 정서를 남성의 정서보다 더 정확하게 알아차렸다. 남성은 분노의 전달에 약간 더 성공적이었다.

여성은 일반적으로 공감이 잘되고 타인의 정서를 읽는 기술이 있으므로 자폐증에 덜 취약한 점을 (Simon Baron-Cohen 2004, 2005)는 "극단적 남성의 뇌"라 표현한다.

사회적 지배성

두 사람을 상상해 보자. 하나는 "대담하고, 독재적이고, 거칠고, 지배적이며, 힘 있고, 독립적이고 강하다.". 다른 한 사람은 "따뜻하고, 의존적이며, 꿈이 많고, 정서적이고, 복종적이고 약하다.". 첫 번째 사람이 남성이고 두 번째 사람이 여성이라고 여기는 것은 당신 혼자만이 아니라고 John Williams와 Deborah Best(1990a, p.15)는 말해준다. 아시아에서 아프리카까지, 유럽에서 호주까지, 사람들은 남성들이 더 지배적이고, 충동적이고 공격적이라고 평가한다. 거의 70개국의 8만명을 조사한 연구들에서는 남성은 여성보다 권력과 성취를 더 중요하다고 평가하였다(Schwartz & Rubel, 2005).

이러한 인식과 기대는 실제와도 일치한다. 모든 사회에서 남성은 사회적으로 지배적이다(Pratto, 1996). Peter Hegarty와 동료들(2010)이 관찰한 것은 시간을 가로질러 남성의 이름이 먼저 나온다는 것이다. "왕과 왕비", "그와 그녀", "미스터와 미시즈", "빌과 힐러리." 셰익스피어는 자신의 희곡을 절대 줄리엣과 로미오 또는 클레오파트라와 안토니우스와 같은 제목을 붙이지 않았다. 우리가 볼 수 있듯이 성차는 문화마다 큰 차이를 보이고, 많은 산업화된 사회에서는 경영과 지도자 역할을 맡는 것에 점차 성차가 줄고 있다.

- 2011년 전 세계의 국회위원 중 단지 19%가 여성이다(IPU, 2011).
- 남성은 여성보다 사회적 지배에 더 관심을 갖고, 집단의 불평등을 유지하는 보수 정치 후보와 프로그램을 더 선호한다(Eagly 외, 2004; Sidanius & Pratto, 1999).
- 모든 배심원의 반은 남성인데 배심원 대표로 뽑힌 사람은 90%가 남성이다; 남성은 대부분의 임시 실험집단에서 리더이다(Colarelli 외, 2006; Davis & Gilbert, 1989; Kerr 외, 1982).
- 영국의 최고 100개 기업의 중역진의 87%는 남성이 차지하고 있다(BIS, 2011).
- 대부분의 국가에서 여성의 임금은 평균 남성의 70 내지 90%라고 UN(2010)은 보고한다. 성별 임금 차이의 1/5만이 교육, 직장경험, 직무특성에 기인하는 것이다(World Bank, 2003).

여러 연구들에서도 사람들은 리더는 좀 더 문화적으로 남성적 특성을 - 즉, 자신감 있고,독립적이며 거리낌없는 - 지녔다고 생각한다(Koenig 외, 2011). 추천서를 쓰게 되면 남성지원자를 묘사할 때 "주도적" 형용사를, 여성 지원자에게는 "공동체적" 형용사(잘 돕고, 친절하고, 배려하고, 재치있는)를 주로 사용한다(Modera 외, 2009). 이러한 결과는 여성이 리더십 역할에 지원하는 데

좌수나 노숙자와 같은 가장 힘 없는 사람 중에도 남성이 여성보다 수적으로 우세하다(Baumeister, 2010).

"좋은 보고였어요, 바바라, 하지만 남녀가 다른 언어를 사용하기 때문에 전혀 이해할 수 없었어요."

"그건 남자 일이야."

어떤 성별 차이는 지위나 권력과 관련이 없다. 예를 들어, 모든 지위의 여성은 더 미소짓는 경향이 있다(Hall 외, 2005).

불리하게 작용할 수 있다.

남성의 소통 유형은 그들의 사회 권력과 관계있다. 역할이 엄격하게 규정되지 않은 상황에서 남성들은 좀 더 독재적이고, 여성은 좀 더 민주적인 경향이 있다(Eagly & Carli, 2007). 지도자 역할에서 남성은 지시적이고 과제 중심적 지도자로서 탁월하지만, 반면 여성은 변혁적 리더십에 탁월하여 점점 더 많은 조직체에서 집단정신을 세워주는 고무적이고 사회적 능력이 있는 리더십이 선호된다. 남성은 여성에 비해 승리, 출세, 타인을 지배하는 것을 우선시한다(Sidanius 외, 1994). 이는 왜 사람들이 집단 내 갈등이 있을 때보다 국가 간 전쟁 같은 집단 간 갈등이 있을 때 남성지도자를 선호하는지 설명해준다(Van Vugt & Spisak, 2008).

남성은 또한 더 충동적으로 행동하고 더 많은 모험을 감행한다(Byrne 외, 1999; Ross 외, 2011). 한 연구에서는 3만5천명의 증권중개인의 자료를 연구하였는데 "남성은 여성보다 과신을 한다."는 것과 또한 주식 거래를 45% 더 많이 한다는 것을 발견하였다(Barber & Odean, 2001). 거래는 비용이 들고 남성의 거래는 더 성공적이지 않기 때문에, 그들의 주식 시장에서의 결과는 2.65%의 성과 부족을 초래하는 반면, 여성은 1.72%의 성과 부족을 보인다. 남성의 거래는 더 모험적이고 그 때문에 남성은 성과가 더 낮다.

글쓰기에 있어 여성은 공동 전치사 "with"를 더 많이 사용하고, 양을 나타내는 단어는 더 적게, 현재 시제는 더 많이 사용하는 것으로 나타났다. 단어 사용과 문장 구조에서의 성차를 인식하고 알려주는 한 컴퓨터 프로그램은, 920개의 영국 소설과 논픽션 작품 중 80%의 경우 그 작가의 성을 맞출 수 있었다(Koppel 외, 2002).

대화에 있어서는 남성의 스타일은 독립성에 대한 관심을, 여성은 관계성에 대한 관심을 반영한다. 남성은 더욱 힘 있는 사람처럼 행동한다. 주장적이고, 끼어들어 말을 중단시키고, 손으로 건드리고, 시선을 더 응시하고, 덜 웃을 가능성이 많다(Leaper & Robnett, 2011). 여성의 관점에서 결과를 말하자면, 여성의 영향력은 더욱 간접적인 유형이다. 방해를 덜하며, 더 민감하고, 더 상냥하고, 자만심이 덜하고, 더 질적이며 그리고 구속을 받는다.

그렇기 때문에 남자는 화성에서, 여성은 금성에서(1990년대의 베스트셀러)라고 선언하는 것이 타당한 것일까? Kay Deaux와 Marianne LaFrance(1998)는 남성과 여성의 대화 유형은 사회적 맥락에 따라 변한다는 것을 주장한다. 우리가 남성에게 귀인하는 유형은 전형적인 지위와 권력이 있는 인간(남성과 여성)의 유형이다(Hall 외, 2006). 예를 들어, 학생들은 학우와 이야기할 때보다 교수와 이야기할 때 더 고개를 끄덕이고, 여성은 남성보다 더 고개를 끄덕인다(Helweg-Larsen 외, 2004). 남성 – 그리고 높은 지위의 역할을 지닌 사람들 – 은 더 크게 이야기하고 타인의 대화를 중단시키는 경향이 있다(Hall 외, 2005). 더 나아가 개인차도 있다; 어떤 남성은 머뭇거리고 공손하며, 어떤 여성은 주장적이다. 남성과 여성이 다른 정서적 행성에서 왔다는 것은 너무 단순한 생각이다.

공격성

심리학자들은 **공격성**을 의도적으로 상해하는 행동이라고 본다. 전 세계적으로 사냥하고 싸우고, 전쟁하는 것은 원래 남성의 활동이다(Wood & Eagly, 2007). 조사에 의하면 남성은 여성보다 더 공격성을 용인한다. 실험실 연구에서는 남성이 실제로 신체적 공격을 – 예를 들어, 해로운 전기 쇼크라고 생각하는 것을 수행함에 있어서 – 더 나타낸다(Knight 외, 1996). 캐나다에서는 살인으로 구속된 사람의 남녀 비율이 8대 1이다(Statistics Canada, 2010). 미국에서는 수감자의 92%가 남성이고, 9대 1의 비율이다(FBI, 2009). 거의 모든 자살 테러리스트는 남성이다(Kruglanski & Golec de Zavala 2005). 또한 거의 모든 전쟁터의 사망자와 사형수는 남자이다.

하지만 성차는 또한 맥락과 함께 변한다. 만일 어떤 도발이 있는 경우이면 성차는 줄어든다(Bettencourt & Kernahan, 1997; Richardson, 2005). 그리고 덜 사나운 공격 유형에서는 – 즉, 말로 하거나, 가족을 때리거나, 무언가를 던지고, 언어적인 공격을 하는 것은 – 여성이 남성보다 덜 하지 않다(Björkqvist, 1994; White & Kowalski, 1994). John Archer(2000, 2004, 2007, 2009)는 수십 개의 연구를 통계적으로 요약하여 여성은 악의적인 험담을 퍼뜨리기와 같은 간접적인 공격행위를 약간 더 잘 범한다고 하였다. 하지만 전 세계에 어떠한 연령대에서도 남성은 더 빈번하게 신체적 공격으로 타인에게 해를 입힌다.

성생활

성적 태도와 독단성에서도 또한 성차가 있다(Petersen & Hyde, 2010). 성적 자극에 대한 생리적인, 주관적 반응에서는 남성과 여성이 "상이하다기보다는 더 유사한" 것은 사실이다(Griffitt, 1987). 그러나 다음을 검토해 보자.

- 호주의 한 조사에서 "나는 다양한 파트너와 일시적인 성행위를 부담 없이 즐기는 것을 생각해 볼 수 있다."의 질문에 48%의 남성과 12%의 여성이 동의하였다(Bailey 외, 2000). 48개국의 연구에 의하면 자유로운 성생활에 대한 찬성 의견은 나라마다 달라서 핀란드처럼 비교적 문란하고 타이완과 같이 비교적 단혼제인 나라까지 다양하다는 것을 보여 주었다(Schmitt, 2005). 하지만 모든 나라에서 자유로운 성행위를 더 원하는 사람은 남성인 것으로 나타났다. 마찬가지로 BBC의 53개국의 20만명 이상을 대상으로 한 조사는 어디든지 남성이 더 강하게 "나는 강한 성적 충동을 가지고 있다."고 동의하였다(Lippa, 2008b).
- 미국의 교육 협의회에서 25만명의 대학교 1학년 학생들을 조사한 최근의 연구에

공격성 (aggression)
누군가를 의도적으로 해치는 신체적 또는 언어적 행동. 실험연구에서는 전기쇼크를 가하거나 누군가에게 감정을 상하게 하는 말을 하는 것을 뜻한다.

서도 비슷한 결과가 도출되었다. "만일 두 사람이 정말 서로 좋아한다면, 사귄 기
간이 짧더라도 성행위를 하는 것이 괜찮다고 본다."에 58%의 남성과 34%의 여성
이 동의하였다(Pryor 외, 2005).

- 임의로 추출된 10~59세의 미국인 3,400명을 조사한 바에 의하면 파트너에 대한
  감정이 성행위의 원인이었다고 칭한 남성(25%)은 여성(48%)의 절반 정도밖에 되
  지 않았다. 섹스에 대해서는 얼마나 자주 생각을 할까? "매일" 또는 "하루에 여러
  번"이라고 여성의 19%, 그리고 남성의 54%가 답하였다(Laumann 외, 1994). 캐나
  다 사람도 11%의 여성과 46%의 남성이 "하루에 여러 번"이라 답하는 데 동의하였
  다(Fischstein 등, 2007).

성적 태도에서의 성차는 행동으로 이어진다. "몇몇 예외 사항을 빼고는 세계의 어
느 곳이든 남성이 더 성행위를 주도한다."고 비교문화 심리학자인 Marshall Segall과
동료들은 보고한다(1990, p.244). 레즈비언과 비교하여 게이들은 개입 없는 성행위
에 관심을 더 보이고, 더 자주 성행위를 하고, 포르노그래피에 더 관심있으며, 시각
적 자극에 더 민감하며, 상대의 매력에 더 흥미를 보인다(Peplau & Fingerhut, 2007;
Rupp & Wallen, 2008; Schmitt, 2007). 미국의 레즈비언의 47%는 커플을 이루며 이
는 24%만 커플을 이루는 게이의 두 배에 달한다(Doyle, 2005). Vermont의 합법적
동성결혼과 Massachusetts의 동성결혼 중에는 2/3가 여성 커플이다(Belluck, 2008;
Rothblum, 2007). "이것은 게이가 더 과도한 성생활을 하는 것을 의미하는 것이 아니
라 단지 여성의 욕망보다는 남성의 욕망을 더 살피기 때문"이라고 Steven Pinker(1997)
는 보았다.

Roy Baumeister와 Kathleen Vohs(2004; Baumeister 외, 2001)의 관찰에 의하면 남성
은 성에 대해 더 공상을 하고 관용적이고 더 많은 상대를 찾을 뿐 아니라 또한 더 빨리
흥분하고, 더 빈번한 성행위를 원하고, 더 자주 자위를 하며, 포르노그래피를 더 사용
하며, 독신 생활에 덜 성공적이고, 성행위를 거절하지 못하며, 더 위험을 찾고, 성행위
를 하기 위해 더 많은 자원을 소비하고, 성적 다양성을 선호한다(Baumeister 등 2001;
Baumeister & Vohs, 2004; Petersen & Hyde, 2011). 18~25세의 대학생 표본에서 평균
적 남성은 한 시간에 한 번, 평균적 여성은 매 두 시간에 한 번꼴로 성에 대해 생각한다
고 한다(Fischer 등, 2011). 한 연구에서는 52개국의 16,228명을 대상으로 다음 달에 몇
명의 성적 파트너를 원하는가를 물었다. 결혼하지 않은 사람들 중 남자의 29%, 여자의
6%는 한 명 이상의 파트너를 원했다(Schmitt, 2003, 2005). 이 결과는 이성애자와 동성
애자가 거의 일치하는 것이다(29%의 게이 남성과, 6%의 레즈비언은 한 명 이상의 파
트너를 원했다).

"어디서나 성행위는 남성이 원하는 것으로 여성은 소유하는 것으로 이해된다."고
인류학자인 Donald Symons(1979, p.253)는 언급하였다. 이에 대해 Baumeister는 놀랄
일이 못된다고 말한다. 어느 문화이든 여성의 성행위는 남성의 성행위보다 더 큰 가치
를 두고, 이것은 매춘과 구혼에서의 성 불균형에서도 잘 나타난다. 남성들은 주로 금

남 성 매 춘 부

"Oh yeah, baby, I'll listen to you—I'll listen to you all night long."

품을 제공하고, 선물, 칭찬 등 여성의 성적 참여를 유도하기 위한 함축적인 교환에 몰입한다. 성의 경제학에 있어 여성은 성행위를 위해 좀처럼 돈을 지불하지 않는다. 마치 노동조합이 "파업 반대자"들에 대해 자신의 노동 가치를 떨어뜨리기 때문에 반대하는 것처럼 대부분의 여성들은 자신들의 성행위의 가치를 떨어뜨리는 다른 여성들의 "싼 성행위" 제공에 반대한다. 185개국에 걸쳐, 얻을 수 있는 남성이 희귀하면 할수록, 십대의 임신 비율은 증가한다. – 그 이유는 남성이 드물기 때문에 여성은 헌신이라는 이름으로 싼 가격에 성행위를 제공하며 서로 경쟁하기 때문이다(Barber, 2000; Baumeister & Vohs, 2004). 만일 중국이나 인도처럼 여성이 희귀하다면 그들의 성행위의 시장 가격은 상승하고, 남성에게 더 큰 헌신을 명할 수 있다.

성적 상상 역시 성차를 나타낸다(Ellis & Symons, 1990). 남성 지향적 에로물에서는 여성들은 누구와도 교제하지 않고 욕망에 사로잡혀 있다. 주 고객이 여성인 연애 소설에서는 부드러운 남성이 여주인공에 대한 헌신적인 열정으로 정서적으로 소진된다. 이것을 주장하는 것은 단지 사회과학자들뿐이 아니다. 익살꾼인 Dave Barry(1995)는 "여성은 전체 줄거리가 오로지 한 남성과 한 여성이 서로를 열망하는 줄거리로 구성된, 그러나 절대 서로 관계를 가지지 못하는 내용의 4시간짜리 자막이 달린 영화에 매료될 수 있다."고 하였다. "남성은 그런 것을 증오한다. 남성은 아마도 열망에 45초 정도 투자하고, 모두가 나체이기를 원하고 자동차 추격전이 뒤따른다. '벌거벗은 사람들의 자동차 추격'이라는 영화는 남성들의 실제인 것이다."라고 풍자한다.

탐정이 미덕보다는 범죄에 더 흥미를 느끼는 것처럼 심리학적 탐정은 유사성보다는 차이성에 더 흥미를 느낀다. 그러므로 우리 스스로 상기해보자. 개인적 차이는 성별 차이를 훨씬 능가한다. 여성과 남성은 거의 정반대의(전적으로 다른) 성이 아니다. 그들은 두 개의 포개진 손만큼만 다르다. – 비슷하나 같지 않고, 서로 잡을 때처럼 잘 맞지만 차이가 난다.

요약 : 남자와 여자는 얼마나 비슷하고 다른가?

- 소년과 소녀, 남성과 여성은 여러모로 비슷하다. 하지만 차이점이 유사점보다 더 주의를 끈다.
- 사회심리학자들은 독립성과 관계성에서의 성차를 연구하였다. 여성은 전형적으로 좀 더 배려적이고 공감과 정서를 표현하며 스스로를 관계성 속에서 정의한다.
- 남성과 여성은 상이한 사회지배성과 공격성을 보인다. 지구상의 모든 문화권에서 남성은 여성보다 좀 더 사회적 영향력을 가지려 하고 신체적 공격에 참여한다.
- 성행동은 뚜렷한 성차가 있는 영역이다. 남성은 더 빈번하게 성에 대해 생각하고 주도한다. 여성의 성행동은 정서적 열정에 의해 고무된다.

진화와 성별: 자연적으로 주어진 것을 하는가?

진화심리학자들과 사회문화적 관점으로 연구하는 심리학자들이 성차를 설명하는 방법을 비교하고 대조하기

성 연구가인 Diane Halpern(2010)은 성차가 여러 연구, 종, 문화에 걸쳐 일관된 결과를 보인다는 사실에 주목하였다. 그러나 왜 그럴까? "당신이 생각하기에 남자와 여자가 성격과 관심, 능력이 다른 주요 원인은 무엇이라 생각하십니까?"라고 Gallup 기구가 전국적 조사에서 질문했다. "그 차이는 주로 남성과 여성이 키워지는 방식에 기인합니까 아니면 생물학적 구성물의 한 부분입니까?"라는 질문에 답한 99% 가운데서(그 전제에 대해서는 묻지 않았다), 거의 같은 비율로 "양육"과 "생물학"이 대답되었다.

특정의 현저한 생물학적 차이는 물론 존재한다. 남성의 유전자는 사냥을 위해 근육 부피가 주어지고, 여성의 유전자는 양육의 능력을 갖게 한다. 생물학적인 성차가 재생산과 체격과 같은 현저한 차이에 제한되는 것인가? 아니면 남성과 여성의 유전자, 호르몬, 뇌가 행동의 차이에 일조하는 방식이 다른 것인가?

성과 배우자 선호

앞서 다른 사람들도 말한 바와 같이 진화심리학자인 Douglas Kenrick(1987)은 세계적으로 공격성, 지배성, 성생활에서 성차가 유지된다는 것을 주목하고, "우리는 우리 종의 진화의 역사를 바꿀 수 없다. 그리고 우리 사이의 몇 가지 차이는 의심할 여지없이 그 역사의 작용이다."라고 언급하였다. 진화심리학자들은 두 성별이 직면하는 모

"나는 사냥하고, 그녀는 채집해. 그렇지 않으면 먹고 살 수도 없었을거야."

든 영역의 적응의 도전에서 성차를 예측하지는 않는다(Buss, 1995). 두 성은 모두 열이 나면 땀으로 조절하고, 몸에 양분을 주기 위해 비슷한 미각적 선택을 하고, 피부가 마찰되면 굳은살을 만든다. 하지만 진화심리학자들은 데이트, 짝짓기, 재생산에 중요한 행동에서는 성차를 예언한다.

예를 들어, 남성의 높은 성적 주도성을 고려해보자. 평균적 남성은 일생동안 수 조의 정자를 만들고 난자에 비해서 정자를 저렴하게 생산한다(당신이 평균적 남성이라면 이 문장을 읽는 중에도 1,000개 이상의 정자를 만들고 있다). 더 나아가 여성은 태아를 기한이 되기까지 뱃속에 지키고 후에는 양육해야 하는 동안 남성은 많은 여성을 수태시킴으로써 유전자를 퍼뜨릴 수 있다. 여성의 출산에의 투자는 9달이고, 남성의 투자는 9초일 것이다.

그래서, 진화심리학자들의 주장은 여성은 상대자의 자원 및 헌신의 증거를 찾음으로써 자신들의(드문) 재생산 기회에 신중하게 투자한다고 한다. 남성은 자신들의 유전자를 미래에 보냄으로써 유전자 시합에서 승리할 기회를 가지려고 다른 남성과 경쟁을 해야 하기 때문에 자신의 씨를 심을 수 있는 건강하고 기름진 토양을 찾는다. 여성은 정원을 돌볼 남성, 자원이 많고, 방랑하기보다는 단혼주의인 부친을 찾는다. 여성은 현명하게 남성은 광범위하게 재생산하는 것을 탐색한다고 진화이론은 말해준다.

더불어 진화심리학은 신체적으로 두드러진 남성들은 여성에게 접근하는 데 탁월해서 세대에 걸쳐 남성의 공격성과 지배성을 향상시켰고, 덜 공격적인 남성은 재생산 기회가 적다고 한다. 남성들에게 매력적인 여성의 영상을 보여주면 국제적 침략을 지지하는 비율이 높아지는데, 이는 짝짓기 욕구가 전쟁의 한 동기일 수 있다는 이론과도 합치하는 것이다(Chang 등, 2011). 유전자가 몬테주마 2세를 아즈텍의 왕이 되도록 도왔고 또한 하렘의 4,000명의 여성들을 통해 자손을 얻는데도 기여하였다(Wright, 1998). 만일 우리의 조상인 어머니들이 아이들과 구혼자들의 정서를 알아차리는 것으로 이득을 보았다면, 자연선택은(이득을 주는) 여성의 정서 해독 능력을 선호한다. 이러한 가정들의 근간에는 하나의 원칙이 있다. 자연은 자신의 유전자를 미래로 보내는 것을 도와주는 특성을 선택한다는 것이다.

진화심리학자인 *David Schmitt*는 남성이 여성보다 더 부모투자를 하는 종족에서는 남성들이 장기적인 짝짓기 전략을 사용하며 잠재적인 파트너들 사이에 좀 더 차별을 두고, 더 늦게 사망한다고 하였다.

그림 :: 5.5

인간의 배우자 선호

David Buss와 50명의 공동연구자들은 6대륙과 5개 섬의 모든 인종, 종교, 정치체제에 속하는 10,000여명을 조사하였다. 어느 곳이든 남성은 젊음과 건강, 그리고 재생산의 적합성을 암시하는 매력적 신체 모습을 선호하였다. 어느 곳이든 여성은 자원과 지위가 있는 남성을 선호하였다.

출처: Buss (1994b)

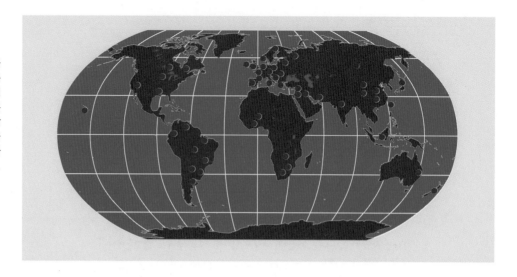

이 과정이 부족하면 문제가 된다. 결정으로 인한 고통 때문에 유전자를 후세로 보내기를 포기하는 사람은 거의 없다. 오히려 우리의 자연스러운 갈망은 우리의 유전자를 더 많아지도록 하는 방식이라고 진화심리학자들은 주장한다. 배고픔이 신체의 영양분으로의 욕구를 이행하듯이 정서는 진화의 속성을 실행에 옮긴다.

의학자이며 저자인 Lewis Thomas(1971)는 암컷 나방이 분비하는 bombykol(화학물질)에 대한 수컷 나방의 대응을 기발하게 서술함으로써 숨겨진 진화적 속성을 포착하였다. 단 하나의 분자가 1마일 이내의 모든 수컷의 머리를 흔들어 놓고 열심히 바람을 거슬러 쫓게끔 하는 것이다. 하지만 나방이 화학 유인물질 공기입자 전술에 사로잡혔다는 것을 지각하는지는 확실치 않다. 오히려 나방은 갑자기 좋은 날이 되었다고 느끼거나, 날씨가 상쾌하다거나, 늙은 날개를 약간 연습시키기 적당한 시기라고 느껴서 힘차게 날아오를 수 있다.

"인간은 살아있는 화석이다. - 이전의 선택의 압력으로 생겨난 메커니즘의 집합이다."라고 Davis Buss(1995a)는 말한다. 진화심리학자들은 이것으로 남성의 공격성뿐 아니라 남성과 여성의 성적 태도와 행동의 차이도 설명할 수 있다고 믿는다. 여성의 미소를 성적 관심이라고 보는 남성의 해석이 대부분 틀렸다는 것이 입증되어도, 가끔씩만 맞으면 재생산의 결과를 가져오기도 한다.

진화심리학자들은 또한 남성은 여성이 원하는 것 - 외적 자원과 신체적 방어 - 을 제공하려 노력한다고 예언한다. 수컷 공작은 깃털을 뽐내고, 남성은 복근, 아우디, 재산을 뽐낸다(Sundie 등, 2011). 한 실험에서는 10대 남성을 10대 여성과 한 방에 있도록 하자 "많은 돈을 갖는 것"은 더욱 중요하다고 평가하였다(Roney, 2003). Cardiff, Wales에서의 연구에서는 남성들은 여성이 초라한 Ford Fiesta에 타고 있든 호화로운 Bentley에 타고 있든 동일하게 매력적으로 평가하였다; 여성은 남성이 호화로운 차에 타고 있을 때 더 매력적으로 평가하였다(Dunn & Searle, 2010). "남성의 성취는 궁극적으로 구애를 광고하는 것이다."라고 Glemm Wilson(1994)은 평가하였다. 여성은 남성을 유인하기 위해 남성이 원하는 것, 가슴을 부풀리고, 주름살에 보톡스를 넣고, 지방을 흡입하여 젊음과 건강한 외모(번식력을 암시하는)를 제공한다. 어떤 실험연구에서 여성은 다른 매력적인 여성의 성공과 외모를 비하하기도 하였다(Agthe 등, 2008; Vulkovic 등 2008). 남성과 여성의 파트너 선호는 이러한 관찰을 확인해주고 있다. 생각해보자.

Larry King은 7번째 부인 Shawn-King보다 25살이 많다.

- 호주부터 잠비아에 이르는 37개 문화권의 연구는 남성은 여성의 외모 – 번식력을 의미하는 동안과 몸매 – 에 매력을 느낀다는 것을 보여주었다. 여성은 어디서나 부와 권력과 야망이 있는, 즉 자손을 보호하고 양육할 수 있는 자원을 약속해주는 남성에게 매력을 느낀다고 한다(그림 5.5). 하지만 성의 유사성도 존재한다. 인도네시아 섬에 거주하거나 상파울루 도시에 있거나 남성과 여성은 모두 친절함, 애정, 상호적 끌림을 원하고 있다.

- 어디서나 남성은 최고조의 생식력을 암시하는 연령과 외모에 이끌리는 경향이 있다. 10대의 남성은 자신들보다 몇 살 연상인 여성에 끌린다. 20대에는 같은 연령대를 좋아한다. 나이든 남성은 젊은 여성을 선호하는데 나이가 많을수록 선택하는 파트너와의 연령차가 크다(Kenrick 등, 2009). 어떤 학자는 이러한 패턴이 전 세계에 걸쳐, 유럽의 미혼자가 구애하거나, 인도인의 결혼 구애, 그리고 미국, 아프리카, 필리핀의 결혼 기록에서도 나타난다고 한다(Singh, 1993; Singh & Randall 2007). 모든 연령대의 여성은 자신보다 약간 나이가 많은 남성을 선호한다. 다시 한 번 자연선택은 남성에게 번식력을 암시하는 여성의 외형에 매력을 느끼는 속성을 주었다고 진화심리학자들은 말한다.

- 매달의 생식력도 중요하다. 여성의 행동, 체취, 목소리도 남성이 탐지할 수 있는 배란의 미묘한 단서를 제공한다(Haselton & Gildersleeve, 2011). 생식력의 절정에 있는 여성은 남성적인 얼굴에 큰 선호를 보이고, 잠재적 위협이 있는 남성에게 큰 불안감을, 그리고 남성의 성적 지향을 탐지하는 능력을 보인다(Eastwick, 2009; Little 등, 2008; Navarrete 등, 2009; Rule 등, 2011).

이러한 결과를 고려하여, Buss(1999)는 "바로 진화론자들이 예측하는 대로 남성과 여성이 배우자 선택에 차이를 보인다는 것은 놀라울 따름이다. 뱀, 높은 장소, 거미에 대한 공포가 진화적 조상의 생존 위험을 알게 해주듯이 우리의 배우자 선택 욕구는 조상들이 재생산에 필요로 하던 자원을 알게 해준다. 우리는 오늘날 모두 성공적 유전자 전달자들의 욕망을 지니고 있다."고 하였다.

진화심리학의 고찰

유전자 생존을 돕는 신체적, 행동적 속성의 자연 선택 과정이라는 자연선택의 논쟁

focus
ON

진화과학과 종교

Charles Darwin이「종의 기원을 저술한지 150년이 지난 오늘 모든 지구상의 생물체는 다른 지구상의 생물체로부터 유래한다는 그의 위대한 생각에 대한 논쟁은 지속되고 있다. 이 논쟁이 가장 격렬하게 이루어지는 곳이 미국이다. 갤럽 연구는 미국 성인의 반은 "인간이 어떻게 존재하게 되었는가"에 대해 진화의 설명을 믿지 않고 40%는 인류는 약 만년 전에 창조되었다고 믿는다(Newport, 2007b, 2010). 연구를 통해 종의 유전적 관계성과 같은 증거를 보여주고 95%의 과학자들은 이미 "인간은 수백만년에 걸쳐 발달한 것"이라 설득되었음에도 진화에 대한 의구심은 지속되고 있다(Gallup, 1996).

대부분의 과학자들에게 변이과 자연선택은 정교하게 설계된 생명의 출현을 잘 설명해주는 것이다. 예를 들어, 인간의 눈과 같이 광대한 정보의 흐름을 부호화하고 전달하는 기술적 경이는 그의 구성요소가 "동물의 왕국 여기저기에 산재하여 있고", 자연으로 하여금 시간을 두고 디자인을 향상시키는 변형을 선택하도록 하였다(Dennett, 2005). 실제로 많은 과학자들은 진화학자(동시에 러시아 정교의 구성원) Theodosius Dobzhansky의 유명한 선언인 "진화를 고려하는 것 이외에 생물학에서 의미 있는 것은 아무 것도 없다."는 말을 즐겨 인용한다.

미국 과학진흥협회의 이사인 Alan Leshner(2005)는 반과학주의자와 반종교극단주의자 양쪽의 광신자들에 의해 양극화되는 것을 한탄한다. 증가하는 과학과 종교의 긴장을 해소하기 위해 "우리는 일반 대중에게 과학과 종교는 적대자가 아니라는 것을 분명히 하기 위해 최선을 다해야 한다. 그 둘은 불편 없이 공존할 수 있고 자신의 위치가 있으며, 사회에 중요한 기여를 한다."고 주장한다.

많은 과학자들은 Leshner에 동의하고, 과학은 "언제?" 그리고 "어떻게?" 등의 질문에 답을 주고, 종교는 "누가?" 그리고 "왜?"의 질문에 답을 준다고 믿는다. 5세기에 성 아우구스틴은 오늘날의 믿음을 과학적으로 확증하려는 사람을 예견하였다 : "우주는 완전히 형성된 상태로 창조된 것이 아니라 부정형의 물질에서 진정으로 놀라운 구조와 형태의 정돈으로 전이하는 능력을 선사받았다." (Wilford, 1999)

그리고 우주는 실제로 경탄스럽다고 우주 과학자들은 말한다. 중력이 조금 더 강하거나 약했다면, 아니면 탄소의 양자 무게가 조금이라도 더하거나 덜했다면, 우리의 우주는 결코 우리를 생성하지 못했을 것이라고 한다. 비록 과학을 넘어서는 질문이 존재하더라도 (왜 존재하지 않는 것이 아니라 존재하는가?), 과학은 진실인 것으로 여겨진다고 우주 과학자인 Paul Davies(2004)는 결론짓는다 : 자연은 기묘하게 자기재생과 정보처리체계를 고안해내는 것으로 보여진다. 비록 우리가 영원한 시간에 걸쳐 창조된 것으로 보이지만 최종 결과는 놀랍게 복잡하고, 의미 있는, 희망으로 가득 찬 존재라는 것이다.

주류과학계의 외부에서는 다른 비판이 진화의 교육에 도전하고 있다. (초점문제 : 진화과학과 종교를 보라)

은 보류하고, 비판가들은 진화적 설명에서의 문제점을 본다. 진화심리학자들은 이따금 하나의 효과(남성과 여성의 성행위에서의 주도권의 차이 등)에서 출발하여 거꾸로 그것을 설명하려고 시도한다. 이러한 접근은 1920년대에 심리학의 주 이론이었던 기능주의를 연상하게 한다. 그 논리는 "왜 그 행동이 일어나는가? 그것은 이러저러한 기능 때문이다."와 같은 것이다. 생물학자인 Paul Ehrlich와 Marcus Feldman(2003)은 사후추론법을 사용한다면 진화이론가들은 잃을 것이 없을 것이라고 지적하였다. 오늘날의 진화심리학은 과거의 프로이트식 심리학과 같다. 이론은 일어난 일에 맞춰 제공하면 된다. 사후추론의 왜곡을 극복하는 방법은 사물이 다른 식으로 이루어진다고 가정하는 것이다. 이것을 시도해보자. 여성이 더 강하고 신체적으로 더 공격적이라는 것을 가정해보자. 그에 대해 누군가는 "물론이지, 그것이 자식을 보호하는 데 더 유리할 것"이라고 할 수 있을 것이다. 또한 남성이 만일 혼외 연애를 몰랐다면, 정절 뒤에 숨은 진화의 지혜를 깨닫지 못하게 될까? 자손을 성숙하게 키우는 것은 단지 정자를 심

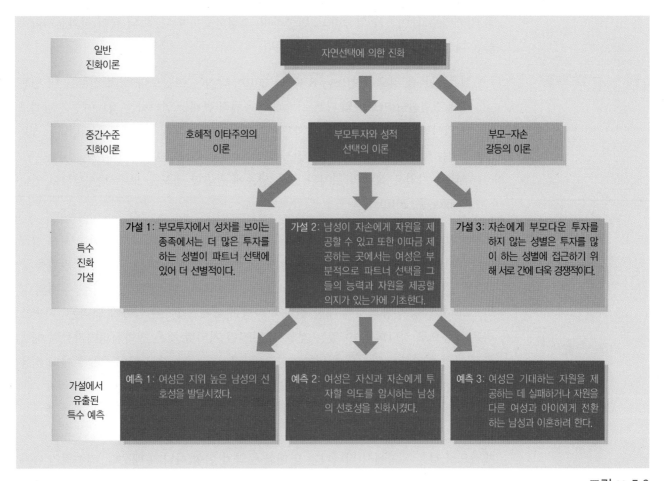

그림 :: 5.6

David Buss(1995a)의 진화심리학의 표본 예측

는 것보다 더 많은 것을 필요로 하기 때문에 남성과 여성 모두 힘을 합하여 아이들에게 투자하는 것은 이득이 된다. 배우자와 자손에게 충실한 남성은 자손이 생존하여 유전자를 보존하는 일을 더 확실히 할 수 있으므로 더 적절하다. 일부일처제 역시 부권의 확실성을 증가시킨다(이것은 부모의 투자를 무척 많이 필요로 하는 인간 및 특정 다른 종에서 왜 둘씩 결혼하고 일부일처제의 경향이 나타나는지를 진화적으로 설명하는 것이다. 진화심리학자들은 남녀 간의 사랑이 보편적인 이유는 바로 유전적 계산 때문이라고, 즉 충실한 남성의 자손은 약탈자로부터 덜 취약하다고 본다).

진화심리학자들은 자신의 이론이 사후추론적이라는 비판에 대해 "우리의 오류를 메꾸어보라"고 응답한다. 그들은 사후추론이 문화적 설명을 못하는 것은 아니라고 주장한다. 왜 여성과 남성은 다른가? 그것은 문화가 그들의 행동을 사회화하기 때문이다! 사람들의 역할이 시간과 장소에 따라 변한다면 문화는 그 역할을 설명하기보다는 기술하는 것이다. 또한 단순한 사후추론적 추측과 달리 진화심리학은 동물의 행동, 비교문화적 관찰, 호르몬과 유전자 연구를 통한 자료를 바탕으로 진화적 예측을 검토하는 경험과학이다. 많은 과학 분야에서처럼 관찰은 하나의 이론을 나오게 하고, 그것은 새로운 검증 가능한 예언을 생성한다(그림 5.6). 예측은 우리에게 간과하고 있던 현상을 일깨워주고, 이론을 확증하고, 반증하며, 수정하도록 한다. 이와 같이 진화심리학자들은 다음의 사항을 예측하고 확증해 준다.

- 성은 질투를 일으킨다(Levy & Kelly, 2010). 남성은 여성보다 성적 질투를 더 빈번하게 경험한다(파트너의 다른 사람과의 육체적 관계를 염려하는 것). 여성은 남성보다 정서적 질투를 더 경험한다(파트너의 다른 사람과의 정서적 관계를 염려하는 것).
- 우리는 가족 구성원과 같이 유전자를 공유하는 사람을 선호하거나 보답한다.
- 우리의 기억은 식량의 위치와 같은 생존에 관련한 정보를 보존하는 경향이 있다 (Confer 등, 2010).

경험적 증거가 진화심리학의 예측을 제대로 지지하지 않는다고 비평하는 것은 결코 아니다(Buller, 2005, 2009). 그럼에도 성에 대한 진화적 추측이 "남녀의 고정관념을 증대"시키는 것을 우려하는 것이다(Small, 1999). 폭력단의 범죄, 살인적 질투, 폭력의 강화, 그리고 남성의 공격성에 대한 진화적 설명이 마치 "남아는 남아가 되려는" 자연스러운 행동으로 정당화될 수 있는 것일까? 하지만 기억할 것은 진화심리학자들의 대답은 진화의 현명함은 과거의 현명함이라고 한 점이다. 그러한 경향이 오늘날에도 적응적인지는 전적으로 다른 문제이다.

진화심리학의 비판은 진화가 우리의 공통점과 차이점을 설명하는 데 도움을 준다는 것을 인정한다(어느 정도 다양성은 생존을 돕는다). 그러나 공동의 진화의 유산은 자체적으로 결혼 유형에서 나타나는 막대한 문화적 변형(하나의 배우자, 연속적인 다른 배우자, 다처제, 다부제, 부부교환제에 이르기까지)을 예측해 주지는 못한다. 진화론은 수십 년 동안 일어난 행동 유형의 문화적 변화도 설명하지 못한다. 자연이 우리에게 남겨준 가장 확실한 특성은 아마도 학습하고 적응하는 능력일 것이다. 진화옹호자들은 진화가 유전적 결정주의는 아니라고 하며 그 이유는 진화는 변화하는 환경에 적응하도록 우리를 준비시키는 것이라고 한다(Confer 외, 2010). 우리 모두가 인정하듯 문화는 다양하고 변화한다.

성별과 호르몬

유전자가 성별과 관계된 특성을 결정한다면 그것이 신체에 미치는 효과도 그래야 한다. 남자 배아에서 유전자는 남성 호르몬인 테스토스테론의 분비로 시작하여 외부 성기의 형성을 지시하고 남성적 외형에 영향을 준다. 연구에 의하면 태아 시기에 과도한 테스토스테론에 노출된 여아는 다른 여아에 비해 더 사내 같은 행동을 보인다고 한다(Hines, 2004). 다른 경우로는 고추가 없이 태어난 남아들이 여아로 길러진 경우이다(Reiner & Gearhart, 2004). 그들은 치마를 입고 여아로 대해졌지만 남성 전형적인 놀이를 하고 또한 대부분 정서적 스트레스 없이 남성의 정체감을 갖게 된다.

공격성의 성차도 역시 테스토스테론에 영향을 받는 것으로 보인다. 많은 동물에 있어 테스토스테론 복용은 공격성을 증대시킨다. 인간에 있어서도 폭력적 남성 범죄자는 테스토스테론 수준이 보통 이상으로 높다. 국가대표 축구 리그 선수들과 떠들썩한 친목회 구성원들이 그러하다(Dabbs, 2000). 뿐만 아니라 인간이나 원숭이에게서 공격성의 성차는 생의 초기에 나타나고(문화가 더 효과를 갖기 이전에), 또한 성인기에 테스토스테론의 수준이 줄어들면 공격성이 감소한다. 이러한 증거들 중 확정적인 것은 없다. 종합하자면 많은 학자들은 성호르몬이 원인이라고 믿는다. 하지만 우리가 보게 되듯이 문화가 원인이기도 하다.

중년 그리고 그 이후가 되면 사람들에게는 희한한 일이 일어난다. 여성들은 좀 더 자기 주장적이고 자기 확신에 차게 되며, 남성들은 더 공감적이고 덜 지배적이 된다(Kasen 외, 2006; Lowenthal 외, 1975; Pratt 외, 1990). 호르몬의 변화가 성차의 축소에 대한 한 가지 설명이 된다. 역할 기대는 또 다른 설명이다. 어떤 학자들은 구애기간 동안 그리고 초기 부모시기에 사회적 기대에 의해 양성 모두 그들의 역할을 향상시키는 특성을 강조하게 된다고 추측한다. 남성은 구애하고, 제공하고, 보호하는 동안 남자다운 면이 부각되고 상호 의존성이나 양육성의 욕구는 무시된다(Gutmann, 1977). 연애 중에 그리고 어린 아동을 키우는 동안 젊은 여성들은 주장하고 독립적이고자 하는 충동은 억제한다. 남성과 여성이 성인 초기의 역할에서 졸업하면 짐작컨대 그들은 억제되었던 경향을 더 표현한다. 각각은 더 **양성성** – 즉, 자기 주장성과 양육성 – 을 가지게 된다.

양성성(androgynous)
andro(남성)+gyn(여성): 남성적 그리고 여성적 특성이 혼합된 것

요약 : 진화와 성별 : 자연적으로 주어진 것을 하는가?

- 진화심리학자들은 어떻게 진화가 공격성이나 성적 주도성과 같은 행동에 성차를 갖게 하는지 이론화하였다. 자연의 짝짓기 게임은 여성 – 특히 생산성을 암시하는 신체적 특징을 지닌 여성에 대해 성적 주도권을 가지고, 또한 다른 수컷과의 경쟁에서 공격적인 지배성향을 가진 남성을 선호한다. 재생산의 기회가 적은 여성들은 자손을 보호하고 양육할 자원을 갖춘 파트너를 선호한다.
- 진화적 설명에 대한 비판은 문화적 다양성의 실상을 설명해

주지 못하는 사후추측이라는 점이다. 또한 진화심리학의 이론을 지지할 충분한 경험적 증거가 있는가, 그리고 이 이론이 골치아픈 고정관념을 강화하지 않는가 하는 의문을 던진다.
- 생물학(예: 남성과 여성 호르몬)이 성차에 중요한 역할을 할지라도 사회적 역할 또한 중요한 영향요소이다. 합의된 것은 자연이 우리에게 다양한 상황에 적응하는 놀랄 만한 능력을 부여했다는 점이다.

문화와 성: 문화가 정하는 대로 하는가?

문화의 영향은 장소와 시간에 걸친 다양한 성역할 구분을 통해 생생히 예시되고 있다.

문화는 위에서 언급한 바와 같이 큰 집단에 의해 공유되고 세대에 걸쳐 전수되는 생각, 태도, 행동과 전통들이다. 생명체처럼 문화도 변화하고 자원을 두고 경쟁하며 시간에 걸쳐 진화한다(Mesoudi, 2009). Hazel Markus와 Alana Conner(2011)는 문화는 '문화 주기'를 통해 진화한다고 보았다. "1) 사람들은 문화를 창조한다. 2) 문화는 사람들을 조형하여 자신의 문화를 항구화하게끔 행동하게 한다." 사람은 문화적으로 조성된 문화형성자이다.

우리는 남성과 여성이 어떻게 행동해야 하는가에 대한 사고에서 문화의 조성력을 볼 수 있다. 또한 기대에 어긋났을 때 감내해야 하는 반감을 알 수 있다(Kite, 2001). 많은 나라에서 여아는 가사를 돕고 아이 돌보는 일에 많은 시간을 보내고, 남아는 자율적인 놀이에 시간을 보낸다(Edwards, 1991; Kalenkoski 외, 2009; UN, 2010). 오늘날 북미의 맞벌이 부부에게서도 남성은 대부분 집안 수리를 하고 여성은 아이 돌보기를 한다(Bianchi 외, 2000; Biernat & Wortman, 1991).

성의 사회화는 여아에게는 "뿌리"를, 남아에게는 "날개"를 주었다고 한다. Peter Crabb과 Dawn Bielawski(1994)는 Caldecott 상을 받은 20세기의 아동 서적을 조사하고, 이 책들이 여아들에게 4배나 더 자주 가사도구(청소 빗자루, 바느질 바늘, 단지 또는 냄비 등)를 보여주고, 남아는 5배나 더 생산도구(쇠갈퀴, 쟁기 또는 총기)를 보여준다고 보고한다. 실생활에서 성인의 상황도 다르지 않다. 세계 모든 지역에서 "여성은 적어도 두 배 이상 무보수 가사일에 시간을 보내고, 전체 노동시간(유급과 무급)은 남성의 시간을 능가한다."고 UN(2010)은 보고한다. 더 나아가 여성은 "지위, 권력, 권위가 있는 직무에 거의 종사하지 못하며", 세계 500개 대기업 중 단지 13곳에서만 최고경영자이다. 이렇게 누가 요리하고 설거지하고 사냥하고 회사나 국가를 이끄는가 하는 남자와 여자에 대한 행동의 기대는 **성역할**을 규정한다.

성역할(gender role)
여성과 남성을 위한 일련의 행동 기대(규범)

2004년 12월 26일 동남아시아의 쓰나미가 있은 지 3개월 후에 Oxfam(2005)은 8마을의 사망자를 세어보고 여성사망자가 적어도 3배인 것을 발견하였다(여성들은 주로 집이나 집 근처, 해안 가까이에 있었고, 해상이나 집에서 멀리 떨어져 심부름이나 일하는 경우가 드물었다).

서방국가에서는 성역할이 더욱 유연해지고 있다. 유치원 교육이 반드시 여성의 일이 아니며, 비행조종이 반드시 남성의 일은 아니다.

문화가 성역할을 형성하는가? 아니면 성역할은 단지 남성과 여성의 자연적 행동 경향을 반영할 뿐인가? 문화와 시기에 따라 나타나는 성역할의 다양성은 문화가 실제로 성역할의 형성에 기여하는 것을 보여준다.

성역할의 문화적 다양성

성역할의 불평등에도 불구하고 전 세계 사람의 대다수는 이상적으로 대등한 남녀 역할을 보고싶어 한다. 2003년의 Pew Global Attitudes 조사는 38,000명을 대상으로 배우자가 모두 일하고 아이 양육을 공유하면 더 삶이 만족스러운가, 아니면 남편은 필요한 것을 공급하는 동안 부인은 집에 머물러서 아동을 돌보는 것이 더 만족스러운가를 조사하였다. 44개국 중 41개국의 대부분 응답자는 첫 번째 답을 택했다.

어쨌든 나라 간에는 큰 차이가 있다. 이집트 사람은 세계의 대다수 의견을 2 : 1로 부정하였고, 베트남 사람들은 11 : 1로 동의하였다. 일자리가 귀하면 남자가 일하는 것이 옳은가? 그에 대해 영국, 스페인, 미국에서 8명 중 1명이 동의하였고, 인도네시아, 파키스탄, 나이지리아에선 5명 중 4명이 동의하였다(Pew, 2010.7.10).

성역할의 시대적 다양성

현대 문화에서는 지난 시절보다 모든 것이(성 역할을 포함하여) 달라졌다.

지난 반세기 동안 – 우리의 오랜 역사 중 아주 작은 조각이긴 하나 – 성역할은 극적으로 변화하였다. 1938년에는 미국인의 다섯 중 하나만이 "결혼한 여성이 기업이나 산업체에서 경제활동을 하는 것은 그녀를 지지할 수 있는 남편이 있을 때"라는 말에 동의하였다. 1996년에는 다섯 중 넷이 동의한다(Niemi 외, 1989; NORC, 1996). 1967년에는 미국 대학교 일학년 학생의 57%가 결혼한 여성의 활동은 가정과 가족에만 국한한다."는 데 동의하였다. 2005년에는 단지 20%만이 동의한다(Astin 외, 1987; Pryor 외, 2005).

행동의 변화는 이러한 태도의 변화를 수반한다.

"내가 네 나이였을 때, 모든 것이 지금 방식 그대로였단다."

1965년에 하바드 비즈니스 스쿨은 한 번도 여성에게 학위를 수여하지 않았다. 21세기 전환점에 졸업생의 30%가 여학생이다. 1960년에서 세기 말까지 미국의 의학도 중 여성은 6%에서 50%로, 법학도는 3%에서 50%로 늘어났다(AMA, 2010; ABA, 2011; Hunt, 2000). 1960년대 중반에는 결혼한 여성들은 남편보다 7배나 더 많이 가사 일에 헌신하였다; 1990년대 중반에는 2배의 시간을 투자하는 것으로 감소되었다(Bianchi 외, 2000). 2010년 성차는 줄어들었으나 지속되기도 한다. 20%의 남성과 49%의 여성이 평일에 가사일을 한다; 여성은 2.6시간, 남성은 2.1 시간을 평균적으로 일한다(BLS, 2011).

남녀의 역할 변화는 여러 문화에 걸쳐 일어나는데, 여성의 국회 진출은 대부분의 나라에서 점차적으로 증가하고 있다(Inglehart & Welzel, 2005; IPU, 2011). 이렇게 문화에 걸친 그리고 짧은 시간에 일어난 변화는 진화와 생물학이 성역할에 맞지 않는다는 신호이다. 시간은 또한 성에 영향을 준다.

또래가 전수하는 문화

아이스크림과 같이 문화는 다양한 맛을 지닌다. 월스트리트에서는 남성들은 주로 양복을 입고 여성들은 치마나 정장을 입는다; 스코틀랜드에서는 많은 남성들이 주름치마(kilts)를 공식 복장으로 입는다; 적도 문화권에서는 남성과 여성이 사실상 아무 것도 입지 않는다. 이런 문화는 어떻게 세대 간에 보존되었을까?

이에 대한 지배적인 가설은 Judith Rich Harris(1998, 2007)의 "양육가설"이다. 부모의 양육, 즉 부모가 자식을 키우는 방식은 그 자손이 무엇이 되는가를 결정한다. 이에 대해서는 프로이트 지지자도 행동주의자도 그리고 당신의 옆집 사람들도 동의한다. 사랑을 받는 아동과 방치된 아동의 비교는 양육의 중요성을 알려준다. 또한 아동은 집에서 부모의 여러 가치 – 정치적 신념과 종교적 믿음 – 를 습득한다. 만일 아동의 성격이 부모의 본보기와 양육으로 만들어지는 것이라면, 한 가족 내에서 자란 아동은 현저하게 같아야 하지 않을까?

이 가설은 발달 심리학의 가장 놀랍고도 합의된 그리고 극적인 연구결과에 의해 반증되었다. 행동유전학적인 표현으로 Robert Plomin과 Denise Daniels(1987)는 "같은 가족 내의 두 아동은(평균적으로) 인구 중 임의로 뽑은 한 쌍의 아동만큼 서로 다르다."고 하였다.

쌍생아, 생물학적, 입양된 형제 연구들의 증거는 유전적 영향이 성격에서의 개인차에 대해 대략 50%를 설명해 준다고 한다. 동일한 가정이나 공유된 환경의 영향은 약 0~10%인 것으로 계산된다. 그렇다면 나머지 40~50%는 무엇일까? 그것은 대부분 또래의 영향이라고 Harris는 주장한다. 아동과 청소년이 관심을 갖는 것은 부모가 무엇을 생각하는지가 아니라 또래가 무엇을 생각하는지이다. 아동과 청소년은 자신들의 게임, 음악 취향, 말투, 상스러운 말까지 대부분 또래에게서 배운다. 대부분의 10대는 부모보다는 또래와 더 유사하게 이야기하고 행동하고 옷을 입는다. 생각해 보면 그것은 의미가 있다. 그들이 놀고, 일하고, 만나는 것은 바로 또래인 것이다. 다음을 살펴보자.

아동은 많은 태도들을 또래에게 배운다.

- 미취학 아동들은 부모들의 간청에도 불구하고 특정 음식 먹기를 거부한다. – 그 음식을 좋아하는 아이들과 함께 식탁에 앉기 전까지는.
- 흡연자의 자녀들은 높은 흡연율을 보이지만, 그 효과는 대부분 또래에 의해 매개된다고 보여진다. 그러한 아이들은 흡연의 본보기가 되고, 그 즐거움을 표시하고, 담배를 제공하는 친구들이 있다.
- 다른 문화권으로 이민간 가족의 아이들은 일반적으로 새로운 또래의 언어와 규범을 선호하며 성장한다. 그들은 가정으로 돌아가면 "코드 전환"을 하지만 그들의 마음속은 또래와 함께 하고 있다. 마찬가지로 농아학교에 입학한(들을 수 있는 부모를 둔) 농아들은 일반적으로 부모의 문화를 떠나 농아의 문화에 적응한다.

따라서 Harris(1996)는 만일 우리가 한 집단의 아이들을 같은 학교, 이웃, 또래의 아이들과 놔두고 부모를 제외시킨다면, "모두 같은 종류의 성인으로 발달할 것이다."라고 극단적으로 논지를 편다. 부모는 중요한 영향을 행사하지만 사실상 간접적이다; 부모는 학교, 이웃을 결정하지만 또래는 아이들이 비행을 저지를지, 마약을 사용하거나, 임신을 하게 될지에 직접적인 영향을 준다. 또한 아이들은 약간 더 나이 든 아이들에게서 본보기를 얻고, 그들은 더 나이 든 청소년에게서, 그리고 그들은 다시금 부모 세대의 젊은 성인에게서 얻는다.

부모 집단이 아동 집단에게 끼치는 영향은 매우 약해서 문화적 전수가 절대 완벽하지 않다. 인간과 고등 유인원의 문화에서 변화는 젊은이에게서 온다. 한 원숭이가 식량을 씻는 더 나은 방법을 발견하거나, 사람이 패션이나 성역할에 새 아이디어를 발달시키는 등 그러한 창의력은 일반적으로 어린 사람에게서 나오고 또한 젊은 성인에 의해 더 쉽게 환영받는다. 이와 같이 문화가 변할 때까지 문화적 전통은 유지된다.

요약 : 문화와 성별 : 문화가 정하는 대로 하는가?

- 가장 많이 연구된 역할인 성역할은 생물학적 영향뿐 아니라 강한 문화적 영향도 보여준다. 보편적인 경향은 남성이 여성보다 더 사회지배적 역할을 하는 것이다.

- 성역할은 문화와 시대에 따라 상당한 변화를 보인다.
- 문화적 영향의 대부분은 또래에 의해 전해진다.

유전자, 문화 및 성별에 대해 어떻게 결론 내릴 수 있는가?

> 생물학과 문화는 어떻게 상호작용하는지, 우리의 개인 성격은 어떻게 우리의 상황과 상호작용하는지 설명한다.

생물학과 문화

우리는 진화와 문화를 경쟁자로 생각할 필요가 없다. 문화적 규범은 섬세하나 영향력 있게 우리의 태도와 행동에 영향을 미치지만 그렇다고 생물학에서 자유로운 것은 아니다. 사회적인 것, 심리적인 것은 모두 궁극적으로는 생물학적이다. 다른 사람의 기대가 우리에게 영향을 미치면, 그것은 우리의 생물학적 프로그램의 일부이다. 더 나아가 우리의 생물학적 유산이 주도하는 것을 문화는 더 부각시킨다. 유전자와 호르몬이 여성보다는 남성에게 신체적 공격성을 부여하였다. 그러나 문화는 남성은 거칠고 여성은 친절하기를 기대하는 규범을 통해 성의 차이를 더 확대한다.

생물학과 문화는 서로 **상호작용**한다. 유전자 과학의 장점은 경험이 어떻게 유전자를 사용하여 뇌를 변화시키는지를 보여주는 일이다(Quartz & Sejnowski, 2002). 환경자극은 유전자를 활성화시켜 수용기를 가지치는 새로운 뇌세포를 생산한다. 시각적 경험은 유전자를 활성화시켜 뇌의 시각영역을 발달시킨다. 부모의 접촉은 유전자를 활성화시켜 자손이 미래의 스트레스에 잘 대처하도록 돕는다. 유전자는 돌 위에 심어진 것이 아니며 우리의 경험에 대해 적응적으로 반응한다. 후생유전학(epigenetics; 유전자에 "더하여"를 의미)의 새로운 분야는 어떤 환경이 유전적 표현을 유발하는지 분자메커니즘을 연구한다. 경험은 DNA 분자 일부에 복잡한 분자를 첨부하여, 그 유전자로 부호화된 단백질을 생성하지 않도록 DNA의 유전자를 막아준다. 다이어트, 약물, 스트레스, 아동학대 등은 모두 후생유전적 분자를 생산하여 유전자의 표현을 조정한다(Champagne & Mashoodh, 2009; McGowan 외, 2010).

생물학적 특성은 우리가 환경에 어떻게 반응해야 할지에 영향을 주며, 생물학과 경험은 서로 상호작용한다. 남성은 여성보다 8% 더 크고, 평균 두 배에 달하는 근육 양

상호작용(interaction)
한 요인(예: 생물학)의 효과가 다른 요인(예: 환경)에 의존적인 것

을 갖는다. 이것은 여성과는 다른 삶의 경험을 하게 만든다. 또는 다음을 고려해 보자. 아주 강력한 문화적 규범이 남성은 여성 파트너보다 더 커야 할 것을 지시한다. 미국의 조사에서는 결혼한 720쌍 중 단지 한 쌍만이 그 규범에서 벗어나는 것을 보여주었다(Gillis & Avis, 1980). 사후적으로 우리는 심리학적 가정을 세울 수 있다. 아마도 키가 더 큰 것은 남자가 여자에 대한 사회적 권력을 유지하는 데 도움이 되기 때문인지도 모른다. 하지만 또한 문화적 규범을 중시하는 진화의 현명함을 가정할 수 있다. 만일 사람들이 자신과 같은 키의 파트너를 선호한다면, 아주 키가 큰 남자와 작은 여자는 파트너를 얻지 못할 수 있다. 이처럼 진화는 남성이 여성보다 더 크도록 지시하고, 문화는 커플에게 동일한 것을 지시한다. 그래서 키의 규범은 생물학과 문화의 결과이다.

Alice Eagly(2009)와 Wendy Wood(Wood & Eagly, 2007)는 생물학과 문화가 상호작용하는 것을 이론화하였다(그림 5.7). 그들은 생물학적 영향과 아동기의 사회화를 포함한 다양한 요인들이 노동에서의 성적 분화를 결정한다고 믿는다. 성인의 삶에 있어 사회 행동의 성차를 야기하는 직접적 원인은 역할이고, 그것은 노동의 성 분화를 반영하는 것이다. 남성들은 생물학적으로 강인함과 속력이 주어졌기 때문에 신체적 힘이 요구되는 역할을 찾는 경향이 있다. 여성의 아동 양육과 모유 수유는 더 양육적 역할로 기울게 한다. 각 성은 자신의 역할을 충족하는 행동을 보이고, 그에 부합하는 기량과 신념을 조성하는 경향을 보인다. 유전과 환경은 서로 얽힌 '거미줄'과 같다. 역할의 의무가 좀 더 동등해진다면, 성차는 점차 감소할 것이라고 Eagly는 예측한다.

실제로 Eagly와 Wood는 성역할이 상당히 평등한 문화권에서는 배우자 선택에서의 성차(남성은 젊고 가사능력이 있는, 여성은 지위와 수익 능력이 있는 상대)가 적다는 것을 알려준다. 마찬가지로 여성이 이전 남성 분야인 직종에 진출하는 일이 많아지면 남성성/여성성에 대한 자기 보고에서 성차가 줄어든다(Twenge, 1997). 남성과 여성이 좀 더 비슷한 역할을 수행하면, 그들의 심리적 차이도 줄어든다. 그러나 다 그런 것은 아니라고 David Schmitt와 다른 국제적 동료들(2008)은 보고한다. 전 세계 55개국의 남녀가 참여한 성격 검사에서 여성은 더욱 외향성, 우호성, 성실성을 보인다. 이 성차는 (놀랍게도) 부유하고, 교육 정도가 높고 평등한 국가에서 가장 크다. 경제적, 사회적 상황이 덜 좋은 곳에서는 "한 개인의 내재적 성격 특성의 발달은 더욱 절제된다."고 Schmitt는 주장한다.

생물학이 남성에게 힘의 과업을, 여성에게는 아동 보살피기의 속성을 주긴 하지만

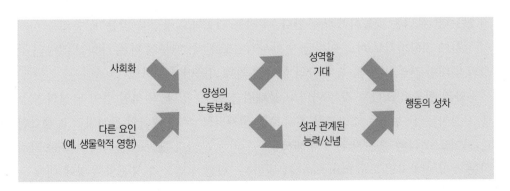

그림 :: 5.7

사회 행동에서의 성차의 사회역할 이론

상이한 아동기 경험과 요소들의 영향은 남성과 여성을 다른 역할로 제한한다. 그것은 상이한 역할과 관계된 기대, 능력, 신념이며 남녀의 행동에 영향을 준다.

THE inside STORY

나는 성별에 대한 연구를 1970년대 초 사회적 영향에 대한 과제로부터 시작했다.

당시의 많은 여성운동가와 마찬가지로 나도 초기에는 여성에 대한 부정적인 문화의 고정관념에도 불구하고 여자와 남자의 행동은 실질적으로 동일하다고 주장하였다.

수년 사이에 나의 관점은 상당히 발전하였다. 남성과 여성의 몇몇 사회적 행동은 특히 성역할을 상기시키는 상황에서는 다소 다르다는 것을 발견하였다. 이러한 차이가 반드시 여성에게 불리한 것으로 속단해서는 안 된다.

다른 사람의 관심사에 좀 더 맞추려 하고 민주적으로 대하려는 여성의 성향은 호의적으로 평가되고 많은 상황에서 자산이 될 수 있다.

Alice Eagly 노스웨스턴 대학

실제로 나의 성별 고정관념에 관한 연구에서는 긍정적, 부정적 특성을 모두 고려하면 현재 여성에 대한 고정관념은 남성에 대한 고정관념보다 더 호의적이다.

그러나 여성에게 기대하는 친절함과 돌봄의 특성은 적극적이고 경쟁적인 행동을 요구하는 상황에서는 영향력과 효과성이 감소한다.

또한 "남성과 여성의 행동은 한 개인이 모든 수준의 조직적 역할을 성공리에 수행할 만큼 충분히 유연하다."고 Eagly와 Wendy Wood는 결론을 내린다. 오늘날 높은 지위와 고도의 기술직에서 남성의 키와 공격성은 점차 중요성을 잃고 있다. 더 나아가 감소하는 출산율은 여성이 임신과 양육에 덜 얽매인다는 것을 의미한다. 결과적으로 경쟁의 압박에 처해진 고용주가 성별에 구분 없이 최고의 재능을 가진 사람을 고용하는 것은 필연적으로 성평등의 향상을 가져올 것이다.

상황과 사람의 힘

물리학자인 Niels Bohr는 "평범한 진리와 위대한 진리가 있다. 평범한 진리의 반대는 분명히 거짓이다. 위대한 진리의 반대는 역시 참이다."라고 설명한다. 이 책의 사회적 영향의 각 장은 우리에게 위대한 진리, 즉 상황의 힘을 가르쳐 준다. 외부적 힘에 관한 위대한 진리는 인간의 수동적이고 바람에 굴러다니는 잡초둥지같은 행동을 설명해 준다. 하지만 잡초와 달리 우리는 우리가 처해 있는 상황에 의해 여기저기 흔들리지 않는다. 우리는 행동하고 반응한다. 우리는 대응하고 응답을 받는다. 우리는 사회적 상황에 저항하기도 하고 이따금 변화시키기도 한다. 때문에 나는 사회적 영향의 각 장의 위대한 진리의 반대, 즉 사람의 힘에 주의를 기울이기로 하였다.

문화의 힘을 강조하는 것은 아마도 불쾌감을 줄 수 있다. 외적인 힘이 당신의 행동을 결정하는가? 우리는 스스로를 자유로운 존재라고, 우리 행위의 창시자라고 생각한다(적어도 우리의 좋은 행위에 대해서는). 우리는 우리의 행동에 문화적 이유를 가정하는 것이 철학자인 Jean Paul Sartre가 말하는 "나쁜 신념", 즉 자신의 운명에 대해 누군가를 또는 무엇인가를 비난함으로써 스스로 책임을 회피하는 것으로 이끌 수 있다는 것을 걱정한다.

사실상 사회적 제재(상황의 힘)와 개인적 제재(사람의 힘)는 생물학적, 문화적 설명이 서로 경쟁하는 것 이상으로 경쟁하지는 않는다. 사회 행동에 대한 사회적 그리고 개인적 설명은 우리가 사회적 세계의 창조물이고 동시에 창조자인 한 모두 타당한 것이다. 우리는 유전자와 환경이 서로 상호작용한 산물이다. 하지만 미래는 오고 있고, 어디로 가야할지 결정하는 것은 우리의 몫이라는 것도 사실이다. 오늘 우리의 선택은 미래의 환경을 결정한다.

사회적 상황은 개인에게 상당히 영향을 끼친다. 하지만 개인도 사회 상황에 영향을 준다. 둘은 상호작용하는 것이다. 외부 상황 또는 내부적 특성 어느 것이 우리의 행동을 결정하는가를 묻는 것은 한 공간의 크기를 길이가 또는 넓이가 결정하는가를 묻는 것과 같다.

상호작용은 적어도 세 가지 방식으로 일어난다(Snyder & Ickes, 1985).

- 특정 사회적 상황은 상이한 사람들에게 상이한 영향을 준다. 우리의 마음은 실제를 동일하게 또는 객관적으로 보지 않기 때문에, 우리가 상황을 어떻게 해석하는가에 따라 상이한 반응을 하게 된다. 어떤 사람(집단 또는 개인)은 다른 사람보다 사회적 상황에 더 민감하고 더 반응적이다(Snyder, 1983). 예를 들어, 일본 사람은 영국 사람보다 사회 기대에 더 반응적이다(Argyle 외, 1978).

- 사람들은 자신의 환경을 선택한다(Ickes 외, 1997). 선택을 할 때 사교적인 사람은 사회적 상호작용을 불러일으키는 상황을 택한다. 당신이 대학을 선택하면 동시에 특수한 일련의 사회적 영향을 택하게 된다. 열렬한 정치적 진보주의자들은 달라스의 교외에 살거나 상공회의소와 연합하거나 폭스뉴스를 보지 않는다. 그들은 샌프란시스코나 토론토에 살고 그린피스와 연합하고 Huffington Post를 구독한다. 즉, 사람들은 자신의 성향을 보강해 주는 사회적 세계를 선택한다.

- 사람들은 자신의 상황을 만든다. 우리의 선입견은 자기 충족적이라는 것을 상기하자. 우리가 누군가를 외향적이고, 적대적이며, 지능이 우수하고, 섹시하다고 기대한다면, 그를 대하는 우리의 행동은 우리가 기대하는 바로 그 행동을 유발할 것이다. 무엇이 사회적 상황을 만들고, 그 안의 사람은 무엇을 하는가? 보수적 환경은 보수주의자에 의해 만들어진다. 여학생, 남학생 동아리에서 일어나는 일은 그의 구성원에 의해 만들어진다. 사회 환경은 마치 날씨와 같이 우리에게 무언가가 발생하는 것이 아니다. 그것은 우리의 가정과 같이 우리가 만드는 것이다.

따라서 영향력은 사람과 상황 둘 다에게 있다. 우리는 문화적 세계를 창조하고, 그것에 의해 만들어진다.

요약 : 우리는 유전자, 문화 및 성별에 대해 어떻게 결론 내릴 수 있는가?

- 생물학적 그리고 문화적 설명은 모순일 필요가 없다. 실제로 둘은 상호작용한다. 생물학적 요인은 문화적 맥락 안에서 작동하고, 문화는 생물학적 기초 위에 형성된다.

- 사회적 영향의 힘에 대한 대진리는 만일 개인의 힘이라는 보충적 진리를 제외한다면 반쪽짜리 진리일 뿐이다. 개인과 상황은 적어도 3가지 방식으로 상호작용한다. 첫째, 개인은 주어진 상황을 어떻게 해석하고 반응하는가에 차이가 있다. 둘째, 사람들은 자신에게 영향을 주는 상황을 선택한다. 셋째, 사람들은 사회적 상황을 만든다.

동조와 복종

> ❝ 개별성을 파괴하는 것은 어떤 것이라도, 어떤 이름으로 불리어질지라도 독재다. ❞
>
> — John Stuart Mill, 자유론, 1859.

> ❝ 공동체가 감내해야 하는 사회적 압력은 도덕적 가치의 대들보이다. ❞
>
> — Amitai Etzioni, 공동체의 정신, 1993.

여러분은 분명히 다음과 같은 장면을 경험했을 것이다. 연설자가 연설을 마치거나 연주가 끝났을 때, 연단 앞쪽의 팬들이 일어서서 박수를 친다. 그 뒤쪽에 있던 사람들은 앞쪽에서 환호하는 사람들을 따라 일어서서 박수갈채를 보내게 되고, 점차 일어서는 사람들의 물결은 앉아서 조용히 박수만 치고 있는 사람들에게까지 이르게 된다. 앉아있던 사람들 중에는 그냥 앉아있고 싶은 사람도 있을 것이다("저 연설자는 내 생각을 전혀 반영하지 않았어"). 그러나 일어서는 사람들의 물결이 다가올 때, 여러분만 홀로 계속 자리에 앉아 있을 수 있겠는가? 한 사람의 소수가 되는 것은 쉬운 일이 아니다. 여러분이 방금 들은 것을 진심으로 싫어하지 않는다면, 여러분은 아마 적어도 짧게라도 일어설 것이다.

이런 동조 장면은 이 장의 문제를 제기하는 것이다.

- 우리들의 다양성에도 불구하고, 왜 우리는 그렇게 자주 사회적 복제생물처럼 행동하는가?
- 어느 상황에서 우리는 가장 동조할 가능성이 클까?
- 어떤 사람들이 더욱 동조할 가능성이 클까?
- 누가 동조 압력에 저항하는가?
- 동조가 순한 "무리들"이라는 이미지가 시사하는 것처럼 나쁜 것인가? 내가 동조 대신에 "집단 연대"와 "사회적 민감성"이라고 써야 하는가?

동조의 의미

> 동조를 정의하고, 순종(compliance), 복종 및 수용과 비교하기

최후의 질문을 먼저 고려해 보자. 동조는 좋은 것인가, 나쁜 것인가, 이 질문에는 과학적 해답이 없다. 우리가 공유하는 대부분의 가치를 고려해 본다면, 동조란 때로 나쁜 것이고(음주에 빠지게 하거나 인종차별 행동을 하게 할 때), 때로 좋은 것이고(극장의 대기선을 넘지 않게 해 줄 때), 그리고 때로는 사소한 것이라고(테니스 선수에게 흰 옷을 입게 할 때) 우리는 말할 수 있을 것이다.

서구 개인주의 문화에서는 동료의 압력에 굴복하는 것이 칭찬받지 못하는 것일 때, "동조"라는 단어는 부정적 함축을 지닌다. 만약 누군가가 여러분을 "진짜 동조자"라고 부른다면 기분이 어떻겠는가? 내 생각에 여러분은 이런 소리를 들으면 기분이 상할 것이다. 개인주의 문화를 반영하고 있는 북미와 유럽의 사회심리학자들은 사회적 영향에 (공감, 반응성, 협동적 팀활동 등과 같은) 긍정적 용어보다는 (동조, 굴복, 순종 등과 같은) 부정적 명칭을 부여한다.

일본에서는 타인과 행동을 함께 하는 것이 단점이 아니라 관용, 자기통제 및 성숙의 표시이다(Markus & Kitayama, 1994). Marrow(1983)는 "일본 어디서나 사람들은 서로가 무엇을 기대하는지를 정확히 알고 있는 것 같은 느낌을 받는다."고 하였다. 이런 것은 또한 Marie Helweg-Larsen과 Barbara LoMonaco(2008)가 기차 역 근처의 예약되지 않은 콘서트 장소를 위해서 밤새 줄을 서서 대기하는 것을 관찰한 자발적 U2 팬에게도 사실이다. U2 팬의 명예와 더불어 먼저 오면 먼저 대접을 받는다. 팬들은 새치기를 경멸한다.

도덕적이라는 것은 서양인들이 자신들의 가치와 판단을 미화하기 위하여 명칭을 선택한 것이다. 그래서 이런 명칭의 의미를 분명히 해 보자. 동조, 순종, 복종, 수용

동조란 단순히 다른 사람들의 행동을 따라하는 것이 아니다. 동조란 다른 사람들의 행동에 영향을 받는 것이다. 즉, 여러분이 홀로 행동할 때와 다르게 행동하는 것이다. 그래서 **동조**란 다른 사람들을 따라 행동이나 신념에서 생기는 변화이다. 대중의 일부로서 여러분이 승리 골에 환호하기 위하여 일어선다면 당신은 동조중인가? 수백만의 다른 사람들을 따라 당신이 우유를 마시거나 커피를 마시면, 동조 중인가? 여러분과 모든 사람들이 여성은 긴 머리가 짧은 머리보다 더 좋다는 데 동의한다면, 동조 중인가? 그럴 수도 있고 아닐 수도 있다. 핵심은 여러분의 행동과 신념이 집단의 그것과 일치하느냐의 여부이다. 만약 여러분이 경기장 스탠드에 있는 유일한 팬이었다면 그 골에 환호하기 위해 일어설 수 있을까?

여러 가지 동조의 변형이 있다(Nail & others, 2000). 3가지만 고려해 보자. 순종, 복종 및 수용. 때로 우리는 우리의 행동에 대한 실제적 확신이 없어도 어떤 기대나 요청에 동조한다. 우리는 싫어도 넥타이를 매거나 옷을 입는다. 이러한 피상적인 동조는 **순종(compliance)**이다. 우리는 주로 상을 받거나 처벌을 피하기 위해 동조한다. 만약

동조(conformity)
실제적 또는 상상적 집단 압력의 결과로 행동이나 신념의 변화

순종(compliance)
사적으로 동의하지 않으면서 공적으로 암시된 요청이나 분명한 요청과 일치하게 행동하는 것과 관련된 동조

"맞아, 나는 무리를 따르고 있어. 생각 없는 복종이 아니라, 너도 알다시피,
공동체라는 개념을 깊이 존경하기 때문이야."

우리의 순종이 명백한 명령에 따른 것이라면, 그것은 **복종**(obedience)이다.

때로 우리는 집단이 우리에게 요구하는 행동이 정말로 옳은 것이라고 믿는다. 많은 사람들은 우유가 영양가가 높다고 확신하기 때문에 우유를 마신다. 이러한 진정어린, 내면적 동조를 **수용**(acceptance)이라 부른다. 심지어 순종과 수용의 신경과학적 차이도 존재한다. 공적 순종의 기초가 되는 보다 단기적으로 존재하는 기억은 보다 장기적인 사적 수용의 기초가 되는 기억과는 다른 신경학적 기초가 있다(Edelson & others, 2011; Zaki & others, 2011).

때로 수용이 순종 이후에 따라온다; 우리가 처음에 의문시했던 것도 내심 믿게 될 수도 있다. 4장에서 강조했듯이, 태도는 행동을 추종한다. 우리는 자신의 행동에 책임이 없다고 느끼지만 않는다면, 대개 지지했던 것에 공감하게 된다.

복종(obedience)
직접적 명령에 따라 행동하는 것

수용(acceptance)
사회적 압력과 일치하게 행동하고 믿는 것과 관련된 동조

요약 : 동조의 의미

동조-집단의 압력의 결과로 자신의 행동이나 신념을 변화시키는 것-는 2가지 변종이 있다. 순종은 내면적으로 불일치하면서 집단과 피상적으로 따라가는 것이다; 순종의 부분집합이 복종인데, 이것은 직접적 명령에 대한 순종이다. 수용은 사회적 압력과 일치하게 행동할 뿐만 아니라 믿기도 하는 것이다.

고전적 동조와 복종 연구

사회심리학자들이 동조를 실험실에서 연구한 방법 기술하기. 그들의 연구결과가 사회적 압력의 영향과 악마의 본질에 대해 밝혀낸 것 설명하기.

동조와 복종 연구자들은 사회적 세계를 반영한 소형세트(일상생활 속에서 일어나는 사회적 영향의 중요 특징을 단순화하고 모사하는 실험실 상황)를 만들었다. 이 연구들 중 몇 가지는 대단히 놀라운 발견이었고 광범위하게 반복되어 지금은 "고전적" 실험

이 되었다. 우리는 3가지를 살펴볼 것인데, 각각 동조를 연구하는 방법을 알려줄 뿐만 아니라 사고의 풍부한 자양분을 제공해 줄 것이다.

Sherif의 규범형성 연구

첫 번째 고전적 연구는 5장에서 다룬 바 있는 임의적 규범을 만들고 유지시키는 문화의 힘과 이 장에서 다루려는 동조 현상을 이어주는 다리 역할을 하고 있다. Sherif(1935, 1937)는 실험실 내에서 사회적 규범의 출현을 관찰할 수 있는지를 궁금해 하였다. 마치 생물학자가 바이러스를 분리하여 그것으로 실험을 하듯이, Sherif는 규범형성이라는 사회적 현상을 분리하여 그것을 실험하고자 하였다.

여러분이 Sherif 실험의 참가자라고 생각해 보라. 여러분은 어두운 암실에 앉아 있고, 4.5미터 앞에 광점이 제시된다. 처음에는 아무 일도 일어나지 않는다. 이제 여러분은 그 광점이 얼마나 움직이는지 추측해야 한다. 어두운 암실은 거리를 판단할 어떤 단서도 주지 않기 때문에 여러분은 불확실한 추측으로 "6인치"라고 말할지 모른다. 실험자는 이 절차를 반복한다. 이번엔 "10인치"라고 말한다. 계속하여 반복하면, 여러분의 추정치 평균은 약 8인치가 된다.

여러분은 다음날 다시 그 실험실에 와서 전날 같은 실험에 참여하였던 다른 두 사람과 합류하였다. 처음 광점이 제시되고, 다른 두 사람은 그 전날 자신들이 정답이라고 생각한 것을 말한다. 그중 한 사람이 "1인치"라고 말하고 다른 한 사람은 "2인치"라고 말한다. 약간 당황스럽지만, 그럼에도 불구하고 여러분은 "6인치"라고 말한다. 이런 집단 경험을 이 날뿐 아니라 그후 이틀 동안 반복하게 된다면, 여러분의 반응은 변할 것인가? Sherif가 연구하였던 콜롬비아 대학생들은 그들의 추정치를 크게 바꾸었다. 그

그림 :: 6.1
Sherif의 규범형성 연구의 집단 표본
3명의 개인은 광점의 외관상 움직임의 추정치를 반복함에 따라 수렴하게 된다.
출처: Sherif & Sherif(1969), p.209.

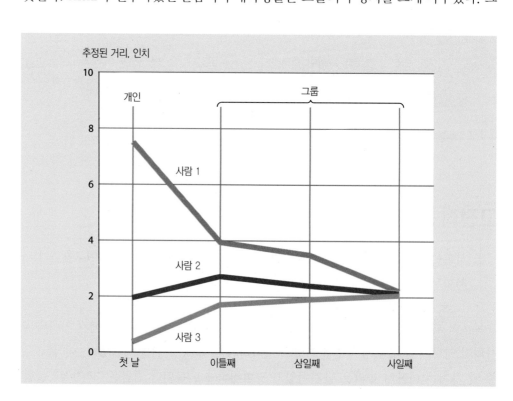

림 6.1에서 보듯, 집단규범이 생겨났다(그 규범은 잘못된 것이다. 왜냐하면 광점은 실제로 전혀 움직이지 않는 것이었다! Sherif는 **자동운동현상**이라는 착시를 이용했던 것이다).

Sherif와 또 다른 학자들은 사람들의 피암시성에 관한 해답을 얻기 위해 이 기법을 사용하였다. 1년 후에 그 사람들을 다시 조사한다면, 그들의 추정치가 원래의 것으로 되돌아갔을까 아니면 여전히 집단규범을 따르고 있을까? 놀랍게도 그들은 집단규범을 따르고 있었다(Rohrer & others, 1954). (이것이 시사하는 것은 순종인가 혹은 수용인가?)

Robert Jacobs와 Donald Campbell(1961)은 노스웨스턴 대학 실험실에서 잘못된 신념이 지속되도록 만드는 문화의 힘에 대해 연구하였다. 그들은 자동운동현상을 이용하여 실험협조자에게 광점의 움직임을 과잉추정하도록 시켰다. 그런 다음 그 실험협조자를 실험에서 제외시키고 또 다른 실제 피험자를 투입하였다. 그리고 또 다시 그를 빼고 다른 피험자를 투입하였다. 비록 과잉추정치가 약간 줄어들긴 하였지만, 과잉추정치는 피험자 5세대 동안이나 지속되었다. 이들은 "무심코 문화적 사기극을 지속시키도록 만든 공모자"가 되어버렸다. 이 실험들의 교훈: 실제에 대한 우리의 견해는 우리 자신만의 것이 아니다.

일상생활에서 피암시성의 결과가 때때로 재미있다. 한 사람이 기침하거나 웃거나 하품을 하면, 다른 사람들도 곧 동일한 행동을 한다("Research Close-Up: 하품의 전염"을 볼 것). 한 사람이 스마트폰을 체크하면 다른 사람도 그렇게 한다.

코메디 쇼의 웃음 유도방식은 이러한 피암시성을 활용한 것이다. 웃음 유도방식은 청중이 우리와 닮지 않는 집단보다 우리와 닮은 사람들이라고 가정할 때 특히 효과적이었다. − Michael Platow와 동료들의 연구 "La Trobe 대학교 현장에서 녹음되다."에서 발견되었다. 행복한 사람에 둘러싸여 있는 것만으로도 우리를 행복하게 해준다. 이 현상을 Totterdell과 동료들(1998)은 "기분연쇄"("mood linkage")라고 명명한다. 영국 간호사와 회계사의 연구에서 동일한 작업집단 내의 사람들은 기분의 고저를 공유하는 경향이 있었다. 사회관계망 내의 사람들도 유사한 비만, 수면부족, 고독, 해동 및 약물 사용을 공유하는 쪽으로 움직인다(Christakis & Fowler, 2009). 친구는 사회체계로 기능한다.

또다른 형태의 사회적 전염은 Tanya Chartrand와 John Bargh(1999)가 "카멜레온 효과"라고 부르는 것이다. 그들의 실험 하나를 상상해 보자. 여러분은 종종 얼굴을 문지르거나 다리를 떠는 실험 공모자 곁에서 일하고 있다고 생각해 보자. 여러분은 실제 실험참가자들처럼 얼굴을 문지르는 사람과 함께 있을 때는 여러분의 얼굴을 문지르고 다리를 떠는 사람과 함께 있을 때는 다리를 떨까? 만약 그렇다면, 그것은 자동적 행동일 가능성이 아주 높고, 동조하려는 의식적 의도 없이 행해진 것으로 보아야 할 것이다. 행동의 일치화는 말하기도 포함한다; 사람들은 자신들이 읽고 들은 문법을 거울처럼 반사하는 경향이 있다(Ireland & Pennebaker, 2010). 그리고 우리의 행동이 우리의 태도와 정서에 영향을 주기 때문에, 우리의 자연적 흉내는 다른 사람이 느끼는 것을 우리가 느끼게도 만드는 경향이 있다(Neumann & Strack, 2000).

자동운동현상
(outokinetic phenomenon)
어둠 속에서 정지된 광점이 외관상 움직이게 보이는 현상

research
CLOSE-UP   하품의 전염

하품은 여러분과 내가 대부분의 척추동물과 공유하는 행동이다. 그래서 고양이, 악어, 새, 거북이 심지어 물고기도 그렇게 한다.

볼티모어의 메릴랜드 대학교의 심리학자 Robert Provine(2005)은 과학적 연구가 때때로 평범한 행동을 무시한다고 주장한다. 여기에는 웃음과 하품과 같이 그가 연구하고 싶어하는 행동도 포함된다. 자연관찰로 하품을 연구하기 위해서 스톱워치, 노트패드 및 연필만 있으면 된다고 그는 주장한다. 그는 하품이 긴 심호흡과 짧은 절정적(그리고 유쾌한) 내쉬기를 포함한 약 6초 지속하는 "고정된 행위 패턴"이라고 보고한다. 그리고 그것은 남녀 간에도 동등하게 공통적이다. 전신마비로 신체를 의지대로 움직일 수 없는 환자조차도 정상적으로 하품할 수 있으며, 이것은 하품이 자동적 행동이라는 것을 가리킨다.

언제 우리는 하품을 하는가?

우리는 지겹거나 긴장할 때 하품한다. Provine이 실험참가자들에게 30분 동안 TV 검사 패턴을 지켜보도록 부탁했을 때, 그들은 덜 지겨운 음악 비디오를 지켜보았던 통제집단의 사람들보다 70% 더 자주 하품했다. 그러나 긴장도 또한 하품을 유발할 수 있는데, 최초의 점프 시도 전의 낙하산병들, 경기 전의 올림픽 육상선수 그리고 무대에 오르기를 기다리는 바이올린 연주자들 사이에서 흔히 관찰된다. 한 친구가 실효 있는 새로운 무언가를 학습할 때 종종 당황스러웠다고 말하는데, 왜냐하면 항상 그것을 올바르게 해야 하는 것에 대한 불안이 "하품의 적응"을 유발하게 하기 때문이다.

우리는 졸릴 때도 하품한다. Provine이 작성한 하품일기에서 사람들은 잠자기 전에 하품하는 시간보다 깨어난 후에 하품하는 시간이 훨씬 더 많았다는 예외를 제외하고는 졸릴 때 하품하는 것이 놀라운 일은 아니다. 흔히 우리는 깨어나서 하품으로 스트레칭을 한다. 그리고 개와 고양이도 잠에서 깨어났을 때 그렇게 한다.

다른 사람이 하품할 때도 우리는 하품한다. 웃음처럼 하품도 전염적인지를 검사하기 위해서 Provine은 5분짜리 반복적으로 하품하는 사람의 비디오를 사람들에게 보여주었다. 대단히 충분하게도 55%의 관람자들이 그렇게 한 반면, 웃음 비디오를 관람한 사람의 21%가 그렇게 했다. 하품이 흑백으로, 거꾸로 또는 하품 중인 사진으로 제시될지라도, 하품하는 얼굴은 하품의 고정된 행위 패턴을 활성화시키는 자극으로 작용한다. 대뇌의 "거울 뉴런" – 목격한 행위를 되풀이하거나 흉내내는 뉴런 – 의 존재가 우리의 하품이 왜 그렇게 자주 타인의 하품을 거울처럼 반사하는지, 그리고 심지어 개도 인간의 하품하는 것을 관찰한 후에 자주 하품하는지를 설명해 주는 생물학적 기제를 시사한다(Joly-Mascheroni & others, 2008).

하품하는 얼굴의 어떤 부분이 가장 강력한가를 알아내기 위하여 Provine은 사람들에게 전체 얼굴, 입을 가린 얼굴, 얼굴 가린 입 또는 하품하지 않는 웃는 얼굴(통제집단으로 작용)을 지켜보게 했다. 그림 6.2가 보여주듯이, 하품하는 얼굴은 입이 가려졌어도 하품을 촉발했다. 그래서 하품할 때 자신의 입을 가리는 것은 하품의 전염을 억압하지 못하는 것 같다.

하품에 대하여 생각하는 것조차도 대개 하품을 산출한다고 Provine은 보고하는데, 여러분도 이 박스를 읽는 동안에 주목하게 되었을 현상이다. 하품의 전염에 대한 Provine의 연구를 읽는 동안에, 나는 네 번 하품했다(그리고 내가 다소 바보처럼 느껴졌다).

그림 :: 6.2

어떤 안면 특징이 전염적 하품을 촉발하는가?
Robert Provine(2005)은 30명씩 4집단을 초대하여 5분간 비디오테이프로 웃는 성인, 하품하는 성인 또는 하품하는 얼굴의 일부가 가려진 성인의 모습을 보게 했다. 하품하는 입도 일부 하품을 촉발했지만 하품하는 눈과 머리 움직임이 훨씬 더 촉발했다.

Rick van Baaren과 동료들(2004)이 네덜란드에서 실시한 실험은 여러분의 흉내가 타인이 여러분을 좋아하게 만들고 여러분과 타인을 돕게 하는 경향이 있다는 것을 보여주었다. 사람들은 행동으로 흉내를 내는 사람들을 위하여 떨어진 펜을 더 많이 주워주는 것 같다. 흉내를 내는 것은 사회적 연대를 고양시키는 것 같은데, 이것은 심지어 자선단체에 더 많이 기부하도록 유도한다.

"이유를 모르겠어. 갑자기 전화하고 싶어졌어."

후속 실험에서 Chartrand, van Baaren과 동료들은 면접자가 때때로 학생의 자세와 움직임을 흉내내면서 충분한 시간을 주면서 학생 스스로 새로운 스포츠 음료수의 맛을 보게 했다(Tanner & others, 2008). 실험의 끝자락에서 복사판 학생들이 새로운 스포츠 음료를 더 많이 소비하게 되었고 구매할 의사를 더 말하게 되었다. 흉내가 선호를 강화시킨다는 규칙에 한 가지 예외가 있다. 타인의 분노를 흉내내는 것은 비호감을 강화시킨다(Van der Velde & others, 2010).

피암시성은 또한 대규모로 발생할 수도 있다. 1954년 3월 말에 시애틀 신문은 북쪽으로 80마일 떨어진 한 도시의 차 앞유리 파손을 보고했다. 4월 14일 아침에 비슷한 앞유리 파손이 65마일 떨어진 곳에서 있었고, 그리고 나중에는 단지 45마일 떨어진 곳이었다. 해질녘에 이 앞유리 파손을 유발하는 것은 무엇이라도 시애틀에 도달했다. 4월 15일 말 이전에 시애틀 경찰청에 3,000개 이상의 앞유리 파손의 고소를 했다(Medalia & Larsen, 1958). 그날 저녁 시애틀 시장은 아이젠하워 대통령에게 도움을 요청했다.

나는 그 당시 11세의 시애틀 소년이었다. 나는 앞유리를 지켜보며 태평양 수소폭탄 실험으로 시애틀에 방사능 낙진을 내리게 했다는 설명을 듣고 놀랐다. 그렇지만 4월 16일 신문은 실제 혐의는 대중 피암시성이라고 시사했다. 4월 17일 이후에는 더 이상의 고소는 없었다. 구멍난 앞유리에 대한 나중의 분석에서 원인은 보통의 도로 손상이라고 결론지었다. 왜 지역 거주민들은 4월 14일 이후에만 이것을 알았을까? 시사하는 바는 앞유리를 통해서가 아니라 앞유리를 주의깊게 보았다는 것이다.

피암시성이 항상 재미있는 것은 아니

카멜레온 효과.
다른 사람의 자세와 언어에 대한 자연스러운 흉내는 분노와 같은 부정적인 표현을 되받아치는 경우를 제외하면 일반적으로 호감을 유발한다.

출처 : A. Pentland, "To Signal Human" in American Scientits, May–June, 2010, p.207.

다. 비행기 납치, UFO 목격, 심지어 자살소동도 유행처럼 벌어지기도 한다(Focus on: 대중망상 참조). 1774년 괴테의 첫 소설, 「젊은 베르테르의 슬픔」이 출간된 직후 괴테의 주인공인 베르테르라 불리는 젊은 남자처럼 유럽의 젊은이들이 노란 바지와 푸른 재킷을 입기 시작했다. 비록 그 책이 촉발한 패션의 유행은 재미있었을지라도, 또다른 분명한 효과는 덜 재미있는 것이었으며, 몇몇 지역에서는 출판금지의 이유가 되었다. 소설에서 베르테르는 사랑했던 여주인공 롯데의 거절 후에 권총으로 자살을 시도한다; 그 책의 출간 이후에 베르테르의 절망적 행위를 모방하는 젊은 남자들이 증가하기 시작한다고 보고했다.

2세기 지나서 사회학자인 David Phillips는 이러한 모방 자살 행위를 확인하고 이것을 "베르테르 효과"라고 기술했다. Phillips와 그의 동료들(1985, 1989)은 유명한 사람의 자살 이후에(때로 자살을 가장한) 치명적인 자동차 사고와 경비행기 충돌뿐만 아니라, 이유를 알 수 없는 자살이 증가한다고 보고하였다. 예를 들어, 1962년 8월 6일 마릴린 먼로가 자살한 이후, 미국 내에서는 8월 평균 자살건수보다 200명이나 더 많이 증가하였다. 더욱이 이런 자살증가는 자살소식이 알려진 지역에서만 나타났다. 자살소식이 더 널리 퍼질수록, 희생자는 더 많아진다.

대중망상

대규모 피암시성은 대중망상—잘못된 신념이 동시에 확산되는 것—으로 나타나기도 한다. 때로 이것은 "집단히스테리"—학교나 직장에서 신체기관의 이상 없이 질병이 확산되는 현상—로 나타난다. 한 번은 170명의 학생과 교직원들이 복통, 현기증, 두통 및 졸음증상으로 응급처치를 받는 바람에 2,000개의 고등학교가 임시 휴교한 적이 있었다. 조사관들이 바이러스, 병균, 농약, 제초제—그 이외에도 사람들에게 질병을 일으키는 모든 것들—등에 대해 철저히 조사했지만, 아무 것도 발견되지 않았다(Jones 등, 2000).

9·11 사태 이후, 미국 전역의 아동들이 집단적으로 분명한 원인 없이 가려운 붉은 발진이 생기기 시작하였다(Talbot, 2002). 바이러스에 의한 발진과 달리, 그 발진은 "시선"에 따라 전염된다(실제로 접촉하지 않아도). 그 발진을 앓고 있는 사람을 보면, 발진이 생긴다. 또한 평소의 피부조건—과열된 교실에서 나타나는 습진, 여드름, 건습 피부—이 주목을 받고, 불안으로 인해 증폭된 것이었다. 많은 대중 히스테리와 마찬가지로 소문이 사람들로 하여금 자신의 평소 증상들을 주목하게 만들었고, 그 증상들을 학교 탓으로 돌렸던 것이다.

사회학자인 Bartholomew와 Goode(2000)는 지난 1000년간에 있었던 대중망상에 대해 보고하였다. 소문에 의하면 중세 유럽의 수녀들에게 의성(모방)행동이 창궐한 적이 있었다. 프랑스의 한 대규모 수도원에서 인간이 동물에게 사육될 수도 있다고 믿었던 시기에 한 수녀가 고양이처럼 야옹거리기 시작하였다. 궁극적으로는 "어느날 어떤 시점에서 모든 수녀들이 다 같이 야옹거렸다." 독일의 한 수도원에서는 한 수녀가 동료를 물어뜯었고, 곧 "이 수도원의 모든 수녀들이 서로를 물어뜯기 시작했다."는 소문이 있었다. 그러자 물어뜯는 열병이 다른 수도원으로 확산되었다.

1914년 영국령인 남아공에서 독일 비행기들이 공습준비를 위해 그 나라의 상공을 날았다는 신문의 오보가 있었다. 보도된 작전과 비행거리는 1914년 항공기의 능력을 벗어나는 것이었다. 그럼에도 불구하고 수천명의 사람들이 별과 행성같은 애매한 밤하늘의 자극들을 적기로 오인하였다.

1947년 6월 24일 Rainier 산 근처에서 개인용 비행기를 몰던 아놀드는 하늘에서 빛나는 9개의 물체를 발견하였다. 외국의 미사일일지도 모른다고 걱정한 그는 자신이 본 것을 FBI에 알리려 하였다. 그러나 업무가 끝난 것을 알게 된 그는 지방 신문사로 가서 "물에 빠뜨린 접시처럼 움직이는" 초승달처럼 생긴 물체에 대해 보고하였다. 연합통신이 150개 이상의 신문사에 "접시"의 출현을 알렸을 때, 기자의 헤드라인에서 "비행접시"란 용어가 만들어졌고, 1949년 여름내내 비행접시의 세계적 열풍이 일어났다.

모든 연구에서 모방 자살 현상을 발견한 것은 아니지만, 독일에서도 그런 일이 있었고, 런던의 한 정신병원에서는 그 해에 14명의 환자가 자살했으며, 한 고등학교에서는 18일 동안 2명이 자살하였고, 7명이 자살을 시도했으며, 23명이 자살을 생각했었다고 말했다(Joiner, 1999; Jonas, 1992). 독일과 미국에서 연속극에서 주인공이 자살한 후에 자살률이 소폭 증가하였으며, 아이러니하게도 자살의 문제점에 초점을 둔 드라마가 끝난 후에도 그런 현상이 나타났다(Gould & Shaffer, 1986; Hafner & Schmidtke, 1989; Phillips, 1982). Phillips는 10대가 가장 피암시성이 크기 때문에 10대에서 모방 자살이 일어날 가능성이 크다고 보고하였다. 사담 후세인의 공개 교수형이 널리 알려진 이후에 적어도 다섯 나라의 소년들이 외관상 우발적으로 자신의 목에 줄어 걸어 목을 매달았다(AP, 2007).

Asch의 집단압력 연구

자동운동실험에 참가한 사람들은 애매한 현실에 미주쳤다. 어린 소년 Asch(1907-1996)는 그보다는 덜 애매한 지각의 문제에 직면하였다. 파소버에서 열린 전통적인 유대교 유월절 행사에 참가하였던 Asch는 다음과 같이 기억하고 있다.

> 나는 뒤에 앉아 있던 삼촌에게 왜 문이 열리는지를 물었다. 그는 "예언자 엘리자가 오늘 밤 모든 유대인 가정을 방문하여 자신을 위해 준비한 포도주를 마시기 위해서"라고 대답하였다.
> 나는 이 말이 신기하여 "진짜 그가 오느냐?", "진짜 그가 포도주를 마시느냐?"고 물었다.
> 삼촌은 "네가 아주 가까이서 보면, 문이 열릴 때 컵을 잘 보면 포도주가 조금 줄어드는 것을 볼 수 있을 거야."라고 대답하였다.
> 나는 눈에 힘을 주고 포도주 잔을 응시하고 있었기 때문에 무슨 일이 일어나는지를 볼 수 있었다. 그리고 나에게는 애타는 시간이었으며, 물론 확실하지는 않지만, 실제로 포도주 잔의 포도주가 조금 줄어들었다(Aron &Aron, 1989, p.27).

몇 년 후, 사회심리학자가 된 Asch는 자신의 소년시절 경험을 실험실에서 재현하였다. 여러분이 Asch 실험의 피험자라고 상상해 보라. 여러분은 7명 중 6번째에 나란히 앉아있다. 실험자는 여러분에게 이 연구가 지각판단에 관한 연구라고 설명한 후, 여러분에게 그림 6.3에 있는 3개의 선분 중 기준선분과 길이가 같은 것이 어느 것인지를 묻는다. 여러분은 정답이 2번 선분이라는 것을 쉽게 알 수 있을 것이다. 여러분이 대답하기 전에 앞의 5사람 모두가 차례로 "2번"이라고 대답했을 때 여러분은 놀라지 않을 것이다.

다음 번 비교를 하고 나서 여러분은 과제가 쉽다는 것을 확인하고, 단순한 테스트에 안주한다. 그러나 세 번째 시행에서 여러분은 깜짝 놀라게 된다. 정답이 분명함에도 불구하고, 첫 번째 사람이 틀린 대답을 하였다. 두 번째 사람도 같은 틀린 대답을 하였을 때, 여러분은 자세를 고쳐 앉고 카드를 응시한다. 세 번째 사람이 처음의 두 사람 대

그림 :: 6.3

Asch의 동조 절차에서 사용된 선분의 예

피험자들은 기준선분이 3개의 비교선분 중 어느 것과 길이가 동일한지를 판단해야 한다.

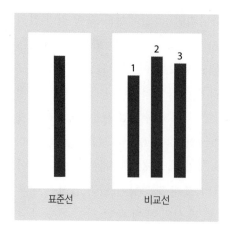

표준선   비교선

답에 동의한다. 여러분은 고개를 떨어뜨리고 땀이 나기 시작한다. "이게 어찌된 일이야?"라고 스스로 묻는다. "저 사람들의 눈이 어찌된 게 아닌가, 아니면 내 눈이?" 네 번째와 다섯 번째 사람도 앞사람들에게 동의한다. 그러자 실험자가 여러분을 쳐다본다. 이제 여러분은 "어떤 것이 사실인가? 다른 사람들이 내게 말하는 것이 사실인가, 아니면 내 눈이 내게 말하는 것이 사실인가?"라는 인식론적 딜레마를 경험하게 된다.

수많은 대학생들이 Asch의 실험 동안에 이런 갈등을 경험하였다. 혼자서 대답하도록 한 통제조건의 사람들은 전체의 99% 이상의 정답을 맞추었다. Asch는 만약 사람들이 여러 타인들(실험자의 사전 지시를 받은 실험협조자)이 똑같은 오답을 말하는 경우, 부정해야 하는 것을 긍정하는지의 여부가 궁금하였다. 비록 일부 사람들은 전혀 동조하지 않았지만, 1/3 정도의 사람들이 12번 중 최소한 한 번은 동조하였다. 전체적으로는 37%의 대답이 동조였다(아니면 "타인들을 믿는 것"이라고 해야 하나?).

물론 평균 63%는 동조하지 않았다. 이 실험은 "다른 사람이 진실을 말하지 않을 때조차도 대부분의 사람들은 진실을 말한다."는 것을 보여준다."라고 Bert Hodges와 Ann Geyer(2006)는 주장한다. 비록 많은 실험참가자들이 보여준 독립성에도 불구하고 동조에 대한 Asch(1955)의 생각은 그의 질문에 대한 올바른 답만큼 분명하다. "충분한 지적 능력을 갖추고 판단능력이 있는 젊은이들도 기꺼이 흰 것을 검다고 말할 수 있음을 보여준 것이다. 그것은 우리의 교육방식과 우리의 행위를 이끄는 가치관에 대해 의문을 갖게 만든다."

Asch의 실험절차는 그 후에 수행된 수백 개 실험의 표준모델이 되었다. 이 실험들은 일상생활의 동조라는 측면에서 보면 1장에서 "일상의 현실성"이라고 부른 측면에서는 부족하지만, "실험상의 현실성"은 지니고 있다. 이 실험들은 사람들을 정서적으로 그런 경험에 빠지게 한다. Sherif와 Asch의 연구결과는 명백한 동조압력이 없는 상황에서 나온 것이기 때문에 놀라운 것이다. 즉, 집단에서 "팀플레이"를 해도 보상이 없었으며, 개별적으로 행동해도 처벌이 주어지지 않았다. 다른 실험이 일상적 상황에서의 동조를 탐구했는데, 다음과 같다.

- *치실 사용* Sarah Schmiege와 동료들(2010)은 학생들에게 "여러분과 같은 나이의 콜로라도 대학생들(동료)은 주당 약 [x]번 치실을 사용한다는 것을 우리의 연구가 보여준다."라고 말했는데, 여기서 X는 참가자들 자신의 치실 비율이거나 그 수의 5배수였다. 부풀려진 추정치를 제공받은 학생들은 치실사용 의도를 높여서 표현했을 뿐만 아니라 그후 3개월간 더 많이 치실을 사용하였다.
- *암 검사* Monika Sieverding과 동료들(2010)은 거리에서 중년 독일 남성에게 접근하여 암 검사에 대한 정보를 받기 위한 서명을 부탁했다. 만약 다른 독일 남자

Asch의 동조실험 중 하나. 피험자 번호 6은 그의 앞 순서에서 틀린 답을 한 5명의 말을 들은 후에 불편함과 갈등을 경험하고 있다.

의 소수("단지 18%")가 검사를 받았다고 믿도록 유도되면, 비슷한 18%가 서명했다. 그러나 대부분의 다른 남자들("실제로 65%")이 검사를 받았다고 들은 후에는 39%가 서명을 했다. 건강 교육 운동은 낮은 참가율을 공개하지 않는 것이 최선이라고 연구자들은 요약했다.

● *축구 심판 결정* 피겨 스케이팅에서 축구에 이르기까지 많은 스포츠에서 심판은 관중의 소음 속에서 즉각적인 결정을 한다. 스케이팅 수행을 평가하거나 반칙한 축구선수에게 노란 카드를 줄지를 결정할 때, 관중의 소음 – 이것은 반대편이 외관상 반칙을 했을 때 증가한다. – 이 차이를 낼까? 이것을 알아내기 위하여 Christian Unkelbach와 Daniel Memmert(2010)는 독일 프리미어 리그의 5시즌에 걸친 1,530개의 축구 게임을 조사했다. 평균 홈팀이 1.89개, 어웨이팀은 2.35개의 노란 카드를 받았다. 게다가 축구팬이 경주 트랙으로 경기장과 분리되지 않은 더 큰 소리가 나는 축구경기장에서 그 차이가 더 커졌다. 그리고 실험실 실험에서 파울 장면을 영상으로 본 전문 심판들이 높은 소음을 함께 제시하면 더 많은 노란 카드를 주었다.

만약 이런 최소한의 압력하에서도 사람들이 복종한다면, 직접적인 강요가 있는 경우에는 얼마나 많은 사람들이 복종하겠는가? 누군가가 평범한 미국인이나 영국인에게 잔인한 행위를 하도록 강요한다면? 나는 그들이 그 강요에 따르지 않을 것으로 생각한다. 그들이 지닌 인본적, 민주적, 개인주의적 가치관은 그들을 이런 압력에 저항하도록 만들 것이다. 더욱이 이 실험들에서는 언어적으로 행동하는 것이기 때문에 실제로 누군가를 해치는 행위와는 거리가 멀다. 여러분과 나는 결코 다른 사람을 해치는 강요에 굴복하지 않을 것이다. 정말 우리 모두가 그럴까? 사회심리학자인 Milgram은 그것을 궁금하게 여겼다.

Milgram의 복종실험

Milgram의 실험(1965, 1974)은 권력자가 양심에 어긋나는 요구를 했을 때 과연 어떻게 되는지를 검증한 것으로서, 사회심리학의 가장 유명한 그리고 논란이 되는 실험이

그림 :: 6.4

Milgram의 복종실험

출처: Milgram, 1974

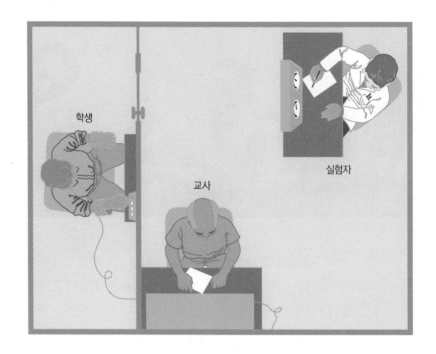

다. Ross(1988)는 "그 실험들은 사회과학 역사상 어느 것보다도 인간의 본성에 대한 논쟁이나 고찰에서 나온 역사적 일화, 성서 이야기, 고전문학과 같은 우리 사회의 지적 전설이 되었다."고 지적하였다.

비록 여러분이 앞에서 거론한 이 연구에 대한 언급을 회상할 수 있을지라도 무대 뒤로 가서 이 연구를 심층적으로 살펴보자. Milgram은 창의력이 뛰어난 극작가이며 연출자처럼 다음과 같은 장면을 연출하였으며, 최고수준의 충격을 주기 위하여 많은 시행착오를 거쳐 이 드라마를 연마했다. 두 명의 남자가 학습과 기억에 관한 실험에 참석하기 위해 예일대학의 심리학 실험실을 찾아온다. 회색 작업복 차림의 단호한 모습을 한 실험자는 이 선도적인 실험이 처벌이 학습에 미치는 효과를 연구하려는 것이라고 설명한다. 실험자는 그들 중 한 명은 나머지 한 명을 대상으로 쌍으로 된 단어목록을 가르치고, 틀리면 점차 강도가 커지는 전기쇼크를 이용하여 처벌을 하게 된다고 지시한다. 그들은 역할을 배정받기 위해 모자 속에 있는 제비뽑기를 한다. 그들 중 점잖은 47세의 회계사인 한 명(사실은 실험협조자)이 뽑은 쪽지가 "학생"인 척하며, 옆방으로 안내되어 간다. 신문광고를 보고 온 실제 피험자는 "교사" 역할을 맡게 되고 먼저 약한 전기쇼크를 시범적으로 받게 된다. 그런 다음 그는 실험자가 "학생"을 의자에 묶고 그의 팔에 전기쇼크 장치를 부착하는 장면을 보게 된다.

그런 다음 교사 역할자(실제 피험자)와 실험자는 다시 원래의 방(그림 6.4)으로 돌아오고, 교사 역할자는 15볼트씩 올라가는 15~450볼트 범위의 스위치가 있는 "쇼크발생기" 앞에 앉는다. 스위치에는 "약한 쇼크", "매우 강한 쇼크", "위험: 고강도 쇼크" 등의 명칭이 붙어 있었다. 435~450볼트 스위치 아래에는 "XXX"라고 표시되어 있었다. 실험자는 교사 역할자에게 학생이 한 문제를 틀릴 때마다 "쇼크발생기 스위치를 한 단계씩 높여라."고 지시하였다. 스위치를 올리면 불이 켜지고 스위치가 켜지는 소리와 함께 전기 버저 음이 울린다.

교사 역할자가 실험자의 지시에 따르면, 75, 90 및 105볼트에서 학생이 투덜대는 소리를 듣게 된다. 120볼트에서 학생은 쇼크가 아프다고 비명을 지른다. 150볼트에서는 "실험자, 나를 이곳에서 나가게 해주세요! 난 더 이상 이 실험을 하지 않겠어요! 계속하고 싶지 않아요!"라고 울부짖는다. 270볼트까지 그의 고통스런 비명은 이어지고 내보내달라고 애원한다. 300과 315볼트에서 문제에 대한 대답 대신 고통신음만 들린다. 330볼트 이후에는 그나마 아무런 소리도 들리지 않는다. 교사 역할자가 실험을 중단하려 할 때, 실험자는 학생의 무응답도 틀린 답으로 간주해야 한다고 말한다. 실험자는 선생님 역할자에게 계속 진행하도록 하기 위해 다음의 4가지 말로 계속하도록 촉구하였다.

촉구1: 계속 진행하세요.
촉구2: 실험은 계속해야 합니다.
촉구3: 여러분이 계속하는 것은 필수적입니다.
촉구4: 여러분은 계속하는 것 외에는 선택의 여지가 없습니다.

어러분은 어디까지 갈 것인가? Milgram은 110명의 정신과의사, 대학생, 빛 중산층 성인들에게 실험에 대해 설명하였다. 3집단 모두에서 사람들은 자신의 경우 135볼트 쯤에서 실험자의 명령에 따르지 않을 것 같다고 예상하였다. 어느 누구도 300볼트 이상은 가지 않을 것으로 예상하였다. 자신에 대한 추정치에는 자기고양 편향이 반영된다는 사실을 고려하여, Milgram은 "다른 사람들"은 어느 정도까지 갈 것 같은지를 물었다. 실제로 어느 누구도 XXX라고 적힌 곳까지 갈 것으로 예상한 사람은 아무도 없었다 (정신과의사들은 1,000명 중 한 명 정도가 그곳까지 갈 것으로 예상하였다).

그러나 Milgram이 다양한 직업의 20~50대 남자를 대상으로 그 실험을 한 결과, 그들 중 26명(65%)이 마지막 450볼트까지 갔다. 멈춘 사람들은 종종 150볼트 지점에서 그렇게 했고, 그때는 학습자의 항의가 더욱 호소력 있게 되었을 때였다(Packer, 2008). 실제로 450볼트까지 간 모든 사람들은 실험을 계속하라는 실험자의 명령을 따랐고, 두 번을 거절하면 실험자가 실험을 중지하도록 하였다.

오늘날의 사람들도 마찬가지로 복종하는지 궁금하여 Jerry Burger(2009)는 Milgram의 실험을 반복했다. − 비록 150볼트까지만으로 한계를 제한했지만. 그 지점에서 70%의 실험참가자들이 여전히 복종했고, 이것은 Milgram의 결과보다 약간 낮은 수치이다 (Milgram의 실험에서 이 지점까지 복종한 사람들 대부분은 끝까지 계속했다. 사실 450볼트에 도달한 모든 사람은 두 번의 추가적 시도 후에 실험자가 멈추라고 말할 때까지 그 절차를 계속하라는 명령에 순종했다).

어떤 문화권에서는 복종률이 더 낮을지도 모른다는 기대 속에서, 문화 차이를 살펴보기 위해 그 실험을 독일인에게 반복 실험하려던 Milgram의 계획은 방해를 받았다(A. Milgram, 2000). Milgram은 독일로 가는 대신, 학생 역할자의 저항을 보다 강력하게 만들어 보았다. 학생 역할자를 의자에 묶고 교사 역할자에게는 그가 심장이 약간 좋지 않다고 말해주었다. 또한 전기쇼크가 고통스럽겠지만 영구적인 근육 손상을 주지는 않는다고 재확인해 주었다. 학생 역할자의 고통스런 저항은 거의 영향을 주지 않았다. 40명의 새로운 남자 피험자 중 25명(63%)이 실험자의 요구에 끝까지 복종하였다(그림 6.5). 이후 여성을 포함한 10개의 연구도 여성의 순종 비율이 남성과 비슷하다는 것을 발견해냈다(Blass, 1999).

Milgram 실험의 윤리적 문제

Milgram은 자신의 피험자들이 보여준 복종을 보고 스스로도 놀랐다. 그가 사용한 절차들은 많은 사회심리학자들을 놀라게 했다(Miller, 1986). 실험에서 "학생 역할자"는 실제로 전기쇼크를 받지 않았다(그는 전기쇼크 의자에서 풀려났고, 대신 저항하는 목소리가 녹음된 테이프를 들려 준 것이다). 그럼에도 불구하고 일부 비판자들은 Milgram이 피험자들에게 실제 피험자들에게 피해를 준 것처럼 느끼게 했다고 비난하였다. 그는 피험자들에게 재차 자신의 의지대로 행하도록 강조하였다. 실제로 "교사 역할자"중 많은 사람들은 괴로워하였다. 그들은 땀을 흘리거나, 말을 더듬거나, 입술을 깨물거나, 신음소리를 내거나 심지어 주체할 수 없는 짜증내는 웃음을 터뜨리는 경우도 있었다. 뉴욕타임즈의 한 논평가는 실험에서 무심코 피험자들이 행한 잔인함은

그림 :: 6.5

Milgram의 복종실험
학생 역할자의 저항과 응답거부에도 불구하고 명령에 따른 피험자의 비율

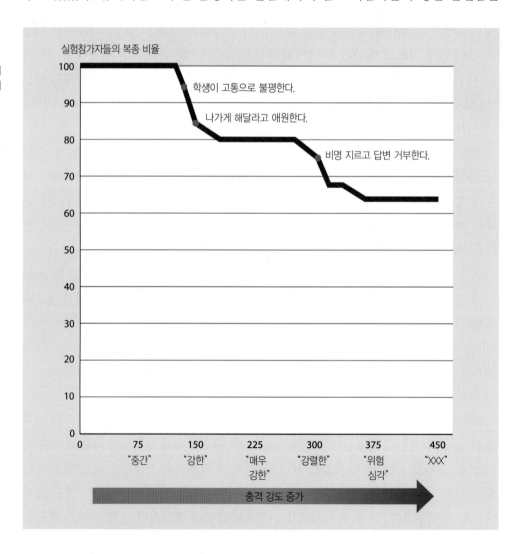

그들을 그렇게 하도록 만든 실험자의 잔인함에 비하면 아무것도 아니라고 비판하였다 (Marcus, 1974).

또한 비판자들은 그 실험참가자들의 자기개념이 바뀌었을지도 모른다고 주장하였다. 어떤 실험참가자의 부인이 남편에게 "당신은 아이히만(나치의 살인캠프 총책임자)이다."라고 했다는 것이다. CBS TV에서는 Star Trek으로 명성이 높은 William Shatner에게 Milgram역의 주연을 맡도록 하여 Milgram 실험의 결과와 논쟁거리를 주제로 한 2시간짜리 드라마를 제작하기도 하였다. TV가이드에서는 그 프로그램을 "지금까지 누구도 알지 못한 무서운 세계의 악"이라고 광고하였다(Elms, 1995).

Milgram은 1,000명이 넘는 다양한 표본들을 대상으로 한 20여 차례의 실험이 우리에게 주는 교훈에 대해 강조하였다. 그는 비판자들에게 자신은 피험자들에게 실험에 속임수가 있었다는 사실을 밝히고 난 후에도 지지를 받았다는 사실을 상기시켰다. 실험 후에 조사한 결과, 피험자의 84%가 그 실험에 참석한 것에 대해 만족을 표시하였고 단지 1%만이 실험에 지원한 것을 후회하는 것으로 나타났다. 1년 후에 한 정신과의사는 실험참여 후유증이 있는 40명을 면담한 결과, 일시적인 스트레스가 있었지만 피해를 받은 사람은 한 명도 없다는 결론을 내렸다.

Milgram은 다음과 같은 말로써, 윤리적 논쟁이 "심각하게 과장되었다."고 생각하였다.

> 이 실험이 피험자의 자존감 측면에 미친 영향은 대학생들이 학과시험에서 원하는 학점을 받지 못한 것에 비하면 훨씬 적다… 우리는 시험을 볼 때 스트레스, 긴장, 자존감에 미치는 영향 등에 대해 매우 잘 준비되어 있는 것 같다. 새로운 지식을 발견하는 과정에서 우리는 너무 참을성이 없다(Blass, 1996에서 인용).

왜 복종을 했을까?

Milgram은 사람들이 어느 정도나 권위자의 명령에 복종하는지를 밝혀낸 것뿐만 아니라, 어떤 조건하에서 복종을 하게 되는지를 연구하였다. 그는 후속실험을 통해 끝까지 복종하는 비율이 0~93%로 다양한 결과를 가져오는 조건들을 찾아냈다. 복종을 결정해주는 4가지 요인은 희생자와의 정서적 거리, 권위의 근접성과 합법성, 권위가 제도적으로 규정되었느냐의 여부, 및 불복종자가 주는 해방효과이다.

희생자와의 거리

Milgram 실험의 피험자들은 '학생 역할자'가 자기 눈에 보이지 않을 때 가장 동정심 없이 행동하였다. 희생자가 멀리 떨어져 있고, '교사 역할자'가 희생자의 어떤 불평도 듣지 않는 경우에서, 거의 모든 사람들이 끝까지 복종하였다. 학생 역할자가 같은 방에 있는 경우는 "겨우" 40%만이 450볼트까지 복종하였다. 교사 역할자가 학생 역할자의 손을 전기쇼크 판에 강제로 누른 상태로 전기쇼크를 주도록 했을 때는 끝까지 복종하는 비율이 30%로 떨어졌다. Milgram 실험의 반복에서 컴퓨터 스크린으로 보이거나 보이지 않고 고통을 가장한 배우를 비디오로 찍은 영상을 사용했을 때, 희생자가

Milgram의 "접촉" 조건의 복종참가자가 충격판 위에 피해자의 팔을 누르고 있다. 그렇지만 대개 "교사들"은 그들과 가까이 있는 이와 같은 피해자들에게 더 자비롭다.

잘 보이면 실험참가자들이 훨씬 적게 복종하였다(Dambrun & Vatiné, 2010).

일상생활에서 멀리 떨어진 사람이거나 사람이 아닌 대상을 흉보는 것이 가장 쉽다. 심지어 그것이 상대에게 큰 피해를 주더라도 사람들은 무감각하다. 사형을 집행하는 사람은 사형수의 머리에 두건을 씌움으로써 그들을 사람이 아닌 대상으로 느끼게 만든다. 전쟁윤리에서도 4만 피트 상공에서 힘 없는 마을에 폭탄을 투하하는 것은 허용하고 있지만, 똑같이 힘 없는 마을 주민을 직접 사살하는 것은 허용하고 있지 않다. 전장에서도 적이 눈에 보일 때는 많은 군인들이 총을 쏘지 못하거나 조준하지 못한다. 포병대나 항공기로서 멀리 떨어진 적을 죽이도록 명령한 경우, 불복종하는 사례는 매우 드물다(Padgett, 1989).

홀로코스트가 시작되었을 때, 일부 독일인들은 명령에 따라 자신의 앞에 서 있던 남자, 여자 및 아이들을 기관총이나 소총을 사용하여 죽였다. 그러나 다른 사람들은 그렇게 할 수가 없었고, 그렇게 한 사람들도 면대면 살해의 경험으로 동요했다. 이러한 이유로 나치 "인종학살 설계자" 하인리히 히믈러는 "더욱 인도적인" 살해를 고안했고, 이것은 가해자와 희생자를 시각적으로 분리한 것이었다. 해결책은 콘크리트 가스실의 건축이었고, 여기에서 가해자들은 희생자들의 공포에 대한 인간적인 결과를 보거나 들을 수 없었다(Russell & Gregory, 2005).

긍정적 측면에서, 사람들은 인간에 대해 가장 동정적으로 행동한다. 태아, 기아에 허덕이는 사람, 혹은 동물에 대한 권리를 항상 사진과 같은 것으로 의인화하여 호소하는 것은 이런 이유 때문이다. 자신의 몸속에서 자라고 있는 태아의 초음파 사진은 낙태반대에 대해 효과적일 것이다. Lydon과 Dunkel-Schetter(1994)는 임산부에게 몸의 각 부분이 분명히 보이는 태아의 초음파 사진을 보여준 경우에 낙태를 하지 않고 아이를 낳겠다는 비율이 높음을 발견하였다.

권위의 근접성과 합법성

실험자의 물리적 존재도 복종에 영향을 준다. Milgram이 전화로 명령한 경우에는 끝까지 복종하는 비율이 21%까지 떨어졌다(비록 많은 사람들이 복종하였다고 거짓말을 하였지만). 많은 다른 연구들에서도 권위자가 물리적으로 가까운 곳에서 요구한 경우, 요구에 응하는 비율이 높다는 사실을 확증해 주었다. 어깨가 닿을 정도로 가까운 곳에서 요청한 경우에 동전을 빌려주는 사례, 청원서에 서명하는 사례, 맛보기 피자를 받는 사례가 더 많았다(Kleinke, 1977; Smith 등, 1982; Wills & Hamm, 1980).

그러나 권위자가 합법적인 사람으로 지각되어야 한다. Milgram의 표준 실험을 변형한 또 다른 연구에서 실험자는 누군가에게 실험실에서 나오라는 전화를 받았다. 그는 '교사 역할자'에게 실험장비가 자동으로 자료를 기록하기 때문에, 계속 진행하기만 하면 된다고 설명하였다. 실험자가 떠난 후 사무원 역할을 맡은 또 다른 한 사람(실제로는 제2의 실험협조자)이 한 단계씩 올리기로 "결정하였고" 교사 역할자에게 그렇게 지시하였다. 그러자 교사 역할자의 80%는 끝까지 복종하지 않았다. 명령에 저항하자 그 실험협조자는 불쾌한 표정으로 쇼크발생기 앞에 앉아 교사 역할자를 대신하려 하였다. 이 시점에서 대부분의 피험자들이 반항하였다. 어떤 사람들은 쇼크발생기의 전원을 뽑으려 하였다. 어떤 덩치 큰 피험자는 그런 실험협조자를 의자에서 들어 올려 실험실 저편으로 던져 버리기도 하였다. 불법적 권위자에 대한 그들의 반란은 통상 실험자에게 보여준 정중한 공손함과 크게 대비되는 것이었다.

또한 이는 한 연구에서 자신이 알지 못하는 의사가 간호사에게 명백히 과도한 분량의 약을 환자에게 주도록 명령했을 때 간호사들이 보여준 행동과도 대비된다(Hofling 등, 1966). 연구자들은 일군의 간호사와 간호학과 학생들에게 그 실험에 대해 말해준 다음, 그런 경우 그들은 어떻게 행동할 것인지를 물었다. 거의 대부분이 자신은 그 명령에 따르지 않을 것이라고 말하였다. 한 사람은 "선생님, 미안하지만 저는 처방전이 없는 어떤 약도 줄 수가 없습니다. 특히 통상적 수준보다 더 많은 양의 경우와 제가 잘 모르는 약의 경우는 더더욱 그렇습니다. 가능한 한 기꺼이 따르겠지만 이는 병원의 정

focus ON   희생자를 의인화하기

무고한 희생자를 의인화하면 더 많은 동정심이 유발된다. 얼마 전 이란에서 발생한 지진으로 일주일 동안 3,000명이 사망하였지만 이 사건은 금방 잊혀졌다. 이탈리아에서는 한 어린 소년이 유정에 빠져 죽었고 전 세계가 이를 슬퍼하였다. 핵전쟁으로 인한 사망자의 추정치는 헤아릴 수 없어 그들은 개개인으로 보이지 않는다. 국제법 교수인 Fisher는 희생자를 의인화하는 방법을 다음과 같이 제안하였다:

종종 해군 장교인 젊은 남자가 대통령을 따라 수행한다. 이 남자는 핵무기 발사에 필요한 암호가 담겨 있는 검은색 가방을 갖고 다닌다.

핵전쟁을 다루는 각료회의에서 대통령이 추상적인 질문을 던지는 것을 볼 수 있다. 대통령은 "SIOP 계획 1"이라고 결론을 내리고, 회의에서 그 결정은 채택된다. "알파라인 XYZ로 통신하라." 이런 용어들은 우리와 상당히 거리감을 지니고 있다.

내 제안은 간단하다. 필요한 암호를 작은 캡슐에 넣고, 곧바로 그 캡슐을 자원자의 심장에 이식하라는 것이다. 자원자는 대통령을 수행할 때 크고 무거운 식육점 칼을 갖고 다닐 것이다. 만약 대통령이 핵무기 발사를 원한다면, 먼저 자기 손으로 한 사람을 죽이고 나야만 그렇게 할 수 있다.

대통령은 "조지, 미안하지만 수천만 명을 죽여야겠네."라고 말할 수 있다. 그런 다음 누군가를 보면서 죽음(무고한 사람들의 죽음)에 대해 인식하게 될 것이다. 백악관 카펫 위의 붉은 피가 핵무기의 실상을 뼈저리게 느끼도록 할 것이다.

내가 국방성에 있는 친구들에게 이를 제안했을 때, 그들은 "맙소사, 끔찍하다. 대통령이 누군가를 죽여야 한다는 사실은 그의 판단을 왜곡시킬 수도 있다. 그러면 그는 결코 발사버튼을 누르지 않을지도 모른다."고 말하였다.

출처: Bulletin of the Atomic Scientists(1981, 3월호 pp.11~17) Roger Fisher의 "핵전쟁 예방에 대해"에서 발췌

명령을 받으면 대부분의 병사들은 집에 불을 지르고 살해할 것이다. 이는 다른 맥락에서 비도덕적이라고 생각하는 행동이다.

책과 제 자신의 윤리기준에 어긋납니다."라고 대답하겠다고 하였다. 그럼에도 불구하고 의사가 22명의 다른 간호사들에게 과도한 분량의 약을 환자에게 주도록 전화로 명령을 내렸을 때, 1명을 제외한 모든 간호사들이 지체없이 그 명령에 따랐다(물론 약이 환자에게 주어지는 도중에 차단하였다). 비록 모든 간호사들이 그렇게 복종적이지는 않지만(KracKow & Blass, 1995; Rank & Jacohson, 1977), 이들 간호사들은 의사(합법적 권위자)가 명령하면 간호사는 복종한다는 친숙한 스크립트를 따르고 있었다.

합법적 권위자에 대한 복종은 "귓병"에 관한 이상한 사례에서 뚜렷이 볼 수 있다(Cohen & Davis, 1981, Cialdini, 1988에서 인용). 한 의사가 오른쪽 귀에 염증이 있는 환자에게 약물을 투여하도록 간호사에게 지시하였다. 의사는 처방전에 "오른쪽 귀에 투약할 것"을 줄여서 "R ear에 투약"이라고 썼다. 이 명령을 읽은 간호사는 그 약물을 환자의 직장(항문)에 투여하였다(R ear가 "뒤에서(rear)"로 잘못 해석됨).

순종적 간호사는 1995년과 2006년 사이에 대개 경찰관처럼 꾸민 자칭 권위자로부터 나온 명령에 순종한 30개 주의 70개 패스트푸드 지배인들에 공감할 것이다(ABC News, 2004; Snopes, 2008; Wikipedia, 2008). 가짜 경찰관은 일반 피고용인이나 고객을 묘사했다. 단, 지배인이 그 기술에 부합하는 사람이라고 확인하자마자, 그 권위 있어 보이는 호출자는 그 또는 그녀가 자신의 재물을 훔쳤는지를 알기 위해 알몸수색을 하라는 명령을 내렸다. 아리조나의 타코 벨의 남자 지배인은 그 기술에 부합하는 17세 여성 고객을 끌어내서 호출자가 내린 명령대로 신체의 구멍을 포함하여 수색을 실시했다. 19세의 여성 피고용인을 자신의 의사에 반하여 옷을 벗게 한 후에, 사우스 다코다 레스토랑의 지배인은 "나는 결코 그것을 하고 싶지 않았어요… 나는 단지 그가 나에게 말한 것을 하는 중이었어요."라고 설명했다. 지배인이 불복종이 직장을 잃거나 감옥에 가게 되는 것을 의미할 수도 있어 두려워 했다고 담당 변호사는 설명했다.

또다른 경우에 한 맥도날드 지배인이 지갑 훔친 혐의가 있는 피고용인을 묘사하며 그녀를 조사해 달라는 명령을 "경찰관 스콧"으로부터 받았다. 그 여성 지배인은 그 기술에 부합하는 18세 여자를 사무실로 데려가서 지갑이나 옷을 다 뒤지라는 일련의 명령에 따랐다. 모욕적인 3시간 반의 구금시간이 지나자 그 요구는 더욱 기이해졌고, 여기에는 남성과 성적 접촉이 포함되었다. 정신적 상처를 받은 십대는 맥도날드를 고소했고, 사기꾼 직원에 대하여 적절하게 사전경고받지 못했다고 주장하며 6백 10만 달러의 보상을 받았다(CNN, 2007).

제도상의 권위

권위의 명성이 이처럼 중요하다면, 예일 대학이라는 제도상의 명성도 Milgram 실험자의 명령을 합법화시켰을 것이다. 실험 후의 사후면접에서 많은 참석자들은 그 실험에서 예일 대학의 명성이 없었더라면, 자신들은 복종하지 않았을 것이라고 말했다. 이런 주장이 사실인지를 알아보기 위해 Milgram은 예일 대학이 아닌 코네티컷의 브리지포트로 장소를 옮겨서 그 실험을 해 보았다. 그는 적당한 상업용 건물에서 자신을 "브리지포트 연구원"으로 설정하였다. 통상 같은 신분으로 "심장장애" 실험이 행해진다면, 여러분은 몇 퍼센트의 남자들이 끝까지 복종할 것이라고 생각하는가? 조금 줄어들긴 했지만, 여전히 매우 높은 48%였다.

일상생활에서 제도적으로 인정받는 권위자는 사회적 권력을 마구 휘두른다(Ornstein, 1991). 알프레드라는 이름의 정신과환자 한 명이 캘리포니아의 산마테온 위의 절벽 끝에서 뛰어내리겠다고 위협을 하고 있었다. 이 연락을 받고 불려나온 담당 정신과의사가 그 환자에게 내려오도록 설득했다. 그러나 그 의사의 설득이 실패하자, 위기전문 경찰이 속히 도착하기만을 기다리고 있었다.

전문경찰은 아무도 오지 않았지만, 이때 그 상황을 모르는 또 다른 경찰관 한 명이 우연히 그 장소에 나타나 메가폰을 잡고 절벽에 모여있는 사람들을 향하여 다음과 같이 소리쳤다. "폰티악 트럭 왼쪽 길 가운데 이중 주차를 한 바보가 누구냐? 내가 거의 박을 뻔 했다. 차주인은 당장 차를 옮겨라." 이 소리를 들은 알프레드는 그 경찰관의 명령에 따라 즉시 절벽에서 내려와 자신의 차를 옮긴 다음, 한마디 말도 없이 경찰차를 타고 가까운 병원으로 이송되었다.

불복종자의 해방효과

이들 고전적 실험들은 동조에 대한 부정적 견해를 갖게 해준다. 동조가 건설적일 수도 있을까? 아마도 여러분은 불공정한 교사에게, 혹은 누군가의 공격적 행동에 대해 화가 났지만, 항의하기를 주저했던 기억이 있을 것이다. 그때 한두 사람이 항의했다면, 여러분도 그들을 따라 항의했을 것이다. Milgram은 두 명의 실험협조자를 사용하여 그런 교사를 대신하게 함으로써 동조의 긍정적 효과를 알아보았다. 실험 중에 실제 피험자에게 실험을 계속하도록 명령하는 실험자에게 두 실험협조자가 반발하였다. 그때에도 실제 피험자가 실험자의 명령에 따랐겠는가? 아니다. 90%의 실제 피험자들이 실험자에게 반발하는 실험협조자에게 동조하여 자신을 구해냈다.

고전적 연구들에 대한 반추

Milgram의 연구결과에 대한 공통된 반응은 이것이 근대사에 나타난 여러 사례들의 복사판 같다는 것이다. 예를 들어, 유대인을 학살했던 나치독일의 아이히만(Eichmann)이나 베트남의 밀라이 마을에서 수백 명의 양민을 학살한 캐리(Calley) 중위가 모두 "나는 명령에 따랐을 뿐"이라고 항변하였고, 최근 이라크, 르완다, 보스니아, 코소바 등에서 일어난 '인종청소'의 경우도 마찬가지이다.

군인들은 상관의 명령에 복종하도록 훈련받는다. 밀라이 학살에 참여했던 한 군인은 다음과 같이 기억하고 있었다.

> "[캐리 중위가] 나에게 사격을 개시하라고 했다. 그래서 나는 사격하였고, 대략 탄창 4개 정도를 그들에게 쏘아댔다······. 그들은 애원하면서 "안돼요······."라고 소리쳤다. 엄마들은 아이를 껴안고······. 음, 우린 계속 쏘았다. 그들은 팔을 저으며 애원하였다(Wallace, 1969)."

"안전한" 과학적 맥락에서 이뤄지는 복종실험은 전시 맥락과는 다르다. 게다가 전쟁과 인종학살의 수많은 조소와 잔인성은 복종을 능가한다(Miller, 2004). 유태인 대학살을 실행한 사람들 중 일부는 죽이라는 명령을 받을 필요가 거의 없는 "자발적 처형자들"(willing executioners)이었다(Goldhagen, 1996).

복종실험은 사회적 압력의 강도 면에서 다른 동조실험과 다르다. 복종의 경우는 분명한 명령이 있다. 강요가 없으면, 사람들은 잔인하게 행동하지 않는다. 그러나 Asch 실험과 Milgram 실험에는 공통점이 있다. 그 실험들은 어떻게 하면 도덕적 판단보다 복종이 우선하는지를 보여주었다. 그것들은 사람들을 양심에 반하는 행동을 하도록 만들었다. 그것들은 우리에게 학문적 교훈 이외에도 우리가 평소에 경험하는 도덕적 갈등에 대해 생각해 보도록 해 주었다. 또한 그것들은 두 가지 친숙한 사회심리학 원리를 보여주고 확증했다. 태도와 행동 간의 관계, 그리고 상황의 힘

행동과 태도

내적 신념을 압도하는 외부 영향이 있을 때, 태도가 행동을 결정하지 못한다는 사실은 이미 4장에서 언급하였다. 그 실험들은 이 원리를 생생하게 보여준다. Asch의 피험자들은 단독으로 반응할 때는 거의 완벽하게 정답을 맞혔다. 그들이 한 집단을 상대로 홀로 선 경우는 상황이 달랐다.

복종실험에서 막강한 사회적 압력(실험자의 명령)은 약자(희생자의 애원)를 압도하였다. 놀라운 숫자의 사람들이 희생자의 애원과 실험자의 명령, 악행을 피하고자 하는 바람과 좋은 피험자가 되고자 하는 바람 사이에서 복종 쪽을 선택하였다.

왜 피험자들은 빠져나오지 못했는가? 어떻게 올가미를 쓰게 되었는가? 여러분은 Milgram이 수행하지 않은 또 다른 버전의 Milgram 실험에서 교사 역을 맡은 사람이라고 생각해 보라. 학생 역할자가 처음으로 틀린 답을 했을 때, 실험자가 여러분에게 330

볼트의 공격을 가하라고 요구한다. 여러분이 스위치를 누르면, 학생 역할자의 비명, 심장장애에 관한 불평, 자비를 청하는 소리를 듣게 된다. 그래도 여러분은 계속할 것인가?

내 생각엔 계속하지 않을 것이다. 이 가상적인 실험을 Milgram 실험의 피험자가 경험하는 것과 비교하기 위해, 4장에서 언급한 문간에 발 들여놓기 현상이라는 단계적 함정을 기억해 보라. 그들의 첫 개입은 약한 것(15볼트)이었고, 이것이 저항을 불러일으키지는 않았다. 여러분도 그리 하기로 동의할 것이다. 학생 역할자가 처음으로 신음소리를 내는 75볼트를 줄 때까지, 그들은 이미 5번을 복종하였

"아마 내가 너무 애국적이었다." 전직 고문기술자 Jeffrey Benzien은 남아프리카 진실과 화해 위원회에서 "젖은 가방" 고문 기술을 시범 보이며 이렇게 말했다. 피해자의 머리를 천으로 덮어 질식의 공포를 주었다. 이 끔찍한 고문기술은 총기를 찾기 위한 경우 등에서 보안 경찰들이 사용하였다. 그가 명령에 따랐을 뿐이라고 주장했을지라도 Benzien은 "끔찍한 짓을 했다."는 것을 인정하며 피해자들에게 사과했다.

다. 다음 번에서 실험자는 피험자에게 이미 한 것보다 조금 더 강한 쇼크를 주도록 요청하였다. 이미 22번이나 복종한 이후인 330 볼트를 줄 때, 피험자들은 그들의 부조화를 어느 정도 감소시켰다. 그러므로 그들은 처음부터 330볼트부터 시작하는 사람과는 다른 상태에 놓여 있었다. 4장에서 보았듯이, 외적 행동과 내적 성향은 서로 영향을 주고, 때로는 상승작용을 한다. Milgram은 다음과 같이 보고하였다(1977, p.10).

> 많은 피험자들이 희생자를 자업자득이라고 호되게 평가절하하였다. "그는 그런 쇼크를 받을 만큼 어리석고 고집불통이다."라는 코멘트가 많았다. 일단 희생자에게 해가 되는 행동을 하고 나면, 피험자들은 희생자를 가치 없는 사람으로 볼 필요가 있으며, 그가 지적으로, 성격적으로 문제가 있기 때문에 처벌이 불가피했다고 보는 것이다.

1970년대 초 그리스의 군사정권에서는 고문기술자를 양성하면서 이런 "희생자-비난" 전략을 사용하였다(Haritos-Fatouros, 1988, 2002; Staub, 1989, 2003). 나치 독일에서 SS(친위대) 요원을 훈련할 때처럼, 그리스 군부에서도 지원자 중 권력자에 대한 존경심과 복종심을 근거로 선발하였다. 그러나 이런 성향만으로 고문기술자를 만들 수는 없었다. 그래서 그들은 먼저 훈련병들에게 간수를 맡도록 하였고, 그 다음으로 체포 조에 참여시켰고, 그 다음으로 죄수를 때리도록 하였고, 그 다음으로 고문장면을 보도록 하였고, 그런 다음에 비로소 실제로 고문을 하도록 하였다. 원래는 순진했던 사람들이 한발 한발씩 잔인한 사람으로 변해갔다. 처음엔 복종이었지만, 점차 수용이 된다.

유대인 대학살의 생존자 중 한명인 메사추세츠 대학의 사회심리학자인 Staub는 무고한 시민을 저승사자로 변화시키는 힘에 대해 너무나 잘 알고 있는 사람이다. Staub(2003)는 우리에게 그것이 이뤄지는 과정을 보여 주었다. 매우 자주, 비난은 경멸을 낳고, 그것은 잔인해지는 면죄부가 되고, 그것이 정당화되면, 인간은 짐승이 되어 살인을 하고, 그러고 나면 체계적으로 살인을 하게 된다. 태도가 바뀌면 행동이 뒤따

심지어 개인주의 문화에서도(모자, 양말, 신, 룩색을 제외하고) 나체로 영국을 종단한 Stephen Gough와 같이 문화의 명확한 규범을 어기려는 사람은 드물다. 2003년 땅끝에서 출발하여 영국의 남쪽끝까지 갔다. 7개월 동안 847마일을 걸으며 15번 체포되어 대략 5개월 유치장에서 보냈다.
"나의 나체활동은 홀로서기에 대한 첫째이고, 가장 중요한 일이며, 아름다운 인간으로서의 자신의 선언이다."라고 Gough(2003)는 자신의 웹사이트에서 선언했다.

르고, 그것을 정당화한다. Staub가 내린 끔찍한 결론은 "인간은 누구나 예외 없이 남을 죽일 수 있는 능력을 지니고 있다."는 것이다(1989, p.13).

그러나 인간은 또한 영웅적 자질도 지니고 있다. 대학살 시기에 독일이 추방한 3,500명의 프랑스계 유대인과 1,500명의 다른 난민들이 Le Chambon 마을의 은신처에 숨어 있었다. 이들은 주로 박해받던 집단의 후손인 개신교 신자들로서, 그들에게는 이미 목사라는 권위자가 있었으며, 그 목사는 그들에게 "하나님의 명령에 반하는 어떤 명령에도 굴복하지 말고 저항하라."고 가르쳐 왔다(Rochat, 1993; Rochat & Modigliani, 1995). 유대인들이 은신하고 있는 곳을 대라는 나치의 명령에 대해 담임목사는 "나는 유대인을 모른다. 나는 단지 인간을 알고 있을 뿐이다."라고 말함으로써 불복종의 모델을 보여주었다. 전쟁이 얼마나 무서운지, 얼마나 큰 고통을 주는지 모르는 상태에서 저항자 중 첫 번째 희생자가 나왔고, 그런 다음 그것은 자신의 신념에 의해, 권위자에 의해, 그리고 서로서로에 의해 지지되어 전쟁이 끝날 때까지 그들을 저항세력으로 남아있도록 만들었다. 여기저기서 나치의 점령에 대한 주민들의 최종 반응은 대개 처음에 결정되었다. 복종이든 저항이든 그들의 첫 번째 행위는 그것에 걸맞은 태도를 낳고, 태도는 다시 다음 행동에 영향을 주고, 그 행동은 태도를 강화시킨다. 담임목사의 숭고한 희생으로 이뤄진 최초의 도움행동은 더 많은 도움을 초래하였다.

상황의 힘

일상 삶에서 문화가 강력한 역할을 한다는 5장의 교훈과 즉각적인 상황의 힘이 막강하다는 6장의 교훈은 모두 사회적 맥락이 지닌 강력한 힘을 보여주는 것이다. 이것을 느껴보려면, 수업 중에 일어서 있거나, 식당에서 큰 소리로 노래를 부르거나, 연세든 교수에게 인사할 때 이름을 부르거나, 속옷차림으로 골프를 치거나, 피아노 독주회에서 과자를 먹거나, 머리를 반만 미는 행동과 같은 사소한 규범을 어기는 행동을 한다고 상상해 보라. 이런 사회적 제약을 벗어나려 할 때마다, 그것의 힘이 얼마나 강한 지를 새삼 느끼게 된다.

Milgram과 Sabini(1983)가 자기 학생들을 연구에 참여시켜 뉴욕의 지하철에 앉아있는 승객에게 자리를 양보하라고 요구하도록 했을 때, 그의 학생들도 단순한 사회적 규범을 어기는 것이 얼마나 힘든 일인 줄을 알게 되었다. 놀랍게도 56%의 승객들이 자리를 내주었고, 심지어 정당한 이유도 없이 자리를 요구한 경우에도 마찬가지였다. 학생들이 자리를 요구할 때의 반응들도 재미있었다. 대부분은 그것이 매우 힘들다는 것을 알았다. 말이 나오지 않아 포기해야 하는 경우도 많았다. 일단 요구를 하면 자리를 양보받았지만, 때로 그들은 아픈 척 함으로써 규범을 어기는 자신을 정당화하였다. 이것이 우리들의 공중행동을 지배하는 무언의 법칙이 지닌 힘이다.

최근 펜실베이니아 주립대에서 이뤄진 실험에 참여한 학생들도 다른 사람에게 도전적인 말을 입 밖에 내는 것이 얼마나 힘든 일인지를 알게 되었다. 학생들에게 자신을 무인도에 고립된 3명의 다른 사람들과 이야기를 나누고 있는 중이라고 상상하도록 하였다. 학생들에게는 다른 사람들 중 한 명의 남자가 "이런 무인도에서 남자를 만족시키려면 여자가 더 있어야 한다."와 같은 성차별적인 말을 했다고 상상해 보도록 하였다. 이런 성차별적 언급에 대해 학생들은 어떤 반응을 보였을까? 겨우 5%의 학생들이 이런 말을 무시하거나 다른 사람들의 반응을 보고 자신도 반응할 것 같다고 예상하였다. 그러나 Swim과 Hyers(1999)가 또 다른 학생들을 대상으로 한 실험에서 한 명의 남자 실험협조자가 실제로 이런 말을 했을 때, 55%(5%가 아닌)가 이 말을 듣고도 아무 말도 하지 않았다. 마찬가지로 인종차별적 비방을 하는 사람을 목격하면 분노할 것이라고 – 그리고 실험에서 인종차별적인 사람을 파트너로 삼는 것을 피할 것이라고 – 예측하지만, 실제로 그런 사건을 경험하는 사람들은 냉담을 보일 뿐이다(Kawakami & others, 2009). 이 실험은 규범적 압력의 힘과 행동(심지어 우리 자신의 행동)을 예측하는 것이 얼마나 어려운 것인지를 재차 보여주는 것이다.

2011년 동료 코치가 소년들을 성추행했다는 사실을 알고 존경받은 미식축구 코치와 기타 대학 교원들이 어떻게 반응했어야 하는 것에 대한 공개토론에서 대결에 대한 인간의 투쟁이 Swim과 Hyers의 대학교인 펜실베이니아 주립대학에서 일어났던 것은 얼

"지극히 평범한" 9/11 테러리스트들인 납치범 나와프 알하즈미(푸른 셔츠)와 살렘 알하즈미(흰 셔츠)는 달러스 공항 보안대를 2001년 9월 11일 통과할 때 정상적으로 보였고, 정상적으로 행동하는 승객이었다.

마나 아이러니인가!(코치들은 보도에 의하면 상부에 보고만 했을 따름이었고 성추행 혐의자를 계속해서 대학 직원으로 유임시켰다고 한다). 방송 해설가들은 격분했다; 그들이라면 더욱 강하게 행동했어야 한다고 그 해설가들은 주장했다(그 축구팀이 명예를 무척 중시하는 팀이었기 때문에). 그러나 역사, 방관자 반응(12장 참조) 및 복종 실험의 결과로 생각해 보건대, 가상적인 상황에서 우리가 할 것이라고 말하는 것은 실제 상황에서 우리가 행동하기보다 훨씬 쉽다.

Milgram 실험은 악에 대한 교훈을 준다. 공포 영화와 소설에서 악은 소수의 나쁜 사과, 즉 소수의 타락한 사람들에게서 나온다. 실생활에서도 우리는 히틀러의 유태인 학살이나 오사마 빈 라덴의 테러리스트 음모에 대하여 마찬가지로 생각하게 된다. 그러나 악은 또한 사회적 힘의 산물이다. 마치 적당한 온도와 습도, 그리고 균이 전체 상자 속의 사과를 썩게 만드는 것과 같다. 이라크 아브그라이브 포로수용소에서 포로 학대로 전 세계를 충격에 빠뜨리게 한 미군들은 스트레스를 받았고, 그들이 구하게 된 많은 사람들에게 조롱당했고, 동료의 죽음에 분노했고, 고국에 돌아갈 시간이 지체되었고, 그리고 느슨하게 감독되었다. - 악한 행동을 산출할 악한 상황이 갖추어진 것이다(Fiske, 2004; Lankford, 2009). 상황은 평범한 사람들이 악에 굴복하게 만들 수 있다.

특히 복잡한 사회에서는 작은 악마가 큰 악마로 진화하는 경우가 많다. Darley(1996)는 다음과 같이 말하였다.

"누가 악을 행할 사람인지는 알기 힘들다. 해로운 행동(예 A가 알고도 위험한 가스통을 B에게 파는 것과 같은)도 판매자를 표시하는 분명한 증서가 없는 현실에서 조직의 산물로 볼 수도 있다. 악행의 뒤를 살펴보면 악마같은 사람이 그런 의도를 지니고 하는 경우보다는 평범한 사람이 복잡한 사회적 힘에 휩쓸려 악행을 하는 경우가 많다."

독일의 공무원들이 자발적으로 대학살에 관한 서류작업을 하여 나치 수뇌부를 놀라게 하였다. 물론 그들은 유대인을 죽이지는 않았다. 그들은 단지 나치에게 유대인에 관한 서류를 제출한 것이다(Silver & Geller, 1978). 업무가 분할되면, 악행은 더 쉬워진다. Milgram은 40명의 남자들에게 간접적으로 희생자에게 전기쇼크를 주는 데 기여하도록 하는 실험을 통해 악행의 분할을 연구하였다. 전기쇼크 버튼은 다른 사람이 누르고, 그들은 단지 학습문제만 관리하도록 하였다. 그렇게 하니 40명 중 37명이 끝까지 그 과제를 완수해 냈다.

우리의 일상에서는 그럴 의도도 없이 서서히 악으로 떠밀려 가는 경우가 대부분이다. 자해의 경우도 의도하지 않은 채 서서히 떠밀려간다는 점에서 비슷하다(Sabini & Silver, 1982). 어떤 학생이 이번 주까지 기말보고서를 제출해야 한다는 사실을 알고 있었다. 비디오게임이나 TV프로그램과 같은 것들이 방해는 하겠지만, 그의 보고서 작성에 치명적인 해를 주지는 않을 것으로 보인다. 하지만 처음부터 그 학생이 의도적으로 숙제를 안 하려 한 것은 아니었지만, 그런 것들을 하다보면 점차 숙제를 안 하는 쪽으로 마음을 바꾸게 된다.

아이히만과 아우슈비츠의 강제수용소 관리들을 사악한 악마로 보기 쉽다. 그러나 그 관리들도 고된 일을 하고 난 후, 베토벤과 슈베르트의 음악을 들으며 휴식을 취하는 평범한 사람들일지도 모른다. 1942년에 열린 반지(Wansee) 회의에 참석하여 대학살을 이끈 최종안을 작성한 14명 중 8명은 유럽 대학의 박사학위 소지자들이었다(Patterson, 1996). 대부분의 다른 나치들과 같이 아이히만도 겉으로는 평범한 직업을 가진 보통사람이었다(Arendt, 1963; Zillmer 등, 1995). 소문에 의하면 9·11공격의 리더인 모하메드 아타도 "착한 소년"이었으며 건강한 가정출신의 우수한 학생이었다. 20번째 9·11 공격자로 지목된 Zacarias Moussaoui도 비행수업을 받을 때와 칼을 구입할 때 매우 공손했었다. 그는 여성을 부를 때도 "아주머니(존칭)"라고 불렀다. 만약 이들이 우리 이웃에 산다면, 그들은 우리가 지닌 악마 이미지와 전혀 맞지 않을 것이다. 그들은 "예외적이지 않은" 사람들이었다(McDermott, 2005).

대부분이 어린이, 여자, 노약자인 폴란드에 사는 약 40,000명의 유대인을 등 뒤에서 쏘아 죽인 독일인 경찰대원들도 흉악한 사람들이라고 생각할 수 있다. Browning(1992)은 이들도 정상적인 사람들이라고 기술하였다. 유럽의 유대인 마을을 공격한 많은 다른 사람들과 같이 이들도 훈련을 받고 죽음의 수용소에서 근무하였으며, 나치도 아니고 SS(친위대) 요원도 아니며, 인종차별주의자도 아니었다. 그들은 군대에서 근무하기에는 나이가 너무 많은 노동자, 판매원, 사무원, 기술공들로서 모두 가정을 가진 남자들이었으나 상부로부터 유대인을 죽이라는 명령을 직접 받고 그것을 거부할 수 없는 사람들이었다.

"우리의 연구가 주는 가장 중요한 교훈은 평범한 사람도 자신이 맡은 일을 하다보면, 특별한 적대감 없이 끔찍한 행동을 할 수 있다(Milgram, 1974, p.6)"는 Milgram의 결론은 유대인 대학살이 독일인의 독특한 특성에서 나온 것으로 볼 수 없다는 것이다. Rogers가 유치원생 시청자들에게 자주 말하듯이 "착한 사람도 때로 나쁜 행동을 한다." 그렇다면 우리는 매력적인 특성을 지녔기 때문에 전혀 나쁜 짓을 하지 않을 것 같은 정치인들에 대해 더 많은 경계심을 가져야 할 것이다. 착한 사람들도 때로는 악의 유혹에 빠지는 법이다. 그래서 평범한 군인들도 무고한 시민을 사살하라는 명령에 따르게 되고, 평범한 조직원들도 어수룩한 신입회원들을 잔인하게 다루라는 명령에 따르게 될 것이다.

그렇다면 악행에 대한 상황적 분석이 악행을 저지를 사람에게 면죄부를 주는가? 책임을 지울 수가 없을까? 보통 사람들의 마음에는 그 대답이 어느 정도 그렇다일 것이라고 Arthur Miller(2006)는 언급한다. 그러나 악의 근원을 연구하는 심리학자들은 다른 식으로 주장한다. 설명하는 것이 변명하는 것은 아니다. 이해하는 것이 용서하는 것도 아니다. 여러분은 여러분이 이해할 수 없는 행동을 한 사람을 용서할 수 있고, 용서할 수 없는 사람을 이해할 수도 있다. 게다가 James Waller(2002)는 덧붙이기를 "예외적 악의 평범함을 우리가 이해할 때, 우리는 악에 덜 놀라게 되고, 자신도 모르는 사이 악인이 될 가능성이 줄어들고, 그리고 아마도 악을 방지할 준비가 더 잘 될 것이다."라고 하였다. 유명한 Milgram 연구의 Jerry Burger의 반복은 그 연구에 친숙한 사람들을 배제하였다. 지금 여러분이 아는 지식을 아는 그러한 사람들이 포함되었다면, 복종 비율

표 :: 6.1　　고전적 복종연구들의 요약

주제	연구자	방법	실생활의 예
규범형성	Sherif	광점의 움직임에 대한 피암시성을 평가	다른 사람의 말을 듣고 사건을 다르게 해석: 다른 사람이 좋아하는 음식 맛을 더 높게 평가
동조	Asch	다른 사람들의 분명히 틀린 지각판단에 동의	타인이 하는 대로 행동: 문신과 같은 유행
복종	Milgram	타인에게 전기쇼크를 주라는 명령에 복종	상관의 의심스런 명령에 추종하는 군인이나 종업원들

은 훨씬 떨어지지 않았을까(Elms, 2009)?

　　마지막으로 동조연구에서 사용한 실험방법들에 대해 살펴보자(요약은 표 6.1 참조). 실험실에서의 동조상황은 실생활의 그것과는 다르다. 평소 우리는 선분의 길이를 판단하거나 전기쇼크를 주도록 요구받는 경우가 얼마나 많은가? 연소란 점에서 성냥불과 산불이 비슷하듯이, 실험실에서의 심리적 과정과 실생활에서의 심리적 과정은 유사하다(Milgram, 1974). 성냥에 불을 붙이는 간단한 것을 산불이라는 복잡한 것으로 일반화시킬 때는 조심해야 한다. 그러나 성냥에 불을 붙이는 통제된 실험이 산불을 관찰함으로써는 얻을 수 없는 연소에 관한 통찰을 우리에게 제공할 수 있다. 그래서 사회심리학 실험은 독특한 것이기는 하지만, 모든 사회적 상황이기도 하다. 여러 독특한

요약 : 고전적 동조와 복종 연구

세 개의 고전적 연구 장면은 연구자들이 어떻게 동조를 연구하였으며, 어떻게 사람들이 동조할 수 있는지를 보여주었다.

• Sherif는 착시현상인 광점의 움직임을 추정하도록 한 과제에서 다른 사람들의 판단이 우리의 판단에 영향을 준다는 사실을 관찰하였다. "적절한" 정답에 대한 규범이 출현하였고, 이 규범은 오래 지속되었으며, 여러 피험자 세대를 거쳐 지속되었다. 실험에서 나온 시사점은 실생활의 시사점과 맥을 같이한다.

• Sherif가 판단이 애매한 과제를 사용한 데 반해, Asch는 판단이 분명한 과제를 사용하였다. Asch의 실험에서는 기준선분과 길이가 같은 선분을 3개의 비교선분 중에서 고르는 과제를 사용하여 피험자들에게 다른 사람들의 판단을 듣고 난 후 그들도 판단을 하도록 하였다. 다른 사람들이 만장일치로 오답을 말한 경우, 피험자의 37%가 동조하였다.

• Sherif의 연구절차는 수용을 이끌어냈다; 그러나 반대로 Milgram의 복종실험은 극단적 형태의 복종을 이끌어냈다. 합법적인 명령권자가 손이 닿을 듯 가까이에 있고 불복종을 보여주는 사람이 한 명도 없는 최적의 조건에서, 옆방에서 비명을 지르는 무고한 희생자에게 치명적인 손상을 줄 수도 있는 전기쇼크를 주도록 명령했을 때, 성인남자 피험자의 65%가 끝까지 명령을 따랐다.

• 이 고전적 실험들은 사회적 힘의 막강함과 어떤 것은 복종이 수용을 이끈다는 것을 보여주었다. 악행은 좋은 세상에 사는 일부 나쁜 사람들이 저지르는 것이 아니라, 사람들을 악행에 동조하도록 혹은 잔인함에 굴복하도록 만드는 강력한 상황의 힘에 의해 나오는 것이다.

과제를 사용함으로써, 다른 시간대와 장소에서 실험을 반복함으로써, 연구자들은 그런 다양한 기저에 있는 공통 원리를 찾아내고 있다.

고전적 동조 실험은 일부 질문에는 답을 주지만, 다른 문제를 제기한다. 때로 사람들은 동조하고, 때로 사람들은 동조하지 않는다. (1) 언제 그들은 동조하는가? (2) 왜 동조하는가? 왜 사람들은 집단을 무시하고 자신이 옳다고 생각하지 않는가? (3) 어떤 타입의 사람들이 더 잘 동조하는가? 다음에서는 이런 궁금증에 대해 알아보도록 하자.

동조의 예측 요인

동조를 많이 그리고 적게 촉발하는 상황 확인하기

37%의 동조율을 이끌어 낸 Asch의 실험상황은 강요가 없는, 분명한 과제를 사용한 경우였다. 사회심리학자들은 이보다 더 많은 동조를 이끌어 낼 수 있는 상황에 대해 궁금해 하였다. 곧 연구사들은 판단과제가 어렵거나 피험자들이 무능한 경우에는 동조율이 더 높아진다는 사실을 밝혀냈다. 우리는 자신의 판단에 대해 안심되지 않을수록 다른 사람의 영향을 더 많이 받는다.

집단의 특성도 영향을 준다. 집단이 3명 이상으로 구성되어 있고, 응집력이 강하고, 만장일치이며, 지위가 높은 사람들로 이루어진 경우에 동조율이 높다. 또한 공개적으로 반응하고 사전에 개입이 없는 경우에 동조율은 높다.

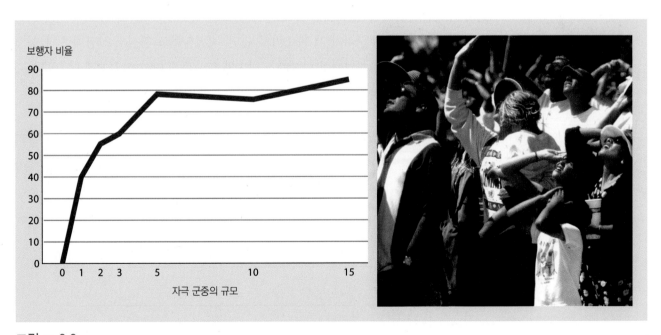

그림 :: 6.6

집단규모와 동조
위로 올려다 보는 집단을 모방하는 보행자의 비율은 집단의 규모가 5인까지는 증가한다.
출처: Data from Milgram, Bickman, & Berkowitz, 1969.

집단규모

실험실 실험에서는 동조율을 높이기 위해 집단규모가 너무 클 필요는 없다. Asch의 연구에서 1~2명인 경우보다 3~5명인 경우 더 많은 동조를 유발시켰다. 그러나 5명 이상인 경우는 다시 동조가 줄어들었다(Gerard 등, 1968; Rosenberg, 1961). Milgram과 동료들 (1969)은 현장실험에서 1, 2, 3, 5, 10 혹은 15명의 사람들에게 복잡한 뉴욕시 인도에 서서 하늘을 쳐다보도록 하였다. 그림 6.6에서 보듯, 지나가던 행인들이 하늘을 쳐다보는 비율은 하늘을 쳐다보고 있던 사람의 수가 1명에서 5명으로 증가할 때까지 증가하였다.

집단이 어떻게 포장되어 있느냐의 여부도 동조율 차이를 가져온다. 럿거스 대학의 Wilder(1977)는 학생들에게 배심원 사례를 주었다. 학생들은 판단을 내리기 전에 4명의 실험협조자들이 판단을 내리는 장면의 비디오를 시청하도록 하였다. 실험협조자들이 4명으로 된 한 집단으로 제시한 경우보다는 한 집단이 2명으로 구성된 독립적인 두 집단으로 제시한 경우에 동조율이 높았다. 비슷하게도 6명으로 된 한 집단보다는 3명으로 된 두 집단에서 동조율이 높았고, 2명으로 된 세 집단으로 제시한 경우는 더 높았다. 분명히 여러 소집단의 동의가 더 많은 신뢰를 주고 있었다.

만장일치

여러분이 다수를 따라 똑같이 오답을 말하기 전에 다수 중 한 명이 이탈하는 동조실험에 참여하고 있다고 상상해 보라. Milgram의 복종실험에서 피험자들이 보여준 것처럼, 이 같은 다수에 비동조하는 한 명의 실험협조자가 동조압력을 피하는 길이 될 수 있을까? 몇몇 실험들에서 누군가가 집단의 만장일치를 깨뜨리면, 그 집단의 사회적 압력이 약해짐이 나타났다(Allen & Levine, 1969; Asch, 1955; Morris & Miller, 1975). 그림 6.7에서 보듯, 만약 누군가가 제 목소리를 내면, 피험자들도 자신의 신념대로 제 목소리를 낼 것이다. 이런 실험의 피험자들은 나중에 동조하지 않은 사람에게 따뜻함과 친

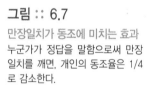

그림 :: 6.7

만장일치가 동조에 미치는 효과 누군가가 정답을 말함으로써 만장일치를 깨면, 개인의 동조율은 1/4로 감소한다.

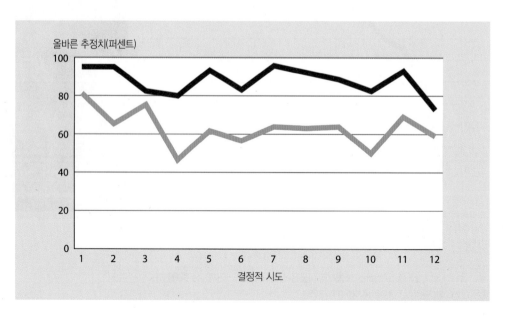

한 사람의 소수로 홀로 버티는 것은 어렵다. 그러나 때론 그렇게 하는 것이 영웅이 되게 하는 것이며, "12인의 분노한 사람"이라는 고전적 영화에서 헨리 폰다가 연기한 유일한 불일치 배심원의 경우가 그러했다.

근함을 느꼈다고 말한다. 하지만 그 사람이 자신에게 영향을 주었다는 사실은 부정한다. "나는 그가 없었더라도 같은 대답을 했을 것이다."

집단에서 홀로 소수가 되는 것은 쉬운 일이 아니다. 배심에서 배심원 간에 합의가 되지 않아 평결을 내리지 못하는 경우는 드물다. 이 실험들은 누군가 내 편이 있을 때 자신의 주장을 하는 것이 쉽다는 실용적인 교훈을 가르쳐 준다. 많은 종교집단은 이런 사실을 잘 알고 있다. 교리를 전파하기 위해 제자들을 쌍으로 내보냈던 예수의 예를 따라, 몰몬교에서도 전도를 위해 항상 2명의 선교사를 같이 보낸다. 한 명의 동지가 제공하는 지지는 나머지 한 명에게 큰 용기가 된다. 설사 그것이 오답일지라도, 다수에 동조하지 않는 누군가를 보면, 독립심이 증가할 수 있다. Nemeth와 Chiles(1988)는 파란색을 녹색으로 잘못 판단하는 4명의 집단 속에서 홀로 다른 주장을 하는 한 사람을 관찰하도록 하는 방법으로 이런 사실을 발견하였다. 비록 비동조자인 그 사람의 판단도 틀린 것이었지만, 그를 봄으로써 관찰자들은 자신의 독립성을 보여줄 수 있었다. 그들 중 76%는 "붉은 색" 슬라이드를 다른 모든 사람들이 "오렌지 색"이라고 부른 경우에도, 똑바로 "붉은 색"이라고 대답하였다. 그러나 이런 용기 있는 모델을 보지 않은 사람들은 70%가 다수의 틀린 대답에 동조하였다.

응집성

소수의견을 지닌 사람이 다른 학교 학생이거나 다른 종교를 가진 사람의 경우처럼, 그 집단 밖에 있는 사람인 경우에는 그가 우리와 같은 집단 내에 있는 사람인 경우보다 우리를 덜 흔들리게 한다(Clark & Maass, 1988). 동성애자보다 이성애자들이 동성애자들의 권리보장을 주장하면 우리(이성애자)는 더 흔들린다. 심지어 사람들은 생일이 같거나, 이름이 같거나, 지문의 특징이 같다고 말하는 사람들의 요구에 더 순종하는 경향이 있다(Burger 등, 2004, Silvia, 2005).

응집력(cohesiveness)
"우리라는 느낌"; 집단의 구성원들
이 서로에 대한 매력과 같은 것으로
함께 묶여 있는 정도

응집력이 큰 집단일수록 그 집단성원들에게 위력이 있다. 예를 들어, 대학생 모임에서 친구들은, 특히 그들이 서로 친할수록, 떠들면서 식사하는 경향이 있다(Crandall, 1988). 같은 인종끼리는 대화하고, 행동하고, 옷 입는 것에서 비슷해지는 집단 동조압력을 느낀다. 흑인이 백인처럼 행동하거나 백인이 흑인처럼 행동하면 친구들의 놀림을 받는다(Contrada 등, 2000).

실험에서도 서로 좋아하는 사람들로 구성된 집단의 구성원들이 집단으로부터 더 많은 영향을 받는다(Berkowitz, 1934; Lott & Lott, 1961; Sakurai, 1975). 그들은 다른 구성원들과의 의견충돌을 좋아하지 않는다. 자신들이 좋아하는 사람들로부터 배척받는 것이 두려워서 그들을 따르게 된다. 17세기의 철학자 로크는 「인간이해에 관한 에세이」라는 책에서 "자기 클럽에 있는 사람들의 미움과 비난을 참고 견딜 수 있을 만큼 고집 세고 둔한 사람은 천 명 중 한 명도 없다."고 언급함으로써 집단응집성의 중요성을 지적한 바 있다.

우리가 우리의 집단과 함께 하려는 경향 – 집단이 생각하는 식으로 생각하고, 행동하는 식으로 행동하기 – 은 사람들이 자신과 닮은 사람이 좋아한다고 말한 음악을 더 좋아하는 것으로 보고한 실험에서 나타났다(그러나 우리와 닮지 않은 사람이 좋아할 때 그 음악을 더 싫어했다)[Hilmert & others, 2006]. 마찬가지로 대학생들이 스스로를 자신과 닮지 않은 음주자와 비교할 때, 술 마실 가능성이 줄어든다(Lane & others, 2011). 그리고 자기와 같은 대학교의 T셔츠를 입은 사람이 부정행위하는 것을 관찰한 후에 다른 실험의 참가자들이 부정행위할 가능성이 커졌다. 그러나 부정행위하는 학생이 경쟁학교의 T셔츠를 입는다면, 반대효과가 나타났다. 실험참가자들은 더 정직해졌다(Gino & others, 2009). 응집성 기반의 동조는 대학 기숙사에서도 나타날 수 있는데, 거기에서 학생들의 태도는 시간에 걸쳐서 가까이 사는 사람들과 더욱 비슷해진다(Cullum & Harton, 2007).

그리고 심지어 살해가 자신들의 집단과 별도로 그들이 했어야 하는 일이 아니었을 때조차도 사람들은 자신들을 가까운 동료와 분리하고 싶어하지 않게 될 때, 그것은 대학살에서 비극적으로 나타났다. 역사학자 Christopher Browning(1992)은 1942년 7월 어느 날 아침 폴란드에서 거의 500명의 독일 보안경찰대 101이 저지른 일을 회상한다. 모두가 좋아하는 지휘관이 가까운 마을의 1,800명의 유태인들 중에서 성인남자들을 골라 작업 캠프로 보내고, 여자, 어린이 및 노인들은 쏴죽이라는 명령을 받았다고 신경질적으로 설명했다. 이 일에 분명히 불편함을 느껴, 그는 하기 싫은 더 나이 많은 사람들은 하지 않아도 된다고 제안했다. 단지 12명이 그렇게 했다. 나머지 사람들은 참가했고 그들 중 많은 사람들이 나중에 구토하며 신체적으로 괴로워했다.

전후 일부 125명의 증언에서, 그들 대부분은 당시 중년 가장들이었는데 반유태주의로 자신들의 행위를 설명하지 않았다. 그것이 아니라 그들은 응집성의 힘에 속박되었다고 Browning은 보고했다. 계급을 깨고 싶지 않았다. 그 사람들은 "열외로 집단에서 자신들을 분리하고 싶지 않은 강한 충동"을 느꼈다(p.71).

지위

지위가 높은 사람은 영향력이 더 크다(Driskell & Mullen, 1990). 실제로 사람들은 지위가 낮거나 낙인찍힌 사람들에게 잘 동의하지 않는다. Swim, Ferguson 및 Hyers(1999)는 이성애자인 여학생들을 Asch의 동조실험과 같은 형태의 실험에서 다섯 번째와 마지막 자리에 앉게 하였다. 모두에게 "이성과 함께 밤에 데이트를 나갈 때 어디로 가겠는가?"라고 물었고, 네 번째 앉은 학생이 어떤 경우에는 "나는 레즈비언이기 때문에 남자와 데이트하러 나가지 않겠다."고 응답하였다. 이처럼 그 사람의 신분이 레즈비언이란 것이 분명히 드러난 이후부터, 여성차별의 문제에 대한 생각을 물었을 때, 실제 피험자들은 레즈비언인 여성의 대답을 피해가는 경향이 있었다.

약 24,000명에 달하는 보행자를 상대로 수행된 무단횡단 행동에 관한 연구들에서 실험협조자가 무단횡단을 하지 않는 경우는 보행자의 무단횡단 비율이 25%에서 17%로 감소한 반면, 다른 무단횡단자가 있는 경우는 44%로 증가하였다(Mullen 등, 1990). 특히 무단횡단을 하지 않는 사람의 옷차림이 깨끗한 경우, 다른 사람의 무단횡단을 억제시켰다. 호주에서도 옷이 "사람을 만드는" 것 같다. Walker, Harriman 및 Costello(1980)는 시드니의 보행자를 대상으로 한 연구에서 허름한 옷을 입은 조사원보다는 옷을 잘 차려입을 조사원이 접근했을 때 보행자들이 조사원의 요구에 더 잘 호응해 주었다.

Milgram(1974)은 그의 복종실험에서 지위가 높은 사람보다는 지위가 낮은 사람이 실험자의 명령을 더 잘 수용하였다고 보고하였다. 36세의 용접공은 450볼트의 전기쇼크를 주고 난 후, 실험자를 돌아보며 "교수님, 어디로 나가면 됩니까?" 하며 방어적으로 물었다(p.46). 150볼트에서 복종을 거부한 한 신학대학교 교수는 "왜 사람의 생명보다 실험이 우선인지 이해할 수 없다."고 말하면서, 실험자에게 "이런 일에 대한 윤리"에 관해 물으며 공격하였다(p.48).

공개적 반응

연구자들이 해답을 얻고 싶은 첫 번째 궁금증은 "사람들이 사적으로 반응할 때보다 공개적으로 반응할 때 더 많이 동조하는가? 아니면 사적으로 더 흔들리지만, 줏대 없는 사람으로 보이지 않기 위해 공개적인 경우에 오히려 덜 동조하는가?" 하는 것이었다.

이제 해답은 분명해졌다. 실험에서 사람들은 사적으로 정답을 적도록 한 경우보다 남들 앞에서 공개적으로 말하도록 한 경우에 더 많이 동조하였다. Asch 실험의 참가자들은 다른 사람들의 대답을 들은 후에라도 자신의 대답을 실험자만이 볼 수 있도록 쓰게 한 경우에는 집단압력을 덜 받았다. 마찬가지로 대학강사가 논란 있는 질문을 물을 때, 학생들은 손을 들어 대답할 때보다 익명으로 대답할 때 더 다양한 의견을 표현했다(Stowell & others, 2010). 이는 우리가 대중 앞에서 하는 투표보다 기표소에서 한 투표를 프라이버시라고 믿는 것을 지지해 주는 것이다.

Codex가 Risk를 방해했는가? 경주 심판들이 자신들의 결정을 선언한 후에 어떤 증거도 그것을 번복할 수 없었다.

사전 개입

1980년 Risk(암컷 말)는 Derby에서 승리한 두 번째 암컷 경주마가 되었다. 다음 경주에서 그 말은 마지막 바퀴를 남기고 뒤처지는 바람에 Codex(수컷)에게 선두를 내 주었다. 그들이 말머리를 앞서거니 뒤서거니 하며 코너를 돌 때, Codex가 Risk 쪽으로 움직여 Risk를 주춤하게 하는 바람에 간발의 차이로 승리하였다. Codex가 Risk를 밀쳤는가? 그 말의 기수가 Risk의 얼굴을 때렸는가? 심판들은 논의를 거친 후, 반칙은 없었고 Codex가 우승마라고 선언하였다. 이 결정은 많은 사람들의 분노를 일으켰다. TV 재생화면을 보면, 분명히 Codex가 감정적으로 우승후보인 Risk를 밀쳤다. 항의가 빗발쳤다. 경마 관리들은 결정을 재심하였으나, 결정을 번복하지는 않았다.

경주가 끝나자마자 선언된 결정이 나중에 관리들이 재결정을 내리는 데 영향을 주었을까? 확실히는 알 수 없다. 그러나 이런 사건의 실험실 버전을 통해, 즉각적인 개입이 있을 때와 없을 때를 비교하여 그 차이를 볼 수 있었다. 여러분이 Asch 타입의 실험에 참여하고 있다고 상상해 보라. 실험자가 여러 선분을 보여주고, 맨 먼저 여러분에게 대답을 요구한다. 여러분이 대답한 후, 모든 다른 사람들이 여러분과는 다른 대답을 하였다. 이때 실험자가 여러분에게 대답을 재고할 기회를 주었다. 집단압력에 직면하면 여러분은 이전 대답을 철회할 것인가?

사람들은 대부분 그렇게 하지 않는다(Deutch & Gerard, 1955). 일단 공개적인 대답을 한 경우 사람들은 그것을 고수한다. 기껏해야 그들은 나중에 자신의 판단을 변경한다(Saltzstein & Sandberg, 1979). 그래서 다이빙이나 다른 운동경기의 심판원들이 나중에는 조정할지언정, 당장은 다른 심판원들의 판정을 보고 자신의 판정을 바꾸는 일은 거의 없을 것으로 예상할 수 있다.

사전의 개입은 설득을 방해하기도 한다. 모의 배심에서 평결이 이뤄지지 못하는 경우는 배심원들이 비밀투표가 아닌 거수로써 자신의 판단을 표시하는 경우가 대부분이다(Kerr & MacCoun, 1985). 사람들에게 공개적으로 자신의 의견을 표시하게

사전 개입 : 일단 어떤 입장에 스스로 개입되기만 하면 사람들은 좀처럼 사회적 압력에 굴복하지 않는다. 실제 심판들은 좀처럼 자신들의 처음의 판단을 뒤집지 않는다.

"좋아! 마음대로 해. 볼이야."

하면, 그들은 자신의 의견을 철회하려 하지 않는다. 노련한 설득자는 이런 사실을 잘 알고 있다. 판매원은 그들이 판매하는 것에 대해 고객들이 동의할 수밖에 없는 질문을 한다. 환경보호자들은 사람들에게 희생이 없이는 하기 힘든 환경보호에 관한 호소를 할 때보다는 쓰레기 분리수거, 에너지 절약, 버스 타기와 같은 하기 쉬운 행동을 먼저 하도록 하는 경우에 사람들의 행동이 변한다는 사실을 발견하였다(Katzev & Wang, 1994). 공개적으로 혼전순결 서약을 한 14~17세 청소년들은 그렇게 하지 않은 청소년보다 성적으로 더 금욕적이거나, 성교시기가 더 늦다(Bearman & Brückner, 2001; Brückner & Bearman, 2005; Uecker, 2008). (그러나 만약 그들이 서약을 위반하게 되면, 콘돔을 사용할 가능성이 다소 줄어든다)

요약 : 동조의 예측 요인

- 동조에 관한 실험들은 동조를 유발시키는 조건들을 탐색해 왔다. 특히 어떤 상황은 막강한 효과가 있었다. 예를 들어, 동조는 집단이 지닌 특성의 영향을 받았다: 3명이나 그 이상의 사람들 또는 집단이 행동이나 신념을 모방할 때 가장 많이 동조한다.
- 동조는 모방된 행동이나 신념이 만장일치가 아니면 줄어든다.

- 동조는 집단 응집성이 높으면 고양된다.
- 행동이나 신념을 모방하는 사람들의 지위가 높으면 높을수록 동조의 가능성은 커진다.
- 사람들은 남들이 보는 앞에서 공개적으로 반응해야 할 때 가장 동조를 많이 하였다.
- 어떤 행동이나 신념에 대한 사전 개입은 동조가 아니라 개입에 고착할 가능성을 증가시킨다.

동조의 이유

왜 사람들이 동조하는지를 설명해 주는 2가지 형태의 사회적 영향력을 확인하고 이해하기

셰익스피어의 햄릿에서 햄릿은 폴로니어스에게 "저기 낙타처럼 생긴 구름이 보이니?"하고 물었다. 폴로니어스는 "정말 낙타같이 생겼네."하고 대답하였다. 잠시 후 햄릿은 "나한텐 그게 족제비처럼 보여."라고 말한다. 그러자 폴로니어스는 "그 구름이 족제비 모양으로 바뀌었네."라고 인정한다. 햄릿은 "아니면 고래인가?"하며 갸우뚱하였다. 폴로니어스는 "고래가 더 맞다."라고 동의한다. 왜 폴로니어스는 덴마크의 왕자인 햄릿에게 그리 쉽게 동의하는가?

미국인인 내가 독일 대학에 방문교수를 간 적이 있다. 나는 강의를 마치고 다 같이 박수를 치려고 손을 치켜들었다. 그런데 다른 사람들은 박수를 치는 것이 아니라 주먹으로 책상을 두드리기 시작하였다. 이게 무슨 뜻인가? 내 강의가 실망스럽다는 것인가? 분명히 방문교수를 그렇게 공개적으로 모욕할 사람은 없었다. 또한 그들의 표정이

불쾌해 보이지도 않았다. 그렇지 않았다. 나는 이것이 틀림없이 독일인의 환호일 것으로 판단하였다. 그래서 나도 내 주먹을 보태 그 환호에 동참하였다.

무엇이 이런 동조를 만드는가? 왜 나는 다른 사람들이 책상을 두드리더라도 박수를 치지 않았는가? 두 가지 가능성이 있다. 사람은 (1) 집단에서 인정받고 배척을 피하기 위해, 혹은 (2) 중요한 정보를 얻기 위해 집단에 동조한다. Deutch와 Gerard(1955)는 이들 두 가지 가능성을 각각 **규범적 영향**(normative influence)과 **정보적 영향**(informational influence)이라고 명명하였다. 전자는 사랑받고 싶은 욕구에서 나온 것이고, 후자는 바른 판단을 하기 위한 욕구에서 나온 것이다.

규범적 영향이란 다른 사람들에게 배척당하지 않기 위해, 좋은 인상을 주기 위해, 혹은 그들에게 인정받기 위해 "그들과 함께 하는 것"이다. 아마도 폴로니어스는 햄릿에게 호감을 받고 싶었던 것이다.

실험실이나 일상에서 집단은 꾸준히 이단 행동을 하는 사람을 배척하였다(Miller & Anderson, 1979; Schachter, 1951). 이것은 온라인 게임 "영웅의 도시"를 하다가 추방자가 된 미디어 연구 교수가 배운 교훈이다(Vargas, 2009). 우연히 나와 이름이 같았기에 더욱 공감하게 된 그 교수는 규칙대로 경기했지만 관습에 동조하지 않았다. 70마일 도로 지역에서 50마일로 운전한 사람은 규칙이 아니라 규범을 위반했기 때문에 미움을 받는 것과 마찬가지로, 또 다른 그 Myers도 즉각적인 메시지로 조롱당했다. "나는 네 어머니가 암에 걸리기를 바래.", "모든 사람이 너를 증오해.", "한 번만 더 네가 나를 죽이면 나는 너를 진짜 죽여버릴 거야, 농담이 아니야."

우리 모두가 알고 있듯이, 사회적으로 배척당하는 것은 고통스러운 일이다. 사회규범을 일탈할 때는 종종 정서적 대가를 치르기도 한다. 자신과 다른 집단의 판단은 잘못된 결정으로 고통을 느낄 때 활성화되는 뇌영역과 동일한 영역을 활성화시킨다는 것이 대뇌촬영 결과 밝혀졌다(Klucharev & others, 2009). Gerard(1999)는 자신의 동조 실험에서 처음에는 친절하였던 한 실험참가자가 마음이 불편해져서 실험실에서 내보내 줄 것을 요구하였고 나갔다 되돌아 와서는

> 아픈 것 같아 보였다. 나는 우리가 실험을 계속하지 못할 것 같아 걱정이 됐다. 그는 그만두기를 거부하고 36개 전체 시행을 계속했는데, 한 시행에서만 다른 사람들에게 굴복하지 않았다. 실험이 끝나고 나는 그에게 몸이 회복된 것 같다고 둘러댔고 그는 안도의 한숨을 쉬었다. 그의 얼굴색이 돌아왔다. 나는 그에게 실험실을 떠난 이유를 물었다. 그는 "토하려고"라고 말했다. 그가 굴복하지는 않았지만 얼마나 큰 대가를 치렀는가! 그는 다른 사람들에게 수용되고 그들에게 호감받기를 무척 원했는데 자신이 그들에 대항하는 처지였기 때문에 호감받지 못했을 것이란 사실 때문에 두려워했던 것이다. 게다가 보복이라는 규범적 압력을 받는다.

때로는 일탈에 대한 대가가 너무 가혹하여 사람들에게 부동의를 생각지도 못하게 하거나 최소한 억제하게 만든다. 한 독일 관리는 자신이 대학살에 반대하지 못한 이유

규범적 영향
(normative influence)
흔히 인정을 받기 위하여 타인의 기대를 충족시키려는 사람들의 욕구에 기반을 둔 동조

정보적 영향
(informational influence)
다른 사람이 제공하는 실제에 대한 증거를 사람들이 수용할 때 발생하는 동조

를 설명하면서 "나는 Leideritz와 다른 사람들이 나를 겁쟁이로 생각하는 것이 두려웠다."라고 말했다(Waller, 2002). 밀라이 학살에 참여한 군인들 중 어떤 사람들은 명령불복종으로 군법회의에 회부되는 것이 두려워서 대학살에 참여하였다. 규범적 영향은 주로 복종을 가져온다. 최근에 다른 사람들이 불복종으로 인해 조롱당하는 것을 본적이 있거나 승진하려고 노력하는 사람의 경우는 특히 더 그렇다(Hollander, 1958; Janes & Olson, 2000). 존 에프 케네디 대통령(1956)은 "내가 국회에 들어갔을 때(여야가) 사이좋게 지내는 방법은 함께 가는 것이다."고 말한 적이 있다(p.4).

규범적 영향은 종종 우리의 자각 없이 우리를 동요시킨다. Jessica Nolan(2008)이 이끈 연구팀이 810명의 캘리포니아인들에게 에너지 보존에 대하여 영향을 미치는 것에 대하여 물었을 때, 사람들은 다른 사람들이 하기에 앞서 환경보호와 금전 절약을 평가했다. 자기보고식 보호를 가장 잘 예측해 주는 것은 바로 이웃들이 얼마나 보존하기 위해서 노력하는가에 대한 신념이었다. 후속연구에서 전기사용을 가장 낮춘 것은 "당신 지역민의 99%가 에너지 절약을 위하여 불필요한 전등을 껐다고 보고했다는 문에 걸린 규범적 메시지였다.

반면에 정보적 영향은 사람들에게 수용을 가져온다. 구름의 모양이 변하는 것을 볼 때 햄릿의 반응은 폴로니어스에게 실제로 구름이 그렇게 보이도록 도와주었을지 모른다. 자동운동현상 실험에 참여한 피험자와 같이 판단이 애매한 경우, 다른 사람들은 중요한 정보원이 될 수 있다. 피험자는 "나는 불빛이 얼마나 움직이는지 잘 모르겠다. 그러나 이 친구는 아는 것 같다."고 생각할 수도 있다.

우리의 친구는 규범적 이유뿐만 아니라 정보적인 이유 때문에 우리에게 추가적 영향을 준다(Denrell, 2008; Denrell & Le Mens, 2007). 만약 우리의 친구가 특별한 차를 사서 특별한 레스토랑으로 우리를 데려간다면, 심지어 우리가 우리 친구가 좋아하는 것을 좋아하지 않을지라도 우리 친구가 좋아하는 것을 좋아하도록 하는 정보를 얻을 것이다. 우리의 친구는 우리의 태도를 알려주는 경험에 영향을 준다.

사람들이 Asch형의 동조실험을 경험할 때 뇌에서 일어나는 일을 밝히기 위하여, 에모리 대학교 신경과학 팀은 다른 사람의 반응을 들은 후에 지각적 질문에 답하는 동안 그 실험참가자들의 fMRI를 촬영하였다(Berns & others, 2005). (이 과제는 몇 가지 가능성에 부합하는지를 알기 위해 그림을 마음속으로 회전시켜 보도록 하는 것도 포함하고 있다) 참가자들이 잘못된 대답에 동조했을 때, 지각과 관련된 뇌영역이 활성화되었다. 그리고 그들이 집단에 대항하게 되었을 때는 정서와 관련된 뇌영역이 활성화되었다. 이 결과가 시사하는 바는 사람들이 동조할 때 그들의 지각이 전적으로 영향을 받을 수도 있다는 것이다. 추후 fMRI 연구는(사회적 거부에 대하여 사람들이 걱정할 때 활성화되는 뇌영역에서) 규범적 영향과 관련된 신경활동과(자극의 판단과 관련된 뇌영역에서) 정보적 영향과 관련된 신경활동을 확인했다(Zaki & others, 2011).

그래서 사회적 이미지에 대한 관심이 규범적 영향을 만들어 낸다. 정확한 판단을 하고자 하는 욕구가 정보적 영향을 만들어 낸다. 종종 일상생활에서 규범적 영향과 정보적 영향은 함께 일어난다. 나는 독일의 강의실에 혼자만이 박수치는 사람이 되길 원치

침팬지들도 인간처럼 그들의 동료들, 특히 지위가 높은 동료들을 흉내내는 것이 관찰되었다. 그들은 역할 모델에서 관찰되는 도구 사용이나 음식 씻는 습관을 모방할 수도 있다. 그리고 그들이 문화적 방식을 관찰하고 선택한 후에 – 아마 막대기로 맛있는 개미를 파내 먹는 기술 습득처럼 – 계속 그렇게 할 것이다.

도 않았으며(규범적 영향), 다른 사람들의 행동이 여기서는 감사의 표시를 어떻게 하는지를 나에게 보여준 것이다(정보적 영향).

동조 실험들은 동조가 규범적 영향 때문인지 혹은 정보적 영향 때문인지를 분리하여 보여주었다. 사람들이 집단 앞에서 반응하도록 했을 때 동조가 더 크다는 사실은 규범적 영향을 반영하는 것이다(왜냐하면 그들이 공개적으로 반응하든 사적으로 반응하든 간에 피험자들은 동일한 정보를 받았기 때문이다). 반면에 피험자들이 무능하다고 생각할 때, 과제가 어려울 때, 옳은 반응을 해야 하는 부담을 느낄 때 동조율이 더 크다는 사실은 정보적 영향의 증거이다. 왜 동조하는가? 두 가지, 즉 우리가 남들에게 인정받고 싶고, 올바른 판단을 하고 싶어하기 때문이다.

요약 : 동조의 이유

- 여러 실험들은 우리가 두 가지 이유로 동조한다는 사실을 보여주었다. 규범적 영향은 인정받고 싶은 사람들의 욕구에서 나온다: 우리는 사랑받기를 바란다. 공개적 반응이 규범적 영향을 반영할 때 동조 경향이 더 증가한다.

- 정보적 영향은 실제에 대하여 다른 사람이 제공하는 증거에서 나온다. 어려운 과제에 대하여 더욱 동조하는 경향은 정보적 영향을 반영한다: 우리는 맞기를 바란다.

동조자의 특징

동조가 상황에 따라 달라질 뿐만 아니라 사람에 따라서도 달라진다는 것을 기술하기. 성격 특성이 잘 드러나는 사회적 맥락 논의하기.

일반적으로 어떤 사람들이 사회적 영향을 더 많이 받는가? 여러분은 친구들 중에서 누가 "동조자"이고 누가 "독립적인 사람"인지 구분할 수 있나? 우리 대부분은 그럴 수 있을 것이다. 동조자를 찾기 위해서 연구자들은 여러 영역을 탐색하였다. 동조자의 연구에서 연구자들은 3가지 예측 요인에 초점을 맞추었다. 성격, 문화 및 사회적 역할

성격

1960년대 말부터 1970년까지는 개인의 특성과 행동(동조와 같은 행동) 간의 관계를 다룬 연구들은 둘 간의 관계가 미약하다는 사실을 발견하였다(Mischel, 1968). 막강한 상황의 힘과는 대조적으로 성격은 그 사람의 행동을 예측하는 데 있어 형편없이 나쁜 예언변수였다. 만약 여러분이 어떤 사람이 얼마나 동조할 것인지, 공격적인지, 혹은 도움을 주는 사람인지 알고 싶다면, 그 사람의 심리검사 점수를 보기보다는 그 사람의 상황을 자세히 알아보는 것이 훨씬 나을 것이다. Milgram(1974)은 "복종이나 불복종을 일으키는 복잡한 성격의 근거는 있는 것 같은데, 우린 그것이 무엇인지는 모른다."(p. 205)고 결론내렸다.

1980년대에 들어서서, 개인의 속성 차이가 행동 차이를 거의 가져오지 않는다는 사실로 인해 성격 연구자들은 어떤 특성이 행동을 예측해주는 아주 구체적인 상황을 찾는 노력을 하였다. 이미 4장에서 나온 것처럼, 성격심리학자들의 연구는 내적 요인(태

성격 효과는 동일한 상황에서 다르게 행동하는 사람들을 우리가 볼 때 더 크게 나타난다. 마치 청룡열차를 탔을 때 한 사람은 공포로, 다른 사람은 희열로 반응할 때처럼

그림 :: 6.8

특성과 상황이 함께 행동을 형성한다. "5대 차원" 성격 특성(신경증, 외향성, 개방성, 유쾌성, 양심성)에 대한 연구는 외부 영향과 더불어 우리의 인생을 안내해주는 유전적 소인의 특징이 있다는 것을 보여준다.

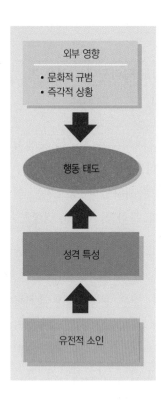

외부 영향
• 문화적 규범
• 즉각적 상황

행동 태도

성격 특성

유전적 소인

도, 특성)이 "구체적인 행동"을 정확히 예언해주지 못하는 반면, 그 사람의 여러 상황에 걸친 평균적 행동은 어느 정도 예언해 준다는 사실을 입증해주었다(Epstein, 1980; Rushtor 등, 1983). 다음과 같이 비유할 수 있을 것이다. 검사한 문항에 대한 반응의 예측이 어렵듯이, 한 상황에서의 행동은 예측하기 어렵다. 반면 그 검사의 여러 항목에 걸친 총점은 예측이 가능한 것처럼, 여러 상황에 걸친 동조(외향적 행동이나 공격성)도 예측이 가능하다.

성격도 사회적 영향이 약할 때 행동을 잘 예언해 준다. 많은 다른 실험실 연구들과 마찬가지로 Milgram의 복종실험들에는 "강력한" 상황이 형성되어 있었기 때문에 피험자들의 성격 차이가 작동되기 어려웠다. 그럼에도 불구하고 Milgram 실험의 피험자들은 복종하는 범위에서는 차이를 보여주었다. 때로 피험자들이 지닌 공격성, 권위에 대한 존경, 다시 만날 것에 대한 기대의 차이가 복종에 영향을 주었다는 충분한 근거가 있었다(Blass, 1990, 1991). 나치의 수용소에서도 어떤 간수는 수감자들에게 친절하게 대해 준 반면, 어떤 간수는 어린아이를 사격표적으로 사용하거나 그들을 불 속으로 집어던지기도 하였다. 이는 성격의 차이 때문이었다. 특별한 행동을 할 만한 단서가 없는 대기실에 두 낯선 사람이 앉아 있는 경우처럼, 상황의 힘이 "약한" 경우에서는 개인의 성격이 빛을 발휘할 가능성이 크다(Ickes 등, 1982; Monson 등, 1982; 더 많은 연구를 위해서는 Cooper & Withey(2009)를 참조할 것).

그러나 심지어 강력한 상황에서도 개인차가 난다. 아브 그라이브 포로 학대 사건에 대한 미육군 보고서는 조롱과 군법재판 회부의 위협에도 불구하고 동료들과 별개로 행동한 3사람을 칭찬했다(O'Conor, 2004). 소위 David Sutton은 한 사건을 종결하고 그의 지휘관에게 경고했다. "나는 판단하고 싶지 않다, 좋다, 나는 부당한 대우를 목격했고 그것을 보고하겠다."고 Sutton은 말했다. 해군 개 훈련병 William Kimbro는 "부당한 심문"에 참가하라는 "중대한 압력"에 저항했다. 그리고 특기병 Joseph Darby는 그 사건을 폭로하여 경각심을 불러일으키는 증거를 헌병대에 제공했다. Darby는 "쥐새끼"라 불리며 따르지 않았다고 살해의 위협을 받았으며 군대의 보호를 받았다. 그러나 고향에 돌아왔을 때, 그의 어머니는 다른 사람과 함께 환호했다. "아들아, 나는 네가 선행을 했고 항상 선이 악을 이기며, 진리는 항상 너희를 자유케 하리라는 것을 보여주어 자랑스럽기 그지없구나"(ABC 뉴스, 2004년 겨울).

전문적 의견의 추는 흔들린다. 1960년대와 1970년대에 막강한 사회적 힘을 과소평가할 수 없었던 경우, 추는 개인이 지닌 개성과 유전적 소인의 영향력을 무시하는 쪽으로 쏠렸다(그림 6.8 참조). 우리가 앞서 살펴본 태도 연구자들처럼, 성격 연구자들은 지금도 사람의 속성과 그의 행동 간의 관련성을 밝혀내고 재확증하려 노력하고 있다. 이들의 꾸준한 노력 덕분으로 선도적 이론가인 Lewin(1936)이 "비록 경우마다 다르겠지만, 모든 심리적 사상의 발생원인의 상대적 중요성은 그 사람의 내부 상태와 그 순간의 환경에 달려 있다(p. 12)."라고 말한 것처럼, 최근의 사회심리학자들도 이 주장에 동의한다.

문화

호주, 오스트리아, 독일, 이탈리아, 요르단, 남아프리카공화국, 스페인, 미국 등에서 복종실험을 하면, 미국인과 비교하여 이들 나라 사람들의 결과는 어떨까? 복종률은 미국인과 비슷하거나 훨씬 높았다. 뮌헨에서는 85%였다(Blass, 2000).

그러나 어떤 사람의 문화적 배경이 그 사람이 얼마나 동조할 것인지를 예측하는 데 도움을 줄까? 실제로 그렇다. Whittaker와 Mead(1967)는 몇몇 나라에서 Asch의 동조 실험을 반복한 결과, 레바논에서 31%, 홍콩에서 32%, 브라질에서 34% 등으로 비슷한 동조율을 보였지만, 동조하지 않을 때 강한 제재를 하는 부족인 짐바브웨의 반투 사람들은 51%의 동조율을 보여주었다. 다른 방법으로 Milgram(1961)이 노르웨이와 프랑스 학생들의 동조를 비교한 결과 프랑스 학생들이 덜 동조함을 발견하였다. Rod Bond와 Peter Smith(1996)가 17개국에서 이뤄진 133개의 연구를 분석한 결과, 문화적 가치가 동조에 영향을 주는 것으로 밝혀졌다. 개인주의 국가에 비해 집단주의 국가(조화를 중시하고 대인관계가 자신을 정의하는 데 도움을 주는 문화) 사람들이 타인의 영향을 더 많이 받고 있었다. 집단주의 일본에서 서구인 관찰자들은 2011년 지진과 쓰나미 직후에 약탈과 무질서가 없음을 보고 충격을 받았다; 사회적 규범에 대한 존경이 퍼졌다(Cafferty, 2011). 개인주의 국가들에서 대학생들은 양떼 속의 개인들처럼 물건 구매와 정치적 견해에서 다른 사람들보다 더욱 비동조적이라고 스스로 간주한다(Pronin & others, 2007).

동조의 문화적 차이에 다소 생물학적 지혜가 있을 수 있다. 비록 비동조가 창의적 문제해결을 지지할지라도, 집단은 위협에 대한 반응을 조정할 때 번영한다. 그래서 Damian Murray와 동료들(2011)은 말라리아, 티푸스, 결핵과 같이 9개의 상이한 병원균의 고위험을 지닌 국가들은 비교적 높은 동조수준을 보인다고 말한다. 동조는 음식 준비, 위생, 공중보건, 그리고 모르는 사람과의 접촉에 대한 사회적 규범을 지지한다고 연구자들은 보고한다.

문화적 차이는 또한 국가 안에서도 존재한다. 예컨대, 5개의 연구에서 Nicole Stephens와 동료들(2007)은 노동자 계층은 다른 사람들과 유사하기를 선호하고, 중산층은 자신을 독특한 개인으로 간주하기를 강력히 선호하는 경향이 있다는 것을 발견했다. 한 실험에서 사람들에게 5개의 초록색과 오렌지 색 펜(한 색깔이 3개 또는 4개) 중에서 하나를 고르게 했다. 노동자 계층 배경을 지닌 대학생들 중에서 72%는 다수 색 중에서 하나를 집은 반면, (대학 졸업 학력의 부모를 둔) 중산층 배경의 학생들은 단지 44%가 그렇게 했다. 노동자 계층 배경의 학생들은 또한 다른 사람이 동일한 선택을 한 것을 알고 나서 자신이 선택한 펜을 더 좋아하게 되었다. 그들은 자신이 방금 산 차와 똑같은 차를 친구가 산 것을 알고 더욱 긍정적으로 반응했다. 그리고 그들은 또한 다른 사람이 선택했다고 알고 있는 시각적 이미지를 더욱 선호하는 것 같다.

추가하자면, 문화도 시간에 따라 변할 수 있다. 영국, 캐나다, 미국의 대학생들을 대상으로 Asch의 동조실험을 다시 한 결과, Asch가 20~30년 전에 했던 실험의 동조율보다는 약간 낮아졌다(Lalancette & Standing, 1990; Larsen, 1974, 1990; Nicholson 등, 1985; Perrin & Spencer, 1981). 그래서 동조와 복종은 보편적 현상이기는 하지만, 문화와 시대에 따라 달라진다.

사회적 역할

온 세상은 무대이고,

모든 남자와 여자는 배우일 뿐,

그들은 등장했다가 퇴장하고,

어떤 이는 일생동안 여러 가지 역을 연기한다.

'뜻대로 하세요'라는 셰익스피어의 연극의 주인공 자크가 그랬던 것처럼, 역할 이론가들은 사회생활이 장면, 마스크 및 각본에 따른 연극 무대 위의 연기와 같은 것이라고 가정했다. 그리고 그 역할은 동조와 밀접히 관련이 있다. 사회적 역할은 약간의 해석의 자유를 연기할 사람에게 주지만, 어떤 역의 일부 장면은 반드시 수행되어야 한다. 학생이라면 적어도 시험 때 나타나야 하고, 보고서를 제출해야 하고, 그리고 최소한의 학점을 이수해야 한다.

단지 몇 개의 규범만이 사회적 범주와 관련이 될 때(예 에스컬레이터 승객은 오른쪽에 서야 하고 왼쪽으로 걸어야 한다), 우리는 그 지위를 사회적 역할로 간주하지 않는다. 역할을 규정하기 위하여 전체 규범의 집합을 사용한다. 교수로서 또는 아버지로서

혁명가인 "Tanya"로서, 소박한 사회명사로서의 상속녀 Patricia Hearst

나의 역할들은 전체 역할의 집합을 명예롭게 하도록 만든다. 비록 내가 최소한의 중요 규범을 위반함으로써(효율성을 위하여 나는 거의 일찍 도착하지 않는다) 특별한 이미지를 얻을지라도, 나의 역할의 가장 중요한 규범을 위반하게 되는 것(수업시간을 빼먹기, 아동 학대하기)은 해고당하거나 아이를 나의 보호에서 박탈하게 만들 수도 있다.

역할은 강력한 효과를 지닌다. 4장에서 우리는 우리의 역할을 흡수하는 경향이 있다고 말했다. 첫 번째 데이트나 새로운 직장에서 자의식적으로 그 역할을 수행해야 할 것이다. 여러분이 그 역할을 내면화함에 따라, 자의식은 가라앉는다. 어색하게 느꼈던 것은 이제 편안해진다.

이것은 많은 이민자, 평화봉사단 종사자 및 국제학생과 회사원들이 경험하는 것이다. 새 나라에 도착한 후에 새로운 맥락에서 적절히 말하고 행동하기 위한 방법, 즉 내가 책상을 주먹으로 꽝꽝치는 독일인과 함께 했던 것처럼 동조하는 방법을 배우는 데 시간이 걸린다. 그리고 고국으로 되돌아간 사람들의 거의 보편적인 경험은 재입국 스트레스이다(Sussman, 2000). 사람들이 의식하지 못하는 방식으로 동조의 과정은 행동, 가치 및 정체성을 변화시켜 다른 장소에 적응할 수 있게 해 줄 것이다. 사람들은 다시 동일하게 행동하기 전에 이전 역할에 "재동조"해야 한다.

납치된 상속녀 Patricia Hearst의 경우는 역할 수행이 힘을 보여준다. 1974년 그녀가 19세일 때, 스스로 공생해방군이라고 부르는 젊은 혁명가들에게 납치되었다. 곧 Hearst는 납치자 단체에 가입하여 자신의 이전 생활, 부유한 부모 및 약혼자를 버리겠다고 공개적으로 선언했다. 그녀는 그 사람들에게 "자신이 겪는 변화를 이해해 달라."고 부탁했다. 20일 후에 은행 카메라에 그녀가 무장한 공생해방군의 일원으로 찍혀 있었다.

9개월이 지나 Hearst는 체포되었다. 2년의 복역과 "재교육" 후에, 상속녀의 역할을 되찾아 결혼도 "잘"하고 자선행사에 많은 시간을 보내는 소박한 코네티컷 어머니이자 저자가 되었다(Johnson, 1988; Schiffman, 1999). 만약 Patricia Hearst는 실제로 계속해서 "비밀" 혁명가였다면, 또는 벌을 피하기 위하여 납치범을 따르는 체 했다면, 사람들은 그 행동을 이해할 수 있었을 것이다. 사람들이 이해할 수 없었던 것은(그리고 그 때문에 1970년대 이것이 가장 큰 뉴스거리가 되었다) Philip Brickman(1978)이 썼듯이 "그녀는 실제로 상속녀였다가, 실제로 혁명가였다가, 그리고 나서 아마도 실제로 다시 상속녀가 되었을 수 있다."는 것이다. 확실히 이와 같은 규모로 역할이 달라지는 것은 여러분과 나에게 일어나지 않을 것이다, 아니 그럴 수 있을까?

그럴 수도 아닐 수도. 우리가 이 장의 앞에서 말한 것처럼 우리의 행위는 상황의 힘에 의존할 뿐만 아니라 우리의 성격에도 달려 있다. 모든 사람이 동조의 압력에 동일하게 반응하지는 않는다. Patricia Hearst의 궁지와 같은 경우, 여러분과 나는 다르게 행동할지도 모른다. 그럼에도 우리는 사회적 상황이 대부분의 "정상적인" 사람을 "비정상적인" 방식으로 행동하게 변화시킬 수 있다는 것을 알고 있는 것이다. 선이 이기는지 악이 이기는지를 알기 위해 착한 사람을 나쁜 상황에 처하게 하는 한 실험들에서 이것은 명확해 진다. 어느 정도 실망스럽게도 악이 이긴다. 멋진 사람도 종종 멋있게 끝나지 않는다.

역할 연습

역할 수행은 또한 긍정적인 힘이 될 수 있다. 의도적으로 새로운 역할을 수행하고 그 기대에 동조함으로써 사람들은 때때로 스스로를 변모시키거나 그들과 역할이 다른 사람들과 공감하게 된다.

역할은 종종 관계에 의하여 규정된 쌍의 형태로 온다 – 부모와 자식, 교사와 학생, 의사와 환자, 고용자와 피고용자. 역할 연습은 각자 서로를 이해하게 해 줄 수 있다. 그러므로 협상가나 집단의 리더는 쌍방이 역할을 바꾸어 상대편의 입장을 주장하게 함으로써 더 나은 의사소통을 창조할 수 있다. 또는 응답하기 전에 일방이 다른 편의 입장을(상대편이 만족하도록) 다시 말하게 할 수도 있을 것이다. 친구나 부모에게 어려운 주장을 하게 될 때, 당신 자신의 입장을 말하기 전에 다른 사람의 지각(생각)과 느낌을 다시 말해 보자. 이 의도적인, 일시적인 동조는 여러분의 관계를 개선할 수도 있을 것이다.

지금까지 이 장에서 우리는 동조와 복종의 고전적인 연구를 논의했고, 동조를 예측하는 요인들을 확인했으며, 그리고 누가 왜 동조하는지를 살펴보았다. 사회심리학에서 우리가 핵심으로 추구하는 바는 차이를 나열하는 것이 아니라 행동에 대한 보편적 원리를 확인하는 것이라는 점을 유념하자.

사회적 역할은 항상 문화에 따라 변하지만, 이 역할이 행동에 영향을 주는 과정은 훨씬 덜 변한다. 나이지리아와 일본인들이 10대의 역할을 유럽과 미국인과 다르게 규정하겠지만, 모든 문화권에서 역할 기대는 사회 관계에서 발견되는 동조의 지침이 된다.

요약 : 동조자의 특징

- "누가 동조하는가?"라는 물음에 대해서 분명한 대답은 하기 어렵다. 성격 점수는 구체적인 동조행동은 잘 예언해 주지 않으나, 평균적인 동조는 보다 잘 예언해 준다. 성격특성의 효과는 사회적 힘이 개인차를 압도하지 않는 "약한" 상황에서 때때로 강하게 나타나는 것 같다.
- 비록 동조와 복종이 보편적 현상이기는 하지만, 문화가 사회

적 영향을 덜 받도록 혹은 더 받도록 그 문화 내의 사람들을 사회화시킨다.
- 사회적 역할은 어느 정도 동조와 관련이 있고, 기대에 동조하는 것은 새로운 사회적 역할 속으로 들어갈 때 중요한 과제가 된다.

사회적 압력에 대한 저항

A를 하도록 강요받을 때 Z를 함으로써 사람들이 사회적 압력에 적극적으로 저항하게 하는 동기 설명하기.

이 장은 사회적 힘의 위력을 강조하고 있다. 그러나 사람의 힘도 잊어서는 안 된다. 우리는 미는 대로 굴러가는 당구공이 아니다. 우리는 우리에게 가해지는 힘에 대해 반

발하기도 한다. 누군가가 우리에게 강요하면, 우리는 심지어 그 강요와 반대로 행동하기도 한다.

반발심

사람들은 자유감과 자기효능감을 중시한다. 사회적 압력이 너무 심해 자유감을 위협할 정도가 되면, 사람들은 반발하기도 한다. 로미오와 줄리엣의 경우도 가족의 반대 때문에 그들의 사랑이 더 강해졌다. 아이들도 자유와 독립을 주장하기 위해 부모의 요구와는 반대로 행동한다. 그래서 현명한 부모는 아이들에게 "씻을 시간이다. 목욕할래 아니면 샤워할래?"라고 말함으로써 강요보다는 선택권을 준다.

사람들이 자신의 자유감을 보호하기 위해 행동한다는 **반발심**이론은 여러 실험들에 의해 지지되었다(Brehm & Brehm, 1981; Nail 등, 2000). 즉, 개인의 자유를 제한하면, 사람들은 종종 "부메랑 효과"라고 부르는 반동조 행동을 한다는 것이다. 한 현장 실험에서 근처의 술주정뱅이 대학생들이 "Livestrong"이라는 손목밴드를 차고 있으면, 술을 먹지 않는 많은 학생들은 그 밴드를 차지 않는다(Berger & Heath, 2008). 마찬가지로 부유한 영국인들은 버버리 모자를 축구 훌리건들이 쓰고 있으면 그 모자를 쓰지 않는다(Clevstrom & Passariello, 2006).

반발심은 미성년자 음주에도 기여하고 있다. 캐나다의 약물남용센터에서 18~24세를 대상으로 한 조사(1997)에서 지난 해 법적 음주허용 연령(21세) 이상의 69%가 술을 마신 적이 있는 반면, 21세 이하는 77%가 술을 마신 적이 있었다. 미국 내 56개 대학의 학생들을 상대로 한 조사에서도 법적 음주허용 연령(21세 이상)의 25%가 술을 마시지 않는 반면, 21세 이하의 경우는 19%가 술을 마시지 않는 것으로 나타났다(Engs & Hanson, 1989).

반발심(reactance)
자유감을 보호하거나 회복시키려는 동기. 반발심은 누군가 우리의 행위의 자유를 위협할 때 발생한다.

독특성 주장

세상에 동조만 있다면, 사람들 간의 차이는 없을 것이다. 이런 세상이 행복할까? 만

반발심

반발심 작동?
미성년 학생들이 법적 음주연령을 넘어선 학생들보다 음주를 자제하지
않고 더 과하게 마시는 경향이 발견된다.

약 비동조가 불편함을 초래한다면, 똑같아지면 편안할까?

사람들은 자신이 남들과 너무 다르게 보일 때 불편함을 느낀다. 그러나 적어도 서구 문화권에서는, 우리가 다른 모든 사람과 너무 똑같아 보여도 불편함을 느낀다. Snyder와 Fromkin(1980)의 실험에서 보듯, 사람들은 자신을 적당한 정도로 독특한 존재로 볼 때 훨씬 좋아한다. 더구나 사람들은 자신의 개성을 보여주는 방향으로 행동한다. 한 실험에서, Snyder(1980)는 퍼듀 대학의 학생들에게 그들의 "10가지 중요한 태도"가 10,000명의 다른 학생들과 다른 것으로 혹은 똑같은 것으로 믿게 하였다. 그런 다음 동조실험에 참석하도록 했을 때, 자신에게 독특성이 없다고 믿고 있는 학생들이 더 동조행동을 하지 않음으로써 자신의 개성을 주장하였다. 게다가 "독특성 욕구"가 가장 높은 개인들은 다수의 영향을 가장 적게 받는 경향이 있다(Imhogg & Erb, 2009).

인기 있는 아기 이름에서도 사회적 영향과 자신을 독특하게 보이려는 욕구 모두를 볼 수 있다. 덜 평범한 이름을 원했던 사람들이 동시에 같은 이름을 갖게 되는 경우가 종종 있다. 2002년 미국 여아 이름의 톱 10위 중 메디슨(Madison)은 2위, 알렉시아(Alexis)는 5위, 올리비아(Olivia)가 10위였다. Orenstein(2003)은 1960년대 사람들이 자신의 아이에게는 흔하지 않은 이름을 지어줌으로써 틀에서 벗어나려고 선택한 이름들이 이젠 새로운 흔한 이름들이 되어버렸다고 지적하였다. 80년대 말에서 90년대 초까지 유명했던 힐러리(Hilary)라는 이름도 힐러리 클린턴(클린턴 전 미국대통령 부인) 이후에 별로 독특성이 나타나지 않자 덜 자주 등장하게 된 이름이다. Orenstein의 지적처럼, 지금은 비록 이런 이름들의 인기가 시들해졌지만, 다음 세대에서는 재부상할지도 모른다. 막스(Max), 로즈(Rose) 소피(Sophie) 같은 이름은 은퇴자의 가정에나 있는 이름처럼 들린다.

사람들이 자신을 독특한 존재로 보면, "자발적 자기개념"이 생긴다. McGuire와 그의 예일대 동료들(McGuire & Padawer-Singer, 1978; McGuire 등 1979)은 어린이들에게 "자기 자신에 대해 말해보도록" 했을 때, 그들은 대부분 자신의 독특한 속성에 대해 언급한다는 사실을 발견하였다. 외국태생의 어린이들은 다른 사람들보다 자신의 출생지에 대해 더 많이 언급하였다. 검은색과 갈색 머리카락을 지닌 어린이보다 붉은색 머리카락을 지닌 어린이들이 자발적으로 자신의 머리카락 색에 대해 언급하였다. 마르거나 비만인 어린이들은 자신의 체중에 대해 더 많이 언급하였다. 소수인종의 어린이들은 자신의 인종에 대해 더 많이 언급하였다.

마찬가지로 우리는 이성과 함께 있을 때 자신의 성을 의식하게 된다(Cota & Dion, 1986). 내가 최근 전부 여성인 10명의 다른 사람들과 미국 심리학회 회의에 참석했을 때, 나는 내가 남자임을 인식할 수 있었다. 회의 둘째 날의 휴식시간에 나는 화장실의

독특성 주장.
크게 이탈하기를 바라지 않을지라도 대부분의 우리들은 개인적 스타일과 옷으로 우리의 독특성을 표현한다.

줄이 짧을 것 같다고 농담을 했고, 그 말은 내 뒤에 앉아 있는 여성에게 그녀가 의식하지 못하고 있던 그 집단의 성 구성을 생각나게 만들었다.

McGuire가 주장하는 원리는 "사람들은 누구나 자신에 대해 의식하고 있으며, 자신은 남들과 다르다고 생각한다."는 것이다. 그래서 "만약 내가 백인 여성으로 구성된 집단 속의 흑인 여성이라면, 내 자신을 흑인으로 생각하는 경향이 있다. 만약 흑인 남성으로 된 집단으로 옮기면, 내가 흑인이란 사실은 흐릿해지고 내가 여성이란 의식이 더 강해진다"(McGuire 등, 1978). 이런 통찰력은 왜 비백인들 사이에서 자란 백인들이 강한 백인 정체성을 지니는지, 왜 동성애자들이 이성애자들보다 자신들의 성적 정체성을 더욱 의식하는지, 그리고 왜 소수집단이 그들의 독특성에 대해 의식하고 있는지와 어떻게 주변문화가 그것과 관련되는지를 이해하는 데 도움을 준다(Knowles & Peng, 2005). 인종에 대해 덜 의식하는 다수집단은 소수집단이 인종에 대해 너무 과민하다고 느낄지도 모른다. 스코틀랜드에 살 때, 나의 미국식 발음 때문에 그들은 나를 외국인 취급하였고, 이때 비로소 나는 내 국적에 대한 정체성을 의식하였고 내 국적에 대한 다른 사람들의 반응에 민감해졌다.

두 문화권의 사람들이 거의 똑같은 경우에도, 그들은 작지만 어느 정도 차이를 느낀다. 사소한 차이일지라도 경멸과 갈등을 일으킬 수 있다. 조나단 스위프트는 이런 현상을 그의 책 "걸리버 여행기"에서 소인국인들의 대인국에 대한 전쟁이야기로 풍자하였다. 세계라는 척도상에서 스코틀랜드인과 영국인, 세르비아인과 크로아티안, 혹은 가톨릭을 믿는 북 아일랜드인과 기독교를 믿는 북 아일랜드인 간에는 큰 차이가 없어 보인다. 그러나 작은 차이가 큰 갈등을 일으킬 수 있다(Rothbart & Taylor, 1992). 타 집단이 여러분과 매우 유사한 경우에도 그 집단과의 라이벌 의식이 더 강렬해지는 경우가 흔하다.

그래서 우리는 다른 사람들과 큰 차이가 나는 것을 좋아하지는 않지만, 아이러니하게도 우리는 자신이 독특한 존재로 보이길 원하고, 어떻게 하면 우리가 독특한 존재가 될 수 있는지에 대해 신경을 쓰고 있다(여러분이 다르다는 생각에는 여러분이 그 밖의 사람들과는 같다는 의미가 들어 있다). 그러나 자기고양 편향(2장)에 관한 연구에서 밝혀진 바와 같이, 우리가 추구하는 것은 무조건적인 독특성이 아니라 좋은 방향으로의 독특성이다. 우리의 소망은 단순히 평균적인 사람과 다른 것이 아니라 평균적인 사람보다 더 나은 사람이 되는 것이다.

요약 : 사회적 압력에 대한 저항

- 사회심리학자들이 강조하고 있는 사회적 압력의 힘은 사람의 힘을 강조하는 입장과 결합되어야 한다. 우리는 꼭두각시가 아니다. 사회적 강요가 너무 심한 경우, 종종 사람들은 자신의 자유감을 유지하기 위해 강요를 거부하는 반발심을 갖게 된다. 집단성원들이 동시에 반발심이 생길 때, 반란이 일어날 수도 있다.

- 우리는 집단과 너무 다른 것을 좋아하지 않지만, 그렇다고 모든 사람들과 똑같아 보이길 원하는 것도 아니다. 그래서 우리의 독특성과 개성을 유지하려는 방향으로 행동한다. 집단 내에서 우리는 우리가 다른 사람들과 어떻게 다른지를 가장 의식하게 된다.

설득

> **믿고 따르는 것은 오래된 교회든 새로운 학설이든 여전히 인간의 정신을 지배하는 약점이다.**
>
> – 샬롯 퍼킨스 길먼, *Human Work*, 1904

> **당신의 마음을 바꾸고 당신의 권리를 준 그를 따르는 것은 그럼에도 불구하고 자유로운 주체라는 것을 기억하라.**
>
> – 마르쿠스 아우렐리우스, 명상록, viii. 16, 121–180

세상의 많은 힘(power)은 우리를 해롭게도 하고 이롭게도 한다. 원자력은 우리의 가정에 불을 밝히게 해주기도 하고 우리의 도시를 파괴하기도 한다. 성적인 힘은 헌신적 사랑을 표현하게도 하고 이기적인 만족을 추구하게도 한다. 마찬가지로, 설득의 힘으로 사람들은 건강을 증진시키거나 마약류를 팔거나, 평화를 진전시키거나 증오를 선동하거나, 계몽하거나 속이거나 한다. 그리고 그런 힘은 막강하다. 다음의 예를 고려해 보자.

- 기이한 신념의 확산: 대략 5명 중 1명의 미국인은 태양이 지구를 돈다고 생각한다 (Dean, 2005). 약 5명 중 1명은 오바마 대통령이 무슬림이고 4명 중 1명은 그가 미국 밖에서 태어났다고 믿는다(Blanton, 2011; Pew, 2010). 또다른 사람들은 달 착륙과 유태인 대학살이 발생했다는 것을 부정한다.
- 1조 달러 전쟁: 미국의 이라크 침공은 설득 메시지에 의해 가능해졌는데, 이 메시지는 절반의 미국인들에게 이라크 독재자 사담 후세인이 9/11 공격에 관련이 있으며 5명 중 4명에게 대량 살상 무기가 발견될 것이라고 믿도록 이끈 것이었다(Duffy, 2003; Gallup Organization, 2003; Newport & others, 2003). 두 믿음은 잘못된 것이었다고 역사는 기록하고 있다. 전쟁 직전의 조사에서 그들의 리더와 미디어의 영향력 아래에 있었던 미국인들은 대략 2 대 1로 이라크에 대한 군사적 행위에 호의적이었던 반면, 유럽인들은 동일한 수치로 그 조치에 반대하고 있었다(Burkholder, 2003; Moore, 2003; Pew Research Center, 2003). 그들이 사는 장소에 따라 사람들은 다른 정보를 받아들이고, 토론하고 그리고 믿는다. 설득이 중요하다.
- 기후변화 회의론: 다양한 국립 과학원과 기후변화 정부 패널로 대표되는 과학 공동체는 삶의 3가지 사실에 대하여 사실상 동의하고 있다. (1) 대기의 온실가스가 증가하고 있다; (2) 줄어드는 빙하, 솟아오르는 육지, 바다 및 대기온도 모두는 지구 온난화를 확증해 준다; 그리고 (3) 이 기후변화는 거의 확실히 해수면 상승과 더욱

설득은 어디에나 있다. 우리가 그것을 인정할 때. 우리는 그것을 "교육"이라 부른다.

극단적인 날씨를 초래하며, 여기에는 기록적 홍수, 토네이도, 가뭄 및 고온이 포함된다. "기후변화는 진행 중이며, 대체로 인간의 활동에 의해 야기된 것이고, 심각한 위험을 제기한다."고 미국 국가 연구 위원회가 선언한다 (2010). 그럼에도 지난 10년이 끝나갈 무렵, 인기 있는 기후 회의론이 자라고 있다. 지구온난화가 진행 중이라고 믿는 미국인들의 수는 2007년과 2010년 사이에 84%에서 74%로 줄어들었고, 마찬가지로 관심도 줄어들었다(Krosnick, 2010; 그림 7.1). 영국에서 기후변화가 발생하고 있을 뿐만 아니라 "현재 대체로 인간에 의하여 만들어지고 있다."고 믿는 사람들의 비율이 2009년 41%에서 2010년 26%로 떨어졌다. 그리고 온난화를 두려워하는 독일인의 수는 4년 전 62%에서 42%로 떨어졌다(Rosenthal, 2010). 연구자들은 궁금해한다. 과학적 합의가 설득시키고 행동에 동기부여하지 못하는 이유는 무엇일까? 그리고 어떤 일이 벌어지는 걸까? 부분적으로 건강 증진 운동 덕분에, 미국인 흡연율은 40년 전 절반 비율에서 21%로 급감했다. 캐나다 통계청은 캐나다에서도 비슷한 흡연인구 감소를 보고한다. 금주를 보고하는 새로운 미국 대학생의 비율은 감소하고 있다 – 1982년 26%에서 2010년 62%로 줄어들었다.

이 예들이 보여주듯이, 설득의 노력은 때로 사악하고, 때로 논란이 있고, 그리고 때로 유익하다. 설득은 본질적으로 선이나 악이 아니다. 선이나 악의 판단을 유발하는 것은 바로 그 메시지의 목적과 내용이다. 악을 "선전"("propaganda"), 선을 "교육"이라 부른다. 교육은 선전보다 더욱 사실에 기반을 두며 덜 강제적이다. 그렇지만 대체

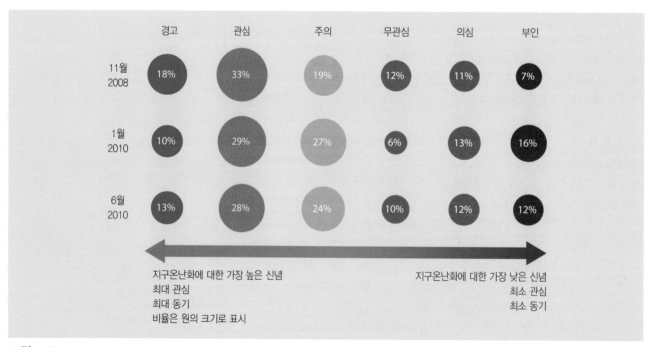

	경고	관심	주의	무관심	의심	부인
11월 2008	18%	33%	19%	12%	11%	7%
1월 2010	10%	29%	27%	6%	13%	16%
6월 2010	13%	28%	24%	10%	12%	12%

지구온난화에 대한 가장 높은 신념
최대 관심
최대 동기
비율은 원의 크기로 표시

지구온난화에 대한 가장 낮은 신념
최소 관심
최소 동기

그림 :: 7.1
미국 성인들의 지구 기후변화 관심
예일대의 기후변화 프로젝트와 조지 메이슨대의 기후변화 소통 센터에서 작성한 지표

로 우리가 그것을 믿을 때 "교육"이라 부르고, 그렇지 않을 때 "선전"이라고 부른다 (Lumsden와 동료들, 1980).

최근 10년 사이에 게이 권리와 게이 시민단체 또는 게이 결혼에 대한 미국인의 지지는 의미있게 증가하고 있다(Myers와 Scanzoni, 2005). 일부 사람들은 그런 태도 변화를 "교육"을 반영한 것으로, 또다른 일부는 "선전"을 반영한 것으로 간주한다.

설득은 그것이 교육이든 선전이든 어디에나 존재한다. 즉, 정치, 마케팅, 구애, 양육, 협상, 전도 및 법원 의사결정의 핵심으로 존재한다. 그래서 사회심리학자들은 효과적이고 장기적인 태도 변화를 이끄는 것을 이해하기 위하여 노력하여야 한다. 어떤 요인이 설득에 영향을 미치는가? 그리고 설득자로서 우리들은 어떻게 해야 가장 효과적으로 사람들을 "교육"할 수 있는가?

당신이 마케팅이나 광고 실무자라고 상상해 보자. 또는 당신이 목사로서 신도들에게 사랑과 자비를 심어주려고 노력하는 사람이라고 상상해 보자. 또는 당신이 기후변화 억제를 원하거나 모유 수유를 권장하거나 또는 정치 후보자를 위하여 운동하려고 한다고 상상해 보자. 당신 자신과 당신의 메시지가 설득력 있게 보이도록 하기 위하여 무슨 일을 할 것인가? 그리고 당신이 영향받는 것에 염려스럽다면, 어느 전략에 경계를 하여야 하는가?

이런 질문에 답하기 위하여 사회심리학자들은 대개 일부 지질학자들이 침식을 연구하는 방식으로, 즉 단순하고 통제된 실험에서 다양한 요인의 효과를 관찰함으로써 설득을 연구한다. 그 효과는 작지만 사람들의 가치에 영향을 주지 않는 미약한 태도에는 대단히 효과적이다. 그렇지만 충분한 시간이 주어지면, 사회심리학자들은 그런 요인이 큰 효과를 산출할 수 있는 방법을 이해시켜 줄 것이다.

설득의 경로

어떤 두 경로가 영향을 미치나? 어떤 유형의 인지과정이 각각 관련되며, 어떤 효과가 있는가?

2차 대전 중 미 육군성의 수석 심리학자로 일하고 있던 Hovland 및 그의 동료들 (1949)은 설득을 연구함으로써 전쟁의 수고를 덜어주려 하였다. 병사의 사기를 높이기 위하여 Hovland와 그의 동료들은 훈련 영화와 역사 기록물이 신병들의 전쟁에 대한 태도와 의견에 미치는 효과를 체계적으로 연구하였다. 전쟁 후 예일 대학교에 돌아와서 그들은 메시지가 설득적이 되도록 하는 것을 계속해서 연구하였다. 그들의 연구는 전달자, 메시지의 내용, 커뮤니케이션 통로 및 청중과 관련된 요인들을 변화시켜 보았다.

그림 7.2가 보여주듯이, 설득은 몇 개의 장애물 제거를 필요로 한다. 설득 과정에서 장애물을 제거하는 데 도움이 되는 모든 요인은 설득 가능성을 증가시킨다. 예컨대, 매력적인 출처가 어떤 메시지에 더욱 주의를 기울이게 만든다면, 그 메시지는 당신을 설득시킬 기회를 더 가지게 될 것이다. 설득 연구에 대한 예일 집단의 접근은 언제 설

그림 :: 7.2

행위를 유도하기 위하여 몇 개의 허들을 건너뛰어야 한다. 그러나 중요한 것은 반응에서 자신의 생각을 기억하는 것만큼 메시지 자체를 기억하지는 않는다는 것이다.

출처 : W. J. McGuire, "An Information-Processing Model of Advertising Effectiveness," in Behavioral and Management Sciences in Marketing, H. L. Davis and A. J. Silk, eds. Copyright © 1978. Reprinted by permission of John Wiley & Sons.

득이 발생할 것 같은지에 대하여 좋은 이해를 제공해 준다.

그런데 오하이오 주립 대학교의 연구자들은 설득 메시지에 대한 반응으로 사람들의 생각도 또한 중요하다는 것을 시사해 주었다. 만일 어떤 메시지가 분명하고 이해하기 쉽지만 납득되지 않는 메시지로 가득 차 있다면, 사람들은 그 메시지를 논박하기 쉬울 것이고 설득당하지 않을 것이다. 만일 메시지가 납득할 수 있는 주장을 제공한다면, 당신의 생각은 더 호의적이 될 것이고 당신이 설득될 가능성이 가장 크게 될 것이다. 이러한 "인지적 반응" 접근은 왜 어떤 상황에서 설득이 더 잘 발생하는지에 대한 이해를 제공해 준다.

중앙경로

설득의 중앙경로
(central route to persuasion)
흥미를 가진 사람들이 논거에 초점을 두고 호의적인 사고로 반응할 때 나타난다.

Petty와 Cacioppo(1986; Petty와 Wegener, 1999), Eagly와 Chaiken(1993, 1998)은 이것을 한 단계 더 발전시켰다. 그들은 설득이 두 가지 경로(route) 중 하나를 통하여 일어나는 것 같다는 가설을 세웠다. 사람들이 어떤 문제에 대하여 체계적으로 생각하려는 마음이 있고 그렇게 생각할 수 있을 때 **설득의 중앙경로**를 취하는 것, 즉 주장에 초점을 맞추는 것 같다. 그 주장이 타당하고 강력한 것이라면, 설득이 일어날 가능성이 크다. 메시지가 단지 약한 주장만을 담고 있다면, 사려깊은 사람들은 그 주장이 대단히 강력한 것은 아니고 논박할 수 있는 것이라는 것을 알아차릴 것이다.

주변경로

그러나 때때로 설득의 강도는 중요하지 않다. 때때로 우리 모두가 그렇게 주의깊게 생각할 마음을 가지거나 생각할 수 있는 것은 아니다. 만일 우리의 주의가 분산되어 있거나 관여되어 있지 않거나 그냥 분명히 바쁘다면, 우리는 메시지 내용에 대하여 주의깊게 생각할 시간을 갖지 못할 수도 있다. 그 주장이 특별히 강력한 것인지를 알아차리기보다는 **설득의 주변경로**를 따르는 것, 즉 깊이 생각하지 않고 설득의 수용을 촉발하는 단서에 초점을 두는 것 같다. 사람들이 주의분산되어 있거나 생각하고 싶은 마음이 별로 없다면, 쉽게 이해되는 친숙한 진술이 동일한 의미를 지닌 생소한 진술보다 더욱 설득적이다. 따라서 관여되어 있지 않거나 주의분산되어 있는 사람들에게는 "달걀을 한 바구니에 담지 말라."는 말이 "한 번에 모든 것을 걸지 말라."는 말보다 더 큰 영향을 지닌다(Howard, 1997).

주변경로 처리. TV와 영화에서 물건 배치는 암묵적 태도에 영향을 주려는 목적이 있다.

설득의 주변경로
(peripheral route to persuasion)
사람들이 매력과 같은 사소한 단서에 영향을 받을 때 나타난다.

현명한 광고주들은 광고를 고객들의 사고에 맞춘다. 쇼핑 중에 특정 상표의 아이스크림을 집는 자발적 의사결정처럼 많은 소비자의 행동이 생각 없이 이루어지기 때문에 그들이 합당한 근거로 그렇게 하는 것이다(Dijksterhuis와 동료들, 2005). 독일 음악은 고객들이 독일산 포도주를 사게 하는 반면, 프랑스 음악을 들은 사람들은 프랑스 포도주로 사게 한다(North와 동료들, 1997). 그래서 전광판 광고와 TV 광고 - 고객들이 짧은 시간 동안에 취할 수 있는 매체 - 는 주변 단서로 시각 이미지를 사용함으로써 주변 경로를 사용한다. 담배 광고는 흡연에 호의적인 주장을 하지 않고 제품을 아름다움과 즐거움의 이미지와 연합시킨다. 청량음료 광고도 꼭 마찬가지로 젊음, 활력 및 행복한 북극곰과 같은 이미지를 가지고 "진짜배기임"을 촉진하고자 한다. 다른 한편, (관심이 깊고 논리적인 고객들이 상당한 시간 동안 숙고할) 컴퓨터 광고는 영화 스타나 유명한 운동선수를 크게 활용하는 경우는 드물다. 그 대신에 경쟁적 특징과 가격에 대한 정보를 고객들에게 제공한다.

다른 목적을 위한 다른 경로

광고주, 목사 그리고 심지어 교사의 궁극적 목표는 메시지에 주의를 기울이게 하고, 그리고 계속해서 그렇게 움직이도록 만드는 것만은 아니다. 전형적으로 그 목표는 일종의 행동 변화와 관련이 있다(물건 구매, 이웃 사랑 또는 더 효과적으로 공부하기). 설득에 대한 두 개의 경로가 이 목표 달성에 똑같이 효과적일까? Petty와 동료들(1995)은 중앙경로 처리가 주변경로보다 더 지속적인 변화를 얼마나 이끌어 낼 수 있는지를 주목했다. 사람들이 문제에 깊이 생각하고 정신적으로 정교화되어 있을 때는 설득적 호소의 강도뿐만 아니라 그에 대한 자신의 생각에도 또한 의존한다. 설득적인 것은 주장이 아니라 그 주장으로 인한 사람들의 생각이다. 그리고 사람들이 피상적으로 생각하기보다 깊게 생각할 때, 모든 변화된 태도는 더 지속하고, 공격에 더 저항하고, 그리고 행동에 더 영향을 미치는 것 같다(Petty와 동료들, 1995; Verplanken, 1991).

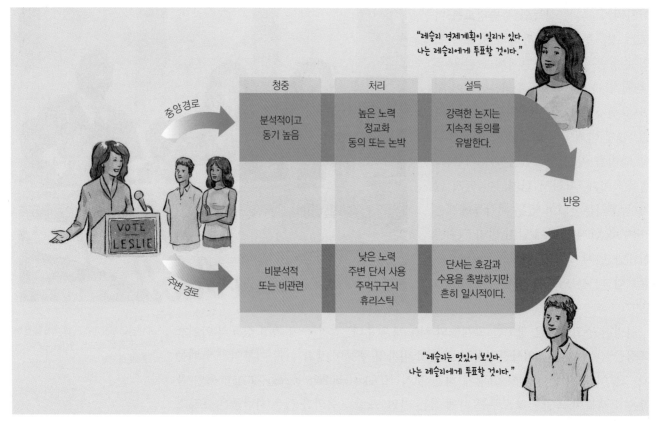

그림 :: 7.3

설득에 대한 중앙경로와 주변경로
컴퓨터 광고는 청중들이 특징과 가격을 체계적으로 비교하고 싶어한다고 가정함으로써 전형적으로 중앙경로를 활용한다. 음료수 광고는 그 물건을 미인, 기쁨 및 좋은 기분과 단지 연합시킴으로써 대개 주변경로를 활용한다. 중앙경로처리는 훨씬 자주 지속적인 태도변화를 산출한다.

그래서 중앙경로가 태도와 행동의 변화를 "고정시키는" 반면에, 주변경로는 단지 피상적이고 일시적인 태도 변화만을 이끌어 낸다. 성 교육자들이 아는 것처럼 태도 변화는 행동 변화보다 쉽다. 금욕 교육의 효과성을 평가한 연구는 금욕을 지지하는 태도는 증가시켰지만, 성적 행동에 대한 장기적 영향은 거의 없었다(Hauser, 2005). 마찬가지로 에이즈 예방 교육은 콘돔 사용보다 콘돔에 대한 태도에 더 효과를 지니는 경향이 있다(Albarracin과 동료들, 2003). 두 경우 모두 태도 뿐만 아니라 행동 변화는 사람들의 적극적인 처리와 자신의 신념에 대한 되뇌기가 필요한 것처럼 보인다.

우리들 중 누구도 모든 문제를 철저히 분석할 수 있을 정도의 시간을 갖지 못한다. 흔히 우리는 "전문가를 믿어라." 또는 "긴 메시지가 신뢰롭다."는 말과 같은 단순한 구먹구구식 휴리스틱을 사용함으로써 주변경로를 거친다(Chaiken과 Maheswaran, 1994). 최근 우리 지역사회의 주민들이 우리 지방 병원의 법적인 소유권에 관한 복잡한 문제에 대하여 투표하였다. 나는 이 문제에 대하여 스스로 연구할 시간도 없었고 관심도 없었다(나는 이 책을 써야 했기 때문이다). 그러나 나는 투표 지지자들 모두가 내가 좋아하거나 전문가라고 간주한 사람들이라는 것에 주목하였다. 그래서 단순한 휴리스틱, 즉 친구와 전문가는 믿을 수 있다는 휴리스틱을 사용하였고 그에 따라 투표하였다. 우리 모두는 또다른 주먹구구식 휴리스틱을 사용하여 즉각적인 판단(snap judgments)을 한다. 연사가 논리정연하고 호소력이 있고, 분명히 좋은 동기를 지니고 있고, 그리고 몇 개의 주장을 가지고 있으면(또는 각각의 주장이 서로 다른 출처에서 나온 것이면 더욱 좋을 것이다), 우리는 대개 손쉬운 주변경로를 사용하여 깊이 생각하여 보지 않고 그 메시지를 수용한다(그림 7.3).

> ## 요약 : 설득의 경로
>
> - 때때로 설득은 사람들이 주장에 초점을 맞추고 호의적인 생각으로 반응할 때 발생한다. 이러한 체계적인, 즉 "중앙 경로" 설득은 사람들이 문제에 자연스럽게 분석적이 되거나 관련되어 있을 때 발생한다.
> - 문제가 체계적인 사고를 끌어내지 못하면, 즉각적인 판단을 하기 위하여 휴리스틱이나 우연적인 단서를 사용할 때처럼 더 신속한 "주변경로"를 통하여 설득이 발생한다.
> - 중앙경로 설득은 더 사려깊고 덜 피상적인 것으로 더욱 지속적이고 행동에 더 강력히 영향을 미친다.

설득의 요소

사회심리학자들이 탐색해낸 설득의 주요 구성요소는 4가지이다. (1) 전달자, (2) 메시지, (3) 메시지 전달방식 및 (4) 청중(수신자). 다시 말해서 누가 무엇을 어떤 수단으로 누구에게 말하는가? 이 요인이 설득의 중앙 또는 주변 경로를 사용할 가능성에 어떻게 영향을 미치는가?

누가 말하는가? 전달자

다음과 같은 장면을 상상하여 보자. I. M. Wright는 중년의 미국인으로 저녁 뉴스를 보고 있다. 첫 번째 화면에서 소수의 급진주의자들이 성조기를 불태우고 있는 것이 보인다. 여느 때처럼 한 사람이 확성기를 통하여 정부가 탄압적이 될 때에는 언제라도, "그런 정부를 바꾸거나 없애는 것은 인민의 권리이다……그런 정부를 버리는 것은 인민의 권리이고 의무이다!"라고 외친다. 화가 난 Wright씨는 아내에게 "저런 공산주의 노선을 듣는 게 지겨워."라고 중얼거린다. 다음 화면에서 세금 반대 집회 군중 앞에서 연설하고 있는 대통령 후보가 "검소는 정부 지출의 기본 원칙이어야 한다. 부패와 낭비가 엄청난 범죄라는 것이 모든 정부 공직자들에게 분명해지도록 해야 한다."고 선언한다. 분명히 기분이 좋아진 Wright씨는 편안한 상태에서 미소 지으며 말한다. "그래, 저것이 우리에게 필요한 좋은 생각이야. 저 사람이 나와 같은 사람이군."

이제 그 장면을 바꾸어 보자. Wright씨는 6월 4일 독립 선언 연설(여기에서 공산주의 노선이 나온다)에서 동일한 혁명적 노선에 대하여 듣고 있고, 한 공산주의 연사가 마오쩌둥의 어록(여기에서 검소 구절이 나온다)에서 검소 문장을 읽고 있는 것을 듣고 있다고 상상하여 보자. 이제 그는 다르게 반응할 것인가?

사회심리학자들은 누가 말하는가 하는 것이 때때로 메시지가 어떻게 수용될 것인지에 영향을 미친다는 것을 발견하였다. 한 실험에서 사회주의자이자 자유주의자인 지도자들이 독일 의회에서 동일한 용어를 사용하여 동일한 입장을 주장하였을 때, 각각의 주장은 자신의 정당의 구성원들에게 가장 효과적이었다(Wiegman, 1985). 중요한 것은 메시지뿐만 아니라 말하는 사람도 그러하다. 그렇다면 어떤 전달자를 다른 사람보다 더 설득적이 되도록 만드는 것은 무엇인가?

신뢰성(Credibility)

신뢰성(Credibility)
신빙성. 신뢰로운 전달자는 전문적이고 진실한 사람으로 지각된다.

운동의 장점에 대한 진술이 타블로이드판 신문에서 나왔을 때보다 영국학술원이나 국립과학원에서 나왔을 때 누구라도 더 믿을 수 있다고 생각할 것이다. 그러나 출처의 신뢰성(지각된 전문성과 진실성)의 효과는 한 달 정도 지나면 줄어든다. 만일 어떤 신뢰할 수 있는 사람의 메시지가 설득적이라면, 그 출처가 망각되거나 메시지와 분리됨에 따라 그 영향력은 약화될 가능성이 크다. 그리고 만일 메시지를 에누리하기 위한 이유 이상으로 더욱 그 내용을 잘 기억하고 있다면 신뢰할 수 없는 사람의 영향력은 시간에 걸쳐서 상응하는 정도로 증가할 가능성이 크다(Cook과 Flay, 1978; Gruder와 동료들, 1978; Pratkanis와 동료들, 1988). 사람들이 출처나 메시지와의 연결을 망각한 후의 이러한 지연 설득을 **수면자 효과**(sleeper effect)라 한다.

수면자 효과(sleeper effect)
우리가 메시지는 기억하지만 그것을 절감하는 이유를 망각할 때와 같이 초기의 절감적 메시지가 효과적이 될 때 발생하는 메시지의 지연 영향

지각된 전문성(perceived expertise)

사람들은 어떻게 합당한 "전문가"가 되는가? 한 가지 방식은 수신자가 동의하는 것을 말함으로써 비롯되고, 이것은 그 사람을 똑똑하게 보이도록 하는 듯하다. 또 다른 방식은 그 주제에 대하여 잘 아는 사람으로 소개받는 것이다. "캐나다 치과협회의 Rundle 박사"가 말하는 양치질에 대한 메시지는 "치과 위생에 대하여 동료들과 함께 프로젝트를 수행하고 있는 지방 고등학교 학생인 Rundle"의 똑같은 메시지보다 훨씬 더 설득력이 있다(Olson과 Cal, 1984). 미시간 대학교 연구자들(Bachman과 동료들, 1988)은 고등학생의 마리화나 사용에 대하여 10년 이상 연구한 후에 신뢰롭지 못한 출처에서 나온 공포 메시지는 1960년대와 1970년대 동안에 마리화나 사용에 영향을 미치지 못하였다고 결론지었다. 그렇지만 신뢰로운 출처의 경우에 장기간 마리화나 사용의 생물학적, 심리학적 결과에 대한 과학적 보고서가 "약물 사용⋯을 줄이는데 중요한 역할을 할 수 있다"(Bachman과 동료들, 1988).

신뢰롭게 보이도록 하는 또 다른 방법은 자신감 있게 말하는 것이다. Erickson과 그 동료들(1978)은 노스캐롤라이나 대학교 학생들에게 단순명료한 방식으로 행해진 법정 증언과 다소 망설이는 방식으로 행해진 법정 증언을 평가하도록 했다. 예를 들면, 다음과 같다.

질문 : 앰뷸런스가 도착하기 전에 거기에서 대략 얼마나 오랫동안 머물러 있었습니까?

대답 : [단순명료] 20분. David 씨가 몸을 똑바로 펴도록 하는 데 충분할 만큼 긴 시간입니다.

[망설임] 오, 음 약 20분정도였던 것 같아요. 알다시피 내 친구 David 씨의 몸을 똑바로 펴는 것을 도와 줄 만큼 아주 충분히 긴 시간이지요.

학생들은 단순명료한 증언이 더 유력하고 신뢰롭다는 반응을 보였다.

지각된 진실성(Perceived trustworthiness)

말하는 방식도 또한 발언자의 외견적 진실성에 영향을 준다. Hemsley와 Doob(1978)는 법정 증언에서 비디오테이프로 녹화된 증인들이 자신의 질문자의 아래쪽을 쳐다볼 때보다 눈을 *똑바로* 쳐다보았을 경우에 사람들에게 더 신뢰로운 인상을 준다는 것을 발견해냈다.

전달자가 청중(수신자)을 설득하려고 애쓰지 않는다는 믿음이 있는 경우에도 또한 진실성이 높아진다. 나중에 TV 광고의 "몰래 카메라" 기법이 된 실험실 원형에서, Hatfield와 Festinger(Walster와 Festinger, 1962)는 몇몇 스탠포드 대학 재학생들이 졸업생의 대화를 엿듣게 하였다(실제로 재학생들이 들은 것은 테이프 기록이었다). 대화의 주제가 도청자들에 관한 것(캠퍼스 규율에 관한 것)이었을 때, 예상된 바대로 발언자가 도청을 알아차리지 못하고 있다고 추정할 때 발언자가 더 영향력이 있었다. 결국, 사람들은 어떤 사람도 듣고 있지 않다고 생각할지라도 왜 그들이 완전히 정직하다고 보지는 않게 될까?

우리는 또한 자신의 이익에 반하는 주장을 하는 사람들을 더 진실하다고 지각한다. Eagly, Wood 및 Chaiken(1978)은 매사추세츠 대학생들에게 강을 오염시키는 한 회사를 공격하는 내용의 연설을 제시하였다. 그 연설은 사업 배경을 지닌 정치 후보가 했다거나 또는 회사 지지 청중들에게 행한 것이라고 말하였을 경우에 공평하고 설득력이 있는 것처럼 보였다. 친환경 정치인이 동일한 반사업적인 연설을 환경주의자들에게 했다고 가정했을 경우에, 학생들은 정치인의 주장을 개인적 편향이나 청중에게 귀인시키게 될 것이다. 자신의 신념 때문에 기꺼이 괴로워하는 것은 – 간디, 마틴 루터 킹 목사 및 또 다른 위대한 인물들이 이런 일을 하였는데 – 또한 사람들에게 진정성을 확신시켜 준다(Knight와 Weiss, 1980).

Miller와 그 동료들(1976)은 남캘리포니아 주립대학에서 진실성과 신뢰성은 사람들이 말을 빨리할 때 증가함을 발견하였다. 녹음된 기록 메시지를 들은 사람들은 빨리 말하는 발언자들(대략 분당 190 영문 단어)을 느리게 말하는 사람들(대략 분당 110 영문 단어)보다 더 객관적이고, 지적이고, 지식이 많은 것으로 평정하였다. 그들은 또한 더 빨리 말하는 사람이 더 설득력이 있다는 것을 발견했다. 대단히 효과적인 대중 연설가였던 John F. Kennedy는 때때로 분당 300단어 정도를 쏟아냈다.

일부 TV 광고는 분명히 전달자가 전문적이고 진실한 것처럼 보이도록 구성된다. 제약 회사는 흰색 실험복을 입은 발언자를 사용하여 진통제를 판매하려 드는데, 이 발언자는 대부분의 의사들이 이 약의 핵심 성분(물론, 그 성분은 아스피린일 뿐이다)을 추천하였다고 자신있게 주장한다. 그런 주변 단서가 주어지면, 그 증거를 충분히 주의깊게 분석하지 않는 사람들은 자동적으로 그 제품의 가치를 추론하게 될 것이다. 또 다른 광고는 신뢰성 원리를 사용하지 않는 것 같다. 나이키사가 타이거 우즈의 광고출연 대가로 100만 달러를 제공하는 것은 근복적으로 스포츠 의류에 대한 그의 전문성에 대한 것은 아니다.

매력과 호감

대부분의 사람들은 스타 육상선수와 연예인들의 보증이 자신들에게 영향을 미친다는 것을 부정한다. 대부분의 사람들은 스타가 자신들이 보증한 제품에 대하여 거의 모르고 있다는 것을 알고 있다. 게다가, 우리는 그 의도가 우리를 설득시키려고 하는 데 있다는 것을 알고 있다; 우리는 제니퍼 로페즈가 옷이나 향수에 대하여 이야기하는 것을 정말로 우연히 엿듣지 않는다. 그런 광고는 효과적인 의사전달자의 또다른 특징, 즉 **매력**에 기반을 두고 있다.

우리 자신들은 매력이나 호감에 영향을 받지 않는다고 생각할지 모르지만, 연구자들은 그렇지 않다는 것을 발견해냈다. 우리는 우리가 좋아하는 사람들에게 반응할 확률이 더 높고, 이러한 현상은 자선구호단체, 사탕 판매 및 타파웨어 파티를 조직하는 사람들에게 잘 알려져 있다. 어떤 사람과 단순히 지나치는 대화조차도 충분히 그 사람에 대한 호감을 증가시키고, 이어서 그들의 영향력에 대한 우리 자신의 반응성을 증진시키게 된다(Burger와 동료들, 2001). 우리의 호감은 의사전달자의 주장에 우리의 마음을 열게 할 수 있거나(중앙경로 설득), 그 산출물을 나중에 보게 될 때 긍정적 연합을 촉발시킬 수도 있다(주변경로 설득). 신뢰성(credibility)과 더불어, 호감이 설득을 낳는다는 원리의 응용예를 보여준다(표 7.1 참조).

매력(attractiveness)
청중을 끄는 자질을 가진 것. 마음을 끄는 전달자 (흔히 청중과 닮은 사람)는 주관적인 선호 면에서 가장 설득적이다.

표 :: 7.1 6가지 설득원리 영향력

영향력 : 「과학과 실제」라는 Robert Cialdini(2008)의 책에서 그는 인간관계와 인간 영향력의 기초가 되는 6가지 설득원리를 제시했다(이 장은 첫 두 개를 기술한다).

원리	응용
권위: 사람들은 신뢰로운 권위자에 따른다.	당신의 권위를 구축하라; 당신이 해결했던 문제와 봉사했던 사람들을 확인하라.
호감: 사람들은 자신들이 좋아하는 사람들에게 더 긍정적으로 반응한다.	친구를 사귀고 사람들에게 영향력을 발휘하라. 유사한 흥미에 기반을 둔 연대를 창조하고, 자유롭게 칭찬하라.
사회적 증거: 다른 사람들의 예는 사고하고 느끼고 행동하는 방법을 타당화시킨다.	"동료의 힘"을 활용하라. – 존경받는 타인이 그 방식을 인도하게 하라.
상호성: 사람들은 자신이 받은 유형대로 갚으려는 의무감을 느낀다.	당신의 시간과 자원에 관대하라. 뿌린 대로 거두리라.
일관성: 사람들은 자신의 공개적 개입을 중시하는 경향이 있다.	사람들의 의도를 적거나 말하게 하라. "제발 이렇게 해달라."고 말하지 말고 부탁에 의하여 "예스"라는 답을 유도하라.
희귀성: 사람들은 희귀한 것을 높이 평가한다.	진정으로 배타적인 정보나 기회를 강조하라.

매력은 몇 가지 방식에서 나타난다. 신체적 매력이 그 하나다. 주장, 특히 정서적 주장은 아름답다고 생각하는 사람에게서 나올 때 흔히 훨씬 더 영향력이 있다(Chaiken, 1979; Dion과 Stein, 1978; Pallak와 동료들, 1983).

유사성이 또한 매력을 만들어낸다. 11장에서 강조하게 될 것인데, 우리들은 자신들과 닮은 사람을 좋아하는 경향이 있다. 우리도 또한 그들에게서 영향을 받는다. 파괴와 실제 판매에 대하여 담배 산업에 도전적인 광고를 통하여 다른 젊은이에게 호소하는 젊은이를 등장시키는 성공적인 금연 운동이 활용된다는 사실이 그 예가 될 것이다(Krisberg, 2004). 우리처럼 행동하는 미묘하게 우리의 자세를 흉내내는 사람들도 마찬가지로 더욱 영향력이 있다. 그래서 세일즈맨은 때로 "흉내내고 거울처럼 행동

자신의 향수를 보증하는 *Rihanna*처럼 매력적 전달자는 흔히 주변경로로 설득을 촉발한다. 우리는 그 메시지나 상품을 설득자에 대한 좋은 감정과 연합시키고 인정하고 믿는다.

하라."고 배운다. 만약 고객의 팔이나 다리가 교차되어 있으면 당신도 교차시켜라; 만약 그녀가 웃으면 웃음으로 되돌려 주어라("Research Close-up: 가상사회 현실 실험하기"를 참고).

또 다른 예: Dembroski, Lasater 및 Ramirez(1978)는 흑인 미국 고등학교 1학년생들에게 적절한 치과 치료를 받으라는 호소를 녹음하여 들려주었다. 치과의사가 다음날 학생들 치아의 청결상태를 평가하였을 때, 흑인 치과의사(보여진 얼굴)의 호소를 들은 학생들의 치아가 더 깨끗했다. 일반적으로 사람들은 자신들이 속한 집단의 구성원으로부터 나온 메시지에 더 잘 반응한다(Van Knippenberg와 Wilke, 1992; Wilder, 1990).

유사성은 이 예에서처럼 신뢰성보다 더 중요한가? 때로는 그렇기도 하고, 때로는 그렇지 않기도 하다. Brock(1965)은 페인트 가게 고객들은 자신들이 사려는 양의 페인트를 최근 20번이나 산 전문가들보다 최근에 산 일반인의 증언에 더 영향을 받았다는 사실을 밝혀냈다. 다른 한편, 치과 위생에 대하여 토론할 때, 일류 치과의사(유사하지 않지만 전문가 출처)가 학생(유사하지만 비전문가 출처)보다 더 설득적이었다는 사실을 회상하기 바란다.

그런 외견상 모순적인 발견사실은 과학자 내부의 탐정 기질을 불러냈다. 그 발견사실이 시사하는 바는 어떤 발견되지 않은 요인이 작동하고 있다는 것, 즉 유사성은 요인 X가 존재할 때 더 중요하고 신뢰성은 요인 X가 존재하지 않을 때 더 중요하다는 것이다. 요인 X는 Goethals과 Nelson(1973)이 발견한 것처럼 주제가 주관적인 선호 또는 객관적인 사실에 더 가까운가 하는 것이다. 선택이 개인적 가치, 취미 또는 생활방식에 관한 것일 때는 유사한 전달자가 가장 강력한 영향력을 지니게 된다. 그렇지만 사실의 판단에 관한 것일 때는 — 시드니가 런던보다 강우량이 적은가? — 유사하지 않은 사람들이 행하는 신념의 확증이 자신감을 고쳐시킨다. 유사하지 않은 사람은 더욱 독립적인 판단을 제공해 준다.

research
CLOSE-UP
가상사회 현실 실험하기

사회심리학자 Jim Blascovich는 산타 바바라에 있는 캘리포니아 대학교의 동료 지각심리학자 Jack Loomis의 가상현실 실험실에 들어갔다 나오는 직후에 새로운 흥미를 진전시켰다. 한 학생이 헤드셋을 끼고 그 방 여기저기를 돌아다니는 것을 구경한 후, Blascovich도 그것을 끼자 곧 스스로 가상적인 깊은 구멍을 가로질러 널빤지를 쳐다보게 되었다. 비록 그 방은 아무런 구멍도 없다는 것을 그가 알고 있을지라도, 그는 공포를 억누르면서 스스로 널빤지를 걸을 수가 없었다.

그 경험은 한 가지 생각을 떠올리게 하였다: 사회심리학자가 가상환경을 사용할 수 있을까? 연구자가 통제하고 조작할 수 있는 진짜 같은 경험을 사람들에게 제공할 수 있을까? 이것으로 사회심리학자들은 동조를 연구할 수 있을까? 물리적으로 멀리 떨어진 사람들이 가상모임에서 상호작용하게 할 수 있을까? 타인의 신체적 기형에 대한 사람들의 반응을 관찰할 수 있을까? 설득을 탐구할 수 있을까?

가상적인 인간 상호작용의 실험적 힘을 Blascovich의 이전 동료 Jeremy Bailenson이 대학원생 Nick Yee와 공동으로 행한 실험에서 보여주었다. 스탠포드 대학교의 가상적 인간 상호작용 실험실에서 69명의 대학생 자원자들이 3차원 가상현실 헤드셋을 끼고 가상인간 – 학생들에게 항상 ID를 지니게 하는 대학안전 정책을 위하여 3분 연설을 하는 컴퓨터 생성 남자 또는 여자와 테이블 건너 마주보게 하였다.

디지털 인간은 움직이는 진짜 같은 입술, 깜박이는 눈, 그리고 흔들리는 머리의 특징을 지녔다. 절반의 실험참가자들에게는 그 움직임은 4초 정도 지연되지만 학생의 움직임을 모방했다. 만약 학생이 머리를 기울이고 위를 쳐다보면, 디지털 카멜레온도 유사하게 행동한다. 진짜 인간과 한 초기의 실험은 그런 모방이 공감과 라포 형성에 의하여 연결고리를 강화한다는 것을 발견해 냈다(11장을 볼 것). Bailenson과 Yee(2005)의 실험에서 모방하지 않는 디지털 동료보다 모방하는 동료가 있었던 학생들이 마찬가지로 그 파트너를 더 좋아하였다(심지어 모방을 의식적으로 알아챈 7명의 학생들의 자료를 삭제한 이후조차도). 그들은 또한 모방자가 더 흥미를 끌고, 정직하고 그리고 설득력이 있었다는 것을 발견해 냈다; 그들은 그것에 더욱 주의를 기울였다(덜 눈길을 돌렸다); 그리고 그들은 다소 그 메시지에 동의하는 쪽이었다.

Blascovich와 Bailenson(2011)에게 그런 연구는 가상 사회 현실에 대한 잠재력을 예시하는 것이다. 타인의 존재를 시사해 주는 자극을 만드는 것은 "비용이 적게 들고", 덜 노력이 요구되며, 그리고 중요하게도 타인의 실제 존재에 기반을 둔 자극을 창조하는 것보다 더 많은 실험통제를 제공한다. 인간은 심지어 훈련받은 공모자도 통제하기 어렵다. 디지털 인간은 완벽하게 통제할 수 있다. 그리고 정확한 반복이 가능할 수 있다.

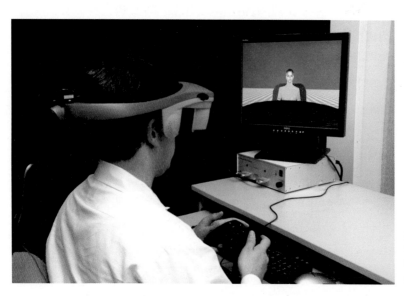

가상사회 현실 실험. Jeremy Bailenson과 Nick Yee의 실험에서 표정과 움직임이 자신의 것을 반영하는 사람은 서로 호감을 갖고 설득적이었다.

무엇이 언급되는가? 메시지의 내용

누가 무엇을 말하는가 하는 것이 중요할 뿐만 아니라 그 사람이 무엇을 말하는가도 중요하다. 만약 여러분이 사람들에게 교육세에 찬성표를 던지게 하거나 담배를 끊게 하거나 세계 기아 구조단체에 기부하도록 설득하기 위한 청원서를 작성하려 한다면, 중앙경로 설득을 위한 최선의 방법에 유의해야 할지도 모른다. 상식에 따라 다음 질문의 어느 측면에도 이끌릴 수 있을 것이다.

- 논리적인 메시지가 더 설득적인가, 아니면 정서를 유발하는 것이 더 그러한가?
- 경청자와 약간 차이가 나는 입장을 옹호함으로써 더 많은 의견변화를 이룰 수 있는가, 아니면 극단적인 관점의 의견을 옹호함으로써 그렇게 할 수 있는가?
- 메시지가 당신의 입장만 표현해야 하는가, 아니면 반대 관점을 인정하고 논박해야 하는가?
- 반상회나 정치적인 토론에서 순차적으로 이야기하게 될 때, 만약 여러분이 두 가지 입장을 제시하려 한다면, 먼저 하는 것이 이로울까, 아니면 맨 마지막에 하는 것이 이로울까?

이들 질문을 한 번에 하나씩 고려해 보자.

이성 대 정서

당신이 세계 기아 구제의 지지 운동을 하고 있다고 가정해 보자. 당신의 주장을 최고로 일목요연하게 만들고 인상적인 통계치를 인용하고 싶은가? 아니면 정서적인 접근, 즉 아마도 한 기아 어린이의 감동적인(compelling) 이야기를 제시하여 더 설득적으로 보이고 싶은가? 물론 주장은 이성적이고 동시에 정서적일 수 있다. 당신은 열정과 논리를 굳게 결합시킬 수 있다. 그럼에도 이성과 정서 중 어느 것이 더 영향력이 있는가? 셰익스피어의 「한여름밤의 꿈」에서 나오는 Lysander가 옳았는가. "인간의 의지는 자신의 이성에 의해서 동요된다"? 또는 Chesterfield 경의 충고가 더 현명했는가. "센스, 가슴 및 인간의 약점에 의존하라(address), 그렇지만 이성에 거의 의존하지 말아라"?

정답은 청중에 달려 있다는 것이다. 교육 수준이 높거나 분석적인 사람들은 그렇지 않은 사람들에 비하여 합리적인 호소에 더 잘 반응하는(응답하는) 경향이 있다 (Cacioppo & others, 1983, 1996; Hovland & others, 1949). 사려깊고 관여된(involved) 청중들은 중심경로를 여행한다; 이들은 이성적인 주장에 가장 잘 반응한다. 관심이 없는 청중들은 주변경로를 여행한다; 이들은 의사전달자를 얼마나 좋아하느냐에 따라 더 영향을 받는다(Chaiken, 1980; Petty others, 1981).

주요 선거 전의 여러 인터뷰를 듣고 판단하여 본다면, 많은 유권자들은 관여되어 있지 않다. 그러므로 우리가 예상하듯이, 미국 유권자들의 선호는 후보자들의 특성과 행동에 대한 신념이 아니라 정서적 반응으로 더 잘 예측되었다(Abelson & others, 1982). 중요한 것은 후보자의 입장(후보자가 당신의 견해를 체화하는 것)이 아니라 호감도(당신이 함께 시간을 보내고 싶은 사람)이다.

사람들의 태도가 어떻게 형성되었는지도 또한 중요하다. 사람들의 처음의 태도가 주로 정서를 통하여 형성된 것이라면, 그들은 나중의 정서적인 호소에 의하여 더욱 설득당하게 된다; 그들의 처음의 태도가 주로 이성에 의하여 형성된 것이라면 그들은 나중의 지적인 주장에 의해서 더욱 설득당하게 된다(Edwards, 1990; Fabrigar & Petty, 1999). 새로운 정서는 정서에 기반을 둔 태도를 동요시킬 가능성이 있다. 그러나 정보에 기반을 둔 태도를 변화시키기 위해서는 더 많은 정보가 필요할 것이다.

좋은 기분 효과

메시지는 또한 좋은 기분과 연합(association)됨으로써 더 설득적이 된다. Irving Janis와 동료들(1965, Dabba & Janis, 1965)은 예일대 학생들이 메시지를 읽는 동안에 땅콩과 펩시를 먹게 되는 경우 설득적인 메시지를 더 확신하게 된다는 것을 밝혀냈다(그림 7.4). 마찬가지로 Mark Galizio와 Clyde Hendrick(1972)은 켄트 주립대 학생들이 무반주 서정성 노래(lyrics)보다 유쾌한 기타 반주의 서정성 유행가에 더 잘 설득되었다는 것을 밝혀냈다. 부드러운 배경 음악 속에서 사치스런 점심을 먹으면서 사업을 진행함으로써 무언가 얻게 되는 이득이 있는 것 같다.

좋은 기분은 흔히 설득을 고양시킨다 - 부분적으로 긍정적인 사고를 고양시킴으로써(만약 사람들이 생각해 보려는 동기가 있다면) 그리고 부분적으로 좋은 기분을 메시지와 연결시킴으로써(Petty & others, 1993). 제3장에서 언급한 대로 기분이 좋게 된 사람들은 장밋빛 안경으로 세상을 본다. 그러나 그들은 또한 더 빠른, 더욱 강박적인 결정을 내린다; 그들은 주변 단서에 더욱 의존한다(Bodenhausen, 1993; Braverman, 2005; Moons & Mackie, 2007). 불행한 사람들은 반응하기 전에 더욱 반추하며, 그래서 그들은 약한 주장에 쉽사리 동요된다(그들은 또한 더욱 강력한 설득 메시지를 산출한

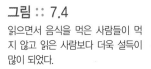

그림 :: 7.4
읽으면서 음식을 먹은 사람들이 먹지 않고 읽은 사람보다 더욱 설득이 많이 되었다.

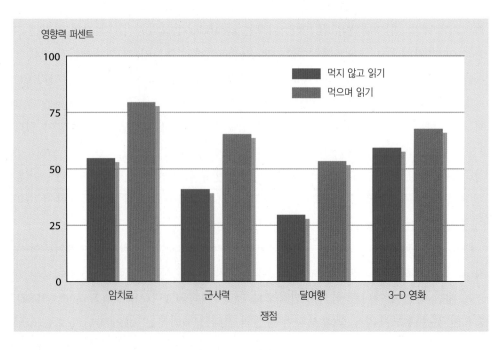

네이메헌 라드바우드 대학에서 실시한 실험에서 유머는 이와 같은 제품에 대한 사람들의 호감을 증진시켰다.

다[Forgas, 2007].) 그래서 여러분이 강력한 주장을 할 수 없다면, 청중들이 좋은 기분 상태에 있기를 바라고, 그것에 대하여 너무 많이 생각하지 않고 메시지에 대하여 그들이 좋게 느끼기를 희망할 것이다.

유머가 사람들을 좋은 기분 상태에 있게 할 수 있다는 것을 알기 때문에, Madelijin Strick(Strick & others, 2009)이 이끈 네덜란드 연구팀은 사람들을 초대하여 우스운 만화와 우습지 않게 변경된 동일한 만화와 근접해서 광고를 보게 했다(그림 7.5). 암묵적 태도 검사로 측정했을 때, 유머와 연합된 상품은 더 사랑받았고, 더 자주 선택되었다.

공포 유발 효과

메시지는 또한 부정적인 정서를 유발함으로써 효과적이 될 수 있다. 담배를 끊거나 이를 더 자주 닦거나, 파상풍 주사를 맞거나 또는 안전 운전을 하도록 사람들을 설득시키고자 할 때, 공포 유발 메시지는 강력할 수 있다(de Hoog & others, 2007; Muller & Johnson, 1990). 담배회사가 담뱃갑에 흡연의 해를 그래프로 표시하도록 하는 것처럼, 30개 이상의 정부에서 흡연자에게 나타날 수 있는 끔찍한 일들을 흡연자에게 보여주는 것이 설득을 높여준다고 가정하고 있는데, 이것이 옳다는 것이 밝혀졌다(O'Hegarty & others, 2007; Peters & others, 2007; Stark & others, 2008). 법원이 허락만 한다면, 미국은 그림 경고문 강제와 같은 다른 나라의 사례를 따를 것이다(Reardon, 2011; Wilson, 2011).

그러나 얼마나 많은 공포를 유발해야 할까? 사람들이 너무 놀라서 고통스러운 메시

"배심원이 멋진 호텔에 격리되어 있었다면, 이런 일은 결코 일어나지 않았을 것이다."

지를 스스로 차단하지(끄지) 않도록 작은 공포만을 유발하여야 할까? 또는 그것 때문에 대낮조차도 무서워하게 해야 할까? 실험은 사람들이 더 무서워하고 취약할수록 흔히 더 반응한다는 것을 보여준다(de Hoog & others, 2007; Leventhal, 1970; Robberson & Rogers, 1988).

공포 유발 통신(커뮤니케이션)의 효과성은 흡연뿐만 아니라 위험한 성행동과 음주운전을 못하게 하는 광고에 적용되고 있다. Claude Levy-Leboyer(1988)는 프랑스 젊은이들 사이의 알코올과 음주 습관에 대한 태도가 공포 유발 그림에 의해 효과적으로 바뀌었다는 것을 찾아냈을 때, 프랑스 정부는 TV 막간 광고에 그런 광고를 포함시켰다.

하나의 효과적인 금연 광고 캠페인은 그래픽으로 만든 "진실" 광고를 하는 것이다. 한 경우에 트럭이 무명의 광고 사무실 밖에 선다. 청소년들이 몰려나와 2개의 시 블록에 걸친 1,200개의 가방을 내린다. 한 호기심 많은 회사 사원이 창문 밖을 응시하고 있을 때, 한 청소년이 스피커로 고함을 지른다. "얼마나 많은 사람을 담배가 매일 죽이는지 당신은 아는가? … 우리는 여기 이곳을 버리고 당신에게 갈 것이고, 그렇게 되면 1,200명의 사람들은 실제로 무엇같은지 당신은 알게 될 것이다"(Nicholson, 2007). 동시에 멋진 필립 모리스 광고를 보고 흡연을 덜할 것 같지 않은 십대 청소년과 달리, 더욱 극적이고 예리한 광고를 본 사람들이 흡연할 경향성이 더 낮았다(Farrelly & others, 2002, 2008).

공포 유발 통신은 유방 X선 촬영이나 유방암 자가검사, 피부암 검사와 같은 유방암 탐지 행동을 증가시키는 데 또한 활용되고 있다. Sara Banks, Peter Salovey, 및 동료들(1995)은 유방암 X선 검사를 받지 않은 40~66세 여성들에게 유방 X선 촬영에 관한 교육 비디오를 보도록 하였다. 긍정으로 프레임된 메시지(방사선 검사가 유방암 조기발견을 통하여 당신의 생명을 살릴 수 있다고 강조하는 메시지)를 받은 사람들 중에 12개월 이내에 단지 절반만 X선 검사를 받았다. 공포로 프레임된 메시지(방사선 검사를 받지 않으면 생명을 잃을 수 있다고 강조하는 메시지)를 받은 사람들 중에 2/3가 12개월 이내에 방사선 검사를 받았다.

여기에 보이는 새로운 미국 담배 경고문은 공포 유발을 활용한다.

메시지가 위협적인 사건의 심각성과 가능성을 두려워하도록 유도할 뿐만 아니라 해결책을 지각하고 그것을 실행할 마음이 생기게 유도한다면 공포를 계속 이용하는 것이 가장 효과가 크다(DeVos-Comby & Salvovey, 2002; Maddux & Rogers, 1983; Ruiter & others, 2001). 성적 위험을 줄이기 위해 제작된 많은 광고는 공포를 유발하고 - "AIDS는 사망" - 방어전략을 제공하는 것을 목표로 삼는다. 절제, 콘돔 사용, 또는 헌신적 관계를 위한 섹스 생략. 또한 "이득-프레임" 메시지가 종종 "손실-프레임" 메시지와 동일할 만큼 효과적이다 (O'Keefe &Jensen, 2011). 이득 프레임 메시지는 건강한 행동의 장점에 초점을 맞춘 다(⑩ "만약 당신이 선크림을 바르지 않는다면, 매력 없는 피부를 가질 것이다."라 는 표현보다 "만약 당신이 선크림을 바르면 매력적인 피부를 가질 것이다."). 그래 서 미래의 재앙적 결과를 묘사하면서 마치는 지구 환경 변화 논문은 가능한 해결책 을 논의하는 것으로 결론을 짓는 것보다 많은 회의론자들에게 설득력이 더 떨어진 다(Feinberg & Willer, 2010).

생생한 선전은 흔히 공포를 악용한다. 나치 신문 Der Stürmer는 '쥐를 요리에 다져 넣고, 비유태인 여성을 유혹하고, 그리고 가족의 적금을 사기치는' 유태인에 대한 수 백 개의 실체가 없는 일화로 공포를 유발하였다. 대부분의 나치 선전과 같이 Streicher 의 호소는 정서적이었지 이성적은 아니었다. 그 호소는 또한 "그 위험"과 맞서 싸울 방법에 대하여 명확하고 구체적인 지시를 하였다. 그들은 유태인 사업을 나열하고 그 래서 독자들은 그들을 피하고, 유태인 상점과 직업인을 후원하는 독일인의 이름을 공 개하기 위하여 제출하도록 부추기고, 그리고 독자들이 자신의 지역에 있는 유태인의 통합 리스트를 감시하게 했다(Bytwerk & Brooks, 1980).

그렇지만 생생한 이야기는 또한 가장 기억할 만한 것이 주의분산시키는 것이 아니 라 중심 메시지를 전달하는 것일 때는 특히 좋은 쪽으로 사용될 수 있다(Guadagno & others, 2011). 르완다의 후터스와 투치 사이의 인종학살 이후에 장기간의 현장 실험은 편견, 갈등, 의사소통, 화해 및 심지어 두 개의 가공적인 공동체의 집단에 걸친 사랑의 이야기로 꾸민 라디오 드라마의 영향을 탐구하였다. 건강과 관련된 라디오 드라마에 노출된 통제집단과 비교하여, 청취자들은 공감, 협동, 트라우마 치료 및 심지어 상호 결혼을 더 많이 수용하게 되었다(Paluck, 2009). 허구가 용서를 육성하였다.

격차(discrepancy)

다음의 장면을 상상해 보자. 니콜은 여름 방학에 집에 가서 그녀의 새로운 "헬스 방 식"에 대한 완고한 중년 아버지의 생각을 바꾸고 싶어한다. 그녀는 하루에 5마일을 달 린다. 그녀의 아버지는 그녀의 운동에 대한 생각이 "TV 채널바꾸기"라고 말한다. 니 콜은 "아버지에게 적당한 운동, 즉 낮 산책을 하게 하여 아버지의 살을 빼게 할까 아니 면 힘든 운동, 즉 에어로빅과 달리기를 통하여 그렇게 할까? 아마도 내가 엄격한 훈련 프로그램을 아버지에게 부탁하면, 그는 타협을 할 것이고 적어도 가치 있는 일을 할 것이다. 그러나 그러고 나서 다시 나에게 뜻을 분명히 하고 아마도 아무 것도 하지 않 을 것이다."

니콜과 같이 사회심리학자들은 각 방법을 따져볼 수 있을 것이다. 불일치는 불편을 초래하고, 불편 때문에 사람들은 자신의 의견을 바꾸도록 촉진할 것이다(제4장의 부 조화 효과를 상기하자). 그래서 아마도 격차가 커질수록 더 많은 변화를 초래할 것이 다. 그런데 다시 불편한 메시지를 선언한 전달자는 불신을 당할 수도 있을 것이다. 뉴 스캐스터가 내린 결론과 불일치하는 사람은 그 뉴스캐스터를 더 편향적이고, 부정확

그림 :: 7.6

격차는 전달자 신뢰성과 상호작용한다.

대단히 신뢰로운 전달자만이 주관적인 입장을 주장할 때 효과적이다.

출처 : Aronson, Turner & Carlsmith (1963).

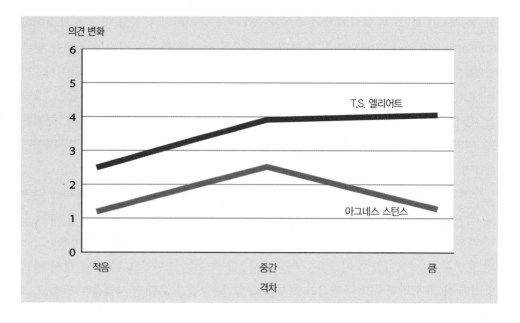

하고, 그리고 믿을 만하지 않다고 평가할 것이다. 사람들은 자신의 수용가능 범위 내의 결론에 더욱 개방적이다(Liberman & Chaiken, 1992; Zanna, 1993). 그래서 아마도 불일치가 더 커지면 더 적은 변화를 낳게 될 것이다.

Elliot Aronson, Judith Turner 및 Merrill Carlsmith(1963)는 신뢰성 있는 출처 — 무시하기 힘든 것 — 는 격차가 큰 입장을 주장할 때 가장 많은 의견 변화를 유발한다고 추론했다. 신뢰성 있는 T. S. Eliot가 싫어하는 시를 대단히 칭찬했다는 것을 듣게 되면 그가 약한 칭찬을 했을 때보다 사람들은 자신의 의견을 더 많이 바꾸었다. 그러나 "미시시피 대학생, 아그네스 스턴스가 싫어하는 시를 평가했을 때, 높은 칭찬은 약한 칭찬보다 더 설득력이 있는 것은 아니었다. 따라서 그림 7.6이 보여주듯이 격차와 신뢰성은 상호작용한다. 큰 격차와 작은 격차의 효과는 전달자가 얼마나 신뢰성이 있는가에 달려 있다.

그래서 "내가 극단적인 입장을 주장해야 하는가"와 같은 니콜의 질문에 대한 답은 "그때그때 다르다." 니콜이 그의 존경하는 아버지의 눈에는 대단히 특권적이고, 권위 있는 원천일까? 만약 그렇다면, 니콜은 완전한 헬스 프로그램을 권해야 한다. 그렇지 않다면 니콜은 더욱 온건한 주장을 하는 것이 현명할 것이다.

그 답은 그 쟁점에 대한 그녀의 아버지의 관여에 달려 있다. 깊이 관여된 사람들은 단지 좁은 범위의 견해만을 수용하는 경향이 있다. 그들에게 상당히 격차가 있는 메시지는 특히 자신의 더욱 극단적 견해인 것이 아니라 반대의견을 주장하는 것이라면 어리석을 정도로 급진적으로 보일 수도 있다(Pallak & others, 1972; Petty & Cacioppo, 1979; Rhine & Severance, 1970). 그래서 사회심리학자 Arie Kruglanski, Michele Gelfand, 및 Rohan Gunaratna(2010)는 헌신적 테러리스트를 탈급진화시킬 수 있는 메시지를 구성하는 방법을 충고한다. 그런 메시지를 이전에 존재하는 자신들의 신념의 요소에 기반을 두고 구축하라.

다른 한편으로 만약 니콜의 아버지가 아직 운동에 대하여 어느 방식으로든 크게 생각하지 않고 있다면, 그녀는 아마 더 극단적인 입장을 취할 수 있을 것이다. 그래서 만약 당신이 신빙성 있는 권위가 있고 당신의 청중은 당신의 쟁점에 대하여 그리 관심이 많지 않다면, 이렇게 하라. 격차가 있는 의견을 주장하라.

일방 대 양방 주장

우리 지역사회의 동성애 권리 주창의 지지자들은 전략적 질문에 직면했다. 사람들이 반대 주장을 인정하고 논박하도록 해야 하는가? 아니면 오래전에 절감을 망각한 이후 사람들이 기억할 아이디어를 심어둠으로써 그것이 역효과가 날 것인가? 다시 한번 상식은 명확한 답을 제공하지 못한다. 반대 주장을 인정하는 것은 청중을 당황하게 하고 주장을 약화시킬 수도 있다. 다른 한편, 메시지가 반대 주장을 확인한다면, 메시지는 공평하고 무장해제인 것처럼 보일 가능성이 있다.

Carol Werner 및 동료들(2002)은 단순한 양방향 메시지의 무장해제력을 알루미늄 캔 재활용 실험에서 보여주었다. 예를 들어, 유타 대학교 학교 빌딩의 쓰레기 상자에는 "알루미늄 캔 사용하지 마세요. 제발!!!!! 출입문 근처 1층 복도에 있는 재활용품을 사용하세요."라고 적혀 있다. 최종 설득 메시지가 주요 반대 주장을 인정하고 반응할 때 – "이것이 불편한 일일 수 있습니다. 그러나 그것은 중요합니다!!!!!!!" – 재활용은 80%에 달했다(이전의 모든 메시지에 비해 배의 비율이고, 기타 메시지 조건보다 더 많았다).

2차대전에서 독일이 패한 후, 미군은 병사들이 느슨해져서 일본과 계속되는 전쟁이 손쉬울 것이라고 생각하기를 바라지 않았다. 그래서 Carl Hovland와 동료들(1949)은 육군 정보 및 교육 사단에서 2개의 라디오 방송을 기획했다. 두 방송 모두 태평양 전쟁은 최소 2년 이상 지속될 것이라고 주장했다. 한 방송은 일방 메시지였다; 두 개 대신에 하나의 적과 싸우는 것의 장점과 같이 논박하는 주장을 담지 않았다. 다른 방송은 양방 메시지였다; 반대 주장을 언급하고 응답했다. 그림 7.7처럼 메시지의 효과성은 청취자에 달려 있었다. 일방 주장은 이미 동의하고 있는 사람들에게 가장 효과적이었

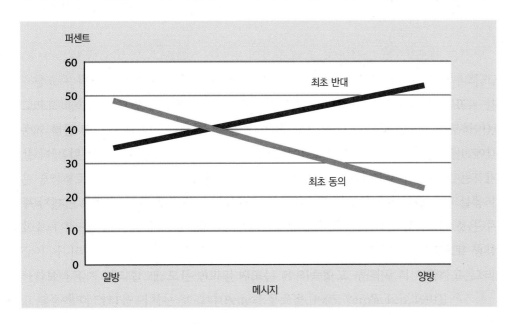

그림 :: 7.7

최초 의견과 일방 vs. 양방의 상호작용

2차대전에서 독일의 패배 이후에 일본의 힘을 시사하는 메시지에 회의적인 미군병사들은 양방 커뮤니케이션에 의하여 더욱 설득되었다. 그 메시지에 처음부터 동의한 병사들은 일방 메시지에 의해 더욱 강화되었다.

출처 : Hovland, Lumsdaine, & Sheffield(1949).

다. 반대 논거를 인정하는 주장은 동의하지 않은 사람들에게 더 효과적이었다.

실험은 또한 사람들이 반대 주장을 알고 있을 때(있을 수 있을 때) 양방 제시가 더 설득력이 있고 영속적이라는 것을 밝혀준다(Jones & Brehm, 1970; Lumsdaine & Janis, 1953). 모의재판에서 피고 사례는 피고측이 기소가 되기 전에 해가 되는 증거를 제출할 때 더 신뢰성이 있다(Williams & others, 1993). 그래서 정치적으로 알려진 집단이나 동성애 권리에 대한 찬/반을 주장하는 공동체에 대하여 언급하는 정치 후보자는 실제로 반대에 반응하는 것이 현명할 것이다. 그래서 만약 당신의 청중이 반대 의견에 노출될 수 있다면, 양방향 주장을 제공하라.

이 상호작용 효과는 설득 연구의 전형이다. 낙관주의자들에게는 긍정적인 설득이 가장 효과적이다("새로운 계획은 대학의 파트타임 서비스로 등록금이 줄어든다"). 비관주의자들에게는 부정적 설득이 더 효과적이다("다른 주와 같은 등록금을 내지 않는다면 모든 학생들은 대학에서 파트타임으로 공부해야 할 것이다") (Geers & others, 2003). 우리는 설득 변인이 단순한 효과를 지니기를 기대할 것이다(이것이 공부하기에 더 쉬운 챕터가 되게는 할 것이다). 그러나 Richard Petty와 Duane Wegener(1998)가 언급하듯이 대부분의 변인은 "복합적 효과를 지닌다. — 어떤 상황에서는 설득력을 높이고 다른 상황에서는 낮추고."

학생과 과학자로서 우리들은 "오캄의 면도날"을 품는다 — 가능한 가장 단순한 원리를 추구한다. 그러나 또한 인간의 현실이 복잡하다면, 우리의 원리도 또한 상호작용 효과를 인정하는 것과 같은 약간의 복잡성을 지닐 필요가 있을 것이다.

초두효과 대 최신효과

당신이 이중언어 교육에 대한 투표안에 대하여 상대편 유명한 정치인과 곧 토론해야 하는 유명한 정치인의 컨설턴트라고 상상해 보자. 투표 3주 전에 각 정치인은 야간 뉴스에 나와 준비된 주장을 제안할 것이다. 동전 던지기를 하여 당신 편이 먼저/나중에 말할 선택권을 갖는다. 당신이 전직 사회심리학 학생임을 알고 모든 사람들이 당신에게 조언을 구한다.

당신은 정신적으로 당신의 옛날 책과 강의 노트를 스캔한다. 먼저가 더 나을까? 사람들의 선입견은 자신들의 해석을 통제한다. 더구나 신념이란 일단 형성되면 불신하기가 힘들고, 그래서 먼저 하는 것이 두 번째 연설에 대한 지각과 해석에 호의적으로 편향을 일으킬 것이라는 생각을 투표자들에게 줄 수 있다. 게다가 사람들은 먼저 오는 것에 더 많은 주의를 기울일 것이다. 그런데 다시 생각하면 사람들은 최근 일을 더 잘 기억한다. 실제로 최후에 하는 것이 더 효과적이지 않을까?

초두효과(primacy effect)
다른 것이 동일하다면 맨 처음에 제시된 정보가 대개 가장 영향력이 있다.

당신의 첫째 추론은 가장 흔히 말하는 **초두효과**(primacy effect)를 예측한다. 먼저 제시된 정보가 가장 설득적이다. 첫인상이 중요하다. 예컨대, 당신은 다음 두 진술 사이의 차이를 알 수 있는가?

- 존은 지적이고, 근면하고, 충동적이고, 비판적이고, 완고하고 그리고 탐욕적이다.
- 존은 탐욕적이고, 완고하고, 비판적이고, 충동적이고, 근면하고 그리고 지적이다.

Solomon Asch(1946)는 이 문장을 뉴욕대 학생들에게 제시했을 때, 지적-탐욕적 순서로 형용사를 읽은 학생들이 탐욕적-지적 순서로 읽은 학생들보다 그 사람을 더 긍정적으로 평가하였다. 초기의 정보는 나중 정보의 해석에 채색을 가하는 것 같고, 초두효과를 산출한다.

기타 몇 가지 초두효과의 예

● 일부 실험에서 50%의 시간에 추정 과제에서 성공한 사람 - 그러나 그 성공은 초기에 온 것이다 - 이 초기에 실패 후에 성공한 사람보다 더욱 유능하게 보인다 (Jones & others, 1968; Langer & Roth, 1975; McAndrew, 1981).

● 정치 투표와 주요 선거에서 후보자들은 투표지의 앞쪽에 위치하면 유리하다 (Moore, 2004b).

● Norman Miller와 Donald Campbell(1959)은 노스웨스턴 대학생들에게 실제 민사재판의 압축 사본를 주었다. 그들은 원고의 증언과 주장을 한 블록에, 피고의 것은 다른 블록에 두었다. 학생들은 양쪽을 다 읽었다. 그들이 한 주 후에 학생들의 의견 표명을 회수하였을 때, 대부분은 자신들이 먼저 읽은 정보의 편을 들었다.

반대의 가능성은 없는가? 최근 정보에 대한 우리의 더 나은 기억이 **최신효과**(recency effect)를 창조할 수도 있지 않을까? 우리 모두는 속담집이 무엇을 말하는지를 경험하고 있다. "처음에 말한 사람은 다른 사람이 와서 교차 검증할 때까지만 옳은 것으로 보인다." 우리는 우리의 경험에서(또한 기억실험에서) 오늘의 사건은 유의미한 과거의 사건을 잠정적으로 능가할 수 있다는 것을 알고 있다. 우리가 제3장에서 언급한 것처럼, 오늘의 땀나는 열기가 더욱 위협이 되게 보이는 것처럼, 오늘의 눈보라는 장기간의 지구온난화가 덜 위협적인 것으로 보이게 한다.

최신효과가 가능한지를 검증하기 위하여, Miller와 Campbell은 또다른 집단의 학생들에게 한 블록의 증언을 읽도록 했다. 일주일 후 두 번째 블록을 읽게 하고 즉시 자신들의 의견을 말하게 하였다. 그 결과는 다른 조건과 반대였다. - 최신효과가 나타난 것이다. 명백히 첫 번째 블록의 논거는 일주일 전의 오래된 것이었기 때문에 기억에서 대체로 사라져 버린 상태였다.

최신효과(recency effect)
최후에 제시된 정보가 때로 가장 영향력이 있다. 최신효과는 초두효과보다 덜 일반적이다.

그림 :: 7.8

초두효과 vs. 최신효과
두 설득 메시지가 연속해 있고 청중이 시간적 지체 이후에 반응한다면, 최초 메시지가 이점을 갖는다(초두효과).
두 메시지가 시간상 분리되어 있고 청중이 두 번째 메시지 직후에 곧 반응한다면, 두 번째 메시지가 이점을 갖는다(최신효과).

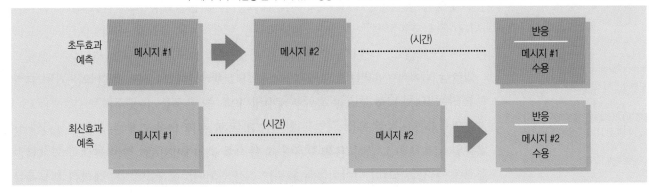

2008년 미 민주당 전당대회 직후에 공화당 전당대회가 열렸고, 그후 선거 전까지 2달의 간격이 있었다.
초두와 최신에 관한 실험이 응용된다면, 어느 당이 이 타이밍에서 가장 이득이었을까?

(1) 충분한 시간이 두 메시지 사이를 갈라놓을 때, 그리고 (2) 청중이 두 번째 메시지 직후에 말할 때, 망각은 최신효과를 창출한다. 두 메시지가 연속해서 올 때는 의견제시를 나중에 하는 등 시간의 간격이 있더라도 초두효과가 대개 발생한다(그림 7.8). 이것은 특히 첫 메시지가 사고를 자극할 때 그러하다(Haugtvedt & Wegener, 1994). 이제 당신은 정치 토론자에게 어떤 조언을 할 것인가?

Dana Carney와 Mahzarin Banaji(2008)는 순서가 또한 단순한 선호에 영향을 줄 수 있다는 것을 발견해 냈다. 두 사람, 말, 음식 또는 어떤 것이더라도 마주치게 되면 사람들은 먼저 제시된 선택지를 선호하는 경향이 있다. 예컨대, 비슷하게 생긴 두 개의 풍선껌을 클립보드 차례대로 놓아두고 고르게 하면, 62%가 먼저 제시된 껌을 선택하였다. 4가지 실험에 걸쳐, 발견사실은 동일했다. "처음이 최선이다."

커뮤니케이션 채널
(channel of communication)
면대면, 서면, 필름 등의 방식으로 메시지가 전달되는 방식.

어떻게 언급되는가? 커뮤니케이션 채널

설득을 위해서 커뮤니케이션이 있어야 한다. 커뮤니케이션을 위해서는 채널이 있어야 한다. 면대면 주장, 서면 또는 기록, 미디어 광고

상식적 심리학은 쓰여진 단어의 힘에 신뢰를 둔다. 우리가 어떻게 캠퍼스 사건에 사람들이 주목하도록 할 수 있을까? 우리는 통지문을 붙인다. 우리가 어떻게 운전자들이 천천히 달리며 도로를 주시하도록 할 수 있을까? 우리는 "안전 운전" 메시지를 광고판

에 붙인다. 우리가 어떻게 캠퍼스에 쓰레기 투기를 못하게 할 수 있을까? 우리는 쓰레기 투기 금지 메시지를 캠퍼스 게시판에 붙인다.

능동적 경험이냐, 수동적 수용이냐?

언급된 호소가 더욱 설득적일까? 항상 그런 것은 아니다. 교사와 설득자와 같이 공개적으로 말하는 사람들은 흔히 우리의 언급된 말에 혹하여 자신의 힘을 과대평가한다. 대학 경험의 어떤 측면이 가장 가치 있었고, 1학년부터 기억하는 것이 무엇인가를 학생들에게 물어 보라. 그러면, 슬픈 얘기지만 우리 대학교수들이 제공했다고 기억하는 명강의를 학생들은 거의 회상하지 못한다.

Thomas Crawford와 동료들(1974)은 교회에서 인종 차별과 불의에 반대하는 설교를 들은 직후 그 12개 교회의 신도의 집에 가서 조사함으로써 언급된 말의 영향을 검증하였다. 두 번째 인터뷰 동안에 첫 번째 인터뷰 이래로 인종 편견이나 차별에 대하여 어떤 것을 들었거나 읽었느냐고 물었을 때, 단지 10%만이 그 설교를 자발적으로 회상했다. 나머지 90%는 목사가 "직전 두 주에 편견이나 차별에 대한 설교를 했는지" 직접 물었을 때, 30% 이상은 그런 설교를 들은 적이 없다고 하였다. 최종 결과: 설교는 인종 차별적 태도에 영향을 미치지 못한다.

당신이 그것에 대하여 곰곰이 생각해 본다면, 효과적인 설교는 극복해야 할 장애물이 많은 것이다. 그림 7.2가 보여주듯이, 설득력 있는 화자는 5개의 장애물을 뛰어넘는 메시지를 전달해야 한다. 주의를 기울여야 할 뿐만 아니라 이해할 수 있어야 하고, 확신해야 하고, 기억해야 하고, 그리고 호소력이 있어야 한다. 주의깊게 생각해낸 주장은 설득 과정에서 각 단계를 고려해야 한다.

또 다른 좋은 의도의 노력을 고려해 보자. 캘리포니아 스크립스 대학에서 일주일 기간의 쓰레기 투기금지 캠페인으로 학생들에게 "스크립스 캠퍼스를 아름답게 하자.", "우리의 쓰레기를 청소하자." 등의 글로 촉구했다. 그런 슬로건은 매일 아침 학생들의 우편함에 있었고 유명한 포스터 위에 배치되어 있었다. 캠페인을 시작하기 전에 사회심리학자 Raymond Paloutzian(1979)은 많이 다니는 인도를 따라서 쓰레기통 가까이에 쓰레기를 놓아두었다. 그리고 나서 멀찍이 물러나 180명 행인의 행동을 기록하였다. 누구도 아무 것도 줍지 않았다. 캠페인 마지막 날, 그는 180명의 추가 행인들에게 그 테스트를 반복

광고효과. 담배광고 캠페인은 표적 성별 사이의 10대 흡연 증가와 상관이 있다(Pierce & Gilpin, 1995; Pierce & others, 1994). 이 사진은 1950년대 TV 광고에서 "올바른" 빨기와 불기를 실행하는 모델들을 보여준다.

하였다. 보행자는 그 호소를 따르려는 열정으로 서로서로 경쟁할까? 거의 그렇지 않았다. 180명 중 단지 2명이 쓰레기를 주웠다.

그렇지만 수동적 호소가 항상 효과가 없는 것은 아니다. 약국에서 두 가지 상품의 아스피린을 파는데, 하나는 대단하게 광고를 하고 하나는 광고하지 않는다. 각각의 알약이 얼마나 빨리 나의 입에서 부셔지는지와 같은 사소한 차이와 별개로 모든 의사가 두 상품이 동일하다고 당신에게 말할 것이다. 아스피린은 아스피린일 따름이다. 우리의 신체는 그 차이를 구별할 수 없다. 그러나 우리의 지갑은 그럴 수 있다. 광고된 상품이 광고되지 않은 상품 가격의 3배에 수백만에게 팔린다.

그런 힘으로 미디어는 부유한 정치 후보자가 선거를 사게 해 줄 수 있을까? 대통령 예비선거에서 가장 많은 돈을 쓰는 사람들이 대개 최대의 표를 얻는다(Grush, 1980; Open Secrets, 2005). 광고노출은 친숙하지 않은 후보자를 친숙한 사람으로 만들어 준다. 우리가 제11장에서 보게 되겠지만, 친숙하지 않은 자극에 대한 단순 노출이 호감을 낳는다. 더욱이 단순 반복은 사물을 믿을 만한 것으로 만들 수 있다(Dechêne & others, 2010; Moons & others, 2009).

연구자 Hal Arkes(1990)는 그런 발견사실을 "두려움"("scary")이라고 부른다. 정치 조작자들은 알고 있듯이 믿을 만한 거짓말이 확고한 진실을 대체할 수 있다. 반복적인 상투어가 복잡한 진실을 덮어버릴 수 있다. 심지어 소비자의 주장이 허위라는 반복적 언급은 다른 진실한 주장과 허위 주장 사이에 절감(discounting)이 존재할 때 나이든 성인들도 나중에 그것을 진실로 잘못 기억하도록 유도할 수 있다(Skurnik & others, 2005). 그들은 절감을 망각함에 따라 그 주장에 대한 지속된 친숙성이 그것을 믿을 만한 것으로 만들 수 있다. 정치 영역에서 심지어 올바른 정보도 주입된 잘못된 정보를 절감시키지 못할 수도 있다(Bullock, 2006; Nyhan Reifler, 2008). 그래서 2008년 미 대통령 선거에서 잘못된 루머 – 오바마는 무슬림이고, 맥케인은 미군이 이라크에 100년 동안 머물기를 바란다는 등 – 는 오류 입증의 노력을 무위에 그치게 하고, 때로 그 거짓이 친숙하고 그래서 진실한 것처럼 보이도록 만들었다.

단순 반복 진술은 또한 믿을 만함을 증가시키는 유창성 – 우리의 혀로 토해내기 쉬움 – 을 증가시키는 데 기여한다(McGlone & Tofighbakhsh, 2000). 운율과 같은 기타 요인도 유창성과 믿을 만함을 더 증가시킨다. "급할수록 둘러가라"("Haste makes waste")는 표현은 "서두르면 실수한다"("rushing causes mistakes")는 것과 본질적으로 동일한 말이지만, 전자가 더욱 진실해 보인다. 유창성(친숙성, 운율 맞음)을 높이는 어느 것이라도 또한 신뢰성도 높인다.

수동적으로 수용된 주장이 때로 효과적이고 때로 그렇지 않기 때문에, 설득적 주장이 성공적일 수 있는 주제를 미리 특정할 수 있을까? 단순한 규칙은 있다. 쟁점의 중요성과 친숙성이 증가할수록 설득력은 감소한다. 어느 상품의 아스피린을 살 것인지와 같은 사소한 쟁점에 관해서는 미디어의 힘을 보여주는 것은 쉽다. 장기간의 논란이 있는 전쟁과 같이 더욱 친숙하고 중요한 쟁점에 관해서 사람들을 설득시키는 것은 피아노를 비탈길에 밀어올리려는 것과 같다. 그것이 불가능하지는 않지만, 한 번의 시도로 가능하지 않다.

제4장, 행동과 태도 부분에서 우리가 보았듯이, 능동적인 경험은 또한 태도를 강화한다. 우리가 행동할 때, 특히 우리가 책임이 있다고 느낄 때 우리가 무언가를 한 후에 그 생각을 확대시킨다. 게다가 태도가 우리의 경험에 뿌리를 두고 있을 때 더욱 흔히 지속되고 우리의 행동에 영향을 준다. 이 원리는 많은 연구에서 증명되어 가장 효과적인 HIV 예방 조치는 사람들에게 정보를 제공할 뿐만 아니라 섹스 거부 주장을 연습하고 방어도구를 사용하는 것과 같은 행동 훈련을 하도록 하여야 한다(Albarracin & others, 2005).

사적 영향 대 미디어 영향

설득 연구는 우리에 대한 주요 영향이 미디어가 아니라 사람들과의 접촉이라는 것을 보여준다. 현대 판매 전략은 "바이러스성 마케팅", "흥분을 창조하기", 그리고 "파종식" 영업을 통하여 입에서 입으로의 개인적 영향력을 활용하려고 한다(Walker, 2004). 해리포터 시리즈는 베스트셀러가 될 것이라 예측되지 않았다(해리 포터와 비밀의 돌은 처음에 500부 인쇄되었다). 그것을 그렇게 만든 것은 바로 다른 아이들에게 말한 아이들이었다.

두 개의 고전적 현장 실험이 사적 영향의 힘을 보여준다. 수십 년 전 Samuel Eldersveld와 Richard Dodge(1954)는 미시간 안 아버에서 정치적 설득을 연구하였다. 그들은 시의 법 개정을 위한 투표에서 찬성하지 않으려고 하는 시민들을 3가지 집단으로 나누었다. 매스미디어에서 그들이 보고 들은 것에만 노출된 사람들 중에 19%가 그들의 마음을 바꾸고 선거날 개정에 찬성하는 투표를 했다. 두 번째 집단은 개정 지지하는 4개의 편지를 받았는데, 45%가 찬성 투표를 했다. 개인적으로 방문하여 면대면으로 호소한 세 번째 집단 중 75%가 그 개정안에 찬성표를 던졌다.

또다른 현장 실험에서 John Farquhan과 Nathan Maccoby(Farquhan & others, 1977; Maccoby, 1980; Maccoby & Alexander, 1980)가 주도한 연구팀은 3개의 작은 캘리포니

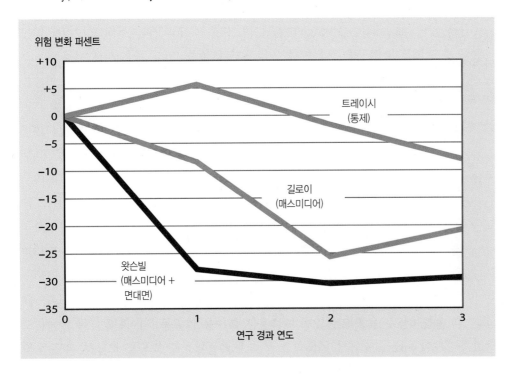

그림 :: 7.9

건강교육 1, 2 또는 3년 이후 관상동맥 위험도의 기저선(0)에서 변화 퍼센트

출처 : Maccoby(1980).

아 마을에서 중년의 심장병 빈도를 낮추려고 하였다. 사적인 영향과 미디어 영향의 상대적 효과성을 점검하기 위하여 그 프로젝트가 시작되기 전에 그리고 다음 3년간 매해 끝 무렵에 1,200명의 참가자들을 인터뷰하고 의학적으로 검사하였다. 캘리포니아 트레이시 주민들은 정규적인 미디어에서 나타나는 것 이상의 설득적 호소를 받지 못했다. 캘리포니아 길로이에서는 2년의 멀티미디어 캠페인은 TV, 라디오 및 신문을 사용하였고, 심장병 위험과 그 위험을 감소시키기 위해서 해야 할 일에 대하여 사람들에게 알려주기 위해 직접 편지를 보냈다. 캘리포니아 왓슨빌에서는 이 미디어 캠페인을 혈압, 몸무게 및 나이가 고위험군인 참가자 2/3에게 개인적 접촉하는 것으로 대체하였다. 행동-수정 원리를 사용하여, 연구자들은 왓슨빌 참가자들이 구체적인 목표를 세우도록 도와주어 자신들의 성공을 강화하였다.

그림 7.9가 보여주듯이 1, 2 및 3년 후에 트레이시의 고위험군(통제 도시)은 대략 그 이전과 비슷한 정도였다. 미디어 호소만 많이 받은 길로이의 고위험군은 자신들의 건강습관을 개선하고 그 위험도를 약간 낮추었다. 미디어 캠페인뿐만 아니라 사적 접촉도 받은 왓슨빌 사람들이 가장 많이 변했다.

미디어 영향 : 2단계 흐름. 비록 면대면 영향이 대개 미디어 영향보다 더 클지라도, 우리는 미디어의 힘을 과소평가해서는 안 된다. 우리의 의견에 사적으로 영향을 주는 사람들은 일부 출처에서 의견을 뽑아내야 하고, 흔히 그 출처는 미디어이다. Elihu Katz(1957)는 미디어 효과 중 많은 것들이 **2단계 커뮤니케이션 흐름**으로 작동한다는 것을 관찰하였다: 미디어로부터 여론지도자에서 일반인으로. 어떠한 대집단에서도 상인과 정치인들이 구애하고자 하는 사람은 바로 이러한 여론지도자와 유행주도자 - "유력자" - 이다(Keller & Berry, 2003). 여론지도자는 전문가로 지각되는 개인들이다. 그들은 토크 쇼 호스트와 편집 칼럼니스트를 포함할 수 있을 것이다; 의사, 교사 및 과학자; 정보를 흡수하여 그들의 친구와 가족들에게 알려주는 것을 자신들의 일이 되게 하는 인생길의 사람들. 내가 컴퓨터 장비를 평가하고 싶어한다면, 나는 내 아들들의 의견에 양보하는데, 그 아이들은 인쇄물에서 많은 아이디어를 구한다. 그들에게 팔아

2단계 커뮤니케이션 흐름(two-step flow of communication)
미디어 영향은 흔히 여론지도자를 통하여 발생하고, 여론지도자들은 차례로 다른 사람들에게 영향을 주는 과정

그림 :: 7.10
이해하기 쉬운 메시지는 비디오테이프 사용시 가장 설득적이다. 어려운 메시지는 서면 제시에서 가장 설득적이다. 그래서 메시지의 난이도는 설득을 결정할 미디어와 상호작용한다.

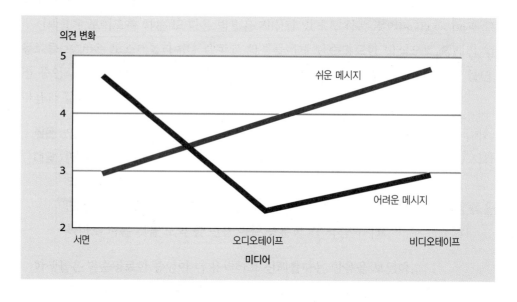

라 그러면 당신은 나에게 팔 것이다(Sell them and you will sell me).

정보의 2단계 흐름은 당신의 의사가 처방하는 약에도 영향을 준다고 스탠포드 경영대학 연구팀이 보고한다(Nair & others, 2008). 의사들은 어떤 약을 쓸지를 결정할 때 그들의 사회망 속의 여론지도자들 – 흔히 대학병원의 전문가들 – 에 의존한다. 10 중 9 이상의 의사들에게 이 영향은 사적 접촉을 통하여 이루어진다. 대규모 제약회사들은 여론지도자들이 판매를 몰아준다는 것을 알고, 그래서 그들은 판매금액의 대략 1/3을 이 영향력 있는 사람들을 표적으로 삼는다.

2단계 흐름 모델은 미디어 영향이 미묘한 방식으로 문화에 침투한다는 것을 우리에게 상기시켜 준다. 미디어가 사람들의 태도에 직접적인 영향은 거의 주지 않을지라도, 여전히 주요한 간접 효과를 지닐 수 있다. TV를 보지 않고 자란 극소의 아이들도 TV의 영향을 도외시하고 자라지는 않는다. 그들이 은둔자처럼 살지 않는다면, 학교에서 TV 흉내 놀이에 참가할 것이다. 그들은 자신의 부모들에게 친구들이 갖고 있는 TV 관련 장난감을 사달라고 조를 것이다. 그들은 친구가 좋아하는 프로그램을 보게 해달라고 간청하거나 요구할 것이고, 친구 집을 방문할 때 그렇게 할 것이다. 부모들이 단지 안 돼라고 말할 수 있지만, 그들은 TV의 영향을 끌 수 없을 것이다.

미디어 비교. 대규모 메일에서 TV, 사회 관계망 작업까지 모든 미디어를 일률적으로 취급하는 것은 지나친 단순화이다. 상이한 미디어를 비교하는 연구는 미디어가 실물 같을수록 그 메시지가 더 설득력이 있다는 것은 찾아냈다. 그래서 설득력의 순서는 이렇게 되는 것처럼 보인다. 살아있는(면대면), 비디오 유형인, 오디오 유형인 및 쓰여진.

복잡성에 추가하여, 메시지는 글로 쓰여진 것일 때 가장 잘 이해되고 회상된다. 이해는 설득 과정의 첫 단계 중의 하나이다(그림 7.2를 기억할 것). 그래서 Shelly Chaiken과 Alice Eagly(1976)는 만일 메시지가 이해하기 힘들다면 독자들은 자신에게 맞는 속도로 메시지를 처리할 수 있을 것이기 때문에 메시지가 글로 쓰여졌을 때 설득이 최대가 되어야 한다고 추리했다. 연구자들은 매사추세츠 대학생들에게 쉽거나 어려운 메시지를 문자로, 오디오로, 또는 비디오로 제공하였다. 그림 7.10이 그 결과를 보여준다. 어려운 메시지는 문자일 때 가장 효과적이다; 쉬운 메시지는 비디오일 때 그러했다. TV 매체는 수용자로부터 메시지의 보조맞추기 통제를 한다. 전달자에 주목하고 메시지 자체에서는 벗어남으로써 TV는 또한 전달자의 매력과 같은 주변 단서에 사람들이 초점을 맞추도록 부추긴다(Chaiken & Eagly, 1983).

누구에게 언급되는가? 청중

설득은 누구와⋯ 무엇을⋯ 무슨 미디어로⋯ 누구에게 하는가에 따라 다르다. 청중의 특징 두 가지를 고려해 보자: 나이와 사려깊음.

그들의 나이는?

2008년 미 대통령 선거운동 동안에 명백했듯이 – 노년 유권자의 결정적 지지를 받은 존 맥케인과 젊은 유권자의 지지를 받은 버락 오바마 – 사람들의 사회적 · 정치적 태도는 나이와 상관이 있다. 사회심리학자들은 나이차에 대한 두 가지 가능한 설명을 제시한다.

- 인생 주기 설명 : 사람들은 나이가 들어감에 따라 태도가 변한다(예 더 보수적이 된다).
- 세대적 설명 : 태도가 변한 것이 아니다; 더 나이가 든 사람들도 대체로 자신들이 젊었을 때 채용한 태도를 유지한다. 이 태도는 오늘날의 젊은이들이 채용한 태도와 다르기 때문에, 세대차가 나타난 것이다(그림 7.11은 대규모 세대차 중 한 예이다).

증거는 대체로 세대적 설명을 지지한다. 몇 년에 걸쳐 젊은 층과 노년 층에 대한 조사와 재조사에서 노년 층의 태도는 대개 젊은 층보다 덜 변화함을 보여준다. David Sears(1979, 1986)가 주장하듯이, 연구자들은 "거의 항상 인생주기 효과보다는 세대적 효과를 발견해냈다."

10대와 20대 초반은 중요한 발달적 시기이다(Koenig & others, 2008; Kronsnick & Alwin, 1989). 태도가 그때는 변화가능하고, 형성된 태도는 중년을 거치면서 안정화되는 경향이 있다. 12만명 이상의 갤럽 인터뷰는 18세에 형성된 정치적인 태도 – 인기 있던 레이건 시대에는 상대적으로 공화당 선호, 인기 없던 G. W. 부시 시대에는 민주당 선호 – 는 지속되는 경향이 있다는 것을 시사한다(Silver, 2009).

그러므로 젊은 사람들은 자신들의 사회적 영향 – 그들이 가입한 집단, 그들이 흡수할 미디어, 그들이 채용할 역할 – 을 조심스럽게 선택하라는 충고를 받을 수도 있다. 예컨대, 국가 여론 연구 센터의 기록물을 분석하여 James Davis(2004)는 1960년대에 16세에 달한 미국인들은 평균보다 정치적으로 더욱 진보적이었고 그후 줄곧 그랬다는 것을 발견해냈다. 몇 년 뒤에 나이테가 가뭄에 의해 만들어진 증거 표시를 누설하듯이, 10년 뒤의 태도는 청소년과 20대 초반의 마음을 형성한 1960년대의 베트남 전쟁과

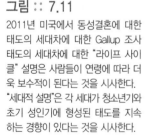

그림 :: 7.11

2011년 미국에서 동성결혼에 대한 태도의 세대차에 대한 Gallup 조사 태도의 세대차에 대한 "라이프 사이클" 설명은 사람들이 연령에 따라 더욱 보수적이 된다는 것을 시사한다. "세대적 설명"은 각 세대가 청소년기와 초기 성인기에 형성된 태도를 지속하는 경향이 있다는 것을 시사한다.

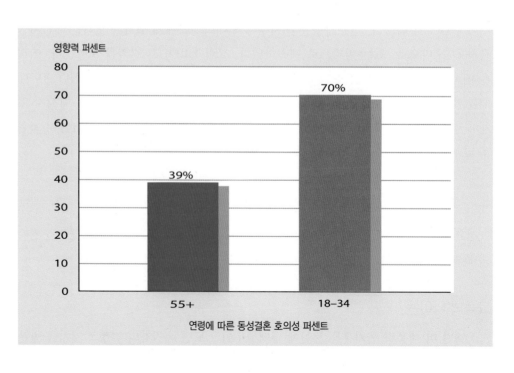

연령에 따른 동성결혼 호의성 퍼센트

시민권 시대와 같은 사건을 누설하게 될 수 있다. 많은 사람들에게 이 때가 태도와 가치 형성의 결정적 시기이다.

버몬트의 베닝턴 대학은 놀라운 사례를 제공한다. 1930년대 말에서 1940년대 초 사이에 베닝턴 학생들 – 부유층 보수적 가문의 딸들 – 은 좌파적 젊은 교수들이 이끄는 자유분방한 환경과 맞닥뜨린다. 이 교수들 중 한 명인 사회심리학자 Theodore Newcomb은 나중에 그 교수들이 학생들에게서 "좋은 약간의 진보"("good little liberals")를 만들어 내려고 노력했다는 것을 부정했다. 그럼에도 그 학생들은 그들과 같은 사회적 배경에서 온 전형적인 학생들보다 훨씬 더 진보적이 되었다. 게다가 베닝턴에서 형성된 태도는 지속되었다. 반 세기 후에 이제 70대가 된 베닝턴 여성들은 1984년 대통령 선거에서 3대1의 비율로 민주당에 투표했고, 그 반면에 70대의 다른 대졸 여성들은 3대1의 비율로 공화당에 투표했다(Alwin & others, 1991). 인상적인 시대에 형성된 견해는 인생의 넓은 경험에도 살아남았다.

청소년과 초기 성인기 경험은 부분적으로 그것이 심층적으로 지속적인 인상을 만들기 때문에 형성된다. Howard Schman과 Jacqueline Scott(1989)가 사람들에게 이전 반 세기에 가장 중요한 국가적 또는 세계적 사건 한두 개를 말해 달라고 요청했을 때, 대부분은 자신들의 10대나 20대 초반의 사건을 회상해 냈다. 16에서 24세 사이에 대공황을 경험하거나 2차대전을 경험한 사람들에게는 그 사건들이 60년대 초반의 시민운동과 케네디 암살 사건, 60년대 말의 베트남 전쟁과 달착륙을 무색하게 만들었다 – 이 모든 사건은 16~24세에 그것을 경험한 젊은이들의 마음에는 각인된다. 그러므로 오늘날의 젊은 성인들은 9/11과 이라크 전쟁 또는 계속된 경기침체를 기억할 반환점으로 여길 것이라고 우리는 예측할 수 있다.

이것은 노인들이 완고하다고 말하는 것은 아니다. Norval Glenn이 1980년과 1981년에 수행한 연구는 50대와 60대의 대부분의 사람들은 자신들이 30대와 40대에 그랬던 것보다 훨씬 진보적인 성적·인종적 태도를 지니고 있다는 것을 발견해냈다. "성 혁명"이 1960년대 시작하여 1970년대 주류가 된 것을 감안하면, 이 중년은 시대와 더불어 명백히 변화했다. 우리들 누구도 문화적 규범의 변화에 철저히 영향받지 않은 상태가 되기는 힘들다. 더욱이 삶의 끝자락에서 노인들은 다시 태도변화에 더욱 민감해질 수 있는데, 아마도 자신들의 태도의 강도가 줄어들기 때문일 것이다(Visser & Krosnick, 1998). 또는 아마도 일부 연구자들이 주장하는 것처럼 그때가 사람들이 높은 권력의 사회적 역할을 지니는 경향이 있고 이것이 결단력을 촉구하기 때문에, 태도변화의 저항은 중년에 정점을 이루게 된다(Eaton & others, 2009).

그들은 무엇을 생각하는가?

중앙경로 설득의 핵심 측면은 메시지가 아니라 그것이 사람들의 마음 속에 유발하는 반응이다. 우리의 마음은 우리에 쏟아붓는 아무 것이라도 흡수하는 스폰지가 아니다. 메시지가 호의적인 생각을 일깨우면, 그것이 우리를 설득한다. 만약 그것이 반대 논거를 생각나게 하면, 우리는 설득되지 않은 채로 있게 된다.

사전경고는 사전무장 - 만약 당신이 충분히 논박할 수 있다면. 어떤 환경이 반대논거를 만들어 낼까? 하나는 누군가 당신을 설득하려고 하고 있다는 것을 아는 것이다. 만약 당신이 당신의 가족에게 자신이 학교를 그만두고 싶다고 말해야 한다면, 당신은 아마도 그렇게 하지 말라는 가족의 간청을 예상할 수 있을 것이다. 그래서 당신은 자신이 상상해 낼 수 있는 모든 논거를 반박할 논거의 목록을 작성하게 될 것이다.

Jonathan Freedman과 David Sears(1965)는 그런 환경에서 사람들을 설득시키는 것이 어렵다는 것을 보여주었다. 그들은 캘리포니아 고등학생 집단에 다음과 같은 말을 듣게 될 것이라고 경고했다. "왜 십대들은 자동차 운전이 허락되어서는 안 되는가." 사전경고를 받은 이들은 자신의 의견을 바꾸려고 하지 않았다. 사전경고를 받지 않은 다른 사람들은 정말로 의견을 바꾸었다. 또한 법정에서 피고측 변호사는 때때로 제시될 검찰측 증거에 대하여 배심원들에게 사전경고한다. 모의배심원 연구에서 그런 "번개 훔치기"는 영향을 중립화시킨다(Dolnik & others, 2003).

주의분산은 반박을 무장해제시킨다. 설득은 또한 반박을 억제하는 주의분산으로 촉진된다(Festinger & Maccoby, 1964; Keating & Brock, 1974; Osterhouse & Brock, 1970). 정치 광고는 흔히 이 기법을 쓴다. 단어는 후보를 홍보하고, 영상이 우리를 사로잡기 때문에 우리는 그 단어를 분석하지 못한다. 주의분산은 그 메시지가 단순할 때 특히 효과적이다(Harkins & Petty, 1982; Regan & Cheng, 1973). 그리고 때로 주의분산이 광고에 대한 우리의 정보처리를 배제하기도 한다. 이것은 왜 폭력이나 선정적 TV 프로그램 중에 본 광고가 그렇게 자주 기억되지도 않고 효과가 없는지의 이유를 설명해 준다(Bushman, 2005, 2007).

관여되지 않는 청중은 주변단서를 사용한다. 두 가지 설득의 경로를 회상해 보자 - 체계적 사고의 중앙경로와 휴리스틱 단서의 주변경로. 작은 마을을 구불구불 지나가는 길과 같이 중앙경로는 논거를 분석하고 반응을 공식화하기 위하여 가다가 멈추다가 한다. 그 도시를 관통하는 고속도로와 같이 주변경로는 사람들을 종착지에 고속으로 데려간다. 분석적인 사람들 - 높은 **인지욕구**를 지닌 사람들 - 은 신중하게 생각하기를 즐기고 중앙경로를 선호한다(Cacioppo & others, 1996). 자신들의 심리적 자원을 보존하고 싶은 사람들 - 인지욕구가 낮은 사람들 - 은 전달자의 매력과 상황의 유쾌성과 같은 주변단서에 재빨리 반응한다.

이 단순한 이론 - 특히 메시지에 대하여 생각하려는 마음이 있고 생각할 능력이 있다면, 그 메시지에 대한 반응으로 우리가 생각하는 것이 핵심이라는 것 - 은 많은 예측을 낳았고, 그 대부분은 Petty, Cacioppo 및 동료들에 의하여 확증되었다(Axsom & others, 1987; Haddock & others, 2008; Harkins & Petty, 1987). 많은 실험이 다음과 같이 사람들의 사고를 자극하는 방식을 탐구했다.

- 수사적 질문을 사용함으로써
- 다양한 발언자를 제시함으로써(예 3사람의 발언자가 각각 하나의 주장만 말함)
- 사람들이 그 메시지를 평가하거나 퍼뜨리는 데 책임을 느끼도록 만듦으로써
- 메시지를 반복함으로써

인지욕구(need for cognition) 사고하고 분석하려는 동기. "추상적으로 생각한다는 개념은 나에게 매력적"이라는 항목에는 동의로, "나는 단지 내가 해야 하는 만큼만 열심히 생각한다."와 같은 항목에는 부동의로 평가

● 사람들을 주의분산시키지 않음으로써

각 기법의 일관된 발견사실: 사고를 자극하는 것은 강한 메시지는 더 설득적으로 만들고(반박 때문에), 약한 메시지는 덜 설득적으로 만든다.

이 이론은 또한 실용적인 함축을 지닌다. 효과적 전달자는 이미지와 메시지에 대하여 뿐만 아니라 청중이 어떻게 반응할 것 같은지에 대하여도 유의해야 한다. 최선의 교사는 학생들이 능동적으로 생각하게 하는 사람이다. 그들은 수사적 질문을 하고, 흥미로운 예를 제공하고, 그리고 어려운 질문으로 학생들을 도전적으로 만든다. 그런 기법은 설득의 중앙경로를 강화시킨다. 수업이 덜 몰입적인 강의실에서는 여러분이 자신의 중앙경로 처리를 제공할 수 있을 것이다. 여러분이 그 소재에 대하여 생각하고 그 논거를 정교화한다면, 그 과목에서 더 나을 것이다. 치열하게 경합적이었던 1980년 미 대통령 선거 최종일에 로널드 레이건은 효과적으로 수사적 질문을 사용하여 유권자들의 마음 속에 있는 원하는 생각을 자극했다. 대통령 토론에서 그의 요약 진

"여러분, 4년 전보다 더 나아졌습니까?" 로널드 레이건은 유권자들의 사고를 촉발하는 기념비적 수사적 질문으로 승리에 다가섰다.

술은 두 개의 강력한 수사적 질문으로 시작했고 그 선거운동 나머지 주 동안에도 종종 반복했다. "여러분들은 지난 4년보다 더 나을까? 지난 4년보다 가게에 가서 물건을 사는 것이 더 쉬워질까?" 대부분의 사람들은 아니라고 답했고, 레이건은 부분적으로 사람들이 중앙경로를 사용하도록 자극했던 방식 덕분에 기대된 비율보다 더 큰 비율로 승리했다.

요약 : 설득의 요소

● 설득을 효과적으로 만드는 것은? 연구자들은 4가지 요인을 탐구했다: 전달자(그것을 말하는 사람), 메시지(언급되는 것), 채널(언급되는 방식) 및 청중(누구에게 말하나).

● 신뢰로운 전달자가 더 설득적인 경향이 있다. 망설이지 않고 말하는, 빨리 말하는, 듣는 사람의 눈을 똑바로 쳐다보는 사람이 더 신뢰를 준다. 자신의 이해관계에 반하는 주장을 하는 사람도 마찬가지이다. 매력적인 전달자는 기호나 사적 가치의 문제에 특히 효과적이다.

● 메시지를 좋은 감정과 연합시키는 것은 더욱 설득력이 있게 만든다. 사람들은 흔히 기분이 좋을 때 더 빨리, 덜 사색적 판단을 한다. 공포유발 메시지도 특히 수용자가 약하다고 느끼지만 방어적인 행위를 취할 수 있다면 또한 효과적일 수 있다.

● 메시지가 청중의 현존 의견과 얼마나 격차가 있어야 하는가는 전달자의 신뢰에 달려 있다. 그리고 일방향 또는 양방향 메시지가 효과적인가 하는 것은 청중이 이미 동의하고 있는가, 반대 논거를 알고 있는가, 그리고 나중에 그 반대를 고려하지 않을 것 같은가에 달려 있다.

● 쟁점의 두 가지 측면이 포함될 때, 초두효과는 흔히 먼저 메시지가 가장 설득력 있게 해준다. 시간 지체가 제시를 분리한다면, 더 가능한 결과는 두 번째 메시지가 더 효과적이라는 최신효과이다.

● 또다른 중요한 고려사항은 메시지가 어떻게 전달되는가이다. 대개 면대면 호소가 가장 좋다. 프린트 미디어는 복잡한 메시지에 효과적일 수 있다. 그리고 매스 미디어는 쟁점이 사소하거나 친숙하지 않을 때, 그리고 그 미디어가 여론지도자에게 도달될 때 효과적일 수 있다.

● 끝으로, 누가 그 메시지를 받는지가 중요하다. 청중의 나이가 중요하다; 젊은이의 태도는 더 변화 가능성이 있다. 메시지를 받는 동안에 청중은 무엇을 생각할까? 호의적인 생각을 할까? 반박할까? 사전경고를 받았을까?

극단적 설득: 사이비 종교의 세뇌법

새로운 종교운동("cults": 사이비 종교)이 이용하는 설득과 집단 영향 원리를 고려해 보자.

사이비 종교(cult, 새로운 종교운동) (1) 신이나 개인에 대한 헌신과 관련된 독특한 의식과 신념, (2) 주변의 "사악한" 문화와 격리 그리고 (3) 카리스마적 리더의 특징을 지닌 집단 (대조적으로 종파는 주요 종교의 분파)

1997년 3월 22일 캘리포니아에서 Marshall Herff Applewhite와 37명의 제자들은 자신의 신체 – 단지 "용기" – 를 이탈하여 헤일 밥 혜성을 끄는 UFO를 타고 천국으로 갈 때가 왔다는 결정을 했다. 그래서 그들은 페노바비탈(수면제)을 푸딩이나 사과 조각에 섞어 넣고 보드카로 씻어낸 다음, 그들 머리 위의 플라스틱 가방을 고정시킴으로써 스스로를 잠들게 했고, 그렇게 되면 수면 중에 질식사하게 될 것이었다. 바로 같은 날, 퀘벡의 성 카시미어 마을이 폭발하여 화염에 휩싸였고 5명이 타 죽었는데, 이들은 캐나다, 스위스와 프랑스에서 자살을 저지른 태양사원의 명령이라는 종교단체 74인 중 최후인이었다. 모두는 9광년이 떨어진 시리우스 별로 가기를 희망하는 사람들이었다.

다양한 심정에 관한 질문: 이전 신념을 버리고 정신적으로 연결된 갱에 가입하도록 사람들을 설득한 것은 무엇일까? 그들의 이상한 행동은 이상한 성격에 귀인해야 할까? 또는 그들의 경험은 사회적 영향과 설득의 일반적 역학을 보여주는 것일까?

두 가지를 기억하자. 첫째, 이것은 후견지명(hindsight: 뒷궁리) 분석이다. 그것은 사실 이후에 신기한 사회현상을 설명하기 위하여 설득 원리를 사용한다. 둘째, 사람들이 무언가를 믿는 이유를 설명하는 것은 그들의 신념의 진실에 대하여 아무것도 말해주지 않는다는 것이다. 그것은 논리적으로 별개의 문제다. 종교 심리학은 신자가 신을 믿는 이유와 불신자가 신을 믿지 않는 이유를 말해줄지 모르지만, 그것이 누가 옳은지를 우리에게 말해줄 수는 없다. 각각의 신념을 설명하는 것은 그 타당성을 변화시킬 어떤 것을 하는 것이 아니다. 어떤 사람이 "당신은 다만… 이유로 그것을 믿는다."라고 말함으로써 당신의 신념을 깎아내리려고 애쓴다면, 당신은 William Temple 대주교

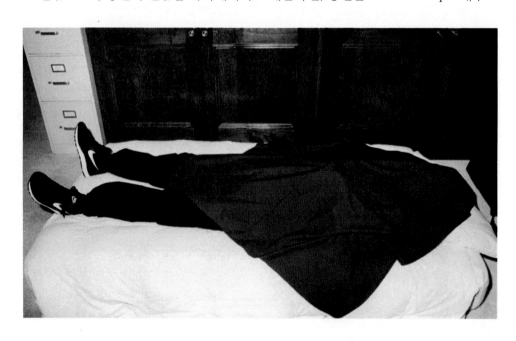

천국의 문을 추구한 37명의 자살자들 중 한 명

가 도전하는 회의론자에게 한 응답을 회상할 수 있다는 것을 기억하라. "물론 그렇지요, 대주교님. 핵심은 당신이 훈육받은 방식 때문에 당신이 믿는 것을 믿는다는 것입니다." 거기에 대하여 그 주교는 응답했다. "그것이 사실일 수도 있다. 그러나 내가 훈육받은 방식 때문에 내가 믿는 것을 믿는다고 당신이 믿는다는 사실은 당신이 훈육받은 방식 때문이라는 문제가 남아 있다." 최근 십여 년 지나면서 몇 개의 사이비 종교 – 일부 사회과학자들은 새로운 종교운동이라고 부르기를 선호하는 것 – 가 많은 대중성을 획득했다. 문선명의 통일교, 짐 존스의 인민사원, 데이비드 코레쉬의 다윗파 및 마샬 애플화이트의 천국의 문.

기독교, 반공 및 새로운 메시아로서의 문선명 자신의 찬미를 문선명식으로 혼합한 것이 세계적 추종자를 매혹시켰다. "내가 소망하는 것이 당신의 소망이어야 한다."는 문선명의 선언에 응답하여, 많은 사람들이 자신과 수입을 통일교에 바치고 있다.

1978년 가이아나에서 짐 존스의 914명 사도가 샌프란시스코에서 거기로 왔었는데, 그들이 진정제, 통증완화제 및 치명적인 청산가리로 섞은 자살 포도 음료를 먹으라는 명령에 따라 죽었을 때 세계가 충격을 받았다.

1993년, 고등학교 중퇴자 데이비드 코레쉬는 성경을 기억하는 재주와 최면을 걸어 다윗파의 허구를 통제하는 재주를 이용했다. 시간이 지나자 구성원들은 점차 은행 잔고와 재산이 줄어들었다. 코레쉬는 또한 그가 남자 신도들의 아내와 딸들과 잠자는 동안에 그 남자들이 독신으로 살도록 설득하였고, 그는 자신의 19명의 "아내들"에게 자신의 아이를 잉태해야 한다고 확신시켰다. 6명의 구성원과 4명의 연방경찰이 죽은 총격전 이후에 포위당하자, 코레쉬는 자신의 추종자들에게 그들이 곧 죽어 자신과 함께 곧장 천국으로 가게 될 것이라고 말했다. 연방경찰이 탱크로 최루가스를 쏘며 몰아붙

"당신은 나 없이도 집에 가겠지, 아이린. 나는 이 남자의 종교에 가입하려 해."

최근 수십만의 사람들이 약 2,500개의 광신도 단체의 신도들에 의해 모집되고 있지만 거의 갑작스러운 결정을 통해서 이루어지는 것은 아니다.

였다. 습격의 막바지에 86명이 화재로 사망했다.

마샬 애플화이트는 성적인 기호를 억제하기 위하여 색다른 생각을 했다. 그가 학생들과의 애정문제로 2개의 음악 교수 직장에서 해고되자, 거세로 섹스 없는 헌신을 추구했고 그와 함께 죽은 17명의 천국의 문 신도들 중 7명도 그렇게 했다(Chua-Eoan, 1997; Gardner, 1997). 1971년 정신병원에서 애플화이트는 간호사와 점성술사 보니 루 네틀과 만났는데, 그들은 강렬하고 카리스마 넘치는 애플화이트에게 "다음 수준"에 이르는 길에 대한 우주론적 견해를 제공했다. 그는 열정적으로 설교하여, 자신의 추종자들에게 가족, 섹스, 마약 및 돈을 포기하라고 설득하고 구원의 우주여행을 약속했다.

어떻게 이런 일이 일어날 수 있을까? 무엇이 이 사람들을 설득하여 그런 전적인 충성심을 보이도록 하는 것일까? 우리가 희생자들을 비난하는 것과 같은 기질적 설명을 해야 할까? 우리가 그들이 어리석고 혼란스러운 사람들이라고 치부해 버려야 할까? 또는 동조, 순종, 부조화, 설득 및 집단 영향이라는 친숙한 원리가 그들의 행동을 설명해 줄 수 있을까? 그것은 우리 자신의 방식으로 그런 힘에 의해 영향을 받는 우리들의 나머지와 동일한 근거로 그들을 다루는 것이다.

태도는 행동을 추종한다

4장이 반복해서 보여주었듯이, 사람들은 대개 자발적으로 공개적으로 그리고 반복적으로 행한 개입을 내면화한다. 사이비 종교 리더들은 이것을 알고 있는 것 같다.

순종은 수용을 낳는다.

새 개종자들은 멤버십이 사소한 문제가 아니라는 것을 곧 알게 된다. 그들은 그 팀의 적극적 구성원으로 만들어진다. 행동적 의식, 공개 모집 및 모금은 신입들의 정체성을 구성원으로 강화시킨다. 사회심리학 실험에서 참가자들이 그들이 목격한 것을 믿게 되듯이(Aronson & Mills, 1959; Gerard & Mathewson, 1966), 마찬가지로 사이비 종교 신입들도 헌신적 옹호자가 된다. 개인적 개입이 커질수록 그것을 정당화시키려는 욕구도 커지게 된다.

문간에 발들여 놓기 현상

어떻게 사람들이 그런 극단적인 인생 변화에 개입되도록 유도될까? 갑작스러운, 의식적인 결정은 거의 아닐 것이다. 사람들은 단지 "나는 주류 종교를 경험한다. 나는 사이비 종교를 찾고 있다."라고 결정하지는 않는다. 사이비 종교 모집자들은 길에서 사람들에게 접근해서 "안녕. 나는 무니야. 우리 단체에 가입할래?"라고 하지는 않는다. 그게 아니라 모집 전략은 문간에 발 들여놓기 전략을 악용한다. 예컨대, 통일교 모집자들은 사람들을 저녁 식사에 초대하고, 나중에는 따뜻한 동료애와 인생 철학 토론의 주말에 초대할 것이다. 주말 대접에서 그들은 참석자들에게 노래, 활동 및 토론에 동참해 달라고 권유할 것이다. 그때 잠정적 개종자들은 더 긴 수련 피정에 사인하도록 유도될 것이다. 사이비 종교의 패턴은 활동이 점차적으로 더욱 열성적이 되어 모집자들이 헌금을 간청하고 다른 사람을 개종시키려고 시도하는 방향으로 나아가게 된다.

일단 개종자들이 사이비 종교단체에 가입하면, 그들은 금전 제공이 처음에는 자발적으로 나중에는 강제적으로 이루어진다는 것을 알게 된다. 짐 존스는 마침내 수입의 10% 강제 헌금을 개시했고, 곧 25%로 올렸다. 결국 그는 그들이 소유한 모든 것을 그에게 바치라고 명령했다. 주말 노동도 점차 강제적이 되었다. 전직 사이비 종교 단체 구성원 그레이스 스토언은 점차적 진전을 회고한다.

> 어느 것도 급격히 이루어지지 않았다. 그것은 짐 존스가 그렇게 빠져나간 방식이다. 당신은 어떤 것을 천천히 포기하고 더 많은 것은 천천히 감수해야 하지만, 그것은 항상 대단히 점차적으로 이루어졌다. 당신은 때로 똑바로 앉아서 외우라고 말할 것이기 때문에 내가 정말로 많은 것을 포기했다는 것은 놀라운 일이다. 나는 정말로 많은 것을 참아내고 있다. 그러나 그는 그것을 아주 천천히 해서 내가 이렇게까지 그것을 하게 되었다고 당신이 생각하게 되었으니, 지옥과 무엇이 다른가?(Conway & Siegelman, 1979, p.236).

설득 요소

우리는 또한 이 장에서 논의한(그리고 그림 7.12에서 요약한) 요인들을 사용하여 사이비 종교의 설득을 분석할 수 있다. 누가(전달자) 무엇을(메시지) 누구에게(청중) 말했는가?

정보전달자

성공적인 사이비 종교는 전형적으로 카리스마적 리더 – 구성원들을 매혹시키고 지시하는 사람을 지닌다. 설득 실험에서처럼 신빙성 있는 전달자는 청중이 전문적이고 진실한 것으로 지각하는 사람이다. 예컨대, "아버지" 문선명처럼.

짐 존스는 그의 신뢰를 구축하기 위하여 "정신적 읽기"("psychic readings")를 사용

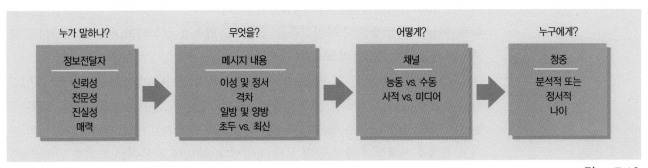

그림 :: 7.12
설득 커뮤니케이션의 효과에 영향을 주는 변인
실생활에 이 변인들은 상호작용할 것이며, 한 변인의 효과는 다른 것의 수준에 달려 있을 것이다.

하였다. 신참자들이 예배 전에 그 교회에 들어왔을 때 스스로 정체성을 밝히도록 요청 받는다. 그리고 나서 그의 조력자 한 사람이 즉시 그 사람의 집에 전화해서 "안녕하세요. 우리가 설문조사 중인데, 당신에게 몇 가지 질문을 하고 싶습니다."라고 말한다. 예배 중에 존스는 그 사람의 이름을 부르며 다음과 같이 말하곤 했다고 전직 구성원은 말했다.

> 당신은 나를 이전에 본 적이 있는가? 글쎄, 당신은 그렇고 그런 장소에 살고, 당신의 전화번호는 그렇고 그런 것이고, 그리고 당신의 거실에서 당신은 이런, 저런, 그런 것을 가지고 있고, 당신의 소파 위에서 당신은 그렇고 그런 베개를 가지고 있고… 이제 당신은 나를, 당신의 집에 있었던 나를 기억하지?(Conway & Siegelman, 1979, p.234)

믿음은 신뢰성의 또 다른 측면이다. 사이비 종교 연구자 Margaret Singer(1979)는 중산층 백인 젊은이들이 모집에 더 취약한데, 왜냐하면 그들이 더욱 잘 믿기 때문이라고 말했다. 그들은(사기에 저항할 수 있는 방법을 아는) 낮은 계층 젊은이들의 "거리의 약삭빠름"과 (어린 시절부터 유괴의 경고를 받고 살았던) 상류층 젊은이들의 신중함이 부족하다. 많은 사이비 종교 구성원들이 자신들이 믿는 친구나 친척들에 의해 모집되었다(Stark & Bainbridge, 1980).

메시지

생생한, 정서적 메시지와 고독하거나 우울한 사람들에게 집단이 퍼붓는 따뜻함과 환대는 놀라울 정도로 호소력이 있을 것이다. 주인을 믿고 가족이 되라; 우리는 "유일한 길"이라는 답을 가지고 있다. 메시지는 강연, 소집단 토론 및 직접적 사회적 압력처럼 다양한 채널을 통하여 되풀이 된다.

청중

모집자는 흔히 25세 이하의 젊은이들이라, 여전히 태도와 가치가 안정되기 전인 비교적 개방적인 연령대이다. 짐 존스의 추종자들처럼 일부는 메시지의 단순성을 좋아하고 논박하기 어려워하는 저학력층이다. 그러나 대부분은 교육을 받은 중산층 사람들로, 이들은 이상에 취해 사심없음을 공언하고 탐욕을 실천하며, 관심을 가장하고 냉담하게 행동하는 사람들의 모순을 간과한다.

잠재적 개종자들은 흔히 자신들의 삶의 전환점에 있거나 개인적 위기를 맞고 있거나 휴가 중이거나 가정에서 멀리 떨어져 있다. 그들은 도움이 필요하다; 사이비 종교는 그들에게 답을 준다(Lofland & Stark, 1965; Singer, 1979). 게일 메이더는 그녀의 티셔츠 가게가 실패한 후에 천국의 문에 가입했다. 데이비드 무어는 학교를 막 나와 방향을 모색 중인 19세 때 가입했다. 사회 경제적 격변의 시대는 특히 혼란스럽지 않은 외관상 단순한 의미를 전하는 사람에게 특히 끌리게 된다(O'Dea, 1968; Sales, 1972).

중동에서(그리고 발리, 마드리드 및 런던과 같은 다른 장소에서) 자살폭탄을 나르는 대부분의 사람들은 마찬가지로 청소년기와 성인 성숙기 사이의 이행기에 있는 젊은이들이다. 사이비 종교 모집자처럼 그들도 권위적이고 종교지향적인 전달자의 영향력 아래에 놓이게 된다. 이 강력한 목소리는 그들을 세뇌시켜 자기파괴의 순간이 축복과 영웅적 행위가 되는 "살아있는 순교자"로 자신들을 간주하게 해준다. 살려는 의지를 극복하기 위하여 각 후보자는 되돌릴 수 없는 심리적 포인트를 만들어주는 공개적 개입 – 유언장 작성, 작별 편지 쓰기, 작별 비디오 만들기 – 을 한다(Kruglanski & Golec de Zavala, 2005). 모든 이런 일은 전형적으로 적개심을 불어넣는 집단 영향으로 비교적 고립된 작은 방에서 일어난다.

집단효과

사이비 종교는 또한 다음 장의 주제인 집단의 힘이 구성원들의 견해와 행동을 형성한다는 것을 실증한다. 사이비 종교는 전형적으로 구성원들을 이전 사회지지 체계에서 분리하여 그들을 고립시켜 다른 사이비 종교 구성원과 함께하게 만든다. 그 다음에 Rodney Stark와 William Bainbridge(1980)가 "사회적 함몰"("social implosion")이라고 부르는 것이 발생할 수 있다. 집단은 내부적으로 사회적으로 붕괴함에 따라 외부적 연결은 약해지고, 각자는 다른 집단 구성원들과만 관계를 맺게 된다. 가족과 이전 친구들과 단절되어 그들은 반박을 접할 수 없게 된다. 그 집단은 이제 정체성을 제공하고 현실을 규정한다. 사이비 종교는 비동의자를 못마땅해 하거나 처벌하기 때문에 외관상 일치는 조금의 의심이라도 제거하게 해준다. 게다가 스트레스와 정서적 흥분으로 주의의 폭이 좁아져 "빈약한 지지 주장, 사회적 압력 및 비집단 구성원을 격하하려는 유혹에 더욱 민감하게 된다"(Baron, 2000).

마샬 애플화이트와 보니 네틀은 처음에 2인의 집단을 구성했고, 서로서로의 비정상 사고 – 정신과의사들이 folie à deux(불어로 "두 사람의 광기")라고 부르는 현상을 강화시켰다. 다른 사람들이 그들에 참가하면서, 집단의 사회적 고립은 기이한 사고를 촉진시켰다. 인터넷 음모 집단이 마찬가지로 편집증을 강화시킬 수 있다. 천국의 문은 인터넷 모집에 능숙했다.

그렇지만 이런 기법 – 행동적 개입의 증가, 설득 및 집단 고립 – 이 무제한의 권력을 가지는 것은 아니다. 통일교는 워크숍에 참여했던 10명 중 1명 이하를 성공적으로 모집했다(Ennis & Verrilli, 1989). 천국의 문에 가입했던 대부분은 그 치명적인 날 이전에 떠났다. 데이비드 코레쉬는 설득, 협박 및 폭력을 혼합하여 통치했다. 짐 존스가 자신의 명령을 더욱 극단적으로 사용했을 때, 그도 또한 점차 협박으로 사람들을 통제해야 했다. 그는 공동체를 떠나는 사람들에게 위해의 위협을 사용했고, 불복종에는 구타했고, 그리고 마음에 들지 않는 구성원들을 제압하기 위하여 약물을 사용했다. 결국, 그는 환각제이자 그 정도의 완력꾼이었다.

이러한 사이비 종교의 영향력 기법 중 일부는 더욱 선의의 광범위하게 인정받는 집단들이 사용하는 기법과 닮았다. 예컨대, 불교와 가톨릭 수도원에서 같은 정신을 가진 지지자를 가두어 둔다. 남학생 사교단체와 여학생 사교단체 구성원들은 잠재적인 사이비 종교 모집의 초기 "사랑의 폭격"이 그들 자신의 "돌격" 기간과 다르지 않다고 보고하였다. 구성원들은 주목받으며 전망 있는 선서를 아낌없이 하고, 이것은 그들을 특별하게 만들어준다. 선서 기간 동안에 새 구성원들은 다소 고립상태이고 선서하지 않은 옛 친구와 단절 상태가 된다. 그들은 자신들의 새 집단의 역사와 규칙을 배우는 데 시간을 보낸다. 그들은 괴로워하며 그 자체를 위한 시간을 감수한다. 그들은 그 모든 요구를 따르도록 기대된다. 그 결과는 대개 헌신적 새 구성원이 되는 것이다.

약물과 알코올 중독자 회복을 위한 일부 치료 공동체에도 대단히 유사한 일이 적용된다. 열정적인 자조집단은 응집적인 "사회적 고치"를 형성하고, 강렬한 신념을 지니고, 그리고 구성원들의 행동에 심대한 영향력을 발휘한다(Galanter, 1989, 1990).

설득의 또다른 건설적 사용은 상담과 심리치료에 대한 것인데, 사회상담 심리학자 Stanley Strong은 "응용 사회심리학 분야"로 간주하는 분야이다(1978, p.101). Strong처럼 정신과의사 Jerome Frank(1974, 1982)도 자기-패배적 태도와 행동을 바꾸기 위해서 설득을 활용한다는 것을 몇 년 전에 인정했다. Frank는 사이비 종교와 열정적 자조집단과 같은 심리치료 장면이 (1) 지지적, 신뢰로운 사회관계, (2) 전문성과 희망의 제공, (3) 자신의 곤경을 설명하고 새로운 관점을 제공하는 특별한 이유나 신화, 그리고 (4) 새로운 평화와 행복감을 약속하는 의식과 학습경험을 제공한다는 것을 언급했다.

나는 남녀 사교단체, 자조집단 및 심리치료의 예를 경멸하기 위한 것이 아니라 두 가지 결론적 관찰사실을 보여주기 위하여 선택하였다. 첫째, 만약 우리가 새로운 종교운동을 리더의 신비한 힘이나 추종자들의 기이한 약점에 귀인한다면, 우리 스스로가 망상에 사로잡혀 우리는 사회 통제 기법에 면역되어 있지 않다는 사고를 하게 될지도 모른다. 실제로 우리 자신의 집단 - 그리고 수없이 많은 정치지도자, 교육자, 그리고 기타 설득자 - 은 많은 이와 유사한 전략을 우리에게 사용한다. 교육과 세뇌, 계몽과

군사훈련은 새로운 종교운동, 사교클럽 및 치료공동체의 리더들이 사용하는 것과 유사한 전략을 통하여 응집성과 헌신을 창조한다.

선동, 개종과 강요, 치료와 정신 통제 사이에는 단지 희미한 선이 있을 뿐이다.

둘째, 짐 존스와 기타 사이비 종교 리더들이 설득의 힘을 남용했다는 사실이 설득은 본질적으로 나쁜 것이라는 것을 의미하지는 않는다. 원자력과 같이 설득이 사악한 목적으로 이용될 수 있다는 것을 아는 것이 과학자이자 시민들인 우리에게 비도덕적 사용에 대한 방어를 일깨워 주는 것이어야 할 것이다. 그러나 권력 그 자체는 본질적으로 선도 악도 아니다; 그 결과가 파괴적이냐 건설적이냐를 결정하는 것은 바로 우리가 그것을 어떻게 사용하는가에 달려 있다. 속임수 때문에 설득을 비난하는 것은 탐욕 때문에 식사를 비난하는 것과 같다.

요약 : 극단적 설득: 사이비 종교의 세뇌법

사이비 종교의 성공은 강력한 설득 과정이 작동하고 있다는 것을 알 수 있는 기회를 제공한다. 그 성공은 3가지 일반 기법에서 기인하는 것으로 보인다:

● 행동적 개입을 끌어내기(4장에서 기술된 것처럼)

● 효과적 설득 원리를 응용하기(이 장에서 기술)

● 구성원들을 유사한 마음의 집단으로 고립시키기(8장에서 논의)

설득에 저항하는 법

영향력에 저항하는 방법 확인하기. 원치 않는 설득에 사람들을 저항하게 준비시키는 방법은?

군대 무술 훈련관은 방어, 회전 및 피하기를 가르치는 시간을 공격을 가르칠 때만큼 많이 들인다. "사회적 영향력 전장에서" 연구자들이 방어보다 설득적 공격에 더 초점을 두고 있다고 Brad Sagarin과 동료들(2002)은 언급한다. 설득되는 것은 자연적으로 진행된다고 Daniel Gilbert와 동료들(1990, 1993)은 보고한다. 설득 메시지를 의심하는 것보다 수용하는 것이 더 쉽다. 어떤 주장을 이해하는 것(예 납 연필은 건강에 해롭다)은 그것을 믿는 것이다 – 적어도 잠정적으로, 누군가 시초의 자동적인 수용을 적극적으로 취소할 때까지. 주의분산시키는 사건이 그 취소를 방해한다면, 수용은 지속된다.

다행히도 논리, 정보 및 동기의 덕분에 우리는 거짓에 저항할 수가 있는 것이다. 신뢰를 가장한 수리공의 유니폼과 의사의 직함이 우리에게 무개념적 동의를 하게 할지라도, 우리는 권위에 대한 우리의 습관적 반응을 재고할 수 있다. 우리는 시간과 돈을 개입시키기 전에 더 많은 정보를 찾아볼 수 있다. 우리는 믿을 수 없는 것을 의심할 수 있다.

사적 개입의 강화

6장은 또다른 저항 방법을 제시했다. 다른 사람의 판단에 직면하기 전에 자신의 입장에 공개적 개입을 하라. 자신의 신념을 지지하게 되면, 다른 사람이 말하는 것에 덜 민감하게(덜 "개방적이게") 될 것이다. 모의재판에서 배심원 여론조사는 표현된 입장을 견고하게 할 수 있었고, 교착 상태를 유발했다(Davis & others, 1993).

신념에 도전하기

우리는 사람들이 스스로 개입하도록 자극할 방법이 있을까? Charles Kiesler(1971)는 한 가지 가능한 방법을 제안했다. 그들의 입장을 약하게 공격하라. 개입된 사람들이 반응할 수 있을 만큼 충분히 강하게 공격받았지만, 그들을 압도할 만큼 강하지 않을 때, 그들은 훨씬 더 개입당하게 된다는 사실을 Kiesler는 밝혀냈다. Kiesler는 설명했다. "당신이 개입된 사람을 공격하고 당신의 공격이 적절한 강도를 지니지 못할 때, 당신의 행동이 그들의 이전 개입을 방어하게 하므로 그들을 훨씬 더 극단적인 행동으로 몰아갈 수 있다"(p.88). 아마 당신은 논쟁이 일어날 때 관련된 사람들이 자신들의 표현을 격화시킴에 따라 스스로 더욱 극단적인 입장을 취하게 된다는 것을 기억할 것이다.

반박 개발

약한 공격이 저항을 생성한다는 데는 두 번째 이유가 있다. 질병에 대한 면역처럼 미약한 주장은 반박을 촉진할 것이고, 이것은 차례로 강한 공격에도 이용할 수 있게 될 것이다. William McGuire(1964)는 다소 유명한 실험에서 이것을 실증했다. McGuire는 궁금해했다. 우리가 바이러스에 사람들을 면역시키듯이 설득에도 면역시킬 수 없을까? **태도 면역**(attitude inoculation: 태도 예방주사)과 같은 것이 있을까? 무균 상태의 이념적 환경에서 자란 사람들 – 의심할 바 없는 신념을 지닌 사람들 – 을 대상으로 정신적 방어를 자극할 수 있을까? 신념을 위협하는 소량의 재료에 접하게 함으로써 그들을 나중의 설득에 면역시킬 수 있을까?

McGuire가 그 일을 했다. 첫째, 그는 "가능하다면 매 식사 후에 이를 닦는 것이 좋다."는 것과 같은 일부 문화적 공리를 발견해냈다. 그리고 나서 그는 그런 공리에 대한 강력한 신뢰할 수 있는 공격에 사람들이 취약하다는 것을 보여주었다(예 너무 지나친 칫솔질은 잇몸을 상하게 할 수 있다는 것이 발견되었다고 권위있는 당국이 들었다). 그렇지만 그들의 신념이 공격당하기 전에 그들이 먼저 자신들의 신념에 작은 도전을 받음으로써 "면역"되었다면, 그리고 이 약한 공격을 논박하는 글을 읽거나 썼다면, 그들은 강력한 공격에도 더 잘 저항할 수 있을 것이다.

Robert Cialdini와 동료들(2003)은 적절한 반박이 설득에 저항하는 대단한 방법이라는 것에 동의한다. 그러나 그들은 반대자의 광고에 대한 반응으로 반박을 생각해낼 방법을 궁금해했다. 그 답은 "기생충 약"("poison parasite") 방어 – 기생충(반대자의 광

태도 면역(attitude inoculation) 사람들의 태도를 약하게 공격해서 강한 공격이 왔을 때 논박할 수 있게 하는 것.

고를 볼 때 그 주장을 떠올릴 수 있는 인출 단서)과 약(강한 반박)을 결합하는 것이라고 제안한다. 그들의 연구에서 친숙한 정치 광고를 본 참가자들이 그 광고의 복사판에 대한 반박을 이전에 보았을 경우에 최소로 설득당했다. 그래서 그 광고를 다시 보는 것이 또한 무효화하는 반박을 떠올리게 했다. 예컨대, 금연 광고는 너덜거리는 문에 붙어 있지만 지금은 콜록거리는 병약한 카우보이를 보여주는 "말보로 남자" 광고를 재창조함으로써 이것을 효과적으로 수행하고 있다.

실생활 적용: 면역 프로그램

태도 면역이 원치 않는 설득에 사람들이 저항하도록 준비시킴으로써 실험실 밖에도 효과적일까? 흡연 예방과 소비자 교육에 관한 응용 연구는 고무적인 대답을 제공한다.

동료의 흡연 압력에 청소년들을 면역시키기

실험실 연구의 발견사실이 어떻게 실제 응용으로 유도될 수 있는지를 고려해 보자. 한 연구팀은 고등학교 학생들이 동료의 흡연 압력에 중학교 1학년들을 "면역"시키도록 했다(McAlister & others, 1980). "여성이 담배에 중독되어 있다면 그녀는 실제로 자유롭지 않다."고 말함으로써 자유주의 여성들이 흡연한다는 것을 암시하는 광고에 중 1학년들이 반응하도록 하였다. 그들은 또한 담배를 피우지 않기 때문에 "겁쟁이"라고 불린 후에 "내가 너를 감동시키기 위하여 흡연한다면, 나는 진짜 겁쟁이가 될 것이다."와 같은 말로 답하는 역할극을 실행했다. 중 1학년과 2학년 동안 몇 번 이런 절차를 밟은 후에, 면역된 학생들은 동일한 부모 흡연비율의 동학년의 면역되지 않은 학생들이 흡연을 시작하는 수에 비해 절반 수준으로 감소했다.

다른 연구 팀은 면역 절차가 - 때로 다른 생활 기술 훈련으로 보충되기는 했지만 - 10대 흡연을 감소시킨다는 것을 확증했다(Botvin & others, 1995, 2008; Evans & others, 1984; Flay & others, 1985). 대부분의 최근 노력은 사회적 압력에 저항하기 위한 전략을 강조한다. 한 연구는 초등학교 6학년에서 중학교 2학년생들에게 담배를 거부하

그림 :: 7.13
"면역된" 중학교 흡연자들의 흡연율
이 전형적 흡연교육을 사용한 통제
학교에 비해 훨씬 적었다.
출처 : McAlister & others(1980),
Telch & others(1981)

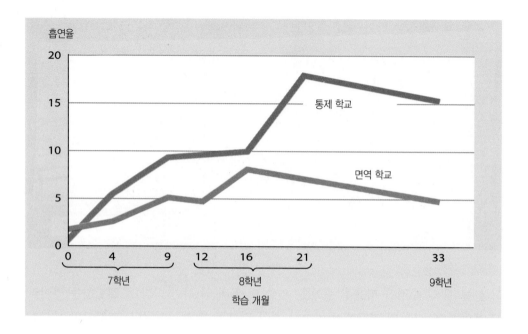

는 학생용 역할극와 더불어 금연 영화를 보여주거나 흡연에 대한 정보를 제공하였다 (Hirschman & Leventhal, 1989). 1년 반 후에 금연 영화를 본 학생들 중 31%가 흡연을 시작했다. 거부의 역할극을 했던 학생들 중에는 단지 19%만 흡연을 시작했다.

금연과 마약 교육 프로그램은 또한 다른 설득원리를 응용하고 있다. 그 프로그램은 정보를 소통하기 위하여 매력적인 동료를 활용하고, 학생들 자신의 인지 과정을 촉발시킨다("당신이 생각하기를 바라는 무언가가 있다"). 그 프로그램은 학생들이 공개적으로 개입하도록 한다(흡연에 대한 합리적 결정을 하고 자신의 논리에 따라 동료 학생들에게 그것을 공표하게 함으로써). 이러한 흡연 예방 프로그램 중 일부는 준비된 인쇄자료나 비디오테이프를 사용하여 단지 2~6시간이 소요될 따름이다. 오늘날 흡연 예방에 대한 사회심리학 접근을 사용하기를 바라는 어느 학군이나 교사도 손쉽고, 값싸고, 그리고 미래의 흡연 비율과 건강관련 비용을 의미있게 줄이려는 희망으로 그렇게 할 수 있다.

광고의 영향력에 아이들을 면역시키기

벨기에, 덴마크, 그리스, 아일랜드, 이탈리아 및 스웨덴은 모두 어린이를 표적으로 삼는 광고를 금지한다(McGuire, 2002). 미국에서 Robert Levine은 「설득의 힘: 우리는 어떻게 사고 파는가」라는 책에서 평균적 어린이가 1년에 1만개 이상의 상업광고를 본다고 언급했다. 그는 "20년 전에 어린이들은 탄산음료의 두 배만큼의 우유를 마셨다. 광고 덕에 그 비율이 현재는 역전되었다."라고 말했다(2003. p.16).

흡연자는 종종 10대의 "최초 상표 선택"을 발달시킨다고 1981년 필립 모리스의 연구자는 보고서에서 언급했다(연방통상위원회, 2003). "오늘날의 십대는 내일의 잠재적 정규 소비자이고, 압도적 다수의 흡연자들이 아직 십대일 때 처음으로 흡연을 시작한다"(Lichtblau, 2003). 이것은 왜 일부 시가와 무연 담배 회사들이 공격적으로 대학생

어린이는 광고주의 꿈이다. 그래서 연구자들은 매년 아이들이 보는 10,000개 이상의 광고와 TV 세트에 붙어 있는 그만큼이나 많은 광고에 대항할 수 있도록 아이들을 면역시키는 방법을 연구하고 있다.

들에게 광고, 파티 후원 및 공짜 담배를 제공(대개 학생들이 또한 음주하는 상황에서) 함으로써 팔려고 하는 이유를 설명해 주는데, 이 모두는 "입문 수준"의 흡연자들에게 니코틴 판매 전략의 일부이다(Farrell, 2005).

광고의 영향을 억제하기를 바라며, 연구자들은 젊은이들에게 텔레비전 광고의 영향을 면역시키려는 방법을 연구했다. 그들의 연구는 특히 8세 이하의 어린이들이 (1) 상업광고와 프로그램을 구분하기 어려워했고, (2) 다소 무차별적으로 텔레비전 광고를 믿었으며, 그리고 (3) 광고제품을 가지고 싶어하며 부모를 조른다는 것을 보여주는 연구에 의해서 부분적으로 촉발되었다(Adler & others, 1980; Feshbach, 1980; Palmer & Dorr, 1980). 어린이들은 광고주들의 꿈으로 보인다. 속기 쉽고, 취약하고, 그리고 팔기 쉽다.

이러한 발견사실로 무장하여 시민집단은 그런 제품의 광고주들을 비난하고 있다(Moody, 1980). "영리한 광고주들이 단순하고 잘 믿는 아이들에게 건강하지 않은 제품을 팔기 위해 수백만 달러를 쓸 때, 이것은 오직 착취라고 부를 수 있다.", "광고주에 대한 어머니의 진술"(Motherhood Project, 2001)에서, 폭넓은 여성 연대는 이 분노를 되풀이했다.

우리에게 우리의 아이들은 값을 매길 수 없는 선물이다. 당신들에게 우리의 아이들은 고객이며, 아이다움은 착취당하는 "판매 대상"이다....당신들의 대단히 훈련받은 창조적 전문가들이 우리 아이들을 연구하고, 분석하고, 설득하고, 그리고 조종함에 따라 소비자 욕구와 욕망의 충족과 창조 사이의 선은 점차 교차하고 있다…. 그 충동적 메시지는 "당신은 오늘 휴식할 가치가 있다.", "당신이 하고 싶은 대로 하라.", "당신의 본능을 따르라. 당신의 갈증에 복종하라.", "한계란 없다.", "충동을 지니라고?" 이것들은 광고와 판매의 압도적 메시지를 예시한다: 인생이란 이기적이고, 본능적 만족이고, 물질적인 것이라는 것.

상업 광고 이해관계자는 다른 입장이다. 그들은 광고로 부모들은 자신의 아이들에게 소비 기술을 가르칠 수 있게 해주고, 더욱 중요한 것은 그 광고가 아이들의 텔레비전 프로그램에 자금을 댄다고 주장한다. 미국에서 연방통상위원회는 건강에 불리한 음식과 미성년을 대상으로 한 R등급 영화에 대한 TV 광고에 새로운 규제를 가할 것인지를 결정할 때 연구의 발견사실과 정치적 압력에 의해 압박을 받아 중립 상태에 있다.

한편, 연구자들은 광고에 대하여 비판적으로 생각할 수 있는 도시의 중 1년생들 – "미디어 저항 기술"을 가진 학생들 – 은 중 2일 때 동료의 압력에 더욱 저항적이었고 중 3일 때 음주할 확률이 줄어든다는 것을 발견했다(Epstein & Botvin, 2008). 연구자들은 또한 아이들이 속임수 광고에 저항하도록 가르칠 수 있는지 궁금했다. 한 그런 노력으로, Norma Feshbach(1980; S. Cohen, 1980)가 이끈 일단의 연구자들은 LA 지역의 초등학교 학생 소집단에 반시간짜리 3개의 상업광고 수업을 했다. 그 아이들은 광고를 보고 그것을 토론함으로써 면역되었다. 예컨대, 장난감 광고를 본 후에 그들은 즉각적으로 그 장난감을 받고 광고에서 방금 본 것을 하도록 하는 도전을 하였다. 그런 경험은 더욱 현실적인 광고 이해를 하게 해 줄 것이다.

소비자 옹호자들은 면역이 불충분할 것이라고 걱정한다. 가스 마스크를 쓰는 것보다 공기를 깨끗이 하는 것이 더 낫다. 그런데 광고주들이 물건을 아이들에게 팔 때, 아이들이 그 물건을 보고 그것을 집어서 때로 부모들의 진이 빠질 때까지 조를 수 있게 낮은 가게선반에 물건을 배치한다는 것에 부모들은 분개한다. 그런 이유로 "광고주를 위한 어머니 규정"은 학교에서 광고가 금지되어야 하며, 8세 이하의 아이들을 대상으로 하지 않아야 하고, 아이들과 청소년들을 대상으로 한 영화와 프로그램에서 물건을 배치하지 않아야 하며, 그리고 아이들과 청소년들을 향한 "이기심의 윤리를 조장하고 즉각적인 만족에 초점을 두는" 광고는 금지되어야 한다고 촉구한다(Motherhood Project, 2001).

태도면역의 함축

세뇌에 대한 저항을 구축하는 최선의 방법은 아마도 단지 현재의 신념에 더 강한 면역은 아닐 것이다. 아이들이 사이비 종교의 구성원이 되지 않을까 하고 부모들이 걱정한다면, 그들은 다양한 사이비 종교에 대하여 아이들에게 잘 가르치고 설득적 호소에 직면하도록 준비시키는 것이 더 좋을 것이다.

동일한 이유로 종교 교육자들은 교회와 학교에서 "무균 상태의 이념 환경"을 창조하는 것에 유의해야 한다. 다양한 견해 속에 사는 사람들은 더욱 분별력이 있게 되고 믿을 만한 주장에 대한 반응만으로 그들의 견해를 수정할 확률이 더 커진다(Levitan & Visser, 2008). 또한 자신의 견해에 대한 도전은 논박된다면, 특히 위협적 재료가 비슷한 타인들과 점검될 수 있는 경우에 자신의 입장을 훼손시키기보다 공고히 할 가능성이 높아질 것이다(Visser & Mirabile, 2004). 사이비 종교는 가족과 친구들이 사이비 종교의 신념을 어떻게 공격할 것인지를 구성원들에게 사전경고함으로써 이 원리를 응용하고 있다. 예상된 도전이 시도되면, 그 구성원은 반박으로 무장하고 있다.

또다른 함축은 설득자 측면에서 비효과적인 호소는 하지 않는 것만 못하게 된다는 것이다. 당신은 이유를 알 수 있는가? 호소를 거부하는 사람들은 장차의 호소에 면역되어 있다. Susan Darley와 Joel Cooper(1972)가 학생들에게 엄격한 복장 규정을 옹호하는 글을 쓰도록 요청한 실험을 기억하라. 그것은 학생들의 입장에 반하는 것이었고 그 글이 출판되어 있었기 때문에, 모두 그 글을 쓰지 않는 것을 선택했다 – 심지어 그렇게 해주면 돈을 받기로 한 학생들도. 돈을 거절한 후에 그들은 반복장 규정 의견에 훨씬 극단적이 되고 자신감에 찼다. 금연하라는 초기의 호소를 거부한 사람들은 마찬가지로 나중의 호소에도 면역이 될 것이다. 비효과적 설득은 청중의 방어를 자극함으로써 역효과를 내게 될 것이다. 그것은 나중의 호소에 대하여 "심장을 굳건히 하게" 될 것이다.

요약 : 설득에 저항하는 법

- 어떻게 사람들이 설득에 저항하는가? 자신의 입장에 대한 사전 공개적 개입은 그 입장에 대한 약한 공격에 자극받으면 나중의 설득에 대한 저항을 기르게 된다.
- 약한 공격은 면역으로 기능할 수 있는데, 면역이란 강한 공격이 왔을 때 이용가능한 반박을 개발할 수 있도록 사람을 자극시키는 것이다.
- 이것은 역설적으로 존재하는 태도를 강하게 하는 법이 그것에 도전하게 하는 것이라는 것을 시사한다. 비록 그 도전이 그것을 압도할 만큼 강해서는 안 된다고 할지라도.

집단영향

> **의심할 바 없이 사려깊고 헌신적인 소규모 시민집단이 세상을 바꿀 수 있다.**
>
> — 인류학자 마가렛 미드

어떤 집단에서 타인들은 단지 존재할 뿐이다. 타우나는 이제 막 조깅을 마치려 하고 있다. 마음은 더 뛰고 싶지만 몸이 따라주질 않는다. 그녀는 무거운 발걸음으로 집으로 향한다. 다음날, 컨디션은 전날과 비슷했지만, 오늘은 두 명의 친구와 함께 조깅을 한다. 타우나는 늘 달리던 길을 오늘 평소보다 2분이나 빨리 달렸다. 그녀는 "게일과 라첼을 따라 달리다보니 더 빨리 달리게 된 건가? 내가 집단으로 달리면 항상 더 빨리 달릴까?"하고 궁금해 하였다.

거의 모든 경우에 우리는 집단과 연계되어 있다. 지구상에는 70억 인구가 살고 있고, 약 196개의 국가가 있으며, 4백만 개의 지역공동체, 2억 개의 경제단체, 그리고 수십억 개의 공식적, 비공식적 집단(연인, 부부, 가족, 교회, 동거인)이 있다. 이들 집단이 개인에게 어떤 영향을 줄까?

종종 집단과의 상호작용은 놀랄 만한 결과를 낳는다. 똑똑한 학생은 또 다른 똑똑한 학생과 어울리면서 서로 지식을 쌓는다. 탈선 청소년은 다른 탈선 청소년과 어울리면서 점점 더 반사회적으로 된다. 어떻게 집단이 태도에 영향을 주는 것일까? 집단을 더 현명한 결정을 하도록 하는 것은 무엇이고, 어리석은 결정을 하도록 하는 것은 무엇일까?

개인도 또한 집단에 영향을 준다. 1957년에 개봉된 고전 영화인 "12인의 분노한 사람들"에서 용의주도한 살인사건의 12인 배심원들이 배심원실로 들어왔다. 더운 날씨였다. 피곤한 배심원들이 거의 합의에 도달했었고, 자기 아버지를 살해한 10대에게 유죄평결을 내리려 했다. 헨리 폰다가 역을 맡은 한 독불장군이 유죄 평결에 반대하였다. 뜨거운 심의과정을 거치는 동안 배심원들은 하나씩 마음을 바꿔 최종적으로는 "무죄" 쪽으로 합의에 도달하였다. 실제 평결에서 한 명의 개인이 전체 집단을 흔드는 경우는 드물다. 그러나 역사는 다수를 움직이는 소수에 의해 만들어진다. 소수(혹은 어떤 리더)가 설득력을 지니게 만드는 것은 무엇인가?

지금부터 우리는 집단영향이라는 복잡한 현상에 대해 하나씩 살펴볼 것이다. 먼저 집단이란 무엇인지와 왜 집단이 존재하는지부터 살펴보겠다.

집단의 정의

이 질문에 대한 답은 몇몇 사람들의 정의를 비교해 보면 자명해진다. 조깅파트너들이 집단인가? 비행기 승객들이 집단인가? 서로 알고 있으며, 같은 소속이라고 느끼는 사람들이 집단인가? 공동의 목표가 있고 서로 의지하는 사람들이 집단인가? 개인들이 조직화되어야 집단인가? 서로의 관계가 지속될 때 집단인가? 이것들은 모두 집단에 대한 사회심리적 정의들이다(McGrath, 1984).

집단(group)
짧은 순간보다 더 긴 시간 동안 서로 상호작용하고 영향을 주고 서로를 "우리"라고 지각하는 둘 이상의 사람

집단역학자인 Shaw(1981)는 모든 집단에서 공통적인 것은 구성원들이 상호작용한다는 사실이라고 주장하였다. 그는 **집단**을 '서로 상호작용하며 영향을 주는 2인 이상의 사람들'이라고 정의하였다. 조깅하는 친구들은 실제로 집단이다. 상이한 집단은 상이한 인간의 욕구를 충족시켜 준다. 즉, 군집(소속되어 타인과 연결되기 위해), 성취, 그리고 사회 정체성 획득의 욕구를 충족시켜 준다(Johnson & others, 2006).

Shaw의 정의에 따르면, 컴퓨터실에서 각자 자기 일을 하고 있는 학생들은 집단이 아닐 수도 있다. 비록 물리적으로 함께 있지만, 상호작용 집단이 아니라 개인들의 집합체(collection)에 불과하다. 컴퓨터실의 관련없는 개인들의 집합체와 상호작용하는 개인들 사이의 더욱 영향력 있는 집단행동 사이의 구분은 때로 모호할 수도 있다. 때때로 타인의 존재 자체가 서로 영향을 줄 수도 있다. 사람들은 축구 경기에서 자신들을 "우리" 팬이라고 지각하고 그와 대비하여 상대팀 팬을 "그들"이라고 지각한다.

이 장에서는 이와 같은 집합적 영향을 보여주는 세 가지 예를 살펴볼 것이다. 사회적 촉진, 사회적 태만, 몰개성화. 이들 세 가지 현상은 최소한의 상호작용(이를 '최소 집단상황'이라 부름)만으로도 일어난다. 그런 다음 상호작용 집단의 영향을 보여주는 세 가지 예를 살펴볼 것이다. 집단극화, 집단사고, 소수의 영향

사회적 촉진: 우리는 타인의 존재에 의해 어떻게 영향을 받는가?

> 타인의 단순한 존재 자체에 의하여 우리가 얼마나 영향을 받는가를 기술하기. 이들은 경쟁하지 않고, 상이나 처벌을 가하지도 않고, 그리고 사실 수동적 청중 또는 공동행위자(co-actors)로 존재하는 것 이상의 아무런 일도 하지 않는 사람이다.

공동행위자(co-actors)
비경쟁적 활동에서 개별적으로 작업하는 공동참가자

타인의 존재

1세기 전, 경륜에 관심이 많았던 심리학자 Triplett(1898)은 경륜 선수들이 홀로 기록을 측정할 때보다는 다른 선수들과 경주할 때 기록이 더 빠르다는 사실에 주목하였다. 그는 자신의 추측(타인의 존재가 수행을 촉진시킨다)을 알리기 전에 사회심리학 최초의 실험실 실험 중 하나를 수행하였다. 아동들에게 최대한 빨리 낚시 릴에 낚시줄

을 감도록 한 결과, 아동들은 혼자 감도록 한 경우보다는 경쟁적 공동행위자가 있을 때 더 빨리 감았다. "또다른 경쟁자의 신체적 존재가… 잠재적 에너지를 발산하게 한다."라고 Triplett은 결론지었다.

Triplett의 자료에 대한 현대적 재분석은 그 차이가 통계적 유의미성에 도달하지 못했다는 것을 보여주었다(Stroebe, 2012; Strube, 2005). 그러나 이후의 실험에서 단순 곱셈문제를 풀 때와 글자 고르기를 할 때도 타인의 존재가 수행속도를 향상시킨다는 사실을 발견하였다. 또한 타인의 존재는 돌아가는 동전크기의 원판에 쇠막대기를 대고 있어야 하는 것과 같은 단순 운동과제의 정확도를 향상시키는 것으로 나타났다(F. H. Allport, 1920; Dashiell, 1930; Travis, 1925). 이런 **사회적 촉진** 효과(후에 그렇게 명명됨)는 동물에게서도 나타난다. 다른 개미가 존재할 때 개미는 모래를 더 많이 팠으며, 병아리는 다른 병아리가 존재할 때 모이를 더 많이 쪼아 먹었다(Bayer, 1929; Chen, 1937). 발정난 쥐들도 다른 쥐가 존재할 때, 더 왕성한 성행위를 보여 주었다(Larsson, 1956).

그러나 결론을 보류하자. 일부 다른 연구들은 타인의 존재가 어떤 과제의 수행을 방해한다는 사실을 발견하였다. 바

사회적 촉진 : 사람들은 다른 사람과 함께 자전거를 탈 때 더 빨리 달리나?

퀴벌레, 잉꼬, 녹색피리새 등은 미로학습에서 다른 개체가 존재할 때 더 부진하였다(Allee & Masure, 1936; Gates & Allee, 1933; Klopfer, 1958). 이런 효과는 인간에게서도 나타났다. 타인의 존재가 무의미철자의 학습, 미로찾기, 복잡한 곱셈문제 풀기의 효율성을 떨어뜨렸다(Dashiell, 1930; Pessin, 1933; Pessin & Husband, 1933).

타인의 존재가 때로는 수행을 촉진시키고 때로는 수행을 방해한다고 말하는 것은 마치 때로는 맑은 날씨이지만 때로는 비가 오겠다고 예보하는 전형적인 스코틀랜드 기상예보관의 날씨예보와 비슷하다. 1940년대까지 이 영역의 연구활동은 중단되었고, 새로운 아이디어를 만나 잠을 깨기 전까지 약 25년간 잠복해 있었다.

사회심리학자인 Robert Zajonc(1923-2008, 자이온스라 읽음)는 이런 상충된 결과를 조정하기 위해 고민하였다. 종종 과학에서 창조적 순간에 일어나는 일처럼, Zajonc(1965)는 다른 학자들에게 빛을 주는 하나의 연구영역을 개척하였다. 그의 생각은 '각성은 잠재된 반응 중 우세한 반응을 증가시킨다.'는 실험심리학의 원리에서 나왔다. 각성이 증가되면 쉬운 과제의 수행이 증가할 것이다. 왜냐하면 대부분의 사람들이 하는 "우세" 반응이 옳은 반응이기 때문이다. 사람들은 긴장할 때 쉬운 글자퍼즐을 더 빨리 푼다. 정답이 우세반응이 아닌 복잡한 과제에서는 각성이 증가되면, 부정확한 반응이 촉진된다. 그래서 어려운 글자퍼즐의 경우는 긴장할 때 더 못하게 된다.

이 원리가 사회적 촉진의 미스터리를 해결할 수 있었을까? 타인의 존재가 사람들을 각성시키거나 활력을 준다는 증거는 확고한 것 같다(Mullen 등, 1997). 우리 모두는 많

사회적 촉진(social facilitation)
(1) 원래의 의미: 타인이 존재할 때 단순한 과제 또는 숙달된 과제를 사람들이 더 잘 수행하는 경향
(2) 현재의 의미: 타인의 존재시에 우세한(만연한, 확률이 높은) 반응을 강화시키기

그림 :: 8.1
사회적 각성의 효과

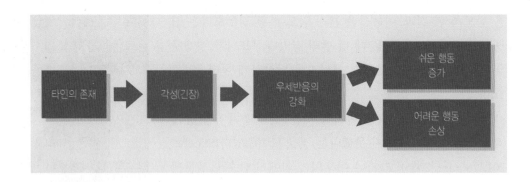

은 관중 앞에서 긴장되거나 흥분되었던 경험이 있을 것이다. 만약 사회적 각성이 우세 반응을 촉진시킨다면, 그것은 쉬운 과제의 수행을 증대시키고, 어려운 과제의 수행을 방해해야 할 것이다.

이 설명으로 이전의 혼란스런 결과들을 이해할 수 있게 되었다. 낚시줄을 감는 일, 단순 곱셈문제 풀기, 먹기 등은 이미 학습이 잘 되었거나 본래 우세한 반응을 요구하는 쉬운 과제들이었다. 그러므로 주변에 타인이 있으면 그런 과제의 수행이 증가되는 것이다. 새로운 것을 배우는 일, 미로를 찾는 일, 복잡한 수학문제를 푸는 일 등은 처음부터 옳은 반응이 나오기 힘든 어려운 과제들이다. 이런 경우, 타인의 존재는 그 과제에 대한 '틀린' 반응의 수를 증가시킨다. 두 경우 모두에서 각성이 우세반응을 촉진시킨다는 동일 법칙이 작용하였다(그림 8.1). 모순되는 것처럼 보였던 결과들이 갑자기 더 이상 모순되지 않게 되었다.

Zajonc의 매우 간결하며 깔끔한 해결은 다른 사회심리학자들에게 Darwin의 「종의 기원」을 처음 읽은 후 Huxley가 생각했던 것(그런 생각을 못했다니 얼마나 멍청한가!)을 떠오르게 하였다. 일단 Zajonc가 지적하고 나니 모든 게 분명해졌다. 알고 나니 이전의 조각난 결과들이 합쳐지는 것 같았다. 그의 해답이 실험에서도 검증되었을까? 그의 해답이 타당하다는 것은 25,000명 이상의 피험자가 동원된 약 300개의 연구들을 통해서도 확인되었다(Bond & Titus, 1983; Guerin, 1993, 1999).

이후의 실험들이 여러 방식으로 사회적 각성이 그 반응이 옳은 반응이든 그른 반응이든 간에 우세반응을 촉진시킨다는 사실을 확증시켜 주었다. Hunt와 Hillery(1973)는 (마치 바퀴벌레가 그러했듯이) 학생들도 타인이 존재할 때 간단한 미로를 학습하는 시간이 더 오래 걸린다는 사실을 발견하였다. 또한 Michaels과 동료들(1982)은 학생회관에서 당구를 잘 치는 학생(평소 71%의 정확도)은 다른 사람들이 곁에서 지켜볼 때는 더 잘 쳤다(80%의 정확도). 그러나 잘 치지 못하는 학생(평소 36%의 정확도)은 누군가가 곁에 와서 지켜볼 때는 평소보다 더 못 쳤다(25%의 정확도). 마찬가지로 초보 운전자는 혼자 시험볼 때보다 다른 수험생이 있을 때 시험보면 더 자주 떨어졌다(Rosen-bloom & others, 2007).

운동선수들은 그 운동의 수련자들이다. 이는 왜 그들이 성원해주는 많은 관중이 있을 때 더 잘하는지를 설명해준다. 캐나다, 미국 및 영국의 80,000명 이상의 대학 및 프로 운동 경기를 대상으로 한 연구들에서는 홈팀의 승률이 60%에 달한다는 사실을 보

표 :: 8.1   주요 단체 스포츠 경기에서 나타난 홈 이점

경기 종류	연구한 게임 수	홈팀의 승률
야구	120,576	55.6%
미식축구	11,708	57.3%
아이스하키	50,739	56.5%
농구	30,174	63.7%
축구	40,380	67.4%

출처: Jeremy Jamieson(2010).

여주었다(야구와 미식축구는 조금 낮고, 농구와 축구는 조금 더 높다. 표 8.1 참조). 그러나 홈 이점은 홈구장에 대한 선수들의 친숙성, 원정여행의 피로가 없다는 점, 지역 관할에서 나오는 지배감, 팬들의 환호로 인한 팀 정체성의 증가 때문에 생길 수도 있다(Zillman & Paulus, 1993).

군중: 많은 타인의 존재

사람들은 타인의 존재에 반응한다. 그러나 관찰자가 있다는 것이 실제로 사람들을 각성시키나? 스트레스를 받고 있을 때, 친구는 위안이 될 수도 있다. 하지만 타인들과 함께 있으면, 땀이 더 나고, 숨이 가빠지고, 근육이 긴장되고, 혈압이 높아지고, 심장박동이 높아진다(Green & Gange, 1983; Moore & Baron. 1983). 설령 자신을 지지해주는 관중일지라도, 어려운 과제의 수행을 떨어뜨린다(Butler & Baumeister, 1998). 당신이 처음 피아노 연주회를 가질 때 부모님이 보고 있다는 것이 연주에 도움이 될 것 같지는 않다.

타인의 존재 효과는 타인의 수에 따라 증가한다(Jackson & Latane, 1981; Knoweles, 1983). 때로는 많은 관중으로 인해 생긴 각성과 자의식은 말하기와 같은 잘 학습된 자동적 행동까지도 방해할 수 있다. 극단적인 압박이 주어지면, 숨이 막히는 경우가 있다. 평소 말을 더듬는 사람도 1~2명에게 말할 때보다는 많은 관중 앞에서 말할 때는 더 더듬게 된다(Mullen, 1986). 대학 농구선수도 거의 텅 빈 경기장에서보다는 만원인 경기장에서 자유투의 성공률이 약간 낮았다(Sokoll & Mynatt, 1984).

군중 속에 있으면 긍정적 혹은 부정적 반응이 강화된다. 좋아하는 사람과 가까이 있으면, 상대가 더 좋아지는 반면, 싫어하는 사람과 가까이 앉으면 그가 더 싫어진다(Schiffenbauer & Schiavo, 1976; Storms & Thomas, 1977). Freedman과 그의 동료들(1979, 1980)이 과학센터의 방문객을 대상으로 한 연구에서 연구자들은 한 실험협조자에게 다른 사람들과 함께 재미있는 테이프를 듣게 하거나 영화를 보도록 하였다. 그들이 가까이 앉은 경우 실험협조자는 더 쉽게 피험자들을 웃고, 박수치도록 유도할 수 있었다. 연극연출가와 스포츠팬들은 모두 알고 있듯이, 그리고 연구자들이 확인하였듯이, "좋은 집(good house)"이란 사람들이 가득 찬 집(full house)이다(Aiello 등, 1983; Worchel & Brown, 1984).

35명쯤 앉을 수 있는 방에 35명의 학급 학생들이 앉으면, 100명을 수용하는 방에 35

명이 듬성듬성 앉는 경우보다 더 포근하고 생기있는 분위기를 느낄 것이다. 이는 부분적으로는 다른 사람과 가까이 있기 때문이고, 다른 사람들이 웃고 박수치는 데 동참하기 쉬워진다. 하지만 Gary와 Evans(1979)가 발견한 것처럼 밀집은 각성을 증가시키기도 한다. 그는 매사추세츠 대학생들 10명으로 된 집단을 만들어 20×20피트 방 혹은 8×12피트 방에 들어가도록 하였다. 큰 방에 비해 밀집된 좁은 방에서 학생들의 맥박과 혈압이 상승하였다(이는 각성을 나타낸다). 비록 학생들은 밀집된 좁은 방에서도 단순과제의 수행에는 손상이 없었으나, 복잡과제를 수행할 때는 오류를 더 많이 범했다. 인도의 대학생으로 행한 연구(Nagar & Pandey, 1987)에서도 밀집은 어려운 낱말 맞추기와 같은 복잡과제의 수행에만 부정적 영향을 주는 것으로 밝혀졌다. 즉, 밀집은 각성을 증가시키고, 이는 우세반응을 촉진시킨다.

왜 타인이 존재하면 각성되는가?

여러분이(지나치게 긴장하거나 자기를 의식하지 않는다면) 다른 사람들 앞에서 더 잘하는 이유는 그들이 여러분에게 더 잘하도록 활력을 주기 때문일 것이다. 이 같은 환경 속에서 여러분은 어려움을 느끼지 않을 것이다. 타인들의 무엇이 각성을 일으키는 것일까? 세 가지 가능한 요인들에 대해 지지증거가 있다(Aiello & Douthitt, 2001). 평가염려, 주의분산 및 단순 존재

평가염려

평가염려
(evaluation apprehension)
다른 사람이 우리를 평가하고 있다는 염려

Cottrell은 우리가 주변의 관찰자들이 우리를 어떻게 평가할까에 대해 궁금해 하고 염려한다고 생각하였다. 실제로 **평가염려**(evaluation apprehension)가 있는지를 검증하기 위해서, Cottrell과 그의 동료들(1968)은 지각실험을 준비한다는 명목으로 관찰자들에게 눈가리개를 쓰도록 하였다. 실제로 쳐다보고 있는 관중의 효과에 비해, 눈가리개를 쓴 관중들의 존재는 피험자들의 우세반응을 촉진시키지 않았다.

또 다른 실험들도 우세반응의 향상효과는 사람들이 평가받고 있다고 생각할 때 가장 두드러진다는 Corrtell의 결론을 확증해 주었다. 산타바바라에 있는 캘리포니아 대학의 조깅자들을 대상으로 한 실험에서도 조깅자들은 한 여자가 잔디밭에서 등을 보이고 앉아 있을 때보다는 그들을 정면으로 쳐다보고 있을 때 더 빨리 달렸다(Worringham & Messick, 1983).

우리가 평가받고 있을 때 느끼는 자의식은 매우 자동화된 행동도 방해할 수 있다(Mullen & Baumeister, 1987). 농구선수가 자의식이 높

James Maas의 코넬대 심리학개론 수강생들이 2,000석 규모의 강당에서 경험하듯이, 좋은 집이란 사람들로 가득찬 집이다. 만약 이 같은 규모의 장소에 100명의 수강생들이 있다면, 열정은 훨씬 줄어들 것이다.

아지면, 중요한 자유투에서 자신의 동작에 신경을 쓰기 때문에 자유투를 실패할 가능성이 높다.

주의분산

　　Sander, Baron 및 Moore(1978; Baron, 1986)는 평가염려를 한 단계 더 발전시켰다. 그들은 사람들이 동료는 얼마나 잘하고 있는지 혹은 관중의 반응은 어떤지를 궁금해 하면, 주의가 분산된다는 이론을 세웠다. 타인에 대한 주의집중과 과제에 대한 주의집중 간의 갈등은 인지체계를 과부화시켜 각성을 유발한다. 이런 주의분산으로 인한 각성이 사회적 촉진을 유발한다. 사회적 촉진은 타인의 존재로 생긴 주의분산뿐만 아니라 불빛과 같은 인간이 아닌 자극이 유발한 주의분산으로 인해 나타나기도 한다(Sanders, 1981a, 1981b).

단순존재

　　그러나 Zajonc는 평가염려나 주의분산이 없어도 단순히 타인의 존재만으로 각성이 유발된다고 생각한다. 예를 들어, 사람들의 색 선호도 다른 사람이 있을 때 더 분명해진다(Goldman, 1967). 이런 과제는 다른 사람이 평가할 수 있는 '정답', '오답'이 없기 때문에 다른 사람의 반응에 신경 쓸 이유가 없다. 그래도 여전히 타인의 존재는 활력을 주고 있다. 촉진효과는 인간이 아닌 동물에게서도 나타난다. 이는 사회적 각성기제가 많은 동물세계에서도 공통적이라는 힌트를 준다(동물은 의식적으로 다른 동물이 자신을 어떻게 평가할까 하는 걱정을 할 것 같지 않다). 사람의 경우도 대부분의 조깅하는 사람들은 같이 뛰는 사람이 자신의 경쟁자도 아니고 자신을 평가하지 않는 경우에도 그들과 함께 뛸 때 활력을 얻게 된다. 그리고 대학생 조정팀 구성원들도 혼자보다 함께 노를 저을 때 두 배나 고통을 참아내는데, 아마도 공동활동에 의한 엔돌핀 상승 때문으로 보인다(Cohen & others, 2009).

　　이제 좋은 이론은 과학적으로 간결한 것이라는 생각을 해볼 시간이다. 좋은 이론은 다양한 관찰 사실을 단순화하고 요약해 주는 이론이다. 그 이론은 여러 다양한 결과들을 요약하고 단순화시켜 주어야 한다. 사회촉진이론이 그렇다. 이 이론은 많은 연구결과들을 간단히 요약해준다. 또한 좋은 이론은 (1) 그

그림 :: 8.2
"개방형 사무실 계획"에서 사람들은 타인들이 존재하는 상황에서 일한다. 점차적으로 사무실 환경은 노동자들에게 "공동공간"을 제공하고 있다 (Arioff, 2011).

이론을 확증하거나 수정하는 데 도움이 되는, (2) 새로운 탐색을 인도해 주는, (3) 실용적 적용을 시사하는, 분명한 예언을 제공한다. 사회적 촉진이론은 분명히 그 중 두 가지 예언을 만들어냈다. (1) 이론의 기본적 내용(타인의 존재가 각성을 유발하고, 이것이 우세반응을 증가시킨다)은 확증되었고, (2) 이 이론은 오랜 기간 동안 지배적 연구영역을 차지하고 있다.

이 이론이 (3) 어떤 실용적 측면에서 적용할 것이 있는가? 적용이 가능한 측면을 생각해 보았다. 그림 8.2에서 볼 수 있듯이, 많은 사무실 빌딩들은 크고 트인 방을 낮은 칸막이로 나눠 개인의 사무실을 배치하고 있다. 타인을 의식하게 되면 잘 숙련된 과제의 수행은 향상되겠지만, 복잡한 과제에서 요구되는 창의적 사고는 방해를 받지 않을까? 당신은 다른 적용가능도 생각해 낼 수 있을 것이다.

요약 : 사회적 촉진: 우리는 타인의 존재에 의해 어떻게 영향을 받는가?

- 사회심리학의 가장 기본적인 주제 중 하나가 타인의 단순한 존재가 주는 영향이다. 이 물음에 관한 초기 실험들은 관찰자나 공동활동자가 존재하면 수행이 증가한다는 사실을 발견하였다. 또다른 실험들은 타인의 존재가 수행을 방해한다는 사실을 발견하였다. Zajonc는 각성이 우세반응을 촉진시킨다는 유명한 실험심리학의 원리를 적용하여 이 상충된 결과들을 조정하였다. 타인의 존재가 각성을 유발시키기 때문에 관찰자나 공동활동자의 존재는 쉬운 과제의 수행을 촉진시키고(왜냐하면 이때는 옳은 반응이 우세반응이기 때문이다), 어려운 과제의 수행은 방해한다(왜냐하면 이때는 그른 반응이 우세반응이기 때문이다).

- 군중 속에 또는 군집 조건에 있는 것도 마찬가지로 각성을 유발하고 우세반응을 촉진한다.

- 그러나 왜 타인의 존재가 각성을 유발하나? 여러 실험에 따르면, 각성은 부분적으로는 평가에 대한 염려 때문에 생기고, 부분적으로는 주의가 타인에 대한 집중과 과제에 대한 집중으로 분산되기 때문에 생긴다. 동물을 대상으로 한 실험을 포함하여 또 다른 실험들은 평가염려나 주의분산이 없을 때조차도 타인의 존재가 각성을 유발할 수 있음을 시사하고 있다.

사회적 태만: 집단에서 개인은 덜 노력하는가?

> 작업집단의 구성원에게서 우리가 기대할 수 있는 개인적 노력 수준 평가하기. 줄다리기 시합에서 한쪽이 8명인 경우, 그들은 8명 각자가 최선을 다한 것의 총합보다 더 세게 당기는가? 만약 그렇지 않다면, 이유는 무엇인가?

통상 사람들이 자기 자신의 목표를 위해 일할 때, 그리고 낚시줄 감기든 수학문제 풀기든 개인의 노력이 개별적으로 평가되는 상황에서 사회촉진이 발생한다. 이런 상황이 일상적인 작업상황이긴 하지만, 사람들이 공동의 목표를 위해 합심하고 그 결과에 대해 개인적으로는 책임지지 않아도 되는 상황도 있다. 줄다리기 경기가 그런 예이다. 학급여행 경비를 모으기 위한 사탕판매와 같은 조직적 자금조달도 또 다른 예가 될 수 있다. 또한 결과에 따라 모두가 같은 학점을 받는 학급의 집단 프로젝트도 그렇다. 이런 '가산과제'(집단의 성취가 개인 노력의 합으로 결정되는 과제)에서 팀 정신은 생산성을 향상시키는가? 벽돌공은 혼자서 일할 때보다 팀으로 일할 때 더 빨리 벽돌을 쌓는가? 이런 궁금증을 해결하는 하나의 방법은 실험실에서 모의실험을 해 보는 것이다.

일손이 많으면 일이 쉽다

줄다리기 시합에서 한 팀이 8명인 경우, 그들은 8명 각자가 최선을 다한 것의 총합보다 더 세게 당기는가? 약 1세기 전 프랑스의 농경제학자인 Ringelmann(Kravitz와 Martin, 1986에 보고되어 있음)은 팀 전체의 노력크기는 각자의 노력의 합에 비하면 절반 정도밖에 되지 않는다는 사실을 발견하였다. 이는 "뭉치면 강해진다."는 상식과 달리, 가산과제를 할 때는 집단성원들이 실제로 동기가 낮아질 수 있음을 시사해 준다. 그런 결과가 사람들이 똑같은 시간에 똑같은 방향으로 줄을 당기지 않아서 생긴 힘의 조정문제 때문일 수도 있다. Ingham(1974)이 이끄는 매사추세츠 연구팀 개인들에게 실제로는 혼자 당기고 있지만 자신이 다른 사람들과 함께 줄을 당기고 있다고 생각하도록 만듦으로써, 이 문제를 깨끗하게 제거하였다. 눈을 가린 피험자들을 그림 8.3에서 보는 장치의 맨 앞자리에 배정하고 "가능한한 최대로 당기도록" 지시하였다. 그들은 자기 뒤에 2~5명의 사람들이 같이 줄을 당기고 있다고 믿고 있을 때보다 혼자 당긴다고 알고 있을 때 18%를 더 세게 당겼다.

Latané, Williams, 및 Harkins(1979; Harkins 등, 1980)는 자신들이 **사회적 태만**(Social loafing)이라고 명명한 이 현상을 여러 방식으로 연구하였다. 그들은 6명의 피험자들에게 "최대한 크게" 소리를 지르거나 박수를 치게 했을 때 나온 소음의 크기가 한 명씩 홀로 했을 때의 합에 비해 소리가 1/3 정도 덜 나온다는 사실을 발견하였다. 그러

사회적 태만(Social loafing)
사람들이 공동 목표를 향하여 함께 노력할 때 사람들이 개인적으로 책임이 있을 때보다 노력을 덜 기울이는 경향

그림 :: 8.3

줄 당기기 장치
뒷 사람들이 당기고 있다고 생각할 때 첫 번째 위치에 있는 사람은 덜 열심히 당긴다.

출처 : Ingham, Levinger, Graves 및 Peckham, 1974.

그림 :: 8.4

집단규모 증가에 따른 노력 감소
4,000명 이상의 실험참가자들이 관여한 49개 연구의 통계적 요약은 집단의 규모가 증가함에 따라 노력이 감소한다(태만이 증가한다)는 사실을 보여주었다. 각각은 이 연구들 중 어느 하나에서 나온 자료만을 대표하지는 않는다.

출처 : K. D. Williams, J. M. Jackson 및 S. J. Karau(1992)

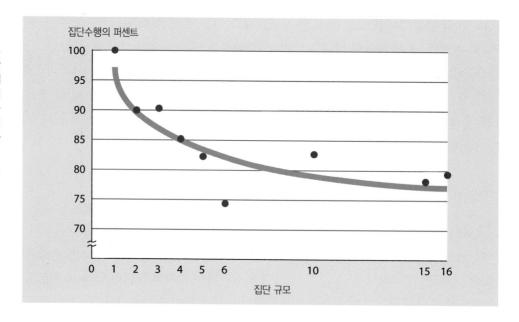

나 줄다리기 시합처럼 소음을 내는 것도 원래 집단이 불리할 가능성이 크다. 그래서 Latané와 그의 동료들은 Ingham의 예를 따라 오하이오 대학생 피험자들에게 실제로는 혼자서 하지만, 다른 사람들과 함께 소리를 지르거나 박수를 치는 것으로 믿게 하였다.

그들이 사용한 방법은 6명의 피험자들에게 눈을 가리고 좌석을 반원으로 배치하고, 헤드폰을 쓰도록 하여 사람들이 소리치는 것이나 박수치는 소리를 들려주었다. 그들은 다른 사람의 소리보다도 자신이 소리치는 혹은 박수치는 소리를 더 들을 수가 없었다. 여러 차례 그들에게 홀로 혹은 집단과 함께 소리치거나 박수치도록 지시하였디. 이 실험의 내용을 들은 사람들은 피험자들이 집단과 함께 할 때는 덜 억제받기 때문에 오히려 더 크게 소리를 질렀을 것으로 추측할 것이다(Harkins, 1981). 실제 결과는? 사회적 태만이었다. 자기 이외에 5명의 다른 사람들도 함께 소리치거나 박수치고 있다고 믿고 있을 때, 피험자들은 혼자라고 믿고 있을 때보다 1/3 가량 소리를 덜 내었다. 고등학교 치어리더들을 대상으로 그들에게 여럿이 함께 혹은 홀로 환호를 지르도록 했을 때도 사회적 태만은 발생하였다(Hardy & Latané, 1986).

재미있게도 혼자 혹은 집단으로 박수를 치는 당사자는 자신이 태만하였다고 생각하지 않는다. 그들은 두 경우 모두에서 똑같이 박수를 쳤다고 생각하였다. 이런 현상은 한 팀으로 과제를 수행하는 학생들에게서도 똑같이 나타난다. Williams는 모두가 사회적 태만이 나타난 것에는 동의하는데, 누구도 자신이 태만했다고 인정하는 사람은 없다고 보고하였다.

사회적 태만이 정책에 어떻게 적용되는지에 관심있는 정치학자 Sweeney(1973)가 텍사스 대학에서 실시한 실험에서도 그 현상을 볼 수 있었다. 학생들은 자신들의 성과가 다른 학생들의 성과와 합산되는 것으로 알고 있을 때보다는 각자 개별적으로 평가되는 것으로 알고 있을 때, 자전거 운동기구를 더 힘차게 하였다(전자계기로 측정했을 때). 집단조건에서 사람들은 **무임승차**(free-ride)하려는 유혹을 느끼고 있었다.

우리는 이 연구와 160개의 다른 연구들(Karau & Williams, 1993, 그림 8.4 참조)을

무임승차자(free-riders)
집단으로부터 이득은 받고 대가는 거의 주지 않는 사람

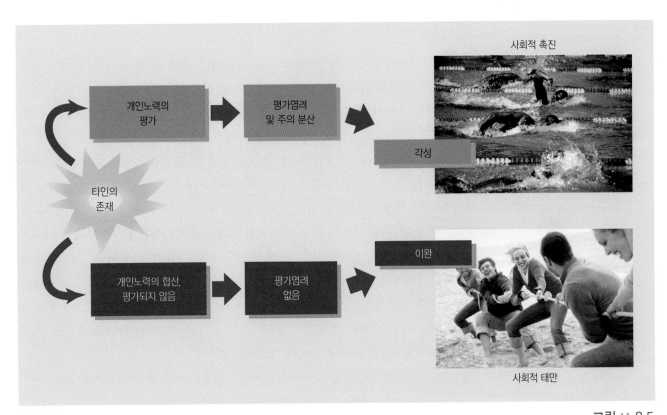

사회적 촉진

개인노력의
평가

평가염려
및 주의 분산

각성

타인의
존재

이완

개인노력의 합산,
평가되지 않음

평가염려
없음

사회적 태만

그림 :: 8.5

사회촉진인가, 사회적 태만인가?

한 개인 수영자는 경기 승리의 능력에서 평가된다. 줄다리기에서 팀의 어떤 개인도 책임을 지지 않고, 그래서 구성원들은 이완되거나 태만을 보일 수 있다.

통해 사회적 태만에는 사회적 촉진을 만들어 내는 심리적 힘 중 하나(평가염려)가 뒤섞여 있음을 볼 수 있다. 사회적 태만 실험들에서 사람들은 홀로 행동할 때만 자신이 평가를 받는다고 생각할 것이다. 집단상황(줄당기기, 소리치기 등)은 그런 평가염려를 감소시킨다. 사람이 자신의 노력에 대해 평가받지 않고 책임지지 않아도 될 때, 성과에 대한 책임은 모든 집단성원에게 분산된다(Harkins & Jackson, 1985; Kerr & Bruun, 1981). 반대로 사회적 촉진 실험은 평가에 대한 노출을 증가시켰다. 주목을 받으면, 사람들은 자의식적으로 자신의 행동을 감시한다(Mullen & Baumeister, 1987). 그래서 원리는 같은 것이다. 관찰당할 때는 평가에 대한 관심이 증가되어 사회적 촉진이 생기는 것이고, 군중 속에 놓이면 평가에 대한 관심이 감소되어 사회적 태만이 생긴다(그림 8.5).

집단성원들을 동기화시키기 위한 하나의 전략은 개인의 수행크기를 확인할 수 있게 만드는 것이다. 어떤 미식축구 코치는 각 선수의 활약을 개별적으로 녹화하여 평가함으로써 그렇게 하고 있다. 집단이든 아니든 간에 사람들은 각자의 성과가 개별적으로 확인가능할 때 노력을 가장 많이 하였다. 대학 수영팀의 수영선수들도 계영에서 각자의 시간을 기록할 것이라고 알려준 경우, 수영속도가 더 빨랐다(Williams 등 1989). 피험자들에게 조립라인 노동자 역할을 하도록 만든 한 실험에서 임금의 차등은 없더라도 각자의 성과를 확인할 수 있을 때 생산량이 16% 가량 높았다(Faulkner & Williams, 1996).

일상생활 속의 사회적 태만

사회적 태만이 어느 정도나 만연되어 있나? 실험실에서 그 현상은 줄당기기, 자전거 경주, 소리치기, 박수치기뿐만 아니라 물 퍼 올리기, 바람 불어넣기, 시 평가, 편집 일하기, 아이디어 짜내기, 타이핑 및 신호탐지에서도 나타난다. 이런 결과들이 일상의 노동생산성으로 일반화될까?

공산주의의 집단영농에서는 농부 한 명이 하루에 한 필지를 경작하고, 다음날 다시 한 필지를 경작한다. 주어진 구획에 대한 직접적인 책임은 거의 없다. 개인 용도로 작은 사적 농지가 배정되어 있다. 한 분석에 따르면, 사유지는 전체 농지의 약 1%에 불과하지만 구 소련 농가 생산의 27%를 차지하였다(Smith, 1976). 헝가리에서는 사유지가 전체 농지의 13%에 불과하지만, 전체 생산의 1/3을 차지한다(Spivak, 1979). 중국에서 농부들에게 자신이 맡은 생산 초과분에 대한 식량을 판매할 수 있도록 허용했을 때 식량생산은 연간 8% 향상하였고 이는 지난 26년간의 연간 증가율의 2.5배에 달하는 것이었다(Church, 1986). 보상을 생산적 노력에 연결시키려는 시도로 오늘날 러시아는 많은 농장을 "탈집단화"하고 있다(Kramer, 2008).

그렇다면 집단-중심적 문화에서는 사회적 태만이 있을까? 이를 확인하기 위해 Latané와 그의 동료들(Gabrenya 등, 1985)은 일본, 대만, 인도 및 말레이시아에서 자신들의 소리치기 실험을 반복해 보았다. 그 결과 이들 모든 나라에서도 역시 사회적 태만이 나타났다. 이후에 아시아에서 행한 17개의 연구들은 집합주의(집단주의) 문화에서는 개인주의 문화의 사람들보다 사회적 태만이 조금 덜 하다는 사실을 보여주었다(Karau & Williams, 1993; Kugihara, 1999).

2장에서 지적한대로, 집합주의 문화에서는 가족과 직장에 대한 충성이 강하다. 마찬가지로 여성(5장에서 설명한 대로)은 남성에 비해 덜 개인주의적이어서, 사회적 태만도 덜하다.

북미에서는 회비를 내지 않거나 조합을 위해 시간을 할애하지 않는 노동자들도 이득은 똑같이 받는다. TV 시청료를 내지 않아도 공영 TV 시청자들은 같은 혜택을 받는다. 이는 사회적 태만에 관한 또 다른 가능한 설명의 실마리를 제공한다. 한 개인이 집단에 얼마나 기여했느냐에 상관없이 보상이 균등하게 분배될 때, 집단에 무임승차함으로써 자신의 노력에 비해 더 많은 보상을 받는 사람이 생기게 된다. 그래서 사람들은 자신의 노력이 개별적으로 확인되고 그에 따라 보상받지 않을 때, 태만해지기 쉽다.

예를 들어, 한 피클공장에서 핵심적인 일은 컨베이어 벨트에서 크기가 알맞은 피클용 오이를 골라내어 용기에 담는 것이다. 불행히도 그 공장의 공원들은 자신의 성과가 확인되지 않기 때문에(용기가 품질관리 부서에 도달하기 전에 공동의 큰 통에 모아진다) 아무 크기의 피클을 용기에 담는 유혹에 빠졌다. Williams, Harkins 및 Latané(1981)는 사회적 태만에 관한 연구로 볼 때 개인의 생산크기가 확인될 수 있도록 만들어 "만약 피클 포장을 하는 사람들에게 잘 포장된 피클에 대해서만 임금을 지불한다면 얼마나 많은 포장을 할까?"라는 궁금증이 생겼다.

보스턴에서 열린 찰스 강 레가타 경주에서의 팀워크: 사회적 태만은 개인에게 책임이 돌아가지 않는 경우에 집단으로 일할 때 발생한다. 그러나 과제가 도전할 만한 가치가 있고, 매력적이고, 몰입되어 있으며, 집단성원들이 친구들인 경우는 예외이다.

그러나 분명히 개인들의 노력을 결합할 때, 늘 사회적 태만이 생기는 것은 아니다. 때로 목표가 매우 도전해볼 만한 것이고 모든 사람의 성과를 최대로 모아야 하는 것이면, 팀 정신이 유지되고 개인의 노력은 강화된다. 올림픽 조정경기에서 한 팀인 8명의 개개 선수들은 1~2명의 선수들에 비해 노를 젓는 데 노력을 덜할까?

증거로 볼 때, 확실히 그렇지 않다. 과제가 도전적이거나, 매력적이거나, 몰입할 만하면 집단성원들의 사회적 태만은 덜하다(Karau & Williams, 1993l Tan & Tan, 2008). 도전할 만한 과제에서 사람들은 자신의 노력이 필수적이라고 지각한다(Harkins & Petty, 1982; Kerr, 1983; Kerr & others, 2007). 사람들이 자기집단의 타인들을 믿을 수 없는 사람으로 혹은 집단에 많은 기여를 하지 못할 사람으로 볼 때, 더 열심히 한다(Plaks & Higgins, 2000; Williams & Karau, 1991). 또한 유인가를 추가하거나 집단이 어떤 기준을 달성하기 위해 도전할 때, 집단적 노력이 촉진된다(Harkins & Szymanski, 1981; Shepperd & Wright, 1989). 집단이 노력을 많이 하면 보상받을 수 있는 수행을 해낼 수 있다고 믿을 때(스톡옵션이 주어진 인터넷 회사의 임원들처럼), 구성원들은 더 열심히 일한다(Shepperd & Taylor, 1999).

또한 집단성원들이 서로 모르는 사람들인 경우보다는 친구들이거나 그 집단에 동일시하는 사람들인 경우는 사회적 태만이 덜 나타난다(Davis & Greenless, 1992; Gockel & others, 2008; Karau & Williams, 1997; Worchel 등, 1998). 심지어 누군가와 다시 상호작용하게 될 것이라고 기대하는 것만으로도 팀 프로젝트에서 노력을 증대시킨다(Griebeboom & others, 2001). 수업 프로젝트를 함께 할 경우에도 다시 만나지 않을 것이라고 예상할 때보다 다시 만날 것이라고 예상할 때 아마도 더욱 열심히 할 것이다. 응집력은 노력을 강화시킨다.

이 결과들 중 일부는 일상의 작업집단에 관한 연구 결과와 일맥상통한다. 집단에게 도전할 만한 목표가 주어진 경우, 집단이 성공하면 자신들도 보상을 받는 경우, 팀에 대한 희생정신이 있는 경우는 집단성원들이 열심히 일한다(Hackman, 1986). 집단이 소규모이고 동등한 능력을 지닌 사람들로 구성하면, 구성원들이 자신의 기여가 필수적이라고 생각하도록 하는 데 도움이 된다(Comer, 1995). 집단성원들이 집합적으로 일하고 결과에 대한 책임이 개인에게 돌아오지 않을 때, 공통적으로 사회태만이 생기기 때문에 일손이 많다고 해서 항상 일이 쉬워지는 것은 아니다.

요약 : 사회적 태만: 집단에서 개인은 덜 노력하는가?

- 사회촉진 연구자들은 각자가 개별적으로 평가될 수 있는 과제를 수행할 때 사람들의 수행이 어떤지를 연구하고 있다. 그러나 많은 작업 상황에서 사람들은 개인적 책임이 없는 가운데서 공동의 목표를 위해 노력을 모아 일한다.
- 연구들에 의하면 "가산과제"를 할 때, 집단성원들은 종종 열심히 일하지 않는다. 이 결과는 책임분산으로 인해 개개 집단성원들이 집단노력에 무임승차하려는 유혹에 빠지는 것과 일맥상통한다.
- 그러나 사람들은 목표가 중요하고, 보상이 의미가 있으며, 그리고 팀 정신이 존재하면 집단에서 훨씬 더 많은 노력을 기울인다.

몰개성화: 집단 속에서 사람들은 자기감을 상실하는가?

| "몰개성화"("deindividuation")를 정의하고 이것을 촉발하는 환경을 확인하기.

2003년 4월에 미군이 이라크의 도시에 진군했을 때, 아담 후세인 통치로부터 해방된 약탈자들이 날뛰었다. 약탈자들로 인해 병원은 병상을 빼앗겼다. 국립도서관은 수만권의 고문서를 약탈당했고, 방화로 인해 폐허가 되었다. 대학들은 컴퓨터, 의자, 심지어 전구를 잃어버렸다. 바그다드에 있는 국립박물관은 48시간도 안 되어 수천 점의 모조 문화유물(진품은 안전을 위해 사전에 옮겨둠)을 잃었다(Burns, 2003a, b: Lawler, 2003c). 사이언즈 지(紙)는 스페인 점령군들이 아즈텍과 잉카문명을 약탈한 이후, 그렇게 단시간 내에 많은 것을 잃은 적이 없었다고 보도하였다(Lawler, 2003a). 한 대학의 학장은 "그들은 폭도이었다. 50명 무리가 왔다 가면, 또 다른 한 무리가 왔다."고 설명하였다(Lawler, 2003b).

이런 보고 – 그리고 런던과 기타 영국 도시에서 있었던 2011년 방화와 약탈의 보고 – 는 세상 사람들에게 다음과 같은 궁금증을 유발했다. 약탈자들의 도덕심에 무슨 일이 생긴 것인가? 왜 그런 행동이 분출했을까? 그리고 왜 그런 행동은 예상할 수 없을까?

그들의 행동은 심지어 많은 폭도들이 나중에 무엇이 그들을 사로잡았는지 궁금하게 여길 정도였다. 법정에서 일부 체포된 폭도들은 자신들의 행동에 당황한 것처럼 보였다(Smith, 2011). 그들 중 한 사람인 최근 대학 졸업생의 어머니는 자신의 딸이 텔레비전을 훔쳐 체포된 이래로 계속해서 침대에서 울고 있다고 말했다. "딸은 아직도 왜 그렇게 했는지 모르고 있다. 딸은 텔레비전이 필요없었다." 집에 가다가 슈퍼마켓 약탈로 체포된 한 공대생은 "분위기에 휩쓸렸고" 현재 "대단히 부끄러워 하고 있다."고 변호사를 통해 말했다(Somaiya, 2011).

혼자서는 할 수 없는 것을 여럿이 행동하기

사회적 촉진 실험들은 집단이 사람들을 각성시킬 수 있음을 보여준다. 사회적 태만 실험들은 집단이 개인의 책임을 분산시킬 수 있음을 보여주고 있다. 각성과 책임분산이 결합되고 정상적인 억제가 감소하면, 놀라운 결과가 발생한다. 사람들은 억제가 풀린 가벼운 행동(식당에 음식 던지기, 심판에게 대들기, 록 콘서트에서 비명 지르기)에서부터 파괴적인 사회적 폭발(경찰의 잔인성, 폭동, 린칭)까지 범할 수 있다. 1967년에 발생한 한 사고에서 타워에 올라가 뛰어내린다고 위협하는 정신이상자인 한 학생을 보기 위해 200명의 오클라호마 대학생들이 모였다. 그들은 "뛰어, 뛰어…"라고 함께 외쳤고, 그 학생을 뛰어내려 죽었다(UPI, 1967).

이와 같은 탈억제 행동들은 공통점이 있다. 그 행동들은 종종 집단의 힘에 의해 발생한다. 집단은 흥분감을 만들 수 있고, 자기 자신보다는 더 거대한 무언가에 사로잡히게 된다. 한 사람의 록 팬이 록 콘서트에서 흥분하여 소리를 지르기 어렵고, 한 명의 오클라호마 대학생이 누군가를 자살하도록 유도하기 어렵고, 한 명의 경찰관이 무방비

상태인 과속운전자를 구타하기도 어렵다. 사람들은 어떤 집단 상황에서는 정상적인 억제 상태를 포기하고, 개인의 정체감을 상실하여 집단이나 군중의 규범에 따라 행동하게 된다. 한마디로 Festinger, Pepitone 및 Newcomb(1952)가 명명한 **몰개성화** 상태가 된다. 어떤 상황이 이런 심리상태를 일으킬까?

집단규모

집단은 구성원들을 각성시킬 뿐 아니라 각 개인의 신분을 확인할 수 없게 해준다. 다 같이 소리를 지르는 군중은 누가 소리를 지르는 농구 팬인지를 숨겨준다. 난동을 부린 군중들은 자신이 기소되지 않을 것으로 믿는다. 그들은 그 행동을 자신이 아닌 '집단'의 행동으로 생각한다. 군중 때문에 자신의 얼굴이 밝혀지지 않는 폭도들은 자유롭게 약탈을 한다. Mann(1981)은 군중의 수가 적으며 대낮인 경우는 사람들은 그 사람을 뛰어 내리도록 유혹하지 않았다. 반면 군중의 수가 많고 어둠이 사람들에게 익명성을 보장해 주었을 때 사람들은 통상 그를 뛰어 내리도록 유혹하거나 놀렸다.

명백히 정상적인 양심없이 행동하는 예로서 사담 후세인 정권 몰락 후 사람들이 이라크 기관을 약탈하고 있다.

Mullen(1986)도 폭도들의 분석에서 비슷한 결과를 발견하였다. 폭도의 수가 많을수록 그들은 자의식을 상실하여 불을 지르거나 희생자에게 상처를 입히거나 손발을 자르는 등의 잔인한 행위를 저지르게 된다. 경기장 난동으로부터 폭도까지에 이르는 이런 예들에서 각 개인은 남들의 평가에 대해서는 거의 걱정하지 않는다. "모든 사람이 한 행위"이기 때문에 모든 사람들은 그 행위가 각자의 선택에 의한 것이라기보다는 상황 때문에 일어난 것으로 귀인하게 된다.

몰개성화(deindividuation) 자의식과 평가 염려를 잃는 것; 집단 규범, 선 또는 악에 대한 반응성을 강화시키는 집단상황에서 발생한다.

Zimbardo(1970)는 단순히 혼잡한 도시의 군중도 익명성을 만들어 반달리즘(문화파괴)이 허용되는 규범이 생기는지를 살펴보았다. 그는 2대의 10년 된 낡은 차를 구입하여 번호판을 떼고 엔진 뚜껑을 열어 둔 채, 한 대는 뉴욕 대학의 브롱스 캠퍼스 근처 길가에, 다른 한 대는 그보다 훨씬 작은 도시인 팔로알토에 있는 스탠포드 대학 근처에 방치해 두었다. 뉴욕에서는 10분 정도가 지나자 첫 번째 스트리퍼(자동차의 부속품을 떼 가는 사람)가 도착하여 배터리와 라디에이터를 가져갔다. 3일 후 23건의 절도와 반달리즘(깔끔한 옷차림의 백인들에 의한)에 의해 자동차는 완전히 부서져 고철 덩어리가 되고 말았다. 대조적으로 팔로알토에서는 1주일이 지나도록 단 한 명만이 지나다가 비가 올 때 엔진 뚜껑을 덮기 위해서 그 자동차에 손을 댔을 뿐이었다.

익명성

브롱스와 팔로알토의 결정적 차이가 브롱스에서 익명성이 더 크기 때문이라고 어떻게 확신할 수 있나? 확신할 수 없다. 하지만 실제로 익명성이 억제력을 줄여주는지의

그림 :: 8.6
신분확인이 가능한 여성들보다 익명이 보장된 여성들이 무기력한 희생자에게 더 많은 전기쇼크를 주었다.

여부를 알아 볼 수 있는 익명성 실험을 해보면 안다. Zimbardo(1970, 2002)는 어떻게 윌리엄 골딩의 파리대왕에서 착한 소년들이 자신의 얼굴에 페인팅을 하고 난 후, 악마가 되는지가 궁금하였던 학부생의 실험에서 아이디어를 얻었다. 익명성을 실험하기 위해, 뉴욕대학의 여대생들에게 마치 KKK 단원처럼 똑같은 흰색 옷과 두건을 입도록 하였다(그림 8.6). 여대생에게 전기쇼크를 주도록 요청했을 때, 그들은 자신의 옷을 입고 큰 명찰을 달고 있는 여대생들이 준 것보다 2배 정도에 해당하는 전기쇼크 버튼을 눌렀다. 심지어 어두운 빛이나 선글라스를 끼고 있는 것도 사람들의 지각된 익명성을 증대시키고, 그래서 속임수를 쓰거나 이기적으로 행동하려는 마음을 키운다(Zhong & others, 2010).

인터넷도 비슷한 익명성을 준다. 바그다드의 폭도들이 저지른 약탈을 보고 놀란 수많은 사람들도 바로 그날 익명으로 음악과 소프트웨어의 저작권을 침해하고 있었다. 수많은 사람들이 양심의 가책도 없이 저작권이 보호된 재산을 내려받고, MP3 플레이어를 통해 듣는 것은 부도덕하다고 생각하지도 않는다. 대화방, 뉴스그룹 등에서도 익명성으로 인해 대면한 상태의 대화에서 보는 것보다 훨씬 적대적이고 억제되지 않은 심한 언행을 볼 수 있다(Douglas & McGarty, 2001). "정신차려, 바보 자식아"와 같이 면전에서 도저히 못할 말을 하며 인터넷상에서 놀리는 사람은 자신들의 익명성 뒤에 숨은 것이다. 페이스북은 신용을 위해 실제 이름을 쓰게 하는데, 이것은 놀리고, 증오심으로 가득차고 그리고 자극적인 말을 제한시켜 준다.

몇몇 경우에 익명적인 온라인 방관자들은 자살을 위협하는 사람을 부추기며, 때로 그 장면을 수십 명의 사람들에게 실시간으로 찍어 보낸다. 온라인 공동체는 "건물 끝에 서 있는 아이 주변에 몰려 있는 군중과 같다."고 기술의 사회적 효과 분석관 한 사람은 말했다(Stelter, 2008에서 인용). 때로 조심스러운 사람은 그 사람에게 내려오라고 말하려고 애쓰지만, 그 반면에 다른 사람은 실제로 "뛰어, 뛰어"라고 소리친다. "이 공동체의 익명적 성질은 이 사이트 사람들의 야비함이나 냉담을 대담하게 만들 뿐이었다."

Ellison, Govern 및 그들의 동료들(1995)은 몰개성화 현상을 길거리에서 검증하기 위해 실험협조를 하는 운전자에게 컨버터블(천장을 올렸다 내렸다 하는 승용차) 자동차

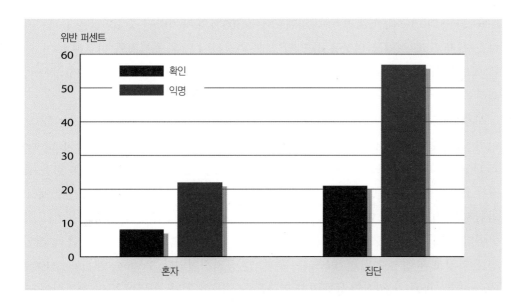

나 4×4 자동차가 자기 차 뒤에 있을 때 적색 신호등에 서서 12초간 기다리도록 하였다. 기다리는 동안 뒷차가 경적(온순한 형태의 공격행위)을 울리는지를 기록하였다. 천장을 내린 상태의 컨버터블과 4×4 자동차를 비교했을 때, 천장을 올려 운전자의 익명성이 확보된 운전자들이 1/3 정도 빨리 경적을 울려 댔으며, 횟수도 2배, 경적시간도 거의 2배나 오랫동안 울렸다.

Diener(1976)가 이끄는 연구팀은 집단에 속해 있고 신체적으로 익명이 보장된 상태에서 그 효과를 잘 보여주었다. 그들은 할로윈 데이(만성절)에 시애틀에 거주하는 1,352명의 어린이들이 하는 "속을래-당해볼래" 놀이를 관찰하였다. 어린이들이 혼자 혹은 집단으로 그 도시에 있는 27개의 가정을 찾아갔을 때 실험자는 그들을 따뜻하게 맞이하고 "사탕 중 하나만 가져가라."고 말한 후 그 방을 떠났다. 숨어서 그들을 관찰한 결과, 집단으로 온 어린이들이 혼자서 온 어린이보다 추가로 2배 사탕을 더 가져갔다. 또한 실험자가 이름을 묻고 사는 곳을 물어본 아이들보다 익명으로 남겨둔 아이들이 2배 가량 위반행동(추가로 사탕을 더 가져간 행동)을 더 많이 하였다. 그림 8.7에서 보듯, 위반 비율은 상황에 따라 극적으로 달랐다. 집단으로 왔으며 익명이기 때문에 몰개성 상태인 어린이들이 사탕을 가장 많이 훔쳐갔다.

이런 결과들은 유니폼 착용의 효과를 궁금하게 만든다. 어떤 부족의 전사들은 전쟁을 준비할 때 자신의 몸과 얼굴에 페인트나 특수한 표식을 함으로써 각자의 특징을 없앤다(열성 스포츠팬도 마찬가지이다). 어떤 문화에서는 전쟁 후에 남은 적들을 죽이거나 고문하거나 불구로 만들고, 어떤 문화에서는 그냥 감옥에 가둔다. Watson(1973)은 문화인류학적 자료를 정리한 결과, 전쟁 때 각 전사의 특징을 없애는 문화가 적을 잔인하게 처리하는 문화임을 발견하였다. 로드니 킹을 때린 LA 경찰관들도 제복을 입고 있었다. 그들은 정지명령을 무시한 피의자 때문에 화가 나 있었고 흥분되어 있었다. 그들은 서로 동지애를 즐기고 있었고 외부인 누군가가 자신들의 행위를 보고 있다는 사실을 알지 못했다. 그래서 정상적인 기준을 망각한 채 상황에 휩쓸리고 말았다.

Silke(2003)의 연구에 따르면, 북아일랜드에서 500건의 폭력사건 중 206건은 공격자가 마스크, 두건 혹은 얼굴 위장을 하고 있었다. 위장하지 않은 공격자와 비교해 보면, 이들 익명의 공격자들은 더 심한 상처를 주었고, 더 많은 사람을 공격했으며, 더 많이 파괴하였다.

신체적으로 익명이 되면 항상 우리의 나쁜 충동이 풀리는가? 다행히 그렇지는 않다. 이런 모든 상황에서 사람들은 두드러진 반사회적 단서에 민감하게 반응한다. Johnson과 Dowing(1979)은 Zimbardo의 실험에 참여한 피험자들이 입은 KKK 단원복 같은 복장은 호전성을 유발시킬 수 있다고 지적하였다. 조지아 대학에서 수행된 한 실험에서, 피험자인 여성들에게 어떤 사람에게 전기쇼크를 주기에 앞서 간호사 복장을 입도록 하였다. 자신을 익명으로 만드는 간호사복을 입었을 때, 그들은 자신의 이름과 개인 정체가 강조된 경우보다 전기쇼크를 줄 때 덜 공격적이었다. Postmes와 Spears(1998; Reicher 등, 1995)가 60개의 몰개성화 연구들을 분석한 결과, 익명이 되면 자의식이 낮아지고, 집단의식이 높아져서, 부정적이든(KKK 단원복) 긍정적이든(간호사복) 간에 그 상황의 단서에 민감하게 반응하게 된다고 결론내렸다. 만약 이타적 단서가 주어지면, 몰개성화된 사람들은 더 많은 기부금을 낸다(Spivey & Prentice-Dunn, 1990).

흥분과 주의분산 행위들

대개 대규모 집단의 공격적 분출은 사람들을 흥분시키고 그들의 주의를 전환시키는 작은 행동이 이후에 뒤따라 나오게 된다. 집단이 소리치고, 환호하고, 박수치고, 춤추는 것은 사람들을 흥분시켜 자의식을 감소하게 만든다.

통일교의 한 신자는 "칙칙폭폭" 박수가 어떻게 사람들을 몰개성 상태에 빠지도록 도와주는지를 다음과 같이 말하고 있다.

모든 형제자매들이 서로 손을 잡고 점점 큰소리로 '칙칙폭폭, 칙칙폭폭(점점 크게), 칙칙폭폭, 예! 예!'라고 연호한다. 이런 행동은 우리를 하나의 집단으로 만들고, 약간 이상한 방식이지만 우리 모두는 다 같이 중요한 무언가를 경험할 수 있었다. 칙칙폭폭의 힘이 나를 놀라게 했지만 나를 편하게 만들었고, 에너지를 만들어 내보내는 무언가를 느낄 수 있었다(Zimbardo 등, 1977, p.186).

Dinner의 실험들(1976, 1979)은 돌 던지기와 집단으로 노래 부르기와 같은 행위들이 탈억제 행동을 할 수 있는 무대를 제공해 줄 수 있음을 보여주었다. 다른 사람들이 이런 행동을 하는 것을 보기만 해도 같이 하고 싶은 충동이 생긴다. 우리가 다른 사람들이 우리처럼 행동하는 것을 보면 그들도 내가 느꼈던 것과 같이 느낄 것이라고 생각하며 그것은 우리의 감정을 강화시킨다(Orive, 1984). 더욱이 충동적인 집단행동은 우리의 주의를 뺏어간다. 우리가 심판에게 고함을 지를 때, 우리는 우리 자신의 가치에 대해 생각하지 않는다. 우리는 단지 지금 우리 앞에 놓인 상황에 반응하고 있는 것이다. 나중에 우리가 했던 말이나 행동을 생각해 보면, 때로 창피함을 느끼기도 한다. 간혹 우리는 춤, 예배, 팀스포츠와 같이 강렬하며 긍정적인 경험을 주고, 타인과의 친밀함을 즐기기 위해 몰개성화를 주는 집단 경험을 추구하는 경우도 있다.

자의식의 감소

자의식을 감소시키는 집단 경험을 하면 태도와 행동 간의 연결이 끊어져 버린다. Ed Diener(1980) 및 Steven Prentice-Dunn, 및 Ronald Rogers(1980, 1989)의 실험은 자의식이 낮고, 몰개성화 상태인 사람들이 덜 억제적이며, 덜 자기조정적이고, 자신의 가치에 대한 생각 없이 행동하기 쉬우며, 보다 상황에 의해 반응한다는 사실을 발견하였다. 이런 결과들은 **자의식**(self-awareness)에 관한 실험들을 지지하며 보충해 주는 것들이다.

자의식은 몰개성화의 반대개념이다. 거울이나 TV 카메라 앞에서 행동하도록 하여 자의식적으로 만든 사람들은 자기 통제력이 증가됨을 보여주고 그들의 행동에는 그들의 태도가 잘 반영되어 있다. 사람들에게 거울 앞에서 여러 종류의 크림치즈를 먹도록 하면, 지방이 많은 것은 잘 먹지 않는다(Sntyrz & Bushman, 1998). 다이어트하는 사람은 주방에 거울을 걸어 두는 것이 좋을 것이다.

자의식이 높은 사람은 부정행위도 덜 하였다(Beaman 등, 1979; Diener & Wallborn, 1976). 그래서 자의식을 지닌 사람은 점차 개성 있고 독립적인 사람이 된다(Nadler 등, 1982). 일본에서와 같이(거울이 있건 없건) 사람들이 다른 사람에게 어떻게 보이는지를 더 자주 생각하는 곳에서는 거울 앞이 아닐 때라도 부정행위할 가능성이 줄어들었다(Heine & others, 2008). 원리는 이렇다. 자의식적인 사람 또는 일시적으로 그렇게 만든 사람은 그 상황에서의 말과 행동 사이의 일치가 커진다.

술을 마시는 것과 같이 자의식이 낮아지는 상황에서는 몰개성화가 증가된다(Hull 등, 1983). 거울과 카메라, 작은 동네, 밝은 불빛, 큰 이름표, 고요함, 사복과 사저 같은 자의식을 높여주는 상황에서는 몰개성화가 감소한다(Ickes 등, 1978). 청소년들이 놀러나갈 때, 부모들은 "재미있게 놀거라. 하지만 네가 누군지를 잊지 마라"라고 충고하는 것이 좋다. 다시 말해 집단에서 즐겁게 지내되, 자의식적이어야 한다. 즉, 각자의 정체성을 지키고, 몰개성화되지 말아야 한다.

자의식(self-awareness)
주의가 자기 자신에게 초점을 두게 하는 자의식적 상태. 이것이 사람들에게 자신의 태도와 성향에 더욱 민감하게 만든다.

요약 : 몰개성화: 집단 속에서 사람들은 자기감을 상실하는가?

- 높은 수준의 사회적 흥분이 책임감 분산과 결합될 때, 사람들은 정상적인 억제력을 잃고 개인의 정체성을 상실하게 된다.
- 특히 흥분되고 주의분산이 된 상태로 대규모 집단 속에서 혹은 자신의 신분을 숨길 수 있는 복장으로 자신의 익명성이 보장된다고 느낄 때, 몰개성화 상태가 될 가능성이 크다.
- 그 결과로 사람들은 자의식과 자제력이 낮아지고, 그것이 좋은 것이든 나쁜 것이든 그 상황에 따라 반응하게 된다. 몰개성화는 자의식이 높을 때 줄어든다.

집단극화: 집단이 우리의 의견을 더 강화시키나?

유사한 마음을 지닌 사람들과의 상호작용이 기존의 태도를 증폭시키는 경향을 기술하고 설명하기.

집단 상호작용이 좋든 나쁘든 그런 결과를 가져오는가? 경찰관의 잔인성과 폭도들의 폭력은 그런 파괴적 결과의 가능성을 보여주는 것이다. 그러나 지지집단의 리더, 경영고문 및 교육이론가들은 이런 작용의 이점을 주장하고 있고, 사회운동과 종교운동에서는 같은 마음을 지닌 타인들과의 친교를 통해 구성원들의 정체성을 강화시키려 하고 있다.

소집단에 속한 사람들에 관한 연구는 좋은 결과와 나쁜 결과 모두를 설명해 줄 수 있는 하나의 원리를 제공해 주었다. 즉, 집단토의는 구성원들이 지닌 초기의 태도를 강화시켜 준다는 것이다. **집단극화(group polarization)**에 관한 연구 과정을 살펴보면 어떻게 때로 연구자에게 하나의 흥미 있는 발견이 성급하고 잘못된 결론을 내리도록 유도하고, 궁극적으로 그것이 보다 정확한 결론으로 수정되는지의 과정을 잘 보여주고 있다. 이는 내가 직접 관여했던 분야로서 과학의 미스터리 중 하나이다.

집단극화(group polarization) 구성원들의 이미 존재하는 경향에 대한 집단유발적 고양; 집단 내의 분열이 아니라 구성원들의 평균 경향성 강화

"모험이행" 사례

당시 MIT 대학원생이었던 Stoner(1961)의 놀라운 연구결과가 발표된 이후 이와 관련된 300여 편의 연구논문이 나왔다. Stoner는 공업경영학 분야의 석사학위 논문으로 집단이 개인보다 신중하다는 일반인들의 통념을 검증하였다. 그는 연구참여자들에게 한 가상인물이 어느 정도의 모험을 해야 하는지 조언하는 과제를 주었다. 당신이 실험참여자라면, 이런 상황에서 그 사람에게 어떤 조언을 주겠는가?

헬렌은 상당한 재능을 지닌 작가지만, 글 쓰는 것으로는 안락한 삶을 영위할 만큼의 수입이 되지 않았다. 그녀는 최근 좋은 소설의 아이디어에 사로잡혔다. 만약 소설이 완성되어 채택되면, 상당한 파장을 일으키고 그녀의 경력도 크게 올라갈 것으로 예상되었다. 한편 그녀가 소설을 집필하지 못하거나 소설이 실패작이 되면, 급료도 없는 오랜 시간과 에너지를 낭비하는 셈이 될 것이다.

당신이 헬렌에게 조언을 준다고 생각해 보라. 헬렌에게 그 소설을 집필하도록 하는 것에 동의하는 가장 낮은 확률에 체크하라. 그 소설이 성공할 가능성이 최소한 어느 정도일 때, 헬렌이 그 소설을 집필해야 한다고 생각하는가?

　　　　　　1/10

　　　　　　2/10

　　　　　　3/10

　　　　　　4/10

　　　　　　5/10

　　　　　　6/10

_____ 7/10

_____ 8/10

_____ 9/10

_____ 10/10 (그 소설이 어느 정도의 성공 가능성이 있을 때, 헬렌이 소설
을 집필해야 한다고 생각하는지를 이곳에 체크하라)

당신이 먼저 결정한 후에 이 책의 독자들이 내린 결정의 평균을 추측해 보라.

이런 종류의 여러 문항들에 표시하고 난 후, 5명 가량의 개인들이 함께 토의한 후 각 문항에 대해 합의를 하도록 하였다. 토의 이전에 각자 내린 결정의 평균치와 비교할 때, 집단토의의 결과는 어떠했을까? 집단이 더 모험적인 결정을 했을까? 더 신중한 결정을 했을까? 아니면 집단과 개인의 결정이 같았을까?

놀랍게도 대개 집단의 결정은 더 모험적인 것이었다. "모험이행현상"으로 명명된 이 결과는 집단 모험추구에 관한 연구들이 쏟아져 나오게 만든 계기가 되었다. 이 연구들은 집단이 합의로 의사결정을 할 때만 모험이행이 발생하는 것은 아니고, 단순히 토의한 후 개인들이 자신의 결정을 바꾸기 때문에 발생한다는 것을 보여주었다. 더욱이 연구자들은 여러 나라에서 다양한 연령층과 다양한 직업을 지닌 사람들을 대상으로 연구한 결과, Stoner의 연구결과가 반복됨을 확인하였다.

토의 도중, 의견이 수렴된다. 그러나 대개는 수렴되는 지점이 구성원들의 평균치보다 낮은(즉, 모험적인) 쪽이라는 점이 의아하다. 여기에 즐거운 수수께끼가 있다. 약간의 모험이행 효과는 일관된 결과이며 예상치 못한 것이었고, 당장은 명확히 설명할 수 없는 것이었다. 집단영향이 이런 결과를 낳은 것인가? 그렇다면 그것이 어떻게 퍼져나가는 것인가? 배심원들, 회사의 각종 위원회, 군 조직에서의 토의가 모험적인 결정을 하도록 촉진시키나? 이것이 혼자인 경우에 비해 탑승자가 2명 이상인 상태에서 16 또는 17세 청소년들이 무모하게 과속 운전하여 사망률이 거의 2배나 되는 이유를 설명해 줄 수 있나?(Chen 등, 2000) 이것이주식이 오르고 있는 이유를 토의하고, 그래서 주식이 훨씬 높게 치솟게 하는 정보의 폭포를 만들어 내는 것처럼, 주식의 거품을 설명할 수 있을까?(Sustein, 2009).

수년간의 연구 끝에 우리는 모험이행이 보편적으로 나타나는 현상이 아니라는 사실을 알게 되었다. 토의 후에 사람들이 더 신중한 결정을 하는 경우도 있었다. 한 딜레마의 예에서 '로저스'는 2명의 초등학생 자녀를 둔 젊은 기혼 남자지만 수입이 적은 직업을 갖고 있었다. 로저스는 생활필수품을 구입할 여유는 있었지만, 고급 물건을 살 여유는 거의 없었다. 그는 비교적 무명인 어느 회사에서 출시한 신제품이 소비자의 호감을 사면 그 회사의 주식이 곧 3배로 오르고, 만약 그 신제품이 잘 팔리지 않으면 그 주식이 상당히 떨어질 것이라는 소식을 들었다. 로저스가 그 회사에 돈을 투자하기 위해 자신의 생명보험을 해지할까 하고 고민하고 있다.

헬렌이 처한 상황에 대한 토의 후에는 집단이 더 모험적인 결정을 하는 경향성이 있고, 로저스의 상황에 대한 토의 후에는 집단이 더 신중한 충고를 할 경향성이 있다고 예언하는 일반 원리를 찾을 수 있을까? 만약 당신이 대부분의 다른 사람과 같다면, 다

른 사람과 토의 이전에 비하여 로저스보다는 헬렌에게 더 모험적인 선택을 하도록 충고할 것이다. 집단토의는 각자의 처음 생각을 더 강화시키는 경향이 있음이 밝혀졌다; "로저스"의 딜레마를 토의한 집단은 토의 이전에 비하여 더욱 위험 혐오적이 되었다.

집단은 의견을 더 강하게 만드나?

우리는 집단이 우리의 의견을 일관되게 모험 쪽으로 이동시키는 것이 아니라, 집단토의가 집단성원들의 초기 생각을 더 강하게 만드는 경향이 있음을 알게 되었다. 이런 생각은 연구자들에게 Moscovici와 Zavalloni(1969)가 집단극화라고 부르는 현상을 제안하도록 이끌었다. 이는 집단토의는 전형적으로 집단성원들의 평균적 성향을 강화시키는 현상이다.

집단극화 실험

집단토의로 인해 생기는 구성원들의 의견변화에 대한 새로운 주장을 검증하기 위해 실험자들은 대부분의 구성원들이 찬성하는 혹은 대부분의 구성원들이 반대하는 주제를 토의하도록 하였다. 집단에서 토의가 이뤄지면 구성원들의 초기태도가 더 강화되나? 집단 속에서는 모험을 추구하는 사람은 더 모험적이 될 뿐만 아니라, 고집쟁이는 더 고집스러워지고, 기부자는 더욱 더 기부를 많이 하는 사람이 되는가? 그것이 집단극화 가설이 예언하는 바이다(그림 8.8).

수많은 연구들이 집단극화 현상을 입증하였다.

- Moscovici와 Zavalloni(1969)는 집단토의가 프랑스 학생들의 자국 대통령에 대한 초기의 회의적 태도와 미국인에 대한 부정적 태도를 더 강화시킨다는 사실을 발견하였다.
- Isozaki(1984)는 일본 대학생들이 교통사고 사례에 대해 토의를 한 후 운전자에 대해 "유죄" 판단이 더 우세해짐을 발견하였다.
- Brauer와 그의 동료들(2001)은 프랑스 학생들이 집단토의 후에 공통적으로 부정적인 인상을 가진 어떤 사람들을 더 혐오하게 된다는 사실을 발견하였다.

그림 :: 8.8
집단극화
가설은 토의가 구성원들이 공유한 태도를 더 강화시킬 것으로 예언한다.

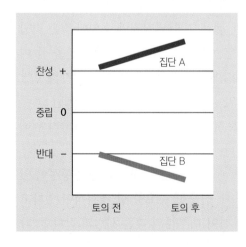

또 하나의 연구책략은 구성원들의 의견이 나눠져 있고, 같은 입장을 지닌 사람들끼리 격리되어 있는 주제를 선정하는 것이다. 같은 생각을 지닌 사람들 간의 토의는 그들이 공유한 입장을 강화시킬 것인가? 양측을 갈라놓은 태도 격차가 더 커질 것인가?

Bishop과 나는 그것이 궁금하였다. 그래서 비교적 편견이 심한 고등학생들과 편견이 없는 고등학생들에게 토의 이전과 이후에 재산권 보호와 거주지 자유 중 어느 것이 우선이냐와같은 인종에 대한 태도가 관여하는 주제를 토의하도록 하였다(Myer & Bishop, 1970). 그 결과 생각이 같은 학생들끼리의 토의는 두 집단 간의 초기 격차를 더 증가시킴을 발견하였다(그림 8.9).

영국과 호주의 연구도 집단토의가 긍정적 경향과 부정적 경향 모두를 확대시킬 수 있다는 것을 확증했다. 사람들이 이민자 집단과 같이 부정적 인상을 공유하고 있으면, 토의는 부정성을 지지하고 차별 의지를 증대시킨다(Smith & Postmes, 2011). 그리고 사람들이 정의에 대한 관심을 공유하면, 토의는 도덕적 관심을 확대시킨다(Thomas & McGarty, 2009).

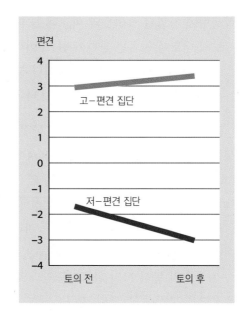

그림 :: 8.9

집단토의는 편견이 높은 고등학생 집단과 낮은 고등학생 동질적 집단 간의 극화를 증가시켰다. 즉, 인종이 관여된 주제를 토론하게 하면, 편견이 높은 집단에서는 편견이 더 높아지고, 편견이 낮은 집단에서는 편견이 감소하였다.

출처: Myers & Bishop, 1970.

일상생활 속의 집단극화

일상생활 속에서 사람들은 주로 자신과 태도가 비슷한 사람끼리 서로 어울려 지낸다(11장 참조)(당신의 친구들을 둘러보라). 같은 생각을 지닌 친구들 간의 상호작용이 이미 공유한 태도를 강화시키는가? 바보는 더 바보가 되고 영리한 사람은 더 영리해지는가?

그렇다. Maccoby(2002)는 소년들을 모두 남성인 집단에 넣고, 소녀들을 모두 여성인 집단에 넣은 결과, 처음에는 약하게 지닌 성차이가 강해졌다. 소년들 속의 소년은 점차 더 경쟁적이고, 놀이와 연극에서 실천-지향적으로 변한 반면, 소녀들 속의 소녀는 점차 더 관계-지향적으로 변하였다. Schkade와 Sunstein(2003)은 미국 연방 항소심재판 사례에서 "공화당이 추천한 판사들은 더 친 공화당원이 되는 경향이 있는 반면, 민주당이 추천한 판사들은 더 친 민주당원이 되는 경향이 있음"을 발견하였다. 그러나 이런 경향은 같은 생각을 지닌 판사들일 때, 더 강화된다. "공화당 지명자가 또 다른 두 명의 공화당원과 함께 앉아 있으면 최소한 한 명의 민주당원과 함께 앉아 있는 경우보다 더 보수적인 결정을 하였다. 반면 민주당 지명자는 또 다른 두 명의 민주당원과 함께 앉아 있으면 최소한 한 명의 공화당원과 함께 앉아 있는 경우보다 더 이상적인 결정을 하였다."

학교에서의 집단극화. 실제 생활과 실험실 현상이 같은 것 중 하나가 교육연구자들이 "가속현상"이라 부르는 현상이다. 즉, 시간이 지날수록 대학생 집단 간의 초기 차이가 더 가속화되는 현상이다. 만약 X대학의 학생들이 Y대학의 학생들보다 처음에 더 우수한 학생들이었다면, 그 차이는 대학시절에 더 커질 가능성이 높다. 마찬가지로 여러

학생회에 가입된 학생들과 비교해 볼 때, 학생회에 가입하지 않은 학생은 정치적으로 진보적 태도를 지니는 경향이 있고, 이런 차이는 대학을 거치면서 더 커진다(Pascarella & Terenzini, 1991). 연구자들은 이런 결과가 부분적으로는 집단성원들이 공유하고 있는 성향을 서로 강화해 주기 때문에 나온 것으로 보고 있다.

공동체에서의 집단극화. 극화는 또한 스스로 고립된 사람들에서처럼 공동체에서도 발생한다. "땅콩 집은… 땅콩같은 유형에 인기가 있고 더욱 땅콩같이 된다."고 David Brooks(2005)는 관찰했다. "보수주의 장소는… 보수주의자들에게 인기가 있고 더욱 그렇게 된다." 이웃은 같은 마음의 친구들과 주고받는 의견으로 메아리의 방이 된다.

사회심리학자들에게 대부분 그들끼리 상호작용하는 유사한 마음의 집단을 보여주어라. 그러면 그들은 여러분에게 훨씬 더 극단적이 될 집단을 보여줄 것이다. 한 실험이 자유주의 볼더 시의 콜로라도인과 보수주의 콜로라도 스프링스의 콜로라도인들의 소집단을 모았다. 토의가 지구온난화, 차별철폐 및 동성애 단체에 대한 소집단 내의 의견일치를 증가시켰다. 그럼에도 볼더 시의 사람들은 일반적으로 더욱 왼쪽으로, 콜로라도 스프링스의 사람들은 더욱 오른쪽으로 수렴했다(Schkade & others, 2007).

정치적인 메아리 방으로 작용하는 공동체로 미국은 더욱 극화되고 있다. 정치적인 결집은 심지어 쇼핑 옵션에서도 나타난다. 2008년 오바마를 지지한 카운티에서 자연 식품 가게의 89%가 그렇게 했고, 공화당측 상대방 매케인을 지지한 카운티에서 소박한 식당의 62%는 그렇게 했다는 분석이 있다(Stolberg, 2011). 그 최종 결과는 더욱 분리된 나라가 되는 것이다. 압도적인 카운티의 비율 — 한 대통령 후보에게 60% 이상 투표한 사람들 — 은 1976년과 2008년 사이에 거의 두 배가 되었다(Bishop, 2008). 자신을 정치적으로 "중도"라고 선언한 대학 입학생들의 비율은 1983년의 60%에서 2010년 46%로 떨어졌는데, 이것은 스스로 좌 또는 우라고 선언한 사람의 증가폭과 일치하는 것이다(Pryor & others, 2005, 2010).

실험실 연구에서 선수들이 서로서로 게임을 할 때 개인들이 흔히 보이는 경쟁적 관

동물 무리. 패거리는 늑대들의 합 이상이다.

계와 불신은 선수들이 집단일 때 종종 더 악화된다(Winquist & Larson, 2004). 실제적 공동체 갈등기간에 생각이 같은 사람들이 점차 연합하게 되고, 그들이 공유한 경향성은 더 증폭된다. 구성원들이 속성과 호전성을 공유한 갱들 내의 상호 강화를 통해 갱들의 비행이 출현하게 된다(Cartwright, 1975). Lykken(1997)은 "당신이 사는 동네에 15세짜리 두 번째로 통제불가능인 아이가 이사 오면, 먼저 있던 통제불가능한 아이와 한 팀이 되어 미치는 해악은 한 아이가 주는 해악의 두 배가 넘을 것이므로, 패거리는 개개인의 총합보다 더 위험하다."고 추측하고 있다. 실제로 "감독받지 않는 또래집단"은 이웃이 범죄의 피해자가 되는 비율의 "가장 강력한 예언변수"라고 Veysey와 Messner(1999)가 보고하였다. 더욱이 실험적으로도 비행청소년을 다른 비행청소년과 집단으로 만들면, 문제행동의 비율이 증가한다 – 집단극화 연구자들에게는 놀랄 것이 못되지만(Dishton 등, 1999).

인터넷상의 집단극화. 전자메일과 인터넷 채팅룸도 같은 생각을 지닌 사람을 알게 해주고, 사회적 분열과 극화를 증가시키는 집단 상호작용을 유발하는 잠재적으로 새로운 매체이다. 페이스북도 종교, 정치, 취미, 차, 음악 등의 토론을 수만 명의 동일한 생각을 지닌 사람들에게 제공하고 있다. 인터넷상의 무수한 가상집단은 평화주의자와 신나치주의자, 컴퓨터광과 컴맹, 음모 설계자와 암 정복자들이 자기들끼리 모이고, 공통 관심, 흥미 및 의혹을 서로 지지한다(Gerstenfeld & others, 2003; McKenna & Bargh, 1998, 2000; Sunstein, 2001, 2009). 대면상태의 비언어적 뉘앙스가 없는 상태에서의 이런 토론도 집단극화를 만들까? 평화주의자는 더 평화적이 되고, 군대집단은 더 호전적이 될까? Robert Wright(2003)는 이메일, 구글(Google, 검색사이트), 채팅방은 "작은 집단이 쉽게 생각이 비슷한 사람들을 모으고, 산재된 증오를 결집하여, 치명적인 힘으로 만들 수 있게 해준다."고 주장하였다. "빈라덴의 모병 비디오 중 하나라도 보지 않겠는가? 그것들은 매우 효과적이고, 그들이 목표로 하는 사람들에게 매우 효율적으로 전달될 것이다." 그는 인터넷이 광역화됨에 따라 인터넷을 타고 퍼지는 극화는 증가할 것으로 보았다. 하이파 대학의 한 분석에 따르면, 테러리스트 웹사이트 – 1997년 12개에서 2005년 말 약 4,700개로 급증했다 – 는 전체 웹사이트 수보다 4배 이상 증가했다 (Ariza, 2006).

테러조직의 집단극화. McCauley와 Segal(1987; McCauley, 2002)은 전세계의 테러조직을 분석한 결과, 테러가 갑자기 나오는 것이 아님을 알게 되었다. 테러는 불평을 공유한 사람들 사이에서 생겨나게 된다. 그들끼리만 상호작용하며 영향을 주게 되면, 그들은 점차 극단적이 된다. 사회적 증폭기가 신호를

인터넷 이전에 나는 유일한 사람이고
나는 혼자였다고 생각했다.

더 강하게 키우는 것이다. 결과는 집단과 별도로 개인들이 결코 할 수 없는 폭력행위이다.

예컨대, 9/11 테러리스트들은 장기간에 걸쳐서 동일한 생각을 지닌 사람들 사이의 상호작용의 극화효과와 관련된 과정을 통하여 길러졌다. 테러리스트가 되는 과정은 개인들을 다른 신념체계와 분리시키고, 잠재적 표적을 비인간화하고, 그리고 어떠한 반대도 용인하지 않는다고 한 국가연구위원회 패널이 주장했다(Smelser & Mitchell, 2002). 집단구성원들은 세상을 "우리"와 "그들"로 범주화하게 된다(Moghaddam, 2005; Qirko, 2004). 중동과 스리랑카 자살 테러 연구자 Ariel Merari(2002)는 자살 테러를 만드는 핵심은 집단과정이라고 믿는다. "내가 아는 한, 개인적 기분으로 저지른 자살 테러는 단 한 건도 없었다."

살라피 지하드 − 알케다를 포함하여 이슬람 근본주의 운동 − 의 구성원들이었던 테러리스트들에 대한 한 분석에 따르면, 70%가 국외거주자로 살면서 가입했다. 교육이나 직업을 찾아 외국으로 간 후에 그들은 이슬람의 정체성을 예민하게 생각하게 되었고 종종 이슬람 사원에 끌리고 다른 국외이주 이슬람교도와 함께 가게 되는데, 그가 때로 그들을 모집하여 "상호 정서적 사회적 지지"와 "공동정체성 개발"을 제공하는 세포집단 속으로 가게 했다(Sageman, 2004).

마찬가지로 대학살도 집단현상이라는 것이 밝혀졌다. 폭력은 서로를 부추기는 살인자들에 의하여 가능해지고 증폭된다고 Robert Zajonc(2000)가 주장했으며, 그는 2차대전 당시 바르샤바 비행 공습으로 부모를 잃은 생존자로 폭력을 알고 있었다(Burnstein, 2009). 한때 "테러집단의 압력솥"에 있던 사람에게 영향을 주는 것은 어렵다고 Jerrold Post(2005)는 많은 기소된 테러리스트를 면접한 후에 말했다. "결국 가장 효과적인 반테러정책은 첫 발을 담그지 않도록 잠재적 모집을 금하는 것이다."

focus ON   집단극화

셰익스피어는 줄리어스 시저의 추종자들의 대화에서 같은 생각의 집단이 보이는 극화의 힘을 묘사했다:

안토니우스: 친애하는 시민 여러분, 시저의 찢어진 옷을 보고 울기만 해야겠습니까? 여기를 보십시오. 그가 여기에 배신자와 함께 있습니다.

시민 1 : 오, 가련한 광경이로고!

시민 2 : 오, 고상한 시저예!

시민 3 : 오, 슬픈 날이여!

시민 4 : 오, 배신자, 악마야!

시민 1 : 오, 유혈이 낭자하구나!

시민 2 : 우리는 복수할 것이다!

모두 : 복수! 당장! 찾아라! 불붙여라! 태워라! 죽여라! 살해해라! 배신자의 숨통을 조여라!

출처: 셰익스피어의 줄리어스 시저, 3막 2장 199–209.

극화에 대한 설명

왜 집단은 개별 구성원들의 평균의견보다 더 극단적인 입장을 취하게 되는가? 연구자들은 집단극화라는 미스터리를 해결하는 것이 어떤 통찰을 제공해 줄 것이라는 희망을 갖고 있었다. 때로는 작은 수수께끼를 푸는 것이 보다 큰 것의 단서를 제공해 주기 때문이다.

집단극화를 설명하기 위해 제안한 여러 이론들 중 두 이론이 과학적으로 간결한 설명을 제공해 준다. 한 이론에서는 토의 중 제시되는 주장을 다루는 이론이고 다른 한 이론은 집단성원들이 다른 구성원들 앞에 있는 자신을 어떻게 보느냐를 다루는 이론이다. 첫 번째 아이디어는 6장에서 정보적 영향(현실에 관한 증거를 수용하기 때문에 생기는 영향)이라 부른 것의 예이다. 두 번째 것은 규범적 영향(사람들이 타인에게 수용되고 인정받기를 원하기 때문에 생기는 영향)의 예이다.

정보적 영향

가장 지지받는 설명에 따르면, 사람들은 집단토의를 통해 아이디어들을 모으고, 그들 중 대부분 지배적인 견해를 선택하게 된다는 것이다. 집단토의를 통해 집단성원들에게 공통적인 의견이 생겨나게 되거나, 설령 언급되지 않더라도 그것은 집단토의에 영향을 줄 것이다(Gigone & Hastie, 1993; Larson 등, 1994; Stasser, 1991). 다른 생각들은 일부 구성원들이 전에는 생각하지 못했던 주장일 것이다. 작가 헬렌에 대해 토의할 때, 누군가가 "헬렌은 잃을 것도 거의 없기 때문에 모험을 감행해야 한다. 만약 그녀의 소설이 실패하면, 언제나 다시 싸구려 글쓰기로 되돌아 갈 수 있다."고 말할지도 모른다. 이 말은 그 주제에 대한 그 사람의 입장을 알려주는 정보로 혼동하게 만든다. 그러나 사람들은 다른 사람의 입장을 알지 못해도, 적절하다고 판단되는 정보를 들으면 자신의 입장을 바꾸게 된다(Burnstein & Vinokur, 1977; Hinz 등, 1997). 주장(arguments) 그 자체가 핵심이다.

그러나 단순히 어떤 사람의 주장을 듣는 것보다 더 태도를 변화시키는 경우가 있다. 수동적으로 타인의 주장을 청취하는 것보다 토의에 능동적으로 참여하는 것이 더 많은 태도 변화를 일으킨다. 토의 참가자와 관찰자가 같은 주장을 듣지만, 참여자에게 자신의 말을 하도록 하면, 이러한 언어적 개입은 효과를 증대시킨다. 집단성원들이 서로 각자의 생각을 많이 주장할수록, 그들은 리허설을 많이 하게 되므로 그 주장들을 더 타당하게 만든다(Brauer 등, 1995).

이는 7장에서 언급한 요점을 잘 보여주는 것이다. 설득자의 입장에서 사람들의 마음은 그냥 빈 공간이 아니다. 중심경로를 통한 설득에서 사람들이 어떤 메시지에 대해 어떤 생각을 하느냐가 핵심이다. 실제로 어떤 주제에 대해 단지 몇 분 동안 생각해 보도록 해도 태도가 강해진다(Tesser 등, 1995) (아마도 어떤 사람이 당신이 싫어하는 사람인지 혹은 좋아하는 사람인지를 회상하면 당신의 감정이 극화된다는 사실을 기억할 수 있을 것이다). 심지어 어떤 주제에 대해 자신과 동등한 지식을 지닌 반대의견 소지자와의 논쟁을 예상하는 것만으로도 사람들의 자기주장이 정리되고 처음보다 더 극단적인 입장을 취하게 된다(Fitzpatrick & Eagly, 1981).

규범적 영향

극화에 대한 두 번째 설명은 타인과의 비교와 관련된 것이다. Festinger(1954)의 **사회적 비교**(social comparison) 이론에 따르면, 자신의 의견과 능력을 평가하고 싶은 것은 인간의 본성이다. 어떤 것은 우리의 입장을 타인과 비교함으로써 평가할 수 있다. 우리는 우리가 동일시하는 집단인 '참조집단'에 속한 사람들에 의해 가장 잘 설득된다(Abrams 등, 1990; Hogg 등, 1990). 더욱이 다른 사람들이 우리를 좋아하기를 바라기 때문에, 다른 사람들의 입장이 우리의 입장과 같다는 것을 알고 나면, 더 강한 의견을 표시할 수도 있다.

사람들에게 "헬렌" 딜레마와 같은 경우에 다른 사람들이 어떻게 반응할지를 예측하도록 하면, 사람들은 전형적으로 **다원적 무지**(pluralistic ignorance, 다수로 인한 무지, 다중적 오판)를 보여준다. 사람들은 얼마나 많은 사람들이 사회적으로 선호되는 입장(이 경우, 소설을 쓰는 것)을 지지하는지 알지 못한다. 보통 자신은 성공확률이 40% 정도일지라도 헬렌에게 소설을 쓰도록 권할 것이지만, 자신이 아닌 다른 사람들은 성공확률이 50~60% 정도가 되어야 권할 것이라고 추정한다. 토의가 시작되면 그들이 생각했던 다른 사람보다 자신이 더 두드러지지 않음을 알게 된다. 실제로 그들 중 어떤 사람은 자신보다 헬렌의 소설집필에 대해 더 강한 입장(모험적 입장)을 지니고 있다. 사람들은 자신이 잘못 알고 있던 집단규범에 더 이상 얽매이지 않고, 자신의 입장을 더 강하게 주장하게 된다.

당신은 당신과 다른 사람이 모두 나가려고 하지만, 상대방이 나와 똑같이 생각하지 않을지 모른다고 생각하여 서로 먼저 나가기를 주저했던 기억이 있을 것이다. 이런 다

그림 :: 8.10

헬렌의 사례와 같은 "모험" 딜레마에서 다른 사람들의 판단에 노출되면 개인의 모험 추구인 경향은 더 높아진다. 로저스의 사례와 같은 "보수" 딜레마에서 다른 사람들의 판단에 노출되면 개인의 보수성은 더 높아진다.

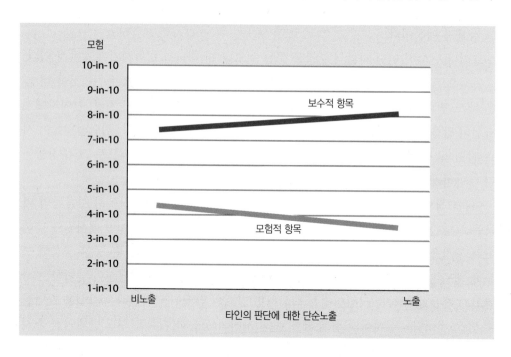

원적 무지(pluralistic ignorance)는 관계의 시작을 방해한다(Vorauer & Ratner, 1996).

혹은 당신과 다른 사람들이 누군가가 적막을 깨고 "아, 솔직히 말해서 내 생각은…" 이라고 말할 때까지 남의 눈치를 보며 그냥 집단 속에 잠자코 있었던 적이 있을 것이다. 곧 당신은 당신과 같은 입장을 지닌 많은 사람이 있음을 알고서 놀라게 된다. 때론 교수가 질문 있는 사람이 있는지를 물었을 때 아무도 반응이 없으면, 학생들은 자기만 이해를 제대로 못한 사람이라고 생각하게 된다. 모든 학생들은 자신들의 침묵은 창피함에 대한 두려움 때문이라고 생각하지만, 다른 모든 사람들의 침묵은 그들이 수업내용을 잘 이해했기 때문이라고 생각한다.

국가의 가장 중요한 재정기관에서의 대단히 정상적인 하루

Miller와 McFarland(1987)는 이 흔한 현상을 실험실 실험으로 다루었다. 그들은 사람들에게 이해할 수 없는 논문을 읽게 하고 만약 "그 논문을 이해하는 데 있어 어려운 점"이 있으면 도움을 청하도록 하였다. 피험자 중 누구도 도움을 청하지 않았지만, 그들은 다른 피험자들이 자신처럼 실험자에게 묻는 것이 창피하여 도움을 청하지 않았다고는 생각하지 않았다. 그들은 다른 사람들은 도움이 필요 없기 때문에 도움을 청하지 않은 것으로 잘못 추론하였다. 이런 다수에 대한 무지를 극복하기 위해서는 누군가가 침묵을 깨어 다른 사람들도 자신의 생각을 드러내도록 하여 그들이 같은 생각을 하고 있음을 강화시켜야 한다.

사회비교 이론은 사람들에게 자신의 입장을 드러내지 않은 채, 다른 사람들의 입장을 알게 된 경우에 어떤 결과가 나오는지를 실험을 하도록 만들었다. 대체로 우리가 어떤 여론조사 결과를 읽거나 선거 당일 출구조사 결과를 읽을 때 이런 경험을 한다. 사람들이 토론 없이 다른 사람들의 입장을 알게 될 때, 자신의 입장을 사회적으로 선호되는 입장 쪽으로 조절할까? 그림 8.10에서 보듯, 자신이 사전에 특정 반응에 몰입되어 있지 않다면, 사람들은 다른 사람들의 반응을 알게 되는 것만으로도 어느 정도의 극화가 일어난다. 그러나 이런 사회비교에 근거한 극화는 생생한 토의를 통한 극화보다는 대개 더 작다. 하지만 여전히 사람들이 집단 평균에 동조하기보다는 종종 더 극단적인 입장을 취하게 된다는 것은 놀라운 일이다.

다른 사람의 선택을 단순히 아는 것도 또한 블록버스터 노래, 책 및 영화를 만들어 내는 편승효과에 기여한다. 사회학자 Matthew Salganik과 동료들(2006)은 14,341명의 인터넷 참가자들에게 이전에 몰랐던 노래를 듣고 원한다면 내려받도록 함으로써 이 현상을 실험했다. 연구자들은 무작위로 일부 참가자들을 이전 참가자들의 내려받기 선택을 공개한 조건에 배정하였다. 이 정보를 받은 사람들 중에서 인기가요는 더 인기가 높아졌고 비인기가요는 더 인기가 떨어졌다.

집단극화 연구는 사회심리학적 탐구가 얼마나 복잡한지를 잘 보여준다. 우리는 어떤 현상에 대한 간단한 설명을 좋아하지만, 한 설명이 모든 연구결과를 설명해 주는 경우는 거의 없다. 사람 자체가 복잡한 존재이기 때문에 하나의 결과에는 하나 이상의 요인이 영향을 주는 것이 보통이다. 집단토의 과정에서 사실적 판단("그녀가 그 범죄에 책임이 있나?")에서는 설득적인 주장이 영향력을 지닌다. 가치적 판단("그녀에게 어느 정도의 형량이 부여되어야 하는가?")에서는 사회비교에 의해 판단이 좌우된다 (Kaplan, 1989). 사실적 요소와 가치적 요소를 모두 지닌 많은 주제들에서 이들 두 요소가 함께 작용한다. 다른 사람들이 자신과 비슷한 느낌을 지니고 있음을 알면(사회비교), 모든 사람들이 은밀히 선호하는 쪽을 지지하는 주장을 하게 된다(정보적 영향).

요약 : 집단극화: 집단이 우리의 의견을 더 강화시키나?

- 집단토의를 통해 긍정적 결과가 나올 수도 있고 부정적 결과가 나올 수도 있다. 집단토의가 모험을 선택하게 할 가능성을 높여준다는 흥미 있는 결과를 이해하기 위해 노력했던 연구자들은 실제로는 토의가 처음부터 그 집단에서 우세했던 입장을 강화시키는 경향이 있음을 발견하였다.
- 일상생활에서도 집단 상호작용은 그 집단의 입장을 강화시키는 경향이 있다. 집단극화 현상은 연구자들에게 집단 영향을

관찰할 수 있는 창을 제공하였다.
- 실험을 통해 두 가지 집단 영향(정보적 및 규범적 영향)이 확인되었다. 토의를 통해 수집된 정보는 주로 처음에 그들이 선호하는 것이기에, 그것은 처음의 입장을 강화시켜준다. 더욱이 사람들은 서로의 입장을 비교하고 보니 놀랍게도 자신들의 처음 입장이 지지받고 있음을 알고 나면, 더 강경한 쪽으로 한 발자국 더 나가게 된다.

집단사고: 집단은 좋은 결정을 방해하는가?

> 언제 그리고 왜 집단 영향이 좋은 결정을 방해하는가를 기술하기. 또한 언제 집단이 좋은 결정을 내리는 데 도움이 되며, 어떻게 집단으로 하여금 좋은 결정을 내리도록 하는지 기술하기.

지금까지 8장에서 우리가 다루어왔던 사회심리적 현상이 중역회의나 내각과 같은 고급 집단에서도 일어나는가? 그런 집단에서도 자기정당화가 있나? 자기고양 편향은? 응집력 있는 "우리라는 느낌"은 동조를 일으키며, 이단자를 배척하는가? 공개적인 몰입이 변화에 저항하도록 하는가? 집단극화는? 사회심리학자인 Janis(1971, 1982)는 이런 현상들이 20세기 미국 대통령과 참모들이 내린 좋은 결정과 나쁜 결정을 설명하는 데 도움이 되는지를 궁금해 하였다. 이를 위해 그는 몇 가지 중요한 큰 실수들을 초래한 의사결정 과정들을 분석하였다.

- *진주만사건* : 미국이 제2차 세계대전에 참전하도록 만든 1941년 12월의 진주만 침공이 있기 몇 주일 전에 하와이의 군사령관들은 일본이 태평양에 있는 미국을 공격할 준비를 하고 있다는 정보를 수차례 입수하였다. 그때 군정보부는 공중 정찰에서도 하와이로 출격을 시작한 일본 공군기의 출현을 알았거나 적어도 몇 분 전에는 경고를 내릴 수 있었다. 그러나 자만한 사령관은 이런 경계에 반하는 결정을 내렸다. 그 결과 완전히 무방비인 상태로 기지가 공격받을 때까지 경보도 울리지 않았다. 함정 18대, 항공기 170대, 인명 2,400명의 피해가 발생하였다.

- *피그만 침공사건* : 1961년 케네디 대통령과 그의 참모들은 CIA가 훈련시킨 1,400명의 쿠바인을 쿠바에 침공시킴으로써 카스트로를 무력화시키고자 하였다. 침공 직후 침공한 대부분은 사살되거나 체포되었고, 미국은 망신을 당했으며, 쿠바는 구소련과 더 가까운 동맹을 맺었다. 케네디는 결과를 보고받은 후, "우리가 이렇게 어리석었단 말인가?"라고 놀라워하였다.

- *월남전* : 1964년에서 1967년까지 존슨 대통령과 그의 정책자문인 "화요 오찬 집단"은 미국의 공중 폭격, 고엽제 살포, 섬멸작전으로 월맹을 월남측이 원하는 평화의 테이블로 나오게 할 수 있다는 가정하에 월남전을 확대시켰다. 그들은 정부의 정보전문가와 거의 모든 미국의 동맹국들의 경고에도 불구하고 확전을 계속하였다. 그 결과 미국인 58,000명과 월남인 100만 명 이상의 엄청난 피해가 발생했으며, 미국인들이 양분되었고, 대통령은 쫓겨났으며, 1970년대 연료파동을 초래하는 데 일조한 엄청난 예산을 낭비하였다.

Janis는 의사결정 집단들이 집단의 조화를 위해 반대의견을 자제하는 경향성이 있기 때문에 이런 실수들이 나오게 된 것으로 생각하였다. 이런 현상을 그는 **집단사고**(groupthink)라고 불렀다. 작업 집단에서 동지애는 생산성을 향상시킨다(Mullen & Copper, 1994). 더욱이 팀 정신은 사기를 높이는 데도 좋다. 그러나 의사결정을 할 때, 굳게 단련된 집단은 비싼 비용을 치러야 한다. Janis는 집단사고가 출현할 수 있는 조건은 다음과 같다고 생각하였다.

> **집단사고(groupthink)**
> 동의추구가 응집력 높은 내집단에서 대단히 우세하여 대안적 행위과정에 대한 현실적 평가를 압도하는 사고 방식 – Irving Janis(1971)

- 친밀하고, 응집력이 큰 집단
- 집단이 반대 입장으로부터 상대적으로 격리된 경우
- 리더가 자신이 선호하는 결정이 무엇인지를 표방하는 독재적 리더인 경우

피그만 침공을 계획할 당시, 새로 선출된 케네디 대통령과 그의 참모들은 단결심을 즐기고 있었다. 그 계획에 결정적인 영향을 줄 수 있는 주장들은 억압되었거나 배제되었으며, 곧 대통령은 그 침공을 승인하였다.

집단사고의 증후들

Janis는 역사기록과 참여자 및 관찰자들의 기억에 근거하여 집단사고의 8가지 증후들을 찾아내었다. 이 증후들은 집단성원들이 자신의 집단이 위협에 처했을 때, 긍정적

집단감정을 유지하기 위해, 부조화 감소 노력의 집합적 형태를 띠고 있다(Turner 등, 1992, 1994).

다음의 두 가지 증후는 집단성원들로 하여금 자기집단의 능력과 권리를 과다평가하게 만드는 것들이다.

- *완전무결의 착각* : Janis가 연구한 모든 집단들은 자기집단이 위험에 처하게 될지도 모른다는 생각을 하지 못하게 만드는 과도한 낙관론이 팽배해 있었다. 진주만 해군 사령관이었던 Kimmel 제독은 자기 군대가 일본 항모와의 교신이 되지 않는다는 보고를 받았을 때, 일본군들이 아마도 호놀룰루의 다이아몬드 헤드 근처 쯤 오고 있을 것이라고 농담을 하였다. 그들은 그 농담이 사실일 가능성을 까맣게 모르고 있었다.

- *자기집단의 도덕성에 대한 확고한 신념* : 집단성원들은 자기집단이 원래 도덕적이라고 생각하며, 윤리적, 도덕적인 문제들은 염두에 두지를 않는다. 케네디 집단은 작은 이웃나라를 침공하는 것이 도덕적으로 문제가 된다는 슐레진저와 홀브라이트의 의견을 들었다. 그러나 그 집단은 이러한 도덕적 염려에 대해 숙고하거나 토의하지 않았다.

집단성원들은 또한 폐쇄적 마음을 갖게 된다.

- *합리화* : 집단은 집합적으로 자신의 결정을 정당화함으로써 그 결정에 대한 도전들을 평가절하한다. 존슨 대통령의 화요 오찬 집단은 사전에 내린 결정에 대해 재고하고 재논의하기보다는 그 결정을 합리화하는 데(설명하고 정당화하는 데) 더 많은 시간을 보냈다. 처음 발의한 사람들은 그것을 방어하고 정당화하는 일에 몰두하였다.

자기검열이 만장일치의 착각에 기여한다.

찬성하는 사람들은 모두 "예스"라고 말하시요.

- *상대에 대한 고정관념적 관점*: 집단사고 집단에 참여한 사람들은 그들의 상대(적)는 너무 사악하기 때문에 협상의 대상이 아니거나, 너무 허약하고 무지하여 자신들을 방어할 수 없는 집단이라고 생각한다. 케네디 집단은 카스트로의 군대가 매우 약하고 그의 대중적 인기가 매우 낮기 때문에 1개 여단 병력으로 그의 체제를 쉽게 전복할 수 있을 것으로 확신하였다.

마지막으로 집단은 만장일치의 압력을 느낀다.

- *동조압력* : 집단성원들은 그 집단의 가정과 계획에 대해 이의를 제기하는

사람에 대해서는 논쟁을 통해서가 아니라 그를 개인적으로 비꼼으로써 이의를 제지하였다. 한 번은 존슨 대통령의 보좌관인 빌모이어가 회의에 참석했을 때, 대통령은 "어이, 여기 폭격저지지씨가 오셨군."하며 그를 조롱하였다. 이런 조롱을 받게 되면, 대부분의 사람들은 선 안으로 들어오게 된다.

• *자기검열* : 집단성원들은 의견충돌이 서로 불편하고, 합의가 이뤄지기를 바라기 때문에, 그들이 염려하는 바를 철회하거나 애써 무시하였다. 피그만 침공 한 달 후, 슐레진저(1965, p.255)는 "반대해 보았자 내가 성가신 사람이라는 이름을 얻게 될 뿐이라는 사실을 알았기 때문에 죄책감이 덜하긴 하지만, 내각 회의실에서 있었던 중요한 회의들에서 (자신이) 침묵했던 것"에 대해 스스로 후회하였다.

• *만장일치의 착각* : 합의를 깨지 않으려는 자기검열과 압력은 만장일치의 착각을 만들어낸다. 더욱이 분명한 합의는 집단결정을 확고하게 만든다. 이런 분명한 합의는 앞의 3가지 재앙에서 뿐만 아니라, 그 이전과 이후의 다른 재앙에서도 있었다. 히틀러의 참모였던 Speer(1971)는 히틀러 주변의 분위기를 동조압력이 모든 반대의견을 압도하고 있었다고 다음과 같이 기술하였다. 누구도 반대의견이 없으니 만장일치라는 착각이 생기는 것이다.

> 정상적인 상황에서 현실에 반하는 주장을 하는 사람은 주변 사람들의 비웃음과 비난을 받고 곧 현실을 직시하게 되었고, 이로 인해 자신들이 그 집단의 신뢰를 잃었다는 사실을 알게 되었다. 제3제국(독일)에는 이런 의견 교정 역할을 해주는 사람이 없었다. 특히 상층부에 속한 사람들 중에는 없었다. 반대로 마치 왜곡된 거울들로 가득 찬 방안처럼 자신을 기만하는 사람들이 늘어갔으며, 더 이상 냉혹한 외부세계와는 동떨어진 환상적인 꿈의 그림을 반복하여 추인하게 되었다. 그런 거울 속에서 나는 여러 번 반복되는 내 얼굴 이외에는 아무 것도 볼 수 없었다. 어떤 외부요인들도 모두 내 얼굴같이 똑같은 수백 명이 내리는 만장일치를 방해할 수 없었다(p.379).

타이타닉호의 집단사고. 빙하가 온다는 4개의 메시지에도 불구하고 지시적이고 존경받는 리더였던 선장 Edward Smith는 밤중에 그 배를 전속력으로 몰게 했다. 완전무결의 착각이 있었다(많은 사람들이 이 배가 침몰하지 않을 것이라고 믿었다). 동조압력이 있었다(선원들은 감시병이 육안을 사용하지 못한다고 핀잔을 주고 그의 염려를 무시했다). 정신경호원이 있었다(타이타닉 교환원은 선장 Smith에 건네질 최후의 가장 완전한 빙하경고를 전달하지 않았다).

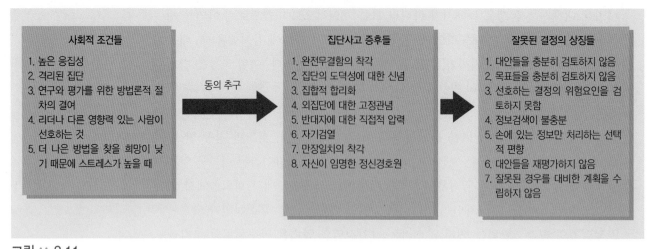

그림 :: 8.11
집단사고에 대한 이론적 분석
출처: Janis & Mann, 1977, p.132

- *정신경호원* : 어떤 집단성원들은 집단의 결정에 대한 효율성이나 도덕성에 의문을 제기할 수 있는 정보를 차단시킴으로써 집단을 보호한다. 피그만 침공이 있기 전, 로버트 케네디는 슐레진저를 불러놓고 "더 이상 밀어 붙이지 마라."고 말했다. 러스크 국무장관은 피그만 침공에 반대하는 외교 전문가와 지식인들을 제지하였다. 그들은 신체적 위해보다는 불일치하는 사실들로부터 대통령을 보호하는 "정신경호원" 역할을 하였던 것이다.

집단사고 증후들은 결정과 상반되는 정보와 대안들을 찾고 논의하지 못하게 만들 수 있다(그림 8.11). 리더가 어떤 생각을 장려하고 집단이 반대 의견으로부터 격리되어 있을 때 집단사고는 잘못된 결정을 내리게 될 수 있다(McCauley, 1989).

영국의 심리학자인 Newell과 Lagnado(2003)는 이라크 전쟁에도 집단사고의 증후가 기여했을 수 있다고 생각한다. 그들은 사담 후세인과 조지 부시 모두 자신과 같은 생각을 지닌 사람들로 둘러싸여 있어 반대 목소리를 잠재우고 주로 자신들의 생각 – 침공군들은 강력한 저항을 받게 될 것이라는 이라크의 생각과 침공은 단기간에 성공을 거두고 곧 평화와 민주주의가 정착될 것이라는 미국의 생각 – 을 지지해주는 정보들만 받았다고 주장하였다.

집단사고에 대한 비판

비록 Janis의 생각들과 관찰이 많은 주목을 받았지만, 일부 연구자들(Fuller & Aldag, 1998; t`Hart, 1998)은 회의적 입장이다. 제시된 증거가 회고적 자료이기 때문에 Janis가 자신의 가설을 지지해 주는 사례들만 선별하였을 수도 있다. 후속 실험들은 다음과 같은 사실들을 시사하였다.

- 나쁜 결정은 실제로 독재적 리더십과 관련되어 있다. 이는 때로 부하들이 너무 약하거나 자신감이 없어 의견을 제시하지 못하기 때문이다(Granstrom & Stiwine,

1998; McCauley, 1998).

- 현명한 의사결정을 하는 집단들은 말할 기회를 잡은 사회적으로 적응된 사람들과 대화를 폭넓게 나누었다(Woolley & others, 2010).
- 모든 집단은 도전적 정보보다는 지지적 정보를 선호한다(Schulz-Hardt 등, 2000).
- 집단성원들이 집단에 수용되고, 인정받고, 집단정체성을 원할 때, 그들은 불일치하는 생각을 억압한다(Hogg & Harins, 1998; Turner & PratKanis, 1997).
- 다양한 관점을 지닌 집단들은 같은 마음의 전문가 집단보다 수행이 우월하다(Nemeth & Ormiston, 2007; Page, 2007). 사람들을 자신과 다르게 생각하도록 하는 것은 불편하게 느끼게 만들 것이다. 그러나 편안하게 동일한 의견을 지닌 집단과 비교하여 다양한 집단이 더 많은 아이디어를 내고 더 대단한 창의성을 보인다.
- 토의에서 집단성원들이 공유하는 정보가 매우 우세하고 넘쳐나는 경향이 있는데, 이것이 의미하는 바는 집단이 종종 자신들의 구성원들이 알고 있는 모든 것에서 이점을 얻지 못한다는 것이다(Sunstein & Hastie, 2008).

그러나 동료애는 집단사고를 키우지 않는다(Esser, 1998; Mullen 등, 1994). 든든하고 응집성이 높은 집단(예 가족)에서 개인된 성원들은 흔히 자유롭게 다른 의견을 제시할 수 있다(Packer, 2009). 응집력 높은 집단의 규범이(집단사고를 초래할 수 있는) 합의를 옹호할 수도 있고, 그것을 방지하는 비판적 주장을 옹호할 수도 있다(Postines 등, 2001). 같은 학과 동료 학생들은 보고서 초고를 서로 돌려보며, "잘못된 부분이 있으면 나한테 알려줘."라며 비평을 요구하기도 한다. 자유로운 분위기에서 응집성은 또한 효과적인 팀워크를 향상시킨다.

더구나 Tetlock과 동료들(1992)이 광범위한 역사적 사례들을 살펴본 결과, 때로는 집단절차가 분명하고 좋은 경우에서도 불행한 결정이 나오기도 한다는 사실이 밝혀졌다. 카터 대통령과 참모들이 1980년 이란에 억류된 미국인 인질 구출작전을 수립할 때, 서로 다른 의견들을 환영하였으며 그 계획의 위험성에 대해서도 서로 현실적으로 고려하였다. 그러나 구출작전은 헬리콥터 한 대에 문제가 생기는 바람에 성공하지 못했다(카터는 그때 헬리콥터 한 대만 더 보냈더라면 재선에 성공했었을 것이라고 회고하였다). 다시 말하자면, 좋은 집단도 때로 나쁜 결정을 할 수도 있다.

집단사고에 대한 비판들을 살펴본 Paulus(1998)는 우리에게 검증불가능한 이론만이 수정되지 않는다는 Festinger(1987)의 주장을 상기시켜 주었다. "어떤 이론이 어쨌든 검증가능한 것이라면, 그 이론은 수정되지 않을 수 없다. 모든 이론이 틀린 이론이다." 그래서 Festinger는 어떤 이론이 옳은가 혹은 그른가라고 물어서는 안 되고, 그것이 실증 세계를 얼마나 잘 설명하고 있으며, 얼마나 수정이 필요한가라고 물어야 한다고 말했다. Janis는 1990년 사망하기 전까지 자신의 이론을 검증하고 수정하였으며, 다른 학자들이 그 이론을 재구성하는 것을 환영하였다. 과학에서 우리가 진리를 찾는 방법은 우리의 생각을 현실에서 검증하고, 수정하여, 다시 검증하는 일을 반복하는 것이다.

집단사고의 예방

실패한 결정 뒤에는 집단역학에 문제가 있었다; 때로는 사공이 많으면 배가 산으로 간다. 그러나 개방적 리더십이 존재하는 경우 응집력 있는 팀정신은 결정의 질을 향상시킬 수 있다. 때로 집단에서 한 명이 결정하는 것보다 둘 이상이 결정하는 것이 더 낫다.

좋은 결정이 내려지는 조건들을 연구하기 위해, Janis는 두 가지 성공적인 모험 사례를 분석하였다. 하나는 제2차 세계대전 이후 유럽의 복구를 위한 마샬플랜을 수립하였던 트루먼 행정부이었고, 다른 하나는 구소련이 1962년 쿠바에 미사일 기지를 설치하려는 시도에 대처한 케네디 행정부의 사례이다. Janis(1982)는 두 사례에서 사용된 효과적인 집단절차들을 통합하여 집단사고의 방지책을 다음과 같이 제시하였다.

- 공평하라. – 어떤 입장을 전적으로 신뢰하지는 말라.
- 비판을 장려하라. "악마 역할자"를 배정하라. Nemeth와 그의 동료들(2001a, 2001b)은 "더 좋은 것은 진짜 반대자를 환영하고, 원안을 자극하도록 하며, 집단이 반대 견해에 대해 개방적이 되도록 만드는 것"이라고 보고하였다.
- 때로 집단을 나누고, 그 후에 분위기 차이를 재결합하라.
- 외부 전문가와 관련자의 비판을 수용하라.
- 계획을 이행하기 전에 미심쩍은 부분을 되짚어 보기 위한 "2차"회의를 소집하라.

이런 단계를 취하게 되면 집단결정은 시간이 많이 걸리지만, 궁극적으로 결함이 줄어들고 더 효과적이 된다.

현재 비행기 승무원들에게 집단역동을 향상시키기 위한 몇 가지 실용적 원리들을 교육시키고 있다. 비행기 사고의 2/3 이상이 승무원들의 실수로 인한 사고라는 현실인식에 근거하여 승무원 자원관리라고 부르는 훈련 프로그램이 개발되었다. 정보만 공유된다면, 좁은 조종실 안에 있는 2~3명의 사람들 중 문제를 발견하고, 방도를 찾을 수 있는 여지가 커질 것이다. 그러나 때로 집단사고 압력이 동조나 자기검열을 초래하기도 한다.

조종사의 수행을 연구해 온 사회심리학자인 Helmrich(1997)는 1982년 겨울 어느날 워싱턴 국제공항에서 발생한 에어 플로리다 소속 여객기 추락에는 집단역동의 잘못이 있었음을 지적하고 있다. 센서가 어는 바람에 속도계가 너무 높게 표시되자, 기장은 동력을 낮추었고, 비행기가 하강하게 되었다.

부기장 : 오! 잘못됐어.

기 장 : 맞아, 80이야(속도를 의미).

부기장 : 아니야, 잘못된 거 같아. 오, 틀림없어.

기 장 : 120…

부기장 : 모르겠어.

그것은 잘못된 것이었으며, 부기장이 자기 생각을 말하지 않았기 때문에 비행기는 속도를 높이지 못하고 포토맥 강의 다리와 충돌하였고, 5명을 제외한 탑승자 전원이 사망하였다.

그러나 1989년, 덴버에서 시카고로 가던 유나이티드 에어라인 소속의 DC 10 비행기를 조종하던 3명의 승무원은 급박한 위급 상황에 대처하는 팀의 모델이 되었다. 승무원 자원관리 프로그램 교육을 받은 그 승무원들은 중앙 엔진의 분열로 인해 기체 조종에 필요한 방향타와 보조 날개의 줄이 절단되는 상황에 직면하였다. 공항활주로 조금 못 미치는 도시 근처에 불시착하기까지 34분 동안, 승무원들은 비행기를 통제할 수 있게 만들고, 손상크기를 알아보고, 불시착할 장소를 선택하고, 승무원과 승객들을 충돌에 대비시킬 방도를 찾아야 했다. 조종실에서 나눈 대화를 1분 단위로 분석한 결과, 1분당 31개의 의사소통(많을 때는 1초에 한 개씩)을 하는 격렬한 상호작용이 있었음이 드러났다. 이 시간에 승무원들은 승객 중에서 제4의 조종사를 모집하였고, 자신들이 해야 할 일의 우선순위를 결정하였고, 전개되는 상황과 결정에 관한 내용들을 서로서로 알도록 하였다. 부하 승무원들은 자유롭게 대안들을 제시했으며, 기장은 적절한 명령을 내렸다. 많은 대화가 정서적 지지를 제공하여 승무원들이 극단적인 스트레스를 잘 대처할 수 있도록 해 주었으며, 전체 탑승객 296명 중 185명의 생명을 구했다.

집단 문제해결

어떤 경우에는 한 사람보다는 두 사람 이상인 경우가 더 좋다. Laughlin과 Adamopoulos (1980, 1996; Laughlin 등, 2003)는 여러 가지 지적 과제를 사용한 연구에서 이를 보여주었다. 그들이 사용하였던 유추문제 중 하나를 보자.

> "주장"이 "입증되지 못하는 것"의 관계는 "행위"가 "_____" 것과 같다.
> 　　a. 방해받는
> 　　b. 반대에 부딪힌
> 　　c. 불법적인
> 　　d. 촉진되는
> 　　e. 좌절되는

대부분의 대학생들은 혼자서는 이 문제를 맞히지 못하지만, 논의를 거치면 정답(좌절되는)을 맞춘다. 더욱이 Laughlin은 6인 집단에서 2명이 처음부터 정답을 알고 있는 경우, 다른 모든 구성원들을 깨닫게 하는 경우가 전체 문제의 2/3에 달한다는 사실을 발견하였다. 하지만 처음부터 정답을 알고 있는 사람이 한 명뿐인 경우에는 소수인 한 사람이 다른 모든 구성원들을 깨닫게 하는 경우는 전체 문제의 1/4에 불과하다.

최대 사설 일기예보사의 사장인 Myers(1997)는 "혼자서 일기를 예측하는 것보다는 둘이서 예측하는 것이 더 정확해진다."고 보고하였다. Warnick과 Sanders(1980), Hinsz(1990)는 비디오테이프에 담긴 범죄를 본 목격자 증언이나 취업 면접에서의 판단 정확성 연구를 통해 한 사람의 판단보다는 여러 사람의 판단이 더 정확함을 입증하였다. 목격자 집단의 설명이 여러 개인들의 평균치보다 더 정확하였다. 여러 사람들의 서로에 대한 비평은 집단의 인지적 편향을 방지하도록 하여, 보다 좋은 아이디어가 나오도록 해준다(McGlynn 등, 1995; Wright 등, 1990). 우리 누구도 혼자서는 함께보다 똑똑할 수는 없다.

컴퓨터 통신을 통한 브레인스토밍은 창의적인 아이디어를 자유롭게 이끌어낸다(Gallupe 등, 1994). 혼자일 때보다 대면 상태에서의 브레인스토밍이 더 창의적인 아이디어를 산출한다는 일반적인 생각과 달리, 연구자들은 그렇지 않다는 데 동의한다(Paulus 등, 1995; 1997, 1998, 2000; Stroebe & Diehl, 1994). 사람들은 집단으로 아이디어를 모으는 것이 더 생산적이라고 "느낀다"(이는 부분적으로는 사람들이 지나치게 자신들을 믿기 때문이다). 그러나 연구자들은 사람들이 집단보다는 혼자서 더 좋은 아이디어를 산출한다는 사실을 수차례나 반복하여 발견하였다. 특히 규모가 큰 브레인스토밍 집단은 일부 사람들을 다른 사람들의 노력에 무임승차하도록 하거나 기발한 아이디어에 대해 우려를 나타내기 때문에 비효율적이다. Watson과 Crick이 DNA를 발견할 때 보여준 것처럼, 서로 도전적인 두 사람의 대화는 창의적 사고에 훨씬 효과적일 수 있다. 심리학자 Kahneman과 Tversky는 직관에 관한 탐구와 직관이 경제적 의사결정에 미치는 영향에 대해 공동으로 연구하였다.

그러나 Brown과 Paulus(2002)는 집단 브레인스토밍을 향상시키는 다음의 3가지 방법을 발견하였다.

- 집단과 개별 브레인스토밍을 결합하라. 그들의 자료는 개별 브레인스토밍 후에 집단 브레인스토밍을 하는 것이 그 반대 순서로 하거나 둘 중 하나만 하는 것보다 더 좋다는 것을 시사한다. 집단 브레인스토밍에서는 새로운 범주를 만들어, 한 사람이 한 번만 발언하도록 하는 방법으로 개인별 아이디어는 손상 없이 개진될 수 있다.
- 글쓰기로 집단성원들이 상호작용을 하도록 하라. 한 번에 하나씩만 제시될 수 있는 언어적 상호작용의 단점을 막는 또 다른 방법은 집단성원들에게 말하고 듣는 것보다 쓰고 읽게 하는 것이다. Brown과 Paulus는 노트를 전달하며 각자가 자신의 아이디어를 추가하는 방식으로 모든 사람을 한꺼번에 능동적으로 참여하게 만드는 이런 절차를 "브레인라이팅"이라 표현하였다.
- 전자 브레인스토밍을 이용하라. 대규모 집단의 전통적 브레인스토밍에서 일어나는 언어적 교통혼잡을 피할 수 있는 효과적인 방법이 있다. 이는 사람들에게 컴퓨터 네트워크상에서 아이디어를 제시하고 읽도록 하는 것이다.

그래서 집단성원들이 자유롭게 자신들의 창의적인 아이디어와 다양한 통찰을 결합할 때 나타나는 빈번한 결과는 집단사고가 아니라 집단문제해결이다. 집단의 지혜는 실험에서 뿐만 아니라 일상생활에서도 명백하다.

- *일기예보.* "두 예보관이 함께 작업할 때가 혼자 할 때보다 더 정확하다."고 가장 큰 민간 예보 기관장 Joel Myers(1997)는 보고했다. 2010년 여름 북극해 빙하에 대한 과학자들의 예측은 250만에서 560만 제곱킬로미터였다. 그 평균인 480만 제곱

킬로미터는 거의 정확히 실제 결과와 일치했다(Wiltze, 2010).

- *구글*. 구글은 James Surowiecki(2004)가 집단지성(The Wisdom of Crowds)이라고 부르는 것을 활용함으로써 우세한 검색엔진이 되었다. 구글은 페이지 X에 대한 링크를 페이지 X에 대한 투표로 해석하고, 가장 높게 순위가 매겨진 페이지에서 나온 링크를 가장 큰 가중치를 부여한다. 웹의 민주적 특성을 활용하여 구글은 흔히 여러분이 원하는 지점에 1/10초 이내에 데려다 준다.

- *게임 쇼*. '누가 백만장자가 되기를 바라는가'라는 게임의 혼란스러운 경연자에게 가치 있는 생명줄은 "청중에게 묻는 것"이고, 이들은 대개 경연자의 직관을 능가하는 지혜를 제공해 주었다. 이것은 대중들의 평균적 판단이 개인들의 평균적 판단보다 전형적으로 실수가 더 적다.

- *군중 내부*("crowd within"). 마찬가지로 동일한 사람의 다양한 추측에 대한 평균은 그 사람의 개인적 추측을 능가하는 경향이 있다(Herzog & Hertwig, 2009). Edward Vul과 Harold Pashler(2008)는 "세계 공항의 몇 %가 미국에 있는가?"와 같은 사실적인 질문에 대한 바른 답을 사람들에게 추정하게 했을 때 이것을 발견했다. 그 다음에 그 연구자들은 실험참가자들에게 두 번째 추측을 즉각 또는 3주 후에 하도록 하였다. 그 결과는? 두 번째 의견을 다른 사람으로부터 받을 때에 비하여 스스로 두 번 생각했을 때 약 1/10의 이득이 있었지만, 만약 3주 후에 한다면 동일한 질문을 다시 묻는 것의 이득은 두 번째 의견의 가치의 1/3까지 치솟았다.

- *시장 예측*. 1988년 이래로 미 대통령 선거에서 최종 여론조사는 선거결과에 대한 좋은 예측 요인이 되었다. 그렇지만 훨씬 더 나은 예측 요인은 아이오와 선거 시장이었다. 모든 것(투표 포함)을 고려하여 사람들은 후보자들의 주식을 사고 판다. 기타 선거 시장은 조류독감과 같은 기타 사건의 가능성을 측정하는 데 집단지성을 활용한다(Arrow & others, 2008; Stix, 2008).

그래서 우리는 많은 다양한 사람들로부터의 정보가 결합될 때, 우리들 중 누군가 홀로보다는 우리들 모두가 함께하는 것이 더 현명하게 될 수 있다고 결론내릴 수 있다. 우리는 어떤 면에서 기러기 떼와 같은데, 이들 중 누구도 완벽한 비행능력을 갖고 있지는 않다. 그럼에도 기러기 집단은 서로서로 가까이 있게 됨으로써 더욱 정확히 비행할 수 있다. 새 떼는 새보다 똑똑한 것이다.

요약 : 집단사고: 집단은 좋은 결정을 방해하는가?

- 몇몇 국제적 재앙을 가져온 결정들을 분석한 결과, 이는 집단의 조화를 추구하려는 바람으로 인해 반대 의견을 현실적으로 평가하지 않았기 때문임이 밝혀졌다. 집단성원들이 일심동체를 강력히 희망할 때, 반대 의견과는 격리되어 있을 때, 그리고 리더가 그 집단에게 바라는 것이 무엇인지에 대해 신호를 줄 때, 그런 일이 생긴다.
- 집단조화에 관한 관심이 다른 것을 압도하는 증후를 일컫는 "집단사고"는 (1) 완전무결함의 착각, (2) 합리화, (3) 자기집단의 도덕성에 대한 의심 없는 믿음, (4) 적에 대한 고정관념적 입장, (5) 동조압력, (6) 염려하지 않기 위한 자기검열, (7) 만장일치의 착각 및 (8) 집단을 원치 않는 정보로부터 보호하는 "정신경호원" 등의 징후를 보인다. 몇몇 비평가들

은 Janis의 집단사고 모형 중 일부 측면(예: 독재적 리더십)이 다른 측면(예: 응집성)보다 잘못된 결정과 관련이 더 크다는 점을 지적하고 있다.
- 그러나 때로 실험과 실제 역사 속에서 집단이 현명한 판단을 하기도 한다. 이는 집단사고를 예방할 수 있는 방법을 시사한다: 공평성 유지, "악마의 옹호자" 입장 격려, 결정을 토론하기 위한 집단의 분할과 결합, 외부 인물 투입 및 결정을 끝내기 전에 "2차 기회" 가지기
- 집단 문제해결에 대한 연구는 집단이 개인들보다 더욱 정확할 수 있다는 것을 시사한다; 집단은 또한 규모가 작거나 대집단의 경우 집단회합에 뒤이어 개인적 브레인스토밍이 진행되면 더 많고 더 나은 아이디어를 생성한다.

소수의 영향 : 어떻게 개인이 집단에 영향을 주나?

개인들이 집단에 영향을 주는 때와 방법을 설명하기. 개인들을 효과적으로 만들어주는 것을 확인하기.

사회적 영향을 다룬 각 장은 개인의 권력이 중요하다는 사실을 상기시켜 주었다. 우리는 다음과 같은 사실들을 확인하였다.

- 문화적 상황이 우리의 성향을 결정해 주지만, 우리도 그런 상황을 창조하고 선택하는 데 기여한다.
- 때로 동조압력이 좋은 판단을 하는 데 큰 방해가 되지만, 노골적인 압력은 오히려 우리로 하여금 개성과 자유를 주장하도록 만든다.
- 설득의 힘은 실제로 막강하지만, 공개적으로 몰입함으로써 그리고 설득요청을 예상함으로써 설득에 저항할 수 있다.

이 장은 개인에게 미치는 집단의 영향을 강조하고 있으며, 그래서 어떻게 개인이 집단에 영향을 주는지를 살펴봄으로써 최종 결론을 내릴 것이다.

영화 '12인의 분노한 사람들'에서 고독한 배심원은 마침내 11인의 나머지 배심원들을 이겼다. 실제 배심원실에서 그것은 희귀한 사례이다. 그렇지만 대부분의 사회운동에서 소수는 다수를 동요시키고, 그리고 마침내 다수가 된다. Emerson은 "모든 역사는 소수의 권력에 대한 기록이고, 한 사람의 권력에 대한 기록이다."라고 적었다. 코페

르니쿠스, 갈릴레오, 마틴 루터 킹, 수잔 B 앤소니, 넬슨 만델라 등을 생각해보라. 미국의 시민운동도 몽고메리 앨리배마주 버스에서 백인에게 자리양보를 거부한 흑인 여성인 팍스(Parks)로부터 시작되었다. 과학기술의 역사도 혁신적인 소수들에 의해 이루어졌다. Fulton이 증기선(Fulton's Folly)을 개발했을 때, 주위의 조롱을 참아야 했다. "용기를 주는 한마디, 밝은 희망, 따뜻한 소망은 어떤 것도 나의 길을 가로막지 못하게 했다"(Cantril & Bumstead, 1960). 실제로 소수의 견해가 결코 승리하지 못했다면, 역사는 정체되었을 것이고 어떤 것도 변하지 않았을 것이다.

언제 소수가 설득력을 지니는가? 슐레진저가 어떻게 했으면, 케네디 집단이 피그만 침공에 대한 그의 의문사항을 고려했었을까? Moscovici가 파리에서 수행한 실험들에서 소수의 영향을 결정해 주는 요인들이 밝혀졌다. 일관성, 자기확신, 다수로부터의 탈퇴. "소수의 영향"에서 말하는 소수란 소수 인종이 아니라 소수 "의견"이란 점을 명심하라.

일관성

우유부단한 소수보다는 한 가지 입장을 고수하는 소수가 더 영향력 있다. Moscovici와 그의 동료들(1969, 1985)은 소수가 파란색 슬라이드를 일관되게 초록 슬라이드라고 판단할 때, 다수 구성원들이 종종 소수의 판단에 동의한다는 사실을 발견하였다. 그러나 소수가 우유부단한 경우, 즉 파란색 슬라이드 중 1/3은 "파란색"으로 판단하고 나머지는 "초록색"으로 판단한 경우는 다수 중 어느 누구도 "초록색"이라는 소수의 판단에 동의하지 않았다.

실험들은 동조하지 않는 것, 특히 일관되게 다수에게 동조하지 않는 일이 얼마나 고통스러운가를 잘 보여주고 있다(Levine, 1989). 이는 "소수-완만 효과(minority slowness effect) – 다수 입장인 사람들에 비해 소수 입장인 사람들이 자신의 의사표현을 더 늦게 하는 경향성–"를 설명하는 데 도움이 된다(Bassili, 2003). 만약 당신이 Emerson 책에 나오는 소수 중 한명이 된다면, 조롱받을 준비를 해야 한다 – 특히 개인적으로 다수와 상반된 주장을 할 때와 집단이 만장일치 합의를 통해 어떤 문제를 해결하고자 할 때 그렇다(Kameda & Sugimori, 1993; Kruglanski & Webster, 1991; Trost 등, 1992). 심지어 다수에 속하는 사람들이 불일치하는 사람이 실제로 또는 도덕적으로 옳다는 것을 알고 있을지라도 자신들의 의견을 바꾸지 않는다면 그들은 여전히 그 사람을 싫어할 것이다(Chan & others, 2010).

사람들은 당신의 반대를 당신이 심리적으로 이상한 사람이기 때문으로 볼 것이다(Papastamou & Mugny, 1990). Charlan Nemeth(1979, 2011)가 모의배심원 집단에 2명의 소수를 심어놓고 이들로 하여금 다수의 주장에 반대하도록 하였다. 그 결과 이들 두 명은 불가피하게 다수에게 미움을 샀다. 그럼에도 불구하고 다수는 이들의 일관된 주장이 자신들로 하여금 당초의 입장을 재고하게 만드는 데 관련 있음을 인정하였다. 흔히 무심코 하는 동의를 촉발하는 다수의 영향과 비교하여, 소수의 영향은 대체로 높은 창의성을 바탕으로 더 깊은 논쟁과정을 자극한다(Kenworthy, & others, 2008; Martin &

others, 2007, 2008).

다양한 인종의 친구가 있거나 토론집단에서 인종적 다양성에 노출된 대학생들은 단순한 사고를 덜 보인다(Antonio & others, 2004). 자신의 집단 내부에서 나온 이견으로 사람들은 더 많은 정보를 갖게 되고, 새로운 방식으로 그것에 대하여 생각하게 되며, 그리고 흔히 더 나은 결정을 하게 된다(Page, 2007). 사람들에게 영향을 주기 위해 상대를 제압하는 친구가 필요한 것은 아니라고 생각하고 Nemeth는 "우리는 어떤 종류의 논쟁도 싫어한다; 그것들은 언제나 천박하고, 종종 설득력이 있다."라는 오스카 와일드의 말을 인용한다.

일부 성공적인 회사들은 소수의 관점으로 자극받아 새로운 아이디어를 만들고, 동료들을 신선한 방식으로 생각하도록 자극하는 창의성과 혁신의 중요성을 잘 인식하고 있다. "개인의 창의성을 존중하기"로 유명한 3M은 기발한 아이디어를 생각해내는 사원을 환영하고 있다. 포스트잇은 스펜서 실버사가 초강력 아교를 개발하려다 실패한 것이었다. 종잇조각으로 성가대 찬송가를 표시해 두는 데 어려움을 느낀 아트 프라이는 "내가 필요한 것은 스펜서의 접착제를 종이 끝에만 발라서 북마크를 만드는 것"이라고 생각했다. 이는 궁극적으로 마케팅 부서의 회의적 입장을 이긴 소수의 견해였다(Nemeth, 1997).

자기확신

일관성과 고집은 자기확신을 낳는다. Nemeth와 Wachtler(1974)는 자기확신을 낳는 소수의 어떤 행동 - 예를 들어, 헤드시트를 탁자에 놓는 것 - 은 다수들 중에서 자기의심을 높여주는 경향이 있다는 사실을 보고하였다. 확고하고 힘찬 소수의 자기확신은 다수로 하여금 그들의 기존 입장을 재고하게 만든다. 특히 이는 사실적 사안보다는 의견 사안에서 그렇다. Maass와 그녀의 동료들(1996)이 이탈리아 대학에서 수행한 연구에서 사실을 묻는 질문에 답하게 했을 때(예 이탈리아가 원유를 가장 많이 수입하는 나라는?)는 태도를 물을 때(예 이탈리아가 원유를 가장 많이 수입해야 하는 나라는?)보다 덜 설득적임이 밝혀졌다.

다수로부터의 탈퇴

완고한 소수는 만장일치의 착각을 무너뜨린다. 소수가 다수의 주장에 일관되게 이의를 제기하면, 다수 구성원들도 보다 자유롭게 의심나는 점들을 표현하게 되고, 심지어 소수 쪽으로 입장을 바꾸기도 한다. 피츠버그 대학생을 대상으로 한 연구에서, Levine(1989)은 일관된 소수의 목소리보다는 다수로부터 탈퇴한 소수가 더 설득적이란 사실을 발견하였다. 모의 배심원 실험에서 - 12인의 분노한 사람들처럼 - Nemeth는 일단 탈퇴가 시작되면 곧 다른 사람들이 뒤따라 탈퇴하는 눈덩이 효과가 시작된다는 것을 발견하였다.

소수의 영향력을 강화시키는 이 요인들이 소수 집단에게만 적용되는 것인가? Wolf

와 Latane(1985; Wolf, 1987), Clark(1995)은 그렇지 않을 것으로 생각한다. 그들은 똑같은 사회적 힘이 다수와 소수 모두에게 작용한다고 주장한다. 정보적 영향과 규범적 영향이 집단극화와 소수의 영향 모두를 만들어낸다. 만약 일관성, 자기확신 및 상대측으로부터의 탈퇴가 소수의 영향력을 강화시켜 준다면, 이런 요인들은 다수의 영향력도 강화시킬 것이다. 어떤 입장의 사회적 충격은 그 입장을 지지하는 사람들의 강도, 근접성, 숫자에 달려 있다. 그것이 작기 때문에 소수가 다수보다 영향력이 작은 것일 뿐이다.

개인이 집단에 얼마나 영향을 줄 수 있는가에 대한 이런 새로운 강조에는 유쾌한 아이러니가 있다. 최근까지도 소수가 다수를 동요시킬 수 있다는 생각은 그 자체로 사회심리학의 소수 견해였다. 그럼에도 불구하고, Moscovici, Nemeth, Maass, Clark 등은 일관되고 강력한 주장을 통해 집단 영향을 연구하는 다수 연구자들에게 소수의 영향이 연구할 가치가 있는 현상이라는 확신을 갖도록 만들었다. 그러던 중 몇몇은 소수의 영향이 자신의 연구 관심사가 되었다. Maass(1998)는 전후 독일에서 자라면서 할머니로부터 파시즘에 대한 설명을 들은 후, 어떻게 소수가 사회변동에 영향을 주는지에 관심을 갖게 되었다. Nemeth(1999)는 교환교수로 유럽에 머무르는 동안 Tajfel과 Moscovici와 함께 연구하면서 자신의 관심사를 발전시켰다. "우리 셋(Tajfel, Moscovici, Nemeth)은 이방인들이었다. 나는 유럽에서 미국인 로마 가톨릭 여성이고, 그들은 동유럽 유대인으로서 제2차 대전 때 살아남은 사람들이었다. 소수 입장에 대한 가치를 인식시키고 투쟁하는 것이 우리의 연구를 지배하게 되었다."

리더십이 소수의 영향인가?

1910년 노르웨이와 영국이 남극 탐험의 경주를 벌였다. 로알드 아문센이 이끄는 노르웨이팀은 성공했다. 로버트 팔콘 스콧이 잘못 이끈 영국팀은 실패하였다. 스콧과 팀원 3명이 사망하였다. 아문센은 어떤 개인이 팀을 운용하고 안내하는 과정인 **리더십**

리더십(leadership)
특정 집단성원들이 집단에 동기를 부여하고 안내하는 과정

이러한 "자질 동아리"에서 예시되듯 참여경영에는 독재적 리더보다 민주적 리더가 필요하다.

의 힘을 보여주었다. Kinsley(2003)는 조지 부시의 대통령직 수행이 "한 사람의 힘"을 잘 보여주고 있다고 본다. 그가 대통령이 되기 전까지는 사람들은 "사담 후세인이 위험한 인물"이란 생각을 갖고 있지 않았다. 여러 요인들이 있겠지만, 그 중 하나가 리더십이다. 진정한 리더십이 원치 않는 사람들도 움직이게 만드는 것이라면, 조지 부시는 자신이 진정한 리더임을 보여 준 셈이다.

어떤 리더는 공식적으로 지명되거나 선출되는 반면, 어떤 리더는 집단 상호작용을 통해 비공식적으로 출현한다. 훌륭한 리더십을 만드는 것은 상황에 달려 있다. ─ 엔지니어 부서를 잘 이끄는 사람이라도 판매부서에서 훌륭한 리더는 될 수 없다. 어떤 사람은 **과제 리더십**(과제를 조직화하고, 기준을 설정하고, 목표달성에 초점을 두는 리더십)에서 우수한 반면, 어떤 사람은 **사회적 리더십**(팀워크를 만들고, 갈등을 중재하고, 구성원들에게 지지를 제공하는 리더십)에서 탁월하다.

과제 리더는 종종 독재적 스타일이다. ─ 리더가 올바른 지시를 내리면, 사람들은 일을 더 잘한다(Fiedler, 1987). 잘만 하면 이런 리더는 집단을 그들의 임무에 항상 충실하도록 만든다. 실험연구에 따르면 구체적이고, 도전할 만한 목표와 일의 진전에 대한 정기적인 보고가 있으면, 구성원들의 수행량이 더 높아진다는 것이다(Locke & Latham, 1990, 2002, 2009).

사회적 리더는 종종 민주적 스타일이다. ─ 권위를 버리고, 팀 성원들의 참여를 환영한다. 그래서 이미 살펴보았듯이, 이는 집단사고를 방지하는 데 도움이 된다. 여러 실험을 통해 사회적 리더십이 구성원들의 사기에 더 좋다는 사실들이 밝혀졌다. 대체로 집단성원들은 자신들이 의사결정에 참여했을 때 더 큰 만족을 느낀다(Spector, 1986; Vanderslice 등, 1987). 과제 종류를 통제한 상태에서도, 작업자들의 성취동기가 더 높아진다(Burper, 1987).

의사결정과정 동안 발언 기회가 주어졌을 때, 사람들은 그 결정에 대해 더 긍정적으로 반응하였다(Van den Bos & Spruijt, 2002). 집단에 대해 좋은 감정을 지니는 것이 중요하다고 생각하며, 성취에 대한 자긍심이 있는 사람들은 민주적 리더십과 참여적 경영 환경 아래에서 번영한다. 남성보다는 여성이 민주적 리더십 스타일을 지닌 경향이 많다(Carli & Eagly, 2011; Eagly & Johnson, 1990). 118개의 연구에서 수합된 자료는 여성들이 남성들보다 훨씬 더 평등주의자이고 사회적 위계에 반대하였다(Lee & others, 2011).

모든 위대한 리더들에게는 공통적인 특질이 있다고 보는, 한때는 유명했던 "위인" 리더십 이론에 대한 현재의 평판은 나쁘다. 이제는 우리가 알고 있는 효과적인 리더십 양식은 위대한 "내"가 아니라 위대한 "우리들"이다. 효과적인 리더는 집단의 정체성을 나타내고, 고양시키고, 그리고 지켜낸다. 상황에 따라 효과적인 리더십이 무엇인지는 다르다. 무엇을 해야 하는지 잘 알고 있는 사람은 과제 리더십을 싫어하는 반면, 그것을 모르는 사람은 그런 리더십을 좋아한다. 그러나 최근 사회심리학자들은 많은 상황에서 훌륭한 리더를 만드는 자질이 존재한다는 사실에 놀라고 있다(Hogan 등, 1994). 영국의 사회심리학자인 Peter Smith와 Monir Tayeb(1989)은 인도, 대만 및 이란에서 이뤄진 연구를 통해 탄광, 은행, 행정부에서 가장 효율적인 상사들은 과제 리더십

과제 리더십(task leadership)
작업을 조직하고, 기준을 설정하고, 그리고 목표에 초점을 두는 리더십

사회적 리더십(social leadership)
팀워크를 구축하고, 갈등을 중재하고, 그리고 지지를 제공하는 리더십

focus
ON
변형적 공동체 리더십

변형적(일관적이고, 자신감이 있고, 자극적인) 리더십의 놀라운 예로서 Walt Woodward와 Mildred Woodward를 고려해 보자. 2차 대전 중에 그리고 10년 후에 그들은 워싱턴 베인브릿지 섬에서 신문을 소유하고 편집하고 있었다. 1942년 3월 30일, 일본계 12만 서부 해안 거주민의 선발대가 수용소에 재배치된 것은 베인브릿지부터였다. 6일의 통지 후 무장 보안군의 감독하에 여객선에 실려 부두 위에서 눈물 흘리는 친구와 이웃(나의 아버지 보험대리인도 그 중 한 이웃이었다)을 남겨두고 멀리 보내졌다. "12월 7일(진주만 공습일) 이래의 깨끗한 기록, 시민권, 미군에 징집되었거나 명부에 이름을 올린 그들의 친척들, 미국인의 품위 어디에 이런 강압적이고 너무나도 짧은 소개 명령의 변명거리가 있단 말인가?"라고 베인브릿지 리뷰에서 Woodwards(1942)가 기사화했다. 그 전쟁 내내 모든 서부 해안 신문 편집장 중 Woodward 부부 홀로 그 수용소에 반대하는 목소리를 계속 냈다. 그들은 또한 이전 임시 직원이었던 Paul Ohtaki를 채용하여 매주 칼럼을 써서 퇴거된 섬주민들의 뉴스를 전달하게 했다. Ohtaki 등이 쓴 "폐렴이 쿠라 할아버지를 덮쳤다."와 "만자나르에서 태어난 첫 섬 아기"와 같은 기사는 공허한 이웃의 가정에 그들을 회상시켜 주었고 결국 환영받을 가정으로 돌아갈 방법을 준비하게 해 주었다. 이것은 신문에서 수용을 지지하고 일본인에 대한 적대감을 강화시키는 다른 서부 해안 공동체가 환영하는 편견과 대조되었다.

일부 신랄한 반대가 지속된 이후, Woodward 부부는 용기로 명예를 얻었고, 이것은「삼나무에 내리는 눈」이라는 제목으로 책과 영화에서 극화되었다. 2004년 3월 30일 여객선 출발 장소에서 열린 국가기념식에서 수용자였던 현직 베인브릿지 섬 일본 미국 공동체 의장 Frank Kitamoto는 이 기념식은 또한 "Woodward 부부, Ken Myers, Genevive Williams… 및 우리를 지지했던 많은 사람들"을 위한 것이라고 선언했고, 그들은 매국노라 불리는 위험도 무릅쓰고 강제이주에 도전했던 사람들이었다. "Walt

Woodward는 우리가 만약 일본계 미국인들에게 권리장전을 정지시킬 수 있다면, 뚱뚱한 미국인 또는 푸른 눈의 미국인에 대하여도 그렇게 해야 할 것이라고 말했다." Woodward 부분의 변혁적 리더십을 회고하며, 풋내기 기자 Ohtaki(1999)는 "베인브릿지 섬에서는 다른 지역에서 보였던 일본인 귀향자에 대한 적대감이 존재하지 않았는데, 내 생각에는 그것은 대부분 Woodward 부부 때문이었다."고 적었다. 나중에 그가 Woodwords 부부에게 "그렇게 하지 않았다면 독자의 분노를 겪지 않아도 되었을텐데, 왜 그렇게 했느냐?"고 물었을 때, 그들은 항상 "그것은 해야 할 올바른 일이었다."라고 말하곤 했다.

과 사회적 리더십 모두에서 높은 점수를 받은 사람들이라는 사실을 발견하였다. 그들은 업무의 진전에 대해서도 적극적인 관심을 보이고, 부하들의 욕구를 살피는데도 세심한 사람들이었다.

또한 연구들은 실험실집단, 작업팀, 대기업 등에서 효율적인 리더들이 어떻게 소수 입장이 설득력을 지니는지를 알 수 있는 행동을 한다는 사실을 밝혀냈다. 이런 리더들은 그들의 목표를 일관되게 고수함으로써 신뢰를 심어준다. 또한 그들은 종종 부하들의 충성심을 끌어내는 자신감 넘치는 카리스마를 보여준다(Bennis, 1984; House & Singh, 1987). 효과적인 리더는 전형적으로 바람직한 업무 상태에 대한 놀랄 만한 비전을 지니고 있으며, 특히 집단적 스트레스 상황에서 그러하다(Halevy & others, 2011). 그들은 또한 이를 다른 사람들에게 간결한 언어로 전달하며, 다른 사람들이 추종하도록 자극하는 낙관주의와 신념을 지니고 있다. 사회적으로 지배적이고 영향력 있는 개인들은 또한 발언을 많이 하는 등의 방법으로 실제로 그런 것처럼 보이게 행동하기 때문에(사실과 관계없이) 유능해 보이는 것 같다(Anderson & Kilduff, 2009).

50개의 네덜란드 회사에 대한 분석에서, 가장 높은 사기는 자신의 동료들에게 "조직을 위하여 개인적 이해관계를 초월하라."고 강력히 자극하는 경영자가 있는 회사였다. **변형적 리더십**(transformational leadership)이라 불리는 이런 유형의 리더십은 집단 임무를 명확히 하도록 동기부여하고 그것에 헌신하게 한다. 변형적 리더들 ─ 그들 중 많은 사람들은 카리스마적, 정열적, 자신감 넘치는 외향론자들이다 ─ 은 높은 기준을 명시하고, 사람들에게 비전을 공유하게 하고, 그리고 사적인 주의를 기울이는 사람이다 (Bono & Judge, 2004). 조직에서 그런 리더십의 흔한 결과는 전체 종업원들을 더욱 몰입하게 하고, 신뢰롭게 하며, 효과적으로 만든다(Turner & others, 2002).

분명히 집단도 리더에게 영향을 준다. 때로 무리의 선두에 있는 사람은 그 집단이 어느 쪽을 향하고 있는지에 대해 민감하다. 정치 후보자들은 여론을 읽을 줄 안다. 집단의 입장을 대표하는 사람이 리더로 선출될 가능성이 크다. 집단의 기준으로부터 너무 벗어나는 리더는 배척받는다(Hogg 등, 1998). 대개 영리한 리더는 다수의 입장을 취하며, 자신의 영향력을 신중하게 사용한다. 매우 드문 경우지만, 어떤 특질이 어떤 상황과 만나면 역사적 인물이 나온다고 Dean Keith Simonton(1994)은 지적한다. 처칠, 대처, 제퍼슨, 마르크스, 나폴레옹, 히틀러, 링컨, 마틴 루터 킹 등은 그 사람이 그 시대에 그곳에 살았기 때문이다. 지능, 기술, 결단력, 자신감 및 사회적 카리스마가 잘 조화되는 경우는 드물지만, 그 결과는 때때로 우승, 노벨상 수상 혹은 사회적 혁명이다.

변형적 리더십
(transformational leadership)
리더의 비전과 자극에 의하여 가능하게 되며 중요한 영향을 발휘하게 만드는 리더십

요약 : 소수의 영향: 어떻게 개인이 집단에 영향을 주나?

- 다수의 의견이 흔히 우세할지라도, 때로는 소수가 영향을 줄 수 있고, 심지어 다수의 의견을 뒤집을 수도 있다. 비록 다수가 소수의 견해를 채택하지 않을지라도, 소수의 목소리는 다수의 자기의심을 증가시키고 다른 대안을 고려하게 하며 종종 더 좋고 창의적인 결정을 하도록 이끌 수 있다.
- 실험에서 소수는 일관적이고 자신의 견해에 끈질길 때, 그 행위가 자신감을 표출하고 다수로부터 탈퇴를 유발하기 시작할

때 가장 영향력이 있다.
- 공식적 및 비공식적 리더들은 과제 및 사회적 리더십을 통해 발휘하는 영향력에서 차이가 난다. 지속적으로 목표를 추구하도록 압력을 넣으며, 자신감 있는 카리스마를 보여주는 사람들은 종종 다른 사람들로부터 신뢰를 얻어내고 그들이 추종하도록 자극한다.

3

사회적 관계

사회심리학은 사람들이 서로서로에 대하여 어떻게 생각하고, 영향을 미치며, 관계를 맺는지에 대한 과학적 연구이다. 우리는 서로에 대하여 어떻게 생각하는지(제1부)와 영향을 미치는지(제2부)를 탐구하였고, 이제 서로에 대하여 어떻게 관계를 맺는지를 고려할 차례이다. 사람들에 대한 우리의 감정과 행위는 때로는 부정적이고 때로는 긍정적이다. "편견: 타인을 싫어하기(제9장)"와 "공격성: 타인에게 해를 입히기(10장)"는 인간관계의 불쾌한 측면을 다룬다. 왜 우리는 서로를 싫어하고 심지어 경멸하는가? 우리는 서로에게 언제 그리고 왜 상처를 입히는가? 그리고 나서 11장에서는 "매력과 친밀감: 타인을 좋아하고 사랑하기", 12장 "도움 행동"에서 우리는 유쾌한 측면을 탐구할 것이다. 우리는 왜 특별한 사람을 좋아하거나 사랑하는가? 언제 우리는 친구나 낯선 이를 돕는가? 마지막으로, 13장 "갈등과 화해"에서 우리는 사회적 갈등은 어떻게 발달하고 어떻게 공정하고 원만하게 해결될 수 있는지를 살펴볼 것이다.

편견 :
타인을 싫어하기

편견, 뚜렷한 근거가 없는 개인이나 한 집단의 의견이다.

– Ambrose Bierce

편견에는 "동북부의 진보주의자들" "남부의 산악지대 주민들" 아랍 "테러리스들," 미국 내 "이교도들" 홈리스, 비만한 사람들, 키가 작은 사람들에 대한 적대적인 편견들과 같이 자기가 속한 집단에는 호의적이고 다른 집단에는 비호의적인 여러 형태가 있다.

몇 가지 극적인 예들을 살펴보자.

종교. 911테러와 이라크 아프카니스탄 전쟁 이후에 강한 국가 정체성을 가진 미국인들은 아랍에서 이민 온 사람들에 대한 심한 증오를 보였다(Lyons & others, 2010). 많은 경영자들은 지원자가 무슬림이라고 알려지면 일자리를 주지 않거나 제대로 보수도 주지 않으려 하였다(Park & others, 2009). 평론가인 Nicholas Krisof(2010)는 이슬람 사원에 대한 적대감이 팽배하면서 "무슬림은 공개적으로 천대해도 괜찮은 마지막 남은 소수집단"이려고 하였다. 유럽에서는 다수의 비 무슬림들은 "이슬람 극단주의"에 대한 우려를 보였고 무슬림과 서방의 관계가 악화된 것으로 보았다(Pew, 2011). 반대로 중동부의 무슬림들은 서방 제국들을 "탐욕스럽고" "부도덕"하며, 아랍인들이 911 테러를 저지르지 않았다고 흔히 보도하였다(Wike & Grim, 2007; Pew, 2011).

비만. 연인 상대나 채용 후보자로서 날씬할 것이 기대되는데 특히 백인 여성에서 더 심하였다. 상관 연구 결과 비만한 사람은 흔히 결혼, 취업, 보수에서 불리하였다(Swami & others, 2008). 비만하게 보이도록 얼굴을 크게 한 사진을 보여준 실험 연구에서는 그 사람의 매력, 지능, 행복, 성공, 자제력을 낮게 평가하였다(Gortmaker & others, 1993; Hebl & Heatherton, 1998; Pingitore & others, 1994). 실제로 비만한 사람에 대한 차별은 인종차별이나 성차별을 능가하여 입사, 배치, 승진, 보수, 처벌, 그리고 퇴직의 모든 취업 단계에서 일어났다(Roehling, 2000). 비만자에 대한 부정적인 생각과 차별은 왜 비만한 사람들이 그렇지 않은 사람들에 비하여 대기업의 최고경영자들과 선출직 공무원 중에 상대적으로 적은 지로 설명된다(Roehling &

others, 2008, 2009, 2010). 비만하면 어릴 때는 더 왕따를 당하고 어른이 되어서는 더 우울에 빠진다(de Wit & others, 2010; Roehling & others, 2010, Luppino & others, 2010; Mendes, 2010).

성적 취향. 영국의 한 전국 조사에서 중학교에 다니는 동성애자들의 3분의 2가 동성애 혐오를 보이는 집단 따돌림을 경험한 것으로 보고되었다(Hunt & Jensen, 2007). 미국에서는 성인 건강을 장기적으로 다룬 연구에서 10대 남녀 동성애자들이 학교나 법정에서 심한 잘못을 저지르지 않았어도 일반인들에 비하여 더 가혹한 처벌을 받기 쉬웠다(Himmelstein & Brücker, 2011). 영국의 성인들 5명중 1명의 동성애자들은 공격적인 희롱, 모욕, 신체적 공격을 받았다고 하였다(Dick, 2008). 미국의 전국적인 조사에서도 동성애자와 양성애자들의 20%가 자신들의 성적 취향 때문에 개인적이거나 재산상의 피해를 입었으며, 50%는 언어적 희롱을 당했다고 나왔다(Herek, 2009).

연령. 사람들은 늙은 사람들을 대체로 마음씨가 좋지만 연약하고, 무능력하고, 비생산적인 것으로 보고, 노인들은 무력한 어린애 같은 말투를 하는 보호 대상으로 생각한다(Bugental & Hehman, 2007).

이민자들. 독일인의 터키인에 대한 태도, 프랑스인의 북 아프리카인에 대한 태도, 영국인의 서인도와 파키스탄인에 대한 태도, 그리고 미국인의 남미 출신인에 대한 태도에서 반이민적 편견을 보이는 논문들이 다수 나오고 있다(Pettigrew, 2006). 나중에 보겠지만, 인종과 성 편견을 일으키는 동일한 요인들이 이민자 혐오도 가져온다(Pettigrew & others, 2008; Zick & others, 2008).

편견의 본질과 위력

"편견"은 "고정관념", "차별대우", "인종차별" 그리고 "성차별"과 어떻게 다른가? 고정관념은 반드시 틀린 것이거나 악한 것인가? 오늘날에는 편견이 어떤 형태로 나타나는가?

편견의 정의

편견(prejudice)
특정한 집단과 이에 소속된 사람들에 대하여 미리 갖고 있는 부정적 판단

때로는 편견, 고정관념, 차별대우, 인종차별, 성차별이란 말들이 중복되기도 한다. 이들을 명료하게 구분해 보자. 이들 상황들 각각은 어떤 집단에 대한 부정적 평가를 말한다. 어떤 집단과 그 구성원들에 대해 미리 갖고 있는 부정적 판단이 **편견**의 핵심이다(어떤 편견은 긍정적인 판단일 수도 있으나, 거의 대부분은 Gordon Allport가 쓴 고전적인 책 "편견의 본질"에서 말한 "편견"이란 부정적인 것으로, 잘못되고 융통성 없는 일반화에 토대를 둔 혐오감을 뜻한다(1954, p.9)).

편견은 태도의 일부이다. 4장에서 보았듯이, 태도는 감정, 행동, 그리고 신념이라는 별개의 요소들의 혼합물이다. 태도를 쉽게 ABCs(감정: affect, 행동 경향성: behavior tendency, 인지: cognition)라고 기억할 수 있다. 편견을 가진 사람은 자신과 다른 사람들을 싫어하고, 차별적인 행동을 보이기 쉬우며, 그러한 사람들은 무식하거나 위험하다고 생각한다.

고정관념(stereotype)
특정한 집단원들이 가진 것으로 여겨지는 속성에 대한 신념. 고정관념은 때로는 과장되고, 부정확하고, 새로운 정보에 저항을 일으키기도 한다.

흔히, 편견을 일으키는 부정적 평가는 **고정관념**이라는 부정적 신념에 의하여 지지된다. 고정관념은 일반화된다. 영국인들은 내향적이고, 미국인들은 외향적이다와 같

이 세상을 단순하게 보기 위하여 일반화한다. 다음에 최근에 밝혀진 널리 퍼진 고정관념들을 살펴보자.

- 1980년대에는 자신을 "Miss"나"Mrs."로 부르는 사람들보다 "Ms."로 불리는 여성들을 더 적극적이고 야심을 가진 것으로 여겼다(Dion, 1987; Dion & Cota, 1991; Dion & Schuller, 1991). 이제는 "Ms."라고 부르는 것이 표준적인 여성의 호칭이 되었으므로, 고정관념은 바뀌었다. 적극적이고 야심에 찬 것으로 보이도록 자신의 성을 유지하는 기혼녀들이 일반적이다(Crowford & others 1998; Etaugh & others, 1999).

- 여론조사 결과 유럽인들은 다른 지역의 유럽인들에 대한 특별한 생각을 갖고 있는 것으로 나왔다. 독일인들은 비교적 근면한 것으로, 프랑스인들은 쾌락을 추구하는 것으로, 이태리인들은 바람기가 있는 것으로, 네델란드인들은 신뢰롭고, 영국인들은 냉정하고 쉽게 흥분하지 않는 것으로 보았다(이 결과는 암스테르담 대학의 Koomen과 Bähler, 1966에 의하여 나온 것을 고려한다면 믿을 만하다고 볼 수 있다.).

- 유럽인들은 또 남부 유럽인들은 북부 유럽인들에 비하여 더 감정적이고 덜 능률적인 것으로 보았다. 남쪽 사람들에 대한 고정관념은 여러 나라들의 비교에서도 마찬가지였다. 20개국의 북반구 사람들과 6개국의 남반구 사람들을 비교한 James Pennebaker와 동료들의 연구(1996)에서도 남반구 사람들이 북반구 사람들보다 더 표현력이 뛰어난 것으로 나왔다.

이러한 일반화는 어느 정도는 사실일 수 있고 언제나 부정적인 것은 아니다. 북반구에 사는 남부 지역 사람들이 더 높은 범죄율을 보인다. 이들 나라에서 남쪽에 사는 사람들이 북쪽에 사는 사람들보다 더 표현력이 풍부함을 보인다. 여러 인종, 성별, 그리고 계층적 배경에 대하여 교사들이 갖고 있는 학업에 대한 고정관념이 현실을 반영하는 경향을 보인다(Madon & others, 1998). Lee Jussim, Clark McCauley, Yueh-Ting Lee(1995)는 "고정관념"은 "긍정적일수도 있고 부정적일 수도 있으며, 정확할 수도 있고 부정확할 수도 있다"고 하였다. 정확한 고정관념은 더 바람직하기도 하다. 우리는 이를 "다양성에의 민감성", 또는 "다문화 세상에서의 문화적 인식"이라고 부른다. 영국인들이 멕시코인들보다 더 정확하다는 고정관념은 각 문화권 안에서 어떤 것이 기대되며 어떻게 타인들과 어울려야 하는지를 알게 하는 것이다.

고정관념에서의 문제는 고정관념의 과잉일반화와 아주 잘못된 고정관념에 있는 것이다. 대부분의 미국 복지제도의 수혜자가 흑인이라고 생각하는 것은 지나친 일반화인데, 실제는 그렇지 않기 때문이다. 특정한 동아리 회원들에 대한 대학생들의 고정관념들(경제학보다는 외국어가, 소프트볼보다는 테니스가 더 좋다는 등)도 어느 정도는 사실이지만 부풀려진 것들이다. 고정관념이 지워진 집단 안에서도 개인 차이가 있을 수 있는 것이다(Brodt & Ross, 1998).

편견은 부정적 태도이고, **차별**은 부정적 행동이다. 흔히, 차별적 행동은 편견적 태도에 뿌리를 두고 있다(Dovidio & others). 그러나 4장에서 강조한 것처럼 종종 태도와

차별(discrimination)
특정 집단이나 그 집단원들에 대한 불공정한 부정적인 행동

인종차별(racism)
(1) 개인이 가진 특정 인종의 사람들에 대한 편견적 태도와 차별적 행동. 또는 (2) (편견에 의한 동기는 아니라도) 특정한 인종을 열등하게 대하는 제도적 관행

성 차별(sexism)
(1) 개인들이 가진 특정한 성에 속한 사람들에 대한 편견적 태도와 차별적 행동, 또는 (2) (편견에 의한 동기는 아니더라도) 특정한 성에 속한 사람들을 열등하게 대하는 제도적 관행

행동의 연계는 느슨할 수 있다. 편견적 태도가 꼭 적대적 태도를 가져오지도 않으며, 모든 적대감이 편견에서 비롯되지도 않는다. 편견 의도가 없어도 **인종차별**과 **성차별**이 제도적인 관행으로 나올 수 있다. 백인들끼리만 하는 사업체에서 구두로 채용하는 관행이 백인이 아닌 근로자를 배제하는 효과를 갖는다면, 이러한 관행은 고용주가 차별의 의도가 없었지만 인종차별주의자라고 불리울 수 있는 것이다.

편견: 은밀하거나 공공연하게

편견은 2장에서 보아 온 것처럼 우리가 가진 태도의 이중성을 보여 주는 가장 좋은 예의 하나이다. 우리는 "암묵적 연상검사"(2장)를 통해서 나온 것처럼, 동일한 대상에 대하여 명시적(의식적)태도와 암묵적(자동적)태도를 다르게 갖고 있을 수 있다. 그리하여 우리가 지금은 존경을 표하지만 어릴 적부터 그 사람에 대하여 습관적, 자동적으로 싫어하거나 무서워 할 수 있다. 교육을 통해서 명시적 태도는 크게 변화될 수 있지만, 암묵적 태도는 남아있어 훈련으로 새로운 습관을 가져야만 바꿀 수 있다(Kawakami & others, 2000).

다수의 실험을 통하여 사람들이 의식하지 않은 채 편견적이고 고정관념적인 평가를 얻어낼 수 있었다. 일부 연구들은 어떤 인종, 성별, 연령 집단에 대한 고정관념을 "점화"(자동적으로 활성화) 시키는 단어들이나 얼굴들을 짧게 비춰주었다. 그러면, 참가자들은 의식을 하지 못하지만 점화된 고정관념은 참가자들의 행동에 편향을 일으킬 수 있었다. 예를 들어 흑인과 연합된 영상으로 점화된 참가자들은 실험자의(의도적으로) 귀찮은 요구에 더 적대적으로 반응하였다.

의식적, 명시적 편견과 무의식적, 암묵적 편견을 구분했으니 다음에는 인종적 편견과 성 편견이라는 흔한 두 가지 형태의 편견을 살펴보자.

인종적 편견

전 세계적으로 보면 모든 인종이 소수집단이라고 할 수 있다. 예를 들어, 히스패닉 계가 아닌 백인들은 전 세계 인구 중 5분의 1에 불과하며, 앞으로 50년 안에는 전 세계 인구 중 8분에 1이 될 것이다. 이민과 인구 이동 덕분에 지난 2 세기 동안에 전 세계의 인종들은 때로는 적대적으로 때로는 우호적으로 서로 뒤섞여 가고 있다.

피부색은 분자 생물학자들에게는 사소한 인간의 특성으로서 유전적 차이로 통제되는 것이다. 더구나, 자연적으로는 여러 인종들을 딱 부러지게 구분된 범주 속으로 묶을 수 없다. 자연 법칙이 아니라 사람들이 타이거 우즈를 "아프리카 계 미국인"(25%가 아프리카 혈통) 이거나 "아시아계 미국인"(25%는 태국이고 25%는 중국인 혈통) 또는 미국 원주민이나 화란 계(각각 8분의 1씩만 해당되지만)로 분류하는 것이다.

대부분의 사람들은 다른 사람들에 대한 편견을 갖고 본다. 1997년에 갤럽 조사에서 백인들은 동료들 중 44%가 높은 편견(10점 척도 상 5 이상)을 갖고 있다고 추정하였다. 자신들도 높은 편견을 갖고 있다고 본 응답율은 단지 14%에 그쳤다(Whitman, 1998).

인종적 편견은 감소하고 있는가?

사람들은 타인들의 높은 편견을 지각하는 것인가 아니면 자신들이 낮은 편견을 갖고 있다고 보는 것인가? 어느 편이 맞는 말인가? 인종적 편견은 과거의 일이 되고 있는가?

편견적 태도는 아주 빠르게 변할 수 있다. 1942년에는 대부분의 미국인들은 "전차나 버스에 흑인들은 별도로 타게 해야 한다"는 데 동의하였다. 오늘날에 와서는 이러한 말은 이상하게 들릴 것인데, 왜냐하면 그러한 공공연한 편견은 거의 사라졌기 때문이다. 1942년에는 모든 백인들의 3분의 1 이하(남부에서는 2%만)가 인종통합 교육을 지지하였지만 1980년에 이르러서는 90%가 찬성하고 있다. 1958년에는 흑백인간 결혼을 4%만 지지했지만 2011년에는 86%로 나왔다(Jones, 2011). 1942년부터 현재까지, 또는 노예 해방 전으로부터 지금까지라도 긴 역사적 안목으로 보면, 아주 짧은 기간임을 고려한다면 그러한 변화는 매우 극적인 것이다.

아프리카계 미국인의 태도도 Kenneth Clark와 Maime Clark(1947)가 많은 사람들이 반 흑인적 편견을 갖고 있음을 보이던 1940년 이후 변화되어 왔다. 1954년에 분리 교육이 위헌이라는 역사적인 판결을 할 때 대법원은 Clark 부부가 흑인 아동들에게 검은 색의 인형과 흰색의 인형을 주고 선택하게 했더니, 대부분이 흰색을 선택한 점을 언급하였다. 1950년대로부터 1970년대에 이르면서 흑인 아동들이 점차 검은 색의 인형을 선택하는 비율이 증가하였다. 성인 흑인들은 흑인들과 백인들의 지능, 게으름, 그리고 책임감 등 같은 특성에서 유사성을 지각하게 되었다(Jackman & Senter, 1981; Smedley & Bayton, 1978).

Amitai Etzioni(1999)는 이제는 여러 인종들 간에도 태도와 야망이 동일하다는 생각을 갖게 되었다고 하였다. 흑 백인의 10명 중 9명은 흑인 대통령 후보에게 투표할 수 있고, 흑 백인들의 10명 중 8명은 "고교를 졸업한 학생들은 모든 미국인을 함께 묶을 공통적인 역사와 사상을 이해할 수 있도록 해야 한다"는 데 동의하고 있다. 두 집단의

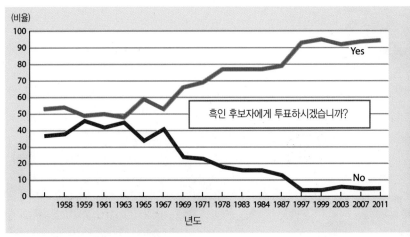

그림 :: 9.1

1958년에서 2011년 사이의 미국 백인들의 인종적 태도의 변화

링컨이 오바마 뒤에서 "우리는 바꿀 수 있습니다."는 오바마의 주문을 포용하는 듯하다. 오바마는 "80년 전 흑인 조상들이 동네 식당에 갈 수도 없었던" 곳에서 흑인 노예들의 손으로 지어진 계단에 서서, 링컨이 대통령 선서를 했던 성경에 손을 얹고 "가장 신성한 선서"를 하였다.

출처: Date from Gallup polls (gallup.com)

비슷한 비율에서 "편견과 차별이 없이 모두에게 공정한 대우"를 추구하였다. 두 집단의 약 3분의 2는 도덕적 윤리적 기준이 쇠퇴하고 있다는데 동의를 하였다. Etzioni는 미국과 대부분의 서방 민주주의 국가들에서의 그러한 공통된 이상 덕분에 코소보와 루완다에서 보인 인종적 분리주의를 피할 수 있었다고 하였다.

그렇다면 미국과 캐나다와 같은 나라들에서는 인종적 편견은 사라졌다고 결론지을 수 있을까? 2009년도에 FBI(2008, 2009)가 집계한 증오 범죄자 수가 6,604건에 이르지만, 그림 9.1에서 보이듯이 백인들 중 흑인 대통령 후보에게 투표하지 않겠다는 비율이 낮은 것을 고려하지 않고는 그러한 결론을 내릴 수 없을 것이다. 유권자들의 인종적, 정치적 태도에 대한 통계분석에서 백인의 인종편견이 없는데도 2008년에 오바마 대통령에 대한 지지율이 6% 더 증가한 것을 고려한다면 미국 안에서 인종편견이 사라졌다고 하기 어렵다(Fournier & Thompson, 2008).

인종 간 평등은 어느 정도나 진행되었을까? 미국 안에서 백인들은 암울했던 과거에 비하여 오늘날에는 급진적인 발전이 있었다고 생각하는 경향을 보이는 반면에, 흑인들은 현재와 아직 도달하지 못한 이상적 세상을 비교하여 다소 진전이 있었다고 지각하는 경향을 보인다(Eibach & Ehrlinger, 2006).

은밀한 형태의 편견

드러내놓고 하는 것보다 은밀한 형태로의 편견은 더 확산되었다. 흑인과 백인에 대한 사람들의 행동을 재는 실험들이 진행되어왔다. 백인들은 곤경에 빠진 사람들을 누

대부분의 나라들에서 인종간의 결혼이 증가하였고, 미국에서는 흑백인간 결혼지지가 1958년 4%(Carroll, 2007)에서 77%로 증가되었다. 18~29세 백인들 중 88%가 지지하고 있다(Pew, 2010a). 2008년에는 7명 중 1명으로 1960년대보다 6배나 타인종과의 결혼이 증가되었다(Pew, 2010b).

구나 도와주었지만 도움을 필요로 하는 사람들이 멀리 있을 때만 그러하였다(예를 들어, 도움이 필요한 사람이 억양으로 보아 흑인임이 분명하고, 잘못 걸려온 전화). 마찬가지로, 과제를 "가르치기" 위하여 전기 충격을 주도록 한 때에도, 백인들은 자신들이 화가 나 있거나 상대방이 보복을 할 수 없거나 누가 했는지를 알 수 있는 경우를 제외하고는 백인들보다 흑인들에게 더 전기충격을 주었다(Crossby & others, 1980; Rogers & Prentice-Dunn, 1981).

따라서, 사람들은 다른 동기의 커튼 뒤로 숨을 수 있을 때는 편견적 태도와 차별적 행동을 보일 수 있다. 호주, 영국, 프랑스, 독일, 그리고 네델란드에서는 공공연한 편견이 은밀한 편견으로 대체되고 있다(인종적 차이를 강조하고, 이민 온 소수 집단원들을 멸시하고, 인종문제가 아닌 다른 이유로 거부하는 것)(Pedesen & Walker, 1997; Tropp & Pettigrew, 2005a). 그러한 은밀한 편견을 일부 연구자들은 "현대적 인종차별"이거나 "문화적 인종차별"이라고 부른다.

Janet Swim과 동료 연구자들은(1995, 1997) 지필검사를 통하여 은밀한("현대적") 인종차별과 유사한 은밀한("현대적") 성차별의 증거를 찾아내었다. 둘 다 차별은 반대하면서 평등을 장려하는 노력에 대하여는 적대적인 모습을 보였다("여성들은 평등한 권리를 추구하는데 너무 지나치다"와 같은 말에 동의).

MIT연구자들은 노동 시장에서의 차별을 검증하기 위하여 1300 건의 다양한 채용 광고를 보고 5000통의 이력서를 보냈다(Bertrand & Mullainathan, 2003). 지원자들이 무선적으로 백인 이름을 적은 이력서로는 10 곳 중 1곳으로부터 회신이 왔고, 흑인 이름을 붙인 이력서에 대하여는 15곳 중 1곳으로부터 답신이 왔다.

현대적 편견은 인종적 민감성으로 인종적 소수자가 한 실수를 지나치게 비판하든지, 잘 한 일을 지나치게 칭찬하여 소수자들에 대한 과장된 반응을 나타낼 수 있다(Fiske, 1989; Hart & Morry, 1997; Hass & others, 1991). 이는 선심 쓰는 체하는 형태로도 나타날 수 있다. 예를 들면, Kent Harber(1998)는 스탠포드 대학에서 백인 학생들에게 형편없는 글을 평가하게 하였다. 저자가 흑인이라고 알려주었을 때는 백인이 저자인 경우보다 더 관대하게 평가하였고 신랄한 비평은 거의 하지 않았다. 평가자들은 편향적으로 보이는 것을 피한 나머지 흑인이 쓴 형편없는 글에 선심을 쓴 것이다. 이러한 "부풀린 칭찬과 약한 비판"이 소수자가 보인 일 뒤에 숨어 있을 수 있다고 Harber는 보았다. Harber와 동료들(2010)이 한 후속연구에서는 흑인 학생 것으로 보이는 글에 대한 평가와 논평에서 편견이 담길 것에 대한 우려를 갖고, 글에 대한 평가를 후하게 주어 자신의 이미지를 보호하려 하였다.

자동적 편견

흑인에 대한 자동적 편견은 얼마나 널리 퍼져 있는가? 다양한 맥락 안에서 그러한 반응을 보인 실험연구들이 많다. 예를 들어, Anthony Greenwald와 동료들(1998, 2000)이 한 실험에서 백인 10명 중 9명은 백인 얼굴보다 흑인 얼굴과 연합되었을 때 유쾌한 단어들(천국과 평화 등 같은)을 "좋은 것"으로 인식하는데 더 시간이 걸렸

그림 :: 9.2
편견으로 얼굴보기
화난 얼굴은 어디로 사라졌는가? Kurt Hugenberg와 Galen Boden-hausen은 대학생들에게 모핑(어떤 화상에서 다른 화상으로 매끄럽게 변화시키는 화상변환처리)을 통해서 화난 얼굴로부터 행복한 얼굴을 보여 주었다. (암묵적 인종적 태도검사에서) 가장 편견이 높은 사람들이 백인 얼굴보다 흑인 얼굴에서 더 화를 내는 모습을 지각하였다.

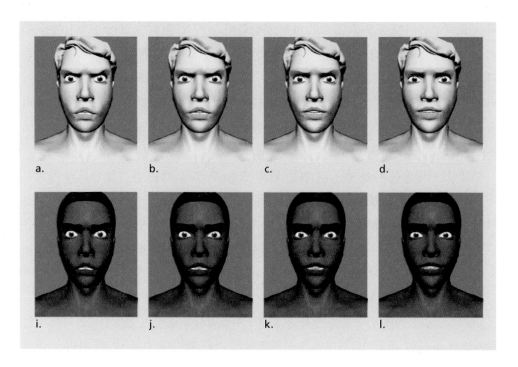

다. 참가자들은 의식적으로는 편견을 쓰거나 전혀 나타내지 않으려 하였고, 이들의 편향은 무의식적이고 의도하지 않은 것이었다. 더구나, Kurt Hugenberg과 Galen Bodenhausen(2003)은 이런 암묵적인 편향을 더 많이 보이는 사람들이 흑인 얼굴에 더 많은 분노를 읽어냈다(그림 9.2).

어떤 상황에서는 암묵적 편견이 생사의 갈림길을 그을 수 있다. Joshua Corell과 동료들(2002, 2006, 2007)과 Anthony Greenwald와 동료들(2003)은 별도의 실험에서 화면에 총이나 해가 없는 전등, 병과 같은 물건을 든 사람이 갑자기 나타나면, 재빨리 단추를 눌러 "쏘거나", "쏘지 않게" 하였다. 백인보다 흑인이 무해한 도구를 들고 있을 때 잘못 쏘는 참가자들이 더 많았다. Keith Payne(2001)과 Charles Judd와 동료들(2004)은 일련의 관련된 연구들에서 백인의 얼굴보다 흑인의 얼굴로 점화되었을 때 더 빨리 총을 인식하고, 더 자주 렌치를 총이라고 잘못 지각하였다. Jennifer Eberhardt와 동료들(2004)도 관련된 연구에서 반대 효과도 보였다. 무기가 보이면 흑인의 얼굴에 더 주목하게 되었고 경찰관들도 고정관념적인 흑인 얼굴을 범죄자로 판단하기 더 쉬웠다. 이 연구들은 Amadou Diallo(뉴욕시로 이민 온 흑인)가 주머니에서 지갑을 꺼내는 것을 보고 경관이 41발을 쏜 것을 설명해 줄 것이다.

자동적인 고정관념과 의식적으로 통제된 고정관념을 담당하는 뇌의 영역이 다른 것으로 보인다(Correll & others, 2006; Cunningham & others, 2004; Eberhardt, 2005). 가장 혐오를 일으키는 외집단원(약물 중독자와 홈리스 등)을 묘사한 사진은 전두엽보다는 편도체의 활동을 더 자극하였다(Harris & Fiske, 2006). 이는 자동적 편견은 편도체와 같이 공포와 연합된 원시적 뇌 영역과, 통제된 처리는 의식적 사고를 담당하는 전두엽과 더 밀접하게 연결되어 있음을 시사한다.

편견을 연구하는 사회과학자들도 편견에는 취약하다고 Anthony Greenwald와 Eric

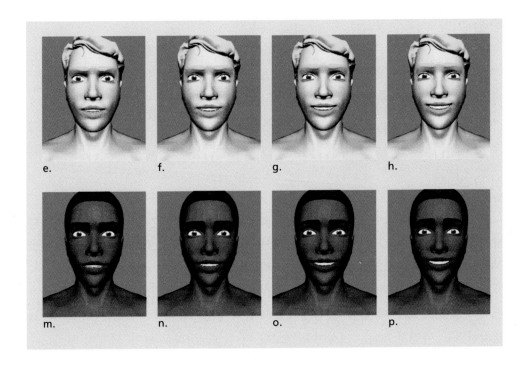

Schuh(1994)가 말하였다. 유태인의 이름(Goldstein, Siegel, 등)이거나 유태인이 아닌 이름(Erickson, McBride, 등)을 가진 저자들이 쓴 사회과학 논문에서 저자 인용에서 편향을 분석하였다. 17,000편의 편견 연구를 인용한 연구를 포함 30,000편을 분석한 결과 놀라운 결과를 얻었다. 유태인 저자에 비하여 비 유태인 저자들은 비 유태인이름을 40%나 더 많이 인용하였다.(Greenwald와 Schuh는 유태인들이 같은 유태인 동료들을 더 인용하는지, 비 유태인 저자들이 비 유태인 동료들을 더 많이 인용하는지, 또는 둘 다 인지는 밝히지 못했다.)

자동적 편견
Joshua Correll과 동료들은 총이나 다른 무해한 물건을 가진 사람을 보여주고 사람들의 인종적 편견이 지각과 반응에 미치는 영향을 보았다.

양성 편견

여성에 대한 편견은 얼마나 보편적인가? 5장에서 남녀는 어떻게 행동해야 하는가에 대하여 사람들이 갖고 있는 생각인 성역할 규범을 살핀 바 있다. 여기서는 양성은 어떻게 행동해야 마땅한지에 대한 사람들의 생각인 성 고정관념을 보기로 한다. 규범은 지시적(prescriptive)이고, 고정관념은 기술적(descriptive)인 것이다.

성 고정관념

고정관념을 다룬 연구들로부터 강한 성 고정관념이 존재하는 것과 흔하게도 고정관념의 대상이 되는 집단들도 그러한 고정관념을 받아들인다는 두 가지는 논쟁의 여지가 없다. 남녀 모두 외양만 보면 남녀의 속성을 미루어 짐작할 수 있다는데 동의한다. Mary Jackman과Mary Senter(1981)는 한 조사에서 인종적 고정관념보다 성 고정관념이 더 강력함을 보였다. 예를 들어, 남성의 22% 만이 양성이 "감정적"으로는 동일하다고 생각하였고, 나머지 78%는 여성이 남성보다 더 감정적이라고 보아, 남성이 여성보다 더 감정적이라는 비율보다 15배나 높았다. 여성들의 반응은 어떠했는가? 1%의 오차 범위 안에서 여성들도 동일한 반응을 보였다.

고정관념은 특정한 집단에 대한 일반화로서 맞을 수도, 틀릴 수도, 또는 진리의 일부를 과장한 것일 수도 있다. 5장에서 평균적인 남녀는 사회적 연계, 동정심, 사회적 권력, 공격성, 그리고 성적 주도(지능은 아니지만) 면에서 어느 정도 차이를 보인다고 하였다. 그렇다면 성 고정관념이 정확하다고 할 수 있을까? 때로는 고정관념이 차이를 과장한 것이지만 언제나 그렇지는 않다고 Janet Swim(1994)는 말한다. 그녀는 팬실배니어 대학생들이 가진 양성에 대한 고정관념인 남녀의 불안감, 비언어적 민감성, 공격성 등에서 실제 성차를 보인다고 하였다. 더구나 그런 고정관념은 시간을 두고 여러 문화권에서도 지속되었다.

John Williams와 동료들(1999, 2000)은 27개국의 자료들을 평균하여, 모든 지역에서 여성이 더 상냥하고, 남성은 더 외향적인 것으로 지각한다고 하였다. 지속적이고 보편적인 성 고정관념은 일부 진화심리학자들로 하여금 이 고정관념이 선천적이고, 안정된 현실을 반영하는 것으로 보게 하였다(Leuptow & others, 1995).

고정관념(신념)은 편견(태도)이 아니다. 고정관념이 편견을 지지할 수는 있다. 하지만, 편견이 없어도 남녀는 "다르지만 평등하다"고 생각할 수는 있는 것이므로, 연구자들이 한 성적 편견을 어떻게 탐구하는지를 살펴보자.

성차별주의 : 호의적인 것과 적대적인 것

조사 결과에 따라 판단해 보면, 여성에 대한 태도는 인종간 태도처럼 급속하게 변해왔다고 할 수 있다. 그림 9.3을 보듯, 1937년에는 미국인의 3분의 1만이 자신의 정당에서 여성 대통령 후보를 내면 투표하겠다고 하였으나, 2005년에는 86%로 높아졌다 (Jones, 2005; Jones & Moore, 2003). 1967년에는 대학교 1학년생들의 56%가 "결혼한

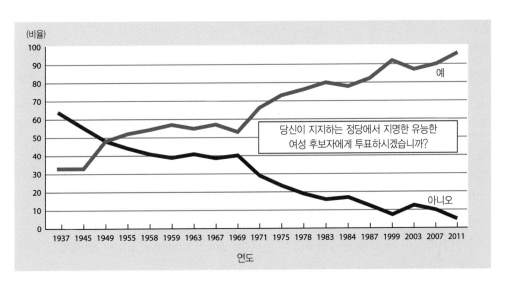

그림 :: 9.3
1958년부터 2011년까지의 양성에 대한 태도변화
출처 : Data from Gallup Polls(gallup.com/poll/4729/presidency.aspx).

여성은 집에서 가족을 위한 일을 하는 것이 좋다"는 문항을 지지했으나, 2002년에는 22%만이 이에 동의하고 있다(Astin & others, 1987; Sax & others, 2002).

Alice Eagly와 동료들(1991) 그리고 Geoffrey Haddock와 Mark Zanna(1994)도 여성에 대하여는 다른 집단에 대하여 하듯 원색적인 부정적인 반응을 보이지 않는다고 하였다. 대부분은 남성보다 여성을 더 좋아하고, 남성보다 여성이 더 이해심이 많고, 친절하고, 도움을 주는 것으로 지각하였다. Eagly(1994)가 "여성 찬양 효과(women-are-wonderful effect)"라고 말한 호의적인 고정관념은 호의적인 태도를 가져왔다.

그러나, Peter Glick, Susan Fiske와 동료들(1996, 2000, 2001)이 19개국 15,000명을 대상으로 한 조사 보고에서 보이듯 성적 태도는 종종 양면이다. 흔히, 호의적인 성차별주의("여성들의 도덕적 민감성이 더 높다")와 적대적 성차별주의("남자가 한번 약속하면, 여자는 꼼짝 못하게 만든다")가 섞여 있다.

양성 차별

남성인 것이 더 유리한 것은 아니다. 자살하거나 살해당하는 것은 남성이 여성의 3배나 된다. 전쟁에 나가서 전사하거나 부상을 입는 것은 대부분 남성이다. 정신지체나 자폐증을 앓는 사람들 다수는 남성이고, 특수교육이 필요한 것도 남성들이다(Baumeister, 2007; S. Pinker, 2008).

여성에 대한 차별이 널리 알려진 것은 1968년에 Philip Goldberg가 코네티컷 여학생들에게 몇 개의 짧은 글을 주고 각각을 평가하게 한 것이다. 어떤 조건에서는 그 글을 쓴 사람이 남성으로, 다른 조건에서는 여성이 쓴 것으로 알려주었다. 동일한 글이지만 여성이 쓴 것으로 본 경우는 남성이 쓴 경우보다 더 낮은 평가를 하여 여성이 여성에 대한 차별을 보인 것이다. 여성도 다른 여성에 대해 박한 점수를 주었다.

Janet, Swim, Eugene Borgida, Geoffrey Maruyama, Myers(1989)는 은밀한 성차별의 현실을 찾아내기 위하여 Goldberg가 1980년에 사용한 자료를 반복하여 실험하였으나, 남녀 모두 여성의 점수를 깎아내리는 결과를 얻지 못하였다. 연구자들은 남녀의 성과를 평가하는데 있어서의 성차를 다룬 논문들을 찾아내고 저자들과의 교신을 통하여 통합적인 결론을 맺고자 하였다. 그 결과 놀랍게도 이따끔씩 나타났던 여성 평가 절하 경향성이 남성의 평가에서도 나타났다. 그러나 20,000명을 다룬 104건의 연구들의 공통적인 결과는 양성에 대한 평가에서 차이가 없었다. 저작물에 대한 평가에서 그 작품이 남성이 했던지 여성이 했던지는 아무런 영향을 주지 않았던 것이다. 남녀가 리더, 교수 등과 같은 일을 했다고 알려주고 이들에 대한 평가를 시킨 "실험에서 여성의 것을 평가 절하시킨 전반적인 경향은 나오지 않았다"고 Alice Eagly(1994)는 결론지었다.

성편향이 서구 국가들에서 신속히 사라진 것인가? 여성들의 운동이 거의 완료되었는가? 인종적 편견에서처럼 공공연한 성 편견은 사라지고 있지만, 은밀한 편향은 살아있는가?

성고정관념을 벗어나면 사람들은 반발을 한다. 담배 피는 여성은 눈에 띄며, 우는 남성이나 백인이 랩을 하면 더 우습게 본다(Phelan & Rudman, 2010). 권력에 굶주린 여성은 남성보다 더 심한 투표자들의 반발을 산다(Okimoto & Brescoll, 2010).

민주화된 서구의 나라들을 벗어나서는 성차별은 훨씬 더 심하다. 전 세계의 아동들 중에서 학교에 보내지 않는 비율의 3분의 2는 여아들이다. 일부 국가에서는 차별이 폭력으로 연장되어, 간통을 성폭행으로 처벌하기도 한다(United Nations, 2006). 전 세계에 걸쳐서 사람들은 남아를 선호한다. 1941년에 미국의 부모들 중 38%는 하나만 낳아야 한다면 남아를 원하였고, 24%는 여아를, 23%는 특별한 선호가 없다고 응답하였다. 2011년에 와서도 그러한 추세에는 거의 변함이 없이 40%는 여전히 남아를 선호하였다(Newport, 2011). 초음파를 통한 태아의 성별을 감별할 수 있고 낙태가 점차 수월해져서 그러한 선호는 남아와 여아의 상대적인 수에 영향을 주게 되었다. 최근 중국에서 인구통계 조사 결과 남아120명 당 여아는 100명에 이르는 것으로 밝혀졌다(Walker, 2006). 비슷한 성비불균형이 대만(성비가 남아 119 대 여아 100), 싱가포르(남아 118 대 여아 100), 그리고 일부 인도(남아 120 대 여아 100)에도 존재한다. 결과적으로 수천만 명의 "여성 실종" 상태를 빚게 되었다.

요약 : 편견의 본질과 위력

- 편견은 미리 갖고 있는 부정적 태도이다. 고정관념은 다른 집단에 대한 신념들이다. 이 신념들은 정확할 수도, 부정확할 수도 있고, 진리에 근거했지만 과잉 일반화일 수도 있다. 차별은 정당하지 못한 부적 행동이다. 인종 차별과 성 차별은 사람들의 예단적 태도나 차별적 행동, 또는 강압적 제도적 관행들(의도적인 예단은 아니더라도)을 가리킨다.

- 편견은 명백하고, 의식적인 형태로 뿐만 아니라, 은밀하고 무의식적인 형태로도 존재한다. 연구자들은 사람들의 무의식적인 편견을 알아보려고 사람들의 태도와 행동을 잴 은

- 밀한 조사 문항들과 간접적인 방법들을 개발하여 왔다.

- 미국에서 흑인에 대한 인종적 편견은 1960년대까지도 널리 받아들여졌다; 그 이후로는 훨씬 덜 만연되어 있지만 아직도 존재한다.

- 마찬가지로, 여성에 대한 편견은 최근에 들어서서 약화되었다. 그렇지만, 강한 성 고정관념과 상당한 성 편향이 아직도 미국에 남아있고, 다른 지역에는 좀 더 만연되어 있다. 덜 분명하지만 아직도 편견은 잠복되어 있다.

결론적으로, 오늘날 유색인종과 여성에 대한 공공연한 편견은 20세기 중반보다는 훨씬 줄어들었다. 동성애자들에 대한 편견도 마찬가지이다. 그렇지만, 은밀한 편견을 민감하게 찾아내는 기법으로 널리 퍼져있는 편향을 찾아낼 수 있다. 지구 상 일부 지역에서는 성적 편견이 재앙적인 결과를 가져오기도 한다. 따라서, 편견의 사회적, 정서적, 그리고 인지적 원천을 면밀하게 살펴볼 필요가 있다.

편견의 사회적 원천

어떤 사회적 조건들이 편견을 낳는가? 어떻게 사회가 편견을 유지시키는가?

편견은 몇 가지 원천에서 시작된다. 사회적 지위가 다르고 이러한 차이를 정당화하고 유지시키려는 데서 편견이 생길 수 있다. 사람들 간에 어떤 차이가 중요한지에 대한 어릴 적 부모들의 사회화 과정에서 학습된 것일 수도 있다. 사회적 제도들도 편견을 유지하고 지속하게 해 주는 역할을 할 수 있다. 먼저 자존심을 지키고 사회적 지위를 방어하는데 편견이 어떻게 기능하는지를 살펴보자.

사회적 불평등: 불평등한 지위와 편견

불평등한 지위가 편견을 낳는다는 원칙을 기억해야 한다. 주인들은 노예들이 게으르고, 무책임하고, 야망이 부족하다고 보고, 그래서 이러한 특성 때문에 노예 대접을 받아 마땅하다고 본다. 역사학자들은 불평등한 지위를 가져온 원인들에 대하여 논쟁한다. 그러나, 일단 불평등이 존재하면, 부나 권력을 가진 사람들의 경제적 사회적 우월감을 유지시키도록 편견이 일조한다. 어느 두 집단의 경제적 관계를 안다면, 두 집단들 간의 태도를 예언할 수 있을 것이다. 상류층은 하류층보다 사람들이 재산이 자신들의 기술과 노력에서 온 것이지, 연줄, 돈, 운에서 온 것이 아니라고 생각하기 쉽다 (Kraus & others, 2001).

역사적 사례들은 많다. 노예제가 있는 곳은 편견이 심하였다. 19세기 정치가들은 식민지에 사는 주민들이 "열등하고", "보호를 받아야 하고", "날 때부터 짐이 되는" 것으로 묘사하면서 제국주의적 팽창을 정당화하였다(Allport, 1958). 사회학자 Helen Mayer Hacker(1951)는 60년 전에 흑인과 여성에 대한 고정관념이 이들의 열등한 지위를 합리화시키는지를 보였다. 많은 사람들은 이들 두 집단들이 지적으로 낮아서, 감정적이고 원초적이라서 그들의 열등한 역할에 만족한다고 생각하였다. 흑인들은 "열등하고", 여성들은 "연약한" 것으로 규정지었다. 그래서 "흑인들은 자신들의 처지가 정당한 것이고, 여성들은 집안에 있어야 한다"고 생각한 것이다.

Vescio와 동료들(2005)은 이러한 논리를 검증하였다. 그들은 여성을 열등하게 생각하고 있는 힘있는 남성들은 여성을 많이 칭찬을 해 주지만 그들이 일할 수 있는 여건은 마련해 주지 않았다. 이런 종류의 선심 쓰기를 통하여 남성들은 자신들의 힘을 가진 지위를 유지할 수 있었다. 실험실에서도 여성은 약하고 보호가 필요하다는 선심쓰기로 여성의 인지적 수행이 감소되는 결과를 얻었다(Dardenne & others, 2007).

Peter Glick와 Susan Fiske는 다른 편견에 "적대적" 성차별과 "호의적" 성차별 구분을 연장시켜 보았다. 사람들은 다른 집단을 유능하거나 호감을 주는 집단으로 보지만 대개는 유능하면서 호감을 주는 집단으로는 보지 않는다. 호감과 유능의 두 문화적 보편 차원은 "독일인은 이태리인을 좋아하지만 존경하지는 않는다. 이태리인은 독일인을 존경하지만 좋아하지는 않는다"와 같은 유럽인의 논평으로 예시할 수 있다(Cuddy & others, 2009). 우리는 대체로 높은 지위에 있는 사람들이 가진 능력을 존경하지만, 낮은 지위에 있으면서 우리의 의견에 동의해 주는 사람들은 좋아한다. Fiske와 동료들(1999)은 미국 내에서 아시안, 유태인, 독일인, 비전통적인 여성, 자기주장이 있는 흑인, 게이 남성들을 존중하지만 그렇게 좋아하지는 않는다고 하였다. 전통적으로 약자인 흑인과 히스패닉, 전통적 여성, 연약한 게이 남성, 장애자들의 능력은 인정하지 않지만 그들의 정서적, 영적, 예술적, 또는 신체적 능력은 좋아한다고 하였다.

어떤 사람들은 신분의 차이에 주목하고 정당화한다. **사회적 지배경향성**이 높은 사람들은 위계적인 틀 속에서 사람들을 본다. 이들은 자신들이 속한 집단이 더 높은 지위에 있기를 원하고, 자신도 그 위계의 정점에 있기를 바란다. 지배적이고 높은 지위에 있게 되면, 이러한 지향성을 촉진하는 경향을 보인다(Guimond & others, 2003). Jim Sidanius, Felicia Pratto, 및 동료들(Pratto & others, 1994; Sidanius & others, 1996; Sidanius & Pratto, 1999)은 위에 있고 싶어 하는 욕구는 사람들로 하여금 편견이 수반된 높은 사회적 지배성을 갖게 하고 그러한 편견을 정당화시키는 정치적 입장을 지지한다고 보았다. 실제로 사회적 지배 경향성이 높은 사람들은 부자들에게 세금을 깎아주어 사회적 위계를 유지하는 정책을 지지하고, 차별 반대 같은 위계를 무너뜨리는 정책을 반대한다. 사회적 지배경향성이 높은 사람들은 정치나 사업과 같은 직업을 선호하고, 그러한 직업은 자신들의 지위를 높이고 위계를 유지시켜주기도 한다. 위계를 손상시키는 사회 사업과 같은 직업은 피한다(Kaiser & Pratt-Hyatt, 2009). 신분이 편견을 일으킬 수 있지만 어떤 사람들은 다른 사람들 보다 이러한 신분을 더 추구하고 지키려 한다.

사회적 불평등은 편견만이 아니라 불신도 가져온다. 불평등한 분배를 받는 집단은 불신과 비협조를 보인다는 상관을 지지하는 실험결과도 나왔다(Cozzolino, 2011). 소득불균형이 심한 사회는 공동체 건강이 나쁘고 더 심한 불안, 비만, 자살, 10대 출산, 약물, 수감과 많은 경찰력이 요구된다(Pickett & Wilkinson, 2011).

사회적 지배경향성
(social dominance orientation)
자기 집단이 다른 사회적 집단을 지배하려는 동기

사회화

불평등한 지위나 습득된 가치나 태도를 포함한 다른 사회적 원천들로부터도 편견은 생긴다. 아동기의 부모로부터 사회화되는 과정에서 편견이 시작될 수 있다(Castelli & others, 2007). 어린이의 암묵적인 인종적 태도는 그들의 부모의 명시적인 편견을 반영하기도 한다(Sinclair & others, 2004). 배우자를 찾고, 운전하고, 가사노동을 나누고, 누구를 믿고 말고하는 모든 종류의 정보는 가족과 문화로 계승된다.

권위주의 성격

1940년대에 나치 독일로부터 탈주한 2명을 포함한 캘리포니아 버클리대의 연구자들은 수백만 명의 유태인을 대량학살한 반유태주의의 심리적 뿌리를 찾아내려는 긴급과제를 수행하였다. Adrno와 동료들(1950)은 미국 성인들을 대상으로 한 연구에서, 유태인에 대한 적대감은 흔히 다른 소수 집단에 대한 적대감과도 공존함을 보였다. 편견이 강한 사람들은 어느 한 집단에게만 그런 것이 아니고, "다른" 생각을 가진 사람들에 대한 일반적인 사고방식이었다. 더욱이, 이들 도덕판단적, **자민족 중심적인** 사람들은 "권위에 대한 복종과 존중은 아이들이 배워야 할 가장 중요한 덕목이다"라는 말에 동의하는 것처럼, 약자에 대한 무자비함, 가혹한 태도, 자신이 속한 내집단이 권위에 대한 복종적인 존중 같은 경향성을 공유하고 있었다. 연구자들은 이러한 결과로부터 고정관념과 편견을 갖기 쉬운 **권위주의적 성격**을 규정하게 되었다.

권위주의적인 사람들은 어린 시절에 엄격한 규율 하에 자란 것으로 나왔다. 이것이 나중에 자신의 적대감과 충동성을 억누르고 외집단으로부터 "방어"하게 만든다. 권위주의적 아동들의 불안은 권력과 지위를 지나치게 찾게 하고, 애매한 것을 참지 못하여, 융통성 없는 흑백 논리를 갖는다. 이런 사람들은 자신보다 더 힘이 있는 사람들에 대하여는 복종적이 되고, 자신보다 약한 사람들에 대하여는 공격적이고 가혹한 성향을 보인다.

학자들은 우익 권위주의에 초점을 두고, 좌익이면서 독단적 권위주의는 간과한 연구를 비판하였다. 그렇지만, 인종적 긴장을 일으키는 데서 나타나듯이 권위주의적 경향성은 경제적 침체와 사회적 격변기 같은 위협적인 시기에 부각되어 핵심적인 결론이 지지되어 왔다(Doty & others, 1991; Sales, 1973). 최근의 러시아에서는 권위주의가 높은 사람들이 마르크스-레닌의 사상의 회복을 지지하고 민주적 개혁을 반대하는 경향성을 보여 왔다(McFarland & others, 1992, 1996).

매니토바 대학의 심리학자 Bob Altemyer(1988, 1992)는 최근 우익 권위주의 연구에서 편견을 가진 사람들이 공포와 적대감을 일으킨다고 하였다. 도덕적 우월감은 열등하다고 보이는 사람들에 대하여는 무자비하게 반응하게 만들었다. 흑인, 게이와 레즈비언, 여성, 노인, 비만, 에이즈 환자, 홈리스 등에 대한 다른 형태의 편견들도 같은 사람들에서 나왔다(Bierly, 1985; Crandall, 1994; Peterson & others, 1993; Snyder & Ickes, 1985). Altemeyer가 결론 맺듯이, 우익 권위주의는 "기회균등 고집통"이다.

특히 놀라운 것은 사회적 지배 경향성이 높으면서 권위주의적인 사람들이다. Altemeyer(2004)는 "두 가지가 모두 높은" 사람들은 당연히 우리 사회에서 가장 편견이 심한 사람들이라고 하였다. 가장 놀랍고 골치 아픈 것은 이들이 이들 두 성격 유형의 가장 나쁜 모습을 보일 수 있다는 것이다. 즉, 흔히 독단적이고 자민족 중심적이면서 수단 방법을 가리지 않고 자신의 지위를 지키려하기 때문이다. 이러한 사람들이 상

자민족 중심주의 (ethnocentrism)
자기 민족과 문화가 우월하다는 생각과 이에 따라 다른 집단들을 멸시하는 신념

권위주의적 성격 (authoritarian personality)
권위에 복종하고 외집단이나 지위가 낮은 사람들에 대하여 관용을 보이지 않으려는 성격

대적으로 드물기는 하지만 이들은 혐오 집단들의 리더가 되기 쉽다.

권위주의와 사회적 지배 경향성이 공존할 수는 있지만, 이들의 이념적 토대는 다른 듯하다. 권위주의는 안전, 통제와 더 관련되지만, 사회적 지배 경향성은 자기 집단의 지위와 더 관련된 듯하다(Cohrs & others, 2005). 예를 들어, 이라크 전쟁에 대한 지지와 두 개념들이 어떻게 관련 있는 지를 분석한 연구가 있다. 권위주의는 미국에 대한 이라크의 위협이 증폭되어 전쟁을 지지하였고, 사회적 지배 경향성은 생명을 잃을 수도 있다는 염려가 줄어들어서 전쟁을 지지한 것이었다. 두 개념들은 편견이 증가되면서 더 큰 지지를 받았다.

종교와 편견

"모두가 평등하게 창조되었다"라는 말을 인정하면서도 사회적 불평등으로 이익을 보는 사람들은 자신들이 놓인 현실을 정당화할 필요가 있다. 하느님이 창조한 기존의 사회 질서에 순응해야 한다는 믿음보다 더 강력한 정당화는 없을 것이다. William James(1902)는 모든 종류의 잔인한 행동에서 "신앙심은 가면이다"라고 말하였다.

거의 모든 나라에서 지도자들은 현재의 질서를 정당화하는데 종교의 힘을 이용하였다. 불의를 지원하기 위하여 종교를 동원하는 것은 북미의 지배적인 종교인 기독교에 관한 일관된 결과에서 볼 수 있다. (1) 기독교 신자들이 비신자들보다 더 인종적 편견을 나타내었다, 그리고 (2) 기독교인들 중 진보적인 교파보다 근본주의적 교파에서 더 편견을 보였다(Hall & others, 2010; Johnson & others, 2011).

종교와 편견 두 변인들 간의 상관이 있다고 해서 인과관계는 알 수 없는 것이다. 양자 간에 아무런 관계도 없을 수 있다. 교육을 덜 받은 사람들이 근본적 기독교 교파에 속하였고, 이들이 더 편견을 보일 수 있다. 창조적 종교 교리가 사람들의 편견을 지지하여 편견이 신앙심에 영향을 주었을 수도 있다. 아니면, 모든 사람들은 자유의지를 갖고 태어났으므로 가난한 소수자들은 자신들의 처지가 마땅한 것이라고 믿어 종교가 편견을 일으키게 했을 수도 있다.

종교가 편견의 원인이라면, 더 돈독한 신앙심을 가진 신자들이 더 편견을 보여야 한다. 그러나 다른 3가지 결과들은 일관성 있게 다른 주장을 보인다.

- 26 건 중 24 건의 비교들에서 성실하게 출석하는 교회 신도들은 가끔씩 출석하는 신자들에 비하여 편견이 적었다(Batson & Ventis, 1982).
- Gordon Allport와 MIchael Ross(1967)는 종교 자체가 목적인 사람들("나의 종교적인 신념은 진정으로 내가 인생을 살아가는데 지침이 된다"라는 말에 동의하는 사람)은 종교는 다른 목적의 한 수단이라고 보는 사람들("종교에의 큰 관심은 교회에서 마음에 맞는 사람들과 사교활동을 할 수 있기 때문이다"에 동의한 사람)보다 덜 편견을 보인다고 하였다. Gallup의 "영적 헌신" 지수에서 높은 사람들은 이웃에 다른 인종이 이사를 오더라도 더 환영함을 보였다(Gallup & Jones, 1992).
- 평신도들보다 개신교 목사들과 가톨릭 신부들이 민권운동을 더 지지하였다(Fichter,

1968; Hadden, 1969). 1934년 독일에서는 45%의 목회자들이 나치에 대항하는 참회 교회 조직에 가입하였다(Reed, 1989).

그렇다면 종교와 편견 간에는 어떤 관계가 있는 것인가? 이에 대한 답은 어떻게 질문을 하느냐에 달렸다. 신앙심을 교회 소속이나 최소한의 전통적 신념에 동의하는 것으로 규정한다면, 더 신앙심이 있는 사람들이 더 편견을 보인다고 할 수 있다. 종종 종교에서의 편협을 합리화한다. 그러나, 신앙적 헌신의 깊이를 몇 가지 다른 방식으로 잰다면, 신앙심이 깊은 사람들이 덜 편견적임을 볼 수 있다. 그리하여 현대의 민권운동의 원천인 이 조직에서의 지도자들의 대부분 신부와 목사들이었다. Gordon Allport가 결론 내리듯, "종교의 역할은 역설적이다. 종교가 편견을 만들기도 하고 편견을 없애기도 한다"(1958, p. 413).

동조

편견이 한번 생기면 관성에 의해서 유지된다. 편견이 사회적으로 받아들여지면, 많은 사람들이 별 다른 저항 없이 거기에 따른다. 사람들은 호감을 얻거나 인정을 받을 필요도 없지만 미워할 필요가 없어도 편견을 보인다.

1950년대에 나온 남아프리카의 백인들과 미국 남부에서 수행된 Thomas Pettigrew (1958)의 연구에서는 사회적 규범에 동조를 많이 하는 사람일수록 더 편견을 보였다. 동조를 덜할수록 주변의 편견을 덜 따랐다.

비동조의 대가는 1954년 미 연방 대법원의 학교통합이 실시된 아칸서스 리틀 록의 목사들에서처럼 고통스러운 것이었다. 대부분의 목사들은 사적으로는 통합교육을 지지하였으나, 이를 공개적으로 지지하면 신도들과 그들의 헌신을 잃을 수 있었다(Campbell & Pettigrew, 1959). 같은 시기의 웨스트버지니아 광산노동자들과 인디아나 제철 노동자들도 작업장인 광산과 제철소에서는 통합하여 일하는 것을 받아들였지만, 이웃으로는 엄격한 분리 규범이 있었다(Minard, 1952; Reitzes, 1953). 분명히 편견은 "병든" 성격이라기보다는 단지 사회적 규범이었던 것이다.

동조는 성 편견을 유지시키기도 한다. George Bernard Shaw는 1891년에 쓴 수필에서 "우리가 어린이집과 부엌이 여성들이 있기에 자연스러운 공간이라고 생각하게 되면, 앵무새가 새장이 있다고 생각하는 것처럼 어린이들도 그렇게 생각하게 되는데, 다른 곳에서는 여성들을 보지 못했기 때문이라고 하였다." 일하는 여성의 아이들처럼 여성들이 부엌과 어린이집이 아닌 곳에 있는 것을 보고 자란 어린이들은 남녀에 대한 고정관념이 덜하였다(Hoffman, 1977). 과학(Science), 기술(technology), 공학(engineering), 수학(mathematics) 분야(STEM)의 여성전문가들을 접한 여대생들은 STEM 연구에 대한 긍정적 암묵적 태도를 보이고 STEM 시험에 좀 더 노력하였다(Stout & others, 2011).

우리는 위에서 희망의 메시지를 읽을 수 있다. 편견이 성격에 깊숙이 자리 잡지 않았다면, 유행이 변하고 새로운 규범이 출현하듯이, 편견도 사라질 수 있다.

제도적 지원

사회 제도들(학교, 정부, 미디어)도 인종분리와 같은 공적인 정책이나 수동적으로 현상유지를 강화해서 편견을 조장할 수 있다. 1970년대 이전까지는 많은 은행에서 미혼 여성들과 소수자들에게는 저당권을 주지 않아 대부분의 주택 소유자들은 백인 기혼자들이었다. 마찬가지로 정치 지도자들도 기존의 태도를 반영하거나 강화하였다.

학교는 지배적 문화적 태도를 가장 강화시키기 쉬운 조직의 하나이다. 1970년 이전에 쓰인 134개의 아동용 스토리를 분석한 결과 주인공이 남성인 경우가 여성인 경우보다 3대 1로 더 많았다(Women on Words and Images, 1972). 누가 주도적이고, 용감하고, 유능한 것으로 표현되었는가? Dick and Jane이라는 어린이 고전에서 발췌한 것으로부터 그 답을 찾아보자. 제인은 롤러스케이트를 옆에 두고, 보도 위에 누워서 마크가 어머니에게 설명하는 것을 듣고 있었다.

"제인은 스케이트를 탈 줄 몰라요"라고 마크는 말하였다.
"제가 도와줄 수 있어요.
"제가 도와주고 싶어요.
"어머니, 제인을 보세요.
"제인 좀 보세요.
"제인은 그저 여자예요.
"제인은 포기해요".

앞의 교재처럼 편견에 대한 제도들의 지지는 흔히 의도하지 않은 것이고 인식하지 못한 것이다. 남녀에 대한 생각이 바뀌어 그러한 표현에 대한 새로운 지각을 한 1970년대 전까지는 이러한 공공연한 고정관념이 널리 인식되고 변화되지 못하였다.

아직까지도 제도적인 편향이 인식되지 못한 채 남아 있는 것은 무엇인가? 우리 눈에는 문제가 없는 것처럼 여겨지지만 가장 알아차리기 힘든 예가 있다. 신문과 잡지에 나온 1750장의 사진을 분석한 Dane Archer와 동료들(1983)은 얼굴이 나온 사진들 중 남성은 3분의 2정도이고, 나머지 3분의 1은 여성의 얼굴이었다. 연구자들은 후속 연구를 통

해서 그러한 "용모차별(faceism)"이 흔함을 볼 수 있었다. 11개국의 정기간행물 속에서, 6세기에 걸쳐 수집된 920장의 미술 작품 속에서, 그리고, 캘리포니아 산타쿠루즈 대학 아마추어들의 그림에서도 그러한 모습을 볼 수 있었다. Georgia Nigro와 동료들(1988)은 용모차별 현상이 여성해방론자들이 발간하는 Ms를 포함한 잡지들에서 더 심함을 확인하였다.

연구자들은 남성은 얼굴, 여성은 몸매를 시각적으로 부각시킨 것이 성 편향을 반영하고 영속화시키리라고 보았다. 독일의 Norbert Schwarz와 Eva Kurt(1989)는 사진에 얼굴이 두드러지면 더 지적이고 더 야심찬 것이라고 하였다.

영화와 텔레비전도 널리 퍼져있는 문화적 태도를 나타내고 강화해 준다. 1930년대 영화에 나온 멍하고, 큰 눈의 흑인 집사와 하녀는 고정관념을 지속시키는데 일조하였다. 오늘날에도 많은 사람들이 그러한 이미지가 잘못된 것임을 인식하고는 있으나, 현대 TV 코메디 풍자에서 흑인들이 범인으로 등장하는데, 이것이 나중에 다른 흑인이 폭행혐의로 기소되면 더 죄가 있는 것으로 만들 수 있다(Ford, 1977). 흑인 음악가들의 폭력적인 랩 음악은 흑인과 백인 청취자들에게 흑인들이 폭력적인 기질을 가진 것으로 고정관념을 갖게 할 수 있다(Johnson & others, 2000). 난잡한 흑인 여성을 묘사한 선정적 랩 음악은 보호해야 할 흑인 임산부에 대한 청취자의 지원을 줄였다(Johnson & others, 2009). TV에 백인이 아닌 흑인 등장인물에게 찡그리거나 다른 부정적 비언어적 표현이 많은데 이것은 알아차리지 못한 사이에 인종편견을 증가시킬 수 있다(Weisbuch & others, 2009).

의도치 않은 편향 : 밝은 색의 피부가 "정상"인가?

용모 차별 : 언론에 남성사진에서 얼굴이 더 흔하게 나온다.

요약 : 편견의 사회적 원천

- 사회적 상황이 여러 가지로 편견을 낳게 하고 유지시킨다. 흔히, 사회적 경제적 우위를 향유하는 집단에서 특권적 지위를 정당화하려고 편견적 신념을 사용한다.
- 아동들은 편견을 조장하거나 감소시키도록 키워질 수 있다.

- 가족, 종교적 공동체, 그리고 더 광범위한 사회가 편견을 유지하거나 감소시킬 수 있다.
- 사회적 제도들(정부, 학교, 미디어)도 때로는 공공 정책을 통해서, 때로는 의도치 못한 관행 때문에 편견을 지원할 수 있다.

편견의 동기적 원천

편견은 사회적 상황에서 나올 수 있지만, 편견의 적대감과 편향을 당하지 않으려는 욕구들 밑에 동기가 들어 있을 수 있다. 그러나 때로는 사람들은 편견을 피하려는 동기도 갖고 있다.

좌절과 공격: 희생양 이론

10장에서 보겠지만, 고통과 좌절(목표 접근을 방해)이 종종 적대감을 일으킨다. 좌절을 만든 원인을 알 수 없거나 그에 맞서기 힘든 것이라면, 우리는 적대감을 다른 곳으로 돌린다. 이러한 "전위된 공격(displaced aggression)" 현상은 남북전쟁 후에 남부의 흑인들에 대한 린치를 설명해 준다. 1882년부터 1930년 사이에 면화 값이 떨어지고 경제적 좌절이 심해지자 더 많은 흑인들에 대한 린치가 일어났다(Hepworth & West, 1988; Hovland & Sears, 1940). 최근 몇 십 년 사이에 실업에 따라 증오 범죄가 변화되지는 않았다(Falt & others, 2011; Green & others, 1998). 그러나, 생활수준이 향상되자, 사회는 보다 다양성을 받아들이고 차별금지법들을 받아 들였다(Frank, 1999). 풍요로운 시절에는 인종 간 평화를 더 유지하기 쉬웠다.

전위된 공격의 대상들은 다양하다. 1차 세계 대전에서 패한 후 경제적 혼란기에 많은 독일인들은 유태인들을 문제의 원흉으로 보게 되었다. 히틀러가 집권하기 오래 전부터, 독일의 한 지도자는 "유태인들이 편리한 대상이었다. 유태인들이 없었더라면 적절한 대상을 만들어야 했다"고 하였다(G. W. Allport, 1958, p. 325). 수 세기 전에는 사람들이 공포와 적대감을 마녀들에게 돌려, 공개리에 이들을 화형시키거나 수장시키기도 하였다. 오늘날에도 미국인들은 911 테러 이후에 공포보다 큰 분노를 이민자들과 중동 출신자들에게 향하고 있다(Skitka & others, 2004). 폭발적 감정들이 편견을 일으킨 것이다. 선천적으로 윌리암스 증후군이라는 장애를 갖고 태어난 아동같이 사회적 위협들에 대해 부정적 정서반응을 경험하지 못한 사람들은 인종 고정관념이나 편견을 보이지 않는다(Santos 등, 2010). 열정이 없다면 편견도 없는 것이다.

경쟁도 편견을 가져올 수 있는 또 다른 중요한 원천이다. 두 집단들이 직장, 주택, 사회적 명성을 놓고 경쟁한다면, 한 집단의 목표 달성은 다른 집단에게는 좌절로 연결된다. 따라서 **현실적 집단 갈등 이론**은 제한된 자원을 놓고 집단들이 싸우면 편견이 생긴다고 본다(Maddux & others, 2008; Pereira & others, 2010; Sassenberg & others, 2001)). 대응되는 생태학적인 원리인 Gause 법칙에서는 동일한 욕구를 가진 종족 간에 최대의 경쟁이 있다고 본다.

예를 들면, 서유럽의 일부 지역에서는 "지난 5년 안에 자신들이 대부분의 다른 소수 집단들보다 경제적으로 더 어렵게 되었다"는데 동의하는 사람들이 있을 것이다(Pettigrew & other, 2008, 2010). 캐나다에서는 1975년 이후 이민에 반대하는 여론이 높아졌는데 이는 실업률 증가에 따른 것이다(Palmer, 1996). 미국에서는 저소득층에서 이

현실적 집단 갈등 이론
(realistic group conflict theory)
희소 자원을 놓고 집단들 간의 경쟁에서 편견이 생긴다고 보는 이론

민자들이 일자리를 빼앗아 갔다는 우려가 많았다(AP/Ipsos, 2006; Pew, 2006). 마찬가지로, 사회경제적 사다리 상 흑인들과 가장 가까운 백인들에서 가장 심한 반 흑인 편견을 보였다. 이해가 충돌하는 곳에서 편견이 생기는 것이다.

사회 정체성: 남들보다 우월하게 느끼기

인류는 집단적인 존재이다. 전통적으로 집단을 이루어 생존하기 위해 남을 죽이기도 하고, 자신이 죽기도 하였다. 자연스럽게 사람들은 자신들이 속한 집단으로 자신들을 정의한다고, 호주의 사회심리학자인 John Turner(1981, 2001, 2004), Michael Hogg(1992, 2003, 2005) 등은 말한다. 자신이 누구인가에 대한 지각인 자기개념은 개인적 정체성(개인적 태도와 태도에 대한 지각) 뿐만 아니라 **사회적 정체성**도 포함한다(Chen & others, 2006). Fiaona는 자신을, 여성, 호주인, 노동당원, 뉴사우스웨일스 대학생, 맥도날드 가문의 일원으로 정의한다. 우리는 카드 게임을 할 때와 같이 필요한 때에는 그러한 사회적 정체성을 인식한다. 미국 대학생들에게 자신들이 "미국인"임을 생각하게 하면, 무슬림에 대한 분노와 경멸을 표현하고, "학생"임을 생각하게 하면 정치인들에 대한 분노로 바뀌었다(Ray & others, 2008).

작고한 영국의 Henry Tajfel과 함께 연구했던 Turner는 사회정체성 이론을 제안하였다. Turner와 Tajfel은 아래와 같은 내용들을 설명하였다.

- 우리로 범주화: 우리는 자신을 포함한 사람들을 여러 범주들로 나누는 것이 유용하다. 누군가를 힌두교도, 스코틀랜드인, 버스 운전사로 이름 붙이면, 그 사람에 대하여 다른 것들도 간략히 말할 수 있게 된다.
- 우리로 동일시: 우리는 자신을 어떤 집단(우리의 **내집단**)에 연결시키고, 그렇게 해서 자긍심을 높인다.
- 우리와 비교: 우리는 우리 집단과 다른 집단(**외집단**)을 대비시켜서, 자기 집단을 호의적으로 보려는 편향을 갖는다.

우리에 대한 평가의 일부는 우리가 어느 집단에 소속되어 있느냐로 정해진다. "우리-의식"이라는 느낌을 갖는 것이 우리의 자기 개념을 강화시킨다. 그러한 느낌은 기분 좋게 만든다. 우리는 자기 자신이 존중 받는 것뿐 아니라 우리의 집단에 대한 자부심도 필요하다(Smith & Tyler, 1997). 더욱이, 우리가 속한 집단이 다른 집단들보다 우월하면 더 나은 느낌을 가질 수 있다. 마치 "나는 어떤 집단에 속해 있다, 그 집단은 좋다, 그러므로 나는 좋다"와 같이 생각하게 된다.

긍정적인 개인 정체감이 결여된 사람들은 종종 집단과의 동일시를 통하여 자긍심을 찾기도 한다. 따라서, 많은 불우한 청소년들은 갱 집단에 들어가 자부심, 권력, 그리고 정체성을 찾기도 한다. 많은 열렬한 애국자들은 자신들의 국가와 동일시하기도 한다(Staub, 1997, 2005). 별로 할 일이 없는 많은 사람들도 신흥 종교 집단, 자조 집단, 그리고 취미 동아리 등에 가입해서 동일시를 한다(그림 9.4).

사회정체성을 가지면 소속집단의 규범을 더 따른다. 소속팀, 가족, 국가에 자신을

사회 정체성(social identity)
자기-개념의 "우리" 측면; 우리 집단 소속감에서 나오는 "나는 누구인가"에 대한 응답의 일부

내집단(ingroup)
"우리"—공통된 소속감과 공통적인 정체성을 느끼는 사람들의 집단

외집단(outgroup)
"저들"—자신들의 내집단과 동 떨어져 있고, 자신들과는 다르다고 지각되는 사람들의 집단

그림 :: 9.4
자존감은 개인적 정체성과 사회적 정체성이 합쳐서 만든다.

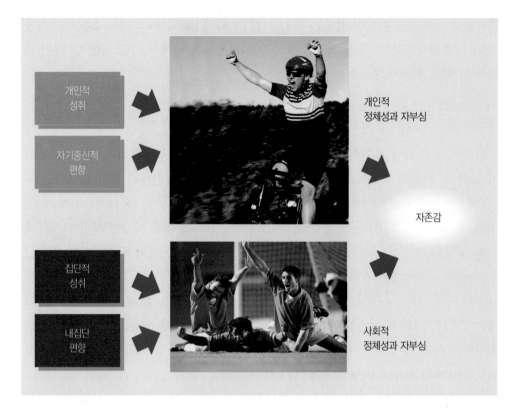

희생시키려 한다. 사회정체성이 중요하고 더 연결될수록 다른 집단으로부터 오는 위협에는 더 편견적이 된다(Crocker & Luthanen, 1990; Hinkle & others, 1992).

내집단 편향

내집단 편향(ingroup bias) 자기가 속한 집단에게 유리하게 하려는 경향성

자신이 누구인가-자신의 성별, 인종, 종교, 결혼 상태, 전공-하는 것은 자신이 아닌 것을 정의해 준다. "우리"(내집단)라고 경계선을 그으면 "그들"(외집단)은 배제하는 것이다. 그리하여 어느 한 집단에 들어가는 경험만으로도 **내집단 편향**을 촉진한다. "네가 다닌 학교와 다른 학교의 어린이들을 비교해서 어느 학교의 어린이들이 더 나으냐?"라고 어린이들에게 물어보자. 거의 모두가 자기가 다니는 학교의 어린이가 더 낫다고 말할 것이다. 성인들도 자신의 집에서 가까운 사람들이 더 좋다고 응답할 것이다. 흑 백인의 80% 이상이 자신이 살고 있는 이웃에서 인종 간의 관계가 좋다고 응답하지만, 국가 전체적으로는 60% 이하만이 인종 간의 좋은 관계를 보인다고 하였다(Sack & Edler, 2000). 다른 사람과 생일을 함께 지내는 것만으로도 실험실에서 실험을 할 때 더 좋은 협조를 얻어낼 수 있었다(Miller & others, 1998).

내집단 편향은 긍정적 자아개념을 표현하고 지원한다.

내집단 편향은 긍정적인 자기 개념을 갖고자 하는 인간의 욕망을 보이는 좋은 예의 하나이다(2장 참조). 대부분의 사람들은 긍정적 자기이미지를 갖고 있으며 이를 외집단보다 내집단에 투사한다(DiDonado & others, 2011). 내집단편향은 자신의 긍정적 자아개념을 표현할 뿐아니라 지지하기도 한다.

우리 집단이 이기면 집단에 더 강한 동일시를 할 수 있다. 자기 대학의 팀이 승리한 경우 학생들은 "우리가 이겼다"는 말을 더 자주 하였다. 그러나, 자기 팀이 지면, "그들이 졌다"고 말하기 쉬웠다. 성공한 내집단에 기대어 반사적인 영광을 얻는 행동은 방금 "창의성 검사"에서 낮은 점수를 받아 자아에 상처를 받은 사람들에서 더 심하였다(Cialdini & others, 1976). 우리는 친구가 좋은 성적을 얻었을 때에서 반사영광 즐기기를 할 수 있지만, 그 친구의 탁월한 수행이 자신의 정체성과 어떤 관련도 없는 경우에만 그러하였다(Tesser & others, 1998). 여러분이 심리학 전공자로서 우수한 학생이라면, 친구가 수학 분야에서 탁월한 경우에 더 즐거울 수 있으리라.

내집단 편향은 편애를 초래

우리가 그 같은 집단의식을 갖고 있기에, 우리들이 집단의 일원으로 생각할 핑계가 있기만 하면 내집단 편향을 보이게 된다. 동전 던지기만으로 X 집단과 Y 집단으로 나눈 경우와 같이, 논리적으로 집단이 나뉘지 않은 경우에도 어느 정도 내집단 편향을 보인다(Billig & Tajefel, 1973; Brewer & Silver, 1978; Locksley & others, 1980). 소설 Slapstick을 쓴 Kurt Vonnegut가 컴퓨터로 모든 사람에게 새로운 중간 이름을 지어 주었을 때, "Daffodil-11s"를 붙여진 사람들은 "Raspberry-13s"로 이름 지어진 사람들로부터 거리감을 두고, 같은 이름끼리는 서로 단결을 하였다. 2장에서 본 이기적 편향을 기억하듯이, "우리"와 "그들"이 무선적으로 나뉘었을 때에도 "우리"는 "그들"보다 더 낫다고 하는 보다 긍정적인 사회정체성을 가지려 하였다.

일련의 실험을 통하여, Tajfel과 Billig(1974; Tajfel, 1970, 1981, 1982)는 아무리 사소한 것이라도 우리에게는 유리하면서, 그들에게는 불공정하게 하는 지를 더 탐색하였다. 한 연구에서 Tajfel과 Billig는 영국의 10대들에게 현대 추상화를 보여 주고 일부는 Paul Klee의 그림을 Wassily Kandinsky의 그림보다 더 좋아한다고 하였다. 두 화가의 그림을 좋아하는 집단에 속한 사람들이 서로 만나지는 않으면서 약간의 돈을 두 미술 선호 집단원들에게 나눠 주게 하였다. 이와 같은 방식으로 사소한 방법으로 집단들을 정의해도 내집단 편애가 일어난 것이다. David Wilder(1981)는 "참가자들 대부분은 15점을 내외 집단에게 나누게 하였더니, 내집단에는 9 내지 10점을, 외집단에게는 5내지 6점을 주었다"고 전형적인 결과를 요약하였다.

외부 집단에 비하여 자기 집단이 작고 더 낮은 지위에 있을 때 내집단 편향의 가능성이 더 높았다(Ellemer & others,

반사 영광 즐기기.
자메이카계 캐나다 출신인 단거리 선수 벤 존슨이 100미터 경기에서 우승하자 캐나다 언론에서는 그를 "캐나다인"으로 보도하였다. 그가 약물복용으로 금메달이 박탈되자 캐나다 언론은 그가 "자메이카인"임을 강조하였다(Stelzl & others, 2008).

"외집단"이 좋아하는 것은 부정적인 것으로 볼 수 있다.

"저런! 저 사람은 그것을 좋아하나 보지!"

1997: Mullen & others, 1992). 우리가 더 큰 집단에 둘러싸인 작은 집단에 속해 있다면 우리는 더 자신이 속한 집단에 대한 소속감을 더 느낄 것이지만, 우리 집단이 다수 집단이라면 반대로 그러한 경향성은 덜 할 것이다. 외국에서 유학 온 학생, 게이나 레즈비언, 소수인종이나 소수인 남녀들이 모인다면 자신들의 사회적 정체감을 더 느끼고, 그에 따른 행동을 하게 된다.

내집단을 사랑하면 외집단은 증오해야 하나?

이제까지 우리는 내집단 편향이 자기가 속한 집단에게 호의적인 것이라고 말해왔다. 다음에는 그러한 편향이 (1) 내집단에 호의적인지, (2) 외집단에 비호의적인지, 또는 둘 다인지를 살펴볼 것이다. 인종적 자긍심이 편향의 원인인가? 강한 페미니스트 정체성이 이에 반대하는 반 여성운동자들을 싫어하게 하는가? 특정한 남녀 사교집단에 열성적이면 다른 집단은 깎아내려야 하는가? 또는 (1)이 맞다면, 사람들은 다른 사람들에 대한 증오심 없이 자기 집단만을 더 호의적으로 보는 것인가?

실험 결과들은 (1)과 (2)를 모두 지지하였다. 사람들은 다른 내집단원들과 함께 있을 때와 같이 내집단 정체성이 예민해지면 외집단 고정관념이 활성화된다(Wilder & Shapiro, 1991). 어떤 클럽 모임에 나갔을 때 다른 클럽과의 차이를 가장 크게 지각한다. 자기 집단에 대한 편향이 예상되면, 외집단을 헐뜯는 것이 가장 심하다(Vivian & Berkowitz, 1993). 우리는 또, 내집단원들에는 인간 특유의 감정(사랑, 희망, 멸시, 분개)을 표하지만, 외집단원들에 대하여는 그러한 인간적 감정을 돌리려 하지 않는다(Demoulin & others, 2008; Leyens & others, 2003, 2007).

오랜 역사상 외집단의 사람들을 "인간이하화"라는 과정을 통해서 인간성을 부정해왔다. 유럽 탐험대는 그들이 만나는 타민족은 동물적 본능에 지배되는 미개인으로 비유하였다. "아프리카인은 유인원, 유대인은 해충, 이민자들은 기생충"으로 비유했다고 호주 사회심리학자 Stephen Loughman과 Nick Haslam(2007)은 말한다. 우리는 애완동물은 인간으로 외집단은 비인간으로 취급한다.

그렇지만, 내집단 편향이 다른 집단은 그르다(Rosenbaum & Holtz, 1985)는 데서 오는 것만큼 자신의 집단은 옳다고 생각하는 데서도(Brewer, 2007) 내집단 편향은 나올 수 있다. "그들"이 없을 때에도(무인도에 생존한 얼마 안 되는 사람들과의 관계를 상상해 보자) "우리"를 사랑할 수 있는 것이다(Gartner & others, 2006). 따라서 자기 집단에 대한 긍정적인 감정이 있으려면 같은 정도의 외집단에 대한 부정적인 감정을 전제할 필요는 없는 것이다.

지위, 자애, 그리고 소속의 욕구

　지위는 상대적이다. 우리 자신이 어떤 지위에 있음을 지각하려면 우리보다 아래에 있는 사람이 있어야 한다. 따라서 어떤 편견이 주는 심리적 이익이나 어떤 신분 제도로 인한 심리적 이득은 우월감이다. 우리들 대부분은 다른 형제들이 벌을 받거나, 다른 학우가 시험을 잘못 보았다든지 등과 같이 다른 사람의 실패를 보고 은밀하게 만족감을 느낀 때가 있었을 것이다. 유럽과 북미 지역에서는 흔히 사회경제적 사다리의 낮은 단계에 있거나 하락하는 사람들, 그리고 긍정적 자아 이미지가 위협받는 사람들에서 더 편견을 보인다(Lemyre & Smith, 1985; Pettigrew & others, 1998; Thomson & Crocker, 1985). 한 연구에서는 낮은 지위의 여학생 동아리가 높은 지위의 여학생 동아리보다 다른 동아리들을 더 심하게 폄하시킴을 보였다(Crocker & others, 1987). 아마도 안정된 지위에 있는 사람들은 우월감을 가져야 할 필요성을 덜 갖는듯하다.

　죽음에 대한 짧은 글을 쓰거나 죽음에 대한 생각으로 인한 감정을 일으키고, 자신의 유한성에 대한 생각을 통한 불안감은 내집단 편애와 외집단 편견을 강화시키는 데 충분하다(Greenberg & others, 1990, 2009; Harmon-Jones & others, 1996: Schimel & others, 1999). 한 연구는 백인들에게 죽음에 대한 생각을 하게 해서도 자기 집단의 우월을 주장하는 인종 차별론자들에 대한 호감을 높일 수 있었다(Greenberg & others, 2001, 2008). 마음속에 죽음에 대한 생각이 들면, 사람들은 **공포관리**를 하게 된다. 이들은 자신들의 세계관에 도전하여 불안을 일으키는 사람들을 폄하시킴으로서 자신의 죽음에 대한 위협으로부터 자신들을 방어하려 한다. 이미 자기 생명의 한계를 깨달은 사람들은 편견을 통해서 위협받는 신념체계를 강화할 수 있다. 그러나, 죽음에 대한 생각은 이타성과 더불어 삶과 같은 공동체적 느낌도 갖게 한다(McGregor & others, 2001; Sani & others, 2009).

　사람들에게 죽음에 대한 생각을 떠올리게 하는 것은 중요한 공공정책 지지에도 영향을 줄 수 있다. 2004년 대통령 선거 이전에는 유권자들에게 911 공격에 대한 느낌을 묻거나 역하 자극으로 911에 관련된 화면들을 보인 것을 포함한 죽음과 관련된 단서를 주어 부시 대통령과 그의 반테러 정책에 대한 지지를 이끌어 내었다(Landau & others, 2004). 이란에서는 대학생들에게 죽음을 환기시켜서 미국에 대한 자살 공격을 지지하게 하였다(Pyszczynski & others, 2006).

　이들 모두는 자신의 힘과 독립성을 믿지 못하는 남자는 여성이 약하고 의존적이라고 주장하면서 자신의 남성적 이미지를 고조시킴을 시사한다. 실제로 Joel Grube, Randy Kleinhesselink Grube, 그리고 Kathleen Kearney(1982)가 워싱턴 대학 남학생들에게 젊은 여성들이 직장 면접을 하는 비디오 테잎을 보여 주었을 때, 자기 수용감이 낮은 남학생들이 강하고 비전통적인 여학생의 모습을 보았을 때

공포관리 이론
(terror management theory)
"공포관리 이론"에 의하면 사람들은 자신들의 죽음을 상기하게 되면 (자신들의 문화적 세계관과 편견에 더욱 강하게 매달리는 것을 포함한) 자기 보호적 감정이나 인지적 반응을 보인다.

우리(개)가 성공한 것으로는 충분하지 않아. 저(고양이)들이 실패해야만 해(개와 고양이는 앙숙이란 뜻).

"It's not enough that we succeed. Cats must also fail."

싫어하였다. 높은 자기 수용감을 가진 남학생들은 적극적인 여학생의 모습을 호의적으로 평가하였다. 실험들도 자신 있는 사람들은 외집단을 더 긍정적으로 평가하였고, 자긍심이 위협받으면 외집단을 폄하시켜서 떨어진 자긍심을 회복하려 하려는 자기 이미지와 편견 간의 관계를 확인해 주었다(Fein & Spencer, 1997; Spencer & others, 1998).

외집단 경멸로 내집단을 강화시키기도 한다. 13장에서 더 보겠지만, 공동의 적이 있으면 내집단을 더 단결하게 만든다. 숙적과의 경기가 있으면, 학교의 단결력이 생긴다. 사용자들에 대한 공동의 적개심이 있을 때 근로자들의 단결력이 최고조가 된다. 히틀러는 "유태인 위협"을 조성해서 나치의 독일 지배를 강화했다. 소속감이 충족되면 외집단을 더 받아들인다고 Mario Mikulincer와 Phillip Shaver(2001)는 말한다. 이들은 이스라엘 학생들 중 일부에게 역하 자극으로 소속감을 느끼게 한 단어(사랑, 지지, 포옹)들을 나머지 학생들에게는 중립적인 단어들을 점화시켰다. 그런 다음에 어떤 수필을 보여주되 한 조건에서는 동료 유태인이, 다른 조건에서는 아랍인이 쓴 것이라고 하였다. 중립적인 단어로 점화된 이스라엘 학생들은 동료 이스라엘 학생이 쓴 글을 아랍인이 쓴 것 보다 더 나은 것으로 평가하였다. 참가자들에게 소속감을 갖게 한 경우에는 그러한 편향이 나오지 않았다.

편견을 피하려는 동기

동기는 사람들로 하여금 편견을 일으키게도 하지만 편견을 피하게도 한다. 음식에 대한 생각, 친구와 애인에 대한 연정, 다른 집단에 대한 판단 같이 원하지 않는 생각을 아무리 억누르려 해도 피할 수 없을 때가 있다(Macrae & others, 1994; Wegner & Erber, 1992). 특히 노인들은 음주 후에 원치 않는 생각들을 억제하지 못하고, 그래서 오래된 고정관념을 억제하지 못하는 경우가 있다(Bartholow & others, 2006; von Hippel & others, 2000). Patricia Devine과 동료들(1989, 2005)은 때때로 편견이 높거나 낮은 사람들이 비슷한 자동적 편견 반응을 보인다고 하였다. 그 결과, 원치 않는 생각과 느낌이 지속된다는 것이다. 편견적 습관을 끊는 것이 쉽지 않다.

실생활에서, 소수 집단원을 만나면 자동적으로 고정관념이 떠오른다. 동성애자들을 받아들이는 사람들과 동성애자들을 거부하는 사람들 모두 버스에서 동성애자들을 만난다면 불편해 할 것이다(Monteith, 1993). 낯선 흑인 남성을 만나면 편견을 갖고 있지 않다고 자부하는 사람일지라도 경계 반응을 보일 것이다. E. J. Vanmam과 동료들(1990)은 한 실험에서 백인들에게 흑인과 백인 슬라이드를 보이고, 이들과 상호작용을 한다고 상상하게 한 후 이들에 대한 호감도를 평가하게 하였다. 백인 참가자들은 백인보다 흑인을 더 호의적으로 평가하였으나, 그들의 안면 근육은 다른 반응을 보였다. 흑인 얼굴을 보였을 때 측정 장비들은 웃는 근육보다 찡그리는 근육의 활동이 더 활발함을 보였다. 뇌 안의 정서 처리 중추도 다른 인종의 낯선 얼굴을 보게 하면 더 활발하였다(Hart & others, 2000).

그러나, 고정관념을 연구한 사람들은 편견적 반응이 불가피한 것은 아니라고 주장한다(Crandall & Eshelman, 2003; Kunda & Spencer, 2003). 편견을 피하려는 동기가 사람들로 하여금 자신들의 사고와 행동을 바꿀 수 있게 할 수도 있다는 것이다. 어떻게 느끼는지와 어떻게 느껴야 마땅한지 사이의 차이를 인식하는 자기의식을 가진 사람들은 죄의식을 느끼게 되고 자신들의 편견적 반응을 억제하려할 것이다(Bodenhausen & Macrae, 1998; Dasgupta & Rivera, 2006; Zuwerink & others, 1996). Devine과 동료들(2005)은 사람들의 편견을 피하려는 동기가 외적인 경우(남들이 그러한 잘못된 것을 원하지 않으므로)가 아니고 내적이라면(편견이 잘못된 것이므로) 자동적 편견도 줄어든다고 하였다.

교훈: Devine이 말한 "편견적 습관"은 쉽지 않다를 극복해야 한다. 여러분이 자동적인 생각이나 느낌을 갖고 있더라도 실망해서는 안 된다; 이는 보편적인 것이다. 그러한 문제를 인식하고 대처하면 되는 것이다. 그러한 느낌이 여러분의 행동을 좌우하게 할 것인가? 아니면, 미래에 여러분의 행동을 감시하고 교정해서 변화되게 할 것인가?

요약 : 편견의 동기적 원천

- 사람들의 동기가 편견에 영향을 준다. 좌절이 적대감을 낳고, 이러한 적대감은 때로 희생양에게 향할 수도 있지만 때론 경쟁하는 집단들에게 직접 표현할 수도 있다.
- 사람들에게는 자신들과 자기 집단이 다른 집단보다 우월하다고 보려는 동기가 있다. 사소한 집단 소속감도 자기 집단을 다른 집단보다 더 호의적으로 보게 한다. 자기 이미지가 위협되면, 그러한 소속감과 같은 내집단 호의를 증가시킨다.
- 사람들에게 편견을 피하도록 동기를 주면, 편견적 습관을 끊을 수도 있다.

편견의 인지적 원천

고정관념화와 편견을 이해하려면, 우리의 의식이 어떻게 작동되는지를 보면 도움이 될 수 있다. 우리가 이 세상에 대하여 생각하며, 이를 단순화하는 방식은 우리의 고정관념에 어떤 영향을 주는가? 그리고 우리의 고정관념은 우리의 판단에 어떻게 영향을 주는가?

고정관념에 대한 연구 덕에 생긴 편견에 대한 새로운 시각이 사회적 사고에 대한 새로운 연구에 응용되었다(그림 9.5). 고정관념적 사고와 편견적 태도는 사회적 조건화와 적대감을 다른 사람들에게 전위시키기 때문만이 아니라, 정상적인 사고 과정의 부산물로도 생긴다는 것이 기본적인 내용이다. 많은 고정관념은 나쁜 마음에서가 아니라 의식의 작동 과정에서 나올 수 있다. 우리가 세상을 이해하는 과정의 부산물로 착시가 생기듯이, 고정관념은 우리가 복잡한 세상을 단순화시켜 보려는 의식과정의 부산물로 생길 수 있다.

그림 :: 9.5
"고정관념"을 언급한 심리학 논
문의 수(10년 단위로 본)
출처: PsycINFO.

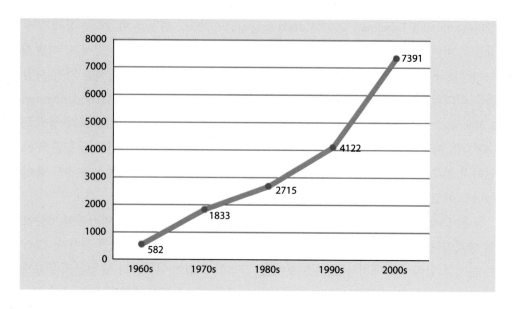

범주화: 사람들을 집단으로 분류하기

　우리가 환경을 단순화시키는 방법의 하나는 대상들을 집단으로 묶어서 세상을 조직화하는 것이다(Macrae & Bodenhausen, 2000, 2001). 생물학자는 식물과 동물로 분류한다. 인간은 여러 사람들로 분류한다. 이렇게 하면, 우리는 보다 대상들을 쉽게 생각한다. 한 집단의 사람들이 유사하다면-대부분의 멘사(MENSA) 회원들은 머리가 좋다, 대부분의 농구선수들은 키가 크다 등-어느 집단에 소속되어 있느냐만 알면 최소한의 노력을 들이고서 유용한 정보를 얻어낼 수 있다. 때로 고정관념은 "기울이는 노력에 대한 유용한 정보의 비율"을 제공하는 셈이다(Sherman & others, 1998). 고정관념은 인지적 효율성을 보인다.

　타인들이 어떻게 생각하고 행동할 것인지를 신속히 판단하고 예측하기 위한 에너지절약적 도식인 셈이다. 따라서 고정관념과 외집단 편향은 Carlos David Navarrete 등 2010)이 말하듯 "긍정적으로는 우리 조상들이 생존할 수 있었던 진화적 기능"인 것이다.

자연적 범주화

　우리는 아래와 같은 경우에 고정관념에 의지하면 특히 간편하고 효율적이다.

● 시간에 쫓길 때(Kaplan & others, 1993)
● 무엇에 몰두해 있을 때(Gilbert & Hixon, 1991)
● 피곤할 때(Bodenhausen, 1990)
● 감정이 고조되었을 때(Esses & others, 1993b; Stroessner & Mackie, 1993)
● 너무 어려서 다양성의 가치를 모를 때(Biernat, 1991)

　요즘 세상에서는 인종과 성별이 사람들을 나누는 강력한 수단이다. 애틀랜타에서 부동산업을 하는 45세 된 흑인 남성 톰을 생각해 보자. 여러분이 가질 이미지는 "중년", "사업가", 그리고 "미 남부 거주자"
라는 범주들보다 "흑인 남성"이라는 이미
지가 압도적일 것이다.

실험 결과들도 사람들을 인종으로 자연
스럽게 범주화함을 보인다. 연속적인 색들
을 적, 청, 녹으로 다르게 지각하듯이, 사
람들도 집단들로 범주화하지 않을 수 없는
것이다. 우리는 마치 그러한 범주들이 흑
과 백인 것처럼, 다양한 조상들을 둔 사람
들을 단순히 "흑"과 "백"으로 명명한다.
다양한 사람들이 자신의 의견을 말할 때,
누가 무슨 말을 했는지는 기억하지 못하지
만, 각 주장을 한 사람이 어떤 인종인지는

기억한다(Hewstone & others, 1991; Stroessner & others, 1990; Taylor & others, 1978).
이러한 범주화 자체가 편견은 아니지만, 편견의 토대를 제공하게 된다.

사실은 편견에 범주화가 필요하다. 사회정체성 이론은 예민하게 사회정체성에 관
심을 가진 사람들이 사람들을 우리와 그들로 정확하게 범주화한다고 본다. 이러한 예
언을 검증하기 위하여, Jim Blascovich와 동료들(1997)은 예민하게 인종적 정체성을 지
각한 인종적 편견이 있는 사람들과 흑, 백, 회색을 분류하는데 차이를 보이지 않아 편
견이 없는 사람들을 비교하였다. 각 집단에서 사람들을 인종별로 범주화하는데 어느
정도의 시간이 걸렸는가? 특히, 애매한 인종 단서를 준(그림 9.6) 얼굴을 보았을 때, 편
견을 가진 사람들이 더 시간이 걸렸는데, 이는 사람들을 "우리"(우리와 같은 인종)와
"그들"(다른 인종)로 분류하는데 보다 신중했음을 보인 것이다. 편견에 인종적 범주
화가 필요한 것이다.

유사성과 차이의 지각

사과, 의자, 연필 등의 물건들을 상상하자.

한 집단 안에 있는 물건들을 실제보다 더 동일하게 보는 강한 경향이 있다. 사과들
의 색이 모두 붉은 색이었는가? 의자들의 등받이가 모두 수직이었는가? 연필들의 색이
모두 노란 색이었는가? 같은 달의 두 날의 온도 차이는 다른 달의 두 날의 온도 차이보
다 비슷하게 본다. 11월 15일부터 23일까지의 평균 온도 차이는 11월 30일부터 12월 8
일까지의 동일한 8일 간이지만 더 차이가 적다고 추정한다(Krueger & Clement, 1994).

사람들에 있어서도 마찬가지이다. 사람들은 체육, 연극 전공, 수학 교수 등 사람들
을 집단으로 나누면, 같은 집단 안의 유사성과 다른 집단들 간의 차이를 과장하기 쉽
다(S. E. Taylor, 1981; Wilder, 1978). 집단들로 나누기만 해도, 저들은 "모두 비슷해", 저
들은 "우리"나 "우리 집단"과 다르다는 인식인 **외집단 동질성 효과**(outgroup homo-
geneity effect)를 만든다(Ostrom & Sedikides, 1992). 대체로 우리와 비슷하게 보이는

외집단동질성 효과
(outgroup homogeneity effect)
외집단원들을 내집단의 성원들보다
서로 더 비슷하다고 지각하는 것. 그
래서 "저들은 모두 비슷해: 우리들은
서로 달라."

사람들을 좋아하고, 우리와 다르게 보이는 사람들을 싫어하는 결과로 내집단 편향 경향성을 가져온다(Byrne & Wong, 1962; Rokeach & Mezei, 1966; Stein & others, 1965).

집단 의사결정의 단순한 사실도 외부인에게는 집단의 만장일치로 과다추정하게 한다. 한 보수파가 전국적인 선거에서 근소한 다수결로 승리한 경우

(인간) 만화가에게는 모든 펭귄은 비슷하다.

"내가 누군가를 사랑했는데 나중에서야 깨달았어."

에도 관찰자는 "유권자들이 보수 쪽으로 돌아섰다"고 추정하는 것이다. 진보파가 근소한 차이로 승리한 경우에도, 유권자들의 태도는 크게 달라지지 않은 것이지만, 관찰자들은 온 나라에 "진보적 분위기"가 퍼졌다고 과장한다. 자기 집단에 대해서는 사람들은 더 많은 다양성을 보기 쉽다.

- 유럽인이 아닌 많은 사람들은 스위스 인들이 아주 동질적이라고 본다. 그러나, 스위스 인들에게는 스위스 인들은 프랑스어, 독일어, 이태리어 그리고 로만시어를 쓰는 다양한 집단들로 구성된 것으로 이해한다.
- 많은 영국계 미국인들은 "라틴계 미국인"들을 한 부류라고 생각한다. 멕시코계, 쿠바계, 그리고 푸에르토리코계 미국인 사이에는 서로 중요한 차이가 있다(Huddy & Virtanen, 1995).
- 여학생 동아리 회원들은 다른 동아리 회원들 간에 다양성이 자기가 속한 동아리보다 덜 하다고 지각한다(Park & Rothbart, 1982).

일반적으로, 특정한 사회적 집단에 더 친숙할수록 사람들은 더 다양성을 지각한다(Brown & Wootton-Millward, 1993; Linville & others, 1989). 더 낯설수록 더 고정관념적으로 본다. 더 작고, 더 약한 집단일수록 그 집단에 덜 주목하게 되고, 더 고정관념적으로 본다(Fiske, 1993; Mullen & Hu, 1989).

아마도 여러분은 자신이 속하지 않은 다른 어떤 인종 집단이 되건, 그들을 더 비슷

그림 :: 9.7

자기 인종 편향

백인들은 흑인의 얼굴보다 백인의 얼굴을 더 정확하게 식별하였고, 흑인들은 백인보다 흑인의 얼굴을 더 정확하게 식별해 내었다.

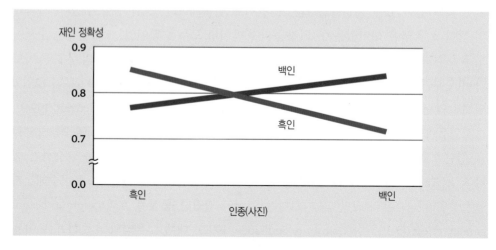

한 것으로 지각해 왔을 것이다. 우리들 중 많은 사람들은 다른 인종의 두 사람을 혼동하여 잘못 이름을 부른 당황스런 경험을 기억할 것이다. 스코틀랜드와 독일에서 한 실험들은 실제로 자기가 속한 인종의 사람들보다 다른 인종에 속한 사람들을 더 비슷하게 본다고 하였다(Chance & Goldstein, 1981, 1996; Ellis, 1981; Meissner & Brigham, 2001). 백인 대학생들에게 몇 사람의 백인과 흑인의 얼굴을 보이고, 이들 사진 속에서 어느 특정인을 찾아내게 하였을 때, 흑인보다는 백인의 얼굴을 정확하게 찾아내어 **자기 인종 편향**(own-race bias)를 보였다.

자기 인종 편향(own-race bias)
자기가 속한 인종들의 얼굴을 더 정확하게 인식하는 경향성

그림 9.7에서 보듯, 흑인들은 백인보다 다른 흑인을 더 쉽게 재인해 내었다(Bothwell & others, 1989). 마찬가지로, 히스패닉들은 몇 시간 전에 본 얼굴 들 중 영국계보다 같은 히스패닉의 얼굴을 더 잘 알아내었다(Platz & Hosch, 1988). 9개월 밖에 안된 유아들도 자신과 같은 인종의 얼굴을 더 잘 인지하였다(Kelly & others, 2005, 2007).

Daniel Wright 등(2001)이 남아프리카와 영국의 쇼핑 몰에서 흑 백인을 대상을 한 연구에서 보이듯 실험실 밖에서도 같은 결과를 얻었다. 연구자들이 나중에 줄선 사람들 중에서 찾아내게 하였을 때 자기 인종을 더 잘 찾아내었다. 후속 연구들도 "자기 연령 편향(own-age bias)"를 확인해 주었는데, 사람들은 자신과 같은 연령대의 사람들을 더 정확하게 재인해 내었다(Wright & Stroud, 2002). 이는 우리가 다른 집단의 얼굴들 간의 차이를 알아차리지 못한다는 것이 아니라, 다른 인종 집단에 나온 얼굴을 볼 때, 개인적인 특징보다 먼저 집단에 주목("저 사람이 노인이다") 한다는 것이다. 우리가 속한 집단의 누군가를 보게 하면, 인종에 대한 생각보다는 개인적인 세부 사항에 더 주목하는 것이다(Levin, 2000). 여러분도 동료 대학생들보다 노인들이 더 유사하다고 생각하지는 않는가?

특이성: 특출한 사람을 지각하기

우리가 세상을 지각하는 다른 방식들도 고정관념을 일으킨다. 특이한 사람과 생생하거나 극단적인 사건은 흔히 주목을 끌고 판단을 왜곡시킨다.

특이한 사람들

여러분은 함께 있는 사람들 중 유일한 남성(여성), 인종, 국적인 상황에 놓인 경우가 있었는가? 그렇다면 여러분은 다른 사람들과 다른 차이로 여러분이 더 주목받고 더 관심의 대상이 되었었을 것이다. 모두가 백인 집단에서 유일한 흑인, 여성 집단에서 유일한 남성, 또는 남성들 집단에서 유일한 여성은 더 두드러지고, 더 영향력을 갖고, 과장된 장단점을 가진 것으로 인식될 것이다(Crocker & McGraw, 1984; S. E. Taylor & other, 1979). 어떤 집단에서 현저한 사람은 무슨 일이 생기든 그가 문제의 원인이라고 지각하게 된다(Taylor & Fiske, 1978). 우리가 Joe를 마주 보는 자리에 앉는다면, 그가 단지 그 집단에서 평균적인 구성원일지라도, 그의 자리가 우리가 보기에 현저하기 때문에, 그는 그 집단에서 평균 이상의 영향력을 발휘하는 것으로 여겨질 것이다.

휴스턴 레이커스(농구팀) 소속 7'6"의 Yao Ming은 키가 커서 사람들의 주의를 끈다.

여러분은 다른 사람들이 여러분이 가진 가장 특징적인 특성들과 행동으로 여러분을 정의하는 것을 인식해 왔을 것이다. Lori Nelson과 Dale Miller(1995)는 스카이 다이버이면서 테니스 선수라고 누군가를 소개했다면 그는 스카이다이버로 생각될 것이라고 하였다. 그에 대한 선물로서 책을 고르게 한다면, 테니스보다는 스카이다이빙에 관한 책을 고를 것이다. 애완견과 애완뱀을 모두 가진 사람도 애완견보다는 애완뱀을 가진 것으로 인식된다. 기대와 어긋난 사람들이 더 관심을 끈다(Bettencourt & others, 1997). "겨울에 꽃이 피듯, 예기치 못한 사람의 지성이 돋보인다"고 어떤 아프리카계 미국인의 지성을 경험한 Stephen Carter(1993, p. 54)가 회고하였다. 이러한 특이성으로, 낮은 지위의 집단들 출신이면서 아주 훌륭한 능력을 가진 지원자들이 돋보여 유리하지만, 이들이 자신들의 능력을 입증하려면 더 열심히 해야만 한다(Biernat & Korbynowicz, 1997).

Ellen Langer와 Lois Imber(1980)는 특이한 사람들에게 향하는 주의를 잘 보여주었다. 이들은 하버드 학생들에게 한 남자가 책을 읽고 있는 비디오를 보게 하였다. 학생들은 암환자, 동성애자, 백만장자와 같이 일상적이지 않은 것이라고 생각되는 경우 주의를 더 집중하였다. 이들은 다른 사람들이 알아채지 못한 특성들에 주목하고, 이들에 대한 평가가 더 극적으로 나왔다. 책 읽는 사람이 암환자라고 생각하면, 특징적인 안면 특성들과 신체 움직임에 주목하였고, 그래서 다른 사람들이 보는 것과 달리 그 사람을 "대다수의 사람들과 훨씬 다르게" 보았다. 특이한 사람들에게 쏟는 부가적 주의는 그들이 실제보다 더 다르다는 착각을 하게 만든다. 사람들에게 여러분이 천재적인 지능을 가진 사람이라고 믿게 한다면, 그렇게 믿지 않은 사람들은 보지 못했을 내용을 여러분에게서 찾아낼 것이다.

특이성은 자기-의식을 가져온다. 때때로 백인들에 둘러싸인 흑인들은 자신들의 특이성에 대한 반응을 알아차린다. 많은 보고들에서 흑인들은 자신들을 쳐다보거나, 무시하는 코멘트를 듣거나, 나쁜 서비스를 받는 것으로 본다(Swim & others, 1998). 그러나, 때로는 남들이 자신의 특이성에 대한 반응을 보인다고 잘못 지각하기도 한다. Robert Kleck과 Angelo Strenta(1980)는 다트머스의 여대생들의 외모가 손상된 것으로 느끼게 하였다. 참가자들은 실험의 목적이 분장술로 만든 안면 흉터(흉터는 귀에서부터 입까지 이르는 오른 쪽 뺨에 위치)에 대해 다른 사람들이 어떻게 반응하는지를 보려는 것으로 생각하였다. 실제 목적은 비정상이라고 지각하는 여성이 자신에 대한 타인들의 행동을 어떻게 지각하는지를 보려는 것이었다. 분장을 한 후 실험자는 각 여학생들에게 작은 손거울을 주어, 실제처럼 보이는 흉터를 볼 수 있도록 하였다. 여학생들이 거울을 내려놓은 다음에는 실험자가 "화장이 지워지지 않도록" 약간의 "보습"을 주도록 하였다. 그러나 "보습"이란 실제로는 안면의 흉터를 지우는 것이었다.

다음 장면은 감동적이었다. 얼굴에 흉터가 있다고 생각한 여대생은 심한 자기의식을 갖고, 자신과 같은 흉터가 없고, 또 얼굴에 분장으로 흉터를 만들었다가 지운 줄을 전혀 모르는 다른 여성과 말을 걸게 하였다. 여러분이 신체적 장애, 여드름, 또는 일진이 안 좋은 날과 같은 유사한 자기의식을 느낀 경험이 있다면, 여러분은 같은 자기의식을 하는 여성을 동정할 수 있을 것이다. 대화 상대방이 자신을 알레르기를 앓고 있다고 생각하는 데 비하여, 상대방이 보기에 자신의 얼굴에 "흉터(disfigured)"가 있다고 생각하는 경우에 상대방이 자신을 어떻게 보는지에 아주 민감하였다. 이들은 상대방이 아주 긴장하고, 냉담하고, 거만하다고 평가하였다. 상대방이 어떻게 대했는지를 나중에 비디오로 판독한 결과 "흉터"가 있는 여성에 대하여 상대방들은 아무런 차이를 보이지 않았다. 다르다고 생각한 자기의식 때문에 "흉터"를 지닌 여성은 부자연스러움을 오해하였고, 인식하지 않았을 말을 한 것이다.

다수 집단과 소수집단 간의 자기 의식적 상호작용에서 두 집단이 서로 호의적으로 한 때에도 긴장을 느낄 수 있다(Devine & others, 1996). 게이로 알려진 톰은 게이가 아닌 빌을 만난다. 마음이 좋은 빌은 편견 없이 반응하려고 한다. 그러나 자신감이 부족한 나머지 빌은 약간 주저했다. 대부분의 사람들로부터 부정적 태도를 예상한 톰은 빌의 주저함을 적대감으로 오해하고 시비를 걸려는 투로 반응하게 된다.

누구나 이러한 현상을 경험할 수 있다. 다수 집단을 대상으로 한 연구(매니토바의 백인 주민들 대상으로 한)에서 소수집단이 자신들에게 어떤 고정관념을 갖고 있을 지에 대한 "종합적 고정관념(meta stereotypes)"을 갖고 있다고 하였다(Vorauer & others, 1998). 비교적 편견이 적은 캐나다의 백인, 이스라엘의 유태인, 미국의 기독교인들도 외부의 소수집단들이 자신들을 편견적이고, 거만하며, 건방지다 보는 고정관념을 갖고 있으리라고 생각하였다. 조오지가 가멜이 자신을 보기를 "전형적인 교육받은 인종차별주의자"라고 보리라고 걱정한다면, 그는 가멜과 대화 시 경계심을 가질 것이다.

낙인 의식. 사람들은 남들이 자신에 대해 어떤 고정관념을 갖고 있다고 기대하는 **낙인 의식**(stigma consciousness)에 있어서 개인 차이를 보인다. 예를 들어, 게이와 레즈비언들은 남들이 "자신의 모든 행동 해석"을 얼마나 동성애로 보리라고 생각하느냐하는 정도에 따라 다르다(Lewis & others, 2006; Pinel, 1999; 2004).

자신을 보편적인 편견의 피해자로 볼 때 장단점이 있다(Branscome & others, 1999; Dion, 1998). 단점은 자신이 잦은 희생자라고 보는 사람들은 위협적인 고정관념과 적개심으로 스트레스를 받고, 그래서 낮은 안녕감을 갖는다. 낙인을 의식하는 미국인들은 유럽에 살 때, 유럽인들이 미국인들을 받아들이기보다 싫어한다고 지각하면 더 불안한 생활을 한다.

장점은 편견을 지각하는 것은 개인적 자존심을 지켜준다. 누군가가 기분 나쁘게 한다면, "그래, 저것은 나에게 개인적으로 하는 것이 아니야". 더구나, 편견과 차별을 지각하는 것은 사회적 정체감을 높여주고 집단적으로 사회적 행동을 하도록 준비시킨다.

낙인 의식
(stigma consciousness)
편견이나 차별을 받는 피해자가 받으리라고 보는 기대

생생한 사례들

우리도 집단들을 판단하는 지름길로서 특이한 사례들을 쓸 수 있다. 일본인들은 야구를 잘 하는가? "그래, 이치로 수즈끼와 히데끼 마수이 그리고 코수키 후쿠도미가 있잖아. 나는 그렇다고 본다". 이와 같은 사고과정을 주목하자. 특정한 사회적 집단에 대하여 제한된 경험을 하고서는, 우리는 그에 대한 예를 떠올리고 그로부터 일반화한다(Sherman, 1996). 더구나, 부정적 고정관념의 예(적대적 흑인처럼)를 보고는 그 고정관념을 점화시켜서, 그 집단과의 접촉을 최소화한다(Hendersen-King & Nisbett, 1996).

단 한 사례로부터의 일반화가 문제이다. 생생한 사례들이 기억이 더 잘되지만, 더 큰 집단을 대표하는 경우는 드물다. 특별한 운동선수들이 특이하고 기억에 나지만, 전체 집단 중의 운동에 재능이 있는 사람들의 분포를 결정하는 근거는 되지 못한다.

숫자상으로 소수인 사람들이 더 특이하기는 하지만, 다수에 의하여 숫자가 과다 추정된다. 여러분의 나라에서 회교도의 수는 어느 정도인가? 비 회교도 국가에서 이들 회교도의 수는 종종 그 비율이 과장된다. 2011년도 Pew Research Center 조사에서 회교도의 비율은 0.8%에 지나지 않았다. 2011년 갤럽조사에서 평균적 미국인들은 25%가 동성애자일 것으로 추정하였다(Morales, 2011). 정확한 증거로는 남성의 3%, 여성의 1~2%만이 동성애자로 나왔다(Chandra & others, 2011; Herbenick & others, 2010).

Myron Rothbart과 동료들(1978)은 특이한 사례들이 어떻게 고정관념을 일으키는지를 보였다. 이들은 오레곤 대학생들에게 남성들의 키가 적힌 50장의 슬라이드를 보여주었다. 한 집단에서는 그 중에서 10명의 남성들의 키가 6피트를 약간 넘게(6피트 4인치), 다른 집단에서는 6피트가 훨씬 넘게(6피트 11인치) 하였다. 나중에 6피트가 넘는 남자들이 몇 명인지를 질문하였을 때, 약간 큰 표집에서는 5%로, 아주 큰 표집에서는

남과 다르다는 자각은 타인의 행동을 해석하는 방식에 영향을 준다.

50%나 된다고 응답하였다. 후속 실험에서는 50명의 남자들의 행동을 묘사한 기술문을 읽게 하되, 10명이 절도 등 비폭력적 범죄이거나, 강간 등 폭력적 범죄를 저지른 것으로 소개하였다. 폭력적 범죄를 저지른 것으로 묘사한 목록에서 범죄 행위를 더 과다추정하였다.

특이한 사건들이 상관착각을 일으킨다

고정관념은 집단소속과 개인들이 갖고 있다고 여겨지는 특성들 간의 상관을 전제로 한다("이탈리아 인은 감정적이다", "유태인은 영리하다", "회계사들은 완벽주의자들이다"). 정상적인 상황 하에서도 일상적이지 않은 일에 주목을 하면 상관착각을 일으킬 수 있다. 사람들은 특이한 사건들에 민감하므로, 일상적이지 않은 사건이 하나만 일어난 경우보다 그러한 특이한 두 사건들이 동시에 일어나면 특별한 주목을 받게 된다.

David Hamilton과 Robert Gifford(1976)는 고전적인 실험을 통하여 상관착각을 보였다. 이들은 "집단 A"와 "집단 B"에 속하는 사람들이 바람직한 행동을 하거나 바람직하지 못한 행동을 하는 것으로 묘사한 슬라이드를 보게 하였다. 예를 들면, "존은 집단 A에 속해 있으며, 병원에 입원한 친구를 문병하였다" 등으로 기술하였다. 집단 A의 성원들은 집단 B의 성원들보다 두 배가 많도록 하였으나, 바람직한 행동 대 바람직하지 않은 행동의 비율은 9대 4가 되도록 하였다. 그리하여 집단 B와 바람직하지 않은 행동은 집단 A와 바람직한 행동에 비하여 빈도가 낮아 희귀한 사례가 되었다. 예를 들어, "알렌은 집단 B에 속해 있으며, 주차된 차의 범퍼를 찌그려 뜨리고 아무런 연락처도 남기지 않았다"와 같은 일상적이지 안은 두 사례들이 동시에 일어나게 하여 사람들의 주목을 받게 하였다. 그리하여 소수집단(B)과 바람직하지 않은 행동의 빈도가 과다 추정되었고, 집단 B를 더 나쁘게 평가하였다.

집단 A 성원들의 수는 집단 B의 성원의 수보다 2대 1로 많았고, 바람직한 행동은 바람직하지 않은 행동의 수보다 2배 많도록 하였다. 결과적으로, 집단 B의 성원들은 집단 A의 성원들과 같은 비율로 바람직하지 않은 행동을 한(그래서 숫자로는 다수 집단보다 소수집단에서 저지른 바람직하지 않은 행동이 절반) 점을 기억하자. 더구나, 학생들은 사전에 집단 B에 대한 아무런 편향을 갖고 있지 않았으며, 일상적인 경우보다 더 체계적으로 정보를 들었다. 연구자들은 이러한 이유를 여러 가지로 논의하였으나, 상관착각(illusory correlation)이 생긴 것이라는데 일치된 의견을 보였고, 인종적 고정관념의 또 다른 원천이라고 하였다(Berndsen & others, 2002). 따라서, 다수집단과 소수집단을 구분하는 특징들은 집단들과 연합된 특성들이었다(Sherman & others, 2009). 여러분이 속한 인종이나 사회집단은 다른 집단들과 대부분 유사하겠지만, 사람들은 그 차이를 알아차릴 것이다.

비전형적인 집단속의 어떤 사람이 특이한 행동을 저지른 단 하나의 동시 발생(여호와 증인인 벤이 나무늘보를 애완동물로 키우고 있다)이 사람들의 생각이 상관착각을 일으킨다(Risen & others, 2007). 대중 매체들도 이러한 현상을 반영하고 조장한다. 동성애자라고 스스로 밝힌 사람이 살인을 했거나 누군가를 성추행 했다면, 흔히 동성애가 언급되곤 한다. 동성애자가 아닌 이성애자가 동일한 사건을 저질렀을 때 그의 성적 정향성은 거의 언급되지 않는다. 마찬가지로 이전에 정신 질환자이던 Mark Chapman과 John Hincley, Jr.가 존 레논과 레이건 대통령을 저격했을 때는 저격범의 정신 병력 사실이 주목을 받았다. 저격과 정신병으로 입원 사실은 모두 상대적으로 희귀한 것으로 이들 두 가지가 조합되면 특별한 주목을 받는다. 그러한 보도는 (1) 폭력적 경향성과 (2) 동성애자 또는 정신질환으로 입원이라는 두 가지 사이의 높은 상관이 있다고 착각하게 만든다.

집단 A와 집단 B의 학생들과 달리 우리는 종종 기존의 편향을 갖기 쉽다. David Hamilton은 Terrence Rose(1980)와 함께 우리들이 가진 기존의 고정관념이 실제로는 없는 상관을 "본다"는 것을 밝혀냈다. 연구자들은 캘리포니아 산타 바바라 대학의 학생들에게 여러 직업 집단의 사람들을 묘사하는 형용사가 포함한 문장을 읽게 하였다 ("Juan은 회계사이고, 소심하고 사려 깊다"). 실제로는 회계사, 의사, 외판원 등 여러 직업을 가진 사람들이 소심하고, 부유하고, 수다스러운 등의 형용사들과 같은 빈도로 연결되었다. 그러나 학생들은 소심한 회계사, 부유한 의사, 그리고 수다스러운 외판원이라는 문장을 더 자주 읽었다고 생각하였다. 이러한 고정관념화로 실제로는 주어지지 않았음에도 그러한 고정관념을 영속시키게 하였다.

마찬가지로 Vaughan과 Becker와 동료들(2010)은 대학생들에게 흑인과 백인의 얼굴을 10분의 1초 동안 보이되 하나는 화를 낸 것이고 다른 하나는 화를 내지 않는 얼굴이 되게 하였다. 간섭 관제로서 숫자 더하기를 한 후에 어떤 얼굴을 보았는지 회상하게 한 결과 인종편향을 보였다. "백인 얼굴보다 화를 낸 흑인 얼굴을 더 많이 보고하였다."

귀인: 세상은 공평한가?

다른 사람들의 행위를 설명할 때 우리는 3장에서 논의한 근본적 귀인오류를 범한다. 우리는 다른 사람의 행동이 그들의 내부의 기질에서 비롯된 것이며 중요한 외부 상황은 덜 고려한다. 이러한 오류는 우리가 그가 놓인 상황보다는 그 사람 자체에 초

그림 :: 9.8
내집단 편향은 지각에 영향을 준다.
흑백인의 얼굴을 보이되, 한 얼굴은 화낸 모습, 다른 얼굴은 중립적인 두 얼굴을 잠시 보이면, 흑인들의 화낸 얼굴을 더 많이 기억해 내었다 (Becker & others, 2010).

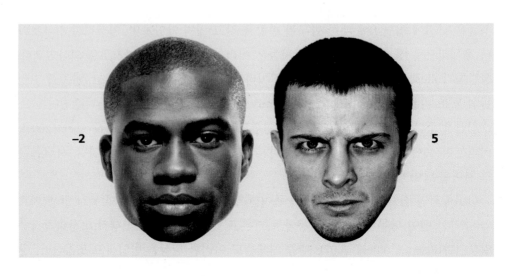

점을 두기 때문일 수 있다. 어떤 사람의 인종이나 성별은 현저해서 우리의 주의를 끌지만, 대체로 그 사람이 놓인 상황은 덜 눈에 뜨인다. 노예들은 자신들의 행동이 노예의 일을 하도록 하는 천성을 타고 난 것으로 설명하여 왔다. 최근까지도 남녀의 차이 지각도 같은 방식으로 설명해 왔다. 우리는 성역할에 따른 제약을 잘 보지 못한 채, 남녀는 타고난 천성 때문에 남녀는 다른 행동을 한다고 설명해 왔다. 인간의 특성들이 고정된 기질이라고 볼수록, 더 강한 고정관념을 가질 것이다(Levy & others, 1998; Williams & Eberhardt, 2008).

집단고양 편향

Thomas Pettigrew(1979, 1980)은 귀인오류가 집단 성원들의 행동을 설명할 때 어떻게 편향시키는 지를 보였다. 우리는 자기 집단의 성원들이 보인 애매한 행동은 호의적으로 본다. "그 여자는 원래 천성이 착해서 기부를 하였다; 그는 그의 어머니를 돌보아야 하기에 기부를 하지 않았다.", "외집단원의 행동은 흔히 악의적으로 본다. 그 여자는 이권을 얻기 위하여 기부를 하였다; 그는 원래가 이기적인 사람이라 기부를 하지 않았다." 한 고전적인 연구에서 가볍게 밀침의 주인공이 백인인 경우라면 "장난치는 것으로", 흑인이 그랬다면 "폭력적인 제스쳐"로 지각하였다(Duncan, 1976).

외집단원들이 보인 긍정적인 행동은 더 자주 무시된다. 외집단이 그러한 행동을 보였다면, 이는 "특별한 경우"이거나("그 사람 똑똑하고 열심히 하지 다른 사람들은 아니야"), 운이 좋거나 어떤 특별한 배경("그 여자는 여성에게 할당되는 인원을 채우는 과정에서 의대에 입학되었을 것이다"), 상황 때문에 어쩔 수 없이("그런 상황이라면, 아무리 인색한 사람이라도 돈을 낼 수밖에 없지"), 또는 특별한 추가적인 노력("아시아 계 학생들이 좋은 성적을 얻는 것은 그들이 악착같이 공부한 탓이지") 탓으로 돌리는 것이다. 겸손을 강조하는 집단(중국인 같은)이나 불우한 집단들은 그러한 **집단고양편향**(group-serving bias)을 적게 보인다(Fletcher & Ward, 1989; Heine & Lehman, 1997; Jackson & others, 1993). Jacquie Vorauer와 Stacey Sasaki(2010, 2011)는 차이에 주목한

집단고양 편향
(group-serving bias)
외집단의 긍정적 행동을 폄하하고, 그들의 부정적 행동은 그들의 성격 탓으로 돌리는 것(자기 집단이 한 부정적 행동 원인은 성격이 아닌 상황 탓이라고 변명하면서)

먹이사슬

공평한 세상 현상.

세상은 공평한가?
일부는 아프카니스탄과 이라크에서 포로가 되어 관타나모수용소에 있는 사람들에게 법적 권리를 주는 것에 반대한다. 이들은 포로들이 끔찍한 범죄를 저지르지도 않았는데도 거기에 구금되어 있는 것은 아닐 것이며, 이들에게 법정에서 자신의 무죄를 주장하게 할 필요가 없다고 생각한다.

다문화주의는 갈등이 없을 때는 집단교류가 흥미롭고 자극을 주는 순기능을 하지만 때로는 역기능을 한다고 보았다. 갈등이나 위협이 존재시 차이에 초점을 두면 집단수준의 귀인을 부각시켜 오히려 적대감이 증가된다.

집단고양 편향은 우리의 언어에도 미묘하게 스며들어 있다. Anne Maass(1995, 1999)가 중심이 된 이탈리아의 파두아 대학 연구팀은 다른 내집단원이 보인 정적인 행동은 일반적인 기질(예, "카렌은 남을 잘 돕는다")로 묘사한다고 하였다. 같은 행동이라도 외집단원이 한 경우는 흔히 구체적, 별개의 행동(예, "칼멘은 지팡이를 가진 노인을 위해 문을 열어주었다")으로 표현한다고 하였다. 부정적 행동에서는 반대로 나왔다. "에릭은 그녀를 밀쳤다"(내집단원이 한 것이면 별개의 구체적 행위)이지만 "에릭은 공격적이었다"(외집단원의 일반적인 기질). Maass는 이러한 집단 중심적 편향을 언어적 내집단 편향(linguistic intergroup bias)이라고 불렀다.

우리는 앞에서 피해자를 비난하면, 비난자의 우월적인 지위를 합리화시킬 수 있다

표 :: 9.1   자기-고양의 사회정체성이 어떻게 고정관념을 지지해 주는가?

	내집단	외집단
태도	호의적	폄하적
지각	이질성(우리는 달라)	동질성(그들은 다 비슷해)
부적행동귀인	상황에	기질에

고 말하였다(표 9.1). Miles Hewstone(1990)은 사람들이 외집단의 실패를 외집단원의 잘못된 기질 탓으로 돌려 비난한다고 하였다. "그들은 멍청해서 실패한 것이다; 우리가 실패한 것은 노력하지 않은 탓이다." 여성, 유태인, 흑인이 피해를 입었다면, 그들이 그런 일을 당할 무엇인가를 했을 것이다. 2차 세계 대전이 끝날 무렵 영국인이 일단의 독일인들을 Bergen-Belsen 강제수용소를 지나가게 하였을 때, 한 독일인이 말하였다. "포로들이 이러한 대우를 받다니 얼마나 끔찍한 범죄자들인가."(이러한 집단 중심적 편향은 편견 속에는 인지뿐만이 아니라 동기들도 들어 있음을 보이는 것이다. 동기와 인지, 감정과 사고는 불가분의 관계다.)

공정한 세상 현상

　Melvin Lerner와 동료들(Lerner, 1980; Lerner & Miller, 1978)은 워털루 대학과 켄터키 대학에서 진행된 일련의 연구를 통하여 아무 잘못이 없는 사람들이 피해를 입는 것을 보기만 해도 그 피해자가 당해도 당연하다는 생각을 하기에 충분하였다.

　Lerner(1980)는 그러한 불운한 피해자를 경시하는 것은 "나는 공정한 세상에 사는 정의로운 사람이고, 이 세상은 자신이 한 대로 대우를 받는 곳이다"라는 생각을 믿고 싶은데서 나온 것이라고 하였다. 그는 우리가 어릴 적부터 권선징악을 배우며 자랐다고 주장한다. 열심히 일하면 좋은 결과를, 게으르고 부도덕하면 악한 결과를 받는다는 것이다. 이로부터 잘 된 사람은 착한 사람일 것이고, 힘들게 사는 사람은 자신 때문이라고 가정하게 된다.

　많은 연구들이 이러한 **공정한 세상 현상**(just-world phenomenon)을 확인해 주었다 (Hafer & Begue, 2005). 여러분이 Lerner의 한 연구에 참여하고 있고, 감정적 단서를 지각하는 과제를 한다고 하자(Lerner & Simmons, 1966). 제비뽑기를 통하여 참가자들 중의 한 사람을 기억력 과제를 할 실험협조자로 선정한다. 이 사람은 틀린 답을 말할 때마다 고통스러운 전기충격을 받게 된다. 여러분이 할 일은 그 협조자의 반응을 기록하는 것이다.

　고통스러움이 분명한 전기충격을 받는 피해자를 보게 한 후에 실험자는 여러분에게 그 피해자를 평가하게 한다. 여러분은 어떻게 반응할 것인가? 동정적으로 반응할 것인가? 우리는 그러리라고 예상한다. Ralph Waldo Emerson이 말하듯, "순교자를 불명예롭게 할 수는 없다". 그렇지만, 이 실험에서는 반대로 순교자가 버림을 받았다. 보고 있는 사람이 피해자의 운명에 아무런 힘이 되지 못하면, 관찰자들은 종종 피해자를 외면하고, 가치를 절하시킨다. 로마의 풍자가 Juvenal은 이러한 결과를 예상하였다. "로마의 폭도들은 저주받은 사람들을 증오하고, 행운을 잡은 사람들을 추종한다". 유대인이 대학살을 당한 후처럼 피해자가 고통을 받을수록 그들에 대한 혐오는 더 증가되었다(Imhoff & Banse, 2009).

　Linda Carli와 동료들(1989, 1999)은 공정한 세상 현상은 강간 피해자들에 대한 우리의 인상도 바꾼다고 하였다. 이들은 한 쌍의 남녀들 간의 상호작용을 묘사한 세부 내

공정한 세상 현상
(just-world phenomenon)
사람들이 이 세상은 공평하며 자신들이 한 행위대로 되돌려 받는다고 생각하는 경향성

용을 읽게 하였다. 한 시나리오에서는 한 여성이 그녀의 직장 상사와 저녁을 먹고, 상사의 집에 가서, 한 잔의 와인을 마시는 것으로 되어 있었다. 일부의 독자들에게는 "그리고 나서는, 상사가 그녀를 소파로 안내하고, 그녀의 손을 잡고는 자신과 결혼해 달라고 요청하였다"와 같이 해피엔딩의 시나리오가 되게 하였다. 회고하게 했을 때, 그 결말은 당연한 것이며, 두 남녀의 성격들이 모두 좋다고 보았다. 다른 독자들에게는 같은 시나리오지만 결말이 "그러나, 나중에 그 상사가 매우 과격하게 그녀를 소파 위로 밀치고는 강간하였다"와 같이 불행한 내용을 읽게 하였다. 이러한 결말을 읽은 독자들은 강간은 피치 못한 것으로 보고 처음의 시나리오에서 아무 잘못이 없는 것처럼 보이던 여성이 도발적인 행동을 하여 강간의 틈을 내 준 것으로 비난하였다.

이런 연구 결과는 사람들이 정의에 무관심하기 때문이 아니라 사람들이 아무런 불의를 보지 못하기 때문에 사회적 불의에 무관심함을 시사한다. 공정한 세상으로 바라보는 사람들은 강간 피해를 입은 사람들이 단정치 못한 행동을 했고(Borgida & Brekke, 1985), 매 맞는 배우자들은 맞을 짓을 했고(Summers & Feldman, 1984), 가난한 사람들은 잘 살 노력을 하지 않았고(Furnham & Gunter, 1984), 병든 사람들은 자신들의 질병에 책임이 있다(Gruman & Sloan, 1983)는 것이다. 연구자들이 타인의 선택을 보고 타인에 대한 태도와 행동을 질문하였을 때, 불운한 사람들을 덜 동정하고, 더 피해자를 비난하고 차별 반대와 같은 사회정책도 덜 지지함을 보였다(Savani & others, 2011). 이러한 생각은 부자나 건강한 사람들처럼 성공한 사람들은 그럴만한 자격이 있다고 보게 한다. 도덕적으로 착해서 복을 받고, 악해서 불운하다고 연결 짓게 되면, 행복을 누리는 사람들은 자부심을 갖고, 불행한 사람에 대해서는 아무런 책임이 없다고 보게 된다.

사람들은 명백히 운이 없어서 실패한 사람들도 배척한다. 아동들도 길가에서 돈을 주운 운이 좋은 타인은 선행을 하고 좋은 사람일 것으로 본다(Olsen & others, 2008). 사람들은 도박은 도박을 하는 사람의 능력이 아니라 운이 좋았는지 나빴는지로 결판이 남을 알고 있다. 그럼에도 사람들은 패한 팀에게는 무엇인가 논리적인 문제가 있었을 것이지만, 월요일 아침에 경기 결과 패자는 능력이 없다고 판단하고 만다(Baron & Hershey, 1988). 변호사나 주식투자가들도 이기거나 돈을 번 후에는 잘난 척하고, 지거나 돈을 잃고는 자책하여 결과만 가지고 자신들을 판단한다. 재능이나 창의성이 성공과 관련이 없는 것은 아니다. 그러나, 공정한 세상이라는 가정은 아무리 노력해도 실패할 수밖에 없는 통제 불가능한 요소들을 외면하는 것이다.

공정한 세상이라는 생각은 사람들이 속한 문화권에서 가족사회체제를 정당시하게 만든다(Jost & others, 2009; Kay & others, 2009). 심은대로 거둔다는 것이다. 이러한 자연스런 보수주의는 세제나 건강보험개혁같은 사회정책의 도입을 어렵게 한다. 그러나, 일단 새로운 정책이 자리잡으면, "체제 정당화"가 지속된다. 그래서 캐나다인들은 건강보험, 엄격한 총기통제, 사형제도 폐지같은 정부정책을 대체로 지지하는 반면, 미국인들은 자신들에 익숙한 다른 정반대의 정책들을 고집하는 것이다.

요약 : 편견의 인지적 원천

• 편견에 내재된 고정관념을 다룬 최근 연구들은 고정관념이 이 세상을 간략화하려는 사고 과정에서 생긴 부산물이라고 보게 되었다. 사람들을 여러 범주들로 묶으려는 시도에서 한 집단 안에 있는 사람들의 균일성을 과장하고 다른 집단과의 차별성은 과장하게 되었다.
• 혼자인 소수 집단원 같은 특이한 개인은 다른 때 같으면 지나칠 법한 특성을 갖고 있는 것으로 지각된다. 특이한 두 사상들(예를 들면, 소수 집단원이 일상적이지 않은 범죄를 저지름)이 동시에 발생하면 사람과 행동 간에 상관착각을 일으킨다. 다른 사람의 행동의 원인을 그가 처한 상황은 무시하고 그의 기질에 돌리는 집단 이기적 편향을 보일 수 있다: 외집단원들의 긍정적 행동은 망각하고 부정적 행동은 그들의 천성 탓이라고 귀인 시킨다.
• 피해자를 비난하는 것은 이 세상은 공정한 세상이요, 사람들이 겪는 어려움은 흔히 자신이 한 행동 때문이라고 믿는 가정에서 나온다.

편견의 결과

편견을 원인을 넘어서 그 결과는 무엇인지를 보는 것도 중요하다. 고정관념이 있으면 변화를 막아 고정관념은 자기 영속적이다. 고정관념은 그 자체가 현실을 만들 수도 있다. 처음에는 사실이 아니었지만, 일단 생기면 고정관념이 현실화되기도 한다. 부정적인 편견은 사람들의 수행에 지장을 주고 차별을 해석하는 데에도 영향을 준다.

고정관념의 자기 영속화

편견은 예단적인 판단이다. 예단(prejudgment)은 불가피하다: 우리들 중 우리가 갖고 있는 호의적이고 비호의적인 편견들을 모두 계산해서 냉정하게 사회적 문제들을 기록할 수 있는 사람은 없을 것이다.

우리가 갖고 있는 예단이 우리의 주의를 끌고 우리의 기억을 이끈다. 예를 들면, 우리가 일단 어떤 대상을 특정한 인종이나 성별 같은 범주에 넣으면, 그것에 대한 나중의 기억은 그 범주에 관련된 세부특징들 쪽으로 우리의 기억을 바꿀 수 있다. Johanne Huart와 동료들(2005)은 벨기에 대학생들에게 70%는 전형적인 남성이 얼굴이고 30%는 여성의 얼굴(또는 그 반대로)이 섞인 얼굴을 보여 주었다. 나중에 70%의 남성 얼굴을 본 사람들은 남성을 보았다고(예상한 대로) 기억하였으나, 더 전형적인 남성의 얼굴을 본 것으로 잘못 회상(그림 9.9에 보인 80%의 남성 얼굴) 하였다.

예단(prejudgment)은 자기 영속적으로 우리의 해석에도 영향을 준다. 한 집단의 성원들이 기대대로 행동하면, 우리는 마땅히 사실로 받아들이고, 우리가 가진 이전의 생각을 확인해 준다. 우리의 기대와 다르게 행동했다면, 특별한 상황 때문에 그랬다고 해석하거나 설명할 수 있다(Crocker & others, 1983). 고정관념과 대비되는 사람은 예외적으로 볼 수 있다. 누군가가 "마리아가 농구를 한다"고 하고, 다른 사람이 "마크가

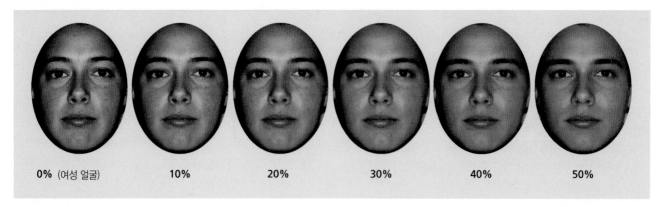

| 0% (여성 얼굴) | 10% | 20% | 30% | 40% | 50% |

그림 :: 9.9

범주화는 기억에도 영향을 준다
70%가 남성의 얼굴인 얼굴들을 보이면 사람들은 대개 그 사람을 남성으로 분류하였고, 나중에 그 얼굴을 회상하게 하면 실제보다 더 남성적인 것으로 기억하였다(Huart & others, 2005).

농구를 한다"라고 하면, 성 고정관념이 작동하면 남자인 마크보다 여자인 마리아가 더 운동을 잘한다고 보게 한다(Biernat, 2003). 그러므로 고정관념은 우리가 다른 사람의 행동을 어떻게 보느냐에 영향을 주는 것이다. 백인들에게 흑인들의 부정적 이미지(허리케인 캐트리나 후에 약탈같은)를 점화시키면 활성화된 고정관념은 해롭다. 한 실험에서 이런 이미지로 어려움에 빠진 흑인에 대한 동정심이 감소되었다(Johnson & others, 2008).

아마도 누군가가 여러분에 대하여 무엇을 하든 오해를 하여, 여러분이 아무리 노력해도 다른 사람이 여러분에 대하여 갖고 있는 생각을 바꾸기 힘든 경우가 있었을 것이다. 누군가가 불쾌한 기대를 갖고 여러분을 만날 때 오해를 하기 쉽다(Wilder & Shapiro, 1989). William Ickes와 동료들(1982)은 대학생 또래의 남성들 짝을 대상으로 한 실험에서 이를 입증하였다. 남학생들이 도착하면 실험자는 각 짝의 한 사람에게 "최근에 내가 말한 사람들 중 가장 무뚝뚝한 사람"을 만나게 될 것이라고 거짓 경고를 주었다.

사람들은 자신이 가진 고정관념에서 벗어난 행동을 보면(노인인데 뛰어난 운동능력을 보인다면) 새로 하위 고정관념을 만들어("노인 올림픽 선수") 기존 고정관념과 차별화한다.

나중에 그 두 사람들을 소개하고 5분 동안 같이 있도록 하였다. 다른 조건에서는 다른 파트너가 아주 다정한 사람이라고 생각하게 만들었다.

두 조건 모두에서 새로 만나는 사람은 모두 다정하게 행동하였다. 실제로, 무뚝뚝하리라고 예상했는데, 상대방이 다정하게 행동하므로 이쪽에서도 미소와 다른 다정한 행동 등 온화한 반응을 보이려 했다. 그러나, 긍정적으로 편향된 학생들과 달리, 무뚝뚝함을 기대한 사람들은 이러한 상호적인 다정함을 "겉치레"로 보았다. 나중에 이들은 더 불신하고, 더 싫어하였고, 그의 행동을 덜 우호적으로 평가하였다. 상대방이 진심으로

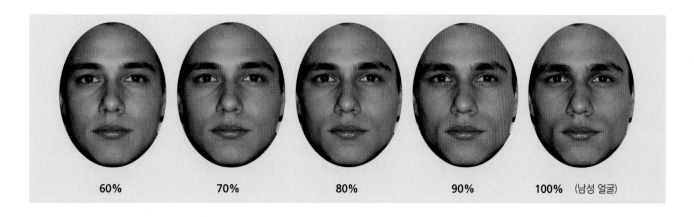

다정하게 행동했음에도, 부정적 편향으로 "억지웃음" 밑에 깔린 적대감을 "보고" 있었던 것이다. 그런 부정적 편향을 미리 갖고 있지 않았더라면 그러한 생각을 하지 않았을 것이다.

우리는 어떤 고정관념과 크게 다른 정보를 주목할 수 있지만, 그러한 정보가 있어도 기대하는 것만큼 영향을 주지 못한다. 우리가 어떤 예외적인 사례에 주목하면, 새로운 범주를 만들어, 고정관념을 피할 수 있다(Brewer & Gaertner, 2004; Hewstone, 1994; Kunda & Oleson, 1995, 1997). 영국의 아동들이 학교 경찰관들에 대하여 갖고 있는 긍정적 이미지(아동들은 특별한 범주라고 생각)가 있다손 쳐도 일반 경찰에 대한 이미지까지는 향상되지 않았다(Hewstone & others, 1992). 평균에서 벗어난 사람들을 예외로 보는 이러한 **유형세분화**(subtyping)는 경찰관들이 비우호적이고 위험하다는 고정관념을 유지하도록 한다.

불일치되는 정보를 받아들이는 또 다른 방법은 들어맞지 않는 사람들을 위해 새로운 고정관념을 만드는 것이다. 범주 속에 있는 모든 사람들에게 하나의 고정관념이 다 적용되지 않음을 알고서는, 괜찮은 흑인이웃을 둔 주민들은 "전문직의 중산층 흑인"이라는 새롭고 다른 고정관념을 만들 수 있다. 하위 집단 고정관념을 만드는 **소집단화**(subgrouping)는 고정관념이 더 분화되면서 완만한 고정관념의 변화를 일으키는 경향성을 보인다. 하위 유형화는 집단에서는 예외적이다; 하위 집단들은 전체 집단의 한 부분으로 인정된다.

유형세분화(subtyping)
자신이 갖고 있는 고정관념을 벗어난 사람들에 대하여 "원칙에 벗어난 예외"라고 생각하여 별도의 유형으로 구분하는 것

소집단화(subgrouping)
자신의 고정관념에서 벗어난 사람들이 그 집단의 부분으로 보고, 이 작은 집단에 대한 새로운 고정관념을 형성하는 것

차별의 영향: 자기 충족적 예언

태도는 그에 대한 합리화에서 뿐만 아니라 차별로 피해자에게 영향을 주기 때문에 사회적 위계와 일치할 수 있다. Gordon Allport(1958)는 "옳건 그르건 자신의 명성은 반복해서 본인의 성격에 내재화된다"고 하였다. 우리가 단번에 모든 차별을 멈출 수 있더라도, 다수의 백인들이 흑인들에게, "힘든 시기는 지나갔다. 너희도 이제 비서를 거느린 중역이나 전문가가 될 수 있다"고 말한다면 너무 단순하게 보는 것이다. 압제가 끝나도, 그 효과는 사회적 부작용처럼 남는다.

Allport는 「편견의 본질」에서 피해자가 되면 받을 수 있는 15가지의 가능한 영향들

을 나누고 있다. 그는 이들 반응을 자기를 벌하는 것(위축, 자기-혐오, 자기 집단에 대한 공격)과 외부 원인을 비난하는 것(맞서 싸우기, 자기 집단의 자부심을 증가, 의심하기)의 두 가지 기본적인 유형들로 줄일 수 있다고 보았다. 높은 범죄율 같은 피해자를 만드는 데 따른 대가가 수반되면, 사람들은 그러한 차별의 결과를 정당화할 수 있다. "우리가 그 사람들을 우리의 이웃으로 받아들이면, 부동산 값이 폭락할 것이다".

실제로 차별이 그 피해자에게 영향을 주는가? 우리는 이 점을 과장하지 않도록 주의해야 한다. 흑인 문화의 정신과 스타일은 단지 피해를 당한데 따른 반응이 아니라 많은 사람들에게는 자랑스러운 유산이기도 한 것이다(Jones, 2003). 그리하여 Charles Judd와 동료들(1995)은 백인 청소년들에게는 인종적 차이를 덜 강조하고 고정관념을 피하도록 가르치지만, 아프리카 계 미국 청소년들은 "점차 자신의 인종적 정체성에 대하여 자긍심을 갖고 인종적 차이에 대하여 긍정적인 가치를 두기 시작하였다"고 보았다.

그렇지만, Carl Word, Mark Zanna, 및 Joel Cooper(1974)에 의한 멋진 두 가지 실험으로 사회적 신념은 자기-확증적일 수 있음이 증명되었다. 첫째 실험은 프린스턴 대학에서 자원봉사 중인 백인 남성들에게 연구조교를 지원한 흑인과 백인들을 면접하게 하였다. 지원자가 흑인인 경우에는 백인 지원자인 경우보다 면접관은 더 거리를 두었고, 면접 시간도 25%나 더 짧았으며, 50%나 더 많은 언어적 실수를 보였다. 거리를 두고 앉은 면접관이 더듬거리며 더 빨리 면접을 끝냈다고 상상해 보라. 여러분이라면 여러분의 수행에 어떤 영향을 받을 것이며, 면접관에 대한 감정은 어떠하겠는가?

두 번째 실험에서는 훈련된 면접관들이 첫 번째 실험에서 흑 백인 지원자들을 면접한 것처럼 사람들을 대우하였다. 나중에 면접한 내용을 녹화한 자료를 놓고 평가했을 때, 첫 번째 실험에서 흑인들처럼 대접 받은 사람들은 더 불안해하고 덜 효율적인 것으로 나왔다. 더구나 피면담자들 자신들도 다르게 지각할 수 있었다. 흑인들처럼 대우 받은 사람들은 면접관이 덜 적절하고 덜 우호적이라고 평가하였다. 실험자들은 흑인들의 수행에서 "문제"는 일부 상호작용 장면 자체에 있다고 결론지었다. 다른 자기 완성적 예언들(3장 참조)처럼, 편견도 그 대상들에게 영향을 주었다.

고정관념 위협

고정관념 위협
(stereotype threat)
부정적 고정관념을 만나면 이에 근거하여 자신이 평가되리라는 염려를 갖게 된다. 시간을 두고 부정적 고정관념이 자기-개념에 영향을 준다는 자기 완성적 예언과 달리 고정관념 위협 상황에서는 즉각 영향을 받게 된다.

다른 사람들이 여러분이 잘 못하리라고 기대하는 상황에 놓이면, 여러분은 불안 때문에 그러한 생각을 확인해 주고 만다. 나는 60대 초반에 키 작은 사람이다. 내가 키가 크고 젊은 선수들과 게임에 기어들었을 때, 종종 그들이 자기 팀에 방해가 되리라고 생각한다는 걱정으로 자신감을 잃고 잘 못하는 경향을 보인다. Claude Steele과 동료들은 이러한 현상을 **고정관념 위협**(stereotype threat)이라고 했는데, 자신이 부정적인 고정관념에 근거한 평가를 받으리라는 걱정을 하고, 스스로가 그러한 걱정을 현실화하는 것이다(Steele, 1997; Steele & others, 2002).

Steven Spencer, Steele, 및 Diane Quinn(1999)은 몇 개의 실험을 통하여, 비슷한 수학적 배경을 가진 남녀 대학생들에게 아주 어려운 수학 시험을 보게 하였다. 검사에

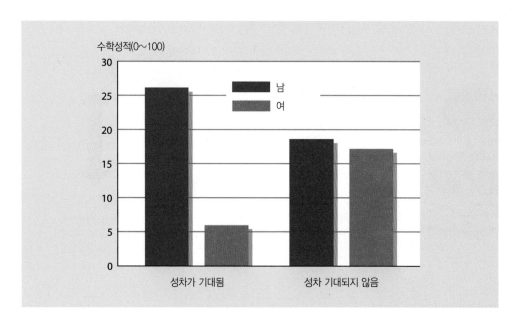

그림 :: 9.10

고정관념 위협과 여성의 수학 성적
Steven Spencer, Claude Steele, 및
Diane Quinn(1999)은 동일한 능력을
가진 남녀들에게 어려운 수학 시험
을 보게 하였다. 참가자들에게 시험
에서 성차가 있으리라고 믿게 한 때
에는, 여성들은 남성들보다 더 낮은
점수를 보였다. 그러한 고정관념을
확인하는 위협이 제거된 때에는(성
차가 기대되지 않을 때), 여성도 남성
못지않은 점수를 보였다.

서 아무런 성차가 없으며 집단 고정관념에 관한 평가도 없다고 알려 준 때에는 여학생
들의 성적은 일관성 있게 남학생들의 성적과 대등하게 나왔다. 성차가 있다고 말해 준
경우에는 성차를 보여, 여학생들은 극적으로 고정관념을 확인시켜 주었다(그림 9.10).
아주 어려운 시험이라는 말에 그들은 부가적인 불안감을 갖고, 이러한 불안은 그들의
수행을 방해하였다.

대중매체들도 고정관념적 위협을 높여준다. Paul Davies와 동료들(2002, 2005)은 남
녀에게 일련의 광고를 보고 그들의 세부적인 기억력을 검사할 것이라고 하였다. 참가
자들의 반에게는, 광고의 내용이 중립적인 것, 나머지 반에게는 "멍청한" 여성의 이미
지가 담기게 하였다. 여성들은 그러한 고정관념적 이미지를 본 후에, 수학 시험에서
남성들보다 더 저조한 성적을 보였을 뿐 아니라, 수학이나 과학 전공에 흥미를 덜 보
였고, 수학이나 과학 방면으로의 직업을 갖는 것에도 덜 관심을 보였다.

인종적 고정관념도 비슷한 자기완성을 보이는가? Steele과 Joshua Aronson(1995)은
흑 백인들에게 어려운 언어능력 시험을 보게 해서 확인하였다. 흑인들은 고정관념적
위협이 높은 상황 하에서만 백인들보다 낮은 성적을 보였다. Jeff Stone과 동료들(1999)
은 고정관념적 위협은 운동 능력에도 영향을 준다고 하였다. 골프 과제를 하되 "스포
츠 지능" 검사 틀로서 하면, 흑인들은 백인들보다 못하였고, "타고난 운동 능력" 검사
틀로서 하면 백인들이 흑인들보다 못하였다. Stone(2000)은 '백인은 뛰지 못한다'거나
'흑인은 생각하지 못한다'는 등 자신들에게 부정적인 고정관념을 떠오르게 하면 수행
에 지장을 받는다고 하였다.

Steele(1997)은 학생들에게 낙제할 것 같다(소수 집단 지원 프로그램에서 흔하듯)
고 말해주면, 이 고정관념은 성적을 떨어뜨릴 수 있으며, 이들이 학교와는 "탈 정체성
(disidentity)"을 갖고 다른 것에서 자존감을 찾게 한다고 보았다(그림 9.11). 실제로 8
학년에서 10학년으로 승급하는 흑인 학생들은 학교 성적과 자존심 간에 낮은 상관을
보인다(Osborne, 1995). 더구나, 자신들이 자기 실력보다 인종이나 성별 배려로 입학

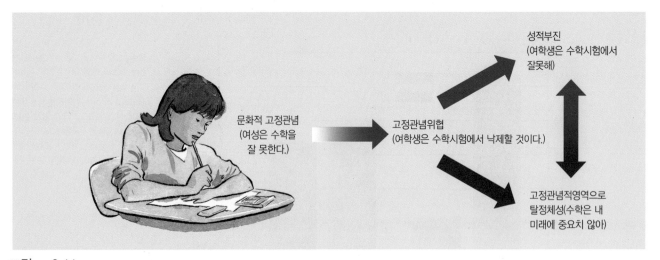

그림 :: 9.11

고정관념 위협

부정적 고정관념에 의한 위협으로 수행의 부진과 탈 정체성을 가져올 수 있다.

되었다고 생각하면 자기 실력으로 들어왔다고 생각한 학생들보다 성적이 더 떨어지기 쉬웠다(Brown & others, 2000). Steele은 자신의 능력이 있다고 믿게 하는 것이 좋다고 말한다. 또 다른 연구에서, "너의 편지를 읽은 것을 근거로 볼 때, 너는 내가 말한 더 높은 기준을 만족시킬 수 있다고 보지 않았다면, 이와 같은 피드백을 주는 수고를 하지 않았으리라"는 말을 함께 보내면, 흑인 학생들은 자신들이 쓴 글에 대한 비평에 더 잘 대응하였다(Cohen & others, 1999).

THE inside STORY

고정관념 위협과 Claude Steele

1980년 대 후반 미시건 대학에서 캠퍼스 다양성에 관한 회의를 하는 중에 나는 흥미있는 사실을 알게 되었다: 모든 수준의 SAT 입학 점수에서 소수 집단 학생들은 다른 집단 학생들보다 낮은 학점을 받았다는 것이었다. 그 이후에, Steven Spencer, Joshua Aronson, 그리고 나는 이것이 전국적인 현상임을 알게 되었다; 그러한 현상은 대부분의 대학에서 있고, 고급 수학 과목을 듣는 여학생들처럼 다른 집단들에서도 그 집단의 능력에 대한 부정적인 고정관념이 있으면 마찬가지로 낮은 성적을 보이는 것을 알게 되었다. 이러한 부진성은 입학성적에서의 집단들 간의 성적 차이 때문은 아니었다. 모든 수준(SAT 성적으로 측정한)의 입학성적에서도 같은 결과를 보인 것이다.

결국, 우리는 실험실에서 부정적인 고정관념이 붙은 집단에게 어려운 과제를 하도록 해서 이러한 낮은 성적을 만들었다. 우리는

또 우리가 말하는 "고정관념 위협"을 제거하도록, 고정관념과 무관한 과제를 하게 해서는 이러한 낮은 성적을 보이지 않음도 알아내었다. 뒤의 결과는 고정관념 위협과 이의 나쁜 영향을 어떻게 줄일 수 있는지에 대한 많은 연구를 자극하였다. 그러한 연구를 통하여, 두 가지 중요한 진가를 알게 되었다: 하나는 심리적 기능을 하는데 있어서 인생의 맥락이 중요하다는 것이고, 두 번째는 연령, 인종, 그리고 성별과 같은 사회정체성이 그러한 맥락을 만드는데 중요하다는 것이었다.

Claude Steele

고정관념 위협은 어떻게 수행을 떨어뜨리는가? Topni Schmader, Michael Johns, 그리고 Chad Fobes(2008)는 3가지로 보았다. 한 가지 통로는 인지적인 것이다. 고정관념 위협은 주의분산을 가져 온다. 고정관념적 주장을 떨쳐버리려는 노력에 따른 정신적 부담이 생기고 이는 작업 기억의 감소를 가져온다(Croizet & others, 2004; Schmader & John, 2003; Steele & others, 2002). 또, 다른 효과는 동기적인 것이다. 고정관념 위협으로 실수를 할 것에 대한 걱정으로 개인의 수행을 저해할 수 있고(Keller & Dauenheimer, 2003; Seit & Forster, 2004), 고정관념 위협에 따른 생리적 각성이 어려운 시험에서의 수행에 지장을 줄 수 있다(Ben-Zeev & others, 2004; O'Brien & Crandall, 2003). (8장에서처럼, 타인들의 존재로 생긴 집단의 영향은 쉬운 과제는 수행을 촉진하지만, 어려운 과제는 장애를 받음을 기억하자.)

고정관념 위협이 수행에 지장을 준다면, 긍정적 고정관념은 수행의 증가를 가져오는가? Margaret Shih, Todd Pittinsky, 및 Nalini Ambady(1999)는 그러한 가능성을 확인하였다. 아시아계 미국 여성들에게 수학 시험을 치기 전에 성별을 확인하였더니, 통제집단에 비하여 성적이 떨어졌다. 이들에게 아시아 출신임을 상기하게 하였을 때는 성적이 향상되었다. 부정적 고정관념은 수행에 지장을 주지만, 긍정적 고정관념으로 수행을 촉진시키기도 한다(Rydell & others, 2009).

고정관념은 개인에 대한 판단에도 편향을 일으키는가?

그렇다, 고정관념이 판단을 편향시킨다. 일부 좋은 소식도 있다; 첫째, 우리 고정관념은 대부분(때로는 왜곡이지만) 현실을 반영한다. 다문화주의에서는 사람들은 다르며, 다르게 지각할 수 있음을 인정한다. "고정관념 정확성은 사회심리에서 가장 큰 영향의 하나"라고 Lee Jussim(2012)은 주장한다. 둘째, 사람들은 개인들이 모여 구성하는 집단보다는 개인에 대한 평가를 더 긍정적으로 한다는 반가운 소식이 나왔다(Miller & Felicio, 1990). Ann Locksley, Eugene Borgida, 및 Nancy Brekke는 누군가를 한번 알고 난 후에는, "고정관념이 있더라도 최소한으로만 그 사람에 대한 판단에 영향을 줄 수 있다"고 하였다(Borgida & others, 1981; Locksley & others, 1980, 1982). 이들은 "낸시"라는 사람의 생애에서 최근에 나온 일화적 정보를 미네소타 대학생들에게 주어서 그러한 결과를 알아내었다. 전화 통화를 녹음한 기록에서 낸시는 3가지 상황에서 보인 친구에게 대화하는 내용이라고 들려주었다(예를 들면, 쇼핑 중에 이상한 사람으로부터 기분 나쁜 일을 당했다). 일부 학생들은 낸시가 단호하게(이상한 사람을 비키라고), 다른 학생들은 수동적으로(그 사람을 피할 수 있을 때까지 무시하기), 또 다른 학생들은 같은 내용을 들려주되, 낸시 대신에 "폴"이 주인공이라고 하였다. 다음 날 학생들에게 낸시(또는 폴)가 다른 상황에서 어떻게 반응할 것인지를 예상하도록 하였다.

어떤 사람의 성별을 아는 것이 예상하는데 영향을 주는가? 그렇지 않았다. 특정인의 적극성 예언은 전날 주인공에 대하여 학생들이 들은 내용에 의해서만 영향을 받았다.

사람들은 미국의 유명한 코메디언이자 영화배우인 Ellen DeGeneres 같이 잘 알고 존경하는 특정한 인물에 대해서는 그 사람이 동성애자라 해도 일반적인 편견을 보이지 않는다(사진의 인물은 2008년에 동성애 사실을 <u>스스로 고백함)</u>.

심지어 남성성과 여성성에 대한 그들의 판단은 그 사람의 성별을 아는 것에 의해 영향을 받지 않았다. 성 고정관념은 유보한 채, 학생들은 낸시와 폴을 개인으로만 평가하였다.

3장에서 논의한 중요한 원리가 이러한 결과를 설명해 준다. (1) 한 집단에 대한 일반적(기저율) 정보와 (2) 특정한 집단원에 대한 사소하지만 생생한 정보를 주었을 때는, 대개 생생한 정보가 일반적 정보의 효과를 능가한다. 이는 그 사람이 전형적인 집단 성원의 이미지와 다를 때 특히 더 그렇다(Fein & Hilton, 1992; Lord & others, 1991). 예를 들면, 여러분이 대부분의 동조 실험에 참가한 사람들이 실제로 어떻게 반응하는지를 듣고 나서 참가한 사람들과 간단한 면접을 보는 내용을 본다고 하자. 여러분은 실제로 대부분의 사람들이 어떻게 행동했다고 하는 기저율 정보를 무시한 채 면접에 나온 사람의 행동을 추정하는 전형적인 관객처럼 반응할 것인가?

흔히 사람들은 그러한 고정관념을 믿지만, 개인적이고, 일화적 정보가 주어지면, 고정관념을 무시한다. 따라서, 많은 사람들은 "정치인들은 정직하지 못하지만, 우리 주(州) 상원의원인 존스는 정직하다"고 생각하는 것이다(많은 사람들이 정치인들을 불신하면서도 현직의 후보자를 재선시키는 것은 당연하다). 이러한 결과들은 이 장을 시작할 때 제기된 난해한 결과들을 해석하는데 도움을 준다. 우리는 성 고정관념은 아주 강하지만, 남녀가 한 일에 대한 판단에는 큰 영향을 주지 못한다는 것을 알게 되었다. 이제 우리는 왜 그런지를 알아보기로 하자. 사람들은 강한 성 고정관념을 갖고 있지만, 특정 개인을 판단할 때는 그러한 고정관념이 무시된다.

강한 고정관념이 중요하다

그러나, 강하고 관련 있어 보이는 고정관념은 개인을 판단하는데 영향을 미친다(Kreuger & Rothbart, 1988). Thomas Nelson, Monica Biernat, 및 Melvin Manis(1990)가 대학생들에게 개별적으로 찍은 남녀의 사진을 보고 신장을 추정하게 하였다. 대학생들은 여자의 사진보다 남자의 사진을 보고 더 신장이 크리라고 응답하였는데, 사진 속의 인물들의 신장이 동일하고, 제시된 표집 안에서는 성별로는 신장을 예언하지 못하며, 정확하게 추정하면 현금으로 상금을 준다고 해도 남자의 키가 여자의 키보다 크다고 판단하였다.

후속 연구에서 Nelson, Michele Acker, 및 Manis(1996)는 미시간 대학생들에게 다른 대학에서 공학과 아동학을 전공하는 학생들의 사진을 각 학생들의 관심사가 적힌 기술문과 함께 보여 주었다. 각 학교에서 남녀 동수가 표집되었다고 알려 주었지만, 같은 기술문이 여성의 얼굴에 붙은 것은 더 아동학 전공생의 것이었다고 판단하였다. 따라서, 강한 성 고정관념이 무관한 것이라도 그 고정관념은 여전히 힘을 발휘하였다.

고정관념은 해석과 기억을 편향시킨다

David Dunning과 David Sherman(1997)은 고정관념은 우리가 사건을 해석하는 방식에도 영향을 준다고 하였다. "일부는 그 정치가의 연설은 진실이 아니었다고 생각한다"라고 들었다면, 그 정치가가 거짓말을 한 것이라고 추정한다. "일부는 그 물리학자의 말이 진실이 아니었다라고 생각한다"고 했다면, 그들은 그 물리학자만 잘못한 것으로 추론한다. 두 사람이 언쟁을 벌였다고 들었을 때, 두 사람들이 목재 벌채 인부들이라면 주먹다짐도 있었으리라고 보지만, 두 사람이 결혼 상담사들이었다면 말다툼 정도였으리라고 본다. 어떤 사람이 자신의 신체 상태를 걱정하고 있다고 들었을 때 그 사람이 모델이라면 쓸데없는 걱정이라고 여기지만, 그 사람이 철인 삼종 경기 선수라면 심각한 건강 문제라고 여길 것이다. 실제로 사람들은 종종 나중에 어떤 일을 자신이 가진 고정관념에 맞추어 잘못 해석했음을 "인지(recognize)"할 것이다. Dunning과 Sherman은 교도소가 수형자들을 안내하고 제약하듯이, "인지적 교도소(cognitive prison)"는 우리의 인상을 안내하고 제약한다고 결론지었다.

때로는 우리는 고정관념이 없이는 판단하지 못하거나 누군가와 상호작용을 하지 못한다. 그러한 경우에는 고정관념은 사람들에 대한 우리의 해석과 기억에 강한 편향을 미칠 수 있다. 예를 들면, Charles Bond와 동료들(1988)은 백인 정신과 간호사들은 환자들을 파악한 후에 흑 백인 환자들을 신체적으로 규제하는 일이 종종 있다. 그러나, 간호사들은 입원 환자들 중 백인보다 흑인 환자들을 더 빈번하게 제약한다고 하였다. 어쩔 수 없이 고정관념이 중요한 것이다.

그러한 편향은 좀 더 은밀하게 작동한다. John Darley와 Paget Gross(1983)가 프린스턴 대학생들을 대상으로 한 실험에서, 초등학교 4학년 소녀인 한나의 모습을 담은 비디오 테이프를 보여 주었다. 테이프에는 저소득층의 부모를 둔 우울한 도시의 이웃에 사는 소녀이거나, 전문직에 종사하는 부모를 둔 부유한 교외에 거주하는 소녀의 모습이 담기게 하였다. 여러 과목에서 한나의 능력 수준을 추정하게 했을 때, 두 집단 모두에서 한나의 학년 수준에 맞춰서 판단하고, 한나의 경제적 수준을 참조해서 한나의 능력을 판단하려 하지 않았다.

다른 대학생들에게는 두 번째 테이프를 보게 했는데, 이번에는 한나가 구두시험을 치르면서 어떤 문제는 맞추고 다른 문제는 틀리는 모습을 보게 하였다. 앞서 한나의 부모가 전문직이라고 들은 학생들은 한나가 높은 수준의 능력을 갖고 있으며 대부분의 답도 정답이었다고 회상하였다; 낮은 직업을 가진 부모를 두었다고 들은 사람들은 한나의 수행이 학년 수준보다 저조한 응답을 하였고, 문제의 반은 틀렸다고 기억하였다. 두 집단에게 두 번째 테이프의 내용은 동일한 것이었음을 상기하자. 그래서 우리는 고정관념이 강하고, 누군가에 대한 고정관념이 애매하면(낸시와 폴의 사례와 달리), 고정관념은 개인에 대한 판단에 은밀하게 편향적인 영향을 줄 수 있는 것이다.

마지막으로, 우리의 고정관념을 벗어나는 행동을 보인 극단적인 경우를 보기로 하자(Bettencourt & others, 1997). 영화를 보기 위해 줄서있는 대열에서 새치기를 하는 사람을 나무라는 경우("맨 뒤로 가야 되지 않아요?") 새치기하는 사람이 남성이 아닌 여성인 경우에 더 단호하게 보일 수 있다(Manis & others, 1988). 미 연방법원에서는 사회심리학자인 Susan Fiske와 동료들(1991)의 증언 도움을 받아 전국에서 저명한 회계법인 Price Waterhouse에서 일하는 Hopkins가 승진에서 누락되었을 때 그러한 고정관념을 언급하였다. 88명의 승진 대상자들 중에 Hopkins는 유일한 여성이었는데, 그녀는 열심히 일하고 정확하며, 회사에 가장 높은 수익을 가져다 준 회계사였다. 그러나, 다른 증언에 의하면 Hopkins는 "보다 여성스럽게 걷고, 말하고, 옷을 입는 것을 배울 수 있는 참 스쿨(젊은이들에게 예의범절을 가르치는 곳 : 역자주) 과정을 다닐 필요가 있다"고 하였다. 1989년에 대법원은 이 사건과 고정관념에 대한 연구를 심의 한 후에 여성이 아닌 남성들에게 공격적으로 하라고 권장하는 것은 "성별에 근거한" 것이라고 판결하였다.

우리는 Hopkins가 훌륭한지를 판단하려는 것이 아니라, 파트너들이 그녀가 여성이기 때문에 그녀에게 부정적으로 반응했는지를 보려는 것이다. 여성에게서 공격성은 원하지 않으면서, 업무에서는 그러한 공격성을 요구하는 고용주는 여성답지 못하게 공격적으로 행동하면 해고하면서, 여성이기에 공격적으로 일하지 않으면 해고한다면, 여성을 이러지도 저러지도 못하는 곤경에 빠뜨리는 것이다.

요약 : 편견의 결과

- 편견과 고정관념은 중요한 결과를 가져온다. 강한 편견과 고정관념을 가지고 있거나, 알지 못하는 사람을 평가할 때이거나, 전체 집단에 대한 정책을 결정할 때에 특히 중요하다.
- 한번 형성되면, 고정관념은 저절로 지속되고 변화되지 않는다. 고정관념은 자기 완성적 예언으로 현실화되기도 한다.

- 고정관념 위협을 갖고 있으면, 다른 사람들이 자신들을 고정관념적으로 평가하리라는 염려를 하게 되고 이것이 사람들의 수행에도 지장을 준다.
- 고정관념은 우리가 사람들을 어떻게 지각하고 사건들을 해석하는 지에 영향을 준다.

공격성 :
타인에게 해를 입히기

> **인간들의 서로에 대한 행동은 인간에게 지워진 삶의 모든 현상 중에서 가장 낯설고, 예측할 수 없고, 설명할 수 없는 것이다. 인간성 자체만큼 인간성에 위협적인 것은 없다.**
>
> — Lewis Thomas(1981)

공격성이란?

공격성이론에는 무엇이 있는가?

공격성에는 어떤 요인들이 영향을 미치는가?

공격성은 어떻게 줄일 수 있는가?

지난 세기 동안에는 250번의 전쟁으로 1억 천만 명이 죽었는데, 이는 프랑스, 벨기에, 네델란드, 덴마크, 핀란드, 노르웨이, 그리고 스웨덴의 인구를 모두 합한 수가 사망한 셈이다. 희생자들은 세계 대전만이 아니라, 1915년부터 1923년 사이에 오트만 제국에 의한 1백만 명의 아르메니안 대량학살, 중국 남경에서 일본군에 패한 중국인 중 25만 명 학살, 1971년 파키스탄에 의한 3백만 명의 방글라데시인 학살, 1975년부터 시작된 캄보디아 내전에서의 150만 명 살해 등에서도 나왔다(Dutton & others, 2005; Sternberg, 2003). 히틀러에 의한 수백만 명의 대량학살, 스탈린에 의한 러시아인 대량 학살, 모택동의 중국인 대량 학살, 콜럼버스 시대로부터 19세기까지의 미국 원주민 대량 학살에 이르기까지 인간의 극단적인 잔인성을 전 지구상에서 확인할 수 있다.

근래에 들어서서 전쟁 말고도 인간들은 서로에게 엄청난 해를 입힐 수 있음을 보인다. 범죄가 1990년대 이후에는 감소되기는 했으나, 2009년 한 해에만 미국에서 15241명이 살해당했고, 88097명이 성폭행을, 거의 백만 명에 근접하는 806843명이 피격되거나, 칼에 찔리고, 기타 무기로 피습되었다(FBI, 2011). 911 이후 미국은 10여 년 간 2.6조 달러를 들인 이라크와 아프카니스탄 전쟁으로 10여만 명의 생명을 잃었다.

캐나다의 중고교생들을 대상으로 한 연구도 지난 3개월 사이에 절반이 온라인 상에서 왕따를 당한 것으로 나왔다. 이들이 당한 피해 중에는 욕설, 자신에 대한 헛소문 퍼뜨리기, 허락 없이 자신의 개인적인 사진을 퍼 나르기 등이 포함되었다(Misna & others, 2010).

우리는 전설에 나오는 반은 인간이고 반은 짐승과 같은 존재인가? 1941년 한여름에 비 유태인이 인구의 절반이던 폴란드의 작은 마을에서 나머지 절반에 이르는 유태인에 대한 소름끼치는 광란의 폭력 속에 1600명의 유태인 중에서 10여 명의 생존자만 남기고 모두 살해된 것을 어떻게 설명할 수 있는가(Gross, 2001)? 2010년에

Rutgers 대학에서 한 대학생이 동성애자이던 자신의 기숙사 룸메이트의 성적 행동을 방송해서 그를 자살하게 만든 이유는 무엇인가? 2011년에 노르웨이의 한 정부 청사에서 총을 난사하여 10대가 대부분인 69명을 살해한 이유는 무엇인가? 이런 끔찍한 행동은 어떻게 설명되는가? 무엇으로 그 같은 극악무도한 행위를 설명할 수 있는가? 이 장에서는 우리는 다음의 4가지 보다 구체적인 문제들을 살펴볼 것이다.

- 공격성은 생물학적으로 타고난 것인가, 아니면 학습된 것인가?
- 어떤 상황에서 공격성이 폭발하는가?
- 대중매체는 공격성에 영향을 주는가?
- 공격성은 어떻게 줄일 수 있는가?

먼저, "공격성"이란 말을 명확히 할 필요가 있다

공격성이란 무엇인가?

인도 북부의 한 종교 집단의 일원인 Thugs 암살단은 1550년부터 1850년 사이에 2 백만 이상을 교살할 정도로 "공격적"이었는데, 이들은 Kali 여신에게 제사를 드리는 것이라고 주장하였다. 그러나 사람들은 역동적인 외판원도 "공격적"이라고 말한다. 사회심리학자들은 자신 있고, 정력적이고, 수완 좋은 행동과 피해를 주고 파괴를 입히는 행동을 구분한다. 전자는 적극적인 것이고, 후자는 공격적이다.

공격성(aggression)
남에게 해를 입히려는 신체적 언어적 행동

사회심리학자들은 **공격성**이란 위해를 입히려는 의도를 가진 신체적 언어적 행동이라고 정의할 것이다. 이러한 정의로 자동차 사고나 보도에서 충돌과 같은 의도치 않은 위해는 배제한다; 치과에서 치료나 극단적인 경우 자살을 돕는 것과 같이 남을 돕다가 생긴 불가피한 부작용으로서의 고통도 배제한다. 한편, 손으로 때리거나 발로 차는 것, 위협이나 모욕, 그리고 험담이나 온라인상 왕따시키기 같은 "음해(digs)"도 공격에 포함 된다; 실험 중 얼마나 전기 충격을 줄까와 같은 남에게 얼마의 위해를 줄지 결정도 공격성에 들어 간다; 재산을 파괴하고, 거짓말을 하고, 기타 행동도 남에게 해를 주려는 목적이라면 포함된다.

이 정의에는 두 가지 다른 종류의 공격성을 포함한다. 동물들은 분노의 표현 등이 특징인 사회적(social) 공격성과 먹이 앞에서 포식동물이 가만히 뒤쫓는 때처럼 침묵의(silent) 공격성을 보인다. 사회적 공격성과 침묵의 공격성을 관장하는 뇌의 영역은 다르다. 심리학자들은 인간에게서는 "**적대적(hostile)" 공격성**과 "**도구적(instrumental)" 공격성**이라는 별개의 두 가지의 공격성으로 나눈다. 적대적 공격성은 분노에서 나오고, 해를 입히려는 것이 목적이다. 수단적 공격성도 목적이 해를 입히는 것이지만, 또 다른 어떤 목적을 달성하기 위한 수단일 뿐이다.

적대적 공격성
(hostile aggression)
분노에 의하여 생긴 공격으로 그 자체가 목적으로 행해진다.(감정적 공격이라고도 부른다.)

도구적 공격성
(instrumental aggression)
공격이 어떤 다른 목적의 수단으로 행해진다.

대부분의 테러리즘은 수단적 공격이다. 1980년부터 2001년까지의 자살 폭탄 공격을 연구한 후 "거의 모든 자살 테러 공격에서의 공통점은 특정한 세속적이고 전략적인 목표를 갖고 있다"고 Robert Pape(2003)는 결론지었다. 그 목적은 "테러리스트들이 자신의 조국이라고 여기는 땅에서 군대를 철수시키도록 진보 민주 세력을 압박하려는 것

"이었다. Arie Kruglanski와 Shira Fishman(2009)은 정신 병리를 앓고 있는 사람이 테러를 하는 일은 거의 없다고 하였다. 테러리스트들은 영웅심이나 순교자의 지위를 얻고자 하는 개인적 의의에서 행동한다. 테러는 갈등 동안에 전략적 도구로 쓰이는 것이다. 오사마 빈 라덴은 9 · 11공격은 50만 달러를 들여서 5천억 달러의 미국경제에 손실을 입힌 것으로 설명했다(Zakaria, 2008).

대부분의 전쟁들도 도구적 공격성이다. 2003년에 미국과 영국의 지도자들은 이라크인들을 적대시해서 살해하는 것이라기보다 독재자로부터 이라크를 해방시키고 대량 살상무기로부터 자신들을 보호하기 위한 수단으로서 공격을 정당화하였다. 언어적이거나 신체적으로 타인을 왕따시키는 청소년들도 자신들의 지배적 지위를 보이는 도구로써 공격을 하는 것이다. 청소년 사이에서 때로는 비열하고 혐오스러운 행동이 인기있고 존중받기도 한다 (Salmiralli, 2009).

"물론 우리는 실제로 이것을 잠재적 적에게 쓰지 않을 것이지만(목적적), 우리가 힘겨루기 할 때 유리한 입장에서 협상용으로 쓸 수 있다(도구적)."
@ John Ruge

그러나, 대부분의 살인은 적대적 공격이다. 대략 절반 정도는 논쟁하다가, 나머지 반은 낭만적 삼각관계에서, 또는 술이나 마약을 한 상태에서 말다툼하다가 벌어진다 (Ash, 1999). 이러한 살인은 충동적이고, 감정 폭발로 인한 것이며, 이 때문에 110개국에서 살인범에 대한 사형 집행이 적다(Cos tanzo, 1998; Wilkes, 1987). 그러나, 다른 살인이나 보복으로서 폭력적 행위나 성적 강제 등은 도구적이다(Felson, 2000). 시카고에서 일어난 1000여 건의 살인 중 대부분은 주류 판매가 금지된 시기에 범죄 단체에서 일으킨 것이고, 그 이후에는 조용해졌다.

공격성 이론에는 무엇이 있는가?

사회심리학자들은 적대적이고 도구적인 공격성의 원인을 분석할 때 세 가지 중요한 주장들에 초점을 둔다. (1) 공격적 충동을 일으키는 생물학적인 뿌리가 있다; (2) 공격은 좌절에 대한 자연스런 반응이다; 그리고 (3) 공격적 행동은 학습되어진다.

공격성은 생물학적 현상이다

철학자들은 기본적으로 인간 본성이 선하고, 만족하는, "천진난만한 야만인", 또는 짐승과 같은 것인지에 대하여 논쟁해 왔다. 첫 번째 견해는 18세기의 프랑스 철학자인 장 자크 루소(1712-1778)가 주장한 것으로, 사회적 악은 인간의 본성 때문이 아니라 사회 때문이라고 비난하였다. 두 번째 사상은 영국의 철학자 토마스 홉스(1588-1679)가 주장한 것으로, 사회가 인간의 악행을 견제해야 한다고 하였다. 20세기에 와서 비엔나의 지그문트 프로이트와 독일의 콘라드 로렌쯔에 의하여 인간의 공격적 충동은 타고나는 것이어서 피할 수 없다는 "성악설(brutish)"이 지지되었다.

본능 이론과 진화 심리학

프로이트는 인간의 공격성이 자기 파괴적 충동에서 나온다고 보았다. 이는 타인에게 원초적 죽음 충동 에너지("죽음의 본능")로 되돌려진다. 동물 행동 전문가인 로렌쯔는 공격성은 자기 파괴적이라기보다 적응적이라고 보았다. 이들 두 사람은 모두 공격 에너지는 **본능적**(배우지 않아도 되고, 어디서나 볼 수 있는)이라는데 동의한다. 배출되지 못하면, 폭발할 때까지 축적되거나, 쥐가 쥐덫을 누르듯 적절한 자극이 "발산"될 때까지 누적된다.

공격성은 본능이라는 생각은 거의 모든 인간의 행동에 대응하는 본능 목록이 필요하다는 논리로 무너지게 되었다. 1924년에 나온 사회과학 책들 속에는 무려 6,000가지의 본능이 집계되었다(Barash, 1979). 사회과학자들은 사회적 행동을 이름을 붙여서 설명하려고 하였다. "왜 양들은 한데 모여 있지?" "무리로 있는 것이 양들의 본능이지." "양들이 군거 본능이 있는 줄을 어떻게 알지?" "양들을 봐. 양들은 늘 함께 모여 있지 않아."와 같이 이름으로 설명하는(explaining-by-naming) 게임을 하려고 하였다.

본능이론은 문화권에 따라서나 사람들에 따라서 공격성의 차이가 있는 것을 설명하지 못했다. 인간의 본능으로서의 공격성 이론으로 어떻게 백인들이 침입해 들어오기 전에 보인 평화적인 이로쿼이족(뉴욕 주에 살았던 아메리칸 인디언)과 침입 후에 보인 적대적인 이로쿼이족의 차이를 설명할 수 있는가(Hornstein, 1976)? 공격성이 생물학적으로 영향을 주더라도, 인간의 공격성향을 본능적 행동이라고 보기는 어렵다.

그렇지만 때로는 우리들의 먼 조상들에게는 공격성이 적응에 도움을 주었다고 David Buss Todd와 Shackelford(1997)는 말한다. 필요한 자원을 얻고, 공격을 막고, 여성을 놓고 경합하면서 다른 남성들을 위협하거나 제거하고, 배우자가 정조를 지키도록 하는 전략으로서 공격적 행동을 보였다는 것이다. 산업화 이전의 사회에서는 훌륭한 전사가 높은 지위를 얻고 자손 번창의 기회를 갖기도 하였다(Roach, 1998). Buss와 Schackelford는 공격성의 적응적 가치가 인간의 역사를 통틀어서 남성들이 여성들에 비하여 상대적으로 높은 공격성 수준을 갖고 있음을 설명해 준다고 하였다. "방출하지 않으면 안 될 억압된 에너지가 있어서 남성들이 '공격성 본능'을 갖고 있다는 것이 아니다. 오히려, 남성들은 성공한 조상들로부터 후손들에게 자신들의 유전자를 전달할 가능성을 높일 심리적 기제들을 물려 받아왔다."

대학생들은 실험상황에서 자신의 지위를 높이고자 공격성을 보였다(Griskevicius & others, 2009). 지위에서 비롯된 공격은 지위와 짝찾기가 가장 치열한 청소년 시기에 공격성이 최고조에 달하는지를 설명해 준다. 과거처럼 공격성이 보상을 주지는 못하지만 지위나 짝찾기를 위한 투쟁은 주변에서 많이 볼 수 있다.

신경계 영향

공격성은 복잡한 행동이므로 뇌 속에 이를 통제하는 곳이 한 쪽에만 있는 것은 아니다. 그러나, 연구자들은 인간과 동물의 공격성을 촉진하는 신경계를 확인해 왔다. 과학자들이 뇌 속의 이 부분을 자극하면 적대감이 증가되었고, 그 부분을 활성화시키지 않으면 적대감이 줄어들었다. 그리하여 온순한 동물도 사납게, 사나운 동물은 온순하게 만들 수 있었다.

연구자들은 한 실험에서 사나운 원숭이의 뇌의 공격 억제 영역에 전극을 꽂았다. 사나운 원숭이가 위협을 할 때마다 작은 원숭이가 버튼을 눌러 전극이 활성화되도록 가르쳤다. 인간에게도 뇌 활성화가 가능하였다. 한 여성의 뇌 속에 한 영역인 편도체(amygdala)에 고통을 주지 않는 전기 자극을 주었더니, 몹시 화를 내면서 기타를 벽에다 집

피트 볼 테리어(작고 강한 투견용의 개 종류)의 공격성은 유전적으로 타고 난다.

어던져 부수면서, 하마터면 정신과 의사의 머리를 맞힐 뻔하기도 하였다(Moyer, 1976, 1983).

이러한 결과는 폭력적인 사람의 뇌는 어떤 식으로든지 비정상적이라는 뜻인가? Adrian Raine과 동료들(1998, 2000, 2005, 2008)은 이를 밝히기 위하여, 살인범의 뇌 활동을 측정하기 위하여 뇌 주사(brain scan)를 해 보고, 반사회적 행동 장애를 보이는 사람들의 회백질의 양을 측정하였다. 그 결과, 뇌 안 깊숙한 곳에서 비상 브레이크처럼 공격성을 통제하는 전두엽이 살인범들(부모로부터 학대를 받은 사람 제외)은 정상인들보다 14%나 적게 활동하였고, 반사회적인 사람들은 정상인들보다 15%나 회백질의 양이 적었다고 하였다. 살인범들과 사형수들에 대한 다른 연구들에서도, 비정상적인 뇌가 비정상적인 공격적 행동의 원인일 수 있음을 지지해 주었다(Davidson & others, 2000; Lewis, 1998; Pincus, 2001).

유전적 영향

유전성은 신경계가 공격적 단서들에 민감한 정도에 영향을 준다. 동물들이 사나워지도록 키울 수 있음이 오래 전부터 알려져 왔다. 때로는 싸움닭을 키우기 위해서처럼 실용적인 목적에서, 때로는 연구 목적에서 그러한 사육을 해 왔다. 핀란드의 심리학자 Kirsti Lagerspetz(1979)는 정상적인 흰쥐와 공격적인 흰쥐를 함께 양육했다; 그녀는 가장 덜 공격적인 흰쥐들도 함께 양육하였다. 이런 절차를 반복해서 26대를 거치면서 그녀는 가장 사나운 쥐와 가장 온순한 쥐들을 얻었다.

영장류와 인간에서의 공격성은 다르다(Asher, 1987; Olweus, 1979). 우리가 얼마나 격렬하고 민감한지를 보이는 우리의 기질은 일부 교감신경계의 활동으로 영향을 받아 타고난다(Kagan, 1989). 유아기 시절에 보인 기질은 대개는 그 이후로도 지속된다(Larsen & Diener, 1987; Wilson & Matheny, 1986). 8세때 공격적이지 않은 아동은 48세가 되어

알코올과 성폭행
"보통 사람들도 과음하면"이란 기사는 2000년 6월 뉴욕타임지에 실린 것으로 2,000명의 퍼레이드에 참가한 50명의 여성들에 대한 공공연한 폭도들 모습을 보여준다. "술에 만취되어 여성들에게 야유하고, 붙잡아서 물에 빠트리고, 옷을 벗기는 등의 추태가 연출되었다(Staples, 2000)."

서도 공격적이지 않기 쉽다(Huesmann & others, 2003). 그리하여, 일란성 쌍둥이들은 이란성 쌍둥이들보다 "난폭한 기질" 또는 서로 다투기 쉬운지 여부를 따로 물었을 때 더 일치되는 응답을 보였다(Rowe & others, 1999; Rushton & others, 1986). 쌍생아들이 유죄 판결을 받은 사람들 중 일란성 쌍둥이들의 절반(이란성 쌍둥이들에서는 5명 중 1명만)도 범죄 기록을 보였다(Raine, 1993, 2008).

스웨덴 주민 1,250만명을 대상으로 한 연구에서는 유전적 형제간 범죄 일치율이 4배나 높았다. 입양한 형제간에는 더 낮은 일치율을 보여 유전적 성분이 더 강하고 환경적 성분은 더 약함을 시사한다(Frisell & others, 2011). 수백 명의 뉴질랜드 아동들을 추적한 장기적 연구에서는 공격적 행동과 아동기 학대로 신경전달물질이 변화된 유전자의 조합을 보였다(Caspi & others, 2002; Moffitt & others, 2003). "나쁜" 유전자나 "나쁜" 환경 하나만으로는 나중에 공격성이나 반사회적 행동을 보이지 않았다. 오히려, 일부 아동에게서 유전적인 소질을 타고 났는데, 나중에 학대를 받으면 더 민감하게 그러한 학대에 반응하였다. 이와 같이 천성과 환경은 상호작용을 하였다.

생화학적 영향

피 속의 화학성분도 공격적 자극에 대한 신경계의 민감성에 영향을 줄 수 있다.

알코올. 실험실의 실험과 경찰 자료들 모두 사람들에게 화가 나게 했을 때, 알코올을 섭취한 경우 공격성이 유발됨을 보였다(Bushman, 1994; Taylor & Chermack, 1993; Testa, 2002). 아래 내용을 살펴보자.

- 실험에서 음주를 한 사람들은 하지 않은 사람들보다 갈등관계를 회상해 보고 전기 충격을 주게 하였더니, 더 강한 전기 충격을 주었고, 더 화를 느꼈다(MacDonald & others, 2000).
- 살인 사건의 65%, 가정 폭력의 55%는 공격자와 피해자가 음주 상태이었다(American Psychological Association, 1993).
- 배우자 구타 알코올 중독자가 치료 후 음주 문제가 해결되면, 이들의 폭력 행위도 중단되었다(Murphy & O'Farrell, 1996).

알코올은 사람들의 자기 인식력을 낮추고, 나중 일에 대한 결과를 생각하는 능력을 낮추고, 알코올과 공격성 간의 관계에 대한 지각력을 낮추어서 공격성을 높여준다(Bartholow & Heinz, 2006; Ito & others, 1996; Seele & Southwick, 1985). 알코올은 군중 속에서 접촉과 같은 애매한 행위를 도발로 해석하게 한다(Beaque & others, 2010). 알코올은 개인의식과 억제력을 떨어뜨린다.

테스토스테론. 인간보다 하등 동물에서 호르몬의 영향이 훨씬 큰 듯하다. 그러나, 인

젊은 청년들과 안절부절.
2011년 영국의 도시를 휩쓴 폭동에서 체포된 청년들에게서 Y 염색체가 압도적으로 많이 나왔다. 이 염색체는 10대나 20대 초반의 남성들에게 테스토스테론이란 호르몬을 공급하는 것이다(The Guardian, 2011).

간의 공격성은 남성의 성 호르몬인 테스토스테론과 관련 있다. 다음 내용을 보자.

- 폭력적인 인간 남성의 테스토스테론 수치를 낮추는 약물은 공격성향을 억제할 것이다.
- 25세가 넘으면, 테스토스테론 수준과 폭력적 범죄율이 함께 줄어들 것이다.
- 테스토스테론 수치는 비 폭력범에서보다 계획적이고 아무런 이유 없는 폭력범에서 더 높을 것이다(Dabbs & others, 1995, 1997, 2001).
- 정상적인 10대 소년들과 성인 남성 중에서 테스토스테론 수준이 더 높은 사람들이 더 많은 비행을 저지르고, 더 중독성이 강한 마약 사용, 화나게 했을 때 더 공격적인 반응을 보인다(Archer, 1991; Dabbs & Morris, 1990; Olweus & others, 1988).
- 총을 만지고 나면, 사람들의 테스토스테론 수준이 올라가며, 테스토스테론이 더 올라갈수록, 다른 사람들에게 더 공격적이었다(Klinesmith & others, 2006).

해리포터 영화에서 공격적인 조연을 한 것으로 유명한 영국 배우 Jamie Waylett은 넓적한 얼굴과 공격적 행동 간의 상관을 보여준다. 영화가 아닌 실제에서도 2012년 Waylett은 2011년 런던 폭동에 참여하여 2년간의 교도소 복역을 한 바 있다.

James Dabbs(2000)은 테스토스테론은 "소량이라도 큰 영향"을 준다고 하였다. 어떤 남성에게 테스토스테론을 주사했다고 해서 자동적으로 그 사람이 공격적이 되지는 않지만, 콜레스테롤 수치가 낮은 남성은 화나게 하더라도 공격적인 반응을 보이지 않기 쉽다(Geen, 1998). 대체로 테스토스테론은 배터리의 힘과 유사하다. 배터리 수준이 아주 낮을 때만 현저하게 낮은 현상을 보인다.

영양결핍. 영국 연구자 Bernard Gesch가 처음 수백명의 죄수들에게 영양이 공격성에 미치는 영향을 역설했으나 아무도 반응하지 않았다. 마지막으로 죄수들 중 리더를 설득해서 231명에게 영양보충제를 먹이거나 플라시보만 받게 했다. 그 결과 추가적으로 영양제를 섭취한 집단은 35%나 낮은 폭력을 보였다(Gesch & others, 2002). 이런 프로그램은 교도소 밖에서도 효과를 주어 칼슘이나 오메가-3 지방산 같은 중요 영양요소 결핍이 뇌기능과 충동성을 일으킴을 보였다.

생물학과 행동의 상호작용. 테스토스테론, 세로토닌, 그리고 행동 사이에는 양방향적인 관계가 있음을 상기하는 것이 중요하다. 예를 들면, 테스토스테론은 지배성과 공격성을 촉진시킬 수 있지만, 지배적이고 파괴적인 행동도 테스토스테론 수준을 높여준다(Mazur & Booth, 1998). 숙적들 간의 월드컵 축구나 큰 농구 경기 후에 승리한 팬들의 테스토스테론 수준은 올라가고, 패배한 팬들의 테스토스테론 수준은 떨어졌다(Bernhardt & others, 1998). 이러한 테스토스테론의 수준 변화는 승리한 팀들이 축하를 위한 음주와 덧붙여서, 축구나 럭비에서 패한 팀보다 승리팀에서 게임이 끝 난 후에 더 폭력적이 되었다는 카디프 대학 연구 결과를 잘 설명해 주는 것이다(Sivarajas-ingham & others 2005).

그래서, 신경계, 유전자, 그리고 생화학 물질들은 갈등과 도발을 받았을 때 공격적인 반응을 하도록 타고나게 한다. 그렇다고, 그러한 인간의 공격적인 본성이 있다고 평화적이 될 수는 없는가? 미국 심리학회와 국제 심리학자 협의회는 다른 조직들과 함께 십여 개의 나라들에서 온 과학자들이 만든 폭력에 관한 선언을 지지한다(Adams, 1991). "전쟁이나 다른 폭력적 행위가 인간 본성에 유전적으로 프로그램된 것이라거나, 전쟁이 '본능'이나 어떤 단일한 동기에서 비롯되었다는 말은 과학적으로 틀린 말이다." 그러므로, 앞으로 보겠지만 인간의 공격성을 줄일 수 있는 방법들이 있는 것이다.

공격은 좌절에 대한 반응이다

날씨가 무더운 저녁이다. 여러분이 두 시간 동안 공부하다보니 피곤하고 목이 말라서, 친구한테 약간의 잔돈을 꾸어서 가까운 곳에 있는 자동판매기에서 청량음료를 뽑으러 갔다고 하자. 시원한 음료수를 기대하고 돈을 넣었지만 돈만 들어가고 음료수는 나오지 않았다. 다시 한 번 눌러 보았지만, 아무 것도 나오지 않았다. 여러분은 그 기계를 두드린다. 여러분은 빈 손으로 다시 공부하러 돌아온다. 여러분의 룸메이트가 말조심을 해야 하나? 여러분은 뭔가 화풀이 하는 말이나 행동을 하기 쉬운가?

공격성에 관한 최초의 심리학적 이론인 **좌절-공격 이론**(frustration-aggression theory)에서는 그렇다고 본다. John Dollard와 동료들(1939)는 "좌절은 항상 어떤 형태든 공격을 일으킨다"고 하였다. **좌절**이란 우리가 어떤 목적을 이루려는 것을 방해하는 것(자동판매기의 고장 같은)이다. 목표 달성하려는 동기가 강할 때, 만족을 기대하고 있을 때, 그리고 봉쇄가 완벽할 때 좌절은 증가한다. Rupert Brown과 동료들(2001)이 프랑스로 가는 영국의 연락선 승객들을 조사하였다. 프랑스의 어선들이 항구를 가로막고 있어서 여행이 차단되었을 때는 보통 때보다 더 높은 공격적 태도를 보였다. 승객들이 목표 달성이 차단되면, 커피를 쏟은 프랑스인을 욕하는 모습을 그린 삽화에 더 동의하기 쉬웠다.

공격적 에너지가 직접 그 원천에게 향할 필요는 없다. 특히, 다른 사람들이 받아 주지 않을 것 같거나, 보복할 것 같으면, 직접 보복을 하지 않고 보다 안전한 대상에게 자신의 적대감을 전위(대신 발산)한다. **전위**(displacement)는 직장 상사로부터 야단을 맞은 한 남성이 집에 와서 그의 아내에게, 그의 아내는 그녀의 아들에게, 그들의 아들은 다시 강아지에게, 강아지는 또 우편배달부(그는 다시 그의 집에 가면 자신의 아내)에게 화풀이를 한다는 예화처럼 진행될 수 있다. 실험실과 실생활에서 전위된 공격 대상은 최초의 원인 제공자와 어느 정도 유사하고, 큰 힘들이지 않고 약간의 수고만 하면 전위된 공격을 할 수 있는 대상일수록 더 적합할 수 있다(Marcus-Newhall & others, 2000; Miller & others, 2003; Pedersen & others, 2000, 2008). 이전에 도발로 화가 숨겨져 있었다면, 정상적으로는 아무런 반응을 보이지 않았을 사소한 도발이라도 폭발적인 과잉반응을 일으킬 수 있다(고장 난 자동판매기에서 돈을 잃고 난 후에 룸메이트에게 큰 소리를 친 경험이 있다면 잘 이해하겠지만).

Eduardo Vasquez와 동료들(2005)은 남가주대 학생들에게 일부는 철자 바꾸기 시험에서 성적이 나쁘다고 알려주어 화가나 있게 하고 다른 학생들은 그러한 화가 나지 않도록 하였다. 잠시 후에 다른 학생들이 어떤 과제를 하는 동안 고통스럽게 찬 물에 손을 담그도록 해야 하는데 얼마 동안 담그게 할지를 결정하게 하였다. 찬물에 손을 담가야 할 학생이 아주 작은 실수를 하도록 하였다. 이전에 화가 나 있던 참가자들은 아주 가혹하게 반응하여, 이전에 아무런 화가 나 있지 않았던 참가자들보다 훨씬 오래 동안 찬물에 손을 담그도록 하였다. Vasquez는 이러한 전위된 공격 현상으로 사전에 화가 난 사람들이 고속도로 상에서 작은 실수에도 심한 짜증을 보이고, 배우자의 잔소리에 배우자 폭행으로 반응하게 하는 이유를 설명하였다.

여러 논평자들도 911 테러에 따른 미국의 분노가 이라크 침공으로 이어지는지를 설명해왔다. 미국인들은 테러를 당한 후 그들의 분노의 출구를 찾고 있었고, 한 때 미국이 친구였던 사악한 독재자 사담 후세인이 걸려든 것이다. Thomas Friedman(2003)은 이 전쟁의 '실제 이유'는 "911 이후 미국은 아랍-이슬람에서 누군가를 때릴 사람을 찾고 있었다. 사

좌절-공격 이론
(frustration-aggression theory) 좌절이 공격할 준비를 하게 한다는 이론

좌절(frustration)
목표 지향적 행동을 막는 것

전위(displacement)
좌절을 일으킨 원천이 아닌 다른 표적에게로 공격을 방향을 다시 잡는 것. 대체로, 새로운 표적은 더 안전하고 더 사회적으로 수용된다.

때로 좌절로 인한 공격은 운전자 폭행으로 나타난다. 운전자 폭행은 자신의 차가 다른 차에 의해 진로 방해가 있을 때처럼 다른 운전자의 적대적 의도로 생각하면 발생한다(Bitt & Garrity 2006).

담을 공격한 것은 간단한 이유 때문이었다. 미국이 공격할 수 있고, 그러한 공격을 받아 마땅했기에, 마침 그가 적절한 표적이었기 때문이었다"라고 하였다. 이 전쟁을 옹호했던 부통령 Richard Cheney(2003)도 그 말에 동의하였다. 전 세계의 다른 나라 사람들이 이라크 침공에 대하여 반대하는 것은 "그들이 911 테러를 당하지 않았기 때문이다"라고 하였다.

수정된 좌절-공격 이론

좌절-공격 이론에 대한 실험실 검증 결과는 복합적이다. 어떤 좌절은 공격성을 높였지만 다른 경우에는 그렇지 못했다. 한 실험에서처럼 좌절을 납득할 수 있다면-실험협조자가 가진 보청기가 고장 나서 집단의 문제 해결에 지장을 주었다면(그가 주의를 기울이지 않아서가 아니라)-좌절이 생겨도 공격이 아니라 짜증만 일어날 수 있다(Burnstein & Worchel, 1962).

Leon Berkowitz(1978, 1989)는 최초의 이론이 좌절-공격의 연계를 과장했다고 인정하고 이를 수정하였다. Berkowitz는 좌절은 공격할 정서적 준비인 분노를 일으킨다고 하였다(Averill, 1983; Weiner, 1981).

우리를 좌절시킨 누군가가 달리 행동할 수도 있었다고 생각할 때 분노가 생긴다. 특히, 좌절한 사람은 공격적 단서들이 코르크 마개를 열어, 억제된 분노를 발산시킬 때 폭발하기 쉽다(그림 10.1). 때로는 그러한 단서가 없이도 코르크 마개가 열릴 수 있다. 그러나, 앞으로 보겠지만, 공격에 관련된 단서들이 공격을 증폭시킨다(Carlson & others, 1990).

상대적 박탈감. 좌절이 온전한 결핍에서만 생기는 것은 아니다. 흔하게는 좌절은 이상과 현실차이에서 온다. 경제적으로 가장 좌절된 사람들이 아프리카의 빈민촌에 사는 빈곤층이 아닐 수 있다. 오히려 중산층으로 올라가고자 하는 중류층일수 있다. 기대만큼 수입을 얻으면 좌절하지 않고 더 만족한다(Solberg & others, 2002). 1930년 대공황기 동안에, 경제적 곤경이 확산되고 있었지만, 강력범은 그리 많지 않았다(Krueger & Maleckova, 2003; Pettigrew, 2003). 마찬가지로, 팔레스타인 자살 폭파범들이 팔레스타인에서 가장 가난한 사람들이 아니었다. 북 아일랜드의 IRA, 이탈리아의 붉은 여단, 독일의 Bader-Meinhof처럼, 그들은 대부분 중산층 출신이었다. 911 테러범들도 마찬가지로 전문적인 훈련을 받았고, 전 세계를 여행한 사람들이었다. 절대적인 박탈감보다는 집단 굴욕감과 적대감이 테러리즘을 낳았다. 1969년에 폭력 예방 전국위원회는 경제적 발전이 오히려 좌절과 폭력을 더 증가시킬 수 있다고 결론지었다. 급속하게 근대화되고 있는 나라에 사는 사람들은 도시화되고 문맹율이 낮아질수록, 더욱 더 물질적 가능성을 생각하게 된다. 그러나, 대개 풍요는 서서히 확산되기 때문에, 사람들의 열망과 그들이 실제로 이룬 성취 사이의 간격이 증가되기에 좌절은 증대된다. 박탈감이 줄어듦에 따라, 현실보다 앞선 기대로 좌절과 정치적 공격이 상승할 수 있다(Feierabend & Frierabend, 1968, 1972).

요점은 박탈감과 사회적 불의가 사회적 불안과 무관하다는 것이 아니라, 기대와 달

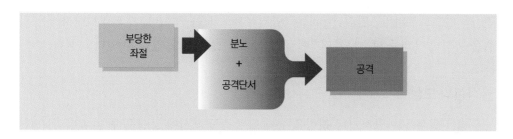

성 사이의 간격에서 좌절이 생긴다는 것이다. 여러분의 기대가 목표 달성으로 만족되고, 여러분의 욕구가 여러분의 수입으로 해결되면, 여러분은 좌절보다는 만족감을 느낄 것이다.

우리가 우리 자신을 다른 사람들과 비교할 때는 종종 좌절은 복잡해진다. 노동자들의 행복감은 자신들이 받는 대우를 자신들과 같은 수준의 다른 노동자들과 호의적으로 비교하는지에 달렸다(Yuchtman, 1976). 경찰관의 봉급을 오려주면, 일시적으로는 이들의 사기를 높이겠지만 같은 시에 근무하는 소방관들의 사기는 떨어뜨린다.

이러한 감정을 **상대적 박탈감**(relative deprivation)이라고 부르며, 왜 소득 불균형이 심한 지역과 국가들에서 행복감이 낮고, 범죄율이 높은지를 설명해 준다(Hagerty, 2000; Kawachi & others, 1999). 이것으로 동독인들이 왜 공산당에 대항하여 봉기했는지를 설명하기도 한다. 동독인들은 일부 서유럽 국가보다 더 잘 살면서도 인접한 서독인들보다는 좌절을 느낄 정도로 낮은 수준이었던 것이다(Baron & others, 1992).

상대적 박탈감이란 말은 2차 대전 당시 미군 병사들의 만족감을 연구한 학자들이 붙인 것이다(Merton & Kitt, 1950; Stouffer & others, 1949). 아이러니하게도, 항공대에 소속된 병사들은 실제로 진급이 늦은 헌병 병과에 속한 병사들보다 진급 속도에 대하여 좌절감을 갖고 있었다. 항공대에서의 진급율은 아주 **빠른** 것으로, 대부분의 항공대원들은 자신들이 평균적인 항공대원들보다 우수하다고 지각하고 있었을 것이다(자기중심적 편향). 그래서 이들의 포부수준은 자신들의 성취보다 더 높았던 것이다. 그 결과는 좌절이었다.

오늘날 그러한 좌절의 한 가지 가능한 원천은 텔레비전 프로그램과 광고에 나온 풍요로움일 것이다. 텔레비전이 일반적인 가전제품으로 자리 잡은 문화 속에서는, 텔레비전이 절대적 박탈감(다른 사람이 가진 것을 내가 갖지 못한)을 상대적 박탈감(부족한 느낌)으로 바꾸어 놓는다. Karen Hennigan과 동료들(1982)은 텔레비전이 등장하던 무렵의 미국 도시들의 범죄율을 분석하였다. 텔레비전이 널리 보급되기 시작한 1951년에, 34개 도시에서의 절도범(가게 좀도둑과 자전거 절도 등)의 비율이 눈에 뜨게 증가하였다. 정부에서 34개 도시에 1955년까지 텔레비전의 보급을 중단하고 지연시킨 후, 1955년에는 또 다시 급속한 절도범 증가를 보였다.

상대적 박탈감
(relative deprivation)
자신과 비교되는 다른 사람보다 못하다는 지각

공격성은 학습된 사회적 행동이다

본능과 좌절에 기반을 둔 공격성 이론은 적대적 욕구가 내부의 정서로부터 비롯된 것, 즉 안으로부터의 "밀려난(push)" 공격성으로 보는 것이다. 사회심리학자들은 학습을 통하여 우리들 밖으로부터 "이끌려진(pull)" 공격성도 있을 수 있다고 본다.

공격성의 보상

우리는 남들을 관찰하거나 경험을 통해서 종종 공격성이 보상을 받는 것을 배운다. 실험을 통하여 온순한 동물을 사나운 싸움꾼으로 바꾸었다. 한편, 심각한 좌절은 유순하게 만든다(Ginsberg & Allee, 1942; Kahn, 1951; Scott & Marston, 1953).

사람들은 공격성이 보상을 받음을 학습할 수 있다. 다른 아이를 겁주는데 성공한 아동은 더 공격적인 행동을 할 수 있다(Patterson & others, 1967). 흔히 거친 플레이를 위해 패널티 박스(반칙자 대기소)로 보내지는 공격적인 하키 선수들은 공격적이지 않은 선수들보다 득점을 더 많이 한다(McCarthy & Kelly, 1978a, 1978b). 캐나다의 10대 하키 선수들 중 아버지가 신체적 공격에 박수를 치는 선수들은 가장 공격적인 태도와 경기 스타일을 보이기 쉬웠다(Ennis & Zanna, 1991). 소말리아 근해 해적들에게 보석금을 (2008년에 1억5천만불) 지급해서 납치를 더 조장하였다(BBC, 2008). 이들 사례들에서 공격성은 어떤 보상을 얻기 위한 수단인 것이다.

무력한 사람들이 폭넓은 주목을 받을 수 있는 점에서, 테러리스트의 행위도 마찬가지이다. Paul Marsden과 Sharon Attia(2005)는 "자살 폭탄공격의 주요 표적은 피해를 당하는 사람들이 아니라, 대중매체의 보도를 통해서 이를 보는 사람들이다."고 하였다. 테러리즘의 목적은 미디어 증폭의 도움을 받아서 테러를 가하려는 것이다. 고대 중국 속담에 "하나를 죽이면, 천명이 떨게 한다"고 하였다. Jeffrey Rubin(1986)은 테러리즘은 마가렛 대처가 말한 "홍보의 산소"가 결핍되면, 분명히 줄어들 것이라고 결론지었다. 이는 1970년대에 몇 초 동안 텔레비전에 나오려고 관객이 나체로 축구장을 "스트리킹"한 것과도 같다. 방송에서 이런 사건을 내보내지 않기로 하자 그 현상은 사라졌다.

관찰학습

사회학습 이론
(social learning theory)
관찰과 모방, 그리고 상과 벌로 사회적
행동을 배운다는 이론

Albert Bandura(1997)는 공격의 **사회학습 이론**(social learning theory)을 제안하였다. 그는 사람들이 공격성이 주는 효과를 직접 경험해서만이 아니라 남들이 하는 공격성을 관찰해서도 배운다고 하였다. 대부분의 사회행동처럼, 우리들은 다른 사람들이 공격성을 보이는 행동과 그 결과를 관찰함으로써 공격성을 습득한다.

밴두라의 실험에서 쓴 장면을 상상해 보자(Bandura & others, 1961). 학령 전의 아동이 재미있는 미술 활동을 하고 있다. 같은 방의 한 쪽에는 틴커(미국의 조립식) 장난감, 나무망치, 그리고 바람이 든 큰 보보 인형과 성인 한 명이 있었다. 성인은 1 분 정도 장난감을 고치다가 일어나서 10 분 동안 부풀려진 인형을 때렸다. 성인은 "코를 부셔, 쓰려 뜨려, 발로 차" 등의 고함을 치면서, 나무망치로 두드리고, 발로 차고, 던지기도 하였다.

Banduar의 유명한 실험에서는 보보 인형에 대한 성인의 공격성을 지켜본 아동들이 관찰한 공격성을 따라하기 쉬움을 보였다.

이런 소동을 본 후에, 아이는 매력적인 장난감들이 많이 있는 다른 방으로 옮겨졌다. 2분이 지난 후에 실험자가 들어와서 아이가 장난감들을 가지고 노는 것을 중단시키면서, 그 장난감은 실험자가 애지중지하는 것으로서 "다른 아이들을 위해서 아껴 두어야 한다"고 말하였다. 좌절된 아이는 또 다른 방으로 안내되었는데, 그 곳에는 보보 인형과 나무망치를 포함한 공격적 놀이와 비공격적 놀이를 할 수 있는 여러 가지 장난감을 두었다.

공격적인 성인 모델을 보지 않았던 아이들은 공격적 놀이나 말을 거의 하지 않았다. 장난감을 갖고 놀지 못하게 했어도, 얌전하게 놀았다. 그러나 공격적인 성인을 본 아이들은 몇 배나 나무망치를 들어 인형을 두들겼다. 공격적인 성인을 보고서는 아이들의 억제력이 줄어들었다. 더구나, 아이들은 자주 성인이 보인 특정한 말과 행동을 더 따라하기도 하였다. 공격적인 행동을 보는 것은 억제력을 낮출 뿐만 아니라 공격할 방법도 가르쳐 주었다.

Bandura(1979)는 일상생활 중에 가족, 소속 문화, 그리고 대중매체로부터 공격적 모델을 보게 된다고 하였다.

가족. 신체적으로 공격적인 아동들은 신체적으로 가혹한 부모들을 두기 쉬운데, 이들 부모들은 소리치고, 손이나 매로 때리는 공격성을 통하여 양육하였다(Patterson & others, 1982). 이들 부모들 역시 신체적으로 가혹한 부모들로부터 양육되었다(Bandura & Walters, 1959; Straus & Gelles, 1980). 이러한 가혹한 행동은 학대로 악화될 수 있다. 학대 받은 아동들 대부분이 범죄자의 길로 들어서거나 학대하는 부모가 되지는 않지만, 30%는 나중에 자기의 자녀를 학대하여 그 비율은 일반 집단보다 4배나 많았다(Kaufman & Zigler, 1987; Widom, 1989). 볼기짝 때리는 것 같은 사소한 체벌도 나중에 공격성과 연결된다(Gershoff, 2002). 폭력은 또 다른 폭력을 낳는다.

문화. 가정 이외의 사회적 환경에서도 모델을 제공한다. "남성다운(macho)" 이미지가 존경받는 사회에서는 공격성이 쉽게 신세대로 이전된다(Cartwright, 1975; Short, 1969). 예를 들어, 10대 갱들의 폭력적인 하위문화는 어린 단원들에게 공격적인 모델을 제공한다. 폭력의 위험에 동일하게 노출되어 있는 시카고 청소년들 중 총기 폭력을 관찰한 청소년들은 폭력 행동에 대한 위험이 두 배나 증가하였다(Bingenheimer & others, 2005).

평화로운 왕국. 2008년 스코틀랜드의 Orkney 섬에서 살인사건이 발생하였다. 이는 1800년 대 이후 두번째이다.

광의의 문화도 중요하다. 경제적으로 미개발 상태이고 경제적 불평등이 큰 비민주주의적 문화권의 사람들은, 남성들이 전사가 되어 전쟁에 참여하기 쉽고, 공격적인 행동을 보이기 쉽다(Bond, 2004).

Richard Nisbett(1990, 1993)과 Dov Cohen(1996, 1998)은 하위문화의 영향을 탐색하였다. 미국 안에서도, 뉴잉글랜드와 중부 애틀랜틱 지역에 정착한 온건하고, 협동적인 백인들은 남부에 정착한 허세를 부리고, 명예를 중시하는 백인들(대부분이 스코틀랜드나 아일랜드 출신)과 다른 하위문화를 보여 준다. 전자는 농부-기능공들이라면, 후자는 보다 공격적인 사냥-목동 출신들이었다. 오늘날까지, 남부 지역에 위치한 도시와 농촌들에서는 북부 지역 사람들에 비하여 백인들의 훨씬 높은 살인 비율을 보이고 있다(Vandello & others, 2008). 남부의 "명예문화"를 가진 주에서 사는 학생들은 학교에 더 무기를 소지하였고 타주보다 교내 총격도 3배나 많았다(Brown & others, 2009).

사람들은 경험을 통해서나 다른 공격적 모델을 관찰해서 공격적 반응을 배울 수 있다. 배웠다고, 실제로 공격적 반응을 보일 것인가? Bandura(1979)는 좌절, 고통, 모욕

그림 :: 10.2

공격성에 대한 사회학습 견해
혐오적 경험에서 생긴 정서적 흥분이 공격성을 일으킨다. 실제로 공격이나 다른 반응을 일으킬 지는 어떤 결과가 나올지를 기대하는 학습에 달렸다.
출처: Based on Bandura, 1979, 1997.

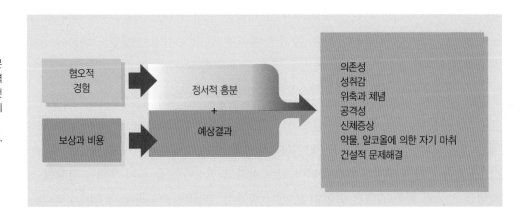

등 다양한 혐오적인 경험에 의하여 동기화되면 공격적 행위가 일어난다고 하였다(그림 10.2). 그러한 경험은 우리의 감정을 흥분시킨다. 그러나, 우리가 공격적인 행동을 하는 지는 우리가 어떤 결과를 기대하는 지에 달렸다. 우리가 흥분되고, 공격을 해도 안전하며 보상을 받기까지 한다고 생각할 때에 공격을 하기 쉽다.

요약 : 공격성 이론에는 무엇이 있는가?

- 공격성(위해를 줄 목적으로 한 언어적 신체적 행동으로 정의)은 두 가지 형태로 나타난다: 분노와 같은 감정에서 나오는 적대적 공격과, 어떤 다른 목적을 하기 위한 수단으로서 상처를 주는 도구적 공격이다.

- 공격을 설명하는 세 가지의 폭넓은 이론들이 있다. 지그문트 프로이트와 콘라드 로렌즈와 가장 밀접한 관계가 있는 본능적 관점은 댐 뒤에 물이 누적되듯 공격적 에너지가 안으로부터 누적된 것으로 본다. 이 견해를 지지하는 증거들은 많지 않으나, 공격성은 유전, 혈액의 성분, 뇌를 통한 생물학적인 영향으로 설명한다.

- 두 번째는 좌절이 분노와 적대감을 가져온다고 보는 것이다. 공격 단서가 주어지면, 분노가 공격을 일으킨다. 좌절은 결핍 자체로부터 오는 것이 아니라 기대와 성취 간의 차이에서 온다.

- 사회학습 이론은 현재의 공격성은 학습되어진 것으로 보는 것이다. 경험이나 다른 사람의 성공을 보고서, 우리는 때로 공격성이 도움이 된다고 배우게 된다. 가족, 친구 등 하위 문화적 영향, 그리고 대중 매체(다음 절에서 논의할)가 사회학습을 시켜 준다.

공격성에는 어떤 요인들이 영향을 미치는가?

어떤 조건 하에서 우리는 공격을 하는가? 우리는 앞 절에서 공격성의 이론들에 대하여 살펴보았다. 여기서는 이들을 혐오적 사건들, 흥분, 그리고 집단의 맥락과 같은 좀 더 구체적인 공격의 영향요인들을 보기로 한다.

혐오적 사건들

흔히 공격은 고통, 불쾌한 더위, 비난, 과밀과 같은 혐오적인 경험에서 시작된다.

고통

Nathan Azrin(1967)은 실험실에서 쥐에게 전기 충격을 주는 실험을 하였다. 그는 전기 충격을 멈추면, 두 마리의 쥐들이 서로 정적인 상호작용을 강화시키는지를 보고자 하였다. 그는 충격을 주기 위하여 전원을 켠 후에, 쥐들이 서로 접근하면 전원을 껐다. 놀랍게도 실험은 불가능하였다. 쥐들은 고통을 느끼자마자 실험자가 전원을 끄기 전에 서로 공격하였다. 고통이 심할수록 더 폭력적인 공격을 하였다.

이러한 결과는 쥐에서만 보이는가? 연구자들은 다양한 종들에서, 어느 한 쪽에 잔혹함을 주면, 이에 맞먹는 잔혹한 방법으로 다른 쪽을 공격함을 볼 수 있었다. 여러 종의 쥐들에서 고통-공격을 보였다. 나중에 우리는 생쥐, 햄스터, 주머니 쥐, 너구리, 명주 원숭이, 여우, 누트리아, 고양이, 무는 거북, 다람쥐 원숭이, 흰 족제비, 붉은 다람쥐, 밴텀 수닭, 악어, 가재, 양서류, 그리고 방울뱀, 보아 뱀, 갈색 쥐뱀, 늪 살모사, 미국 살모사, 먹구렁이 등을 포함한 여러 종의 뱀들에서도 함께 우리에 넣어서 전기 충격을 주면 서로 공격하는 것을 보았다. 충격-공격 반응은 여러 많은 종류의 생명체들에서 분명하게 나타났다. 모든 종에서 쥐에게 "단추 누르기"를 할 때처럼, 충격을 주면 신속하고 일관성 있는 공격을 보였다. 동물들이 전기 충격을 받아서 공격하는 대상들은 무차별적이었다. 자기와 같은 종을 공격하기도 하고, 다른 종을 공격하기도 하였으며, 속이 들어 찬 인형이나 심지어는 테니스공들도 공격하였다.

연구자들은 고통의 원천도 바꾸어 보았다. 그 결과 전기 충격만이 아니라, 무더위와 "심리적 고통(psychological pain)"도 공격을 일으켰다. 예를 들어, 원반을 쪼면 먹이를 받도록 훈련된 굶주린 비둘기에게 갑자기 보상을 주지 않으면 전기 충격에서와 같은 반응을 보였다. 이러한 "심리적 고통"은 물론 좌절이다.

고통은 인간에서도 공격을 일으킨다. 우리들 중 많은 사람들은 발가락을 부딪치거나 심한 두통을 앓은 후에 보인 반응을 기억할 수 있으리라. Leonard Berkowitz와 동료들은 위스콘신 대학생들에게 한 손을 미지근한 물이거나 고통스러운 찬 물에 담그게 하여 이를 입증하였다. 찬 물에 손을 담그게 한 사람들은 더 화가 났고, 더 짜증스러웠으며, 다른 사람에게 불쾌한 소음을 보내려 하였다. Berkowitz(1983, 1989, 1998)는 이러한 결과를 두고, 좌절이 아닌 혐오적 자극이 적대적 공격의 기본적인 방아쇠라고 하였다. 분명 좌절도 중요한 불쾌함의 한 종류일 수 있다. 기대에 낙심했건, 개인적인 모욕이든, 신체적 고통이든 어떤 형태의 혐오적 사상이든 감정적 폭발을 일으킬 수 있다. 의기소침한 상태의 고통이라도 적대적, 공격적 행동을 높인다.

고통 공격.
마이크 타이슨은 1997년 헤비급 챔피언십 경기에서 상대방 홀리필드에게 초반에 밀리고 돌발적인 박치기로 고통을 당하자 홀리필드의 귀를 무는 반응을 보였다.

더위

사람들은 오랫동안 기후가 인간의 행위에 주는 영향을 연구해 왔다. 히포크라테스(기원 전 460~337)는 그가 살던 당시의 문명화된 그리스와 더 북쪽의 야만인들인 독일과 스위스를 비교하여, 혹독한 기후가 문명의 차이를 가져왔다고 주장하였다. 천년 후에는 영국인들은 자신들의 "우월한" 문명은 영국의 이상적인 기후 탓이라고 보았다. 프랑스인들도 같은 생각을 하였다. 기후는 비교적 안정적인데 비하여, 문화적 특성은 시간이 지나면 변하므로, 기후 이론의 타당성이 문제됨은 분명하다.

그러나, 일시적인 기후 변화가 행동에 영향을 줄 수 있다. 불쾌한 냄새, 담배 연기, 대기 오염 모두가 공격적인 행동과 연계되어 왔다(Rotton & Frey, 1985). 그러나 가장 많이 연구

4월말부터 5월초의 LA는 무더운 여름철인데 이 시기에 폭동이 많이 일어나기 쉽다.

된 환경 자극제는 더위이다. William Griffitt(1970; Griffitt & Veitch, 1971)는 정상적 온도의 방에서 질문지에 응답한 학생들에 비하여, 불편하게 더운 방(90°F 이상)에서 질문지에 응답한 학생들은 더 피로감을 보였고, 더 공격적이었으며, 더 낯선 사람에 대하여 적대적이었다. 후속 실험들도 더위가 보복적인 행위를 촉발함을 보였다(Bell, 1980; Rule & others, 1987).

불쾌한 더위가 실험실에서처럼 공격성을 증가시키는가? 다음 내용들을 살펴보자.

- 애리조나 피닉스에서 더위에 시달리던 운전사들은 에어컨도 없이 달리다 늦게 가는 차에게 더 경적을 울리기 쉬웠다(Kernick & MacFarlane, 1986).
- 1986년과 1988년 사이의 메이저 리그 야구 게임 기간 중 80°F 이하 때보다 90°F 이상의 기온에서 투수 당 데드볼로 진루한 타자의 사례가 3분의 2 이상 많았다(Reifman & others, 1991). 투수들은 더운 날에는 더 포볼로 내 보내거나 폭투(wild pitch)를 하지 않으려 하였다. 이들은 단지 더 많은 타자를 아웃시키려고만 하였다.
- 1967년에서 1971년 사이에 미국의 79개 도시에서 폭동이 일어났는데, 시원한 날보다는 더운 날에 일어났다; 겨울철에는 한 건의 폭동도 없었다.
- 6개 도시들을 대상으로 한 연구들은 폭력 범죄들이 더운 날에 더 많이 일어나기 쉬움을 보였다(Anderson & Anderson, 1984; Cohen, 1993; Cotton, 1981, 1986; Harries & Stadler, 1988; Rotton & Frey, 1985).
- 북반구의 여러 지역에 걸쳐서 더 폭력적인 범죄가 더 더운 날, 더 더운 계절, 더 더운 해에, 더 더운 지역에서 많이 일어났음을 보였다(Anderson & Anderson, 1998, 2000). Anderson과 동료들은 온도가 2°C 증가하면, 미국에서만 매년 최소한 5만 건의 강력범이 증가하리라고 예상하였다.

이들 실제 결과들이 더위로 인한 불쾌감이 직접 공격성에 도화선이 된다고 할 수 있는가? 그럴 가능성도 있으나, 온도와 공격성 간에 그러한 상관관계가 있다고 해서 인과관계까지 분명한 것은 아니다. 사람들은 덥고, 후텁지근한 날씨에서 더 짜증이 나는 것은 분명하다. 그리고, 실험실에서는 높은 온도가 흥분을 높이고 적대적 생각과 감정을 증가시킨다(Anderson & others, 1999). 그렇지만, 다른 요인들이 그러한 결과를 빚었을 가능성도 있다. 무더운 여름 저녁이 사람들로 하여금 길거리로 나가게 했을지도 모른다. 거기서 다른 집단에 영향을 준 요인들이 있었을지도 모른다. 반대로, 거기에는 숨 막히는 더위가 오히려 폭력을 자제하게 할지도 모른다(Bell, 2005; Bushman & others, 2005a, 2005b; Cohen & Rotton, 2005).

공격

다른 사람으로부터 공격을 당하거나 모욕을 받으면 특히 공격적이 된다. Kennichi Ohbuchi와 Toshihiro Kambara(1985)가 한 오사카의 실험을 포함한 연구들은 의도적인 공격이 보복적인 공격을 일으킨다고 확인하였다. 대부분의 이들 실험들에서는 반응시간 겨루기로 다른 사람과 경쟁하게 하였다. 각 실험 시행 후에 승자는 패자에게 어떤 충격을 줄까를 선택하게 하였다. 실제로는 각자는 미리 계획된 상대방과 경기를 하였고, 상대방은 지속적으로 충격의 양을 증가시키게 하였다. 이에 대하여 실제 참가자는 자비롭게 반응할 것인가? 그렇지 못하였다. "눈에는 눈" 식의 대응적인 보복이 더 나오기 쉬웠다.

흥분

이제까지 우리는 여러 가지의 혐오적 자극들이 분노를 일으킬 수 있음을 보아왔다. 운동이나 성적 흥분을 수반하는 것과 같은 다른 형태의 흥분도 비슷한 효과를 일으키는가? 방금 단거리 달리기를 하고 나서 집으로 돌아 온 루드르를 상상해 보자. 그녀가 들어와 보니 남자 친구로부터 다른 일정 때문에 오늘 저녁 데이트를 취소하자는 메시지를 읽게 되었다. 그녀가 낮잠을 자고 나서 이 메시지를 받았을 때보다 운동을 하고 나서 받았을 때 더 화를 낼 것인가? 또는 그녀가 방금 운동을 했기에, 공격성이 줄어들 것인가? 이에 대한 답을 하기 위하여 우리의 몸의 상태를 어떻게 해석하고 이름 붙이는지를 생각해 보자.

Stanley Schachter와 Jerome Singer(1962)는 유명한 실험을 통하여, 사람들이 흥분된 신체 상태를 다른 방식으로 경험할 수 있음을 보였다. 이들은 미네소타 대학교의 남학생들에게 아드레날린(부신 호르몬의 하나)을 주사하여 흥분상태에 있게 하였다. 그 약물은 신체 홍조를 일으키고, 가슴이 두근거리고, 숨이 가빠지게 하였다. 사전에 그 주사가 그러한 효과를 일으킬 것으로 경고를 받은 학생들은 옆에 적대적이거나 유쾌한 사람이 있더라도 별다른 정서를 보이지 않았다. 물론 이들은 자신들의 신체적 변화를 바로 약물 탓으로 돌렸다. 연구자들은 다른 집단의 참가자들에게는 그 주사가 아무런

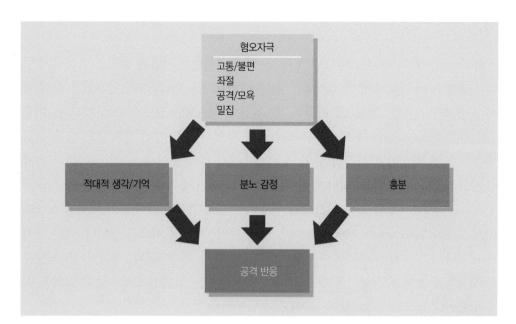

그림 :: 10.3

적대적 공격성의 요소들

적대적 인지, 적대적 감정, 그리고 흥분을 유발시키는 혐오적 상황에서는 공격성을 일으킬 수 있다. 이러한 반응들은 우리로 하여금 상대방이 우리에게 위해를 주려는 의도를 갖고 있다고 보기 쉽고 공격적으로 반응하게 만든다.

출처: Simplified from Anderson, Deuser, and DeNeve, 1995.

부작용도 없다고 믿게 하였다. 그들에게도 옆에 적대적이거나 유쾌한 상태의 사람이 있도록 하였는데, 적대적인 사람이 옆에 있었을 때는 따라서 화를 내고, 유쾌한 사람들 옆에서는 자신도 따라서 기분 좋아하였다. 특정한 신체 흥분을 어떻게 해석하고 그 흥분에 이름을 붙이는지에 따라서 다른 정서가 될 수 있다.

다른 실험들은 Schachter가 말하듯 흥분을 정서적으로 구분할 수 없음을 보였다. 그렇지만, 신체적으로 자극되면 어떤 정서라도 증폭되었다. 예를 들면, Paul Biner(1991)는 사람들은 밝은 빛으로 흥분되면, 특히 전파 정전기(radio static)의 불쾌감을 겪는다고 하였다. Dolf Zillmann(1988), Jennings Bryant, 그리고 동료들은 자전거를 방금 탔거나, 비틀즈의 록 콘서트 영화를 본 사람들은 그들의 흥분을 쉽게 어떤 자극 때문이라고 잘못 귀인시킴을 보였다. 그리고 나서는 격앙된 공격성으로 보복하였다. 상식적으로는 루드르가 달리기를 했기에 공격적 긴장감이 누그러뜨려 나쁜 소식을 침착하게 받아드리라고 보겠지만, 이 연구들로 보면 흥분이 정서를 일으킴을 보이는 것이다.

성적 흥분이나, 분노와 같은 다른 형태의 흥분도 서로 서로 증폭시킬 수 있다(Zillmann, 1989). 싸우거나 놀란 다음만큼 사랑이 열정적일 수 없다. 실험실에서 에로틱한 자극은 방금 겁을 먹은 사람을 더 흥분하게 만든다. 마찬가지로, 롤러 코스트를 타고 난 사람에 겪는 흥분으로 상대방에게 낭만적 느낌을 더 많이 전달해 줄 수 있다. 감각추구자라고 불리우는 사람들은 높은 흥분을 찾아다닌다. 공격에 대한 이론처럼 공격은 흥분을 일으키고 반대로 감각추구자들은 더 공격적이게 된다(Wilson & Scarpa, 2011). 좌절, 더위, 또는 모욕적인 상황이 흥분을 고조시킨다. 적대적 생각과 감정과 이들 흥분이 결합하면 공격적 행동을 일으킬 것이다(그림 10.3).

공격성의 단서

좌절-공격성 가설에서 살펴보았듯이, 공격적 단서들이 억압된 분노를 발산하게 할 때 폭력성이 더 나오기 쉽다. Leonard Berkowitz와(1968, 1981, 1995) 동료들은 눈에 보이는 무기가 그러한 단서라고 하였다. 한 실험에서는 방금 장난감 총을 갖고 논 아동들은 다른 아동의 블록을 더 쓰러뜨리려함을 보였다. 위스콘신 대학생을 다룬 실험에서는 옆에 배드민턴 라켓이 놓인 경우보다 소총과 권총이 놓인 경우(이전 실험에서 남겨진 것으로 보이게) 화나게 한 사람에게 더 전기 충격을 줌을 보였다(Berkowitz & LePage, 1967). 총은 적대적 사고와 가혹한 판단을 촉발시켰다(Anderson & others, 1998; Dienstnier & others, 1998). 눈앞에 보이는 것이 마음에 떠오른 것이다. 이는 무기가 여가용이기 보다는 폭력의 도구로 여겨질 때 특히 그러하였다. 예를 들면, 사냥꾼은 사냥총을 보더라도 공격적 생각을 떠올리지 않지만, 일반인에게는 총이 공격을 떠올리게 한다(Bartholow & others, 2004).

Berkowitz는 2억 명이 총기를 소지한 미국에서, 살인 사건의 반이 권총에 의한 것이고, 그 총으로 침입자보다는 가족들을 살해하는데 쓰이기 쉬운 것이 당연하다고 본다. "총기는 폭력을 허용할 뿐 아니라, 총기는 폭력을 자극할 수도 있다. 손가락이 방아쇠를 잡아당기지만, 방아쇠도 손가락을 잡아당길 수도 있다"고 보았다.

Berkowitz는 나아가 총기 휴대를 금지하는 나라들에서 낮은 살인율도 당연하다고 하였다. 미국에 비하여 영국에서는 총기 소지율은 4분의 1, 살인율은 5분의 1이었다. 미국에서는 연간 10만 건의 총기 살인 사건이 있으나, 호주는 12, 영국은 24, 캐나다는 100건으로 나왔다. 미국 정부가 총기류 규제법을 제정하자 총기를 쓴 살인 및 자살이 25%나 급격하게 줄었다. 다른 방법에 의한 살인이나 자살은 그대로이고, 이 법이 규제하는 분야 이외의 인접 분야에서는 해당 기간 안에 아무런 변화가 없었다(Loftin & others, 1991).

연구자들은 총기를 소지한 가정과 소지하지 않은 가정의 폭력으로부터의 위험성을 비교한 연구도 하였다. 이러한 가정들은 여러 면에서 다를 수 있으므로, 논쟁적인 연구이었다. 질병통제센터가 지원한 연구에서는 동일한 성별, 인종, 연령, 이웃에서의 총

그림 :: 10.4
2002년에 미국에서 살인에 쓰인 무기들
출처: FBI Uniform Crime Reports.

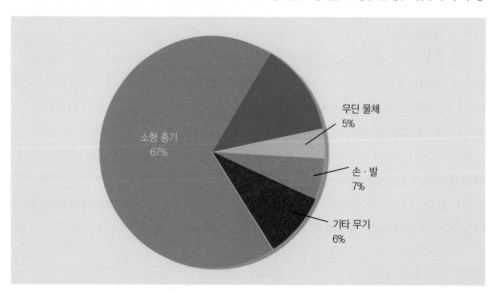

소형 총기
67%

무딘 물체
5%

손·발
7%

기타 무기
6%

기 휴대 여부를 구분하였다. 아이러니하고 비극적인 결과는 신변 보호를 위하여 총기를 소지한 사람들이 그렇지 않았던 사람들보다도 가족이나 친구들로부터 살해당하는 비율이 2.7배나 많았다(Kellermann, 1993, 1997). 다른 연구에서는 총기를 휴대한 가정이 그렇지 않은 가정보다 자살율이 5배나 높았다(Taubes, 1992). 최근에 나온 전국 조사에서도 약간 줄어들기는 했으나, 아직도 총기소지와 자살, 혹은 살인 간에는 높은 상관을 보였다. 동일한 성별, 인종, 연령 집단에서 총기를 가진 집단이 그렇지 않은 집단보다 피살율은 41%, 자살은 3.4배로 높았다(Wiebe, 2003). 가정에 총을 두고 있다는 것은 흔히 싸움과 장례식, 또는 고통과 자살의 차이를 뜻하는 것이었다.

총은 공격 단서일 뿐 아니라 공격자와 피해자 사이의 심리적 거리이기도 하다. 밀그램의 복종 실험에서 보이듯, 피해자와의 거리가 멀면 잔인성이 증가된다. 칼로도 누군가를 죽일 수 있지만, 먼 거리에서 방아쇠를 당기는 때보다 칼은 더 개인적인 접촉을 해야 공격할 수 있는 것이다(그림 10.4).

매체의 영향: 포르노와 성폭력

1960년대로부터 1990년대 초 사이에 FBI는 청소년 범죄 검거율은 5배나 증가되었다고 보고하였다. 이에 사회심리학자들이 왜 그러한 급격한 변화가 생겼는지, 원인은 무엇인지에 대한 연구를 시작하게 만들었다.

알코올이 공격성의 원인일 수 있지만, 알코올 소비는 1960년 이후로 급속히 변하지는 않았다. 마찬가지로 다른 생물학적 요인들(테스토스테론, 유전자, 신경전달물질)도 공격성에 영향을 주지만, 해당 기간 안에 큰 변화가 없었다. 개인주의와 물질주의가 팽배해서 공격성이 증가되었을까? 빈부의 격차, 두 부모 가정의 감소와 아버지의 부재 탓인가? 또는 매체들의 고삐 풀린 선정성과 폭력성 때문인가?

1960년대의 "성 혁명(sexual revolution)" 동안에 매체들에서 폭력적이고 선정적인 이 내용이 증가하면서 성적 강제를 포함한 범죄 행동의 높은 증가와 일치했기 때문에 마지막 가능성이 떠오른다. 역사적 상관이 우연인가? 연구자들은 이에 답하기 위해서 포르노(pornography, 웹스터 사전에서는 성적 흥분을 일으킬 목적으로 선정적인 표현을 한 것으로 정의)의 사회적 결과와 영화나 텔레비전에 나온 폭력을 모방하는 효과를 탐구하였다.

미국에서는 케이블과 위성 방송, 극장, 유료 시청제 영화, 폰섹스, 섹스 잡지, 웹사이트 등에 투입되는 연간 100억 달러에 이르러, 포르노 산업이 프로 축구, 농구, 야구를 합친 것보다 규모가 더 큰 산업이 되어 버렸다(National Research Council, 2002; Rich, 2001; Schlosser, 2003). 한 연구에서는 남학생들의 57%와 여학생들의 35%가 웹 사이트에서 포르노를 검색한 경험이 있으나, 이들 중 남학생의 6%와 여학생의 1%만이 "자주" 본 것으로 보고되었다(Banfield & McCabe, 2001).

포르노를 연구한 사회심리학자들은 대부분 성 폭력 묘사에 초점을 두었다. 전형적인 성 폭력의 줄거리는 남성이 여성에게 강압적이라는 것이다. 즉, 처음에는 여성이 저항하지만 나중에는 가해하는 남성에게 지고 만다. 점차 여성은 성적으로 흥분되고, 저항은 흐지부지 된다. 마지막에는 여성이 황홀경에 빠지고, 더 요구를 한다. 여자가 저항하고, 남성이 강제로 한다. 남성이 억지로 거절하는 여성에게 키스를 한다. 잠시 후에 남자를 밀쳤던 여성의 팔이 남성을 붙든다. 우리는 이러한 순서를 포르노가 아닌 것으로도 보았거나 읽어왔다. 물론 문제는 여성들이 성폭행에 실제로는 이와같이 반응하지 않는다는 것이다. "바람과 함께 사라지다"에 나오는 Scarlett O'Hara가 처음에는 발길질하고 거부하다가 침대로 가서는 노래하면서 일어나는 모습을 보인다.

사회심리학자들은 남성들의 강압적인 모습과 여성을 흥분시키는 허구적인 장면을 보게 하면, 실제로 여성은 성적 강제에 대해서 어떤 반응을 보일 지에 대한 왜곡된 지각을 하고, 적어도 실험실 장면에서 여성에 대한 남성의 공격성을 증가시킨다고 본다.

성적 현실감의 지각 왜곡

성 폭력물을 보는 것이 어떤 여성은 성폭행을 환영하며, 여성들이 말하는 "안 돼라는 것이 실제로 안 돼가 아니라는" "강간 신화(rape myth)"를 강화시켜 주는가? 연구자들은 TV시청과 강간신화사이에 상관이 있음을 보여왔다(Kahlor & Morrison, 2007). Neil Malamuth과 James Check(1981)은 이를 규명하기 위하여, 매니토바 대학교의 남학생들에게 한 남성이 억지로 여성과 성관계를 하는 영화와 다른 하나는 성과 무관한 영화 중 어느 하나를 보게 하였다. 일주일 후에 다른 실험자가 조사했을 때 약한 성 폭력물을 본 사람들이 여성에 대한 폭력을 더 받아들임을 보였다.

다른 연구들에서도 포르노를 접한 사람들이 강간 신화를 더 받아들임을 확인해 주었다(Oddone-Paolucci & others, 2000). 예를 들면, Charles Mullen과 Daniel Linz(1995)도 3일 저녁 성 폭력물을 보게 한 남성들이 강간과 과격한 행동에 대하여 덜 부담스러워 한다고 하였다(Mullin & Linz, 1995). 성 폭력물을 보지 않은 집단에 비하여, 3일 후 이들은 가정 폭력 피해자에 대하여 덜 동정적이고, 피해자의 부상 정도도 덜 심한 것으로 평가하였다. 실제로 Edward Donnerstein, Daniel Linz와 Steven Penrod(1997)는 흉악범이 여성을 고문하고 신체를 손상시키는 것을 보고도 침착한 반응을 보이는 데는, 그러한 시리즈의 영화를 차례로 보여주는 것보다 더 나은 방법이 없다고 하였다.

성적 메시지(많은 여성들이 "수동적으로 당하는 것(taken)"을 즐긴다)가 은밀하고 반박을 일으킬 것 같지 않다는 것을 주목하자. 우리가 여성의 저항이 억센 남성의 팔안에서 무력화되는 매체 이미지와 자주 접하면, 흔히 여성들조차도 자신들은 실제로 그렇지 않다고 생각하면서도 다른 여성들 중에는 성적으로 압도당하는 것을 즐기는 사람들도 있다고 믿는 것은 당연하다(Malamuth & others, 1980).

여성에 대한 공격성

증거들은 포르노가 남성들의 여성에 대한 공격성의 원인임을 시사한다(Kingston &

others, 2009). 상관연구들은 그럴 가능성을 보여준다. John Court(1985)는 전 세계에 걸쳐 1960년대와 1970년대의 포르노가 광범위하게 확산되면서 포르노가 통제된 나라와 지역을 제외하고 강간 범죄율이 급속하게 증가되었음을 지적하였다.(일본과 같이 이러한 추세와 다른 나라들에는 폭력적 포르노가 있지만, 강간율은 낮은데, 이는 다른 요인들도 중요할 수 있음을 상기시켜 주는 것이다.) 1960년부터 1974년 사이에 하와이에서는 강간이 9배나 증가되었다가, 일시적으로 포르노에 대한 규제가 있자 줄어들다가, 다시 규제가 풀리자 다시 증가함을 보였다.

Ted Bundy(1989)는 연쇄 강간살인에 대한 논평에서 포르노의 가장 큰 해악은 중독성이 있어 좀 더 강한 흥분을 추구하게 하는 것이며, 단순히 포르노를 읽거나 보는 것 이상에 대한 호기심을 갖게 하는 것이라고 하였다.

Larry Baron과 Murray Straus(1984)는 다른 상관연구에서, 50개 주에서 각 주의 젊은 이들의 비율 같은 다른 요인들을 통제하고 나서도, 노골적인 성인 잡지(허슬러와 플레이보이 등)의 판매와 그 주의 강간 비율 간에는 상관이 있음을 보였다. 알래스카가 섹스 잡지의 판매량이 가장 많았고, 강간율도 가장 높았다. 네바다가 두 측정치에서 모두 2위를 기록하였다.

캐나다와 미국의 성범죄자들을 면접한 결과, 이들은 흔히 포르노를 이용했음을 인정하였다. William Marshall(1989)는 온타리오의 강간범들과 어린이 성 추행자들이 다른 범죄자들보다 훨씬 더 포르노를 이용하였다고 하였다. 연쇄 살인범(FBI에 의한 연구)과 어린이 성 추행범(로스엔젤리스 경찰에 의한 연구)에 대한 연구도 포르노에 상당한 접촉이 있었음을 보여 주었다(Bennett, 1991; Ressler & others, 1988).

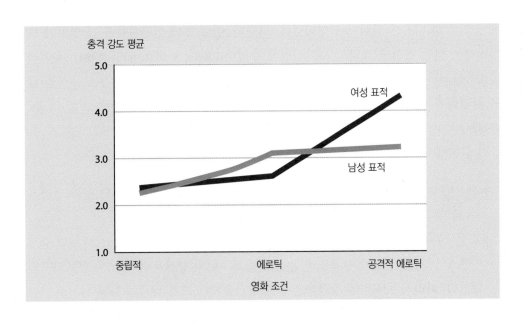

그림 :: 10.5

공격적이고 선정적인 영화를 본 후에 대학생들은 특히 여성들에게 전보다 더 강한 전기충격을 주었다.
출처: Data from Donnerstein, 1980.

포르노가 폭력을 일으켰다기보다 폭력적인 사람이 폭력적 포르노를 좋아할 수 있다. 이런 설명을 제거하려면 실험이 필요하다. 실험실에서의 단기간의 행동을 다룬 제한점은 있으나, 상관연구로는 밝히지 못하는 인과관계를 볼 수 있는 실험실 연구들도 나왔다. 21명의 주도적 사회과학자들이 "폭력적 포르노에 접촉하면 여성에 대한 가혹한 행동을 하게 만든다"는 공동성명을 채택하기에 이르렀다(Koop, 1987). 이들 중 하나인 Edwrard Donnerstein(1980)은 120명의 위스콘신 대학생들에게 중립적, 에로틱, 공격적-에로틱(강간) 영화 중 하나를 보여 주었다. 그리고 나서 다른 실험의 일부처럼 하면서, 남녀 실험 협조자들에게 무의미 철자를 "가르치게"하면서 오답을 하면 어느 정도의 전기 충격을 줄 것인지를 선택하게 하였다. 공격적-에로틱 영화를 본 학생들이 현저하게 강한 충격을 주었는데(그림 10.5), 특히 화가 났을 때 여성에게 그러하였다.

표 :: 10.1   5개 국가들에서의 강간 경험을 보고한 여성의 비율

국가	여성 표적	강간(시도)
캐나다	95개 대학생	23%(강간 및 성폭행)
독일	베를린 성인	17%(성폭력 형사법)
뉴질랜드	심리학과 학생	25%
영국	22개 대학생	19%
미국	32개 대학생	28%
한국	성인 여성	22%

출처 : Studies reported by Koss, Heise, and Russo(1994) and Krahé(1998).

이러한 실험에서의 윤리적인 문제가 여러분을 괴롭힌다면, 연구자들이 참가자들이 말 많고 힘든 경험을 한 것에 대해 감사하고 있으니 안심해도 된다. 참가자들이 사전에 동의를 한 다음에 실험이 진행되었다. 더구나, 실험 후에 연구자들은 그 영화가 나타내려한 어떤 신화도 효과적으로 설명해 주었다(Check & Malamuth, 1984). 윤리적 딜레마를 피하기 위해 한달간 포르노를 안보게 한 실험도 하였다. 맛있는 음식을 끊은 사람들에 비해서 포르노를 안 본 사람들의 공격성이 더 줄었다(Lambert & others, 2011).

이 실험에 대한 정당화는 과학적일뿐 아니라 인도주의적이기도 한 것이다.

- 한 신중하게 실시된 전국적 조사에서 11%의 여성들이 남성으로부터 성과 관련하여 강압이 있었음이 보고되었다(Basile & others, 2007; CDC, 2008).
- 다른 선진국에서 실시된 조사들도 비슷한 결과를 보여 주었다(표 10.1). 4명 중 3명은 낯선 사람에 의한 강간을, 아는 사람들로부터의 강간은 거의 모두 신고되지도 않았다. 따라서 공식적인 강간율은 실제 강간율보다 크게 낮게 추정된다.

무분별한 행동과 포르노가 만든 적대적 태도를 보이는 남성을 만나는 여성이 가장 위험하다(그림 10.6).

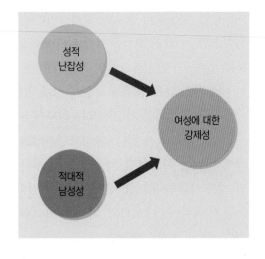

그림 :: 10.6
성적으로 공격적인 남성
Neil Malamuth(1996, 2003)는 성적으로 여성을 강제하는 남성은 흔히 적대적인 남성성과 비인격적인 섹스의 역사가 결합된 것이라고 하였다.

매체 인지 교육

1930년대와 1940년대의 대부분의 독일인들이 유태인 대량학살로 이끈 경멸적인 반유태주의를 조용히 용인한 것처럼, 오늘날의 대부분의 사람들은 성희롱, 학대, 강간으로 이르는 여성에 대한 매체 이미지를 용인하고 있다. 여성들을 비하하고 모독하는 그러한 묘사를 법으로 규제해야 하는가?

개인적 권리와 집단적 권리의 경합에서 대부분의 서구 사람들은 개인적인 권리를 옹호한다. 많은 심리학자들은 검열에 대한 대안으로서, "매체 인지 훈련(media awareness training)"을 추천한다. 포르노에 관한 연구에서, 성 폭력에 대한 여성들의 실제 반응을 성공적으로 참가자들이 재인식하게 교육시킬 수 있음을 상기하자. 마찬가지로 교육자들도 비판적 시청기술을 갖도록 할 수 있는가? 포르노에 흔히 나오는 여성들에 대한 묘사와 성희롱과 성 폭력에 대한 문제들에 민감하게 하면, 여성들이 강제로 당하는 것을 즐긴다는 신화를 깰 수 있는가? Edward Donnerstein, Daniel Linz, Steven Penrod(1987, p. 196)는 "우리들의 이상향적이고 아마도 순진한 희망은 궁극적으로 선한 과학을 통한 진리가 확산될 것이고, 대중들은 이러한 이미지가 묘사된 여성들만이 아니라 이들을 보는 사람들도 천박하다는 것을 확신하게 될 것"이라고 하였다.

그러한 희망이 순진한 것인가? 담배에 대한 금지가 없었지만, 미국인들의 흡연자는 1965년의 42%에서 2010년에는 19%로 줄었다(CDC, 2012). 인종편견에 대한 검열이 없이도, 한 때 흔했던 흑인에 대한 어린이 같은 이미지, 미신적인 어릿광대 같은 매체들의 이미지는 거의 사라졌다. 대중의 의식이 바뀜에 따라, 대본 작가, 프로듀서, 그리고 매체 중역들도 소수인종을 착취하는 이미지는 좋지 않다고 결정한 것이다. 언제쯤 우리는 신체 절단, 신체 상해, 성적 강제로 사람들의 이목을 끌던 영화 장면이 나오던 시절을 당황스럽게 회고하게 될까?

매체의 영향: 텔레비전과 인터넷

우리들은 어린이들에게 보보 인형을 때리는 공격적 모델을 보여 주면, 어린이들의 공격적 충동을 발산시키고 새로운 공격행동 방법도 가르쳐 줌을 보아왔다. 그리고 우리는 성적 폭력을 묘사한 영화를 본 후에, 많은 화난 남성들이 여성에 대하여 폭력적으로 행동함도 보아왔다. 일상적으로 텔레비전을 보는 것도 비슷한 효과를 주는가?

오늘날 대부분의 산업화 세계에서(예, 호주는 99.2%), 텔레비전은 거의 모든 가정에 전화보다 더 많이 보급되어 있다(Trewin, 2001). 많은 가정에는 하나 이상의 수상기를 두고 있어, 이것이 부모들이 자녀들이 무슨 내용을 보고 있는지와 자녀들이 실제로 보는 내용과의 낮은 상관을 보일 수밖에 없는지를 설명해 준다(Donnerstein, 1998).

미국의 평균적인 가정에서는 하루에 8시간 정도 TV가 켜 있고, 가족들은 하루 평균 3-4 시간 정도 보게 된다. 남성보다 여성이, 백인보다 다른 인종이, 학교에 다니거나 직장에 다니는 사람보다 학령 전 아동이나 노인들이, 더 교육을 많이 받은 사람들보다 덜 받은 사람들이 더 TV를 많이 보고 있다(Comstock & Scharrer, 1999). 디지털 비디오 녹음기 덕분에 "다시보기"가 가능해 2008년에 미국인은 전보다 더 많은 시간 TV를 본다(Nielsen, 2008a; 2008b).

텔레비전을 보는 동안 어떤 사회적 행동들이 모방되는가? 1994년부터 1997년까지 전국 텔레비전 폭력 연구(1997)는 주요 방송망의 1만 개의 프로그램을 분석하였다. 그 결과, 10개중 6개는 폭력성("위해를 가하거나 죽이려는 위협이거나 실제로 죽이거나 상처를 입히는")을 포함한 것이었다. 실제 주먹다짐에서는 한 번의 주먹질(흔히, 턱이나 손이 부러지는)로 끝나지만, 매체에 등장하는 인물은 쓰러져도 털고 일어나서 더 강하게 대응한다. 폭력 장면에서는 73%가 공격을 가해도 벌을 받지 않았다. 피해자의 58%는 고통을 보이지 않았다. 아동이 보는 프로그램에서 5%만 폭력이 결국은 벌을 받았지만, 3분의 2는 폭력을 재미있는 것으로 표현하였다(Kirsh, 2006).

매체는 어떤 영향을 주는가? 모두가 텔레비전은 어린이들이 성장하는 동안 학교에서 보내는 시간보다 더 많은 시간 동안 어린이들의 눈에 전파를 넣어 준다고 말한다. 실제로, 눈 뜨고 나서 다른 무엇보다 많은 시간을 텔레비전 앞에서 보낸다. 초등학교를 마칠 때쯤이면, 아동들은 TV에서 평균 8천 건의 살인 사건과 10만 건의 다른 폭력 행동을 보면서 자란다(Huston & others, 1992). 컨텐츠 분석가에 따르면, 미국에서는 1998년부터 2005, 2006년 사이에 황금시간대에 폭력성이 75%나 증가하여 시간당 4.41건의 폭력물을 시청하는셈이라고 하였다(PTC, 2007). 매체 연구자 George Gerbner(1994)는 22년 간 TV가 주는 폭력성을 집계하면서 "인류는 지금보다 피에 굶주린 시대가 없었고, 지금보다 폭력의 이미지로 가득 찬 때가 없었다"라고 한탄하였다.

TV 시청과 공격성에 관한 연구는 대중의 주목을 끄는 이따금씩 보이는 "모방" 살인보다는 더 은밀하고 만연된 효과들을 찾아내려고 한다. 이들은 텔레비전이 시청자들의 행동과 시청자들의 사고에 어떻게 영향을 주는지를 다룬다.

텔레비전이 행동에 미치는 효과

시청자들은 폭력적인 모델을 모방하는가? 텔레비전 범죄를 실현한 실제 범죄들의 예들이 많다. 208명의 수감자들에 대한 조사에서 10 중 9는 범죄 프로그램을 보고서 새로운 범죄 기법을 배웠다고 하였다. 10중 4는 텔레비전에 나온 특정한 범죄를 시도

하였다고 하였다(TV Guide, 1977).

TV 시청과 행동의 상관. 범죄 스토리는 과학적 증거가 없는 것이다. 그래서 연구자들은 폭력물 시청의 효과를 검증하기 위하여 상관연구와 실험연구를 한다. 한 가지 흔히 쓰는 방법은 학교를 다니는 어린이들의 TV 시청과 이들의 공격성을 상관지우는 것이다. 아이들이 보는 TV 내용에서 더 폭력물이 많을수록, 그 아이들은 더 공격적이라는 흔한 결과이다(Eron, 1987; Turner & others, 1986). 북미, 유럽, 호주에서 양자 간의 관계는 약하지만 일관성 있는 상관을 보였다. 그리고 이는 비뚤어진 "간접적 공격성"으로도 연장되었다. 수다를 떨고, 험담을 하고, 왕따를 시키는 등의 모델을 자주 본 영국의 소녀들도 그러한 행동을 더 자주 나타냈다(Coyne & Archer, 2005).

그렇다면, 우리는 TV의 직접적인 폭력을 자주 보면 공격성을 일으키리라고 결론지을 수 있는가? 여러분은 결과들이 상관 연구들에 의한 것이므로, 인과관계가 반대 방향일 수도 있음을 알 것이다. 공격적인 아동들이 공격적인 프로그램을 시청할 수도 있는 것이다. 또는, 낮은 지능 같은 제 3의 요인이 내재되어, 일부 아동들은 낮은 지능 때문에 공격적인 프로그램을 좋아하고 또 공격적인 행동을 하도록 태어날 수도 있다는 것이다.

연구자들은 두 가지 방법으로 대안적 설명을 해 왔다. 연구자들은 이들 가능한 요인들의 영향을 통계적으로 제거해서 "숨겨진 제 3의 요인"을 검증한다. 예를 들면, William Belson(1978; Muson, 1978)은 1,565명의 런던에 사는 소년들을 연구하였다. 폭력물을 거의 보지 않았던 소년들에 비하여 폭력물을 자주(만화에 나오는 폭력보다 특히 리얼하게) 보았던 소년들은 다음 6개월 동안 50%나 더 많은 폭력적 행위(예, 공중전화를 파괴하기)를 했음을 보였다. 그는 가족 크기와 같은 22개의 제 3의 요인일 법한 것들을 검증하였다. "심한 폭력물"과 "약한 폭력물"을 시청한 사람들은 잠재적인 제 3의 요인들을 모두 같게 했을 때에도 차이를 보였다. 그래서 연구자는 심한 폭력물 시청자들은 실제로 그들이 더 많이 TV 접촉을 했기 때문에 더 폭력적이 되었다고 추정하였다.

마찬가지로, Leonard Eron과 Rowell Huesmann(1980, 1985)은 875명의 8세 아동들에서 몇 가지 가능한 제 3의 요인들을 통계적으로 제거한 후에도 폭력물 시청과 공격성 간의 상관이 나옴을 보였다. 더구나, 이들 아동들이 19세가 되었을 때 다시 조사했는데, 8세에 폭력물 시청이 19세의 공격성을 약하게 예언하였지만, 8세의 공격성으로 19세의 폭력물 시청을 예언하지 못하였다. 폭력물을 보는 것이 공격성에 선행하였고, 그 반대는 아니었다. 더구나, 어릴 적에 가장 폭력물을 많이 본 아동들은 그렇지 않은 아동들에 비하여 30세가 되었을 때는 더 많은 범죄를 저지르기 쉬웠다(그림 10.7).

후속 연구들도 아래 사항들을 포함하여 여러 가지로 위의 결과들을 확인해 주었다.

- 8세 때 폭력물을 보는 것과 나중에 성인이 된 후에 배우자를 학대할 가능성의 상관(Huesmann & others, 1984, 2003).
- 청소년기에 폭력물 시청과 나중에 폭행, 강도, 상해 위협 가능성 간의 상관(Johnson

그림 :: 10.7
아동들의 텔레비전 시청과 이후 범죄적 행위
8세에 보는 폭력물은 30세 때의 강력범죄에 대한 한 예언 지표가 된다.
출처: Data from Eron and Huesmann(1984).

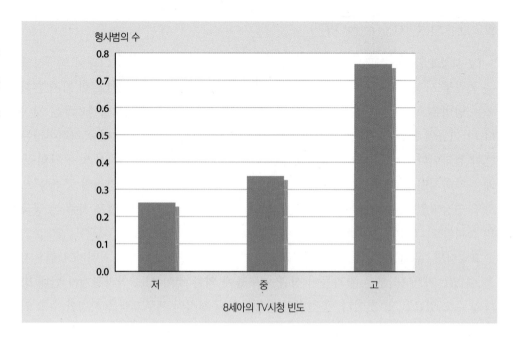

& others, 2002).

● 초등생들의 폭력적 매체 접촉과 2-6개월 후에 얼마나 다툼을 자주하는 지의 상관 (Gentile & others, 2004).

이 연구들 모두에서 연구자들은 기존의 낮은 지능이나 적대감과 같은 "제 3요인들"의 가능성을 신중하게 교정하였다.

요즘 많은 사람들은 TV 앞보다 컴퓨터 앞에서 더 시간을 보낸다. 인터넷은 TV보다 더 다양한 폭력물 시청 기회가 된다(Donnerstein, 2011). 또한 인터넷으로 폭력물을 생산, 전파할 수 있고, 이메일이나 SNS로 타인을 괴롭힐 수도 있다(Donnerstein, 2011). 유럽 성인들의 3분의 1도 폭력적이고 혐오스런 컨텐츠를 온라인으로 받은 바 있었다(Livingstone & Hadden, 2009). 미국 청소년들은 폭력사이트를 통해 5배나 더 많은 폭력행동이 증가되었다(Ybanna & others, 2008).

이 연구들은 원인과 결과를 보기 위하여 연구자들이 어떻게 상관연구를 사용하는지를 잘 보여주는 것이다. 그렇지만, 무한한 수의 가능한 제 3의 요인들이 단순히 폭력물 시청과 공격성 간에 우연한 관계를 만들 수 있는 것이다. 다행히도 실험연구를 하면 이들 관련 없는 요인들을 통제할 수 있다. 우리가 어떤 아동은 폭력물을 보게 하고, 다른 아동은 비 폭력물을 보도록 무선 배정하면, 나중의 두 집단 간에 공격성 차이는 단지 한 요인 즉, 아동들이 무엇을 보았는 지로만 설명할 수 있는 것이다.

TV 시청 실험. Albert Bandura와 Richard Walters(1963)에 의한 선구적인 보보−인형 실험은 때로는 어린이들에게 보보 인형을 때리는 성인을 직접 보지 않고 그러한 모습을 영화로 보게 했어도 같은 효과를 얻었다. 나중에 Leonard Berkowitz와 Russell Geen(1966)은 폭력 영화를 본 화난 대학생들은 화가 났지만 비폭력 영화를 본 학생에 비하여 더 공격적인 행동을 보였다. 이들 실험실 연구들은 고조된 대중의 관심과 어우

러져, 1970년대의 미국 보건 당국으로부터 50여건의 새로운 연구를 시작하게 만들었다. 대체로 이들 50여 편의 연구들은 나중에 나온 100여 편의 연구들과 함께, 폭력물을 보는 것이 공격성을 증폭시킴을 확인해 주었다(Anderson & others, 2003).

예를 들어, 미국의 Ross Parke(1977)과 벨기에의 Jacques Leyens(1975)가 주도한 연구팀들은 미국과 벨기에 교도소에 수용된 소년들에게 일련의 공격적 영화나 비공격적인 영화를 보게 하였다. 연구자들의 일관된 결과는 "폭력적 영화에 접촉하게 되면 본 사람을 공격적으로 만든다"는 것이었다. 폭력적 영화를 본 소년들에서 그러한 영화를 보기 한 주 전에 비하여 감방 안의 신체적 공격이 크게 증가됨을 보였다. 마찬가지로, Dolf Zillmann과 James Weaver(1999)는 남녀에게 4일 연속 폭력적 영화나 비폭력적 영화를 보여 주었다. 제 5일에 다른 일을 하게 했을 때, 폭력 영화를 본 사람들은 연구 조수에게 더 적대적으로 반응하였다.

이 실험들에서 일으킨 공격성은 폭행이나 구타는 아니었고, 점심을 먹으려고 기다리는 줄에서의 밀치는 정도, 심한 코멘트, 위협적인 제스처들이었다. 그렇지만, 종합적인 증거들은 강력하다. 1993년의 미국심리학회 청소년 폭력 분과에서는 "폭력을 보게 하면 폭력이 증가된다는 것은 반박할 수 없는 결론이다"라고 하였다. 이는 공격적인 경향성의 사람들, 매력적인 사람이 저지른 잘못을 정당화할 때, 현실적 폭력이 처벌되지 않고 더구나 아무런 고통이나 해를 받지 않을 때 특히 그러하였다(Comstock, 2008; Gentile & others, 2007; Zillmann & Weaver, 2007).

결국, Brad Bushman과 Craig Anderson(2001)은 폭력물을 보는 것이 공격성에 미치는 영향은 간접흡연이 폐암에 미치는 영향, 칼슘 섭취가 골밀도에 미치는 영향, 가사일이 학문적 업적에 미치는 영향을 능가하는 것이라고 하였다. 흡연과 암에서처럼, 다른 요인들도 중요한 것으로 한 가지로 모든 것을 설명하지는 못한다. 매체 중역들은 이 증거들을 과소평가해 왔다. 그러나 그 증거는 이제 "압도적"이라고 Bushman과 Anderson은 말한다. "매체 폭력에 노출되면 공격성이 현저하게 증가한다." 연구의 근거는 확실하고, 방법은 다양했고, 전반적 결과들은 일관성을 보였다고 국립정신건강원의 주도적 매체 폭력 연구자들도 맞장구친다(Anderson & others, 2003). "우리들의 심층 면접 결과도 매체 폭력에 노출되면 즉각적이고 장기적으로 공격적이고 폭력적인 행동 가능성을 증가시킨다는 분명한 증거를 보여 준다."

왜 TV 시청이 행동에 영향을 주나? 상관연구와 실험실 연구의 증거들이 일치함에 따라 연구자들은 폭력물을 보는 것이 왜 이러한 효과를 주는 지를 탐색해 왔다. 세 가지 가능을 고려할 수 있다(Geen & Thomas, 1986). 하나는 사회적 폭력을 일으키는 것은 폭력적 내용이 아니라 폭력이 일으키는 흥분 때문이라는 것이다(Muller & others, 1983; Zillmann, 1989). 앞에서 언급한대로, 흥분은 멀리 퍼지는 경향성을 보인다. 한 가지 유형의 흥분은 다른 행동들을 흥분시킨다.

다른 연구들에서는 폭력물 시청이 탈억제를 일으킨다는 것이다. 밴두라의 실험에서는 어른이 보보 인형을 때리는 것을 본 어린이에게 그러한 분출이 합법적인 것처럼 보이게 하고 어린이의 억제력을 낮추었다는 것이다. 폭력을 보게 하면 보는 사람으로 하여금 폭력과 관련된 생각을 활성화시켜서 공격적인 행동을 점화시킨다(Berkowitz, 1984; Bushman & Geen, 1990; Josephson, 1987). 성적으로 폭력적인 가사의 음악을 듣게 해도 비슷한 효과를 줄 수 있다(Barongan & Hall, 1995; Johnson & others, 1995; Pritchard, 1998).

매체에서의 묘사는 모방을 이끌어 낸다. 밴두라의 실험에서 아동들은 그들이 보았던 특정한 행동들을 재현하였다. 상업 텔레비전 업계에서는 그들이 보여 준 내용을 시청자들이 모방한다는 것을 반박하려 애쓴다. 광고주들은 소비의 모델을 제시할 뿐이다. 그러나, 단지 TV에서는 폭력적인 사회를 거울처럼 비췄을 뿐이라고 주장하는 매체 중역들은 올바른 것인가? TV는 인생을 모방한 것인가? 그래서 "TV" 속의 세계는 실제 세계를 우리에게 보여 주는 것인가? 실제로, TV 프로그램에서는 폭력적인 행동은 자애로운 행동 보다 4배나 많이 나온다. 다시 말하면, 텔레비전의 모델은 비현실적인 세계이다.

그러나 좋은 소식도 있다. 문제 해결을 모방에서 찾는다면, 특히 젊은 청소년 시청자들에게 **친사회적 행동**(prosocial behavior)을 하는 TV 모델은 사회적으로 도움을 줄 수 있을 것이다. 우리는 12장에서 어떻게 텔레비전의 은밀한 영향력을 써서 아이들이 긍정적인 교훈을 배우도록 할 수 있는 지를 볼 것이다.

친사회적 행동
(prosocial behavior)
긍정적이고, 건설적이고, 도움을 주는 사회적 행동; 반사회적 행동의 반대

텔레비전이 사고에 미치는 영향

우리들은 이제까지 텔레비전이 행동에 주는 영향에 초점을 두어 왔지만, 연구자들은 폭력물은 보는 것이 인지에 영향을 주는 지도 검증해 왔다. 폭력물을 오랫동안 보면 잔인성에 둔감해지는가? 어떻게 행동할지에 대한 정신적 각본을 제공하는가? 폭력물 시청이 우리의 현실 지각을 왜곡시키는가? 그것이 공격적인 생각을 점화시키는가?

둔감화. 음란한 단어 같은 정서-흥분시키는 자극들을 반복해서 들려주면 어떻게 되는가? 정서 반응이 "소멸"될 것이다. 수천 번의 잔인한 행위를 목격한 후에는 비슷한 정서적 마비를 충분히 예상할 수 있다. 가장 흔한 반응은 "아무렇지도 않아"가 될 것이다. 그러한 반응은 Victor Cline과 동료들(1973)이 121명의 유타의 소년들에게 잔인한 권투 경기를 본 후 생리적 각성을 재었을 때 관찰된 그것이다. 텔레비전을 별로 보지 않았던 소년들에 비하여, 습관적으로 보았던 소년들의 반응은 걱정보다는 그저 어깨를 으쓱하며 무시하는 반응이 많았다.

물론 소년들은 텔레비전을 보는 것 이외의 다른 활동에서는 다르게 행동할 수도 있다. 그러나, 성 폭력을 보게 한 효과를 다룬 실험에서는 일종의 심리적 마비 비슷한 둔감화가 "공포 영화"를 본 어린 사람들에서도 나타났다. 더구나, Ronald Drabman과 Margaret Thomas(1974, 1975, 1976)가 한 실험들에서, 그러한 관람은 나중에 두 어린이가 다투거나 싸우는 것을 보게 했을 때 더 무감각 반응을 보이게 하였다. 5,456명의 중학생을 대상으로 한 연구에서는 잔인함을 그린 영화에의 노출이 아주 광범위하였다(Sargent & others, 2002). 이들의 3분의 2가 "스크림(Scream)"이란 영화를 보았다고 하

였다. 그러한 관람 패턴은 극단적인 폭력 묘사에도 불구하고(또는 그것 때문이라고 해야 할지), 갤럽 청소년 조사에서 13-17세의 응답자들이 1977년에는 42%에서 2003년에는 27%로 영화 폭력이 크게 줄었다고 한 이유에 대한 설명이 될 것이다.

텔레비전과 영화에서 점점 성적으로 노골적인 표현이 많아짐에 따라 - 황금 시간대에 미국의 TV에서 성적 대화나 행동을 포함하는 장면이 1998년에서 2005년에 이르면 거의 두 배나 증가(Kaiser, 2005)-매체에서의 섹스 표현을 걱정하는 십대들도 마찬가지로 줄어들었다. 갤럽의 연구자 Josephine Mazzuca(2002)는 오늘날의 10대는 "그들의 부모 세대의 같은 나이 때보다 폭력성과 선정적인 묘사에 훨씬 더 둔감해져 있다"고 결론 내렸다.

사회적 각본. 우리가 새로운 상황에 처하면, 어떻게 행동할 것인가에 대한 문화권에서 주어진 정신적 지시인 **사회적 각본**(social script)에 의지하게 된다. 젊은이들은 수많은 액션 영화를 본 후 현실적 갈등에 부딪치면 쓸 각본을 습득하게 된다. 도전을 받으면, 상대를 위협하거나 그 위협을 제거하기 위해 "남자답게 행동"할 것이다. 마찬가지로, 대부분의 TV 황금시간대에서 나오는 수많은 성적 풍자들과 행동들(대부분은 충동적이고 단기적 관계를 가진)을 보고서는 젊은이들은 나중에 실제로 이성과 관계를 가질 때 쓸 성 각본을 배울 것이다(Kunkel & others, 2001; Sapolsky & Tabarlet, 1991). 따라서, 청소년들이 더 많은 성적 내용을 볼수록(조기에 성적 활동을 예언하는 다른 요인들을 통제한 경우에도), 자신들의 동료들이 더 성적으로 적극적이라고 지각하기 쉽고, 성적으로 허용적인 태도를 갖기 쉽고, 그리고 더 빨리 성 경험을 갖기 쉽다(Escobar-Chaves & others, 2005; Martino & others, 2005). 매체에서 묘사는 사회적 각본을 만든다.

사회적 각본(social scripts)
여러 상황에서 어떻게 행동할 지에 대해서 문화권 별로 마련된 정신적 지침서

지각의 변화. 텔레비전에 나오는 허구적인 세계가 우리의 현실 지각도 바꾸는가? George Gerbner와 펜실바니어대학의 동료들(1979, 1994)은 이것이 텔레비전의 가장 큰 영향력이라고 보았다. 이들은 성인들과 청소년층을 대상으로 많이 시청하는 집단(하루에 4시간 이상)과 적게 시청하는 집단(하루에 2 시간 이하)을 조사하였다. 많이 시청하는 집단이 적게 시청하는 집단보다 주변 세상에서 폭력 빈도를 더 과장하였고, 개인적 피해에 대한 걱정도 더 하였다. 여성에 대한 폭력을 시청한 남아프리카의 여성들도 비슷한 위험성 지각을 보였다(Reid & Finchilescu, 1995). 미국의 7~11세 아동에 대한 전국 조사에서는 텔레비전을 많이 보는 집단이 적게 보는 집단보다 "누군가 나쁜 사람이 자신들의 집에 침입할 수 있다"거나 "밖에 나가면, 누군가에 의해 피해를 입기 쉽다"고 하기 쉬웠다(Peterson & Zill, 1981). 텔레비전을 많이 보는 사람에게는 이 세상이 무서운 곳이 되어가고 있는 것이다. 매체 묘사는 현실에 대한 지각이 된다.

인지적 점화. 폭력적 비디오를 보게 하면 공격과 관련된 연결망을 활성화시킨다는 새로운 증거도 나왔다(Bushman, 1998). 사람들은 폭력물을 보고 난 후에 다른 사람들의 행동을 더 적대적으로 설명하였다(밀친 것이 의도적인가?). 그런 사람들은 구어

요즘 세상   **by TOM TOMORROW**

옛날에는 선조들이 위험한 외부세계를 모른 채 캠프파이어를 해 놓고 둘러앉아 있었지만, 요즘에는 온 가족이 편안하게 TV 모니터 앞에 모여 앉는다.

다음 뉴스입니다. 먼 곳에서 엄청난 사건이 발생했지만 원인은 알 수 없습니다.

저런, 안됐구만!

여기 우리 집은 안전해서 다행이야.

(Dan Perkins/THIS MODERN WORLD)

TV를 많이 보는 사람들은 이 세상을 위험한 곳으로 보게 된다.
@ 2009 Tom Tomorrow.

의 동음이의어를 더 공격적인 뜻으로 해석하였다 ("punch"를 음료수가 아니라 때리는 것으로 해석). 그리고 이들은 공격적인 단어들을 더 빨리 인식하였다. 매체 묘사는 사고를 점화 시킨다.

시간낭비. 아마도 텔레비전의 가장 큰 효과는 질이 아니라 양과 관련된 것이다. 보다 활발한 레크리에이션에 비해서 TV를 보는 것은 사람들의 에너지를 빼앗고 기분을 가라앉게 한다(Kubey & Csikszentmilaly, 2002). 더구나 해마다 사람들의 생활에서 천여 시간 이상 다른 활동을 할 시간을 TV가 빼앗는다. 대부분의 다른 사람들처럼 여러분이 매년 천여 시간을 TV 보는데 쓰는데, TV가 없다고 가정하고 이를 보는 시간을 다른 활동에 투자했다면, 오늘 날의 여러분과 어떻게 달라졌을까? Robert Putnam(2000)은 1960년 이후에 시민활동과 조직 활동이 줄어 든 이유를 TV 시청과 사회 활동 참여가 경합적이었기 때문이라고 하였다. 텔레비전이 클럽 미팅, 자원봉사 활동, 집회 활동, 그리고 정치적 활동 시간을 빼앗은 것이다.

매체 영향: 비디오 게임

Douglas Gentile과 Craig Anderson(2003)은 매체 폭력의 효과에 대한 과학적 논쟁은 "기본적으로 끝났다"고 주장한다. 연구자들은 이제 폭발적인 인기와 잔인함을 담은 비디오 게임에 주목하고 있다. Gentile과 Anderson은 교육적 연구들은 "비디오 게임이 좋은 학습 도구이다"고 한다. "건강 비디오가 성공적으로 건강한 행동을 가르쳐 주고, 비행 시뮬레이터 비디오 게임이 비행하는 방법을 가르쳐 준다면, 폭력적 살인-모의 게임은 우리에게 무엇을 가르쳐 줄 것으로 기대하는가?"라고 말하였다.

아동들이 하는 게임

2012년에 비디오 게임 산업은 탄생 40주년을 자축하였다. 1972년에 처음 비디오 게임이 나온 이후에 전자 탁구로부터 스플레터 게임(splatter game)으로 변천되었다(Anderson & others, 2007). 2008년 조사에서는 97%의 10대 청소년들이 비디오게임을 하며, 이 중 50%는 연이틀 하기도 하였다. 대부분 게임은 "Halo", "Counter-Strike" 같은 1인칭 사격게임이고, 2/3는 "Grand Theft Auto"와 같은 폭력이 수반된 액션게임이었다(Pew Research Center, 2008). 더 어린 아동들도 폭력적 게임을 하였다.

한 조사에서, 4학년생들의 남학생들 중 73%와 여학생들의 59%는 폭력적인 게임을 좋아한다고 응답하였다(Anderson, 2003, 2004). "M(mature)" 등급으로 나온 게임은 17세 이상자들에게 판매되도록 의도되었지만, 종종 시장에서는 그보다 더 어린 학생들에게도 팔리고 있다. 연방거래 위원회도 5번 중 4번 시도하면 더 낮은 연령층도 그 게임을 살 수 있었다고 하였다(Pereira, 2003).

인기 있는 게임의 하나인 "Grand Theft: San Andreas"에서는 청소년들이 정신병질자의 역할을 하도록 안내된다고 Gentile(2004)은 말한다. "차를 타고 보도 위로 올라갈 수 있다, 차를 훔칠 수도 있다, 차를 타고 다니면서 총질을 할 수 있다, 홍등가를 누비고 다닐 수 있다, 창녀를 태울 수 있다, 차 안에서 창녀와 섹스를 할 수 있다, 돈을 돌려받기 위해 창녀를 살해한다." 3차원 그래픽을 통하여, 사람들을 쓰러뜨리거나, 그들에게 강도짓을 할 수 있고, 그들을 짓밟아서 피를 토하고 죽는 것을 볼 수 있다.

아동들이 하는 게임의 영향

켄터키, 아칸서스, 콜로라도에서 벌어진 별개의 10대 총격 사건 이후에 청소년들이 폭력적 비디오 게임을 스크린 상에서 자주 접하다가 실행에 옮긴 것에 대한 우려가 고조되었다. 2011년 노르웨이의 한 살육자가 게임 중독자였다는 것이 알려진 이후 더 우려되고 있다. 사람들은 오랜 시간 동안 사람들을 공격하고 신체를 절단하는 역할을 통해서 청소년들이 무엇을 배웠을까? 노르웨이 게임 가게들은 엄청난 살육이 벌어진 이후 무슨 대응을 했을까? 의아해 한다(Anderson, 2011).

흡연자들 대부분은 폐암으로 죽지 않는다. 아동 학대를 받은 대부분이 아동 학대자가 되지 않는다. 인간 살육을 수백 시간 동안 연습한 대부분의 사람들은 점잖은 삶을 살아간다. 담배나 텔레비전 이해관계자들처럼 비디오 게임 옹호론자들은 이와 같이 자신들의 제품들도 무해하다고 주장할 수 있다. 양방 디지털 소프트웨어 협회장인 Doug Lowenstein(2000)은 "폭력적 비디오 게임이 공격적 행동을 일으킨다는 절대적인 증거가 아무 것도 없다"고 주장하였다. 그렇지만, Gentile과 Anderson은 폭력적 게임들이 폭력적 텔레비전을 보는 것보다 더 유해한 영향을 줄 수 있는 지에 대한 논리적인 이유들을 들고 있다. 게임 플레이를 하면 플레이어들은

- 폭력적인 주인공의 역할을 하고, 그 주인공과 동일시한다.
- 단지 폭력을 수동적으로 보기만 하지 않고, 적극적으로 폭력을 연습한다.
- 피해자를 선택하고, 무기와 실탄을 획득하고, 피해자를 추적하고, 무기를 조준하고, 방아쇠를 당기는 전 폭력 과정을 실제로 한다.
- 지속적으로 공격의 위협을 받고 폭력에 대처해 싸운다.
- 계속해서 폭력적 행동들을 반복한다.
- 효과적인 공격을 하면 상을 받는다.

이러한 이유로 인하여, 흔히 군대에서는 전투에 임하는 병사들(2차 세계 대전시에 다수의 병사들이 적을 사살하는 것을 주저한 것으로 보도 됨)로 하여금 공격-시뮬레이션 게임을 하게 하여 전투 준비를 시킨다. 폭력적 비디오게임을 한 사람은 게임 밖

에서도 공격적이 되는가? 어떤 사람은 "나는 폭력적 비디오게임을 했지 나는 공격적이지 않아"라고 주장할 수 있다. 평론가 Rogen Simon(2011)도 매체 폭력이 실생활에서 공격으로 이어진다는데 대해 "나는 어릴적 장난감 총을 갖고 놀았지만 이후에 아무에게도 해를 입히지 않았다."고 하였다.

그런데, 가용한 연구 결과에서는 실제로 어떻게 나왔는가? Craig Anderson(2010)은 5가지 일관된 효과를 보이는 수십 편의 연구들에서 나온 통계적 요약을 제시하였다. 비폭력적 게임보다 폭력적 게임을 하면,

- 흥분을 증가시킨다. 심장 박동율과 혈압이 증가한다.
- 공격적 사고를 증가시킨다. 예를 들면, Bushman과 Anderson(2002)은 Duck Nukem과 Mortal Kombat 같은 게임을 한 후에 대학생들은 방금 차를 뒤에서 받친 경우 그 사람에 대하여 욕설을 하거나, 창문을 걷어차거나, 싸움을 시작하는 등 더 공격적으로 반응하기 쉬웠다.
- 공격적 느낌을 증가시킨다. 좌절 수준이 올라가면, 적대감 표현도 증가된다.
- 공격적 행동을 증가시킨다. 폭력적 게임을 한 후, 아동들과 청소년들은 동료들과 더 공격적으로 놀고, 교사들과 더 논쟁을 벌이며, 좀 더 다툼에 참여한다. 실험실 내외에서, 자기 보고, 교사 보고, 부모 보고에서, 그림 10.8에 나온 이유들로 효과들이 나타난다. 단지 원래부터 공격적인 아이들이 그러한 게임을 하게 되는가? 그렇지는 않다. 성격과 기질을 통제했을 때도, 비디오 게임 폭력에 노출되면 사람들은 잔인성에 둔해지고, 공격적 행동을 증가시킨다(Bartholow & others, 2005). 더구나, Douglas Gentile과 동료들(2004)은 어린 청소년들을 대상으로 한 연구에서, 적대감 점수가 낮은 사람들도 심한 폭력 게임을 한 사람들은 그러한 게임을 하지

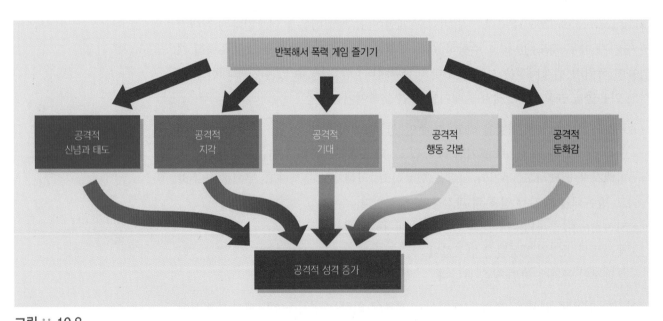

그림 :: 10.8
폭력적 비디오 게임은 공격적 성향에 영향을 준다
출처: Adapted from Craig A. Anderson and Brad J. Bushman(2001).

않은 사람들이 다투는 비율인 4%의 10배에 이르는 비율로 싸운다고 하였다. 폭력 게임을 시작한 후에는 이전에는 적대적이지 않던 아이들도 다투기 쉬웠다.

- 친사회적 행동의 감소. 사람들은 폭력적 비디오 게임을 한 후에는, 동료를 덜 도 와주거나 복도에서 울먹이는 사람들 덜 도와주었다. 나중에 금전관련 의사결정 과제에서, 파트너를 믿고 협동하기보다는 착취하기 쉬웠다(Sheese & Graziano, 2005). 이들은 또, 정서와 관련된 뇌 활동이 줄어들어 폭력에 둔감해졌다(Bar-tholow & others, 2006).

더구나, 폭력적 게임을 더 많이 할수록 영향은 더 많이 받았다. 비디오 게임은 점점 더 폭력적이 되어 가는데, 이는 최근의 연구일수록 더 강한 영향이 보고되는 이유를 설명해 주는 것이다. 더 많은 연구가 필요하겠지만, 이 연구들은 폭력 게임들이 폭력 경향성을 "진정시키는 효과"를 주리라고 한 인권 작가의 정화가설과 달리 폭력을 연습하면 폭력이 방출되기보다는 폭력을 만들어내는 것이다(Heins, 2004).

그래서 우려하는 과학자 Anderson(2003, 2004)은 부모들에게 적어도 그들의 가정 안에서 아이들이 어떤 게임을 하는지를 알아보고, 매체 조절이 건전한지 확인하도록 권하고 있다. 부모들은 자녀들이 다른 집에 가서 어떤 내용을 보는지, 어떤 놀이를 하는지, 무엇을 할지를 통제할 수는 없을 것이다. 아이들의 동료들이 가진 문화에 미치는 매체의 영향을 통제할 수도 없을 것이다.(그래서 부모들이 "그저 안 된다"라고 말하는 것은 순진하다고 권고하는 것이다.) 그러나 부모들은 자기 집에서 보는 것은 감독할 수 있고, 대안적 활동을 위한 시간을 증가시킬 수 있다. 다른 부모들과의 연대를 하면 아동을 보호할 수 있는 이웃을 형성할 수 있는 것이다. 그리고 학교들도 매체 인식 교육을 제공해서 도움을 줄 수 있을 것이다.

폭력적 비디오 게임이 정화적인가? 중독적인가? 아니면 아무런 영향도 없는가? 실험으로 일부 설명이 나왔다.

THE inside STORY

Craig Anderson과 비디오 게임 폭력

텔레비전과 영화 폭력 연구가들에 의하여 입증된 명백한 유해 효과를 이해한 나는 비디오 게임의 폭발적인 증가가 걱정되었다. 대학원 제자의 하나인 Karen Dill과 함께 나는 실험 및 상관 연구를 하게 되었고, 미 상원 소위원회에 나가 증언하게 되었고, 다양한 정부와 부모와 아동 보호 조직인 공공정책 집단에게 상담을 하게 되었다.

연구 결과 긍정적인 영향을 미칠 수 있는 것은 만족스럽지만, 비디오 게임 업계는 30년 전에 담배 회사들이 실험실 쥐가 암에 걸리려면 얼마나 많은 말보르 담배를 피워야 하는 지를 대라고 하면서 기초적 의학 연구를 조롱했듯이 비디오 게임과 관련된 연구 성과들을 무시하려고 별짓을 다하였다. 나는 업자들로부터 엄청나게 추잡한 메일을 받기도 하였고, 엄청난 양의 정보를 보내라는 요구를 받기도 하여 www.psychology. iastate. edu/faculty/caa에서 자료를 주고 답을 보내기도 하였다.

많은 사람들이 복잡한 문제에서의 이해를 높이기 위한 최선의 방법은 특정 주제에 찬성하는 측과 반대하는 측에게 같은 시간을 주는 것이라고 믿고 있다. 대체로 미디어 폭력 뉴스 이야기는 업계 대표에게 동일한 시간을 주고 그들이 선호하는 "전문가"들이 천진난만한 4살짜리 아이가 아무 문제없다는 말을 내보내는 것인데, 이를 보면 우리들은 자신들이 무슨 일을 하는 줄도 모른다는 인상을 갖기에 충분한 것이었다. 특정 분야의 모든 전문가들이 동의한다면, "공정성"과 "균형"이 맞는 말인가? 아니면, 적절한 전문가가 관련 주제에 관한 논문을 쓰고, 이를 동료들이 심사하여 출간된 창의적인 연구 논문을 기대해야 하는가?

Craig A. Anderson,
Iowa State University

집단의 영향

우리는 무엇이 개인들로 하여금 공격을 일으키는지를 보아왔다. 좌절, 모욕, 공격적 모델이 고립된 사람들의 공격적 경향성을 높인다면, 그러한 요인들은 집단들 안에서도 같은 반응을 촉진할 것이다. 한 폭동의 시작에서 보듯이, 흔히 공격적 행위는 어떤 적대적인 사람이 "격발"하는 예를 보고나서 급속히 확산된다. 약탈자들이 마음 놓고 텔레비전 수상기를 꺼내 간다면, 보통 때는 법을 잘 지키던 구경꾼들도 그들의 도덕적 억제력이 낮아지고 약탈자들을 따라하게 된다.

집단들에서는 일부는 책임감이 분산되어서 공격적 반응이 증폭되기도 한다. 대개 전쟁에서의 공격 결정은 일선에서 멀리 떨어져 있는 전략가들에 의하여 내려진다. 그들이 명령을 내리지만, 이에 대한 수행은 다른 사람들이 하는 것이다. 이러한 거리감이 공격을 쉽게 권하게 만드는가?

Jacqelyn Gaebelein과 Anthony Mander(1978)는 실험실에서 그러한 모의상황을 만들었다. 이들은 그린스보로에 있는 노스캐롤라이나 대학생들에게 어느 정도의 전기 충격을 줄지 권고하도록 하였다. 대부분의 대량 공격의 피해자들이 그렇듯, 피해자들은 아무런 잘못도 없었는데, 어떤 벌을 주

사회적 전염. 1990년대 중반에 17마리의 어미와 떨어진 수컷 수코끼리를 다른 지역에 재배치 했는데, 이들은 통제불가능한 청소년 갱이되어 40마리의 코뿔소를 죽였다. 1998년에 공원관리자들이 6마리의 더 튼튼한 성년 코끼리를 투입하자 사태가 진정되었다 (Slotow & others, 2000). 왼쪽이 여러명의 어린 코끼리를 제압한 대장코끼리.

더라도 직접 더 책임을 느끼는 현장 참가자들보다도 권고하는 입장에 있는 사람들이 더 많은 충격을 주도록 하였다.

책임감의 분산은 거리로 인해서만이 아니라 수에 의해서도 증가된다.(8장에 나온 몰개성화 현상을 참조.) Brian Mullen(1986)은 1899년부터 1946년 사이에 일어난 60건의 린치 사건들을 분석하여 흥미 있는 결과를 찾아냈다. 린치 폭도들의 수가 많았을수록, 더 잔악한 살인과 상해가 일어났다.

사회적 "전염"을 통해서 집단들은 다른 경향성을 더 극화시키듯이 공격 경향성을 증폭시킨다. 예를 들면, 청소년 패거리, 축구 팬들, 탐욕스런 병사들, 도시의 폭동들, 그리고 스칸디나비아 사람들이 말하는 학생들이 집단적으로 불안정하고 약한 동료 급우를 반복적으로 희롱하거나 공격하는 "왕따 시키기(mobbing)" 등이다(Lagerspetz & others, 1982). 왕따 시키기는 집단 행위이다.

반사회적 경향성을 같이 하고, 긴밀한 가족관계나 공부에 흥미가 없는 청소년은 패거리에서 사회적 정체성을 찾으려 한다. 집단정체성이 발달하면, 동조 압력과 몰개성화가 증가한다(Staub, 1996). 구성원들이 집단에 자신들을 맡기면서 개인 정체성은 감소하고, 흔히 다른 사람들과 하나가 되었다는 만족감을 갖기도 한다. 패거리 안에서는 집단적 흥분, 탈억제, 극화와 같은 사회적 전염이 흔하다. 패거리 전문가인 Arnold Goldstein(1994)은 패거리 성원들이 결혼하거나, 직장을 얻거나, 교도소에 수감되거나, 늙거나, 죽거나 하기 전까지는 서로 어울려 다닌다고 하였다. 이들은 자신들의 구역을 설정하고, 자신들의 깃발을 휘날리며, 경쟁자들에게 도전하고, 때로는 비행을 저지르며, 마약, 구역, 명예, 여자, 욕설을 놓고 싸우기도 한다.

1억 5천만 명의 생명을 앗아간 20세기의 대학살은 "개인적 행위들의 합이 아니었다"고 Robert Zajonc(2000)는 말한다. "인종 대학살은 살인의 복수형이 아닌 것이다." 대학살은 집단이나 특별한 행위의 문화가 결집된 집단적 정신(이미지, 수사, 그리고 이념을 포함)인 "도덕적 책무"에 의하여 나온 사회적 현상이다. 르완다 투시족의 대학살, 유럽에서 유태인 대학살, 아프리카 원주민의 대학살들은 광범위한 지지, 조직, 그리고 참여를 요구하는 집단적 현상이었던 것이다. 르완다 후투 정부와 기업체 지도자

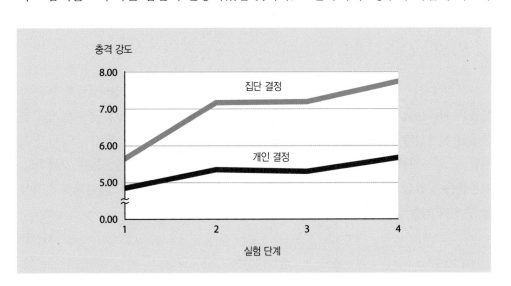

그림 :: 10.9

집단―증폭적 공격성
개인들에게 틀린 대답을 할 때 벌로 얼마나 전기 충격을 줄 지를 결정하게 하면 실험이 진행됨에 따라 더 높은 수준으로 나온다. 집단으로 결정을 시키면 이러한 경향성은 더 극화된다.
출처: Data from Jaffe & others, 1981.

들은 대학살을 하기 전에 2 백만 개의 중국제 칼을 사서 나눠주었다. 3개월에 걸쳐 후 투의 공격자들은 사냥을 나가듯 달아난 이웃 종족들을 살해 후에는 귀가하여 술마시 고 즐겼다(Dalrymple, 2007; Hatzfeld, 2007).

이스라엘에서 Yoram Jaffe와 Yoel Yinon(1983)이 한 실험에서는 집단들이 공격적 경 향성을 증폭시킬 수 있음을 확인하였다. 한 실험에서는 동료 참가자가 화나게 하였을 때 전기충격을 주게 하였더니 혼자인 경우보다 집단인 경우에 더 강한 보복을 하는 것 을 보였다. 다른 실험(Jaff & others, 1981)에서는 어떤 과제를 하면서 틀리면 벌로 얼마 의 전기 충격을 줄 지를 혼자서이거나 집단으로 결정하게 하였다. 그림 10.9에서 보듯 이, 개인들은 실험이 진행됨에 따라 전기 충격을 더 주었는데, 집단으로 의사결정을 하 게 했을 때는 이러한 개인들의 경향성이 증폭되었다. 개인적 공격 반응을 일으키는 상 황이라면, 부가적인 집단 상호작용은 흔히 이를 더 증폭시켰다.("Research close-up : 화나게 하면 집단은 개인보다 더 공격적인가?" 참조)

여러분은 중ㆍ고교시절에 누군가 언어적, 신체적으로 괴롭힘을 당하는 모습을 그저 지켜본 적 있을 것이다. 옆에 있는 사람들도 웃거나 조롱해서 공격적 왕따에 능동적 역할을 할 수 있다(Salmivalli & others, 1999). 핀랜드에서 사용된 효과적인 왕따방지 프로그램은 방관자들이 그러한 긍정적 피드백을 주지 않아서 왕따를 감소시킬 수 있 었다(Karna & others, 2011).

공격성 연구들은 사회심리학의 실험실 결과들을 일상생활에 어떻게 잘 일반화 시킬 수 있는 지에 대한 좋은 기회를 마련해 준다. 누군가에게 전기 충격을 주거나 뜨거운 소스를 나눠 주게 하는 상황이 실제로 욕설을 하거나 얼굴을 때리는 상황에서도 어떤 시사를 던져줄 수 있는가? Craig Anderson과 Brad Bushman(1997; Bushman & Anderson, 1998)은 사회심리학자들이 실험실과 일상 세계에서 공격성을 연구해 왔고, 그 결과들 은 놀랍게 일치되었다고 하였다. 두 맥락들에서, 공격성의 증가는 다음 내용들로 예언 할 수 있었다.

- 남성 행위자
- 알코올
- 익명성
- 무기의 존재
- 공격적이거나 A형 성격
- 폭력물 시청
- 화나게 만듦
- 집단 상호작용

실험실에서는 통제된 조건 하에서 이론들을 검증하고 수정할 수 있다. 실제 현실 사 건들은 이론들을 적용하는 현장을 마련해 주고 아이디어를 자극한다. 공격성 연구는 통제된 실험실과 복잡한 현실세계 간의 상호작용이 심리학의 인간 복지를 위해서 기 여할 수 있는지를 보여 준다. 일상적 경험들로부터 얻은 직감은 이론들을 자극하고, 이론들은 실험실 연구를 자극하고, 이는 다시 심리학이 현실 문제를 잘 이해하고 적용 할 수 있게 하는 것이다.

공격성 연구가들은 공격성 측정에서의 창의적인 방법으로 유명한데, 전기 충격을 주기, 큰 소리를 들려주기, 사람들의 감정을 상하게 하기 등 책략들을 쓴다. Holly McGregor와 동료들(1998)은 두 경찰관의 음식에 타바스코 소스를 넣어 폭행으로 구속된 요리사 사건과 부모가 뜨거운 소스를 억지로 먹인 아동학대 사건으로부터 단서를 얻었다. 이로부터 다른 누군가에게 얼마나 뜨거운 소스를 먹게 할지로 공격성을 잴 아이디어가 나온 것이다.

게티스버그의 Bruice Meirer와 노스다고타의 Verlin Hinsz(2004)는 집단과 개인의 공격성 비교에서 이러한 측정치를 사용하였다. 이들은 참가자들에게 개인들이거나 3인 집단으로 참여하게 하고, 성격과 음식 선호와 관계를 연구하는 것으로 뜨거운 소스를 맛보고 평가해 달라고 하였다. 실험자는 각 개인이나 집단이 얼마나 뜨거운 소스를 먹도록 할지는 아직 정하지 않았으며, 참가자들이 정해 달라고 하였다. 참가자들이 나무젓가락으로 뜨거운 소스를 선택하게 한 후에, 실험자는 다른 참가자들이 선택한 것을 모으려 떠난다. 실험자는

248그램의 소스가 든 컵을 들고 다시 나타나, 이를 나중에 참가자가 먹으리라고 기대하게 하였다. 다음에는 참가자들이 다른 참가자에게 줄 뜨거운 소스를 자신이 선택하는 만큼 많이 또는 적게 컵에 담아줄 차례가 되게 하였다.(실제로는 참가자들은 누구도 억지로 소스를 먹지는 않았다.)

놀라운 결과가 표 10.2에 나와 있는데, 집단으로 선택하게 한 경우는 개인들이 선택한 경우보다 24%나 더 많이 뜨거운 소스를 담아 주는 보복을 하였고, 개인 표적보다 집단 표적에 대해서도 24%나 많은 보복을 하였다. 유독성 환경에서는 집단과 상호작용(행위자이거나 표적으로서) 하게 하면 개인적 공격성이 증폭되었다. 이 결과는 특히 집단 간 상호작용 시에 현저하다. 집단 성원들은 불쾌한 48그램의 뜨거운 소스를 각자 받은 후에, 집단의 각 성원들은 93그램이나 퍼서 보복을 하였다. 분명, 집단들은 도발에 대해서 좀 더 공격적으로 반응했을 뿐만 아니라, 개인보다 집단에서의 도발을 더 적대적으로 지각했다고 Meirer와 Hinsz는 보았다.

표 :: 10.2　뜨거운 소스를 담은 양(g)

원천	표적	
	개인	집단
개인	58.2	71.0
집단	71.1	92.9

출처 : Meier & Hinsz, 2004.

요약 : 공격성에는 어떤 요인들이 영향을 미치는가?

● 많은 요인들이 공격성에 영향을 준다. 하나는 혐오적 경험인데, 이는 좌절뿐만 아니라 불편, 고통, 그리고 신체적 언어적인 개인적 공격들도 포함된다.

● 신체적 운동이나 성적 자극과 같은 거의 모든 원천에 의한 흥분도 분노로 바뀔 수 있다.

● 총기의 존재와 같은 공격 단서들이 공격적 행동 가능성을 높여 준다.

● 폭력물을 보는 것은 (1) 이미 화가 나 있는 사람에게 특히 공격적 행동을 증가시킨다. (2) 공격에 대하여 둔감하게 하고 현실 지각을 왜곡시킨다. 이들 두 결과들은 폭력적 포르노를 보게 했을 때의 연구 결과와 유사한데, 포르노를 본 후에는

여성에 대한 남성의 공격성을 높이고 성적 강제에 대한 여성의 반응 지각도 왜곡시킨다.

● 텔레비전은 수백 만 명의 일상생활에 파고들어 상당한 폭력을 묘사해 준다. 상관 및 실험 연구 결과들은 방송된 폭력물을 많이 볼수록 공격적 행동을 많이 보인다는데 일치하고 있다.

● 반복적으로 폭력적인 비디오 게임을 하면, 다른 매체들보다 더 적극적으로 참여하기 때문에 텔레비전이나 영화보다도 더 공격적인 생각, 감정, 그리고 행동을 하게 만든다.

● 많은 공격이 집단적으로 이뤄진다. 개인에게 화나게 하는 상황에서는 집단들도 화나게 할 수 있다. 집단에 흔한 책임감의 분산과 극화된 행동으로 집단 상황은 공격적 반응을 더 증폭시킨다.

공격성은 어떻게 줄일 수 있는가?

우리는 본능적, 좌절-공격, 그리고 사회학습적 공격성 이론들을 살펴보았고, 공격성에 미치는 생물학적이고 사회적 영향력을 보아왔다. 그렇다면, 어떻게 공격성을 줄일 수 있는가? 이론과 연구들에서는 공격성을 줄일 방안들에는 무엇이 있다고 보는가?

정화(catharsis)?

"어린이들에게 그들의 분노를 발산할 방법을 가르쳐야 한다. 어떤 사람이 자신의 분노를 억누르고 있다면, 우리는 출구를 찾아 주어야 한다. 스팀이 방출 될 기회를 주어야 한다."고 Ann Landers(1969)는 권고 하였다. 한때 저명한 정신과 의사이던 Fritz Perls(1973)도 "어떤 편견적 표현은 행동이 아니라 말로 방출시킬 수 있다"고 하였다. Andrew Sullivan(1999)도 뉴욕 타임즈 매거진에 기고한 증오 범죄에 대한 글에서 같은 말을 하였다. 이러한 말들은 누적된 공격성 에너지는 저수지에 가득 찬 물과 같아서 방출해 주어야 한다는 "수력학적 모델(hydraulic model)"을 가정하는 것이다.

대개 정화 개념은 아리스토텔레스로부터 시작된 것이다. 실제로 아리스토텔레스는 공격성에 대하여는 아무런 언급을 하지 않았지만, 고전적 비극을 보고 동정심과 공포감을 정화(씻어내듯)하듯이 어떤 감정을 경험함으로써 그 감정들을 씻어 낼 수 있다고 주장하였다. 그는 어떤 감정을 일으키면, 그 감정이 발산된다고 하였다(Butcher, 1951). 정화 가설은 드라마를 보는 것뿐만 아니라 과거 사건들을 회상하고 재현해서, 감정으로 표현하거나 행동을 통해서도 정서적 발산을 할 수 있다고까지 연장되었다.

공격적 행동이나 환상이 억눌린 공격성을 빼낸다고 가정해서, 일부 이론가들과 집단 지도자들은 서로 폼 방망이로 때리거나 소리치면서 테니스 라켓으로 침대를 두드리게 해서, 억압된 공격성을 밖으로 꺼내도록 장려하기도 하였다. 정화로 효과적인 정서 방출이 된다면, 사람들은 자신의 기분을 증진시키려고 자신에게 해를 입힌 대상에게 더 공격적으로 반응할 것이다(Bushmann & others, 2001). 정화의 치료적 효과를 믿은 일부 심리학자들은 부모들에게 공격적 놀이를 통하여 자녀들의 정서적 긴장을 발산토록 권장하였다.

"성적 도구들이 억눌린 충동을 배출해 준다"라는 말에 거의 2 대 1로 동의하는 것을 반영하듯, 많은 일반인들도 정화 주장에 동조해 왔다(Niemi & others, 1989). 그러나, 다른 전국 조사에서는 "성적 도구들이 사람들로 하여금 강간을 범하게 한다"는 말에도 대부분의 미국인들이 동의하고 있는 것으로 나왔다. 그렇다면 정화적 기법은 타당한 것인가 아닌가?

실제로 연구자 Brad Bushman(2002)은 "분노를 줄이기 위하여 분노를 방출하는 것은 불을 끄기 위하여 가솔린을 붓는 것과 같다"고 하였다. 음란물을 보는 것이 성적 충동을 배출한다면, 섹스 잡지가 많이 팔리는 지역에서는 강간 비율이 낮아야만 한다. 사람들이 음란물을 본 다음에는 성적 욕구가 줄어들어야 하고, 남성들은 여성들을 덜 성적 대상으로 보아야만 한다. 그러나 연구들은 사실은 정반대로 나왔음을 보인다 (Kelly & others, 1989; McKenzie-Mohr & Zanna, 1990). 노골적인 성을 묘사한 비디오들은 다양한 성 행동들을 부채질하는 성적 환상을 일으키는 성적 최음제가 되었다.

프로이트, 로렌즈, 그리고 이들의 추종자들이 제안하는 것들과는 반대로, 폭력물을 보거나 참여하는 것은 정화를 일으키지 못한다는데 사회심리학자들은 거의 합의에 이르고 있다(Geen & Quanty, 1977). 예를 들면, Robert Arms와 동료들은 미국과 캐나다에서 미식축구, 레슬링, 그리고 하키 게임을 보기 전보다 본 후에 관객들이 더 적대감을 보인다고 하였다(Arms & others, 1979; Goldstein & Arms, 1971; Russell, 1983). 전쟁을 한 다음에도 공격적인 감정이 정화되지 않았다. 전쟁이 끝난 다음에도 전국적인 살인율이 오히려 증가함을 보였다(Archer & Gartner, 1976).

Brad Bushman(2002)은 실험실에서 정화를 검증하기 위하여, 화가 난 참가자들이 샌드백을 치되 한 조건에서는 몸매 관리만 생각하게 하였고, 다른 조건에서는 자신을 화나게 한 사람을 곰곰이 생각하게 하였다. 제 3의 집단에게는 샌드백을 치지 않게 하였다. 그리고 나서 참가자들에게 화가 나게 만든 사람들에게 큰 소음을 줄 수 있게 하였다. 그 결과, 가장 공격적인 집단은 샌드백을 치고 동시에 화가 나게 만든 사람을 곰곰이 생각하게 한 집단이었다. 더구나, 샌드백을 쳐서 "스팀을 발산"한 집단보다 아무것도 하지 않은 집단에서 공격성을 효과적으로 줄일 수 있었다.

일부 현장 실험에서도 공격을 하게 했더니 더 큰 공격을 보이는 결과를 얻었다. Ebbe Ebbesen과 동료들(1975)은 해고 통지를 받은 직후에 화가 난 100 명의 기술자들을 면담하였다. 일부에게는 "회사에서 당신에게 공정하지 못했던 사례들에는 어떤 것들을 생각할 수 있었습니까?"와 같은 질문을 하여, 고용주나 감독자들에게 적대감을 표현할 기회를 주었다. 나중에 회사와 감독자들에 대한 태도를 재는 질문지에 응답하게 하였다. 앞서 그들의 적대감을 "배출"하거나 "비울" 기회를 가졌던 사람들이 적대감을 줄일 수 있었던가? 정반대로 그들의 적대감은 증가되었다. 적대감을 표현한 것이 더 큰 적대감을 낳았던 것이다.

낯익은 소리 같지 않은가? 4장에서 잔인한 행동이 잔인한 태도를 낳는다고 한 말을 상기하자. 나아가서, 스탠리 밀그램의 복종 실험 분석에서 말한 것처럼, 작은 공격 행동도 그 자체의 정당화를 낳을 수 있었다. 사람들은 자신들의 피해자를 격하시켜 정당화시키고, 더 나아가 공격을 합리화하였다.

단기적으로는 보복하면 긴장을 줄이고 쾌감을 주기까지 한다(Ramirez & others, 2005). 그러나, 장기적으로는 보복은 부정적 감정을 가져온다. 화가 나게 한 사람에게 샌드백을 치게 하면, 정화 효과를 보이리라고 생각한 사람에게도 정반대의 효과를 가져와 더 잔인함을 보이게 한다고 Bushman과 동료들(1999, 2000, 2001)은 말한다. Bushman(1999)은 "이는 오래 된 농담과 같다. 어떻게 하면 카네기 홀에서 연주할 수 있어요? 연습, 연습, 또 연습. 어떻게 하면 화나는 사람이 돼요? 하는 물음에도 답은 동일하다. 연습, 연습, 또 연습."이라고 하였다.

그러므로 우리는 분노와 공격적 욕구를 억눌러야 하는가? 조용한 부루퉁함(silent

sulking)은 우리가 머리 속으로는 대화를 하면서 우리의 불평거리를 계속 반복하게 하므로 거의 효과적이지 못할 것이다. Brad Bushman과 동료들(2005)은 그러한 반추가 주는 독성 효과를 실험하였다. "지시를 못 알아들었어요? 큰 소리로 말해요"와 같은 모욕을 준 불쾌한 실험자 때문에 화가 나게 한 다음에, 참가자들의 반에게는 주의분산(자기 학교 교정의 풍경에 대한 글을 쓰게 해서) 하게, 나머지 반에게는 모욕을 반추(연구에 참여자로서의 경험을 글로 쓰게 해서)하게 하였다. 다음에는 같이 참가한 것처럼 보이는(실제로는 실험 협조자) 동료 참가자에 의해 약한 모욕을 당하게 하였다. 참가자들은 그 동료 참가자들이 먹을 뜨거운 소스를 준비하는 반응을 하게 하였다. 주의분산 조건의 참가자들은 그들의 분노가 가라 앉아 약간 뜨거운 소스를 주도록 하였으나, 아직도 화가 끓어오르는 반추 조건의 참가자들은 그들의 공격적 욕구를 전위시켜 두 배나 뜨거운 소스를 주도록 하였다.

다행히, 우리의 감정을 비공격적인 방법으로 표현하고 남들에게 그들의 행위가 우리에게 어떤 영향을 주었는지를 공격적이지 않게 알리는 방법들이 있다. 여러 문화권에서, 비난조의 "너" 메시지를 "나" 메시지로 재구성하면("나는 네가 말한 것에 화가 난다"거나 "나는 네가 접시를 더럽게 하면 짜증이 난다" 같이) 다른 사람으로 하여금 긍정적 반응을 할 수 있게 자신의 감정을 전달할 수 있다(Kubany & others, 1995). 우리는 공격적이지 않으면서도 자기 주장을 할 수가 있는 것이다.

사회학습 방법

공격적 행동이 학습되는 것이라면, 공격성은 통제할 수도 있다는 희망도 있다. 공격성에 미치는 요인들을 간단히 살펴보고, 이들을 어떻게 대처할 지를 생각해 보자.

기대 좌절과 개인적 공격과 같은 혐오적 경험은 적대적 공격의 뿌리가 된다. 그래서 사람들의 마음속에 잘못되고, 도달할 수 없는 기대를 심지 않도록 하는 것이 현명하다. 보상과 손실을 기대하는 것은 도구적 공격에 영향을 준다. 이는 우리가 협동적이고 비공격적인 행동에는 상을 주어야 함을 시사한다.

실험에서, 양육자가 공격적 행동은 무시하고 비공격적 행동은 강화시키면 덜 공격적으로 변했다(Hamblin & others, 1969). 공격자를 벌하는 것은 덜 일관적인 효과를 보였다. 처벌이 강하고, 즉각적이고, 분명한 때, 바람직한 행동에 대한 보상과 결합된 때, 그리고 받아들이는 사람이 화가 나 있지 않은 때 같은 이상적 조건에서만 벌을 주겠다고 위협하는 것이 공격성을 억제하였다(R. A. Baron, 1977).

더구나, 처벌의 효과에는 한계가 있다. 대부분의 살인은 논쟁, 모욕, 또는 구타의 결과로 인한 충동적이고, 강한 공격성에서 비롯된다. 치명적 공격성이 냉정하고 도구적이라면, 범죄가 벌어질 때까지 기다리고 나중에 그러한 행동을 심하게 처벌할 수 있다면 그런 행동을 억제할 수 있다는 희망을 가질 수 있다. 그런 세계에서는 사형제도가 없는 나라보다 사형제도가 있는 나라에서 더 낮은 살인율을 보일 것이다. 그러나, 우리가 사는 세상은 그렇지 않고, 사형제도가 있어도 높은 살인율을 보인다(Costanzo,

1998). 따라서, 우리는 공격성이 일어나가 전에 이를 막아야만 한다. 우리는 비공격적 갈등 해결책들을 가르쳐야만 한다.

체벌도 부정적 부작용을 줄 수 있다. 처벌은 혐오적 자극이다; 처벌은 피하려는 행동을 본뜬다. 그리고 처벌은 강제적이다(강한 외부 정당화로 강요된 것은 좀체 내면화 되지 않음을 상기하자). 이것이 흔히 폭력적 10대들과 아동 학대 부모들이 엄격한 체벌을 받은 가정 출신인지의 이유이다.

온화한 세상을 만들려면, 우리는 부모들에게 폭력을 쓰지 않고 양육할 수 있는 방법을 가르침으로서, 어릴 적부터 감수성과 협동성에 보상을 주는 본보기를 보여야 할 것이다. 부모들이 바람직한 행동을 강화하고 긍정적인 언어 습관("네 방을 치우지 않으면, 나가 놀지 못해"가 아닌 "네가 방을 치우면, 나가서 놀아도 돼")을 갖도록 장려하는 훈련 프로그램이 필요하다. 한 "공격성 대체 프로그램"은 청소년들과 부모들에게 의사소통 기술을 가르치고, 분노를 통제하는 훈련을 시키고, 도덕적 추리 수준을 향상시켜서 청소년 범죄율을 낮추었다(Goldstein & ohers, 1998).

공격적 모델을 보기만 해도 억제력을 낮추고 모방을 하게 한다면, 인종차별과 성차별에서 보인 조치들처럼 영화나 텔레비전에서의 잔인하고, 비인간적인 묘사를 줄일 수 있을 것이다. 우리는 아동들을 매체폭력 효과로부터 면역시킬 수도 있다. Eron과 Huesmann(1984)은 텔레비전 방송이 "사실을 제대로 직시하고 그들의 프로그램을 변경"하는지에 대하여 의문을 갖고, 일리노이주 오크 파크의 어린이 170명에게 텔레비전이 세상을 비현실적으로 그리고 있고, 텔레비전에서 말하는 것보다 공격성은 덜 흔하고 비효율적임을 교육하였다(태도 조사에 의하여, 연구자들은 이러한 추론들을 스스로 이끌어 내도록 하고, 그들이 표현한 비판을 자신들의 신념이라고 보게 하였다). 2년 후에 다시 연구하였을 때, 이 아이들은 훈련을 받지 않은 아이들보다 텔레비전 폭력의 영향을 덜 받았다. 보다 최근에 스텐포드 대학 연구에서는 단지 18개 학급에서 텔레비전 시청과 비디오 게임하기를 줄이도록 설득하였다(Robinson & others, 2001). 그 결과 시청 시간을 3분의 1정도 줄였고, 아동들의 폭력적 행동도 비교 집단에 비하여 25%나 낮게 나왔다.

공격적 자극들도 공격성을 촉발할 수 있다. 이는 권총과 같은 무기를 줄일 수 있음을 시사한다. 1974년에 자메이카는 엄격한 무기 통제와 텔레비전과 영화에서의 총기가 나오는 장면들을 검열하는 것을 포함한 범죄와의 전쟁을 실시하였다(Diener & Crandall, 1979).

이와 같은 제안들은 공격성을 최소화하는데 도움을 줄 수 있다. 공격성의 복잡한 원인들과 이들을 통제하기 어려움에 비추어, 20세기에는 "오늘날 사람을 죽이는 것은 사람을 먹는 것만큼 역겨운 일로 간주될 것이다"라고 예측한 앤드류 카네기의 낙관성을 느끼는 사람이 있을 것인가? 카네기가 이러한 말을 한 이후에 2억 명 이상이 살해되었을 것이다. 오늘날 우리는 어느 때보다 인간의 공격성을 잘 이해하고 있으면서도 인간들의 비인간성이 지속되고 있음은 슬픈 풍자이다.

문화 개혁과 세계폭력

그럼에도 불구하고, 문화는 바뀔 수 있다. "바이킹은 살육하고 약탈하였다. 스웨덴에 있는 이들의 후손들은 거의 200년 동안 전쟁에서 싸우지 않았다"고 과학 작가 나탈리 앤지어는 말한다. 실제로 심리학자 Steven Pinker(2011)는 시간을 두고 인간의 문명은 진화되었고, 전쟁, 인종 살인, 그리고 살인과 같은 모든 형태의 폭력은 감소되었다고 보았다. 즉, 이웃 나라들을 약탈하는 것으로부터 경제적으로 상호 의존하는 것으로, 600년간 매년 두 차례씩 전쟁하는 서유럽은 지난 70년간 한 번의 전쟁도 없는 사회로 발전하였다고 하였다. 그는 놀랍게도 현대 영국의 살인 미스테리를 즐기는 현재는 과거 중세보다 피살될 확률이 50배나 덜하다고 하였다. 한 나라를 빼고는 서구의 모든 민주 국가에서 사형제도가 폐지된 바 있다. 유일한 예외 나라인 미국도 일부 범죄에는 사형을 배제시키고 있다. 그는 경제 활동, 정부 정책, 교육으로 더 많이 폭력을 줄여 나갈 수 있다고 결론지었다.

요약 : 공격성은 어떻게 줄일 수 있는가?

● 어떻게 공격성을 최소화할 수 있는가? 정화가설과 달리, 정화로 인한 공격성 표현은 공격성을 줄이는 것이 아니라, 공격성을 더 일으키는 경향을 보인다.

● 사회학습적 방법에서는 공격을 유발하는 요소들을 반대로 적용하자고 한다: 혐오적 자극을 줄여서, 비 공격을 보상하고 본받고, 공격성과 양립되지 않는 반응을 일으켜서.

CHAPTER
11

매력과 친밀감 :
다른 사람을
좋아하고 사랑하는 것

**"나는 내 친구들의 작은 도움으로
그럭저럭 살아나간다."**

– John Lennon & Paul McCartney, 1967

무엇이 우정과 매력으로 이끄는가?

사랑이란 무엇인가?

무엇이 친밀한 관계를 가능하게
하는가?

관계는 어떻게 끝나는가?

우리는 평생 서로 의존하며 살아가고 관계는 우리 삶의 핵심이다. 여러분이
태어날 수 있었던 것도 바로 매력-한 남자와 한 여자 사이의 끌림
덕분이었을 것이다. 아리스토텔레스는 인간을 "사회적 동물"이라고 불렀다. 실제로
우리는, 오랫동안 지속되는, 친밀한 관계 내에서 다른 사람들과 연결되고자 하는,
사회심리학자들이 말하는 소위 소속욕구를 가지고 있다.

사회심리학자 Roy Baumeister와 Mark Leary(1995; Leary, 2010)는 사회적 매력의
힘을 다음과 같이 기술하였다.

• 우리 조상들에게, 상호 애착은 집단의 생존을 가능하게 했다. 사냥을 하건 집을
짓건, 5명이 한명보다 낫다.

• 남자와 여자에게, 사랑의 결속은 아이들을 낳게 하고, 아이들의 생존 기회는
서로를 지지하는 두 명의 결속된 부모의 양육에 의해서 증가된다.

• 아이들과 양육자에게, 사회적 애착은 생존 가능성을 높인다. 이유를 알지 못한 채
헤어지게 되면, 부모와 아이는 다시 만날 때까지 모두 극심한 두려움에 사로잡힌다.
극단적인 방임 상태에서 자랐거나 누구와도 의미 있는 관계를 맺지 못하고
기관에서 키워진 아이들은 무력하고 불안한 존재가 된다.

• 대학생들은, 일상의 많은 부분을 대인 관계에 소비한다. 당신은 깨어있는
동안 얼마를 사람과 이야기 나누는데 사용하는가? 학생들이 깨어있는 시간을
30초 단위로 기록한 10,000개의 테이프를 분석한 결과 그들은 28%의 시간을
누군가에게 이야기하고 있는 것으로 나타났다. 여기에는 다른 사람의 이야기를
듣는데 소요된 시간은 포함되지 않았다(Mehl & Pennebaker, 2003).

• 직접 만나지 않을 때, 전세계 70억의 사람들은 전화와 문자로 접속하거나
페이스북 등의 SNS로 연락한다. 미국의 경우 대학입학을 앞두고 고등학생
10명 중 9명은 SNS 사이트를 사용하고 대부분이 하루에 한번 이상
방문한다(대학입시위원회, 2003). 십대의 절반은 하루데 50통 이상의 문자를
보낸다(Lenhart, 2010). 우리의 소속욕구 때문에 끊임없이 접속되어 있기 위해
시간을 투자한다.

• 모든 사람들에게(성정체성에 관계없이), 실제의 그리고 희망하는 친밀한 관계는
사고와 감정을 지배할 수 있다. 마음을 터놓을 수 있는 지지적이고 마음이

통하는 사람을 만나게 되면, 우리는 자신이 소중하게 여겨지고 수용되어짐을 느낀다. 사랑에 빠질 때 우리는 억누를 수 없는 기쁨을 느낀다. 연인, 가족 그리고 친구와의 관계가 건강할 때, 자존감은 높아진다(Denissen & others, 2008). 수용과 사랑을 갈망하며 우리는 화장품과 옷, 다이어트에 수억원을 지출한다. 표면적으로는 냉담해 보이는 사람도 타인에게 받아들여지는 것을 좋아한다 (Carvallo & Gabriel, 2006).

• 추방되거나, 감옥에 갇히거나, 홀로 감금되면 사람들은 자신이 살았던 장소와 사람들을 몹시 갈망한다. 다른 사람에게 거부당하면 우울증에 취약해진다(Nolan & others, 2003). 시간은 더디게 가고 삶의 의미는 퇴색한다(Twenge & others, 2003). 커다란 대학 캠퍼스에 온 지 3달 지났을 때, 유학생들은 향수병처럼 안정감이 떨어졌다 보고한다(Cemalcilar & Falbo, 2008).

• 애인에게서 버림받거나, 사별하거나, 그리고 낯선 곳에 머무는 사람들에게, 사회적 유대의 상실은 고통과 외로움을 일으키고 자기 속에 움츠러들게 한다. 친밀한 관계를 잃었을 때, 사람들은 질투심, 심란함, 또는 상실감을 느낄 뿐만 아니라, 죽음과 삶의 허무함을 생각하게 된다. 자리를 옮기고 난 후—특히 소속 욕구가 강한 사람들은 일반적으로 향수병을 겪는다(Watt & Badger, 2009).

• 죽음을 생각나게 하는 것들은 역으로, 다른 사람들과 함께 있고 사랑하는 사람들을 껴안으려는 소속욕구를 강화시킨다. 9/11 테러를 직면하였을 때, 수백만의 미국인들은 사랑하는 사람들에게 전화를 하고 연결되었다. 마찬가지로 학우, 동료, 또는 가족의 충격적인 죽음 앞에서 사람들은 결집하고, 서로의 차이는 더 이상 문제되지 않는다.

우리는 사회적 동물이다. 우리는 관계 맺기를 원한다. 다른 동기들도 그렇지만, 소속욕구의 좌절은 이를 더욱 강렬하게 한다. 욕구가 만족되면 동기는 줄어든다(Dewall & others, 2009, 2011). 14장에서 확인한 바와 같이, 우리가 소속되어 있을 때, 즉 가깝고 친밀한 관계에 의해 지지받고 있다고 느낄 때 우리는 더 건강하고 더 행복한 경향이 있다. 자율성이나 유능감의 다른 욕구들과 조화롭게 소속 욕구가 만족되면, 대개 깊은 행복감에 이르게 된다(Deci & Ryan, 2002; Milyavskaya & others, 2009; Sheldon & Niemiec, 2006). 행복은 사람들과 연결되고, 자유롭고, 유능하다는 느낌이다.

사회심리학자인 Kipling Williams(2002, 2007, 2009, 2011)는 우리가 배척되어(ostracism: 사회적으로 배제하거나 무시하는 행위) 소속욕구가 좌절되었을 때 어떤 일이 일어나는지 연구하였다. 모든 문화에서 사람들은 학교이든 직장이든 가정에서든 사회적 행동을 규제하기 위하여 배척을 사용한다.

우리 중 일부는 외면되는 것, 즉 사람들이 나를 멀리 하거나, 눈을 마주치지 않거나, 말을 걸지 않는 것이 어떤 것인지를 안다. 자신이 모르는 언어로 이야기하는 사람들 사이에 있는 것만으로도 소외감을 느낄 수 있다(Dotan-Eliaz & others, 2009). 사람들(특히 여성들)은 배척을 받으면 우울감, 멍한 기분, 불안, 상처받은 느낌, 관계를 회복하려는 노력 그리고 결국에는 위축되어 물러나는 반응을

한다. 가족에게서나 동료로부터 말을 걸지 않는 처우를 경험한 사람들은 이를 "감정적 학대"이고 너무나도 "끔찍한 무기"라고 말한다. 실험에서도, 공 주고받기와 같은 간단한 게임에서도 배제된 사람들은 기가 죽고 스트레스를 받는다. 배척은 상처를 주며, 그 사회적 고통은 배척당해보지 않은 사람은 절대 모를 만큼 강렬하다(Nordgren & others, 2011).

때로 이렇게 야기된 위축감은 무례함으로 바뀐다. Jean Twenge와 동료들(2001, 2002; Leary & others, 2006)이 실시한 여러 연구에서, 일부 참가자에게는 사회적으로 소속되는 경험을 하고 다른 일부는 일시적인 배척을 경험하였다. 배척의 조건에서는 성격검사 결과를 토대로 "인생 후반에 결국 혼자 남겨지게 될 가능성이 높다"거나 안면이 있는 다른 사람들이 그들과 같은 집단이 되기를 원하지 않았다고 듣는다. 배척되었다고 느끼게 된 사람들은 적성검사에서 저조한 수행을 보이는 등 자기 패배적 행동들을 더 보이고, 자신의 행동도 더 통제할 수 없었다(건강에 좋지만 맛없는 음료를 덜 마시고, 건강에 나쁘지만 맛좋은 쿠키를 더 먹었다). 또한 그들은 다른 사람을 헐뜯기가 더 쉬웠고, 자신을 모욕한 사람에게 소음을 들려주도록 하였을 때 더 큰 소음을 들려주었다. 실험실 상황에서 "섬에서 쫓아낼 사람으로 뽑히는 것" 같은 작은 경험만으로도 그러한 공격성을 유발할 수 있다면, "일련의 강한 거부나 만성적인 소외"가 어떤 공격적 성향을 유발할 수 있을지에 연구자들은 주목한다.

Williams와 그의 동료들(2000)은 만날 일이 없는 안면부지 사람들에 의한 "사이버 배척" 조차도 피해를 줄 수 있다는 발견에 놀랐다(당신도 채팅에서 무시되거나 이메일에 답장이 없을 때 이를 경험해 보았을 것이다). 연구자들은 수십개국의 5,000여명의 참가자들에게 다른 두 사람과(실제로는 컴퓨터가 만들어낸 경기자들) 원반을 던지는 인터넷 게임을 하게 하였다. 다른 경기자들로부터 배척당한 참가자들은 보다 나쁜 기분을 경험하고, 이어진 지각 과제에서 다른 사람들의 틀린 판단에 더 많이 동조하는 경향을 나타냈다. 배척은 불안한 사람들에게 가장 오랫동안 상처가 되었다(Zadro & others, 2006). 어리거나 늙었을 때, 더 상처가 되었다(Hawkley & others, 2011). 그리고 다른 사람들이 싫어하는 그룹(KKK 등)에 의해서 배척될 때 마찬가지로 상처가 되었다(Gonsalkorale & Williams, 2006). 또한 이어지는 실험에서는, 신체적 고통에 반응하여 활성화되는 뇌 피질 영역에서 높아진 활동성을 보였다(그림 11.1). 신체적 고통과 유

실험에서 밝혀진 배척의 강력한 효과를 볼 때, 지속적인 배척의 장기적 효과는 어떠할까?

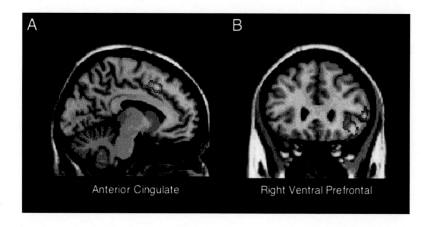

그림 :: 11.1

배척의 고통

Naomi Eisenberger, Metthew Lieberman, 그리고 Kipling Williams (2003)는 사회적 배척이 신체적 고통과 비슷한 뇌의 반응을 일으킨다고 보고하였다.

사한 배척으로 인한 사회적 고통은, 공격성을 증가시킨다(Riva & others, 2011). 상처받은 느낌은 심박수의 감소로 나타난다(Moor & others, 2010). 심장이 찢어지는 것이 심장이 멈추게 할수도 있는 것이다.

사회적 거부의 고통은 너무나 생생해서 타이레놀은 상처받은 느낌을 감소시킬 수 있다(DeWall & others, 2010, 2011). 배척과 대조적으로, 사랑의 느낌은 뇌의 보상체계를 활성화시킨다. 사랑하는 사람의 사진을 볼 때, 사랑에 깊이 빠진 대학생은 열로 인한 고통은 현저히 덜 느낀다(Younger & others, 2010). 배척은 실제 고통이다. 그리고 사랑은 천연진통제이다. 사회적으로 소외되었을 때를 기억하라고 할 때-다른 사람들이 모두 외출했는데 혼자 기숙사에 남을 때처럼 - 사람들은 수용받은 상황을 기억하는 사람들에 비해 방 온도를 5도나 더 춥게 느꼈다(Zhong & Leonardelli, 2008).

Williams와 동료들(2000)은, 하루 동안 네 사람이 서로에 대해 반응하지 않고 무시하기로 합의 한 경우에도 배척이 스트레스를 준다는 것도 밝혀내었다. 재미있는 역할 게임이 될 것이라는 예상과는 달리, 이 모의 실험은 일에 혼란을 주고, 원활한 사회적 기능을 방해했고, "일시적인 걱정, 불안, 의심, 전반적인 정신적 취약성을 야기했다." 우리의 깊은 소속욕구를 방해하는 것은 우리의 삶을 동요하게 한다.

Roy Baumeister(2005)는 거절 연구에서 밝은 면도 발견했다. 배척된 지 얼마 지나지 않은 사람들이 새로운 친구를 사귈 수 있는 안전한 기회를 경험하면, "그것을 기꺼이, 심지어 간절히 받아들이려는 것으로 보인다." 그리고 사회적인 수준에서 소속욕구를 충족시키는 것은 편익이 있다는 점에 Baumeister는 주목한다.

> 사회학을 하는 나의 동료들은, 배제되었다고 느끼는 소수 집단들이 실험 처치가 일으키는 바와 똑같은 행태들을 많이 보인다는 점을 강조해왔다. 높은 비율의 공격성과 반사회적 행동, 협조와 규칙준수에 대한 자발성 감소, 저조한 지적 활동, 자기 파괴적인 행동들과 단기적인 초점 등. 만약 우리가 보다 많은 사람들이 자신이 귀중한 구성원으로 받아들여지고 있다고 느끼는 더욱 포용적인 사회를 만들어 간다면, 이러한 비극적인 행태들의 일부는 감소할 것이다.

무엇이 우정과 매력으로 이끄는가?

> 어떤 요인들이 호감과 사랑을 키워내는가? 근접성, 신체적 매력, 유사성, 나를 좋아한다는 느낌.

한 사람이 다른 사람을 좋아하거나 또는 사랑하게 만드는 것은 무엇일까? 이런 인간 본성에 대한 몇 가지 질문들은 강한 흥미를 불러일으킨다. 애정이 피어나고 사라지는 모습들은 드라마, 대중음악, 소설, 그리고 우리의 일상적인 대화의 소재가 된다. 사회 심리학이라는 분야가 있다는 것을 알기 훨씬 전에 나는 Dale Carnegie가 제안한 인맥을 형성하고 영향력을 갖게 하는 비법들을 암기했었다.

호감과 사랑에 대한 수많은 출판이 이어졌고, 생각해 낼 수 있는 거의 모든 설명과 그에 대한 반론들도 이미 제시되었다. 대다수의 사람들에게 그리고 당신에게 어떤 요소가 호감과 사랑을 키우는가?

- 그 사람을 보지 못하면 더 깊이 좋아하게 될까? 혹은 시야에서 멀어지면 마음에서도 멀어질까?
- 좋아하면 매력을 느끼나? 매력을 느끼면 좋아하게 되나?
- 잘생긴 외모가 얼마나 중요한가?
- 친밀한 관계를 촉진하는 것은 무엇인가?

우정의 형성을 돕는 요인들부터 시작하자. 그리고 관계를 유지하고 깊게 하여 우리의 소속욕구를 만족시켜 주는 요인들을 알아보자.

근접성

어떤 두 사람이 친구인지 여부를 예언하는 하나의 강력한 변인은 단순한 **근접성**이다. 근접성은 적대감 역시 만들어 낼 수 있다; 대부분의 폭력과 살인은 가까이 사는 사람들 사이에 일어난다. 그러나 이보다 훨씬 더 빈번하게, 근접성은 호감을 불러일으킨다. Mitja Back과 대학 동료들은(2008) 이를 증명했는데, 첫 수업에서 학생들에게 자리를 배정하고, 수강자 전체에게 자신을 짧게 소개하게 하였다. 단 한번의 자리 배정이 이루어진 후 일년 후, 학생들은 공교롭게도 첫 수업의 소개 자리에서 바로 옆이나 가까운 자리에 있는 학생들과 가장 친했다. 낭만적 사랑의 비밀스러운 기원에 대해 고찰하는 사람들에게는 사소해보일 수도 있지만, 사회학자들은 대부분의 사람들이 같은 동네에 살거나, 같은 회사나 직업에서 일하거나, 같은 교실에서 지내거나, 좋아하는 같은 장소를 방문한 누군가와 결혼한다는 것을 오래전에 밝혀냈다(Bossard, 1932; Burr, 1973; Clarke, 1952; McPherson & others, 2001). 결혼했거나 장기적 관계에 있는 사람들에 대한 Pew 설문조사(2006)에서 38%의 응답자는 직장이나 학교, 나머지 일부는 동네나 교회, 체육관에서 또는 성장하는 동안에 만났다. 주변을 둘러보라. 만약 당신이 결혼했다면 아마 걸어갈 수 있는 거리 내에 살았거나 일했거나 공부한 누군가일 것이다.

근접성
지리적으로 가까움. 근접성(보다 정확하는 기능적 거리)은 호감을 강력하게 예언한다.

친구 및 가족과의 친밀한 관계는 건강과 행복에 영향을 미친다.

상호작용

지리적인 거리보다 훨씬 더 중요한 것은 "기능적인 거리" 즉, 사람들이 얼마나 자주 마주치는가이다. 우리는 동일한 출입구, 주차장, 휴식공간을 이용하는 사람들과 자주 친구가 된다. 임의로 배정되

"가끔, 옆집에 살았기 때문에 당신이 나와 결혼한 것 같아."

었지만 빈번하게 상호작용하는 대학 룸메이트는 나쁜 사이보다는 좋은 친구가 될 가능성이 훨씬 더 크다(New-comb, 1961). 내가 몸담은 대학에서, 예전에는 남성들과 여성들이 캠퍼스의 반대편에 살았다. 이들이 이성간의 우정이 부족한 점을 아쉬워했던 것도 당연하다. 현재 대학생들은 통합된 기숙사에 살면서 복도, 라운지, 세탁시설을 공유하는데, 남성과 여성 사이의 우정은 훨씬 더 빈번하게 생긴다. 상호작용은 사람들이 서로의 유사성을 탐색하고, 서로에 대한 호감을 느끼며, 그들 자신을 하나의 사회적 단위로 인식하게 한다(Arkin & Burger, 1980).

"내가 사랑하는 사람과 가까이 있지 못하면, 나는 가까이 있는 사람을 사랑해."
– 뮤지컬 피니안의 무지개 중에서, 1947.

그러므로 당신이 새로 이사와서 친구를 사귀고 싶다면 우편함 가까운 곳에 집을 얻고, 커피포트 가까운 곳에 책상을 두며, 본관 건물 가까이 주차 공간을 얻도록 노력하라. 그런 것이 우정의 구조물들이다.

이러한 접촉이 가지는 확률적 속성이 다음과 같은 놀라운 발견들을 이해할 수 있게 한다. 생각해보자. 만약 당신의 일란성 쌍둥이가 누군가와 약혼했다면 당신은(당신의 쌍둥이 형제와 참으로 많은 면에서 유사한) 그 약혼자에게 당신의 쌍둥이 형제처럼 매력을 느낄 것인가? David Lykken과 Auke Tellegen(1993)의 대답은 그렇지 않다는 것이다; 일란성 쌍생아의 절반만이 쌍둥이 형제의 선택이 정말로 좋았다고 회상했고, 단지 5%만이 "나의 쌍둥이의 약혼자와 사랑에 빠질 수도 있었다"고 말했다. 낭만적인 사랑은 종종 새끼오리의 각인과 같다고 Lykken과 Tellegen은 추측한다. 누군가를 반복적으

가까이 있는 사람에게 친밀함을 느낌: 사람들은 친숙한 동료들을 좋아하게 되고 가끔은 사랑에 빠진다.

로 마주치고 상호작용하면, 우리는 대략적으로 비
슷한 특징을 가지며 우리의 애정에 화답하는 거의
어느 누구에게라도 열정을 쏟을 수 있다. (그러나,
추후 연구에서는 일란성 쌍생아들의 배우자들이
상당히 유사한 성격을 갖는 경향이 있음을 보이고
있다.)

"당신을 그렇게 좋아하지 않는다면 다른 누군가를 정말로 좋아하고 있겠지."

왜 근접성이 호감을 낳는가? 한 가지 요인은 가
용성이다; 다른 학교에 다니거나 다른 도시에 사는
사람을 알게 될 기회는 분명히 적다. 그러나 여기
에는 그 이상의 무엇이 있다. 대부분의 사람들은
룸메이트를 좋아하거나 한집 건너 사는 사람을 두
집 건너 사는 사람보다 더 좋아한다. 몇 집 건너 살거나, 또는 아래층에 사는 사람이 불
편한 거리에 사는 것이 아님에도 게다가, 가까이에 있는 사람들은 친구뿐 아니라 적이
될 수도 있다. 그렇다면 왜 근접성은 미움보다는 애정을 더 불러일으키는가?

상호작용의 기대

근접성은 사람들이 공통점을 발견하고 서로 잘 해줄 수 있게 한다. 그런데, 단순히
상호작용을 기대하는 것 역시 호감을 북돋운다. John Darley와 Ellen Berscheid(1967)
은 미네소타 대학의 여성들을 대상으로, 두 명의 여성들에 대한 애매한 정보를 주면서
그 중 한명과는 친밀하게 이야기 나눌 것을 기대하게 하는 연구에서 이 사실을 발견하
였다. 두 사람 각각에게 얼마나 호감이 가는지 질문 받으면, 참가자들은 그들이 만나
기를 기대하는 사람을 더 좋아했다. 누군가와 데이트하기를 기대하는 것도 비슷하게
호감을 증가시켰다(Berscheid & others, 1976). 심지어 선거에서 진 쪽에 투표한 사람
들도 이제는 함께 할 수밖에 없는 이긴 후보에 대한 자신의 견해가 좋아진다(Gilbert &
others, 1998).

이 현상은 적응적이다. 기대로 인한 호감—누군가가 유쾌하고 잘 맞을 것이라는 기
대는 좋은 관계를 형성할 기회를 높인다(Klein & Kunda, 1992; Knight & Vallacher,
1981; Miller & Marks, 1982). 자주 보는 사람을 좋아하도록 편향되어 있다는 것은 좋은
일이다. 왜냐하면, 우리의 삶은, 우리가 선택하지는 않았으나 지속적인 상호작용을 해
야 할 사람들-룸메이트, 형제자매, 조부모, 선생님, 급우, 동료-과의 관계로 가득하기
때문이다. 그러한 사람들을 좋아하는 것은 그들과 더 좋은 관계를 갖는데 분명히 도움
이 되며, 이는 보다 행복하고 생산적인 삶에 도움이 된다.

단순 노출

근접성은 상호작용과 기대로 인한 호감을 가능하게 할 뿐 아니라, 또 다른 이유로도
호감에 이르게 한다. 200여 실험들의 결과는, 오랜 속담과는 달리, 친숙함은 경멸을 낳

단순 노출 효과
(mere–exposure effect)
반복적으로 새로운 자극에 노출되었을 때 그것을 더 좋아하거나 더 긍정적으로 평가하는 경향

지 않음을 밝혔다. 오히려, 호감을 촉진시킨다(Bornstein, 1989, 1999). 모든 종류의 새로운 자극 – 무의미한 글자, 중국 한자, 음악 선곡, 얼굴 – 에의 **단순 노출**은 그에 대한 평가를 높게 하였다. 터키 단어 nansoma, saricik, afworbu가 iktitaf, biiwojni, kadirga보다 좋거나 나쁜 것을 의미하는가? Robert Zajonc(1968, 1970)의 실험에 참가한 미시건 대학의 학생들은 이 단어들 중에서, 어떤 것이든 그들이 가장 자주 본 것을 선호하였다. 무의미 글자나 중국 상형문자의 경우도 학생들이 더 자주 볼수록, 그것이 무엇인가 좋은 의미라고 응답할 가능성이 높다(그림 11.2). 나는 이 아이디어를 내 학생들에게 적용해 보았다. 어떤 무의미 단어를 주기적으로 화면에 짧게 보이면, 종강 무렵 학생들은 이전에 본 적이 없는 무의미 단어보다 "이 단어들"을 더욱 긍정적으로 평가할 것이다.

생각해보라. 당신이 가장 좋아하는 알파벳 철자는 무엇인가? 서로 다른 국적, 언어, 연령의 사람들도 자신의 이름에 있는 철자나, 자국의 언어에 자주 나타나는 철자를 선호한다(Hooners & others, 1990, 1993; Kitayama & Karasawa, 1997; Nuttin, 1987). 프랑스 학생들은 프랑스어에서 빈도가 가장 낮은 철자 W를 가장 좋아하지 않는 철자로 평가한다. 일본 학생들은 자신의 이름에 있는 철자뿐만 아니라 자신의 생일에 해당하는 숫자들 또한 선호한다. 그러나 이 "이름자 효과"는 단순 노출 이상의 것을 드러낸다–"focus on: 자신과 관련된 것들을 좋아한다"을 참조.

단순-노출 효과는 반복해서 음악을 듣거나 음식을 먹는 것과 관련된, 지루함에 대한 상식적인 예언(저하된 흥미)을 깨뜨린다(Kahneman & Snell, 1992). 끊임없이 반복되지 않는다면(한국 속담 "듣기 좋은 노래도 한 두 번"), 보통 친숙함은 경멸을 낳지

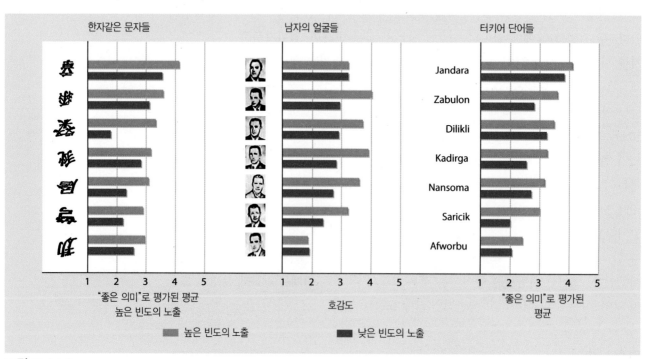

그림 :: 11.2
단순 노출 효과
학생들은 자극들에 반복적으로 노출된 후, 이 자극들을 더욱 긍정적으로 평가했다.

출처: From Zajonc, 1968.

않으며 호감을 키운다. 파리의 에펠탑은 1889년 준공되었을 때 괴상하다는 비웃음을 샀다(Harrison, 1977). 오늘날 에펠탑은 사랑받는 파리의 상징이다. 1913년 스트라빈스키의 봄의 제전이 초연되었을 때, 이 곡은 비평가와 대중 모두에게 비난받았다; 오늘날 이는 세계인이 사랑하는 고전이다.

그렇다면, 루브르 박물관의 관람객들은 정말로 모나리자의 예술성 때문에 모나리자를 좋아하는가, 아니면 단순히 익숙한 얼굴을 보고 즐거워하는 것인가? 둘 다일지 모른다; 그녀를 아는 것이 곧 그녀를 좋아하는 것이다. Eddie Harmon-Jones와 John Allen(2001)은 이 현상을 시험해보기 위한 실험을 했다. 사람들에게 한 여성의 얼굴을

focus **ON**

사람들은 자신과 관련있는 것을 좋아한다

사람들은 일반적으로 자신에 대해서 좋게 느끼고 싶어한다. 자기 본위적 편향(2장)이 있을 뿐 아니라, Brett Pelham, Mirenberg, 그리고 John Jone(2002)가 암묵적 에고티즘 (implicit egotism)이라 부르는 경향을 보인다: 우리는 우리와 연관된 것을 좋아한다.

우리가 무의식적으로 자신과 연결하는 것은 내 이름의 철자뿐 아니라, 사람, 장소, 물건들까지 포함한다(Jones & others, 2001). 만약 낯선 사람의 얼굴이 자신과 닮은 점이 있다면, 우리는 그 새로운 얼굴을 더 좋아한다(DeBruine, 2004). 임의로 부여한 실험 번호가 자신의 생일과 유사한 사람에게 더 끌리고, 성이나 이름이 자신과 유사한 사람과 결혼하는 경향마저 있다(Jones & others, 2004).

Pelham과 그의 동료들은, 이러한 선호가 주거지와 직업을 포함한 주요 삶의 의사결정에도 미묘하게 영향을 준다고 보고한다. 잭슨빌보다 더 큰 필라델피아에는 Jack이라는 이름을 가진 사람이 2.2배 더 많지만, Philip이라는 이름을 가진 사람이 10.4배 더 많다. 이와 마찬가지로, Virginia 해변에는 Virginia라는 이름을 가진 사람들이 불균형적으로 많다.

이는 아이 이름을 지을 때 단순히 거주하는 장소의 영향을 받았음을 반영하는 것일까? 예를 들면, Georgia에 사는 사람들은 자신의 아기들에게 George 또는 Georgia라고 이름 지을 가능성이 더 높은가? 그럴지도 모른다. 그러나 이는 왜 주의 이름과 비슷한 성을 가진 사람들이 상대적으로 과도하게 많은지를 설명하지는 못한다. 예를 들어, California에는 Cali (Califano처럼)로 시작하는 이름을 가진 사람들이 불균형적으로 많다. 마찬가지로 주요 캐나다 도시는 그 도시 이름과 겹쳐지는 성을 가진 사람들이 기대 이상으로 많은 경향이 있다. Toronto는 Tor로 시작하는 이름을 가진 사람들이 두드러지게 많다.

게다가, "Georgia"라는 이름을 가진 여성들은 불균형적으로 Georgia로 이사를 하는 경향이 있고, 이는 Virginia라는 이름을 가진 여성들이 Virginia로 이사를 하는 것과 같다. 이러한 이동은 왜 미국 내 Louis라는 이름을 가진 남자 비율에 비해 St. Louis에 사는 Louis가 49 퍼센트나 더 많은지, 왜 Hill, Park, Beach, Lake, 또는 Rock이라는 이름을 가진 사람들이 왜 그들의 이름을 포함한 이름(예를 들면 Park City)을 가진 도시에 살 가능성이 불균형적으로 높은지를 설명할 수 있다. "사람들은 그들의 이름을 닮은 장소에 끌린다."고, Pelham, Mirenberg 그리고 Jones는 추측한다.

그러나 더 신기하게도-이것은 지어낸 이야기가 아니다- 사람들은 자신의 이름과 관련된 직업을 선호하는 것처럼 보인다. 미국전역에 걸쳐, Jerry, Dennis, 그리고 Salter는 동등하게 인기 있는 이름들이다(0.42 퍼센트의 사람들이 이 이름들을 가진다). 그러나 미국의 치과의사들은 Jerry나 Walter보다 Denise라는 이름을 가질 가능성이 거의 두 배이다. 또한 동일하게 인기 있는 이름인 Beverly나 Tammy보다 Denise라는 이름을 가진 사람이 2.5배 더 많다. George 또는 Geoffrey라는 이름을 가진 사람은 지구과학자(지질학자, 지구물리학자, 지구화학자)에게서 과도하게 많다. 그리고 2000년의 대통령 선거에서, B와 G로 시작하는 성을 가진 사람들이 각각 Bush와 Gore의 정당에 불균형적으로 기여하는 경향이 있었다.

암묵적 에고티즘에 기반을 둔 선호에 관해 읽으면서 잠시 생각해본다. 이것이 내가 Fort Myers로 여행하기를 즐기는 이유와 관련이 있을까? 나는 왜 기분(moods)과, 미디어(media), 그리고 결혼(marriage)에 관해서 출판해왔는가? 나는 왜 Murdoch 교수와 공동으로 연구하였는가?

보여주었을 때, 얼굴을 반복적으로 보여줄수록 참가자들의 뺨 근육이 활성화되었다. 단순 노출은 즐거운 느낌이 들게 한다.

Zajonc와 그의 동료들 William Kunst-Wilson과 Richard Moreland는 의식하지 못한 노출마저도 호감을 가져온다고 보고하였다(Kunst-Wilson & Zajonc, 1980; Moreland & Zajonc, 1977; Wilson, 1979). 사실, 단순 노출은 사람들이 의식하지 못한 자극을 받을 때 더욱 강력한 효과를 갖는다(Bornstein & D'Agostino, 1992). 한 실험에서 여학생들은 헤드폰을 통해 한쪽 귀로 한 구절의 문장을 들었다. 그들은 또한 그 단어들을 큰 소리로 반복했으며, 오류를 체크하기 위해 지면에 쓰인 내용과 비교하였다. 동시에, 짧고 새로운 선율이 다른 쪽 귀에 제시되었다. 이 절차는 언어자극에 집중하고, 선율에는 주의하지 않도록 하였다. 후에, 참가자들이 이전에 제시되지 않은 비슷한 선율들 가운데 끼워진 그 선율을 들었을 때, 이를 인지하지 못했음에도, 그들은 이전에 들었던 선율을 가장 좋아했다.

이들 실험에서 자극에 대한 의식적인 판단은, 즉각적인 느낌보다, 사람들이 보고 들은 것에 대해 더 적은 단서를 준다는 점을 주의하라. 당신은 그 이유를 의식하지 못한 채, 즉각적이고 직관적으로 좋아하거나 좋아하지 않는 사물이나 사람을 떠올릴 수 있을 것이다. Zajonc(1980)는 정서는 사고보다 더 즉각적으로 일어난다고 주장한다. Zajonc의 정서와 사고가 부분적으로 독립적이다("정서는 인지에 앞설지도 모른다")는 다소 놀라운 아이디어는 최근 뇌 연구에서 지지되고 있다. 정서와 인지는 별개의 뇌 영역에 의해 작용한다. 원숭이의 편도체를(정서와 관련된 뇌 구조) 손상시키면 정서적 반응은 손상되지만, 인지적 기능은 손상되지 않을 것이다. 원숭이의 해마(기억과 관련된 구조)를 손상시키면, 인지는 손상되지만 정서적 반응은 손상되지 않고 남는다(Zola-Morgan & others, 1991).

단순 노출 효과는 "엄청난 적응적 의미"를 가지고 있다고 Zajonc는 말한다(1998). 그것은 우리가 매력과 애착을 느끼기 쉽도록 우리의 "신체에 내장된" 현상이다. 이는 선조들이 사물과 사람을 익숙하고 안전한 것과 낯설고 위험할 수 있는 것을 범주화하도록 도왔다. 단순 노출 효과는 다른 사람에 대해 평가하는 데도 영향을 준다. 우리는 익숙한 사람들을 좋아한다(Swap, 19770). 호감과 친숙함은 역방향으로도 작용한다. 우리가 좋아하는 사람들(예를 들면, 웃지 않는 낯선 사람보다는 웃는 사람들)은 좀 더 친숙하게 보인다(Garcia-Marques & others, 2004).

단순 노출 효과. 독일 총리 Angela Merkel도 이를 닦으며 매일 아침에는 거울 이미지(왼쪽)를 더 좋아할 것이다. 실제 이미지 보다(오른쪽)

9장에서 언급한 것처럼, 이 현상의 부정적인 면은 낯선 것에 대한 우리의 경계심이다. 이는 사람들이 자신과 다른 사람을 대할 때 종종 느끼는 자동적이고 무의식적인 적대감을 설명할 수 있다. 두렵거나 편파적인 느낌은 항상 고정관념의 표현만은 아니다; 때로 신념은 직관적인 느낌을 정당화하기 위해 나중에 생겨난다.

우리는 심지어 자신을 늘 보던 방식으로 볼 때, 우리 자신을 더 좋아한다. 한 유쾌한 실험에서, Theodore Mita, Marshall Dermer, 그리고 Jeffrey Knight(1977)은 밀워키의 위스콘신 대학교의 여학생들의 사진을 찍고, 나중에 참가자들에게 자신의 실제 사진과 거울에 비친 이미지를 함께 보여주었다. 어떤 사진이 더 좋은지 질문했을 때, 대부분 그들에게 익숙한 이미지인 거울에 비친 상을 선호하였다(자기 사진을 볼 때마다 잘 나오지 않았다고 느끼는 데에도 다 이유가 있었다). 참가자의 가까운 친구에게 동일한 두 사진을 보여주었을 때, 그들은 그들에게 익숙한 실제 사진을 더 선호하였다.

광고주와 정치가들은 이 현상을 활용한다. 사람들이 어떤 제품이나 후보자에 대해 강한 감정이 없을 때, 반복만으로 매출이나 득표수를 올릴 수 있다(McCullough & Ostrom, 1974; Winter, 1973). 끝없는 광고의 반복 후에, 소비자들은 종종 그 제품에 대해 생각없이, 자동적으로 호의적인 반응을 보인다. 만약 후보자들이 상대적으로 알려지지 않았다면, 언론에 가장 많이 노출된 사람이 보통 승리하곤 한다(Patterson, 1980; Schaffner & others, 1981). 단순 노출 효과를 이해하는 정치적 전략가들은 후보자 이름과 적절한 메시지를 주입하는 짧은 광고로 논리적인 토론을 대신한다.

워싱턴 주의 존경받는 대법관장인 Keith Callow도 1990년, 승산 없어 보였던 상대인 Charles Johnson에게 패했을 때 이 교훈을 배웠다. 사소한 형사사건을 담당하는 이혼한 무명 변호사인 Johnson은 판사들이 "도전받을 필요가 있다"라는 생각으로 재판관 자리에 입후보 등록했다. 어느 누구도 선거운동을 벌이지 않았고, 언론도 그 경합을 무시했다. 선거 날, 두 입후보자들의 이름은 아무런 신분증명 없이 그저 나란히 제시되었다. 결과는 53% 대 47%로 Johnson의 승리였다. 나중에 패배한 판사는 대경실색한 법조계에 "바깥세상에는 Callow보다는 Johnson이 훨씬 많습니다."라고 말했다. 실제로 그 주의 가장 큰 신문은 지역 전화번호부에서 27명의 Charles Johnson을 찾았다. 지방 판사인 Charles Johnson이 있었고, 가까운 도시에는 주 전체의 케이블 텔레비전에서 볼 수 있는 텔레비전 앵커 Charles Johnson이 있었다. 두개의 모르는 이름 중에서 하나를 선택해야 할 때, 많은 유권자들은 편안하고 친숙한 Charles Johnson이라는 이름을 선호하였다.

매력과 데이트, 인터넷 데이트 이용자에게 외모는 제공되는 동시에 추구되는 것이다.

신체적 매력

당신은 데이트할 사람의 무엇을 원하는가? 성실함? 성격? 유머? 잘생긴 외모? 세련되고 지적인 사람들은 잘생긴 외모와 같은 그런 피상적인 특질에 개의치 않는다; 그들은 "미모는 단지 한꺼풀"이고, "표지만 보고 책을 판단하지 말라"라는 것을 안다. 최소한 그들은 그렇게 느껴야 한다는 것을 안다. 키케로가 조언했듯이, "외모에 저항하라."

외모가 중요하지 않다는 믿음은 우리가 받는 진짜 영향을 어떻게 거부하는지를 보여주는 하나의 예이기도 하다. 외모가 중요하다는 결과의 조사연구가 서류함 한가득이기 때문이다. 이 효과의 일관성과 보편성은 놀랍다. 잘생긴 외모는 커다란 재산이다.

매력과 데이트

좋아하든 좋아하지 않든, 젊은 여성의 신체적 매력은 얼마나 자주 그녀가 데이트를 하는지를 잘 예측하며, 젊은 남성의 매력은 그가 얼마나 자주 데이트를 하는지에 대한 좋은 예언변인이다(Berscheid & others, 1971; Krebs & Adinolfi, 1975; Reis & others, 1980, 1982; Walster & others, 1966). 그렇지만, 여성들은 남성보다 더 자주, 매력적이고 차가운 짝보다 가정적이고 따뜻한 짝을 선호한다고 말한다(Fletcher & others, 2004). 많은 사람들이 가정하는 것과 같이, 여자들이 키케로의 충고를 더 잘 따른다는 것을 의미하나? 아니면 영국 철학가 Bertrand Russel(1930, p. 139)이 "남자는 여자의 외모 때문에 사랑하는 경향이 있는 반면 대체로 여자는 남자의 성격 때문에 사랑하는 경향이 있다"고 말한 이래로 아무것도 변하지 않은 것인가? 혹은 이는 남성이 데이트 요청을 하는 경우가 더 많다는 사실을 단순하게 반영하는 것인가? 만약 남자들처럼 여자들도 다양한 남자들 중에서 좋아하는 사람이 누구인지를 명시적으로 선택할 수 있다면, (남성의 경우처럼) 외모가 중요할 것인가?

남성이 정말 외모에 더 영향을 받는지 알아보기 위해, 연구자들은 남학생과 여학생에게 어떤 이성에 대한 정보를 사진을 포함해서 제공하였다. 또는 한 남성과 한 여성

그림 :: 11.3

여성과 남성이 가장 매력적이라 보고한 것

출처: Fox News/Opinion Dynamics Poll of registered voters, 1999.

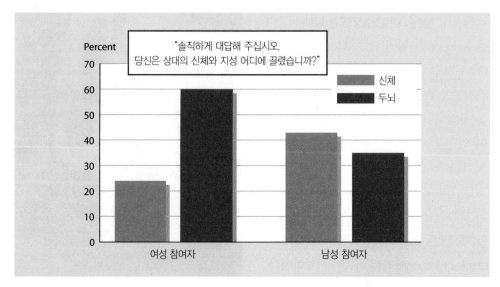

을 간단히 소개하고, 후에 각각 상대방과 데이트하고 싶은지에 대해 물어보았다. 이 실험에서, 남성들은 앞선 여론조사에서 응답한 바대로(그림 11.3) 이성의 신체적 매력에 다소 높은 가치를 부여하였다(Feingold, 1990, 1991; Sprecher & others, 1994). 이를 느껴서인지, 여성은 자신의 외모에 대해 더 많이 걱정하고 성형수술 환자의 92%를 차지한다(ASAPS, 2011). 그렇다면 여성들 또한, 남성의 외모에 반응할까? 한 야심적인 연구에서, Elaine Hatfield와 동료들(1966)은 "환영주간" 댄스 파티를 위해 752명의 미네소타대학 1학년생들을 대상으로 짝짓기를 하였다. 연구자들은 각 학생들에게 성격 및 적성 검사를 실시하였고, 짝짓기는 무작위로 이루어졌다. 댄스파티가 있던 밤, 커플들은 두 시간 반 동안 춤추고 이야기를 나누었으며, 짧은 휴식시간 동안 자신의 데이트 상대를 평가하였다. 성격 및 적성검사가 매력을 얼마나 잘 예언할까? 사람들은 자존감이 높거나, 불안이 적거나, 사교성에서 뛰어난 사람을 좋아할까? 연구자들은 수많은 가능성들을 검토하였다. 그러나 그들이 파악한 한에서는 한 가지 요소만이 중요했다; 그 사람이 신체적으로 얼마나 매력적인가(미리 연구자들에 의해서 평정된 대로)이다. 여성이 더 매력적일 수록, 남성들은 그녀를 더 좋아했고 그녀와 다시 만나기를 원했다. 그리고 남성이 더 매력적일수록, 여성은 그를 더 좋아했고, 그와 다시 만나기를 원했다. 아름다움은 즐거운 것이다.

　외모는 심지어 투표에도 영향을 미친다. Alexander Todorov와 동료들(2005)의 연구를 보면 그러한 것 같다. 연구자들은 프린스턴 대학 학생들에게 2000년부터의 95개의 미국 상원의원 선거와 600개 하원의원 선거에서의 두 주요 후보들의 사진을 보여주었다. 외모 하나에 근거하여, 학생들은(어려보이는 후보자보다 유능해 보이는 외모를 선호함으로써) 72%의 상원의원과 67%의 하원의원 선거의 당선자를 정확하게 추측하였다. 그렇지만 성별은 중요하였다. 남성은 신체적으로 매력적인 여성 후보에게 투표하는 경향이 있었고, 여성은 편안한 인상의 남성 후보에게 더 투표하였다. 구직 상황에서도 매력적인 이성에게 편향되었다(Agthe & others, 2011).

걸맞추기 현상

　모든 사람들이 뛰어나게 매력적인 사람과 짝이 될 수는 없다. 그러면 사람들은 어떻게 짝이 되는 걸까? Bernard Murstein(1986) 등의 연구 결과로 판단해 볼 때, 사람들은 현실적이다. 그들은 거의 자신만큼 매력적인 사람과 짝을 이룬다. 여러 연구들이 부부, 연인, 그리고 심지어 특정 동호회의 사람들 사이의 평정된 매력이 강하게 일치한다는 것을 밝혀왔다. 사람들은 지식수준, 인기 그리고 가치뿐만 아니라 매력 수준이 "잘 어울리는" 사람들을 친구로 선택하거나 특히 결혼하는 경향이 있다(Taylor & others, 2011).

　실험들을 통해서도 이러한 **걸맞추기 현상**은 검증되었다. 상대가 자유롭게 승낙 또는 거절할 수 있다는 것을 알고 다가갈 누군가를 선택할 때, 사람들은 종종 상대방의 매력이 대체로 어울리는(또는 너무 기울지는 않는) 사람들에게 다가간다(Berscheid & others, 1971; Huston, 1973; Stroebe & others, 1971). 그들은 마음에 드는 상대를 찾지만, 자신의 매력의 한계를 잊지는 않는다. 외모가 잘 어울리는 것은 좋은 관계에 도움

"현명한 결혼을 하려면 대등한 사람과 결혼하라."
– OVID, 43 B.C.–A.D. 17

걸맞추기 현상
(matching phenomenon)
남성과 여성이 매력과 다른 특질에서 "잘 필적하는" 사람을 파트너로 선택하는 경향

자산 걸맞추기. 조건이 좋은 롤링스톤의 기타리스트 Keith Richards는 19살 어린 수퍼모델 Patti Hansen과 1983년 결혼하였다.

"사랑이란 종종, 성격 시장에서 자신의 가치를 고려하여, 기대할 수 있는 최대를 얻는 두 사람간의 우호적인 교환일 뿐이다."

– ERICH FROMM, *THE SANE SOCIETY, 1955*

이 될 수 있다고 Gregory White(1980)은 UCLA 데이트 커플 연구에서 보고한다. 신체적 매력이 가장 비슷한 사람들이 9개월 후 사랑에 더 깊이 빠질 가능성이 가장 높았다.

아마도 이 연구를 읽고 당신은 동등하게 매력적이지 않지만 행복한 커플들을 떠올리려 했을 것이다. 그런 사례들을 보면, 덜 매력적인 쪽이 종종 이를 상쇄하는 속성들을 가지고 있다. 각 파트너는 시장에 자신의 자산을 내어놓고, 저마다의 자산의 가치는 공평한 짝짓기를 낳는다. 자신을 홍보하는 것은 이러한 자산의 교환을 보여준다(Cicerollo & Sheehan, 1995; Koestner & Wheeler, 1988l Tajecki & others, 1991). 남성들은 전형적으로 부와 지위를 제시하고 젊음과 매력을 찾는다. 여성들은 빈번히 그와는 반대로 행동한다. "매력적이고 머리가 좋은 여성, 26세, 날씬함, 따뜻하고 전문직의 남자를 찾습니다." 자신의 수입과 학력을 광고하는 남성들과, 젊음과 외모를 광고하는 여성들은 더 많은 호응을 얻는다(Baize & Schroeder, 1995). 자산-맞추기 과정은 아름답고 젊은 여성이 종종 보다 높은 사회적 지위를 가진 나이 많은 남성과 결혼하는지 설명하는데 도움이 된다(Elder, 1969; Kanazawa & Kovar, 2004). 남자가 부자일수록, 여자는 더 젊고 아름답다.

자기-본위적 편향(2장)이 더해진다는 것을 감안할 때, 자신의 얼굴을 반복적으로 보고 전략적인 자기-제시로, 대부분의 사람들이 긍정적인 자기-상을 보고할 것이라 예상할 수 있다. 한 온라인 데이트 서비스에 자기-소개를 완성한 약 22,000명을 대상으로 한 연구결과도 그러하다. 남자의 67%와 여자의 72%가 자신이 '평균보다 낫거나', '매우 잘생긴' 외모를 가졌다고 응답하였다. 단지 1%만이 자신의 외모를 '평균보다 못하다'라고 평가하였다.

외모에 대한 고정관념

매력의 효과는 전적으로 성적인 매력으로부터 생겨날까? Vicky Houston과 Ray

Bull(1994)의 발견에 따르면 명백히 아니다. 그들은 매력적이었을 실험도우미를 메이크업으로, 외관상으로 흉터있고, 멍들고, 모반이 있는 얼굴로 만들었다. 실험도우미가 글래스고 통근열차를 탔을 때, 남녀 모두 얼굴이 흉한 그녀의 옆에 앉기를 피했다. 게다가, 다수의 성인이 매력적인 성인에게 편향되게 끌리는 것처럼, 아이들도 매력적인 아이에게 끌린다(Dion, 1973; Dion & Berscheid, 1974; Langlois & others, 2000). 누군가를 얼마나 오래 바라보는가를 통해 판단해보면, 아직 Baywatch(외모가 뛰어난 인물들이 등장하는 미국 드라마)에 물들기에 아직 이른 3개월 된 유아조차도 매력적인 얼굴을 선호한다(Langlois & others, 1987).

　어른들은 아이들을 판단할 때도 비슷한 편향을 보인다. Margaret Clifford와 Elaine Hatfield(Clifford & Walster, 1973)은 미주리 주의 5학년 교사들에게 남학생이나 여학생에 대한, 동일한 내용이지만, 매력적이거나 매력적이지 않은 사진이 붙어있는, 정보를 주었다. 교사들은 매력적인 아이를 더 똑똑하고 학교생활을 잘 한다고 인지했다. 당신이 제멋대로 구는 아이를 단속해야 하는 놀이터 관리인이라고 생각해보자. 당신은, Karen Dion(1972)의 연구에서의 여성들과 같이, 매력적이지 않은 아이에게 따뜻함과 예민함을 덜 보일까? 슬픈 진실은, 우리 대부분이 "Bart Simpson effect"(못생긴 아이가 예쁜 또래에 비해 능력이나 사회적 유능성이 떨어진다)를 가정한다는 것이다.

　더욱이, 우리는 아름다운 사람들이 어떤 바람직한 특질들을 지니고 있다고 가정한다. 다른 점이 같다면, 우리는 아름다운 사람들이 더 행복하고, 성적으로 더 도발적이고, 더 외향적이고, 지적이고, 성공했을 것이라 추측한다-그러나 더 정직하거나 다른 사람에게 관심을 가질 것이라 생각하지는 않는다(Eagly & others, 1991; feingold, 1992b; Jackson & others, 1995).

　종합하면, 이러한 발견들은 **외모에 대한 고정관념**을 이렇게 정의한다: 아름다운 것이 좋은 것이다. 아이들은 이 고정관념을 상당히 일찍 배운다- 그리고 아이들이 이를 배우는 한가지 경로는 어른들이 들려준 이야기를 통해서이다. 백설공주와 신데렐라는 아름답고, 친절하다. 마녀와 의붓자매들은 못생기고, 사악하다. "당신이 가족이 아닌 누군가에게 사랑받기를 원한다면 아름다운 것이 손해가 되지는 않는다"라고 8살 소녀는 생각한다. 또한 유치원 소녀에게 예쁘다는 의미를 물으면, "그것은 공주가 되는 것과 같다. 모두가 당신을 사랑한다"고 답한다(Dion, 1979). 다이애나 왕세자비에 대한 대중의 사랑과 찰스왕자의 두 번째 부인인 카밀라 파커-보울즈에 대한 비판을 생각해 보라.

　만약 신체적 매력이 그렇게 중요하다면, 사람의 매력을 영구적으로 변화시키는 것은 그들에 대한 다른 사람들의 반응을 변화시켜야 할 것이다. 그러나 누군가의 외모를 바꾸는 것은 윤리적일까? 그런 조작은 성형외과의사와 치과의사들에 의해서 일 년에 수백만 번 시행되고 있다. 이를 가지런하고 하얗게 하고, 머리를 다시 심고 염색하고, 얼굴을 당기고, 지방을 흡입하고, 가슴을 크게 하거나 작게 하면서, 자신에게 불만족스러웠던 사람들은 대부분 수술 결과에 대해 만족해 했다. 비록 일부 불행한 환자들은 성형수술을 반복하고 있지만(Honigman & others, 2004).

　그런 변화가 다른 사람에게 미치는 효과를 검증하기 위해, Michael Kalick(1977)은

외모에 대한 고정관념
(physical-attractiveness stereotype)
신체적으로 매력적인 사람들이 다른 사회적으로 바람직한 특질들도 가지고 있을 것이라는 가정: 아름다운 것은 좋은 것이다.

"아름다운 육체에서는 미덕조차 더 아름답다."
– VIRGIL, *AEMEID*, 1ST CENTURY B.C.

하버드 학생들로 하여금 프로필 사진에 기반해서 8명의 여성들의 성형 수술 전과 후의 인상을 평정하게 하였다. 그들은 그 여성들이 수술 후에 신체적으로 더 매력적일 뿐만 아니라, 친절하고, 더 섬세하고, 성적으로 더 도발적이고 민감하며, 더 호감이 가고 등등으로 평가했다. 성형의 효과를 검증한 Michael Kalick(1977)은 Harvard대생을 대상으로 8명의 여성의 성형 전후의 사진을 보고 인상을 평정하게 하였다. 참가자들은 성형 이후의 여성을 신체적으로 보다 매력일뿐아니라 보다 세심하고 성적으로도 따뜻하고 반응적이며 더 호감이 간다고 평가했다.

첫인상. 다른 조건이 동일할 때 매력이 중요하다는 사실이 외모가 항상 다른 특질보다 더 중요하다는 의미는 아니다. 특정 사람들은 다른 사람들에 비해서 타인을 외모로 판단하는 경향이 더 강하다(Livingston, 2001). 또한, 매력은 첫인상에 가장 중요한 요인이다. 그러나 첫인상은 중요하다─우리 사회의 유동성이 점차 증가하고 도시화됨에 따라, 사람들 간의 접촉도 일시적인 경우가 많아지면서 첫인상은 더욱 중요해진다(Berscheid, 1981). 페이스북을 통해 당신을 알리는 것도 얼굴에서 시작한다. 즉석 만남 실험을 했을 때, 많은 사람들을 빠르게 만날 때, 사람들이 피상적인 선택을 할 때는 매력의 효과가 제일 강하다(Lenton & Francesconi, 2010). 이는 시골보다 도시에서, 매력이 행복과 인맥을 더 잘 예언하는지 설명이 된다(Plaut & others, 2009).

면접관들은 인정하지 않을 지라도, 매력과 단정한 차림새는 채용면접에서 첫인상에 영향을 미친다 ─ 특히 면접관이 이성일 경우(Agthe & others, 2011; Cash & Janda, 1984; Mack & Rainey, 1990; Marvelle & Green, 1980). 사람들은 발명가가 매력적일 때 신제품을 더 좋게 평가한다(Baron & others, 2006). 이는 매력적인 사람들이나 키가 큰 사람들이 더 좋은 직업을 갖고, 더 많은 돈을 버는 이유를 설명해준다(Engemann & Owyang, 2003; Persico & others, 2004).

Patrica Roszell과 그녀의 동료들(1990)은 면접관이 1(못생긴)에서 5(눈에 띄게 매력

THE inside STORY

Ellen Berscheid 매력에 관해서

나는 신체적 매력의 함의를 깨닫기 시작했던 오후를 생생하게 기억한다. 대학원 학생 Karen Dion(현 토론토 대학 교수)은 우리의 아동발달 기관의 연구자들이 보육원 아이들에게서 인기도 평정을 하고, 각 아이들의 사진을 찍었다는 것을 알았다. 선생님과 아이들의 보호자들이 "모든 아이들이 예쁘고", 신체적 외모에 따른 차별이 있을 수 없다고 우리를 설득하려했음에도 불구하고, Dion은 우리가 몇 사람들에게 각 아이들의 외모를 평정도록 지시하고 이것을 인기도와 연관지어보자고 제안했다. 그렇게 한 다음, 우리는 우리의 모험이 정곡을 찔렀음을 알아차렸다:

매력적인 아이들이 인기 있는 아이들이었다. 정말로, 이 효과는 우리와 다른 사람들이 추측한 바보다 훨씬 더 강했고, 연구자들이 지금까지 탐구하고 있는 수많은 함의점들을 남겼다.

Ellen Berscheid,
University of Minnesota

적인)점 척도에 평정한, 캐나다인의 수입을 검토하였다. 그 결과 매력 평정이 한 단계 높아질 때에 사람들은 연평균 $1,988를 추가적으로 번다는 것을 발견했다. Irene Hanson Friexe와 그녀의 동료들(1991)은 737명의 MBA 졸업생들을 대상으로 학생들의 졸업앨범 사진을 이용해서 비슷하게 1에서 5점 척도에서 그들의 매력을 평정한 후 같은 분석을 하였다. 평정된 매력의 척도 단위에 따라, 남성은 추가적으로 $2,600을 더 벌었고, 여성은 $2,150을 더 벌었다.

첫인상이 형성되는 속도와, 그것이 사고에 미치는 영향은 왜 아름다움이 성공하는지를 설명할 수 있게 한다. 0.13초의, 얼굴을 식별하기에는 너무 짧은 노출조차도, 얼굴의 매력을 추측하기에 충분하다(Olson & Marshuetz, 2005). 뿐만 아니라, 이어지는 단어들을 좋거나 나쁜 것으로 범주화할 때, 매력적인 얼굴은 사람들이 좋은 단어를 더 빨리 범주화하게 한다. 아름다움은 즉시 인식되고, 긍정적인 처리를 준비하게 한다.

"아름다움은 좋은 것이다"는 고정관념은 정확한가? 아름다운 사람들은 정말로 바람직한 특질들을 가지고 있을까? 수세기 동안 스스로를 과학자라 자부했던 사람들은 범죄행동을 예언하는 신체적인 특질들(교활한 눈, 약한 턱)을 확인하려 했다. 한편 Leo Tolstoy가 "아름다움이 선함이라는 가정은… 이상한 환상"이라고 썼을 때, 그가 옳았을까? 고정관념의 일부는 진실이다. 매력적인 아이들과 젊은이들은 더 편안하고, 사교적이고, 사회적으로 세련되었다(Feingold, 1992b; Langlois & others, 2000). William Goldman과 Philip Lewis(1977)은 60명의 조지아 대학의 남학생들이 3명의 여학생들에게 각각 전화를 걸어 5분 간 이야기하게 함으로써 이를 증명하였다. 후에, 남학생들과 여학생들은 본 적 없는 전화파트너 중 가장 매력적인 사람들을 좀 더 사회적으로 능숙하고 호감이 간다고 평정하였다. 신체적으로 매력적인 개인들은 또한 더 유명하고, 더 사교적이고, 더 전형적인-남성이면 더 전통적으로 남성적이고, 여성이면 더 여성적인 경향이 있다(Langlois & others, 1996).

매력적이거나 매력적이지 않은 사람들 간의 작은 평균의 차이는 아마도 자기 충족적 예언에서부터 기인할 것이다. 매력적인 사람들은 더 존중 받고 혜택을 누리며, 그래서 많은 경우 사회적 자신감을 더 발달시킨다(2장에서 남성들이 그들이 매력적이라고 생각한 보이지 않는 여성으로부터 따뜻한 반응을 이끌어낸 실험을 떠올려 보아라). 분석에 따르면, 사회적 기술에서 결정적인 것은 당신이 어떻게 보이는지가 아니라, 사람들이 당신을 어떻게 대하고, 당신이 스스로에 대해 어떻게 느끼는가이다 - 당신이 자신을 수용하고 좋아하고, 자신에 대해 편안하게 느끼는가 여부이다.

누가 매력적인가?

나는 매력을, 키와 같은 객관적인 속성으로 어떤 사람은 더 많이 가지고 어떤 사람은 더 적게 가진 것처럼 기술하였다. 엄격히 말해서, 매력은 주어진 장소나 시간에서 사람들이 매력적이라 느끼는 무엇이든 될 수 있다. 이것은, 물론, 다양하다. 미스 유니버스를 판단하는 미의 기준은 지구 전체에 똑같이 적용하기 어렵다. 다양한 장소와 시

매력의 기준은 문화마다 다르다. 그럼에도 어떤 사람들은 어떤 곳에서든 매력적이라 느껴진다.

간에 있는 사람들은 코에 피어싱을 하고, 목을 늘리고, 머리카락을 염색하고, 얼굴에 색을 칠하고, 관능적이기 위해 먹고, 날씬해지기 위해서 굶고, 가슴을 작게 보이게 하기 위해서 가죽 코르셋으로 스스로를 동여매고- 또는 가슴을 크게 보이게 하기 위해서 실리콘과 패드가 있는 브래지어를 사용한다. 자원이 부족한 문화와 가난하고 배고픈 사람들에게는 통통한 것이 매력적이다; 자원이 풍부한 문화와 개인에게는 아름다움은 더 자주 마른 것과 동격이다(Nelson & Morrison, 2005). 관계가 개인적 선택보다는 혈연이나 사회적 약속에 기반하는 사회에서는 매력이 삶의 조건에 영향을 적게 미친다(Auderson & others, 2008). 이러한 다양성에도 불구하고, "한 문화 속과 문화 간 모두, 누가 매력적이고 누가 매력적이지 않은지에 대한 강한 동의"가 있다고 Judith Langlois와 그녀의 동료들은 지적한다(2000).

정말 매력적으로 되는 것은, 아이러니하게도, 완벽하게 평균이 되는 것이다(Rhodes, 2006). Langlois와 Lorri Roggman(1990, 1994)가 이끄는 텍사스 대학의 연구팀과 Ian Penton-Voak과 함께 세인트 앤드류 대학에서 연구한 Anthony Little과 David Perrett(2002)은 컴퓨터를 이용해서 수많은 얼굴을 디지털 정보로 전환하고, 그 평균을 구하였다. 대부분의 사람들은 실제 얼굴보다 합성된 얼굴을 더 매력적이라고 느꼈다(그림 11.4). 이 결과가 시사하는 것처럼, 매력적인 얼굴들은 매력적이지 않은 얼굴들보다 서로 더 닮은 것으로 인식된다(Potter & others, 2006). 아름다운 얼굴보다는 못생긴 얼굴의 종류가 더 많은 것이다.

컴퓨터로 평균을 낸 얼굴들은 또한 완벽하게 대칭을 이루는데, 이는 현저하게 매력적인(그리고 아이를 잘 낳는) 사람들의 또 다른 특징이다(Gangestad & Thornhill, 1997; Mealey & others, 1999; Shackelfore & Larsen, 1997). Gillian Rhodes(1999, 2006)와 Ian Penton-Voak(2001)이 이끄는 연구팀들은 만약 당신의 얼굴의 반쪽을 거울상과 합칠 수 있다면- 그래서 완벽히 대칭적인 새 얼굴을 만들 수 있다면, 당신의 외모를 나아지게 할 수 있음을 보여주었다. 그렇게 매력적이고, 대칭적인 얼굴들을 여러개 평균을 내면 훨씬 잘생긴 얼굴을 만들어낸다.

그림 :: 11.4
Who's the fairest of Them All?
매년 "Miss Germany"의 선발은 한 나라의 답을 제공한다. 독일 텔레비전 채널을 대상으로 연구한 레겐스부르크 대학의 학생 연구팀은 대안을 제시한다. Christof Braun과 그의 동료들(Gruen이, 2005)은 22명의 2002 "미의 여왕" 결선 진출자들의 맨얼굴과 머리카락을 뒤로 묶은 사진을 찍었고, 그들 모두가 혼합된 합성의 "가상 미스 독일"을 만들어내었다. 어른들이 지역 쇼핑몰에서 결선 진출자들과 가상 미스독일의 사진을 보았을 때, 그들은 가상 미스 독일이 그들 중에서 가장 매력적이라고 쉽게 평정하였다. 실제 미스 독일 당선자는 모든 사람들이 자신보다는 가상 경쟁자를 더 좋아한다는 소식에 실망하겠지만, 그래도 결코 그녀의 가상 경쟁자를 만나지 않을 것이라는 점에 안심할 수 있다.

진화와 매력. 진화심리학의 조망을 가지고 연구하는 심리학자들은 매력적인 파트너에 대한 선호를 재생산 전략이라는 관점에서 설명한다(5장). 그들은 아름다움은 생물학적으로 중요한 정보에 대한 신호라고 본다. 건강, 젊음, 그리고 출산능력 Gordon Gallup과 동료들의 보고는 이를 확인하였다(2008). 매력적인 얼굴의 남자가 보다 건강한 정자를 보유하며, 절구통 몸매를 가진 여자가 보다 생리주기가 일정하고 가임능력이 좋았다. 시간에 따라서, 출산능력이 있어 보이는 여성들을 선호하는 남성들은 폐경이 지난 여성과 짝이된 남성보다 많은 후손을 갖게 된다. 또한 진화를 통해 여성들도 자원을 생산하고 보호하는 능력을 의미하는 남성적인 특질들을 좋아하도록 되었다. David Buss(1989)는 그것이 인간 역사의 이러한 생물학적 결과가 37개 문화－호주에서 잠비아까지－의 남성들이 재생산 능력을 의미하는 젊고 여성적인 특질들을 선호하는지를 설명한다고 믿었다. 그것은 또한 왜 신체적으로 매력적인 여성들이 높은 지위의 남성들과 결혼하는지, 그리고 왜 남성들이 그렇게 단호하게 부와 명예를 성취함으로써 그들의 지위를 보이려 경쟁하는지를 설명한다. 잠재적 짝을 골라낼 때 남성들은 어느 정도의 신체적 매력을 요구하고, 여성들은 지위와 재력을 요구하고, 둘 다 친절함과 지능을 좋아한다고 Norman Li와 그의 동료 연구자들은 보고한다(2002).

진화심리학자들은 또한 성공적인 재생산을 위한 다른 단서들에 대한 남성과 여성의 반응을 조사했다. 관능적인 모델들과 미인대회 우승자들로부터 판단해 볼 때, 모든 남성들은 엉덩이보다 허리가 30% 가는 － 최적의 출산능력을 연상시키는 몸매 － 여성에게 가장 매력을 느껴왔다(Singh, 1993, 1995; Singh & Young, 1995; Streeter & McBurney, 2003). 여성의 출산능력을 저하시키는 환경－영양실조, 임신, 폐경은 여성의 몸매 또한 변화시켰다.

남성들을 잠재적 결혼상대로서 판단할 때, 여성들 역시 건강과 정력을 암시하는 남성의 허리-대비-엉덩이 비율을 선호한다. 그들은 근육질의 남자를 더욱 섹시하다 평정하고 실제로 섹시하다 느끼며, 장기적인 섹스파트너로 응답한다(Frederick & Haselton,

2007). 이는 진화적 관점에서 볼 때 합당하다고, Jared Diamond(1996)은 지적한다. 근육이 잘 발달된 건장한 남성은 왜소한 남성보다 음식을 모아오고, 집을 짓고, 경쟁자들을 이길 가능성이 더 크다. 그러나 요즘의 여성들은 높은 수입이 있는 남성들을 더 선호한다(Singh, 1995). 배란기 동안, 여성들은 남성적인 얼굴, 목소리, 신체의 남성에 대한 선호의 증가를 보인다(Gallup & Frederick, 2010). 이때 남성의 성적지향을 판단하는데 더 정확하고(Rule & others, 2011) 외집단 남성을 더욱 경계한다(McDonald & others, 2011). 배란기 때는 비가임기에 비해 젊은 여자들이 노출이 많은 옷을 보다 즐겨 입는다는 보고도 있다(Durante & others, 2008). 한 연구에서, 가임기의 랩댄서의 시간당 팁도 70달러로 이는 35달러인 생리중인 다른 댄서의 두배에 달한다(Miller & others, 2007).

진화심리학자들은 우리가 근본적인 매력에 이끌린다고 제안한다. 먹고 숨 쉬는 것처럼, 매력과 짝짓기는 문화의 변덕에 맡기기에는 너무나 중요한 문제이다.

사회 비교. 짝짓기 심리학에는 생물학적인 지혜가 담겨있지만, 매력이 전적으로 생물학적으로 타고난 것은 아니다. 당신에게 매력적인 것은 또한 당신의 비교 기준에 달려있다.

Douglas Kenrick과 Sara Gutierres(1980)은 몬타나 주립대학의 남학생들의 기숙사에 남성 실험도우미들이 들러서 "이번 주에 시내에 가는 친구가 한명 있어 그에게 데이트 주선하고 싶지만, 그녀와의 데이트를 주선해야 할지 결정하지 못해서 설문하기로 했다… 그녀가 얼마나 매력적이라고 생각하는지 1에서 7점 척도에서 평정해달라"고 설명하게 하였다. 평범한 젊은 여성의 사진을 보여주었을 때, 직전에 "Charlie's Angels(세명의 아름다운 여성들이 나오는 TV 프로그램)"을 시청한 사람들은 그 프로그램을 보지 않은 사람들보다 사진의 여성들을 덜 매력적이라 평정했다.

실험실에서도 이 "대조 효과"를 검증할 수 있었다. 최근 잡지에서 매력적인 여성의 사진을 봤던 남성들은 평범한 여성이나 심지어 자신의 아내조차도 덜 매력적으로 보는 경향이 있다(Kendrick & others, 1989). 열정적인 성교를 자극하는 포르노 영화를 보는 것도 비슷하게 자신의 파트너와의 만족을 감소시킨다(Zillmann, 1989). 성적 흥분은 일시적으로 이성을 더 매력적으로 보이게 할 수 있다. 그러나 완벽한 아름다움에

"10초" 간 노출되는 것이나 비현실적인 성적 묘사에 노출되는 것의 장기적 효과는 자신의 파트너를 덜 매력적 – 매력도 점수 "8점"보다는 "6점" – 이라고 느끼도록 만드는 것이다.

이는 우리의 자기-지각에도 같은 방식으로 작용한다. 사람들은 정말로 매력적인 동성을 본 후에는, 못생긴 사람을 본 후보다 자신을 덜 매력적으로 평정했다(Vrown & others, 1992; Thornton & Maurice, 1997). 이는 특히 여성에게 사실인 것 같다. 남성들의 경우도 자신보다 더 지배적이고 성공한 남성에게 노출된 후에 자신의 바람직성에 대한 평가가 낮아진다. 현대 사회의 미디어의 덕분에, 우리는 "우리 조상은 1년 동안, 심지어 평생 동안 보았을 법한 매력적이고 성공한 수십 명의 사람들"을 한시간 안에 볼 수 있다는 점을 Sara Gutierres와 그녀의 동료들(1999)은 주목한다. 그러한 엄청난 비교기준은 우리의 잠재적인 배우자와 우리 자신의 가치를 낮추고, 수많은 돈을 화장품, 다이어트 보조제, 성형수술에 쓰도록 우리를 유혹한다. 그러나 매년 9.5백만 달러를 성형수술에 들여도, 실질적으로 얻을 수 있는 인간적인 만족은 없을지도 모른다. 만약 다른 사람들이 치아를 교정하고, 캡을 씌우고, 미백을 하는데 당신은 하지 않는다면, 사회 비교로 인하여, 정상적이고 자연스러운 치아를 가진 당신은 자연스러운 치아를 가진 사람들 속에 있을 때보다 스스로에 대해 더 불만스럽게 여길 것이다.

우리가 사랑하는 사람의 매력. 매력에 대한 논의를 보다 낙관적인 결론으로 이끌어보자. 첫째, 17세 소녀의 얼굴이 매력적인 정도는 이 소녀가 30대나 50대가 되었을 때 매력적인 정도를 놀라우리만큼 예언하지 못한다. 때때로 평범해 보이는, 특히 따뜻하고 매력적인 성격을 가지고 있는 청소년이 매우 매력적인 중년이 된다(Zebrowitz & others, 1993, 1998).

둘째, 우리는 매력적인 사람들에게 호감을 느낄 뿐 아니라, 호감가는 사람을 매력적이라고 인식한다. 아마도 당신은 좋아할수록, 점점 매력적이게 되었던 사람들을 떠올릴 수 있을 것이다. 그들의 신체적인 결점은 더 이상 눈에 띄지도 않았을 것이다. Alan Gross와 Christine Crofton(1977)은 학생들이, 어떤 사람에 대한 우호적인 또는 비우호적인 설명을 읽은 후에 그의 사진을 보게 하였다. 따뜻하고, 잘 돕고, 사려깊다고 묘사된 사람들은 더 매력적으로 보였다. 그러면 "멋진 행동이 멋진 외모를 만든다"라는 말이 맞을지도 모른다. 자신과 비슷한 점을 발견하는 것 또한 그 사람을 더욱 매력적으로 보이게 한다(Beaman & Klentz 1983; Klentz & others, 1987).

게다가, 사랑을 통해 사랑스러움을 본다. 한 여성이 한 남성을 더 사랑할수록, 그녀는 그가 신체적으로도 더 매력적임을 발견할 것이다(Price & others, 1974). 그리고 서로 더 많이 사랑할수록, 그들은 다른 이성들은 덜 매력적이라 느낀다(Johnson & Rusbult, 1989; Simpson &

Henry James는 소설가 George Eliot을 다음과 같이 묘사한다.
그녀는 정말 못생겼다. 그녀는 꺼진 이미와 흐린 회색 눈, 축쳐진 긴 코, 큰 입에, 삐뚤삐뚤한 이를 한가득 가지고 있다. 그렇지만 엄청난 못생김은 순식간에 강력한 아름다움에 자리를 내어준다. 몇 분 지나지 않아 내가 그랬듯 당신도 그녀를 사랑하게 될 것이다.

others, 1990). "남의 집 잔디가 더 푸르게 보일지 모르지만, "행복한 정원사는 그것을 잘 알아차리지 못한다."고 Rowland Miller와 Jaffry Simpson(1990)은 적고 있다. 아름다움이란 실제로 어느 정도 보는 사람의 눈 속에 있는 것이다.

유사성 대 상보성

이제까지의 우리의 논의로부터, 사람들은 Leo Tolstoy가 전적으로 옳았다고 생각할 수 있다. "사랑은… 빈번한 만남, 올린 머리 스타일, 그리고 드레스의 색과 마름질에 달려있다." 그러나 사람들이 서로 알아감에 따라, 그냥 알던 관계에서 우정으로 발전하는 데는 다른 요인들이 영향을 미친다.

같은 깃털의 새들이 함께 모이는가?

우리가 확실히 말할 수 있는 것은 함께 모여 있는 새들은 같은 깃털을 가졌다는 것이다. 친구, 결혼을 약속한 커플, 그리고 배우자는 임의로 짝지어진 사람들에 비해서, 공통의 습관, 신념, 그리고 가치를 공유하는 경향이 훨씬 크다. 나아가 부부 간에 유사성이 더 클수록, 더 행복하고 이혼을 적게 하는 경향이 있다(Byrne, 1971; Caspi & Herbener, 1990). 그러한 상관관계들은 흥미롭다. 그러나 원인과 결과는 수수께끼로 남아 있다. 유사성이 호감으로 이어지는가? 아니면 호감이 유사성으로 이어지는가?

유사성은 호감을 낳는다. 원인과 결과를 구분하기 위해서, 우리는 실험을 한다. 캠퍼스 파티에서 Lakesha는 Les와 Lon과 함께 정치, 종교, 사적으로 좋아하는 것과 좋아하지 않는 것에 관한 긴 토론을 한다고 상상해보자. 그녀와 Les는 거의 모든 의견이 맞지만, 그녀와 Lon은 거의 그렇지 않다는 것을 발견한다. 후에, 그녀는 회상을 한다. "Les는 정말로 지적이고.. 정말 호감이 가. 우리가 다시 만났으면 좋겠어." Donn Byrne(1971)과 그녀의 동료들은 실험을 통해 Lakesha의 경험의 핵심을 잡아내었다. 그들은 반복적으로, 누군가의 태도가 당신의 태도와 비슷하면 비슷할수록, 당신은 그 사람에게 더 호감을 갖게 됨을 발견했다. 대학생뿐만 아니라, 아이들이나 노인들, 다양한 직업의 사람들, 다양한 문화의 사람들에게 있어서도, 유사성은 호감을 만든다. 다른 사람들이 우리와 같은 생각을 할 때, 우리는 그들의 태도를 헤아릴 뿐 아니라 그들의 성격에 대해 긍정적인 추론을 한다.

유사성이 호감으로 이어지는 효과는 실생활 상황에서 검증되었다;

주, 정말이지 이건 제 시간에 제 자리에 있다는 것 이상인 것같아. 이 인종에, 이 종교에, 이 성별에, 이 사회경제 집단에, 이 억양에, 이웃차림에, 이 학교에 가야…

가장 매력적인 사람은 우리를 가장 좋아하는 사람들.
© Warren Miller/The New Yorker Collection/www.cartoonbank.com

- 미시건 대학에서, Teodore Newcomb(1961)은 17명의 서로 모르는 남자 교환학생 두 그룹을 연구하였다. 13주의 기숙사 생활 후에, 초기 의견의 일치가 가장

많았던 사람들은 친밀한 우정을 형성하고 있는 경향이 가장 높았다. 친밀한 관계를 형성한 어떤 집단 다섯 명의 인문학 전공 학생들로 구성되어 있었는데, 이들은 모두 지적 호기심이 강하고 정치적으로 진보적이었다. 또 다른 집단은 세 사람의 보수적인 전직 군인 출신으로 모두 공과대학 소속이었다.

'풋사랑'을 왜 이렇게 낭만적으로 말하는지 모르겠다.

- 두 홍콩대학에서, Royce Lee와 Michael Bond(1996)은 룸메이트들이 가치관과 성격특질을 공유할 때, 그들이 자신의 룸메이트를 비슷하다고 지각할 때 룸메이트 우정이 6개월 이상의 기간 동안 더욱 두터워졌다. 종종 그러하듯, 실제가 중요하지만 인식은 더욱 중요하다.

- 다양한 상황에서 낯선 사람들이 있는 방에 들어가면, 사람은 자신과 유사한 사람 가까이 앉는다(Mackinnon & others, 2011). 컵을 가진 사람은 컵을 가진 사람과 더 가까이 앉는다. 머리가 긴 사람은 머리가 긴 사람 가까이, 머리색이 어두운 사람은 머리색이 어두운 사람 가까이 앉는다(인종과 성별을 통제한 후에도 그렇다).

- 사람들은 자신이 생각하는 대로 생각하는 사람뿐만 아니라, 자신과 같이 행동하는 사람을 좋아한다. 미묘한 모방은 호감을 촉진한다. 누군가가 당신이 하는대로 고개를 끄덕이고, 당신의 생각에 공감할 때, 어떤 유대감과 호감을 느끼는 것을 알아차린 적이 있는가? 그것은 흔한 경험이라고 Rick van Baaren과 그의 동료들(2003a, 2003b)은 말한다. 단순히 손님의 주문을 반복함으로써 자신의 고객을 모방하는 네덜란드 식당의 종업원들이 더 많은 팁을 받는다는 것도 한 가지 결과이다. 자연스러운 흉내는 유대감을 증가시키고 유대감을 향한 욕구는 모방을 증가시킨다고 Jessica Lakin과 Tanya Cartrand(2003)는 말한다. 그러한 현실은 심리학자가 설립한 인터넷 짝짓기 사이트의 기반이 되었는데, 그 사이트는 행복한 커플을 특징짓는 유사성을 이용해서 싱글들을 이어준다고 주장한다.

- 중국이건 서구이건, 유사한 태도들, 특징들 그리고 가치관은 짝을 이루는데 도움이 되고, 그들의 만족을 예언한다(Chen & others, 2009; Gaunt, 2006; Gonzaga & others, 2007). 즉석 만남에서는 말하는 스타일이 같은 사람에게 끌린다(Ireland & others, 2011).

그래서 유사성이 만족을 낳는다. 깃털이 같은 새들이 정말로 무리를 짓는다. 확실히 당신은 자신의 생각, 가치, 그리고 열망을 함께 하는 특별한 누군가를, 당신과 같은 음악, 같은 활동, 심지어 같은 음식을 좋아하는 소울메이트를 만났을 때, 이를 느꼈던 적이 있을 것이다(각 사람들은 같은 음악을 좋아하면 가치관이 유사한 것이라 추론한다 [Boer & others, 2011).

"우리는 서로에게서 참 많이 배웠고
그래서 당신은 나에게 나를 떠올리게 해요."

비유사성은 비호감을 낳는다. 우리는 다른 사람들이 우리와 태도를 공유하고 있다고 추정하는 편향 – 허위합의편향(false consensus bias) – 을 가지고 있다. 누군가를 좋아하면 그도 나를 좋아하는 것으로 보는 경향이 있다(Castelli & others, 2009). 누군가가 자신과 다른 태도를 가진 것을 알면, 그 사람을 싫어할 지도 모른다. 그 다른 태도가 우리의 강한 도덕적 신념과 관련된다면, 우리는 더욱 싫어할 것이고, 그들과 거리를 둔다(Skitka & others, 2005). 한 정당의 사람들은 종종 다른 정당의 당원들을 그리 좋아하지 않고, 반대당을 경멸하기도 한다(Hoyle, 1993; Rosenbaum, 1986).

일반적으로 태도의 차이가 호감을 감소시키는 정도는 태도의 유사성이 호감을 강화시키는 정도보다 더 크다(Singh & others, 2005). 유사성을 기대하는 자신들만의 집단 안에서, 사람들은 다른 관점을 가진 누군가를 좋아하기 특히 힘들다는 것을 알게 된다(Chen & Kenrick, 2002). 그것은 아마도 왜 연인과 룸메이트가 시간이 지남에 따라 어떤 사건에 대한 정서적 반응과 태도에서 더 비슷해지는지를 설명해줄 것이다. "태도의 정렬"은 가까운 관계를 증진하고 유지하는 것을 도와주는데, 이는 파트너들이 그들의 태도유사성을 과대평가하게 한다(Kenny & Acitelli, 2001; Murray & others, 2002).

사람들이 다른 인종의 사람들을 비슷하게 인식하는지 다르게 인식하는지 여부는 인종적 태도에 영향을 준다. 한 집단의 사람들이 다른 집단을 "타자" – 다르게 말하고, 다르게 살고, 다르게 생각하는 존재 – 로 간주하는 곳은 갈등이 생길 가능성이 크다. 사실, 데이트와 같은 친밀한 관계를 제외하면, 생각이 유사하다는 인식은 피부색이 같

THE inside STORY

문화적 다양성에 대하여 James Jones

나는 예일 대학의 대학원생으로 편견에 대하여 책을 쓰도록 부탁받았다. 독자들이 편견에 대한 개인적인 비난의 측면을 넘어서길 바랐기 때문에 나는 그 책의 제목을 편견과 인종차별로 하였고, 인종 문제가 얼마나 사회에 만연해있는지 설명하였다. 편견은 궁극적으로 인종의 문제가 아니라 문화의 문제다. 유럽계 그리고 아프리카계가 물려받은 문화는 서로 다르고, 이 차이가 문화적 인종차별–문화가 다르다는 것의 참을 수 없음–이 싹튼 토양이다. 오늘날의 다문화 세계에서, 우리는 통합된 이상을 찾으면서도 문화적 다양성을 받아들이는 것을 배워야만 한다.

James Jones,

델라웨어 대학

다는 것보다 매력에 있어서 더 중요한 요소로 보인다. 대부분의 백인들은 생각이 다른 백인보다 생각이 같은 흑인들에게 더 호감을 갖고 함께 일하고 싶어 한다(Insko & others, 1983; Rokeach, 1968). 흑인들이 자신들의 가치를 지지한다고 생각할수록, 흑인에 대한 백인들의 태도는 더욱 긍정적이 된다(Biernat & others, 1996).

사회심리학자 James Jones(1988, 2003, 2004)는 문화 차이가 삶에 실재하기 때문에 "문화적 인종차별주의(cultural racism)"가 유지될 수 있다고 주장한다. 흑인 문화는 현재 지향적이고, 거침없이 표현적이며, 영적이고, 감정 중심적인 경향이 있다. 백인 문화는 보다 미래지향적이고, 물질주의적이며, 성취 중심적인 경향이 있다. 우리는 그러한 차이를 없애기 위해 노력하기보다 그러한 차이가 "다문화 사회의 문화적 구성에 기여하는 것"에 감사하는 것이 더 낫다고 Jones는 말한다. 표현적인 것이 유리한 상황이 있고, 미래 지향적인 것이 유리한 상황이 있다. 각 문화는 다른 문화로부터 배울 것이 많다. 이민과 다인종의 출생으로 인하여 다양성이 증가하고 있는 캐나다, 영국, 그리고 미국과 같은 나라에서는, 서로 다른 것은 존중하고 즐기도록 교육시키는 것이 중요한 당면 과제이다. 문화적 다양성이 증가하고 있다는 점과 우리가 차이에 대해 조심스러워하는 성향을 타고났다는 점을 고려할 때, 이것은 사실 우리 시대의 주요한 사회적 과제일 수 있다("The Inside story: 문화적 다양성에 대하여 James Jones"를 볼 것).

정반대의 사람들이 매력적인가?

우리는 몇가지 점에서 우리 자신과 다르고, 그것이 우리 자신의 성격을 보완해주는 사람들에게도 끌리지 않는가? 연구자들은 친구와 배우자의 태도와 신념뿐만 아니라 그들의 나이, 종교, 인종, 흡연 습관, 경제 수준, 교육, 키, 지성, 그리고 외모를 비교함으로써 이 문제를 탐구해왔다. 이 모든 점에서, 유사성이 여전히 우세하다(Buss, 1985; Kandel, 1978). 똑똑한 새들은 함께 모인다. 부자인 새들도, 개신교 새들도, 키가 큰 새들도, 예쁜 새들도 그렇다.

그렇지만 아직 의구심이 남는다. 욕구와 성격이 우리 자신을 보완해주는 사람들에게 끌리지 않는가? 가학증 환자와 피학증 환자들이 진정한 사랑을 이룰까? 심지어 리더스다이제스트에서도 "반대인 사람들이 끌어당긴다... 사교적인 사람들이 고독한 사람들과 짝이 되고, 신기한 것을 좋아하는 사람들이 변화를 싫어하는 사람들과 짝이 되고, 자유롭게 쓰는 사람들이 인색한 사람들과 짝이 되고, 위험을 무릅쓰는 사람들이 매우 신중한 사람들과 짝이 된다"라고 이야기하고 있다(Jacoby, 1986). 사회학자 Robert Winch(1958)는 외향적이고 거만한 사람들의 욕구가 수줍고 순종적인 사람들의 욕구를 자연스럽게 보완할 것이라고 이유를 들었다. 그 논리는 강력한 것으로 보인다, 우리 대부분은 서로가 가진 차이를 보완적이라고 보는 커플들을 떠올릴 수 있다. "나의 남편과 나는 서로에게 완벽하다. 나는 물병자리로 결단력 있는 사람이고, 그는 천칭자리로 결정을 내리지 못한다. 그렇지만 그는 항상 내가 한 준비에 행복하게 따른다."

그 아이디어가 설득력 있음에도 불구하고, 연구자들이 이를 검증하지 못한다는 것은 놀랄만하다. 예를 들어, 대부분의 사람들은 표현이 풍부하고, 외향적인 사람들에게 매력을 느낀다(Friedman & others, 1988). 우울함에 빠져 있는 사람들은 특히 그럴까? 우울한 사람들은 기분을 북돋는 쾌활함을 가진 이들을 찾는가? 그러나 결과는 정반대로, 행복한 사람들과 함께 하기를 가장 선호하는 사람들은 우울하지 않은 사람들이다(Locke & Horowitz, 1990; Rosenblatt & Greenberg, 1988, 1991; Wenzlaff & Prohaska, 1989). 당신이 우울할 때, 다른 사람의 명랑한 성격은 화가 날 수 있다. 대조효과는 평범한 사람들이 아름다운 사람들과 함께 할 때 못생겼다고 느끼게 하고, 또한 슬픈 사람들이 명랑한 사람들과 함께 할 때 그들의 비참함을 더 의식하게 한다.

상보성(complementarity)
일반적으로 두 사람 사이에 존재한다고 믿어지는 경향성으로, 서로의 부족한 점을 보완해주는 현상

　　어떤 **상보성**은 관계가 진행되어감에 따라서(심지어 일란성 쌍둥이 사이의 관계에서도) 발달할 수도 있다. 그러나 사람들은 욕구와 성격이 비슷한 사람을 좋아하거나 결혼하는 경향이 다소 더 강하다(Botwin & others, 1997; Buss, 1984; Fishbein & Thelen, 1981a, 1981b; Nias, 1979). 어쩌면 언젠가는 차이가 호감을 가져오는 방식(성별이 다르다는 것을 제외하고)을 발견하게 될 것이다. 지배/순종은 그런 점 중 하나일지 모른다(Dryer & Horowitz, 1997). 그렇지만 전반적으로 대조적인 것은 끌리지 않는다.

우리를 좋아하는 사람을 좋아하기

　　호감은 대개는 상호적이다. 근접성과 매력은 초기의 이끌림에 영향을 주고, 유사성은 장기적 관계에도 영향을 준다. 우리가 소속되고, 사랑받고, 받아들여지는데 깊은 욕구를 갖는다면, 우리를 좋아하는 사람들을 좋아하게 되지 않을까? 최고의 우정은 서로에게 감탄하는 집단일까? 실제로, 한 사람이 다른 사람을 좋아하는 정도는 역으로 상대방이 그 사람을 좋아하는 정도를 예언한다(Kenny & Nasby, 1980; Motoya & Insko, 2008).

　　그러나 한 사람이 다른 사람을 좋아한다는 것이, 상대방으로 하여금 그러한 인정에 보답하게 하는 것일까? 사람들이 어떻게 사랑에 빠지게 되었는지에 대하여 보고한 내용들은 그러함을 시사한다(Aron & others, 1989). 매력있는 누군가가 정말로 자신을 좋아하는 것을 알게 되는 것은 연애감정을 일깨우는 것으로 보인다. 이는 실험들을 통해

검증되었다. 어떤 사람이 자신을 좋아하거나 칭찬한다고 들은 사람들은 종종 상호적인 애정을 느낀다(Berscheid & Walster, 1978). 불확실성 역시 욕망을 키울 수 있다. 누군가 나를 아마도 좋아할 것이라 생각할 때(확실하지는 않은) 상대를 더 생각하고 끌린다고 더 느낀다(Whitechurch & others, 2011).

　　Ellen Berscheid와 그녀의 동료들(1969)의 연구 결과를 보자. 학생들은 자신에 대해 7가지 긍정적인 것들과 한 가지 부정적인 것을 말하는 학생보다, 8가지 긍정적인 것들을 말하는 학생을 더 좋아한다. 우리는 아주 작은 비난의 단서에도 민감하다. 작가 Larry L. King은 다

"음… 당신이 내 남편이라 이 이야기를 하는 것은 아니예요. 이것은 정말 고약해요."

음과 같은 말로 많은 이들의 마음을 대변한다. "나는 어떤 호평도 혹평이 작가의 마음을 상하게 하는 만큼 작가의 기분을 좋게 하지 못한다는 사실을 수년 동안 봐 왔다."

우리가 자신 또는 타인을 판단하건 아니건, 부정적 정보는 더 큰 무게를 갖는데, 왜냐하면 이는 흔하지 않으면서, 더 많은 주의를 끌기 때문이다(Yzerbyt & Leyens, 1991). 사람들은 투표를 할 때, 대통령 후보의 강점보다 약점에 대한 인상에 더 많이 영향 받는데(Klein, 1991), 부정적인 선거운동을 기획하는 사람에게 이것은 간과된 적이 없는 현상이다. 이는 삶의 보편적인 법칙이라고 Roy Baumeister와 그의 동료들이 지적한다(2001). 나쁜 건 좋은 것보다 강하다(focus on: "나쁜 것은 좋은 것보다 강하다."를 볼 것).

우리를 좋아하는 사람을 좋아하는 현상은 오래 전부터 알려져 있었다. 고대 철학자

focus ON   나쁜 것이 좋은 것보다 강하다

우리가 앞서 살펴본 바와 같이, 유사한 태도가 우리의 흥미를 자극하는 것 이상으로 다른 태도는 다른 사람에 대한 우리의 흥미를 잃게 한다. 그리고 다른 사람들의 비난은, 칭찬보다 더 우리의 주의를 끌고 감정에 영향을 미친다. Roy Baumeister, Ellen Bratslavsky, Catrin Finkenauer, 그리고 Kathleen Vohs(2001)은 이는 단지 빙산의 일각이라 말한다: "일상생활에서 나쁜 사건들은, 그만한 좋은 사건들보다, 더 강하고 지속적인 결과를 가진다." 생각해보자:

- 건설적인 행동이 가까운 관계를 만들어가는 것 이상으로 파괴적 행동은 관계를 파괴한다.(잔인한 말은 친절한 말이 잊힌 후에도 남는다.)
- 나쁜 기분은 좋은 기분보다 더 많이 우리의 생각과 기억에 영향을 끼친다(우리의 타고난 낙관성에도 불구하고, 지나간 좋은 일을 생각하는 것보다 부정적인 일을 생각하기가 더 쉽다.)
- 긍정 정서에 대한 단어들보다 부정 정서에 대한 단어들이 더 많다. 그리고 사람들은 감정 단어를 생각하라고 요청을 받으면 대부분 부정적인 단어를 떠올린다.(슬픔, 분노, 두려움은 세 개의 가장 흔한 단어이다.)
- 하나의 나쁜 사건(외상)은 하나의 아주 좋은 사건보다 보다 지속되는 효과가 있다.(죽음은 탄생보다 삶의 의미를 더 많이 추구하게 한다.)
- 일상의 부정적인 사건은 일상의 긍정적인 사건보다 더 많이 주목받고, 더 많은 반추를 하게 한다.(돈을 잃은 것은, 같은 돈을 얻어서 행복한 것보다, 사람들을 더 화나게 한다.)
- 아주 나쁜 가족 환경은 아주 좋은 가족 환경보다 지능의

유전적 영향력을 더 크게 감소시킨다. (나쁜 부모가 유전적으로 똑똑하게 태어난 자녀를 덜 똑똑하게 만들기는 쉽지만 좋은 부모가 유전적으로 덜 똑똑하게 태어난 자녀를 똑똑하게 만드는 것은 어렵다.)
- 나쁜 평판은 좋은 평판보다 얻기 쉽고, 없애기 어렵다.(한 번의 거짓말로도 정직함에 대한 평판을 망칠 수 있다.)
- 좋은 건강이 행복을 증진시키는 것보다, 나쁜 건강이 더 행복을 감소시킨다.(편안함이 기쁨을 만들어내는 것보다 고통은 훨씬 더 많이 비참함을 만들어낸다).

나쁜 것의 힘은 우리가 위협에 대처하도록 준비시키고, 죽음과 장애로부터 우리를 보호하게 한다. 생존을 위해, 좋은 것이 좋은 것보다 나쁜 것이 훨씬 더 나쁘다. 나쁜 것의 중요성은 한 세기 동안 심리학자들이 좋은 것보다 나쁜 것에 대해 그렇게도 더 많이 집중했던 한 가지 가능한 이유일 것이다. 내가 마지막으로 세어 봤을 때를 기준으로 하면, 2011년 기준으로 Psychological Abstracts(심리학 문헌에 대한 안내서)에는, 분노를 다룬 21,045개, 불안을 다룬 151,115개, 우울을 다룬 184,583개의 논문이 있다. 기쁨(6,238), 삶의 만족(20,650) 또는 행복(9,846)의 긍정정서를 다룬 논문 한 편 당 이들 주제들에 대한 논문은 17개이다. 비슷하게, "공포"(48,884개의 논문)는 "용기"(2,480)보다 많았다. 그러나 나쁨의 힘은 "아마도 긍정 심리학 운동에 대한 가장 좋은 이유일 것."이라고 Baumeister와 그의 동료들은 짐작한다. 개별적인 부정적인 사건의 영향을 극복하기 위해, "인간의 삶은 나쁜 것보다 훨씬 더 많이 좋은 것을 필요로 한다."

Hecato("만약 당신이 사랑받기를 원한다면, 사랑하라")부터 Ralph Waldo Emerson ("친구를 갖는 단 하나의 방법은 친구가 되는 것"), Dale Carnegie("아낌없이 칭찬을 주어라")에 이르기까지 많은 이들이 이를 예상하였다. 그들이 예상하지 못한 것은 그 원리가 작동하는 정확한 조건들이었다.

귀인

우리가 보았듯이, 아첨은 당신을 어디까지는 가게 하지만, 모든 곳은 아니다. 만약 칭찬이 우리가 아는 진실과 다를 때 – 3일 동안 머리를 감지 않았는데, 누군가가 "머리가 정말 멋지다"고 말한다면, 우리는 이 아첨꾼에 대한 존중을 잃고, 어떤 숨은 목적을 가지고 칭찬을 하는지 의문을 가질 것이다(Shrauger, 1975). 따라서 우리는 칭찬보다 비판을 더 진지하게 생각하곤 한다(Coleman & others, 1987). 사실, 누군가가 "솔직히 말해서"라는 말로 서두를 꺼낸다면, 우리는 비판을 들을 것이라는 것을 안다.

실험을 통해 우리가 앞 장에서 논의한 한 현상을 밝혀내었다. 우리의 반응은 우리가 그 이유를 무엇이라 보는가에 좌우된다. 아첨을 **아부**, 즉 자기본위적 전략에 귀인하는가? 상대가 우리로 하여금 무엇인가를 사게 하고, 성적으로 유인하고, 부탁을 들어주게 하려는 것인가? 만약 그렇다면, 아첨가와 칭찬 모두 호소력을 잃는다(Gordon, 1996; Jones, 1964). 그러나 분명한 숨은 동기가 없다면, 그때 우리는 아첨과 아첨가 모두를 따뜻하게 받아들인다.

아부(ingratiation)
아첨과 같이, 다른 사람의 호의를 얻기 위해 노력하는 전략

자긍심과 매력

Elaine Hatfield(Salster, 1965)는 우리가 배고플 때 먹는 것이 가장 큰 보상이 되는 것처럼 우리가 거절을 당한 후에 다른 사람의 인정이 특히 보상이 되는지 궁금했다. 이 아이디어를 검증하기 위해, 그녀는 몇 명의 스탠포드 대학의 여성들을 대상으로, 일부에게는 긍정하고 일부는 상처주도록, 그들의 성격에 대한 매우 호의적이거나 매우 비호의적인 분석을 주었다. 그리고 나서 실험참가자들은 매력적인 남성 실험도우미를 포함한 몇 사람을 평정하도록 요청하였는데, 그는 실험 바로 전에 각 여성들과 따뜻한 대화를 나누었고, 각각에게 데이트 신청을 하였다(한사람도 그를 거절하지 않았다). 어떤 여성이 그 남성을 가장 좋아했다고 생각하는가? 그것은 자존감이 일시적으로 손상되고 아마 사회적 인정에 목말라하던 사람들이었다.

이것은 왜 사람들이 때때로 자존심상하는 거절을 겪은 후에, 그 반동으로 열정적으로 사랑에 빠지는지 설명할 수 있게 한다.

이 실험 후에 Hatfield는 각각의 여성들과 이야기를 하고 실험을 설명하는데 거의 한 시간을 보냈다. 그녀는 마지막에는 어느 누구도 일시적인 자아 타격이나 데이트가 이루어지지 않은 것에 의해 동요된 채 남아있지 않았다고 보고했다.

다른 사람의 존중을 얻기

만약 거절 후에 오는 인정이 강력하게 보상이 된다면, 처음에는 우리를 싫어하다가 이후에 좋아해주는 사람을 가장 좋아하게 될까? 아니면 처음부터 우리를 좋아해주었던(그러므로 우리에게 더 전적인 인정을 주는) 누군가를 가장 좋아하는가? Ray는 그의

룸메이트의 사촌인 Sophia와 함께 소단위 토론 수업에 있었다. 수업 첫 주 후에, Ray는 Sophia가 그를 피상적인 사람이라고 생각한다는 것을 그의 소식통을 통해서 알게 된다. 학기가 진행될수록, 그는 자신에 대한 Sophia의 견해가 꾸준히 좋아지고 있음을 알았다; 점차적으로 그녀는 그를 똑똑하고, 사려깊고, 매력적으로 보게 된다. Ray는 만약 Sophia가 처음부터 그에 대해 좋게 생각했다면 그녀를 더 좋아했을까? 만약 Ray가 그가 받는 인정의 코멘트를 단순히 숫자로 세고 있다면, 그 답은 yes일 것이다. 그러나 만약, Sophia가 초기에 인정하지 않은 후, 그녀의 보상이 더욱 강력하게 되었다면, 그러므로 Ray는 그녀가 꾸준히 긍정했을 때보다 그녀를 더 좋아할 것이다.

어느 쪽이 진실에 더 가까운지를 알기 위해서, Elliot Aronson과 Darwyn Linder(1965)는 독창적인 실험에서 Ray의 경험의 핵심을 잡아냈다. 그들은 80명의 미네소타 대학의 여성들에게 다른 여성에 의한 자신에 대한 일련의 평가를 엿들을 수 있도록 "허용하였다." 어떤 여성들은 자신에 대해서 꾸준히 긍정적인 것들을 들었고, 어떤 여성들은 꾸준히 부정적인 내용을 들었다. 다른 사람들은 그들의 평가가 부정적에서 긍정적으로(Ray에 대한 Sophia의 평가처럼), 혹은 긍정적에서 부정적으로 변하는 것을 들었다. 이 실험과 다른 실험들에서, 그 개인이 다른 사람의 존중을 얻을 때, 특히 그것이 점진적으로 생겨나고 초기의 비판에서 반전될 때, 상대는 특히 크게 호감을 얻었다 (Aronson & Mettee, 1974; Clore & others, 1975). 아마도 Sophia의 그다지 친절하지 않은 언급 후에 전해온 그녀의 친절한 말이 더욱 신뢰롭게 여겨졌을 것이다. 그렇지 않았다면 아마도 위축되었던 후에 그 말들은 더욱 기쁘게 들렸을 것이다.

Aronson은 한결같은 인정은 그 가치를 잃을 수 있다고 추측했다. 만약 남편이 "어머나, 자기, 너무 멋져,"라고 500번을 말한다면, 그 말은 이제 그가 "어머나, 자기, 그 옷 입으니 끔찍해 보여."라고 말하는 것보다 훨씬 더 영향이 적을 것이다. 당신이 점찍은 사랑하는 사람은 기쁘게 하기는 어렵고 상처주기는 쉽다. 이것이 시사 하는 바는, 개방적이고 정직한 관계─ 사람들이 서로의 존중과 수용을 즐기면서도 정직한 관계는 Dale Carnegie가 조언하였듯이, 불쾌한 감정을 억압하느라 무뎌진 관계보다 지속적인 보상을 제공할 가능성이 더 높다는 것이다. Aronson(1988)은 다음과 같이 말했다.

관계가 더 큰 친밀하게 무르익어감에 따라, 점차적으로 중요해지는 것은 진정성─좋은 인상을 주기 위해 노력하는 것을 포기하는 것, 그리고 정직하고 심지어는 나쁘더라도 우리 자신에 대한 것을 밝히기 시작하는 것 ─ 이다. 만약 두 사람이 진정으로 서로를 좋아한다면, 그들은 그들이 항상 서로에 대해 완벽하게 "친절할" 때보다 긍정적이고 부정적인 감정을 모두 표현할 수 있을 때 더 오랜 시간 동안 더욱 만족스럽고 흥미진진한 관계를 유지할 것이다.

대부분의 사회적 상호작용에서, 우리는 자신의 부정적인 감정들을 스스로 검열한다. 그러므로 William Swann과 그의 동료들(1991)은 일부 사람들은 아무런 교정적인 피드백을 받지 못한다는 점을 이야기하고 있다. 유쾌한 착각 속에서 살면서, 그들은 계속해서 친구가 될 수 있었던 사람들을 멀어지게 하는 방식으로 행동한다. 진정한 친구는 우리가 나쁜 소식을 받아들일 수 있게 해주는 사람이다.

우리를 정말로 사랑하는 사람은 우리에게 정직할 뿐만 아니라, 우리를 장밋빛 안경으로 보는 경향이 있다. Sandra Murray와 그녀의 동료들(1996, 1997)이 연애중이거나 결혼한 커플들을 연구하였을 때, 그들은 가장 행복한 사람들(그리고 시간이 지남에 따라서 더 행복해지는 사람들)은 서로를 이상화하는 사람들이었고, 심지어 그들의 파트너가 자신들을 보는 것보다 더욱 긍정적으로 보는 사람들이었다. 우리가 사랑을 할 때, 우리는 사랑하는 사람이 신체적으로 매력적일 뿐만 아니라 사회적으로도 매력적임을 찾으려는 경향이 있다. 더욱이, 가장 만족스러운 결혼생활을 하는 부부들은 신혼부부처럼 서로를 이상화하는 경향이 있으며, 즉각적으로 배우자를 비난하거나 결점을 찾지않고 문제에 접근하는 경향이 있다(Karney & Bradbury, 1997; Miller & others, 2006; Murray & others, 2011). 좋은 관계 안에는 정직함이 존재할 뿐만 아니라 상대의 기본적인 장점에 대한 가정도 공존한다.

"당신이 사랑에 빠져야 상대는 완벽해진다."
– ANDY ROONEY

관계 보상

사람들에게 왜 어떤 사람과 친구인지 또는 왜 그들의 파트너에게 매료되었는지 물었을 때, 대부분의 사람들은 쉽게 답할 수 있다. "나는 Carol이 따뜻하고, 재치있고, 박식해서 좋아해요." 그 설명이 생략한 것, 그리고 사회심리학자들이 가장 중요하다고 믿는 것은 우리 자신이다. 이끌림에는 끌어당기는 사람뿐만 아니라 이끌리는 사람도 필요하다. 그러므로 더 심리학적으로 정확한 답은 아마도, "내가 그녀와 함께 있을 때 내가 느끼는 감정 때문에 나는 Carol을 좋아해요."가 될 것이다. 우리는 함께 있는 것이 만족스럽고 기분 좋다는 것을 알게 되는 사람에게 끌린다. 매력은 보는 사람의 눈(그리고 뇌)에 있다.

매력의 보상이론
(reward theory of attraction)
우리에게 보상이 주는 행동을 하거나 보상을 되는 사건들과 연상되는 사람들을 좋아한다는 이론

한마디로 **매력의 보상이론**이라고 표현할 수 있다. 우리에게 보상을 주는 사람, 또는 우리가 보상과 관련짓는 사람들을 우리는 좋아한다. 만약 어떤 관계가 대가보다 보상을 더 준다면, 우리는 그것을 좋아할 것이고, 그 관계가 지속되기를 바랄 것이다. 만약 그 관계가 다른 관계들 보다 더 이롭다면 이것은 특히 더 맞는 말일 것이다(Rusbelt, 1980). 상호 매력은 서로가 상대방의 충족되지 않은 욕구를 채워줄 때 증대된다(Byers & Wang, 2004). La Rochefoucauld는 그의 금언집 1665에서 "우정은, 자긍심에 도움이 되는, 개인적인 이득과 호의의 상호 교환 도식"이라 표현하였다.

두 번째 보상 원리에 따르면, 우리는 함께 하는 것이 보상이 되는 사람들을 좋아할 뿐만 아니라, 우리가 좋은 감정들과 연관 짓는 사람들을 좋아한다. 이론가 Donn Byrne과 Gerald Clore(1970), Albert Lott와 Bernice Lott(1974), 그리고 Jan DeHouwer와 그의 동료들(2001)에 따르면, 사람들은 조건형성에 의해서 보상이 되는 사건과 연합된 사물이나 사람에 대해서 긍정적 감정을 가지게 된다. 한주를 열심히 보낸 후, 난롯가 앞에 앉아 좋은 음식과 음악을 즐기며 휴식을 취할 때, 우리는 우리를 둘러싼 것들에 대해 특별한 따뜻함을 느낄 것이다. 머리가 깨질 것 같은 두통으로 고통스러워할 때 만난 누군가를 마음에 들어 하기란 힘들 것이다.

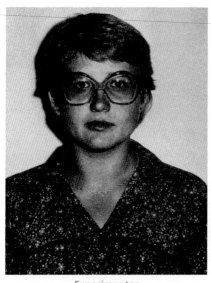

Experimenter   Person A   Person B

그림 :: 11.5

친절한 실험자와의 상호작용 후에, 사람들은 그녀를 닮지 않은 사람보다(사람B) 그녀를 닮은 사람을 선호했다(사람A).
불친절한 실험자와의 상호작용 후에, 사람들은 그녀를 닮은 사람을 피했다(Lewicki, 1985)

Pawel Lewicki(1985)는 이 연합에 의한 호감 원리를 검증하였다. 한 실험에서, Warsaw 대학의 학생들이 사진 속의 두 여성들(그림 11.5의 A와 B) 중 누가 더 친절하게 보이는지 선택하게 할 때 실제로는 50대 50이었다. 그런데 A 여성과 닮은 따뜻하고 친절한 실험자와 상호작용이 있었던 다른 학생들은 6대 1의 비율로 A 여성을 선택하였다. 추후 연구에서 실험자는 실험참가자의 반수에게 불친절하게 행동하였다. 이 참가자들이 이후 두 여성 중 한 명에게 자료를 제출해야 했을 때, 그들은 거의 항상 실험자를 닮은 사람을 피했다(아마도 다른 누군가를 떠올리게 하는 사람에게 긍정적으로 또는 부정적으로 반응했던 때를 떠올릴 수 있을 것이다).

이 연합에 의한 호감 – 그리고 비호감 – 현상을 검증한 다른 실험도 있다. 쾌적한 방안에서 낯선 사람들을 평정한 대학생들은 불편하게 뜨거운 방안에서 그들을 평정한 사람들보다 더 그들을 좋아했다(Griffitt, 1970). 다른 실험에서, 사람들은 우아하고 호화스러운 가구들이 있는 방 또는 초라하고 더러운 방에 머무는 동안 다른 사람들의 사진을 평정하였다(Maslow & mintz, 1956). 여기서도 역시 우아한 환경에 의해 환기된 좋은 감정은 평가되는 사람들에게 전이되었다. Elaine Hatfield와 William Walster(1978)은 이러한 연구들에서 실용적인 팁을 발견하였다. "낭만적인 저녁식사, 같이 즐기는 공연, 집에서 함께 하는 저녁, 그리고 휴가는 항상 중요하다…. 만약 관계를 지속시키고 싶다면, 계속해서 서로를 좋은 것들과 연합하는 것이 중요하다."

이 간단한 매력의 이론은, 우리는 우리에게 보상을 주는 사람 그리고 보상과 연합되어 있는 사람을 좋아한다는 것인데, 보편적으로 사람들이 따뜻하고, 믿을 수 있고, 잘 반응해주는 사람들에게 끌리는 이유를 말해준다(Fletcher & others, 1999; Regan, 1998; Wojciszke & others, 1998). 보상이론은 또한 매력에 영향을 주는 몇가지를 설명해 준다.

- 근접성은 보상을 준다. 그것은 가까이에서 살거나 일하는 누군가와의 우정의 이익을 얻는데 시간과 노력이 적게 든다.
- 우리는 매력적인 사람들을 좋아한다. 왜냐하면, 우리는 그들이 다른 바람직한 특질을 제공한다고 생각하고, 우리가 그들과 연합됨으로써 이득을 얻기 때문이다.
- 만약 다른 사람들이 비슷한 의견을 가지고 있다면, 이번에는 그들이 우리를 좋아한다고 추측하기 때문에 우리는 스스로가 가치있다고 느끼게 된다. 게다가, 우리와 관점을 공유하는 사람들은 그 정당함을 확인해준다. 우리는 우리가 생각하는 방식으로 바꾼 사람들을 특히 좋아한다(Lonbardo & others, 1972; Riodan, 1980; Sigall, 1970).
- 우리는 호감을 얻기를 바라고, 사랑받고 싶어 한다. 그러므로 호감은 대개 상호적이다. 우리는 우리를 좋아하는 사람들을 좋아한다.

요약 : 무엇이 우정과 매력으로 이끄는가?

- 어떤 두 사람이 친구인지 아닌지에 대한 최고의 예언변인은 근접성이다. 근접성을 통하여 우리는 서로의 유사성을 발견할 수 있고, 호감을 형성하는 반복적 노출과 상호작용을 경험할 수 있다.
- 초기의 매력의 두 번째 결정요소는 신체적 매력이다. 실험실 연구와 미팅을 포함한 현장 실험에서 대학생들은 매력적인 사람들을 선호하는 경향이 있었다. 그러나 일상생활에서, 사람들은 그들 자신의 매력과 대략적으로 걸맞는 매력을 가진 누군가(또는 덜 매력적이라면 그것을 보상하는 다른 특질이 있는 누군가)를 선택하는 경향이 있다. 매력적인 사람들에 대

한 긍정적 귀인은 아름다운 것이 좋은 것이라는 외모에 대한 고정관념을 보여준다.
- 호감은 태도와 신념과 가치의 유사성에 의해 크게 영향 받는다. 유사성은 호감으로 이어지며, 서로 반대인 사람은 거의 끌리지 않는다.
- 우리는 우리를 좋아하는 사람들과 우정을 쌓는 경향이 있다.
- 매력의 보상이론에 따르면, 우리는 그 사람의 행동이 보상을 준다고 느끼는 사람이나, 보상을 주는 사건과 연합된 사람을 좋아한다.

사랑이란 무엇인가?

사랑의 종류와 구성요소를 기술하기.

사랑은 호감보다 더 복잡하다. 그래서 측정하기 더 어렵고 연구하기가 까다롭다. 사람들은 사랑을 갈망하고, 사랑을 위해서 살고, 사랑을 위해서 죽는다.

대부분의 매력 연구자들은 가장 쉽게 연구할 수 있는 것 – 낯선 사람들 사이에서 짧은 만남 에서 일어나는 반응들 – 을 연구해 왔다. 다른 사람에 대하여 처음 가지게 되는 호감에 영향을 주는 요인들 – 근접성, 매력, 유사성, 상대방의 호감, 그 밖에 보상을 주는 특질들 – 은 장기적이고 친밀한 관계에도 영향을 준다. 그러므로 데이트하는 커

플들이 서로에 대해 빠르게 형성한 인상은 그들의 장기적인 미래에 단서를 제공한다 (Berg, 1984; Berg & Mcquinn, 1986). 만약 로맨스가 근접성이나 유사성에 관계없이 무작위로 생겨나는 것이라면, 북미에서 대부분의 카톨릭교도들(소수에 불과한)은 개신교도들과 결혼했을 것이고, 대부분의 흑인은 백인과 결혼했을 것이고, 대학 졸업자들이 대학 졸업자들과 결혼하는 것만큼이나 고등학교 중퇴자들과 결혼하는 경우도 많았을 것이다.

첫인상은 중요하다. 그럼에도 불구하고, 장기적인 사랑은 단순히 처음의 호감이 깊어지는 것만은 아니다. 그래서 사회심리학자들은 지속적이고 가까운 관계를 연구한다.

열정적 사랑

과학적으로 낭만적 사랑을 연구하는 첫 번째 단계는 다른 변인을 연구할 때와 마찬가지로, 어떻게 정의내리고 측정할지를 결정하는 것이다. 우리는 공격성, 이타성, 편견 그리고 호감을 측정하는 방법들을 가지고 있다. 그러나 어떻게 사랑을 측정하는가?

"내가 당신을 어떻게 사랑하는가? 그 방법을 설명하게 해주오,"라고 Elizabeth Barrett Browning은 썼다. 사회과학자들은 다양한 방법으로 설명해 왔다. 심리학자 Robert Sternberg(1988)는 사랑을 세 가지 요소: 열정, 친밀감, 그리고 헌신(그림 11.6)으로 구성된 삼각형으로 보았다.

어떤 요소들은 모든 애정관계에서 공통적으로 발견된다; 서로 이해하기, 지지를 주고받기, 사랑하는 사람과의 교제를 즐기기. 어떤 요소들은 특수하다. 만약 우리가 열정적인 사랑에 빠진다면 사랑을 육체적으로 표현하고, 그 관계가 배타적일 것을 기대하고, 우리의 파트너에게 강렬하게 매혹된다. 우리는 이를 직접 확인할 수 있다. Zick Rubin는 이를 확인하였다. 그는 수 백 명의 미시건 대학의 연애 중인 연인들에게 사랑 척도를 시행하였다. 후에, 실험 대기실의 일방향 거울 뒤에서부터 "약한 – 사랑", 그리고 "강한 – 사랑" 연인들 사이에서의 눈을 맞추는 시간을 재었다. 그 결과는 놀랍지

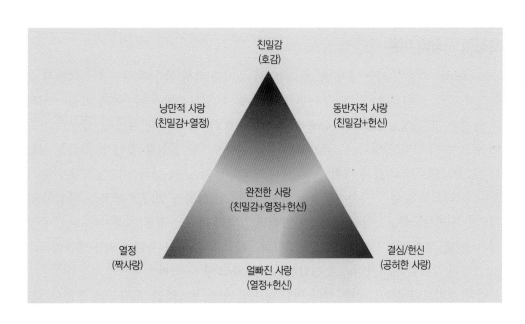

그림 :: 11.6
Robert Sternberg가 제안한 세 가지 사랑의 구성요소와 그 조합으로 이루어진 사랑의 종류

긴 시간의 눈맞춤, 끄덕임, 그리고 미소는 열정적인 사랑의 지표이다.

열정적 사랑(passionate love)
다른 사람과 일체가 되고 싶은 강렬한 욕망의 상태. 열정적인 사랑을 하는 사람들은 서로에게 몰두하고, 파트너의 사랑을 받을 때 황홀감을 느끼고, 그것을 잃을 때 절망에 빠진다.

않을 것이다. 강한 사랑 - 연인들은 서로의 눈을 오래 바라봄으로써 그들 자신을 내어주었다. 이야기를 할 때, 그들은 고개를 끄덕이고, 자연스럽게 미소를 지었고, 앞으로 기대어 앉았다(Gian Gonzaga & others, 2001).

열정적인 사랑은 감정적이고, 흥분되며, 강렬하다. Elaine Hatfield(1988)는 그것을 "다른 사람과 하나가 되고 싶은 강렬한 욕망의 상태"라고 정의내렸다(p. 193). 만약 서로 상응한다면, 사람들은 만족과 기쁨을 느끼며, 그렇지 않다면 사람들은 공허와 절망을 느낀다. 다른 형태의 감정적 흥분과 같이, 열정적 사랑은 의기양양함과 우울, 울렁울렁하는 흥분과 낙담한 비참함의 롤러코스터를 포함한다.

"사랑을 할 때만큼 고통에 무방비일 때는 없다"고 Freud는 관찰했다. 열정적인 사랑은 상대방에 대한 생각으로 머리가 가득차게 한다- Robert Graves가 그의 시에 적었듯이 "사랑의 증상은", "노크에 귀기울이는 것; 신호를 기다리는 것이다."

열정적인 사랑은 당신이 누군가를 사랑할 때뿐만 아니라 그 혹은 그녀와 "사랑에 빠져있을 때" 당신이 느끼는 것이다. Sarah Meyers와 Ellen Berscheid(1997)가 기록하듯, 누군가가 "나는 당신을 사랑해요, 그러나 나는 당신과 사랑에 빠지진 않았어요"라고 말한다면, 이는 "나는 당신을 좋아해요. 나는 당신에게 관심이 있어요. 나는 당신이 훌륭하다고 생각해요. 그러나 나는 당신에게 성적으로 매력을 느끼지는 않아요."를 의미한다는 것을 이해한다. 우정을 느끼지만 열정은 아닌 것이다.

열정적 사랑의 이론

Hatfield는 열정적 사랑에 대해 설명하면서 우리가 각성 상태의 원인을 어디에서 찾는가에 따라, 여러 가지 정서 중 어떤 것이든 될 수 있다. 정서에는 몸과 마음 - 신체적 각성과 그 각성상태를 해석하고 이름붙이는 방식-이 모두 관여한다. 당신의 가슴이 뛰고 손이 떨리고 있다고 상상해보자. 당신은 공포를 경험할 것인가, 걱정을 경험할 것인가, 아니면 기쁨을 경험할 것인가? 생리학적으로, 이 정서들은 서로 매우 유사하다. 그러므로 동일한 각성상태라도 당신이 행복한 상황에 있다면 행복을, 환경이 적대적이라면 분노를, 그 상황이 낭만적이라면 열정적 사랑을 경험할 것이다. 이런 관점에서 볼 때, 열정적인 사랑은 우리가 매력적이라고 느낀 어떤 사람에 의해 생물학적으로 각성된 상태를 심리학적으로 경험하는 것이라고 할 수 있다.

만약 정말로 열정이 "사랑"이라 이름 붙여진 흥분 상태라면, 사람들을 흥분시키는 것은 무엇이든 사랑의 느낌을 강렬하게 할 것이다. 몇몇의 실험에서, 관능적인 내용을 읽거나 보아서 성적으로 각성된 남자 대학생은 여성에 대하여 더 강한 반응을 보였다. 예를 들면, 자신의 여자 친구에 대해 설명할 때 사랑척도에서 더 많은 점수를 줬다(Carducci & others, 1978; Dermer & pyszczynski, 1978; Stephan & others, 1971). Stanley Schachter와 Jerome Singer(1962)에 의해서 발전된 **정서의 2요인 이론**의 지지자들은, 흥분 상태에 있는 남성들에게 어떤 여성에 대해 반응하도록 하면, 그들은 쉽게 자신의 각성 상태가 그 여성으로 인한 것이라고 잘못 귀인 한다고 주장하였다.

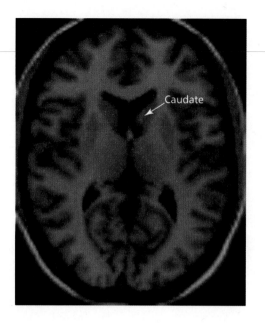

그림 :: 11.7

사랑은 뇌에 있다.

강렬하게 사랑을 하는 젊은 성인부터의 MRI 스캔은 사랑하는 사람의 사진을 바라볼 때 더욱 활성화되는(그러나 다른 지인의 사진을 바라보았을 때는 활성화되지 않는) 미상핵(caudate nucleus)과 같은 영역을 밝혀내었다.

출처: Aron & others, 2005

　　이 이론에 따르면, 어떤 원인에 의해서든 각성은 열정적인 느낌을 강렬하게 해야 한다. 마음은 각성상태를 자유롭게 낭만적 자극에 귀인할 수 있기 때문이다. 이 현상을 극적으로 보여주는 실험으로 Donald Dutton과 Arthur Aron(1974)의 연구를 들 수 있다. 이 실험에서 연구자들은 매력적이고 젊은 여성이 브리티시 컬럼비아의 암석으로 이루어진 Capilano 강의 230피트 높이에 매달린 좁고 흔들리는 450피트 길이에 걸쳐있는 구름다리를 건너는 젊은 남성에게 다가가도록 하였다. 그 여성은 각각의 남성에게 수업에 필요한 설문조사를 도와달라고 요청하였다. 남자들이 설문지 작성을 끝마쳤을 때, 여자는 이름과 전화번호를 적어주면서 그가 이 프로젝트에 대해서 더 자세히 알고 싶으면 연락을 달라고 하였다. 대부분의 남성들이 전화번호를 받았고, 그중 절반이 전화를 했다. 대조적으로, 낮고, 단단한 다리에서 동일한 여성이 다가간 남성들과, 높은 다리에서 남성 면접관이 다가간 남성들은 거의 전화를 하지 않았다. 다시 한 번, 신체적 각성은 낭만적인 반응을 강렬하게 한다.

　　무서운 영화, 롤러코스터 타기, 그리고 운동은 특히 우리가 매력적이라고 느낀 사람들에게 이런 효과를 가진다(Foster & others, 1998; White & Knoght, 1984). 이 효과는 결혼한 부부에게도 들어맞는다. 흥분되는 일을 함께 한 사람들은 최고의 관계를 나타냈다. 그리고 평범한 실험실 과제(손과 무릎의 2인 3각 경기)보다 각성되는 일을 한 후에 부부들은 그들의 전반적인 관계에 대해 더 높은 만족도를 보고하였다(Aron & others, 2000). 아드레날린은 더 보고싶게 한다. 이것이 시사하는 바와 같이, 열정적인 사랑은 심리학적일 뿐만 아니라 생물학적인 현상이다. 사회심리학자 Arthur Aron과 그의 동료들(2005)은 열정적인 사랑이 보상과 연계된 도파민이 분비 영역과 관련된다고 설명한다(그림 11.8을 볼 것).

정서의 2요인 이론
(two-factor theory of emotion)
각성×그에 대한 명명=정서

© Roz Chast/The New Yorker Collection/
www.cartoonbank.com

사랑에서의 변이성: 문화와 성차

다른 사람들 대부분이 우리와 느낌과 생각이 같다고 가정하고 싶은 유혹은 항상 있다. 예를 들면, 우리는 사랑이 결혼의 전제조건이라고 가정한다. 대부분의 문화-166개 문화의 한 분석에서의 89퍼센트-가 낭만적 사랑을 장난삼은 연애나 연인이 함께 달아나는 것이라는 개념을 가지고 있다. 그러나 분명하게 중매결혼을 실천하고 있는 문화에서는 사랑이 결혼에 앞서기보다 결혼이 사랑에 앞서는 경향이 있다.

남성과 여성은 열정적인 사랑을 경험하는데 있어서 다른가? 사랑에 빠지고 사랑이 식는 남성과 여성에 대한 연구들은 몇 가지 놀라운 사실을 보여준다. 상담 칼럼리스트에게 아래와 같은 편지를 쓴 사람을 포함해서, 대부분의 사람들은 여성이 좀 더 쉽게 사랑에 빠진다고 가정한다.

> 브라더스 박사님께,
> 19세 남자가 세상이 뱅뱅 도는 것처럼 심하게 사랑에 빠지는 것이 여자같다고 생각하십니까? 나는 내가 정말 미쳤다고 생각합니다. 왜냐하면 이것은 지금 여러 번 일어나고 있고, 사랑은 마치 미지의 곳에서부터 내 머리를 강타하는 것 같아 보입니다… 나의 아버지는 이것이 여자애들이 사랑에 빠지는 방식이고 남자들에게는 이런 방식으로 일어나지 않는다-적어도 그렇게 되어있지는 않다-고 말씀하십니다. 나는 이런 식의 내 모습을 바꿀 수 없지만 걱정이 됩니다. - PT(Dion & Dion에서 인용됨, 1985)

P.T가 실제로는 남자들이 보다 쉽게 사랑에 빠지는 경향이 있다는 반복적인 발견들에 대해 알게 된다면 아마 안심할 것이다(Dion & Dion, 1985; Peplau & Gordon, 1985). 또한 남성은 더 천천히 사랑이 식는 것처럼 보이고, 결혼 전의 연애를 그만두는 가능성이 적다. 그러나 일단 사랑에 빠지면, 여성들은 전형적으로 그들의 파트너만큼 또는 그보다 더 감정적으로 열중한다. 그들은 행복하고 마치 그들이 "구름 위를 떠다니는 것"처럼 "아찔하고 걱정이 없다"고 보고하는 경향이 더 많다. 또한 여성들은 남성보다 약간 더 우정의 친밀감과 그들의 파트너에 대한 관심에 초점을 두는 경향이 있다. 남성들은 여성보다 더 관계의 유희적이고 신체적인 면을 생각하는 경향이 있다(Hendrick & Hendrick, 1995).

동반자적 사랑

열정적 사랑은 뜨겁게 불타오르지만, 관계가 안정적인 궤도에 이르면, 열정은 필연적으로 식어갈 수밖에 없다. 관계가 오래 지속될수록, 정서적인 오르내림이 적어진다(Berscheid & others, 1989). 낭만의 최고점은 몇 달 동안, 심지어 몇 년 동안 지속될지 모른다. 그러나 그 어떤 최고점도 영원히 지속되지는 않는다. "당신이 사랑을 할 때 그것은 당신의 삶에서 가장 빛나는 이틀 반이다."라고 희극인 Richard Lewis가 농담한다. 신기함, 상대방에게로의 강렬한 몰두, 낭만의 전율, "구름 위를 떠다니는" 아찔한 느낌이 사라진다. 결혼한 지 2년이 지나면, 배우자들은 그들이 신혼일 때의 절반의 빈도로 애정을 표현한다(Huston & Chorost, 1994). 결혼한 지 4년이 지나면, 전 세계 문화에서 이혼율이 최고조에 달한다(Fisher, 1994). 만약 친밀한 관계가 지속된다면, 그것은 Hatfield가 **동반자적 사랑**이라고 부르는 더 안정적이지만 여전히 따뜻한 여운으로 정착할 것이다. 열정을 불타게 하는 호르몬(테스토스테론, 도파민, 아드레날린)은 줄어들고, 옥시토신과 같은 호르몬이 애착과 신뢰의 느낌을 뒷받침한다(Taylor & others, 2010).

**동반자적 사랑
(companionate love)**
우리가 우리의 삶이 깊이 얽혀있다고
생각하는 사람들에 대해 느끼는 애정

열정적인 사랑의 거친 정서들과 달리, 동반자적 사랑은 좀 더 차분한 정서이다. 그것은 깊고, 애정어린 애착이다. 그것은 뇌의 다른 영역을 활성화시킨다(Aron & others, 2005). 그리고 그것은 실제와 같다. 아프리카 칼라하리 사막의 쿵 산(!Kung San) 족 여성인 Nisa는 다음과 같이 말했다. "두 사람이 처음 함께할 때, 그들의 심장은 불타오르고 그들의 열정은 매우 크다. 잠시 후에, 그 불은 식고, 그것이 남는 것이다. 그들은 서로를 사랑하기 시작하지만 그것은 다른 방식이다- 따뜻하고 믿을 수 있다"(Shostak, 1981).

락 음악 "사랑에 중독되다(Addicted to Love)"를 아는 사람이라면, 낭만적 사랑의 시작과 끝이 커피나 술, 마약에 중독되는 것과 같은 양상을 보인다는 사실에 놀라지 않을 것이다. 처음에, 약물은 커다란 자극, 아마도 절정의 느낌을 줄 것이다. 반복하면서 반대의 정서들이 힘을 얻고 내성이 길러진다. 한번 크게 자극을 주었던 양은 더 이상 스릴을 주지 못한다. 그러나 약물을 중단하는 것은 당신이 시작했던 곳으로 당신을 돌려보내지 않는다. 오히려 그것은 불쾌감, 우울 등과 같은 금단증상을 유발한다. 똑같은 현상이 종종 사랑에서도 나타난다. 열정적인 최고점은 미적지근해질 운명이다. 더 이상 낭만적이지 않은 관계는 그것이 끝날 때까지 당연하게 여겨지게 된다. 그리고 나서 실연당한 사람, 미망인, 이혼자들은 그들이 오래 전에 열정적으로 사랑한다고 느끼는 것을 멈춘 그 사람이 없는 지금 인생이 얼마나 공허해 보이는지 놀라게 된다. 작동하고 있지 않는 것에 초점을 맞출 때, 우리는 작동하는 것을 알아차리지 못한다(Carlson & Hatfield, 1992).

열정적인 사랑과 달리, 동반자적 사랑
은 평생동안 지속될 수 있다.

시간이 지남에 따라 열정적인 사랑이 식어가고, 공유하는 가치와 같은 다른 요소들의 중요성이 커진다는 것에 대한 증거는 인도에서 중매결혼과 연애결혼을 한 사람들이 느끼는 감정을 비교한 연구에서 찾아볼 수 있다. Usha Gupta와 Pushpa Singh(1982)는 인도의 자이푸르의 50쌍에게

인도 자이푸르에서 중매결혼과
연애결혼한 부부 사이의 낭만적
사랑

출처: Data from Gupta & Singh 1982

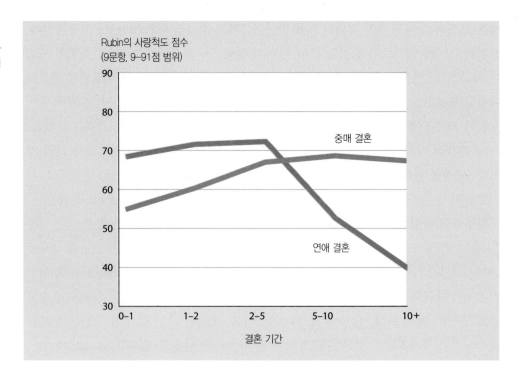

Rubin의 사랑척도 점수
(9문항, 9–91점 범위)

중매 결혼

연애 결혼

결혼 기간

애정척도를 완성해달라고 요청하였다. 연애결혼을 한 사람들은 결혼 후 5년이 지나면 사랑의 감정이 사라지고 있다고 보고했다. 대조적으로, 중매결혼한 사람들은 결혼 생활이 5년을 넘을 경우 더 많은 사랑을 보고했다(그림 11.8).

강렬한 낭만적 사랑의 냉각은 종종 환멸의 기간을 유발하는데, 특히 낭만적 사랑이 결혼과 결혼생활의 지속에 필수적이라고 생각하는 사람들 사이에서 그렇다. Jeffry Simpson, Bruce Campbell 그리고 Ellen Berscheid(1986)은 "최근 20년 동안에 이혼률의 급격한 상승은 적어도 부분적으로, 사람들의 삶에서 강렬한 긍정적인 정서적 경험(예를 들면 낭만적 사랑), 그러나 시간이 지남에 따라 지속하기는 특히 어려울지 모르는 경험의 중요성이 커지고 있는 것과 연결된다"고 짐작한다. 북미 사람들과 비교해서, 아시아 사람들은 개인적인 감정에 초점을 덜 맞추고 사회적인 애착의 실용적 측면에 더 초점을 맞춘다(Dion & Dion, 1988; Sprecher & others, 1994, 2002). 그러므로 그들은 환멸감에 덜 취약하다. 아시아 사람들은 또한 장기적으로 관계를 해치고 이혼으로 이끄는 자기 초점적인 개인주의 경향이 적다(Dion & Dion, 1991, 1996; Triandis & others, 1988).

강렬한 상호적인 매혹의 감소는 종의 생존에 있어서 자연적이고 적응적이다. 열정적 사랑의 결과는 대부분 자녀이고, 부모가 서로에게 사로잡혀있는 정도가 감소할수록 자녀의 생존에 도움이 된다(Kenrick & Trost, 1987). 그럼에도 불구하고 결혼한 지 20년이 넘은 부부들에게 있어서, 잃어버린 낭만적인 감정은 가족 둥지가 비고, 부부가 다시 한 번 서로에게 자유롭게 주의를 집중하면서 종종 다시 시작된다(Hatfield & Sprecher, 1986; White & Edwards, 1990). "어느 남성이나 여성도 25년 동안 결혼생활을 하지 않았다면 정말로 사랑이 무엇인지 모른다"라고 Mark Twain은 말했다. 만약

"나랑 같이 늙어갑시다. 가장 좋은 것은 아직 오지 않았어요.."
– ROBERT BROWNING

관계가 친밀하고 서로 간에 보상을 주고, 같이 나눈 삶의 역사에 뿌리내려 있다면, 동반자적 사랑은 깊어진다.

요약 : 사랑이란 무엇인가?

- 연구자들은 사랑을 친밀감, 열정 그리고 헌신의 구성요소를 가진 것으로 특징지었다. 열정적인 사랑은 황홀경과 불안, 의기양양함과 고통의 어리둥절한 혼란처럼 경험된다. 정서의 2요인 이론은 낭만적인 맥락에서, 어떤 원천으로부터의 각성이라도, 심지어 고통스러운 경험이라도, 열정으로 향하게 될

수 있다고 제안한다.
- 관계의 최고점에서, 초기의 열정적 최고점은 동반자적 사랑이라고 불리는 더 안정적이고 더 애정이 깊은 관계로 자리잡아간다

무엇이 친밀한 관계를 가능하게 하는가?

어떤 요소가 우리의 친밀한 관계의 오르내림에 영향을 주는가? 애착 유형, 형평성, 자기개방, 이 3가지 요소를 생각해보자.

애 착

사랑은 생물학적인 의무이다. 우리는, 근원적으로 다른 사람들과 관계 맺도록 운명 지어진 사회적 동물이다. 우리의 소속 욕구는 적응적이다. 협동은 생존을 돕는다. 혼자서 싸울 때, 우리의 조상들은 가장 강인한 육식동물이 아니었다, 그러나 수렵채집민으로서, 맹수들을 저지할 때, 그들은 숫자로부터 힘을 얻었다. 집단 거주민들이 살아남고, 후손을 남겼기 때문에 오늘날 우리는 결속을 용이하게 하는 유전자를 지닌다.

유아의 의존은 인간의 결속을 강화시킨다. 출생 직후에 우리는 다양한 사회적 반응들-사랑, 공포, 분노-을 나타낸다. 그러나 가장 먼저 나타나고 가장 위대한 것은 사랑이다. 아기였을 때, 우리는 거의 즉시 익숙한 얼굴과 목소리들을 선호한다. 부모가 관심을 쏟을 때 소리 내며 좋아하거나 웃는다. 8개월까지, 엄마나 아빠를 향해서 기어가고, 부모로부터 분리될 때 울음을 터뜨린다. 다시 만나면 달라붙어 떨어지지 않는다. 유아들이 자신의 양육자 가까이 있게 함으로써, 강한 사회적 애착은 강력한 생존 동력으로 작용한다.

때때로 극도의 방임된 조건 하에서 친밀한 애착 형성의 기회를 박탈당했을 때, 아이들은 고립되거나, 겁을 먹거나, 조용해진다. 국제 건강 기구(WHO)에서 집 없는 아이들의 정신건강을 연구한 후 정신의학자 John Bowlby(1980, p.442)는 "다른 인간들과의 친밀한 애착은 한 사람의 인생의 중심축이다… 이 친밀한 애착으로부터 사람들은 삶의 힘과 즐거움을 이끌어낸다."고 고찰했다.

연구자들은 부모와 아이 사이, 친구 사이, 배우자 또는 연인 사이와 같은 친밀한 관계에서의 애착과 사랑의 본질을 비교해왔다(Davis, 1985; Maxwell, 1985; Sternberg & Grajek, 1984). 어떤 요소들은 모든 애착에서 공통적으로 발견된다. 상호 이해, 지지를 주고받기, 사랑하는 사람과 함께 있는 것에 가치를 부여하고 즐거워하기가 여기에 해당한다. 그러나 열정적인 사랑에는 신체적 애정, 배타성에 대한 기대, 그리고 사랑하는 사람과의 강렬한 매혹과 같은 몇 가지 부가적 특징이 더해진다.

열정적인 사랑은 연인들만을 위한 것이 아니다. 부모와 유아의 서로에 대한 강렬한 사랑은 열정적인 사랑의 형태로 특징지어지고, 심지어는 관여하는 뇌 영역의 지점 또한 열정적인 낭만적 사랑에서 기능하는 것과 비슷하다. Pihillip Shaver와 그의 동료들(1988)은 한 살배기 유아는 젊은 성인 연인들과 마찬가지로 신체적 애정을 반기고, 분리되어 있을 때 고통을 느끼고, 다시 만날 때 강렬한 애정을 표현하고 중요한 타인의 관심과 인정을 크게 즐거워한다고 기록한다. 유아가 양육자와 관계를 맺는 방식이 다양하다는 점을 고려하여, Shaver와 Cindy Hazan(1993, 1994)은 유아 애착 유형이 성인 관계에 미치는지 여부를 밝히고 싶어했다.

애착유형

안정애착(secure attachment)
신뢰에 기반하고 친밀감이 특징인 애착

10명 중 7명의 유아들, 그리고 성인들도 거의 비슷한 비율로 **안정애착**을 보인다(Baldwin & others, 1996; Jones & Cunningham, 1996; Mickelson & others, 1997). 유아가 낯선상황에 놓여있을 때(대개는 연구실의 놀이방), 엄마가 있을 때는 이 낯선 환경을 행복하게 탐색하면서 편안하게 논다. 만약 엄마가 떠나면 아이들은 고통스러워한다. 엄마가 돌아오면, 아이들은 그녀에게 달려가고, 매달리고, 그리고나서 안심하고 탐색과 놀이로 돌아간다(Ainsworth, 1973, 1979). 연구자들은 이러한 신뢰로운 애착 유형이 친밀함(intimacy)의 작업모형(working model) - 갈등 상황에서도 신뢰를 바탕으로 지속

애착, 특히 보호자와의 애착은 강력한 생존 동력이다.

되는 성인의 친밀한 관계의 밑바탕이 되는 모형 - 을 형성한다고 믿는다(Miller & Rempel, 2004). 안정적인 성인은 다른 사람들과 가까워지는 것이 쉽다고 느끼며, 너무 의존적이 되거나, 버림받는 것에 대해 초조해하지 않는다. 연인 관계에서도 그들은 안정적이고 헌신적인 관계라는 맥락 속에서 성행위를 즐긴다. 그리고 그 관계는 만족스럽고 지속적인 경향이 있다(Freeney, 1996, Freeney & Noller, 1990; Simpson & others, 1992).

"나는 나처럼, 가까와지는 것이 두려운 사람을 좋아해요."

10명 중 1명 정도는 불안이나 양가감정이 특징인 **불안정 애착**을 나타낸다. 낯선 환경에서, 불안-양가적인 유아들은 엄마에게 더욱 바싹 달라붙는 경향이 있다. 엄마가 떠나면 울다가, 엄마가 돌아오면 무심하거나 적대적인 태도를 보인다. 성인의 경우, 불안-양가적인 개인들은 타인을 잘 신뢰하지 못하기 때문에 소유욕이 보다 강하고 질투를 많이 한다. 그들은 한 사람과 헤어짐과 만남을 반복할지 모른다. 문제거리를 이야기할 때, 그들은 감정적으로 반응하고 화를 잘 낸다(Cassidy, 2000; Simpson & others, 1996).

불안정 애착
불안과 양가감정이 특징인 애착

10명 중 2명 정도인 회피적인 유아들은 분리되어있는 동안 신체적으로는 각성 되지만 고통을 거의 드러내지 않으며, 재회할 때 거의 달라붙지 않는다. 성인의 경우, 회피적인 사람들은 관계에 노력을 기울이지 않고 쉽게 다른 사람을 떠나는 경향이 있다. 또한 사랑없는 원나잇 스탠드를 하는 경향이 더 많다. Kim Bartholomew와 Leonard Horowitz는 회피적인 사랑을 두려워하거나(다른 사람과 가까와지는 것이 불편하다) 무심(독립적이고 자기 - 충족적인 것이 중요하다)하다고 설명한다.

어떤 연구자들은 62개 문화에 걸쳐 연구되어온(Schmitt & others, 2004) 다양한 애착 유형의 원인을 부모의 반응성에서 찾는다. Cindy Hazan(2004)이 요약하기를, "초기의 애착 경험은 내적 작용 모델이나 관계에 대해 생각하는 독특한 사고방식의 기초를 형성한다." 그래서, Mary Ainsworth(1979)와 Erik Erikson(1963)이 관찰한 바에 따르면, 민감하고 반응적인 엄마들 - 세상이 믿을만한가에 대해 기본적인 신뢰감을 주는 엄마들의 자녀들은 유아기에 대부분 안정애착을 형성한다. 실제로, 100명의 이스라엘 할머니-딸-손녀 삼인조에 관한 한 연구에서 애착 유형의 세대간 일관성을 발견했다(Besser & Priel, 2005). 애정가득하고 열중하는 양육을 경험한 청소년들은 후에 그들의 연애 파트너와 따뜻하고 협력적인 관계를 갖는 경향이 있다(Conger & others, 2000). 다른 연구자들은 애착 유형이 유전적인 기질을 반영할지 모른다고 믿는다(Harris, 1998). 화를 잘 내고 불안하기 쉬운 십대들은 성인이 되어, 더 깨지기 쉬운 관계를 갖는 경향이 있다(Donnellan & others, 2005). 좋거나 나쁘거나, 초기의 애착 유형은 미래의 관계들에 대한 기반이 되는 것으로 보인다.

형평성

형평성(equity)
관계로부터 사람들이 받는 결과가
그들이 기여한 것과 비례하는 조건.
공평한 결과는 항상 똑같은 결과를
필요로 하지 않는다.

각자가 자신의 욕망만을 막무가내로 추구한다면, 그 관계는 끝날 것이다. Elain Hatfield, William Walster, 그리고 Ellen Berscheid(1978)가 매력의 **형평성** 원리에서 이야기했던 것처럼, 우리 사회는 우리에게 보상을 주고받을 것을 가르친다. 당신과 당신의 파트너가 관계로부터 얻는 것이 각자가 관계에 쏟은 것에 비례해야 한다. 두 사람이 동등한 결과를 얻었다면, 기여한 정도가 같아야한다. 만약 그렇지 않다면 어느 한쪽은 불공평하다고 느끼게 될 것이다. 만약 모두가 자신이 얻은 것이 각자가 기여한 자산과 노력에 부합한다고 느끼면, 그때는 모두가 공평하다고 인식한다.

낯선 사람과 가볍게 아는 사람은 이익을 교환함으로써 형평성을 유지한다. 당신이 나에게 강의 노트를 빌려준다면 나도 내 것을 빌려줄 것이다. 내가 당신을 나의 파티에 초대한다면 당신도 당신의 파티에 나를 초대할 것이다. 룸메이트나 사랑하는 사람과 같이 지속적인 관계를 맺고 있는 사람들은 반드시 노트에는 노트, 파티에는 파티와 같은 식으로 비슷한 이익만을 교환해야한다는 의무감을 느끼지는 않는다(Berg, 1984). 그들은 더 자유롭게 다양한 이익을 주고받으며 형평성을 유지하고("당신이 당신의 노트를 빌려주기 위해서 들렸을 때, 저녁 함께 먹고 가세요") 결과적으로 누가 누구에게 갚아야 하는지 계산하기를 멈춘다.

장기적인 형평성

우정과 사랑이 공평한 보상의 교환에 뿌리를 둔다고 가정하는 것은 너무 지나칠까? 우리는 때로 어떤 종류의 보답도 기대하지 않고 사랑하는 사람의 욕구에 응하지 않는가? 실제로, 공평하고 장기적인 관계에 있는 사람들은 단기적인 형평성에 개의치 않는다. Margaret Clark과 Judson Mills(1979, 1993; Clark, 1984, 1986)는 사람들이 심지어는 이익의 교환을 계산하는 것을 피하기 위해서 노력한다고 주장했다. 친한 친구를 도와줄 때, 우리는 즉각적인 보답을 바라지 않는다. 만약 누군가 우리를 저녁식사에 초대한다면, 우리는 그 초대에 보답하기 전에 그 사람이 우리의 초대를 단순히 사회적 채무를 갚는 것에 불과하다고 느끼지 않도록 충분한 시간을 둔다. 진정한 친구는 보답이 불가능할 때에도 서로에게 마음을 쓴다(Clark & others, 1986, 1989). 유사하게, 행복한 부부들은 그들이 얼마나 주고 받았는지 점수를 매기지 않는다(Buunk & Van Yperen, 1991). 사람들은 자신의 파트너가 희생적인 것을 볼 때, 그들의 신뢰감은 커져간다(Wieselquist & others, 1999).

매릴랜드 학생들과 한 실험에서, Clark과 Mills는 계산적이지 않은 것이 우정의 특징이라는 것을 확인했다. 주고받는 교환은 관계가 비교적 공적일 때는 호감을 증대시키지만, 둘이 우정을 추구할 때는 호감을 감소시킨다. Clark과 Mills는 각 배우자가 상대방에게 기대하는 것을 일일이 열거하는 결혼 계약은 사랑을 강화하기보다는 손상시킬 가능성이 더 크다고 생각한다. 상대방의 긍정적인 행동이 자발적일 때에만 우리는 이를 사랑 때문이라고 생각할 수 있다.

앞서 우리는 형평성원리가 짝짓기 현상에서 작용한다는 점에 주의하였다. 사람들은 종종 동등한 자산을 가지고 낭만적인 관계에서 만난다. 종종 매력, 지위 등등으로 짝이 지워진다. 만약 매력과 같은 한 부분이 기울면, 어떤 다른 분야, 이를테면 지위와 같은 부분에서 기우는 경향이 있다. 그러나 전체 자산에서는 그들은 공평하게 짝져진다. "나는 멋진 외모를 당신의 높은 연봉과 교환할 것이다"라고는 누구도 말하지 않고, 심지어 이렇게 생각하는 사람도 거의 없다. 그러나 특히 지속적인 관계에서는 형평성을 지키는 것은 규칙이다.

인식된 형평성과 만족

Rew Research Center(2007) 조사결과에 따르면 사람들은 성공적인 결혼의 지표를 9가지 요소 중 "집안일을 나눈다"를 세번째(신뢰와 좋은 성관계에 이어)로 꼽았다. 공평한 관계에 있는 사람들이 더 만족스럽다(Fletcher & others, 1987l Hatfield & others, 1985; Van Yperen & Buunk, 1990). 자신의 관계가 불공평하다고 생각하는 사람은 불편함을 느낀다. 더 많이 가진 사람은 죄책감을 느낄 것이고, 더 적게 가졌다고 느끼는 사람은 강한 노여움을 느낄 것이다(자기고양편향 self-serving bias 으로, 대부분의 남편들은 자신의 아내가 인정하는 것보다 자신이 집안일에 더 많이 기여한다고 생각한다-"이득을 보는" 사람은 불공평성에 덜 민감하다.).

Robert Schafer와 Patricia Keith(1980)은 모든 연령대의 부부 수백 쌍에게 설문을 실시하였는데, 사람들은 한쪽 배우자가 요리와 집안일, 양육 또는 돈벌이에 너무나 적게 기여하기 때문에 그들의 결혼생활이 약간 불공평하다고 느낀다는 것을 보고한다. 불공평성에는 대가가 따르는데, 불공평함을 느끼는 사람들은 더 많은 스트레스와 우울을 느낀다. 아이를 키우는 동안, 아내들이 종종 손해를 보고 남편들이 이득을 본다고 느낄 때, 결혼 만족은 급감하는 경향이 있다. 신혼과 부부만 사는(자녀 출가로) 단계에서, 부부가 공평함을 더 느끼고 결혼에 만족을 느끼는 경향이 크다. 부부가 서로 자유롭게 주고받으며 함께 결정을 내릴 때, 지속적이고 만족스러운 사랑을 할 가능성이 높다.

부부들을 장시간 추적 연구한 Nancy Grote와 Margaret Clark(2001)는 인식된 불공평성이 결혼생활의 고통을 유발한다는 점에 동의한다. 이들은 불공평함과 고통은 연결되어 있다는 것도 보고하고 있다. 결혼의 고통은 불공평성의 인식을 악화시킨다(그림 11.9).

자기개방(self-disclosure)
자신의 내밀한 면을 다른 사람들에게 드러내는 것

자기개방

깊은 동반자적인 관계는 친밀하다. 그러한 관계에서 우리는 진실된 모습 그대로 보이고 수용되어짐을 느끼게 한다. 우리는 좋은 결혼생활이나 가까운 우정-신뢰가 불안을 대신하고, 상대방의 애정을 잃는 것에 대한 두려움 없이 자신을 자유롭게 개방하는 관계-에서 이 달콤한 경험을 알게 된다(Holmes & Remple,

그림 :: 11.9
지각된 불공평성은 결혼생활의 고통을 유발시키는데, 이는 불공평성의 지각을 불러일으킨다.

출처: Adapted from Grote & Clark, 2001.

1989). 이런 관계는 고인이 된 Sidney Jourard가 명명한 **자기개방**으로 특징지워진다 (Delega & others, 1993). 관계가 깊어질수록, 자기를 개방하는 파트너들은 서로에게 자신에 대한 것들을 점점 더 많이 밝히고, 서로에 대한 앎의 수준은 점점 더 깊어진다. 좋은 관계에서 자기개방의 많은 부분은 성공과 좋은 일을 서로 같이 기뻐한다(Gable & others, 2006). 좋은 일을 두고 친구와 같이 기뻐할 때 좋은 일로 인한 기쁨을 배가할 뿐아니라 우정을 더 좋게 느낀다(Reis & others, 2010).

연구결과 역시 대부분의 사람들이 이러한 친밀감을 즐긴다는 것을 밝히고 있다. 평소에 내성적인 사람이 우리의 어떤 특성 때문에 "털어놓고 싶은 마음이 든다"고 이야기하고 비밀을 공유하면, 기쁨을 느낀다(Archer & Cook, 1986; D. Taylor & others, 1981). 다른 사람이 자신을 개방하는 대상으로 선택되는 일은 만족스럽다. 우리는 자기를 개방하는 사람들을 좋아할 뿐만 아니라, 우리가 좋아하는 사람들에게 우리를 개방한다. 그리고 자신을 개방한 사람들을 더 좋아한다(Collins & Miller, 1994). 친밀함의 기회가 부족할 때, 우리는 외로움의 고통을 겪는다(Berg & Peplau, 1982; Solano & others, 1982).

자기개방의 원인과 결과를 탐구한 여러 실험들이 있다. "자신에 대해서 좋아하거나 좋아하지 않는 것은 무엇인가?" 혹은 "가장 부끄러워하는 것과 가장 자랑스러워하는 것은 무엇인가"과 같은 질문에 대해, 사람들은 언제 기꺼이 사적인 정보를 공개하는가? 그리고 그런 노출은 이를 밝히는 사람이나 듣는 사람들에게 어떤 영향이 있는가?

개방의 상호성
(disclosure reciprocity)
어떤 사람의 자기개방의 친밀함이
대화 상대와 대등한 경향

가장 신뢰할만한 발견은 **개방의 상호성** 효과이다. 개방은 개방을 낳는다(Berg, 1987; Miller, 1990; Reis & Shaver, 1988). 우리는 우리에게 털어놓은 사람에게 더 많이 개방한다. 그러나 친밀감은 한순간에 생겨나지 않는다(만약 그렇다면, 사람은 경솔하고 불안정적으로 보일 것이다.). 적절한 친밀감은 내가 조금 밝히고, 당신이 조금 밝히고. 그러나 너무 많이는 말고, 그리고 당신이 조금 더 밝히고 내가 보답하고, 하는 식으로 마치 춤추는 것처럼 진전된다.

사랑하는 사람들의 경우 친밀감이 깊어지는 것은 흥분되는 일이다. "강해지는 친밀감은 강한 열정의 느낌을 만들어낸다"라고, Roy Baumeister와 Ellen Bratslavsky(1999)는 주목한다. 이는 왜 배우자를 잃고 재혼한 사람들이 증가된 빈도의 성관계를 가지면 새로운 결혼생활을 시작하는지, 그리고 심한 갈등 후에 친밀감이 회복될 때 열정이 종종 최고조에 이르는지 설명할 수 있게 한다.

어떤 사람들-대부분은 여성-은 숙련된 "마음을 여는 사람들"이다. 그들은 다른 사람들로부터, 심지어는 보통은 자신에 대해 많이 드러내지 않는 사람들로부터도 친밀한 개방을 쉽게 이끌어낸다(Miller & others, 1983l Pegalis & others, 1994l Shaffer & others, 1996). 그런 사람들은 잘 듣는 사람들인 경향이 있다. 대화를 하는 동안 그들은 주의 깊은 표정을 유지하고, 편안하게 즐겁게 시간을 보내는 것처럼 보인다(Purvis & others, 1984). 그들은 또한 그들의 대화 상대가 말하는 동안 지지적인 말을 함으로써 관심을 표현한다. 그들은 심리학자 Carl Rogers(1980)가 말하는 "성장을 촉진하는" 청자- 자기의 감정을 밝히는데 진실하고, 다른 사람의 감정을 수용하고, 공감적이고, 예민하며, 사려깊은 청자들이다.

그러한 자기개방의 효과는 무엇일까? 인본주의 심리학자 Sidney Joruard(1964)는 우리의 가면을 벗어던지고 있는 그대로 자신을 보이는 것이 사랑을 키운다고 이야기한다. 다른 사람에게 솔직하게 털어놓고, 그러면서 다른 사람도 우리에게 솔직해지는 것이 신뢰를 받는 것은 기쁜 일이라고 생각한다. 사람들은 자신에게 중요한 것, 동성애자라는 것을 밝힌 날에 기분이 좋으며, 자신의 정체성을 숨긴 날은 기분이 나쁘다(Beals & others, 2009). 가벼운 수다가 아니라 깊은 대화를 한 날에 더 행복하다. 이는 Mathias Mehl과 동료들이(2010) 70명의 학부생에게 4일간 시간당 5회의 30초간의 대화를 녹음하여 발견한 것이다. 우리가 자신의 자아상이 위협받을 때 이를 의논할 수 있는 친밀한 친구가 있는 것은 그러한 스트레스를 견뎌내는데 도움이 되는 것 같다(Swann & Predmore, 1985). 진정한 우정은 다른 관계들을 잘 대처해갈 수 있도록 돕는 특별한 관계이다. 로마 극작가 Seneca는 다음과 같이 회고한 바 있다. "친구와 있을 때면, 마치 나 혼자 있을 때처럼 생각나는 대로 무엇이든지 자유롭게 말해도 될 것처럼 느껴진다." 최상의 상태라면, 결혼생활은 헌신으로 맺어진 그런 우정이다.

친밀한 **자기개방**은 또한 동반자적 사랑의 기쁨 중 하나이다. 서로에게 자신을 가장 많이 드러낸 연애를 하고 있거나 결혼한 커플들은 그들의 관계에 만족을 가장 많이 표현하고, 그 상태를 지속하는 경향이 있다(Berg & McQuinn, 1986; Hendrick & others, 1988; Sprecher, 1987). 모두가 비슷하게 사랑에 빠져있는 신혼부부 대상의 한 연구에서, 서로에 대해 가장 깊고 정확하게 아는 사람들이 가장 지속적인 사랑을 즐기는 경향이 있었다(Neff & Karney, 2005). "나의 가장 내밀한 생각과 느낌들을 배우자와 공유하려고 노력한다"는 항목에 가장 강하게 동의한 부부들이 가장 만족스러운 결혼생활을 하는 경향이 있다(Sanderson & Cantor, 2001).

갤럽 전국 결혼 조사에서, 배우자와 함께 기도하는 사람들의 75퍼센트(그리고 그렇지 않은 57퍼센트)가 그들의 결혼 생활을 매우 행복하다고 보고했다(Greely, 1991). 신앙이 있는 사람들 중에, 가슴으로부터 나오는 공유된 기도는 겸손하고, 친밀하고, 감동적인 노출이다. 함께 기도하는 사람들은 또한 보다 자주 그들의 결혼에 대해 함께 논의 하고, 자신의 배우자를 존중하고, 자신의 배우자를 숙련된 연인이라 평가한다.

연구자들은 또한 여성이 남성에 비해 종종 자신의 두려움과 약함을 기꺼이 드러낸다는 것을 알아냈다(Cunningham, 1981). 페미니스트 작가 Kate Millett(1975)가 표현하듯, "여성들은 표현하고, 남성들은 억압한다." 그럼에도 불구하고, 오늘날의 남성, 특히 평등주의적인 성 역할 태도를 가진 남성들은, 점진적으로 내적인 느낌들을 드러내고, 서로 신뢰하고 자기를 개방하는 관계가 수반하는 만족을 즐기는 것 같다. 그리고 그것이 사랑의 핵심- 두 자아가 서로에게 연결되고, 개방하며, 일체가 되는 것, 그리고 각자가 개성을 유지하지만, 활동을 공유하고 유사성에 기뻐하고, 서로 지지하는 것이라고 Arthur Aron과 Elaine Aron(1994)는 말했다(그림 11.10).

그렇다면, 자기개방의 정도를 서로에게 맞추어 조금씩 늘려가는 경험이 친밀감을 향상시킬까? Aron과 동료들은(1997)은 이것을 알아보기 위하여 서로 처음 만난 자원학생들을 짝을 지어 45분간 상호작용 하도록 했다. 처음 15분간, 그들은 개인적이지만

자기개방
자신의 내밀한 면을 다른 사람들에게 드러내는 것.

"친구란 무엇인가? 내가 당신에게 말해주겠다. 그것은 함께하면서 감히 당신 자신이 될 수 있는 사람이다."
– *Frank Crane, 우정의 정의*

그림 :: 11.10

사랑: 자아의 중첩- 당신은 내 일부가 되고, 나는 당신의 일부가 된다.

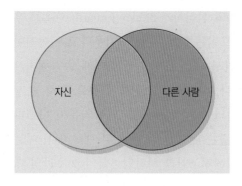

친밀함은 떨어지는 주제들("마지막으로 혼자 노래를 부른 것이 언제였니?")에 대해 생각을 나누었고, 다음 15분은 보다 친밀한 주제들("가장 소중한 기억이 무엇이니?")에 보내고, 마지막 15분은 "이 문장을 완성시키세요. 내곁에 누군가가 있어서 ..을 함께 나눌 수 있으면 좋겠다" 그리고 "다른 사람 앞에서나 혼자서 마지막으로 운 게 언제였는가?" 와 같은 보다 더 깊은 자기 - 개방을 요청했다.

45분간 잡담("너의 고등학교는 어떠했니?", "가장 좋아하는 공휴일이 무엇이니?")으로 보낸 통제집단 참가자와 비교하여, 점증적으로 자기-개방을 경험한 사람들은 실험이 끝날 때 자신의 대화 상대에게 현저히 가까운 느낌을 경험하였다-사실, "비슷한 학생들 30%가 살면서 가장 가까웠던 관계보다도 더 가깝게 느꼈다"고 연구자들은 보고하였다. 이런 관계는 분명히 아직은 진정한 우정의 충의나 헌신으로 특징지워진 것은 아니다. 그럼에도, 이 실험은 자기개방이 이루어진다면 얼마나 쉽게 타인과 가까워지는 느낌이 생겨날 수 있는지 놀라운 증거를 제시한다. 이는 또한 인터넷을 통해서도 일어날 수 있다(focus on: 인터넷은 친밀감 또는 고립감을 만들어내는가? 참조)

focus ON

인터넷은 친밀감 또는 고립감을 만들어내는가?

이 교재를 읽고 있는 당신도 분명 세계 1조(2005년 기준)명의 인터넷 사용자 중 한 명일 것이다. 미국 가정에 전화기 보급율이 1%에서 75%까지 증가하는데 70년이 걸렸는데, 인터넷의 경우는 약 7년 만에 75%에 도달했다(Putnam, 2000). 당신을 포함하여 유럽연합 시민의 1/2과, 캐나다, 미국, 호주 국민의 2/3가 이메일과 검색을 즐기고, 리스트서브, 뉴스 그룹, 대화방 등에 가입되어 있을 것이다(Internetworldstats.com과 CIA World facebook).

당신의 생각은 어떠한가? 가상의 공동체에서 컴퓨터를 매개로 한 의사소통이 직접적인 인간관계를 대체하기에 부족하다 보는가? 또는 이것이 우리의 사회적 관계망을 넓히는 멋진 방식이라고 보는가? 인터넷이 사람들의 연결 이상의 일들을 하고 있는가 아니면 얼굴을 맞대고 관계를 가질 시간을 축내고 있는가? 새로이 떠오르고 있는 논란들을 살펴보자

논점: 인터넷은, 인쇄나 전화처럼, 의사소통을 확장시키고 이런 의사소통은 인간관계를 가능하게 한다. 인쇄는 얼굴을 보며 이야기하는 시간을 줄여주었으며 전화는 얼굴을 보며 대화를 줄였지만, 둘다 사람들이 시간이나 거리에 구애받지 않고 서로 연락할 수 있게 하였다. 사회적 관계는 네트워킹(networking)을 필요로 하는데 여기서 인터넷은(Net) 최상의 연락망이다. 그것은 가족, 친구, 그리고 마음이 맞는 사람들을(헨리포터 팬클럽 등의 인터넷이 아니었다면 절대로 알게 되지 않았을)과 효율적인 네트워킹이 가능하게 한다.

반론: 사실이다. 그러나 컴퓨터를 통한 의사소통은 그 질이 떨어진다. 이는 비언어적 단서와 신체적 접촉으로 더 세밀한 정보를 전달하는 눈마춤의 뉘앙스가 결여되었다. 획일적인 웃음을 나타내는 단순한 정서(:)와 같은)를 제외하고는, 전자적 메시지는 몸짓, 표정, 그리고 음색이 결여되어있다. 그래서 메시지를 잘못 이해하게 되기 쉽다는 점도 놀랄 일은 아니다. 감정 표현의 부재는 모호한 감정을 남게 한다.

예를 들어, 우리는 목소리의 뉘앙스를 통해 지금 한 말이 심각한지, 농담인지, 비꼬는 것인지 알 수 있다. Justin Kruger와 그 동료들(2006)은 사람들이 이메일이든 이야기든 농담이 똑같이 명료하게 전달되었을 것이라 종종 생각함을 보여준다. 그러나 실제로 이메일을 통할 때는 그렇지가 않다. 또한 가상공간 토의에서는 익명성 때문에 때로는 적대적인 상호비난이 생겨나기도 한다.

TV와 마찬가지로 인터넷은 실제로 관계하는 시간을 빼앗는다. 인터넷 연애는 실제의 데이트와 같이 발전되지 않는다. 사이버섹스는 인공적인 친밀함이다. 개인화된 웹기반의 오락거리들은 사람들이 모이는 것을 대체한다. 그런 인공성과 고립은 통탄할 것이다. 왜냐하면 우리에게 이어져온 역사는 우리가 웃음과 미소로 가득 찬 실시간의 관계를 원하는 성향을 갖게 하였기 때문이다. 스탠포드 대학에서 실시한 조사에서 4000명 이상의 성인 응답자 중 25%가 그들이 온라인에 보내는 시간 때문에 그들이 가족과 친구를 직접 만나고 전화하는 시간이 줄었다고 응답한 것도 놀랍지 않다.

논점: 그렇지만 대부분의 사람들은 인터넷이 고립을 조장한다고 느끼지 않는다. 다른 조사결과를 보면 인터넷 사용자 전반, 특히 온라인에 접속한 여성들은- 그들이 이메일을 사용함으로써 관계가 돈독해졌고 친척이나 친구와 연락이 늘었다고 믿고 있다(Pew, 2000). 인터넷 사용이 직접적인 대인관계의 친밀함을 대체했을지 모르나 이는 텔레비전 시청 역시 대체했다. 클릭 하나로 가능한 온라인쇼핑이 동네 서점 입장에서는 나쁘지만 관계를 위한 시간을 더 자유롭게 한다. 인터넷을 이용한 재택근무 역시 사람들이 집에서 일하는 것을 가능하게 하여 가족과 더 많은 시간을 보낼 수 있게 한다.

그리고 왜 컴퓨터로 형성된 관계들이 비현실적이라고 말하는가? 인터넷에서는 당신의 외모와 어디에 사는지가 더 이상 중요하지 않다. 당신의 외모, 나이, 인종보다는 진정으로 중요한 것—공유하는 관심과 가치관을 기반으로 당신과 사람들이 연결된다. 직장과 전문직 네트워크에서, 컴퓨터로 매개된 토의는 지위에 덜 영향 받고 결과적으로 더 솔직하고 동등하게 참여하게 된다. 컴퓨터로 매개된 의사소통은 면대면 대화보다 자발적인 자기-개방을 북돋는다(Joinson, 2001).

인터넷에서 일어나는 대부분의 유혹들은 아무것도 남기지 못했다. "온라인 데이트를 시도했던 내가 아는 모든 사람들은.. 몇 시간이나 누군가와 수다를 떨고 그리고 그를 만난 후 그가 형편없는 사람이라는 것을 알게 되는데 염증이 났다는 데 입을 모았다"고 한 토론토 여성은 이야기한다(Dicum, 2003). 그렇지만 인터넷을 통해 형성된 우정과 연인관계는, 직접 만나는 관계보다도, 적어도 2년 이상 지속되는 경향이 있다고 Katelyn McKenna와 John Bargh와 그의 동료들은 보고하였다(Bargh & others, 2002, 2004; McKenna & Bargh, 1998, 2000; McKenna & other, 2002). 한 실험에서, 사람들이 온라인에서 만나면, 더 정직하고 덜 젠체하며, 더 많은 것을 개방함을 발견하였다. 그들은 20분간 온라인에서 만나 대화를 나눈 사람을, 같은 시간을 면대면으로 만나 사람들에 비해, 호감을 더 많이 느꼈다. 심지어 이들이 같은 사람을 두 맥락 모두에서 만나도 같은 결과가 나타났다. 조사된 사람들은 유사하게 인터넷 친구를 오프라인 친구만큼이나 실제하고 중요하고 친밀하다고 느꼈다. Pew 설문조사(2006)에서도 싱글이며 연애상대를 찾고 있는 인터넷 사용자 중 74%가 연애에 대한 관심을 충족하기 위해 인터넷을 사용하고 37%가 온라인 데이트 웹사이트에 가본 경험이 있었다.

반론: 인터넷은 사람들이 자신의 참모습이게 하기도하고, 자신이 아닌 존재로 위장하게(때로는 성적 이용의 목적으로) 하기도 한다. 인터넷 음란 매체는, 다른 종류의 음란물과 마찬가지로, 실생활에서 파트너가 덜 매력적이라 느끼게 하거나, 남자들이 여자를 성적인 관점에서 보게 만들거나, 성희롱을 보다 사소한 문제로 보게 하거나, 흥분된 상황에서 행동에 대한 정신적 스크립트를 형성하거나, 성적흥분을 높이고 애정없는 성적 행동을 억제하지 않거나 모방하도록 만드는 등 성적 현실에 대한 지각을 왜곡시킬 수 있다.

Robert Putnam(2000)이 제안하듯, 컴퓨터로 매개된 의사소통의 사회적 이득은 두가지 다른 현실에 의해 제약된다: 정보격차는 가진 자와 갖지 못한 자의 사회적, 교육적 불평등을 더욱 뚜렷하게 만들었다. 비록 "네트워크에서의 격차(cyberbalkanization)"로 인해 청각장애자들이 네트워크를 사용할 수 있게 되기도 했지만, 백인지상주의자들이 서로의 존재를 찾게 하기도 한다. 정보격차는 가격을 낮추고 대중적인 접근 장소를 확대함으로써 개선될 수 있다. 네트워크에서의 격차는 매체 자체의 속성이다.

인터넷이 사회에 미친 영향을 논의하는데 있어 "가장 중요한 질문"은 "인터넷이 우리를 위해 무엇을 하나가 아니라, 우리가

"인터넷에서는 우리가 개인 것을 아무도 몰라."

그것을 가지고 무엇을 할 것인가?. 이 유망한 기술을 상용하여 공동체의 연대감을 두텁게 하도록 할 것인가? 사회적 존재감, 사회적 피드백, 사회적 단서들을 향상시키기 위해 이 기술을 어떻게 발전시킬 수 있을 것인가? "지금 닮아가고 있는 현실의 의사소통을 개선하기 위해 이 빠르고 저렴한 커뮤니케이션의 가능성을 어떻게 활용할 것인가?와 같은 질문이라고 Putnum(p180)은 지적하고 있다.

요약 : 무엇이 친밀한 관계를 가능하게 하는가?

- 유아기부터 노년기까지, 애착은 인간의 삶에서 중심이 된다. 안정 애착은, 지속적인 결혼이 그렇듯이, 행복한 삶에 중요하다.
- 양쪽 모두가 관계가 공평함을 유지한다고 느끼고, 모두가 자신이 관계에 기여하는 만큼 관계로부터 받고 있다고 지각할 때, 동반자적 사랑은 영속될 가능성이 가장 크다.
- 동반자적 사랑이 주는 한 가지 보상은 친밀한 자기개방의 기회, 서로가 상대의 점증적인 솔직함에 상응하면서 점진적으로 성취하는 상태이다.

관계는 어떻게 끝나는가?

> 결혼의 해체를 예언하는 요인들을 요약하고 멀어지는 과정을 기술.

1971년 한 남자가 자신의 신부에게 사랑의 시를 적어, 병속에 집어넣어, 시애틀과 하와이 사이에서 태평양 바다에 던졌다. 10여년이 지나 괌의 바닷가에 조깅을 하던 한 사람이 이를 발견하였다

> 이 편지가 당신에게 도착할 때 쯤, 내가 늙고 머리가 하얘졌다 해도, 우리의 사랑은 오늘과 같이 신선할 것이오. 이 편지가 당신에게 전해지기까지 한주 또는 몇 년이 걸릴지라도. 도착하지 않을지도 모르지만, 이 글은 내 심장에 새겨져 있을 것이고 나는 무슨 일이 있어도 당신을 향한 나의 사랑을 증명할 것이오. 당신의 남편, 밥.

이 사랑의 편지의 수신인이었던 여성과 전화로 연락이 되었다. 이 글을 그녀에게 읽어주자 그녀는 웃음을 터뜨렸다. 더 읽어 내려 갈수록 그녀는 더 심하게 웃었다. "우리 이혼했어요" 그녀는 이 말을 하고 전화를 끊었다.

이런 일은 자주 일어난다. 상상했던 지지와 애정을 불만스러운 관계와 비교하는 것은 어디서나 볼 수 있는 현상이며, 많은 사람들이 헤어진다. 매년 캐나다와 미국에서는 2쌍의 결혼 중 한쌍이 이혼을 한다. 대략적으로 미국의 결혼의 반, 그리고 캐나다 결혼의 40퍼센트가 이혼으로 막을 내린다. 1969년대와 1970년대에 이혼에 대한 경제적, 사회적 장벽이 약해지면서, 부분적으로는 여성들의 취업이 증가하면서, 이혼율도

올라갔다. "우리는 더 오래 살지만, 사랑은 짧게 한다"고 Os Guiness(1933, p309)는 일침을 놓는다.

영국의 윈저 왕실은 현대 결혼의 위험성을 잘 알았다. 마가렛 공주, 앤 공주, 찰스 황태자, 앤드류 왕자의 동화같은 결혼은 모두 무너지고, 미소는 차가운 응시로 바뀌었다. 1986년 앤드류왕자와의 결혼 직후, 사라 퍼거슨은 "나는 그의 재치와 매력과 외모를 사랑한다, 나는 그를 숭배한다"고 말했고, 앤드류는 그녀의 찬사에 "그녀는 내 인생의 최고 선물이다"고 응답했다. 6년 후에 앤드류는 그녀의 친구들을 "속물들"이라고 비웃고 사라는 앤드류의 촌스러운 행동을 "지독히도 세련되지 못하다"고 비웃으며, 둘의 관계는 끝났다(Time, 1992)

이혼

한 문화의 이혼율을 예언하는 것은 그들의 가치관을 아는 것이 도움이 된다(Triandis, 1994). 개인주의적 문화(사랑은 느낌이며 "당신의 심장이 무엇을 이야기하는가?"라고 묻는 곳)에서는 집단주의 문화(사랑은 의무를 수반하며 "다른 사람은 무엇이라고 이야기하던가?"라고 묻는 곳)보다 이혼을 더 많이 한다. 개인주의자들은 "서로가 사랑하는 동안" 결혼생활을 하고, 집합주의자는 이보다는 생활을 위해 결혼생활을 한다. 개인주의자는 결혼에서 열정과 개인적인 충만을 기대하는데 이는 관계에 더 큰 압력을 주게 된다(Dion & Dion, 1993). "로맨스가 살아있게 유지하는 것"이 좋은 결혼생활에 중요하다고 미국 여성의 78퍼센트가, 그리고 일본 여성은 29퍼센트가 응답하였다(American Enterprise, 1992)

그런 서구 사회에서도, 장기적 지향성과 유지하려는 의도로 관계를 시작하는 사람들이 더 건강하고 덜 소란스럽고 더 지속적인 파트너십을 경험한다(Arriaga, 2001; Arriaga & Agnew, 2001). 지속적인 관계는 지속적인 사랑과 만족 위에 가능하지만, 관계를 끝내는 데 치러야 하는 대가에 대한 두려움, 도덕적 책임감, 그리고 다른 이성을 대안으로 관심두지 않는 것도 필요하다(Adams & Jones, 1997; Maner & others, 2009; Miller, 1997). 자신의 결혼을 유리할 것이라 결심한 사람들은, 대게 결혼 생활을 유지한다.

결속에 대한 헌신이 강한 사람들은 갈등과 불행의 시기를 더 잘 견딜 것이다. 한 전국 조사에서 결혼생활이 불행하지만 결혼을 유지하는 사람들의 86퍼센트가, 5년 후에 다시 면접을 실시했을 때는, "아주" 또는 "상당히"자신의 결혼에 행복해 하였다(Popenoe, 2002). 대조적으로, 자기 자신의 욕구와

"이해 못하겠어? 당신을 사랑하고 당신이 필요해.
나는 내 남은 휴가를 당신과 보내고 싶어."

이미지에 더 집중하는 "나르시스트"는 더 적은 헌신으로 관계를 시작하며 장기적인 관계가 성공할 가능성이 더 낮다(Campbell & Foster, 2002).

이혼의 위험은 누구와 결혼하는가에도 달려있다(Fergusson & others, 1984; Myers, 2000; Tzeng, 1992). 다음과 같은 경우는 일반적으로 결혼생활을 유지한다.

- 20세 이후에 결혼
- 양쪽 모두 안정적이고 양쪽 부모가 있는 가정에서 자람
- 결혼 전에 오랜 기간 연애함
- 유사한 수준으로 잘 교육받음
- 작은 마을이나 농장에서 거주
- 결혼 전에 동거나 임신을 하지 않음
- 신앙으로 연결됨
- 비슷한 나이, 신념 그리고 교육

이들 예언변인 어느 것도 하나만으로는 안정적인 결혼생활에 결정적이지 않다. 그렇지만, 이변인들이 꼭 원인은 아니더라도, 지속된 결혼생활과 상관이 있다. 만약 어떤 사람이 이들 중 어느 것도 해당되지 않는다면, 결혼생활의 와해를 거의 예상할 수 있다. 모든 항목에 해당된다면 그들은 생명을 다할 때까지 함께할 가능성이 아주 높다. 수세기 전, 열정적인 사랑에 일시적인 중독으로 영속적인 결혼 결정을 하는 것은 어리석다고 생각한 조상들이 옳았을지도 모른다. 그들은 안정적인 우정과 유사한 배경, 흥미, 취미, 그리고 가치관에 근거하여 짝을 고르는 것이 낫다고 느꼈다(Stone, 1977)

이별의 과정

친밀한 관계는 우리의 자기-개념을 형성하는 사회적 정체성을 정의하는데 도움이 된다(Slotter & others, 2010). 그래서 관계가 시작될 때 − 아이를 갖거나 친구를 사귀거나 사랑에 빠지는 때 우리는 삶의 최고 순간들을 경험하는 것처럼, 관계가 끝나갈 때 인생 최악의 순간들을 경험한다(Jaremka & others, 2011). 관계의 단절은 떠나간 상대에 대한 힘겨운 집착, 깊은 슬픔에 이어, 마침내는 정서적 분리의 시작과 정상적인 삶으로 돌아오는 일련의 예상가능한 과정들을 가져온다(Hazan & Shaver, 1994; Lewndowski & Bizzoco, 2007; Spielmann & others, 2009)). 심지어 오래전부터 애정을 느끼지 않았던 헤어진 지 얼마 되지 않은 커플들도 이전 상대 곁에 있고 싶어 하는 자신의 욕구에 놀라곤 한다. 깊고 오래 지속되는 애착은 좀처럼 쉽게 깨지지 않는다. 헤어짐은 과정이며, 일회성의 사건이 아니다.

연애하는 커플 중, 관계가 가깝고 오래 되고, 대안의 상대가 적을수록, 이별은 더욱 고통스럽다(Simpson, 1987). 놀랍게도 Roy Baumeister와 Sara Wotman(1992)에 따르면, 몇 달이나 몇 년이 지나면, 사람들은 자신이 거절당한 것보다 누군가의 사랑을 거절한 것에 대해 더욱 고통스러웠다고 기억한다. 그들의 고통은 누군가에게 상처를 준

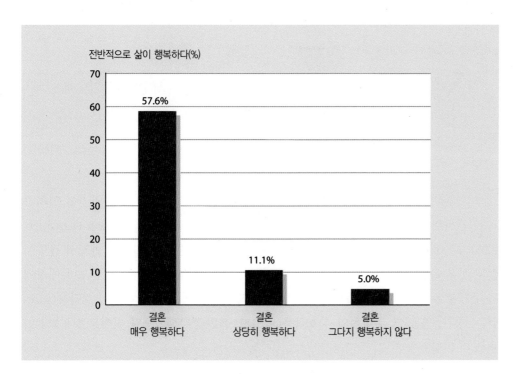

그림 :: 11.11
미국의 기혼자 23,076명을 대상의
국립여론조사 결과, 1972-2004

죄책감, 낙담한 애인의 고집에 속상함, 또는 어떻게 대할지 모르는 불분명함으로부터 생겨난다. 결혼한 커플에게 이별은 충격받은 부모와 아이들, 서약을 저버린데 대한 죄책감, 줄어든 가정 수입으로 인한 괴로움, 그리고 부모로서 권한의 제한 같은 부가적 비용을 치르게 한다. 그럼에도, 매년 수백만의 쌍들이 고통스럽고 보람이 없는 관계를 유지하는 것이 더 큰 대가라고 느끼며, 그와 같은 대가를 기꺼이 치른다. 그 비용은 328쌍의 부부에 대한 한 연구에서, 결혼이 만족보다는 불화로 점철되었을 때 10배 증가한 우울 증세를 포함한다(O'Leary & others, 194). 그렇지만 결혼이 "매우 행복"할 때, 전반적으로 삶도 "매우 행복"한 것으로 보인다(그림 11.11 참조).

관계가 어려움에 봉착했을 때, 더 나은 상대가 없거나 관계에 지나치게 많은 투자(시간, 에너지, 서로의 친구들, 재산, 어쩌면 아이들도 포함하여)를 했다고 느끼는 사람들은 그 관계를 벗어나는 대신 다른 대안을 찾으려고 할 것이다. Cary Rusbult와 그녀의 동료들은(1986, 1987, 1998) 위기에 처한 관계를 구하기 위하여 사람들이 사용하는 세 가지 대처 방법을 찾았다. 어떤 사람들은 상황이 나아지기를 기다리며, 충실함을 보인다. 문제가 너무 고통스러워 직면하기 어렵고 이별의 위험은 너무 커서, 이 충실한 파트너는 좋았던 옛시절이 돌아오기를 희망하며, 참고 견딘다. 어떤 사람들(특히 남자들)은 방치한다. 그들은 상대를 무시하고 관계가 악화되는 것을 그냥 둔다. 고통스러운 불만이 무시되면, 서로 적게 이야기하면서 모르는 사이에 정서적 분리가 일어나고 서로가 없는 자신의 삶을 다시 정의하기 시작한다. 또 어떤 사람들은 그들의 관심사에 목소리를 내고, 문제를 논의하고 충고를 구하고 변화를 시도함으로써 관계를 개선하려 적극적 조치를 취한다.

연구에 연구를 걸쳐, 45,000쌍의 115개의 연구들은 불행한 커플은 다투고, 명령하

표 :: 11.1   관계에서 오늘 스트레스에 대한 반응들

	수동적	능동적
건설적	충실 : 개선되기를 기다림	발언 : 관계 개선을 시도
파괴적	방임 : 상대를 무시함	탈출 : 관계를 끝냄

출처 : Rusbult & others(1986, 1987, 1988, 2001).

고, 비난하며, 서로를 깎아내린다는 것을 밝혔다. 행복한 커플은 보다 의견이 일치하고, 인정하며, 동의하고, 그리고 웃는다(Karney & Bradburry, 1995; Noller & Fitzpatrick, 1990). 2000쌍을 관찰한 후 John Gottman(1994, 1998)은 행복한 결혼에 반드시 갈등이 없는 것은 아니라는 점을 지적한다. 그런데, 그들은 차이를 조정하고 비난보다 애정에 더 무게를 두는 능력으로 특징지워진다. 성공적인 결혼에는, 긍정적인 상호작용(미소, 접촉, 칭찬, 웃음)이 부정적인 상호작용(비꼬기, 불인정, 모욕)보다 적어도 5대 1의 비율로 더 많다.

이혼을 예언하는 것은 고통과 다툼이 아니라고 Ted Huston과 동료들(2001)은 신혼부부들을 대상으로 한(대부분의 신혼부부는 갈등을 경험한다) 종단 연구를 통해 밝히고 있다. 그보다 어두운 미래의 결혼생활을 예언하는 것은 차가움, 환멸, 무력감이다. William Swann과 그의 동료들(2003, 2006)의 관찰에 따르면, 이는 억제적인 남자가 비판적인 여자와 결혼했을 때 특히 그러하다.

잘사는 커플은 때로는 커뮤니케이션 조력자의 도움으로, 해로운 깎아내리기나 원색적인 반응을 자제하고, 올바르게 싸우며(모욕하지 않고 감정을 이야기함으로써), "이것이 당신 잘못이 아니라는 것을 알아요"라는 말로 갈등을 객관화하는 것을 배운다(Markman & others, 1988; Notarious & Markman, 1993; Yovetich & Rusbult, 1994). 만약 부부가 행복한 커플들처럼 행동하기를(더 적게 불평하고 더 적게 비난하기) 동의한다면 불행한 관계가 더 나아질까? 더 많이 긍정하고 지지한다면? 그들의 관심사를 말로 표현할 시간을 따로 갖는다면? 매일 같이 놀거나 기도한다면? 태도가 행동에 따라가듯, 애정도 행동에 따라갈까?

Joan Kellerman, James Lewis, 그리고 James Laird(1989)는 이것이 궁금했다. 그들은 특히 열정적인 사랑에 빠져있는 커플들은, 전형적으로 서로가 길게 눈맞춘다는 것을 알았다(Rubin, 1973). 친밀한 눈맞춤이 사랑하지 않는 사람들(서로 모르던 학생들이 45분간 점증적으로 자기-개방을 한 것이 가까운 느낌을 불러일으킨 것처럼) 사이에도 감정을 일으킬까? 이를 알아보기 위해, 연구자들 서로 모르는 여성과 남성에게 2분 동안 서로의 손 또는 눈을 의도적으로 바라보도록 요청하였다. 헤어졌을 때, 눈을 응시했던 사람들은 서로에게 설레임과 애정을 보고하였다. 사랑이 일어나기 시작하였다.

Robert Sternberg(1988)는 사랑을 주고 표현함으로써 초기의 열정이 지속적인 사랑으로 진화할 수 있다고 믿는다.

"그들은 그 후로 오래오래 행복하게 살았다"가 반드시 동화 속의 이야기만은 아니다. 그렇지만 이것이 현실이 되려면, 행복은 관계의 다양한 시점들에서 다양한 모습의 주고받는 감정에 토대를 두어야 한다. 그 열정이 영원히 지속된다거나 자신들의 친밀감이 변함없이 유지될 것이라고 기대하는 커플은 실망할 수밖에 없다. 우리는 우리의 애정관계를 이해하고 짓고 다시 짓는 작업을 끊임없이 해야 한다. 관계는 건축물과 같아서, 유지보수하고 개선시키지 않으면 시간이 지남에 따라 쇠퇴한다. 저절로 생겨나고 저절로 유지되는 관계는 없다. 그보다는 우리의 관계가 최상이 되게 하는 책임은 우리에게 있다.

요약 : 관계는 어떻게 끝나는가?

- 종종 사랑은 지속되지 않는다. 20세기에 이혼율이 증가함에 따라, 연구자들은 이혼의 예언변인을 연구하였다. 한 예언변인은 개인의 감정을 헌신보다 우선시 하는 개인주의 문화이고, 다른 요인은 부부의 나이, 교육, 가치관, 그리고 유사성을 포함한다.

- 커플이 헤어지거나 그들의 관계를 다시 세우는 과정 역시 연구되었다. 긍정적이고 방어적이지 않은 의사소통 스타일이 건강하고 안정적인 결혼을 특징짓는다.

도움

❝ 사랑은 사람을 치료한다

– 그것을 주는 사람도 그것을 받는 사람들도. ❞

– 심리치료사 Karl Meninger, 1893~1990.

예루살렘 언덕 위에 있는 수백 그루의 나무는 정의로운 자의 정원을 형성하고 있다. 각 나무 아래에는 나치 대학살 때 한 두 명의 유태인에게 피난처를 제공해준 유럽 기독교인의 이름을 새긴 현판이 있다. 이 "정의로운 이교도들"은 그 피난민이 발견되면, 나치 정책에 따라 주인과 피난민이 동일한 운명을 겪을 것이라는 것을 알았다. 많은 사람들이 그렇게 했다(Hellman, 1980; Wiesel, 1985). 헤일 수 없이 많은 구조자는 무명인 채로 남아 있다. 나치 지역에서 살아남은 모든 유태인들에게 수십 명의 사람들도 종종 영웅적으로 행동했다. 베를린에서 전쟁이 끝나고 살아남은 2000 명의 유태인 중 한 사람인 오케스트라 지휘자 Konrad Latte는 그의 보호자로서 헌신한 50명 독일인의 영웅적 행위로 구조되었다.

살아남지 못한 한 영웅은 400명 대부분이 유태인 소녀였던 학교의 여자 감독관이었던 스코틀랜드 교회 선교사 Jane Haining이었다. 전쟁의 막바지에 그녀의 안전을 염려한 교회는 그녀에게 고향으로 돌아가라고 명령했다. 그녀는 거절하며, 말하기를 "이 아이들이 태양이 비치는 날(평화스러운 날)에도 나를 필요로 한다면, 어두운 날에는 얼마나 많이 나를 필요로 하겠는가?"라 했다(Barness, 2008; Brown, 2008). 보고에 의하면 그녀는 자신의 가죽 가방을 잘라 그 소녀들의 신발 밑창을 만들어 주었다. 1944년 4월에 Haining은 소녀들을 위한 빈약한 음식 배급을 먹어버렸다고 한 요리사를 고소했다. 그 요리사는 나치 당원이었는데, 그가 게슈타포에게 그녀를 고발했고, 유태인 가운데서 일했고 그녀의 소녀들이 강제로 노란 별을 다는 것을 울면서 보았다는 죄목으로 체포되었다. 몇 주일 후 그녀는 아우슈비츠 수용소로 보내졌고, 거기에서 수백만의 유태인과 동일한 운명을 겪었다.

2010년에 빅토르 페레즈는 캘리포니아 프레스노의 그의 집 밖에 서서 그의 사촌과 전날 저녁에 발생한 8살 여자 아이의 유괴사건에 대하여 이야기하고 있었다. 구 모델의 적갈색의 흰 줄무늬 쉐보레 트럭이 지나가는 것을 보고, 페레즈는 그 유괴 차량과 일치한다는 것을 알았다. "나는 그 차를 뒤따라 가기로 결심했고, 그 동안에 사촌은

예루살렘 정의로운자의 정원에 있는 명예의 벽은 "국가 사이의 정의로운 자"로서 16,000명 이상의 구출자들을 기리고 있다. 대부분은 자신들의 행위를 단지 보통의 품위 정도로 간주하는 소박한 사람들이었다(Rochat & Modigliani, 1995)

911로 신고했다." 페레즈는 그 자의 픽업에 올라타 그 혐의 트럭을 따라갔다. "그는 계속 도주하였다. 그는 내 트럭 주위를 돌아가 버렸다." 그가 그를 두 번째로 따라잡았을 때, "나는 어린 소녀를 보았고 온갖 공포가 창밖으로 나오는 것 같았다....나는 단지 그 어린 아이를 안전하게 할 필요가 있다는 생각만 했다." 네 번째 시도에서 그는 그 차를 강제로 멈추게 했고, 그 유괴범 – 나중에 체포되었다 – 은 트라우마를 겪고 성추행 당한 아이를 차 밖으로 내 보냈다. 그 후 프레스노 경찰소장은 "만약 페레즈가 그처럼 용감하지 않았다면 우리는 결코 그 아이를 구하지 못했을지도 모른다"고 회상했다(MSNBC, 2010).

덜 극적인 위로, 돌봄 및 동정의 행위는 널려 있다. 어떠한 보상도 바라지 않고, 사람들은 안내하고 기부하고 헌혈하고 자원봉사한다.

이타성(altruism)
자신의 이해관계에 대한 의식적 고려없이 타인의 복지를 증가시키려는 동기.

선한 사마리아인, Fernand Schultz–Wettel

- 왜, 그리고 언제 사람들은 돕는가?
- 누가 돕는가?
- 냉담함을 줄이고 도움을 증가시키기 위하여 무엇을 할 수 있는가?

이것들이 이 장의 주요 질문이다.

이타성(Altruism)란 이기심의 반대말이다. 이타적인 사람은 어떠한 이득도 없거나 보답이 예상되지 않는 상황에서조차도 관심을 가지고 돕는다. 성경의 선한 사마리아인의 비유가 그 고전적인 예이다. 한 남자가 예루살렘에서 예리코로 가다가 강도를 당했는데, 강도들이 그의 옷을 벗기고 두들겨 패서 반쯤 죽은 채로 남겨두고 가버렸다. 이제 우연히 한 목사가 그 길을 가다가 그를 보고도 옆으로 지나가 버렸다. 그러나 여행중인 한 사마리아인이 그의 곁에 다가와 그를 보고는 불쌍한 마음이 들었다. 그는 상처에 오일과 포도주를 붓고 싸맨 다음, 자기 노새에 태워 여관으로 데려가 돌보았다. 다음 날 그는 2데나리를 가져와 여관 주인에게 주면서 말하기를 "저 사람을 돌보아 주시오; 그리고 내가 돌아와서 당신이 쓴 돈은 모두 갚아주리다."고 하였다.(루카 10:30–35, NRSV)

사마리아인 이야기는 이타성을 예시한다. 그는 공감에 가득 차 아무런 보답이나 감사를 기대하지 않고 낯선이에게 시간, 에너지 및 돈을 제공하려는 마음을 먹었다.

도움의 이유

도움을 유발하는 동기에 대한 심리학적 이론과 각 이론이 설명하려고 하는 도움의 유형을 설명하기

사회교환과 사회규범

몇 가지 도움 이론은 결국 도움 행동이 수용자뿐만 아니라 제공자도 이롭게 하는 것이라는 것에 동의한다. 한 설명은 인간의 상호작용은 "사회 경제학"에 의해 유도된다고 가정한다. 우리는 물질적 재화와 금전만 교환하는 것이 아니라 사회적 재화, 즉 사랑, 서비스, 정보, 지위도 교환한다(Foa & Foa, 1975). 그렇게 함으로써 비용을 최소로 하고 보상을 최대로 하려고 한다. **사회교환 이론**은 우리가 의식적으로 비용과 보상을 감찰한다고 주장하지는 않고, 다만 그런 고려가 우리의 행동을 예측해 준다고 한다.

여러분의 캠퍼스에서 헌혈운동을 하고 있는데, 어떤 사람이 다가와 참여를 부탁한다고 가정해 보자. 당신은 헌혈의 비용(바늘찌름, 시간, 피로)을 헌혈하지 않는 것을 비용(죄의식, 비난)과 암묵적으로 견주어보지 않을까? 또한 당신은 헌혈의 이득(도움에 대한 좋은 기분, 자유로운 유쾌함)을 헌혈하지 않음의 이득(시간 절약, 불편 및 불안)과 견주어 보지 않을까? 사회교환 이론 – Jane Allyn Piliavin과 연구팀이 위스콘신 혈액 기증자 연구에서 지지되었다(Piliavin, 2003; Piliavin & others, 1982)– 에 따르면, 그러한 미묘한 계산이 도울지 말지의 결정에 선행한다는 것이다.

사회교환 이론
(social-exchange theory)
인간의 상호작용은 자신의 보상은 최대로 자신의 비용은 최소로 하는 교섭이라는 이론.

보상

도움에 동기부여하는 보상은 외적 또는 내적일 수 있다. 기차 연착을 막기 위하여 철로에 뛰어들어 기절한 한 남자를 구한 뉴요커("만일 그가 치이면 나는 일하러 갈 수 없었다고 생각했다")는 그의 시간과 반나절의 일요일 봉급이라는 외적 보상에 의하여 동기부여되었다(Weischelbaum & others, 2010). 기업에서 회사의 이미지를 향상시키기 위하여 금전을 기부할 때, 누군가 감사나 우정을 얻으려는 희망으로 차를 빌려줄 때, 그 보상은 외적인 것이다. 우리는 얻기 위하여 준다. 그래서 우리는 우리에게 매력적인 사람, 우리가 인정받고 싶은 사람을 가장 열렬히 돕는다(Krebs, 1970; Unger, 1979). 실험에서 그리고 일상생활에서도 공개적인 관용은 우리의 지위를 높여주는 반면에, 이기적 행동은 벌을 초래할 수도 있다(Hardy & Van Vugt, 2006; Henrich & others, 2006).

보상은 또한 내적일 수 있다. Jane Piliavin의 연구에서 거의 모든 헌혈자는 "자신에 대하여 좋은 기분이 들게 한다"와 "자기 만족감을 갖게 해준다"에 동의했다. 실제로 오래된 적십자 포스터는 "피를 주세요"라고 권한다. "당신이 느끼는 모두는 좋은 것이다." 좋은 기분의 도움은 왜 고향에서 멀리 떨어진 사람들이 다시는 보지 못할 낯선 이를 위한 진정한 친절을 베푸는지 설명해 준다.

"헤이, 사라가 대학입학 이력서를 꾸미고 있네."

도움의 자존심 고양은 이 선행 하기/ 좋은 기분 효과를 설명해 준다. 85 커플에 대한 한 달간의 연구는 정서적 지지를 자신의 상대방에게 주는 것이 제공자에게 긍정적이었고, 지지를 제공하는 것이 제공자의 기분도 높인다는 것을 보여주었다 (Gleason & others, 2003). Piliavin(2003)과 Susan Anderson(1998)은 지역사회 봉사 프로젝트, 학교 기반의 "봉사 교육," 또는 가정교사 등의 형태로 일하는 젊은이들이 사교 기술과 긍정적 사회 가치를 형성하고 있다는 것을 보여주는 연구를 개관하였다. 그런 젊은이들이 비행, 임신 및 학교 중퇴의 위험도가 훨씬 낮고 바람직한 시민이 될 가능성은 훨씬 크다. 마찬가지로 봉사 활동은 사기와 건강에 유익한데, 특히 강제가 아니라 자기주도적일 때 그러하다(Weinstein & Ryan, 2010). 사별한 배우자들은 자신들이 다른 사람을 돕는 일에 관여하고 있을 때 가장 빨리 우울한 기분에서 회복된다(Brown & others, 2008, 2009). 선행을 하는 사람은 건강한 경향이 있다.

돈의 기부도 마찬가지. 기부를 하는 것은 대뇌의 보상 관련 영역을 활성화한다(Harbaugh & others, 2007). 관대한 사람들이 소비를 자기에 초점을 두는 사람보다 더 행복하다. 한 실험에서 일부 사람을 자신을 위하여 쓰라는 지시를 담은 돈 봉투를 받고, 그 반면에 다른 사람들은 자신이 아니라 다른 사람을 위하여 쓰라는 지시를 받았다. 실험이 끝날 때, 가장 행복한 사람은 타인에 대한 소비 조건에 할당된 사람들이었다(Dunn & others, 2008). 또다른 연구도 기부가 행복을 증가시킨다는 것을 확증시켜 준다(Anik & others, 2010).

이 비용-편익 분석은 저급한 것으로 보일 수 있다. 그렇지만 이 이론의 방어의 측면에서 도움이란 원래 보상적일 수 있다는 것이 인간에 대한 신뢰가 아니겠는가? 우리 행동의 많은 부분이 반사회적이 아니라 "친사회적"이지 않은가? 우리가 사랑을 주는 데서 완성을 발견하지 않는가? 만일 우리가 자신을 위하여 일할 때만 기쁨을 얻는다면 얼마나 더 세상이 나빠지겠는가?

"진실로 그렇다"라고 일부 독자는 답할 것이다. "여전히 보상이론은 도움 행동이 결코 진정으로 이타적인 것이 아니라 그 보상이 뚜렷하지 않을 때만 그것을 '이타적'이라고 부를 뿐이라는 것을 함축한다. 만약 우리가 고통받는 여자를 도와주고 그래서 우리가 사회적 인정을 얻고 우리의 스트레스를 없애고, 죄의식을 예방하거나 자아상을 높인다면, 그것이 진정으로 이타적인가?" 이 주장은 B. F. Skinner(1971)의 도움에 대한 분석을 떠올린다. 우리가 선행을 설명할 수 없을 때만 그 사람의 선행을 인정한다고 Skinner는 말했다. 우리는 외적인 설명이 부족할 때만 그들의 행동을 내적인 기질에 귀인한다. 외적인 이유가 명확할 때 우리는 사람이 아니라 그 이유를 인정하게 된다.

그렇지만 보상이론의 약점이 있다. 그것은 명명에 의한 설명으로 쉽사리 격하된다. 누군가 큰 언니 가정교사 프로그램에 자원한다면, 그녀에게 발생할 만족으로 동정적 행동을 "설명"하려는 시도를 한다. 그러나 그러한 사실 후 보상의 명명은 순환론적 설명을 만들어 내게 된다. "왜 그녀는 자원봉사자가 되었는가?", "내적 보상 때문이지.", "내적 보상이 있다는 것을 어떻게 알지?", "그렇지 않았다면 그녀가 자원봉사하겠는가?" 이런 순환론적 추리 때문에 **이기주의** – 자기 이해관계가 모든 행동에 동기부여한다는 생각 – 는 악평을 받게 되었다.

이 순환론을 탈피하기 위하여 우리는 도움 행동의 보상과 비용을 독립적으로 정의해야 한다. 사회적 인정이 도움행동을 동기화한다면, 실험에서 우리는 인정이 도움행동을 뒤따를 때, 도움이 증가한다는 것을 발견해야 한다. 실제로 그랬다(Staub, 1978).

내적 보상

지금까지 도움에 동기부여하는 외적 보상을 고려해 왔다. 우리는 또한 도움자의 정서적 상태나 개인적 특성과 같은 내적 요인도 고려할 필요가 있다.

도움의 이점은 내적인 자기 보상을 포함한다. 가까이 있는 사람이 고통스러워하면 우리도 고통을 느낄 수 있다. 창문 밖에서 들리는 여성의 비명 소리는 당신을 각성시키고 고통스럽게 할 것이다. 만약 당신이 그 비명을 놀이의 외침이라고 해석함으로써 각성을 가라앉힐 수 없다면, 조사하고 도움을 줄 수도 있고, 그렇게 해서 자신의 고통을 낮출 것이다(Piliavin & Piliavin, 1973). 이타성 연구자 Dennis Krebs(1975)는 생리적 반응과 자기보고에서 타인의 고통에 가장 큰 각성을 보인 하버드 대학생들이 또한 다른 사람들을 가장 많이 돕는다는 것을 밝혀냈다.

죄책감. 고통은 우리가 감소시키고 싶어하는 유일한 부정적 정서는 아니다. 역사적으로 죄책감은 사람들이 피하고 완화시키고자 하는 괴로운 정서였다. Everett Sanderson이 다가오는 기차 앞에서 지하철로에 떨어진 아이를 영웅적으로 구한 후에 다음과 같이 말했다. "만약 내가 그 어린 소녀를 구하려고 하지 않았더라면, 만약 내가 다른 사람처럼 거기에 가만히 서 있기만 했더라면, 나는 마음 속으로 죽었을 것이다. 나는 그 후로 계속해서 나 자신에게 쓸모없는 사람이 되었을 것이다."

문화는 죄책감을 낮추는 방식을 제도화했다. 동물과 인간 희생, 곡식과 금전의 제공, 참회 행동, 고백, 부정. 고대 이스라엘에서 인간의 죄는 "희생양" 동물에 주기적으로 실려 황야로 내 보내져 인간의 죄책감도 가져가게 했다.

죄책감의 결과를 알아보기 위하여 사회심리학자들은 사람들에게 위반하도록 유도했다. 거짓말하기, 전기충격 주기, 알파벳 카드가 놓인 테이블을 엎어버리기, 기계 부수기, 부정행위하기. 나중에 죄책감에 싸인 참가자들은 그 죄책감을 경감시킬 수 있는 제안을 받게 된다. 고백으로, 해를 입은 사람을 폄하함으로써 또는 나쁜 것을 상쇄

이기주의(egoism)
자신의 복지를 증가시키려는(모든 행동에 기초가 된다고 가정되는) 동기. 이타성의 반대. 이것은 타인의 복지를 증가시키려 하는 것.

할 수 있는 선행을 함으로써. 결과는 놀랄 만큼 일관적이다. 죄책감을 없애기 위하여, 자신들의 나쁜 감정을 낮추기 위하여, 그리고 자아상을 회복시키려 그들이 할 수 있는 무슨 일이라도 하게 될 것이다.

당신이 David McMillen과 James Austin(1971)이 미시시피 대학생들에 대하여 실행한 실험의 참가자라고 스스로 묘사해 보자. 당신과 다른 학생이 과목 요구조건으로 부가 점수를 얻으려 그 실험실에 도착하였다. 그 후 곧 공모자가 들어와서 잃어버린 책을 찾는 이전 실험참가자라고 스스로 설명한다. 그 실험은 다중 선택의 객관식이며, 각각의 대하여 대부분의 답은 "B"라고 언급하는 대화를 나눈다. 공범이 떠나고 나서, 실험자가 도착하여 그 실험을 설명하고 "여러분 누구라도 이 실험을 해 본 적이 있거나 들어본 것이 있느냐?"고 물었다.

당신이라면 거짓말을 할까? 이 실험에서 당신에 앞서 지나갔던 사람들 – 100% 사소한 거짓말을 했다 – 의 행동으로 짐작해 보면 당신도 그럴 것이다. 당신이 그 검사를 마친 후에(그것에 대하여 아무런 피드백도 받지 못한 채), 실험자는 말한다. "당신은 떠나도 된다. 그렇지만 시간이 있다면 약간의 질문지를 채점하는데 당신이 도와주었으면 좋겠다." 당신이 거짓말을 했다고 가정하면, 당신은 이제 잠시동안 기꺼이 자원 봉사할 것이라고 생각할까? 평균적으로 거짓말을 하도록 유도되지 않은 사람들은 단지 2분 동안 자원봉사했다. 거짓말을 한 사람들은 명백히 열성적으로 자신들의 자아상을 회복하려고 하였다; 평균적으로 그들은 터무니없을 정도로 많은 63분 동안 그렇게 했다. 이 실험의 한 가지 교훈은 우리 실험에 참가하였던 17세 소녀가 잘 표현했다. "거짓말을 하지 말아라. 그렇지 않으면 죄책감을 지니고 살게 될 것이다"(그리고 그것을 줄일 필요를 느끼게 될 것이다).

우리가 악행 후 선행을 하려고 하는 것은 사적인 죄책감을 감소시키고 흔들리는 자아상을 회복시키려는 욕구를 반영한다. 그것은 또한 긍정적인 공적 이미지를 되찾으려는 욕구를 반영한다. 다른 사람들이 우리의 나쁜 짓을 알 때 우리는 도움행동으로 우리 자신을 더욱 회복시키려고 할 것 같다(Carlsmith & Gross, 1969).

대체로 죄책감은 많은 선행을 유도한다. 사람들을 고백하게, 사과하게, 돕게 그리고 반복된 악행을 피하게 하면, 죄책감은 감수성을 일으키고 친밀한 관계를 유지시키게 한다.

나쁜 기분/선행 시나리오의 예외. 사회화가 잘 된 성인들 사이에서 우리는 항상 "나쁜 기분/선행하기"("feel-bad/do-good") 현상의 발견을 기대할 수 있을까? 그렇지는 않다. 10장에서 부정적 기분, 분노는 동정이 아닌 어떤 것을 낳는다는 것을 보았다. 하나의 예외는 깊은 슬픔이다. 배우자나 자식을 잃고 괴로워하는 사람은 사망이든 결별이든 흔히 강렬한 자기몰입의 기간을 겪고, 이것은 타인과의 접촉을 꺼리게 한다(Anderman & Berkowitz, 1983; Gibbons & Wicklund, 1982).

자기 초점적 슬픔을 실험실에서 강력히 모사한 연구에서, William Thompson, Claudia Cowan 및 David Rosenhan(1980)은 스탠포드 학생들이 어떤 사람(그들이 이성의 가장 가까운 친구라고 상상한 사람)이 암으로 죽어가고 있다는 녹음 기록을 사적으로

들게 하였다. 이 실험은 학생들의 주의
를 자신의 걱정과 슬픔에 초점을 누게
하였다.

> 그(그녀)는 죽을 수 있고, (그러면)
> 당신은 그를 잃게 되어 그에게 다시
> 는 말하지 못하게 될 것이다. 또는
> 더 불행하게도 그가 천천히 죽을 수
> 도 있다. 매 순간이 그와 함께 한 마
> 지막 순간이라는 것을 알게 될 것이
> 다. 몇 달 동안 당신은 슬프겠지만
> 그를 위해 쾌활한 척해야 할 것이다.
> 당신은 그가 산산이 부서져 죽어가
> 는 것을 최후의 순간까지 지켜볼 것
> 이고, 마침내 혼자가 될 것이다.

다른 사람들에게는 친구에게 초점을
둔 것이었다.

필요한 사람들을 위하여 기부 장난
감을 포장하는 초등학생들. 아이들이
성장함에 따라 대개 남을 돕는 데서
기쁨을 느끼게 된다.

> 그는 침대에 누워 시간을 보내고, 끝없이 긴 시간 동안 무언가 일어나기를 기다
> 리고 희망하고 있다. 무슨 일이라도. 그는 당신에게 말하기를 가장 힘든 일은 모
> 른다는 사실이다.

실험 참가자들은 어떤 테이프를 들었더라도 그 경험으로 크게 감동하고 진지해 졌
지만, 참가를 조금도 후회하지 않았다(비록 지겨운 테이프를 들은 통제집단의 일부 참
가자들은 후회했을지라도)고 연구자들은 보고한다. 이런 기분은 그들의 도움에 영향
을 줄까? 그 후 즉시 연구에 참여 중인 대학원생에게 도울 기회를 익명으로 주었을 때,
자신에 초점을 두었던 학생들 중 25%가 도와주었다. 물론 타인에 초점을 맞추었던 학
생들 중 83%가 도와주었다. 두 집단이 똑같이 감동했지만, 타인에 초점을 맞춘 참가
자들만이 타인을 돕는 것을 특히 보상으로 간주하였다. 요약하면, 나쁜 기분/선행
효과는 주의가 타인에게 쏠려있는 사람, 그래서 이타성이 보상인 사람에게 나타난다
(Barnett & others, 1980; McMillen & others, 1977). 만약 그들이 우울이나 슬픔으로 자
기 몰입적이 아니라면, 슬픈 사람들은 감수성이 예민해져 타인을 도울 것이다.

좋은 기분, 선행하기. 행복한 사람들은 돕지 않는가? 전혀 반대다. 심리학에서 이보다
더 일관적인 발견사실도 드물다. 행복한 사람은 돕는 사람이다. 좋은 기분이 성공에
서, 행복한 생각에서, 또는 기타 긍정적 경험에서 온 것인지 여부와 관계없이 이 효과
는 어른과 아이 양자 모두에게 발생한다(Salovey & others, 1991). 한 여성은 사랑에 빠
진 후의 경험을 회상했다.

> 사무실에서 나는 미칠 듯이 기뻐 계속해서 소리를 지르지 않을 수 없었다. 일은

쉬웠다; 예전에 나를 괴롭히던 일들은 수월하게 처리되었다. 나는 사람들을 돕
고 싶은 강렬한 충동을 느꼈다; 나는 나의 기쁨을 공유하고 싶었다. 메리의 타자
기가 고장이 났을 때, 나는 거의 뛰어가서 도와주었다. 메리! 나의 이전의 "적"
!(Tennov, 1979, p. 22)

행복과 도움에 관한 실험에서 도움을 받은 사람은 기부를 하려는 사람, 사무처리를
도와주려는 실험자, 또는 논문을 빠뜨린 여성일 수도 있다. 세 가지 예가 있다.

호주 시드니에서 Joseph Forgas와 동료들(2008)은 실험 공모자가 표적 백화점 판매
원들에게 기분을 좋게 하는 칭찬 또는 중립적이거나 기분 나쁘게 하는 말을 하게 하였
다. 잠시 후, 기분 유도 조건에 대하여 "맹목"인 두 번째 공모자가 없는 물건의 위치를
알기 위하여 그 판매원의 도움을 요청하였다. 경험이 적은 직원들(그런 요청에 답하는
실습경험이 부족한 사람들) 중에서 기분 좋게 만든 사람들이 도와주려 가장 열심히 노
력하였다.

폴란드의 오폴에서 Dariusz와 Richard Nawrat(1998)는 긍정적 안도의 기분은 도움을
극적으로 증가시킬 수 있다는 사실을 발견했다. 당신은 그들의 무지한 피험자 중 한
사람이었다고 상상해 보자. 잠시 동안 여러분의 차를 불법적으로 주차한 후, 돌아와서
(주차 티켓이 붙어 있는) 창문 와이퍼 아래에 벌금티켓처럼 생긴 것을 본다. 마음 속
으로 신음하며, 그 티켓처럼 보이는 것을 집어들고 나서 그것이 단지 광고(헌혈 호소)
라는 것을 알고 대단히 안도한다. 잠시 뒤, 한 대학생이 다가와 5분 동안 질문에 응답
해 줄 수 있는지 묻는다 - "나의 석사논문을 완성하는데 도움이 필요하다." 당신의 긍
정적인 안도의 기분 때문에 도와줄 것 같은가? 실제로 공포가 안도로 바뀐 사람들 중
62%가 기꺼이 동의하였다. 이것은 벌금 티켓같은 종이가 없었을 때나(티켓 두는 장소
가 아닌) 차 문에 그것이 붙어있을 때에 도와준 사람의 거의 두 배였다.

미국에서 Alice Isen, Margaret Clark 및 Mark Schwartz(1976)는 한 공모자가 0~20분
일찍 공짜 문방구 샘플을 받은 사람들에게 전화를 걸도록 했다. 그 공모자는 자신이
이(잘못된 것으로 추정되는) 번호에 전화하느라 마지막 돈을 써버렸다고 말하고, 전화
로 메시지를 전달해 달라고 각 사람들에게 부탁하였다. 그림 12.1이 보여주듯이, 그 전
화 메시지를 자발적으로 전달하려는 사람은 직후 5분 동안은 올라갔다. 그리고 나서
좋은 기분이 없어져감에 따라 도움도 감소했다.

만약 슬픈 사람들이 때때로 특히 도움을 주는 사람들이라면, 행복한 사람도 역시 그
렇다는 것을 어떻게 설명할 수 있을까? 실험은 몇 가지 요인이 작용한다는 것을 밝혀
냈다(Carlson & others, 1988). 도움은 나쁜 기분을 풀어주고 좋은 기분을 유지시켜 준
다.(아마 당신도 어떤 사람에게 길을 알려준 후의 좋은 기분을 회상할 수 있을 것이
다.) 긍정적인 기분은 차례로 긍정적인 생각과 긍정적인 자긍심을 유도하게 되고, 우
리들이 긍정적인 행동을 하도록 마음먹게 한다(Berkowitz, 1987; Cunningham & others,
1990; Isen & others, 1978). 기분이 좋을 때(선물을 받은 후나 성공의 훈기를 느낄 때),
사람들은 긍정적 생각을 가질 가능성이 더 높아지는 것 같다. 그리고 긍정적인 사고자
는 긍정적 행위자가 될 가능성이 높다.

사회규범

흔히, 우리는 그런 행동이 우리 자신에게 이득이 된다고 의식적으로 계산했기 때문이 아니라 더욱 미묘한 형태의 자기 이해관계 때문에 타인을 돕는다. 우리가 해야 한다고 말하는 어떤 것 때문에. 우리는 이사오는 새 이웃을 도와야 한다. 우리는 우리가 주운 지갑을 돌려주어야 한다. 우리는 전투동료들을 해로움으로부터 보호해야 한다. 규범, 즉 우리 생활의 의무는 사회적 기대이다. 규범은 적절한 행동을 규정해 준다. 도움행동을 연구하는 연구자들은 이타성을 자극하는 두 가지 사회적 동기를 확인했다: 상호성 규범과 사회적 책임 규범.

상호성 규범. 하나의 범세계적 도덕률은 **상호성 규범**(reciprocity norm)이다. 우리를 도와주는 사람에게 해가 아니라 도움을 되돌려 주어야 한다(Gouldner, 1960). 이 규범은 근친상간 금기처럼 범세계적이다. 우리는 다른 사람에게 "투자"하고 그 배당금을 기대한다. 정치가들은 호의를 베푼 사람이 나중에 호의를 기대한다는 사실을 알고 있다. 우편 조사와 권유는 때때로 작은 금전적 선물이나 사적 주소 라벨을 포함하고 있는 데, 이는 일부 사람들이 그 호의를 되갚아주려 할 것이라고 가정하기 때문이다. 심지어 21개월 아이들도 그들에게 장난감을 주려고 애쓰는 사람들을 더욱 도와주려는 마음을 표시함으로써 상호성을 보여주었다(Dunfield & Kuhlmeier, 2010). 이 상호성 규범은 또한 결혼에도 적용된다. 때때로 사람들은 자신이 받은 것보다 더 많이 주기도 하지만, 결국 그 교환은 균형을 잡게 될 것이다. 모든 그런 상호작용에서 주지 않고 받기만 하는 것은 차례로 상호성 규범을 어기는 것이다.

사회망 속의 상호성 규범은 **사회자본**(social capital) – 지지적 관계, 정보 유통, 신뢰 및 협조적 행위 – 을 정의하는데 유용하며, 이것이 공동체를 건강하게 만든다. 서로서로의 가정에 눈길을 주는 이웃들은 행위의 측면에서 사호자본이다.

사람들이 자신들에게 이전에 주어진 행위에 공개적으로 반응할 때 이 규범이 가장

상호성 규범
(reciprocity norm)
사람들은 자신을 도와주는 사람을 해치지 않고 도와 줄 것이라는 기대.

사회자본(social capital)
사회망에 의하여 가능해진 상호 지지와 협조.

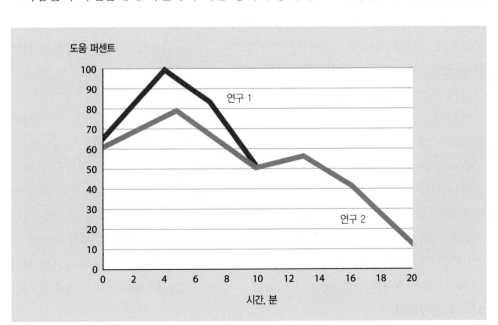

그림 :: 12.1
공짜 샘플을 받은 후 0에서 20분 사이의 전화메시지 전달의도를 지닌 사람들의 퍼센트.
선물을 받지 않은 통제집단의 피험자들 중에는 단지 10%만 도움을 제공했다.
출처 : Isen & others(1976).

그림 :: 12.2
호의에 대한 사적 및 공적 상호성

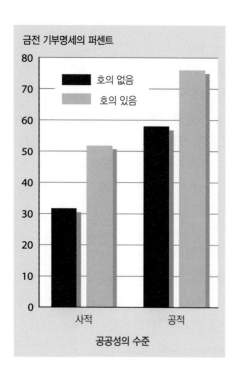

효과적으로 작용한다. 일상생활에서처럼 실험실 게임에서도 덧없는 한 번의 만남은 관계 유지보다 이기심을 더 크게 낳는다. 그러나 익명으로 반응할 때조차도, 사람들은 때때로 올바른 일을 하며 그들에게 행해진 선행을 되갚는다(Burger & others, 2009). 한 실험에서 Mark Whatley와 동료들은 이전에 그들에게 사탕 몇 개를 사 주었던 사람의 자선이 존재할 때, 대학생들도 더욱 기꺼이 자선맹세를 한다는 것을 밝혀냈다(그림 12.2).

사람들이 상호성을 보일 수 없을 때, 도움 받는 것을 위협과 품위 손상으로 느낄 수도 있다. 그래서 자부심 강하고 자긍심이 높은 사람들은 흔히 도움 받는 것을 꺼려한다(Nadler & Fisher, 1986). 청하지 않은 도움을 받는 것은 자긍심의 콧대가 꺾이는 것일 수 있다(Schneider & others, 1996; Shell & Eisenberg, 1992). 특히 차별 철폐 조처가 자신의 유능함과 미래의 성공 기회를 보장해 주지 못할 때, 이런 일이 차별 철폐 조처의 수혜자들에게 흔히 발생할 수 있다는 것을 연구는 밝혀냈다(Pratkanis & Turner, 1996). 그래서 아시아인들은 북미인들보다 사회적 연대와 상호성 규범이 더 강한데, 이들은 상호적으로 행동해야 할 필요가 있다는 느낌을 피하기 위하여 우연히 아는 사이로부터 선물 받는 것을 거부할 가능성이 더 큰 것 같다(Shen & others, 2011).

사회적 책임 규범. 상호성 규범은 우리에게 주고 받는 것 사이의 균형을 상기시킨다. 그렇지만, 만약 유일한 규범이 상호성이라면, 사마리아인은 착한 사마리아인이 될 수 없었을 것이다. 성경의 우화에서 예수는 명백히 더욱 인도주의적인 무언가를 마음에 품고 다른 가르침에서도 그것을 명백히 하였다. "만약 너희가 너희를 사랑하는 사람을 사랑한다면(상호성 규범), 무슨 상을 얻겠는가?.....내 너희에게 이르노니, 원수를 사랑하라"(마태복음 5장 46, 44절).

어린이, 극빈자 및 장애인들처럼 명백히 의존적이고 상호성을 보일 수 없는 사람들에게는 또 다른 사회 규범이 우리의 도움을 자극한다. **사회적 책임 규범**(social-responsibility norm)은 사람들이 미래의 교환을 고려하지 않고 도움이 필요한 사람을 도와야 한다고 규정한다(Berkowitz, 1972; Schwartz, 1975). 목발 짚은 사람이 책을 떨어뜨리면, 당신은 그것을 주워주는 것과 같은 사회적 책임 규범을 지킬 것이다. 상대적으로 집단주의 문화인 인도에서 사람들은 개인주의 서구보다 더 강하게 사회적 책임 규범을 지지한다(Baron & Miller, 2000). 생명에 위협이 없거나 도움이 필요한 사람 – 아마도 골수 이식을 필요로 하는 이방인 – 이 가족이 아닌 때조차도 그들은 도와줄 의무를 표명한다.

사회적 책임 규범
(social-responsibility norm)
사람들이 도움이 필요한 사람을 도울 것이라는 기대.

심지어 서구에서도 도와주는 사람이 익명이고 아무런 보상을 기대하지 않을 때조차 그들은 종종 필요한 사람을 돕는다(Shotland & Stebbins, 1983). 그렇지만, 그들은 대개 필요성(need)이 외관상으로 자신들의 태만 때문에 발생한 것으로 보이지 않는 사람들에게 선택적으로 사회적 책임 규범을 적용한다. 특히 정치적 보수주의들(Skita & Tetlock, 1993) 중에는 이 규범이 다음과 같이 보이는 것 같다. 그럴 만한 가치가 있는 사람을 도와라. 만약 그들이 자연재해와 같은 환경의 희생자라면, 반드시 동정을 받아야 한다 (Goetz & others, 2010; Zagefka & others, 2011). 만약 그들이(게으름, 부도덕 또는 선견지명의 부족 등으로) 스스로 문제를 만들어낸 것처럼 보이면, 이 규범이 시사하는 바는 그들은 도움 받을 가치가 없다는 것이다.

그래서 응답은 귀인과 밀접히 연결되어 있다. 만약 우리가 그 필요성을 통제불가능함에 귀인한다면, 우리는 돕는다. 만약 우리가 그 필요성을 그 사람의 선택에 귀인한다면, 돕지 않는 것이 공평하다고 여긴다; 우리는 그것이 그 사람의 잘못이라고 말한다 (Weiner, 1980). 귀인은 개인적 도움의 결정뿐만 아니라 공공정책에도 영향을 준다.

Udo Rudolph와 동료들(2004)은 수십개 이상의 관련 연구를 개관한 후에 핵심은 귀인이 공감을 야기하는지 여부이고, 이것은 차례로 도움을 자극한다(그림 12.3)고 했다.

Richard Barnes, William Ickes 및 Robert Kidd(1979)가 실시한 위시콘신 대학생을 대상으로 한 연구의 참가자라고 스스로 상상해 보자. 당신은 "토니 프리만"이라는 사람으로부터 전화를 받는데, 그는 자신이 심리학개론 수강생이라고 설명한다. 그는 다가올 시험을 위해 도움이 필요하고 출석부에서 당신의 이름을 알아냈다고 말한다. "나는 모르겠다. 나는 단지 거기에 좋은 필기를 하지 못한 것처럼 보인다"라고 토니는 설

파키스탄의 2005년 대지진 당시 사회적 책임 규범이 도움 행동을 이끌어 냈다.

그림 :: 12.3
귀인과 도움
독일연구자 Udo Rudolph와 동료들 (2004)이 제안한 이 모델에서 도움은 곤경에 대한 사람들의 해석과 동정심의 정도에 의해 매개된다.

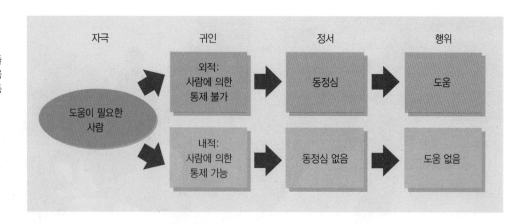

자극	귀인	정서	행위
도움이 필요한 사람	외적: 사람에 의한 통제 불가	동정심	도움
	내적: 사람에 의한 통제 가능	동정심 없음	도움 없음

명한다. "나는 할 수 있다는 것을 알지만, 때때로 그렇게 하지 못할 것 같다. 그래서 내가 가진 대부분의 필기는 공부하기에 그렇게 좋지 못하다." 당신은 토니에 대하여 얼마나 공감할 것인가? 당신은 토니에게 노트필기를 빌려줄 만큼의 희생정신이 생기는가? 당신이 이 실험의 참가자와 같은 사람이라면, 토니가 자신의 곤경이 그의 통제력을 넘어선 것이라고 설명했을 때보다 도움을 주려는 마음이 훨씬 줄어들었을 것이다. 그래서 사회적 책임 규범은 대체로 필요하고 그럴 만한 가치가 있는 사람을 도우라고 강제하는 식으로 작용한다.

성차와 도움 수용. 실제로 타인의 필요성에 대한 지각이 도우려는 마음을 강하게 결정하는 것이라면, 여성들은 덜 유능하고 더욱 의존적이라고 지각된다면 여성들이 남성들보다 더 많은 도움을 받을까? 실제로 이것은 사실이다. Alice Eagly와 Maureen Crowley(1986)은 여성 또는 남성 피해자들이 받은 도움을 비교한 35개 연구를 살펴보았다.(사실상 모든 연구는 도움이 필요한 낯선이와 짧은 기간의 만남에 관한 것이었다

타이타닉호가 침몰했을 때 70%의 여성과 20%의 남성이 살아남았다. 3등칸 승객들보다 일등칸이 살아남을 확률이 2.5배였다. 그렇지만 이타성에 대한 성별규범 덕분에 남성인 일등칸 승객들(31%)보다 여성인 3등칸 승객들(47%)의 생존확률이 더 높았다.

- 사람들이 남성들의 기사도를 기대하는 바로 그런 상황이었다고 Eagly와 Crowley는 언급한다.)

여성들은 남성들과 여성들에게 똑같은 도움을 제공한 반면에, 남성들은 필요한 사람이 여성일 때 더 많은 도움을 제공하였다. 1970년대의 몇 개의 실험은 장애인 차를 타고 있는 여성들(예컨대, 타이어 펑크가 난 상태)이 남성들보다 더 많은 도움을 받았다(Penner & others, 1973; Pomazal & Clore, 1973; West & others, 1975). 마찬가지로 여성 혼자인 히치하이커가 남성 혼자 또는 커플보다 훨씬 더 많은 도움을 받았다(Pomazal & Clore, 1973; M. Snyder & others, 1974). 물론 혼자인 여성에 대한 남성의 기사도는 이타성이 아닌 다른 요인에 의해서 동기부여된 것일 수도 있다. 짝짓기 동기는 외관상 사치품에 남성의 비용을 증가시킬 뿐만 아니라 영웅적 행동의 표출도 동기부여한다(Griskevicius & others, 2007). 놀랄 것 없이 남성들이 매력적이지 않은 여성보다 매력적인 여성을 더 자주 돕는다(Nims & others, 1975; Stoufe & others, 1977; West & Brown, 1975).

여성들은 어떤 상황에서 더 많은 도움을 받을 뿐만 아니라 더 많은 도움을 찾기도 한다(Addis & Mahalik, 2003). 그녀들은 의학적 및 정신과적 도움을 두 배나 찾는 것 같다. 그녀들은 라디오 상담 프로그램의 대다수 호출자이고 대학 상담 센터의 고객이다. 그들은 친구로부터의 도움을 훨씬 자주 환대한다. 텔 아비브 대학교 도움센터 전문가 Arie Nadler(1991)는 이것을 독립성 대 상호의존성의 성차로 귀인한다(제 5장을 볼 것).

진화심리학

또 다른 도움 행동에 대한 설명은 진화심리학 이론에서 나온다. 5장과 11장에서 보았듯이 진화심리학은 생활의 본질은 유전자 생존이라고 주장한다. 우리의 유전자는 유전자의 생존을 최대화하는 방식으로 우리를 몰아간다. 우리의 조상이 죽었을 때, 그 유전자는 살아남았고, 미래 속으로 그 유전자를 확산시킬 수 있는 방식으로 우리들이 행동하도록 미리 조처해(predispose) 두었다.

Richard Dawkins(1976)의 유명한 책 '이기적 유전자'의 제목이 시사하듯이, 진화심리학은 보잘것없는(humbling) 인간상, 즉 심리학자 Donald Campbell(1975a, 1975b)이 심오하고 자기희생적인 "원죄"의 생물학적 재확인이라 부른 것을 제공한다. 타인의 복지를 위하여 스스로 희생하도록 개인들을 미리 조처한 유전자는 진화적 경쟁 상황에서 살아남을 수 없었을 것이다. 그렇지만 진화론적 성공은 협조로부터 나온다. 그리고 우리는 다음의 내용을 포함하여 이기심을 극복하기 위한 다양한 메커니즘을 보이기 때문에 인간은 동물의 왕국의 최상위 협조자라고 Martin Nowak와 Roger Highfield(2011)는 말한다.

- 친족선택: 만약 당신이 나의 유전자를 전달한다면, 내가 당신을 돕겠다.
- 직접적 상호성: 우리는 타인의 등을 긁어준다.
- 간접적 상호성: 내가 당신을 등을 긁어줄 것이고, 당신은 누군가의 등을 긁어주고,

그리고 누군가는 나의 등을 긁어줄 것이다.

- 집단선택: 등을 긁어주는 집단은 살아남는다.

친족선택

우리의 유전자는 우리에게 친족을 돌보도록 조처한다. 그래서 유전자 생존을 증진시키는 자기희생 형태 중 하나는 자신의 자녀들에 대한 헌신이다. 소홀한 부모와 비교해서 자신의 자녀들의 복지를 우선시하는 부모가 자신들의 유전자를 전승시킬 확률이 더 높다. 진화심리학자 David Barash(1979, p. 153)가 적었듯이, "유전자는 비록 다른 몸에 갇혀있을지라도 자신들에게 좋은 일을 함으로써 스스로를 돕는다."(생물학적 수준에서) 유전적 이기주의는(심리적 수준에서) 부모의 이타성을 강화한다. 비록 진화가 자신의 자녀들을 위한 희생에는 호의적일지라도, 자녀들은 그 부모의 유전자의 생존에 덜 투자할 것이다. 그래서 부모는 일반적으로 자녀들이 하는 것보다 자신의 자녀들에게 더욱 헌신적이 될 것이다.

다른 친척들도 생물학적 가까움에 비례해서 유전자를 공유한다. 당신은 형제자매와 절반의 유전자를 공유하고, 4촌과는 1/8의 유전자를 공유한다. **친족 선택** – 유전자를 공유한 사람들에 대한 편애 – 때문에 진화 생물학자 J. B. Haldane이 자신의 형제를 위하여 생명을 포기할 수는 없을지라도 3인의 형제를 위하여 또는 8인의 4촌을 위하여 스스로 희생할 수 있다고 농담하기도 했다. Haldane은 유전적 관련성이 도움을 예측하고 일란성 쌍둥이가 이란성 쌍둥이보다 두드러지게 더 상호적으로 지지적이라는 것에 놀라지 않을 것이다(Segal, 1984; Stewart-Williams, 2007). 한 실험실 게임 실험에서, 일란성 쌍둥이는 돈내기 게임에서 공동 이득을 위해서 자신의 쌍둥이와 협조하는 정도가 이란성의 절반에 가까웠다(Segal & Hershberger, 1999).

핵심은 우리가 돕기 전에 유전적 관련성을 계산한다는 것이 아니라(문화뿐만 아니라) 자연도 우리가 가까운 친척을 돌보도록 우리를 프로그램해 두었다는 것이다. 토론토 랩터 농구팀의 카를로스 로져는 자신의 직업을 끝내고 신장을 그의 누이에게 기증하려 자원했을 때(신장 받을 수 있기 전에 그녀가 죽었다), 사람들은 그의 자기희생적 사랑에 갈채를 보냈다. 그러나 가까운 친족을 위한 그러한 행동은 전적으로 예측불가능한 것은 아니다. 우리가 예측하지 못하는(그래서 영예롭게 여기는) 것은 타인을 돕기 위해 스스로 위험을 무릅쓰는 사람들의 이타성이다.

우리는 우리의 친척이 아닌 많은 사람들과도 유전자를 공유한다. 푸른 눈의 사람들은 다른 푸른 눈의 사람들과 특별한 유전자를 공유한다. 우리는 어떻게 우리의 유전자의 복사판이 가장 풍부하게 나타나는 사람들을 탐지할까? 푸른 눈의 예가 시사하듯이 한 단서는 신체적 유사성에 놓여있다. 또한 진화의 역사에서 유전자는 외지인보다 이웃과 더욱 공유되어 왔다. 그러므로 우리와 닮은 사람들 그리고 우리 가까이 있는 사람들을 더욱 돕도록 우리는 유전적으로 편향되어 있는가? 자연재해와 기타 생사의 상황에서 도움 받는 순서는 진화심리학자를 놀라게 하지는 않는다. 노인보다 아이, 친구보다 가족, 낯선이보다 이웃(Burnstein & others, 1994; Form & Nosow, 1958). 우리는

친족 선택(kin selection)
상호 공유하는 유전자의 생존을 향상시키기 위하여 진화가 이타성을 선택했다는 이론.

우리 집단에서 고통받거나 고문당하는 사람에 더 공감을 느끼고, 심지어 라이벌이나 외집단 구성원의 불행을 은근히 즐긴다(Batson & others, 2009; Cikara & others, 2011; Tarrant & others, 2009). 도움은 가정 가까이에 머문다.

일부 진화심리학자들은 친족선택이 민족적 내집단 편애 – 무수한 역사적 동시대적 갈등의 근원을 미리 조처해 둔 것이라고 주장한다(Rushton, 1991). E. O. Wilson(1978)은 친족선택이 "문명의 적이다. 만약 인간이 자신들의 친척과 종족에 호의적이 되도록 크게 유도된다면, 단지 제한적인 세계의 조화만이 가능할 것이다"(p. 167)라고 주장하였다.

상호성

유전적 자기 이해관계는 또한 상호성을 예측하게 해준다. 유기체는 다음 차례로 도움을 기대하기 때문에 타자를 도운다고 생물학자 Robert Trivers는 주장했다(Binham, 1980). 제공자가는 나중에는 수여자가 되기를 기대한다. 상호성을 보이지 않으면 벌을 받게 된다. 사기꾼, 배신자 및 매국노는 보편적으로 경멸당한다.

상호성은 소규모의 격리 집단에서 가장 잘 작용하며, 그런 집단의 사람들에게 흔히 서로 호의를 베푸는 사람으로 간주하게 될 것이다. 사회적인 암놈 개코원숭이 – 동료와 긴밀히 운명적으로 접촉을 맺는 종족 – 는 재생산적 이득을 얻는다. 그들의 새끼는 더욱 흔히 살아서 첫돌을 맞는다(Silk & others, 2003). 흡혈 박쥐는 음식 없이 하루이틀을 보내면, 잘 먹은 둥지동료에게 식사를 위하여 음식을 토해 달라고 부탁한다(Wilkinson, 1990). 기증자 박쥐는 아주 기꺼이 그렇게 하고, 굶주릴 때까지 더 적은 시간을 보내고 수혜자가 이득을 보게 된다. 그러나 그런 호의는 단지 give-and-take를 공유하는 친밀한 둥지 동료들사이에서만 발생한다. 항상 받기만 하고 주지 않는 박쥐, 그리고 기증자 박쥐와 아무 관계가 없는 박쥐는 계속 굶주리게 된다. 대가를 지불해야 친구가 되는 것이다.

비슷한 이유로 인간의 상호성도 대도시보다 농촌 마을에서 더 강하다. 작은 학교, 도시, 교회, 작업팀 및 기숙사는 사람들이 서로서로에게 호의를 베푸는 공동체 정신에 유리하다. 소규모 도시나 농촌 환경과 비교하여 대규모 도시는 전화를 덜 하고, "분실한" 편지에 답장을 덜 하고, 조사면접자에게 덜 협조적이고, 미아에 도움을 덜 주고, 그리고 작은 선행을 덜 보인다(Hedge & Yousif, 1992; Steblay, 1987).

집단선택

만약 개인의 자기 이해관계가 필수적으로 유전적 경쟁에 유리하다면, 왜 우리는 모르는 사람을 돕는가? 왜 우리는 제한된 자원과 능력 때문에 상호성을 보이기 힘든 사람들을 돕는가? 한 가지 답은 원래 다윈이 선호했던 것으로(나중에 이기적 유전자로 평가절하당하였다가 다시 현재는 회복되었다) 집단선택이다. 집단이 경쟁적일 때, 상호 지지적인 이타성 집단이 비이타성 집단보다 오래 살아남는다(Krebs, 1998; McAndrew, 2002; Wilson & Wilson, 2008). 이것은 사회적 곤충에서 가장 극적으로 증명되며, 이 동물들은 몸의 세포처럼 기능한다. 벌과 개미는 자신의 집단의 생존을 위하여 희생적으로 노동한다.

인간은 "우리"를 지지하고 때로 "그들"과 대항하기 위하여 희생함으로써 내집단 충성심을 보이는 정도가 훨씬 덜하다. 그러므로 자연선택(natural selection)은 "다수준"이라고 일부 연구자들은 말한다(Mirsky, 2009). 그것은 개인 수준과 집단 수준 양자 모두에서 작동한다.

Donald Campbell(1975a, 1975b)은 비상호적 이타성의 또다른 기초를 제공했다. 인간사회는 자기 이해관계를 향한 생물학적 편향의 브레이크로 작용하는 윤리적 종교적 규칙을 진화시켰다. "너 자신처럼 이웃을 사랑하라"는 십계명은 자신에 대한 관심과 집단에 대한 관심의 균형을 잡도록 훈계하고, 그렇게 해서 집단의 생존에도 기여하게 된다. Richard Dawkins(1976)도 비슷한 결론을 내렸다. "우리는 이기적으로 태어났기 때문에 관대성과 이타성을 가르치려고 노력하자. 그렇게 해야 적어도 그 설계를 엎을 수 있는 기회, 어떤 다른 종족도 결코 꿈꿀 수 없었던 것을 가질 수 있게 될 것이기 때문에 우리의 이기적 유전자가 해야 할 일을 이해하자"(p. 3).

도움 이론 비교 평가하기

지금까지 아마도 여러분들은 사회교환, 사회규범 및 이타성의 진화적 견해 사이의 유사성을 알아챘을 것이다. 표 12.1이 보여주듯이, 각각은 두 가지 유형의 친사회적 행동을 제안한다: 눈에는 눈 식의(tit-for-tat) 상호성 교환과 더욱 무조건적 도움. 그것들은 세 가지 보충적 설명 수준에서도 그렇다. 만약 진화적 견해가 맞다면, 우리의 유전적 선조치는 심리적 사회적 현상에서 스스로 자명해야 한다.

각 이론은 논리에 호소한다. 그렇지만 각자 사변적이고 사후적인 측면에서 취약성이 있다. 우리가 알려진 효과(일상생활의 주고받기)에서 시작하여 사회교환 과정, "상호성 규범," 또는 진화적 기원을 추측함으로써 그것을 설명하려 한다면, 우리는 단지 이름만 달리하여 설명하는 중(explaining-by-naming)일 수도 있다. 행동이 그 생존 기능 때문에 나타날 수 있다는 주장은 반증하기가 어렵다. 후견지명으로 보자면 마땅히 그런 식으로 되기로 되어 있었다고 생각하기 쉽다. 우리가 사회교환, 규범 또는 자연선택의 결과로 그 사실 후의 어떠한 상상할 수 있는 행동이라도 설명할 수 있다면, 우리는 그 이론들을 반증할 수 없을 것이다. 그러므로 각 이론의 과제는 우리가 검증해 볼 수 있는 예언을 생성하는 것이다.

그림 :: 12.4   이타성 이론 비교

어떻게 이타성이 설명되나?

이론	설명 수준	외적으로 보상받는 도움	내적 도움
사회 교환	심리학적	도움에 대한 외적 보상	고통 → 도움에 대한 내적 보상
사회 규범	사회학적	상호성 규범	사회적 책임 규범
진화론	생물학적	상호성	친족 선택

또한 효과적 이론이란 다양한 관찰을 요약하기 위한 일관된 틀을 제공하는 것이다. 이런 기준으로 3가지 이타성 이론은 높은 장점을 지닌다. 각각은 지속적 헌신과 자발적 도움 둘 다를 밝혀주는 폭넓은 관점을 제공한다.

유전적 이타성

나의 도시 미시간 홀랜드는 수천명의 피고용인들이 다니는 회사가 있는데, 지난 반세기 대부분 매년 세전 이익의 10%를 한 가지 조건으로 기부해 버렸다. 기부는 항상 익명이었다. 근처 칼라만주에서 2005년 익명의 기부자들이 모든 시의 공립 학교 졸업생들을 위하여 미시간 공립대학교 또는 지역사회 대학교 비용을 공급하기로 선언했다 – 거주 기간에 따라 65%에서 100%까지-. 이런 익명의 기부자들 – 생명구조 영웅, 일상의 헌혈자 그리고 평화재단 자원자들 – 은 타인에 대한 이기심없는 배려라는 궁극적인 목표에 의하여 동기부여되지 않았을까? 또는 보상을 얻거나 처벌과 죄를 피하거나 또는 고통을 더는 것과 같은 자기 이익이라는 궁극적인 목표가 있지는 않았을까?

아브라함 링컨은 마차의 다른 승객과의 대화에서 철학적 쟁점을 예시했다. 링컨은 이기심이 모든 선행을 촉진한다고 주장한 후에, 암돼지가 끔찍한 비명을 지르는 것을 들었다. 그 새끼 돼지가 늪에 빠져 익사하기 직전이었다. 링컨은 마차를 멈추게 하고, 뛰어내려 달려가서 새끼 돼지를 안전하게 구해냈다. 돌아오자마자 동료가 말했다. "자, 에이브, 이 작은 이야기에서 이기심은 어디로부터 온 것인가?", "이런, 에디, 그것이 이기심의 바로 핵심이야. 만약 내가 그냥 가서 새끼 돼지를 걱정하는 그 고통스러운 늙은 암돼지를 모른 체했다면 나는 하루종일 평화스러운 마음을 갖지 못했을 거야.

"괜찮습니까, 아저씨? 어떻게 해드릴까요?"

"젊은이, 자네가 멈추어 나를 걱정한 유일한 사람이네. 나는 백만장자이고, 내가 자네에게 5천달러를 주겠네."

곤경에 처한 사람을 도와주는 데서 어떤 이득이 오게 될지 우리는 결코 알지 못한다.

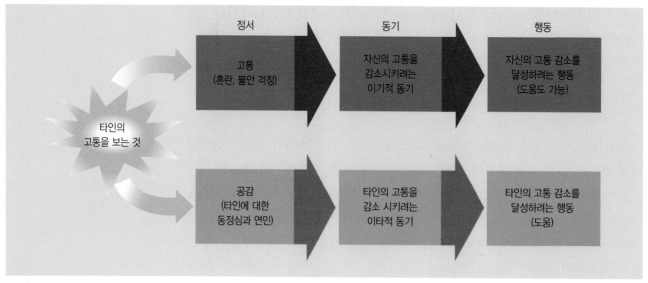

그림 :: 9.9

도움에 대한 이기적 및 이타적 경로
타인의 고통을 보는 것은 자기에 초점을 둔 고통과 타인에 초점을 둔 공감의 혼합형태를 야기할 수 있다. 연구자들은 고통이 이기적 동기를 출발한다는데 동의한다. 그러나 공감이 순수한 이타적 동기를 촉발할 수 있는지에 대하여는 논쟁중이다.
출처 : Batson, Fultz, & Schoenrade(1987).

나는 내 마음의 평화를 위해서 그렇게 했어, 알겠지?"(Sharp, Batson & others, 1986 재인용). 최근까지 심리학자들은 링컨 편이었다.

　도움은 조력자를 대단히 기분좋게 만든다는 것이 사실이어서 Daniel Batson(2011)은 자신의 경력의 많은 부분을 도움에 진정한 이타성이 포함되어 있는지를 확인해 보는 데에 바쳤다. Batson은 우리의 도우려는 의지는 자기고양과 비이기적인 생각에 영향을 받는다고 이론화하였다(그림 12.4). 타인의 괴로움에 대한 고통은(목사와 레비와 같이) 고통스러운 상황을 도피하거나(사마리아인과 같이) 도움을 줌으로써 우리의 혼란을 경감시키도록 우리에게 동기부여한다. 그러나 특히 우리가 어떤 사람과 안정적으로 애착되어 있다고 느낄 때, Batson뿐만 아니라 Mario Mikulincer(2005)가 이끈 애착 연구자 팀도 우리가 **공감**(empathy)을 느낀다고 보고하였다. 사랑하는 부모는 자녀가 괴로우면 같이 괴롭고, 자녀가 기쁘면 같이 기쁘다 – 아동학대자와 기타 잔학 범죄자들에게는 공감이 부족하다(Miller & Eisenberg, 1988).

　우리는 또한 우리가 동일시하는 사람에 대하여 공감을 느낀다. 1997년 가을에 다이애나 황태자비의 수마일 거리 이내에 살지 않았던 수백만의 사람들(그러나 수백개의 타블로이드판과 44개의 피플지 표지 기사로 그녀를 알고 있는 것처럼 느끼는 사람들)은 그녀와 엄마잃은 아들에 눈물 흘렸다 – 그러나 1994년 이래로 더러운 난민 캠프에서 살해당했거나 죽었던 거의 1백만의 얼굴 모르는 르완다인에 대해서는 눈물 흘리지 않았다. 우리는 괴로워하는 집합체보다 진정한 한 인간을 위해 더 공감하고, 다수의 "통계치"보다 다이애나 한 사람의 죽음에 더 슬픔을 느낀다. 이 "연민의 붕괴"("collapse of compassion") – 고통받는 사람의 수가 증가함에 따라 감소하는 근심 – 는 자신들의 고통스러운 정서 반응을 대규모 비극에 따리 조질할 때 나타난다(Cameron &

공감(empathy)
타인의 감정에 대한 대리 경험; 자신을 다른 사람의 입장에 두기.

진정한 이타성이 우간다 아이들에게 체조를 지도하고 있는 국제 건강교육가의 동기를 불러 일으킨 것일까? Daniel Batson은 그렇다고 믿는다.

Payne, 2011).

　우리 사회심리학자들은 우리가 발견하고 기술하는 현상에 면역되어 있지 않다. 나는 이전의 두 문장을 쓰기 몇 시간 전에 평생 시카고 컵스의 팬인 사람에 대한 TV 다큐멘터리를 보면서 분노를 느끼고 있었다. 그는 다른 팬과 함께 컵스의 승리로 굳어지는 끝 무렵 본능적으로 파울볼을 잡으려 했는데 이 때가 1945년 이래로 처음으로 컵스가 월드시리즈에 나갈 수 있는 기회였다. 아이쿠, 그의 볼 접촉 때문에(선수가) 공을 잡지 못해 컵스가 지게 됐고, 그는 맥주병으로 맞고, 생명이 위협을 당했으며, 그리고 익명으로 평생 동안 – 적으로 그 후 수년 동안 – 살 필요가 있었다. 나중에 내가 궁금하게 여긴 것은 이 순수하고 비난받는 사람이 꿈 속에서도 나타나는 반면에, 거의 동시간대의 소말리아 혼돈과 대규모 기아 보고가 그렇지 못했다는 것을 어떻게 생각해야 할까?

　우리가 공감을 느끼면, 우리는 그 고통받는 사람에게도 우리 자신 만큼 초점을 둔다. 진정한 동정심과 연민은 자기 자신을 위하여 타인을 돕도록 동기부여한다. 우리가 타인의 복지에 가치를 두고 그 사람을 필요한 사람으로 지각하고, 그리고 그 사람의 관점을 받아들일 때, 우린느 공감적 염려를 느낀다(Batson & others, 2007).

　공감을 증진시키기 위하여 다른 사람이 느끼는 것의 소량만이라도 가져보는 것이 도움이 된다. 특정 고문 기법은 조금이라도 그것을 경험하게 되면 수용할 가능성이 줄어들게 된다. 예컨대, 수면을 조금 박탈당했을 때, 사람들은 극단적인 수면 박탈이 정말로 고문이라고 말할 확률이 증대된다(Nordgren & others, 2011).

　인간에게 공감은 자연적으로 온다. 심지어 태어난지 하루된 아이도 다른 아이가 우는 소리를 들으면 더 운다(Hoffman, 1981). 병원 신생아실에서 한 아이의 울음은 때로 울음의 합창을 일으킨다. 대부분의 18개월 아이는 모르는 어른이 우연히 펜이나 옷핀을 떨어뜨리고 그것을 잡지 못하고 있는 것을 보게 되면, 기꺼이 도와줄 것이다(Toma-sello, 2009). 어느 정도 이것이 시사하는 바는 인간은 공감하도록 하드웨어적으로 장치되어 있다는 것이다. 유인원, 코끼리, 개, 심지어 쥐도 또한 공감을 표출하여 이타성의 빌딩블럭은 인간성을 선행한다는 것을 보여준다(de Waal, 2009; Langford & others, 2006). 침팬지는 자신만을 기쁘게 하는 토큰보다 자신과 타 침팬지 모두에게 음식을 주는 토큰을 고른다(Horner & others, 2011).

흔히 고통과 공감은 함께 위기에 반응하도록 해준다 . 1983년 호주 산불로 멜버른 근처 수백채의 집을 쓸어버리는 것을 사람들이 TV로 지켜보았다. 그 후, Paul Amato(1986)는 돈과 물품의 기부를 연구했다. 그는 분노나 냉담을 느낀 사람들이 고통이나(충격받거나 병이 남) 공감한(동정심을 보이고 희생자를 걱정) 사람들보다 덜 기부한다는 것을 발견해 냈다.

이기적 고통 감소와 공감에 기초한 이타성을 분리하기 위하여 Batson의 연구집단은 공감을 야기하는 연구를 수행했다. 그 연구집단은 공감 유발된 사람들이 그 상황을 도피함으로써 자신의 고통을 감소시키는지 아니면 밖으로 나가서 그 사람을 도우는지를 주목했다. 결과는 일정했다. 공감을 일으킨 집단에서 사람들은 대개 도왔다.

이 실험 중 하나에서, Batson과 동료들(1981)은 칸사스 대학교 여학생들이 한 젊은 여성이 전기 충격을 받는다고 생각되는 장면에서 그 여성이 괴로워하는 것을 관찰하게 했다. 실험 중 쉬는 시간에 명백히 괴로운 피해자는 그 실험자에게 어린 시절 전기 울타리에 떨어졌던 경험 때문에 전기 충격에 특히 예민하다고 설명했다. 그 실험자는 혹시 관찰자(실제 실험 참가자)가 장소를 바꾸어 그녀에게 남은나머지 충격을 받을 수 있는지를 제안했다. 사전에 이 실제 참가자들 중 절반은 고통 받는 사람이 가치와 관심의 문제에서 동일한 정신상태라고 믿도록 유도하였다(그래서 공감이 유발됨). 또한 일부는 실험에서 자신들이 맡은 부분은 끝났고 그래서 어쨌든 그 여자의 고통을 지켜보면 된다고 믿도록 유도했다. 그럼에도 불구하고 공감이 유발되면 거의 모든 실험참가자들이 기꺼이 희생자를 위하여 고통을 대신하고 싶다는 제안을 했다.

이것이 진정한 이타성일까? Mark Schaller과 Robert Cialdini(1988)는 그것이 의심스러웠다. 고통받는 이를 위하여 공감을 느끼는 것은 사람들을 슬프게 한다고 그들은 말했다. 그들의 실험 중 하나에서 사람들의 슬픔이 기분을 좋게 하는 다른 종류의 경험, 즉 코메디 테이프를 듣는 것과 같은 것으로 줄어들게 될 것이라고 믿도록 유도하였다. 그런 조건에서 공감을 느낀 사람들이 특별히 도움을 주는 것은 아니었다. Schaller와 Cialdini는 만약 우리가 공감을 느끼지만 그밖에 무언가가 우리를 더 기분좋게 만들어주는 것이 있다면, 우리는 그만큼 도우려 하지는 않을 것 같다고 결론지었다.

모든 사람은 도움 행위라는 것이 명백히 이기적이거나(외적 보상을 얻거나 벌을 피하기 위해서 하는) 또는 미묘하게 이기적이라는(내적 보상을 얻거나 내적 고통을 경감시키기 위해서 하는) 것에 동의한다. 세 번째 유형의 도움, 즉 오로지 타인의 복지를 증가시키려는(부산물로서만 자신의 행복을 증가시키는) 목적을 지닌 진정한 이타성이 있는 걸까? 공감에 기반을 둔 도움 행위가 그런 이타성의 원천일까? Cialdini(1991)

와 동료들 Mark Schaller와 Jim Fultz는 이것을 의심스러워했다. 그들은 어떠한 실험도 도움에 대한 모든 가능한 이기적 설명을 배제하지는 못한다고 주장한다.

　　그러나 또다른 발견사실은 진정한 도움도 당연히 존재한다는 것을 시사한다. 공감이 야기되면 사람들은 누구도 자신의 도움을 알지 못할 것이라고 믿을 때조차도 돕는다. 그들의 관심은 누군가가 도움을 받았을 때까지 계속된다(Fultz & others, 1986). 만약 그들의 도우려는 노력이 성공하지 못하면, 그들은 실패가 자신의 잘못이 아닐지라도 나쁜 기분이 된다(Batson & Weeks, 1996). 그리고 사람들은 때로 자신의 고통스러운 기분이 "기분을 고정시키는"("mood-fixing") 약에서 야기되었다고 믿을 때조차도 고통스러워하는 타인을 돕기를 바라는 마음을 멈추지 않는다(Schroeder & others, 1988).

focus ON   공감 유도 이타성의 비용-편익

　　사람들은 다른 사람을 위한 것을 포함해서 자기 자신의 이득을 위해서 그들이 하는 일의 대부분을 한다고 캔자스 대학교 이타심 연구가 Daniel Batson(2011)은 말한다. 그러나 이기주의가 도움의 전체 이야기기는 아니라고 그는 믿는다; 거기에는 또는 공감, 타인의 복지를 위한 연민과 동정심에 뿌리를 둔 진정한 이타심도 존재한다. 생각해 보자:

공감 유도 이타성
- 민감한 도움 제공. 공감이 있을 때, 그것은 가치있는 사고일 뿐만 아니라 타인의 고통을 덜어주는 것이다.
- 공격 억제. Batson에게 잠재적 공격 표적에 대한 공감을 느끼는 사람을 보여주어라, 그러면 그는 공격을 선호하지 않을 것 같은 사람 – 분노를 품은 것만큼 용서할 것 같은 사람을 당신에게 보여줄 것이다. 대체로 여성들은 남성들보다 더욱 공감의 느낌을 보고하고, 그들은 전쟁과 기타 형태의 공격을 지지할 가능성이 낮을 것이다(Jones, 2003).
- 협조의 증가. 실험실 실험에서, Batson과 Nadia Ahmad는 갈등 가능성이 있는 사람이 다른 사람에 대하여 공감을 하게 되면 더욱 신뢰를 보이고 협조적이 된다는 것을 발견해 냈다. 외집단의 사람들을 알게 됨으로써 외집단을 자신의 것으로 생각하게 하는 것은 그들의 관점을 이해할 수 있게 해준다.
- 낙인찍힌 집단을 향한 태도 개선. 타인의 관점을 지니고, 그들이 느끼는 것을 당신 스스로 느껴 보라, 그러면 그들처럼 다른 사람들에 대하여도 더욱 지지적이 될 것이다(홈리스, AIDS 환자 및 심지어 죄수들).

　　그러나 공감 유도 이타성은 책임감과 더불어 출현한다고 Batson과 동료는 말한다.
- 그것은 해로울 수 있다. 때로 다른 사람을 위하여 생명을 거는 사람들은 실제로 생명을 잃기도 한다. 선행을 추구하는 사람들 또한 예기치 않게 수혜자를 창피하게 하거나 동기를 낮춤으로써 악행을 하게 될 수도 있다.
- 모든 욕구에 응할 수는 없다. 후손들이 위험할 정도로 환경이 박탈당하고 온난화되는 지구를 위해서 공감하는 것보다 필요한 개인을 대상으로 공감하기가 더 쉽다.
- 방전되다. 타인의 고통을 느끼는 것은 고통스러운 것이고, 이것은 우리의 공감을 야기하는 상황을 피하게 하거나 "방전"("burnout") 또는 "동정심 피로"를 경험하게 할 수도 있다.
- 그것은 편파성, 부정, 및 더 큰 공동선에 냉담을 키울 수 있다. 공감은 유별나게 되면 독자, 가족 또는 애완동물 등에 대한 편애를 낳을 수 있다. 도덕적 원리는 보편적이어서 보이지 않는 타인에 대하여도 마찬가지로 관심을 생기게 한다. 공감 기반의 부동산 계획은 특별히 사랑하는 사람에게 상속을 지정한다. 도덕에 기반한 부동산 계획은 더욱 포괄적이다. 어떤 사람에 대한 공감이 유발되면, 사람들은 그 사람을 편파적 대우함으로써 자신의 공평성과 정의의 기준을 위반할 것이다(Batson & others, 1997; Oceja, 2008). 그래서 아이러니하게도 공감 유발 이타성이 "공동선에 강력한 위협이 되어 내가 특별히 신경을 쓰는 사람 – 도움이 필요한 친구 – 에게 관심의 초점을 좁히고 그렇게 해서 피흘리는 다수에 대한 시야를 잃게 된다."라고 Batson과 동료들은 말한다. 자비심이 가정 근처에 그렇게 자주 머물러 있다는 것은 놀라운 일이 아니다.

이기심 대 이타적 공감을 검증한 25개의 그런 실험 후에 Batson(2001, 2006, 2011) 및 기타 연구자들(Dovidio, 1991; Staub, 1991; Stocks & others, 2009) 등은 때로 사람들은 자신의 복지가 아니라 타인의 복지에 진정으로 초점을 맞춘다고 믿는다. 전에 철학과 신학생이었던 Batson은 "만약 우리가 사람들의 관심 반응이 단지 이기심의 미묘한 형태가 아니라 진실한 것인지를 확인할 수 있다면, 우리는 인간 본성에 대한 기본적 쟁점에 새로운 빛을 던지는 것이라는 생각에 흥분을 느끼며" 자신의 연구를 시작했다(1999a). 20년이 지나 그는 답을 찾았다고 믿는다. 진정한 "공감 유도 이타성이 인간 본성의 일부이다"(1999b). 그리고 공감을 유도하는 것이 낙인 찍힌 사람들에 대한 태도를 향상시킬 것이라는 – 연구로 확증된 – 희망을 들어올리고 있다고 Batson은 말한다. 에이즈 환자, 홈리스, 죄수 및 기타 소수자들.(focus on: 공감 유도 이타성의 비용–편익을 볼 것)

베트남 전쟁 동안 63명의 병사가 폭발 장치에서 동료를 방어하기 위하여 자신의 몸을 사용한 것으로 명예 훈장을 받았다(Hunt, 1990). 대부분 굳게 뭉친 전투 부대였다. 대부분 살아있는 수류탄에 자신을 던졌다. 그렇게 해서 59명이 죽었다. 몇몇 이라크 전쟁 병사들도 마찬가지였다. 이 병사들은 겁쟁이의 수치나 희생에 대한 외적 보상에 대하여 생각할 겨를이 없었다. 그럼에도 무언가가 그들을 행동하도록 몰아갔다.

요약 : 도움의 이유

- 3가지 이론이 도움행동을 설명한다. 사회교환 이론은 도움행동이 다른 사회행동과 같이 최대의 보상 – 그것이 내적이든 외적이든 – 을 바라는 욕구에 의해서 동기부여된다는 것이다. 그래서 잘못된 일을 한 후에 사람들은 흔히 더욱 도우려고 하게 된다. 슬픈 사람들이 또한 도움을 주는 경향이 있다. 끝으로 분명히 좋은기분/선행 효과도 있다. 행복한 사람들이 잘 돕는 사람이다. 사회적 규범도 또한 도움을 강제한다. 상호성 규범은 우리를 돕는 사람을 돕도록 자극한다. 사회적 책임 규범은 필요로 하는 사람이 되갚을 수 없을지라도 받을 만한 가치가 있기만 하면 그 사람들을 돕게 해 준다. 위기에 처한 여성들은 부분적으로 더욱 필요한 것으로 보일 수 있기 때문에 남자들보다 더 많은 도움을 받을 수 있다. 특히 남자들로부터 그러하다.

- 진화심리학은 2 가지 형태의 도움을 가정한다: 친족에 대한 헌신과 상호성. 그렇지만 대부분의 진화심리학자들은 이기적 개인의 유전자가 자기–희생적 개인의 유전자보다 더욱 생존 확률이 높다고 믿는다. 그래서 이기심은 우리의 자연스러운 경향이고, 그러므로 사회는 도움을 가르쳐야 한다.

- 우리는 이 세 가지의 이론이 친사회적 행동을 tit–for–tat 교환(눈에는 눈식의 교환) 그리고/또는 무조건적인 도움에 기반을 둔 것으로 특징짓는 방식에 따라 그 이론을 평가할 수 있다. 각각은 사변적인 또는 사후적인 추론을 사용했다고 비판받지만, 친사회적 행동의 관찰을 요약하기 위한 일관된 틀을 제공해 주기도 한다.

- 외적 및 내적 보상과 처벌 또는 고통의 회피에 의해서 동기부여된 도움과 더불어 진정한, 공감에 기반을 둔 이타성도 또한 존재하는 것 같다. 공감이 유발되면 자신들의 도움이 익명이거나 자신의 기분이 영향을 받지 않을 때조차도 많은 사람들은 곤경에 처해 있거나 고통받는 사람들을 도우려고 한다.

도움의 시기

사람들을 돕거나 돕지 않도록 자극하는 상황 확인하기. 도움이 다른 방관자들의 수와 행동, 기분 상태, 및 특성과 가치에 의하여 영향을 받는 방식과 이유를 설명하기

1964년 3월 13일, 28세의 술집 지배인 키티 제노비스는 새벽 3시에 뉴욕 퀸즈의 자신의 아파트로 돌아가다가 칼을 휘두르는 괴한의 습격을 받았다. 공포의 비명과 도움의 호소 – "아이구 이런, 그가 나를 찔렀어요. 도와주세요. 도와주세요" – 가 이웃 일부 사람들을 깨웠다(초기 뉴욕 타임스 보고에 의하면 38명). 공격자가 떠났다가 되돌아왔을 때 일부는 창문으로 다가가 힐끗 쳐다보고만 있었다. 그 공격자가 마침내 떠날 때까지 누구도 경찰에 전화를 걸지 않았다. 그 직후 키티 제노비스는 죽었다.

나중의 분석에서 38명의 목격자들이 살인을 목격하고 아무 것도 하지 않고 있었다는 시초의 보고가 반박되었다(Manning & others, 2007). 그럼에도 시초의 이야기는 방관자 무대응(inaction)에 대한 연구를 고무하는 역할을 했고, 이것은 다른 사건에서도 드러났다.

- 7세의 앤드류 모어밀은 지하철을 타고 집에 오다가 배에 칼을 맞았다. 그 공격자가 그 차를 떠났을 때, 다른 11명의 승객들은 그 젊은 사람이 피흘리며 죽어가는 것을 지켜보기만 했다.
- 엘리노 브래들리는 쇼핑 도중 걷다가 넘어져 다리가 부러졌다. 당황하고 고통스러워 하면서 그녀는 도움을 요청했다. 40분 동안 보행자의 무리가 그녀 주위를 단순히 지나갈 뿐이었다. 마침내, 택시 기사가 그녀를 도와 의사에게 인계했다(Darley & Latané, 1968).
- 백만 이상의 주민과 여행객이 뉴욕 센트럴 파크에서 열린 2000년 6월 퍼레이드 동안 그리고 그 직후 햇볕을 받으며 뒤섞여 있을 때, 일단의 술먹은 젊은이들이 60명의 여성들을 더듬고, 어떤 경우에는 옷을 벗기며 성추행하게 되었다. 다음 날, 미디어의 주목은 성적 공격 이면의 폭도의 심리과 경찰의 무대응에 초점을 맞추었다(적어도 2명의 피해자는 가까운 경찰서로 갔지만 도움받지 못했다). 그러나 수천명의 주위의 사람들은 어떠한가? 왜 그들은 이것을 용인했나? 핸드폰을 가진 많은 방관자들 중에 왜 누구도 911로 전화하지 않았나(Dateline, 2000)?

방관자 무대응. 이와같은 장면의 해석과 도움 유무의 결정에 영향을 주는 요소는 무엇일까?

충격적인 것은 이 경우에 일부 사람들이 도와주지 않는 것이 아니라 이 집단(11명, 수백명, 수천명의 집단)의 어떤 경우에도 거의 100%의 구경꾼이 반응을 보이지 않는다는 것이다. 왜? 동일한 또는 유사한 상황에서 당신이나 내가

그들처럼 행동할까?

사회심리학자들은 방관자의 무대응(inaction)에 호기심을 가지고 관심을 기울였다. 그래서 사람들이 긴급한 상황에서 돕는지를 확인하기 위한 실험에 착수했다. 그리고 나서 그들은 "비상사태가 아닌 경우에 돈을 기부하거나 헌혈하거나 시간을 제공하는 것과 같은 행위를 함으로써 누가 도울 것 같은가?"라는 질문으로 연구를 확대했다. 그들이 알아낸 것을 보도록 하자. 먼저 도움을 고양시키는 상황을, 다음으로 도와주는 사람을 살펴보자.

방관자의 수

위기시 방관자의 수동성은 시사해설가들이 사람들의 "소외", "냉담", "무관심" 그리고 "무의식적 가학적 충동"을 한탄하게 만들었다. 무개입을 방관자들의 기질에 귀인시킴으로써, 우리는 우리가 사람들을 염려하게 되면 도움을 줄 것이라고 스스로 확신할 수 있다. 그러나 방관자들이 그런 비인간적 성격을 가진 자들인가?

사회심리학자 Bibb Latané와 John Darley(1970)는 확신할 수 없었다. 그들은 독창적인 긴급상황을 만들어서 하나의 상황 요인 − 다른 방관자들의 존재 − 이 개입을 크게 감소시킨다는 것을 밝혀냈다. 1980년까지 그들은 혼자 또는 다른 사람과 함께 있다고 생각하는 방관자들이 제공하는 도움을 비교한 50여개의 실험을 실행했다. 방관자들 사이에 제한되지 않는 의사소통이 가능하면, 사람은 몇 명의 방관자들에 의해 관찰될 때도 적어도 한 사람에 의해 관찰될 때만큼 도움을 받았다(Latané & Nida, 1981; Stalder, 2008). 또한 인터넷 의사소통에서, 사람들은(캠퍼스 도서관에 링크를 찾는 사람으로부터의 도움과 같은) 도움의 요청에 그 요청이 여러 사람에게서 온 것이 아니라 그들에게만 왔다고 믿는다면 도와주는 방향으로 대응할 가능성이 더 높았다(Blair & others, 2005).

때때로 희생자는 많은 사람들이 주위에 있으면 도움 받을 가능성이 실제로 더 줄어들었다. Latané, James Dabbs(1975)와 145명의 협조자들은 "우연히" 동전이나 연필을 1,497개의 엘리베이터를 타는 동안에 떨어뜨렸을 때, 한 사람이 엘리베이터에 있을 때는 40% 도움을 받았는데 6명의 승객이 있을 때는 20% 이하였다.

다른 방관자들의 존재가 왜 때때로 도움을 억제하는가? Latané와 Darley는 방관자들의 수가 증가함에 따라 각자 그 사건을 알아차릴 가능성, 그 사건을 문제나 긴급사태로 해석할 가능성, 그리고 행위를 취할 책임을 느낄 가능성도 더 줄어들 것이라고 요약했다(그림 12.5).

주목

엘이노 브래들리가 붐비는 인도에서 넘어져 다리를 부러뜨린 후 20분만에 당신이 나타난다. 당신의 눈은 당신 앞의 보행자들의 등에 꽂히고(당신이 통과한 그들을 째려보는 것은 나쁜 태도이다) 당신의 개인적 생각은 그 날의 사건에 쏠려 있다. 그러므로

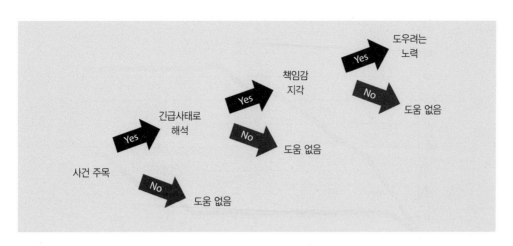

그림 :: 12.5

Latané와 Darley's의 결정의 나무
나무 위쪽의 오직 한 경로만이 도움
과 연결된다. 경로의 각 가지 사이에
서 타인의 존재는 돕지 않는 가지쪽
으로 사람들을 전환시킬 수도 있다.
출처: Darley & Latané(1968).

인도가 사실상 비어 있을 때보다 부상당한 여자를 알아차릴 가능성이 당신은 더 적지 않을까?

이것을 밝히기 위하여 Latané와 Darley(1968)은 컬럼비아 대학 남학생들에게 방 안에서 혼자 또는 낯선 사람 둘과 함께 질문지를 작성하도록 했다. 그들이 작성할 때(그리고 일방 거울로 관찰됨) 연출된 긴급사태가 있었다. 연기가 벽의 구멍에서 방안으로 쏟아져 들어왔다. 질문지 작성 동안에 그 방을 종종 천천히 힐끗 쳐다보던 혼자인 학생들은 거의 즉각적으로 연기를 알아차렸—대개 5초가 넘지 않았다. 집단인 사람들은 질문지 작성에 더 집중하고 있었다. 그들은 연기를 알아차리는 데 일반적으로 20초 이상 걸렸다.

해석

우리가 애매한 상황을 알아차리자마자, 우리는 그것을 해석해야 한다. 연기가 차오르는 방안에 있다고 가정해 보자. 비록 걱정스러울지라도, 당신은 허둥댐으로써 스스로 당황한 것으로 보이기를 원치 않는다. 당신은 조용하고 냉담하게 보인다. 모든 것이 정상임에 틀림없다고 추측하고, 그것을 무시하고 질문지를 계속 작성한다. 그런데 타인들 중의 한 사람도 그 연기를 알아차리고 당신의 외관상 냉담을 주목하고 마찬가지로 반응한다. 이것은 정보적 영향의 또 다른 예이다(제 6장). 각 개인은 다른 사람의 행동을 사실에 대한 단서로 사용한다. 그런 오해가 사무실, 레스토랑 및 기타 다중 주거 시설의 실제 화재에 대한 늑장 대응의 이유이다(Canter & others, 1980).

오해는 Thomas Gilovich, Kenneth Savitsky, 및 Victoria Husted Medvec(1998)이 투영의 착각(illusion of transparency)이라 부른 것, 즉 우리의 내적 상태를 "읽을" 타인의 능력을 과대평가하는 경향성에 의하여 되먹임된다(2장의 research close-up을 보라). 그들의 실험에서 긴급사태를 직면하는 사람들은 그들의 관심이 실제보다 더욱 잘 보일 수 있다고 추측했다. 우리가 대개 가정하는 것 이상으로 우리의 관심이나 경고는 애매하다. 우리의 정서를 사람들이 예민하게 알기 때문에 그 정서가 누출되어 다른 사람들이 우리를 통하여 올바르게 볼 것이라고 우리는 추측한다. 때때로 다른 사람들이 우리의 정서를 읽는 것은 사실이지만, 흔히 우리는 우리의 냉정을 상당히 효과적으로

그림 :: 12.6

연기 차는 방 실험

검사실로 쏟아져 들어온 연기는 3인의 집단보다 홀로 작업 중인 개인에 의해 보고될 가능성이 훨씬 더 높았다.

출처: Darley & Latané(1968)

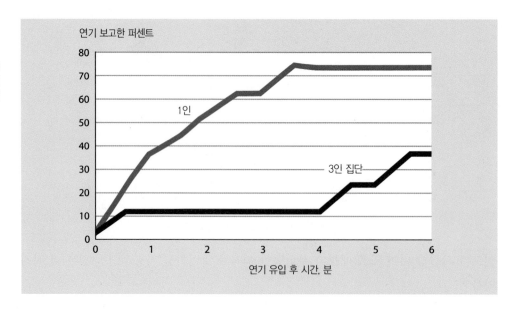

유지한다. 그 결과는 8장에서 우리가 "다원적 무지"("pluralistic ignorance")라고 부른 것, 즉 다른 사람들이 우리와 같이 생각하고 느낀다는 무지이다. 긴급사태에서 각자는 "나는 매우 관심이 있지만" 다른 사람들이 조용히 있는 것을 보니 "아마도 그것은 긴급사태가 아니다"라고 생각할지도 모른다.

Latané와 Darley의 실험에서 정말로 그런 일이 발생했다. 혼자 질문지를 작성하던 사람이 연기를 알아차렸을 때, 그들은 대개 잠시 머뭇거리고 곧 일어나서 그 연기 구멍으로 가서 감지하고 냄새를 맡아보고 연기를 저어보고는 다시 망설이다가 알려주려고 나갔다. 극적인 대비로 3인의 집단은 움직이지 않았다. 8집단 24명 중에서 오직 1인만 4분 내에 연기를 보고했다(그림 12.6). 6분 실험의 끝 즈음에 연기는 아주 자욱해져 학생들의 시야를 흐릿하게 하고, 눈을 비비며 재채기하기 시작했다. 여전히 8개 집단의 3개에서는 심지어 단 한 명만 그 사무실을 나와 보고했다.

마찬가지로 흥미로운 것은 집단의 수동성이 구성원들의 해석에 영향을 미쳤다는 것이다. 무엇이 연기를 나게 하는가? "에어컨디션이 새서." "빌딩의 화학 실험실." "증기 파이프." "실제 가스." 누구도 "불이야."라고 말하지 않았다. 집단 구성원들은 비반응 모델로 기능함으로써 그 상황에 대한 서로서로의 해석에 영향을 주었다.

이 실험적 딜레마는 우리 모두가 마주치는 실제 생활의 딜레마와 유사하다. 밖에서 나는 비명은 단지 장난일 뿐인가 아니면 습격당하는 사람의 절망적인 고함인가? 소년들의 야단법석은 친구사이의 장난인가 악의있는 싸움인가? 길에 쓰러져 있는 사람은 잠자고 있는가, 마약에 취해 있는가, 아니면 아마도 당뇨병 혼수상태와 같은 심각한 질병 상태인가? 뉴욕 퀸즈의 인도에서 휴고 알프레도 테일-약스가 수십 군데를 찔려 엎드려서 피를 흘리고 죽어갈 때 그 옆을 지나가던 사람들이 직면한 문제는 바로 이것이었다. 한 시간 이상 동안 그 홈리스 청년을 사람들이 지나치고 마침내 한 행인이 그를 흔들어 뒤집어서 그의 중상을 드러내게 하는 장면을 감시 비디오는 보여주었다(New York Times, 2010).

연기가 가득 차는 방 실험과 달리, 이런 일상의 상황 각각은 다른 사람이 절대적으로 필요하다. 동일한 **방관자 효과**(bystander effect)가 그런 상황에서 발생하는지를 알기 위해서, Latané와 Judith Rodin(1969)은 주위에 곤경에 처한 여자가 있는 것처럼 실험을 꾸몄다. 여성 연구원이 컬럼비아 대학생에게 질문지를 작성하게 하고는 이웃 사무실에서 일하기 위하여 떠났다. 4분이 지나서 그녀는 의자에 올라가 서류를 꺼내려고 하는 소리

해석이 중요하다. 이 사람은 자신의 차 문을 열고 있는가? 도둑인가? 우리의 해석은 우리의 반응에 영향을 준다.

를 냈다(녹음 테이프 활용). 이후에 비명 소리와 의자가 부서져 그녀가 바닥에 쓰러지는 소리가 들렸다. "아이구, 내 다리...나는...나는 움직일 수가 없어."라고 흐느낀다. "아...내 발목....이 일을 어쩌나." 단지 2분의 신음 소리 후에 가까스로 그녀는 사무실 문쪽으로 가게 되었다.

그들이 그 "사고"를 엿들었을 때, 혼자 있던 사람들 중 70%는 그 방으로 와서 도와주려고 소리쳤다. 낯선 2명일 때는 단지 40%의 경우에 한 사람이 도와주었다. 외관상으로 아무 것도 하지 않은 사람들은 그 상황을 긴급사태가 아닌 것으로 해석하였다. 일부 사람은 "발목을 삐끗한 모양"이라고 말했다. 또 다른 사람들은 "나는 그녀를 당황시키고 싶지 않았다"라고 설명했다. 이것은 다시 방관자 효과를 보여주는 것이다. 긴급 사태를 알아차리고 있다고 알게 되는 사람의 수가 증가할수록, 누군가 도움을 줄 확률은 줄어든다. 피해자에게는 수가 많은 것이 안전하지 않은 것이다.

사람들의 해석은 또한 거리의 범죄에 대한 자신들의 반응에도 영향을 미친다. 남녀가 신체적으로 싸우는 장면을 연출했을 때, Lance Shotland와 Margaret Straw(1976)는 그 여성이 "나에게서 떨어져; 나는 당신을 몰라"라고 소리칠 때는 65%가 개입했지만, "나에게서 떨어져; 내가 당신과 결혼한 이유를 몰라"라고 소리칠 때는 단지 19%가 개입했다. 배우자 학대인 것처럼 꾸민 것이 낯선 사람 학대보다 더 적은 개입을 유발하는 것처럼 보인다.

가해자가 현장에 있고 신체적 위험을 감수할 개입이 필요한 그런 위험한 상황에서, 방관자 효과는 줄어든다(Fisher & others, 2011). 실제로 때로 방관자들이 개입해서 신체적 지원을 한다. 이것은 4명의 알카에다 비행기 납치범이 유나이티드 93기를 몰아 미국회의사당을 예상 목표로 향하여 날고 있을 때, 토드 비머("붙어 보자")가 주동이 된 승객들이 집단적으로 개입했던 9/11 사건에서 극적으로 증명되었다.

방관자 효과(bystander effect) 사람은 다른 방관자들이 있을 때 도움을 제공할 가능성이 줄어든다는 발견사실.

책임감 지각

주목 실패와 오해(misinterpretation)는 방관자 효과의 유일한 원인은 아니다. 때로

긴급사태는 명확하다. 초기 보고에 따르면, 키티 제노비스의 도움 요청을 보고 들은 사람들은 무슨 일이 일어났는지 올바로 알고 있었다. 그러나 이웃 창문의 불빛과 그림자 비친 사람들의 모습은 그들에게 다른 사람들도 또한 쳐다보고 있다는 것을 말해 주었다. 이것이 행동의 책임감을 분산시켰다.

우리들 누구도 살인을 지켜만 보지는 않는다. 그러나 우리들 모두는 때때로 다른 사람이 있으면 필요한 반응을 더 늦게 보인다. 붐비는 고속도로에서 넘어진 운전자를 지나갈 때, 우리는 시골길에서보다 도움을 줄 확률이 낮을 것이다. 명백한 긴급사태에도 방관자들이 행동하지 않는 것을 탐구하기 위하여 Darley와 Latané(1968)는 제노비스와 같은 장면을 연출했다. 그들은 사람들을 분리된 방에 있게 하고 거기서 피해자의 도움 요청 소리를 듣게 했다. 그런 상황을 창조하기 위하여 Darley와 Latané는 몇몇 뉴욕대학교 학생들에게 실험실 인터폰에 대한 대학생활의 문제를 토의하게 했다. 연구자들은 학생들에게 익명성을 보장하기 위하여 누구도 볼 수 없고 실험자도 도청할 수 없다고 말했다. 이어진 토론 동안에 실험자가 마이크를 켰을 때, 실험참가자들은 한 사람이 발작을 일으키는 것을 들었다. 강도가 증가하고 말하기 힘들어 하면서 그는 누군가의 도움을 요청했다.

그 요청 소리를 듣는 다른 사람이 없다고 믿도록 유도된 사람들 중에는 85%가 방을 나가서 도와주려 했다. 또 다른 4명이 피해자의 소리를 듣고 있다고 믿은 사람들 중에는 단지 31%가 도와주러 나갔다. 반응을 보이지 않은 사람들은 냉담하고 무관심했을까? 실험자가 실험을 끝내려 들어왔을 때, 대부분은 즉각 염려를 표시했다. 많은 사람들은 손을 떨고 손바닥에 땀이 나 있었다. 그들은 긴급사태가 발생했다고 믿었지만 어떤 행동을 해야 하는지에 대하여는 우유부단했다.

연기 들어오는 방, 곤경에 처한 여성, 그리고 발작 실험 후에 Latané와 Darley는 참가자들에게 타인의 존재가 그들에게 영향을 미쳤는지를 물어보았다. 우리는 타인들이 극적인 효과를 지녔다는 것을 안다. 그럼에도 참가자들 거의 한결같이 그 영향을 부정하였다. 그들은 전형적으로 "나는 다른 사람이 있다는 것을 알고 있었지만 그들이 거기에 없었더라도 꼭같이 반응했을 것이다"라고 대답했다. 이 반응은 익숙한 내용을 강화시켜 준다. 우리가 한 일의 이유를 우리는 흔히 모른다. 그것이 실험이 밝히고 있는 이유이다. 긴급사태 이후에 개입하지 않은 방관자들에 대한 조사는 방관자 효과가 숨겨진 형태로 나타남을 보여줄 것이다.

도시 거주자들은 공공장소에 거의 혼자 있지 않으며, 이것은 왜 농촌 사람들보다 도시 사람들이 종종 덜 도와주는지의 이유를 설명해 준다. 그렇게 많은 곤궁한 사람을 마주침으로 인한 "연민의 피로"("compassion fatigue")와 "감각의 과부하"가 세계적으로 대도시에서 도움을 더욱 억제하도록 만든다(Levine & others, 1994; Yousif & Korte, 1995). 대도시에서 방관자들은 또한 더욱 흔히 서로 모르는 사람이다 – 그런 사람의 수가 증가하는 것도 도움을 둔

책임감 분산. 다이아나 왕세자비 차사고 직후 그 장면을 찍은 9명의 파파라치 사진가들은 모두 휴대폰을 가지고 있었다. 한 사람을 제외하고는 누구도 도움의 전화를 하지 않았다. 그들의 거의 만장일치 설명은 "다른 누군가"가 이미 전화했을 것이라고 추측했다는 것이다.

하게 한다. 방관자들이 친구나 집단 정체성을 공유하는 사람들일 때, 수적 증가는 오히려 도움을 증가시킨다(Levine & Crowther, 2008).

또한 국가는 흔히 재앙, 심지어 인종학살에 대한 방관자였다. 80만명이 르완다에서 학살당하였을 때, 우리 모두는 곁에서 방관했다. "많은 잠재적 행위자와 함께라면, 각자는 책임을 덜 느낀다"라고 Ervin Staub(1997)는 언급한다. "그것은 우리의 책임이 아니다"라고 영향을 받지 않은 국가의 리더들은 말한다. 심리학자 Peter Suedfeld(2000) - Staub처럼 유태인 대학살 생존자- 는 책임감 분산은 또한 "왜 대다수의 유럽 시민들이 유태인 동포의 박해, 제거 및 학살 동안에 느긋하게 있었는지"를 설명해 준다고 말한다.

연구 윤리의 재고

이 실험들은 윤리적 문제를 야기한다. 그 사실을 모르는 사람이 다른 사람의 가짜 사고를 엿듣도록 강제하는 것이 올바른 것일까? 발작 실험의 연구자들이 실험참가자들에게 그 문제를 보고하기 위하여 토의를 중단할지를 결정하도록 할 때 그들은 윤리적일까? 그런 실험에 처하게 되는 것을 당신은 반대할까? "알고서 하는 동의"("informed consent")를 구하는 것이 불가능할 것이라는 점을 주목하자; 그렇게 하는 것은 실험의 위장을 파괴하는 것이다.

연구자들은 항상 조심스럽게 실험참가자들에게 사후해명했다. 발작 실험, 아마 가장 스트레스를 받은 이 실험을 설명한 후에, 실험자는 참가자들에게 질문지를 나누어 주었다. 100%가 그 기만은 정당한 것이었고 그들은 기꺼이 나중에도 유사한 실험에 참가할 것이라고 말했다. 누구도 그 실험에서 분노를 느끼지 않았다고 보고했다. 다른 연구자들도 그런 실험의 압도적 다수의 실험참가자들이 그들의 참가가 교훈적이고 또한 윤리적으로 정당한 것이라고 말한다는 것을 확신한다(Schwartz & Gottlieb, 1981). 현장 실험에서 실험 공모자는 아무도 돕는 사람이 없으면 피해자를 돕고, 그래서 문제가 제대로 처리되고 있다는 것을 방관자들에게 확신시켜 준다.

사회심리학자들은 2가지 측면의 윤리적 의무를 지니고 있다는 것을 기억하자: 참가자들을 보호하는 것과 인간행동에 대한 영향을 발견함으로써 인류복지를 증진시키는 것. 그런 발견이 원치 않는 영향에 대하여 우리에게 경고할 수도 있고 우리가 긍정적 영향을 발휘할 수 있는 방법을 보여줄 수도 있다. 윤리적 원리는 다음과 같이 보인다. 실험참가자들의 복지를 보호한 후에, 사회심리학자들은 우리 행동에 대한 통찰력을 제공함으로써 사회에 대한 책임을 완수하는 것이다.

타인이 도울 때 돕기

공격적인 모델을 관찰하는 것이 공격을 증가시킬 수 있다면(10장), 그리고 비반응 모델이 무반응을 증가시킬 수 있다면, 도움을 주는 모델은 도움을 촉진할까? 사고 후에 비명과 흐느끼는 소리를 들었다고 상상해 보자. 다른 방관자가 "어. 긴급사태 발생! 우리는 뭔가 해야 해"라고 말했다면, 이것은 사람들이 돕도록 자극할까?

증거는 명백하다. 친사회적 모델은 실제로 이타성을 촉진한다. 몇 가지 예:

- James Bryan과 Mary Ann Test(1967)는 LA 운전자들이 1/4마일 앞에서 여성의 타이어 교환을 도와주는 사람을 목격하였을 경우, 그들이 펑크난 차량의 여성 운전자를 도울 확률이 증가했다는 것을 발견했다. Bryan과 Test는 또한 뉴저지의 크리스마스 쇼핑객들이 다른 사람들이 구세군 냄비에 돈을 넣는 것을 보았다면, 그들도 그렇게 할 가능성이 더 커진다는 것을 관찰했다.
- Philippe Rushton과 Anne Campbell(1977)은 영국 성인들은 공모자가 헌혈을 동의하는 것을 관찰한 후에 더욱 기꺼이 헌혈하려고 한다는 것을 발견했다.
- 예외적인 인간의 친절과 자선의 목격 − 저자가 이 장의 서두에서 영웅적 이타성의 예에서 제시한 것처럼 − 은 흔히 Jonathan Haidt(2003)가 숭고함(elevation)이라고 부르는 것을 촉발한다. 이것은 오싹함, 눈물 및 목이 메이는 것을 유발할 수 있는 특유의 따뜻함과 확장의 마음이다. 그런 숭고함은 흔히 사람들에게 더욱 자기희생적이 되도록 고취한다(Schnall & others, 2010).

그렇지만 때로 현실은 모델들이 자신들의 말과 모순된 행동을 한다. 부모들은 자신의 아이들에게 "내가 행동한 것이 아니라 말하는 대로 행동하라"고 말할지도 모른다. 실험 결과에 따르면 아이들은 그들이 들은 내용과 본 것 둘 모두에서 도덕적 판단을 배운다(Rice & Grusec, 1975; Rushton, 1975). 위선을 접하게 되면, 그들은 흉내낸다. 모델이 말한 것을 말하고 행동한 것은 행동한다.

시간적 압박

Darley와 Batson(1973)은 선한 사마리아인 우화에서 도움의 또 다른 결정요인을 찾아냈다. 목사와 레위인은 둘 다 바쁘고, 중요한 사람들이고, 아마도 자신들의 의무에 서두르는 사람들이었다. 낮은 계층의 사마리아인은 확실히 시간적 압박을 덜 받았다. 바쁜 사람들이 목사와 레위인처럼 행동하는지를 알기 위하여, Darley와 Batson은 그 우화에서 기술된 상황을 재치있게 연출하였다. 짧은 즉흥적 대화(실험참가자들의 절반에게는 그것이 실제로 착한 사마리아인 우화였다)를 녹음하기에 앞서 그들의 생각을 수집한 후에, 프린스턴 신학교 학생들을 이웃 건물의 녹음 스튜디오로 향해 가게 했다. 가는 도중에 그들은 복도에 쓰러져 고개를 숙이고 기침하며 신음하는 한 남자를 지나가게 되었다. 이 학생들 일부는 무심하게 보내졌다. "몇 분 지나야 그들이 당신과 만날 수 있을 것이지만 당신이 미리 가는 게 좋겠다." 이들 중에는 거의 2/3가 멈추어 도와주었다. 다른 사람들은 "아, 당신은 늦었어. 그들은 몇 분 전부터 당신을 기다리고 있다⋯ 그래서 당신은 더 서두르는게 좋겠다"라는 말을 들었다. 이들 중에는 겨우 10%가 도와주었다.

이 발견사실을 숙고하고 Darley와 Batson은 바쁜 실험참가자들은 "선한 사마리아인의 우화를 녹음하기 위하여 가는 도중에도 곤경에 처한 사람을 통과했고, 그래서 무심코 그 우화의 핵심을 확증시켰다"고 말했다(실제로 몇몇 경우에 선한 사마리아인의 우화에 대한 말을 하기 위해 가던 신학생들은 자신들이 서둘러 가느라 그 피해자를 글자 그대로 넘어갔다!).

우리는 신학생들에게 불공평한 것은 아닌가? 결국 그들은 실험자를 돕기 위하여 서둘렀는데. 아마도 그들은 사회적 책임의 규범을 예민하게 알고 있었을 것이지만, 그것이 두 가지 방향으로 그들을 이끌었을 것이다 - 실험자를 향한 것과 희생자를 향한 것. 선한 사마리아인 상황에 대한 또 다른 연출에서 Batson과 동료들(1978)은 40명의 캔서스 대학생들에게 다른 건물에서의 실험에 참가하러 가도록 했다. 절반은 늦었다고 했고, 나머지 절반은 시간이 많이 남아 있다고 했다. 이 집단 각각의 절반은 자신들의 참가가 실험자에게 절대적으로 중요하다고 생각했고, 절반은 그것이 필수적은 아니라고 생각했다. 그 결과, 중요하지 않은 약속 장소로 느긋하게 길을 가던 사람들은 대개 돕기 위하여 멈추었다. 그러나 이상한 나라 앨리스의 하얀 토끼와 같이 매우 중요한 약속에 늦었다면 사람들은 거의 돕기 위하여 멈추지 않았다.

바쁜 사람들은 냉담하다고 결론지을 수 있을까? 신학생들이 피해자의 고통을 알아채고 있었지만 의식적으로 그것을 무시하기로 한 것일까? 아니다. 바쁘고, 몰두 상태이고, 실험자를 돕기 위하여 서둘러 갔기 때문에 그들은 단지 곤경에 처한 사람에게 맞추어진 시간이 없었을 뿐이다. 사회시림학자들이 아주 흔히 관찰해 왔듯이, 그들의 행동은 신념보다 맥락에 의하여 더욱 영향을 받았다.

유사성

유사성은 호감을 유도하고(11장), 호감은 도움을 유도하기 때문에 우리들은 우리와 닮은 사람들을 향하여 더욱 공감하게 되고 도움을 주게 된다(Miller & others, 2001). 유사성 편향은 옷과 신념 둘 다에도 적용된다. Tim Emswiller와 동료들(1971)은 보수적인 또는 반문화적인 옷차림을 한 실험 공모자들이 전화하기 위해 동전을 찾고 있는 "보수적" 및 "히피적" 퍼듀 대학생들에게 접근하게 했다. 절반 미만의 학생들이 그들과 다른 옷차림을 한 사람을 도와주었다. 2/3의 학생들은 유사한 옷차림의 학생들을 도와주었다. "research close-up: 내집단 유사성과 도움"를 보라.

어떤 얼굴도 자신의 얼굴보다 더 친숙하지는 않다. 이것은 Lisa DeBruine(2002)이 맥매스터 대학생들에게 상호작용 게임을 가상적 다른 선수들과 하도록 했을 때 왜 그들이 다른 사람의 얼굴 사진이 자신의 변형된 얼굴의 특징을 일부 지니고 있을 때 더욱 신뢰하고 관대한지를 설명해 준다(그림 12.9). 나에게 있는 것을 나는 믿는다. 단지 생일, 성, 또는 지문의 모양을 공유하는 것조차도 도움의 요청에 더 반응하게 해 준다(Burger & others, 2004).

유사성 편향이 인종에게도 확대될까? 1970년대에 연구자들은 그 질문을 탐구하여 혼란스러운 결과를 냈다.

research CLOSE-UP

내집단 유사성과 도움

닮음은 호감을 낳고, 호감은 도움을 이끌어 낸다. 그래서 사람들은 자신들에게 유사성을 보여주는 타인들에게 더 많이 도와줄까? 유사성-도움 관계를 탐구하기 위하여 랭카스터 대학의 Mark Levine, Amy Prosser 및 David Evans는 근처의 맨체스터 유나이티드 축구 팀의 랭커스터 학생 팬의 행동을 연구하기 위하여 성 앤드류 대학의 Stephen Reicher(2005)와 함께 했다. John Darley와 Daniel Batson(1973)의 유명한 선한 사마리아인 실험에서 힌트를 얻어, 그들은 방금 새로 도착한 실험참가자들 각각을 이웃 건물에 가게 했다. 가는 도중에 조깅을 가장한 공모자 - 맨체스터 유나이티드 또는 라이벌 리버풀의 셔츠를 입음 - 가 그들 바로 앞에서 잔디 둑에서 넘어져 자신의 다리를 붙잡고 외관상 고통으로 신음했다. 그림 12.7이 보여 주듯이, 맨체스터 팬은 자신의 동료 맨체스터 지지자들을 돕기 위해 일반적으로 멈추어 섰지만 리버풀 지지자로 가장한 사람에게는 대체로 그런 도움을 제공하지 않았다.

그러나 연구자들은 축구 팬을 폭력적인 훌리건들이라고 경멸하는 비방꾼이 아니라 리버풀 지지자들도 자신들과 공유하는 정체성을 가진 사람들이라고 맨체스터 팬들에게

회상시키면 어떻게 될까를 궁금해 했다. 그래서 그들은 실험을 반복했지만, 한 가지 차이가 있었다: 참가자들이 조깅하는 사람의 넘어짐을 목격하기 전에 연구자들은 그 연구가 축구 팬인 것의 긍정적 측면에 관한 것이라고 설명했다. 축구 팬 중 단지 소수가 문제이고, 이 연구는 팬들이 "아름다운 경기"를 위한 사랑을 도출하는 것을 탐구하려는 목적을 지닌 것이다. 이제 맨체스터나 리버풀의 축구 클럽 유니폼을 입은 조깅하는 사람이 "우리 팬" 중 일원이 되었다. 그리고 그림 12.8이 보여주듯이 일그러진 얼굴의 조깅맨은 지지하는 팀과 관계없이 도움을 받았고 평범한 셔츠를 입고 있을 때보다 더 그러했다.

이 두 경우의 원리는 동일하다고 랭커스터 연구 팀은 말한다: 사람들은 그것이 더욱 좁게 정의되든 ("우리 맨체스터 팬"처럼) 또는 더욱 포괄적으로 정의되든 ("우리 축구 팬"처럼) 동료 집단 구성원들을 도와주는 성향이 있다. 심지어 라이벌 팬조차도 서로서로를 돕도록 설득될 수 있다면, 그들을 결합하는 것에 대하여 생각하게 한다면 분명히 적대자들로 마찬가지일 것이다. 다른 사람을 도우려는 자발성을 증가시키는 한 가지 방법은 배타적이 아니라 포괄적인 사회 정체성을 촉진하는 것이다.

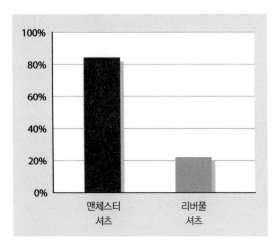

그림 :: 12.7
맨체스터나 리버풀 셔츠를 입고 있는 피해자를 도와 준 맨체스터 유나이티드 팬의 퍼센트

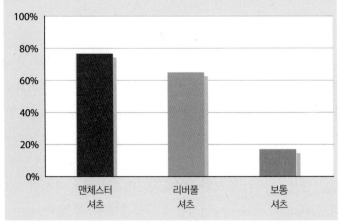

그림 :: 12.8
공동팬 정체성 근린: 맨체스터나 리버풀 셔츠를 입고 있는 피해자를 도와준 맨체스터 유나이티드 팬의 퍼센트

- 일부 연구들은 동일 인종 편향을 발견했다(Benson & others, 1976; Clark, 1974; Franklin, 1974; Gaertner, 1973; Gaertner & Bickman, 1971; Sissons, 1981).

- 다른 연구는 편향을 발견하지 못했다(Gaertner, 1975; Lerner & Frank, 1974; Wilson & Donnerstein, 1979; Wispe & Freshley, 1971).

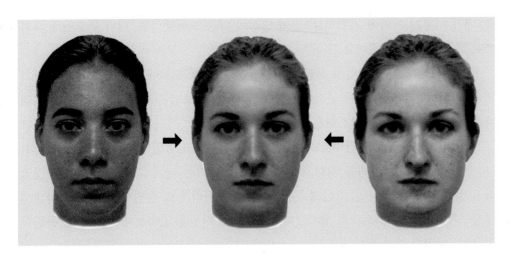

● 여전히 다른 사람들 – 특히 면대면 상황과 관련된 사람들 – 은 상이한 인종을 돕는 쪽으로의 편향을 발견했다(Dutton, 1971, 1973; Dutton & Lake, 1973; Katz & others, 1975).

이 외관상 모순되는 발견사실을 해결해 주는 일반 규칙이 있을까?

편견 있는 모습으로 보이기를 원하는 사람을 거의 없다. 그런데 아마도 사람들은 자신과 같은 인종을 편애하지만 긍정적 이미지를 유지하기 위하여 그 편향을 비밀로 유지한다. 만약 그렇다면, 동일 인종 편향은 사람들이 도움의 실패를 비인종 요소에 귀인시킬 수 있을 때만 나타나야 할 것이다. 이것은 Samuel Gaertner와 John Dovidio(1977, 1986)의 실험에서 발생한 것이다. 예컨대, 델라웨어 대학교 백인 여성들은 자신들의 책임이 방관자들 사이에서 분산된다면 곤경에 처한 백인 여성보다 흑인 여성을 도우려는 마음이 더 낮았다("도움을 줄 수 있는 다른 사람이 존재하기 때문에 나는 흑인을 돕지 않았다"). 다른 방관자들이 없을 때, 그 여성들은 흑인과 백인에게 똑같이 도움을 주었다. 규칙은 다음과 같다. 적절한 행동을 위한 규범이 잘 정의될 때, 백인은 차별하지 않는다; 규범이 애매하거나 갈등을 일으키는 것일 때, 인종 유사성은 반응을 편향시킬 수 있다(Saucier & others, 2005).

나에 대한 이야기를 하자면, 내가 워싱턴 DC에서의 저녁 모임을 마치고 호텔로 걸어가고 있을 때 실험 상황이 어느 날 밤 내게 실제로 발생했다. 한적한 인도에서 잘 차려입은 당황한 듯 보이는 내 또래의 남자가 나에게 접근해서 1달러를 구걸했다. 그는 런던에서 방금 넘어왔는데 대학살 박물관을 방문한 후에 우연히 지갑을 택시에 두고 내렸다고 설명했다. 그래서 그는 여기에서 오도가도 못하게 되었고, 교외 DC에 있는 친구 집에 가는 택시비 24달러가 필요하다고 했다.

"그런데 어떻게 1달러로 거기로 가려고 하느냐?"고 내가 물었다.

"내가 사람들에게 더 많이 요청했지만, 누구도 나를 도와주지 않았다. 그래서 나는 택시비보다 더 적은 돈을 부탁하는 것이 좋겠다고 생각했다"고 말하며 거의 흐느꼈다.

"그러면 지하철로 가면 되지 않냐?"고 내가 맞받았다.

"그린바에서 대략 5마일쯤에 멈추는데, 내가 거기에 가야한다"고 설명했다. "오 제발, 내가 어떻게 거기에 가겠어요? 만약 당신이 나를 도와준다면, 내가 월요일에 우편으로 그 돈을 부쳐 주겠어요."

여기서 나는 거리의 이타성 실험 참가자처럼 되었다. 도시에서 자라 뉴욕과 시카고의 빈번한 방문자로서 나는 구걸에 익숙했고 결코 그 보답을 받은 적이 없었다. 그러나 나는 또한 스스로 조심스러운 사람이라고 생각한다. 게다가 이 사람은 내가 만난 그런 거지처럼 보이지 않았다. 그는 세련되게 차려 입고 있었다. 그는 지성인이었다. 그는 설득력 있는 이야기를 지니고 있었다. 그리고 그는 나처럼 보였다. 그가 거짓말하고 있고, 비열한 자라면, 그에게 돈을 주는 것이 어리석고, 순진하고, 비열한 작태에 맞장구치는 것이라고 스스로 생각했다. 만약 그가 진실을 말하는데 내가 등을 돌린다면, 내가 비열한 자가 된다.

그는 1달러를 요청했다. 나는 30달러를 주면서 나의 이름과 주소를 가르쳐 주었고, 그는 감사를 표하며 받고는 어둠 속으로 사라졌다.

걸어가면서 내가 어수룩한 사람이 아닌가 하고 의심하기 시작하였다 – 그것은 사실로 밝혀졌다. 영국에 살았다고 했는데, 왜 나는 그의 영국에 관한 지식을 시험해 보지 않았던가? 그를 전화 박스로 데려가서 그의 친구에 전화하도록 데려 가지 않았던가? 왜 나는 그에게 돈을 주기보다는 적어도 택시 기사에게 돈을 주고 그를 보내지 않았던가? 그리고 사기를 당하지 않고 인생을 살았음에도 이런 자에게 속게 되었는가?

소심하게도, 나 스스로 민족적 고정관념에 영향받지 않는다고 생각하고 싶기 때문에 그것은 그의 사교기술 있는 사적인 접근일 뿐만 아니라 단순히 나와 유사하다는 사실이었다는 점을 인정해야만 한다.

요약 : 도움의 시기

- 몇몇 상황적 영향이 이타성을 억제하거나 고취하는 기능을 한다. 긴급사태이 방관자들의 수가 증가함에 따라, 특정 방관자는 (1) 그 사건을 주목할 가능성이 줄어들고, (2) 긴급 사태로 해석할 가능성이 줄어들고, (3) 책임감을 느낄 가능성이 줄어든다. 도움 행동에 대한 실험은 윤리적 딜레마를 제공하지만 행동에 대한 중요한 영향을 밝혀냄으로써 인간 삶을 증진시키려는 연구자들의 의무를 완수하는 것이다.

- 사람들은 언제 가장 도와줄 확률이 높은가? 한 가지 상황은 다른 사람이 도와주고 있는 것을 관찰하고 있을 때이다.

- 도움을 촉진하는 또 다른 상황은 적어도 약간의 시간적 여유가 있을 때이다; 바쁜 사람은 도와줄 가능성이 줄어든다.

- 우리는 우리와 닮았다고 지각하는 사람을 돕는 경향이 있다.

도움의 주체

도움을 예측하는 특성과 가치 확인하기

우리는 도움의 결정에 영향을 주는 내적 영향(죄책감과 기분 등)뿐 아니라 외적 영향(사회 규범, 방관자들의 수, 시간적 압박과 유사성 등)도 고려해 왔다.

성격 특성

틀림없이 일부 특성은 테레사 수녀와 다른 사람들을 구분해 준다. 동일한 상황에 직면해서 어떤 사람들은 도와주는 반응을 할 것이고, 다른 사람들은 귀찮아 할 것이다. 누가 도움 제공자일 것 같은가?

몇 년 동안 사회심리학자들은 상황, 죄책감 및 기분 요인의 예측력에 필적하는, 도움을 예측해 주는 단일 성격 특성을 찾아낼 수 없었다. 도움과 사회적 인정의 필요성과 같은 성격 변인과의 적당한 관계는 발견되었다. 그러나 대체로 성격검사는 도움제공자를 확인할 수 없었다. 나치 유럽에서 유태인 구출에 대한 연구도 비슷한 결론을 냈다. 비록 사회적 맥락이 분명히 도움의 의지에 영향을 미쳤을지라도, 명확한 이타적 성격 특성의 집합은 없었다(Darley, 1995).

이 발견사실이 친숙한 고리를 가진다면, 그것은 동조 연구자들에 의한 유사한 결론에서 도출될 수 있을 것이다(제6장). 동조는 또한 측정가능한 성격 특성보다 상황에 의하여 더욱 영향을 받는 것으로 보였다. 아마 당신은 우리가 누구인가 하는 것은 우리가 무엇을 하고 있는가에 영향을 준다는 4장의 내용을 회상할 수 있을 것이다. 태도와 특성 측정치는 구체적인 행동을 거의 예측하지 못하며, 이 행동들은 이타성에 대한 대부분의 연구가 측정하는 것이다(테레사 수녀의 평생의 이타성과 대비). 그러나 그것들은 많은 상황에 걸친 평균 행동을 더욱 정확히 예측한다.

성격 연구자들은 그 도전에 대응해 왔다. 첫째, 도움의 개인차를 발견하고 그 차이가 시간에 걸쳐서 지속되고 다른 동료들에 의해서 감지된다는 것을 보여주었다(Hampson, 1984; Penner, 2002; Rushton & others, 1981). 일부 사람들은 일관되게 도움을 준다.

둘째, 연구자들은 사람들을 도와주도록 마음먹게 하는 특성의 네트워크에 대한 단서를 모으고 있다. 긍정적 정서성, 공감 및 자기 효과성이 높은 사람들은 관심을 가지고 도움을 줄 가능성이 더 높다(Eisenberg & others, 1991; Krueger & others, 2001; Walker & Frimer, 2007).

셋째, 성격은 특정 사람들이 특정 상황에서 어떻게 반응할지에 영향을 준다(Carlo & others, 1991; Romer & others, 1986; Wilson & Petruska, 1984)). 자기감찰(self-monitoring) 동기가 높은 사람은 다른 사람의 기대에 맞추려고 하고, 그러므로 도움이 사회적으로 보답을 받을 것이라고 생각하면 돕는다(White & Gerstein, 1987). 타인들의 의견은 내적으로 인도되는, 낮은 자기감찰 동기를 지닌 사람들에게는 덜 중요하다.

성별

사람과 상황의 상호작용은 또한 거의 5만명의 남녀 개인들의 도움을 비교한 172개 연구에서 나타난다. 이 결과를 분석한 후, Alice Eagly와 Maureen Crowley(1986)는(펑크난 타이어나 지하철 추락처럼) 낯선이가 도움을 필요로 하는 잠재적으로 위험한 상황에 직면했을 때 남자들이 흔히 더 많이 돕는다고 보고했다. Eagly(2009)는 또한 생명

4명의 성직자들의 궁극적 비이기심이 이 그림에 영감을 주었고, 이 그림은 밸리 포지에 있는 펜실베니아 사성인 성당에 걸려 있다.

을 구했을 때 주는 카네기 영웅 메달의 수령자들 중에는 91%가 남자였다는 것도 밝혔다.

성별 규범 – "여자와 아이 먼저" – 은(본능적으로 충동적으로 행동하는 것에 반대되는 것으로) 사회 규범에 대하여 생각할 시간을 사람들이 가지고 있을 때 상황에 작용할 가능성이 더 크게 된다. 이 가능성을 탐구하기 위하여, 어떤 사악한 실험자는 승객들을 빨리 또는 천천히 가라앉는 배에 배정하고 행동을 관찰하고 싶을지도 모른다. 실제로 쯔리히 연구자 Bruno Frey와 동료들(2010)은 인류사는 이 실험을 실시하고 있다고 언급한다. 1915년 독일 U-보트가 여객선 루시태니어호를 가라앉혔을 때, 공포의 8분이 지나 승선했던 여성들은 남성들보다 1% 적게 살아남은 것 같다. 1912년 비슷한 남녀 승객을 태운 타이타닉호가 빙하와 충돌하고 거의 3시간에 걸쳐서 가라앉았을 때, 여성들은 남성들보다 53% 더 많이 살아남은 것 같다. 이 자연 실험에서 시간이 친사회적 행동과 성별 규범의 활성화를 가능케 했다.

실험을 돕기 또는 발달 장애를 지닌 아이들과 시간보내기에 지원하는 것과 같은 더 안전한 상황에서 여성들이 약간 더 잘 돕는 것 같다. 201,818명의 미국 대학 신입생들에 대한 UCLA 조사에서 62%의 남성들과 75%의 여성들이 "곤경에 처한 타인을 돕는 것"을 "매우 중요하거나" 또는 "핵심적인" 것으로 평가했다(Pryor & others, 2010). 여성들은 또한 유태인 대학살 구출자로 목숨을 걸기, 신장 기증, 그리고 세계평화봉사단 자원에 남성들보다 더 많이 또는 그 정도로 참여하는 것 같다(Becker & Eagly, 2004). 그래서 성차는 상황과 상호작용한다(상황에 의존한다). 친구의 문제에 직면할 때 여성들은 더 큰 공감을 보이며 더 많은 시간을 돕는 데 보낸다(George & others, 1998).

종교적 신앙

1943년 나치 잠수함이 연합군이 대체할 수 있는 것보다 더 빨리 배를 가라앉힐 때, 군 수송선 SS Dorchester 호는 뉴욕 항에서 902명의 남성을 태우고 출항하여 그린란드로 향해 갔다(Elliott, 1989; Kurzman, 2004; Parachin, 1992). 걱정하는 가족을 뒤에 남겨둔 사람들 중에는 4명의 성직자들이 있었다: 감리교 목사 George Fox, 랍비 Alexander Goode, 카톨릭 신부 John Washington 및 개신교 목사 Clark Poling. 종착지에 50마일쯤 떨어졌을 때 달도 없는 밤중에 U-보트 456이 조준용 십자선으로 Dorchester 호를 잡았다. 어뢰 공격을 받고 배가 기울기 시작하자 충격받은 남자들이 침상에서 쏟아져 나왔다. 전기가 나가고, 배의 라디오는 무용지물이 되었다; 에스코트 중이던 함정은 펼쳐진 비극을 모른 채 어둠 속으로 돌진했다. 배 위에서는 공포에 질린 남자들이 구명조끼도 없이 선창에서 나와 초만원인 구명보트로 뛰어들 때 무질서의 도가니였다.

4명의 성직자들이 가파르게 기울어지는 갑판에 도착했을 때, 그들은 남자들을 배 선착장으로 안내하기 시작했다. 그들은 창고 문을 열고, 구명조끼를 배부하고, 그리고 곁에 있는 남자들을 달래어 일을 시켰다. 하사관 John Mahoney가 자신의 장갑을 가지러 되돌아갔을 때, 랍비 Goode는 "걱정마라. 나는 한 켤레 더 있다"라고 말했다. 나중에야 Mahoney는 그 랍비가 불편하게 다른 짝을 끼고 있는 것을 알았다; 그는 자신의 장갑을 포기한 것이다.

얼음이 얼고 기름으로 오염된 바다에서 사병 Bednar가 성직자들이 용기를 달라고 기도하는 소리를 들었을 때, 배에서 헤엄을 쳐 구명 뗏목까지 갈 수 있는 힘을 얻었다. 여전히 배 위에서 Grady Clark는 성직자들이 마지막 구명조끼를 건네주고 궁극적 이타심으로 자신의 것조차 나누어 줄 때 경외심을 가지고 지켜보았다. Clark가 물 속으로 미끄러졌을 때, 그는 잊을 수 없는 광경을 돌아보았다. 4 명의 성직자들은 팔짱을 끼고 서서 라틴어, 히브리어, 그리고 영어로 기도하고 있었다. Dorchester 호가 바다로 침몰할 때, 다른 남자들이 그들과 함께 모여 있었다. "그것은 내가 보았던 또는 이런 모습의 천국을 보고 싶어 했던 가장 멋진 모습이었다."라고 230명의 생존자 중 한 사람인 John Ladd는 말했다.

성직자들의 영웅적 사례에서 신앙이 용기와 보살핌을 촉진시킨다고 보는 것이 맞는 것일까? 세계의 4개 종교 – 기독교, 이슬람교, 힌두교 및 불교 – 모두는 동정심(compassion)과 자비를 가르친다(Steffen & Masters, 2005). 그러나 그 신도들은 그 말씀대로 행동할까? 종교는 복잡한 가방이라고 Ariel Malka와 동료들(2011)은 말한다. 그것은 가난한 자에 대한 지지를 포함하여 정부 주도권에 대한 보수적인 반대와 흔히 관련되지만, 또한 친사회적 가치도 촉진한다.

사람들이 물질적인 또는 정신적인 사고에 미묘하게 "점화"되었을 때 무슨 일이 발생하는지 생각해 보자. 마음속으로 돈을 생각하고 있을 때 – 봉급과 같은 단어를 포함한 문장을 정리한 후 또는 현금이 그려진 포스터를 본 후 – 사람들은 당황하는 사람들을 더 적게 도왔고 곤궁한 학생들을 위하여 기부를 요청받았을 때 덜 관대했다(Vohs &

others, 2006, 2008). 마음속으로 신을 생각하고 있을 때 — 영혼, 신성한, 하느님 및 성스러운과 같은 단어로 문장을 정리한 후 — 사람들은 자신들의 기부에 훨씬 더 관대했다(Pichon & others, 2007; Shariff & Norenzayan, 2007). 후속 연구에서 종교적 점화는 할당된 과제나 도덕적 신념과 일치하는 행위를 지속하는 것과 같은 다른 "선한" 행동을 증가시킨다는 것을 밝혀냈다(Carpenter & Marshall, 2009; Toburen & Meier, 2010).

또한 자발적 도움에 관한 많은 연구들을 고려해 보자. 사소한 긴급사태에 직면하면, 본질적으로 종교적인 사람들은 단지 약간 더 민감하게 반응하는 정도이다(Trimble, 1993). 더욱 최근에 연구자들은 계획된 도움, 즉 AIDS 자원자, 비행청소년 남녀 지도원 및 대학 봉사 조직의 후원자들이 제공하는 지속적인 도움과 같은 것을 탐구하고 있다. 종교적 신앙이 이타성을 더 잘 예언해 줄 때는 바로 장기간의 도움에 대한 의도적 선택을 할 때이다(타이타닉의 느린 침몰이 어떻게 사회 규범과 의도가 작동할 시간을 제공했는지를 기억하라.)

AIDS 환자를 돌볼 때처럼 왜 사람들이 자원하는가를 분석해 본 결과 다양한 동기가 존재하였다(Clary & Snyder, 1993, 1995, 1999; Clary & others, 1998). 일부 동기는 보상에 근거하고 있다 — 집단에 가입하거나, 인정을 받거나, 직업 전망을 향상시키거나, 죄책감을 줄이거나, 기술을 배우거나, 자긍심을 부양하고자 하는 동기 등이 그러하다. 다른 동기는 종교적 또는 인도주의적 가치와 타인에 대한 배려이다.

대학생과 일반인들을 대상으로 한 연구에서 종교적으로 개입된 사람들은 종교적으로 개입되지 않은 사람들보다 가정교사, 구조원 및 사회정의를 위한 운동원으로 더 많은 시간 동안 자원봉사하였다(Benson & others, 1980; Hansen & others, 1995; Penner, 2002). 갤럽 조사에서 신앙 공동체에 "참여하고" 있는 것으로 분류한 미국인들 중에서 중앙치 사람들은 주당 2시간의 자원봉사를 보고하지만, 참여하지 않는 사람의 중앙치는 주당 0시간의 자원봉사를 보고하였다(Winsemam, 2005). 세계 조사는 신앙참여와 자원봉사 사이의 상관관계를 확인시켜 준다. 53개국에서 세계 가치 조사 기관에 응답한 117,007명의 자료를 분석한 결과, 주당 두 번 종교 모임에 참여한 사람들은 비참여자보다 자원봉사에 더욱 참여할 가능성이 5배이상이었다(Ruiter & De Graat, 2006).

게다가 샘 레벤슨의 농담 — "베풀 기회가 왔을 때도 일부 사람들은 아무 것도 하지 않는다" — 은 대단히 적극적으로 종교적인 사람들에게는 거의 적용되지 않는다. 대규모 세계 갤럽 조사에서 140개국 각각 2,000명 이상 조사했다. 낮은 소득에도 불구하고 대단히 종교적인 사람들(종교가 자신의 일상 삶에 중요하고 지난 주에 종교 예배에 참여했다고 보고한 사람)이 자선, 자원봉사 및 지난 달에 낯선이에 대한 도움의 평균비율이 현저하게 더 높았다고 보고했다(그림 12.10).

계획된 도움과 종교적 연결은 다른 공동 조직에까지 유사한 결과를 보이는 식으로 확장될까? Robert Putnam(2000)은 취미단체, 전문가 협회, 자조집단 및 봉사단체를 포함한 22개 조직 유형에서 추출한 국가 조사 자료를 분석하였다. "투표, 배심원 봉사, 공동체 계획, 이웃과의 대화 및 자선행사와 같은 또 다른 시민 참여에 가장 밀접히 관련되어 있는 것은 바로 종교집단의 멤버십이었다"고 그는 보고하였다(p. 67).

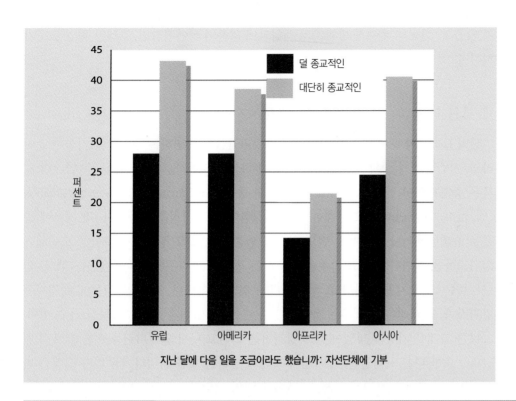

그림 :: 12.10
도움과 종교적 관여
전세계적으로 대단히 종교적인 사람들이—평균 이하의 수입에도 불구하고—지난 달 더욱 많은 돈을 기부하고 또한 낯선이를 더 많이 지원하고 돕는 것 같다고 갤럽 연구원 Brett Pelham과 Steve Crabtree(2008)는 보고한다. 대단히 종교적인 사람들은 일상생활에서 종교가 가장 중요하고 지난 주에 예배에 참석했다고 말했다. 덜 종교적인 사람들은 그와 모두 이다.

요약 : 도움의 주체

- 이타성의 강력한 상황적 및 기분적 결정요인에 비하여, 성격 검사 점수는 단지 도움의 미약한 예언 요인으로 기능할 뿐이었다. 그렇지만 새로운 증거에 의하면 일부 사람들은 다른 사람들보다 더욱 일관적으로 도움을 베푼다는 것이다.
- 성격이나 성별의 효과는 상황에 따라 달라질 수 있다. 예를 들어 남성들은 위험한 상황에서 여성들보다 자원자로서 더욱 도움을 주는 것이 관찰되었다.
- 신앙은 자원봉사와 자선 행사에 반영되듯이 장기간의 이타성을 예측해 준다

도움을 증진시키는 방법

도움을 억제시키는 요인을 뒤집음으로써, 도움의 규범을 가르침으로써, 그리고 사람들 스스로를 도와주는 존재로 간주하도록 사회화시킴으로써 도움이 증진될 수 있도록 하는 방법을 제안하기

사회과학자들로서 우리의 목표는 인간의 행동을 이해하고, 그렇게 해서 또한 그것을 개선하는 방법을 제안하는 것이다. 이타성을 촉진하는 한 가지 방법은 그것을 억제하는 요인들은 뒤집는 것이다. 바쁘고 몰두하고 있는 사람들이 도와줄 가능성이 더 낮다면, 사람들을 여유있게 만들고 주의를 외부로 돌리게 하는 방법을 생각해 볼 수 있

지 않을까? 타인의 존재가 방관자의 책임감에 의하여 낮아진다면, 우리가 책임을 증가시킬 수 있지 않을까?

애매성을 감소시키고 책임을 증가시키기

만약 Latané와 Darley의 결정의 나무가 방관자들이 직면하는 딜레마를 기술한 것이라면, 사람들에게 상황을 올바로 해석하게 하고 책임을 느끼도록 만들 수 있다면 도움은 증가하여야 한다. Leonard Bickman과 동료들(Bickman, 1975, 1979; Bickman & Green, 1977)은 범죄 보고에 대한 일련의 실험에서 그 가정을 검증했다. 각 경우에 그들은 슈퍼마켓이나 서점에서 절도 사건을 연출했다. 일부 장소에서 그들은 도둑질에 방관자들을 예민하게 하고 그것을 보고하는 방식을 알려주는 표지판을 설치했다. 연구자들은 그 표지판이 거의 효과가 없다는 것을 알아냈다. 또 다른 경우에 목격자는 방관자가 그 사건을 해석하는 것을 들었다. "어이, 저 여자 좀 봐. 도둑질 하고 있어. 그녀가 그것을 가방에 넣었어."(그 방관자는 그리고 나서 잃어버린 아이를 찾으러 떠났다.) 또한 다른 사람들은 이 사람이 덧붙여 말하는 것을 들었다. "우리가 그것을 봤어. 우리는 그것을 보고해야 해. 그것이 우리의 책임이야." 두 진술 모두 실질적으로 범죄의 보고를 높여주었다.

사적인 영향의 힘은 이제 더 이상 의문의 여지가 없다. 베테랑과 달리 신참 기부자는 대개 누군가의 사적인 권유에 따른 것이었다(Foss, 1978). Leonard Jason과 동료들(1984)은 헌혈에 대한 사적인 호소가 포스터와 미디어 공지보다 훨씬 더 효과적이라는 것을 확인하였다.

개인화된 호소

개인화된 비언어적 호소도 또한 효과적일 수 있다. Mark Snyder와 동료들(1974; Omoto & Snyder, 2002)은 히치하이커들이 운전자의 눈을 똑바로 봄으로써 성공률을 두 배나 증가시켰다는 것, 그리고 대부분의 AIDS 자원봉사자들은 누군가의 사적인 영향을 통하여 개입되었다는 것을 발견해 냈다. 사적인 접근은 나의 거지가 알고 있었듯이 사람들에게 덜 익명적으로, 더 책임있게 느끼도록 만든다.

Henry Solomon과 Linda Solomon(1978; Solomon & others, 1981)은 익명성을 감소시키는 방법을 탐색했다. 그들은 서로에게 자신들을 이름, 나이 등등으로 확인시킨 방관자들은 익명적인 방관자들보다 아픈 사람에게 도움을 줄 가능성이 더 컸다는 것을 발견해 냈다. 마찬가지로 한 여성 실험자가 다른 쇼핑객의 눈을 쳐다보고 엘리베이터에 타기 전에 따뜻한 미소를 건넸을 때, 그 쇼핑객은 그 실험자가 나중에 "제기럴. 내가 안경을 두고 왔네. 우산이 어느 층에 있는지 알려주실 분 없으세요?"라고 말했을 때 다른 쇼핑객보다 도움을 줄 가능성이 훨씬 높았다. 심지어 누군가와 사소한 짤막한 대화도("실례합니다만, 수지 스피어의 언니 아닙니까?" "아닙니다") 극적으로 그 사람의 나중의 도움을 증가시켰다.

도움은 또한 그 희생자와 기타 목격자를 다시 만날 것이라고 예상할 때 증가한다. 실험실 인터콤을 사용하여 Jody Gottlieb와 Charles Carver(1980)는 마이애미 대학생들에게 자신들이 다른 학생들과 대학생활의 문제를 토론하고 있다고 믿도록 유도했다 (실제로 다른 토론자는 녹음 테이프였다). 가상적 동료 토론자들 중 한 사람이 숨막힐 듯 발작을 하며 도와달라고 외칠 때, 자신들이 곧 토론자들을 대면하여 만나게 될 것이라고 믿은 사람이 가장 빨리 도와주었다. 요약하면, 방관자를 개인화하는 것은 어떤 것이라도 – 사적인 요청, 눈 접촉, 이름을 부르기, 상호작용의 예상 – 도와주려는 의지를 증가시킨다. 실험에서 레스토랑 고객들은 종업원들이 이름으로 자신을 소개하고, 친절하게 수표위에 메시지를 적어주고, 손님의 팔이나 어깨에 접촉을 하고, 그리고 서비스 중에 테이블에 앉아 있거나 쭈그리고 앉아 있을 때 팁을 더 많이 주었다(Leodoro & Lynn, 2007; Schirmer & others, 2011).

사적인 대우는 방관자들에게 자의식을 더 갖도록 만들어 주고 그래서 자신의 이타적인 이상에 더욱 익숙해 진다. 사람들이 거울이나 TV 카메라 앞에서 행동함으로써 자의식이 느낀 사람들이 태도와 행위 간의 일관성을 증가시킨다는 이 전 장의 내용을 기억해 보자. 대조적으로 "몰개성화된"("deindividuated") 사람들은 책임을 덜 느낀다. 그래서 자의식(self-awareness)을 촉진시키는 상황 – 이름표, 지켜보거나 평가되는 상황, 주의집중되는 고요 – 은 또한 도움을 증가시켜야 할 것이다.

Shelley Duval, Virginia Duval 및 Robert Neely(1979)는 이것을 확증했다. 그들은 몇몇 남 캘리포니아 여대생들에게 자신의 이미지를 TV 스크린으로 보여주거나 자전적 질문지에 답하게 한 직후에 곤궁한 사람들에게 시간이나 돈을 기부할 기회를 주었다. 자의식을 느낀 사람들이 더 많이 기부했다. 마찬가지로 누구에겐가 방금 사진이 찍힌 행인들이 다른 행인의 떨어진 봉투를 줍는 일을 도와줄 가능성이 더 컸다(Hoover & others, 1983). 그리고 거울 속에서 자신의 이미지를 방금 본 사람들 중에서 70%의 이탈리아 행인들은 낯선 사람을 도와 엽서를 붙여준데 비하여 그렇지 않은 타인들은 13%가 그러했다(Abbate & others, 2006). 자의식을 지닌 사람들은 자신들의 이상을 더욱 자주 실천한다.

죄책감과 자아상의 염려

이전에 우리는 죄책감을 느낀 사람들이 죄책감을 낮추고 자기 가치감을 회복하기 위하여 행동할 것이라고 언급하였다. 그러므로 사람들의 죄책감을 깨우는 것이 도우려는 욕구를 증가시킬 수 있을까? 대학생들에게 자시들의 과거의 위반에 대하여 생각하게 하라. 그러면 그들은 학교 일을 돕는 자원봉사자로 동의할 가능성이 더 커지게 된다.

Richard Katzev(1978)가 중심이 된 Reed 대학 연구팀은 일상의 맥락에서 죄책감-유도 도움을 실험했다. 포틀랜드 미술 박물관의 방문객들이 "만지지 마시오"라는 표지판을 따르지 않았을 때, 실험자들은 그 일부 사람들을 질책했다. "제발 그 물건을 만지지 마시오. 모든 사람이 그것을 만지면, 품질이 떨어집니다" 마찬가지로 포틀랜드 동물원 방문객들이 허용되지 않은 음식을 곰에게 주었을 때, 일부 사람들은 "헤이, 허용되지 않은 음식을 동물에 주지 말라. 그것이 그 동물에게는 해가 될 수 있다는 것을 알지 않느냐?"와 같은 말로 훈계했다. 두 경우에 이제 죄책감을 지게 된 개인들의 58%는 그 직후에 "우연히" 무언가를 떨어뜨린 또 다른 실험자에게 도움을 제공하였다. 물론 질책받지 않은 사람들 중에 단지 1/3만이 도움을 주었다. 죄책감을 지게 된 사람들은 도와주는 사람이 된다.

최근에 나는 이런 경험을 했다. 내가 기차를 타려고 달려가면서, 바쁜 도시 인도에서 일어서려고 애쓰는 어떤 남자를 지나치고 있었다. 그의 흐릿한 눈은 내가 응급실 안내원으로 대학시절에 도와주었던 많은 취객을 떠올리게 했다. 또는… 지나친 후에 나는 궁금했다…. 그가 실제로 건강상의 위기를 겪고 있다면? 죄책감에 사로잡혀 나는 인도의 쓰레기를 줍고, 의자를 함께 쳐다보고 있던 노인부부에게 나의 기차좌석을 제공하고, 그리고 다음 번에 낯선 도시에서 불확실한 상황을 직면하면 나는 911로 전화할 것이라고 맹세했다.

또한 사람들은 자신들의 공적 이미지에 대하여도 걱정한다. Robert Cialdini와 동료들(1975)은 일부 애리조나 대학생들에게 비행 아동들을 동물원에 데려다 달라고 부탁했을 때, 단지 32%가 그렇게 하겠다고 동의하였다. 다른 학생들에게 질문자가 먼저 매우 큰 부탁 – 비행 아동의 자원봉사 상담원으로 2년을 보내는 것 – 을 했다. 이 부탁 (모두 거절했다) 에 대한 반응에서 **얼굴에 문 들이밀기**(door-in-the-face)를 한 후, 질문자는 "좋다, 만약 그 일이 내키지 않는다면, 이 일만 해주는 것은 어때?"라고 말하며 보호 부탁을 수정제안했다. 이 기법으로 거의 두 배나 많은 사람들 – 56%-이 도와주기에 동의했다.

Cialdini와 David Schroeder(1976) 는 자아상에 대한 염려를 촉발하는 또 다른 실용적 방법을 제안한다. 아주 사소하여 스크루지처럼 느끼지 않는다면 아니오라고 말하기 힘든 부탁을 하라. 미국 자선단체 United Way의 운동원이 그의 집(door)에 왔을 때, Cialdini(1995)는 이것을 발견했다. 그녀가 그의 기부를 간청했을 때, 그는 심리적으로 거부할 준비를 하고 있었다. 그런데 그녀는 그의 재정적 변명을 무너뜨리는 마술과 같은 말을 했다. "일 페니조차도 도움이 됩니다.", "나는 깔끔하게 속아서 응하게 되었다"고 Cialdini는 회상했다. "우리 교환에는 또 다른 흥미로운 측면이 있었다. 내가 기

얼굴에 문 들이밀기 기법(door-in-the-face technique)
양보를 얻기 위한 전략. 어떤 사람이 처음에 큰 부탁을 거절한 후에(얼굴에 문 들이밀기), 동일한 요청자가 더 합당한 부탁을 수정제안한다.

얼굴에 문 들이밀기 기법

침을 멈추었을 때(나는 실제로 나의 시도된 거부에 질식 상태였다), 내가 그녀가 언급한 푼돈을 준 것이 아니라 내가 대개 자선 요청자들에게 할당한 정도의 돈이었다. 그제서야 그녀는 감사해 했고 천진하게 웃으며 이동했다."

Cialdini의 반응은 비전형적이었을까? 이것을 확인하기 위하여 그와 Schroeder는 기부 요청자가 교외거주자들에게 접근하게 했다. 기부 요청자가 "나는 미국 암 협회를 위하여 모금중입니다"라고 말했을 때, 29%가 각자 평균 1.44달러 기부했다. 그 요청자가 "일 페니조차도 도움이 됩니다"라고 덧붙이면 50%가 각자 평균 1.54달러 기부했다. James Weyant(1984)가 이 실험을 반복했을 때, 그는 비슷한 결과를 찾아냈다. "일 페니조차도 도움이 됩니다"라는 말은 기부자의 수를 39에서 57%로 급증시켰다. 그리고 6000명에게 미국 암 협회를 위한 기부를 우편으로 부탁했을 때, 소량을 부탁받은 사람들이 더 많은 양을 부탁받은 사람들보다 기부할 가능성이 더 컸다 − 적어도 평균에서 적지 않았다 Weyant & Smith, 1987). 이전 기부자들에게 접근했을 때,(합당한 이유 이내에서) 더 큰 부탁은 정말로 더 큰 기증을 유도해 냈다(Doob & McLaughlin, 1989). 그러나 집의 문에서 대면 부탁을 할 때, 작은 기부를 위한 부탁은 더욱 성공적이고, 이것은 거절하기 힘든 것이고 여전히 그 사람에게 이타적 자아상을 유지하게 해 주는 것이다.

사람들은 도움을 잘 주는 존재로 명명하는 것은 또한 도움을 주는 자아상을 강화시킬 수 있다. 그들이 자선 기부를 한 후에 Robert Kraut(1973)는 일부 코네티컷 여성들에게 "당신은 관대한 사람이다"라고 말했다. 2주 후 이 여성들은 그렇게 명명되지 않은 사람들보다 다른 자선행사에 더욱 기꺼이 기부하려 하였다.

이타성의 사회화

어떻게 우리는 이타성을 사회화할 수 있을까? 다섯 가지 방법이 있다(그림 12.11).

도덕적 포함의 교육

나치 유럽에서 유태인 구출, 노예 반대운동의 지도자들, 그리고 의료 선교사들은 적어도 한 가지 공통 특성을 공유하고 있었다. 그들은 도덕적으로 차별없이 포함되어 있다. 그들의 도덕적 관심은 다양한 사람을 포괄하였다. 한 구출자는 임신한 숨은 유태인을 위하여 임신을 가장하였다 − 그래서 자신의 아이의 신분 범위 내에 곧 태어나게 될 아이를 포함시켰다(Fogelman, 1994).

도덕적 배제 − 도덕적 관심의 범위에서 어떤 사람을 생략하기 − 는 정반대 효과를 지닌다. 그것은 차별에서 인종학살까지 모든 종류의 해악을 정당화시킨다(Opotow, 1990; Staub, 2005a; Tyler & Lind, 1990). 착취나 잔악 행위는 그럴 가치가 없거나 인간이 아닌 것으로 간주하는 사람들에 대하여는 인정할 수 있는 것이거나 심지어 적절한 것이다. 나치는 유태인들을 자신들의 도덕적 공동체에서 배제하였다. 인질, 암살단 또

도덕적 배제(moral exclusion) 어떤 개인들이나 집단을 도덕적 가치와 공평성의 규칙이 적용되는 경계 밖에 있는 것으로 지각하는 것. 도덕적 포함은 타인들을 자신의 도덕적 관심의 범위 내에 있는 것으로 간주하는 것이다.

는 고문에 참여한 사람은 누구나 비슷한 배제를 실천하고 있는 사람들이다. 더 느슨한 정도로 보면, 도덕적 배제는 우리 자신의 관심, 호의 및 재정적 상속을 "우리의 사람"(예컨대, 우리 자식들)에게 집중하고 타인들을 배제하는 사람들을 말하는 것이다.

그것은 또한 전쟁의 인간 비용에 대한 공적 공감에 제약을 가한다. 보고된 전쟁 사망자들은 전형적으로 "우리의 사망자들"이다. 예컨대 많은 미국인들은 약 58,000명의 미국인들이 베트남전에서 죽었다는 것을 알고 있다(그들 58,248명의 이름이 베트남 전쟁 기념관에 새겨져 있다). 그러나 미국인들은 그 전쟁에서 또한 약 200백만의 베트남인들이 죽었다는 사실을 거의 모르고 있다. 이라크 전쟁 동안에 미국인 사망자 수 - 2011년 말 시점까지 약 4,500명 - 의 뉴스는 거의 알려지지 않은 이라크 사망의 수보다 더욱 관심을 끌었지만, 주도적 의학 잡지가 출간한 최소 추정치의 범위도 150,000명 이상이었다(Alkhuzai & others, 2008).

우리는 쉽사리 외집단의 비인간적 대규모 사망자의 수에 무감각하게 된다고 Paul Slovic(2007)과 Elizabath Dunn 및 Claire Ashton-James(2008)은 말한다. 사람들은 50명이 아니라 5,000명이 죽인 허리케인에 대하여 더 놀랄 것이라고 가정한다. 그러나 Dunn과 Ashton-James는 사람들에게 허리케인 카트리나가 50, 500, 1000 또는 5,000 명의 생명을 앗아갔다고 말했을 때, 그들의 슬픔은 그 숫자에 영향을 받지 않았다. 스페인의 산불과 이라크 전쟁을 포함하여 다른 비극의 규모에서도 마찬가지였다. "내가 그 엄청난 규모를 본다면 행동하지 못할 것이다"라고 마더 테레사를 말했다. "내가 한 사람을 본다면, 나는 행동할 것이다." 로키아라는 7세 여자 아이 한 명이 사진을 보여주었을 때 사람들은 수백만을 구조하기 위해 그 조직이 일하고 있다고 들었을 때보다 기아 자선모금에 더 많은 돈을 제공했다(Slovic & Västfjäll, 2010).

그러므로 이타성을 사회회하는 첫 단계는 우리가 안녕을 걱정하는 사람들의 범위를 사인화하고(personalizing) 넓힘으로써 친족과 종족을 편애하는 자연스러운 내집단 편향을 저지하는 것이다. Daniel Batson(1983)은 종교적인 가르침이 이 일을 하는 방법에 주목한다. 그들은 전 인간 "가족"에 대한 "하느님의 모든 자녀들"을 향한 "형제 자매

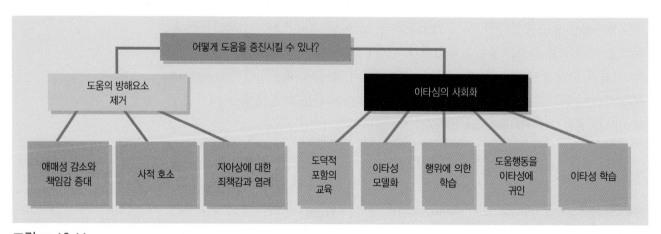

그림 :: 12.11
도움을 증진시키기 위한 실용적 방식

적" 사랑을 촉구함으로써 가족과 연결된 이타성의 범위를 넓힌다. 모든 사람들이 우리의 가족의 일부라면, 모든 사람들은 우리에 대하여 도덕적 권리를 지닌다. "우리"와 "그들" 사이의 경계가 희미해 진다. 유리한 사람들을 다른 사람의 입장에 서 보게 하여 그들이 어떻게 느끼는지를 상상하게 만드는 것도 또한 도움이 된다(Batson & others, 2003). "그들이 당신에게 하기를 바라는 대로 다른 사람에게 하기" 위해서 사람들은 다른 사람들의 관점을 가져야만 한다.

이타성 모델화

앞에서 우리는 비반응 방관자들을 보는 것이 우리가 도울 가능성을 낮추게 될 것이라고 말했다. 많은 비행청소년과 누범자들처럼 극단적으로 가혹한 부모들이 양육한 사람들은 또한 이타주의자들을 대표하는 공감과 원칙적 배려를 훨씬 더 적게 보인다.

실생활 모델화   그러나 만약 우리가 도와주는 사람에 대하여 보거나 읽게 된다면, 도움을 제공할 가능성이 더 커지게 된다. Robert Cialdini와 동료들(2003)은 횡행하는 세금포탈, 쓰레기 투기 및 10대 음주를 공론화하는 것이 아니라 사람들의 광범위한 정직, 청결 및 절제를 강조하는 것 - 그런 규범을 정하는 것 - 이 더 좋다고 말했다. 한 실험에서 그들은 애리조나의 화석림 국립공원의 길에 있는 화석나무를 떼어내지 말라고 부탁했다. 일부 사람들에게는 또한 "지난번 방문객들이 화석나무를 떼어 내고 있어요"라고 말했다. 다른 사람들에게는 공원을 보존하기 위하여 "지난번 방문객들은 화석나무를 그대로 두었어요"라고 말했고, 이들이 길에 있는 화석나무 표본을 훨씬 더 적게 집어들었다.

모델화 효과는 유태인들을 구하기 위하여 목숨을 걸었던 유럽 기독교인들과 미국 시민 운동 활동가들의 가족내에도 또한 분명했다. 이 예외적인 이타주의자들은 마찬가지로 가장 "도덕주의자" 또는 인도주의적 대의명분을 지닌 최소한 한 부모와 따뜻하고 밀접한 관계를 가지고 있다고 전형적으로 보고했다(London, 1970; Oliner & Oliner, 1988; Rosenhan, 1970). 그들의 가족들 - 흔히 그들의 친구와 교회인들 - 은 타인에 대한 도움과 배려의 규범을 그들에게 가르쳤다. 이 "친사회적 가치 지향"은 그들에게 다른 집단의 사람들을 자신들의 도덕적 염려의 범위 내에 포함시킬 수 있도록 유도하고, 타인의 복지에 대하여 책임감을 느끼게 해주었다고 이타심 연구자 Ervin Staub가 보고했다(1989, 1991, 1992)

Staub(1999)는 그가 말하는 것의 의미를 알고 있다. "부다페스트의 한 유태인 어린이로서 나는 Holocaust(유태인 대학살) - 나치 독일인과 동맹국들에 의해 저질러진 대부분의 서유럽 유태인 학살 -에서 살아남았다. 나의 생명은 나를 구하기 위하여 반복적으로 목숨을 걸었던 기독교 여성과 스웨덴인 Raoul Wallenberg에 구출되었다. Wallenberg는 부다페스트로 와서 용기, 지혜와 완전 헌신으로 가스실로 갈 운명에 처해 있던 수만명의 유태인들의 목숨을 구했다. 이 두 영웅은 수동적 방관자가 아니었고, 내가 할 일은 내가 하나가 아니라는 것이다."("focus on: 유태인 구출자들 사이에서 행동

과 태도"를 볼 것)

미디어 모델화 텔레비전의 공격적 묘사가 공격성을 촉진하는 것과 꼭 같이 TV의 긍정적 모델로 도움을 촉진할 수 있을까? 친사회적 TV 모델은 실제로 반사회적 모델보다 훨씬 더 큰 효과를 지녔다. Susan Hearold(1986)는 친사회적 프로그램을 중립 프로그램 또는 무 프로그램과 108개 비교를 통계적으로 조합했다. 평균적으로 "중립 프로그램이 아니라 친사회적 프로그램을 시청하면, 시청자는 친사회적 행동 – 전형적으로 이타성 –이 50에서 74 백분위로 [적어도 일시적으로] 상승했다"는 것을 발견해 냈다.

그러한 연구에서 연구자 Lynette Friedrich와 Aletha Stein(1973; Stein & Friedrich, 1972)는 미취학 아동들에게 유치원 프로그램의 일환으로 4주 동안 매일 로저스 아저씨의 이웃이라는 영상을 보여주었다(로저스 아저씨의 이웃은 아동의 사회성 및 정서 발달을 높이려는 의도를 지닌 영상이다.) 시청 기간 동안에 교육을 제대로 받지 못한 가정의 아동들이 더욱 협조적이 되고 도와주었으며 자신의 감정을 표현할 가능성이 커졌다. 후속 연구에서 4개의 로저스 아저씨 영상을 본 유치원생들이 검사와 인형극 모두에서 그 쇼의 친사회적 내용을 말할 수 있었다(Friedrich & Stein, 1975; Coates & others, 1976).

focus ON
유태인 구출자들의 행동과 태도

선은 악처럼 흔히 사소한 단계에서 발전해 간다. 유태인들을 구한 크리스트교들은 하루 이틀 정도 누군가를 숨겨주는 것과 같은 사소한 개입으로 흔히 시작했다. 이 단계를 거치게 되면서 그들은 타인을 도와주는 사람으로 자신들을 다르게 보기 시작했다. 그 다음에 그들은 더욱 강하게 관련된다. 몰수된 유태인 소유의 공장을 통제하게 된 오스카 쉰들러는 상당한 이익을 내 주는 유태인 노동자들에게 작은 선행을 베풂으로써 시작했다. 점차 그는 그들을 보호하기 위하여 더욱 더 큰 위험을 감수했다. 공장 곁에 노동자 숙소 건설의 허가를 취득했다. 그는 그들의 가족에게서 분리된 개인들을 구출했고 사랑하는 사람들을 재결합시켰다. 마침내, 러시아군이 진출했을 때, 그는 자신의 고향에 가짜 공장을 세우고 "숙련공" 전체 집단을 그 공장에 배치함으로써 약 1,200명의 유태인들을 구했다.

라울 왈렌버그와 같은 또 다른 사람들은 도움에 대한 사적 부탁에 동의함으로써 시작하여 반복적으로 자신의 목숨을 거는 일로 끝났다. 왈렌버그는 헝가리로 간 스웨덴 대사였는데, 거기서 그는 수만 명의 헝가리 유태인들을 아우슈비츠 몰살에서 구해 냈다. 신분 보호증을 받은 사람들 중 한 사람이 6세의 Ervin Staub이었고, 현재 매사추세츠 사회심리학자이다. 그는 그때의 경험으로 일부 사람은 악을 행하고, 일부는 방관하며 그리고 일부는 돕는 이유를 이해하는 것을 평생의 임무로 삼고 있다.

뮌헨, 1948. 2차 대전 중 나치로부터 유태인들을 구한 오스카 쉰들러의 구출 유태인들

다른 미디어도 또한 친사회적 행동을 효과적으로 모델화하고 있다. 최근 연구들은 친사회적 비디오 게임을 하고 친사회적 음악을 듣는 것에서 태도나 행동에 대한 긍정적 효과를 보여준다(Gentile & others, 2009; Greitemeyer, 2009; Greitemeyer & others, 2010). 예컨대, 타인을 돕는 것을 목적으로 한 레밍스라는 게임을 하는 것은 나중에 타인의 불행에 대한 반응으로 실생활의 공감과 도움 행동을 증가시킨다(Greitemeyer & Osswald, 2010; Greitemeyer & others, 2010). 마이클 잭슨의 "Heal the World"와 같은 친사회적 음악을 듣는 것은 청취자들에게 떨어진 연필을 주어 누군가를 돕게 할 가능성을 크게 만들어 주고 구직자에게 거친 말을 할 가능성이나 싫은 칠리 소스 대량을 누군가에게 줄 가능성을 줄여준다(Greitemeyer, 2009; 2011).

행위에 의한 학습

Ervin Staub(2005b)는 비도덕적 행동이 비도덕적 태도에 연료의 역할을 하듯이 도움도 미래의 도움을 증가시킨다는 것을 보여주었다. 어린이와 성인들은 행동함으로써 배운다. 12세 근처의 아동들을 대상으로 한 일련의 연구에서 Staub와 그의 학생들은 아동들이 아픈 아동이나 미술 교사를 위하여 장난감을 만들도록 유도된 후에 그들은 더욱 도와주는 아동이 되었다는 것을 밝혀냈다. 더 어린 아동들에게 수수께끼를 만들어 주거나 먼저 도와주도록 가르친 후의 아동들도 마찬가지였다. 아동들이 도와주는 식으로 행동할 때, 그들은 도움과 관련된 가치, 신념 및 재주를 발달시킨다고 Staub는 말한다. 도움은 또한 긍정적 자기개념의 욕구를 충족시켜 준다. 대규모 조사에서 학교 정규과정에 들어있는 "봉사 학습"과 자원봉사 프로그램이 나중의 시민참여, 사회적 책임, 협조 및 리더십을 증가시키는 것으로 나타났다(Andersen, 1998; Putnam, 2000). 태도는 행동을 추종한다. 그러므로 도움을 주는 행동은 스스로 배려하고 도와주는 사람이라는 자기지각을 촉진하고, 이것은 차례로 나중의 도움을 촉진한다.

도움 행동을 이타적 동기에 귀인하기

이타성 사회화의 또 다른 단서는 4장의 **과잉정당화 효과**(overjustification effect)라고 지칭한 연구에서 나온다. 행동에 대한 정당화가 필요 이상일 때, 사람들은 그 행위를 내적 동기가 아니라 외적 정당화에 귀인하게 될 수 있다. 그러므로 무엇이든 그들이 원하는 일을 한 것에 보상을 주는 것은 내적 동기를 손상시킨다. 우리는 이 원리를 긍정적으로 말할 수 있다. 사람들에게 선행을 촉구하기 위하여(뇌물이나 위협을 멀리하고) 꼭 맞을 정도의 정당화를 제공함으로써, 우리는 그런 행위를 그들 스스로 한 것에서 그들의 기쁨을 증가시킬 수 있다.

Daniel Batson과 동료들(1978, 1979)은 과잉정당화 현상이 작동되게 만들었다. 몇 개의 실험에서 캔사스 대학생들이 보상이나 사회적 압력 없이 누군가를 돕는 일에 동의한 후에 그들은 더 이타적이라고 느꼈다. 또 다른 실험에서 연구자들은 학생들에게 도와주는 행위를 순종("우리는 실제로 선택권을 가지지 못했다고 나는 추측한다") 또는

과잉정당화 효과
(overjustification effect)
사람들이 이미 좋아하는 일을 하도록 부추기는 것의 결과; 그 후에 그들은 자신의 행위를 내적인 호소가 아니라 외적인 통제에 의한 것으로 간주하게 될 수 있다.

동정심("그 녀석은 실제로 도움이 필요하다")에 귀인하도록 했다. 나중에 그 학생들이 지역 봉사 단체에 자신의 시간을 자원하도록 부탁받았을 때, 그들의 이전의 도움을 단순한 순종으로 지각하도록 유도된 사람의 25%가 자원했다; 그들 스스로 동정적으로 보도록 유도된 사람들 중에 60%가 자원했다. 도덕은? 사람들이 "왜 내가 돕고 있나?"를 궁금해 할 때, "도움이 필요했고, 나는 배려심 있고 기부를 좋아하며 잘 도와주는 사람이기 때문이다"라고 답하도록 상황을 유도하는 것이 최선이다.

대부분의 사람들이 도와주지 않는 상황에서 더 많은 사람들이 도와줄 마음이 생기게 하기 위하여 잠정적 긍정적 개입을 유도하는 것이 또한 보상일 수 있으며, 이 개입에서 사람들은 그들 자신의 도움 특성을 추론하게 될 것이다. Delia Cioffi와 Randy Garner(1998)는 일 주일 전에 전자 우편 공지를 받은 후 단지 약 5%의 학생들만이 캠퍼스 헌혈 운동에 찬성의 반응을 했다는 것을 관찰하였다. 그들은 다른 학생들에게는 "만약 당신이 아마도 기증할 것이라고 생각한다면" 그렇다라고 공표하는 형식으로 대답하도록 부탁했다. 물론 29%가 응답했고 실제로 기증 비율은 8%였다. 그들은 세 번째 집단에게 자신들이 기증을 기대하지 않는다면 아니오라고 답하도록 부탁했다. 이제 71%가 자신들이(대답하지 않음으로써) 기부하리라는 것을 시사했다. 당신이 세 번째 집단에 있다고 상상해 보자. 결국 당신은 배려심 있는 사람이고 그래서 당신이 기부할 기회가 있기 때문에 아니오라고 말하지 않기로 결심하지 않을까? 그리고 당신이 그 다음 주에 캠퍼스 포스터와 전단지를 마주쳤을 때 그 생각이 설득에 스스로 개방적이 되도록 하지 않을까? 이 학생들 중 12% – 정상 비율의 2배 이상 – 가 헌혈하기 위해 나타났기 때문에 그러한 일이 명백히 발생했다.

자신이 도움을 주는 사람이라고 추론하는 것은 또한 Dariusz Dolinski(2000)가 폴란드의 블츨라프의 거리에서 행인을 세우고 그들에게 존재하지 않는 "Zubrzyckiergo 거리" 또는 판독할 수 없는 주소의 방향을 물어보았을 때도 발생한 듯하다. 모든 사람이 도와주려 했지만 성공하지 못했다. 그렇게 한 후에 길 아래쪽 100미터 멀리 떨어진 곳에 있는 무거운 가방이나 자전거를 5분 동안 지켜봐 달라는 부탁을 받았을 때 약 2/3(도와주려 애쓸 기회를 받지 못한 사람들 수의 2배)는 동의했다.

이타성 학습

연구자들은 이타성을 향상시킬 수 있는 또다른 방법을 찾아냈는데, 이 장에 행복한 결론을 제공하는 것이다. 일부 사회심리학자들은 사람들이 사회심리학의 발견사실을 더욱 많이 알게 되었을 때, 그들의 행동이 변할 것이고, 그래서 그 발견사실을 쓸모없게 만들지도 모른다고 걱정한다(Gergen, 1982). 이타성을 억제하는 요인들에 대하여 배우는 것이 그 영향을 감소시킬까? Philip Zimbardo – 그의 "영웅주의 프로젝트"는 사람들의 용기와 동정심을 강화시키려는 목적을 지니고 있다 – 는 영웅이 되는 첫째 단계가 당신의 방관자적 행위 저지할 수 있는 사회적 압력을 인식하는 것이라고 주장한다(Miller, 2011).

Arthur Beaman과 동료들(1978)이 몬태나 대학생들을 대상으로 실시한 연구는 사람들이 일단 왜 방관자의 존재가 도움을 억제하는지를 이해하게 되면 그들은 집단 상황에서 더욱 도와줄 가능성이 커지게 된다. 연구자들은 어떻게 방관자들의 무대응이 긴급 상황의 해석과 책임감의 느낌에 영향을 주는지를 일부 학생들에게 알려주기 위하여 강의를 사용했다. 다른 학생들은 다른 강의를 듣거나 어떤 강의도 듣지 못했다. 2주 후 다른 장소의 다른 실험의 일부로서 실험참가자들이 쓰러진 사람이나 자전거 아래에 뻗어 있는 사람을 지나쳐(무반응 공모자와 함께) 걷고 있는 것을 발견했다. 도움 강의를 듣지 못했던 사람들 중 1/4은 멈추어 도와주었다; "계몽된" 사람들 중에는 2배나 많은 사람들이 그렇게 했다.

　　이 장을 읽고 나서 아마 당신도 또한 변했을 것이다. 여러분이 인간의 반응에 영향을 주는 것을 이해하게 됨에 따라 태도와 행동이 같아지지 않을까?

요약 : 도움을 증진시키는 방법

연구자들은 우리가 3가지 방식으로 도움을 증진시킬 수 있다고 제안한다.

- 첫째, 우리는 도움을 억제하는 요인들을 뒤집을 수 있다. 긴급사태의 애매성을 감소시키고, 사적 호소를 하고 그리고 책임감을 증가시키는 조치를 취할 수 있다.
- 둘째, 심지어 질책 또는 죄책감을 유발하는 얼굴에 문 들이밀기 기법 또는 자아상의 염려를 사용할 수 있다.
- 셋째, 우리는 이타성을 가르칠 수 있다. 친사회적 모델의 텔레비전 묘사에 대한 연구는 긍정적 행동을 가르치는 미디어의 힘을 보여주었다. 도움 행동을 본 아동이 도와주는 식으로 행동하는 경향이 있다. 우리가 이타적 행동을 촉진시키고자 한다면, 우리는 과잉정당화 효과를 기억해야 한다. 우리가 선행을 강요할 때, 그 활동의 내적 사랑은 흔히 줄어든다. 우리가 사람들에게 선행을 결심시킬 충분한 이유를 제공한다면, 그리고 지나치게 많지만 않다면 그들은 자신의 행동을 자신의 고유한 이타적 동기에 귀인시킬 것이고 그 후에 도우려는 의지가 더욱 커지게 될 것이다. 여러분이 방금 한 것처럼 이타성에 대하여 배우는 것도 또한 사람들에게 타인의 욕구를 지각하게 하고 반응하게 만들 수 있을 것이다.

갈등과
화해

" 평화를 원한다면, 정의를 위해 일하라. **"**

– 교황 바오로 6세

무엇이 갈등을 야기하는가?

어떻게 평화를 이룩할 수 있을까?

연설 중에 여러 나라의 지도자들이 여러 언어로 말하는 것이 있다. 그 연설은 다음과 같다. "우리나라의 의도는 전적으로 평화스러운 것입니다. 하지만 또한 다른 나라가 신무기로 우리를 위협하는 것을 의식하고 있습니다. 따라서 우리는 공격으로부터 스스로를 방어해야 합니다. 그렇게 함으로서, 우리의 일상생활을 지키고 평화를 보호할 것입니다"(Richardson, 1960). 거의 대부분의 국가는 스스로는 평화를 주장하지만, 다른 국가를 불신하여 자기 방어를 위해 무장한다. 그 결과, 수백만 명의 사람들이 기아와 병을 치료하지 못해 죽는 동안 무기와 군대를 위해 하루에 20억 달러를 사용하는 세상이 되었다(SIPRI, 2011).

갈등(지각된 행위와 목표의 불일치)의 요소는 군비 경쟁에서의 국가간 갈등, 교리로 논쟁하는 종교적 파벌, 봉급에 대해 논의하는 기업 경영자와 노동자, 또는 말다툼하는 부부 등의 조건에서 모두 비슷하다. 그들의 인식이 정확하든 부정확하든, 갈등 속의 사람들은 한 사람의 이득이 다른 한 사람에게는 손실이라고 생각한다. "우리는 평화와 안전을 원한다.", "우리도 그렇다. 하지만 당신은 우리를 위협한다.", "음악을 끄고 싶어.", "나는 켜고 싶은데.", "우리는 좀 더 많은 임금을 원한다.", "우리는 당신들에게 그걸 줄 여유가 없다."

갈등이 없는 관계나 조직은 아마도 무감각한 것일 것이다. 갈등은 참여와 몰입과 관심의 표시이다. 만일 갈등이 이해되고 인정되면, 그것은 압박을 끝내고 새롭고 향상된 인간관계로 발전될 수 있다. 정의와 상호존중이 널리퍼져도 조화가 가능하지만 또한 불공평한 세상에 "누구나 자신의 자리를 지켜도" 가능하다(Dixon 외, 2010). 갈등 없이는 사람들은 좀처럼 문제에 직면하고 해결하려 들지 않는다.

진정한 평화는 드러난 갈등의 은폐나, 부서지기 쉬운 표면적인 고요함 그 이상의 것이다. 평화는 창의적으로 관리된 갈등의 결과이다. 평화는 차이를 지각한 파벌 간의 화해이자 진정한 합치이다. "우리는 인상된 임금을 받았고, 당신은 증대된 이익을 얻었다. 이제 우리 모두는 조직의 목표를 달성하기 위해 서로 돕자." 평화 전문가인

갈등(conflict)
행위나 목표의 지각된 불일치

평화(peace)
낮은 수준의 적대감과 공격성, 그리고
상호 이익관계로 특징되는 상태

민권지도자가 알고 있듯 창의적으로
관리된 갈등은 건설적인 결과를 가져
올 수 있다.

Royce Anderson(2004)은 "평화란 개인, 가족,
집단, 지역 사회 그리고/혹은 국가가 낮은
수준의 폭력을 경험하고 상호간의 조화로운
관계에 참여하는 것이다"라고 한다.

이 장에서 우리는 갈등을 만들고 악화시키는
요인들과 평화에 기여하는 요인들을 살펴
봄으로써 갈등과 조정에 대해 탐구할 것이다.

- 어떤 사회적 상황이 갈등을 부추기는가?
- 어떻게 오해가 갈등을 부채질하는가?
- 상대와의 접촉이 갈등을 감소시키는가?
- 언제 협력, 대화, 중재가 화해를 가능케
  하는가?

무엇이 갈등을 야기하는가?

무엇이 갈등을 일으키는지 설명한다.

사회심리학 연구는 몇 가지 갈등 요인을 찾아냈다. 확실한 것은(그래서 우리 과제를
쉽게 해준 것은) 이러한 요인들이 개인간, 집단간, 국가간 모든 종류의 사회 갈등에 공
통적이라는 것이다.

사회 딜레마

우리 인간의 미래를 가장 위협하는 몇 가지 문제 — 핵무기, 지구 온난화, 인구과잉,
자원 고갈 — 들은 다양한 무리들이 자기 이익만 추구하는 데서 일어나며 아이러니하
게 자신들의 집단적 손실을 야기한다. 한 개인은 이렇게 생각할지도 모른다, "비싼 오
염 방지 기구를 사는 것은 비용이 너무 들어. 게다가, 내가 개인적으로 발생시킨 오염
은 사소한 걸." 많은 다른 사람들의 이유들도 이와 유사하고, 결과적으로 깨끗하지 못
한 공기와 물이 생겨난다.

어떤 사회에서는 부모들이 자식을 많이 낳아서 가사를 돕고 노후의 안전을 지키는
혜택을 본다. 그러나 대부분의 가족들이 여러 세대에 걸쳐 많은 자녀를 가졌을 때의
결과는 인구과잉으로 인한 집합적 황폐상태이다.

개인에게 이득이 되는 선택은 집단적으로는 피해가 된다. 그래서 우리는 딜레마에
빠진다. 어떻게 우리는 개인의 이익과 공공의 번영을 조화시킬 수 있을까?

딜레마를 따로 연구하기 위해서 사회심리학자들은 사회적 갈등의 본질을 드러내는 실험실 게임을 사용해왔다. 갈등 연구가인 Morton Deutsch(1999)는 "갈등을 연구하는 사회 심리학자들은 천문학자와 같은 상태"라고 언급했다. "우리는 광범위한 사회적 사건을 정확히 실험할 수는 없다. 그러나 천문학자들이 행성과 뉴턴의 사과의 관계를 이해하는 것처럼 우리는 큰 규모와 작은 규모의 사건 사이의 개념적 유사성을 알 수 있다. 그것이 왜 실험실에서 참가자가 실행하는 게임이 전쟁, 평화, 그리고 사회 정의에 대한 이해를 향상시키는가에 대한 이유이다."

우리는 **사회적 함정**의 본보기인 두 실험실 게임 – 죄수의 딜레마와 공유지의 비극 – 을 고찰할 것이다.

사회적 함정(Social trap)
개인의 이익을 이성적으로 추구하는 당사자들이 상호 파괴 행동을 하게 되는 상황. 죄수의 딜레마와 공공의 비극의 예를 포함한다.

죄수의 딜레마

이 딜레마는 두 용의자가 지방 검사(DA)에 의해 따로 취조되어지는 일화에서 유래한다(Rapoport, 1960). 검사는 두 용의자가 공범인 것을 알지만 경범으로 판결할 정도의 증거밖에 없었다. 그래서 검사는 사적으로 자백하도록 각 용의자에게 보상을 주는 방법을 생각하였다.

- 만일 죄수 A가 자백하고, 죄수 B는 하지 않으면, 검사는 A를 풀어 주고, A의 자백을 근거로 B에게 최대치의 형량을 판결할 것이다(역으로 B가 자백하고 A는 하지 않을 경우도).
- 만일 둘 다 자백하면, 각각은 적절한 형벌을 선고받을 것이다.
- 만일 누구도 자백하지 않으면, 각각은 경범으로 판결 받고, 가벼운 형을 받을 것이다.

그림 13.1은 선택을 요약했다. 만일 당신이 그러한 딜레마에 직면한 죄수라면(다른

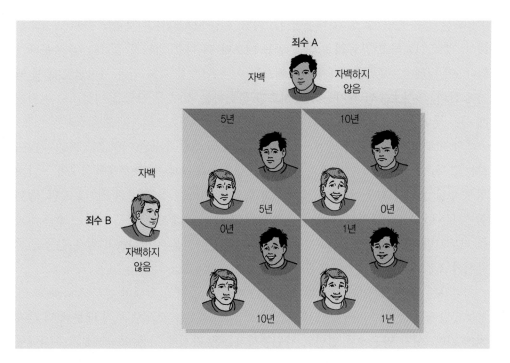

그림 :: 13.1

고전적 죄수의 딜레마
각 칸에 대각선 위의 숫자는 죄수 A의 결과다. 만일 죄수 둘 다 자백하면, 그 둘은 5년형을 받는다. 만일 누구도 자백하지 않는다면, 모두 1년형을 받는다. 만일 한 명만 자백하면 그 증거로 다른 죄수는 10년형을 받고 자수한 사람은 풀려난다. 당신이 죄수들 중 하나라면 상대 죄수와 의사소통할 수 없는 상황에서 자백하겠는가?

그림 :: 13.2

죄수의 딜레마의 실험실 버전 숫자는 돈과 같은 보상을 의미한다. 각 칸의 대각선 위의 숫자는 인물 A 의 결과이다. 전형적인 죄수의 딜레마와 다르게 (일회적 결정), 대부분 실험실 버전은 반복된 게임을 한다.

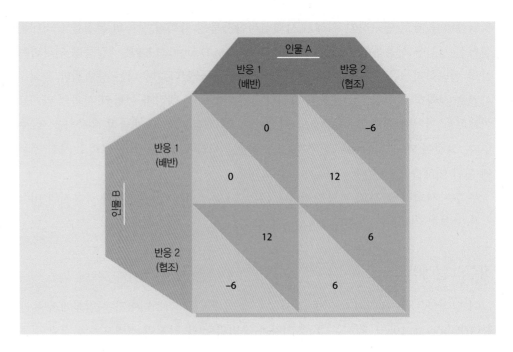

죄수와 이야기할 기회는 없다) 자백을 할 것인가?

많은 사람들은 서로 침묵하는 것이 서로 자백하는 것보다 가벼운 형벌을 받게 하는 데도 불구하고, 면제 혜택을 받기 위해 자백할 것이라고 말한다. 아마도 이것은(그림 13.1이 보여주듯이) 다른 죄수가 무슨 결정을 하는가와 상관없이 각각은 유죄 판결 받는 것보다는 자백하는 것이 낫기 때문일 것이다. 만일 상대방 역시 자백하더라도, 형량은 가혹하기보단 적절한 것이다. 만일 상대가 자백하지 않는다면, 자신은 풀려난다.

대학생들에게 죄수의 딜레마를 변형하여 배반 혹은 협조를 택하게 하였고 결과도 감옥의 형기가 아닌 칩, 금전, 강의 점수를 주었다. 그림 13.2에서 보듯 어떤 선택에서도 개인은 배반하는 것이 낫다(그러한 행동은 상대의 협조를 이용하거나, 또는 상대가 이용하는 것을 막을 수 있기 때문이다). 어쨌든 양 당사자는 서로 협조하지 않음으로 해서, 서로 신뢰하고 공동의 이익을 얻을 때보다 더 나쁜 결과로 끝나는 데에 문제가 있다. 이 딜레마는 두 당사자가 상호적으로 이득을 가질 수도 있는 기막힌 곤궁에 빠지게 한다. 의사소통이 불가능하고 서로를 불신하는 것이 두 사람을 비협조로 빠져들게 하는 것이다.

대학 외부의 예로는 이스라엘과 팔레스타인의 국경을 둘러싼 어렵고도 비용이 많이 드는 갈등, 미 공화당과 민주당의 과세와 적자를 둘러싼 갈등, 프로운동선수와 구단주의 보수를 둘러싼 갈등이 있다. 상대의 비협조를 벌하는 것은 멋진 전략같지만, 실험실에서는 반생산적인 결과를 초래할 수 있다(Dreber 외, 2008). 좋은 사람은 좋은 결과를 거두지만, 갈등은 일반적으로 보복을 가져오고 타인을 처벌하는 사람은 갈등을 증폭시키고 결과를 악화시킨다.

처벌자는 방어반응이라 보지만 처벌받는 사람은 공격의 확대라 본다(Anderson 외, 2008). 반격을 할 때는 자신은 단지 앙갚음을 되돌려주는 것으로 보기 때문에 더 세게 치게 된다. 어떤 연구에서 런던의 자원봉사자들은 기계를 사용하여 자신의 손가락에 압력을 받은 만큼 상대의 손가락에 압력을 되돌려주도록 하였다. 동일한 정도의 압력으로 상응하려 애쓰면서 그들은 전형적으로 40% 더 많은 힘으로 응대하였다. 가벼운 접촉은 이내 심한 압력으로 상승되었고, 마치 아이들이 "나는 그 아이를 만지기만 했는데, 걔는 나를 때렸어요"라고 하는 것과 같았다(Shergill 외, 2003).

공유지의 비극

많은 사회적 딜레마는 둘 이상의 당사자가 연루된다. 지구 온난화는 삼림 파괴, 자동차나 용광로 그리고 화력 발전소에서 배출하는 이산화탄소에서 생긴다. 연료 소비가 많은 개개의 스포츠카(SUV)는 지구온난화에 아주 작은 원인이 되지만, 그것들이 만들어낸 피해는 많은 사람들에게 분산된다. 그러한 사회적 궁지의 모형을 만들기 위해 연구자들은 다수의 사람들을 개입시키는 실험실 딜레마를 개발하였다.

생태학자 Garrett Hardin(1968)은 사회 딜레마의 잠식적인 속성의 비유로 **공유지의 비극**이라는 이름을 붙였다. 그는 옛 영국 마을의 중앙에 위치한 풀로 덮인 목초지에서 그 명칭을 따왔다.

오늘날의 세계에서 "공공자원"은 공기, 물, 물고기, 과자, 또는 공유되고 제한된 어떠한 자원도 될 수 있다. 만일 모두가 절제해서 자원을 이용한다면, 사용된 만큼 다시 채워진다. 풀은 자라고, 물고기는 다시 태어나고, 과자 단지는 보충될 것이다. 만일 그렇지 않으면 공유지의 비극이 발생한다. 100마리 소들을 유지할 수 있는 목초지를 100명의 농부들이 에워싸고 있다고 가정해 보자. 각자 한 소에게 풀을 먹이면 공공의 목초지는 최적으로 이용된다. 만일 한 농부가 생각하기에 "내가 이 목장에 두 마리의 소를 넣어 둔다면, 나의 생산량은 두 배가 될 것이고 단지 1 퍼센트 정도만 과도한 풀뜯기가 될 것"이라면서 소 한 마리를 더 넣는다. 다른 농부들도 이와 같이 한다. 필연적인 결과는? 바로 망가진 목초지와 굶주리는 소이다.

마찬가지로, 환경오염은 많은 작은 오염들의 합이다. 각 개인 오염자들이 얻는 이익은 오염을 중단함으로써 그들 자신 또는 환경이 얻는 이익보다 더 크다. 우리는 사적인 공간은 청결히 하지만 기숙사 휴게실, 공원, 동물원 등 공공장소는 흐트러뜨린다. 우리는 즉각적인 개인적 이익 때문에, 즉 뜨거운 물로 오랫동안 샤워를 하는 것이 얼마 안 되는 비용보다 더 중요하기 때문에, 천연 자원을 소모한다. 고래잡이들은 만일 그들이 고래를 잡지 않으면 다른 사람들이 그렇게 할 것이며, 또한 고래를 약간 잡는 것으로는 고래가 거의 멸종되지 않으리라는 것을 알고 있다. 그 점에서 비극은 존재한다. 모두의 일은 아무의 일도 아니게 되어 버린다.

이러한 이기주의는 미국인들에게만 특수한 것일까? Kaori Sato(1987)는 더 집합주의적 문화인 일본에서 학생들에게 실제 금전 수익을 위해 가상의 숲에서 나무를 수확할 기회를 주었다. 학생들은 숲을 심는 비용을 동등하게 분배하였다. 그 결과는 서양 문화에서와 같았다. 절반 이상의 나무들은 가장 수익이 좋은 크기로 자라기 전에 수확되어 버렸다.

Sato의 숲은 일주일에 한 번 채워졌던 우리 집 쿠키 단지를 연상케 한다. 우리가 했

공유지의 비극
(Tragedy of Commons)
"공유자원"은 공기, 물, 에너지 자원, 식품제공을 포함한 공유된 자원이다. 비용이 분산된다는 이유로 각 개인이 공유하는 것보다 더 많이 소비하면 비극은 발생하고 최종적인 공공자원의 붕괴를 초래한다.

었어야 하는 것은 쿠키를 잘 보존해서 각자 매일 2~3개 정도를 즐기는 것이었다. 그러
나 조절을 잘 하지 못했고, 다른 가족 구성원이 자원을 순식간에 소비할 것이라는 두
려움 때문에, 우리가 실제로 한 것은 빨리 먹어치움으로서 개인적 쿠키 소비를 극대화
한 것이다. 그 결과 24시간 안에 쿠키 포식은 끝나버렸고, 쿠키 단지는 남은 일주일 동
안 빈 채로 놓여 있었다.

자원을 분할하지 않으면 사람들은 종종 그들이 취할 수 있는 것보다 더 많이 소비한
다(Herlocker 외, 1997). 10명이 앉은 테이블에 으깬 감자 요리를 담은 그릇이 돌려지면
처음 더는 사람은 닭다리가 10개 있는 접시가 지나갈 때보다 더 불균형하게 덜어낸다.

죄수의 딜레마와 공유지의 비극 게임은 여러 비슷한 형태를 보인다.

기본적 귀인오류

첫째, 두 게임 모두 사람들을 자신의 행동을 상황적으로 설명하도록 부추기고("난
상대가 착취하는 것에 대해 방어해야 했어"), 상대의 행동은 그들의 특성이라고 설명
하게끔 한다("그녀는 탐욕스럽다," "그는 믿을 수 없다"). 대부분의 사람들은 상대방
도 자신을 동일한 기본적 귀인 오류로 바라본다는 걸 전혀 의식하지 않는다(Gifford &
Hine, 1997; Hine & Gifford, 1996). 자만심 있고 자기중심적인 나르시시즘적 성향을 가
진 사람들은 특히 다른 사람의 시각에 공감을 보이지 않는다(Campbell 외, 2005).

동기의 발전

둘째, 동기는 자주 변한다. 처음에는 사람들은 쉽게 돈벌기를 바라고, 다음엔 손
실을 줄이기를 원하며, 마지막엔 체면을 살리고 패배를 피하길 바란다(Brockner 외,
1982; Teger, 1980). 이러한 동기의 변화는 1960년대의 베트남 전쟁이 심화되는 동안
동기가 변화한 것과 매우 흡사하다. 처음 Johnson 대통령의 연설은 민주주의, 자유,
정의에 대한 관심을 표명했다. 갈등이 증폭되자 그의 관심은 미국의 명예를 보호하
고 패전으로 인한 국가적 모욕을 피하는 것으로 바뀌었다. 유사한 변화는 이라크 전
쟁에서도 일어났는데, 전쟁 초기에는 가상의 대량 살상 무기에 대한 반응으로 시작
되었다.

결과가 제로섬이 될 필요는 없다

비합영 게임
(non-zero-sum games)
결과가 영으로 합해질 필요가 없는
게임. 협력하면, 양쪽 다 이길 수 있
고, 경쟁을 하면 둘 다 패배할 수 있
다. 또한 mixed motive situation (혼합
동기 상황)이라 불린다.

셋째, 죄수의 딜레마와 공유지의 비극처럼 실생활의 갈등은 대부분 **비합영 게임**이
다. 양방의 이득과 손실은 0으로 합산될 필요가 없다. 양쪽이 다 이길 수도 질 수도 있
다. 각 게임은 직접적인 개인의 이익과 집단의 복지를 맞서게 한다. 그리고 개인이
"합리적으로" 행동할 수 있음에도 피해가 나타나는 것을 보여주는, 악마적인 사회 함
정이다. 악의적인 사람이 두터운 이산화탄소 층으로 대기를 덥히려는 계획을 하는 것이
아니다.

자기 기여적 행동이 모두 집단적 파멸로 이끄는 것은 아니다. 18세기 자본주의 경제

작은 것은 협조적이다. 스코틀랜드 서부 해안의 Muck 섬의 경찰인 Lawrence MacEwan은 최근까지 33명에 달하는 섬주민의 치안유지에 별 어려움을 겪지 않고 있다. 40년이 넘는 기간동안 한 번도 범죄가 없었다(Scotish life, 2001). 2010년에 결혼식에서 술에 취한 두 친구의 대립이 50년 동안 유일하게 기록된 범죄이다. 그러나 다음날 둘은 악수하고 잘 지내고 있다.

학자 Adam Smith(1776, p.18)의 세계처럼 충분한 공공 자원이 있을 때는 이익의 극대화를 추구하는 개인은 또한 사회가 필요로 하는 것을 줄 수도 있다고 보았다. "우리의 저녁을 기대할 수 있는 것은 정육점 주인, 양조자, 또는 빵굽는 사람의 선의에서 나온 것이 아니라, 그들 자신의 이익에 대한 관심에서 나온 것이다"고 하였다.

사회 딜레마의 해결

실제로 사회적 궁지인 상황에서 어떻게 사람들을 상호 향상을 위해 협력하도록 할 수 있을까? 실험적 딜레마 연구는 몇 가지 방법들을 보여준다(Gifford & Hine, 1997).

규제. 만일 세금이 전적으로 자발적인 것이라면, 얼마나 많은 사람들이 세금 전부를 낼까? 현대 사회는 학교, 공원, 사회적, 군사적 안보를 자선기금에 의존하지 않는다. 또한 우리는 공동의 재화를 지키기 위해 안전장치들을 개발한다. 어업과 수렵은 오랫동안 지역적으로 시기와 제약으로 규제하고 있다; 국제적 수준에서 국제 포경업 위원회는 고래가 재생산을 할 수 있도록 "수확"에 대한 합의 하였다. 알라스카의 넙치 어장과 같이 "어획량 공유"를 하는 수산업계에서는 모든 어부에게 매년 허용 어획량을 보장해주자 경쟁과 남획이 현저히 줄어들었다(Costello 외, 2008).

그러나 매일의 일상에서 규제는 비용이 든다 – 규제의 관리와 집행을 위한 비용, 축소된 개인의 자유라는 비용 등. 이에 등장하는 정치적 문제는 어떤 지점에서 규제의 비용이 이익을 초과하는가이다.

작은 것이 아름답다. 사회적 딜레마를 해결하기 위한 또 다른 방법이 있다. 집단을 작게 만드는 것이다. 작은 공동체에선 사람들은 더 책임 있고 효율적이라고 느낀다(Kerr, 1989). 집단이 커지면, 사람들은 이렇게 생각한다. "나는 어쨌건 변화를 가져오지 못했을 거야" – 비협력에 대한 공통적 변명이다(Kerr & Kaufman-Gilliland, 1997). 작은 집단에선 사람들은 집단의 성공에 자신을 더 동일시한다. 거주안정성은 공동체적 정체감과 친지역사회적 행동을 강화한다(Oishi 외, 2007). 집단의 정체성은 또한 협력을 강화시킬 수 있다. 몇 분간의 토론이나 또는 단순히 다른 구성원과 유사성이 있다는 믿음만 가지고도 "우리 감정"과 협력을 증가시킬 수 있다(Brewer, 1987; Orbell & others, 1988).

작은 집단에선 또한 큰 집단과 대조적으로 개인들은 주어진 자원을 동등하게 분배하는 것 이상으로 더 가지려하지 않는다(Allison 외, 1992). 내가 성장한 태평양 북서쪽 섬에서선 이웃들이 공동의 급수 시설을 공유하였다. 더운 여름날 저장량이 낮아지면 불이 들어와서 우리 15 가구가 물을 보존해야하는 것을 알려 주었다. 서로에 대한 책임감을 인식시키고 우리의 물 보존이 정말 중요하다는 걸 느끼게 하여, 우리 모두는 물을 보존하였다. 그래서 물 저장고는 절대 마르지 않았다.

도시와 같은 큰 공동체에서는 대부분 자발적인 보존은 성공적이지 못하다. 한 사람이 만드는 피해는 다른 많은 이들에게 분산되고, 각 개인은 개인적 책임을 정당화한다. 어떤 정치 이론가들과 사회 심리학자들은, 가능하다면 공동체를 작은 구역으로 분할해야 한다고 주장한다(Edney, 1980). 러시아 혁명가 Pyotr Kropotkin은 1902년 자신의 상호 원조라는 책에서 중앙 정부보다는 모두의 이익을 위해 합의 결정을 할 수 있는 작은 공동체 비전을 구상했다(Gould, 1988).

진화심리학자 Robin Dunbar(1996)는 수렵 채집 사회는 종종 30명에서 35명의 사람들로 이루어진 집단으로 함께 이동했으며, 부족과 씨족 마을은 평균 150명 정도로 이것은 상호 지지와 방어에는 충분하고, 감시하기에는 한 사람 이상이 필요하지 않은 크기라고 한다. 그가 생각하기에 이 자연집단의 크기는 곧 기업 조직, 종교 집회와 군사 전투 부대의 이상적 규모라고 한다.

의사소통. 사회 딜레마를 해결하기 위해선 사람들은 대화를 해야 한다. 일상생활에서처럼 실험실에서도 집단의 의사소통은 이따금 위협이나 험담으로 변질된다(Deutsch & Krauss, 1960). 하지만 의사소통은 더 빈번하게 사람들의 협력을 가능케 한다(Bornstein 외, 1988, 1989). 딜레마에 대해 토론하는 것은 집단 정체성을 만들어 내고 모든 사람의 복지에 대한 관심을 증가시킨다. 그것은 집단 규범과 합의의 기대를 강구하고, 구성원들이 그것을 따르도록 압력을 가한다. 특히 면대면 상황에서는 스스로 협력에 참여하게끔 한다(Bouas & Komorita, 1996; Drolet & Morris, 2000; Kerr 외, 1994, 1997; Pruitt, 1988).

Robyn Dawes(1980, 1994)의 독창적인 실험을 보자. 실험자가 당신과 6명의 낯선 사람들에게 선택권을 준다고 상상해 보자. 당신은 6달러를 모두 가지거나 혹은 다른 사람들에게 나누어 줄 수 있는데 후자의 경우 실험자는 그것을 두 배로 만들어서 각각 2달러를 준다. 아무도 당신이 돈을 주든, 가지든 말하지 않는다. 이와 같이 7명이 모두 준다면, 모든 사람은 12달러를 얻는다. 만일 당신 혼자만이 6달러를 갖고, 다른 모든 사람들은 돈을 나누어 주면 당신은 18달러를 갖게 된다. 만일 당신은 돈을 나누어 주고, 다른 사람들은 갖는다면, 당신에겐 아무 것도 남지 않는다. 이 실험에서 협력은 서로에게 유익하지만 그것은 위험을 동반한다. Dawes는 토론이 없을 경우는 약 30퍼센트의 사람들만이 돈을 나눈다는 것을 발견했다. 토론을 하게 하면 그들은 신뢰와 협력을 확립할 수 있었고, 약 80퍼센트가 돈을 나누었다.

두 당사자 사이의 개방적이며, 분명하고, 솔직한 의사소통은 불신을 감소시킨다. 다른 사람들은 협력하지 않으리라 추측하는 사람들은 의사소통이 없다면, 보통 스스로 협력하기를 거부한다(Messe & Sivacek, 1979; Pruitt & Kimmel, 1977). 믿지 못하는 사람은 대부분 비협조적인 것이 분명하다(착취에 방어하기 위해). 비협력은 다시금 더욱 깊은 불신을 낳는다("내가 무엇을 더 할 수 있지? 이건 아귀다툼의 세상이야"). 실험에서 의사소통은 불신을 감소시키고 공동의 발전으로 이어지도록 합의를 이끌어 내었다.

행동변화를 꾀하고자 여러 도시에서는 보상구조를 바꾸었다. 빠른 카풀 전용도로는 자동차공동이용의 이득과 혼자 자동차를 타는 비용을 증가시킨다.

보상구조 변화시키기. 실험에서 지불하는 방식을 변경시켜, 협력에는 보상을 증가시키고 착취에는 보상을 감소시키면 협조 행동은 증가한다(Balliet 외, 2011). 이익 지불을 변화시키는 것은 당면한 딜레마를 해결하는데 또한 도움을 준다. 몇 몇 도시에선 직장으로 직접 차를 운전해가는 편리함을 좋아하는 사람들 때문에 고속도로가 정체되고, 하늘은 매연으로 뒤덮인다. 각각의 사람들은 차 한 대 정도는 혼잡과 공해를 눈에 띄게 증가시키지 않는다는 사실을 안다. 개인적 비용-편익의 계산을 개선하기 위해, 많은 도시에선 최근 자동차 공동 이용자들에게 지정 고속도로 차선이나, 통행료 감소 등의 보상을 준다.

이타주의적 규범을 호소하기. 12장에서 우리는 다른 사람에 대한 책임감이 어떻게 이타주의를 증대시키는지 보았다. 마찬가지로 이타적 동기에 호소하면 공공재화를 위하는 행동이 고무될 것인가?

결과는 혼합적이다. 한편으론 비협력의 비참한 결과를 아는 것만으론 거의 효과가 없다. 실험적 게임에서 사람들은 개인적 이득의 선택이 상호 파괴적이라는 것을 깨닫지만, 여전히 그들은 그 선택을 계속한다. 실험실 밖에서는 파탄에 대한 경고나 보존에 대한 호소는 아주 작은 반향만 이끌어 낼 뿐이다. 1976년 카터 대통령이 정권에 들어선 직후, 에너지 위기에 대한 미국의 대응은 '도덕적으로 전쟁과 동등하다'고 선언하고 자원 보존을 촉구하였다. 다음 해 여름 미국인은 어느 때보다도 많이 에너지를 소비하였다. 금세기 초기에는 지구 온난화가 진행 중이란 걸 알면서도 연료를 삼키는 SUV 차량을 기록적인 숫자로 구매하였다. 이 책에서 우리는 여러 차례 보았듯이 이따금 태도는 행동에 영향을 주지 못한다. 때문에 좋은 것을 아는 것이 꼭 좋은 것을 행하는 것으로 이어지지 않는다.

아직도 대부분의 사람들은 사회 책임, 호혜성, 공평성, 의무이행에 대한 규범을 가지고 있다(Kerr, 1992). 문제는 어떻게 그러한 감정을 일깨우는가이다. 한 가지 방법은 카리스마적 지도자의 영향력을 통해 다른 이들을 협력하도록 고무하는 것이다(De Cremer, 2002). 또 다른 방법은 협력 규범을 암시하는 상황을 설정하는 것이다. 한 실험에서는 "월스트리트 게임"이라고 명명한 시뮬레이션에서 참가자 중 단지 1/3만이 협조했다. "공동체 게임"이라고 명명한 동일한 사회딜레마를 주었을 때는 2/3가 협조하였다 (Liberman 외, 2004).

의사소통은 또한 이타적 규범을 이끌어낼 수 있다. 게임 중 대화하는 것을 허용하면, 참가자들은 자주 사회 책임의 규범에 호소했다. "만일 당신이 우리를 배반한다면, 남은 여생을 그 배신과 살아야 할 것이요"(Dawes 외, 1977). Robyn Dawes(1980)와 그의 동료는 참가자들에게 집단의 이익과, 착취, 윤리에 대해서 짧은 설교를 하였고 그후에 참가자들은 딜레마 게임을 했다. 설교는 적중했다. 사람들은 공공의 이익을 위해 당면한 개인의 이득을 포기하였다(12장에 나온 정기적으로 설교를 듣는 사람들이 행하는 비균형적 자원 봉사와 관대한 기부를 기억하자).

이러한 호소가 큰 규모의 딜레마에서도 작용할 수 있을까? 1960년대 시민의 권리를 위한 투쟁에서 많은 데모 참가자들은 더 큰 집단을 위하여 기꺼이 괴롭힘과 구타와 감금을 견디었다. 전쟁 중에 사람들은 자신의 집단의 이익을 위해 커다란 개인적 희생을 치렀다. Winston Churchill이 영국 전쟁에 대해 언급하자, 영국 공군 조종사의 행동은 진실로 이타적이었다. 많은 사람들은 근무 비행에서 돌아올 수 없는 확률이 70%라는 것을 알면서도 전쟁터로 날아간 이 사람들에게 빚을 지고 있다(Levinson, 1950).

요약하자면, 우리는 이기적 행동을 규제하는 규칙을 제정함으로써, 집단을 작게 유지함으로써, 사람들에게 의사소통을 가능하게 함으로써, 협력에 대한 이익을 변경함으로써, 이타적 규범을 따르도록 호소함으로써 사회적 딜레마의 파괴적 결과를 줄일 수 있다.

경쟁

집단이 부족한 일자리, 주택, 또는 자원을 놓고 경쟁할 때 종종 적개심이 발생한다. 이익이 충돌하면 갈등은 폭발한다 — 9장에서 본 현실적 집단 갈등의 현상이다. 2005년 가을 프랑스의 수십 개의 도시에서 모슬렘 젊은이들이 폭동을 일으켰을 때 프랑스로 이주한 한 알제리 인이 설명했다. "그들은 어떤 출구도, 공장도, 직업도 없습니다. 그들은 너무 많은 불공정을 보았습니다"(Sciolino, 2005). "우리는 99퍼센트다. 경제 정의는 지체되고 있다"라고 2011년 월스트리트 점령 시위자들은 선언하고 미국인의 1퍼센트가 40퍼센트의 국가의 부를 지배하는 데 대한 불만을 표시했다.

경쟁의 효과를 실험하기 위해서 우리는 임의로 사람들을 두 그룹으로 나누고 부족한 자원을 위해 경쟁시키고 무엇이 일어나는지 관찰할 수 있다. 바로 그것을 Muzafer Sherif(1966)와 동료들이 11살, 12살 소년들을 상대로 극적인 실험을 통해 알아보았다. 이 실험의 착상은 Sherif가 10대였던 1919년 그리스 군대가 터키 지방을 침략했을 때 그의 목격으로 거슬러 올라간다.

그들은 좌우에서 사람을 죽이기 시작했다. 그것은 내게 커다란 인상을 남겼다.
거기서 그리고 그 때 나는 왜 인간 사이에서 그런 일들이 일어나는지 이해하는 데에 관심이 생겼다... 나는 집단 간의 야만을 이해하는 데 필요한 학문이나 전문 지식에 대해 무엇이든 배우고 싶었다(Aron & Aron에서 인용, 1989, p.131).

야만의 사회적 근원을 연구한 후 Sherif는 3주의 여름 캠프 동안 기본적인 사항들을 조사하였다. 한 연구에서 그는 22명의 서로 모르는 Oklahoma시의 소년들을 두 집단으로 나누고, 다른 버스로 보이 스카우트 캠프에 보내고, 오클라호마 Robbers Cave 주립공원에 약 반마일 떨어진 곳에 자리를 잡게 했다. 첫 주의 대부분은 각 집단은 다른 집단의 존재를 알지 못했다. 다양한 활동(식사 준비, 야영, 수영장 수리, 밧줄 다리 설치하기)에서 협력을 통해 각 집단은 이내 유대감이 긴밀해졌다. 그들은 스스로를 "방울뱀" 그리고 "독수리"라고 이름을 붙였다. 좋은 기분을 상징하기 위해 한 숙소에서는 "Home Sweet Home"을 표시하였다.

그룹의 정체성은 이와 같이 확립되었고, 다음엔 갈등의 단계로 접어들었다. 첫 주가 끝나갈 무렵, 방울뱀 팀은 자신의 야구장에 "독수리 팀이 있는 것을 발견"했다. 캠프 지도자가 두 집단 사이의 경쟁적 시합(야구, 줄다리기, 숙소 점검, 보물찾기 등)을 제안하자, 양쪽 집단은 모두 열광적으로 반응했다. 이것은 이기고 지는 경쟁이었다. 전리품(메달과 칼)은 모두 시합의 승자에게 돌아가게 되었다.

결과는? 캠프는 공공연한 전쟁으로 변질되었다. 이것은 마치 William Golding의 소설 파리 대왕에서 무인도에 버려진 소년들이 사회적으로 붕괴되는 것을 묘사한 장면과 같았다. Sherif의 연구에서 갈등은 경쟁 활동 중 각자 다른 편의 이름을 부르는 것으로 시작했다. 그것은 곧 식당의 쓰레기 전쟁, 상대의 깃발 태우기, 숙소 약탈, 그리고 주먹싸움으로 상승되었다. 다른 집단에 대해 물어보면 그들은 "비열하고", "건방지고", "구린내 나는 놈들"이라고 말하지만, 자신의 집단에 대해선 "용감하고", "강인하며", "우호적"이라고 하였다.

승패 경쟁은 심각한 갈등, 외집단의 부정적 이미지, 그리고 내집단의 강한 결속력과 자부심을 불러왔다. 집단의 양극화는 의심할 여지없이 갈등을 악화시킨다. 경쟁이 일어나는 상황에서는 집단은 개인보다 더욱 경쟁적으로 행동한다(Wildschut 외, 2003, 2007). 관용을 지지하는 메시지를 들은 후에도 내집단 토론은 갈등집단 혐오를 악화시

경쟁은 갈등을 일으킨다. 여기 Sherif 의 Robbers Cave 실험에서 한 집단의 소년들이 다른 집단의 숙소를 기습하였다.

키곤 하였다(Paluck, 2010).

이 모든 것은 두 집단 간에 어떤 문화적, 심리학적, 혹은 경제적 차이 없이 그리고 각 집단의 최우등 소년들에게 일어났다. Sherif는 만일 우리가 그 시기에 캠프를 방문했다면, "부도덕하고, 문란하고, 악당 같은 소년의 무리"라고 결론지었을 것이라고 하였다 (1996, p.85). 사실 그들의 악마 같은 행동은 악마 같은 상황에 의해 유발된 것이다.

후의 조사가 보여주듯 경쟁은 갈등을 일으킨다. 특히 (a) 사람들이 돈, 일자리, 권력 같은 자원이 제한적이어서 합영의 논리(다른 사람의 이득은 나에게 손실)로 생각하고, (b) 별개의 외집단을 잠재적인 경쟁자로 여길 때 갈등이 일어난다(Esses 외, 2005). 이와 같이 이주민이 자신의 일자리의 경쟁자라고 보는 사람은 이주자와 이주에 대해 부정적인 태도를 표현하는 경향이 있다.

다행히 Sherif는 낯선 사람을 적으로 만들 뿐 아니라 친구로도 만들었다.

불공정 지각

"그것은 불공평해!", "이런 도적놈 같은!", "우리는 더 대접받아야 해!" 이러한 언급은 전형적으로 불공정 지각에 의해 일어나는 갈등을 표시한다. 그러나 "정의"는 무엇일까? 사회심리학자들에 따르면, 사람들은 정의를 형평성, 즉 개인의 기여에 합당한 보상의 분배로 지각한다고 한다(Walster 외, 1978). 만일 당신과 나 사이에 관계가 있다면(고용주-고용인, 선생-학생, 남편-부인, 동료-동료), 이런 상황에서 다음과 같다면 공정하다.

$$\frac{\text{나의 결과}}{\text{나의 기여}} = \frac{\text{당신의 결과}}{\text{당신의 기여}}$$

만일 당신이 나보다 더 기여했지만 이익을 덜 얻는다면, 당신은 착취되었다고 느낄 것이고 혼란스러울 것이다; 나는 착취한 기분이 들고, 자책감을 느낄 것이다. 그럼에도 당신이 나보다 불공정에 더 민감할 것이다(Greenberg, 1986; Messick & Sentis, 1979).

우리는 정의 개념에 형평성 원칙은 동의하겠지만 아직도 우리의 관계가 동등한지에 대해서는 의견을 달리할 수 있다. 두 사람이 동료라면, 각자는 주요 기여에 대해 무엇을 생각할까? 나이가 든 사람이라면 연령에 기초한 보수를 주는 것을 선호할 것이고, 다른 사람은 현재의 생산력을 중요하게 여길 것이다. 이러한 불일치가 주어지면 누구의 정의가 더 우세할까? 대부분 사회 권력을 가진 사람들은, 자신과 다른 사람들이 합당한 만큼 얻는다고 확신한다(Mikula, 1984). 황금을 가지는 사람이 규칙을 만드는 것을 "황금의" 법칙이라 한다.

비평가들은 형평성이 유일하게 생각할 수 있는 정의의 개념이 아니라고 한다(잠깐 쉬며 다른 정의를 생각해 볼 수 있는가?). Edward Sampson(1975)은 형평성 이론가들이 서구 자본주의 국가를 이끄는 경제 원칙이 보편적이라고 보는 것은 잘못된 주장이라 하였다. 몇몇 비자본주의 문화는 정의를 형평성이 아니라 평등 또는 필요의 충족이라 정의한다. "누구나 자신의 능력에 따라, 누구에게나 자신의 필요에 따라"(Karl Marx). 개인주의적인 미국인과 비교하면 중국과 인도와 같은 집합주의 문화의 영향으로 사회화된 사람들은 정의를 좀 더 평등이나 필요의 충족으로 정의내린다(Hui 외, 1991; Leung & Bord, 1984; Murphy-Berman 외, 1984).

어떤 근거에 의해 보상이 분배되어야 하는가? 공로? 평등? 필요? 이를 합친 것? 정치 철학가 John Rawls(1971)는 경제적 사다리 위의 우리의 위치를 알 수 없는 미래에 대해 생각해 볼 것을 당부한다. 어떤 정의의 기준을 선호해야 할까?

오해

갈등은 행위나 목표의 지각적 불일치라는 것을 기억하자. 많은 갈등들은 진정으로 불합치하는 목표의 아주 작은 핵만을 갖고 있다; 더 큰 문제는 다른 사람들의 동기와 목표들에 대한 오해이다. 독수리 팀과 방울뱀 팀은 실제로 일치하지 않는 목표를 갖고 있었다. 그러나 그들의 지각은 그 차이를 주관적으로 확대시켰다(그림 13.3).

앞 장에서 우리는 이러한 오해의 원인에 대해 생각했었다. 자기고양 편향은 개인과 집단을 자신들의 좋은 행위에는 신뢰, 나쁜 행위에는 책임 회피를 하도록 유도한다. *자기 정당화*의 경향은 자신의 악의적 행동의 잘못을 부정하도록 한다("너 내가 쳤다고 했어? 나는 건드리지도 않았는데!").

기본적 귀인오류 덕분에, 사람들은 상대의 적대감을 그의 악의적 기질이 반영된 것으로 본다. 사람들은 자신의 선입견에 맞춰서 정보를 걸러내고 해석한다. 집단은 자주 이러한 자기고양, 자기 정당화, 왜곡하는 경향을 *극화*시킨다. 집단사고의 한 증상은 자신의 집단은 도덕적이고 강하고, 반대세력은 악질에다 약하다고 인지하는 경향이다. 대부분 사람들의 시각에서 비열하고 잔인한 테러행위는 또 다른 사람들에게는 "거룩한 전쟁"으로 여겨진다. 실제로 집단 안에 있다는 단순한 사실만으로 *내 집단 편향*이 일어난다. 그리고 한 번 생겨난 외집단의 *고정관념*은 반대 증거에 저항적이다.

그래서 갈등 속에 있는 사람들이 서로에게 왜곡된 이미지를 갖는 것은 심각하지만 놀라운 일이 아니다. 당신이 어디 살든 당신의 국가가 지난 전쟁에서 도의적으로 깨끗함을 가장하는 것이 사실 아닌가? 그것은 적을 악마화하여 전쟁을 준비하는 것 아닌가? 그 나라의 대부분의 사람들이 그들 정부의 전쟁 의지를 받아들이고 국기 주변에 집결하지 않았는가? 사회심리학자 Ervin Staub과 Daniel Bar-Tal(2003)은 다루기 힘든 갈등 속에 있는 집단을 보여준다. 그 집단은

- 자신의 목표만이 최고로 중요하다고 본다.

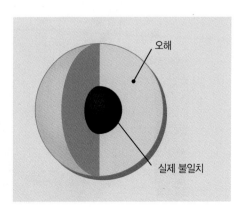

그림 :: 13.3
많은 갈등은 커다란 오해의 외피에 둘러쌓인 실제 불일치하는 목표의 핵을 가지고 있다.

- "우리"에겐 자부심을 갖고 "그들"의 가치는 떨어뜨린다.
- 스스로 희생되었다고 믿는다.
- 애국심, 단결, 그리고 집단의 요구에 대한 충성심을 고양시킨다.
- 자기 헌신을 칭송하고 비판을 억압한다.

비록 갈등의 한쪽 상대자는 실제로 도덕성에 의해 행동한다고 할지라도, 중요한 것은 적의 이미지는 상당히 예측이 가능하다는 점이다. 흥미롭게도 오해의 유형도 예측이 가능하다.

거울 이미지의 지각

갈등 속에서 오해는 서로 상호적이다. 갈등 속에 있는 사람들은 스스로에게는 미덕을 귀인하고 상대에게는 반대이다. 미국 심리학자 Urie Bronfenbrenner(1961)가 1960년 소련을 방문하고 소련의 평범한 시민들과 담화를 주고받았을 때, 그는 미국인들이 러시아에 대해 말하는 것과 똑같은 이야기를 러시아인들이 하는 것을 듣고 놀랐다. 러시아인들은 미국 정부가 군사적으로 공격적이고 미국민들을 이용하고 속이며, 외교적으로 그것은 용납되지 못한다고 말했다. "천천히, 그리고 고통스럽게, 러시아인의 우리에 대한 왜곡된 상이 우리의 그들에 대한, 이상하리 만큼 같은 거울 속 이미지로 밀려왔다."

미국인과 러시아인의 인식에 대한 심리학자(Tobin & Eagles, 1992; White, 1984)와 정치학자(Jervis, 1985)의 분석은 거울 이미지의 인식이 1980년대까지 지속되었다는 것을 보여준다. 같은 행위(잠수함으로 상대의 해안을 순찰하고, 작은 국가에 무기를 판매하는)도 그들이 하면 더 적대적으로 보인다.

두 상대의 인식이 충돌하면, 최소한 둘 중 하나는 상대에 대해 오해한다. 그리고 이러한 오해가 있을 때 "그것은 중대한 결과를 초래하는 심리학적 현상이다… 그것은

자기확증. 거울이미지의 지각은 극심한 갈등의 특징이다.

스스로 확증하는 이미지의 특성이다"라고 Bronfenbrenner는 언급한다. "만일 A가 B
는 적대적일 것이라고 예상하면, A는 B에게 그렇게 행동할 것이고, B는 A의 예상을 충
족할 것이다, 이와 같이 악순환은 시작된다. Morton Deutsch(1986)는 설명하기를.

> 친구가 당신에 대한 저속한 얘기를 했다는 잘못된 루머를 듣는다면; 당신은 그를
> 타박하고; 그러면 그는 당신을 헐뜯게 되고 당신의 예상은 확신된다. 마찬가지로
> 동서양의 정책 결정자들이 전쟁이 일어날 수 있다고 믿고 어느 한 쪽이 상대에
> 대한 군사안보를 증강하면 상대의 반응은 초기 조치를 정당화할 것이다.

부정적인 거울 이미지의 지각은 많은 곳에서 평화의 방해물 역할을 해오고 있다.

거울 이미지 지각
(mirror-image perceptions)
서로에 대한 상호 시각은 갈등 당사
자에 의해 유지된다. 각자 스스로를
도덕적이고 평화를 사랑하고 상대는
악의 있고 공격적이라고 본다.

- 아랍-이스라엘의 갈등에서 양쪽은 "우리"는 우리의 안전과 영토를 보호할 필요
  에 의해 동기화 되었지만, "그들"은 우리를 제거하고 우리 영토를 통째로 삼키길
  원한다고 주장한다. "우리"는 이곳의 토착민이고, "그들"은 침입자이다. "우리"
  는 희생자이고, "그들"은 침략자다(Bar-Tal, 2004; Heradstveit, 1979; Kelman 2007).
  이러한 극도의 불신이 주어지면, 협상은 어렵다.
- 북아일랜드의 Ulster 대학에서 학생들은 개신교도가 가톨릭 장례식을 공격하고,
  가톨릭교도가 개신교도의 장례식을 공격하는 비디오를 보았다(Hunter 외, 1991).
  대부분의 학생들은 상대 쪽의 공격을 "피에 굶주린' 동기의 탓으로 돌렸지만, 자
  기 쪽의 공격은 보복이나 자기 방어로 돌렸다.
- 테러리즘은 보는 사람의 생각에 달려있다. 중동에서의 여론조사는, 팔레스타인인
  의 98%가 계획된 테러로 이스라엘인이 쏜 자동소총에 의해 이슬람 사원에서 29
  명의 팔레스타인이 죽었다는 것에 동의했고, 82%는 계획된 테러로 팔레스타인인
  의 자살폭탄에 의해 21명의 이슬라엘 청년들이 죽었다는 것에는 동의하지 않았다
  (Kruglanski & Fishman, 2006). 이스라엘인도 마찬가지로 폭력에 대해 팔레스타인
  의 악의적 의도라는 심화된 인식으로 반응하였다(Bar-Tal, 2004).

Philip Zimbardo(2004)는 이러한 갈등은 "두 범주의 세계, 즉 우리와 같은 좋은 사
람과 그들과 같은 나쁜 사람"이 관여한다고 보았다. Daniel Kahneman과 Ionathan
Renshon(2007)은 "지난 40년간 심리학 연구자들이 밝혀낸 모든 편파는 사실상 전쟁이
일어나기 쉽게 한다. 국가 지도자는 상대방의 악의적 의도를 과장하고, 상대방이 자신
을 어떻게 지각하는지 오판하며, 적대행위가 시작되면 과도하게 낙관하고, 협상에 필
요한 양보는 과도하게 주저한다"고 한다. 갈등의 상대자는 그들의 차이를 과장하는
경향이 있다. 이주나 차별 금지 정책과 같은 쟁점에서, 그의 지지자들은 상대가 생각
하는 것만큼 개혁적이지 않고, 반대자는 그렇게 보수적이지 않다(Sherman 외, 2003).
Cynthia McPherson Frantz(2006)는 반대편도 역시 "편파적 맹점"의 경향이 있다고 지
적한다. 자신들의 이해심은 상대에 대한 호불호에 따라 왜곡되지 않는다고 보지만, 자
신들에 동의하지 않는 사람은 부당하고 왜곡되었다고 생각한다. John Chambers,
Robert Baron, 그리고 Mary Inman(2006)은 낙태나 정치와 관련된 쟁점에 오인식을 확

인하였다.

열성 지지자들은 상대와의 차이를 과장하여 지각한다(실제로 그들이 추정하는 것보다 더 동의하는데도). 그러한 과장된 상대 입장에 대한 인식에서 문화 전쟁이 일어난다.

Ralph White(1996, 1998)는 세르비아가 보스니아에 전쟁을 시작한 것은 부분적으로 비교적 세속화된 보스니아 모슬렘들이 신앙에 있어 중동 이슬람 근본주의자와 광신적 테러와 관련되어 있다고 잘못 생각하며 과장된 공포심을 가졌기 때문이라고 보고한다. 갈등의 해결은 이러한 과장된 생각을 버리고 상대의 마음을 이해해야 한다. 그러나 그것은 쉽지 않다고 Robert Wright(2003)는 "당신이 몹시 혐오하는 일을 하는 사람의 입장이 되어보는 것은 가장 힘든 도덕적 훈련이 될 것이다"라고 언급한다.

파괴적인 거울 이미지 지각은 또한 소집단과 개인 사이의 갈등에 작용하기도 한다. 딜레마 게임에서 보았듯이, 양쪽은 이렇게 말한다, "우리는 협력을 원하지만 그들의 협조 거부는 우리를 방어적으로 반응하도록 만든다."

경영진의 연구에서, Kenneth Thomas와 Louis Pondy(1977)는 이러한 귀인을 지적했다. 현안이 되는 중요한 갈등에 대해 질문하면, 오직 12%만이 상대가 협력적이라고 느꼈다; 74%는 자기들 스스로가 협력적이라고 지각했다. 자신은 "제안하고", "정보를 제공하고", "권고했지만", 이에 반해 상대는 "강요하고", "내가 말하는 모든 것에 동의하지 않고", "거절했다"고 설명했다.

집단 갈등은 적의 최고 지도자는 악마이고, 그의 국민은 통제되고 조종되긴 하지만 우리 편이라는 착각에 의해 힘을 얻는다. 이러한 악마 지도자-착한 국민 인식은 냉전 동안 미국인과 러시아인의 서로에 대한 인식의 특징이었다. 베트남 전쟁에 참여한 미국은 공산주의 베트콩의 테러에 의해 지배당하는 지역에서 많은 사람들이 미국과의 동맹을 기다린다고 믿었다. 억압되었던 정보들이 후에 알려졌을 때 이 믿음은 단지 희망사항일 뿐이었음이 드러났다. 2003년 미국은 이라크에 "연합군의 지원으로 안전과 법의 집행을 보조할 거대한 지하조직"의 존재를 가정하고 전쟁을 시작했다(Phillips, 2003). 애석하게도 지하조직은 실체가 없었고, 그 결과로 전후 안보의 공백은 약탈, 파괴, 미군을 향한 지속적 공격을 일어나게 하였으며, 증가하는 폭동은 서양의 관심을 그 나라에서 멀어지게 하였다.

단순한 사고

국제적 위기에서처럼 긴장이 고조되면 이성적인 사고를 하기가 더 어려워진다(Janis, 1989). 적에 대한 생각은 더 단순해지고 고정 관념화되며, 추측에 의한 판단은 더 그럴싸하게 된다. 갈등에 대한 단순한 예측만으로도 사고가 굳고 창의적 문제해결이 방해받을 수 있다(Carnevale & Probst, 1998). 사회심리학자 Phillip Tetlock(1988)은 1945년 이후의 러시아와 미국의 연설의 복합성을 분석하여 그들의 경직된 사고를 관찰했다. 베를린의 봉쇄, 한국전쟁, 러시아의 아프가니스탄 침략 동안에 정치적 성명은 강하고 선-악의 용어로 단순화되었다. 다른 시기에 – 특히 고르바초프가 소련의

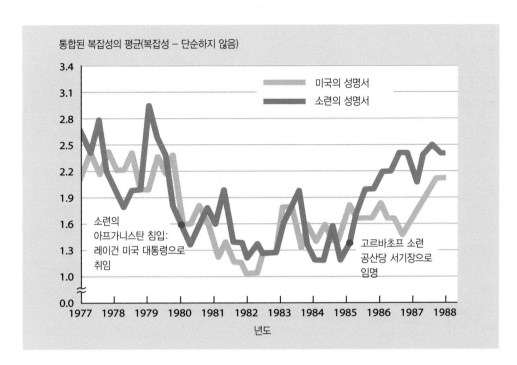

그림 :: 13.4
미국과 소련의 공식 정책 성명의
복잡성, 1977-1986
출처: Tetlock, 1988

서기장이 된 후(그림 13.4) - 정치적 성명서는 각 국의 동기는 훨씬 복합적이라는 것을 시인하였다.

연구자들은 또한 주요한 전쟁, 불시의 군 공격, 중동 분쟁, 그리고 혁명의 발단 등에 앞서 있었던 정치적 연설들을 분석했다(Conway 외, 2001). 거의 모든 경우에 공격하는 지도자들은 공격 행위가 일어나기 이전에 점차 더 단순화되는 우리는 좋고/그들은 나쁘다는 사고를 가지고 있었다. 하지만 Tetlock은 미국과 러시아 간의 새로운 협정을 맺을 때는 단순화된 연설과는 차이가 있다고 보고하였다. 그의 낙관주의는 1988년 레이건 대통령이 미국-러시아간의 중거리 핵전력(INF) 조항에 서명하러 모스크바를 순방하고, 그 후 고르바초프가 뉴욕을 방문하고, UN에서 동유럽에 있는 50만 소련 군대를 철수시키겠다고 말했을 때 검증되었다.

> 나는 우리 공동의 노력으로 전쟁과 대결, 지역 갈등, 자연에 대한 침범, 기아와 빈곤의 테러, 정치적 테러의 시대를 끝내려는 희망을 이룰 수 있다고 믿고 싶다. 이것이 우리 모두의 공동 목표이며 함께 해야만 그것을 달성할 수 있다.

변화하는 지각

만일 오해가 갈등을 수반한다면, 갈등이 증가하고 약해짐에 따라 오해도 나타나거나 사라질 것이다. 그리고 그것은 놀랄 만큼 규칙적으로 이루어진다. 적의 이미지를 만드는 것과 동일한 과정이, 후에 적이 동맹국이 되었을 때 반대의 이미지를 만든다. 이와 같이 2차 세계 대전 당시의 "피에 굶주린, 잔인하고, 믿을 수 없는, 뻐드렁니 난쟁이 일본"의 이미지는 곧 북미 사람들의 생각과 미디어에서(Gallup, 1972) "유능하고, 근면하며, 자기 수양이 되어 있고, 자원이 풍부한 동맹"으로 변화되었다.

research
CLOSE-UP

내가 이 책에서 보고하는 대부분의 연구는 연구실 실험이나 조사를 통해 사람들의 행동, 인식과 태도를 관찰한 숫자화된 자료를 제공한다. 그러나 조사할 수 있는 다른 방법들도 있다. 특히 유럽의 몇몇 사회심리학자들은 자연스러운 인간의 담화를 분석한다; 그들은 사람들이 자신의 삶의 사건들을 어떻게 판단하고 구성하는지 엿보기 위해 쓰인 문장이나 대화를 연구한다 (Edwards & Potter, 2005). 다른 사람들은 역사적 맥락에서의 인간의 행동을 분석한다. Irving Janis(1972)가 역사적 대실패 사건에서의 집단사고를 조사하였고, Philip Tetlock (2005)은 정치 전문가로 여겨지는 사람들의 판단 실수를 탐구하였다.

내가 이 새로운 판을 준비하는 데 있어 사회 심리학의 가장 오랜 경력을 가졌다 할 수 있는 Ralph K. White – 1930년대의 사회심리학자의 선구자 Kurt Lewin과 Ronald Lippitt과 함께 민주적 대 권위주의적 리더십에 대한 연구로 전설적인 업적을 낸 학자 – 는 2004년 97세의 나이로 어떻게 오해가 전쟁을 일으키는가에 대한 그의 초기 분석(1968, 1984, 1986)을 요약한 결정적인 논문을 발표했다. 지난 세기의 10개의 전쟁을 검토하고 White는 각 전쟁에는 세 개의 오해 중 적어도 하나는 눈에 띈다고 보고했다.

적의 능력의 과소평가, 자신의 동기와 행동의 정당화, 그리고 특히 적의 악마화이다.

그가 관찰한 상대에 대한 과소평가는 히틀러가 러시아를 공격하고, 일본이 미국을 공격하고, 미국이 한국전과 베트남 전에 참가하도록 용기를 주었다. 그리고 자신의 행동의 정당화와, 상대를 악마화하는 것은 전쟁의 보증이다. 21세기 초반 미국과 이라크가 전쟁에 대해 언급했을 때 각각은 상대를 "악마"라고 불렀다. George W. Bush에게 Saddam Hussein은 대량 학살 무기로 문명화된 세계를 위협하는 "살인적인 폭군"이자 "미치광이" 였다. 이라크 정부에게 부시 정권은 "중동 석유에 대한 욕망과 악마적 음모로 세계를 위협하는 악마의 무리"였다(Zajonc, 2003). 진실은 이렇게 충돌하는 인식 사이에 놓여있을 필요가 없다. 평화 심리학자로서 일생을 살아온 White는 여전히 "올바른 인식은 증오에 대한 해독제이다"라고 결론짓는다. 공감 – 다른 사람의 사고와 감정을 정확히 지각하는 것은 "전쟁을 예방하는 가장 중요한 요소 중 하나이다… 공감은 둘이나 그 이상의 국가들을 대부분 싸우고 싶어 하지 않는 전쟁으로 이끄는 오해의 위험성을 피하도록 할 수 있다."

두 번의 세계 대전 후 미움 받고, 찬탄을 받고, 또 다시 미움을 받았던 독일인은 이전에 국민성이 잔혹하다고 추정되던 것 때문에 더 이상 고통받지 않는다. 이라크가 평이 나쁜 이란을 공격하는 동안에는 쿠르드인을 화학무기로 대량 학살하여도 많은 국가들은 지지해주었다. 우리의 적의 적은 친구이다. 이라크가 이란과의 전쟁을 끝내고 석유가 많은 쿠웨이트를 침공했을 때 이라크의 행동은 갑자기 "야만적"이 되었다. 우리 적의 이미지는 놀라울 만큼 쉽게 변한다.

갈등이 있는 동안의 오해의 정도는 적대자에 대한 일그러진 이미지를 만들기 위해 정신이상이나 비정상인이 될 필요가 없다는 것을 냉정하게 알려준다. 우리가 다른 나라, 다른 집단, 아니면 단순히 친구나 부모와 갈등을 경험하고 있으면, 우리는 쉽사리 스스로의 동기나 행위는 좋은 것으로, 다른 사람은 마치 악마인 것으로 잘못 이해한다. 그리고 바로 그렇게 우리의 적은 우리에 대해 거울 이미지 지각을 형성한다.

이리하여 적대자와 함께 사회적 딜레마에 빠져 부족한 자원을 두고 경쟁하고, 불공정을 지각하며, 갈등은 계속된다 – 무엇인가가 양쪽의 오해를 벗겨내고, 사실상의 차이를 조화시킬 수 있을 때까지. 좋은 충고는 이런 것이다. 갈등에는 상대가 당신의 가치나 도덕성을 공유하지 못한다고 간주하지 마라. 차라리 상대는 상황을 다르게 인식할 수 있다고 간주하고 인식을 비교해 보라.

> ## 요약 : 무엇이 갈등을 야기하는가?
>
> - 둘 이상의 사람, 집단, 또는 국가가 상호작용할 때 그들이 지각하는 욕구와 목표는 갈등을 일으킬 수 있다. 많은 사회 딜레마는 사람들이 개인적 이익을 추구하여 집단적 손실을 일으키는 것이다. 죄수의 딜레마와 공유자원의 비극의 두 실험실 연구는 그런 딜레마의 예를 보여준다. 일상 생활에서 자기 기여적 행동을 규제하는 규칙을 확립하고, 서로에 대한 책임감을 느끼도록 집단을 작게 유지하고, 의사소통을 통해 불신을 감소하고, 협조가 보람있도록 보상을 변경하고, 이타적 규범을 호소하여 이러한 함정을 피할 수 있다.
>
> - 희귀한 자원을 가지고 경쟁하면 인간관계는 종종 편견과 적대감에 빠진다. Muzafer Sherif는 그의 유명한 실험에서 승패의 경쟁은 타인을 손쉽게 적으로 만들고 정상적인 좋은 소년들 사이에도 전면전이 일어나게 한다는 것을 발견하였다.
>
> - 사람들이 불공정한 대우를 받았다고 느낄 때도 갈등이 일어난다. 형평성 이론에 의하면 사람들은 공정성을 자신의 기여에 비례하는 보상의 분배라고 정의내린다. 갈등은 기여의 정도와 결과의 형평성에 대해 동의하지 않을 때 일어난다.
>
> - 갈등은 빈번히 상대의 동기와 목표를 오인식하는 두꺼운 층에 둘러싸인, 실제로는 아주 작은 불합치하는 목표의 핵을 가지고 있다. 싸우는 당사자들은 흔히 거울이미지 지각을 한다. 양쪽이 모두 "우리는 평화를 사랑하지만 그들은 적대적"이라 믿고, 각자 자신의 기대를 확증하는 식으로 상대를 대한다. 국제 갈등도 이따금 악마지도자와 좋은 국민이라는 착각으로 인한 것이다.

어떻게 평화를 얻을 수 있을까?

| 평화달성을 가능케 하는 과정을 설명한다.

비록 독소적 힘이 파괴적 갈등을 낳을 수 있지만, 우리는 다른 힘으로 갈등에 건설적인 해결을 가져올 수 있다. 평화와 조화의 요소는 무엇일까?

우리는 갈등이 어떻게 사회적 함정, 경쟁, 불공정 인식과 오해에 의해 불붙는지 보았다. 이 사실이 잔인한 것이긴 하나, 희망이 없는 것은 아니다. 이따금 적대감이 우정으로 진화하듯이, 굳게 쥔 주먹은 열린 팔이 될 수 있다. 사회 심리학자들은 적이 동료가 되는 것을 돕는 네 가지 방법에 집중해왔다. 이것을 우리는 평화를 이룩하는 네 가지 C라고 기억할 수 있을 것이다. 접촉(contact), 협력(cooperation), 의사소통(communication), 조정(conciliation).

접 촉

갈등 관계에 있는 개인이나 집단이 가까이 접촉하는 것은 서로를 알고 좋아하게 만들 수 있을까? 우리는 왜 그렇게 될 수 없는지 보았다; 3장에서, 어떻게 부정적인 예측이 왜곡된 판단을 하게하고 자기 충족적인 예언을 형성하는지 살펴보았다. 긴장이 고도로 치닫으면, 접촉은 싸움을 야기할 수 있다.

그러나 또한 우리는 11장에서 근접성 – 그리고 그에 동반되는 상호작용, 상호작용의 기대 및 단순 노출 – 이 호감을 일으킨다는 것을 보았다. 4장에서는 차별금지 이후 노골적인 인종 편견이 감소하는 것, 즉, "태도가 행동을 따른다"는 것을 언급하였다. 이 사회심리학적 원리가 명백해 보인다면, 기억하자. 그것은 사건들이 당신이 알고 있는 대로 보이기 때문이다. 1896년 미국 연방 대법원에게 차별금지 행동이 편견적 태도를 줄일 것이라는 아이디어는 결코 명백한 것이 아니었다. 그 시기에 명백하게 보였던 것은 "법률제정은 인종적 본능을 근절하기에 효력 없다"는 것이었다(Plessy v. Ferguson).

접촉이 태도를 예측하는가?

일반적으로 접촉은 관용적 태도를 예언한다. 매우 공들인 총체적 분석에서 Linda Tropp과 Thomas Pettigrew(2005a; Pettigrew & Tropp, 2008, 2011)는 38개국 250,555명을 대상으로 한 516개의 연구에서 자료를 수집하였다. 조사의 94%는 접촉의 증가는 편견의 감소를 예측하게 한다는 것이었다. 이것은 특히 다수 집단의 소수 집단에 대한 태도에서 그러하였다(Gibson & Claassen, 2010; Tropp & Pettigrew, 2005b).

새로운 연구들은 접촉과 긍정적 태도의 상관관계를 확인해 주었다.

- 남아프리카 백인과 흑인의 인종간 접촉이 많을수록 편견을 덜 느끼고, 그들의 정책 태도는 다른 집단의 정책 태도에 더 공감하였다(Dixon 외, 2007; Tredoux & Finchilescu, 2010).
- 백인과 흑인이 우호적으로 접촉할수록 서로에 대한 그리고 히스패닉과 같은 다른 외집단에 대한 태도가 좋아졌다(Tausch 외, 2010).
- 이성애자들이 게이와 레즈비언과 접촉할수록 더 수용하게 되었다(Smith 외, 2009).
- 네덜란드 청소년들이 이슬람교도와 접촉할수록 더욱 이슬람교도를 수용하였다(González외, 2008).
- 이야기를 읽거나 상상을 통해 또는 외집단 친구를 가진 친구를 통한 간접적 대리 접촉 역시 편견을 감소시킨다(Cameron & Rutland, 2006; Crisp 외, 2011; Turner 외, 2007a, 2007b, 2008, 2010). "확장된 접촉 효과"라 불리우는 간접접촉의 효과는 또래집단을 통해 더욱 긍정적인 태도를 퍼뜨린다(Christ 외, 2010).

미국에서는 1960년대 이래로 인종차별과 드러난 편견이 감소하였다. 그러나 인종간 접촉이 태도 향상의 원인이었을까? 실제로 차별폐지를 경험한 사람들의 태도는 그의 영향을 받았을까?

차별철폐가 인종적 태도를 개선시키는가?

학교의 차별철폐는 더 많은 흑인 학생들을 학교에 참여시키고 대학에서 성과를 올리게 하는 등 눈에 띨만한 이득을 주었다(Stephan, 1988). 학교나 이웃 또는 직장에서도 차별철폐가 좋은 사회적 결과를 가져 왔을까? 그 증거는 혼합적이다.

한편 많은 연구들은 차별철폐 동안 그리고 직후에 흑인에 대한 백인의 태도를 눈에 띄게 개선시킨 것을 발견하였다. 백화점 직원, 고객, 상선의 선원, 공직자, 경찰, 이웃 이든 또는 학생이든 인종적 접촉은 편견을 감소시켰다(Amir, 1969; Pettigrew, 1969). 예를 들어 2차 세계대전 말엽 미군은 그들의 소총 부대 일부에서 부분적으로 차별철폐를 실시하였다(Stouffer 외, 1949). 차별철폐에 대한 그들의 의견을 묻자, 차별이 있는 부대에서는 백인 군인들의 11%만이 찬성했지만 차별폐지한 부대의 백인 군인들은 60%가 찬성했다. 그들은 "체제 정당화" 즉 현존하는 방식을 인정하는 경향성을 보인다.

Morton Deutsch와 Mary Collins(1951)가 자연 관찰 연구를 의뢰받았는데 그 때도 비슷한 결과를 관찰하였다. 주의 법에 따라서 뉴욕시는 공공 주택 단지에서 인종차별을 폐지했다; 즉 인종에 관계없이 가족들에게 아파트를 배정했다. 강 건너 New Jersey주의 Newark에서는 비슷한 개발계획에서 흑인과 백인을 분리된 건물에 배정하였다. 조사에 의하면 인종통합이 이루어진 주택단지의 백인 여성들은 인종 혼합적 주거에 더 호의적이고, 흑인에 대한 태도가 향상되었다고 한다. 과장된 고정 관념은 현실 앞에 무기력해진 것이다. 한 여성은 "나는 정말 좋아하게 되었어요. 그들도 우리와 같은 인간이라는 것을 알게 되었어요"라고 하였다.

이러한 결과는 1954년 미 연방 법원의 미국 학교에서의 차별폐지 결정에 영향을 주었고, 1960년대 시민권 운동에 활기를 불어넣었다(Pettigrew, 1986, 2004). 아직 학교에서의 차별폐지 효과에 대한 연구는 그리 고무적이지 않다. 모든 주어진 연구들을 검토한 후에 Walter Stephan(1986)은 인종적 태도는 차별폐지에 의해 거의 영향 받지 않았다고 결론지었다. 흑인들에게 주목할 만한 차별폐지의 결과는 백인의 태도가 아니라, 백인이 우세한 인종 통합적 대학에 입학할 가능성이 증가한 것이고, 통합된 이웃과 사는 것, 통합된 환경에서 일하는 것이었다.

이와같이 가끔은 인종통합이 인종적 태도를 개선하는 것을 볼 수 있고 또한 가끔씩은 - 특히 불안이나 위협을 느낄 때(Pettigrew, 2004) - 그렇지 않기도 하다. 이러한 불일치는 학자들의 탐정 정신을 일깨운다. 그 차이를 무엇으로 설명할 것인가? 지금까지 우리는 모든 종류의 인종통합을 하나로 생각했다. 사실 인종통합은 여러 방식으로, 매우 다른 조건하에서 일어난다.

언제 인종통합이 인종적 태도를 개선시킬까?

"단순 노출"이 호감을 일으킬 수 있다면(11장), 다른 인종의 얼굴에 노출되는 것이 낯선 다른 인종에 대한 호감을 일으킬 수 있을 것이다. 실제로 Leslie Zebrowitz와 동료들(2008)은 백인 참가자에게 아시아와 흑인의 얼굴을 노출하였을 때 이를 발견할 수 있었다.

인종 간의 빈번한 접촉이 한 요인이 될 수 있을까? 실제로 그렇게 보인다. 연구자들은 차별금지가 실시된 수십 개의 학교에 찾아가서 특정 인종의 아동들이 누구와 먹고, 말하고, 배회하는지를 관찰하였다. 인종은 접촉에 영향을 준다. 백인은 불균형적

그림 :: 13.5

차별철폐가 곧 접촉을 의미하는 것은 아니다.

남아프리카의 Scottburgh 해변이 새로운 남아프리카로 "개방되고" 차별철폐가 이루어진 후에, 흑인들(빨간 점으로 표시), 백인들(파란 점), 인도인(노란 점)들은 자신의 인종들과 무리를 이루는 경향이 있었다.

출처: Dixon & Durrheim, 2003

으로 많이 백인과 관계를 맺었고, 흑인은 흑인들과 관계했다(Schofield, 1982, 1986). Dartmouth 대학의 이메일 교환 연구에서, 흑인 학생들은 전체 학생들의 7%밖에 안 되는 데도 불구하고 이메일의 44%를 다른 흑인 학생에게 보냈다(Sacerdote & Marmaros, 2005).

John Dixon과 Kevin Durrheim(2003)이 인종차별 철폐가 이루어진 남아프리카의 해변에서 한여름(12월 30일) 오후에 흑인, 백인, 인도인의 위치를 기록하였을 때 스스로 부여한 인종분리는 분명한 사실이었다(그림 13.5). 차별이 철폐된 이웃, 카페, 식당도 역시 인종 통합적인 상호작용을 형성하지 못하였다(Clack 외, 2005; Dixon 외, 2005a, 2005b). "왜 모든 흑인 아이들은 함께 앉아 있지?" 하고 궁금해할 것이다(백인 아동이 쉽게 물을 수 있는 질문이다). 한 자연관찰 연구는 Cape Town 대학에서 그룹당 6명의 흑인과 10명의 백인학생으로 이루어진 26개 튜터그룹의 119개 학급회기를 조사하였다(Alexander & Tredoux, 2010). 연구자들은 전적으로 통합된 좌석배정을 위해 평균 71%의 흑인 학생들은 자리를 바꿀 필요가 있다고 계산해 내었다.

한 연구에선 1,600명이 넘는 유럽의 대학생들의 태도를 시간을 두고 추적하였는데 접촉은 편견 감소에 도움이 되었다. 그러나 편견은 접촉을 감소시켰다(Binder 외, 2009). 불안감과 편견은 왜 참가자들이 같은 인종끼리의 관계에서보다 다른 인종과의 관계에서(학생들이 룸메이트나 실험파트너로 짝 지워질 때) 덜 친밀한 자기개방을 하는지 설명해 준다(Johnson 외, 2009; Trail 외, 2009).

접촉을 증진시키려는 노력은 가끔 도움이 되지만, 또 가끔은 효과가 없다. 북아일랜

research CLOSE-UP

아마도 당신은 정말로 누군가에게 접근하고 싶었던 순간을 회상할 수 있을 것이다. 당신이 매력을 느꼈던 사람일 수도 있다. 하지만 당신의 감정이 상호적인지를 의심한다면, 당신은 퇴짜 맞을 위험을 시도하지 않는다. 또는 그 사람은 당신이 대학식당이나, 도서관 책상의 빈 자리에 같이 앉는 것을 환영하는 다른 인종의 사람일 수도 있다. 그러나 당신은 그 사람이 당신과 함께 앉는 것을 조심스러워 할 수 있다고 생각한다. 이것은 다른 사람이 실제로는 당신의 개방성에 상호적으로 대응하지만, 오히려 당신의 거리감이 무관심이나 편견을 뜻한다고 가정하는 경우와 같은 것이다. 맞다, 8장에서 "다원적 무지(pluralistic ignorance)"라고 불렀던 '다른 사람의 감정에 대한 잘못된 생각' 덕택에 당신은 한밤중의 배처럼 지나쳐버릴 것이다. Manitoba 대학의 심리학자 Jacquie Vorauer(2001, 2005; Vorauer & Sakamoto, 2006)의 연구는 이 현상을 조명한다. 새로운 인간관계에서 사람들은 종종 자신의 감정의 투명성을 과대평가한다고 한다. 자신의 감정이 나타나고 있다고 가정하는 것은 우리가 2장에서 논의한 "투명성의 착각(illusion of transparency)"을 경험하는 것이다. 실제로는 상대방이 자신의 메시지를 파악하지 못하였음에도, 자신의 제스처가 낭만적 관심사를 전달할 것이라고 가정한다. 만일 상대방이 이러한 긍정적인 감정을 공유한다면, 그리고 비슷하게 자신의 투명성을 과대평가한다면, '있을 수 있는 관계'는 이루어진다.

Vorauer가 보고한 것과 같은 현상은 다른 인종이나 사회 집단과 우정을 가지려는 편견이 낮은 사람들에게서 자주 발생한다. 만일 백인들이 흑인은 스스로 편견을 받는다고 생각할 것이라고 추정하거나, 또는 흑인들이 백인은 자신들에게 고정관념을 가지고 있다고 추정하면, 양 쪽 다 시작하는 것이 겁날 것이다. 이러한 불안은 남아프리카의 "지속적인 비공식적 차별"의 "궁극적인 요인"이라고 Gillian Finchilescu(2005)는 보고했다.

Vorauer의 연구를 반복하고 확장하기 위해 Nicole Shelton과 Jennifer Richeson(2005; Richeson & Shelton, 2012)은 일련의 조사와 행동 실험을 조합하였다.

첫 번째 조사에서 Massachusetts 대학의 백인 학생들은 자신은 인종간 접촉과 우정에 대해 평균 이상의 관심을 가졌다고 생각했고 또한 다른 백인 학생들도 역시 흑인 학생보다 더 그것을 더 원한다고 지각했다. 흑인 학생들은 거울 이미지 지각을 가지고 있었다 – 즉 그들이 백인 학생들보다 더 원한다고 보았다. "나는 인종의 경계를 넘는 우정을 쌓길 원해"라고 학생들은 생각했다. "하지만 다른 인종집단의 학생들이 내 소망을 공유하지 않아."

이러한 다원적 무지가 더 특수한 상황에서도 일반화될 수 있을까?

이것을 알아보기 위해 Shelton과 Richeson은 두 번째 조사에서 Princeton의 백인 학생들에게 만일 대학 식당에 들어가서 "당신 가까이에 사는 몇몇 흑인(또는 백인) 학생들이 함께 앉아있는 것"을 주목하게 된다면 스스로 어떻게 반응할지를 상상해보라고 요구하였다. 당신은 그들과 어울리는 것에 얼마나 관심을 가질 것인가? 그리고 그들 중 하나가 당신에게 함께 어울리자고 손짓하여 부르는 것이 얼마나 가능하다고 생각하는가? 다시금 백인 학생들은 다른 인종의 학생들보다 접촉에 더 관심이 있다고 믿었다.

그러면 사람들은 인종간의 접촉이 실패하는 것을 어떻게 설명할까? 세 번째 연구에서 Shelton과 Richeson은, 프리스턴의 백인과 흑인학생에게 대학 식당에서 눈에 익은 다른 인종의 학생들이 앉아 있으나 서로 도달할 수 없는 상황을 상상해 보라고 하였다. 실험 참가자들은 인종에 관계없이 대부분 이러한 상황에서의 자신들의 무반응을 거부에 대한 두려움으로, 그리고 더 자주 앉았던 학생들의 무반응을 그들의 무관심 탓으로 돌렸다. Dartmouth 대학의 네 번째 조사에서도 Shelton과 Richeson은 다른 실험 지시로 진행했지만 결과는 비슷했다.

이 다원적 무지 현상은 실생활과 한 개인과의 접촉에도 나타날까? 다섯 번째 조사에서 Shelton과 Richeson은 "우정의 형성"을 연구하기 위해 Princeton의 흑인과 백인 학생들을 초대했다. 참가자들이 자신에 대한 약간의 기초 정보를 제공한 후, 실험자는 그들의 사진을 기초 정보에 첨부하여 표면상 가상의 동료 참가자의 방으로 가져갔다. 그리고 상대방의 – 성은 같으나 인종이 다른 – 정보와 사진을 가지고 왔다. 참가자들은 "다른 참가자에 의해 어느 정도 받아들여질 것이라고 생각하는가?", 그리고 "다른 사람이 당신을 친구로 원하지 않는 것이 어느 정도 가능할까?"의 질문을 받았다. 인종과 관계없이 참가자들은 자신은 다른 인종의 동료 참가자보다 우정에 관심 있지만 상대의 거절이 두렵다고 하였다.

이러한 사회적 오해가 실제 인종간의 접촉을 억제할까? 여섯 번째 연구에서 Shelton과 Richeson은 백인 학생들은 흑인 학생보다 인종간 거부를 더 무서워한다는 가정을 하고 조사한 결과, 다원적 무지의 경향이 큰 백인 학생들은 7주간에 걸쳐 인종간 접촉을 가장 억제한다는 것을 확인하였다.

Vorauer, Shelton, 그리고 Richeson은 단지 오해가 낭만과 인종을 넘어서는 우정을 방해한다고 논하지 않는다. 그러나 정말 오해는 접근을 제약한다. 이 현상을 이해하는 것, 즉 다른 사람의 냉정함은 곧 우리 자신과 유사한 동기와 감정을 반영하는 것일 수 있다고 인지하는 것은 다른 사람에게 접촉하는 것을 도와주고, 가끔씩 잠재적인 우정을 실제의 것으로 전환하는데 도움이 된다.

THE inside STORY

우리의 공동작업의 초기에는 시간을 단순히 조교수로 재직하는 것과 관련한 스트레스에 대해 서로 이야기하고 듣는데 소비하였다. 그리고 우리 학급의 백인과 다른 인종의 학생이 사실은 서로 상호작용하기를 원하지만 받아들여지지 않을까봐 두려워 한다는 것에 주목하였다. 그들은 다른 인종의 학생도 같은 두려움을 갖는 것을 생각치 못했고, 단지 관계를 원하지 않는다고 추측하였다. 이것은 매우 Dale Miller의 다원적 무지의 연구를 떠올렸다.

몇 주에 걸친 강의에서 우리는 인종간 상호작용에서의 다원적 무지를 조사할 일련의 연구를 계획했다. 논문이 출간된 이후 다른 연구자들은 신입생 오리엔테이션에서 인종의 경계를 넘는데 대한 공포를 줄이도록 우리의 연구를 사용하라고 말해주었다. 우리의 연구를 강의에서 소개하자 모든 인종의 학생들이 참으로 자신의 눈을 열고 인종간 우정을 발전시키는 첫 움직임을 시도하였다고 말해주었고 우린 기뻐하였다.

Nicole Shelton
Princeton University

Jennifer Richeson
Northwestern University

드의 한 학교에서 학생 교환이 있은 후, 어떤 가톨릭 학생의 설명은 "어느 날 몇 몇 신교도 학교 학생들이 온 적이 있었어요"(Cairns & Hewstone, 2002). "우리는 서로 섞이도록 되어 있었어요, 하지만 거의 섞이지 않았어요. 우리가 원하지 않았기 때문이 아니에요; 그건 정말 거북했어요." 혼합이 잘 이루어지지 않는 것은 부분적으로 "다원적 무지(pluralistic ignorance)"로부터 생긴다. 많은 백인과 흑인들은 더 많은 접촉을 원한다고 말하지만, 상대는 그들의 감성에 화답하지 못할 것이라고 오해한다("research close up: 있을 수 있는 관계"를 보라).

우정. 이전의 인종 간의 접촉을 격려하던 연구들 – 점원, 군인, 공영 주택단지의 이웃 등을 대상으로 한 연구 – 은 집단간의 접촉이 초기에 일어나는 불안감을 감소시키기에 충분하다고 한다. 다른 연구들 – 흑인과 백인 수감자, 인종 혼합적인 여름 캠프의 흑인과 백인 소녀들, 흑인과 백인 대학생 룸메이트들, 그리고 남아프리카의 흑인, 유색인종, 백인들의 장기적인 개인 접촉을 포괄하는 연구 – 도 비슷한 좋은 효과가 있음을 보여준다(Clore 외, 1978; Foley, 1976; Holtman 외, 2005; Van Laar 외; 2005). 독일이나 영국에서 유학한 미국인 학생들 사이에는 그 나라의 사람들과 접촉이 많을수록, 그들에 대한 태도는 더 긍정적이었다(Stangor 외, 1996). 교환학생의 호스트도 경험에 의해 변화되어 좀 더 방문객 문화의 관점으로 사물을 보게 되었다(Vollhardt, 2010). 실험에서 긍정적으로(따뜻하고 편안하게) 행동하는 다른 인종의 사람과 접촉하는 것은 인종을 덜 부각시켜서, 거리감있고 긴장할 때보다 덜 주목되고 언급되었다(Paolini 외, 2010). 외집단 구성원과 친구관계를 형성한 사람들은 외집단에 대해 더 긍정적인 태도를 발전시킨다(Page-Gould 외, 2010; Pettigrew & Tropp, 2000). 중요한 것은 다른 사람에 대한 지식이 아니고, 친밀한 우정으로 형성된, 정서적 유대감과 불안을 줄이고 공감을 증가시키는 인종간의 룸메이트 짝짓기이다(Barlow 외 2009; Pettigrew & Tropp, 2000, 2011; Shook & Fazio, 2008). 초기에 비관용적이었던 사람들에게 접촉의 불안감 소효과는 특별히 강하다(Hodson, 2011). 외집단과의 친절한 상호작용이 불안을 감소시키는 것은 생물학적 사건이다. 인종간의 상황에서 스트레스 호르몬의 반응성이 감소하는 것을 측정할 수 있었다(Page-Gould 외, 2008).

그러나 "집단의 부각"은 또한 사람들 간의 간격을 이어주는 데 도움이 된다. 당신이 만일 영원히 친구는 오직 하나의 개인일 뿐이라고 생각한다면, 당신의 정서적 유대감은 친구가 속한 집단의 다른 구성원들에게 일반화되지 않을 것이다(Miller, 2002). 그런데, 이상적으로 말하면 우리는 집단의 경계를 넘어 신뢰로운 우정을 형성해야 할 뿐만 아니라, 그 친구가 다른 집단의 구성원들을 대표한다는 것도 인정해야 한다 - 우리는 그와 많은 공통점을 갖고 있다는 것을 알게 될 것이다(Brown 외, 2007).

낯선 사람의 외집단 정체성이 처음에 최소화되면, 친구가 되기 쉬워진다. 새 친구에 대한 선호가 다른 사람에게 일반화된다면 그들의 집단 정체성이 어느 점에서는 두드러지게 된다. 따라서 편견과 갈등을 줄이기 위해 우리는 초기에는 집단의 차이를 줄이고, 그 후에는 그것을 인정하고, 그리고 극복해야 한다.

거의 4000명의 유럽인을 조사한 바에 의하면 우정은 성공적인 접촉의 열쇠라는 것을 보여 준다. 만일 당신이 소수 집단의 친구가 있다면, 그 친구의 집단에 대해 호감을 느끼고 지지하고, 그 집단의 이주에 대해 어느 정도 지지할 것이다. 서독인들의 터키인에 대한 태도, 프랑스인의 아시아인과 북아프리카인들에 대한 태도, 네덜란드인의 수리남인과 터키인에 대한 태도, 영국인의 서인도와 아시아인들에 대한 태도, 북아일랜드의 개신교도와 가톨릭교도의 서로에 대한 태도에서 사실로 나타났다(Brown 외, 1999; Hamberger & Hewstone, 1997; Paolini 외, 2004; Pettigrew, 1997).

동등 지위에서의 접촉. 차별금지를 옹호하는 사회심리학자들은 모든 접촉이 태도를 개선시킨다고 주장하지 않는다. 그들은 접촉이 경쟁적이거나, 권위 있는 사람에 의해 지지받지 못하거나, 불공평할 때, 빈약한 결과를 가져온다고 예언한다(Pettigrew, 1988; Stephan, 1987). 1954년 이전에도 많은 편견을 지닌 백인들이 구두닦이나 가사일 근로자인 흑인들과 빈번한 접촉을 가졌었다. 9장에서 보았듯이 이러한 불평등한 접촉은 단지 불공평의 유지를 정당화하는 태도를 양산할 뿐이다. 따라서 가게 점원, 군인, 이웃, 교도소 수감자, 야영자들간의 관계에서와 같이 **동등한 지위의 접촉**은 매우 중요하다.

미시간 대학의 연구자인 Patricia Gurin과 동료는 국립 대학생 조사(2002)를 토대로, 대학 학급 내의 비공식적 상호작용은 모든 학생에게 득이 된다는 것을 보고하였다. 이러한 상호작용은 지적인 성장을 촉진하고, 차이성을 더 수용하게 하는 경향이 있다. 이러한 발견은 2003년 미 연방 대법원의 결정 - 인종의 차이는 고등교육에 있어 강력한 관심사이며, 입학 자격의 기준이 될 수 있다는 것 - 에 반영되었다.

동등 지위의 접촉
(equal-status contact)
동등한 토대에서의 접촉. 동등하지 않는 사람들 간의 관계는 그에 해당되는 태도를 낳고, 동일한 지위의 사람들 간의 관계 또한 그렇다. 따라서, 편견을 줄이기 위해선, 인종간의 접촉은 평등한 지위의 사람사이에 이루어져야 한다.

협력

비록 동등한 지위의 접촉이 도움을 줄 수는 있지만, 가끔씩은 불충분하다. Muzafer Sherif가 독수리 팀과 방울뱀 팀의 경쟁을 멈추게 하고, 집단을 영화보기나 불꽃놀이 또는 식사 등과 같은 비경쟁적 활동을 하도록 한 것은 도움이 되지 않았다. 그 때에 그들의 적대감은 너무 강해서 단순 접촉은 욕설과 공격의 기회만 제공하였다. 한 독수리 팀원이 한 방울뱀 팀원과 부딪쳤을 때, 그의 독수리팀 동료들은 "저 더러운 녀석을 없애"라고 부추겼다. 두 집단의 통합은 그들의 사회적 융합을 거의 증진시키지 못했다.

적대감이 견고하면 중재자는 무엇을 할 수 있을까? 성공적인 그리고 비성공적인 통합의 노력을 뒤돌아보자. 군대의 소총 부대에서 인종을 통합한 것은 흑인과 백인을 동등한 지위의 접촉으로 이끌었을 뿐 아니라 그들을 상호 의존적으로 만들었다. 그들은 함께 공동의 적과 싸웠고 공유하는 목표를 위해 노력하였다.

그것이 통합 효과의 향상을 예측하는 두 번째 요소라고 생각해도 될까? 경쟁적인 접촉이 분열시킨다면 협력적인 접촉은 통합시킬까? 공동의 곤경에 처한 사람들에게 어떤 일이 벌어질지 생각해보자. 커플에서부터 경쟁팀, 국가에 이르기까지 모든 수준의 갈등에서 공유된 위협과 공동의 목표는 화합을 낳는다.

공동의 외부 위협은 응집성을 형성한다

다른 사람들과 함께 폭풍에 고립되거나 선생님에게 처벌받거나 당신의 사회적, 인종적, 종교적 정체성 때문에 학대받거나 조롱받은 적이 있는가? 만약 그렇다면, 당신은 곤경을 함께 했던 사람들에게 친밀감을 느꼈던 걸 기억할 것이다. 아마 그 전의 사회적 장애물은 당신들이 서로 돕고 눈 속을 파헤치고 공동의 적에 대항함으로써 떨어져 나갔을 것이다. 폭력과 같은 좀 더 극단적인 위기에서 살아남은 사람들은 스스로 살아남아야 한다는 패닉보다는 협력과 결속의 정신을 보고한다(Drury 외, 2009).

이러한 우정은 공동의 위협을 경험한 사람들 사이에서 공통적으로 일어난다. John Lanzetta(1955)는 네 명으로 구성된 ROTC 해군 사관생도 팀에게 문제 해결과제를 풀도록 한 후, 스피커를 통해 그들의 답이 잘못되었고, 생산성은 용서할 수 없을 만큼 저조하고, 생각은 바보 같다고 알려주고 그들을 관찰하였다. 다른 집단은 이 괴롭힘을 받지 않았다. Lanzetta는 스트레스 하에 있는 집단 구성원들은 서로에게 더 우호적이고, 더 협력적이며, 논란을 일으키지 않고, 덜 경쟁적인 것을 관찰했다. 그들은 모두 함께였으며, 그 결과는 단결된 정신이었다.

공동의 적을 갖는 것은 Sherif의 캠프 실험과 많은 후속 연구처럼 경쟁하던 소년들을 하나로 묶어준다(Dion, 1979). 외집단(예를 들어 경쟁학교)을 상기시키는 것만으로 사람들의 내집단에 대한 민감성이 고조된다(Wilder & Shapiro, 1984).

독일의 월마트 직원의 파업에서와 같이 공유된 곤경은 협조를 일으킨다.

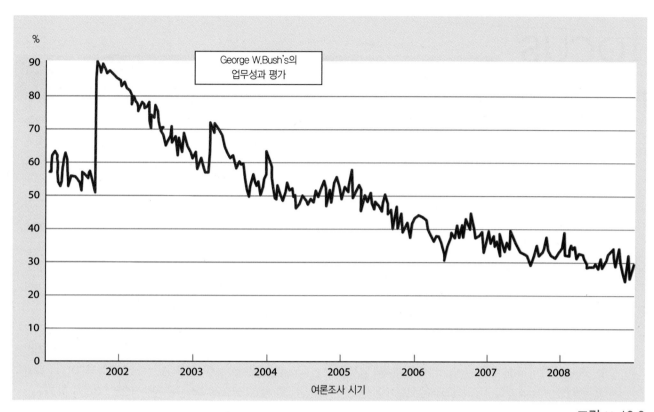

그림 :: 13.6

외부의 위협은 내부의 단결을 낳는다

George Bush 대통령의 성과 평가의 고저가 나타내듯 국가적 갈등은 공공의 태도를 만든다 (Gallup, 2006).

"그들"이 누구인지 예민하게 생각하면 "우리"가 누구인지도 알게된다. 전쟁시에 잘 알려진 외부위협에 직면하면 동료의식이 급증한다. 시민단체 가입도 급증한다(Put-nam, 2000). 공유된 위협은 또한 정치적인 결집효과를 일으킨다(Lambert 외, 2010). 9/11 이후 "오랜 인종간 적대감이⋯녹았다"고 뉴욕타임즈가 보고하였다(Sengupta, 2001). 18세의 Louis Johnson은 9/11 이전의 삶을 돌아보며 "나는 그저 흑인이라고 생각했어요. 하지만 이제는 어느 때보다도 내가 미국인이라 느껴요"라고 하였다. 뉴욕 시에서는 9/11의 여파로 이혼율이 감소하였다(Hansel 외, 2011). 9/11 대담의 표본과 뉴욕 시장 Giuliani의 9/11 전과 후의 기자회견에서 "우리"라는 단어가 2배인 것을 발견하였다(Liehr 외, 2004; Pennebaker & Lay, 2002).

George W. Bush의 업무 업적 평가는 위협이 낮은 통합 정신을 반영한다. 공공연한 말로는 9/10의 평범한 대통령이 9/12의 고귀한 대통령 – "우리를 미워하는 자들"에 대해 싸우는 "우리의 지도자" – 이 되었다고 한다. 그 후 그의 평가는 점점 기울었지만 이라크전을 시작하자 다시 뛰어 올랐다(그림 13.6). 한 집단의 멸종을 두려워하거나 상상하는 것만으로도 내집단 응집력을 강화할 수 있다(Wohl 외, 2010).

따라서, 지도자들은 집단의 단결을 자극하는 기술로서 위협적인 외부의 적을 만들어내기도 한다. George Orwell의 소설 1984가 이 전략을 보여준다. 주인공 국가의 지도자는 내부 분쟁을 감소시키기 위해 다른 두 개의 주요 세력과의 국경 갈등을 이용한다.

focus
ON   우리는 왜 누가 이기는지를 신경 쓰는가?

도처의 스포츠팬들에게 누가 이기는 것은 왜 문제가 되는가? 왜 보스톤 사람들에게는 다른 주나 국가에서 태어난 이십여명의 백만장자인 레드삭스 임시 고용인들이 월드시리즈에서 승리하는지가 문제가 되는 것일까? 해마다 NCAA(전 미 대학 경기협회) 농구시합 "3월의 광란" 동안 왜 정상적인 성인들이 미친 듯이 자신의 팀을 응원하고, 패배하면 우울해지는가? 그리고 최고의 스포츠 행사인 월드컵 축구에 왜 전 세계의 축구팬들은 그들의 나라가 승리를 거두길 꿈꾸는 걸까?

이론과 증거들은 경쟁의 뿌리가 깊다는 것을 시사한다. 두 라이벌이 농구 체육관을 차지하면 군중이 폭발하는 것에는 무엇인가 원초적인 것이 작용한다. 뒤이은 격전의 두 시간 동안에는 어떤 종족적인 것이 있고, 모두가 단지 오렌지색 가죽공이 위아래로 움직이는 것에 반응한다. 이웃 부족이 이따금씩 다른 부족의 막사를 기습하고 약탈했던 세상에 살았던 우리의 조상은 단결 속에 안전이 있다는 걸 알았다(함께 뭉치지 않은 사람들은 후손을 거의 남기지 못했다). 사냥, 방어 혹은 공격에 있어 10개의 손은 2개보다 낫다. 인종차별이나 전쟁과 같이 세상을 "우리"와 "그들"로 구분하는 것은 상당한 비용을 수반하지만, 또한 사회의 결속과 같은 이익을 주기도 한다. 우리와 그들을 식별하기 위해, 우리의 조상들은 오늘날의 사나운 팬들과 별로 다르지 않게 집단 특유의 옷이나 물감든 옷을 입고 색치장을 하였다. 진화심리학자인 Benjamin Winegard(2010)는 스포츠와 전쟁은 지리적 영역과 집단동일시하는 제복과 관련하는 남성들에 의해 일어난다는 점을 지적하였다. 둘 다 전쟁과 관련된 기술(달리기, 태클걸기, 던지기)을 사용한다. 그리고 둘 다 승리자에게 보상을 제공한다.

사회적 동물로서 우리는 집단에 살고, 우리의 집단을 위해 응원하고, 죽이고, 죽기까지 한다. 또한 우리는 스스로를 자신의 집단으로 설명하기도 한다. 우리의 자기 개념 – 우리가 누구인지에 대한 인식 – 은 개인적 특성과 태도 뿐 아니라 우리의 사회 정체성으로 구성된다. "우리"가 누구인가를 아는 사회 정체성은 자기개념과 자부심을 강화시키고, 특히 "우리"가 우월하다고 인지할 때는 더욱 그렇다. 긍정적인 정체성이 결여되면, 많은 젊은이들은 자부심, 힘, 정체성을 폭력집단에서 찾는다. 많은 애국자들은 스스로를 국가 정체성으로 정의 내린다.

우리가 누구인가에 대한 집단의 정의는 또한 우리는 누가 아닌가를 내포한다. 많은 사회심리학의 실험은 집단이 형성되는 것은 – 임의적인 집단일지라도 – "내집단 편향"을 촉진한다는 것을 보여준다. 사람들을 단순히 생일 날짜나 아니면 운전면허의 마지막

숫자 같은 것으로 무리 지우면, 숫자가 같은 사람들과 연대감을 느끼고 또한 편애를 보일 것이다. 우리의 집단의식은 이렇게 강해서, 임의적으로 "우리"와 "그들"을 구분했더라도 "우리"는 "그들"보다 더 나아 보인다.

9/11 이후의 미국이 보여 주듯이, 사람들은 공동의 적과 직면했을 때 집단 응집력이 높아진다. Muzafer Sherif의 Robber's Camp 실험처럼, 경쟁은 적을 만든다. 경쟁에 의해 돋워지고, 군중의 익명성에 의해 규제가 풀어지면, 팬들이 상대를 야유하고, 심판원에게 소리 지르거나 맥주병을 던지는 등 스포츠 최악의 순간은 극에 달하게 된다.

집단 정체성은 성공과 함께 높아진다. 팬들은 자신의 개인적인 성취 뿐 아니라, 적어도 어느 정도는, 자신의 팀이 이기면 승리한 선수와 연계함으로서 자존감을 찾는다. 축구에서 자신의 팀이 큰 승리를 한 후 물으면 학생들은 공통적으로 "우리가 이겼다"고 답했다. 그들은 남의 영광 덕택에 명예를 얻는다고 Robert Cialdini와 그의 동료는 말한다 (1976). 패배 후에 결과를 물으면 학생들은 "그들이 졌어"라고 말함으로서 스스로 팀으로부터 더 거리를 두었다.

얄궂게도 우리는 우리의 가장 큰 격정을 우리와 가장 유사한 라이벌에게 남겨둔다. Freud는 오래 전에 증오는 작은 차이를 싸고 일어난다는 것을 인식해왔다. "두 이웃 마을에서는 각각이 상대 마을의 가장 큰 라이벌이다; 모든 작은 주는 다른 주를 경멸하며

집단정체성은 경쟁을 일으키고 경쟁에 의해 키워진다.

깔본다. 밀접하게 연관된 민족은 서로를 멀리한다; 남 독일인은 북 독일인을 견딜 수 없고, 영국인들은 스코틀랜드인에 대해 갖가지 종류의 비방을 던지고, 스페인인은 포르투갈인을 멸시한다."

가끔씩 스코틀랜드에 거주하는 사람으로서 나는 스코틀랜드인에 대한 외국인 혐오주의자 가이드의 여러 예를 목격했다 – 스코틀랜드인들은 비스코틀랜드인을 "크게 두 집단으로 나눈다. (1) 영국인; (2) 나머지." 격렬한 Chicago Cubs의 팬들이 Cubs가 이기거나 White Sox가 지면 기뻐하듯이 뉴질랜드 축구팬은 뉴질랜드, 그리고 오스트레일리아에 대항하여 경기하는 사람을 응원한다(Halberstadt 외, 2004). 스코틀랜드의 격렬한 축구 팬들은 스코틀랜드가 이기거나 영국이 패배하면 기뻐한다. 1996년 유로컵에서 영국이 독일에 패배한 후 한 스코틀랜드의 타블로이드판 신문은 첫 장 헤드라인에 "휴! 그들은 졌다"하고 기뻐하였다. 스포츠 팬들에게 최대 숙적의 불행처럼 달콤한 것은 없다. 경쟁자의 실패와 응원하는 팀의 성공은 쾌락과 관련된 뇌의 영역을 활성화한다(Cikara 외, 2011).

영국의 스코틀랜드인처럼 숫자적 소수집단은 특히나 자신의 사회정체성을 의식한다. 5백만의 스코틀랜드인은 이웃한 5천백만의 영국인과 마주하여, 거꾸로인 경우보다 더욱 자신의 국가정체성을 의식한다. 마찬가지로 4백만의 뉴질랜드인은 2천3백만의 오스트레일리아인과 마주하여 그들의 정체성을 의식하며, 오스트레일리아의 스포츠 상대팀을 응원한다(Halberstadt 외, 2006).

때에 따라 적은 바뀌지만, 적은 항상 있다. 실제로 국가는 적을 필요로 하는 것처럼 보인다. 세계와 국가와 집단을 위해서 공동의 적을 갖는 것은 강력한 결합을 불러온다.

북 아일랜드나 남미에서 크게 느끼는 개신교-카톨릭의 종교적 차이는 이슬람 정권 내에 사는 기독교인에 비하면 사소한 차이일 수 있다. 마찬가지로 이라크에서 크게 느끼는 수니파와 시아파의 차이는 반이슬람적 태도에 대처해야 하는 나라의 이슬람교도에게는 그리 큰 것이 아니다.

이 세계는 공동의 적을 만나면 통합될 수 있을까? 1987년 9월 21일 Ronald Reagan 대통령은 "현재의 적대감의 강박 속에서 우리는 모든 인류가 얼마나 연합하고 있는지 잊고 있다. 아마도 이런 공동의 유대를 인식하기 위해 외부의 보편적 위협을 필요로 하는 것 같다"고 하였다. 20년 후 Al Gore(2007)는 이에 동의하고 기후변화의 불안에 대해 "우리 모두는 이제 보편적 위협에 직면하였다. 비록 이 세계의 외부에서 온 것은 아니지만 규모에 있어서는 우주적이다"라고 언급하였다.

상위 목표는 협력을 촉진한다.

외부 위협의 단결시키는 힘은 **상위 목표**의 통합하는 힘과 밀접히 관련되어 있다. 그러한 목표는 집단을 일치시키고 협력을 요구한다. Sherif는 실험에서 서로 반목하는 야영자들 간의 조화를 촉진하기 위해서 그러한 목표들을 도입하였다; 캠프 내 물 공급이 문제가 되고, 이를 수리하기 위해서는 양 집단의 협력이 필요하였다. 한 편의 영화를 대여할 기회를 만들고 이를 위해 두 집단의 자금이 필요한 상황이 되자 그들은 다시 협력했다. 캠프 답사 중 트럭이 고장 났을 때 캠프 지도자는 줄다리기 밧줄을 근처에 구비해 놓았는데 한 소년이 트럭이 다시 출발할 수 있도록 밧줄로 함께 끌자는 제안을 하였다. 트럭이 움직이자 "트럭과의 줄다리기"에서 승리한 것을 축하하는 환호가 이어졌다.

상위 목표(superordinate goal) 협력의 노력을 필요로 하는 공동의 목표; 사람들 간의 차이보다 우위에 서는 목표

그림 :: 13.7

경쟁 후 독수리 팀과 방울뱀 팀은 서로를 부정적으로 평가했다. 그들이 상위 목표를 달성하기 위해 협조적으로 일한 후에 적대감은 급격히 떨어졌다.

출처: Sherif의 자료, 1966, p.84

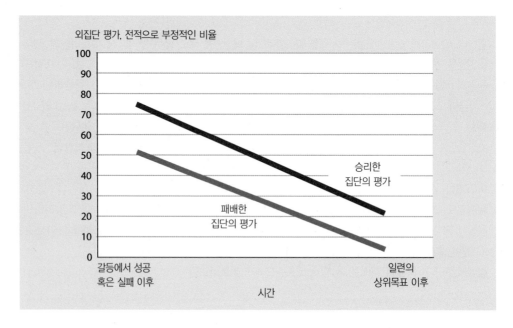

상위 목표를 성취하기 위해 서로 협력한 이후 소년들은 모닥불 주변에서 함께 음식을 먹으면서 즐거워했다. 우정은 집단의 경계를 넘어 싹트기 시작했고 적개심은 떨어졌다(그림 13.7). 마지막 날 소년들은 모두 한 버스를 타고 집으로 돌아가기로 결정했다. 오는 도중 소년들은 더 이상 그룹별로 앉지 않았다. 버스가 오클라호마 시와 집에 도착했을 때, 그들은 하나가 되어 즉흥적으로 "오클라호마"를 노래했고 친구들에게 작별을 고했다. Sherif는 고립과 경쟁심으로 낯선 사이를 잔인한 적으로 만들었다. 상위 목표로는 적을 친구로 만들었다.

Sherif의 실험들은 단순한 아이들의 놀이일까? 혹은 상위 목표를 달성하기 위해 서로를 격려하는 것은 갈등 간에 있는 성인들에게도 비슷하게 유용할까? Robert Blake와 Jane Mouton(1979)은 의구심을 가졌다. 그래서 150개 다른 집단에 속한 1,000명이 넘는 경영자들이 참여하는 2주간에 걸친 일련의 실험에서 방울뱀과 독수리 팀이 처했던 실험 상황의 기본 특징을 재현하였다. 각 집단은 일단 자신들의 활동에 참여하고, 그 후 다른 집단과 경쟁을 하고, 그 이후엔 함께 선택한 상위 목표를 위해 다른 집단과 함께 협력하였다. 그 결과 성인들도 Sherif의 어린 참가자와 유사하게 반응한다는 명백한 증거를 얻었다.

이 발견을 더 확대하여 Samuel Gaertner, John Dovidio와 그들의 공저자(2005, 2009)들은 협력하여 일하는 것은 특히 사람들이 이전 하위집단을 해체하고 새로운 포괄적인 집단으로 동일시하는 조건하에서 좋은 효과를 준다고 보고하였다. 다른 집단에 대한 낡은 왜곡된 감정은 두 집단의 구성원들이 하나의 테이블 주위에 교대로 앉고(서로 마

"공동의 내집단 정체성"을 촉진하기. 갱의 색을 금지하고, 또한 미국에서 점차 증가하고 있는 공동의 유럽의 관습도 역시 "우리"와 "그들"을 "우리"로 변화시키는 것을 목표로 한다.

주보고 앉는 것 보다는), 새 집단에 하나의 이름을 붙이고, 좋은 분위기를 북돋우는 조건에서 함께 일하는 경우 감소하였다. "우리"와 "그들"은 "우리"가 된다. 세계 2차 대전 때, 독일, 이탈리아, 일본과 싸우기 위해 미국과 구소련은 다른 국가들과 함께 연합군이라는 하나의 통합된 집단을 형성했다.

공동의 적을 물리치는 상위 목표가 지속되는 한 미국의 러시아에 대한 태도는 우호적이었다. 국제 무역을 통한 경제적 상호 의존성도 또한 평화의 동기가 된다. Michael Shermer(2006)는 "상품은 국경을 넘으나, 군대는 그렇지 않다"고 하였다. 중국 경제의 큰 부분이 서구의 경제와 뒤섞임으로 그들의 경제적 상호의존성은 중국과 서방 간의 전쟁 가능성을 감소시킨다. 방울뱀과 독수리 간의 협력적인 노력은 성공으로 끝났다. 그와 같은 조화가 만약 물이 고갈되고, 영화는 볼 수 없었고, 트럭은 멈춰 선 상태라도 표출될 수 있을까? 그렇지 않다. Stephen Worchel과 그의 동료(1977, 1978, 1980)는 버지니아 대학생을 상대로 한 실험에서, 성공적인 협력이 서로에 대한 매력을 증가시킨다는 것을 확인하였다. 그러나, 서로 갈등관계에 있는 집단들이 협동적인 노력에 실패한다면, 그리고 상황이 실패에 대한 책임을 서로의 탓으로 돌리도록 허용한다면, 갈등은 더 악화될 수 있다. Sherif의 집단들은 이미 서로에게 적대감을 느끼고 있었다. 따라서 영화를 보기에 충분한 자금을 모으는데 실패하면 한 집단의 "인색함"과 "이기심"으로 귀인될 수 있을 것이다. 그것은 서로의 갈등을 완화시키기 보다는 오히려 한층 더 증폭할지도 모른다. 화합은 상위 목표를 위한 노력과 목표달성에 의해 자라난다.

협력적인 학습은 인종적 태도를 향상시킨다

지금까지 우리는 전형적인 학교의 인종통합은(특히 친구 관계의 정서적 유대, 그리고 동등한 신분관계가 동반되지 않는) 매우 빈약한 사회적 이득만을 가져온다는 것을 언급했다. 그리고 경쟁적 관계에 있는 집단 구성원간에 성공적이고 협력적인 접촉이 있는 경우 극적인 사회적 이득을 가져올 수 있다는 것을 언급하였다. 몇 몇 연구팀들은 학습성취도의 저하없이 경쟁적 학습상황을 협조적으로 바꾸어 인종간의 우정을 향상시킬 수 있을지 궁금해 하였다. 방법적 다양성에도 불구하고—모두 통합적 학습팀을 포함하고, 가끔 다른 팀과 경쟁하였는데—결과는 놀랍고도 고무적이다.

학생들이 범인종간의 육상 팀이나 학급 과제와 같은 협력적인 활동에 참여하는 경우 편견이 적을까? 한 실험에서 국제청소년 야외활동 단체의 2-3주의 탐험에서(친근한 접촉과 협력이 포함) 무작위로 타인종과 혼합된 탐험집단에 배정되는 경우 백인 청소년의 흑인에 대한 태도는 탐험 한 달 후에 향상된 것으로 나타났다(Green & Wong, 2008). Robert Slavin과 Nancy Madden(1979)은 71개 미국 고등학교의 2,400명의 학생들의 자료를 분석해서 고무적인 결과를 발견했다. 타 인종과 같이 놀고 일하는 학생들은 타 인종인 친구가 있고 또한 긍정적인 인종 태도를 나타냈다. Charles Green과 그의 동료(1988)는 3,200명의 플로리다 중학생의 조사에서 이것을 확인하였다. 전통적이고 경쟁적인 학교의 학생들과 비교했을 때, 범인종적 학습 "팀"을 가지고 있는 학교는 더 긍정적인 인종 태도를 가지고 있었다.

운동팀, 학급 프로젝트, 과외활동에서의 인종간 협력은 차이를 녹이고 인종적 태도를 향상시킨다. 흑인 팀동료와 협조적 팀운동을(농구 등) 하는 백인 십대 선수들은 개인운동을(레슬링 등) 하는 선수보다 흑인을 더 좋아하고 지지한다(Brown 외, 2003).

이러한 상관 관계적 결과로부터 협력적인 범인종적 활동이 인종적 태도를 향상시킨다고 결론지을 수 있을까? 이것을 알아내기 위한 방법은 다시금 실험하는 것이다. 무작위로 지명한 학생들은 인종이 섞인 집단에서 함께 일해야 했다. Slavin(1985; Slavin 외, 2003, 2009)과 그의 동료들은 학급을 인종이 섞인 팀들로 나누었고, 각 팀은 모든 성취 수준의 학생 4명 혹은 5명으로 구성하였다. 팀원들은 함께 앉아 다양한 과제를 공부하였고 매 주말마다 학급 토너먼트로 다른 팀과 경쟁했다. 모든 팀원들은 자기 일을 잘함으로써, 때로는 최근의 성취도가 자신과 비슷한 다른 학생들과 경쟁함으로써, 때로는 자신의 이전 성과와 경쟁함으로써 팀 점수에 기여했다. 누구나 성공의 기회를 가졌으며 더 나아가 팀원은 매주 있는 토너먼트를 준비하는 데 다음 과제가 무엇이건 간에 – 서로 작은 부분 연습시키기, 철자 맞추기, 역사적 사건 등 – 서로 돕도록 부추겨졌다. 학생들을 서로 고립시키는 것 보다, 팀 간의 경쟁이 학생들에게 더 긴밀한 접촉과 상호적 지지를 가져왔다.

Elliot Aronson(2004; Aronson & Gonzalez, 1988)이 이끈 다른 연구팀은 "조각그림 맞추기" 방법으로 비슷한 집단 협력을 이끌어 냈다. 텍사스와 캘리포니아의 초등학교 실험에서 어린이들을 인종과 학문적으로 상이한 6인조 집단에 배정하였고 임무를 나누었다. 과제는 6개의 부분으로 나뉘어져 각 학생들은 분야에 대해 전문가가 된다. 칠레에 관한 단원에서 한 학생은 칠레의 역사, 다른 학생은 지리, 또 다른 학생은 문화에 대해 전문가가 된다. 일단 여러 "역사가들", "지리학자들" 등은 함께 모여 자신의 자료를 숙지한다. 그 후 자신의 집단으로 돌아가 팀원에게 가르쳐준다. 각 집단 구성원들은 말하자면 하나의 퍼즐조각을 들고 있는 것이다. 자신 있는 학생들도 말없는 학생에게 귀 기울이고 그들로부터 배웠고, 다음엔 교대로 자신이 동료에게 무엇인가 중요한 것을 제공한다. 미네소타 대학의 David Johnson과 Roger Johnson(1987, 2003, 2004, 2010), 스탠포드 대학의 Elizabeth Cohen(1980), 텔아비브 대학의 Shlomo Sharan과

Yael Sharan(1976, 1994), 콜로라도 대학의 Stuart Cook(1985)이 이끄는 또 다른 연구팀들도 협력적인 학습에 대한 추가적인 방법들을 고안해 냈다. 연구들(그 중 148개는 11개국에 걸쳐 실시)은 성인도 역시 경쟁적이기 보다는 협조적으로 일할 때 동료와 긍정적 관계를 가지며 성취도 높은 것을 보여주었다(Roseth 외, 2008).

이러한 모든 연구로부터 우리는 무슨 결론을 내릴 수 있을까? 협력적인 학습을 통해 학생들은 학습내용 뿐만 아니라 다른 교훈들도 배운다. Slavin과 Cooper(1999)는 협력적인 학습은 "모든 학생의 학문적 성취를 촉진하는 동시에 집단간 관계를 향상시킨다"고 말한다. Aronson은 "상호 의존적인 그림조각 학급에서 어린이들은 전통적인 학급의 어린이들 보다 서로 더 좋아하고 학교를 더 사랑하고 더 큰 자존감을 키운다"고 보고하였다(1980, p.232).

인종을 넘는 우정도 또한 꽃피기 시작한다. 소수집단 학생들의 시험 성적은 개선되었다(아마도 학업 성취가 이제 또래에 의해 지원되기 때문일 것이다). 실험이 끝난 후에도 많은 교사들은 협력적 학습을 계속 사용하고 있다(D.W. Johnson 외, 1981; Slavin, 1990). 인종 관계 전문가인 John McConahay(1981)는 협력적인 학습은 "인종 통합을 실시하는 학교에서 지금까지 우리가 알고 있던 모든 인종간 관계 개선 방법 중 가장 효과적인 방법인 것이 확실하다"라고 했다.

우리는 "이 사실을 알고 있었어야 했을까?" 1954년의 연방 대법원 판결 때, Gordon Allport는 많은 사회심리학자들에게 그의 예측을 말하였다. "편견은... 공동의 목표를 추구하는 동등한 지위를 가진 다수와 소수의 접촉에 의해 감소될 것이다"(1954, p.281). 협력적인 학습의 실험은 Allport의 통찰력을 확인하였고, Robert Salvin과 그의 동료들(1985, 2003)을 낙관적으로 만들었다. "Allport가 기본 원칙을 세운지 30년 이후 그것은 협력적 학습 방법으로 조작화되고 우리는 결국 접촉 이론을 인종 통합적 학급

협력과 평화.
연구자들은 기록된 폭력이 없거나 또는 사실상 없는 40개의 평화로운 사회를 찾아내었다. 이러한 사회 중 25곳의 분석은 여기 보이는 Amish를 포함하여 대부분 세계관이 경쟁보다는 협력에 기반하고 있다(Bonta, 1997).

focus
ON
Brancy Rickey, Jackie Robinson, 그리고 야구의 인종통합

1947년 4월 10일, 영원히 야구의 얼굴을 바꾼 19개의 단어에는 사회심리학의 원리가 투입되었다. "Brooklyn Dodgers는 오늘 Jackie Roosevelt Robinson을 Montreal Royals에게서 매입계약을 하였다. 그는 곧 보고를 할 것이다." 5일 후 Robinson은 1887년 이래 메이저 리그에서 활동하는 첫 번째 흑인이 되었다. 가을에 Dodger의 팬은 월드 시리즈에 진출하는 그들의 꿈을 실현하였다. Robinson은 인종적 모욕과 빈볼, 스파이크(남을 상처 입히기)를 견디고 그해 Sporting News의 신인 선수로 선정되었고, 투표에서 Bing Crosby 다음으로 미국의 가장 인기 있는 사람으로 뽑혔다. 야구의 인종적 장벽은 영원히 깨져버린 것이다.

감리교적 윤리와 야구의 성공을 위한 노력으로 동기부여된 메이저리그 야구 경영 임원인 Rickey는 한동안 그의 이적을 계획해 왔다고 사회 심리학자인 Anthony Pratkanis와 Marlene Turner는 보고했다(1994a, 1994b). 3년 전 Rickey는 통합을 위한 시장 위원회의 사회학 의장으로부터 팀의 인종차별철폐를 부탁받았다. 그의 반응은 시간을 달라는 부탁과 (따라서 계약이 압력의 결과로 이루어진 것은 아니다), 어떻게 그것을 잘 해낼지에 대한 충고를 부탁하는 것이었다. 1945년 Rickey는 야구에서 흑인을 제외시키는 투표에 대항한 단 한명의 구단주였다. 1947년 그는 Pratkanis와 Turner에 의해 검증된 다음의 원리들을 사용해서 그의 이적을 실행하였다.

- 변화는 피할 수 없다는 인식을 만들기. 항의와 저항으로 시간을 되돌릴 수 있으리라는 가능성을 거의 남겨좋지 않았다. 전형적인 남부인인, 아나운서 Red Barber는 1945년 Rickey가 자신을 점심에 불러서 매우 천천히 그리고 강한 어조로 그의 스카우트 담당자가 찾는 사람을 설명한 것을 기억한다. "나는 첫 번째 흑인 선수를 흰 Dodgers에 투입할 수 있어요. 그가 누구인지 어디에 있는지는 모릅니다. 하지만, 그는 올 겁니다". 화가 난 Barber는 처음에 침묵하였으나 바로 그 시간 피할 수 없는 것을 받아들이기로 하고 세계 "최고의 스포츠 아나운서 직업"을 계속할 것을 결정하였다. Rickey도 1947년 똑같이 사무적으로 Robinson과 경기하길 원하지 않는 선수의 교환을 제시하였다.

- 상위 목표를 가진 동등한 지위의 접촉을 확립하기. 한 사회학자는 Rickey에게 언제 인간 관계가 우승과 같은 상위 목표에 집중하게 되는지를 설명했다. "관련된 사람들은 적절히 조절할 겁니다".

선수들 중 한 명은 처음 Robinson을 반대하였으나 후에는 타구법을 도우며 말하였다. "너도 팀에 있으니, 이기기 위해 함께 협력해야 해."

- 편견의 규범에 구멍 내기. Rickey는 길을 인도하고 다른 사람들은 도왔다. 팀의 주장이자 유격수 – 남부지방 사람인 – Pee Wee Reese는 Robinson과 함께 앉고 먹는 패턴을 설정하였다. 어느 날 신시내티에서 군중이 "검둥이를 구장에서 쫓아내라" 하고 비방하자 Reese는 그의 유격수 자리를 떠나 1루 베이스에 있던 Robinson에게 걸어가 웃으며 말을 건넸다. 그리고 조용해진 관중이 지켜보는 가운데 Robinson의 어깨에 팔을 얹었다.

- 비폭력을 행사함으로써 폭력의 소용돌이를 자르기. "맞서 싸우지 않을 인내를 가진 야구선수"를 원한 Rickey는 Robinson을 위해 그가 경험하게 될 무례하고 추잡한 경기의 역할 놀이를 시키고, 폭력을 폭력으로 돌리지 않겠다는 Robinson의 참여를 이끌어냈다. Robinson이 모욕 받고 상처 입었을 때, 그는 그에 대한 반응을 팀 동료들에게 넘겼다. 팀의 단결은 그 때문에 증대되었다.

후에 Robinson과 Bob Feller는 야구 역사에서 최초로, 자격이 되는 첫 해에 명예의 전당에 선출되는 선수가 되었다. 그가 상을 받았을 때, 그는 세 명에게 곁에 서 주길 부탁했다. 그의 어머니 Mallie, 그의 부인 Rachel, 그리고 그의 친구인 Branch Rickey이다.

집단정체성은 경쟁을 일으키고 경쟁에 의해 키워진다.

에서 수행할 수 있는 실천적이고 입증된 방법을 갖게 되었다… 협력적 학습의 연구는 교육 연구에 있어 가장 성공적인 이야기 중 하나이다."

이렇게 협력적인 동등한 지위의 접촉은 야영하는 소년들, 기업의 경영인들, 대학생, 초등학생들에게 긍정적인 영향을 준다. 이 원리는 모든 수준의 인간관계로 확장될 수 있을까? 가족은 땅을 경작하고, 낡은 집을 복원하고, 범선의 항해를 위해 서로를 밀어주고 단결하게 될까? 이웃과 헛간을 세우고, 합창을 하고, 풋볼 팀을 응원함으로서 공동체적 정체성이 세워질까? 과학과 우주에서 국제적인 협동을 하고 세계의 기아 문제를 생각하고 자원 보존을 위해 모두가 노력하고 다른 국가 사람들과의 우호적인 접촉을 통해 국제적 이해가 생겨날까? 나타난 증거들은 이 모든 질문에 대한 답이 yes라는 것이다(Brewer & Miller, 1988; Desforges 외, 1991, 1997; Deutsch, 1985. 1994). 분열된 우리 세계가 당면하고 있는 중대한 도전은 우리의 상위 목표를 찾고 동의하며 그것을 달성하기 위해 협동적인 노력을 구축하는 것이다.

집단과 상위 정체성

일상생활에서 우리는 자주 다중적인 정체성을 조화시킨다(Gaertner 외, 2000, 2001; Hewstone & Greenland, 2000; Huo 외, 1996). 우리는 하위 집단의 정체성(부모 또는 자녀로서)을 인지하고 그것을 넘어선다(가족으로서의 상위 정체성을 느끼는 것). 민족적 유산에 대한 자부심은 공동체적인 아니면 국가적인 정체성을 보완한다. 우리가 다른 사람과 공유하는 다중적 정체성을 신중히 생각하는 것은 사회 응집을 가능케한다(Brewer & Pierce, 2005; Crisp & Hewstone, 1999, 2000). "나는 다양하고, 그 중 일부는 당신이다."

그러나 인종적으로 다양한 문화에서, 어떻게 사람들은 자신의 민족 정체성과 국가 정체성의 균형을 맞출까? 아마도 그들은 "이중 문화적" 또는 "전문화적" 정체성을 가지고, 하나는 큰 문화와 동일시하고 하나는 고유 민족적, 종교적 문화와 동일시하는 것일 수 있다(Moghaddam, 2009, 2010; Phinney 1990). "여러모로 나는 주변 사람들과 비슷하지만, 또한 나의 문화적 유산을 긍정한다." 스스로 아시아인으로 생각하며 영국에 사는 사람들도 강하게 영국적으로 느낄 수 있다(Hutnik, 1985). 프랑스계 캐나다인은 민족적 뿌리와 동일시하든 그렇지 않든 캐나다적인 것을 강하게 느낄 수 있다(Driedger, 1975). 자신의 "쿠바인적인"(아니면 멕시코적 또는 푸에르토리칸적인) 강한 정서를 유지하고 있는 히스패닉계 미국인들은 미국적인 것을 강하게 느낄 수 있다

표 :: **13.1**   민족적 그리고 문화적 정체성

다수 집단과의 동일시	민족 집단과의 동일시	
	강	약
강	이중 문화적	동화
약	분리	주변적

힘겨운 균형잡기. 민족적 의식을 지닌 프랑스계 캐나다인들은 법안101의 "퀘벡에서 프랑스식으로 살기"를 지지하며 강력하게 캐나다인으로 느낄 수도 아닐 수도 있다. 국가가 민족적으로 다양해지면 사람들은 사회를 어떻게 다원적이며 또한 통합적으로 만들 수 있을지 논쟁한다.

(Roger 외, 1991). W. E. B. DuBois(1903, p.17)가 흑인의 영혼에서 "미국의 흑인은… 흑인이자 미국인 둘 다이다"라고 하였다. 시간이 가면서 새 문화와의 동일시는 점차 증가한다. 구 동독인과 서독인들은 스스로를 "독일인"으로 본다(Kessler & Mummendey, 2001). 호주와 미국으로 이민 간 중국인 2세대는 중국인의 정체성을 덜 예민하게 느끼고, 새 국가에 대한 정체성은 중국에서 태어난 이주자들보다 더 강했다(Rosenthal & Feldman, 1992). 그러나 가끔씩은 이주자의 손자들은 그들의 민족성과 동일시하는 것을 더 편안하게 생각한다(Triandis, 1994).

연구자들은 한 집단에 대한 자부심과 큰 문화와의 동일시가 서로 경쟁적이지 않을까를 궁금히 여겨왔다. 9장에서 언급했듯이, 우리는 스스로를 부분적으로는 집단 소속에 근거하여 평가한다. 우리만의 집단(우리 학교, 우리 고용주, 우리 가족, 우리 종족, 우리나라)을 좋게 보는 것은 스스로에게 좋은 느낌이 들게 한다. 긍정적인 민족 정체성은 따라서 긍정적인 자긍심에 기여한다. 따라서 긍정적인 주류 문화는 동일시된다. 강한 민족 정체성도 없고 강한 주류 문화의 정체성도(표 13.1) 가지지 않은 "주변적인" 사람들은, 종종 낮은 자긍심을 갖는다. 두 정체성을 모두 긍정하는 2개 문화의 사람들은 전형적으로 강한 긍정적인 자기개념을 가지고 있다(Phinney, 1990; 또한 Sam & Berry, 2010을 보라). 종종 그들은 두 문화 사이를 교대하면서, 함께하고 있는 사람들의 언어와 행동에 적응한다(LaFromboise 외, 1993).

다문화주의(차이를 즐기는 것)와 동화(가치와 풍습을 지배적 문화에 부응하는 것)의 이상적 모습에 대한 논쟁은 계속되고 있다. 한 부류는 "캐나다 문화부(2006)"에서 선언한 바와 같이 "다문화주의는 모든 시민들이 자신의 정체성을 유지하고, 그들의 조상에 자부심을 느끼고, 소속의식을 느끼도록 한다. 수용은 캐나다인들에게 안전과 자긍심을 느끼도록 하며, 상이한 문화에 대해 개방적이고, 수용하도록 만든다"는 것을 믿는 사람들이다. 다른 한 부류는 영국의 인종평등위원회 회장인 Trevor Phillips(2004)에 동의하는 사람들로 다문화주의는 사람들을 분리한다고 걱정한다. Jacquie Vorauer와 Stacey Sasaki(2011)의 실험은 위협적인 상황에서 다문화적 차이를 강조하는 것은 적대감을 일으킨다는 것을 보여주었다. 차이에 집중하는 것은 사람들로 하여금 외집단 구성원의 위협적 행동에 주목하고 의미를 부여하게끔 유도한다. 대안적인 공동의 가치관은 르완다 정부로 하여금 "이곳에 인종이란 없다. 우리는 모두 르완다인이다." 라는 선언을 하게 하였다.

르완다의 민족 대학살 이후 정부의 문건과 정부에 의해 통제된 라디오와 신문은 Hutu나 Tutsi를 언급하는 것을 중지했다(Lacey, 2004). 다문화주의와 동화 사이에는, "통합속의 다양성"이 있다. 문화심리학자 Fathali Moghaddam(2009, 2010)과 사회학자인 Amitai Etzioni와 동료들(2005)은 전문화적 관점을 옹호하였다. "우리 사회의 모든 구성원은 사회의 근본적인 공유된 틀의 부분이라 여겨지는 기본 가치와 제도를 존중하고 지지한다. 동시에 사회의 모든 집단은 그들의 독특한 하위문화 - 공동의 핵과 갈등 관계에 있지 않은 정책, 풍습, 제도 등 - 를 유지하는 것은 자유이다."

통합의 이상을 내세워서 미국이나, 캐나다, 호주와 같은 이민국들은 민족 분쟁을 피해왔다. 이러한 나라에서 아일랜드인, 이태리인, 스웨덴인, 스코틀랜드인, 아시아인, 아프리카인들이 민족적 정체성을 지키기 위해 죽는 일은 거의 없다. 그럼에도 불구하고, 이민 국가들은 분리와 전체 사이에서, 사람들의 고유 전통에 대한 자부심과 한 국가로서의 단결 사이에서, 다양성의 현실을 인정하는 것과 공동의 가치를 추구하는 것 사이에서 고심한다. 단결 속의 다양성의 이상이 미국의 좌우명을 만들었다. E pluribus unum - 다수로 이루어진 하나.

의사소통

갈등의 당사자들은 차이를 해결하는 다른 방법을 가지고 있다. 남편과 부인, 노동자와 경영자, 혹은 X국과 Y국이 서로 일치하지 않으면 그들은 서로 직접 **교섭**할 수 있다. 그들은 제3자에게 제안을 마련하고 협상을 진척시키는 **메디에이션**을 요청할 수 있다. 혹은 자신들의 불일치에 체념하여 누군가가 쟁점을 연구하고 그들의 결정을 의무화시키도록 **중재 재판**에 회부할 수 있다.

교섭

새 차를 사거나 팔려고 할 때, 강경한 협상 자세로 극단적인 제안으로 시작하여 양보를 해줌으로써 더 나은 결과를 이끄는 것이 더 현명할까? 아니면 진실되게 성의를 보이고 시작하는 것이 더 현명할까?

실험들은 단순한 해답은 없다는 것을 알려준다. 더 많은 것을 요구하는 사람들은 종종 더 많은 것을 얻는다. Robert Cialdini, Leonard Bickman, 그리고 John Cacioppo(1979)는 전형적인 결과들을 보여준다. 통제된 조건에서 그들은 여러 Chevrolet 판매인들에게 접근하여 지정된 옵션이 포함된 신형 몬테카를로 스포츠 쿠페의 가격을 물어보았다. 실험 조건하에서 그들은 다른 판매인들에게 접근하여, 일단 강한 협상 태도를 보이고, 다양한 자동차를 요청하고, 가격을 거부하였다("그것보다 더 낮은 가격의 차가 필요해요. 그건 너무 비싸요"). 그리고 나서 몬테카를로의 가격을 물어보자 정확히 통제조건에서보다 평균 $200 낮은 가격이 제안되었다.

교섭(bargaining)
당사자 사이의 직접적인 협상을 통해 갈등에 대한 합의를 찾는 것

메디에이션(Mediation)
의사소통의 촉진과 제안을 통해 갈등이 해소되도록 중립적인 제3자에 의해 시도되는 것

중재 재판(arbitration)
중립적인 제3자가 양쪽의 의견을 조사하고 확정한 것을 의무화하는 갈등해결 방법

강경한 거래는 상대의 기대를 낮출 수 있어, 상대로 하여금 더 적은 금액을 요구하도록 할 수 있다(Yukl, 1974). 그러나 강경함은 때때로 반대의 결과로 끝날 수 있다. 그럼에도 많은 갈등은 고정된 크기의 파이에 대한 것이 아니라 갈등이 지속되면 줄어드는 파이에 대한 것이다.

시간 지연은 흔히 lose-lose 상황이 된다. 파업이 장기화되면 노사 양측 모두 손해를 보는 것이다. 강경하게 구는 것은 다른 잠재적 lose-lose 시나리오이다. 상대방이 똑같이 강경한 입장으로 반응하면 양쪽 모두 체면을 잃지 않고는 후퇴할 수 없는 위치로 고정된다. 1991년 페르시아 걸프 전쟁 몇 주 전 (아버지) 부시 대통령이 세인의 관심을 끌면서 "사담의 궁둥이를 차버릴 것"이라고 위협하였다. 마초로는 뒤지지 않는 사담 후세인은 "이단자" 미국인들은 "자신들의 핏속에서 수영"을 하게 될 것이라고 위협하였다. 그러한 호전적인 성명을 한 후에는 서로가 전쟁을 피하고 체면을 지키는 일이 어려워졌다.

메디에이션

제3의 중개자(알선자)는 다투는 당사자들에게 양보하고 체면을 지킬 수 있는 제안을 한다(Pruitt, 1998). 만약 나의 양보가 중개자를 통해 상대로부터 똑같은 양보를 얻어낼 수 있다면 아무도 상대방의 요구에 자신이 붕괴된다고 보지 않을 것이다.

'win-lose'를 'win-win'으로 바꾸기. 중개자들은 또한 건설적인 대화를 촉진시킴으로써 갈등해결에 도움을 준다. 그들의 첫 번째 과제는 당사자들이 갈등을 다시 생각해 보고 상대의 관심에 대한 정보를 얻도록 돕는 것이다. 양쪽의 사람들은 전형적으로 경쟁적 "win-lose"를 지향한다. 상대방이 결과에 불행하다면 나는 성공한 것이고, 상대방이 즐거워하면 나는 성공하지 못한 것이다(Thompson 외, 1995). 중개자들은 그들의 win-lose 태도를 협조적인 "win-win" 태도로 바꾸는 것을 목표로 한다. 양 쪽이 갈등적인 요구를 미뤄놓고, 그 대신 상대방이 저변에 가지고 있는 욕구, 관심, 목표에 대해 생각하게 한다. Leigh Thompson(1990a,b)은 경험 있는 협상자들은 상호이익이 되는 거래를 이끌어 내어 win-win 해결을 달성한다는 것을 발견하였다.

그러한 해결에 대한 고전적인 이야기는 하나의 오렌지를 놓고 다투는 두 자매에 대한 것이다(Follett, 1940). 결국 그들은 타협하고 오렌지를 반으로 나누었다. 그래서 자매 중 한 편은 반쪽을 주스로 짜고, 다른 편은 케이크를 만드는데 껍질을 사용하였다. 자매가 서로 왜 오렌지를 원하는지 설명을 했었다면 하나는 즙을 모두 가지고, 다른 하나는 껍질을 전부 가지는 것에 쉽게 동의를 했을 것이다. 이것이 **통합 교섭**의 예이다(Pruitt & Lewis, 1975, 1977). 각 당사자가 무엇인가를 포기해야 하는 흥정과 비교한다면, 통합 교섭은 더 참을만한 것이다. 그들은 상호 보상을 받기 때문에 또한 더 나은 관계로 발전할 수 있다(Pruitt, 1986).

통제된 의사소통으로 오해 풀기. 대화는 자기 충족적 오해를 감소시키는 데 도움이 된다. 아마도 당신은 아래와 비슷한 경험을 기억할 수 있을 것이다.

통합 교섭
(integrative agreements)
상호이익에 대한 양 당사자의 관심사를 조정하는 win-win 협정

이따금씩 대화가 거의 없는 시간이 지속되고 나면, 나는 Martha의 침묵을 그녀가
나를 좋아하지 않는다는 신호로 여겼다. 그녀는 거꾸로 나의 침묵이 내가 그녀에
게 화가 난 것으로 생각하였다. 나의 침묵은 그녀의 침묵을 유발하고, 그것은 나
를 더 침묵하게 하였다... 이 눈덩이처럼 불어나는 효과가 상호작용을 필요로 했
던 어떤 일 때문에 깨어질 때까지. 그리고 대화는 우리가 서로에게 가졌던 모든
오해를 풀어주었다.

　이러한 갈등의 결과는 종종 어떻게 사람들이 자신의 감정을 상대방에게 전하는지에
달려있다. Roger Knudson과 그의 동료들(1980)은 결혼한 커플들을 일리노이 대학의
심리학 연구소에 초대해서 역할극을 통해 과거의 갈등 중 하나를 회상하도록 하였다.
그 커플들은 대화하기 전, 대화하는 동안, 그리고 대화 후까지 면밀히 관찰되고 조사되
었다. 자신의 입장을 분명히 하는 것을 실패하거나, 배우자의 입장을 인정하기를 실패
하거나, 쟁점을 회피한 커플들은 실제보다 더 조화롭고 잘 합의하였다는 환상을 가졌
다. 종종 그들은 실제로 동의를 적게 하는 것이 더 동의를 하는 것이라고 믿었다. 반면
에 쟁점에 대해 참여하고, 자신의 입장을 확실히 밝히고, 다른 사람의 시각을 고려하는
커플은 실제 합의를 더 얻어내고, 상대의 생각에 대해 더 정확한 정보를 얻었다. 이것
은 왜 생각을 직접적으로 그리고 개방적으로 대화하는 커플은 대부분 행복한 결혼생
활을 하는지를 설명해주고 있다(Grush & Gidden, 1987).

　이러한 발견들은 부부들과 아동들에게 갈등을 건설적으로 관리하는 법을 훈련시키
는 프로그램으로 개발되었다(Horowitz and Boardman, 1994). 갈등이 건설적으로 관
리되면 갈등은 화해와 진정한 조화의 기회를 준다. 심리학자인 Ian Gotlib과 Catherine
Colby(1988)는 파괴적인 싸움을 피하고 좋은 싸움을 하는 방법에 대한 충고를 한
다(표 13.2를 보라). 예를 들어 아동들은 갈등은 정상적인 것이며, 다른 사람들과 잘 지

표 :: 13.2　어떻게 건설적으로 싸울 것인가

하지 말아야 할 것	해야 할 것
• 너무 조급하게 사과하기	• 아이들과는 떨어져서 싸우기
• 논쟁을 회피하기, 침묵으로 일관하기, 떠나버리기	• 쟁점을 분명히 하고, 상대방의 설명을 자신의 언어로 되짚어 보기
• 비겁한 짓을 하고 굴욕감을 주기 위해 상대에 대한 사사로운 지식을 이용하기	• 긍정적, 부정적인 감정을 드러내기
• 관계없는 쟁점 끌어들이기	• 당신의 행동에 대한 피드백을 환영하기
• 원한을 품으면서 합의하는 척 하기	• 어떤 점에 동의하고 동의하지 않는지, 각각에게 무엇이 가장 큰 문제인지 분명히 하기
• 다른 사람에게 자신의 느낌을 말하기	• 상대가 의사표현하는 데 적절한 언어를 찾는 것을 돕는 질문을 하기
• 상대가 소중하게 생각하는 누군가, 무엇인가를 비판함으로서 간접적으로 공격하기	• 보복하지 않으면서 가라앉힐 수 있도록 즉흥적인 폭발을 기다리기
• 상대의 불안감을 심화시키거나 또는 재앙을 위협함으로써 상대를 훼손하기	• 상호간의 개선을 위해 긍정적인 제안을 하기

10대들을 위한 다양성 훈련에서와 같이 의사소통 조력자들은 경계를 허물도록 도와준다.

내는 것을 배울 수 있으며, 대부분의 논쟁은 두 승리자로 해결될 수 있고, 비폭력적인 의사소통 전략이 가해자와 피해자의 세상에 대한 대안이라는 것을 배운다. Deborah Prothrow-Stith(1991, p.183)는 이 "폭력예방 교과 과정은… 수동성에 대한 것이 아니다. 그것은 분노를 사용하여 자신이나 또래를 다치게 하지 않는 것, 하지만 세상을 변화시키는 것에 관한 것이다"라고 하였다.

David Johnson과 Roger Johnson(1995, 2000, 2003)은 6개의 학교에서 1학년부터 9학년까지의 학생들에게 십여 시간에 걸친 갈등해결 훈련을 하고 매우 고무적인 결과를 얻었다. 훈련 전에는 대부분의 학생들이 일상적 갈등에 휘말렸다 – 비방, 못살게 굴기, 운동장에서 교대로 괴롭히기, 소유의 문제 등 – 갈등은 거의 항상 승자와 패자를 만들었다. 훈련 후, 아이들은 더 자주 'win-win'해법을 찾았고, 친구들의 갈등을 더 잘 중개하였고, 학창시절 내내 학교 안팎에서 그들의 새 기술을 유지하고 적용하였다. 전체 학생들에게 실행한다면, 더욱 평화로운 학생 사회와 향상된 학업 성취도를 가져올 것이다.

갈등 연구자들은 중요한 요소는 신뢰라고 한다 (Noor 외, 2008; Ross & Ward, 1995). 만약 상대방이 좋은 의도를 가졌다고 믿는다면, 당신은 당신의 욕구와 걱정들을 더 많이 털어놓을 것이다. 신뢰가 결핍되면, 당신이 공개하는 것이 당신을 반대하는 데 쓰일 수 있는 정보가 될 수 있다고 두려워할 것이다. 단순한 행동만으로도 신뢰를 향상시킬 수 있다. 실험에서 가까운 공감관계의 사람들이 하듯 상대

다른 사회 행동과 마찬가지로 신뢰도 생물학적 현상이다. 사회신경과학자들은 신경전달물질인 세로토닌 수준이 낮은 사람은 실험실 게임에서 낮은 액수를 제안하면 불공평하다고 느끼고 거부할 가능성이 높다는 것을 발견하였다(Crockett 외, 2008). 옥시토신 호르몬의 주입은 반대효과가 있어서 실험실 게임에서 낯선 사람에 대한 신뢰가 증가하였다(Zak, 2008).

의 방식을 흉내내도록 지시받은 협상자들은 더 신뢰하고 양립될 수 있는 관심사를 발견하고 서로 만족스러운 거래를 하였다(Maddux 외, 2008).

두 상대가 서로 신뢰하지 못하고 비생산적인 의사소통을 할 때, 제3의 중개자 ― 결혼 카운슬러, 노동 조정관, 외교관 등이 때로는 도움이 된다. 중개자는 주로 양쪽으로부터 신뢰를 받는 사람이다. 1980년대에 알제리의 한 무슬림이 이란과 이라크의 갈등을 중개하였고, 교황은 아르헨티나와 칠레 사이의 지역 분쟁을 해결하는데 개입하였다(Carnevale & Choi, 2000).

다투는 상대들에게 그들의 win-lose의 갈등 인식을 다시 생각하도록 회유한 후에 중개자는 각 당사자의 목표와 그 우선순위를 알아낸다. 목표가 양립될 수 있으면, 순위를 매기는 절차는 각자 덜 중요한 목표는 양보하고 가장 중요하게 생각하는 목표를 얻는 것을 용이하게 해준다(Erickson 외, 1974; Schulz & Pruitt, 1978). 남아프리카에서는 흑인과 백인이 각자의 최고 우선권을 이룩함으로써, 즉 인종차별을 다수의 규칙으로 바꾸고 또한 안전 보장, 복지, 백인의 권리 등을 확보하는 것으로 내부적 평화를 달성하였다(Kelman, 1998).

노사 양측이 경영자의 목표인 높은 생산성과 이윤이 노동자의 목표인 나은 급여 및 노동조건과 서로 양립될 수 있다고 믿으면, 그들은 통합적인 'win-win' 해법을 위한 작업을 시작할 수 있다. 만약 근로자들이 그들에겐 적당히 이득이 되지만 사측에게는 매우 비용이 많이 드는(예를 들어 회사가 제공하는 치과 치료) 편익을 포기할 수 있다면, 그리고 만일 경영자가 그들에겐 적당히 중요하지만 근로자들에게는 매우 불만족을 야기하는(예를 들어 근로시간의 경직성) 제도를 포기할 수 있다면, 양쪽은 모두 이득을 볼 것이다(Ross & Ward, 1995). 자신이 양보한다고 보기 보다는, 양측이 모두 더 중요한 것을 위해 교섭의 노력을 하는 것으로 협상을 이해할 수 있다.

당사자들이 직접 대화하기 위해 소집되면, 그들은 일반적으로 정면으로 노려보면서 저절로 갈등이 해결될 것이라는 희망을 놓지 않는다. 위협과 긴장되는 갈등의 중간에서 감정은 종종 상대편의 관점을 이해하는 능력을 감소시킨다. 행복과 감사는 신뢰를 높이지만 분노는 신뢰를 감소시킨다(Dunn & Schweitzer, 2005). 그러므로 의사소통은 그것이 가장 필요할 때, 가장 어려울 수 있다(Tetlock, 1985).

중개자들은 종종 당사자들이 이해하고 또한 상대에게 이해받았다고 느끼도록 회합을 조절한다. 중개자들은 다투는 당사자들에게 논쟁을 사실에 근거한 진술로 제한할 것을 부탁한다. 또한 상대가 "나는 음악을 좋아해요, 하지만 당신이 크게 틀면, 집중을 할 수 없어요. 그러면 기분이 나빠져요"라고 한다면 본인은 어떤 기분이 들

신뢰를 쌓고 의사소통하기. 오바마 대통령과 그의 정치적 적수인 공화당 지도자 John Boehner가 골프를 치면서 그들의 관계향상과 의사소통 능력의 향상을 서로 도모하였다.

지, 어떻게 반응할지도 진술하게 한다. 더불어 중개자들은 역할을 바꾸거나 상대방의 입장을 정리해 보거나 상대가 어떤 경험을 하는지 상상하고 설명해보도록 요청한다. 중개자는 상대에게 답변하기 이전에 서로의 입장을 고쳐서 말해보도록 한다. "내가 음악을 틀고 당신이 공부를 하면 당신을 불편하게 하는군요." 실험은 타인의 관점을 가져보고 공감을 유도하는 것이 고정관념을 줄이고 협조를 향상시킨다는 것을 보여준다(Batson & Moran, 1999, Galinsky & Moskowitz, 2000; Todd 외, 2011). 상대를 악마화 하는 것보다 인간화하는 것이 도움이 된다. 나이 든 사람들은 다양한 관점과 지식의 한계를 인정하는 지혜를 통해 좀 더 수월하게 해낸다(Grossmann 외, 2010). 이따금 연장자들은 나이가 많고 현명하고 사회갈등을 더 잘 조정한다.

중립적인 제3자는 만일 상대가 제안했다면 "반항적으로 평가절하"되어 묵살되어질 제안이 실제로는 서로 납득할만한 것일 수 있다는 것을 깨닫게 해 준다. Constance Stillinger와 그녀의 동료들은(1991) 핵무장 해제 문제에 있어 그 공과가 구소련으로 돌아가는 것 때문에 미국이 제안을 묵살했으나, 만일 공과가 제3자에게 돌아가면 더 수용될 수 있다는 것을 발견하였다. 마찬가지로 사람들은 종종 적대자에 의한 양보는 반항적으로 평가 절하한다("그들은 그것에 가치를 두면 안돼"); 똑같은 양보가 제 3자에 의해 제안되면 명목상의 제스쳐 이상으로 여겨진다.

이러한 평화를 만드는 원칙들은 – 부분적으로 실험실 연구와 부분적으로는 실제적인 경험을 토대로 한 – 국제 사회와 기업 갈등 모두를 중개하는데 도움이 된다(Blake & Mouton, 1962, 1979; Fisher, 1994; Wehr, 1979). 사회심리학자 Herbert Kelman(1977)이 이끌었던 아랍계와 유대계 미국인들로 구성된 작은 팀은 영향력 있는 아랍인들과 이스라엘인들을 규합시키는 워크숍을 수행하였다. Kelman과 그의 동료들은 참가자들이 오해에 대항하고 공동의 이익을 위해 창조적인 해법을 찾도록 하였다. 참가자들은 자신이 하는 말이 나중에 비판받게 될 걱정 없이 자유롭게 직접 적대자들에게 말하도록 하였다. 결과는? 양쪽 편의 사람들은 상대방의 관점과 또한 상대방이 자신의 행동에 대해 어떻게 반응하는지 이해하게 되었다.

중재 재판

어떤 갈등은 너무 다루기 어렵고, 근본적인 이익이 벌어져서, 상호 만족스러운 해결을 이루기가 어렵다. 예루살렘이 독립된 팔레스타인의 수도일지 점령한 이스라엘의 수도일지에 대한 갈등문제는 아주 다루기 힘든 것으로 증명되고 있다. 이혼시 자녀 양육권의 분쟁에서 양 부모 모두 전적인 양육권을 가질 수 없다. 이러한 여러 경우에 (세입자의 수리비용, 운동선수의 급료, 그리고 국경문제 등) 제3의 중개자가 갈등 해결을 도울 수도 그렇지 못할 수도 있다.

만일 안 되면 당사자들은 중개인 또는 다른 제3자에 의해 타결을 의무화하는 중재재판으로 회부한다. 대립자들은 일반적으로 중재 재판 없이 해결하기를 선호하고 그래서 결과를 통제하려 한다. Neil McGillicuddy와 동료들은 분쟁 조정센터에서 논쟁자들을 대상으로 한 실험에서 이러한 것을 관찰하였다. 그들은 중개가 실패하여 중재재판에 회부된다는 것을 알면 문제를 해결하려 더 노력하고, 적대감을 적게 보이며, 더 수월하게 합의에 이르렀다.

의견차이가 너무 크고 타협이 불가능해 보이는 경우 중재 재판의 예상은 논쟁자들로 하여금 자신들의 입장을 요지부동으로 동결하게 하고, 중재 재판이 만일 타협을 권하면 어떤 장점을 얻을 것을 기대한다. 이러한 경향을 방지하기 위해 어떤 논쟁자들은, 예를 들어 야구 선수의 급료 책정과 같은 사안에, 제3자가 마지막 두 제안 중 하나를 택하는 "양자택일 중재 재판"을 한다. 양자택일 중재 재판은 각 당사자로 하여금 합리적인 제안을 하게끔 한다.

그러나 양자택일 중재재판은 각 당사자가 자기기여적 편향 없이 자신의 제안을 상대의 눈으로 보는 것만큼 합리적이지 않다. 협상 연구자들은 대부분의 논쟁자들이 "낙관적인 과신에 의해 완고하게 된다"고 한다(Kahneman & Tversky, 1995). 두 상대가 모두 양자택일 중재 재판에서 2/3의 승리 기회가 있다고 믿으면 성공적인 중개는 어렵게 된다(Bazerman, 1986, 1990).

화해

때때로 긴장과 의심은 너무 상승되어 대화에도 불구하고 해결은 차치하고 모든 것이 불가능하게 된다. 당사자들은 상대방을 협박하고, 억압하고, 보복하기도 한다. 불행히도 그러한 행동들은 상호적으로 갈등을 상승시키는 경향이 있다. 그렇다면 무조건적인 협조를 함으로써 상대를 진정시키는 전략이 만족스러운 결과를 낼 수 있을까? 종종 아니다. 실험실 게임에서 100% 협조적인 사람들은 종종 이용을 당하곤 한다. 정치적으로 일방적 평화주의는 논의가 되지 않는다.

GRIT

사회심리학자인 Charles Osgood(1962, 1980)은 착취를 단념시키기에 충분히 회유적인 세 번째 대안을 주장한다. Osgood은 그것을 "긴장 감축을 위한 점진적 상호 조치(graduated and reciprocated initiatives in tension reduction)"라 불렀다. 그는 그것을 요구하는 결단력을 암시하는 부호로 GRIT이라 약칭하였다. GRIT은 상호적 갈등을 축소시킴으로써 "논쟁의 악순환"을 역전시키는 것을 목표로 한다. 그렇게 하기 위하여 호혜성의 규범과 동기의 귀인과 같은 사회심리학적인 개념을 끌어온다.

GRIT은 어느 한 쪽에서 화해의 의도를 알린 후 약간의 갈등 축소의 행위를 개시하는 것이 필요하다. 개시자는 긴장을 줄이려는 희망을 개진하고, 화해 행위를 시작하기 전에 개개의 화해 행위를 설명하고, 적대자에게 보답할 것을 권유한다. 그러한 발표는 적대자로 하여금, 그렇지 않았다면 상대가 약하게 보이거나 속임수를 쓴다고 보일 수 있는 것에 대해 정확한 해석을 하도록 돕는 틀을 만든다. 그들은 또한 상대가 호혜적 규범을 따르도록 공공적 압력을 가한다.

다음에, 개시자는 발표한대로 정확하게 몇 가지 입증 가능한 화해 행위를 실행함으

GRIT
*graduated and reciprocated initiatives in tension reduction (긴장 감축을 위한 점진적 상호 조치)의 약어–국제적 긴장을 축소시키기 위해 고안된 전략.

로써 신용과 진실성을 확립한다. 이것은 상대로 하여금 보답해야 한다는 압력을 심화시킨다. 화해 행위를 다양하게 하는 것 – 의료 지원, 군사기지 폐쇄, 무역금지 해제 – 은 개시자가 어떤 영역에서든 확실한 희생을 함으로써 상대자의 호혜적 수단의 선택을 자유롭게 해준다. 만일 상대자가 자발적으로 보답하면, 그들 고유의 화해 행위는 그들의 태도를 누그러뜨릴 것이다.

GRIT은 회유적이다. 하지만 "할부제에 항복"하는 것은 아니다. 이 계획의 남은 관점은 보복의 가능성을 유지함으로써 각자 자기이익을 방어하는 것이다. 처음의 회유적인 단계는 약간의 작은 위험을 수반하지만 어느 한 쪽의 안전을 위태롭게 하지 않는다; 오히려, 그들은 긴장을 점차로 낮춰 나가는 시작을 계획한다. 한 쪽이 공격적인 행동을 취하면, 다른 한 쪽도 같은 종류로 보복하고, 착취를 관용하지 않는다는 것을 분명히 한다. 이러한 보복적인 행동은 아직 갈등을 다시 상승시키는 과잉 반응은 아니다. 만일 상대가 그들만의 회유적인 행동을 취한다면, 다른 쪽 역시 이것에 상응하거나 조금 더 넘기도 한다. Morton Deutsch(1993)는 GRIT의 정신은 "'확고하고, 정당하고, 우호적'일 것, 즉 위협, 착취, 지저분한 계략에서 확고할 것, 상대가 자극하더라도 상대의 비윤리적 행동에 상응하지 말고 자신의 윤리적 원칙을 지키는 데 정당할 것, 그리고 협조를 시작하고 상호교환에 기꺼이 응한다는 의미에서 우호적일 것"을 충고하는 것이라고 한다.

GRIT는 정말 작용할까? 오하이오 대학의 오랜 실험들에서, Svenn Lindskold와 그의 동료(1976에서 1988)는 "GRIT 계획의 상이한 단계가 강력하게 지지"되는 것을 발견했다. 실험실 게임에서, 협력적인 의도를 알리는 것은 실제로 협력을 북돋운다. 반복적인 화해 행위는 더 큰 신뢰를 낳는다(Klapwijk & Van Lange, 2009; Shapiro, 2010). 동등한 권력을 유지하는 것은 착취에서 보호해준다.

Lindskold는 실험실속의 세계가 실상의 더 복합적인 일상적 세계를 반영한다고 주장하지 않는다. 오히려, 실험은 우리가 상호관계 규범이나 이기적 편향과 같은 강력한 이론상의 원리를 세우고 검증하게 해준다. Lindskold(1981)이 언급하듯 "이것은 세상을 이해하기 위해 사용되는 이론일 뿐 개인적 실험은 아니다."

실상에서의 적용

GRIT와 같은 전략은 간혹 실험실 밖에서 시도되었고, 유망한 결과를 보여주었다. 1960년대 초 베를린 위기동안, 미국과 러시아는 서로 맞서서 엄청난 양의 석유를 저장고에 비축하였다. 이 위기는 미국이 그들의 탱크를 단계적으로 감축시키면서 해제되었다. 각 단계마다 러시아는 이에 부응하였다. 비슷하게 1970년대 이스라엘과 이집트에 의한 작은 양보는(예를 들어, 이스라엘이 이집트에게 수에즈 운하 개방을 허용했고, 이집트는 이스라엘 행의 선박을 통과시켰다) 협상이 가능해지는 시점에서 긴장 완화에 도움이 된다(Rubin, 1981).

GRIT에서 가장 확실한 시도는 소위 케네디 실험이라 불리는 것이다(Etzioni, 1967). 1963년 6월10일 케네디 대통령은 "평화 전략"이라는 주요한 연설을 했다. 그는 "우리의 문제는 인간이 만든 것이며… 그래서 인간에 의해 해결될 수 있다"고 언급했고, 그의 첫 번째 화해의 행위를 발표하였다. 미국은 모든 공중 핵실험을 중단하고, 다른 나라가 하지 않는 한 그것을 재개하지 않는다는 내용이다. 케네디의 연설 전문은 소련 신문에 실렸다. 5일 후 서기장 흐루시코프는 이에 부응하여 전략적 폭격기 생산을 중지하겠다고 발표했다. 그리고는 다른 호혜적 제스처가 따랐다. 미국은 러시아에 밀 수출을 동의했고, 러시아는 두 나라 간의 "긴급 통신선"을 동의했으며, 두 국가는 곧 핵실험 금지 조약을 이룩했다. 한동안, 이러한 화해의 개시가 두 국가의 관계를 용이하게 했다.

화해의 노력은 개인간의 긴장을 감소시키는데도 도움이 될까? 그것이 기대되는 데에는 많은 이유가 있다. 관계가 팽팽해지고, 대화가 존재하지 않으면, 가끔씩 유일하게 화해의 제스처만 – 부드러운 답변, 따뜻한 미소, 점잖은 접촉 – 이 두 상대자가 수월하게 긴장 낮추기를 시작하고, 접촉, 협력, 대화가 가능해지도록 도와준다.

요약 : 어떻게 평화를 이룰 수 있는가

- 갈등이 이미 사회딜레마, 경쟁, 오해, 동일한 힘있는 세력에 의해 야기되고 갈등이 고조되었더라도 접촉, 협조, 의사소통 그리고 조정은 적대감을 조화로 변화시킬 수 있다. 이전의 고무적인 연구들에도 불구하고 다른 연구들은 단순히 접촉(학교에서의 단순한 인종차별 폐지)만으로는 인종적 태도에 효과가 적다는 것을 보여주었다. 하지만 접촉이 외집단에 속한 개인과의 정서적 유대감을 일으킨다면, 그리고 동등한 지위로 소통이 된다면 적대감은 줄어든다.

- 접촉은 특히 공동의 위협을 극복하거나 상위목표를 위해 함께 할 때 유익하다. 협력적 접촉의 실험에서 단서를 얻어 여러 연구 팀은 경쟁적 학급의 학습상황을 협조적 학습의 기회로 대체하였고 매우 고무적인 결과를 얻었다.

- 싸우는 당사자들은 빈번하게 의사소통의 어려움을 겪는다. 제3자 중개자는 상대자가 갈등에 대해 가지고 있는 경쟁적 win–lose 시각을 좀 더 협조적인 win–win 지향으로 대체할 것을 촉구함으로써 의사소통을 촉진할 수 있다. 중개자는 또한 오해를 벗고 상호 이해와 신뢰를 증가시키도록 의사소통을 구조화할 수 있다. 협상 합의에 도달하지 못하면 싸우는 당사자들은 합의명령이나 두 최종 제안 중 하나를 선택하는 중재재판에 결과를 맡길 수 있다.

- 이따금 긴장이 너무 높아져 진정한 의사소통이 불가능해지기도 한다. 이런 경우 한쪽 당사자의 작은 화해의 제스처가 상대의 상호적 화해 행동을 이끌어낼 수 있다. 그러한 화해 전략의 하나는 긴장 감축을 위한 점진적 상호조치(GRIT)로 국제 상황에서의 긴장 완화를 목표하고 있다. 팽팽한 노무관리나 국제적 갈등을 중개하는 사람은 다른 화해전략을 사용하기도 한다. 이 책이 당신에게 알려주듯 중재자들은 갈등의 역동 속에서 화해를 희망하는 당사자들에게 이해는 이전의 적대자와 평화롭게 보람있는 관계를 확립하고 즐길 수 있도록 도와준다고 알려준다.

찾아보기|Index

Index

Index

ㅎ

기타

역자 소개

이 종 택
- 서울대학교 대학원 심리학과(심리학 박사)
- 현) 서울대학교, 동양공업전문대학 교수

주요저서 및 논문
- 집단역학(공역)
- 선택과 조언의 심리적 차이 : 매몰비용효과의 경우 외 다수

홍 기 원
- 서울대학교 대학원 심리학과(문학 박사)
- 현) 호서대학교 산업심리학과 교수

주요저서 및 논문
- 알기쉬운 심리학
- 환경심리학
- 양성의 심리학

고 재 홍
- 서울대학교 심리학과 문학박사
- 현) 경남대학교 심리학과 교수

주요저서 및 논문
- 일상생활의 심리학(공저), 서울 시그마프레스, 2011
- 성격심리학(공역), 서울 박학사, 2013
- 자기고양과 배우자고양이 행복감과 부부관계의 질에 미치는 효과, 한국심리학회지, 2011
- 부부의 긍정적 착각과 결혼만족도 : 자기효과와 배우자효과, 한국심리학회지, 2012

김 범 준
- 연세대학교 대학원 심리학과(문학 박사)
- 현) 경기대학교 교양학부/대학원 범죄심리학과 교수

주요저서 및 논문
- 인간심리의 이해(공저)
- 시간관과 행복/흥기의 심리적 표상에 관한 연구 외 다수

노 혜 경
- Dr.rer.nat 독일 Tübingen 대학교
- 현) 숙명여자대학교 사회심리학과 교수

주요저서 및 논문
- 정보처리의 편파와 의사결정 : Hidden Profile 패러다임을 이용한 집단 의사결정의 연구, 한국심리학회지 : 사회 및 성격, 2014
- 정보 요소들의 상호작용을 통해 살펴본 정치적 정보의 처리, 한국심리학회지 : 사회 및 성격, 2012
- 게임이론을 이용한 다자간 협상의 연구, 한국심리학회지 : 사회 및 성격, 2011
- 집단역학(공역), 센게이지러닝, 2013

최 해 연
- 서울대학교 심리학과 박사(석사, 학사)
- 현) 한국상담대학원대학교 조교수

주요저서 및 논문
- 정서처리유형의 구분에 따른 정서경험과 대처방식의 이해. 한국심리학회지 : 사회 및 성격, 2013
- 대학생의 스트레스 대처 패턴과 심리적응적 특징, 한국심리학회지 : 일반, 2013

사회심리학

SOCIAL PSYCHOLOGY

초판1쇄 발행 2015년 1월 15일
재판1쇄 인쇄 2017년 6월 10일

저 자 David G. Myers
역 자 이종택 · 홍기원 · 고재홍 · 김범준 · 노혜경 · 최해연
펴낸이 임 순 재

펴낸곳 한올출판사
등 록 제11-403호
주 소 서울특별시 마포구 성산동 133-3 한올빌딩 3층
전 화 (02)376-4298(대표)
팩 스 (02)302-8073
홈페이지 www.hanol.co.kr
e-메일 hanol@hanol.co.kr

값 33,000원   ISBN 979-11-5685-040-3